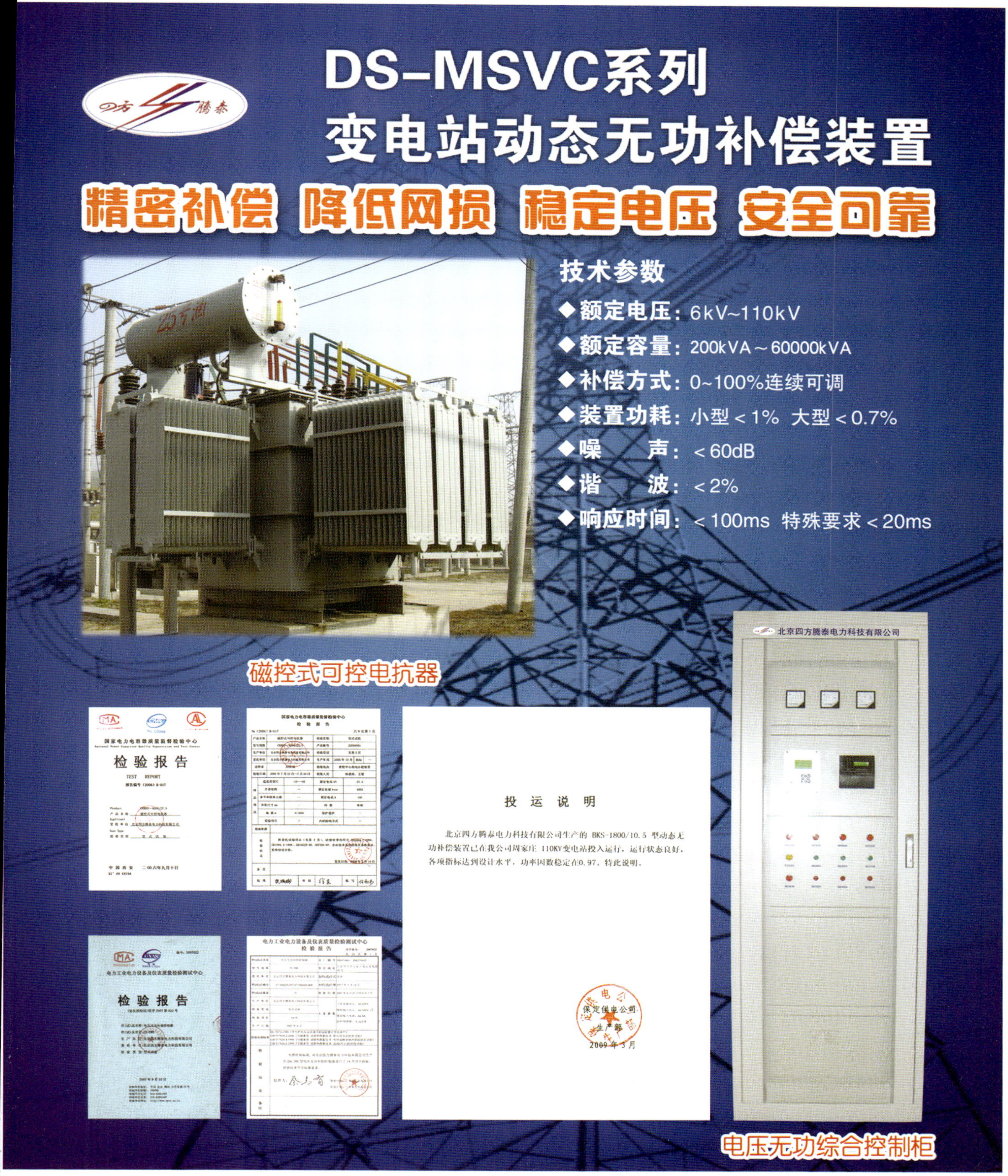
四方腾泰
DS-MSVC系列
变电站动态无功补偿装置
精密补偿 降低网损 稳定电压 安全可靠
技术参数
◆额定电压：6kV~110kV
◆额定容量：200kVA～60000kVA
◆补偿方式：0~100%连续可调
◆装置功耗：小型＜1% 大型＜0.7%
◆噪 声：＜60dB
◆谐 波：＜2%
◆响应时间：＜100ms 特殊要求＜20ms
磁控式可控电抗器
检验报告
检验报告
投 运 说 明
北京四方腾泰电力科技有限公司生产的 BKS-1800/10.5 型动态无功补偿装置已在我公司周家庄 110KV变电站投入运行，运行状态良好，各项指标达到设计水平，功率因数稳定在0.97，特此说明。
保定供电公司 生产部
2009年3月
北京四方腾泰电力科技有限公司
电压无功综合控制柜

建设国际一流的开关设备研发制造基地
Build CTCS into a First-Class International R&D and Manufacturing Base forSwitchgear Equipment
天水长城开关厂有限公司
TIANSHUI CHANGCHENG SWITCHGEAR CO.,LTD

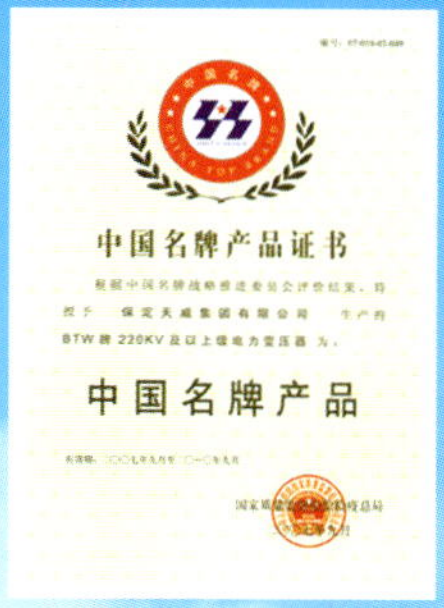

我国第一条1000kV级输变电线路晋东南—荆门示范工程，长治1000kV变电站ODFPS—1000MVA/1000kV单相自耦变压器

保定天威保变电气股份有限公司（简称“天威保变”）是保定天威集团有限公司的主体企业，秉承并发展了原保定变压器厂主要优良资产和大型变压器科研成果及产品品牌。天威保变于1995年实现国有企业股份制改革并在沪市A股上市（股票代码：600550）。天威保变已先后取得了中国机械工业质量体系认证、南非国家标准局生产能力认证、国家环境和职业健康体系认证、安全管理体系认证、进出口贸易经营权、进出口商品免验证书、中国实验室认可证书和中国名牌产品证书。

天威保变十分重视提高企业自主发展、集约经营，以雄厚的经济实力、科技创新能力、良好的企业声誉、可靠的产品品牌在大型变压器产品品种、电压等级、配套容量、技术指标等方面继续保持着国内同行业领先地位，许多重点产品填补了国家空白，有些科研成果居国际先进水平，成为中国核电站变压器、火电站变压器、水电站变压器、输变电变压器、特种变压器和太阳能光伏产品、风力发电产品等电力设备的重要科研制造基地，为推行重大技术装备国产化提供了有利条件，顺应了我国电力建设和新能源事业快速发展。

天威保变具备1000MW、600MW、300MW、200MW核电站、火电站、水电站配套变压器和1000kV、500kV、330kV、220kV、110kV及以下变电站变压器合格供应商资格；具备超高压并联电抗器、直流换流变压器、铁路牵引变压器、移相变压器、试验变压器等特型产品的生产能力。变压器类产品综合年产量已越过一亿千伏安。

天威保变在致力发展输变电、新能源两大产业之外，还以多种经济形式，大力开发高压互感器、GIS开关、高电压绝缘橡胶制品、变压器在线监测仪器、变压器工装设备及电气自动化设备等产品，带动了天威集团相关产业的全面发展。

市场部热线：(0312) 3250381/3220381/3230381

天威集团 TIANWEI GROUP

保定天威保变电气股份有限公司
BAODING TIANWEI BAOBIAN ELECTRIC CO., LTD.

公司地址：中国·保定市天威西路2222号　邮编：071056
市场部热线：(0312) 3250381　3220381　3230381
市场部传真：+86-312-3227502/公司传真：3230382
市场部信箱：glb@twbb.com.cn/International：gjb@btw.cn
网　　址：www.twbb.com

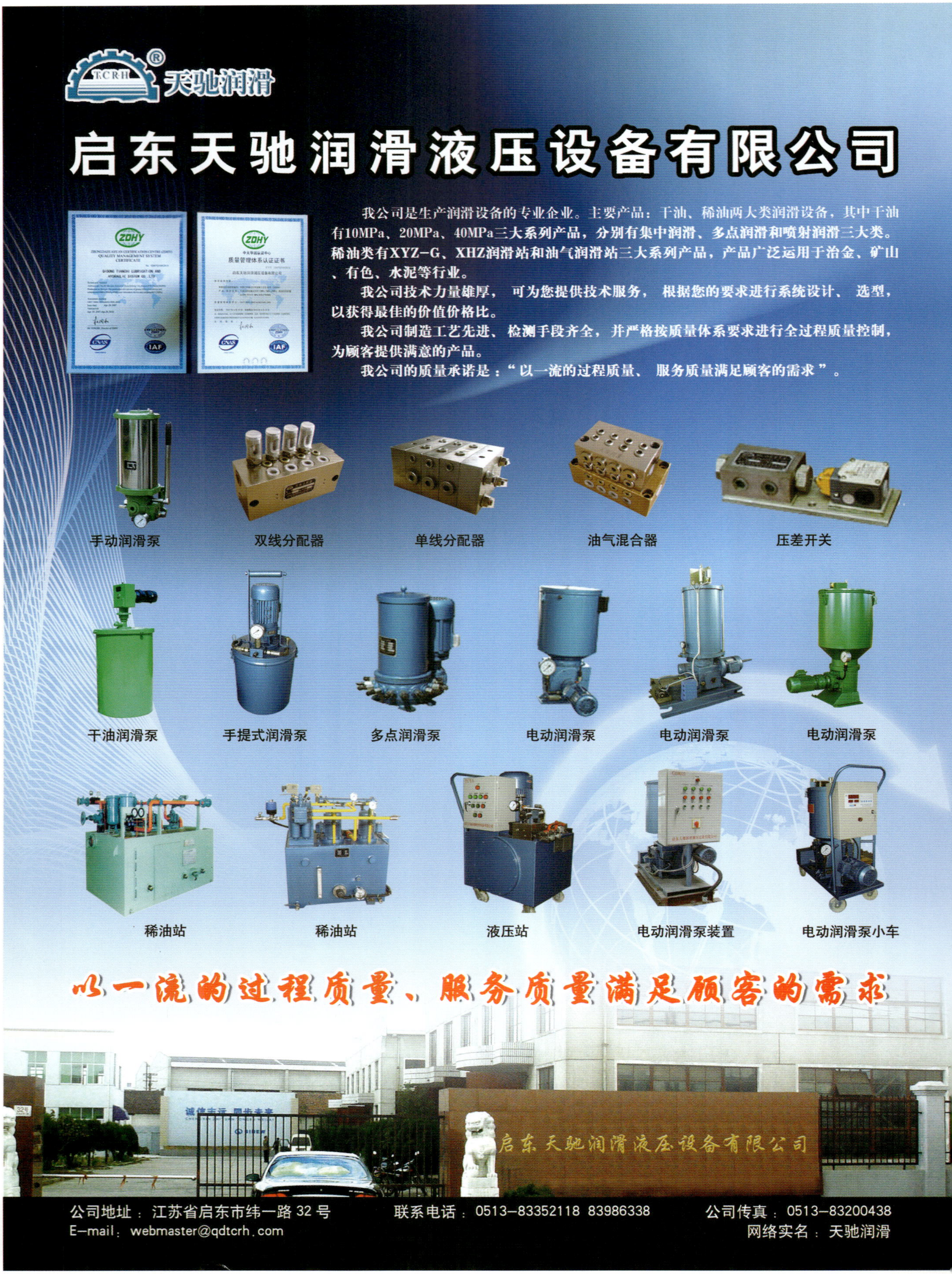
TCRH 天驰润滑
启东天驰润滑液压设备有限公司
我公司是生产润滑设备的专业企业。主要产品：干油、稀油两大类润滑设备，其中干油有10MPa、20MPa、40MPa三大系列产品，分别有集中润滑、多点润滑和喷射润滑三大类。稀油类有XYZ-G、XHZ润滑站和油气润滑站三大系列产品，产品广泛运用于冶金、矿山、有色、水泥等行业。
我公司技术力量雄厚，可为您提供技术服务，根据您的要求进行系统设计、选型，以获得最佳的价值价格比。
我公司制造工艺先进、检测手段齐全，并严格按质量体系要求进行全过程质量控制，为顾客提供满意的产品。
我公司的质量承诺是：“以一流的过程质量、服务质量满足顾客的需求”。
手动润滑泵
双线分配器
单线分配器
油气混合器
压差开关
干油润滑泵
手提式润滑泵
多点润滑泵
电动润滑泵
电动润滑泵
电动润滑泵
稀油站
稀油站
液压站
电动润滑泵装置
电动润滑泵小车
以一流的过程质量、服务质量满足顾客的需求
启东天驰润滑液压设备有限公司
公司地址：江苏省启东市纬一路32号
联系电话：0513-83352118 83986338
公司传真：0513-83200438
E-mail：webmaster@qdtcrh.com
网络实名：天驰润滑

中国机电设备招标采购年鉴

China Tendering Yearbook for the Procurement of M/E Equipment

(2009—2010 卷)

《中国机电设备招标采购年鉴》编委会 编

中国物資出版社

图书在版编目(CIP)数据

中国机电设备招标采购年鉴. 2009—2010卷/《中国机电设备招标采购年鉴》编委会编. —北京:中国物资出版社,2011.4

ISBN 978-7-5047-3742-7

Ⅰ. ①中… Ⅱ. ①中… Ⅲ. ①机电设备—招标—采购—中国—2009~2010—年鉴 Ⅳ. ①F724.744-54

中国版本图书馆CIP数据核字(2010)第233057号

策划编辑 寇俊玲
责任编辑 寇俊玲
责任印制 何崇杭
责任校对 孙会香 梁 凡 杨小静

中国物资出版社出版发行
网址:http://www.cclph.cn
社址:北京市西城区月坛北街25号
电话:(010)68589540 邮政编码:100834
全国新华书店经销
廊坊旭日源印务有限公司印刷

开本:880mm×1194mm 1/16 印张:36.5 插页:48 字数:1604千字
2011年4月第1版 2011年4月第1次印刷
书号:ISBN 978-7-5047-3742-7/F·1462
定价:300.00元
(图书出现印装质量问题 本社负责调换)

中国机电设备招标采购年鉴（2009—2010卷）

编　　　辑　　　部

序

随着市场经济发展，我国机电设备招标行业逐渐发展壮大，取得了令人瞩目的成就。面对全球经济一体化，特别是加入世贸组织后，我国机电设备招标行业面临着新的机遇和挑战。为了有效地进行学习交流，促进行业发展，我们编写《中国机电设备招标采购年鉴》（以下简称《年鉴》），借此回顾一年来的工作，并总结经验，展望未来。

机电设备招标工作多年来的辉煌成就，是在党中央、国务院的正确领导下取得的，也是在各有关部门的指导、支持下取得的，同时也凝聚了招标工作者的心血和汗水。自1985年以来，从最初8个中心城市的招标机构到目前的中国机电设备招标中心系统的58家机构，以及商务部、财政部、建设部等部委认定资格的多家机电设备招标机构，机电设备招标行业已经建立起一支初具规模的队伍。从最初的政策性指导文件到2000年以来的《招标投标法》和相关的部门规章，招标投标的法律体系也已经建立。1985年以来，我国的机电设备招标从进口设备招标已扩展到国民经济的各个领域，为一大批国家重点建设提供了优质的招标服务。通过艰苦创业、奋发图强，机电设备招标行业以良好的素质，精湛的技术，优质的服务，为国家和地方的大量建设项目付出了辛勤的劳动。23年来，机电设备招标功不可没，创造的成绩足以令我们自豪。

21世纪仍然是一个充满挑战的年代，机电设备招标行业义不容辞地承担着时代发展所要求的重要职责，任重而道远。2003—2007年，中国机电设备招标中心系统的58家招标机构共完成招标项目108968个，招标委托金额10940亿元人民币，中标金额9356亿元人民币，平均节资率14.5%，取得了很好的经济效益和社会效益。机电设备招标投标工作的发展，对规范和维护良好的市场经济秩序具有重要意义，是推动廉政建设的重要手段。

我们邀请了机电设备招标行业中的多位专家参与《年鉴》的编写工作，众多招标工作者为这本《年鉴》提出了宝贵的意见和建议，使我们受益匪浅，内容更加丰富实用。希望《年鉴》的出版能对全国机电设备招标行业有所裨益，在未来的招标工作中，愿机电设备招标行业更好地服务于经济建设，招标机构不断提高工作能力和服务水平，推动我国招标投标市场的健康发展，在新的时期续写新的辉煌。

中国机电设备招标中心主任

谢荣全

2010年10月

目　录

第一部分　招标政策法规

国务院部委政令法规

交通运输部

铁道部

水利部

地方政策法规

北京市

天津市

河北省

辽宁省

吉林省

第二部分　领导重要讲话选登

第三部分　招标工作概况

第四部分　政府采购法规

国务院

财政部

江苏省

浙江省

安徽省

福建省

江西省

山东省

河南省

第五部分　政府采购目录

第六部分　2009 年中国机电设备招标行业重要事件及活动

第七部分　监察与通报

广　告　目　录

招标政策法规

国务院部委政令法规

中共中央办公厅　国务院办公厅

《关于开展工程建设领域突出问题专项治理工作的意见》的通知

中办发［2009］27号

各省、自治区、直辖市党委和人民政府，中央和国家机关各部委，解放军各总部、各大单位，各人民团体：

《关于开展工程建设领域突出问题专项治理工作的意见》已经党中央、国务院同意，现印发给你们，请结合实际认真贯彻执行。

中共中央办公厅
国务院办公厅
二〇〇九年七月九日

关于开展工程建设领域突出问题专项治理工作的意见

为认真贯彻落实《中共中央关于印发〈建立健全惩治和预防腐败体系2008—2012年工作规划〉的通知》（中发［2008］9号）的有关要求，规范工程建设领域市场交易行为和领导干部从政行为，维护社会主义市场经济秩序，促进反腐倡廉建设，现就开展工程建设领域突出问题专项治理工作提出如下意见。

一、治理工作的重要性和紧迫性

近年来，各地区各部门采取有效措施，认真治理工程建设领域中存在的问题，工程建设市场不断健全，监管体制日益完善，钱权交易、商业贿赂等腐败现象滋生蔓延的势头得到了一定程度的遏制。但是，必须清醒地看到，我国工程建设领域依然存在许多突出问题。一是一些领导干部利用职权插手干预工程建设，索贿受贿；二是一些部门违法违规决策上马项目和审批规划，违法违规审批和出让土地，擅自改变土地用途、提高建筑容积率；三是一些招标人和投标人规避招标、虚假招标，围标串标，转包和违法分包；四是一些招标代理机构违规操作，有的专家评标不公正；五是一些单位在工程建设过程中违规征地拆迁、损害群众利益、破坏生态环境、质量和安全责任不落实；六是一些地方违背科学决策、民主决策的原则，乱上项目，存在劳民伤财的“形象工程”、脱离实际的“政绩工程”和威胁人民生命财产安全的“豆腐渣”工程。上述这些问题严重损害公共利益，影响党群干群关系，破坏社会主义市场经济秩序，妨碍科学发展和社会和谐稳定，人民群众反映强烈。为此，中央决定，用2年左右的时间，集中开展工程建设领域突出问题专项治理工作。

各地区各部门要充分认识开展工程建设领域突出问题专项治理工作的重要性和紧迫性，切实采取措施，加大治理力度，维护公平竞争的市场原则，推动以完善惩治和预防腐败体系为重点的反腐倡廉建设深入开展，促进工程建设项目高效、安全、廉洁运行，保证中央关于扩大内需促进经济平稳较快发展政策措施的贯彻落实，维护人民群众的根本利益，促进科学发展，保持社会和谐稳定。

二、治理工作的总体要求、主要任务和阶段性目标

（一）总体要求

高举中国特色社会主义伟大旗帜，以邓小平理论和“三个代表”重要思想为指导，深入贯彻落实科学发展观，全面贯彻落实党的十七大精神，紧紧围绕扩大内需、加快发展方式转变和结构调整、深化重点领域和关键环节改革、改善民生、促进和谐等任务，以政府投资和使用国有资金的项目为重点，以改革创新、科学务实的精神，坚持围绕中心、统筹协调，标本兼治、惩防并举，坚持集中治理与加强日常监管相结合，着力解决工程建设领域存在的突出问题，切实维护人民群众的根本利益，为经济社会又好又快发展提供坚强保证。

（二）主要任务

进一步规范招标投标活动，促进招标投标市场健康发展；进一步落实经营性土地使用权和矿业权招标拍卖挂牌出让制度，规范市场交易行为；进一步推进决策和规划管理工作公开透明，确保规划和项目审批依法实施；进一步加强监督管理，确保行政行为、市场行为更加规范；进一步深化有关体制机制制度改革，建立规范的工程建设市场体系；进一步落实工程建设质量和安全责任制，确保建设安全。

（三）阶段性目标

工程建设领域市场交易活动依法透明运行，统一规范的工程建设有形市场建立健全，互联互通的诚信体系初步建立，法律法规、制度比较完善，相关改革不断深化，工程建设健康有序发展的长效机制基本形成，领导干部违法违规插手干预工程建设的行为受到严肃查处，腐败现象易发多发的势头得到进一步遏制。

三、治理工作的重点和主要措施

（一）认真进行排查，找准突出问题

深入开展自查。各地区各有关部门要对照有关法律法规和政策规定，认真查找项目决策、城乡规划审批、项目核准、土地审批和出让、环境评价、勘察设计和工程招标投标、征地拆迁、物资采购、资金拨付和使用、施工监理、工程质量、工程建设实施等重点部位和关键环节存在的突出问题。要紧密结合实际，认真开展自查，摸清存在问题的底数，掌握涉及问题单位和人员的基本情况。

深刻分析原因。针对发现的问题和隐患；从主观认识、法规制度、权力制约、行政监管、市场环境等方面，分析产生的根源，查找存在的漏洞和薄弱环节，提出改进的措施和办法，明确治理工作的目标和责任要求，增强治理工作的科学性、预见性和实效性。

严肃自查纪律。对不认真自查的地方和部门，要加强督导；对拒不自查、掩盖问题或弄虚作假的，要严肃处理。对自查出的违纪问题，要根据情节轻重、影响大小等作出处理。对虽有问题但能主动认识和纠正的，可以按照有关规定从轻、减轻或免予处分。各地区各部门要将自查情况书面报告中央治理工程建设领域突出问题工作领导小组。领导小组适时对自查情况进行重点检查。

（二）加大监管力度，增强监管效果

突出监管重点。着重加强项目建设程序的监管，严格执行投资项目审批、核准、备案管理程序，规范项目决策，科学确定项目规模、工程造价和标准，认真落实开工报告制度、施工许可证制度和安全生产许可证制度，确保工程项目审批和建设依法合规、公开透明运行。着重加强对招标投标活动的监管，规范招标方式确定、招标文件编制、资格审查、标段划分、评标定标、招标代理等行为，改进和完善评标办法，确保招标投标活动公开、公平、公正。着重加强土地、矿产供应及开发利用情况的监管，完善土地及矿业权审批、供应、使用等管理的综合监管平台。着重加强控制性详细规划制定和实施监管，严格控制性详细规划的制定和修改程序。着重加强项目建设实施过程监管，严格依法征地拆迁，坚持合理工期、合理标价、合理标段，严格合同订立和履约，规范设计变更，科学组织施工，加强资金管理，控制建设成本，禁止转包和违法分包。着重加强工程质量与安全监管，落实工程质量和安全生产领导责任制，进一步完善质量与安全管理法规制度，明确质量标准，细化安全措施，强化施工监理，防止重、特大质量与安全事故的发生。

落实监管职责。各级政府要加强对工程建设项目全过程的监管，认真履行对政府投资项目的立项审批、项目管理、资金使用和实施效果等方面的职责。发展改革、工业和信息化、财政、国土资源、环境保护、住房和城乡建设、安全监管等有关部门要依照有关法律法规，认真履行对项目决策、资金安排和管理、土地及矿业权审批和出让、节能评估审查、环境影响评价、城乡规划审批、安全生产等环节的行政管理职责。发展改革、工业和信息化、住房和城乡建设、交通运输、铁道、水利、电监等部门要按照职责分工，重点做好对工程建设项目的监管。财政、审计部门要重点做好对政府投资项目资金和国有企业投资项目资金的监管，确保资金规范、高效、安全、廉洁使用。对因监管不力、行政不作为和乱作为以及行政过失等失职渎职行为造成重大损失的，要严肃追究责任单位领导和有关人员的责任。

创新监管方式。充分发挥招标投标部际联席会议机制作用，健全招标投标行政监督机制。建立健全相关制度，加强对招标投标从业机构和人员的规范管理。加大工程建设项目行政执法力度。组织实施对政府重大投资项目的跟踪审计。积极推进项目标准化、精细化、规范化和扁平化管理。发挥工程监理机构的专业监督作用，加强工程建设质量和安全生产的过程监管。推行管理骨干基本固定、劳务用工相对灵活、职责明确、高效运作的劳务管理模式。充分发挥新闻媒体的作用，加强对工程建设领域的舆论监督和社会监督。

（三）深化体制改革，创新机制制度

加快改革步伐。加强重大项目决策管理，推行专家评议和论证制度、公示和责任追究制度。发布招标投标法实施条例，抓紧研究起草政府投资条例、建筑市场管理条例。继续做好《标准施工招标资格预审文件》、《标准施工招标文件》贯彻实施工作，加快编制完成行业标准文件，实现招标投标规则统一。不断深化国库集中支付制度改革，加强工程项目政府采购管理。科学编制、严格实施土地利用总体规划，严格土地用途管制，严格土地使用权、矿业权出让审批管理。制定控制性详细规划编制审批管理办法，规范自由裁量权行使。严格执行国家有关法律法规，提高法律法规的执行力和落实度。

加强市场建设。按照政府建立、规范管理、公共服务、公平交易的原则，坚持政事分开、政企分开，打破地区封锁和行业垄断，整合和利用好各类有形建筑和建设市场资源，建立健全统一规范的工程建设有形市场，为工程交易提供场所，为交易各方提供服务，为信息发布提供平台，为政府监管提供条件。按规定必须招标的工程建设项目要实行统一进场、集中交易、行业监管、行政监察。建立健全统一规范的土地、矿业权等要素市场，大力推进土地市场、矿业权市场建设，探索显化土地使用权和矿业权转让市场的有效形式，规范土地使用权和矿业权市场交易行为。充分利用网络技术等现代科技手段，积极推行电子化招标投标。加强评标专家库管理，提高专家的职业道德水平。制定全国统一的评标专家分类标准和专家管理办法。加强中介组织管理，严格土地使用权、矿业权价格评估的监管，规范招标代理行为。

健全诚信体系。完善工程建设领域信誉评价、项目考核、合同履约、黑名单等市场信用记录，整合有关部门和行业信用信息资源，建立综合性数据库。充分利用各种信息平台，逐步形成全国互联互通的工程建设领域诚信体系，实现全行业诚信信息共建共享，并将相关信用信息纳入全国统一的企业和个人征信系统。建立健全失信惩戒制度和守信激励制度，严格市场准入。

（四）加大办案力度，坚决惩治腐败

严肃查处违纪违法案件。要坚决查办工程建设领域的腐败案件，发现一起，查处一起，决不姑息。重点查办国家工作人员特别是领导干部利用职权插手干预城乡规划审批、招标投标、土地审批和出让以谋取私利甚至索贿受贿的大案要案。严厉查处违法违规审批立项，规避和虚假招标，非法批地，低价出让土地，擅自变更规划和设计、改变土地用途和提高容积率，严重侵害群众利益等违纪违法案件。坚决查处在工程项目规划、立项审批中因违反决策程序或决策失误而造成重大损失或恶劣影响的案件。依法查处生产安全责任事故，严肃追究有关领导人的责任。既要坚决惩处受贿行为，又要严厉惩处行贿行为。坚决杜绝瞒案不报、压案不查的行为。

积极拓宽案源渠道。充分发挥各级纪检监察、司法、审计等机关和部门信访举报系统的作用，形成有效的举报投诉网络，健全举报投诉处理机制。注重在审计、财政监察、项目稽察、执法监察、专项检查、案件调查和新闻媒体报道中发现案件线索，深挖工程质量问题和安全事故背后的腐败问题。

健全办案协调机制。各级纪检监察机关、司法机关、审计部门和金融机构等要加强协作配合，完善情况通报、案件线索移送、案件协查、信息共享机制，形成查办案件的合力。对涉嫌犯罪案件，要及时移送司法机关依法查处。充分发挥查办案件的治本功能，深入剖析大案要案，严肃开展警示教育，认真查找体制机制制度方面存在的缺陷和漏洞，做到查处一起案件，教育一批干部，完善一套制度。

四、加强对治理工作的组织领导

成立中央治理工程建设领域突出问题工作领导小组，由中央纪委牵头，最高人民检察院、国家发展改革委、工业和信息化部、公安部、监察部、财政部、国土资源部、环境保护部、住房城乡建设部、交通运输部、铁道部、水利部、中国人民银行、审计署、国务院国资委、工商总局、安全监管总局、国务院法制办、电监会等为成员单位。领导小组下设办公室，承担日常工作。各地区各有关部门要切实加强领导，把治理工作作为一项重要任务列入工作日程，认真完成职责范围内的任务。各职能部门主要领导同志负总责，确定1名领导同志具体负责，落实责任分工。各级纪检监察机关要加强组织协调，会同有关部门作出总体部署，搞好任务分解，推动工作落实。各有关部门要及时沟通情况，加强协作配合，形成工作合力。

各地区各有关部门要结合实际，制定贯彻落实本意见的具体方案，确定治理重点，明确目标任务、工作进度、方式方法和时间要求。要深入排查问题、认真进行整改，完善体制机制制度，分阶段、有步骤地落实好专项治理工作的各项任务。中央治理工程建设领域突出问题工作领导小组适时组织对各地区各有关部门工作进展情况进行抽查。

各地区各有关部门要将专项治理工作与深入学习实践科学发展观活动相结合，着力解决影响和制约科学发展的突出问题以及党员干部党性、党风、党纪方面群众反映强烈的突出问题。要将专项治理工作与治理商业贿赂工作相结合，依法查处工程建设领域的商业贿赂案件，进一步规范市场秩序，维护公平竞争。要将专项治理工作与推进政务公开相结合，利用政府门户网站建立工程建设项目信息平台，向社会公示项目建设相关信息，明确审批流程，及时公布审批结果，实行行政审批电子监察。要将专项治理工作与纠正损害群众利益的不正之风相结合，大力加强部门和行业作风建设，着力解决工程建设领域侵害群众利益的突出问题。

各地区各有关部门要加强监督检查，开展分类指导，督促工作落实。要加强调查研究，注意解决苗头性、倾向性问题，总结经验，推动工作。对组织领导不到位、方法措施不得力、治理效果不明显的地方，部门和单位要提出整改要求，重点督查，限期整改，确保治理工作达到预期目标。

中央治理工程建设领域突出问题工作领导小组

关于印发《规范工程建设项目决策行为和招标投标活动指导意见》的通知

中治工发［2009］3号

各省、自治区、直辖市、新疆生产建设兵团治理工作建设领域突出问题工作领导小组，中央和国家机关各部门：

为贯彻落实中共中央办公厅、国务院办公厅印发的《关于开展工程建设领域突出问题专项治理工作的意见》，按照《工程建设领域突出问题专项治理工作实施方案》的部署，国家发改委会同有关部门制定了《规范工程建设项目决策行为和招标投标活动指导意见》，已经中央治理工作建设领域突出问题工作领导小组同意。现印发你们，请认真贯彻执行。

中央治理工程建设领域突出问题工作领导小组

二〇〇九年九月二十八日

关于规范工程建设项目决策行为和招标投标活动的指导意见

根据中共中央办公厅、国务院办公厅《关于开展工程建设领域突出问题专项治理工作的意见》（中办发[2009]27号）、《工程建设领域突出问题专项治理工作实施方案》（中治工发［2009］2号）和全国工程建设领域突出问题专项治理工作电视电话会议精神，现就规范工程建设项目决策行为和招标投标活动提出以下指导意见：

一、工作目标

以政府投资和使用国有资金项目为重点，用2年左右的时间，对2008年以来规模以上的投资项目进行全面排查。坚持"标本兼治、重在治本"的原则，坚持集中治理与加强日常监管相结合，着重解决工程建设领域存在的未批先建、违规审批以及决策失误造成重大损失等突出问题，着重解决规避招标、虚假招标、围标串标、评标不公等突出问题，推进体制机制制度创新，促进项目规划和审批公开透明，促进招标投标活动的公开、公平、公正，建立规范的工程建设市场体系。

二、具体措施和责任单位

（一）工程建设项目决策行为

1.加强项目建设程序的监管。严格执行投资项目审批、核准、备案管理程序，规范项目决策。根据《国务院关于投资体制改革的决定》（国发［2004］20号，以下简称《投资体制改革决定》）及有关法律法规和政策规定，严格执行项目审批、核准、备案等规定，按照国家产业政策、发展建设规划、市场准入标准、土地使用、环境影响评价及"三同时"验收等方面的要求严格审查，加强监管，全面清理。（国家发展改革委、环境保护部、住房城乡建设部、工业和信息化部、交通运输部、铁道部、水利部、商务部、电监会、国土资源部、财政部）

2.科学合理确定项目建设规模，严格执行有关工程造价和建设标准的规定。严格执行《建筑法》、《投资体制改革决定》、《国务院办公厅关于加强和规范新开工项目管理的通知》（国办发［2007］64号）等规定，认真落实强制性建设标准、施工许可证制度、开工报告制度。严格执行《国家发展改革委关于加强中央预算内投资项目概算调整管理的通知》（发改投资［2009］1550号）等有关规定，加强项目概算管理。（国家发展改革委、住房城乡建设部、工业和信息化部、交通运输部、铁道部、水利部）

3.在审批（核准）项目时加强节能评估审查，严格执行环境影响评价制度，强化对环境影响评价审批的监管。严格按照《节约能源法》、《环境保护法》、《环境影响评价法》、《国务院关于加强节能工作的决定》、《投资体制改革决定》、《公共机构节能条例》、《民用建筑节能条例》以及有关规定的要求，在审批、核准项目时必须进行节能审查和环境影响评价审批，未进行、未通过节能审查和环境影响评价审批的项目一律不得审批、核准和开工建设。（国家发展改革委、环境保护部、住房城乡建设部）

4.在审批（核准）项目时加强土地管理。按照《土地管理法》和有关要求，严格用地预审，对农用地转用和土地征收要严格审批。对于不符合产业政策和供地政策的项目，以及应当审批、核准和备案的项目但未办理审批、核准和备案手续的项目，严禁办理土地使用相关手续，未获得土地使用证书的项目不得擅自开工建设。对已经审批的项目建设用地，严禁变更其用途。严禁在项目建设时“以租代征”。（国土资源部、国家发展改革委）

5.研究起草《政府投资条例》。2009年年底前将送审稿上报国务院法制办后，配合做好相关工作，争取尽快出台。该条例将明确政府投资的资金来源、投资方式、决策程序、年度计划等内容，进一步健全完善科学的政府投资决策、建设和监督管理制度，并为违法行为的处罚和违法责任追究提供法律依据。（国家发展改革委）

6.积极开展《企业投资项目核准和备案管理条例》的起草工作，争取在2010年上报国务院。该条例将进一步规范企业投资项目核准和备案行为，设定对违法行为的行政处罚种类和措施，推动我国企业投资项目管理制度改革，进一步贯彻落实《行政许可法》和《投资体制改革决定》。（国家发展改革委）

7.推行专家评议和论证制度、公示制度。按照《投资体制改革决定》的要求，对特别重大的项目实行专家评议制度。推进政府投资项目公示制度，政府投资项目一般要经过符合资质要求的咨询中介机构的评估论证，咨询机构要引入竞争规则。推进政府投资项目公示制度。（国家发展改革委）

8.根据《政府信息公开条例》及其他信息公开相关规定，向社会公示建设项目信息，明确审批流程，及时公布审批结果，接受社会监督。（国家发展改革委、环境保护部、住房城乡建设部、工业和信息化部、交通运输部、铁道部、水利部、商务部、国土资源部、财政部）

9.推行责任追究制度。以出台后《政府投资条例》、《企业投资项目核准和备案条例》为依据，提高责任追究的针对性和科学性。对于投资项目审批（核准）、工程咨询、勘察、设计、施工、监理等部门和单位违反法律法规给国家造成重大损失的，要依法追究有关责任人的责任。（国家发展改革委、监察部、住房城乡建设部、工业和信息化部、交通运输部、铁道部、水利部）

（二）规范招标投标活动

1.根据《招标投标法》和《建设项目可行性研究报告增加招标内容以及核准招标事项暂行规定》（国家发展计划委员会令第9号）和《国家发展改革委办公厅关于办理工程建设项目审批（核准）时核准招标内容的意见的通知》（发改法规［2005］824号）的规定，在审批（核准）建设项目可行性研究报告、项目申请报告或资金申请报告时，严格核准招标范围、招标方式和招标组织形式，确保依法必须招标的项目全部实行招标。（国家发展改革委）

2.推动《招标投标法实施条例》尽早颁布实施。2009年9月通过法制办门户网站向社会公开征求意见，并通过召开座谈会、实地调研等方式，听取招投标市场主体、中介机构、地方政府招标投标行政监管部门、法制工作机构及有关专家的意见，争取2010年一季度提交国务院常务会议审议。（法制办、国家发展改革委）

3.继续做好《标准施工招标资格预审文件》和《标准施工招标文件》贯彻实施工作。2009年12月前，启动简明标准文件、生产设备和设计－施工标准文件、设计－采购－施工标准文件编制工作，2010年年底前以部门联合规章发布。（国家发展改革委、工业和信息化部、财政部、住房城乡建设部、交通运输部、铁道部、水利部）

4.推行电子招标投标。研究起草电子招标投标政策办法和技术标准，广泛征求各方面意见后尽快发布。（国家发展改革委、商务部、工业和信息化部、住房和城乡建设部、交通运输部、铁道部、水利部）

5.抓紧研究起草《建筑市场管理条例》。推动《建筑市场管理条例》起草、调研和论证工作，争取2010年报送国务院法制办，做好出台前的征求意见和修改论证工作。（住房城乡建设部、法制办）

6.加强对工程建设项目勘察、设计的管理，规范设计变更。健全勘察设计管理制度，重点加强对勘察设计的经济、技术、功能的比选和评价，防止简单以价格竞标的评标行为。（住房城乡建设部、国家发展改革委、工业和信息化部、交通运输部、铁道部、水利部、商务部、财政部）

7.推进建立统一规范的工程建设有形市场。组织调研，广泛征求招投标市场主体、中介机构、地方政府招标投标行政监管部门意见，研究提出建立统一规范的工程建设有形市场工作思路和步骤，逐步整合利用好各类有形建筑和建设市场资源。（国家发展改革委、住房城乡建设部、监察部、工业和信息化部、交通运输部、铁道部、水利部、法制办）

8.发挥招标投标部际联席会议机制作用。健全招投标法规文件制定事前协商机制和事后审查机制。加强工作情况交流，建立招投标统计制度。健全招标投标行政监督机制和举报投诉处理机制，健全招投标违纪违法线索处理和案件查处协作机制，及时有效查处工程建设项目招投标活动中的违纪违法案件。（国家发展改革委、工业和信息化部、住房城乡建设部、交通运输部、铁道部、水利部、商务部、财政部、监察部、法制办、国资委、工商总局）

9.抓紧落实招标投标违法行为记录公告制度。尚未建立招标投标违法行为记录公告平台的部门，按照《招标投标违法行为记录公告暂行办法》要求尽快建立；各有关部门在2009年年底前对招标投标违法行为记录公告平台建立和运行情况进行自查。完善招投标市场信用记录，逐步实现信息的互联互通和互认共用。（国家发展改革委、工业和信息化部、住房城乡建设部、交通运输部、铁道部、水利部、商务部、财政部、监察部）

10.完善招标代理机构准入管理，建立和完善招标代理机构动态监管和市场清退机制。监督指导行业协会加强行业自律，规范市场主体行为。颁布实施全国统一的评标专家分类标准和专家管理办法。加强公共服务平台建设，组建国家综合评标专家库。加强行业评标专家培训，改革和完善评标办法。（国家发展改革委、工业和信息化部、住房城乡建设部、交通运输部、铁道部、水利部、商务部、财政部、工商总局）

三、自查标准

各责任单位自查从2009年9月底开始，2010年3月结束。要制定检查方案，采取现场检查、召开座谈会等形式，按照自查标准，组织开展自查，并形成总结报告，于2010年3月底前报中央专项治理工程建设领域突出问题工作领导小组。各有关建设单位也要结合自查标准，对项目进行全面自查，分析突出问题，提出整改措施。

1.规范工程建设项目决策行为

重点检查工程建设项目决策行为中的有关内容。具体包括：

（1）项目审批（核准）程序方面。是否存在未经审批、核准或备案进行建设问题；是否存在越权审批或核准问题；是否存在以备案代替核准问题；是否存在未通过用地预审和环境影响评价审批，但已审批或核准问题；是否存在“分拆审批（核准）”等其他问题；是否存在违反产业政策问题；是否存在违反发展建设规划问题；是否存在违反市场准入标准问题。

（2）项目建设方面。是否科学合理确定项目建设规模，严格执行有关工程造价和建设标准的规定；是否严格执行《建筑法》、《投资体制改革决定》、《国务院办公厅关于加强和规范新开工项目管理的通知》（国办发［2007］64号）等规定，落实施工许可证制度、开工报告制度；是否严格执行《国家发展改革委关于加强中央预算内投资项目概算调整管理的通知》（发改投资［2009］1550号）的规定，加强项目概算管理。

（3）环评和节能方面。是否按照《节约能源法》、《环境保护法》、《国务院关于加强节能工作的决定》以及有关规定的要求，在审批、核准项目时进行了节能评估和环境影响评价审批；是否存在未进行、未通过节能评估和环境影响评价审批就开工建设的情况；是否存在越权审批环境影响评价文件问题；是否存在未按环境保护分类管理名录要求审批环境影响报告书或报告表问题；是否存在应备案而未备案，但已通过环境影响评价审批等其他问题。

（4）土地审批方面。是否存在越权审批建设用地问题；是否存在未办理农用地转用和土地征收审批问题；是否存在越权批准农用地转用和土地征收，特别是越权批准占用耕地和基本农田问题；是否存在对不符合产业政策和供地政策的项目批准土地问题；是否存在应审批、核准和备案的项目未办理审批、核准和备案手续，但已办理土地使用相关手续问题；是否存在“以租代征”等其他问题。

（5）信息公开方面。根据《政府信息公开条例》及其他信息公开相关规定，是否存在应向社会公示建设项目信息而未公开的情况；是否存在应向社会公开有关投资管理程序和审批流程而未向社会公开的情况；是否存在未及时向社会公开应该公开的审批结果的情况。

（6）责任追究方面。是否存在违反项目建设程序审批（核准）投资项目给国家造成重大损失的情况；有关咨询评估机构在咨询评估时是否存在弄虚作假或者评估结论意见严重失实的情况；有关勘察、设计等单位，是否存在违反法律法规、严重失职给国家造成重大损失的情况。

2.规范招投标活动

重点检查招投标活动中执行《招标投标法》及配套法规规章的情况。具体包括：

（1）依法实施行政监督情况。招投标投诉举报处理机制是否健全；违法行为记录公告平台是否建立，是否依法公告违法行为记录；是否依照《政府信息公开条例》及有关规定，积极推进招标投标信息公开；是否存在领导干部利用职权违反规定干预和插手建设工程招投标活动的情形；是否存在阻挠、干预外地投标人进入本地市场，或者对阻挠、干预外地投标人进入本地市场的行为纵容、包庇，限制公平竞争等情形；围标串标治理情况；招投标体制机制制度方面存在哪些不足。

（2）严格执行依法必须招标制度情况。达到国家规定范围和规模标准的建设工程勘察设计、施工、监理、重要设备和主要材料采购是否严格执行了招投标制；依法必须进行招标的工程建设项目是否严格核准其招标事项；国家重大建设项目是否依法采购自主创新产品；依法必须招标的工程建设项目招标公告，是否严格按照《招标投标法》规定在国家或省、自治区、直辖市人民政府指定的媒介发布；是否存在要挟、暗示投标人在中标后分包部分工程给本地区、本系统承包商、供货商的情况；投标人是否存在挂靠有资质或高资质单位并以其名义投标，或者从其他单位租借资质证书等行为；中标后，投标人是否转包，项目分包是否限定在非主体、非关键工作，分包单位是否具有相应资质；是否有另行订立背离中标合同实质性内容的其他协议；有形建筑市场是否依法办理招投标事宜，是否存在乱收费等违法违规行为。

（3）保证评标活动公正性情况。评标委员会的组建是否依据法定条件，是否严格执行回避制度；评标标准和方法是否在招标文件中公开载明，在评标过程中是否存在随意改变评标标准和方法的情况；依法必须招标项目推荐的中标候选人是否限定在一至三人，并标明顺序；使用国有资金投资或者国家融资项目中标人的确定是否严格执行了有关特别规定；评标专家是否存在收受投标人财物或者其他好处，透露对投标文件的评审和比较、中标候选人的推荐情况、与评标有关的其他事项等情况；对评标专家在评标活动中的违法违规行为是否依法给予查处。

（4）规范招标代理机构行为情况。招标代理机构是否与行政主管部门脱钩，是否存在隶属关系或者其他利益关系；是否存在违反《招标投标法》和《行政许可法》规定，设立和认定招标代理机构资格的行为；对违法违规的招标代理机构是否依法给予处理。

（5）招投标规章和规范性文件清理情况。规章和规范性文件是否存在非法设定投标许可、资质验证、注册登记等与《招标投标法》和《行政许可法》相抵触的规定和要求；是否存在通过设定歧视性资质要求、评标标准或者不依法发布招标信息等方式，限制或者排斥其他潜在投标人的规定；是否存在以获得本系统、本地区奖项作为评标加分条件或者中标条件的情况。

附：

相关法律法规

（一）规范工程建设项目决策行为方面

1. 国务院关于投资体制改革的决定（国发［2004］20 号）

2. 节约能源法

3. 环境保护法

4. 环境影响评价法

5. 公共机构节能条例

6. 民用建筑节能条例

7. 国务院关于加强节能工作的决定（国发［2006］28 号）

8. 国务院办公厅关于加强和规范新开工项目管理的通知（国办发［2007］64 号）

9. 国家发展改革委关于加强中央预算内投资项目概算调整管理的通知（发改投资［2009］1550 号）

10. 企业投资项目核准暂行办法（国家发展改革委第 19 号令）

11. 国家发展改革委关于实行企业投资项目备案制指导意见的通知（发改投资［2004］2656 号）

12. 工程咨询单位资格认定办法（国家发展改革委第 29 号令）

13. 国家发展改革委关于加强固定资产投资项目节能评估和审查工作的通知（发改投资［2006］2787 号）

14. 国家环保总局、国家发展改革委关于加强建设项目环境影响评价分级审批的通知（环发［2004］164 号）

15. 建设项目用地预审管理办法（国土资源部第 27 号令）

（二）规范招标投标活动方面

1. 招标投标法

2. 政府采购法

3. 国务院办公厅印发国务院有关部门实施招标投标活动行政监督的职责分工意见的通知（国办发［2000］34 号）

4. 中央机构编制委员会办公室关于招投标工作职责的复函（中央编办函［2003］82 号）

5. 国务院办公厅关于进一步规范招投标活动的若干意见（国办发［2004］56 号）

6. 工程建设项目招标范围和规模标准规定（国家计委令第 3 号）

7. 招标投标部际协调机制实施办法（发改法规［2009］124 号）

8. 招标投标违法行为记录公告暂行办法（发改法规［2008］1531 号）

9. 工程建设项目可行性研究报告增加招标内容和核准招标事项暂行规定（国家计委令第 9 号）

10. 国家发展改革委办公厅关于办理工程建设项目审批（核准）时核准招标内容的意见的通知（发改办法规［2005］824 号）

11. 工程建设项目自行招标试行办法（国家计委令第 5 号）

12. 招标公告发布暂行办法（国家计委令第 4 号）

13. 国家计委关于指定发布依法必须招标项目招标公告的媒介的通知（计政策［2000］868 号）

14. 工程建设项目施工招标投标办法（国家计委令第 30 号）

15. 工程建设项目货物招标投标办法（国家计委令第 27 号）

16. 工程建设项目勘察设计招标投标办法（国家发展改革委、建设部等 8 部门令第 2 号）

17. 评标委员会和评标方法暂行规定（国家计委等 7 部门令第 12 号）

18. 评标专家和评标专家库管理暂行办法（国家计委令第 29 号）

19. 中央投资项目招标代理机构资格认定管理办法（国家发展改革委令第 36 号）

20. 工程建设项目招标投标活动投诉处理办法（国家发展改革委等 7 部门令第 11 号）

21. 国家重大建设项目稽察办法（国家计委令第 6 号）

22. 国家重大建设项目招标投标监督暂行办法（国家计委令第 18 号）

23. 《标准施工招标资格预审文件》和《标准施工招标文件》试行规定（国家发展改革委令等 9 部门令第 56 号）

24. 国家计委关于印发《招标代理服务收费管理暂行办法》的通知（计价格［2002］1980 号）

25. 国家发展改革委办公厅关于招标代理服务收费有关问题的通知（发改办价格［2003］857 号）

26. 国家发展改革委、国务院法制办关于公布国务院有关部门招标投标规章和规范性文件清理目录的通知（发改法规［2004］1103 号）

27. 国家发展和改革委员会决定废止的招标投标规章和规范性文件目录（国家发展改革委令第 18 号）

国家发展和改革委员会

关于印发贯彻落实扩大内需促进经济增长决策部署进一步加强工程建设招标投标监管工作意见的通知

发改法规［2009］1361号

各省、自治区、直辖市发展改革委、工业和信息化主管部门、通信管理局、监察厅、建设厅（建委）、交通厅、水利厅、商务厅、法制办，各铁路局，民航各地区管理局：

按照中央经济工作会议、第十七届中央纪委第三次全会和国务院第二次廉政工作会议部署，为进一步做好工程建设招标投标监管工作，我们研究制定了《关于贯彻落实扩大内需促进经济增长决策部署进一步加强工程建设招标投标监管工作的意见》，现印发你们，请结合实际组织落实。

特此通知。

附：关于贯彻落实扩大内需促进经济增长决策部署进一步加强工程建设招标投标监管工作的意见

国家发展改革委
工业和信息化部
监　察　部
住房城乡建设部
交 通 运 输 部
铁　道　部
水　利　部
商　务　部
国务院法制办
二〇〇九年五月二十六日

附：

关于贯彻落实扩大内需促进经济增长决策部署进一步加强工程建设招标投标监管工作的意见

2009年是保增长、扩内需、调结构的关键一年。贯彻落实中央扩大内需促进经济平稳较快增长决策部署，进一步加强工程建设招标投标监督管理工作，对于管好用好政府投资，规范招标投标市场秩序，确保项目工程质量和资金安全，提高投资效益，具有十分重要的意义。为认真落实中央经济工作会议、第十七届中央纪委第三次全会和国务院第二次廉政工作会议部署和要求，现就进一步加强工程建设招标投标监管工作提出如下意见。

一、指导思想

坚持以科学发展观为指导，紧紧围绕党中央、国务院扩大内需促进经济平稳较快增长决策部署，把规范政府投资工程招标投标作为当前的重要任务，严格执行《招标投标法》规定，坚持依法办事；着力规范和完善招标投标制度，强化监督执法；加强工程建设招标投标领域反腐倡廉建设，严肃查处违法违纪案件；切实改进工作作风，提高行政效率，加强部门协调配合，为中央重大决策部署的贯彻落实提供有力保证。

二、主要任务

（一）坚持规则统一，提供制度保障。一是推动颁布《招标投标法实施条例》，统一招标投标规则，增强法律的可操作性。国家发展改革委和国务院有关招标投标行政监督部门，积极配合国务院法制办做好《招标投标法实施条例》修改完善工作，抓紧颁布实施。二是开展招标投标有关规定清理工作。要按照党中央、国务院关于扩大内需促进经济平稳较快增长的要求，重点清理是否存在非法设定涉及招标投标的行政许可、资质验证、注册登记等与《招标投标法》相抵触的规定；是否存在通过设定歧视性条款限制国产设备使用，以及排斥或者限制外地企业投标等行业垄断和地区封锁的规定；是否存在其他与《招标投标法》不一致，影响扩大内需、促进经济增长决策部署的规定。及时提出修订或废止的意见，向社会公布清理结果。三是推动形成统一的标准施工招标文件体系。国务院有关行业主管部门要根据《标准施工招标资格预审文件》和《标准施工招标文件》，结合本行业施工特点和管理需要，尽快修订、编制并发布行业范本。符合条件的政府投资项目以及各部门确定的其他项目应按要求使用标准招标文件。国家发展改革委要会同有关部门抓紧编制适用于中小型工程建设项目招标的简明标准招标文件。四是落实国务院装备制造业调整和振兴规划有关加强投资项目设备采购管理的要求，研究制定规范中央预算内投资项目设备采购管理的具体措施，确保自主创新设备采购方案的落实。

（二）加强监督管理，确保投资安全高效。要将政府投资项目作为招标投标监督管理的重点对象，严格核准招标范围、招标方式和招标组织形式，确保依法应该公开招标的项目实行公开招标。要严格执行《招标投标法》规定，坚决纠正违法设置限制性条件排斥潜在投标人、限制竞争的行为。招标文件不得要求或者标明特定的生产供应者以及含有倾向或者排斥潜在投标人的其他内容。政府投资项目属于政府采购的，除需要采购的工程、货物或者服务在中国境内无法获取或者无法以合理的商业条件获取等法定情形外，应当采购本国产品。确需采购进口产品的，必须在采购活动开展前，按照国家规定报经有关部门审核同意。使用中央投资的项目，在审批可行性研究报告、资金申请报告时，涉及招标的内容中应依法增加对中央投资项目招标代理机构资格及等级的要求。要加强对依法指定的招标公告媒介的监管，规范招标公告发布行为，依法必须招标项目的招标公告必须在依法指定的媒介发布。要严格执行《招标投标法》规定的期限要求，不得任意缩短法定期限。建立健全依法、科学、高效的监控体系，强化全过程监督执法，加大对中标项目合同执行跟踪监督力度，完善工程建设项目招标投标举报投诉处理机制，严肃查处将工程建设项目化整为零、随意简化程序规避招标、虚假招标，违规变更合同，以及围标串标等违法违规行为。有关部门对国家重大建设项目以及其他使用财政性资金采购重大装备和产品的项目，在审批资金申请报告或核准项目申请报告时，对承诺采购自主创新产品的内容进行重点审查，并监督落实。项目实施过程中，发展改革、工业和信息化、商务部门要按照职责分工，加强对装备制造业等工业项目和进口机电设备采购项目招投标活动的监督执法。加大对歧视和排斥投标等违法行为的查处力度。对于全部或部分使用政府投资项目，在招标文件中采用歧视性条件，间接或直接指定采购国外品牌产品或功能部件，限制国产设备使用的违法行为，依照相关法律法规追究其法律责任。各地区、各有关部门要选取投资规模大、社会影响面广的政府投资项目进行重点检查。监察机关要加强对招标投标执法活动的监督，对于领导干部利用职权违规干预和插手工程建设招标投标，在招标投标过程中进行权钱交易、失职渎职等违法违纪行为，要严肃查处，典型案件要公开曝光。

（三）推进信息公开，增强透明度。要按照公开、透明的原则，积极推进招标投标信息公开。依法必须招标项目的招标事项核准、资格预审公告、招标公告、中标候选人、中标结果等信息，都要向社会公开。要抓紧落实招标投标违法行为记录公告制度，加大违法行为记录披露力度，促进市场主体自律意识的提高。尚未建立招标投标违法行为记录公告平台的部门和地方，要按照《招标投标违法行为记录公告暂行办法》的要求，尽快建立；条件成熟的地方，要推动建立统一的招标投标违法行为记录公告平台，实现信息的互联互通和互认共用。各地区、各有关部门要在年底前对招标投标违法行为记录公告平台建立和运行情况进行自查。加强招标投标公共服务平台建设，研究组建综合性评标专家库。加快推动招标投标信用体系建设。积极推进电子招标投标试点工作，及时总结试点工作经验。

三、工作要求

（一）加强组织领导，抓好贯彻落实。加强工程建设招标投标监督管理，规范和健全招标投标制度，是完善社会主义市场经济体制的客观要求，也是贯彻落实中央扩大内需促进经济平稳较快增长政策措施的重要保障。要进一步统一思想，提高认识，特别是要根据今年政府投资力度大、新上项目多的新情况，结合本地区、本行业特点，在严格履行法定程序的前提下，研究提出改进工作作风、简化审批手续、提高审批效率的具体措施，可采取统一审批、联合审批或集中审批的形式，切实提高工作实效和监管水平。各地区、各有关部门要加强领导，周密部署，明确任务，落实责任，切实履行好招标投标监督管理的职责，确保监管到位。

（二）完善协调机制，增进工作合力。要建立和完善有效的招标投标工作协调机制，加强地区间、部门间在制定规则、监督检查、信息沟通等方面的协调配合，形成条块结合、上下联动、齐抓共管的监管格局。要完善监督执法协作机制，落实行业主管部门与监察机关之间在招标投标违法违纪线索处理和案件查处工作中的协作配合机制，保证信息渠道畅通，促进全国招标投标监督管理工作协同开展。

（三）注重调查研究，及时总结经验。各地方、各有关部门要密切关注中央扩大内需促进经济增长政策措施落实情况，及时研究招标投标领域中暴露出来的突出矛盾和问题，总结经验，把握规律，研究提出解决对策。各地方有关部门在工作中遇到的一些普遍性问题，可直接向上级主管部门汇报。对于涉及多部门招标投标活动的重大事项，国务院有关部门应及时提交招标投标部际协调机制会议讨论，共同促进招标投标市场健康发展。

关于开展第三批中央投资项目招标代理机构资格认定工作有关事项的通知

发改办投资［2009］581 号

各省、自治区、直辖市及计划单列市、新疆生产建设兵团发展改革委：

根据《国务院关于投资体制改革的决定》（国发［2004］20 号）精神和《中央投资项目招标代理机构资格认定管理办法》（国家发展改革委令第 36 号，以下简称“第 36 号令”）规定，现将第三批中央投资项目招标代理机构资格认定及资格升级工作的有关事项通知如下：

一、申请中央投资项目招标代理机构资格以及资格升级的各招标代理机构，应根据第 36 号令规定和本通知相关要求，认真准备资格申请或资格升级材料，并保证材料的真实、准确和完整。

凡未取得中央投资项目招标代理资格、符合申请条件的招标代理机构，均可提出资格申请。按照第 36 号令的有关规定，在首次中央投资项目招标代理机构资格评审中获得乙级和预备级资格的招标代理机构，具备高一级别条件的，此次可提出资格升级申请。

二、中央投资项目招标代理机构的资格申请或资格升级材料分为四册：企业基本情况、企业人员情况、专家库情况和招标业绩情况。预备级申请升至乙级的，只需提供第一册和第四册；其他机构，需提供全部申请材料。

（一）企业基本情况册包括以下内容：

1. 企业基本情况册封面（附件 1—1）；

2. 承诺函（对本企业申报材料的真实性、准确性、完整性做出承诺，并明确是否接受低于申请级别的资格评审结果，附件 1—2）；

3. 资格认定申请书或资格升级申请书（包括企业的发展过程、股东构成、主要业务、机构设置、申请级别或升级级别等内容）；

4. 企业法人营业执照副本复印件；

5. 公司章程；

6. 企业现有资格证书复印件（提供招标代理、工程咨询、监理和造价四类资格证书）；

7. 企业基本情况表（附件 1—3）；

8. 办公设施基本情况表（附件 1—4）及房屋产权证书复印件或房屋租赁合同复印件；

9. 近三年内机构及主要负责人受处罚情况（提供机构及主要负责人因违反《招标投标法》和相关规定所受处罚的文件复印件，包括警告、罚款、没收违法所得、停业整顿、暂停或取消代理资格、追究刑事责任等），或未受处罚声明（附件 1—5）；

10. 开展招标代理业务初始时间的证明材料（提供相关委托代理协议和中标通知书）。

（二）企业人员情况册包括以下内容：

1. 企业人员情况册封面（附件 2—1）；

2. 企业机构设置情况表（附件 2—2）；

3. 企业全部人员基本情况表（附件 2—3）；

4. 招标从业（专业）人员基本情况表（附件 2—4）；

5. 招标从业（专业）人员的劳动用工合同、身份证和中高级职称证书复印件；

6. 企业非招标从业（专业）人员的中高级职称证书复印件；

7. 企业为全部人员交纳的社会保险明细（提供社保部门出具或经社保部门确认的本企业人员的社会保险明细表）；

8. 最近一个年度的企业财务报表（即损益表、资产负债表）及报表说明。

（三）专家库情况册包括以下内容：

1. 专家库情况册封面（附件 3—1）；

2. 评标专家库人员名单（附件 3—2）；

3. 评标专家职称证书复印件。

（四）招标业绩情况册包括以下内容：

1. 招标业绩册封面（附件 4—1）；

2. 招标业绩汇总表（附件 4—2）；

3. 招标项目明细表（附件 4—3）及中标通知书复印件；

4. 委托代理协议明细表（附件 4—4）及委托代理协议

复印件。

三、申报材料中，以下五项内容应按要求格式附上电子版文档：

1．企业基本情况表（附件 1—3），以 Word 文档格式；

2．企业机构设置情况表（附件 2—2），以 Word 文档格式；

3．企业全部人员基本情况表（附件 2—3），以 Excel 文档格式；

4．招标从业（专业）人员基本情况表（附件 2—4），以 Excel 文档格式；

5．评标专家库人员名单（附件 3—2），以 Excel 文档格式。

申请材料中的相关附件可从国家发展改革委门户网站（www.ndrc.gov.cn）下载。

四、申请材料中，招标业绩的计算截止时间为 2009 年 2 月 28 日（以中标通知书签发日期为准）。申请甲级资格的，需报送 2004 年 3 月 1 日至 2009 年 2 月 28 日期间的招标业绩；申请乙级资格的，需报送 2006 年 3 月 1 日至 2009 年 2 月 28 日期间的招标业绩。

五、准备申请材料时，应注意以下事项：

（一）上报申请材料一律用 A4 复印纸打印，以非活页方式装订；

（二）申请材料必须按照要求格式如实填写，所有附件均应逐页加盖申请机构公章；

（三）申请材料应严格按照本通知第二条所规定的次序装订，不能擅自调整；若同一册的内容较多，可装订成若干分册，并在封面标明次序及册数；

（四）招标从业（专业）人员的劳动用工合同、身份证及职称证书复印件应集中装订，并与招标从业（专业）人员基本情况表中的顺序相对应；

（五）评标专家职称证书复印件的装订，必须与评标专家库人员名单中的顺序相对应；

（六）中标通知书复印件的装订，必须与招标项目明细表的顺序相对应；委托代理协议复印件按照时间顺序装订，并依次编号，填写委托代理协议明细表；

（七）所有劳动用工合同和委托代理协议均应提供全部内容，委托代理协议中收费标准部分可适当遮蔽；

（八）除本通知要求的内容外，申请机构不得在申报材料中附加其它宣传性材料。

六、各招标代理机构的申请材料，应报送企业注册所在地的省级发展改革委进行初审。申请材料不齐全或者不符合规定形式的，初审机关应当当场或在 5 个工作日内一次告知申请机构需要补正的全部内容。申请材料不齐全或不符合规定形式，以及申请机构未按要求提交全部补正材料的，不予受理。

七、各初审机关应根据《招标投标法》、《行政许可法》、第 36 号令和本通知的有关要求，对申请材料进行认真审查，提出明确的初审意见，初审意见为不同意的，应明确说明理由和依据。

各初审机关应于 2009 年 5 月 9 日之前，将各招标代理机构的申请材料和初审意见统一报送我委。

八、我委对所有上报的申请材料进行汇总整理，形成评审材料，组织专家委员会进行评审。专家同意票数达到规定比例的，视为通过专家评审。

九、申请机构未达到所申请级别的要求，但符合较低级别条件，且申请机构明确表示接受被授予较低级别资格的，将授予相应级别的资格。

十、我委将在门户网站上对专家评审结果进行公示，公示期 10 天。公示期间接受电话咨询及书面质疑、投诉材料，所有质疑、投诉材料均应据实署名并有明确联系方式，以便及时予以答复。

十一、公示结束后，我委汇总相关材料，确定最终评审结果，并向社会公布。

附件：附件 1—1　企业基本情况册封面（略）
附件 1—2　承诺函（略）
附件 1—3　企业基本情况表（略）
附件 1—4　办公设施基本情况表（略）
附件 1—5　未受处罚声明（略）
附件 2—1　企业人员情况册封面（略）
附件 2—2　企业机构设置情况表（略）
附件 2—3　企业全部人员基本情况表（略）
附件 2—4　招标从业(专业)人员基本情况表(略)
附件 3—1　专家库情况册封面（略）
附件 3—2　评标专家库人员名单（略）
附件 4—1　招标业绩情况册封面（略）
附件 4—2　招标业绩汇总表（略）
附件 4—3　招标项目明细表（略）
附件 4—4　委托代理协议明细表（略）

国家发展和改革委员会办公厅

二〇〇九年三月十七日

关于开展2010年中央投资项目招标代理机构资格认定和资格延续工作有关事项的通知

发改办投资［2010］457号

各省、自治区、直辖市及计划单列市、新疆生产建设兵团发展改革委：

根据《中央投资项目招标代理机构资格认定管理办法》（国家发展改革委第36号令，以下简称“36号令”）的有关规定，现将2010年中央投资项目招标代理机构资格认定（含资格升级）和资格延续工作的有关事项通知如下：

一、总体要求

中央投资项目招标代理机构资格申请、资格升级以及2010年资格证书到期需要延续的各招标代理机构，应根据36号令的有关规定和本通知相关要求，认真准备资格申请、资格升级或资格延续申报材料，并保证所有材料的真实、准确和完整。

（一）资格申请。按照36号令的有关规定，凡未取得中央投资项目招标代理机构资格且符合申请条件的招标代理机构，均可提出资格申请。

（二）资格升级。在2007年、2008年获得乙级和预备级资格的招标代理机构，具备相应条件且未获得资格升级的，此次可提出高一级别的资格升级申请。

（三）资格延续。在2007年获得甲级资格的招标代理机构，需要延续资格的，应提出资格延续申请；未提出资格延续申请的招标代理机构，视同自愿放弃资格。在2007年获得乙级和预备级资格的招标代理机构且未获得资格升级的，如果此次未提出资格升级申请但需要延续资格的，应提出资格延续申请；如果此次提出资格升级申请，则无须另行提出资格延续申请；既不提出资格升级申请也不提出资格延续申请的招标代理机构，视同自愿放弃资格。

二、资格申请、资格升级申报材料的编写要求

中央投资项目招标代理机构的资格申请、资格升级材料共分为四册：企业基本情况册、企业人员情况册、专家库情况册和招标业绩情况册。在2007年获得预备级资格的招标代理机构，如果此次提出升至乙级申请，只需提供企业基本情况册、企业人员情况册和招标业绩情况册；在2008年获得预备级资格的招标代理机构，如果此次提出升至乙级申请，只需提供企业基本情况册和招标业绩情况册；其他申报机构需提供全部申请材料。

（一）企业基本情况册包括以下内容：

1．企业基本情况册封面（附件1—1）。

2．资格申请（升级）承诺函（附件1—2）。对申报材料的真实性、准确性、完整性做出承诺，并明确是否接受低于申报级别的资格评审结果。

3．资格认定（含资格升级）申请书。包括企业的发展过程、股东构成、主要业务、机构设置、申请级别或升级级别等。

4．企业法人营业执照副本复印件。

5．公司章程。

6．企业现有资格证书复印件。提供招标代理、工程咨询、监理和造价咨询四类资格证书。

7．企业基本情况表（附件1—3）。

8．办公设施基本情况表（附件1—4）。自有产权的提供房屋产权证书复印件，非自有产权的提供房屋租赁合同复印件。

9．近三年内机构（包括分支机构）及其主要负责人受处罚情况。包括因违反《招标投标法》和相关规定被警告、罚款、没收违法所得、停业整顿、暂停或取消招标代理资格、依法追究刑事责任等。受过处罚的，应提供处罚文件复印件。未受处罚的，须提供未受处罚声明（附件1—5）。

10．开展招标代理业务初始时间的证明材料。提供相关的委托代理协议、招标文件、评标报告和中标通知书复印件和发布招标公告的媒体、时间。

（二）企业人员情况册包括以下内容：

1．企业人员情况册封面（附件2—1）。

2．企业机构设置情况表（附件2—2）。

3．企业全部人员基本情况表（附件2—3）。

4．企业招标从业（专业）人员基本情况表（附件2—4）。

5．招标从业（专业）人员的劳动用工合同、身份证、毕业证和中高级职称证书（包括执业资格证书）复印件。

6．企业非招标从业（专业）人员的中高级职称证书（包括执业资格证书）复印件。

7．企业社保情况。需提供社保部门出具或经社保部门确认的企业全部人员社会保险明细表，以及企业全部人员2009年10月至12月期间的社会保险缴纳情况月报和缴费凭证。

8．企业近三年的财务状况。需提供企业2007年、2008年度财务审计报告和2009年度企业财务报表。申请预备级资格的招标代理机构，如果开展招标代理业务不足 3 年，只需提供 2009 年度企业财务报表。

（三）专家库情况册包括以下内容：

1．专家库情况册封面（附件 3—1）。

2．评标专家库人员名单（附件 3—2）。

3．评标专家职称证书复印件。

（四）招标业绩情况册包括以下内容：

1．招标业绩册封面（附件 4—1）。

2．招标业绩汇总表（附件 4—2）。

3．招标项目明细表（附件 4—3）和相对应的中标通知书复印件（邀请招标的同时提供批复文件复印件）。同时，还应按照本通知第五条有关要求报送招标业绩。

三、资格延续申报材料的编写要求

资格证书到期需要延续的中央投资项目招标代理机构，需提供以下申请材料：

1．中央投资项目招标代理机构资格延续申请材料封面（附件 5—1）。

2．中央投资项目招标代理机构资格延续申请书。包括企业三年来的发展情况，企业名称、股东构成、业务种类、机构设置、企业人员等方面的变更情况等。

3．资格延续承诺函（附件 5—2）。对申报材料的真实性、准确性、完整性做出承诺，并明确是否接受低于原级别的资格。

4．企业机构设置情况表（附件 5—3）。

5．企业全部人员基本情况表（附件 5—4）。

6．招标从业（专业）人员基本情况表（附件 5—5）。

7．招标从业（专业）人员的劳动用工合同、身份证、毕业证和中高级职称证书（包括执业资格证书）复印件。

8．企业现有非招标从业（专业）人员的中高级职称证书（包括执业资格证书）复印件。

9．企业社保情况。需提供社保部门出具或经社保部门确认的企业全部人员社会保险明细表，以及企业全部人员 2009 年 10 月至 12 月期间的社会保险缴纳情况月报和缴费凭证。

10．企业近三年的财务状况。需提供企业 2007 年、2008 年度财务审计报告和 2009 年度企业财务报表。

11．企业招标业绩情况。需提供招标项目明细表（附件 5—6）。同时，企业还应按照本通知第五条有关要求报送招标业绩，无须提供其他纸质业绩报送材料。

四、报送电子数据材料的有关要求

申报材料中，以下几项内容应按要求上报电子版文档：

1．企业基本情况表（附件 1—3），以 Word 文档格式。

2．企业机构设置情况表（附件 2—2，5—3），以 Word 文档格式。

3．企业全部人员基本情况表（附件 2—3，5—4），以 Excel 文档格式。

4．企业招标从业（专业）人员基本情况表（附件 2—4，5—5），以 Excel 文档格式。

5．评标专家库人员名单（附件 3—2），以 Excel 文档格式。

6．招标项目明细表（附件 4—3，5—6），以 Excel 文档格式。

申报材料中的相关附件可通过国家发展改革委门户网站（网址：www.ndrc.gov.cn）下载。

五、报送招标业绩的有关要求

（一）资格申请、资格升级申报材料中，招标业绩计算的截止时间为 2009 年 12 月 31 日（以中标通知书签发日期为准）。申请（升级至）甲级资格的，经认定的 2005 年 1 月 1 日至 2009 年 12 月 31 日期间的招标业绩为有效业绩；申请（升级至）乙级资格的，经认定的 2007 年 1 月 1 日至 2009 年 12 月 31 日期间的招标业绩为有效业绩。

（二）资格延续申报材料中，招标业绩计算的截止时间为 2009 年 12 月 31 日（以中标通知书签发日期为准）。资格延续的有效业绩应是经认定的 2008 年 1 月 1 日至 2009 年 12 月 31 日期间的招标业绩。在此期间，甲级招标代理机构从事过的招标代理项目个数应在 120 个以上、中标金额累计在 20 亿元人民币以上，乙级招标代理机构从事过的招标代理项目个数应在 67 个以上、中标金额累计在 10 亿元人民币以上，预备级招标代理机构从事过的招标代理项目个数应在 40 个以上、中标金额累计在 6 亿元人民币以上。

（三）提出资格申请、资格升级和资格延续的招标代理机构，应按照招标项目明细表（附件 4—3，5—6）所列项目次序，将每一个招标项目对应的招标公告（邀请招标的须提供相关批复文件）、招标文件、评标报告（专家签字部分）和中标通知书扫描件制作成电子文件，上传到国家发展改革委投资研究所网站（网址：www.ioi.org.cn）。

（四）请各机构按照上述标准和要求，抓紧做好招标业绩的网上报送工作。资格申请的机构应通过国家发展改革委投资研究所网站，按照“资格申请”栏目的相关提示进行上报；资格升级的机构，如果通过国家发展改革委投资研究所网站已上报的招标业绩尚不能满足升级要求，还应按照国家发展改革委投资研究所网站“资格升级”栏目的相关提示，补报符合本条第（一）项要求的其他招标业绩；资格延续机构的招标业绩以网上报送的《中央投资项目招标情况报告》的招标业绩为准。

六、其他注意事项

（一）申报材料一律用 A4 复印纸打印，以非活页方式普通装订。

（二）申报材料必须按照要求格式如实填写，所有附件均应逐页加盖申请机构的公章。

（三）申报材料应严格按照本通知第二条、第三条规定的次序装订，不得擅自调整；如果同一册的内容较多，可装订成若干分册，并在封面标明次序及册数。

（四）同一招标从业（专业）人员的劳动用工合同、身份证、毕业证、职称证书复印件应集中统一装订，并与招标从业（专业）人员基本情况表中的顺序相对应。

（五）评标专家职称证书复印件的装订，必须与评标专家库人员名单中的顺序对应。

（六）中标通知书复印件的装订顺序，必须与招标项目明细表所列的顺序以及网上所报招标业绩所对应项目的顺序相一致。

（七）所有劳动用工合同应提供全部内容。

（八）禁止在申报材料中附加本通知要求以外的其它宣传性材料。

（九）所有复印件均应清晰完整，易于辨认，否则，将做相应核减。

七、申报材料报送及初审要求

各招标代理机构应将申报材料报送企业注册所在地的省级发展改革委进行初审。

申报材料不齐全或者不符合规定形式的，初审机关应当当场或在5个工作日内一次告知需要补正的全部内容。申报材料不齐全或不符合规定形式，以及申报机构未按要求提交全部补正材料的，不予受理。

各初审机关应根据《招标投标法》、《行政许可法》、第36号令和本通知的有关要求，对申报材料进行认真审查，提出明确的初审意见，初审意见为不同意的，应明确说明理由和依据。

各初审机关应于2010年4月30日之前，将各招标代理机构的申报材料和初审意见统一报送国家发展改革委。

八、评审有关事项

（一）国家发展改革委将对所有的申报材料进行汇总整理，形成评审材料，组织专家委员会进行评审。专家同意票数达到规定比例的，视为通过专家评审。

（二）资格证书到期机构的资格升级材料同时视为资格延续材料。评审过程中，将先按资格升级的有关要求进行评审，不符合资格升级条件的，再按资格延续的有关要求进行评审。

（三）资格申请的机构未达到所申请级别，或者资格延续的机构不能达到原有资格等级要求但符合较低级别条件，且申报机构明确表示接受较低级别资格的，将授予其相应级别的资格。

（四）国家发展改革委将在门户网站上对专家评审结果进行公示，公示期为10天。公示期间接受电话咨询及书面质疑、投诉材料，所有质疑、投诉材料均应据实署名并有明确联系方式，以便及时答复。

（五）公示结束后，国家发展改革委将汇总相关材料，确定最终评审结果，并向社会公布。

附件：1—1 企业基本情况册封面（略）
1—2 资格申请（升级）承诺函（略）
1—3 企业基本情况表（略）
1—4 办公设施基本情况表（略）
1—5 未受处罚声明（略）
2—1 企业人员情况册封面（略）
2—2 企业机构设置情况表（略）
2—3 企业全部人员基本情况表（略）
2—4 企业招标从业（专业）人员基本情况表（略）
3—1 专家库情况册封面（略）
3—2 评标专家库人员名单（略）
4—1 招标业绩情况册封面（略）
4—2 招标业绩汇总表（略）
4—3 招标项目明细表（略）
5—1 资格延续申请材料封面（略）
5—2 资格延续承诺函（略）
5—3 企业机构设置情况表（略）
5—4 企业全部人员基本情况表（略）
5—5 企业招标从业（专业）人员基本情况表（略）
5—6 招标项目明细表（略）

国家发展和改革委员会办公厅
二〇一〇年三月二日

关于进一步贯彻落实招标投标违法行为记录公告制度的通知

发改法规［2010］628 号

各省、自治区、直辖市发展改革委、工业和信息化主管部门、通信管理局、监察厅、财政厅、住房城乡建设厅（建委、建设交通委）、交通厅、水利厅、商务主管部门、法制办、各铁路局、民航各地区管理局：

严格落实招标投标违法行为记录公告制度是工程建设领域突出问题专项治理工作的一项重要任务。《招标投标违法行为记录公告暂行办法》（发改法规［2008］1531 号，以下简称《暂行办法》）自 2009 年 1 月 1 日颁布实施以来，各地认真贯彻落实，推进招标投标市场诚信建设取得积极成效。但是，总体进展尚不平衡，一些地方至今尚未建立公告平台，一些地方虽建立了公告平台却没有按照规定及时进行公告，影响了违法行为记录公告制度实施效果。为进一步贯彻落实中共中央办公厅、国务院办公厅《关于开展工程建设领域突出问题专项治理工作的意见》（中办发［2009］27 号）、中央治理工程建设领域突出问题工作领导小组《工程建设领域突出问题专项治理工作实施方案》（中治工发［2009］2 号）和《规范工程建设项目决策行为和招标投标活动指导意见》（中治工发［2009］3 号）部署和要求，切实发挥招标投标违法行为记录公告制度的失信惩戒作用，促进招标投标市场信用体系建设，现将有关事项通知如下：

一、抓紧建立违法行为记录公告平台。2010 年 5 月底前，各省级有关行政主管部门要按照《暂行办法》要求，在本部门网站上建立招标投标违法行为记录公告平台，并做好公告平台维护和管理工作；已经建立的，进一步规范和完善公告平台，逐步实现互联互通、互认共用；条件成熟的建立统一的违法行为记录公告平台。要加强对市、县级招标投标违法行为记录公告平台建设的指导和督促，争取今年年底前，建立起国务院有关部门，以及省、市、县四级公告平台。结合开展工程建设领域突出问题专项治理工作，将招标投标违法行为记录公告平台制度落实与工程建设领域项目信息公开和诚信体系建设相结合，促进信息共享。

二、依法公告违法行为记录。各省级有关行政主管部门要以落实中央工程建设领域突出问题专项治理工作部署为契机，加大监督检查工作力度，按照规定的职责分工，严肃查处招标投标违法违规行为。对于依法应当公告的违法行为，应及时在公告平台上公告。严格按照《暂行办法》规定的程序和要求发布公告，确保公告准确和客观。各省级有关行政主管部门公告的招标投标违法行为行政处理决定，须按要求及时抄报相应国务院行政主管部门。国务院有关行政主管部门将选取一批典型案件进行公告，并加强对本系统违法行为记录公告工作的指导，建立系统公告记录信息通报制度。

三、加大招标投标失信惩戒力度。各地可以结合本地实际，进一步健全失信惩戒制度，将公告的招标投标违法行为记录作为招标代理机构资格认定、依法必须招标项目投标人资格审查、招标代理机构选择、中标人推荐和确定、评标委员会成员确定和评标专家考核等活动的重要依据。

各地要按照中央工程建设领域突出问题专项治理工作统一部署，采取有效措施，全面落实招标投标违法行为记录公告制度。2010 年上半年，国家发展改革委、监察部将会同国务院有关部门对各地贯彻落实情况进行监督检查，重点检查公告平台建立和运行情况。对没有建立公告平台，或者不按照规定及时公告违法行为记录的地方，要进行通报。

国家发展改革委
工业和信息化部
监察部
财政部
住房城乡建设部
交通运输部
铁道部
水利部
商务部
国务院法制办
二〇一〇年三月二十九日

关于招标师职业水平考试收费标准及有关问题的通知

发改价格［2009］633号

人力资源社会保障部，各省、自治区、直辖市发展改革委、物价局、财政厅（局）：

原人事部《关于申报招标师职业水平考试收费标准的函》（国人部函［2007］272号）收悉。根据《财政部国家发展改革委关于招标师职业水平考试收费有关问题的通知》（财综［2009］10号）的规定，经研究，现将招标师职业水平考试的收费标准及有关问题通知如下：

一、人力资源和社会保障部所属人事考试中心在组织招标师职业水平考试时，向各省、自治区、直辖市人事部门（以下简称“省级人事部门”）收取的考务费标准为：客观题考试（共2科）每人每科25元，主观题考试（共2科）每人每科30元。

二、省级人事部门向考生收取的招标师职业水平考试费标准，由各省、自治区、直辖市价格、财政部门在考务费标准基础上加组织报名、租用考试场地和聘请监考人员的费用核定。

三、收费单位应到指定的价格主管部门办理收费许可证，并按财务隶属关系分别使用财政部和省级财政部门统一印制的票据。

四、收费单位应严格执行批准的收费项目和收费标准，不得自行增设收费项目和提高收费标准，并自觉接受价格、财政、审计部门的监督检查。

五、上述规定自2009年6月1日起执行，有效期两年。有效期满60个工作日前，按规定程序由你部报国家发展改革委、财政部重新审批。

国家发展改革委

财　政　部

二〇〇九年三月六日

关于印发招标师职业水平证书登记服务管理办法（试行）的通知

发改法规［2010］965号

各省、自治区、直辖市及计划单列市、副省级省会城市、新疆生产建设兵团发展改革委，国务院各有关部委、直属机构，各中央管理企业：

为规范招标师职业水平证书登记服务管理工作，加强招标采购从业人员队伍建设，根据原人事部、国家发展改革委《招标采购专业技术人员职业水平评价暂行规定》和《招标师职业水平考试实施办法》（国人部发［2007］63号）的规定，我委制定了《招标师职业水平证书登记服务管理办法（试行）》，现予印发，自发布之日起施行。

附：招标师职业水平证书登记服务管理办法（试行）

国家发展改革委

二〇一〇年五月十八日

附：

招标师职业水平证书登记服务管理办法（试行）

第一条 为规范招标师职业水平证书登记服务管理工作，加强招标采购从业人员队伍建设，根据《招标采购专业技术人员职业水平评价暂行规定》和《招标师职业水平考试实施办法》（国人部发［2007］63号）以及国家有关规定，制定本办法。

第二条 本办法所称招标师，是指通过全国招标采购专业技术人员职业水平评价，并取得《中华人民共和国招标师职业水平证书》的人员。

第三条 招标师职业水平证书实行登记服务管理。国家发展改革委是招标师职业水平证书登记服务工作的主管部门。中国招标投标协会负责登记服务的具体工作，定期向主管部门报告登记情况。

第四条 取得招标师职业水平证书的人员，应向中国招标投标协会申请办理登记手续。首次登记的受理期限为证书签发之日起6个月内，登记服务有效期3年。

首次登记后，每3年进行再登记。再登记的受理期限为上一次登记有效期满前3个月，至登记有效期满后3个月。超过登记或再登记受理期限的，不予登记。

第五条 申请首次登记和再登记的人员应在规定的受理期限内，登录指定的登记服务系统，依照规定的登记内容、流程和要求，完成在线登记手续。

第六条 申请首次登记的人员在填写在线登记信息的同时，应提供本人招投标工作业绩和信誉证明的书面材料。

第七条 申请再登记的人员，应当提供以下信息或书面材料：

（一）按照招标师继续教育办法规定，继续教育考核合格的证明；

（二）前次登记3年以来的工作业绩和信誉情况的书面证明材料；

（三）前次登记内容的变更信息及必要的书面证明材料。

招标师继续教育办法由中国招标投标协会另行制定，报主管部门批准后发布。

第八条 申请人登记信息和提交的材料不齐全或者不符合要求的，中国招标投标协会应及时通知申请人予以补正。必要时，申请人应提供有关证明材料原件。

第九条 中国招标投标协会负责组织审核申请人的登记信息。首次登记信息审核合格的，向申请人颁发《中国招标师电子登记证书》。审核不合格的，应通知申请人并说明理由。

再登记人员信息审核合格的，在《中国招标师电子登记证书》中注明“再登记合格”。审核不合格的，通知申请人并说明理由。

第十条 报经主管部门批准后，对有下列情形之一的人员，不予登记；已经登记的，应取消登记，收回《中国招标师电子登记证书》：

（一）以不正当手段取得电子登记证书的；

（二）私自涂改、出借、出租和转让电子登记证书的；

（三）在登记中提供虚假信息，拒绝改正的；

（四）其他不宜登记的情形。

第十一条 取得招标师职业水平证书的人员，违反相关法律法规规章或职业道德，造成不良影响的，中国招标投标协会报经主管部门批准后，取消其登记，并将取消登记情况通知发证机构，由发证机构收回其招标师职业水平证书。

第十二条 中国招标投标协会应通过网站和有关媒体向社会公布登记合格的招标师基本信息，建立招标师信用档案，并为用人单位提供取得招标师职业水平证书人员信息查询的服务。

第十三条 鼓励依法设立的招标代理机构、自行办理招标事宜的单位，以及其他有关企事业单位根据工作需要，优先聘任获得《中国招标师电子登记证书》的招标师。

第十四条 本办法由国家发展改革委负责解释。

第十五条 本办法自发布之日起施行。

关于《评标专家专业分类标准（试行）（征求意见稿）》公开征求意见的公告

为解决当前评标专家库专业分类存在的专业门类不齐全、专业类别设置不科学等问题，规范和统一全国评标专家专业分类，切实提高评标活动的公正性，为投资管理和项目建设提供高质量专家资源服务，我们商有关部门编制了《评标专家专业分类标准（试行）》。近日，中共中央办公厅、国务院办公厅印发《关于开展工程建设领域突出问题专项治理工作的意见》（中办发［2009］27号），明确要求"加强评标专家库管理，制定全国统一的评标专家分类标准"。为贯彻中央文件部署和要求，增强《标准》编制的科学性、合理性，现予以公布，欢迎各界人士提出意见和建议。

公开征求意见时间为10月27日至11月10日，各界人士可通过信函、传真或网上提交方式提出意见。

信函请寄至：

国家发展和改革委员会（法规司）

北京市西城区月坛南街38号

邮政编码：100824

传真请发至：（010）68502537

网上提意见，请登陆：

http://fgs.ndrc.gov.cn/zjzyfl/

附件：评标专家专业分类标准（试行）（征求意见稿）

附件：

评标专家专业分类标准（试行）（征求意见稿）

二〇〇九年十月

编制说明

一、编制思路

为解决当前评标专家库专业分类存在的专业门类不齐全、专业类别设置不科学等问题，规范和统一全国评标专家专业分类，切实提高评标活动的公正性，为投资管理和项目建设提供高质量专家资源服务，我们商有关部门编制了《评标专家专业分类标准（试行）（以下简称《标准》）》。近日，中共中央办公厅、国务院办公厅印发《关于开展工程建设领域突出问题专项治理工作的意见》（中办发［2009］27号），明确要求"加强评标专家库管理，制定全国统一的评标专家分类标准"。根据中央文件部署和要求，《标准》定位为全国统一的评标专家分类标准，作为国内评标专家库设置专家分类、招标人选择专家类别、确定符合要求的评标专家的依据。

专业分类标准编制的原则：一是有利于评标专家资源优化配置和专家抽取，操作性和实用性强；二是以专业分类为基础，同时考虑行业需求。对各行业能够通用的专业或交叉的专业进行整合，打破行业界限；三是门类齐全，专业层级设置、类别划分合理。

二、《标准》的框架

《标准》依据国民经济统计类别、高等教育专业划分、项目类别划分标准、建筑业资质及全国专业技术资格、执业（职业）资格的分类编写，包括工程、货物和服务评标专家分类，并依据评标特点对部分专业进行了合并，对部门、地方和招标代理机构现有评标专家库专业分类实践进行了调研，总结经验，以适应招标人选择评标专家的要求。

申报专业时，评标专家可以选择一个或多个熟悉的专业同时申报，审查合格后入库。

（一）工程类评标专家分为工程规划、工程勘察与地基处理、工程设计、工程施工、工程监理、工程造价及其他等7个大类。

1. 工程设计中一些通用专业，如建筑、结构、给水排水、暖通空调、电气等专业，适用于其他各类工程。工程设计依据工程设计专业分类设置专家分类。

2. 工程施工整合了目前行业间一些交叉专业，如建筑工程中的各专业适用于所有行业的建筑工程，交通工程中的路基路面工程、桥梁工程、隧道工程、交通安全设施等专业，适用于市政工程、公路工程、铁路工程和水运工程涉及的路基路面、桥梁、隧道和交通安全设施，电子、通信、广电工程中的电子系统工程适用于所有行业涉及的电子系统工程。

3．工程监理12个专业主要依据目前必须进行监理的工程项目类别、监理企业资质类别以及监理工程师实际从事的专业设置专家分类。

4．工程造价专业主要依据目前造价工程师和造价员两种资格管理制度。对一些没有设置造价工程师的行业或工程项目，此处依据实际需要设置了概预算专业，以满足实际需要。

（二）货物类评标专家分为机械设备类、医疗器械、金属材料、石油及其制品、煤炭及其制品、化工材料及其制品、建筑材料、药品和其他类共9个类别。

（三）服务类评标专家分为地质勘察、工程管理、经济管理、工商管理、金融、法律、修理、租赁、物流和其他服务等10个类别，其中工程中的勘察、设计、监理、造价四个服务类别已经列入了第一部分“工程类”中，此处“工程管理”包括“工程类”中没有列入的工程咨询专业，如工程投融资咨询、价格咨询、项目管理、代建管理等。

（四）《标准》包括一级—三级专业，部分仅有一级—二级专业。组建综合性评标专家库时，可以依据需要进一步细化《标准》、进一步补充需要的专业类别。

招标人选择评标专家时，须按项目类别，依据《标准》及细化、补充的专家分类确定满足项目专业要求的专家。

一、工程类（编码A）

一级专业	二级专业	三级专业	备注
A01 工程规划	A0101 经济社会发展总体规划	A010101 经济社会发展总体规划	
	A0102 土地利用总体规划	A010201 土地利用总体规划	
	A0103 区域规划	A010301 主体功能区规划 A010302 区域规划 A010303 国土规划	
	A0104 城乡规划	A010401 城乡规划	
	A0105 矿产资源规划	A010501 矿产资源规划	
	A0106 交通规划	A010601 公路规划 A010602 铁路规划 A010603 水运规划 A010604 航空规划 A010605 城市轨道交通规划 A010606 城市步行及自行车道规划	
	A0107 水利规划	A010701 水利规划 A010702 水资源规划 A010703 海洋可再生能源利用规划	
	A0108 水电规划	A010801 河流（河段）水电规划 A010802 抽水蓄能电站选点规划	
	A0109 新能源规划	A010901 风电规划 A010902 太阳能发电规划 A010903 生物质能利用规划 A010904 其他新能源规划	
	A0110 信息产业规划	A011001 电子规划 A011002 通信规划 A011003 软件规划	
	A0111 气象规划	A011101 气象综合探测规划 A011102 气象灾害防御规划 A011103 所得资源开发利用规划 A011104 气候变化规划	

续表

一级专业	二级专业	三级专业	备注
A01 工程规划	A0112 海洋规划	A011201 海洋主体功能区规划 A011202 海洋功能区规划 A011203 海洋经济发展规划 A011204 海岛海岸带保护和利用规划 A011205 海水利用规划 A011206 海洋科技规划 A011207 其他海洋规划	
	A0113 其他规划	A011301 电力规划 A011302 信息网络规划 A011303 煤炭矿区规划 A011304 煤层气规划 A011305 冶金规划 A011306 化工规划 A011307 石油天然气规划 A011308 环境保护规划 A011309 核工业规划 A011310 建筑材料规划	
A02 工程勘察	A0201 岩土工程	A020101 岩土工程勘察 A020102 农用地开发整理工程 A020103 建筑用地开发与整理工程 A020104 矿山勘察（非核矿） A020105 核矿山地质勘察	
	A0202 地质工程	A020201 工程地质勘察 A020202 地质灾害治理工程 A020203 地质环境保护工程	
	A0203 测绘工程	A020301 大地测量 A020302 工程测量 A020303 摄影测量与遥感 A020304 海洋测量 A020305 地籍测量工程 A020306 勘测定界工程	
	A0204 水文气象勘察	A020401 海洋水文勘察 A020402 气象勘察 A020403 陆地水文勘察	
A03 工程设计	A0301 建筑工程	A030101 建筑总平面规划 A030102 建筑学 A030103 结构 A030104 给水排水 A030105 暖通空调 A030106 电气、通信及弱电 A030107 防护 A030108 防化	
	A0302 市政工程	A030201 市政线路、站场 A030202 市政道路	

续表

一级专业	二级专业	三级专业	备注
A03 工程设计	A0302 市政工程	A030203 市政桥梁 A030204 市政道路照明 A030205 市政园林 A030206 市政机械 A030207 市政给排水 A030208 市政信号与控制 A030209 城市燃气 A030210 城市热力	
	A0303 公路工程	A030301 路线 A030302 路基、路面 A030303 桥梁 A030304 隧道 A030305 监控、通信、收费、安全设施 A030306 互通式立交	
	A0304 水运工程	A030401 水运总平面 A030402 航道工程 A030403 结构（港工、金属） A030404 装卸工艺 A030405 航海技术 A030406 导助航	
	A0305 铁路工程	A030501 线路、轨道 A030502 路基 A030503 桥梁 A030504 隧道 A030505 站场 A030506 经济与运量、行车 A030507 铁路电气化 A030508 机务、车辆及动车组设备 A030509 铁路栈桥 A030510 铁路通信、信号及信息 A030511 铁路给排水工程 A030512 铁路环境保护 A030513 铁路施工组织设计	
	A0306 民航工程	A030601 民航总体规划 A030602 机场场道工程 A030603 空管工程 A030604 民航设备安装工程	
	A0307 水利工程	A030701 规划（水利） A030702 水文泥沙 A030703 地质（水利） A030704 水工建筑（水利） A030705 电气（水利） A030706 水利机械 A030707 金属结构	

续表

一级专业	二级专业	三级专业	备注
A03 工程设计	A0307 水利工程	A030708 征地移民 A030709 水土保持 A030710 农田水利	
	A0308 水电工程	A030801 规划 A030802 水文泥沙 A030803 地质（水电） A030804 水工建筑 A030805 电气 A030806 水力机械 A030807 施工 A030808 移民 A030809 安全评价 A030810 环保 A030811 工程管理	
	A0309 电力工程	A030901 电力总图、规划 A030902 动力 A030903 电力系统 A030904 电气（发输电） A030905 输煤系统 A030906 热工控制 A030907 化学水处理 A030908 金属结构 A030909 核工程、核技术与核安全	
	A0310 新能源工程	A031001 风电 A031002 太阳能发电发电 A031003 生物质能利用发电 A031004 海洋可再生能源发电 A031005 其他新能源工程	
	A0311 矿山工程	A031101 矿山总图 A031102 运输、提升 A031103 采矿 A031104 矿山机电 A031105 矿山供配电 A031106 选矿与矿物加工 A031107 矿山安全 A031108 煤层气开发 A031109 环保与治理	
	A0312 石油天然气工程	A031201 石油天然气总图 A031202 油气集输、储运 A031203 油气加工 A031204 热力工程 A031205 腐蚀与控制 A031206 海洋（设计）	
	A0313 冶金工程	A031301 冶金工程总图	

续表

一级专业	二级专业	三级专业	备注
A03 工程设计	A0313 冶金工程	A031302 冶金金属原料制备及炼制	
		A031303 冶金金属加工及材料	
		A031304 冶金焦化、耐火材料	
		A031305 冶金金属轧制	
		A031306 冶金机械	
		A031307 冶炼动力	
	A0314 化工工程	A031401 化工总图运输	
		A031402 化工工艺	
		A031403 化工设备	
		A031404 化工动力	
	A0315 机械工程	A031501 机械总图（含物流）	
		A031502 机械加工工艺	
		A031503 非标设备	
		A031504 加工动力	
	A0316 军工工程	A031601 军工总图规划	
		A031602 航空航天	
		A031603 兵器	
		A031604 造船	
	A0317 轻工业工程	A031701 轻工总图	
		A031702 制浆造纸	
		A031703 食品发酵烟草	
		A031704 制糖工艺	
		A031705 日用化工及塑料	
		A031706 日用硅酸盐	
		A031707 制盐	
		A031708 皮革毛皮及制品	
		A031709 轻工机械工艺	
		A031710 纺织工艺	
		A031711 服装、印染、印刷工艺	
		A031712 化纤原料、化纤工艺	
		A031713 轻纺机械	
	A0318 农业工程	A031801 农业规划	
		A031802 农村能源工程	
		A031803 农业资源与环境	
		A031804 农业机械	
		A031805 农副产品保鲜加工与储藏	
		A031806 草业工程	
		A031807 农业建筑	
		A031808 设施农业与园艺工程	
		A031809 渔港、渔政工程	
		A031810 水产养殖与良种繁育工程	
		A031811 畜禽养殖工程	
		A031812 农学	
		A031813 兽医	

续表

一级专业	二级专业	三级专业	备注
A03 工程设计	A0318 农业工程	A031814 渔捞 A031815 农业废弃物、污染物处理	
	A0319 林业工程	A031901 林业总图规划 A031902 木产化工 A031903 木材加工、人造板 A031904 木工机械 A031905 森林保护 A031906 木材采运	
	A0320 商物粮工程	A032001 食品加工 A032002 油脂加工 A032003 粮食加工 A032004 物流、仓储 A032005 制冷专业	
	A0321 电子、通信、广电工程	A032101 电子产品制造工程 A032102 通信工程 A032103 电子系统工程 A032104 讯号发射塔 7 接收 A032105 广播电视中心工艺 A032106 广播电视无线发射台站工艺 A032107 电影制作、放映工程 A032108 信息安全 A032109 卫星、遥感技术及应用 A032110 安全技术防范系统工程 A032111 地理信息系统工程	
	A0322 建材工程	A032201 建材总图规划 A032202 建筑材料、加工工艺 A032203 材料加工机械	
	A0323 海洋工程	A032301 海洋工程工艺 A032302 海工程结构 A032303 海洋三防 A032304 海洋微生物处理及样品保藏 A032305 海水淡化及处理 A032306 海水直接利用	
A04 工程施工	A0401 建筑工程	A040101 土石方工程 A040102 地基处理工程 A040103 爆破与拆除工程 A040104 土建工程 A040105 设备安装工程 A040106 钢结构工程 A040107 通风与空调工程 A040108 装饰装修工程 A040109 幕墙工程 A040110 建筑智能化工程 A040111 电梯工程	

续表

一级专业	二级专业	三级专业	备注
A04 工程施工	A0401 建筑工程	A040112 消防设施工程	
		A040113 锅炉与压力容器安装	
		A040114 特种工程	
		A040115 高耸构筑物工程	
		A040116 建筑防水、防腐、保温工程	
		A040117 仿古建筑及修缮	
	A0402 公路工程	A040201 路基路面工程	
		A040202 桥梁工程	
		A040203 隧道工程	
		A040204 交通安全设施	
		A040205 通风照明及消防系统	
		A040206 通信工程	
		A040207 监控、收费系统	
	A0403 市政工程	A040301 市政供水工程	
		A040302 市政排水工程	
		A040303 污水处理工程	
		A040304 热能及供热工程	
		A040305 城市燃气工程	
		A040306 道路照明工程	
		A040307 轨道交通工程	
		A040308 垃圾处理工程	
		A040309 体育场地设施工程	
		A040310 城市景观、户外广告	
		A040311 市容环境综合整治	
		A040312 城市公共广场	
		A040313 再生水利用	
	A0404 水运工程	A040401 港口工程	
		A040402 港口装卸制造设备安装	
		A040403 航道工程	
		A040404 枢纽船闸升船机工程	
		A040405 船舶修造	
	A0405 铁路工程	A040501 铁路电气化工程	
		A040502 铁路机务、车辆及动车组设备	
		A040503 铁路通信、信号及信息工程	
		A040504 铁路轨道工程	
		A040505 铁路辅架工程	
		A040506 铁路给排水工程	
	A0406 民航工程	A040601 机场电子信息工程	
		A040602 航站区工程	
		A040603 机场照明工程	
		A040604 供油工程	
	A0407 水利工程	A040701 基础处理	
		A040702 水工建筑物工程	
		A040703 引水和灌溉工程	

续表

一级专业	二级专业	三级专业	备注
A04 工程施工	A0407 水利工程	A040704 河道和堤防工程 A040705 机电设备及安装工程 A040706 金属设备及安装工程 A040707 水土保持 A040708 农田水利 A040709 安全监测工程	
	A0408 水电工程	A040801 施工总布置 A040802 土建工程施工 A040803 机电设备及金属结构安装 A040804 安全监测工程	
	A0409 新能源工程	A040901 风电 A040902 太阳能发电 A040903 生物质能利用发电 A040904 海洋可再生能源工程 A040905 其他新能源工程	
	A0410 电力工程	A041001 火电安装工程 A041002 核电安装工程 A041003 输变电工程 A041004 电力线路工程 A041005 脱硫、脱硝工程 A041006 电力调试	
	A0411 矿山工程	A041101 采矿工程 A041102 矿山机电设备安装工程 A041103 选矿与矿物加工 A041104 煤田灭火工程 A041105 煤炭转化工程 A041106 共伴生矿产资源综合利用工程 A041107 矿井水利用工程 A041108 煤层气开采 A041109 矿山土地复垦	
	A0412 石油天然气工程	A041201 石油天然气开采 A041202 石油地面建设 A041203 石油天然气贮运	
	A0413 冶金工程	A041301 冶金金属炼制 A041302 冶金金属轧制 A041303 焦化工程 A041304 有色金属材料工程 A041305 耐火材料工程 A041306 炭素材料工程 A041307 冶金热能工程	
	A0414 化工工程	A041401 化工测量技术与仪器仪表 A041402 化工系统工程 A041403 无机化学工程 A041404 有机化学工程	

续表

一级专业	二级专业	三级专业	备注
A04 工程施工	A0414 化工工程	A041405 电化学工程 A041406 高聚物工程 A041407 煤化学工程 A041408 石油化学工程 A041409 精细化学工程 A041410 制药工程 A041411 油气加工 A041412 中药制剂工程	
	A0415 机械制造	A041501 通用机械制造 A041502 专用设备制造 A041503 交通运输设备制造 A041504 电气设备制造 A041505 仪器仪表及文化办公机械制造	
	A0416 航空航天工程	A041601 地面设备工程 A041602 航天空间飞行器工程 A041603 运载火箭制造工程 A041604 航空飞行器工程 A041605 地面制导站工程	
	A0417 轻工业工程	A041701 制浆造纸工程 A041702 烟草工程 A041703 制糖工程 A041704 日化及塑料工程 A041705 日用硅酸盐工程 A041706 制盐及盐化工工程 A041707 毛皮与制革工程 A041708 纺织、服装、印染工程 A041709 化纤及化纤原料工程	
	A0418 生物工程	A041801 生物医药工程 A041802 生物医药器械工程 A041803 生物能源工程 A041804 发酵工程 A041805 生物质产品工程	
	A0419 农业工程	A041901 农业综合开发生态工程 A041902 种植业工程 A041903 畜牧与草业工程 A041904 设施农业与园艺工程 A041905 水产养殖工程 A041906 渔业资源开发利用工程 A041907 渔港、渔政工程 A041908 农村能源工程	
	A0420 林业工程	A042001 林业生态环境工程 A042002 自然保护区工程 A042003 野生动物保护与繁殖利用 A042004 苗圃建设工程	

续表

一级专业	二级专业	三级专业	备注
A04 工程施工	A0420 林业工程	A042005 森林培育、保护工程 A042006 森林采伐和运输工程 A042007 经济林和林特产品加工 A042008 森林资源管理与监测 A042009 森林有害生物防治工程 A042010 森林资源开发利用工程 A042011 森林消防工程 A042012 濒危药用植物保护、开发、利用 A042013 湿地与野生动植物保护工程 A042014 木、竹材加工工程	
	A0421 商务粮工程	A042101 冷冻冷藏工程 A042102 肉食品加工工程 A042103 批发、配送与物流仓储工程 A042104 成品油储运工程 A042105 粮食工程 A042106 油脂工程	
	A0422 电子、通信、广电工程	A042201 电子产品制造工程 A042202 电子系统工程 A042203 有线通信工程 A042204 无线通信工程 A042205 邮政工程 A042206 讯号发射/接收塔工程 A042207 广播中心工程 A042208 电视中心工程 A042209 无线广播电视工程 A042210 有线电视工程 A042211 广播卫星工程 A042212 电影制作工程 A042213 电影放映工程 A042214 卫星、雷达、遥感技术施工 A042215 通信系统集成	
	A0423 建材工程	A042301 炉窑工程 A042302 炉窑机电设备安装工程 A042303 非金属材料工程 A042304 纯低温余热发电工程	
	A0424 海洋工程	A042401 港口与海岸工程 A042402 港口装卸设备安装工程 A042403 海洋油（气）工程 A042404 围填海、海上堤坝工程 A042405 人工岛、人工鱼礁、海上景观工程 A042406 海上和海底物资储藏设施 A042407 跨海桥梁 A042408 海底隧道工程 A042409 大型海水养殖场	

续表

一级专业	二级专业	三级专业	备注
A04 工程施工	A0424 海洋工程	A042410 海水综合利用工程 A042411 海上娱乐及运动 A042412 海洋及海岛资源开发利用和保护 A042413 海洋环境污染治理与生态修复工程 A042414 海洋灾害防治工程 A042415 海洋生化工程 A042416 海洋生物制药工程 A042417 海底电（光）缆、管道铺设 A042418 船舶工程	
	A0425 地质工程	A042501 地质灾害治理 A042502 地质环境保护	
	A0426 园林绿化工程	A042601 园林工程 A042602 绿化工程	
	A0427 核工程	A042701 核矿山 A042702 核化工、放射性医药 A042703 核加工 A042704 研究堆、动力堆（非核电） A042705 核设施退役治理	
A05 工程监理	A0501 建筑工程	A050101 建筑 A050102 结构 A050103 给水排水 A050104 暖通空调 A050105 电气 A050106 机电设备安装	
	A0502 市政工程	A050201 市政土木工程 A050202 市政给水排水 A050203 市政供配电、信号 A050204 市政机电设备	
	A0503 公路工程	A050301 公路土木工程 A050302 公路机电设备	
	A0504 铁路工程	A050401 铁路土木工程 A050402 铁路机电设备 A050403 铁路电气化、通信、信号	
	A0505 港口与航道工程	A050501 结构（港工、金属） A050502 港口机电设备 A050503 航道工程	
	A0506 水利工程	A050601 水工结构 A050602 水土保持 A050603 水利机电及金属结构制造	
	A0507 水电工程	A050701 土建 A050702 水力机械及金属结构 A050703 安全监测工程 A050704 电气	

续表

一级专业	二级专业	三级专业	备注
A05 工程监理	A0507 水电工程	A050705 环保 A050706 水保 A050707 移民	
	A0508 新能源工程	A050801 土建 A050802 机电设备 A050803 海洋可再生能源	
	A0509 电力工程	A050901 电力系统 A050902 动力 A050903 输煤系统 A050904 热工控制 A050905 输变电 A050906 水工建筑物监测	
	A0510 矿山工程	A051001 采矿 A051002 选矿与矿物加工 A051003 矿山机电设备 A051004 矿山供配电 A051005 煤层气开采	
	A0511 化工石油工程	A051101 化工机电设备 A051102 油气集输、储运 A051103 油气加工及化工 A051104 腐蚀与控制	
	A0512 冶金工程	A051201 冶金金属炼制 A051202 冶金机械 A051203 冶炼动力 A051204 冶金金属加工及材料	
	A0513 农林工程	A051301 农林土木工程 A051302 农林机电设备 A051303 木材加工、林产化工	
	A0514 电子通信工程	A051401 电子工程 A051402 通信工程 A051403 广电工程 A051404 信息化工程	
	A0515 地质工程	A051501 地质灾害治理工程	
A06 工程经济	A0601 土木工程	A060101 建筑（土建） A060102 市政（土建） A060103 公路（土建） A060104 铁路（土建） A060105 水利（土建） A060106 水电（土建） A060107 新能源（土建） A060108 电力（土建） A060109 矿山（土建） A060110 油气（土建）	

续表

一级专业	二级专业	三级专业	备注
A06 工程经济	A0601 土木工程	A060111 化工（土建） A060112 农林工程概预算 A060113 军工工程概预算 A060114 海洋工程概预算 A060115 环境工程概预算 A060116 航空工程概预算（土建） A060117 核工程概预算（土建）	
	A0602 安装工程	A060201 建筑（安装） A060202 市政（安装） A060203 公路（安装） A060204 铁路（安装） A060205 水利（安装） A060206 水电（安装） A060207 新能源（安装） A060208 电力（安装） A060209 矿山（安装） A060210 油气（安装） A060211 化工（安装） A060212 电子通信工程概预算 A060213 航空工程概预算（安装） A060214 核工程概预算（安装） A060215 制药（安装）	
A07 其他	A0701 环境工程	A070101 大气污染控制工程 A070102 水污染控制工程 A070103 固体废物污染控制工程 A070104 医疗和危险物污染控制工程 A070105 生态保护和修复工程 A070106 土壤污染控制工程 A070107 噪声污染控制工程 A070108 核与辐射安全工程	
	A0702 气象工程	A070201 气象综合观测工程 A070202 气象信息化工程 A070203 气象预报与灾害预警工程 A070204 气候与气候变化 A070205 人工影响天气工程 A070206 雷电监测预警与防护工程	
	A0703 地震工程	A070301 地震观测预报工程 A070302 地震灾害防御工程 A070303 地震应急救援与救灾工程	
	A0704 文物保护工程	A070401 地上文物考古、修缮与保护 A070402 地下文物考古、修缮与保护 A070403 水下文物考古、修缮与保护 A070404 文物收藏、陈列与保护 A070405 文物安全消防	

续表

一级专业	二级专业	三级专业	备注
A07 其他	A0705 软件工程	A070501 中巷工程 A070502 矿山安全软件及硬件系统 A070503 应用软件（系统）开发工程	

二、货物类（编码 B）

一级专业	二级专业	三级专业	备注
B01 机械、设备类	B0101 通用机械	B010101 风机与压缩机 B010102 制冷与采暖空调设备 B010103 气体分离设备 B010104 泵与阀门 B010105 印刷机械 B010106 消防设备 B010107 流体传动与控制 B010108 减速机及基础零部件 B010109 其他通用机械设备	
	B0102 原动机	B010201 发动机 B010202 蒸汽、燃气、水轮机 B010203 水力机械 B010204 风力机械 B010205 核动力 B010206 其他新能源动力机械	
	B0103 金属加工机械	B010301 金属切削机床 B010302 锻压与锻压机械 B010303 铸造于铸造设备 B010304 焊接与焊接、切割设备 B010305 模具 B010306 表面处理 B010307 热处理设备 B010308 理化检测设备 B010309 机电一体化	
	B0104 锅炉	B010401 锅炉 B010402 锅炉辅机	
	B0105 造纸机械	B010501 制浆设备 B010502 造纸机	
	B0106 机重运输机械	B010601 起重机械 B010602 输送机械 B010603 装卸机械 B010604 电梯	
	B0107 矿山机械	B010701 穿孔、盾构设备 B010702 矿山提升、通风装运设备 B010703 采矿与采矿支护机械 B010704 粉碎机械	

续表

一级专业	二级专业	三级专业	备注
B01 机械、设备类	B0107 矿山机械	B010705 研磨设备 B010706 洗选及脱水设备 B010707 烧结、成型设备 B010708 勘探、检测设备 B010709 运输车辆 B010710 其他辅助设备	
	B0108 冶金机械	B010801 黑色金属冶炼设备 B010802 有色金属冶炼设备 B010803 黑色金属轧制设备 B010804 有色金属压延设备	
	B0109 石油、天然气设备	B010901 石油、天然气勘探和钻采设备 B010902 石油、天然气集输于储运 B010903 炼油设备	
	B0110 化工机械	B011001 化工装置 B011002 橡胶与塑料加工机械 B011003 制药设备 B011004 中药炮制设备 B011005 压力容器	
	B0111 纺织机械	B011101 纺织设备 B011102 印染设备 B011103 化纤设备	
	B0112 轻工机械	B011201 烟草加工设备 B011202 酒、饮料加工及罐装设备 B011203 制糖设备 B011204 制盐设备 B011205 制革工艺与皮革加工设备 B011206 制鞋设备 B011207 钟表生产设备 B011208 自行车生产设备 B011209 电光源制造设备 B011210 缝纫与服饰加工设备 B011211 日用化工设备 B011212 日用电器设备 B011213 厨房设备 B011214 乳品加工设备 B011215 屠宰及肉类加工设备 B011216 食品冷冻保鲜设备	
	B0113 包装设备	B011301 食品包装机械 B011302 药品专用包装机械 B011303 其它货物包装机械设备	
	B0114 农业机械	B011401 耕整地机械 B011402 种植施肥机械 B011403 田间管理机械	

续表

一级专业	二级专业	三级专业	备注
B01 机械、设备类	B0114 农业机械	B011404 收获机械 B011405 收获后处理机械 B011406 农产品初加工机械 B011407 农用搬运机械 B011408 排灌机械 B011409 畜牧水产养殖机械 B011410 动力机械 B011411 农村可再生能源利用设备 B011412 农田基本建设机械 B011413 设施农业设备 B011414 农业科研试验检测仪器设备 B011415 其他机械	
	B0115 生物制造设备	B011501 发酵设备 B011502 生物质能设备 B011503 生物制品加工设备	
	B0116 粮油食品加工机械	B011601 粮食机械 B011602 油料加工机械 B011603 食品加工机械	
	B0117 林业机械	B011701 营林机械 B011702 木材加工机械 B011703 木材干燥机械 B011704 林产化工机械 B011705 种苗机械 B011706 园林机械 B011707 林副特产加工机械 B011708 森林消防机械 B011709 有害生物防治机械 B011710 森林、湿地、荒漠化及野生动物检测设备	
	B0118 工程建筑机械	B011801 挖掘机械 B011802 桩工机械 B011803 铲土运输机械 B011804 压实与路面机械 B011805 塔吊 B011806 工程起重机械 B011807 混凝土机械 B011808 凿岩机械 B011809 桥梁施工机械	
	B0119 非金属矿物制品工业专用设备	B011901 水泥生产设备 B011902 玻璃加工制造设备 B011903 墙体材料制造设备 B011904 炉、窑 B011905 硅材料 B011906 石材切割加工设备 B011907 非金属矿物超细加工及改性设备	
	B0120 车辆	B012001 汽车 B012002 内燃机车	

续表

一级专业	二级专业	三级专业	备注
B01 机械、设备类	B0120 车辆	B012003 电力机车	
		B012004 工矿电机车	
		B012005 铁路车辆	
		B012006 城市轨道车辆	
		B012007 摩托车	
	B0121 海洋设备	B012101 海洋环境监测设备及器械	
		B012102 海洋环境观测设备及器械	
		B012103 海洋调查设备及器械	
		B012104 海洋生物制药设备	
		B012105 海水利用设备	
		B012106 海水淡化设备	
		B012107 其他海洋工程设备及器械	
	B0122 船舶设备	B012201 船舶主动力装置	
		B012202 船舶辅助动力装置	
		B012203 船舶蒸汽锅炉及压缩空气装置	
		B012204 船用泵和管路系统	
		B012205 造水机	
		B012206 船舶操纵设备	
		B012207 自动化系统	
		B012208 船厂专用装焊设备	
		B012209 船厂专用切割设备	
		B012210 船厂专用流水线设备	
	B0123 机场、航空航天设备	B012301 飞机	
		B012302 运载工具	
		B012303 卫星	
		B012304 卫星地面系统及设备	
		B012305 机场导航设备	
		B012306 机场高频、卫星通讯设备	
		B012307 机场行李输送、安检设备	
		B012308 机场登机桥	
	B0124 兵工设备	B012401 兵工装备	
	B0125 核设备	B012601 核设备	
	B0126 电机	B012601 发电机	
		B012602 电动机	
		B012603 微电机与超导电机	
		B012604 分马力电机	
	B0127 输变电设备、设施	B012701 变压器	
		B012702 高压开关	
		B012703 低压电器	
		B012704 换流装置	
		B012705 电线、电缆与光缆	
		B012706 电力电容器	
		B012707 电池、电源	
		B012708 绝缘产品	
		B012709 电动工具	
		B012710 电动机拖动装置	
	B0128 计算机及网络设备	B012801 大中型计算机	

续表

一级专业	二级专业	三级专业	备注
B01 机械、设备类	B0128 计算机及网络设备	B012802 小型、微型计算机及工作站 B012803 工业过程控制设备 B012804 网络安全设备 B012805 计算机配件及外设	
	B0129 电子元器件及专用设备	B012901 办公设备 B012902 洗衣机 B012903 电子元件 B012904 电子器件 B012905 集成电路及为电子组件 B012906 机电一体化自动控制 B012907 半导体材料及制造设备 B012908 光电器件及制造设备 B012909 精密测量仪器 B012910 自动化仪表 B012911 电子加速器 B012912 其他专用电子设备及仪器	
	B0130 通信设备	B013001 无线电通信设备 B013002 有线通信设备 B013003 光纤通信设备 B013004 卫星通信设备 B013005 数字程控交换设备	
	B0131 广播、影视、舞台设备	B013101 广播电视发射与传输设备 B013102 音视频与图像技术设备 B013103 广播电视配套设备 B013104 电影设备 B013105 灯光舞台设备	
	B0132 环保设备	B013201 环境污染监测仪器设备 B013202 水污染治理设备 B013203 噪声与振动监测设备 B013204 固体废弃物处理处置设备 B013205 危险废弃物处理处置设备 B013206 除尘设备 B013207 燃煤燃气脱硫、脱销设备 B013208 空气污染治理设备 B013209 电磁波污染防治设备 B013210 城市固体废弃物处理设备 B013211 核与辐射安全监测监控设备	
	B0133 气象设备	B013301 地面气象探测设备 B013302 高空探测设备及软件 B013303 大气成分观测分析设备 B013304 卫星遥感设备及软件 B013305 气象雷达设备及软件 B013306 人工影响天气作业设备 B013307 气象计量检定设备 B013308 农业气象仪器设备 B013309 雷电探测及防护设备	
	B0134 交通信号专用设备	B013401 铁路信号设备	

续表

一级专业	二级专业	三级专业	备注
B01 机械、设备类	B0134 交通信号专用设备	B013402 公路信号设备 B013403 水路信号设备 B013404 航道信号设备 B013405 城市轨道信号设备	
	B0135 节能设备	B013501 节电器 B013502 变频器 B013503 高效节能设备（锅炉、风机、水泵、电机等） B013504 余热余压利用装备 B013505 节油器	
	B0136 科学、教育设备	B013601 通用测试仪 B013602 通用分析仪 B013603 公路桥梁试验检测设备 B013604 岩土力学测试设备 B013605 土木工程试验仪器、设备 B013606 电化教学仪器、设备 B013607 音体美仪器、设备 B013608 电子电工仪器、设备	
	B0137 其他专用设备	B013701 商业机械 B013702 邮政机械 B013703 水工机械 B013704 地震测试专用器械 B013705 测绘专用器械 B013706 计量设备 B013707 警用装备及器械 B013708 体育器械 B013709 印刷机械 B013710 人体生物识别设备	
B02 医疗器械	B0201 医疗器械	B020101 手术器械 B020102 注射穿刺器械 B020103 普通诊察器械 B020104 医用电子仪器设备 B020105 医用光学器具、仪器及内窥镜设备 B020106 医用超声仪器及有关设备 B020107 医用激光仪器设备 B020108 医用高频仪器设备 B020109 物理治疗及康复设备 B020110 中医器械 B020111 医用磁共振设备 B020112 医用 X 射线设备及附属设备、备件 B020113 医用高能射线设备 B020114 医用核素设备 B020115 医用射线防护用品、装置 B020116 临床检验分析仪器 B020117 医用化验和基础设备器具 B020118 体外循环及血液处理设备	

续表

一级专业	二级专业	三级专业	备注
B02 医疗器械	B0201 医疗器械	B020119 植入材料和人工器官 B020120 手术室、急救室、诊疗室设备及器具 B020121 口腔科设备及器具 B020122 病房护理设备及器具 B020123 消毒和灭菌设备及器具 B020124 医用冷疗、低温、冷藏设备及器具 B020125 口腔科材料 B020126 医用卫生材料及敷料 B020127 医用缝合材料及粘合剂 B020128 医用高分子材料及制品 B020129 介入器材 B020130 医院网络设备及软件 B020131 医疗专用车设备 B020132 医疗垃圾处理系统 B020133 医药包装自动化	
B03 金属材料	B0301 黑色金属	B030101 生铁、钢锭 B030102 黑色金属产品	
	B0302 有色金属	B030201 稀有稀土金属 B030202 粉末冶金 B030203 有色金属制品	
	B0303 合金	B030301 铁合金 B030302 有色金属合金 B030303 合金产品	
B04 石油及其制品	B0401 原油	B040101 原油	
	B0402 天然气	B040201 天然气	
	B0403 石油制品	B040301 煤油、柴油和润滑油 B040302 沥青焦、石油焦 B040303 阳极、阴极、电极糊碳块	
B05 煤炭煤层气及其制品	B0501 煤炭	B050101 原煤、煤矸石 B050102 洗精煤 B050103 可燃性片岩	
	B0502 煤炭制品	B050201 焦炭 B050202 型煤 B050203 水煤浆 B050204 煤液化产品 B050205 煤气化产品	
	B0503 煤层气	B050301 煤层气	
B06 化工材料及其制品	B0601 无机化学原料	B060101 无机化学原料	
	B0602 有机化学原料	B060201 有机化工材料	
	B0603 合成材料	B060301 防护、防腐与涂料 B060302 化肥 B060303 橡胶、塑料及其制品	

续表

一级专业	二级专业	三级专业	备注
B06 化工材料及其制品	B0603 合成材料	B060304 玻璃及其制品	
B07 建筑材料	B0701 水泥及水泥制品	B070101 水泥与水泥熟料	
		B070102 水泥制品	
	B0702 木材	B070201 原木、板方材	
		B070202 复合板材	
	B0703 陶瓷制品	B070301 一般陶瓷制品	
		B070302 高级陶瓷制品	
	B0704 其他建筑材料	B070401 隔热保温材料	
		B070402 防水材料、密封材料	
		B070403 电工绝缘材料	
		B070404 特种建筑材料	
	B0705 新型材料	B070501 纳米技术与纳米材料	
		B070502 其他新型建筑材料	
		B070503 利废建筑材料	
B08 药品	B0801 内科学	B080101 普通内科	
		B080102 心血管内科	
		B080103 呼吸内科	
		B080104 神经内科	
		B080105 消化内科	
		B080106 血液内科	
		B080107 肾内科	
		B080108 内分泌内科	
		B080109 风湿病学	
		B080110 感染性疾病科	
		B080111 急诊医学	
		B080112 康复医学	
		B080113 老年医学	
	B0802 外科学	B080201 普通外科	
		B080202 神经外科	
		B080203 胸心外科	
		B080204 泌尿外科	
		B080205 骨外科	
		B080206 烧伤外科	
		B080207 整形外科	
		B080208 创伤外科	
	B0803 妇产科学（计划生育）	B080301 妇科	
		B080302 产科	
		B080303 生殖医学	
		B080304 计划生育	
	B0804 儿科	B080401 小儿内科	
		B080402 小儿外科	
		B080403 新生儿科	

续表

一级专业	二级专业	三级专业	备注
B08 药品	B0804 儿科	B080404 儿童保健科	
	B0805 口腔医学	B080501 口腔科药品	
	B0806 眼科学		
	B0807 耳鼻喉科		
	B0808 皮肤性病		
	B0809 精神医学	B080901 精神病学 B080902 医学心理学	
	B0810 肿瘤学	B081001 肿瘤内科（含妇科肿瘤） B081002 肿瘤外科 B081003 放疗肿瘤学	
	B0811 中医学	B081101 中医内科 B081102 中医妇科 B081103 中医儿科 B081104 中医外科 B081105 中医骨伤科 B081106 中医皮肤科 B081107 中医肛肠科 B081108 针灸 B081109 按摩推拿 B081110 中医五官科 B081111 中医肿瘤科 B081112 中医精神病科	
	B0812 民族医学	B081201 藏医学 B081202 蒙医学 B081203 维医学 B081204 傣医学 B081205 朝医学 B081206 壮医学	
	B0813 麻醉学	B081301 麻醉学 B081302 疼痛治疗学	
	B0814 中西医结合	B081401 中西医结合	
	B0815 病理学	B081501 病理学	
	B0816 医技	B081601 临床医学检验 B081602 卫生检验 B081603 心电图 B081604 脑电图 B081605 理疗 B081606 病案 B081607 医用影像类 B081608 生物医学工程 B081609 激光医学 B0816010 高压氧医学	

续表

一级专业	二级专业	三级专业	备注
B08 药品	B0817 疾控与公共卫生	B081701 环境卫生 B081702 营养与食品卫生 B081703 学校卫生与少儿卫生 B081704 放射卫生 B081705 卫生毒理 B081706 传染性疾病控制 B081707 慢性非传染性疾病控制 B081708 地方病控制 B081709 寄生虫病控制 B081710 儿童保健 B081711 妇幼保健 B081712 职业卫生 B081713 健康教育与健康促进	
	B0818 护理	B081801 临床护理 B081802 透析护理 B081803 妇产科护理	
	B0819 药学	B081901 中药 B081902 化学药品 B081903 生物制品 B081904 药用包装产品 B081905 临床游学 B081906 伦理学 B081907 药物经济学	
	B0820 法医学		
	B0821 戒毒医学		
B09 其他类	B0902 其他货物	B090201 家具 B090202 办公耗材 B090203 图书 B090204 服装 B090205 厨房设备 B090206 其他	

三、服务类（编码 C）

一级专业	二级专业	三级专业	备注
C01 地质勘查	C0101 区域地质调查		
	C0102 海洋地质调查		
	C0103 石油天然气矿产勘查		
	C0104 煤田地质勘查		
	C0105 液体矿产勘查（不含石油）		
	C0106 气体矿产勘查（不含天然气）		
	C0107 固体矿产勘查	C010701 陆地矿产勘查 C010702 海洋矿产勘查	

续表

一级专业	二级专业	三级专业	备注
C01 地质勘查	C0108 放射性矿产勘查		
	C0109 油气勘查	C010901 陆地油气勘查 C010902 海洋油气勘查	
	C0110 水文地质勘查	C011001 水文地质调查 C011002 工程地质调查 C011003 环境地质调查	
	C0111 地球物理勘查		
	C0112 地球化学勘查		
	C0113 航空地质调查	C011301 航空地球物理调查 C011302 航空遥感地质调查	
	C0114 遥感地质调查		
	C0115 生态与资源调查	C011501 生态与资源调查	
	C0116 地质钻（坑）探	C011601 地质钻探 C011602 地质坑探	
	C0117 地质实验测试	C011701 岩矿鉴定 C011702 岩矿测试 C011703 岩土试验 C011704 选冶试验	
C02 工程管理	C0201 工程咨询	C020101 投融资咨询 C020102 项目管理、采购咨询 C020103 环境评价咨询 C020104 工程造价咨询 C020105 气象工程咨询 C020106 国际商务咨询 C020107 安全评价咨询 C020108 节能评价咨询 C020109 专利咨询 C020110 经济评价咨询 C020111 社会评价咨询 C020112 营销咨询 C020113 海洋工程咨询 C020114 资源综合利用评价咨询 C020115 土地估价咨询 C020116 地震评价 C020117 生态保护评价咨询	
	C0202 项目管理	C020201 工程项目管理 C020202 项目代建管理	
C03 经济管理	C0301 国民经济管理		
	C0302 农业经济管理		
	C0303 工业经济管理		
	C0304 建筑经济管理		
	C0305 投资经济管理		
	C0306 循环经济管理		

续表

一级专业	二级专业	三级专业	备注
C03 经济管理	C0307 国有资产管理		
	C0308 土地管理		
	C0309 财税管理		
	C0310 审计管理		
	C0311 统计管理		
	C0312 价格管理		
	C0313 合同管理		
C04 工商管理	C0401 物流管理		
	C0402 企业管理		
	C0403 质量管理		
	C0404 财务管理		
	C0405 财务会计		
	C0406 资产评估		
	C0407 人力资源管理		
	C0408 市场营销		
	C0409 拍卖		
	C0410 房地产管理		
	C0411 旅游管理		
	C0412 宾馆管理		
	C0413 餐饮管理		
	C0414 物业管理		
	C0415 国际贸易		
	C0416 商贸经纪与代理		
	C0417 城乡公共服务		
C05 金融	C0501 银行		
	C0502 保险		
	C0503 证券		
	C0504 其他金融服务		
C06 法律	C0601 宪法学		
	C0602 民商法学		
	C0603 行政法学		
	C0604 经济法学		
	C0605 刑法学		
	C0606 诉讼法学		
	C0607 国际法学		
C07 修理	C0701 机械设备修理	C070101 机械、动力设备管理与维修 C070102 汽车技术与维修 C070103 特种装备维修	
	C0702 电子通信产品维护与修理	C070201 电子产业维修 C070202 通信产品维修	
C07 修理	C0702 电子通信产品维护与修理	C070203 数控技术的运用与维修	
C08 租赁	C0801 货物租赁		

续表

一级专业	二级专业	三级专业	备注
C08 租赁	C0802 融资租赁		
C09 物流	C0901 铁路	C090101 铁路运输组织与管理	
	C0902 公路	C090201 公路运输组织与管理	
	C0903 水路	C090301 内河运输组织与管理 C090302 海洋运输组织与管理	
	C0904 航空	C090401 航空运输组织与管理	
	C0905 管道	C090501 管道运输	
C10 节能服务	C1001 合同能源管理		
	C1002 节能评估		
	C1003 节能监测		
	C1004 能源审计		
	C1005 能效对标		
C11 高技术服务	C1101 信息服务		
	C1102 信息咨询		
	C1103 信息安全		
	C1104 系统集成		
	C1105 软件外包		
	C1106 软件服务		
	C1107 科技咨询		
C12 其他服务	C1201 公共安全防范技术	C120101 安全防范技术	
		C120102 信息安全	
	C1202 气象信息服务	C120201 气候可行性论证 C120202 雷电灾害评估	
	C1203 艺术管理	C120301 音乐 C120302 雕塑	
	C1204 信息技术与应用	C120401 计算机信息系统集成 C120402 计算机网络与网络安全 C120403 计算机软件	
	C1205 设备监理	C120501 设备监造监理	
	C1206 会议服务	C120601 大型会议 C120602 一般会议	
	C1207 培训	C120701 管理类培训 C120702 技能类培训	
	C1208 印刷、出版、发行		
	C1209 体育产业与管理		

关于印发工程咨询业2010—2015年发展规划纲要的通知

发改投资［2010］264号

各省、自治区、直辖市及计划单列市、副省级省会城市、新疆生产建设兵团发展改革委，国务院各部门，各中央管理企业：

根据国务院领导同志批示精神和国务院颁布的“三定方案”，国家发展改革委是工程咨询业的归口管理部门，负责指导工程咨询业发展。为明确工程咨询业发展目标、战略和重点，规范行业管理，引导市场主体行为，促进工程咨询业持续健康发展，我委编制了《工程咨询业2010—2015年发展规划纲要》（以下简称《纲要》）。现印发你们，并就有关事项通知如下：

一、该《纲要》是2010—2015年工程咨询业发展的指导性文件。请按照《纲要》提出的目标、任务和政策措施，结合各自职能，做好落实工作。

二、我委将会同有关部门，对《纲要》落实情况进行跟踪分析、监督检查，并及时向国务院报告。

附件：工程咨询业2010—2015年发展规划纲要

国家发展改革委

二〇一〇年二月十一日

关于适用《工程咨询单位资格认定办法》有关条款的通知

发改投资［2009］620号

各省、自治区、直辖市及计划单列市、副省级省会城市、新疆生产建设兵团发展改革委，国务院各部委、直属机构，各中央管理企业，总后勤部：

《工程咨询单位资格认定办法》（中华人民共和国国家发展和改革委员会令第29号，以下简称第29号令）自2005年3月4日施行以来，对严格市场准入和保障工程咨询质量起到了重要作用。根据需要，现对第29号令部分条款有关适用问题通知如下：

一、关于第三条

本条所称工程咨询业务是指第29号令规定的工程咨询专业和服务范围。本条所称具有独立法人资格的企业、事业单位，不包括社会社团、政府机关，不具备独立法人资格的分公司、分院以及外国公司在中国境内设立的不具有中国法人资格的分支机构。

二、关于第六条

本条是指凡在中国境内开展工程咨询业务的单位，必须依法取得国家发展改革委颁发的工程咨询单位资格证书，并严格依据证书限定的专业和服务范围执业。

三、关于第七条

第29号令未对不同等级工程咨询单位执业的地域范围和项目规模做出规定，各级工程咨询单位应按照国家有关规定和业主要求的资格等级依法开展业务。

四、关于第八条

本条所称从事工程咨询业务不少于5年，是指依法取得工程咨询单位资格证书后从事工程咨询业务不少于5年，其中依法取得乙级资格证书至少满2年。

本条所称申请专业的服务范围相应的咨询成果均不少于5项，是指依法取得所申请专业和服务范围的乙级资格后承担的与所申请的服务范围相对应的咨询成果不少于5项，且所提供的咨询成果（规划咨询、项目建议书、项目可行性研究报告、项目申请报告、资金申请报告）已经获得有权部门的审批、核准或备案。咨询成果中应提供的项目建议书如果不满5项，可以由相同专业的项目可行性研究报告等量替代。

本条所称无不良记录是指未发生过第29号令第三十条所列行为。

本条所称专职从事工程咨询业务的技术人员不得少于60人，是指按照所在单位的职能分工，相对固定地专职从事工程咨询业务的具有工程或经济类专业技术职称或学历（学位）人员和注册咨询工程师（投资）总数不得少于60人，应据实申报。“高级专业技术、经济职称”按国家有关规定考核。“注册咨询工程师（投资）”是指已按照《注册咨询工程师（投资）注册管理办法（试行）》（发改投资［2005］983号）的规定获得注册的人员。

本条所称每个专业领域配备相应的专业技术人员不少于5人和至少2名注册咨询工程师（投资），是指所申请的每个专业必须至少配备7名专职从事工程咨询业务的技术人员，其中所学专业或取得的专业技术职称与所申请的专业相符或相近的专业技术人员不少于5人（包括至少一名具有本专业高级技术职称的人员），注册专业与所申请专业相符的注册咨询工程师（投资）不少于2人（专业技术人员与注册咨询工程师（投资）不得重复计算，注册了主专业和辅专业的每名注册咨询工程师（投资）只能算作1人）。

五、关于第九条

本条所称从事工程咨询业务不少于3年，是指依法取得丙级工程咨询单位资格证书后从事工程咨询业务不少于3年。

本条所称申请专业的服务范围相应的咨询成果均不少于5项，是指依法取得所申请专业和服务范围的丙级资格后承担的与所申请的服务范围相对应的咨询成果不少于5项，且所提供的咨询成果（规划咨询、项目建议书、项目可行性研究报告、项目申请报告、资金申请报告）已经获得有权部门的审批、核准或备案。咨询成果中应提供的项目建议书如果不满5项，可以由相同专业的项目可行性研究报告等量替代。

本条所称无不良记录，专职从事工程咨询业务的技术人员，高级专业技术、经济职称，注册咨询工程师（投资），每个专业领域配备相应的专业技术人员不少于5人和至少2名注册咨询工程师（投资），其含义与对第八条的解释相同。

六、关于第十条

本条所称专业技术人员，是指按照所在单位的职能分工，相对固定地专职从事工程咨询业务的具有工程或经济类专业技术职称人员和注册咨询工程师（投资）人员。本条所称高级专业技术、经济职称，注册咨询工程师（投资），其含义与对第八条的解释相同。

本条所称每个专业领域配备相应的专业技术人员不少于5人和至少1名注册咨询工程师（投资），是指所申请的每个专业必须至少配备 6 名专职从事工程咨询业务的技术人员，其中所学专业或取得的专业技术职称与所申请的专业相符或相近的专业技术人员不少于5人（包括至少一名具有本专业高级技术职称的人员），注册专业与所申请专业相符的注册咨询工程师（投资）不少于1人。

七、关于第十一条

本条是指凡新申请工程咨询资格，包括已经获得工程咨询资格的单位申请扩大专业或服务范围，所申请事项均应从丙级做起。

八、关于第十三条

对本条所列31个专业所包括的内容明确如下：

（一）公路（道路、桥隧、交通工程）；

（二）铁路（轨道、枢纽、桥隧、通信信号）；

（三）城市轨道交通（轨道、枢纽、桥隧、通信信号）；

（四）民航（场道、通信、导航、航管、供油工程）；

（五）水电（发送变电）；

（六）核电、核工业（核电站常规岛、反应堆、核燃料等）；

（七）火电（发送变电、供配电）；

（八）煤炭（矿井、洗选煤、煤化工）；

（九）石油天然气（油气地面、海洋石油、管道输送、油气库）；

（十）石化；

（十一）化工、医药（化工工程、产品储运、矿山；化学原料药、中成药、药物制剂）；

（十二）建筑材料（水泥工程、玻璃、陶瓷、耐火材料、新型建材、非金属矿）；

（十三）机械（含航天、航空、船舶、兵器、汽车）；

（十四）电子（电子系统、基础件、微电子工程）；

（十五）轻工（造纸、食品、烟草、制糖、制盐、日用化工、家电、皮革、包装工业等）；

（十六）纺织、化纤（纺织、印染、服装、化纤原料、化纤工程）；

（十七）钢铁（冶炼、轧钢、金属材料、焦化和耐火材料、矿山）；

（十八）有色冶金（有色、黄金、冶炼、金属材料、焦化和耐火材料、矿山）；

（十九）农业（种植业、畜牧业、渔业、设施农业）；

（二十）林业（营造林、林产工业、林产化学、生态环境、森林工程）；

（二十一）通信信息（有线通信、无线通信、通信铁塔、邮政工程、信息化）；

（二十二）广播电影电视（广播电视发射、传输、电影工程）；

（二十三）水文地质、工程测量、岩土工程；

（二十四）水利工程（水库枢纽、引调水、灌溉排涝、河道整治、水土保持、城市防洪、围垦工程）；

（二十五）港口河海工程（港口、航道、通航建筑、水上交通）；

（二十六）生态建设和环境工程（生态建设、水污染防治、大气污染防治、固体废物处置、噪声防治、污染修复工程）；

（二十七）市政公用工程（市政交通、给排水、燃气热力、风景园林、环境卫生）；

（二十八）建筑（含人防工程）；

（二十九）城市规划；

（三十）综合经济；

（三十一）其他（按具体专业申请，比如：旅游工程、商物粮、气象工程、国土资源、土地整理、减贫工程、移民工程、海洋工程、新能源等）。

以上各专业均涵盖了本专业相应的节能减排和环境治理内容。凡取得编制项目建议书、编制项目可行性研究报告和项目申请报告、评估咨询资格的单位，均相应具备编制项目建议书、编制项目可行性研究报告和项目申请报告中的节能减排、环境治理篇章和相应的评估咨询资格。

申请第（六）、（十一）、（十六）、（二十三）专业资格，应按照核电、核工业、化工、医药、纺织、化纤、水文地质、工程测量、岩土工程分别申请。申请第（二十七）专业资格，应按照市政交通、给排水、燃气热力、风景园林、环境卫生分别申请。

九、关于第十四条

本条所称规划咨询，按照《国务院关于加强国民经济和社会发展规划编制工作的若干意见》（国发［2005］33号）的规定，国民经济和社会发展规划按行政层级分为国家级规划、省（区、市）级规划、市县级规划；按对象和功能类别分为总体规划、专项规划、区域规划。申请人所提供的编制行业规划和特大型企业集团中长期发展建设规划的业绩可视同为规划业绩。

本条所称评估咨询，包括对规划、项目建议书、项目可行性研究报告、项目申请报告、资金申请报告、初步设计的评估咨询，以及规划和项目的后评价、项目概预决算审查等。

本条所称工程设计、招标代理、工程监理、设备监理资格，由国务院有关主管部门认定。申请单位提供了与其名称一致的工程设计、招标代理、工程监理、设备监理资格证书，可以在其依法取得的工程咨询单位资格证书上予以体现相应内容。

本条所称工程项目管理资格，分为全过程策划（不承担建设准备和实施阶段具体业务）、全过程策划和准备阶段管理、全过程策划和实施阶段管理、全过程管理（可承担全过程策划和准备、实施阶段具体业务）四种类别。申请不同类别的工程项目管理资格，除满足第 29 号令规定的条件外，在技术力量配备方面，还应配备至少 1 名具有项目管理经验且具备工程技术经济专业注册咨询工程师（投资）资格的项目经理；在单位资格方面，还应满足以下条件：

全过程策划：应具备规划咨询和编制项目可行性研究报告资格。

全过程策划和准备阶段管理：应具备规划咨询、编制项目可行性研究报告、工程设计资格。

全过程策划和实施阶段管理：应具备规划咨询、编制项目可行性研究报告资格，以及工程监理或设备监理资格。

全过程管理：应具备规划咨询、编制项目可行性研究报告、工程设计资格，以及工程监理或设备监理资格。

十、关于第十五条

本条是指申请综合经济专业应首先具备至少 8 个单项专业资格，且每个单项专业资格都同时具备规划、评估咨询、工程项目管理三项服务范围中的一项。例如，每个单项专业资格都同时具备规划资格，则可申请综合经济专业的规划资格。在技术力量配备方面，除每个单项专业资格满足第 29 号令规定的条件外，综合经济专业还应配备至少 4 名工程技术经济专业的注册咨询工程师（投资）。

特此通知。

国家发展改革委

二〇〇九年三月四日

关于 2009 年工程咨询单位资格申报有关事项的通知

发改办投资［2009］486 号

各省、自治区、直辖市及计划单列市、副省级省会城市、新疆生产建设兵团发展改革委，国务院各部委、直属机构办公厅，各中央管理企业，总后勤部基建营房部：

根据《工程咨询单位资格认定办法》（国家发展改革委第 29 号令，以下简称“第 29 号令”）的有关规定，现将 2009 年工程咨询单位资格申报工作的有关事项通知如下：

一、申报单位应根据第 29 号令、《国家发展改革委关于适用工程咨询单位资格认定办法有关条款的通知》（发改投资[2009]620 号）及本通知的规定和要求，认真准备资格申请材料，并保证申请材料的真实、准确和完整。

二、本次申报范围：

（一）初次申请工程咨询单位资格的单位；

（二）申请办理升级、扩大专业、扩大服务范围的单位；

（三）已获工程咨询资格证书的单位，发生分立、合并、兼并、改制、转让等情况的，应按规定重新申请相应资格。

三、申请材料包括单位申请书、单位证明材料、人员证明材料、业绩证明材料四部分，分别装订成册。（具体要求见附件）

（一）单位申请书申请单位应当登录《中国工程咨询业务管理系统》（http://www.cnaec.com.cn，以下简称“业务管理系统”）　填写和打印单位申请书，包括以下内容：

1. 行政许可事项申请表（封面）（附件一）；

2. 承诺书（附件二）；

3. 申请报告（附件三）；

4. 基本情况（附件四）；

5. 近三年经营状况（附件五）；

6. 机构设置情况（附件六）；

7. 申请的资格等级、专业及服务范围（附件七）；

8. 单位行政和技术经济主要负责人简表（附件八）；

9. 法定代表人简介（附件九）；

10. 技术负责人简介（附件十）；

11. 项目经理简介（附件十一）；

12. 在编专职从事工程咨询业务的专业技术人员名单（附件十二）；

13. 聘用专职离退休专业技术人员名单（附件十三）；

14. 专职从事工程咨询业务的专业技术人员配备情况（此表由业务管理系统自动生成）（附件十四）；

15. 近三年独立承担的主要工程咨询业绩（附件十五）；

16. 持有证书情况（附件十六）；

17. 计算机配备情况表（附件十七）。

（二）单位证明材料

1. 正在生效的企业法人营业执照或事业单位法人证书副本复印件；

2. 原工程咨询单位资格证书正本及副本第一页复印件

（初次申请的单位无须提供）；

3. 工程咨询单位发生分立、合并、兼并、改制、转让等情况，应首先申请办理注册咨询工程师（投资）执业单位的变更注册，再重新申请工程咨询单位资格，除按第29号令规定提交申请材料外，还应向初审机构补充提供以下材料（要求提交复印件的，需先查验原件）：

（1）工商部门出具的名称变更核准通知书复印件；

（2）上级主管单位同意更名、改制等情况的批复文件复印件；

（3）股东大会或董事会有关决议复印件；

（4）变更有关内容后的企业法人营业执照复印件；

（5）原工程咨询单位资格证书（正、副本第一页）；

（6）工商部门出具的吸收合并、兼并、分立等情况的证明或被吸收合并、被兼并单位的注销证明复印件；

（7）吸收合并、兼并、分立、转让等活动中相关企业的股东决议书或各方统一签订的吸收合并、兼并、分立、转让等协议复印件。

工程咨询单位申请变更不涉及资格内容的单位名称、单位性质、法人代表、技术负责人、注册资金、单位地址等，应向初审机构提供以下材料（要求提交复印件的，需先查验原件）：

（1）工商部门出具的名称变更核准通知书复印件；

（2）上级主管单位同意更名的批复文件复印件；

（3）工商部门出具的有关情况证明文件；

（4）上级主管单位的任命文件；

（5）股东大会或董事会有关决议复印件；

（6）技术负责人的注册咨询工程师（投资）注册证书或职称证书复印件；

（7）变更有关内容后的企业法人营业执照复印件；

（8）自有或租赁办公用房证明；

（9）原工程咨询单位资格证书（正、副本第一页）；

（10）其他需要说明的情况。

4. 凡要求在工程咨询单位资格证书中体现工程设计、招标代理、工程监理、设备监理服务范围的单位，需提供与申请单位名称一致的以下相关证书的副本复印件：

（1）工程勘察、设计证书；

（2）招标代理证书；

（3）工程监理、设备监理证书。

5. 自有或租赁办公用房证明；

6. 上一年度资产负债表、损益表；

7. 单位章程；

8. 质量管理制度文件（不可用ISO9000证书代替）。

（三）人员证明材料

1. 主要技术负责人的注册咨询工程师（投资）注册证书复印件（申请丙级资格的单位，也可提供主要技术负责人的中级以上专业技术职称证书复印件）；

2. 专业技术人员证明：企业法人单位提供为在编专职从事工程咨询业务专业技术人员缴纳的社会养老保险明细汇总表复印件，内容包括：参保单位名称及公章、缴费人员姓名及社会保险号、社保部门有效印章；事业法人单位提供在编专职从事工程咨询业务专业技术人员的人事证明材料。人事证明材料必须由上级主管单位的人事部门出具并加盖公章。事业法人单位聘用事业编制以外的专业技术人员，还需提交为其缴纳的社会养老保险明细汇总表复印件；

3. 专职从事工程咨询业务专业技术人员的身份证、学历（或学位）证书、职称证书和注册咨询工程师（投资）注册证书复印件；

4. 专职从事工程咨询业务专业技术人员的聘用合同复印件。

（四）业绩证明材料

申请单位需提交所申请专业相应服务范围不少于5项的业绩合同、委托函，其中规划咨询、项目建议书、项目可行性研究报告、项目申请报告、资金申请报告还需提供有权部门的批复文件复印件。申请编制项目可行性研究报告服务范围的单位，除上述业绩证明材料外，还需在所申请专业中选择其中任意一个专业，提交项目可行性研究报告范本1册。

申请丙级资格的单位无须提交任何业绩证明材料。

四、准备申请材料时，应注意以下事项：

（一）申请单位必须填写承诺书，承诺对申请材料及内容的真实性、准确性和完整性负责，并承担相应法律责任。

（二）电子文件填写和上传原件的扫描件均需在《中国工程咨询业务管理系统》在线完成。

1. 单位申请书中除第14项外，均需填写电子文件；

2. 单位证明材料中除第7、第8项外，均需上传原件的扫描件；

3. 人员证明材料中除第4项外，均需上传原件的扫描件。

（三）业绩完成时间限于资格申请年份的前3年。

（四）申请升级、扩大专业、扩大服务范围的单位，在申请的资格等级、专业及服务范围表（附件七）中除填报申请内容外，还应包括其余维持不变的等级、专业和服务范围。维持不变的等级、专业和服务范围也应按照规定标准，配备相应的技术力量，但无须再提供相应的业绩。

（五）上报申请材料一律用A4复印纸打印，以非活页方式装订。

（六）上报申请材料应装入档案袋，在业务管理系统中打印档案袋封面（附件十八）并粘贴在档案袋正面。

（七）申请材料必须按照要求格式如实填写，每一分册封面均应加盖申请单位公章。

（八）申请材料应严格按照规定的次序装订，不能擅自调整；若同一册的内容较多，可装订成若干分册，并在封面标明次序及册数。

（九）专业技术人员的身份证、学历（或学位）证书、职称证书和注册咨询工程师（投资）注册证书复印件、聘用合同复印件要按每个人员情况集中，并与附件十二和附件十三表中的顺序相对应。

（十）业绩证明复印件的装订，必须与业绩表中的顺序相对应。

（十一）除本通知要求的内容外，申请单位不需要在申请材料中附加其它材料。

五、申报时间和程序要求：

申请单位应于2009年4月30日之前按隶属关系向初审机构报送申请材料。中央管理企业下属的事业单位和全资、控股单位应向所属的中央管理企业提交申请材料。申请材料不齐全或者不符合规定形式的，初审机构、有关中央管理企业应当当场或在5个工作日内一次告知申请单位需要补正的全部内容。

六、对初审机构和中央管理企业的初审工作要求如下：

（一） 初审机构和中央管理企业应根据第29号令和本通知的规定和要求，对申请单位的电子和文本材料进行认真审查；

（二）初审意见表应放入单位申请书档案袋中，放在初审专家评审意见表之前，并扫描上传到业务管理系统中；

（三）初审机构和中央管理企业应于2009年6月5日之前将各申请单位的申请材料和初审意见统一报送国家发展改革委。

七、申请单位未达到所申请级别要求，但符合较低级别条件，且申请单位在申请报告中明确表示接受低于申请级别资格的，将授予相应级别的资格。

八、国家发展改革委将在门户网站上对专家评审结果进行公示。公示期间接受电话咨询、书面质疑及投诉材料，所有咨询、质疑及投诉材料均应据实署名并有确切联系方式。

九、公示结束后，国家发展改革委汇总相关材料，按规定程序确定最终评审结果，向社会公告并颁发资格证书。

国家发展和改革委员会办公厅

二〇〇九年三月五日

关于加强重大工程安全质量保障措施的通知

发改投资［2009］3183号

各省、自治区、直辖市及计划单列市、副省级省会城市人民政府，新疆生产建设兵团：

工程安全质量关系人民生命财产安全。近年来，各地区、各部门普遍加强了工程安全质量管理，工程安全质量水平不断提高。但在重大工程领域，仍有一些项目前期工作准备不足、深度不够，不顾客观条件盲目抢时间、赶进度，安全质量管理不严，责任制未真正落实，造成工程质量下降，安全隐患增加，包括城市地下工程、油气水电等生命线工程和水利、能源、交通运输等大型基础设施在内的重大工程安全质量形势面临严峻挑战和考验。对此，必须引起高度重视，采取有效措施切实加以解决。为深入贯彻落实科学发展观，保证重大工程安全质量，促进国民经济又好又快发展，经国务院批准，现就有关事项通知如下：

一、科学确定并严格执行合理的工程建设周期

合理的工程建设周期是保证工程安全质量的重要前提。有关方面对此要高度重视，科学确定并严格执行合理工期。

（一）科学确定合理工期。建设单位要根据实际情况对工程进行充分评估、论证，从保证工程安全和质量的角度，科学确定合理工期及每个阶段所需的合理时间。要严格基本建设程序，坚决防止边勘察、边设计、边施工。

（二）严格执行合理工期。在工程招标投标时，要将合理的工期安排作为招标文件的实质性要求和条件。要严格按照施工图招标，不能预招标或边设计边招标。与中标方签订的建设工程合同应明确勘察、设计、施工等环节的合理周期，相关单位要严格执行。

（三）严肃工期调整。建设工程合同要严格规定工期调整的前提和条件，坚决杜绝任何单位和个人任意压缩合同约定工期，严禁领导干部不顾客观规律随意干预工期调整。确需调整工期的，必须经过充分论证，并采取相应措施，通过优化施工组织等，确保工程安全质量。

二、充分做好工程开工前的准备工作

工程开工前的准备工作是保证工程安全质量的基础环节。要充分做好规划、可行性研究、初步设计、招标投标、征地拆迁等各阶段的准备工作，为有效预防安全质量事故打下坚实基础。

（一）建立工程安全评估管理制度。建设单位要对工程建设过程中可能存在的重大风险进行全面评估，并将评估结论作为确定设计和施工方案的重要依据。实行工程安全风险动态分级管理，要针对重大风险编制专项方案和应急预案。

（二）前期工作各环节都要加强风险管理。规划阶段要不断优化工程选线、选址方案，尽量避免风险较大的敏感区域。可行性研究报告要对涉及工程安全质量的重大问题进行专门分析、评价，提出应对方案。工程初步设计必须达到规定深度要求，严格执行工程建设强制性标准，提出专门的安全质量防护措施，并对施工方案提出相应要求。工程开工前要切实做好拆迁和安置工作，减少工程安全质量隐患，为项目顺利实施创造良好外部环境。

（三）工程招标投标要体现安全质量要求。建设单位应将强制性安全与质量标准等作为招标文件的实质性要求和条件。施工单位要按照《高危行业企业安全生产费用财务管理暂行办法》（财企［2006］478号）的有关规定提取安全生产费用，并列入工程造价，在竞标时不得删减。招标投标确定的中标价格要体现合理造价要求，建立防范低于成本价中标的机制，杜绝造价过低带来的安全质量问题。勘察、设计、施工、物资材料和设备供应等环节的招标投标合同要对工程质量以及相应的义务和责任作出明确约定。

三、切实加强工程建设全过程安全质量管理

工程的实施是项目建设的中心环节。建设、勘察、设计、施工、监理单位等有关方面应认真贯彻执行《建设工程质量管理条例》和《建设工程安全生产管理条例》，切实提高安全质量意识，强化安全质量管理，确保工程质量安全。

（一）建设单位要全面负起管理职责。建设单位是项目实施管理总牵头单位，要根据事前确定的设计、施工方案，组织设计、施工、监理等单位加强安全质量管理，确保工程安全质量。要认真执行工程的安全设施与主体工程同时设计、同时施工、同时投入生产和使用的有关规定。要定期和不定期地对安全质量管理体系运行情况，勘察设计单位、施工单位和监理单位落实安全质量责任情况进行检查。

（二）加强设计服务，降低工程风险。设计单位要加强项目实施过程中的驻场设计服务，了解现场施工情况，对施工单位发现的设计错误、遗漏或对设计文件的疑问，要及时予以解决，同时对施工安全提出具体要求和措施。要根据项目进展情况，不断优化设计方案，降低工程风险。

（三）加强施工管理，切实保障工程安全质量。施工单位要按照设计图纸和技术标准进行施工，严格执行有关安全质量的要求，认真落实设计方案中提出的专门安全质量防护措施，对列入建设工程概算的安全生产费用，不得挪作他用；要加强对施工风险点的监测管理，根据标准规程，科学编制监控量测方案，合理布置监测点。

（四）加强工程监理，减少安全质量隐患。监理单位应认真审查施工组织设计中的安全技术措施，确保专项施工方案符合工程建设强制性标准。要发挥现场监理作用，确保施工的关键部位、关键环节、关键工序监理到位。落实安全监理巡查责任，履行对重大安全隐患和事故的督促整改和报告责任。

（五）建立施工实时监测和工程远程监控制度。建设单位应委托独立的第三方监测单位，对工程进展和周边地质变形情况等进行监测、分析，并及时采取防范措施。建立工程远程监控网络系统，接收并及时分析处理施工现场信息，强化工程安全质量的信息化管理。

（六）强化竣工验收质量管理。要严格按照国家有关规定和技术标准开展竣工验收工作，将工程质量作为工程竣工验收的重要内容。工程质量达到规定要求的，方可通过竣工验收；工程质量未达到要求的，要及时采取补救措施，直至符合工程相关质量验收标准后，方可交付使用。

四、严格落实安全质量责任

要切实提高安全质量责任意识，严格落实有关各方责任，建立各负其责、齐抓共管的工程安全质量责任约束机制，有效保障工程安全质量。

（一）严格落实工程安全质量责任制。建设单位对项目建设的安全质量负总责，勘察设计单位对勘察、设计安全质量负责，施工单位对建设工程施工安全质量负责，监理单位对施工安全质量承担监理责任。相关单位违反国家规定，降低工程安全质量标准的，依法追究责任。由此发生的费用由责任单位承担。

（二）严格注册执业人员责任。注册建筑师、勘察设计注册工程师等注册执业人员对其签字的设计文件负责。施工单位确定的工程项目经理、技术负责人和施工管理责任人按照各自职责对施工负责。总监理工程师、监理工程师按各自职责对监理工作负责。造成安全质量事故的，要依法追究有关方面责任。

（三）强化工程中介服务机构的责任。工程监测、检测、科研、施工图审查等单位，因监测数据、检测和科研结果严重失准或者施工图审查意见有重大失误，造成重大事故的，应承担赔偿责任，并追究相关单位领导的行政责任。对技术总负责人要取消技术职称，不得从事该领域工作。

（四）落实工程质量终身责任制。各参建单位工作人员，以及工程监测、检测、咨询评估及施工图审查等单位工作人员，按各自职责对其经手的工程质量负终身责任。对由于调动工作、退休等原因离开原单位的相关人员，如发现在原单位工作期间违反国家建设工程质量管理有关规定，或未切实履行相应职责，造成重大事故的，应依法追究法律责任。

（五）建立安全质量信息发布制度。建设、勘察、设计、施工、材料和设备供应、监理等单位的安全质量信息，应采取适当方式向社会公布，并纳入企业信用等级评定体系。在市场准入、招标投标、资质管理等工作中，应充分利用安全质量信息，激励守信行为，惩处失信行为。

五、建立健全快速有效的应急救援体系

进一步建立健全快速有效的应急救援体系，确保在发生重大工程安全事故时能够及时有效地开展应急救援工作，最大限度减少人员伤亡和财产损失，防止安全质量事故扩大蔓延，保障项目建设秩序尽快恢复。

（一）健全政府部门应急救援机制。各级建设、铁道、交通、水利、电力等行业主管部门，要制定重大工程安全质量事故应急救援预案，落实应急组织、程序、资源及措施。地方各级人民政府要以城市为单位建立工程抢险专业力量，强化工程突发险情和事故的应急处置。有关部门要组织做好救援物资储备工作。

（二）规范事故报告和调查处理。各级行业主管部门和安全监管部门要严格按照《生产安全事故报告和调查处理条例》等有关规定，在同级人民政府领导下，做好事故报告和调查处理工作。对国家、部省重点建设项目、跨区市实施项目和特殊复杂工程，建立事故调查协调处理机制。

（三）建立参建单位应急抢险机制。建设单位要完善应急抢险机构设置，提早制定施工应急预案，并开展应急预案的演练；施工单位要根据施工特点制定切实可行的应急救援预案，配备相应装备和人员，并按有关规定进行演练。建设、施工单位等要共同建立起与政府应急体系的联动机制，确保应急救援工作反应灵敏、行动迅速、处置得力。

六、全面提高基础保障能力

消除重大工程安全质量隐患，根本在于提高基础保障能力，要从实行标准化管理、严格工程规范、充实监管力量、推动科技进步、加强人员培训等方面，全方位提高重大工程安全质量的基础保障能力。

（一）推动工程安全质量标准化管理。各行业主管部门及行业协会要加强工程质量安全标准化工作，制定具有可操作性的工程安全质量管理标准和技术标准，明确管理的重点领域、关键部门和重点环节。建设、施工单位要结合项目情况制定作业标准和相关规定，严格落实各项工程规范。

（二）加强政府安全质量监管队伍建设。要加强安全质量监管队伍建设，充实监管人员，提供必要的工作条件。工程安全质量监督机构的经费，各级财政预算要予以保障。严格工程安全质量监督机构和人员的考核，落实责任制，建立责权明确、行为规范、执法有力的安全质量监管队伍。

（三）通过科技进步促进工程安全质量。加大安全科学技术研究的投入和扶持力度，鼓励和引导企业加大工程安全科技投入。鼓励有利于保障工程安全质量的新技术、新材料、新设备、新工艺的研发和推广应用。

（四）加强人才培养和工程安全质量教育培训。建设行政主管部门要会同有关方面，进一步打破市场分割，完善考试、培训和资格认证等制度，努力增加设计、施工、监理力量的有效供应。行业主管部门、行业协会等要定期组织工程安全质量教育培训。建设、施工单位要加强对技术人员和一线操作人员的培训和考核，尤其要做好新入场农民工等非专业人员上岗、转岗前的培训工作。要加强对监理人员的安全技术培训。

地方各级人民政府及相关部门要高度重视重大工程安全质量工作，切实加强组织领导。按照中共中央办公厅、国务院办公厅《关于开展工程建设领域突出问题专项治理工作的意见》（中办发［2009］27号）有关加强工程质量与安全工作的要求，结合今年“质量和安全年”的部署，严格落实重大工程安全质量的各项保障措施，组织开展全国工程安全质量大检查，排查隐患，堵塞管理漏洞，加大安全质量事故处理力度，严肃追究有关单位和人员责任，形成重大工程安全质量保障工作的长效机制，不断提高工程质量，确保工程安全。

国家发展和改革委员会
工业和信息化部
住房和城乡建设部
交 通 运 输 部
铁　道　部
水　利　部
国家安全生产监督管理总局
二〇〇九年十二月十四日

工业和信息化部

关于做好通信建设项目招标备案工作和报送牵头负责招标工作的部门及人员的通知

工信通简函［2009］11号

各省、自治区、直辖市通信管理局，中国电信集团公司、中国移动通信集团公司、中国联合网络通信有限公司，各相关单位：

依据《中华人民共和国招标投标法》及相关法规规定，招标人应当自确定中标人之日15日内向有关行政监督部门提交招标投标情况的书面报告，招标人自行办理招标事宜的，还应在招标前向有关行政监督部门备案。为做好通信建设项目招标备案工作，明确招标备案程序，进一步规范招投标活动，现将有关工作要求通知如下：

一、各电信运营企业或受委托的招标代理机构应当自确定中标人之日起15日内向工业和信息化部或各省（区、市）通信管理局备案并提交《通信建设项目招标情况备案表》（见附件1）。电信运营企业集团公司负责招标的项目，向工业和信息化部备案，各省（区、市）电信运营企业负责招标的项目，向通信管理局备案。

二、招标人自行办理招标事宜的，应具有编制招标文件和组织评标的能力，具体包括以下条件：

（一） 具有独立法人资格；

（二） 具有与招标项目规模和复杂程度相适应的工程技术、概预算、财务和工程管理等方面专业技术力量；

（三） 有从事同类工程建设项目招标的经验；

（四） 设有专门的招标机构或者拥有3名以上专职招标业务人员；

（五） 熟悉和掌握招标投标法及有关法规规章。

三、符合以上条件的电信运营企业每次自行组织招标前，应向工业和信息化部或通信管理局备案，并提交以下材料：

（一） 项目法人营业执照复印件（首次备案或营业执照变更时需提交）；

（二）专业技术力量情况和拟使用的专家库情况（首次备案或发生变化时需提交）；

（三）招标项目名称、项目规模、拟采取的招标方式等；

（四）内设负责招标的机构和负责本次招标专职业务人员的基本情况；

（五）以往编制的同类工程建设项目招标文件和评标报告。

四、各电信运营企业或受委托的招标代理机构应于2009年3月1日前对2008年未办理招标备案手续的项目补办备案手续，并提交《通信建设项目招标情况备案表》。

五、各（区、市）通信管理局应认真履行本省通信建设项目招投标备案管理职责，并派专人做好备案材料受理、存档及相关记录工作。

六、请各电信运营企业集团公司明确负责招投标工作（包括物资设备采购招标，工程设计、施工、监理等招标）的牵头部门及人员，于2009年2月13日前完成附件2并传真至我司（传真：010-66039244）。

七、联系人及电话

梅杰　010-66069239

附件：1.通信建设项目招标情况备案表（略）

2.通信建设项目招投标牵头部门及人员情况表（略）

中华人民共和国工业和信息化部

二OO九年一月二十三日

关于发布《通信建设项目施工招标文件范本（试行）》和《通信建设项目货物招标文件范本（试行）》的通知

工信部通［2009］194号

各省、自治区、直辖市通信管理局，部直属有关单位，中国电信集团公司、中国移动通信集团公司、中国联合网络通信有限公司，各相关单位：

为进一步规范通信建设项目招投标活动，提高招标文件编制质量，部根据《〈标准施工招标资格预审文件〉和〈标准施工招标文件〉试行规定》（国家发展改革委等九部委56号令，以下简称《标准文件》），结合通信行业特点制定了《通信建设项目施工招标文件范本（试行）》和《通信建设项目货物招标文件范本（试行）》，现予发布，自2009年10月1日起试行。

附件：1.通信建设项目施工招标文件范本（试行）（略）

2.通信建设项目货物招标文件范本（试行）（略）

中华人民共和国工业和信息化部

二〇〇九年四月三十日

关于报送通信行业评标专家名册的通知

工信厅通简函［2009］202号

各省、自治区、直辖市通信管理局：

为规范招投标活动，统一通信行业评标专家分类，切实提高评标活动的公正性，部决定建立通信行业评标专家名册，现将有关事宜通知如下：

一、按照《通信建设项目招标投标管理实施细则》的规定，通信行业评标专家名册分为线路、管道、传输设备、交换、微波、卫星、数据、电源、移动、计算机、概预算、财务等专业，且评标专家应当具备以下条件：

（一）熟悉通信建设管理的有关法律法规规章和规范标准，有较高理论水平和丰富的实践工作经验；

（二）能自觉遵守招标评标的有关规章制度，廉洁自律，坚持公平、公正的原则；

（三）具有高级职称或者具有同等专业水平的中级职称，并且从事通信建设管理或者技术工作满8年或者经所在单位推荐的掌握通信新技术的特殊人才；

（四）身体健康能胜任评标工作。

二、请各省、自治区、直辖市通信管理局对照上述条件，于2009年12月15日前将本地区符合条件的评标专家信息以书面和电子形式报送我司（信息格式要求见附件）。

三、为加强对评标专家名册动态管理，请各通信管理局继续做好本地区专家名册审核、管理、维护和更新工作，并于每季度末向部报送专家名册变化情况。

联系人及电话：梅杰　　010-68206166

E-mail：meijie@miit.gov.cn

附件：评标专家信息格式（略）

中华人民共和国工业和信息化部

二〇〇九年十一月二十三日

关于印发《工业和信息化部工程建设领域突出问题专项治理工作方案》的通知

工信厅规［2009］244号

各省、自治区、直辖市通信管理局，部属各单位、部属各高校，有关单位，部机关有关司局：

根据中共中央办公厅、国务院办公厅《关于开展工程建设领域突出问题专项治理工作的意见》（中办发［2009］27号）和中央治理工程建设领域突出问题工作领导小组制定的《工程建设领域突出问题专项治理工作实施方案》（中治工发［2009］2号），结合工业和信息化部实际，制定了《工业和信息化部工程建设领域突出问题专项治理工作方案》（以下简称《工作方案》）。经部领导同意，现将《工作方案》印发给你们，请结合本单位实际情况，认真贯彻落实。

附件：工业和信息化部工程建设领域突出问题专项治理工作方案

中华人民共和国工业和信息化部

二○○九年十一月十九日

附件：

工业和信息化部工程建设领域突出问题专项治理工作方案

根据中共中央办公厅、国务院办公厅《关于开展工程建设领域突出问题专项治理工作的意见》和中央治理工程建设领域突出问题工作领导小组制定的《工程建设领域突出问题专项治理工作实施方案》，工业和信息化部负责牵头推进建设项目信息公开和诚信体系建设工作，参与规范工程建设项目决策行为、规范招标投标活动、加强项目实施和质量监管等三项工作，同时还涉及物资采购和资金使用监管、加大监督检查和查办案件力度等工作。现结合工业和信息化部实际，制定部门工程建设领域突出问题专项治理工作方案。

一、工作重点和目标

对2008年以来政府投资和使用国有资金的各省、自治区、直辖市通信管理局，部属单位的固定资产投资项目进行全面检查，配合国务院有关部门对重点产业振兴和技术改造专项资金支持的中央企业技术改造项目进行督查，并对专项资金支持的地方企业技术改造项目相关工作进行督导。在我部职责范围内，进一步规范工程建设项目决策行为和招标投标活动，加强项目实施和工程质量监管，加强物资采购和资金使用的监管，推进建设项目信息公开和诚信体系建设。

二、主要任务及责任分工

（一）规范工程建设项目决策行为

1．加强项目建设程序的监管。根据有关法律法规和政策规定，严格执行投资项目审批、核准、备案管理程序，规范项目决策。（规划司、相关司局）

2．完善重点产业振兴和技术改造专项投资项目管理的配套制度，建立完善部属单位固定资产投资项目管理办法。（规划司、通信发展司）

3．加强节能评估审查，强化对环境影响评价审批的要求。严格按照相关法律法规的要求，对未进行或未通过节能评估审查和环境影响评价审批的项目，一律不得审批、核准，建立和完善环境影响评价行业预审制度。（节能与综合利用司、规划司）

4．按照政务公开和相关要求，公开建设项目信息，明确审批流程，及时公布审批结果。（办公厅、驻部监察局、规划司）

5．配合牵头部门做好其他相关工作。

（二）规范招标投标活动

1．依据《招标投标法》，加大招投标监督检查力度，严格核准招标范围、招标方式和招标组织形式，确保依法应该公开招标的项目实行公开招标。（规划司、通信发展司、驻部监察局）

2．完善通信建设项目招标投标管理制度，研究修订《通信建设项目招投标管理规定》，继续做好《通信建设项目施工招标文件范本（试行）》和《通信建设项目货物招标文件范本（试行）》的贯彻实施工作。（通信发展司）

3．积极参与招标投标部际联席会议机制，健全部门招标投标行政监督机制和举报投诉处理机制。落实招标投标违法行为记录公告制度。（规划司、通信发展司）

4．加强对通信行业招标投标从业机构和人员的规范管理。加强中介组织管理，规范招标代理行为。（通信发展司）

5．配合牵头部门做好其他相关工作。

（三）加强项目实施和工程质量的监管

1．加强通信建设工程实施过程的程序管理。严格执行《合同法》、《建设工程质量管理条例》等相关法律法规及基本建设程序有关规定，认真落实工程建设强制性标准、质量监督和竣工验收备案等制度。（通信发展司）

2．强化企业质量主体责任，落实通信建设工程质量各方责任制，强化对企业建设行为的监管。依法规范通信建设各方合同订立行为，禁止转包和违法分包。（通信发展司）

3．加大通信建设质量监督检查力度，依法查处违法违规行为，建立部省两级通信建设工程质量监督通报制度。按照《通信工程质量管理规定》和《通信建设工程质量监督工作要点》要求，重点检查3G重点建设项目、低价中标项目以及相关单位建立质量管理制度的情况等。（通信发展司）

4．加强通信业工程建设施工安全的监管，完善相关安全生产法规制度，落实安全生产责任，建立健全安全生产保障措施，加强安全生产教育培训和监督检查。（安全生产司、通信发展司）

（四）加强物资采购和资金使用的管理

1．按照《政府采购法》的有关规定，加强对工程建设过程中政府采购行为的监管。（财务司、规划司、通信发展司、驻部监察局）

2．加强工程建设项目资金监管，严格概预算管理，确保项目建设资金的安全有效。（财务司、规划司）

3．严格执行竣工财务决算审计和审批制度，并对严重超概算项目进行专项审计。（财务司、规划司、驻部监察局）

（五）推进建设项目信息公开和诚信体系建设

1．按照统一的建设项目信息公开的要求、目录和标准，通过部门户网站等渠道公开建设项目信息。（办公厅、政策法规司、规划司、通信发展司、信息化推进司、驻部监察局）

2．按照信用信息目录和共享标准，梳理部门管理的工程建设领域企业和个人信用相关信息，为互联互通的工程建设领域企业和个人信用信息平台提供相关信息。（规划司、通信发展司、信息化推进司）

3．建立健全我部工程建设领域失信惩戒制度和守信激励制度，完善市场准入和退出机制，促进信用系统的完善。（规划司、通信发展司、政策法规司）

4．采取多种形式，加强对我部专项治理工作的宣传报道。（办公厅、规划司、通信发展司）

（六）加大监督检查和查办案件工作力度

1．公布专项治理举报电话和举报网站，认真受理群众举报和投诉，并依据职责权限进行处理。（驻部监察局、规划司）

2．查处工程建设领域的典型案件，重点查处机关工作人员特别是领导干部利用职权违法干预项目决策、招标投标等突出问题，查处因监管不力、行政不作为、乱作为造成重大损失的行为。（驻部监察局、规划司）

3．发挥查办案件的治本功能，开展警示教育，查找体制机制制度方面存在的漏洞，提出加强管理的措施。（驻部监察局、规划司）

三、工作步骤

（一）广泛动员部署

成立工业和信息化部工程建设领域突出问题专项治理工作领导小组（以下简称部专项治理领导小组）。苗圩同志任组长，郭炎炎同志任副组长，莫玮、刘贤利、黄文玉、徐愈、祝军、王新哲、彭晓芳、梁彦、杨铁生、李维嘉等同志为成员，规划司负责日常工作。制定专项治理工作方案，明确任务分工和工作要求。

（二）深入开展检查

各省、自治区、直辖市通信管理局，部属单位对2008年以来政府投资和使用国有资金项目进行自查，找出存在的突出问题，分析原因，提出治理对策，有关情况于2010年1月底前报部专项治理领导小组。

配合国务院有关部门对重点产业振兴和技术改造专项资金支持的企业技术改造项目进行督促检查。

部专项治理工作领导小组选择重点项目、重点环节组织抽查，并配合中央专项治理领导小组适时组织督查。

（三）认真进行整改

1．及时纠正问题。对检查中发现的问题，制定和完善整改措施，落实整改责任，及时进行纠正。

2．落实监管责任。依照法律法规和职责分工，落实对工程建设各环节的监管责任。加强与有关部门的协调，建立有效联动、密切监控的监督机制。

3．加强制度建设。清理我部工程建设领域相关规章制度，加强对重点部位和关键环节的制度建设，注重制度之间的衔接配套，增强针对性、系统性和有效性。

（四）巩固治理成果，建立长效机制

对专项治理工作任务的落实情况进行检查，提出需要进一步完善的法规制度和加强日常监管的工作措施。

全面总结专项治理工作，于2011年年底前形成部专项治理工作总结报中央专项治理工作领导小组。

附：

专项治理相关检查的重点内容

一、规范工程建设项目决策行为

1．项目审批（核准）程序方面。是否存在未经审批、核准或备案进行建设的问题；是否存在越权审批或核准的问题；是否存在“分拆审批（核准）”等其他问题；是否存在违反发展建设规划问题；是否存在违反市场准入标准问题。

2．环评和节能方面。在审批、核准项目时，是否将节能审查和环境影响评价审批作为前置条件；是否存在未进行或未通过节能审查和环境影响评价审批就开工建设的情况。

3．信息公开方面。是否存在建设项目信息应公开而未公开的情况；是否存在有关投资管理程序和审批流程未公开的情况；是否存在未及时公布审批结果的情况。

4．责任追究方面。是否存在违反项目建设程序审批（核准）投资项目给国家造成重大损失的情况；有关咨询评估机构在咨询评估时是否存在弄虚作假或者评估结论意见严重失实的情况；有关勘察、设计等单位，是否存在违反法律法规、严重失职给国家造成重大损失的情况。

二、规范招投标活动

1．严格执行依法必须招标的情况。达到国家规定规模标准的建设工程勘察、设计、施工、监理、重要设备和主要采购是否严格执行了招标制；依法必须进行招标的工程建设项目要求报送主管部门审批的，是否严格核准其招标事项；依法必须招标的工程建设项目招标公告，是否严格按照《招标投标法》规定在国家或省、自治区、直辖市人民政府指定的媒介发布；招标程序是否规范，是否详细、完整编制招标文件；是否存在二次或多次报价的情况；是否存在要挟、暗示投标人在中标后分包部分工程给指定承包商、供应商的情况；投标人是否存在挂靠有资质或高资质单位并以其名义投标，或者从其他单位租借资质证书等行为；中标后，投标人是否转包，项目分包是否限定在非主体、非关键工作，分包单位是否具有相应资质；是否有另行订立背离中标合同实质性内容的其他协议；是否存在低于成本价中标的情况；是否及时履行招标备案手续。

2．保证评标活动公正性情况。评标委员会的组建是否依据法定条件，是否严格执行回避制度；评标标准和方法是否在招标文件中公开载明，在评标过程中是否存在随意改变评标标准和方法的情况；是否存在采取抽签、摇号等博彩性方式确定中标人的情况；依法必须招标项目推荐的中标候选人是否限定在一至三人，并标明顺序；对评标专家在评标活动中的违法违规行为是否依法给予查处。

3．规范招标代理机构行为情况。招标代理机构是否与行政主管部门脱钩，是否存在隶属关系或者其他利益关系；是否违反《招标投标法》和《行政许可法》规定，设立和认定招标代理机构资格的审批行为；对违法违规的招标代理机构是否依法给予处理。

三、工程实施和工程质量管理

1．质量责任落实方面。建设、勘察设计、施工、监理等各方责任主体及人员，是否严格执行《建设工程质量管理条例》等有关法律法规和国家工程建设强制性技术标准；是否及时对检查出的质量问题和隐患进行整改。

2．建设单位是否履行对工程质量的全面管理责任；是否按规定办理工程开工报告、竣工验收等相关法定手续；是否存在拖欠工程款、直接发包或指定分包人；是否存在迫使承包方以低于成本的价格竞标，是否存在低于国家取费标准签订服务合同情况；是否严格按照国家严格档案管理的规定，建立、健全建设项目档案。

3．设计单位是否具有相应资质等级证书，是否超越资质范围或以其他单位名义承揽工程，是否转包或者分包所承揽的工程，是否按照通信建设标准进行设计，是否存在设计不能够指导施工其情况。

4．施工企业是否具有相应资质等级证书，合同施工企业与实际施工人是否一致。总包企业与现场项目负责人及主要管理机构和管理人员是否对施工活动进行组织管理；项目经理是否具有相应资格。现场的技术资料、变更、洽商等往来文件是否由签订合同施工单位签署；安全质量防护措施是否落实。

5．监理单位是否具有相应的资质，签订的监理合同是否规范、合法，是否执行国家规定的收费标准；是否建立了质量安全管理体系和管理标准；总监理工程师、监理工程师是否具有通信建设监理工程师资格，现场监理人员配置是否符合工程要求；监理工作流程是否符合监理规范的要求，项目监理资料是否齐全完整。

6．质量事故和质量投诉处理方面。是否对质量事故和质量投诉及时查处；是否符合有关处理程序；是否对存在违法违规行为的单位和人员依法进行处罚；是否将调查处理及结果及时向社会公布。

7．安全生产方面。建设项目是否严格按照国家安全法律、行政法规、规章、标准和规范组织落实；企业的安全生产组织机构、安全生产规章制度、安全生产责任制是否建立健全并落实；建设项目是否符合安全生产“三同时”要求，安全措施是否落实，安全生产投入是否到位；安全生产培训、教育是否落实，特种作业人员是否做到持证上岗；施工过程是否进行安全技术交底、安全检查、隐患排查治理并执行到位；是否按要求制定应急救援预案。

四、物资采购和资金使用管理

1．项目建设单位在项目实施过程中是否严格执行《政府采购法》有关规定。

2．项目建设单位财务管理基础工作是否规范、内控机制是否健全；财务管理和会计核算是否严格执行基本建设财务制度。

3．项目建设资金是否按照规定的范围和标准使用，是否存在转移、侵占或者挪用问题；建设单位是否按批复落实配套资金；实行国库集中支付的建设项目是否直接支付到商品、劳务供应者，资金划汇是否准确安全。

4．已完工项目是否按照规定的时间要求，及时编报项目竣工财务决算；是否按照规定及时办理资产移交；项目净结余资金是否按照有关规定及时处理。

关于印发《重大技术装备自主创新指导目录》的通知

工信部联装［2009］707号

各省、自治区、直辖市、计划单列市及新疆建设兵团工业和信息化、财政、科技、国有资产监督管理部门，国务院各有关部委，有关中央企业（集团）：

为了贯彻国务院关于做强做大装备制造业的战略部署，根据《国务院关于落实<政府工作报告>重点工作部门分工意见》（国发［2009］13号文）的要求，我们制定了《重大技术装备自主创新指导目录（2009）》（以下简称《目录》）。《目录》共列出18个领域、240项装备产品。凡列入本《目录》的产品，可优先列入政府有关科技及产品开发计划，优先给予产业化融资支持，享受国家关于鼓励使用首台（套）政策；产品开发成功后，经认定为国家自主创新产品的，优先纳入《政府采购自主创新产品目录》，享受政府采购政策支持。

附件：重大技术装备自主创新指导目录（略）

工业和信息化部

科学技术部

财政部

国务院国有资产监督管理委员会

二〇〇九年十二月二十五日

财政部

关于加快落实中央扩大内需投资项目地方配套资金等有关问题的通知

财建［2009］631号

各省、自治区、直辖市、计划单列市财政厅（局）：

按照推进财政科学化、精细化管理的要求，为了确保中央扩大内需投资项目地方配套资金的落实，更好地发挥扩大内需投资对经济增长的拉动作用，根据国务院有关规定，现将有关事项通知如下：

一、要督促有关部门和单位，加快落实地方配套资金

地方各级政府是落实本地区中央扩大内需投资项目地方配套资金的责任主体。各级财政部门要认真履行职责，采取措施，加大力度，督促有关部门和单位，加快落实地方配套资金。对于配套资金不落实的地区，要相应扣减或暂缓下达该地区后续中央扩大内需投资预算。

二、要统筹地方财力，确保地方政府配套资金落实到位

地方各级财政部门要统筹安排财力，切实保证中央扩大内需投资项目地方政府配套资金及时落实到位，推动实现扩大内需促进经济增长战略目标。地方政府配套资金可通过以下渠道筹集：

一是地方各级政府一般预算资金。

二是地方各级政府土地出让收益等各类政府性基金。

三是中央财政代理发行的2009年2000亿元地方政府债券资金。

四是利用政府融资平台通过市场机制筹措的资金。

五是地方政府其他可用财力。

三、要按照有关规定，严格地方政府债券资金安排使用

2009年为解决地方政府配套资金不足问题，中央采取了代理发行地方政府债券的办法，并明确规定了用途。地方各级财政部门要严格遵循地方政府债券资金的使用次序，确保中央扩大内需投资项目地方政府配套资金的落实。

一是地方政府债券资金要优先用于中央扩大内需投资公益性项目地方政府配套。

二是地方政府债券资金在满足中央扩大内需投资公益性项目地方政府配套需求后，可用于其他难以吸引社会投资的公益性建设项目。

三是地方政府债券资金严格控制用于能够通过市场化行为筹资的投资项目，严禁用于经常性支出以及党政机关办公楼等楼堂馆所项目。

地方政府债券资金具体安排使用请按照财政部制定的《2009 年地方政府债券资金项目安排管理办法》（财建［2009］121 号）执行。对于没有按规定安排使用的地区，要限期整改。

四、抓紧开展地方配套资金落实情况自查工作

地方各级财政部门要立即对本地区中央扩大内需投资项目地方配套资金落实情况开展自查。自查内容包括：本地区中央扩大内需投资项目地方配套资金需求情况、配套资金筹措及落实情况、地方政府债券资金安排使用情况、地方配套资金实际到位情况等。请各省（自治区、直辖市、计划单列市）财政部门按附表（详见附件）所列自查内容据实汇总填列。对于存在以下问题的，应说明原因并提出整改处理意见：

一是中央扩大内需投资项目地方政府配套资金来源有缺口的。

二是地方政府债券资金未主要用于中央扩大内需投资项目地方政府配套，且地方政府配套资金来源有缺口的。

三是地方政府债券资金用于国务院要求严格控制或禁止安排领域的。

四是地方政府配套资金实际到位率偏低的。

请于 2009 年 11 月 5 日前将自查情况（表格）、说明以及整改处理意见等材料报我部。

附表一：中央扩大内需投资项目地方配套资金落实情况自查表（略）

附表二：2009 年 2000 亿元地方政府债券资金安排使用情况自查表（略）

财政部

二〇〇九年十月十二日

关于印发《中央财政小型农田水利设施建设和国家水土保持重点建设工程补助专项资金管理办法》的通知

财农［2009］335 号

农业部，各省、自治区、直辖市、计划单列市财政厅（局）、水利（务）厅（局），新疆生产建设兵团财务局、水利局：

为进一步加强和规范中央财政小型农田水利设施建设补助专项资金、国家水土保持重点建设工程补助专项资金管理，财政部、水利部结合各地小型农田水利建设和水土保持重点建设工程实际情况，制定了《中央财政小型农田水利设施建设和国家水土保持重点建设工程补助专项资金管理办法》。现予印发，请遵照执行。

财政部

水利部

二〇〇九年十一月六日

中央财政小型农田水利设施建设和国家水土保持重点建设工程补助专项资金管理办法

第一章　总　则

第一条　为加强和规范中央财政小型农田水利设施建设补助专项资金（以下简称小农水专项资金）、国家水土保持重点建设工程补助专项资金（以下简称水土保持专项资金）管理，提高资金使用效益，根据《中华人民共和国预算法》和有关法律法规，制定本办法。

第二条　本办法所称小农水专项资金，是指由中央财政预算安排的，采用“民办公助”等方式，支持农户、农民用水合作组织、村组集体和其他农民专业合作经济组织等，开展小型农田水利设施建设的补助资金。

水土保持专项资金是指中央财政预算安排的，由财政部、水利部根据国家水土保持重点建设工程有关规划，用于支持规划治理范围内的重点地区开展水土流失治理项目建设的补助资金。

第三条　本办法适用于小农水专项资金和水土保持专项资金的使用管理。

第四条　各省、自治区、直辖市、计划单列市（以下简称各省）财政、水利部门要建立有效工作机制，明确分工，落实责任，共同做好小型农田水利和国家水土保持重点建设项目的组织实施和指导工作。要科学编制项目建设方案，合理确定年度建设任务，认真开展项目评审，加强项目监督检查、绩效考核和验收工作，充分调动农民群众参与项目建设和管理的积极性，确保项目建设进度和工程质量。

第五条　小农水专项资金、水土保持专项资金支持建设的项目、工程或设施，必须严格按照批准的建设方案组织实施，并符合国家及水利行业的有关技术标准和规程、规范。

第二章　小农水专项资金使用管理

第六条　各级财政要坚持“政府引导、民办公助、以奖代补”等方式，充分利用农村劳动力资源丰富的优势，把加大政府投入与鼓励农户投工投劳结合起来，整合农田水利建设资金，引导社会资金投资，逐步建立小型农田水利设施建设多元化投入机制。

省级财政部门要按照中央不断加大对小型农田水利设施建设的投入力度等政策要求，设立小型农田水利设施建设专项资金，逐步扩大资金规模，增加投入。市、县两级财政也要切实增加对小型农田水利设施建设的投入。

第七条　各省财政部门要按照《财政部关于进一步推进支农资金整合工作的指导意见》（财农［2006］36号）要求，努力创造条件，充分调动各方面积极性，切实加大农田水利设施建设资金整合力度。各省要采取有效措施，切实开展省级农田水利设施建设资金整合。同时，在县级以农田水利规划为依据，以小农水专项资金为引导，以重点县建设为平台，以提高资金使用效益为目标，按照“渠道不乱、用途不变、各负其责、优势互补、各记其功、形成合力”的原则，在不改变资金性质和用途的前提下，积极整合各级、各类涉及农田水利设施建设资金，统筹安排，集中使用，进一步拓宽农田水利设施建设投入渠道。

第八条　小农水专项资金主要用于支持重点县建设和专项工程建设两个方面，其分配和安排必须科学合理、公正规范，并遵循以下原则：

（一）突出支持粮食主产区，夯实粮食增产和农民增收基础。

（二）突出工程设施续建配套改造，发挥集中连片建设的优势。

（三）突出节水灌溉技术的运用和推广，提高农业用水效率和效益。

（四）突出“民办公助”和产权制度改革，推进工程建管机制体制的完善和创新。

（五）兼顾东中西部地区差异，适当向中西部地区倾斜。

第九条　小农水专项资金用于重点县建设的，重点支持现有小型农田水利设施和大中型灌区末级渠系续建、配套、改造，因地制宜建设高效节水灌溉工程和适度新建小型水源工程。小农水专项资金用于支持专项工程建设的，主要解决小型农田水利设施最薄弱的环节，重点支持雨水集蓄利用、高效节水灌溉、小型水源建设，以及渠道、机电泵站等其他小型农田水利设施修复、配套和改造。主要包括：

（一）塘坝（容积小于10万m^3）、小型灌溉泵站（装机小于1000kW）、引水堰闸（流量小于$1m^3/s$）、灌溉机井、雨水集蓄利用工程（容积小于$500m^3$）等小型水源工程。

（二）大中型灌区末级渠系（流量小于$1m^3/s$）、小型灌区渠系、井灌区输水管道、高效节水灌溉工程等。

（三）小型排水泵站（装机容量小于1000kW）、控制面积3万亩以下的排水沟道等。

小农水专项资金具体年度补助对象或建设内容，由财政部、水利部根据上述范围和国家有关政策确定，并通过小农水专项资金项目立项指南发布。

第十条　小农水专项资金使用范围主要包括：

（一）项目建设材料费。

（二）工程设备费。

（三）施工机械作业费。

（四）项目管理费。重点县和专项工程项目的论证审查、规划编制、工程设计、技术咨询和信息服务支出。

各省可从中央财政安排的小农水专项资金中按不超过1%的比例一次性提取项目管理费，不得层层重复提取，不得用于人员补贴、购置交通工具、会议费等支出。项目管理费不足部分由地方解决。

第十一条　小农水专项资金根据因素法进行分配，包括自然因素、经济因素和绩效因素三类。“自然因素”包括耕地面积、有效灌溉面积、县级行政区划数；“经济因素”包括粮食总产量、人均粮食产量、农民人均纯收入、地方财政收入；“绩效因素”包括省级财政投入力度、资金整合、农民投工投劳、项目和资金管理等绩效考核结果。

中央财政根据小农水专项资金预算规模以及上述因素，测算确定分配给各省的资金补助额度。

新疆生产建设兵团、农业部直属垦区不纳入因素法测算范围。由中央财政根据新疆生产建设兵团、农业部直属垦区小型农田水利设施建设任务、上年度项目实施情况和资金使用管理情况等适当给予定额补助。

第十二条 中央财政对重点县建设和专项工程建设实行不同的资金补助方式：

（一）重点县建设实行定额补助。中央财政按照一定的补助标准和重点县名额，核定分配给各省的重点县建设资金补助额度，各重点县具体补助金额由各省自行确定。

（二）专项工程建设实行比例补助。中央财政按照项目总投资的一定比例，核定分配给各省及新疆生产建设兵团、农业部的专项工程补助额度。

重点县和专项工程的具体补助标准和比例，由中央财政根据有关政策和年度资金预算，在制定年度小农水专项资金项目立项指南时确定。

第十三条 财政部、水利部根据国家农业发展政策、小型农田水利建设总体要求以及当年小农水专项资金预算规模，及时制定和发布年度小农水专项资金项目立项指南，将重点县分配或调整名额、小农水专项资金补助控制指标、项目管理费提取比例等下达各省及新疆生产建设兵团、农业部。

第十四条 小农水专项资金的申报主体，包括专项工程申报主体和重点县申报主体。

（一）重点县申报主体为县级财政和水利部门。

（二）专项工程申报主体包括：

1. 农户或联户。

2. 农民用水合作组织。

3. 村、组集体。

4. 其他农民专业合作经济组织。

第十五条 重点县和专项工程建设项目依照自下而上的原则逐级申报。

省级财政、水利部门，根据财政部、水利部下发的年度小农水专项资金项目立项指南，组织开展重点县和专项工程的立项申报、资金申请等工作。

地方各级财政、水利部门共同对各自上报的申报材料的完整性、真实性负责。

第十六条 重点县建设项目，由县级财政、水利部门依据本地农田水利规划以及重点县的建设目标和要求，组织编制《小型农田水利重点县建设方案》、《小型农田水利重点县建设标准文本》等申请材料和文件，逐级联合向省级财政、水利部门申报。

专项工程建设项目，由符合条件的申报主体提出申报后，县级财政、水利部门负责归类汇总，以县为单位组织编制《小型农田水利专项工程建设方案》和《小型农田水利专项工程建设标准文本》等申请材料和文件，并逐级联合向省级财政、水利部门申报。

项目申报涉及筹资筹劳的应当按照有关规定“一事一议”，经村民民主议事取得同意，并提供村民会议有关决议，按程序提出申报，报县级财政、水利部门。项目申报主体为农民用水合作组织或其他农民专业合作经济组织的，须同时报送合作组织证书复印件。

第十七条 各省财政、水利部门负责组织专家对县级申报材料进行评审，确定重点县和专项工程建设内容、资金支持重点，归类汇总和编制省级申报材料及资金申请文件，连同省级专家评审意见联合上报财政部、水利部。

第十八条 新疆生产建设兵团和农业部有关部门，根据财政部、水利部制定的《年度小农水专项资金项目立项指南》，负责组织项目单位编制《小型农田水利专项工程建设方案》和《小型农田水利专项工程建设标准文本》，并负责组织专家对各项目单位申报材料进行评审。评审工作结束后，将有关申报材料、资金申请文件等报送财政部、水利部。

新疆生产建设兵团和农业部有关部门分别对各自报送的申报材料的完整性和真实性负责。

第十九条 小农水专项资金项目审查要严格执行有关评审标准与要求，应当遵循以下原则：

（一）农民自愿原则。项目立项、建设要充分尊重农民意愿，项目建设方案、筹资筹劳方案和管理运行方式要经过项目区农民同意或民主议事通过。

（二）规划指导原则。项目立项、设计应依据有关规划，以有关规划为基础；项目施工、建设应按照有关规划和要求组织实施。

（三）因地制宜原则。根据当地水资源条件、生产实际需要和投资可能，确定项目工程措施和类型，做到经济上合理，技术上可行。

（四）集中连片原则。项目安排要集中资金和技术，连片建设，形成规模，发挥工程的整体效益。

（五）项目统筹原则。县级要依据农田水利规划，按照资金整合的总体要求，统筹考虑各类相关项目的建设方案、项目建设能力等情况，合理安排项目布局、建设内容和规模。省级统筹考虑各项目区实际情况，合理安排重点县建设项目与专项工程项目的建设布局和资金规模。

第二十条 财政部、水利部组织专家对各省、新疆生产建设兵团和农业部上报的申报材料进行合规性审查。

合规性审查通过后，财政部根据各省、新疆生产建设兵团和农业部报送的立项和资金申请文件以及下达的资金控制额度，拨付小农水专项资金。各省财政、水利部门，新疆生产建设兵团和农业部有关部门按照报送财政部、水利部备案的项目建设方案，批复下达和组织实施。

第二十一条 地方各级财政、水利部门要积极推动小型农田水利设施建设项目管理体制改革，明确产权，落实管护责任，探索、创新和建立长效运行机制，确保工程发挥效益。按照谁受益、谁管护的原则，单户工程应明确产权归农户所有，管护归农户负责；联户工程可由受益农户建立农民用水合作组织，工程产权归其所有并负责管护。

第三章　水土保持专项资金使用管理

第二十二条　国家水土保持重点建设工程分期规划，分期实施，每期五年。

财政部、水利部根据国家政策和水土流失治理任务，确定规划范围和重点（简称治理区）。各省财政、水利部门根据国家规划编制省级水土保持重点建设工程五年实施规划，并联合上报财政部、水利部。

财政部、水利部组织专家对各省上报的五年实施规划进行审查和批复。

第二十三条　国家水土保持重点建设项目以政府投入为主。在中央财政增加投入的同时，省、市财政也应切实增加投入。规划治理区财政、水利部门要采取措施，按照筹资筹劳的有关规定，鼓励受益农户参与工程建设。

第二十四条　水土保持专项资金用于规划治理区内的坡改梯、淤地坝、小型水保工程以及营造水保林草和经果林等项目补助支出，主要包括：

（一）材料费。购买水泥、钢材、石材、砂石料、预制构件、炸药等费用。

（二）设备费。小型灌排设备、水土保持监测设备购置费。

（三）机械施工费。施工机械租赁费、台班费。

（四）种子苗木费。营造水保林、经果林，种草及封禁治理中补植补种所需的苗木、种子费用。

（五）苗圃基础设施建设费。苗圃土地平整、大棚、配套水利设施、配电设施费用。

（六）封禁治理费。设置围栏、封禁标志牌以及雇佣管护人员费用。

第二十五条　水土保持专项资金依据实施规划、年度治理任务、每平方公里水土流失综合治理单价以及中央财政补助比例进行分配。

中央财政补助比例不超过全省项目投资总额的 70%。具体项目的补助比例由各省财政、水利部门确定。

第二十六条　国家水土保持重点建设工程项目按年度组织申报。省级财政、水利部门根据财政部、水利部批复的五年治理规划，确定年度治理任务，编写项目和资金申请文件，联合上报财政部、水利部。

第二十七条　水利部根据与财政部共同批复的五年治理规划，负责审核批复各省年度治理任务。

财政部、水利部根据批复的各省年度治理任务和资金预算，研究提出资金分配方案，按程序报批后，将水土保持专项资金拨付有关省级财政部门。

第二十八条　治理区内县级财政、水利部门依据批复的规划和年度治理任务，以小流域为单元组织编制初步设计，报省级财政、水利部门审批后组织项目实施。

第二十九条　治理区内各级财政、水利部门要明确落实项目工程产权和管护责任，确保建成一处，落实一处。省级财政、水利部门要发挥监督指导作用，推动工程产权的落实和管护机制的建立，促进长效运行管护机制建设。

第四章　资金监督检查

第三十条　小农水专项资金和水土保持专项资金的使用管理要公开透明，实行公示制。县级财政、水利部门要采取适当的形式，将项目建设情况在当地进行公示，资金使用、筹资筹劳等情况应及时向受益区群众张榜公布，接受监督。

第三十一条　各级财政部门要及时拨付小农水专项资金和水土保持专项资金，保证工程项目的顺利实施。要大力推行县级报账制、政府采购制度，具备条件的地方应积极实行国库直接支付制度。

第三十二条　各级财政部门要建立和健全资金监管体系，加强对小农水专项资金、水土保持专项资金的使用管理和监督检查，保证专款专用。积极配合有关部门做好审计、稽查等工作。

第三十三条　地方各级水利部门要做好项目规划、设计、建设管理和技术指导，落实工程建成后的运行管护责任。县级水利部门要逐步建立和完善由项目法人或业主负责的建设和管护机制，推进工程产权制度改革。

县级财政、水利部门要加强项目建设日常监管，掌握项目建设进度，发现问题及时纠正。各级财政、水利部门对项目建设情况采取随机方式进行抽查监督。

第三十四条　各省财政、水利部门，新疆生产建设兵团和农业部有关部门要建立健全项目管理和资金使用情况统计报告制度，于每年 3 月底前向财政部、水利部报送上年项目实施和资金使用情况。

第三十五条　各省财政、水利部门要建立绩效考核制度，将项目建设的组织管理、建设进度、工程质量、资金投入、资金整合、资金使用和监管，以及管护机制等因素纳入考核范围。中央对省进行考核，省对县进行考核。中央对省的考核结果作为下一年度分配资金的重要因素。

第三十六条　对在小农水专项资金和水土保持专项资金使用管理中违反财政资金拨付和预算管理规定的，依照《财政违法行为处罚处分条例》（国务院令第 427 号）及有关法律法规给予处理、处罚、处分。

对小农水专项资金和水土保持专项资金使用不规范、项目建设管理混乱，存在违规违纪问题被省级以上审计机关、财政部驻各省财政监察专员办事处检查处理或通报，以及被媒体曝光并核实的，将核减以后年度中央对省小农水专项资金和水土保持专项资金分配额度、重点县名额。涉及重点县的，取消重点县资格，三年内不得重新申报；涉及专项工程的，取消该项目所在县申报小农水专项工程资格，三年内不予安排。

第五章　附　则

第三十七条　各省财政、水利部门，新疆生产建设兵团、农业部有关部门根据本办法并结合实际，制定实施细则，报财政部、水利部备案。

第三十八条　本办法自发布之日起施行。财政部、原水利电力部《关于发布<小型农田水利和水土保持补助费管理的规定>的通知》[（87）财农字第402号]，财政部、水利部《关于印发<中央财政小型农田水利工程建设补助专项资金管理办法（试行）>的通知》（财农［2006］124号）同时废止。

关于外国政府贷款和国际金融组织贷款项目进口设备增值税政策的通知

财关税［2009］63号

各省、自治区、直辖市、计划单列市财政厅（局）、国家税务局，新疆生产建设兵团财务局，海关总署广东分署、各直属海关：

经国务院批准，自2009年1月1日起，对按有关规定其增值税进项税额无法抵扣的外国政府和国际金融组织贷款项目进口的自用设备，继续按《国务院关于调整进口设备税收政策的通知》（国发［1997］37号）中的相关规定执行，即除《外商投资项目不予免税的进口商品目录》所列商品外，免征进口环节增值税。

外国政府贷款和国际金融组织贷款项目单位利用外国政府贷款和国际金融组织贷款项目进口的设备，申请免征进口环节增值税的，按如下方式办理手续：

一、对于附件1所列贷款项目单位可以按相关规定到海关直接办理免征进口环节增值税的手续。

二、对于附件1所列的贷款项目单位以外的其他外国政府贷款和国际金融组织贷款项目单位，首先需经主管国家税务局审核后报地（市）级国税主管机关认定其购置设备缴纳的增值税进项税额因不属于增值税一般纳税人或该项目项下进口设备完全用于增值税免税业务等因素而无法抵扣，并为其出具税务确认书（税务确认书格式见附件2）后，方可按相关规定到海关办理进口设备免征进口环节增值税的手续。

三、2009年1月1日以后进口的外国政府和国际金融组织贷款项目项下设备，符合本通知上述免税条件和相关要求的，在补办海关免税审批手续后，已征收的进口环节增值税准予退还。但对于按照重大技术装备专项进口税收政策有关进口整机征收关税和进口环节增值税的规定，外国政府和国际金融组织贷款项目项下进口属于专项政策规定征税范围内的设备不能享受本通知免征进口环节增值税的待遇，已征收的进口环节增值税不予退还。

附件：1.部分外国政府贷款和国际金融组织贷款项目单位清单（略）

2.外国政府贷款和国际金融组织贷款项目单位税务确认书（格式）（略）

财政部
海关总署
国家税务总局
二〇〇九年十一月十六日

关于调整重大技术装备进口税收政策暂行规定有关清单的通知

财关税［2010］17号

各省、自治区、直辖市、计划单列市财政厅（局）、国家税务局，新疆生产建设兵团财务局，海关总署广东分署、各直属海关，财政部驻各省、自治区、直辖市、计划单列市财政监察专员办事处：

按照《财政部 国家发展改革委 工业和信息化部海关总署 国家税务总局 国家能源局关于调整重大技术装备进口税收政策的通知》（财关税［2009］55 号）规定，根据国内相关产业发展情况，在广泛听取有关主管部门、行业协会及企业意见的基础上，经研究决定，对《重大技术装备进口税收政策暂行规定》（以下简称《暂行规定》）所附装备目录与商品清单予以调整，现通知如下：

一、《国家支持发展的重大技术装备和产品目录（2010 年修订）》（见附件 1）和《重大技术装备和产品进口关键零部件、原材料商品清单（2010 年修订）》（见附件 2）自 2010 年 4 月 15 日起执行，符合规定条件的国内企业为生产本通知附件 1 所列装备或产品而确有必要进口本通知附件 2 所列商品，免征关税和进口环节增值税。

二、《进口不予免税的重大技术装备和产品目录（2010 年修订）》（见附件 3）自 2010 年 4 月 26 日起执行，对新批准的《暂行规定》第三条所列项目和企业进口本通知附件 3 所列自用设备以及按照合同随上述设备进口的技术及配套件、备件，一律征收进口税收。

2010 年 4 月 26 日前（不含 4 月 26 日）批准的上述项目和企业进口本通知附件 3 所列设备，在 2010 年 10 月 26 日前继续按照《暂行规定》附件 3 执行；自 2010 年 10 月 26 日起（含 10 月 26 日）对上述项目和企业进口本通知附件 3 中设备，一律征收进口税收。

三、自 2010 年 4 月 26 日起，《暂行规定》中附件 1、2、3 废止；已获得免税资格的企业在免税进口额度内进口关键零部件、原材料，且在 2010 年 4 月 26 日前（不含 4 月 26 日）申报进口的，仍可按照《暂行规定》附件 2 执行。

四、新申请享受城市轨道交通车辆及机电设备、高速动车组、大功率机车、大型铁路养护机械、大型环保及资源综合利用设备、大型施工机械领域进口税收优惠政策的企业，应在 2010 年 4 月 26 日至 5 月 26 日提交申请文件，具体申请程序和要求应按照《暂行规定》有关规定执行。自 2010 年 4 月 26 日起，新申请企业凭受理部门出具的证明文件，可向海关申请凭税款担保先予办理有关零部件及原材料放行手续。

省级工业和信息化主管部门应会同企业所在地直属海关、财政部驻当地财政监察专员办事处对上述领域的地方企业申请材料进行初审，并在 2010 年 6 月 10 日前将申请文件及初审意见汇总上报工业和信息化部，同时抄送财政部、海关总署、国家税务总局。

五、自 2009 年 7 月 1 日起，城市轨道交通承担自主化依托项目业主进口城市轨道交通车辆及机电设备所需关键零部件、原材料（见附件 2），免征进口关税和进口环节增值税。

六、 城市轨道交通、核电承担自主化依托项目业主申请享受重大技术装备进口税收优惠政策的，可在项目进口物资计划确定后分别向国家发展改革委、国家能源局提交申请文件。上述领域项目业主在 2010 年申请享受该进口税收优惠政策的，应在 2010 年 5 月 26 日前提交申请文件。

七、根据国内相关产业发展情况，《国家支持发展的重大技术装备和产品目录（2010 年修订）》对风力发电机（组）及其配套部件、数控装备及其功能部件等领域的申请条件进行了调整。2009 年下半年度已认定符合资格的上述领域的企业，如企业享受政策的装备有关技术规格要求或销售业绩要求在本通知附件 1 中涉及调整的，原认定免税资格在 2010 年 4 月 26 日之前有效。

上述领域新申请企业和原认定资格企业（享受政策的装备有关技术规格要求或销售业绩要求在本通知附件 1 中涉及调整的）申请享受 2010 年 4 月 26 日至 12 月 31 日期间重大技术装备进口税收优惠政策的，应在 2010 年 4 月 26 日至 5 月 26 日按照《暂行规定》有关申请程序和要求提交申请文件。

八、本通知对重大技术装备企业优惠政策情况报告有关格式及要求进行了修订（见附件 4），自 2010 年 4 月 26 日起，《暂行规定》中附件 5 废止。2009 年下半年度已享受重大技术装备进口税收优惠政策的所有企业，应在 2010 年 5 月 26 日前按照《暂行规定》及本通知附件 4 的有关要求报送享受优惠政策落实情况报告，包括 2010 年 1 月 1 日至 4 月 26 日或者 2010 年全年的进口需求。

附件 1：国家支持发展的重大技术装备和产品目录（2010 年修订）（略）

附件 2：重大技术装备和产品进口关键零部件、原材料商品清单（2010 年修订）（略）

附件 3：进口不予免税的重大技术装备和产品目录（2010 年修订）（略）

附件 4：重大技术装备企业优惠政策落实情况报告及其要求（略）

财政部
海关总署
国家税务总局
二〇一〇年四月十三日

商务部

关于进一步简化旧机电设备进口手续的通知

商产发［2009］166号

各省、自治区、直辖市、计划单列市和新疆生产建设兵团商务主管部门，各部门机电产品进出口办公室，广东分署、各直属海关，各直属出入境检验检疫局：

为贯彻落实国务院关于保持对外贸易稳定增长的要求，服务于钢铁、汽车、电子信息等十大产业调整振兴规划，促进我国经济平稳较快发展。经研究，对企业（含各类研究机构、大专院校等）自用进口的用于生产、研发或展览等技术水平较高、数量合理、仍有较长使用年限的旧机电设备，实行以下便利化措施：

一、简化旧机电设备进口证件申领手续

（一）涉及自动进口许可管理，且不需装船前预检验的旧机电设备，企业可凭进口合同等资料直接向机电产品进口管理部门申请办理自动进口许可证；若需进行装船前预检验，仍按现有规定办理。办理时限均不超过5个工作日。

（二）涉及进口许可证管理的旧机电设备，仍按现有规定办理。若设备的制造年限不超过5年，企业提交完备的申请材料后，各级机电产品进口管理部门应从速办理，办理时限不超过10个工作日。

二、对旧机电设备进口企业提供通关便利

海关按照旧机电设备进口企业所属类别对其进行分类管理，并按照《企业分类管理措施目录》，对其中的AA、A类企业提供相应的通关便利。

三、对进口旧机电设备给予检验检疫便利

（一）根据申请资料能够判定设备状态良好且安全、卫生和环保风险较小的旧机电设备，可免于装运前检验，仅实施到货检验。

（二）根据申请资料判定在安全、卫生或环保方面存在较大风险的旧机电设备，以及造纸、化工、冶金等大型成套设备，均按现有规定实施装运前检验。

确需进行装船前检验的，境外检验机构应克服困难，在最短工作时限内完成检验。到货检验仍按照现有规定执行，确保进口旧机电设备无环境污染、安全隐患等问题。

各进口管理部门不得受理《禁止进口货物目录（第二批）》中列明禁止进口的旧机电产品的进口证件、检验和报关申请。本通知所指旧机电设备不包括生活用品、办公用品或用于消费的电子电器产品，或销售用各类机电产品。

特此通知。

中华人民共和国商务部

中华人民共和国海关总署

中华人民共和国国家质检总局

二〇〇九年四月十日

关于外资研发中心采购设备免/退税资格审核办法的通知

商资发［2010］93号

各省、自治区、直辖市、计划单列市商务主管部门、财政厅（局）、财政监察专员办、国家税务局，海关总署广东分署、各直属海关，新疆建设兵团商务局、财务局：

为鼓励外商投资设立研发中心，积极开展技术创新，根据《科技开发用品免征进口税收暂行规定》（财政部、海关总署、国税总局令［2007］44号）、《财政部、海关总署、国家税务总局关于研发机构采购设备税收政策的通知》（财税［2009］115号）的有关规定，现就办理外资研发中心进口科技开发用品免征进口税收和采购国产设备全额退还增值税的有关事项通知如下：

一、财税［2009］115号文有关条件的说明

（一）外资研发中心应由商务主管部门依照有关规定批

准或确认。

（二）外资研发中心为独立法人的，投资总额以外商投资企业批准证书所载明的金额为准。

（三）对新设立不足两年且为非独立法人的外资研发中心，研发总投入是指其所在外商投资企业在近两年内专门为设立和建设研发中心而投入的资产，包括即将投入并签订购置合同的资产（应提交已采购资产清单和即将采购资产的合同清单）。

（四）研发经费年支出额是指近两年来研发经费年均支出额；不足两个完整会计年度的，可按外资研发中心设立以来任意连续 12 个月的实际研发经费支出额计算；现金与实物资产投入应不低于 60%。

（五）专职研究与试验发展人员应为企业科技活动人员中专职从事基础研究、应用研究和试验发展三类活动的人员，包括直接参加上述三类项目活动的人员以及相关专职科技管理人员和为项目提供资料文献、材料供应、设备的直接服务人员，上述人员须与外资研发中心或其所在外商投资企业签订 1 年以上劳动合同，以企业提交申请的前一日人数为准。

（六）在计算累计购置的设备原值时，应将进口设备和采购国产设备的原值一并计入，包括已签订购置合同并于 2010 年年底交货的设备（应提交购置合同清单及交货期限），上述设备应属于财税［2009］115 号文所附《科技开发、科学研究和教学设备清单》（以下简称《设备清单》）所列设备。

二、资格条件的审核

（一）各省、自治区、直辖市、计划单列市及新疆生产建设兵团商务主管部门会同同级财政、国税部门和企业所在地直属海关（以下简称审核部门）根据本地情况，确定申报日期。外资研发中心应按本通知的有关要求向审核部门提交申请及相关材料。

（二）审核部门定期召开联席会议，对企业上报的申请材料进行审核，按照财税［2009］115 号文第一条所列条件和本通知要求，确定符合免/退税资格条件的企业名单。

（三）经审核，对符合免/退税条件的外资研发中心，审核部门以公告形式发布名单，并将名单抄送商务部（外资司）、财政部（税政司、关税司）、海关总署（关税征管司）、国家税务总局（货物劳务税司）备案。对不符合有关规定的，商务主管部门应根据联席会议的决定出具书面审核意见，并说明理由。上述公告和审核意见应在审核部门受理申请之日起 60 个工作日之内做出。

（四）审核部门每两年对已获得免/退税资格的外资研发中心进行资格复审。对于不再符合条件的外资研发中心取消其享受免/退税优惠政策的资格。

三、需报送的材料

外资研发中心申请采购设备免/退税资格，应提交以下材料：

（一）研发中心采购设备免/退税资格申请书和审核表。

（二）外商投资企业批准证书及营业执照复印件；外资研发中心为非独立法人的，应提交其所在外商投资企业的外商投资企业批准证书、营业执照复印件以及外商投资研发中的确认文件（商务主管部门的批复或出具的《国家鼓励发展的外资项目确认书》）。

（三）验资报告及上一年度审计报告复印件。

（四）研发费用支出明细、设备购置支出明细和清单以及第一条（二）、（五）规定应提交的材料。

（五）专职研究与试验发展人员名册（包括姓名、工作岗位、劳动合同期限、联系方式）。

（六）审核部门要求提交的其他材料。

四、相关工作的管理

（一）在公告发布后，列入公告名单的外资研发中心，可按有关规定直接向所在地直属海关申请办理有关科技开发用品的进口免税手续，向国税部门申请办理采购国产设备退税手续；对于在 2009 年 7 月 1 日和本通知发布日之间已采购的符合条件的设备，可就已征税部分向所在地直属海关或国税部门申请办理退税手续。

（二）各有关部门在共同审核认定企业资格的过程中，认为必要时，可到企业查阅有关资料，了解情况，核实企业报送的申请材料的真实性。同时应注意加强对企业的政策指导和服务，提高工作效率。

（三）省级商务主管部门应将《外资研发中心采购设备免/退税资格审核表》有关信息及时录入外商投资审批管理系统研发中心选项，并向商务部进行电子备案。

（四）海关和国税部门应加强对免/退税设备的监管。对于企业违反规定，将享受税收优惠政策的设备擅自转让、销售、移作他用或者进行其他处置的，按照有关规定予以处罚，自违法行为发现之日起 1 年内不得享受免/退税优惠政策；被依法追究刑事责任的，自违法行为发现之日起 3 年内不得享受免/退税优惠政策。

本通知自发布后实施，请各地有关部门按照通知要求认真执行。在执行中如有问题，请及时反映。

商务部（外资司）联系电话：010-65197318，65197334，传真：65197332，65197322。

附件：外资研发中心采购设备免/退税资格审核表（略）

中华人民共和国商务部

中华人民共和国财政部

中华人民共和国海关总署

中华人民共和国国家税务总局

二〇一〇年三月二十二日

住房和城乡建设部

关于进一步加强工程造价（定额）管理工作的意见

建标［2009］14号

各省、自治区建设厅，直辖市建委（建设交通委），新疆生产建设兵团建设局：

当前，随着中央扩大内需、促进经济平稳较快发展决策的落实和相关投资的到位，工程建设投资规模将会出现较快的增长，进一步加强工程造价（定额）管理，提高投资效益，显得更加重要和紧迫。为了进一步明确工程造价（定额）管理机构职责，确保工程造价（定额）管理工作的连续性、稳定性，发挥工程造价（定额）工作在工程建设行政管理中的作用，现提出如下意见：

一、进一步加强工程造价（定额）管理工作

工程造价管理是工程建设管理的重要组成部分，是政策性、技术性、经济性很强的工作。工程定额是工程造价管理的核心，是合理确定和有效控制工程项目投资的主要基础。它为建设项目评估决策、政府宏观调控投资规模以及监管市场定价提供依据。各地建设行政主管部门要按照国务院领导同志关于"进一步加强标准定额工作，加强造价管理，充分发挥标准定额的引导和约束作用"的要求，切实加强领导，进一步加强工程造价（定额）管理工作。

二、进一步明确工程造价（定额）管理机构的职责

工程造价管理一直是国务院建设行政部门的重要职责。长期以来，各地工程造价（定额）管理机构受本地建设行政部门委托，承担了工程造价（定额）的行政管理职责，为发挥资金投入的最大效益，维护工程建设各方的合法权益，做了大量的基础工作，对促进我国工程建设健康发展发挥了重要作用。各地建设行政部门在事业单位改革中，应按照转变政府职能的要求，加强市场监管和公共服务，明确定位工程造价（定额）机构的职责，更好地发挥工程造价管理对工程建设活动的引导和约束作用。

三、积极协调有关部门，落实工作经费

涉及工程造价（定额）的行政事业性收费项目被取消后，各地建设行政部门应按照《财政部国家发改委关于公布取消和停止征收100项行政事业性收费项目的通知》（财综［2008］78号）中"有关部门和单位依法履行行政管理职能或核发证照所需要的经费，由同级财政预算予以保障"的规定，主动协调同级财政部门、机构编制部门并取得他们的支持，认真做好取消收费后工程造价（定额）相应工作的经费保障，确保管理工作正常运转。

中华人民共和国住房和城乡建设部

二〇〇九年二月一日

关于进一步加强建筑工程质量监督管理的通知

建质［2009］55号

各省、自治区住房和城乡建设厅，直辖市建委，江苏省、山东省建管局，新疆生产建设兵团建设局：

今年以来，随着国家"扩内需、保增长"投资项目的实施，工程建设规模不断扩大，对工程质量提出了更高的要求。为认真贯彻落实国务院关于开展"质量和安全年"活动的部署和全国住房和城乡建设工作会议精神，加强质量监督管理，落实质量责任，提高建筑工程质量水平，现就今年进一步加强建筑工程质量监督管理工作通知如下：

一、工作目标

扎实开展加强建筑工程质量监督管理的各项工作，进一步贯彻"百年大计、质量第一"的方针，促进工程建设各方主体质量责任意识普遍提高；进一步健全企业质量保证体系，严格落实质量责任，强化质量过程控制，有效防范和遏制重大质量事故；进一步完善政府质量监管体系，加强监管队伍建设，提高监管效能，促进建筑工程质量的稳步提升。

二、主要内容

（一）加强法规制度建设

1．健全法规体系。抓紧建设工程质量法的研究，起草《城市轨道交通工程质量安全管理条例》和《建设工程抗御地震灾害管理条例》，修订《房屋建筑和市政基础设施工程施工图设计文件审查管理办法》、《建设工程质量检测管理办法》、《房屋建筑工程质量保修办法》等部令，进一步建立和完善质量保险、施工图审查、质量检测、竣工验收、质量保修等监督管理制度。各地住房城乡建设主管部门要结合本地实际，建立健全相应的管理制度。

2．提高住宅工程质量。制定《住宅工程质量分户验收技术要点》，加快推行住宅工程质量分户验收制度，确保住宅工程结构安全和使用功能质量。

3．推行工程质量保险制度。制定《关于在房地产开发项目中推行工程质量保证保险的若干意见（试行）》，加快推进住宅工程质量保险工作，强化住宅工程质量保障机制。

4．加快质量诚信体系建设。做好工程质量各方责任主体和有关单位不良记录管理工作，加强对从业单位和人员的质量不良记录管理，探索实行差别化质量监管机制。通过通告、公示等方式对不良行为主体进行信用惩戒，通过市场约束增强各方责任主体的质量责任意识。

（二）加强监管队伍建设

1．改革质量监督管理机制。制定《房屋建筑和市政基础设施工程质量监督管理规定》，明确质量监督机构的职责和定位，规范监督程序和内容，转变监管方式，强化监督巡查和抽查，缓解工程建设规模不断扩大与质量监督力量不足的矛盾。

2．明确质量监督重点。制定《建筑工程质量监督要点》，进一步明确对各方责任主体质量行为监督和工程实体质量监督的重点，规范质量监督行为。

3．严格监督机构和人员的考核。按照《建设工程质量监督机构和人员考核管理办法》，严格质量监督机构和人员的资格认定，2009年完成对全国质量监督人员的考核，实现持证上岗。

4．加强继续教育。分片区举办质量监督人员培训班，认真组织学习有关法律法规、《建筑工程质量监督要点》和工程建设强制性标准，提高监督人员执法水平，提高监管效能。

5．保障监督工作经费。各级住房城乡建设主管部门要努力争取财政经费预算对质量监督费的保障支持，确保监督队伍稳定，确保质量监督工作正常运行，确保质量监督水平不断提升。

（三）加强执法监督检查

1．组织开展全国工程质量监督执法检查。检查重点为在建公共建筑、市政基础设施和保障性住房工程。检查的主要内容包括：一是各地贯彻落实《建设工程质量管理条例》、《建设工程勘察设计管理条例》等有关法律法规、部门规章和工程建设强制性标准的情况；二是开展超限高层建筑工程抗震设防审查的情况，开展工程质量检查或巡查、抽查的情况，对工程质量事故及违法违规行为的处理情况；三是建设、勘察、设计、施工、监理等各方责任主体和施工图审查、质量检测等有关单位以及项目经理、总监理工程师等执业人员，执行国家法律法规和工程建设强制性标准的情况；四是工程实体质量情况。

2．各地住房城乡建设主管部门要结合本地区建筑工程质量实际情况，认真做好工程质量监督执法检查的组织实施工作。在组织企业自查的基础上，通过随机抽查、巡查的方式加强监督检查，对查出的质量问题和隐患，特别是抗震设防质量问题，要及时督促整改，对检查中发现的违法违规行为，要依法进行处罚。通过检查，对本地区建筑工程质量的总体情况进行认真分析研究，总结经验，找出差距，特别要针对“扩内需、保增长”投资项目的质量管理，查找存在的问题并提出相应的整治措施。

3．在各地组织自查的基础上，住房和城乡建设部于5月份对15个城市开展在建地铁工程质量安全专项检查；8～9月份组成检查组，携带相关检查仪器和设备，分两批对全国30个省、自治区、直辖市（西藏除外）开展工程质量监督执法检查，检查结束后向全国通报。

（四）加强灾区恢复重建工作

1．加快推进灾区恢复重建。按照中央“灾后重建要加大力度，加快进度”的要求，相关省市要针对灾后重建工作时间紧、任务重、涉及面广等特点，认真组织，精心建设，充实质量监督力量，扎实做好质量管理工作，为加快推进恢复重建工作提供有力保障。

2．保证恢复重建工程质量。5月份在四川召开援建工程现场会，总结交流和推广各援建省市在加强质量监督、保证援建工程质量方面好的经验和做法，加强对汶川地震灾区恢复重建工程和援建工程的监督检查和分类指导。

3．开展质量检测技术服务。充分发挥国家建筑工程质量监督检验中心的作用，为灾区恢复重建工程和维修加固工程提供高水平的检测服务。举办检测技术人员培训班，提高灾区检测技术水平，严格质量把关，预防质量风险。

（五）推动质量总结提升工作

1．9月份召开全国工程质量监督工作会议暨质量监督工作25周年总结表彰大会。总结实施工程质量监督制度25年来取得的成绩，表彰一批先进工程质量监督机构和个人，研究部署今后一段时期工程质量监管工作。

2．11 月份举办第三届中国建设工程质量论坛。以“质量、民生、发展”为主题，以地铁工程质量管理、建筑抗震技术、结构安全性和耐久性为重点，为政府、企业及专家学者等提供一个共商工程质量管理工作的高端对话平台，促进和深化各地工程质量管理工作的交流与合作，推动我国工程质量管理的理论创新与技术发展。

3．组织丰富多彩的质量宣教活动。各地要结合本地区情况，积极开展形式多样、内容丰富的质量宣教表彰活动，大力宣传建筑工程质量管理工作的典型经验和先进事迹，营造全社会重视工程质量的氛围，进一步提高质量责任意识，促进建筑工程质量水平的提升。

4．充分发挥企业提升质量的主体作用。督促企业认真执行《工程建设勘察企业质量管理规范》、《工程建设设计企业质量管理规范》和《工程建设施工企业质量管理规范》，积极开展全员质量意识和质量管理教育培训活动，在全体员工中牢固树立“质量第一”的思想。推动广大企业进一步健全质量保证体系，强化质量过程控制，走“质量兴企”的道路。

三、工作要求

（一）加强组织领导。各级住房城乡建设主管部门要高度重视，加强领导，精心组织，结合本地实际尽快制定具体实施方案，认真做好进一步加强建筑工程质量监督管理的工作部署和落实措施。各有关单位主要负责人要切实履行第一责任人的责任，明确工作目标，确保责任到位、工作到位。各省、自治区、直辖市住房城乡建设主管部门于 5 月 5 日前将贯彻落实“质量和安全年”要求、加强建筑工程质量监督管理的具体方案报我部工程质量安全监管司。

（二）坚持统筹协调。各级住房城乡建设主管部门要把进一步加强建筑工程质量监督管理工作与各地人民政府“质量和安全年”活动部署相结合，与今年质量工作部署相结合，与日常管理工作相结合，进一步完善规章制度，建立健全长效机制，深入推动建筑工程质量监管各项工作。

（三）组织全员参与。建设、勘察、设计、施工、监理、施工图审查、质量检测等有关单位要有组织、有针对性、有步骤地推进各项工作，充分发挥提升质量的主体作用，履行质量主体责任，切实加强全员、全过程、全方位质量管理。

（四）突出工作重点。各级住房城乡建设主管部门要针对重点地区、重点企业、重点工程和重点环节存在的质量问题，开展重点督查，加大行政执法和处罚力度，严肃查处各方主体的违法违规行为。发现问题要及时下达整改通知，对重大质量隐患要实行挂牌督办、跟踪落实。

（五）加强监督检查。各级住房城乡建设主管部门要制定和落实工作责任制，加强监督检查，及时总结推广典型经验，及时研究解决突出问题，务求各项工作落到实处，确保建筑工程质量水平上新台阶。各省、自治区、直辖市住房城乡建设主管部门将加强建筑工程质量监督管理的工作总结于 12 月上旬报我部工程质量安全监管司。

中华人民共和国住房和城乡建设部

二〇〇九年四月十三日

关于征求《房屋建筑和市政基础设施工程标准施工资格预审文件》（征求意见稿）和《房屋建筑和市政基础设施工程标准施工招标文件》（征求意见稿）意见的函

建市招函［2009］45 号

各省、自治区住房和城乡建设厅，直辖市建委，有关省建管局，新疆生产建设兵团建设局，总后营房部工程局：

为进一步规范工程施工招投标活动，我司组织编写了《房屋建筑和市政基础设施工程标准施工招标资格预审文件》（征求意见稿）和《房屋建筑和市政基础设施工程标准施工招标文件》（征求意见稿），以上文件是《标准施工招标资格预审文件》和《标准施工招标文件》（国家发展改革委、原建设部等九部委第 56 号令）的配套文件。现发给你们，请认真组织提出修改意见，于 2009 年 6 月 1 日之前将书面意见和电子版同时反馈我司。

该文件同时在住房和城乡建设部网站（网址：www.mohurd.gov.cn）公开征求社会意见，欢迎行业内及社会各界在线阅读，提出修改意见。

以上文件的征求意见稿仅限于征求意见使用。

联系方式：住房和城乡建设部建筑市场监管司

地址：北京市三里河路 9 号，邮编：100835

电话：010-58933262，传真：010-58934964

E-mail：jiacj@cein.gov.cn；fengzx0531@sina.com

附件 1：《房屋建筑和市政基础设施工程标准施工资格预审文件》（征求意见稿）（略）

附件 2：《房屋建筑和市政基础设施工程标准施工招标文件》（征求意见稿）（略）

中华人民共和国住房和城乡建设部建筑市场监管司

二〇〇九年四月二十九日

关于印发《危险性较大的分部分项工程安全管理办法》的通知

建质［2009］87 号

各省、自治区住房和城乡建设厅，直辖市建委，江苏省、山东省建管局，新疆生产建设兵团建设局，中央管理的建筑企业：

为进一步规范和加强对危险性较大的分部分项工程安全管理，积极防范和遏制建筑施工生产安全事故的发生，我们组织修订了《危险性较大的分部分项工程安全管理办法》，现印发给你们，请遵照执行。

中华人民共和国住房和城乡建设部

二〇〇九年五月十三日

危险性较大的分部分项工程安全管理办法

第一条　为加强对危险性较大的分部分项工程安全管理，明确安全专项施工方案编制内容，规范专家论证程序，确保安全专项施工方案实施，积极防范和遏制建筑施工生产安全事故的发生，依据《建设工程安全生产管理条例》及相关安全生产法律法规制定本办法。

第二条　本办法适用于房屋建筑和市政基础设施工程（以下简称“建筑工程”）的新建、改建、扩建、装修和拆除等建筑安全生产活动及安全管理。

第三条　本办法所称危险性较大的分部分项工程是指建筑工程在施工过程中存在的、可能导致作业人员群死群伤或造成重大不良社会影响的分部分项工程。危险性较大的分部分项工程范围见附件一。

危险性较大的分部分项工程安全专项施工方案（以下简称“专项方案”），是指施工单位在编制施工组织（总）设计的基础上，针对危险性较大的分部分项工程单独编制的安全技术措施文件。

第四条　建设单位在申请领取施工许可证或办理安全监督手续时，应当提供危险性较大的分部分项工程清单和安全管理措施。施工单位、监理单位应当建立危险性较大的分部分项工程安全管理制度。

第五条　施工单位应当在危险性较大的分部分项工程施工前编制专项方案；对于超过一定规模的危险性较大的分部分项工程，施工单位应当组织专家对专项方案进行论证。超过一定规模的危险性较大的分部分项工程范围见附件二。

第六条　建筑工程实行施工总承包的，专项方案应当由施工总承包单位组织编制。其中，起重机械安装拆卸工程、深基坑工程、附着式升降脚手架等专业工程实行分包的，其专项方案可由专业承包单位组织编制。

第七条　专项方案编制应当包括以下内容：

（一）工程概况：危险性较大的分部分项工程概况、施工平面布置、施工要求和技术保证条件。

（二）编制依据：相关法律法规、规范性文件、标准、规范及图纸（国标图集）、施工组织设计等。

（三）施工计划：包括施工进度计划、材料与设备计划。

（四）施工工艺技术：技术参数、工艺流程、施工方法、检查验收等。

（五）施工安全保证措施：组织保障、技术措施、应急预案、监测监控等。

（六）劳动力计划：专职安全生产管理人员、特种作业人员等。

（七）计算书及相关图纸。

第八条 专项方案应当由施工单位技术部门组织本单位施工技术、安全、质量等部门的专业技术人员进行审核。经审核合格的，由施工单位技术负责人签字。实行施工总承包的，专项方案应当由总承包单位技术负责人及相关专业承包单位技术负责人签字。

不需专家论证的专项方案，经施工单位审核合格后报监理单位，由项目总监理工程师审核签字。

第九条 超过一定规模的危险性较大的分部分项工程专项方案应当由施工单位组织召开专家论证会。实行施工总承包的，由施工总承包单位组织召开专家论证会。

下列人员应当参加专家论证会：

（一）专家组成员。

（二）建设单位项目负责人或技术负责人。

（三）监理单位项目总监理工程师及相关人员。

（四）施工单位分管安全的负责人、技术负责人、项目负责人、项目技术负责人、专项方案编制人员、项目专职安全生产管理人员。

（五）勘察、设计单位项目技术负责人及相关人员。

第十条 专家组成员应当由 5 名及以上符合相关专业要求的专家组成。

本项目参建各方的人员不得以专家身份参加专家论证会。

第十一条 专家论证的主要内容：

（一）专项方案内容是否完整、可行。

（二）专项方案计算书和验算依据是否符合有关标准规范。

（三）安全施工的基本条件是否满足现场实际情况。

专项方案经论证后，专家组应当提交论证报告，对论证的内容提出明确的意见，并在论证报告上签字。该报告作为专项方案修改完善的指导意见。

第十二条 施工单位应当根据论证报告修改完善专项方案，并经施工单位技术负责人、项目总监理工程师、建设单位项目负责人签字后，方可组织实施。

实行施工总承包的，应当由施工总承包单位、相关专业承包单位技术负责人签字。

第十三条 专项方案经论证后需做重大修改的，施工单位应当按照论证报告修改，并重新组织专家进行论证。

第十四条 施工单位应当严格按照专项方案组织施工，不得擅自修改、调整专项方案。

如因设计、结构、外部环境等因素发生变化确需修改的，修改后的专项方案应当按本办法第八条重新审核。对于超过一定规模的危险性较大工程的专项方案，施工单位应当重新组织专家进行论证。

第十五条 专项方案实施前，编制人员或项目技术负责人应当向现场管理人员和作业人员进行安全技术交底。

第十六条 施工单位应当指定专人对专项方案实施情况进行现场监督和按规定进行监测。发现不按照专项方案施工的，应当要求其立即整改；发现有危及人身安全紧急情况的，应当立即组织作业人员撤离危险区域。

施工单位技术负责人应当定期巡查专项方案实施情况。

第十七条 对于按规定需要验收的危险性较大的分部分项工程，施工单位、监理单位应当组织有关人员进行验收。验收合格的，经施工单位项目技术负责人及项目总监理工程师签字后，方可进入下一道工序。

第十八条 监理单位应当将危险性较大的分部分项工程列入监理规划和监理实施细则，应当针对工程特点、周边环境和施工工艺等，制定安全监理工作流程、方法和措施。

第十九条 监理单位应当对专项方案实施情况进行现场监理；对不按专项方案实施的，应当责令整改，施工单位拒不整改的，应当及时向建设单位报告；建设单位接到监理单位报告后，应当立即责令施工单位停工整改；施工单位仍不停工整改的，建设单位应当及时向住房城乡建设主管部门报告。

第二十条 各地住房城乡建设主管部门应当按专业类别建立专家库。专家库的专业类别及专家数量应根据本地实际情况设置。

专家名单应当予以公示。

第二十一条 专家库的专家应当具备以下基本条件：

（一）诚实守信、作风正派、学术严谨。

（二）从事专业工作 15 年以上或具有丰富的专业经验。

（三）具有高级专业技术职称。

第二十二条 各地住房城乡建设主管部门应当根据本地区实际情况，制定专家资格审查办法和管理制度并建立专家诚信档案，及时更新专家库。

第二十三条 建设单位未按规定提供危险性较大的分部分项工程清单和安全管理措施，未责令施工单位停工整改的，未向住房城乡建设主管部门报告的；施工单位未按规定编制、实施专项方案的；监理单位未按规定审核专项方案或未对危险性较大的分部分项工程实施监理的；住房城乡建设主管部门应当依据有关法律法规予以处罚。

第二十四条 各地住房城乡建设主管部门可结合本地区实际，依照本办法制定实施细则。

第二十五条 本办法自颁布之日起实施。原《关于印发〈建筑施工企业安全生产管理机构设置及专职安全生产管理人员配备办法〉和〈危险性较大工程安全专项施工方案编制及专家论证审查办法〉的通知》（建质［2004］213 号）中的《危险性较大工程安全专项施工方案编制及专家论证审查办法》废止。

附件一：危险性较大的分部分项工程范围（略）

附件二：超过一定规模的危险性较大的分部分项工程范围（略）

关于施工总承包企业特级资质有关问题的通知

建市函［2009］178 号

各省、自治区住房和城乡建设厅，直辖市建委，江苏省、山东省建管局，新疆生产建设兵团建设局，国务院有关部门建设司（局），总后营房部工程局，有关企业：

为促进建筑行业发展，积极稳妥地推进施工总承包企业特级资质标准实施，根据《建筑业企业资质管理规定》（建设部令第 159 号，以下简称《规定》）、《建筑业企业资质管理规定实施意见》（建市［2007］241 号，以下简称《实施意见》）及《施工总承包企业特级资质标准》（建市［2007］72 号，以下简称《特级标准》）等规定，我部在征求各方面意见的基础上，经研究，对施工总承包企业特级资质有关问题提出如下意见：

一、关于过渡期问题

鉴于当前国际国内经济形势与建筑施工企业现状，本着实事求是、积极稳妥的原则，决定将《特级标准》的过渡期延长至 2012 年 3 月 13 日，并将根据《建筑业企业资质等级标准》（建建［2007］82 号）取得特级资质的企业（以下简称原特级企业）的资质证书有效期相应延长至 2012 年 3 月 13 日。原特级企业应在 2011 年 12 月 31 日之前提出资质延续或其他资质申请；逾期未申请的，原特级资质证书在过渡期届满后自动失效。

二、关于设计人员问题

考虑到我国目前建筑市场中施工企业和设计企业（院、所）的实际情况以及行业发展要求，对特级资质要求配备的设计人员做以下调整，并分为两类特级企业资质证书：

（一）企业本身具有本类别相关的工程设计甲级资质标准要求的专业技术人员且其他条件符合《特级标准》的要求，经核定后颁发新版施工总承包特级资质证书及相应的设计证书，并在证书上注明设计与施工总承包业务范围。

（二）暂不具备设计能力但其他条件符合《特级标准》的原特级资质企业，经核定后颁发新版施工总承包特级资质证书，并在证书上注明施工总承包业务范围。

三、关于工法问题

企业具有的国家级工法是指根据《工程建设工法管理办法》（建质［2007］145 号），由住房城乡建设部审定和公布的与工程建设相关的工法。工法不受企业资质申报专业的限制。资质申报单位应为工法的第一、第二完成单位，第三及以下完成单位不予认可。

四、其他

《特级标准》中的信息化以及其他指标的具体考核要求，我部将根据《规定》和《实施意见》另行制定。

中华人民共和国住房和城乡建设部

二〇〇九年七月三十日

关于对《建筑施工企业安全生产管理规范》（征求意见稿）征求意见的函

建质安函［2009］49 号

各省、自治区建设厅、直辖市建委、山东省、江苏省建管局，新疆生产建设兵团建设局，中央管理的建筑企业：

为进一步规范建筑施工企业安全生产管理工作，提高施工企业安全管理的水平，我们委托上海市建设工程安全质量监督总站等单位负责编制国家标准《建筑施工企业安全生产管理规范》。目前，《建筑施工企业安全生产管理规范》（征求意见稿）已完成，现请你们组织有关人员进行认真研究，并提出修改意见。请于 9 月 30 日前将修改意见以传真或电子邮件方式传至上海市建设工程安全质量监督总站。征求意见稿在住房城乡建设部政府网站（http://www.mohurd.gov.cn）下载。

联 系 人：陶为农

电　　话：021-64038311

传　　真：021-64180254

通讯单位：上海市建设工程安全质量监督总站

地　　址：上海市小木桥路 683 号

邮政编码：200032

电子信箱：twnww@163.com

中华人民共和国住房和城乡建设部工程质量安全监管司

二〇〇九年八月十八日

关于修改《房屋建筑工程和市政基础设施工程竣工验收备案管理暂行办法》的决定

住房和城乡建设部令第2号

《住房和城乡建设部关于修改〈房屋建筑工程和市政基础设施工程竣工验收备案管理暂行办法〉的决定》已经部常务会议审议通过现予发布，自发布之日起施行。

住房和城乡建设部部长　姜伟新

二〇〇九年十月十九日

附件：

房屋建筑和市政基础设施工程竣工验收备案管理办法

（2000年4月4日建设部令第78号发布，根据2009年10月19日《住房和城乡建设部关于修改〈房屋建筑工程和市政基础设施工程竣工验收备案管理暂行办法〉的决定》修正）

第一条　为了加强房屋建筑和市政基础设施工程质量的管理，根据《建设工程质量管理条例》，制定本办法。

第二条　在中华人民共和国境内新建、扩建、改建各类房屋建筑和市政基础设施工程的竣工验收备案，适用本办法。

第三条　国务院住房和城乡建设主管部门负责全国房屋建筑和市政基础设施工程（以下统称工程）的竣工验收备案管理工作。

县级以上地方人民政府建设主管部门负责本行政区域内工程的竣工验收备案管理工作。

第四条　建设单位应当自工程竣工验收合格之日起15日内，依照本办法规定，向工程所在地的县级以上地方人民政府建设主管部门（以下简称备案机关）备案。

第五条　建设单位办理工程竣工验收备案应当提交下列文件：

（一）工程竣工验收备案表；

（二）工程竣工验收报告。竣工验收报告应当包括工程报建日期，施工许可证号，施工图设计文件审查意见，勘察、设计、施工、工程监理等单位分别签署的质量合格文件及验收人员签署的竣工验收原始文件，市政基础设施的有关质量检测和功能性试验资料以及备案机关认为需要提供的有关资料；

（三）法律、行政法规规定应当由规划、环保等部门出具的认可文件或者准许使用文件；

（四）法律规定应当由公安消防部门出具的对大型的人员密集场所和其他特殊建设工程验收合格的证明文件；

（五）施工单位签署的工程质量保修书；

（六）法规、规章规定必须提供的其他文件。

住宅工程还应当提交《住宅质量保证书》和《住宅使用说明书》。

第六条　备案机关收到建设单位报送的竣工验收备案文件，验证文件齐全后，应当在工程竣工验收备案表上签署文件收讫。

工程竣工验收备案表一式两份，一份由建设单位保存，一份留备案机关存档。

第七条　工程质量监督机构应当在工程竣工验收之日起5日内，向备案机关提交工程质量监督报告。

第八条　备案机关发现建设单位在竣工验收过程中有违反国家有关建设工程质量管理规定行为的，应当在收讫竣工验收备案文件15日内，责令停止使用，重新组织竣验收。

第九条　建设单位在工程竣工验收合格之日起15日内未办理工程竣工验收备案的，备案机关责令限期改正，处20万元以上50万元以下罚款。

第十条　建设单位将备案机关决定重新组织竣工验收的工程，在重新组织竣工验收前，擅自使用的，备案机关责令停止使用，处工程合同价款2%以上4%以下罚款。

第十一条　建设单位采用虚假证明文件办理工程竣工验收备案的，工程竣工验收无效，备案机关责令停止使用，重新组织竣工验收，处20万元以上50万元以下罚款；构成犯罪的，依法追究刑事责任。

第十二条　备案机关决定重新组织竣工验收并责令停止使用的工程，建设单位在备案之前已投入使用或者建设单位擅自继续使用造成使用人损失的，由建设单位依法承担赔偿责任。

第十三条　竣工验收备案文件齐全，备案机关及其工作人员不办理备案手续的，由有关机关责令改正，对直接责任人员给予行政处分。

第十四条　抢险救灾工程、临时性房屋建筑工程和农民自建低层住宅工程，不适用本办法。

第十五条　军用房屋建筑工程竣工验收备案，按照中央军事委员会的有关规定执行。

第十六条　省、自治区、直辖市人民政府住房和城乡建设主管部门可以根据本办法制定实施细则。

第十七条　本办法自发布之日起施行。

关于进一步做好工程建设实施和工程质量管理专项治理排查工作的通知

建办市［2009］47号

各省、自治区住房和城乡建设厅，直辖市建委（建设交通委），新疆生产建设兵团建设局，国务院有关部门相关司局：

按照《关于开展工程建设领域突出问题专项治理工作的意见》（中办发［2009］27号）和《关于组织开展工程建设领域突出问题排查工作的意见》（中治工发［2009］12号）要求，现就进一步做好工程建设实施和工程质量管理专项治理排查工作有关事项通知如下：

一、进一步明确排查的范围和重点

以政府投资和使用国有资金项目为重点，对2008年以来立项、在建和竣工的建设项目进行排查。各地住房城乡建设主管部门和国务院有关部门在对工程建设实施和工程质量管理情况进行排查中，要按照《关于组织开展工程建设领域突出问题排查工作的意见》要求，同时结合《加强工程建设实施和工程质量管理工作指导意见》（中治工发［2009］6号）中的排查标准进行排查。排查工作要结合实际，确定排查重点。排查的主要环节包括三方面：一是对照有关法律法规和政策规定，找准工程建设实施和工程质量管理存在的突出问题；二是从制度建设、权力制约和监督、行政监管、市场环境等方面深刻分析原因；三是依据有关法律法规和政策规定，对排查出的问题区分不同情况进行认真处理。

二、进一步明确排查工作要求

排查问题是开展专项治理工作的基础和重要步骤，直接关系整个专项治理工作的成效。各地住房城乡建设主管部门和国务院有关部门要以高度负责的态度，按照要求，认真梳理自查项目，细化自查内容，深入开展自查自纠工作，认真做好抽查督导工作。在开展排查工作中，要精心组织，求真务实，严格工作责任，严肃工作纪律，加强协同配合和政策研究，确保排查工作取得成效。

三、进一步明确排查进度和时间要求

各地住房城乡建设主管部门和国务院有关部门要对排查工作时间进度、工作步骤和工作方式等做出具体安排，并在逐级上报排查工作情况的基础上，对工程建设实施和工程质量管理排查情况进行认真分析总结。请各地住房城乡建设主管部门和国务院有关部门于2010年3月10日前，将书面排查工作总结和填好的附件1、附件2、附件3送住房城乡建设部加强工程建设实施和工程质量工作协调组办公室，同时将电子版发送至 jiachaojie@mail.cin.gov.cn；zhiliangsi@163.com。

联系人：贾朝杰、赵磊

联系电话：58933262、58933293

住房和城乡建设部办公厅

二〇〇九年十二月二十二日

关于印发《城市轨道交通工程安全质量管理暂行办法》的通知

建质［2010］5号

各省、自治区住房城乡建设厅，直辖市建委（建设交通委），新疆生产建设兵团建设局：

现将《城市轨道交通工程安全质量管理暂行办法》印发给你们，请结合本地区实际，认真贯彻执行。贯彻执行中的有关问题和情况及时反馈住房和城乡建设部。

中华人民共和国住房和城乡建设部

二〇一〇年一月八日

城市轨道交通工程安全质量管理暂行办法

第一章 总 则

第一条 为了加强城市轨道交通工程安全质量管理，保障人民群众生命财产安全，制定本办法。

第二条 在中华人民共和国境内从事城市轨道交通新建、扩建、改建等有关活动及实施对城市轨道交通工程安全质量的监督管理，必须遵守本办法。

第三条 从事城市轨道交通工程建设活动必须坚持先勘察、后设计、再施工的原则，严格执行基本建设程序，保证各阶段合理的工期和造价，加强全过程安全质量风险管理。

第四条 国务院住房和城乡建设主管部门负责全国城市轨道交通工程安全质量的监督管理。

县级以上地方人民政府承担城市轨道交通工程安全质量监督管理职责的主管部门（以下称建设主管部门）负责本行政区域内城市轨道交通工程安全质量的监督管理。

第二章 建设单位安全质量责任

第五条 建设单位对工程项目管理负总责。

建设单位必须建立健全安全质量责任制和管理制度，设置安全质量管理机构，配备与建设规模相适应的安全质量管理人员，对勘察、设计、施工、监理、监测等单位进行安全质量履约管理。

第六条 建设单位应当在初步设计阶段组织开展城市轨道交通工程安全质量风险评估（含建设工期、造价对工程安全质量影响性评估）并组织专家论证，同时按照有关规定组织专家进行抗震、抗风等专项论证。

建设单位在报送初步设计文件审查时，应当提交经专家论证的安全质量风险评估报告。

第七条 建设单位应当向设计、施工、监理、监测等单位提供气象水文和地形地貌资料，工程地质和水文地质资料，施工现场及毗邻区域内的建筑物和构筑物、地下管线、桥梁、隧道、道路、轨道交通设施等（以下简称工程周边环境）资料。

建设单位因工程需要，组织调查前款相关资料时，有关部门或单位应当支持配合。

第八条 工程周边环境严重影响工程实施或因工程施工可能造成其严重损害的，建设单位应当在确定线路规划方案时尽可能予以避让。无法避让且因条件所限不能进行拆除、迁移的，建设单位应当根据设计要求和工程实际，组织开展现状评估，并将现状评估报告提供给设计、施工、监理、监测等单位。

第九条 建设单位应当依法将施工图设计文件（含勘察文件）报送经认定具有资格的施工图审查机构进行审查。

施工图设计文件未经审查或审查不合格的，不得使用。

第十条 建设单位应当按规定办理安全、质量监督手续。

第十一条 建设单位应当及时组织勘察单位向设计单位进行勘察文件交底，在施工前组织勘察、设计单位向施工、监理、监测等单位进行勘察、设计文件交底。

勘察、设计文件交底应当重点说明勘察、设计文件中涉及工程安全质量的内容，并形成文字记录，由各方签字并盖章。

第十二条 建设单位应当委托工程监测单位和质量检测单位进行第三方监测和质量检测。

第十三条 建设单位在编制工程概算时，应当包括安全质量风险评估费、工程监测费、工程周边环境调查费及现状评估费等保障工程安全质量所需的费用。

第十四条　建设单位在施工招标前，应当组织专家对施工工期和造价进行论证，论证时应充分考虑工程的复杂程度及其周边环境拆除、迁移等对施工工期和造价的影响。

专家论证报告作为招标文件编制的依据。

第十五条　建设单位应当依法执行国家有关勘察设计费、监理费等管理规定，不得明示或暗示勘察、设计、施工、监理、监测等单位以低于成本的价格或政府指导价竞标。

建设单位应当科学确定勘察、设计、施工等各阶段工期，不得任意压缩合同约定的工期。

迫使承包方以低于成本的价格或政府指导价竞标，或任意压缩合同约定工期导致发生安全质量事故的，建设单位应当承担相应责任。

第十六条　建设单位在编制工程量清单时，应当将安全措施费用单列，施工单位竞标时不得删减。

建设单位与施工单位应当在施工合同中明确安全措施费用，以及费用预付、支付计划，使用要求及调整方式等条款。

建设单位应当按合同约定及时将安全措施费用拨付给施工单位。

第十七条　建设单位应当在施工前组织地下管线产权单位或管理单位向施工单位进行现场交底，并形成文字记录，由各方签字并盖章。

第十八条　建设单位应当在工程完工后组织不载客试运行调试，试运行调试三个月后，方可按有关规定进行工程竣工验收并办理工程竣工验收备案手续。

第三章　勘察、设计单位安全质量责任

第十九条　勘察、设计单位从事城市轨道交通工程勘察、设计业务，必须具有相应资质，不得转包或者违法分包所承揽的工程勘察、设计业务。

第二十条　勘察、设计单位对工程项目的安全质量承担勘察、设计责任。

勘察、设计单位的主要负责人对本单位勘察、设计安全质量工作全面负责。

项目负责人应当具有相应执业资格和城市轨道交通工程勘察、设计工作经验。项目负责人对所承担工程项目的勘察、设计安全质量负责。

从事工程勘察、设计的执业人员应当对其签字的勘察、设计文件负责。

第二十一条　勘察、设计单位必须建立健全安全质量责任制和管理制度，设置或明确安全质量管理机构，对工程勘察、设计的安全质量实施管理。

勘察外业工作应当严格执行勘察方案、操作规程和安全生产有关规定，并采取措施保护勘察作业范围内的地下管线和地下构筑物等，保证外业安全质量。

勘探孔应当按规定及时回填，避免对工程施工等造成影响。

第二十二条　勘察单位进行勘察时，对尚不具备现场勘察条件的，应当书面通知建设单位，并在勘察文件中说明情况，提出合理建议。在具备现场勘察条件后，应当及时进行勘察。

工程设计、施工条件发生变化的，建设单位应当及时委托勘察单位进行补充勘察。

第二十三条　勘察单位提交的勘察文件应当真实、准确、可靠，符合国家规定的勘察深度要求，满足设计、施工的需要，并结合工程特点明确说明地质条件可能造成的工程风险，必要时针对特殊地质条件提出专项勘察建议。

第二十四条　设计单位提交的设计文件应当符合国家规定的设计深度要求，并应根据工程周边环境的现状评估报告提出设计处理措施，必要时进行专项设计。

设计文件中应当注明涉及工程安全质量的重点部位和环节，并提出保障工程安全质量的设计处理措施。

施工图设计应当包括工程及其周边环境的监测要求和监测控制标准等内容。

第二十五条　设计单位应当对安全质量风险评估确定的高风险工程的设计方案、工程周边环境的监测控制标准等组织专家论证。

第二十六条　工程设计条件发生变化的，设计单位应当及时变更施工图设计。施工图设计发生重大变更的，应当按有关规定重新报审。

第二十七条　勘察、设计单位应当将勘察、设计文件和原始资料归档保存。

第二十八条　勘察、设计单位应当委派专业技术人员配合施工单位及时解决与勘察、设计工作有关的问题。

第四章　施工单位安全质量责任

第二十九条　施工单位从事城市轨道交通工程施工活动，必须具备相应资质，依法取得安全生产许可证，不得转包或者违法分包。

第三十条　施工单位对工程项目的施工安全质量负责。

施工单位主要负责人对本单位施工安全质量工作全面负责。负责人对所承担工程项目的施工安全质量负责。

施工单位主要负责人、项目负责人和专职安全生产管理人员应当依法取得安全生产考核合格证书。项目负责人应当具有相应执业资格和城市轨道交通工程施工管理工作经验。建筑施工特种作业人员应当持证上岗。

第三十一条　施工单位必须建立健全安全质量责任制和管理制度，加强对施工现场项目管理机构的管理。

项目安全质量管理人员专业、数量应当符合相关规定，并满足项目管理需要。

第三十二条　施工单位项目负责人原则上在一个工程项目任职，如确需在其它项目兼任的，应当征得建设单位书面同意。

第三十三条 施工总承包单位对施工现场安全生产负总责。

总承包单位依法将工程分包给专业分包单位的，专业分包合同应当明确各自的安全责任。总承包单位和专业分包单位对专业分包工程的安全生产承担连带责任。

总承包单位和专业分包单位依法进行劳务分包的，总承包单位和专业分包单位应当对劳务作业进行管理。

第三十四条 施工单位应当按照合同约定的工期要求编制合理的施工进度计划，不得盲目抢进度、赶工期。

施工单位不得以低于成本的价格竞标。

第三十五条 施工单位应将安全措施费用用于施工安全防护用具及设施的采购和更新、安全施工措施的落实、安全生产条件的改善等，不得挪作他用。

第三十六条 施工单位应当对工程周边环境进行核查。工程周边环境现状与建设单位提供的资料不一致的，建设单位应当组织有关单位及时补充完善。

第三十七条 施工单位应当按照有关规定对危险性较大分部分项工程（含可能对工程周边环境造成严重损害的分部分项工程，下同）编制专项施工方案。对超过一定规模的危险性较大分部分项工程专项施工方案应当组织专家论证。

专项施工方案应当根据设计处理措施、专项设计和工程实际情况编制，并经施工单位技术负责人和总监理工程师签字后实施，不得随意变更。

第三十八条 工程施工前，施工单位项目技术人员应当就有关施工安全质量的技术要求向施工作业班组、作业人员作详细说明，并由双方签字确认。

第三十九条 施工单位应当指定专人保护施工现场地下管线及地下构筑物等，在施工前将地下管线、地下构筑物等基本情况、相应保护及应急措施等向施工作业班组和作业人员作详细说明，并在现场设置明显标识。

第四十条 施工单位应当对工程支护结构、围岩以及工程周边环境等进行施工监测、安全巡视和综合分析，及时向设计、监理单位反馈监测数据和巡视信息。发现异常时，及时通知建设、设计、监理等单位，并采取应对措施。

施工单位应当按照设计要求和工程实际编制施工监测方案，并经监理单位审查后实施。

第四十一条 施工单位应当按照施工图设计文件和施工技术标准施工，落实设计文件中提出的保障工程安全质量的设计处理措施，不得擅自修改工程设计，不得偷工减料。

施工单位应当按照规定和合同约定对建筑材料、建筑构配件、设备等进行检验。未经检验或检验不合格的，不得使用。

对涉及结构安全的试块、试件及有关材料，施工单位应当在监理单位见证下，按规定进行现场取样，并送有相应资质的质量检测单位进行质量检测。

第四十二条 建筑起重机械安装完成后，施工单位应当委托具有相应资质的检测检验机构进行检验，经检验合格并经验收合格后方可使用。

施工单位应当按规定向工程所在地建设主管部门办理建筑起重机械使用登记手续。

第四十三条 施工单位应当按照有关规定对管理人员和作业人员进行安全质量教育培训，教育培训情况记入个人工作档案。教育培训考核不合格的人员，不得上岗。

第四十四条 施工单位应当按规定做好安全质量资料的收集、整理和归档，保证安全质量文件真实、完整。

第四十五条 施工单位在提交工程竣工验收报告时，应当向建设单位出具质量保修书，明确保修范围、保修期限和保修责任等。保修范围、保修期限应当符合国家有关规定。

第五章　监理单位安全质量责任

第四十六条 监理单位从事城市轨道交通工程监理业务，必须具备相应资质，不得转让所承担的工程监理业务。

监理单位不得与被监理工程的施工单位以及建筑材料、建筑构配件和设备供应单位有隶属关系或者其他利害关系。

第四十七条 监理单位对工程项目的安全质量承担监理责任。监理单位主要负责人对本单位监理工作全面负责。项目总监理工程师对所承担工程项目的安全质量监理工作负责。

项目总监理工程师应当具有相应专业的注册监理工程师执业资格和城市轨道交通工程监理工作经验。

第四十八条 监理单位必须建立健全安全质量责任制和管理制度，加强对施工现场项目监理机构的管理。

项目监理人员专业、数量应当满足监理工作的需要。

第四十九条 项目总监理工程师原则上在一个工程项目任职，如确需在其它项目兼任的，应当征得建设单位书面同意。

第五十条 监理单位应当编制包括工程安全质量监理内容的项目监理规划，对超过一定规模的危险性较大工程编制专项安全生产监理实施细则。

第五十一条 监理单位应当审查施工组织设计中安全技术措施、专项施工方案及施工监测方案是否符合工程建设强制性标准和设计文件要求。

第五十二条 建筑材料、建筑结构配件和设备未经注册监理工程师签字，不得在工程上使用或安装，施工单位不得进行下一道工序的施工。

第五十三条 监理单位应当会同有关单位按照施工技术标准规范和有关规定进行隐蔽工程和分部分项工程验收，并对工程重要部位和环节进行施工前条件验收。

第五十四条 监理单位应当检查施工监测点的布置和保护情况，比对、分析施工监测和第三方监测数据及巡视信息。发现异常时，及时向建设、施工单位反馈，并督促施工单位采取应对措施。

第五十五条　监理单位在实施监理过程中，发现施工单位有下列情况之一的，应当要求施工单位立即整改。情况严重的，应当要求施工单位暂时停止施工，并及时报告建设单位。

（一）工程施工不符合工程设计和标准规范要求的；

（二）不按批准的施工组织设计、专项施工方案或施工监测方案组织施工或监测的；

（三）未落实安全措施费用的；

（四）施工现场存在安全质量隐患的；

（五）项目主要管理人员不到位或资格、数量不符合要求的；

（六）其他违法违规行为的。

施工单位拒不整改或者不停止施工的，监理单位应当及时向建设单位报告，建设单位应当责令施工单位整改或停止施工。施工单位仍不整改或不停止施工的，建设单位应当向工程所在地建设主管部门报告。

第五十六条　监理单位应当按规定对监理人员进行安全质量培训。

第五十七条　监理单位应当按照规定将工程监理资料立卷归档。

第六章　工程监测、质量检测单位安全质量责任

第五十八条　从事城市轨道交通工程第三方监测业务的工程监测单位（以下简称监测单位），应当具有相应工程勘察资质，并向工程所在地建设主管部门办理备案手续。

监测单位不得转包监测业务，不得与所监测工程的施工单位有隶属关系或者其他利害关系。

第五十九条　从事城市轨道交通工程质量检测业务的质量检测单位，应当具备相应资质。

质量检测单位不得转包检测业务，不得与所检测工程项目相关的设计单位、施工单位、监理单位有隶属关系或者其他利害关系。

第六十条　监测单位对工程项目的安全质量承担监测责任。监测单位主要负责人应当对本单位监测工作全面负责。项目监测负责人对所承担工程项目的安全质量监测工作负责。

项目监测负责人应当具有相应执业资格和城市轨道交通工程监测工作经验。

第六十一条　监测单位必须建立健全安全质量责任制和管理制度，加强对施工现场项目监测机构的管理。

项目监测人员专业、数量应当满足监测工作的需要。

第六十二条　监测单位应当根据勘察设计文件、安全质量风险评估报告、监测合同及有关资料编制第三方监测方案，经专家论证并经监测单位主要负责人签字后实施。

监测单位应当按照第三方监测方案开展监测和巡视工作，及时向建设、监理、设计单位提供监测报告。发现异常时，立即向建设单位反馈。

第六十三条　质量检测机构应当按照工程建设标准和国家有关规定进行质量检测。在检测过程中发现有结构安全检测结果不合格、严重影响使用功能等情况，应当及时向建设、监理单位反馈。

第六十四条　监测、质量检测单位出具的监测、检测报告应当经监测、检测人员签字，监测、质量检测单位法定代表人或其授权签字人签署，并加盖公章后方可生效。质量检测单位出具的见证取样检测报告中应当注明见证人单位及姓名。

监测、质量检测单位应当对监测、检测报告的真实性和准确性负责。

第六十五条　监测、质量检测单位应当按规定对监测、检测人员进行安全质量培训，培训考核合格后方可上岗。

第六十六条　监测、质量检测单位应当按照规定将工程监测、质量检测资料立卷归档。

第七章　安全质量事故应急处置

第六十七条　城市轨道交通工程所在地县级以上地方人民政府建设主管部门、建设单位、施工单位应当编制城市轨道交通工程安全质量事故应急预案，建立健全安全生产预警和应急协调保障机制。

建设单位、施工单位应当将编制的应急预案报工程所在地建设主管部门备案，并组织定期演练。

第六十八条　城市轨道交通工程安全质量事故发生后，施工单位应当立即采取防止事故危害扩大的必要措施，并按有关规定向工程所在地建设主管部门报告。工程所在地建设主管部门接到报告后，应当按照规定逐级上报上级建设主管部门。

工程所在地建设主管部门应当在当地人民政府的统一领导下，针对事故危害程度，启动相应应急预案，可以采取以下应急处置措施：

（一）组织制定抢险救援方案；

（二）组织应急抢险队伍参加抢险救援工作；

（三）拆除、迁移妨碍应急处置和抢险救援的设施、设备或者其他障碍物等；

（四）采取防止发生次生、衍生灾害的其他必要措施。

第六十九条　应急抢险结束后，建设单位应当组织设计、施工等单位制定工程恢复方案，必要时经专家论证后实施。

第七十条　鼓励建设、施工等单位参加工程保险，采用现代化信息技术加强施工现场监控管理，提高风险防范能力。

第八章　监督管理

第七十一条　城市轨道交通工程所在地县级以上地方人民政府建设主管部门应当对城市轨道交通工程安全质量相关法律法规以及强制性标准的执行情况实施监督检查。

第七十二条 城市轨道交通工程所在地县级以上地方人民政府建设主管部门可以委托建设工程安全质量监督机构（以下简称监督机构）具体实施对城市轨道交通工程安全质量的监督检查。

监督机构应当根据城市轨道交通工程规模，配备城市轨道交通工程相关专业监督人员。

第七十三条 城市轨道交通工程所在地县级以上地方人民政府建设主管部门或其委托的监督机构履行监督检查职责时，有权采取下列措施：

（一） 要求被检查单位提供工程安全质量的文件和资料；

（二） 进入被检查单位的施工现场或工作场所进行检查；

（三）对检查中发现的安全质量隐患，责令立即整改；对于重大安全质量隐患，责令暂时停止施工。

第七十四条 城市轨道交通工程所在地县级以上人民政府建设主管部门应当建立、公布并及时更新城市轨道交通工程专家库，并制定相应管理制度。

第七十五条 城市轨道交通工程安全质量情况实行逐级报送制度。城市轨道交通工程所在地县级以上地方人民政府建设主管部门应当每季度向上级建设主管部门上报上季度本行政区域内城市轨道交通工程安全质量情况。发生安全质量事故的，应当及时报送事故调查处理情况。

城市轨道交通工程所在地县级以上地方人民政府建设主管部门应当定期公布建设、勘察、设计、施工、监理、监测、质量检测等单位安全质量信息。

第七十六条 建设、勘察、设计、施工、监理、监测、质量检测等单位有违反建设法律法规规章行为的，由县级以上人民政府建设主管部门按照管理权限依法予以罚款、停业整顿、降低资质等级、吊销资质证书等行政处罚；构成犯罪的，依法追究刑事责任。

第九章 附 则

第七十七条 本办法由国务院住房和城乡建设主管部门负责解释。

第七十八条 本办法自公布之日起施行。

关于批准2010年第三批工程勘察设计资质、工程监理企业资质、工程招标代理机构资格延续的通知

建市资函［2010］32号

各省、自治区住房和城乡建设厅，直辖市建设交通委、北京市规委，山东省建管局，新疆生产建设兵团建设局，国务院有关部门建设司（局），总后营房部工程局，有关中央企业：

根据《中华人民共和国建筑法》及有关建设工程类企业资质管理规定，经审核，现公布北京国建建筑装饰工程有限公司等219家工程勘察设计资质延续企业，北京思创建设监理有限责任公司等13家工程监理资质延续企业，大庆石油建设工程项目招投标代理有限责任公司等 9 家甲级招标代理资格延续机构。

特此通知。

附件：1. 工程勘察设计资质延续企业名单（略）

2. 工程监理资质延续企业名单（略）

3. 工程招标代理资格延续机构名单（略）

中华人民共和国住房和城乡建设部

二〇一〇年四月十二日

关于印发《2010年建筑安全专项治理工作方案》的通知

建质安函［2010］25号

各省、自治区住房城乡建设厅，北京市住房城乡建设委，天津、上海市城乡建设交通委，重庆市城乡建设委，新疆生产建设兵团建设局：

根据我部《关于住房城乡建设系统继续深入开展“安全生产年”活动的实施意见》（建质［2010］32号）的部署，为做好建筑安全专项治理工作，特制定《2010年建筑安全专项治理工作方案》，现印发给你们。请结合本地区实际，做好部署落实工作。

附件：《2010年建筑安全专项治理工作方案》

中华人民共和国住房和城乡建设部工程质量安全监管司

二〇一〇年四月十三日

附件：

2010年建筑安全专项治理工作方案

根据我部关于继续深入开展“安全生产年”活动的部署，为做好建筑安全专项治理工作，特制定本工作方案。

一、工作目标

通过扎实开展建筑安全专项治理工作，有效防范和遏制建筑生产安全事故，促进建筑安全生产形势持续稳定好转。

二、范围和重点

（一）范围

房屋建筑和市政基础设施建设工程。

（二）重点

1. 建筑安全生产相关法规、部门规章及标准规范的贯彻落实情况。重点是《危险性较大的分部分项工程安全管理办法》（建质［2009］87号）、《建设工程高大模板支撑系统施工安全监督管理导则》（建质［2009］254号）及《建筑施工模板安全技术规范》（JGJ162－2008）等相关文件和标准规范的贯彻落实情况。

2. 危险性较大分部分项工程的安全管理情况。重点是危险性较大分部分项工程安全专项施工方案的编制实施及专家论证的贯彻落实情况。对深基坑、高支模、脚手架和建筑起重机械设备开展专项整治。

（1）深基坑工程：是否遵循“先设计，后施工”原则进行开挖，是否按照有关安全技术标准规范的规定进行基坑支护、临边防护、变形监测等情况。

（2）高支模工程：安全技术交底是否有针对性、模板支撑系统搭设、验收及使用等情况；混凝土浇筑作业顺序是否合理，有关单位的监督管理是否到位等情况。

（3）脚手架工程：作业人员持证上岗情况；安全技术交底是否有针对性，脚手架工程的验收及使用等情况。

（4）建筑起重机械：建筑起重机械的备案登记、安装、拆除、验收、使用和维修保养等各环节是否符合有关规定及技术标准的要求等情况。

三、时段安排

第一时段（4月底之前）：活动部署阶段。各地住房城乡建设主管部门要根据本地区建筑安全生产的特点，研究制定具体实施方案，并做好部署、落实工作。

第二时段（6月底之前）：企业自查阶段。建筑施工企业和在建工程项目要结合专项治理的重点内容，开展自查整改工作。各地住房城乡建设主管部门要对建筑施工企业自查工作加强督促、指导。

第三时段（8月底之前）：地方检查阶段。各地住房城乡建设主管部门要在企业、项目自查的基础上，组织开展本地区的建筑安全专项治理监督检查。

第四时段（9月至10月）：监督检查阶段。结合各地建筑安全专项治理工作的开展情况，我部将于9月至10月期间组织开展全国建筑安全专项治理监督检查。具体时间将另行通知。

四、有关要求

（一）切实加强组织领导

各地住房城乡建设主管部门要充分认识开展建筑安全专项治理工作的重要意义，要切实加强组织领导，针对本地实际情况，制定完善相关措施，确保工作落到实处。

（二）做好重点环节的排查治理

各地住房城乡建设主管部门要督促指导建筑施工企业，认真做好对脚手架、深基坑、建筑起重机械、高大模板等危险性较大的分部分项工程的隐患排查治理工作。对于发现的问题和隐患，要坚持边查边改，及时消除隐患，确保建筑施工安全。

（三）紧密结合相关重点工作

各地住房城乡建设主管部门要把建筑安全专项治理工作与继续深入开展"安全生产年"活动和不久前部署的建筑施工安全生产大检查工作有机结合起来，相互促进、共同推进。

（四）做好信息报送工作

各地住房城乡建设主管部门要做好相关信息的报送工作。每月的5日前、每季度结束后的8日内，要分别将上月建筑安全专项治理安全检查汇总表（附表4）、本地区开展工作的季度总结材料，报送我部质量安全司。

11月20日之前，各地住房城乡建设主管部门要将本地区开展建筑安全专项治理工作的情况进行全面总结，形成报告（含检查汇总表）报送我部质量安全司。

附表：1. 建筑安全专项治理检查表（一）（略）

2. 建筑安全专项治理检查表（二）（略）

3. 建筑安全专项治理检查表（三）（略）

4. 建筑安全专项治理检查汇总表（略）

交通运输部

关于印发公路水运工程监理信用评价办法的通知

交质监发［2009］5号

各省、自治区、直辖市、新疆生产建设兵团交通厅（局、委），天津市市政公路管理局：

现将《公路水运工程监理信用评价办法（试行）》印发给你们，请遵照执行。

附件：公路水运工程监理信用评价办法（试行）

中华人民共和国交通运输部

二〇〇九年一月七日

附件：

公路水运工程监理信用评价办法（试行）

第一章　总　则

第一条　为加强公路水运工程监理市场管理，维护公平有序竞争的市场秩序，增强监理企业和监理工程师诚信意识，推动诚信体系的建设，根据《中华人民共和国招标投标法》、《中华人民共和国安全生产法》、《建设工程质量管理条例》、《建设工程安全生产管理条例》等法律法规，制定本办法。

第二条　本办法所称信用评价是指交通主管部门依据有关法律法规和合同文件等，对监理企业和监理工程师从业承诺履行状况的评定。

监理企业和监理工程师在工程项目监理过程中的行为，监理企业在资质许可，定期检验，资质复查，资质变更以及投标活动等过程中的行为，监理工程师在岗位登记，业绩填报，履行劳动合同等过程中的行为，属于从业承诺履行。

第三条　本办法所称监理企业是指依法取得交通运输部颁发的甲级、乙级及专项监理资质证书的企业。

本办法所称监理工程师是指具有交通运输部核准的监理工程师或专业监理工程师资格的人员。

第四条　本办法第二条第二款中的工程项目，是指水运工程项目和省级交通主管部门所属质量监督机构（简称"省级交通质监机构"）监督的公路工程项目。

不属于本条前款规定的项目范围，但属于下列情形之一的，纳入信用评价范围：

（一）在交通主管部门或其质量监督机构受理的举报事件中涉及的监理企业和监理工程师；

（二）在重大质量事故中涉及的监理企业和监理工程师；

（三）在较大及以上等级安全事故中涉及的监理企业和监理工程师；

（四）从业过程中有本办法附件1中第1至8项行为的监理企业；

（五）从业过程中有贪污，职务侵占，索贿，行贿，受贿，玩忽职守等行为的监理工程师。

第五条　信用评价应遵循公开、公平、公正的原则。

第六条　信用评价工作实行评价人签认负责制度和评价结果公示，公告制度。

第七条　信用评价工作实行统一管理，分级负责。

交通运输部负责全国范围内从业的监理企业和监理工程师的信用评价管理工作，交通运输部质量监督机构负责对具体信用评价工作进行指导并负责综合信用评价。

省级交通主管部门负责在本地区从业的监理企业和监理工程师的信用评价管理工作，省级交通质监机构负责本地区信用评价的具体工作。

项目业主负责本项目监理企业和监理工程师的信用评价初评工作。

第八条　下列资料可以作为信用评价采信的基础资料：

（一）交通主管部门及其质量监督机构文件（含督查，检查文件）；

（二）项目法人文件；

（三）举报调查处理的相关文件；

（四）质量，安全事故调查处理及责任认定相关文件；

（五）其他文件。

第九条　项目业主，省级交通质监机构及省级交通主管部门应对收集的基础资料进行分析和确认，对有疑问或证据不充足的资料应查证后作为评价依据。

第十条　监理企业信用评价工作周期为 1 年，从每年 1 月 1 日起至当年 12 月 31 日止。

监理工程师信用评价工作周期为 3 年，从第一年 1 月 1 日起至第三年 12 月 31 日止。

第十一条　项目业主应于每年 1 月底前将上一年度监理企业和监理工程师的初评结果，扣分依据等相关资料报省级交通质监机构，省级交通质监机构根据项目业主的初评结果并结合收集的其他资料进行综合评分后，将评价结论报省级交通主管部门审定。

第十二条　省级交通主管部门应于每年 2 月底之前将审定后的评价结果报部。省级交通质监机构应于每年 2 月底前，将报部的有关数据按照规定格式录入指定数据库。

交通运输部质量监督机构在汇总各省评分的基础上，结合掌握的相关企业和个人的信用情况，对监理企业和监理工程师进行综合评价。

第二章　监理企业信用评价

第十三条　监理企业信用评价实行信用综合评分制。监理企业信用评分的基准分为 100 分，以每个单独签订合同的公路、水运工程监理合同段为一评价单元进行扣分，具体扣分标准按照附件 1 执行。对有多个监理合同段的企业，按照监理合同额进行加权，计算其综合评分。

联合体在工程监理过程中的失信行为，对联合体各方均按照扣分标准进行扣分或确定信用等级。合同额不进行拆分。

第十四条　项目业主对监理企业的初评评分按附件3中的公式（四）计算。

监理企业在从业省份及全国范围内的信用综合评分按附件 3 中的公式（一）、（二）分别计算。

第十五条　对于评价当年交工验收的工程项目，除按照本办法规定对监理企业当年的从业承诺履行状况进行评价外，还应对监理企业在该工程项目建设期间的从业承诺履行状况进行总体评价。

监理企业在工程项目建设期间的信用总体评价的评分按附件 3 中的公式（三）计算。

第十六条　监理企业信用评价分为 AA、A、B、C、D 五个等级。评分对应的信用等级分别为：

AA 级：95 分<评分≤100 分，信用好；

A 级：85 分<评分≤95 分，信用较好；

B 级：70 分<评分≤85 分，信用一般；

C 级：60 分≤评分≤70 分，信用较差；

D 级：评分<60 分，信用很差。

第十七条　监理企业有本办法附件 1 中第 1 至 8 项行为之一的，其在从业省份当年的信用等级直接确定为 D 级，其在全国范围内的信用评价等级亦定为 D 级。

第十八条　监理企业在工程项目建设期间，任一年信用评价等级有 D 级的，其在该工程项目上的总体信用评价等级亦定为 D 级。

第三章　监理工程师信用评价

第十九条　监理工程师信用评价实行累计扣分制，具体扣分标准按照附件 2 执行。

第二十条　评价周期内，对监理工程师失信行为扣分进行累加。监理工程师在不同合同段，不同项目的扣分分值应进行累加。

第二十一条　监理工程师在全国范围内的累计扣分分值，是评价周期内其从业的各省对该监理工程师的累计扣分分值的再累加。

第二十二条　对评价周期内累计扣分分值大于等于 12 分，但小于 24 分的监理工程师，在其数据库资料中标注“评价周期内从业承诺履行状况较差”。

对评价周期内累计扣分分值大于等于 24 分的监理工程师，在其数据库资料中标注“评价周期内从业承诺履行状况很差”。

第四章　信用评价管理

第二十三条　交通主管部门应将评价结果公示，公示时间不应少于 10 个工作日。交通主管部门应将最终确定的评价结果向社会公告。

第二十四条　监理企业的信用评价结果自正式公告之

日起4年内，向社会提供公开查询。

监理工程师的扣分情况及原因，以及监理工程师在从业过程中有贪污，职务侵占，索贿，行贿，受贿，玩忽职守等行为被司法部门认定构成犯罪的有关信息，向社会提供公开查询。

第二十五条 交通主管部门可以将信用评价等级为D级的企业，累计扣分大于等于24分的监理工程师列入“黑名单”加强管理。信用评价结果可用于行业评优，招标等活动中。

第二十六条 省级交通质监机构应指定专人负责信用评价资料的整理和归档等工作。录入交通运输部数据库的信用数据资料应经省级交通质监机构负责人签认。

第二十七条 交通运输部质量监督机构负责信用评价数据库的管理和维护。省级交通质监机构负责本地区监理企业和监理工程师信用评价资料的管理。

监理企业信用评价纸质资料及信用评（扣）分，信用等级等的电子数据资料保存期限不应少于5年。监理工程师的信用评价资料应长期保存。

第二十八条 监理企业和监理工程师对信用评价结果有异议的，可依法向作出评价的交通主管部门提出申诉。

第五章 附 则

第二十九条 在本办法第四条规定范围以外的其他项目上从业的甲级、乙级及专项监理资质企业和监理工程师的信用评价工作，由省级交通主管部门参照本办法制定评价办法。

第三十条 省级交通主管部门可参照本办法制定对丙级资质监理企业的评价办法。

第三十一条 省级交通主管部门可根据实际情况，参照本办法制定实施细则。实施细则报交通运输部备案。

第三十二条 本办法自印发之日起施行。

第三十三条 本办法由交通运输部负责解释。

附件1：公路水运工程监理企业信用评价标准（略）

附件2：公路水运工程监理工程师信用评价标准（略）

附件3：公路水运工程监理信用评价相关计算公式（略）

关于开展2008年公路水运工程监理信用试评价工作的通知

厅质监字［2009］27号

各省、自治区、直辖市、新疆生产建设兵团交通厅（局、委），天津市市政公路管理局，长江航务管理局：

《公路水运工程监理信用评价办法（试行）》（交质监发［2009］5号，以下简称《办法》）已于2009年1月7日施行。为使《办法》顺利贯彻实施，部决定对2008年度公路水运工程监理企业和监理工程师信用进行试评价。现将有关事项通知如下：

按照《办法》第八条采集2008年1月1日至12月31日期间（以发文日期为准）公路水运工程监理企业和监理工程师的信用评价资料，并进行监理信用试评价。本次试评价不包括2008年交工验收项目对监理企业在工程建设期间的总体评价，即《办法》第十五条规定的内容。

各省级交通运输主管部门要把本次试评价工作作为推动《办法》贯彻实施的一项重要工作，安排专人负责，认真组织实施，并于2009年4月10日前将试评价结果报部。评价结果采用统一表格（见附件，下载地址链接），并分别报送电子版和纸质版，电子版以电子邮件报送，纸质版加盖省级交通运输主管部门公章后邮寄至部质监总站。

部质监总站联系人：

公路处：翁优灵

联系电话：010-65292703,

E-mail:wengyl@mot.gov.cn

水运处：胥云

联系电话：010-65292701,

E-mail: xuyun@mot.gov.cn

附件：

1. 省2008年公路（水运）工程监理企业信用评价结果汇总表（示例）（略）

2. 省2008年公路（水运）工程监理企业信用评价结果明细表（示例）（略）

3. 省2008年公路（水运）工程监理工程师信用评价结果汇总表（示例）（略）

4. 省2008年公路（水运）工程监理工程师信用评价结果明细表（示例）（略）

中华人民共和国交通运输部办公厅

二〇〇九年二月二日

关于调整部公路工程施工招标评标专家库的通知

交公便字［2009］24号

各省、市、自治区交通厅（局、委），天津市市政公路管理局，上海市城乡建设和交通委员会，新疆生产建设兵团交通局：

为进一步加强对部公路工程评标专家库管理，提高评标工作质量，经研究，决定对部公路工程施工招标评标专家库进行调整，有关事宜通知如下：

一、本次对部公路工程施工评标专家库调整分为两部分：一是对现有公路工程施工评标专家库进行调整，二是增补新的评标专家。专家库调整和增补工作按照《公路建设项目评标专家库管理办法》（交公路发［2001］300号）执行。

二、关于调整工作。对部现有施工招标评标专家库中专家进行评价，认为不宜再担任评标专家的提出调整意见，并填写《公路工程施工评标专家调整意见表》（见附件1）。部现有施工招标评标专家库专家名单在部网站政务公告本通知中下载。

1. 对部评标专家库中本地区的专家提出调整意见。不宜再担任评标专家的条件有：已调离公路行业的；年龄超过65岁；担任副厅级及以上领导职务，难以保证评标时间的；因身体原因难以继续参加评标工作的。

2. 对部评标专家库中非本地区专家提出调整意见。不宜再担任评标专家的条件有：在本地区项目评标中，一年内两次被邀请但拒绝参加评标活动的；无正当理由，承诺参加但未参加评标活动或中途退出的；评标期间私下接触投标人的；收受投标人好处的；违反保密规定，泄露评标情况的；存在评标不公正行为的；未按要求提交评标报告的。

三、关于增补工作。请按照《公路建设项目评标专家库管理办法》第三条规定的入选专家库条件，新推荐5至10名公路工程施工评标专家，其中包括公路交通工程（机电工程）专家2名，并填写《公路工程施工评标专家申请表》（附件2）。要推荐政治素质好，为人正派，熟悉有关招投标法律法规，能够胜任评标工作的同志。部将对新推荐的专家进行资格审查。

四、部现有公路施工评标专家库中继续保留专家的单位、职务、联系方式等个人信息发生变化的，请按照附件《公路工程施工评标专家申请表》格式对相应内容进行更新，并随函报我司。

五、上述有关材料请于3月20日前报我司公路建设处，联系人：于光、王海臣，电话：010-65292737（8），传真：010-65292766。评标专家库调整完成后，部将对评标专家进行培训和考核。

六、各省级交通主管部门也要加强对省级公路工程评标专家库的管理，及时调整，加强对评标专家的培训和考核，以满足公路建设项目施工评标工作的需要。

附件：

1. 公路工程施工评标专家调整意见表（略）

2. 公路工程施工评标专家申请表（略）

中华人民共和国交通运输部

二〇〇九年二月十七日

关于进一步加强公路工程施工招标资格审查工作的通知

交公路发［2009］123号

各省、自治区、直辖市、新疆生产建设兵团交通厅（局、委），天津市市政公路管理局：

近年来，各级交通主管部门不断完善规章制度，强化对招标投标活动的监督管理，公路工程施工招标投标工作总体情况良好。但资格审查工作中仍存在一些不容忽视的问题：一是部分招标项目资格审查文件中设置的资格条件不符合有关法律法规的规定，或未列明全部审查因素和标准；二是个别项目资格评审委员会未严格按照资格审查文件要求对投标人进行审查，随意修改资格审查条件，或对不同单位采取不同的评审标准，导致审查工作存在随意性；三是个别招标项目资格审查工作走过场，不深入、不细致，使不具备资质条件的单位通过资格审查；四是部分地方交通主管部门未认真履行监督职责，对发现的问题未及时采取措施加以解决。这些问题的存在影响了招标投标活动的公平和公正，扰乱了公路建设市场秩序。为保证资格审查工作质量，保护投标当事人的合法权益，现就进一步加强公路工程施工招标资格审查工作的有关事项通知如下：

一、加强资格审查文件的编制工作。资格审查文件是招标投标的基础，其编制工作应当做到：一是资格审查文件不得含有倾向、限制或者排斥投标人的内容；二是资格审查文件应当根据招标项目的具体特点编制，不得脱离项目实际需要过高设置资质、人员、业绩等资格条件；三是资格审查内容应具体、清晰、易懂、无争议，不得使用原则的、模糊的或易引起歧义的语句；四是资格审查文件应详细列明全部审查因素和标准，未列出的审查因素和标准不得作为资格审查的依据。

二、加强投标人资质条件的审核工作。严格核实投标人资质条件，防止持伪造的资质证书或不具备资质许可权力部门发放的资质证书的单位通过资格审查。对于招标公告要求投标人具有公路工程施工总承包一级及以上资质、公路路基工程专业承包一级资质、公路路面工程专业承包一级资质或公路交通工程通信、监控、收费综合系统工程分项资质的，招标人出售资格预审文件或招标文件（适用于资格后审）时，应通过交通运输部网站政务公告“公路工程施工一级以上资质企业名录”（以下简称“名录”，“全国公路建设市场信用信息管理系统”启用后“名录”同时废止，招标人可查阅“全国公路建设市场信用信息管理系统”）进行审核。对于投标人未列入“名录”，或投标人名称与“名录”不符的，应告知投标人及时办理有关更正事宜。对于资格审查时未列入“名录”的投标人，不得通过资格审查。

三、严格资格评审委员会评审工作。资格评审委员会应严格按照资格审查文件要求对投标人资格条件进行审查，除设置的资格条件存在不符合法律法规要求，或其中含有限制、排斥投标人有效竞争等特殊情况外，不得修改有关资格审查条件。资格评审委员会应当严谨、客观、公正地履行职责，遵守职业道德，根据资格审查文件规定的标准和方法对投标人进行全面评审和比较，对所提出的评审意见负责。资格评审期间资格评审委员会成员和其他参与评审活动的工作人员不得发表有倾向性或诱导、影响其他评审成员的言论，不得对不同投标人采取不同的审查标准。

四、加强资格审查工作的其他要求。有关限制投标人参与投标的条件、资格申请文件清查工作、资格审查评审时间等事项应参照《关于进一步加强公路工程施工招标评标管理工作的通知》（交公路发［2008］261 号）的相关规定执行。

五、加强对资格审查活动的监督检查工作。各地交通主管部门要充分认识资格审查工作的重要意义，认真查找资格审查工作中存在的问题，深入分析原因，进一步健全制度、完善机制、强化监督，认真受理招标投标投诉，发现问题要及时、依法处理。部将结合招标投标专项督查活动对资格审查工作进行检查。

中华人民共和国交通运输部

二〇〇九年三月十七日

关于发布《公路工程标准施工招标资格预审文件》和《公路工程标准施工招标文件》（2009 年版）的通知

交公路发［2009］221 号文

各省、自治区、直辖市、新疆生产建设兵团交通厅（局、委），天津市市政公路管理局：

为加强公路工程施工招标管理，规范资格预审文件和招标文件编制工作，我部在国家九部委联合编制的《标准施工招标资格预审文件》和《标准施工招标文件》（以下简称《标准文件》）基础上，结合公路工程施工招标特点和管理需要，组织制定了《公路工程标准施工招标资格预审文件》（2009 年版）和《公路工程标准施工招标文件》（2009 年版）（以下简称《公路工程标准文件》），现予发布。

《公路工程标准文件》中“申请人须知”、“资格审查办法”、“投标人须知”、“评标办法”和“通用合同条款”等部分，与《标准文件》内容相同的只保留条目号，具体内容见

《标准文件》。《标准文件》电子文本可在我部网站（www.moc.gov.cn）“下载中心”下载。

《公路工程标准文件》自2009年8月1日起施行，原《公路工程国内招标文件范本》（2003年版）同时废止，之前根据《公路工程国内招标文件范本》完成招标工作的项目仍按原合同条款执行。

自施行之日起，必须进行招标的二级及以上公路工程应当使用《公路工程标准文件》，二级以下公路项目可参照执行。在具体项目招标过程中，招标人可根据项目实际情况，编制项目专用文件，与《公路工程标准文件》共同使用，但不得违反九部委56号令的规定。

请各地交通运输主管部门加强对《公路工程标准文件》贯彻落实情况的监督检查，并注意收集有关意见和建议，及时向部反馈。

中华人民共和国交通运输部

二〇〇九年五月十一日

关于调整部公路工程勘察设计评标专家库的通知

交公便字［2009］190号

各省、自治区、直辖市、新疆生产建设兵团交通运输厅（局、委），天津市市政公路管理局，各有关单位：

为进一步完善部公路工程评标专家库，更好地满足工程建设需要，经研究，决定对部公路工程勘察设计评标专家库进行调整，主要工作内容包括：增补评标专家；取消现有专家库中不合格专家的资格；统计更新现有专家库中合格专家的个人信息。有关事宜通知如下：

一、增补评标专家

由省级交通运输主管部门组织满足《公路建设项目评标专家库管理办法》（交公路发［2001］300号，以下简称《管理办法》）第三条规定条件，且具备省级评标专家资格的专家，填写《公路工程勘察设计评标专家申请表》（见附件1），经所在单位和注册地省级交通运输主管部门审核同意后报我局。申请人所在单位为部属事业单位或中央管理企业总部（集团）及其一级企业（以下简称中央企业）的，由单位或企业组织填报并审核同意后报我局。各省级交通运输主管部门向我局推荐人员应不超过15名，各单位或企业推荐人员应不超过10人。

二、取消不合格专家资格

省级交通运输主管部门、部属事业单位以及中央企业，根据《管理办法》第十五条规定，对现有专家库中本地区、本单位的专家资格进行审核，并填写《取消公路工程勘察设计评标专家资格意见表》（见附件2）报我局。已调离公路行业，或者担任副厅级及以上领导职务，或者年龄超过65岁的专家，亦原则上取消评标专家资格。

三、专家信息更新

省级交通运输主管部门、部属事业单位以及中央企业负责对现有部专家库中本地区、本单位评标专家信息进行统计更新，组织填写并审核《公路工程勘察设计评标专家信息更新表》（见附件3）报我局。现有专家库中桥梁工程专业组专家应按实际从事专业分别填报桥梁工程专业和隧道工程专业。

我局将对上述人员资格进行审查，并在部网站公示符合条件专家名单，公示期满后将发布公路工程勘察设计评标专家库名单。请将有关材料于2010年1月31日前报我局建设市场监管处，联系人：王海臣，电话：010-65292737，传真：010-65292766。

附件1：公路工程勘察设计评标专家申请表（略）

附件2：取消公路工程勘察设计评标专家资格意见表（略）

附件3：公路工程勘察设计评标专家信息更新表（略）

中华人民共和国交通运输部

二〇〇九年十一月十八日

铁道部

关于进一步完善铁路工程招标投标工作的通知

建建［2009］275 号

各铁路局，各铁路公司（筹备组）：

根据《铁路工程建设领域突出问题专项治理工作实施方案》，为进一步加强和完善招标投标管理，强化招标投标监督，确保招标投标活动公开、公平、公正，促进铁路建设市场健康发展，现就进一步完善铁路工程招标投标工作有关事项通知如下：

一、关于联合体

1.对于涉及铺轨架梁、特殊桥梁、地质复杂隧道、钢结构、装饰装修、铁路电务、铁路电气化工程专业资质要求的标段，允许潜在投标人按专业分工组成联合体投标，联合体成员单位（非主办方）除建筑装饰装修工程专业以外，要求必须为子公司（处级）企业。

2.联合体成员单位应签订联合体协议书，在投标文件中明确约定各成员单位拟承担的工作内容和相应报价，并将联合体协议书连同投标文件一并提交招标人。联合体中标的，联合体各成员单位应共同与招标人签订承包合同并承担连带责任，建设单位只对联合体主办方验工计价，不得对联合体其他成员单位验工计价。

3.联合体中标后，各成员单位应严格按照投标文件及联合体协议书约定的内容签订承包合同并组织实施。任何单位不得调整投标文件及联合体协议书约定的内容。

二、关于站房工程投标资质

1.地区级（含）以下城市站房，潜在投标人必须具备房屋建筑工程施工总承包一级及以上资质，省会城市、直辖市和副省级城市大型站房，潜在投标人必须具备房屋建筑工程施工总承包特级资质。

2.投标人一般应同时具备建筑装饰装修工程专业承包一级资质（子公司具备亦可）。如果站房工程包括钢结构工程，一般应同时具备钢结构专业承包一级资质（子公司具备亦可）。

3.对不具备建筑装饰装修工程专业承包一级资质和钢结构工程专业承包一级资质的潜在投标人，允许其同具备建筑装饰装修工程专业承包一级资质的企业和钢结构工程专业承包一级资质的子公司按专业分工组成联合体进行投标。

4.建筑装饰装修工程资质业绩应符合《关于推进铁路客站装修装饰专业化施工的通知》（铁鉴函［2009］271 号）等相关要求。

5.站场与站房在同一标段中，允许具备铁路工程相应资质和房屋建筑工程相应资质的两个企业组成联合体投标。

三、关于资格审查

铁路工程招标资格审查方式原则上采用资格预审，资格审查文件须根据招标项目具体特点编制并详细列明全部审查内容及标准。招标人须加强对投标人资质条件、业绩、信用等的审核，严防持伪造资质证书或持非资质许可部门发放的资质证书的单位通过资格审查。资格审查内容和标准应与信用评价结果挂钩，对于信用评价为 C 级的投标人在未完成整改工作前原则上不得通过资格审查；发现有重大不良行为的投标人，按有关规定不得通过资格审查。

四、关于评标办法调整

1.在《关于印发铁路建设项目单价承包等标准施工招标文件补充文本的通知》（铁建设［2008］254 号，以下简称《补充文本》）第三章中补充经评审的最低投标价法，具体内容如下：

（1）技术标和商务标（不含报价标）采用通过制并按《补充文本》评标办法（综合评估法）综合评估法（二）有关要求进行评审。

（2）不设定有效报价上限，但投标人投标报价超过招标文件中载明招标概算时，作废标处理。评标委员会须对报价合理性进行评审，若发现投标人报价明显低于其他投标报价，应当要求该投标人作出书面说明并提供相应的证明材料。投标人不能合理说明或者不能提供相应证明材料的，由评标委员会认定该投标人以低于成本价竞标，其投标作废标处理。

（3）履约担保的计算方式

①（A-D）/A≤10%，履约担保为合同价 10%的银行保函；

②10%<（A-D）/A≤12%，履约担保除合同价 10%的银行保函外，承包人还应提供金额为［（A-D）/A-8%］×招标概算（不含甲供材料设备费和安全生产费）的现金担保；

③（A-D）/A>12%，履约担保除合同价 10%的银行保函外，承包人还应提供金额为［（A-D）/A-8%］×1.5×招标概算（不含甲供材料设备费和安全生产费）的现金担保。

其中，A 为招标概算（扣除甲供材料设备费和安全生产费）；D 为中标合同价（扣除甲供材料设备费和安全生产费）。

2.对综合评估法（二）进行调整：

评标基准价的确定只采用复合法，计算方式如下：

评标基准价 A=T×（$D_1+D_2+\cdots+D_i+\cdots+D_n$）/n

T 为调整系数，从 0.970～0.995 中在开标现场随机抽取。

五、关于评标办法选用

为体现公开、公平、公正，招标人应在招标文件中同时载明综合评估法（一）综合评估法（二）和经评审的最低投标价法三种评标办法。具体评标办法采用招标人自主选择或在开标会上抽签选定两种方式确定，原则上以抽签方式为主，选用哪种方式由招标人在开标会上宣布。

六、关于开标程序

采用综合评估法（一）时，在开标会上同时开技术标、商务标和报价标；采用综合评估法（二）或经评审的最低投标价法时，分两次开标。先开技术标和商务标，报价标在交易中心封存（由监察局、招标办、招标人、投标人代表共同完成封存和开启工作）。开标后，先进行技术标和商务标的评审。技术标和商务标评审结束后，只对通过技术标和商务标评审的投标人开报价标，并立即进行报价标评审。评审结束后，评标委员会向招标人提出评标报告，并按规定推荐中标候选人。

七、关于评标分数计算

所有评分在计算过程中不进行取舍，最终评标分数计算结果保留两位小数，小数点后第三位四舍五入；如最终评标分数出现相等，应保留到小数点后第三位（小数点后第四位四舍五入）进行比较；如果保留到第三位还相等，依此类推。如果按以上原则，得分一直是相等的，按以下原则确定中标候选人顺序：当期信用评价排名在前的优先；如投标人没有参加信用评价，或没有信用评价结果时，投标报价低的排名在前。

八、关于评标结果

1.对于施工、监理招标结果，招标人定标后，在铁道工程交易中心网站上公示 3 天，公示后没有异议的，将招标结果报铁道部招标办备案（包括应该提报的有关数据和表格）。备案手续符合要求后，即可发中标通知书。

2.部管物资设备招标，开标前，部物资办要认真组织市场价格调查、分析，拟定分类物资最高限制价格建议。最高限制价格超出概算时，由部物资办会同计划司、建设司、鉴定中心在开标前共同确定。物资招标结果公示 3 天，公示后没有异议的，招标人即可发中标通知书并签订合同。

3.对于有举报或有异议的，暂不发中标通知书，应组织调查，核实后按规定办理。

九、关于信用评价结果使用

采用经评审的最低投标价法评标时，信用评价结果的使用方式如下：

（1）投标人按报价由低到高排序，报价相同时，信用评价排序靠前者优先推荐。

（2）当同一标段仅有一个 A 类（有效期内）的投标人，其报价与经评审后的最低投标价的差值在 1.5%之内，首先推荐其为第一中标候选人。

（3）当同一标段有两个及以上 A 类投标人报价与经评审后的最低投标价的差值在 1.5%之内，信用评价结果排位靠前者优先推荐。

十、关于项目经理安全知识考试

对于涉及营业线施工的标段，招标人必须在招标公告中明确要求潜在投标人项目经理具有营业线施工业绩。施工企业应配备具有营业线施工经验的人员，营业线施工安全知识考试由资格审查前考试改为定标后进行。定标后，由建设单位组织对中标人项目管理有关人员（项目经理和有关部门负责人）进行营业线施工安全知识培训和考试，考试不合格人员进行补考，补考不合格人员由建设单位责成施工单位进行更换。考试内容由建设单位按现有规定确定。

十一、关于评标专家管理

加强评标专家培训、考核和动态管理。各单位应积极支持专家库更新、培训及评标工作。对于连续 2 次不参加评标的，将书面通知评标专家和所在单位；3 次不参加评标的，将从专家库中除名；对违反招标投标有关规定经查实的评标专家清出专家库，并书面通知其所在单位。

本通知即日起实施。

铁道部建设管理司

二〇〇九年九月二十五日

关于进一步加强铁路建设有形市场管理和招标投标工作的通知

铁建设［2009］119号

各铁路局，各铁路公司（筹备组）：

为了加强铁路建设有形市场管理，进一步规范招标投标行为，确保招标投标活动公开、公平和公正，针对当前铁路建设有形市场及招标投标工作中存在的问题，现就进一步加强铁路建设有形市场和招标投标工作通知如下：

一、加强招标投标监管

1.各铁路局要根据铁道部《铁路有形建设市场管理办法》（铁建设［1999］142号），结合本局实际情况，强化招标办的职能，加强对本地区铁路工程交易中心交易项目监管工作，加强招标相关人员培训，提高人员素质，尤其是要加强对招标计划、招标公告、资格预审文件、招标文件和招标投标程序的监管审查和招标投标过程监督，认真审核定标结果。采用邀请招标方式必须符合《招标投标法》规定的条件，并且按规定履行相关报批手续。

各铁路公司（筹备组）在铁路二级交易市场的招标投标活动，必须按照铁道部《铁路有形建设市场交易规则》（铁建设［2008］56号）规定的交易程序，接受相关铁路局的监管。各铁路局招标办要及时对有关文件进行审核，确保招标投标及工程建设顺利实施。

2.各铁路局要加强对本局评标专家的培训，提高评委的技术业务水平。对于业务水平达不到评标要求的，或者评标不公正、不认真的评委，要坚决清退，由各铁路局书面透知评委所在单位。

3.各铁路局要认真贯彻落实国家发展改革委等10部门发布的《招标投标违法行为记录公告暂行办法》，对招标投标活动当事人在物资设备招标投标活动中的违法违规行为进行认真查处，并且进行公告。

二、细化招标文件编制

1.施工招标文件要严格执行铁道部《关于印发铁路建设项目单价承包等标准施工招标文件补充文本的通知》（铁建设［2008］254号）。示范文本中的空白部分由招标人根据招标项目的实际情况和有关要求进行填写，其他部分不得修改，确需修改的，要以正式文件报经铁道部建设管理司同意后实施。招标人向投标人发出涉及商务条件和合同条款的补遗及答疑必须经招标办审核，未经批准严禁在工程量清单中擅自规定暂定价。招标文件中相关的技术标准和技术条件，由招标人严格按照铁道部有关批复意见执行。对于允许进行专业联合的标段，投标人必须按招标文件规定在投标文件中载明专业联合各方承担的工作内容。投标人应当按照招标文件要求的方式和金额，将投标保证金随投标文件提交给招标人。投标人不按招标文件要求提交投标保证金的，投标文件应被拒绝，作废标处理。

2.建设单位要严格遵守招标投标的相关规定，根据铁道部《铁路建设项目物资设备管理办法》（铁建设［2006］83号）、《铁路建设项目甲供甲控物资设备目录》（铁建设［2008］179号）等规定，依法合规组织物资设备招标工作。铁道部物资管理办公室应按有关规定建立甲控物资设备合格供应商目录，并实行动态管理。甲控物资设备可在依法确定的合格供应商范围内招标采购。物资设备招标中推行资格预审方式物资设备必须采用经评审的最低投标价法，桥梁桩基检测招标评标办法原则上应采用经评审的最低投标价法，坚持低价中标的原则；在招标文件中应对重大偏差的项目进行明确，对资质、业绩、有关认证和检测报告的要求必须详细、严谨，尽量减少评标过程中的不确定性和人为因素对于需要向投标人澄清的内容，必须履行必要的澄清程序。

3.各建设单位要认真贯彻落实建设部和铁道部关于开放铁路建设市场的政策：一是具备条件的项目，必须允许非铁路总承包资质的潜在投标人投标；二是不允许以铁路施工业绩作为条件，或以人员业绩为要求，限制非中铁队伍投标；三是对于工程内容中包括必须由具备铁路专业资质的企业承担的工程内容时，允许不具备铁路专业资质的非中铁企业同具备铁路专业资质的子公司进行专业联合。

三、规范评标工作

1.保证合理的评标时间。评标工作时间应根据评标工作量确定，结合项目的复杂程度、标段数量、投标人数量、采用的评标办法等因素合理确定，确保评标委员会有充足的时间进行评审，坚决杜绝简化评标程序、评标走过场、走形式。原则上，标书总量少于15本的项目（含施工、施工监理和物资设备），评标办法采用综合评估法（二）或经评审的最低投标价法时，评标时间不应少于1.5天；采用综合评估法（一）时，评标时间不应少于2天。标书总量多于15本的项目（含施工、施工监理和物资设备），评标办法采用综合评估法（二）或经评审的最低投标价法时，评标时间不应少于2天；采用综合评估法（一）时，评标时间不应少于3天。

2.评标委员会成立以后，招标人要组织评标委员会集中学习。学习的内容应包括：《招标投标法》，国家有关部门颁布的有关办法和规定，铁道部关于招标投标的相关规定，招标文件等。在评标过程中，每位评委均要对所有投标人的投标文件进行认真审读，形成独立的评审意见，并根据评审意见独立进行评审打分；评标委员会成员必须坚持公平、公正，做到原则统一，尺度一致；坚决杜绝用资格预审文件和招标文件以外的条件进行评审；评标过程的档案资料（包括对重大偏差的评判、有关的讨论、对投标文件评分和扣分理由、相关的澄清、评委的评审意见等内容）要进行完整的记录和保存；评委打分如有涂改，必须旁签，严禁评委用铅笔打分。

3.要严格评标纪律，加强保密工作，建设单位和评委不允许向外透漏评标的有关情况，对于招标人或评委在评标过程中存在违规违纪的问题，评委或招标人均应及时向监察部驻铁道部监察局和建设司报告。

4.评标结束后，评标委员会必须向招标人出具符合要求的评标报告。评标报告应包括以下内容：①基本情况和数据表；②评标委员会成员名单；③开标记录（附开标记录表）；④符合要求的投标一览表；⑤废标情况说明；⑥评标标准、评标方法或者评标因素一览表，包括详细的评审过程，评标办法和招标降造系数等有关数据的确定，对一些重大偏差的评审意见和扣分依据等；⑦经评审的价格一览表；⑧经评审的投标人排序；⑨推荐的中标候选人名单或根据招标人授权的中标人名单，以及签订合同前要处理的事宜；⑩澄清、说明、补正事项纪要。

评标报告由评标委员会全体成员签字。对评标结论持有异议的评标委员会成员可以书面方式阐述其不同意见和理由。评标委员会成员拒绝在评标报告上签字且不陈述其不同意见和理由的，视为同意评标结论，评标委员会应当对此做出书面说明并记录在案。

四、规范物资招标竞争性谈判

两次招标投标人仍少于三个的，应严格执行《工程建设项目货物招标投标办法》（国家发展改革委等七部门第 27 号令）的有关规定，可采用竞争性谈判。原则上竞争性谈判对象不少于三家，竞争性谈判必须符合相关程序。

五、加强检查，及时整改

各建设单位要严格按照本通知精神，对照前一阶段铁道部检查组对二级交易市场检查和各单位自查发现的问题认真进行整改。建设管理司和监察部驻铁道部监察局将根据各单位整改情况，组织进行抽查，对于检查不认真和整改不到位的建设单位，将按有关规定在全路给予通报，并责成有关单位对相关责任人进行处理。对于没有按要求进行整改或整改不到位的二级交易市场将予以关闭或责令停业整顿。

中华人民共和国铁道部

二〇〇九年六月二十五日

关于印发《铁路有形建设市场管理办法》的通知

铁建设［2010］39 号

各铁路局，各铁路公司（筹备组）：

现将修订后的《铁路有形建设市场管理办法》发给你们，自 2010 年 4 月 1 日起施行。铁道部原发《铁路有形建设市场管理办法》（铁建设［1999］142 号）、《关于进一步规范铁路有形建设市场的通知》（铁建设［2007］202 号）同时废止。

中华人民共和国铁道部

二〇一〇年三月七日

铁路有形建设市场管理办法

第一章　总　则

第一条　为进一步健全、完善铁路有形建设市场，维护铁路建设市场秩序，根据国家有关规定，结合铁路实际情况，制定本办法。

第二条　铁路有形建设市场是指经批准成立的为铁路建设工程勘察设计、施工、监理和物资设备等交易活动提供服务的场所。

第三条　铁路有形建设市场设一、二级交易中心。一级交易中心为全路性交易市场，设在北京；二级交易中心为区域性交易市场，设在各铁路局所在地；一级交易中心对二级交易中心进行业务指导。

第四条 在铁路有形建设市场进行的交易活动，必须遵循公开、公平、公正、诚信的原则。

第二章 有形市场监管

第五条 铁道部建设工程招标投标管理委员会负责铁路建设有形市场管理，主要包括：

1.确定交易中心管理原则；

2.依法审核一、二级交易中心的设立、变更、撤销；

3.批准一级交易中心有关规章制度；

4.处理交易中心运行中的其他重大问题。

第六条 铁道部建设工程招标投标管理委员会办公室，对铁路建设有形市场实施具体管理，主要包括：

1.检查一级和二级交易中心建设情况；

2.定期检查一级和二级交易中心运行情况；

3.对交易中心建设和运行中存在的问题提出整改意见；

4.协调与省、市地方招标投标管理部门的工作关系。

第七条 铁路局成立的由主管建设副局长担任主任、建设管理处处长、物资管理处处长和监察处处长担任副主任的铁路局建设工程招标投标管理委员会，受铁道部建设工程招标投标管理委员会委托，对二级交易中心实施管理，主要包括：

1.指导二级交易中心组建，批准二级交易中心规章制度；

2.对二级交易中心运行进行监督；

3.处理二级交易中心运行中的其他重大问题；

4.协调与省、市地方招标投标管理部门的工作关系。

第八条 铁路局建设工程招标投标管理委员会下设办公室，具体负责二级交易中心管理和交易监管工作。

第九条 各级建设工程招标投标管理委员会办公室对工程交易中心的运行进行监管，对存在的违规行为提请有关部门依法予以处罚。

第三章 交易中心设立

第十条 交易中心根据铁路建设需要分级设置，一级交易中心由铁道部组建并进行管理，二级交易中心由铁路局报铁道部建设工程招标投标管理委员会批准后组建并进行管理。交易中心依法办理注册登记和收费批准手续后方可提供相关的交易服务。

第十一条 交易中心是非营利性的自收自支的法人单位。一级交易中心应具备下列条件：

1．机构健全、管理规范，工程技术、概预算、财务、法律等专业专职管理人员不少于 8 人；

2．有满足市场主体各方获取工程信息所需的信息发布场所和相应的设备；

3．有满足招投标活动所需的场所、设备；

4．为监督管理部门提供监督检查条件；

5．具有计算机交易管理系统，能够网上提供招投标政策、招标信息、评标结果等服务。

第十二条 二级交易中心应具备下列条件：

1．机构健全、管理规范，工程技术、财务、法律等专业专职管理人员不少于 3 人；

2．有满足市场主体各方获取工程信息所需的信息发布大厅和相应的设备；

3．有满足招投标活动所需的开标评标场所；

4．为监督管理部门提供监督检查条件；

5．采用全路统一的计算机交易管理系统，并与一级交易中心联网工作。

第十三条 可按铁路局区域单独申请成立一个二级交易中心，也可由两个及以上铁路局区域联合申请成立一个二级交易中心。联合申请成立二级交易中心的，相关铁路局应推荐主办方，由主办方负责指导组建和日常管理工作。

第十四条 交易中心职责：

1．收集、存储和发布铁路建设工程信息、企业状况信息（包括具有铁路建设专业资质的设计、施工、监理、中介服务单位等）、物资价格信息、政策法规信息等；

2.发布工程项目的招标公告以及招标过程中的相关信息；

3．为铁路建设工程交易活动提供服务，包括为招标投标、签订合同等交易活动提供设施齐全的场所和必要的设备，保证交易活动正常进行；

4．为监督管理部门监督管理提供条件；

5．妥善保存建设工程交易活动中产生的有关资料、原始记录等，并有相应的查询和保密等管理措施；

6．受监管部门委托及时上网公布铁路施工、设计、监理、物资供应商的信用评价结果，以及参建单位和个人的不良行为记录。

第十五条 交易中心义务：

1．交易中心应当制定并公布有关规章制度、工作流程及工作人员守则，为交易活动提供服务；

2．交易中心应加强廉政建设，交易中心工作人员应恪尽职守、秉公办事，并接受社会监督，不得干涉与影响招标人行使职能；

3．交易中心应按国家有关规定办理收费手续，公布收费的项目、标准和方法，并按照批准的收费标准收取有关费用；

4．交易中心应单独建账，按照财务管理规定和会计核算制度规范收支核算，照章纳税。

第十六条 交易中心的工作人员有违法违规行为的，按照人事管理权限，由其所在单位按规定给予处分，并调离工作岗位，不得继续从事工程交易的工作；构成犯罪的，依法追究刑事责任。

第十七条 交易中心或参与交易的单位和人员发现铁

路建设工程交易中存在违法违纪行为的，应当向工程招投标办公室或监察部门举报。

第四章　工程交易管理

第十八条　铁路新建、改建工程及其配套工程中依法必须招标的施工、监理、物资设备等，必须在铁路有形建设市场进行招标。

第十九条　新建、改建铁路大中型项目的施工、监理、铁道部管理的甲供物资设备等，除铁道部批准外，一律进入一级交易中心交易。

新建、改建铁路大中型项目建设单位负责的甲供物资设备、甲控物资设备，在二级交易中心交易。

第二十条　交易活动主体：

1．建设项目经批准开始招标的建设单位；

2．具备相应资质的设计、施工、监理、物资设备供应等单位；

3．经工商管理部门注册登记，从事铁路建设中介服务的单位。

第二十一条　符合进入交易中心条件并参加交易的建设、设计、施工、监理、物资设备供应等单位，应按规定提交相关证明办理交易证后，方可进场交易。

交易证分为三年期和一次性两种，在一级交易中心办理的三年期交易证可在一级、二级交易中心使用，在二级交易中心办理的三年期交易证可在所有二级交易中心使用，一次性交易证只能在办证的交易中心使用。

一级交易中心应统一建立交易中心交易证动态管理台账，实现交易证状况实时在线查询。

第二十二条　进入铁路有形建设市场进行招标交易必须具备以下条件：

1．招标项目应具备法定的招标条件；

2．招标项目的招标计划等报批手续已完成；

3．招标人进入铁路有形建设市场自行办理招标事宜的，应当具备相应条件。

第二十三条　进入铁路有形建设市场进行招标交易，必须严格执行《铁路有形建设市场交易规则》，按规定程序进行交易并办理相关手续。

第二十四条　进入交易中心的建设、勘察设计、施工、监理、物资设备供应及中介组织等单位，必须遵守法律法规和规章制度，严禁发生下列行为：

1．违反铁路基本建设程序进行招投标；

2．制造、发布虚假信息；

3．泄露标底、围标串标等不正当竞争行为；

4．操纵市场或干扰市场正常交易的行为；

5．其他违反招标投标法及铁道部有关招标投标规定的行为。

第二十五条　进入铁路有形建设市场进行交易的单位在工程交易中发生业务纠纷或争议，由工程招投标办公室负责调解；调解无效时可通过诉讼解决。

第五章　附　则

第二十六条　本办法由铁道部建设管理司负责解释。

第二十七条　本办法自2010年4月1日起施行。铁道部原发《铁路有形建设市场管理办法》（铁建设［1999］142号）、《关于进一步规范铁路有形建设市场的通知》（铁建设［2007］202号）同时废止。

关于印发《铁路建设工程质量安全事故与招投标挂钩办法》的通知

建建［2009］273号

各铁路局，集装箱、投资公司，各铁路公司（筹备组）：

为加强铁路建设工程质量安全管理，提高铁路建设管理水平，现将《铁路建设工程质量安全事故与招投标挂钩办法》发给你们，自印发之日起实行。《铁路建设工程安全质量事故与招投标挂钩办法》（建建［2007］64号）同时废止。

铁道部建设管理司

二〇〇九年九月二十二日

铁路建设工程质量安全事故与招投标挂钩办法

第一条 为加强铁路建设项目工程质量安全管理，提高铁路建设管理水平，根据国务院《建设工程质量管理条例》、《建设工程安全生产管理条例》、《铁路运输安全保护条例》及铁道部有关规定，制定本办法。

第二条 铁路建设工程质量事故，按照铁道部《铁路建设工程质量事故调查处理规定》分为特别重大事故、重大事故、较大事故、一般事故和工程质量问题。

第三条 铁路建设工程安全事故，按照国务院《生产安全事故报告和调查处理条例》分为生产安全特别重大事故、重大事故、较大事故及一般事故。

第四条 铁路交通事故，按照国务院《铁路交通事故应急救援和调查处理条例》分为铁路交通特别重大事故、重大事故、较大事故和一般事故。

第五条 对造成铁路建设工程质量事故、安全事故以及铁路交通事故的责任单位，除按国家和铁道部有关规定处理外，对施工（工程局及以下企业）、监理企业参加铁路大中型建设项目的投标做出限制，对设计单位在施工图考核中给予降低等级或停止投标的处理。

因全国性或区域性不可抗拒自然灾害造成的事故除外。

第六条 发生铁路建设工程质量事故的，在事故责任认定之日起，对事故责任单位进行如下处罚：

（一）特别重大事故，根据情节，取消施工企业 6 个月及以上投标资格；取消监理企业 4 个月及以上投标资格。

（二）重大事故，根据情节，取消施工企业 4 个月及以上投标资格；取消监理企业 2 个月及以上投标资格。

（三）较大事故，根据情节，取消施工企业 2 个月及以上投标资格；取消监理企业 1 个月及以上投标资格。

（四）一般事故，根据情节，取消施工企业 1 个月及以上投标资格；取消监理企业 20 天及以上投标资格。

（五）工程质量问题，根据情节，给予相应处罚。

对于偷工减料、内业资料弄虚作假等情节严重、影响恶劣的质量事故或工程质量问题加重处理。

第七条 发生生产安全特别重大事故、重大事故的，自事故发生之日起，进行如下处罚：

（一）特别重大事故，根据情节，取消施工企业 6 个月及以上投标资格；取消监理企业 4 个月及以上投标资格。

（二）重大事故，根据情节，取消施工企业 4 个月及以上投标资格；取消监理企业 2 个月及以上投标资格。

被吊销或暂扣安全生产许可证的施工企业一律不准参加铁路建设项目投标。

第八条 发生生产安全较大事故的，进行如下处罚。

（一）造成人员死亡的，自事故发生之日起：

1. 死亡 7～9 人的，取消施工企业 10 次投标资格；取消监理企业 6 次投标资格。

2. 死亡 5～6 人的，取消施工企业 7 次投标资格；取消监理企业 4 次投标资格。

3. 死亡 3～4 人的，取消施工企业 4 次投标资格；取消监理企业 2 次投标资格。

（二）未造成人员死亡的，自事故责任认定之日起，停止投标次数比照本条第一款第 3 项进行处罚。

第九条 发生生产安全一般事故的，进行如下处罚。

（一）造成人员死亡的，自事故发生之日起：

1. 死亡 2 人的，取消施工企业 2 次投标资格；取消监理企业 1 次投标资格。

2. 死亡 1 人的，取消施工企业 1 次投标资格。

（二）未造成人员死亡的，自事故责任认定之日起，比照本条第一款第 2 项进行处罚。

第十条 由于工程建设引起铁路交通事故的，自事故责任认定之日起，对事故责任单位进行如下处罚：

（一）特别重大事故，负有全部或主要责任的，取消施工企业 6 个月及以上投标资格；取消监理企业 4 个月及以上投标资格。负有重要责任的，取消施工企业 4 个月及以上投标资格；取消监理企业 2 个月及以上投标资格。

（二）重大事故，负有全部或主要责任的，取消施工企业 4 个月及以上投标资格；取消监理企业 2 个月及以上投标资格。负有重要责任的，取消施工企业 2 个月及以上投标资格；取消监理企业 1 个月及以上投标资格。

（三）较大事故，负有全部或主要责任的，取消施工企业 2 个月及以上投标资格；取消监理企业 1 个月及以上投标资格。负有重要责任的，取消施工企业 1 个月及以上投标资格；取消监理企业 20 天及以上投标资格。

（四）一般事故

1. A、B 类事故，取消施工企业 1～2 次投标资格，取消监理企业 1 次投标资格。

2. C 类事故，一个季度内发生二次，自第二起事故责任认定之日起，取消施工企业 1 次投标资格。

3. D 类事故，一个季度内发生三次，自第三起事故责任认定之日起，取消施工企业 1 次投标资格。

第十一条 五年内（自第一起事故发生之日起）连续发生二起特别重大事故的、一年内（自第一起事故发生之日起）连续发生二起重大事故的、六个月内（自第一起事故发生之日起）连续发生二起较大事故的或三个月内（自第一起事故发生之日起）连续发生一般事故（不含C、D类）的，第二起事故及以后事故的停止投标时间或次数加倍。

第十二条　事故发生后不按规定上报的，或影响项目总工期的，按照事故等级对应停止投标时间或次数的1.5倍处罚；对隐瞒不报的，发现后按事故等级加倍处理。

第十三条　事故情节严重、社会影响恶劣的，招投标监管部门在进行招投标处罚时可加重处理。

第十四条　在停止投标期间再次发生事故的，停止投标时间和次数按本办法累计后顺延。

第十五条　向铁道部递交年度《铁路建设项目安全质量承诺书》的，发生事故后应按其承诺进行处罚，承诺书中没有相应处罚内容的按照本办法相应条款办理。

第十六条　本办法自印发之日起实行。《铁路建设工程安全质量事故与招投标挂钩办法》（建建［2007］64号）同时废止。

关于印发《2010年铁路工程建设领域突出问题专项治理工作要点》的通知

铁建设函［2010］425号

各铁路局，各铁路公司（筹备组），集装箱、投资公司：

现将《2010年铁路工程建设领域突出问题专项治理工作要点》印发你们，请结合实际，认真贯彻落实。

中华人民共和国铁道部

二〇一〇年四月十三日

2010年铁路工程建设领域突出问题专项治理工作要点

为深入推进并切实做好2010年铁路工程建设领域突出问题专项治理工作，根据中纪委《2010年工程建设领域突出问题专项治理工作要点》（中纪发［2010］8号），结合铁路建设实际，制定2010年铁路建设专项治理工作要点如下：

一、认真排查

各单位要严格按照铁道部《铁路工程建设领域突出问题专项治理工作实施方案》（铁建设［2009］159号）要求，扎实做好集中排查整改和全面整改规范工作，进一步加强和规范铁路建设管理，建立长效机制，确保专项治理取得实效。

（一）继续搞好自查自纠。按照“谁建设、谁负责，谁主管、谁负责，谁检查、谁负责”的原则，落实排查责任，提高检查效果。自查自纠的重点是存在的突出问题，不能用日常工作替代专项治理，也不能把专项治理同日常工作相脱离。

（二）全面进行整改规范。各单位在完成集中排查整改基础上，4月份起要按要求进行全面整改规范。集中排查整改不力、未达到预期效果的单位，要进行“补课”和“回头看”，保证排查整改效果。全面整改规范阶段工作重点是完善制度和加大监管力度。要根据发现的问题和薄弱环节，以铁路建设标准化管理为主线，进一步完善铁路建设各项规章制度，抓好各项整改落实工作。关键是要深化制度改革，不断创新监管措施、手段和方法，提高监管效果，最大限度地减少滋生腐败机会，形成铁路建设工程领域监管长效机制。

（三）加大重点抽查力度。在各单位自查自纠的同时，各铁路局要适时组织重点抽查，保证专项治理工作效果。在此基础上，铁道部专项治理各牵头单位还将加大抽查、督导力度。抽查的重点是使用中央投资、质量问题安全隐患突出、举报投诉较多、专项治理开展不力的建设项目、自查自纠“零报告”单位，工期严重滞后、投资严重超概的建设项目，以及工程项目招标投标、验工计价、变更设计等方面的问题。两级总的抽查数量不少于项目总数的20%。各单位要对抽查发现的问题进行梳理和分析，提出针对性意见和防范措施，并及时报送情况。

（四）全力做好检查配合。4月份开始，中央扩大内需监督检查工作领导小组暨工程治理工作监督检查组，将组织发展改革委、财政部、审计署、住房城乡建设部、国土资源部、环境保护部进行检查，重点检查扩大内需项目和自查自纠整改情况。中央工程治理办公室将选择3~5个重大建设项目进行深入核查。铁道部将结合工程建设项目执法监察工作，对10个以上重点项目进行抽查，并选取3个项目进行剖析检查。各单位务必统筹安排，做好协调衔接，推进专项治理，在保证建设项目各项工作正常开展的同时，提早做好检查配合工作。

（五）合理做好分类处理。针对排查发现的问题，结合铁路建设实际，明确政策界限，依法、合规地做好分类处理。按照中央专项治理实施意见精神，对主动认识和纠正问题的，可以按照有关规定从轻、减轻或免于处分；对拒不自查、掩盖问题或弄虚作假的，要严肃处理。对一般程序性违规问题，运用教育、规范的办法，以批评教育、吸取教训、督促整改为主，但造成严重后果的必须追究责任；对违纪违法，以权谋私的腐败问题，必须依法从严处理。对专项治理工作开展以来，边查边犯、顶风违纪的，要从严处理，决不姑息。

二、突出重点

（一）项目决策和投资控制方面

1．治理重点：查处未批先建、违规审批、擅自变更、超验虚验、严重超概、勘察设计重大质量问题和内外勾结、虚假概算等行为，严格铁路建设各项程序，符合项目审批和投资控制要求。

2．主要措施：针对发现的问题，一是深刻剖析原因，找出根本症结，制定整改和防范措施。二是以铁路建设标准化管理为手段，解决深层次的问题，合理控制工程投资。三是加强地质勘察工作管理，保证勘察设计深度，确保地质勘探数量、质量和钻探资料的真实性、准确性，加强重大技术经济方案比选论证，及时完成地质灾害危害性、压覆矿产资源、地震安全性等评估报告，保证整体方案最优，从源头上减少重大设计变更。四是强化变更设计管理，明确变更设计责任主体，落实责任追究，重点抓好施工图审核，尽最大努力减少和防止重大量差。五是创新管理机制，按责权利统一的原则，研究制定建设单位或业主的投资控制责任和办法。

铁道部年内制发《加强基建计划管理和投资控制指导意见》、《铁路基本建设项目征地拆迁管理办法》等规范性文件，进一步明确相关工作程序和处理原则，规范基建计划管理，加强投资控制。要对铁路规划的符合性、建设项目规划的符合性、项目技术标准和功能定位的符合性、相关审批手续的符合性进行全面排查整改，近期将印发《关于进一步加强铁路项目用地预审工作的通知》等，重点在用地预审、环境评价和开工报告审批环节上加大管理力度，指导各建设单位进一步有序高效推进建设项目前期工作，规范用地预审，严格开工报告审批程序，提高审批效率。

对“十一五”期间铁路建设项目的用地情况进行详细统计，全面梳理铁路项目用地预审批复数量、先行用地批复数量、正式用地批复数量和实际用地数量等，建立用地基础台账，加强土地计划管理。各建设单位要积极配合地方政府，加快正式用地办理组卷报批工作。

（二）规范资金安排使用方面

1．治理重点：查处多头开户、超拨超付、擅自挪用、成本不实、严重拖欠等行为。规范铁路建设资金安排使用，改进和完善投资管理。

2．主要措施：一是进一步完善资金管理制度，明确和落实责任，严格责任追究。二是加强建设资金预算管理，定期考核资金预算的编制和执行情况，严防超概算、超合同、超投资计划、超资金预算、超验工计价拨付使用建设资金。三是充分利用数据集中系统、铁路资金结算网络，对建设资金实行实时监控，切实防范资金风险。四是依托监管银行加强资金流向监管，严格落实建设单位、施工单位、银行三方监管协议，防止挤占、挪用建设资金。五是加大和地方政府沟通协调力度，确保地方资金及时到位。

（三）招投标活动和物资采购方面

1．治理重点：查处规避招标、围标串标、明招暗定、违规交易、插手干预、乱设门槛等行为。规范招标投标活动和物资设备采购，建立统一开放、公开透明、竞争有序、依法合规的铁路建设市场。

2．主要措施：

一是完善制度，从制度层面规范招标投标行为，最大限度地体现公开透明的原则。资格预审完成后，招标人要及时向通过资格预审的投标人发出投标邀请函，在发售招标文件前，向未通过资格预审的投标人公开资格预审未通过原因，未通过资格预审的投标人对未通过的原因有异议时，有权在规定的时间内（公开后两个工作日）向监督部门提出申诉。上半年铁道部将修订并发布《关于调整铁路建设项目甲供物资设备目录的通知》、《铁路有形建设市场管理办法》等规范性文件，对招标投标的废标、超概、甲供物资目录、设定投标条件等细节问题予以明确。下半年重点做好学习贯彻即将发布的《招标投标实施条例》工作。

二是加强监管，加大招标投标现场监管力度，加强交易市场、专家库管理和评委培训工作。及时更新专家库，大力推广专家库随机抽取程序，实现一、二级交易市场共用统一的专家库。继续组织做好铁路工程评委专家培训工作，年内完成6期培训，每期180人。二季度召开招标投标座谈会，就交易市场资格审查、招标过程等存在的突出问题进行研讨，以会代训，规范管理和提高素质。尽快修订评标现场纪律准则，杜绝招标工作人员和评标委员会成员泄露评标信息行为。加大评标结果抽查力度，对招标投标全过程随机进行核查，重点是招标程序的合法性、评标的公正性以及是否存在围标串标现象，一经查实，依法追究招标人、评标委员会成员责任。核查情况向全路通报，核查结果同铁路局业绩考核挂钩。进一步加强二级交易市场监管，继续对二级交易市场进行全面检查整顿，问题严重的关停整改。

三是加大处罚力度，落实铁路建设市场不良行为和“黑名单”制度。认真受理核查有关举报投诉，并按规定公开查处结果。建立铁路工程招标投标违法违规行为记录公告平台，及时将招标投标不良行为向社会公开。除特殊情况外，投标人已购买招标文件不递交投标文件的，纳入不良行为记录。

四是改进招标评标工作。无论是站前、站后施工招标，评标办法的选定严格执行有关规定，原则上采用抽签方式确定，未采用抽签方式确定的，要向铁道部建设司、监察局作出详细说明，并严格执行招标投标示范文本。从下半年起严格实行施工图招标，未完成施工图设计不得发售招标文件。施工、监理单位投标承诺的主要管理和技术人员必须兑现到位。通用物资设备采购招标要取消行业门槛。实行网上投标报名方式，原则上符合招标公告资质、业绩要求的投标人报名后，招标人不得以任何理由拒售资格预审文件或招标文件。加快计算机辅助评标系统的研究开发。

五是加大市场开放力度。对于仅有上跨既有线的新线建设，原则上应该对非传统铁路施工企业开放。继续对非传统铁路施工企业进行扶持，选择不涉及营业线施工的标段专门由非传统铁路施工企业投标。新建项目一次招标4～8个标段的，原则上应选择1个标段由非传统铁路施工企业投标。8个以上标段的，原则上不得少于2个标段。进一步加强对非传统铁路施工企业的技术支持和引导，尽快提高其技术水平和竞争能力。

六是加强物资设备评标过程管理，出现废标情况必须予以说明，并附全体评委的意见；部管物资评标结果由物资办严格审核，指导建设单位签订合同，并严格履行合同；严格执行经评审的最低投标价法，只要不是最低价中标，评标委员会必须在评标报告中予以说明，并且注明废标的理由，同时要求全体评委签署意见，以备核查；甲供物资设备招标结果超出概算时，必须按规定履行概算批准手续后才能发中标通知书；建设单位要严格执行铁道部确定的甲供物资目录，不得随意扩大范围，一经发现，严格责任追究；严格执行招标文件示范文本，有关的人员证书、资质、业绩、注册资金等要求要本着实事求是的原则，符合实际情况，坚决杜绝设定超过规范的技术条件，杜绝设定大多数投标人都达不到的条件；评标过程中出现废标情况，评标委员会根据报价是否具有竞争性综合确定；所有材料包括声屏障等，都要纳入物资招标。

（四）工程建设实施和质量安全管理方面

1．治理重点：查处标后重新定标、转包和违法分包、质量安全事故频发、现场管理失控、内业资料严重失实、偷工减料、擅自改变施工工艺、瞒报事故、严重失职渎职等行为。强化铁路工程质量安全管理，规范参建各方质量安全行为，保证铁路工程质量和安全生产。

2．主要措施：一是以标准化管理为抓手，进一步完善质量安全管理制度和各级管理体系，明确和落实质量安全责任。二是加大处罚，严字当头，出重拳、下狠招，严厉打击各种违法违纪违规行为，严肃追究有关单位和个人的责任。质量安全问题严重的单位要对责任人员进行严肃处理并报铁道部。三是扎实开展安全生产年和安全专项整治活动，从规章制度、技术标准、勘察设计、现场施工等方面进行深入检查，狠抓既有线施工、长大隧道施工、大跨高墩桥梁等关键部位施工质量安全，重点保证隧道初支、仰拱、二衬紧跟，打击偷工减料行为，保证工程质量，防止和减少事故发生。四是认真落实质量安全问题和事故报告制度，及时掌握铁路建设质量安全动态，加大质量安全监督管理。五是严格原材料质量控制，强化检验、检测，确保数据准确真实，从源头上保证工程质量。六是坚持深入开展警示教育活动，不断提高参建人员质量安全意识。

（五）信息公开和诚信体系建设方面

1．工作目标：建立铁路建设项目信息公开管理制度，逐步实现铁路建设项目信息的互联互通和共用共享，构建和完善铁路建设市场诚信体系。

2．主要措施：加强行业内外调研工作，完善铁路建设市场不良行为和“黑名单”制度。在铁路建设单位年度考核、施工和监理企业信用评价、设计单位施工图考核、产品供应厂商市场信用评价的基础上，建立铁路建设信息平台、交易平台、监管平台，进一步加强信息公开，健全铁路建设市场诚信体系。加强信用评价过程管理，严肃查处领导干预、评价不实和行贿受贿等行为。编制铁路建设项目信息公开目录，研究制定铁路建设项目信息公开和信用信息共享标准和程序。配合工业和信息化部等国家有关部门做好建设工程项目诚信、信用目录、共享标准和程序、信用体系和实施办法等方面的相关工作，推进建立覆盖全国的项目信息共用共享机制。

（六）查办案件方面

1．工作目标：及时查办铁路建设违法违规违纪重大案件。

2．主要措施：一是健全办案协调机制，结合联席会议、廉政教育、执法监察、监督检查等日常工作，完善各部门之间情况通报、线索移送、案件协查、信息共享等工作机制。二是积极拓宽案源渠道，畅通投诉举报渠道，坚持有信必查、查实必处、问责到人。提高信访举报件受理质量，规范案件排查的方式和工作程序，跟踪案件线索，保证线索不流失，完善案件线索报告和转办受理机制。三是强化检察、公安、法院、审计等部门在办案中的配合、沟通和协调，发挥专业部门的职能作用，形成突破大案要案的整体合力。

三、工作要求

（一）多措并举，力求突破。各单位要以全路安全生产大检查为契机，在专项治理前一段工作的基础上，结合四五月份开展的铁路建设质量安全大检查活动，重点检查规章制度、技术标准、勘察设计、现场施工方面存在的突出问题，突出重点，抓住关键，力求突破。

（二）深化改革，勇于创新。要把制度建设融入到专项治理各阶段、各环节，把治理工作中的有效措施、好的做法提升到政策制度层面，加快专项治理的成果转换，形成依法建设、依法监管的长效机制。

（三）统筹协调，整体推进。铁路局各成员单位要齐头并进，通力协作，推动全局专项治理工作深化发展。铁道部有关部门要协调配合，形成整体合力，加强督导，积极探索有效方法和途径，推进全路专项治理工作扎实推进、取得实效。

（四）加大惩处，严查案件。要将案件查办贯穿专项治理全过程，强化责任追究，坚持依法依纪合规，健全办案协调机制，坚决打击腐败行为，以实际办案成果检验专项治理成效。

（五）加强联系，畅通信息。各单位要健全专项治理工作联系制度，指定专人负责，加强信息沟通，掌握工作动态，做好上传下达工作，及时报送专项治理工作信息。部治理办统一牵头协调，加强指导和检查，及时通报工作情况。

各单位要依照本工作要点，结合建设实际情况，详细制定本单位2010年专项治理工作推进计划，于2010年4月20日前报部治理办公室。

关于印发《铁路建设项目物资设备供应商信用评价办法》的通知

铁建设［2009］91号

各铁路局，各铁路公司（筹备组）：

为完善铁路建设市场诚信体系，激励物资设备供应商保证物资设备供应质量、信守合同和提高售后服务水平，保证大规模铁路建设顺利实施，现印发《铁路建设项目物资设备供应商信用评价办法》，自印发之日起施行。

请各单位将本办法执行中的意见与建议及时反馈铁道部建设管理司。

中华人民共和国铁道部

二〇〇九年五月十五日

铁路建设项目物资设备供应商信用评价办法

第一章　总　则

第一条　为完善铁路建设市场诚信体系，激励物资设备供应商保证物资设备质量、信守合同和提高售后服务水平，根据国家及铁道部有关规定，制定本办法。

第二条　本办法适用于铁道部投资的铁路大中型建设项目。

第三条　本办法所称物资设备供应商信用评价（以下简称信用评价），是指铁路建设项目甲供物资设备管理领导小组办公室（以下简称部物资办）和建设单位根据铁路建设项目甲供、甲控物资设备供应商在投标和履约过程中的不良行为，对物资设备供应商信用所进行的评价。

第四条　本办法所称不良行为是指铁路建设项目甲供、甲控物资设备供应商在投标、合同签订及履行、售后服务和物资设备质量等方面违反有关法律法规、规章或合同约定的行为。

第五条　物资设备供应商信用等级每季度评价一次，评价结果依据不良行为的类别分为A、B、C三个等级。

第六条　信用评价坚持公开、公正、公平的原则，自觉接受社会和纪检监察部门的监督。

第七条　铁道部建设管理司对信用评价工作进行监督管理。

第二章　不良行为认定

第八条　不良行为按照程度不同分为一般不良行为、较大不良行为和重大不良行为三类。不良行为认定标准见《供应商不良行为认定标准》（附件1）。

第九条　建设单位应严格按法律法规、招投标管理规定、物资设备采购供应合同，对甲供、甲控物资设备供应商的投标、物资设备生产供应、物资设备质量及售后服务等存在的问题进行认定。

第十条　施工单位发现甲供、甲控物资设备供应商在投标、履约过程中存在的不良行为，应立即通知建设单位。对符合《供应商不良行为认定标准》的，建设单位应立即进行核实认定。

第十一条　其他参建方、监督机构及有关部门发现供应商在投标、履约过程中存在问题的，应及时通知建设单位。建设单位接到通知后应对反映的问题进行核实认定，认定结果及时书面反馈发现单位或部门。

第十二条　建设单位认定不良行为应当填写《供应商不良行为认定记录单》（附件2），并由两名以上检查人员签字。

第十三条　建设单位对供应商的不良行为认定后，应在5日内书面通知相关供应商，供应商可以在收到通知后5日内提出申诉。建设单位应对申诉内容进行调查核实，保证不良行为认定工作的客观公正。不良行为确认后，供应商必须按要求进行整改。

第十四条　同一合同的同一批次的同一项不良行为，不得因检查人不同而重复记录。对不按要求整改的，视情况延长公布期限、追加记录。

第十五条　甲供、甲控物资设备供应商一般不良行为确认后，铁路局所属项目管理机构应在每季度末月25日前将本季度确认结果汇总后报送铁路局。铁路局应对上报的物资设备供应商一般不良行为进行审核，如有不符，应要求原确认单位重新核实。

第十六条　甲供、甲控物资设备供应商出现较大不良行为，建设单位为铁路局的，项目管理机构应在确认后3日内，将物资设备供应商相关行为认定的书面材料报送铁路局，铁路局在3日内报送部物资办；建设单位为铁路公司的，公司应在确认后3日内报送部物资办。

第十七条　出现重大不良行为，建设单位和发现单位应立即向部物资办报告。

第十八条　铁路局和铁路公司应于每季度前3个工作日内，将上季度不良行为按《供应商不良行为记录汇总表》（附件3）进行汇总，并报送部物资办。

第十九条　部物资办接到建设单位报送的物资设备供应商不良行为季度报告后，应在3日内完成一般不良行为汇总，汇总结束5日内在铁道工程交易中心网公布。

部物资办接到物资设备供应商较大和重大不良行为报告后，应立即组织确认，经建设管理司和监察局审核后在铁道工程交易中心网公布。

特殊情况下，部物资办可会同相关单位或部门对供应商不良行为直接进行调查认定，认定结果报建设管理司和监察局确认后公布。

第二十条　一般不良行为公布期为3个月，较大不良行为公布期为6个月，重大不良行为公布期为1～2年。

第二十一条　部物资办应建立铁路建设项目物资设备供应商不良行为记录档案，同时在不良行为公布后20日内将公布内容抄监督总站备案。

第三章　信用评价

第二十二条　物资设备供应商信用等级评价对象为铁路建设项目所有甲供、甲控物资设备合格供应商。

第二十三条　评价期内，无不良行为记录的供应商信用等级为A级；有一般不良行为记录且无较大和重大不良行为记录的供应商信用等级为B级，连续三个评价期为B级的供应商，其第三次信用等级降为C级；有较大不良行为记录且无重大不良行为记录的供应商信用等级为C级；有重大不良行为记录的供应商不再进行评级。

第二十四条　部物资办负责对铁路局和铁路公司报送的供应商不良行为进行汇总，确定供应商信用等级，结果报建设管理司，经审核后，在铁道工程交易中心网公示。

信用评价结果在铁道工程交易中心网公示5个工作日，无异议后由部物资办正式发文公布。

第四章　奖　罚

第二十五条　铁路建设项目物资设备招标采购实行供应商信用评价等级与招投标挂钩机制。甲供物资设备招标，采用最低投标价评标办法，在其他条件无重大差别时，信用等级高的供应商其投标报价与信用等级低的供应商投标报价相差在0.5‰以内时，信用等级高的优先中标；信用等级相同的，报价低的优先中标。

甲控物资设备招标，建议施工单位按同等条件下信用等级高的供应商优先中标的原则执行。

第二十六条　B级供应商自评价结果正式发文公布之日起暂停1个月铁路建设项目物资设备投标资格；连续二个评价期为B级的供应商，自第二次信用评价结果正式发文公布之日起暂停3个月铁路建设项目物资设备投标资格。

第二十七条　C级供应商自评价结果正式发文公布之日起暂停3个月铁路建设项目物资设备投标资格；连续二个评价期为C级的供应商，自第二次信用评价结果正式发文公布之日起暂停6个月铁路建设项目物资设备投标资格；连续三个评价期为C级的供应商，自评价结果公布之日起直接从合格供应商目录清除，1年内不再接受其合格供应商申请（未建立合格供应商目录的，暂停1年铁路建设项目物资设备投标资格）。

第二十八条　有重大不良行为记录的供应商自重大不良行为公布之日起直接从合格供应商目录清除，1～2年内（根据主管部门处理结果）不再接受其合格供应商申请（未建立合格供应商目录的，暂停1～2年铁路建设项目物资设备投标资格）。

第五章　附　则

第二十九条　施工企业可参照本办法对自购物资设备供应商的不良行为进行认定。

第三十条　铁道部建立物资设备供应商信用评价监督举报制度，任何单位和个人均可对供应商的不良行为，以及信用评价工作中的违纪违规行为进行投诉举报。

举报电话：铁道部建设管理司 010-51847149，010-51848850（传真）；铁道部纪委、监察部驻铁道部监察局 010-51844279，010-51841289（传真）；部物资办 010-51892097（传真）。

第三十一条　本办法由铁道部建设管理司负责解释。

第三十二条　本办法自印发之日起施行。

关于印发《铁路建设责任追究暂行办法》的通知

铁建设［2009］112号

各铁路局，各铁路公司（筹备组）：

为全面贯彻“六位一体”建设管理要求，进一步规范建设管理行为，落实建设管理责任，加大对违规行为的惩戒力度，现将《铁路建设责任追究暂行办法》发给你们，请按照执行。

中华人民共和国铁道部

二〇〇九年六月一日

铁路建设责任追究暂行办法

第一章　总　则

第一条　为全面贯彻“六位一体”建设管理要求，进一步规范建设管理行为，落实建设管理责任，根据《建设工程质量管理条例》、《建设工程安全生产管理条例》、《铁路建设管理办法》等国家和铁道部相关规定，制定本办法。

第二条　本办法所指铁路建设责任追究，是指对参与铁路建设的单位和人员在建设管理工作中违规责任和发生事故进行责任追究的活动。

第三条　本办法所称的单位和人员是指与铁道部有管理关系的建设项目管理机构和人员。

第四条　铁路建设项目管理机构必须严格按照《铁路建设管理办法》等有关规定建立健全内部管理制度，履行建设管理职责。发生事故、出现违规并经核实确认后，按本办法对违规单位及相关责任人员追究责任；违反法律法规的依法办理。

第二章　追究内容

第五条　建设管理责任追究内容包括：违反安全管理规定、违反质量管理规定、违反投资管理规定、其他违规违纪事件以及重大不良行为等。

第六条　违反安全管理规定：

1．建设项目管理机构安全管理人员配备不到位，安全管理制度不健全、不完善，职责不落实；

2．对参建单位提出不符合安全生产法律法规和部有关安全规定及标准要求的；

3．对发现的安全隐患未按规定排查治理的；

4．建设项目发生生产安全事故或因建设引起铁路交通事故的，事故发生后隐瞒不报、谎报或拖延不报的，或不积极配合事故调查、在调查过程中弄虚作假等；

5．其他违规行为。

第七条　违反质量管理规定：

1．建设项目管理机构质量管理人员配备不到位，质量管理制度不健全、不完善，职责不落实；

2．明示或暗示参建单位降低工程质量或弄虚作假的，或因管理不到位造成工程质量低劣的；

3．已验工程发现不合格的；

4．建设项目发生工程质量事故的，事故发生后隐瞒不报、谎报或拖延不报的，或不积极配合事故调查、在调查过程中弄虚作假等；

5．其他违规行为。

第八条　违反投资管理规定：

1．擅自变更标准或扩大规模、新增工程的；

2．虚报Ⅰ类变更设计概算的；

3．虚假验工或虚报工程完成的；

4．超批准规模和建设标准列支建设成本的；

5．未按规定开设银行账户的；

6．挪用、串换建设资金的；

7．利用建设资金对外投资、借款、担保的，或办理定期存款的；

8．未按财政部、建设部、铁道部相关规定和合同约定办理工程预付款、进度款、结算款、清算款及其他款项的，未按合同约定及时抵扣预付款和进度款的；

9．设有“小金库”的；

10．其他违反投资管理规定的行为。

第九条　其他违规违纪事件：

1．未依据招标示范文本编制招标文件或弄虚作假的；

2．招标过程中存在违规行为的；

3．要求中标单位转包或分包工程的，或对转包、违法分包行为不予制止的；

4．虚列征地拆迁数量或擅自提高补偿标准的；

5．在信用评价中弄虚作假、徇私舞弊的；

6．向监察、检查、审计单位提供虚假资料的；

7．其他违规行为。

第十条　重大不良行为：

1．建设项目发生严重污染破坏环境的；

2．发生不廉政行为的；

3．造成重大社会不良影响和重大损失的。

第三章　责任等级

第十一条　建设管理违规责任划分为一般责任、较大责任、重大责任三个等级，由责任认定部门根据问题的性质、情节、整改情况、后果等因素，依据国家和铁道部规定确定。

第十二条　安全质量责任

（一）一般责任

1．建设项目管理机构安全质量制度不健全、人员配备不到位、管理职责不落实；

2．存在安全质量违规行为或重大安全质量隐患的，或对发现的安全隐患未按规定排查治理的；

3．发生一般安全生产事故或工程质量大事故的；因建设引起铁路交通一般B类及以下事故的。

（二）较大责任

1．已验工程发现不合格的；

2．对参建单位提出不符合安全生产法律法规和强制性标准要求的，明示或暗示参建单位降低工程质量或弄虚作假的；

3．发生较大安全生产事故或重大工程质量事故，因建设引起铁路交通一般A类和较大事故的。

（三）重大责任

1．发生重大及以上安全生产事故或特别重大工程质量事故，因建设引起铁路交通重大事故的；

2．事故发生后隐瞒不报、谎报或拖延不报的，或在调查过程中弄虚作假等。

第十三条　投资控制及其他违规责任

（一）一般责任

1．因管理不善或工作失误造成直接经济损失，金额在30万元（不含）以下的；

2．招标过程中存在一般违规行为的；

3．未按财政部、建设部、铁道部相关规定和合同约定办理工程预付款、进度款、结算款、清算款及其他款项的，未按合同约定及时抵扣预付款和进度款的，涉及金额在200万元（不含）以下的；

4．Ⅰ类变更设计虚报概算在10%以上、20%以内的；

5．擅自变更标准、新增工程或超批准概算列支工程建设成本，金额在200万元（不含）以下的；

6．虚列征地拆迁数量或擅自提高补偿标准，增加投资在200万元（不含）以下的；

7.因污染环境等问题造成直接经济损失在200万元以下的；

8．其他违规违纪情节较轻，对铁路建设造成一定不良影响的。

（二）较大责任

1．因管理不善或工作失误造成经济损失，涉及金额在30万元（含）以上300万元（不含）以下的；

2．未依据招标示范文本编制招标文件或弄虚作假，或在招标过程中存在较大违规行为的；

3．建设项目存在转包或违法分包的；

4．Ⅰ类变更设计虚报概算在20%以上的；

5．未按财政部、建设部、铁道部相关规定和合同约定办理工程预付款、进度款、结算款、清算款及其他款项的，未按合同约定及时抵扣预付款和进度款的，涉及金额在200万元（含）以上500万元（不含）以下的；

6．擅自变更标准、新增工程或超批准概算列支工程建设成本，涉及金额在200万元（含）以上500万元（不含）以下的；

7．虚假验工计价或虚报完成投资，涉及金额在2000万元（不含）以下的；

8．未按规定开设银行账户的；

9．挪用、串换建设资金100万元（不含）以下的；

10．利用建设资金办理定期存款的；

11．虚列征地拆迁数量或擅自提高补偿标准，增加投资200万元（含）以上500万元（不含）以下的；

12.污染环境等问题造成直接经济损失在200万元（含）以上500万元（不含）以下的；

13.其他违规违纪和不良行为情节较大，对铁路建设造成较大不良影响的。

（三）重大责任

1. 因管理不善或工作失误造成经济损失，涉及金额300万元（含）以上的；

2. 未按财政部、建设部、铁道部相关规定和合同约定办理工程预付款、进度款、结算款、清算款及其他款项的，未按合同约定及时抵扣预付款和进度款的，涉及金额在500万元（含）以上的；

3. 虚假验工计价或虚报完成投资，涉及金额在2000万元（含）以上的；

4. 擅自变更标准、新增工程或超批准概算列支工程建设成本，涉及金额500万元（含）以上的；

5. 在招标过程中存在严重违规行为的；

6. 强行要求中标单位转包或违法分包工程的；

7. 挪用、串换建设资金100万元（含）以上的；

8. 虚列征地拆迁数量或擅自提高补偿标准，增加投资在500万元（含）以上的；

9. 利用建设资金对外投资、借款、担保的；

10. 设有“小金库”的；

11. 给监察、检查、审计单位提供虚假资料的；

12. 因污染环境等造成的直接经济损失，金额在500万元（含）以上的；

13. 其他违规违纪和不良行为情节重大，对铁路建设造成重大不良影响的。

第十四条 法律法规以及铁道部规定有明确划分标准的，执行相应的标准。

第四章 责任追究

第十五条 建设管理出现违规问题和发生事故后，按照问题和事故性质、情节、后果、整改情况，分别追究违规单位及单位负有直接责任、主要领导责任、重要领导责任及监管人员的责任。

第十六条 发生违规责任的，对违规单位给予责令检查、通报批评、在考核时扣分等处罚。

在追究违规单位责任的同时，追究单位负有直接责任、主要领导责任、重要领导责任及监管人员的责任，给予批评、责令检查、通报批评、戒勉谈话、行政处分（包括警告、记过、记大过、降级、撤职）等处罚。法律法规规定处罚方式的，执行其规定。

以上处罚方式可单独使用，也可合并使用。根据违规责任等级和性质、影响，结合日常管理情况，可加重或减轻处罚。

第十七条 对负有一般责任的单位，责令检查。对负有直接责任人员根据所承担的责任给予批评、责令检查或警告处分，对负领导责任人员给予批评或责令检查，对负监管责任的人员给予批评。

第十八条 对负有较大责任的单位，责令检查、考核时扣分。对负有直接责任人员根据所承担的责任给予警告、记过、记大过处分。对负领导责任的人员给予警告、记过、记大过处分。对负监管责任的人员给予警告或记过处分。

第十九条 对负有重大责任的单位，在全路范围内通报批评、考核时扣分。对负有直接责任人员根据所承担的责任给予记大过、降级、撤职处分。对负领导责任的人员给予记过、记大过、降级处分。对负监管责任的人员给予记过、记大过处分。

第二十条 发生人员死亡质量安全事故或因铁路建设引起铁路交通事故的，依据有关部门做出的结论和处理建议进行处罚，铁道部认为有必要时可以加重处罚。

第五章 责任认定和处理程序

第二十一条 认定方式

1. 日常检查。铁道部和铁路局监察、计划、财务、审计、建设、监督等相关部门应加强日常监督、检查，及时发现问题。

2. 专项检查。铁道部和铁路局监察、计划、财务、审计、建设、监督等相关部门按照分工，对国务院有关部门开展的执法检查、项目审计等专项检查提出的问题进行剖析、确定责任。

3. 举报核实。铁道部和铁路局监察、计划、财务、审计、建设、监督等相关部门要建立通畅的举报渠道，对电话、信件举报以及媒体曝光等问题进行核实、确定责任。

4. 事故调查。铁道部和铁路局相关部门按照相关规定及管理权限对事故进行调查，确定事故性质和等级，确定责任。

涉及人员死亡的，按国家规定由安全主管部门进行事故调查和认定责任。

第二十二条 分级认定

单位责任认定，铁路局下属单位的一般责任和较大责任由铁路局组织认定；重大责任由铁道部或铁道部主管部门根据职责组织认定。铁路局和铁路公司的责任由铁道部或铁道部主管部门组织认定。

个人责任认定，铁路局和铁路公司处级及以下干部由铁路局和铁路公司认定；局级领导干部由铁道部组织认定。根据责任人所承担的责任进行认定，其中涉及给予行政处分的，处级及以下干部，由铁路局或铁路公司依据企业奖惩办法认定并实施；局级干部由铁道部参照《行政机关公务员处分条例》认定并实施。

涉及人员死亡的，按国家规定由安全主管部门组织认定。

第二十三条 处理意见

铁道部及铁路局监察、计划、财务、人事、劳卫、建设、安监、审计、监督等部门按照职责分工对责任单位提出处理意见。

对责任人按照干部管理权限提出处理意见，涉嫌违法的移交司法机关处理。

第二十四条　申诉复核

被处理单位及被处理人对处理意见有异议的，可依据有关规定向铁道部或铁路局进行申诉，受理部门应进行复核确认。

第二十五条　处理决定

单位责任处理，铁路局下属单位的一般责任和较大责任由铁路局提出意见并处理，较大责任的处理结果报铁道部主管部门备案，重大责任由铁道部主管部门或铁道部提出处理意见。铁路局和铁路公司责任追究，由铁道部或铁道部主管部门提出处理意见并处理。

个人责任处理，铁路局和铁路公司的处级及以下干部由铁路局行政主管部门或监察机关处理，并报铁道部备案。局级干部由铁道部行政主管部门或监察机关处理。

涉及人员死亡的，按安全主管部门的处理意见，由相关部门处罚。

第六章　附　则

第二十六条　铁道部建立铁路建设违规问题举报投诉机制。铁道部纪委、驻部监察局、铁道部建设管理司、铁道部工程质量安全监督总站受理举报。

第二十七条　各建设单位应根据本办法，结合实际情况，制定责任追究具体实施办法，落实责任认定、处罚等工作要求，经内部决策程序确定后执行。

第二十八条　本办法由铁道部建设管理司组织解释。

第二十九条　本办法自2009年7月1日起施行。

水利部

关于进一步加强水利工程建设管理的指导意见

水建管［2009］115号

部机关各司局，部直属各单位，各省、自治区、直辖市水利（水务）厅（局），各计划单列水利（水务）局，新疆生产建设兵团水利局：

为贯彻落实党中央、国务院关于进一步扩大内需、促进经济平稳较快增长的决策部署，进一步加强水利工程建设管理，做到质量、安全、进度和效益相统一，促进水利建设事业健康发展，根据有关法律法规和规章，现提出以下意见：

一、认真执行项目法人责任制

（一）规范组建项目法人。项目主管部门应在施工准备工程开工前完成项目法人组建，按项目的管理权限报上级主管部门审批和备案。经营性和具备自收自支条件的准公益性水利项目，应按照现代企业制度的要求，组建企业性质的项目法人；公益性和不具备自收自支条件的准公益性水利项目，应组建事业性质的项目法人。

（二）落实项目法人责任。项目法人是项目建设的责任主体，对项目建设的全过程负责，对项目建设的质量、安全、进度和资金管理负总责。项目法人要健全机构设置，完善管理制度，落实管理责任，配备足够的专业人员，实现专业化管理。项目主管部门要建立和完善对项目法人的考核制度，建立激励约束机制，加强对项目法人的监督管理。

（三）创新建设管理模式。对水利工程建设项目多、任务重的地方，应探索和推行集中建设管理模式。政府或水行政主管部门可按照同类小型工程打捆组建规范的项目法人，履行建设期项目法人职责。积极推进项目代建制和委托制，鼓励发展专业化的项目建设管理机构，对工程建设进行全过程或若干阶段的专业化管理。

二、大力规范工程招标投标

（四）严格按照规定招标。要严格按照《招标投标法》、《水利工程建设项目招标投标管理规定》（水利部令第14号）等法律法规的要求对建设项目进行招标，严禁对工程项目化整为零、规避招标。采用邀请招标必须按照规定履行批准程序。做好《标准施工招标文件》、《标准施工招标资格预审文件》和《水利水电工程施工合同和招标文件示范文本》的贯彻实施工作，招标文件应当符合法律规定，符合工程设计和建设管理的要求，标段划分要科学合理，工期要求应符合实际。

（五）规范评标工作。评标标准和方法应科学合理，不得含有倾向或者排斥潜在投标人的内容。评标委员会应由招标人的代表和有关技术、经济等方面的专家组成，与投标人有利害关系的要主动回避。要合理确定评标时间，保证评标工作达到要求的深度。要建立防范低于成本价中标行为的机制，加强围标串标治理，有效控制围标串标、恶意低价中标行为。要进一步加强评标专家管理，建立培训、考核、评价制度，规范评标专家行为，健全评标专家退出机制。

（六）健全招标投标监督机制和举报投诉处理机制。认真执行《水利工程建设项目招标投标行政监督暂行规定》（水建管［2006］38号）等文件，建立健全科学、高效的监督机制和监控体系，对招标投标活动进行全过程监督。按照《工程建设项目招标投标活动投诉处理办法》（国家发展改革委令第11号）的要求，进一步健全举报投诉处理机构，设立举报电话和举报信箱，加大对举报投诉事项的调查处理力度，对实名举报实行反馈和回复制度。

三、切实加强建设监理管理

（七）认真执行监理制度。要按照《水利工程建设监理规定》（水利部令第28号）等有关制度开展监理工作。项目法人应向监理单位提供必要的工作条件，支持监理单位独立开展监理业务，充分发挥监理单位的作用；要严格执行国家发展改革委、建设部《关于印发<建设工程监理与相关服务收费管理规定>的通知》（发改价格［2007］670号），按照监理合同及时、足额支付监理费用，不得无故减少或者拖延支付。

（八）严格履行监理职责。监理单位应落实总监理工程师负责制，按照监理规范和合同的要求，编制监理规划和监理实施细则，采取旁站、巡视、跟踪检测和平行检测等方式实施监理，发现问题应及时处理。未经监理工程师签字，建筑材料、建筑构配件和设备不得在工程上使用或者安装，不得进行下一道工序的施工。

（九）保证现场监理力量。项目法人应选择具有相应资质的监理单位进行监理。监理单位应按照监理合同，选派满足监理工作要求的总监理工程师、监理工程师和监理员组建项目监理机构，进驻现场开展监理工作，保证监理人员专业配套、人员到位，确保监理工作质量。

四、加强工程质量管理

（十）落实质量责任制。必须贯彻“百年大计、质量第一”的方针，始终把工程质量摆在首位。要建立健全项目法人负责、监理单位控制、施工单位保证和政府质量监督相结合的质量管理体系，严格质量标准和操作规程，严把原材料进口关，严把施工过程关，确保工程建设质量，坚决防止“豆腐渣”工程。要强化质量责任制，项目法人、设计、监理、施工等有关单位都要确立质量负责人，落实质量终身负责制。要实行质量一票否决，对违反规程规范、盲目施工、形成质量隐患的要立即制止，停工整顿，出现质量事故，要按照质量事故处理“三不放过”原则严肃处理。

（十一）强化质量监督。项目法人在工程开工前，应按照规定办理工程质量监督手续；在工程施工过程中，工程参建单位应主动接受质量监督机构对工程质量的监督检查。质量监督机构必须建立健全质量监督工作机制，明确质量监督的工作内容和程序。要加强监督人员的培训，提高监督水平，保证质量监督队伍和人员的稳定。水利工程质量监督机构的经费支出全额编入部门预算，纳入财政支付范畴。工程竣工验收时，质量监督机构应对工程质量等级进行核定。

（十二）加强质量检测。认真贯彻执行《水利工程质量检测管理规定》（水利部令第36号），积极开展水利工程质量检测员培训与考核工作，做好质量检测单位的资质申请和审批，确保质量检测工作有序开展。检测单位应当建立健全质量保证体系，采用先进、实用的检测设备和工艺，完善检测手段，提高检测人员的技术水平，对其检测数据和检测报告的真实性和准确性负责。

五、加强安全生产管理

（十三）明确安全生产责任。必须贯彻“安全第一、预防为主、综合治理”的方针，根据《水利工程建设安全生产管理规定》（水利部令第26号），建立并落实水利工程建设安全生产责任制。项目法人是安全生产的责任主体，其主要负责人是安全生产的第一责任人。项目法人应加强施工现场安全管理，完善各项施工安全技术措施。要结合实际制定安全事故应急预案，完善预案执行的保障措施，提高安全事故应急管理和处置能力。要落实在建工程防汛安全责任制、度汛方案和各项度汛措施，确保施工度汛安全。

（十四）强化安全生产监督检查。组织开展在建水利工程安全生产检查，将脚手架、基坑支护、高边坡、洞室开挖、模板工程、爆破、起重吊装等易发生安全生产事故的施工环节作为专项整治的重点，加强水利工程安全生产隐患排查治理，做到整改措施、整改资金、整改期限、整改责任人和应急预案“五落实”。

（十五）加强安全宣传教育培训。开展对施工企业主要负责人、项目负责人和专职安全生产管理人员三类人员的安全培训和考核工作。要特别加强新职工和农民工的安全培训工作，增强安全防范意识和避险技能，不得让未经安全教育培训的人员上岗作业，杜绝违章指挥、违章操作和违反劳动纪律的行为。

六、加强工程进度管理

（十六）细化建设目标。要根据项目总体建设目标，确定关键路线，控制关键节点，倒排工期，分解任务，制定周密可行的进度计划，明确各个时段的建设目标和任务。要严格按照计划控制工程进度，加强检查和监督，及时发现问题，解决问题。要充分考虑雨季、汛期等各种不利情况，提早制订相应的施工应急预案，确保按计划完成建设任务。

（十七）强化施工管理。要多方抽调人员充实项目法人机构，合理调配设计、施工、监理力量，统筹协调参建各方关系，形成工作合力。参建单位要合理安排优化资源配置，保证人员、设备、材料按照计划及时进场，满足建设要求.要根据项目特点，制定和优化施工方案，做好施工组织管理，加快施工进度。要强化组织协调，切实做好征地拆迁工作，创造良好的施工环境。

七、加强开工审批和验收管理

（十八）严把开工审批关。大中型水利工程建设项目主体工程开工前，项目法人应按照《关于加强水利工程建设项目开工管理工作的通知》（水建管［2006］144号）的规定申请开工，经有审批权的水行政主管部门批准后，工程方能开工。要严格审核项目开工条件，对未经批准擅自开工、弄虚作假骗取开工审批的建设项目，有关水行政主管部门应责令其立即停工，限期改正。

（十九）强化验收管理。验收工作应按照《水利工程建设项目验收管理规定》（水利部令第30号）、《水利水电建设工程验收规程》（SL223—2008）等有关规定和技术标准进行。工程建设完成分部工程、单位工程、合同工程，或者中间机组启动前，应当组织法人验收。专项验收、阶段验收和竣工验收由政府部门组织进行，竣工验收前，应当按照国家有关规定，进行环境保护、水土保持、移民安置以及工程档案等专项验收，并完成竣工财务决算及审计工作。要按照工程建设进程，制订验收计划。未经验收或者验收不合格的，不得交付使用或者进行后续工程施工。

八、加强水利建设市场监管

（二十）严把水利建设市场准入关。凡从事水利工程项目设计、施工、监理、质量检测、招标代理等活动的单位，必须具备水利建设市场准入条件，依据核定的经营范围和资质参加工程建设活动。所有参建单位都必须在其资质等级许可范围内从事相应的经营活动，不得超越资质权限和任意扩大经营范围。要组织好设计、施工、监理和质量检测等资质管理规定的宣贯工作，引导有关单位提高技术和管理水平。要继续整合资质管理系统，逐步实现各类资质网上申报，计算机辅助资质审查，提高行政许可的公开透明和行政许可效率。要加快建立企业、个人和工程项目基础数据库，从企业资质、个人执业资格的动态管理入手，积极推动水利建设市场综合监管体系的建立。对有弄虚作假等违法违规行为的参建单位，要依据有关法律法规予以处罚。

（二十一）加快水利建设市场信用体系建设。制定水利建设市场主体不良行为记录公告办法和水利建设市场主体信用信息管理暂行办法，建立全国统一的水利建设市场主体信用信息平台，及时收集、发布市场主体信用信息。研究出台建立水利建设市场信用体系的指导性意见，按照诚信激励和失信惩戒的原则，逐步建立起科学合理的信用评价、诚信激励和失信惩戒制度。在市场准入、招标投标、资质管理、信用评价、工程担保与保险、表彰评优等工作中，利用已公布的水利建设市场主体的信用信息，依法对守信行为给予激励，对失信行为进行惩处，营造诚实守信的良好氛围，形成规范水利建设市场的长效机制。

关于征求对《水利水电工程标准施工招标文件补充文本》和《水利水电工程标准施工招标资格预审文件补充文本》（征求意见稿）意见的函

办建管函［2009］374号

各流域机构，各省、自治区、直辖市水利（水务）厅（局），各计划单列市水利（水务）局，新疆生产建设兵团水利局，各有关单位：

根据《<标准施工招标资格预审文件>和<标准施工招标文件>试行规定》（国家发展改革等九部委令第56号）的要求，我部组织有关单位对《水利水电工程施工合同和招标文件示范文本》（GF—2000—0208）进行了修订，形成了《水利水电工程标准施工招标文件补充文本》（征求意见稿）和《水利水电工程标准施工招标资格预审文件补充文本》（征求意见稿）。征求意见稿已公布于水利建设与管理信息网，请各单位研究提出修改意见，于2009年6月20日前以书面形式反馈水利部建设与管理司。

网　　址：http://jsgl.mwr.gov.cn
联 系 人：市场监管处　赵东晓　戚波
联系电话：010-63202132　63202716
传　　真：010-63202685
通讯地址：北京市宣武区白广路二条二号
邮政编码：100053
电子邮箱：sdqibo@163.com
附件：

1.《水利水电工程标准施工招标文件补充文本》（征求意见稿上册）（略）

2.《水利水电工程标准施工招标文件补充文本》（征求意见稿下册）（略）

3.《水利水电工程标准施工招标资格预审文件补充文本》（征求意见稿）（略）

关于印发《水利建设市场主体信用信息管理暂行办法》的通知

水建管［2009］496 号

各流域机构，各省、自治区、直辖市水利（水务）厅（局），各计划单列市水利（水务）局，新疆生产建设兵团水利局，各有关单位：

为解决水利建设领域存在的市场主体信用意识薄弱和信用缺失等突出问题，推进水利建设市场信用体系建设，规范水利建设市场主体行为，加强水利建设市场秩序监管，我部制定了《水利建设市场主体信用信息管理暂行办法》，现印发给你们，请认真贯彻执行。

中华人民共和国水利部

二〇〇九年十月十五日

水利建设市场主体信用信息管理暂行办法

第一条 为贯彻落实《中共中央办公厅国务院办公厅关于开展工程建设领域突出问题专项治理工作的意见》（中办发[2009]27 号）、《国务院办公厅关于社会信用体系建设的若干意见》（国办发[2007]17 号）和中央治理商业贿赂领导小组《关于在治理商业贿赂专项工作中推进市场诚信体系建设的意见》（中治贿发[2008]2 号）的精神，促进水利建设市场信用体系建设，规范水利建设市场主体行为，加强水利建设市场秩序监管，促进水利事业又好又快发展，根据有关法律法规，结合水利建设行业实际和特点，制定本办法。

第二条 本办法适用于水利建设市场主体信用信息采集、审核、发布、更正和使用的管理。

第三条 本办法所称水利建设市场主体，是指参与水利工程建设活动的建设、勘察、设计、施工、监理、咨询、供货、招标代理、质量检测、安全评价等企（事）业单位及相关执（从）业人员。

第四条 水利建设市场主体信用信息管理遵循依法、公开、公正、准确、及时的原则，维护水利建设市场主体的合法权益，保守国家秘密，保护商业秘密和个人隐私。

第五条 水利部、水利部在国家确定的重要江河湖泊设立的流域管理机构（以下简称流域管理机构）和省级人民政府水行政主管部门是水利建设市场主体信用信息管理部门，按照各自的职责分工负责水利建设市场主体信用信息管理工作。

水利部负责组织制定全国水利建设市场主体信用信息制度和标准，建立全国水利建设市场主体信用信息平台，采集和发布全国水利建设市场主体信用信息，指导全国水利建设市场主体信用信息管理工作。

各流域管理机构和各省级人民政府水行政主管部门依照管理权限，分别负责其管辖范围内的水利建设市场主体信用信息管理工作，建立水利建设市场主体信用信息管理平台，采集和发布水利建设市场主体信用信息，同时将信用信息及时报送水利部。

第六条 水利建设市场主体信用信息包括基本信息、良好行为记录信息和不良行为记录信息。

基本信息是指水利建设市场主体的名称、注册地址、注册资金、资质、业绩、人员、主营业务范围等信息。

良好行为记录信息是指水利建设市场主体在工程建设过程中遵守有关法律法规和规章，受到县级以上人民政府、水行政主管部门、流域管理机构或相关专业部门、有关社会团体的奖励和表彰，所形成的信用信息。

不良行为记录信息是指水利建设市场主体在工程建设过程中违反有关法律法规和规章，受到县级以上人民政府、水行政主管部门、流域管理机构或相关专业部门的行政处理，或者未受到行政处理但造成不良影响的行为，所形成的信用信息。

第七条　各水利建设市场主体自主填写信用信息，按以下程序报送：

（一）中央企业、水利部所属企（事）业单位向水利部报送。

（二）流域管理机构所属企（事）业单位向流域管理机构报送，经流域管理机构审核后报水利部。

（三）其他企（事）业单位向其注册所在地省级人民政府水行政主管部门报送，经省级人民政府水行政主管部门审核后报水利部。

水利建设市场主体报送的信用信息应真实、合法。信用信息的采集、审核、更正，必须以具有法律效力的文书为依据。

第八条　建立水利建设市场主体不良行为记录公告制度。对水利建设市场主体在工程建设过程中违反有关法律法规和规章，受到县级以上人民政府、水行政主管部门、流域管理机构或相关专业部门的行政处理，所形成的不良行为记录进行公告。未受到行政处理的不良信用信息可在公告平台后台保存备查。

水利建设市场主体不良行为记录公告办法及认定标准由水利部另行制定。

第九条　水利建设市场主体信用信息实行实时更新。水利建设市场主体基本信息发布时间为长期，良好行为记录信息发布期限为 3 年，不良行为记录信息发布期限不少于 6 个月，法律法规另有规定的从其规定。

第十条　水利建设市场主体对公告信息有异议的，可向信用信息管理部门提出书面更正申请，并提供相关证据。信用信息管理部门应当立即进行核对，对确认发布有误的信息，及时给予更正并告知申请人；对确认无误的信息，应当告知申请人。

行政处理决定经行政复议、行政诉讼以及行政执法监督被依法变更或撤销的，不良行为记录将及时予以变更或撤销，并在信息平台上予以公告。

第十一条　水利部、流域管理机构和省级人民政府水行政主管部门应推进信用信息平台的互联互通，实现网络互联、信息共享和实时发布，维护水利建设市场的统一开放、竞争有序。

第十二条　水利部、流域管理机构和省级人民政府水行政主管部门应依据有关法律法规和规章，按照诚信激励和失信惩戒的原则，逐步建立信用奖惩机制，在市场准入、招标投标、资质（资格）管理、信用评价、工程担保与保险、表彰评优等工作中，利用已公布的水利建设市场主体的信用信息，依法对守信行为给予激励，对失信行为进行惩处。

第十三条　水利部、流域管理机构和省级人民政府水行政主管部门要明确分管领导和承办机构、人员及职责，加强对水利建设市场主体信用信息管理工作的监督检查，保证信息公告、传送及时准确。鼓励社会各界监督水利建设市场主体信用信息管理工作。

第十四条　有关水行政主管部门、流域管理机构及其工作人员，违反本办法规定的，责令改正；在工作中玩忽职守、弄虚作假、滥用职权、徇私舞弊的，依法给予行政处分；涉嫌犯罪的，移送司法机关依法追究刑事责任。

第十五条　中国水利工程协会在水利部指导下，研究制订统一的信用信息分类及编码、信用信息格式和信用数据库建设标准等；建立统一的水利建设市场主体信用信息平台，并采集、记录和管理信用信息；组织开展水利建设市场主体信用知识培训教育。同时，要完善行业内部监督和协调机制，建立以会员单位为基础的信用信息平台，加强行业自律，提高企（事）业单位及相关执（从）业人员的信用意识。

第十六条　各流域管理机构和各省级人民政府水行政主管部门可根据本办法，制定具体实施细则。

第十七条　本办法自 2009 年 12 月 1 日起施行。

关于印发《水利建设市场主体不良行为记录公告暂行办法》的通知

水建管［2009］518 号

各流域机构，各省、自治区、直辖市水利（水务）厅（局），各计划单列市水利（水务）局，新疆生产建设兵团水利局，各有关单位：

为促进水利建设市场信用体系建设，健全水利建设市场失信惩罚机制，规范水利建设市场主体行为，我部制定了《水利建设市场主体不良行为记录公告暂行办法》，现印发给你们，请认真贯彻执行。

中华人民共和国水利部

二〇〇九年十月十五日

水利建设市场主体不良行为记录公告暂行办法

第一章 总 则

第一条 为贯彻《中共中央办公厅国务院办公厅关于开展工程建设领域突出问题专项治理工作的意见》（中办发［2009］27 号）、《国务院办公厅关于社会信用体系建设的若干意见》（国办发［2007］17 号）、《关于印发〈招标投标违法行为记录公告暂行办法〉的通知》（发改法规［2008］1531 号）和《水利建设市场主体信用信息管理暂行办法》（水建管［2009］496 号），促进水利建设市场信用体系建设，健全水利建设市场失信惩戒机制，规范水利建设市场主体行为，根据相关法律规定，制定本办法。

第二条 对水利建设市场主体的不良行为记录进行公告，适用本办法。

第三条 本办法所称水利建设市场主体，是指参与水利工程建设活动的建设、勘察、设计、施工、监理、咨询、供货、招标代理、质量检测、安全评价等企（事）业单位以及相关执（从）业人员。

第四条 本办法所公告的不良行为记录，是指水利建设市场主体在工程建设过程中违反有关法律法规和规章，受到县级以上人民政府、水行政主管部门或相关专业部门的行政处理所作的记录。

水利建设市场主体不良行为记录认定标准见附件。

第五条 水利部、水利部在国家确定的重要江河湖泊设立的流域管理机构（以下简称流域管理机构）和省级人民政府水行政主管部门（以下统称“公告部门”）负责水利建设市场主体不良行为记录公告管理。

水利部负责制定全国水利建设市场主体不良行为记录公告管理的相关规定，建立全国水利建设市场主体不良行为记录公告平台，并负责公告平台的日常维护。

各流域管理机构和各省级人民政府水行政主管部门按照规定的职责分工，建立水利建设市场主体不良行为记录公告平台，并负责公告平台的日常维护。

第六条 水利建设市场主体不良行为记录的公告应坚持准确、及时、客观的原则。

第七条 水利建设市场主体不良行为记录公告不得公开涉及国家秘密、商业秘密、个人隐私的记录。但是，经权利人同意公开或者行政机关认为不公开可能对公共利益造成重大影响的涉及商业秘密、个人隐私的不良行为记录，可以公开。

第二章 不良行为记录的公告

第八条 公告部门应自不良行为行政处理决定作出之日起 20 个工作日内对外进行记录公告。

流域管理机构和省级人民政府水行政主管部门公告的不良行为行政处理决定应同时抄报水利部。

第九条 对不良行为所作出的以下行政处理决定应给予公告：

（一）警告；

（二）通报批评；

（三）罚款

（四）没收违法所得；

（五）暂停或者取消招标代理资格；

（六）降低资质等级；

（七）吊销资质证书；

（八）责令停业整顿；

（九）吊销营业执照；

（十）取消在一定时期内参加依法必须进行招标的项目的投标资格；

（十一）暂停项目执行或追回已拨付资金；

（十二）暂停安排国家建设资金；

（十三）暂停建设项目的审查批准；

（十四）取消担任评标委员会成员的资格；

（十五）责令停止执业；

（十六）注销注册证书；

（十七）吊销执业资格证书；

（十八）公告部门或相关部门依法作出的其他行政处理决定。

第十条　不良行为记录公告的基本内容为：被处理水利建设市场主体的名称（或姓名）、违法行为、处理依据、处理决定、处理时间和处理机关等。

公告部门可将不良行为行政处理决定书直接进行公告。

第十一条　不良行为记录公告期限为6个月。公告期满后，转入后台保存。

依法限制水利建设市场主体资质（资格）等方面的行政处理决定，所认定的限制期限长于6个月的，公告期限从其决定。

第十二条　公告部门负责建立公告平台信息系统，对记录信息数据进行追加、修改、更新，并保证公告的不良行为记录与行政处理决定的相关内容一致。

公告平台信息系统应具备历史公告记录查询功能。

第十三条　公告部门应对公告记录所依据的不良行为行政处理决定书等材料妥善保管、留档备查。

第十四条　被公告的水利建设市场主体认为公告记录与行政处理决定的相关内容不符的，可向公告部门提出书面更正申请，并提供相关证据。

公告部门接到书面申请后，应在5个工作日内进行核对。公告的记录与行政处理决定的相关内容不一致的，应当给予更正并告知申请人；公告的记录与行政处理决定的相关内容一致的，应当告知申请人。

第十五条　行政处理决定在被行政复议或行政诉讼期间，公告部门依法不停止对不良行为记录的公告，但行政处理决定被依法停止执行的除外。

第十六条　原行政处理决定被依法变更或撤销的，公告部门应当及时对公告记录予以变更或撤销，并在公告平台上予以公告。

第三章　监督管理

第十七条　公告部门应依法加强对不良行为记录被公告的水利建设市场主体的监督管理。

第十八条　公告的不良行为记录应当作为市场准入、招标投标、资质（资格）管理、信用评价、工程担保与保险、表彰评优等工作的重要参考。

第十九条　有关公告部门及其工作人员在不良行为记录的提供、收集和公告等工作中有玩忽职守、弄虚作假或者徇私舞弊等行为的，由其所在单位或者上级主管机关予以通报批评，并依纪依法追究直接责任人和有关领导的责任；涉嫌犯罪的，移送司法机关依法追究刑事责任。

第四章　附　则

第二十条　各流域管理机构和各省级人民政府水行政主管部门可根据本办法，制定具体实施办法。

第二十一条　本办法自2009年12月1日起施行。

附件：水利建设市场主体不良行为记录认定标准（略）

关于报送水利建设市场主体不良行为记录的通知

办建管函［2010］287号

各流域机构，各省、自治区、直辖市水利（水务）厅（局），各计划单列市水利（水务）局，新疆生产建设兵团水利局：

诚信体系建设是解决工程建设领域突出问题的重要举措，落实建设市场主体不良行为记录公告制度是工程建设领域突出问题专项治理工作的一项重要任务。2008年，国家发改委、水利部等10部委印发《招标投标违法行为记录公告暂行办法》（发改法规［2008］1531号），建立了招标投标违法行为记录公告制度，从2009年1月1日起施行；2009年，水利部印发了《水利建设市场主体信用信息管理暂行办法》（水建管［2009］496号）和《水利建设市场主体不良行为记录公告暂行办法》（水建管［2009］518号）；2010年3月，国家发改委、水利部等10部委印发了《关于进一步贯彻落实招标投标违法行为记录公告制度的通知》（发改法规［2010］628号），要求依法公告违法行为记录，全面落实招标投标违法行为记录公告制度。

近日，中央治理工程建设领域突出问题工作领导小组办公室印发了《工程建设领域项目信息公开和诚信体系建设试点工作方案》（中治工办发［2010］1号），水利部作为试点单位，拟于今年5月上旬开通全国水利建设市场主体信用信息平台。为做好水利建设市场主体不良行为记录公告工作，请各单位将2009年1月1日以来对水利建设市场主体不良行为做出的行政处罚文件进行汇总，并于2010年4月30日前报送我部。

联系人：建设与管理司　赵东晓　戚波

电　话：010-63202132　63202716

传　真：010-63202685

邮　箱：qibo@mwr.gov.cn

关于修改《水利工程建设监理单位资质管理办法》的决定

中华人民共和国水利部令第40号

《水利部关于修改<水利工程建设监理单位资质管理办法>的决定》已审议通过，现予公布，自公布之日起施行。

水利部部长 陈雷

二〇一〇年五月十四日

水利部关于修改《水利工程建设监理单位资质管理办法》的决定

水利部决定对《水利工程建设监理单位资质管理办法》作如下修改：

一、将第十一条第一款第六项修改为"《水利工程建设监理单位资质等级申请表》中所列监理工程师、造价工程师的资格证书和申请人同意注册证明文件（已在其他单位注册的，还需提供原注册单位同意变更注册的证明）、总监理工程师岗位证书，以及上述人员的劳动合同和社会保险凭证"。

二、将第二十三条修改为"监理单位被吊销资质等级证书的，三年内不得重新申请；被降低资质等级的，两年内不得申请晋升资质等级；受到其他行政处罚，受到通报批评、情节严重，被计入不良行为档案，或者在审计、监察、稽察、检查中发现存在严重问题的，一年内不得申请晋升资质等级。法律法规另有规定的，从其规定"。

三、删除附件一第一部分第（二）项、第二部分第（二）项和第三部分第（二）项中的"或者从事水利工程造价工作5年以上并具有中级专业技术职称的人员"。

四、将附件一第一部分第（三）项第1段修改为"申请水利工程施工监理专业资质，应当承担过（含正在承担，下同）1项Ⅱ等水利枢纽工程，或者2项Ⅱ等（堤防2级）其他水利工程的施工监理业务；该专业资质许可的监理范围内的近3年累计合同额不少于600万元"。"承担过水利枢纽工程中的挡、泄、导流、发电工程之一的，可视为承担过水利枢纽工程"。

五、将附件一第二部分第（三）项第1段修改为"申请水利工程施工监理专业资质，应当承担过3项Ⅲ等（堤防3级）水利工程的施工监理业务；该专业资质许可的监理范围内的近三年累计合同额不少于400万元"。

六、将附件一附表1有关专业资质等级配备监理工程师的人数修改为：

（一）水利工程施工监理专业资质甲级，监理工程师40人，其中高级职称人员8人，总监理工程师7人；乙级，监理工程师25人，其中高级职称人员5人，总监理工程师3人。

（二）水土保持工程施工监理专业资质甲级，监理工程师25人，其中高级职称人员5人，总监理工程师4人；乙级，监理工程师15人，其中高级职称人员3人，总监理工程师2人。

（三）机电及金属结构设备制造监理专业资质甲级，监理工程师25人，其中高级职称人员5人，总监理工程师4人。

本决定自公布之日起施行。

《水利工程建设监理单位资质管理办法》根据本决定作相应修改，重新公布。

地方政策法规
北京市

关于发布《北京市建设工程电子化招标投标实施细则（试行）》的通知

各招标人（含代理机构）、投标人、评标专家：

为在本市有形建筑市场推行电子化招标，北京市建设工程发包承包交易中心和北京市建设工程招标投标办公室联合制定了《北京市建设工程电子化招标投标实施细则（试行）》，现进行发布，请遵照执行。

北京市建设工程招标投标办公室
北京市建设工程发包承包交易中心
二〇〇九年三月二十三日

附件：

北京市建设工程电子化招标投标实施细则（试行）

第一章　总　则

第一条　为了提高北京市房屋建筑和市政基础设施工程（以下简称“建设工程”）交易信息化水平，保证招标投标活动更加公开、公平、公正进行，降低招标投标社会成本，实施北京市建设工程电子化招标投标，特制订本细则。

第二条　北京市行政区域内的建设工程电子化招标投标活动，适用本细则。

第三条　建设工程电子化招标投标活动依法在北京市有形建筑市场内进行。

第四条　北京市建设工程招标投标管理办公室依法对电子化招标投标活动实施监督；北京市建设工程发包承包交易中心对电子化招标投标活动提供平台和服务。

第二章　电子标书基本要求

第五条　建设工程电子标书文件（以下简称“电子标书”）是招标投标活动当事人按北京市有形建筑市场提供的、统一的“电子标书生成器”制作生成的GEF格式的电子化标书文件，电子标书包括电子化的招标文件（含补充、答疑文件）、投标文件、标底文件。

第六条　“电子标书生成器”具有使用单位唯一性，仅限在该使用单位招标投标活动中使用，不应相互转让和借用。

第七条　电子标书的文字、图表、清单数据等内容，应当由各种相应的软件制作后导入到“电子标书生成器”制作形成GEF格式文件。标书的制作和提交须符合以下要求：

（一）为了保证纸质标书与电子标书的一致性，纸质标书应由“电子标书生成器”直接打印生成。

（二）电子标书制作时应按规定建立目录并分级，不同内容按标签提示制作导入，应保证目录清晰、内容完整。

（三）为了保证电子标书的合法性、安全性和完整性，电子标书转换完成后，应在规定部位加盖含有CA数字证书的电子印章。

（四）电子标书制作完成后，将GEF格式的电子标书文件复制到光盘和U盘中，提交的所有介质中只能有内容一致的唯一电子标书文件，不能有其它任何文件，并注意查杀电脑病毒。

（五）电子标书提交前均须使用“电子标书生成器”中的标书检查工具对光盘和U盘里的电子文件进行预检查，生成10位检查码。

（六）光盘表面粘贴北京市有形建筑市场统一发放的专用“光盘贴”，并将项目名称、招标项目备案编号、单位名称、10位检查码、正副本等信息填写在光盘贴上。

第八条　电子标书中的清单数据文件应符合《北京市建设工程计算机辅助评标数据接口(V2.0)》的规定，形成XML文件。一份电子标书只能包含一个XML文件，多个专业分别编制时，应汇总合并导出一个XML文件。

第三章　开标、评标规定

第九条　电子化招标投标活动应按照现行法律法规的有关规定实施。同时，应符合以下要求：

（一）招标人在开标前将完整的电子招标文件导入到北京市有形建筑市场辅助评标系统中，电子招标文件应与备案的纸质招标文件内容一致，不一致时以备案的纸质招标文件为准。

（二）开标时，投标人应在提交投标文件的截止时间前按照招标文件的规定将电子投标文件与纸质投标文件一同密封，送达开标现场。

招标项目设有标底时，招标人应制作电子标底文件，并与纸质标底文件一同密封送达开标现场。

（三）提交的电子投标文件、电子标底文件应为一正一副两张光盘和一个 U 盘。开标时，按光盘正本、光盘副本、U 盘的顺序进行读取导入。若光盘能够正常读取，U 盘可在开标后各单位自行带回；若全部无法正常打开，该投标文件应被拒绝。

（四）密封合格的电子标书由现场工作人员导入北京市有形建筑市场辅助评标系统。唱标时，有关内容应与投标文件投标函进行比较，不一致内容须记录到开标记录中。

（五）开标结束后，招标人用加密锁将北京市有形建筑市场辅助评标系统中该项目的所有电子标书进行加密。招标人将电子投标文件光盘、电子标底光盘、加密锁、纸质标书一同封存到评标区封存柜中，并自己保管封存柜钥匙。

（六）评标前，由招标人用加密锁对辅助评标系统中的电子标书进行解密，并自动生成暗标编号。

（七）评标委员会全体成员进入评标室后，由评标委员会负责人确定电子评标工作开始，并按规定开展电子评标工作。评标结束后，评标委员会负责人汇总评审结果、打印评标报告，评标委员会全体成员签字确认后提交招标人。

第十条　开、评标时，如出现北京市有形建筑市场停电、系统故障及不可抗力情况，　该项目可转为纸质开标或评标，招标人需在评标前准备纸质评分表等供应急使用。

第四章　招标人注意事项

第十一条　电子招标文件应为应用统一“电子标书生成器”制作生成的、符合北京市建设工程招标投标现行管理规定的电子化招标文件。

第十二条　电子招标文件制作具体要求如下：

（一）完整的电子招标文件从文件内容上分为文字部分、评标参数部分、XML 清单数据三部分。

（二）电子招标文件文字部分，应按“电子标书生成器”预设的模版，设置相应目录结构，以便于浏览、查找。如有补充、答疑文件时，须与原电子招标文件合并后形成完整的电子招标文件并提交。

（三）　招标人在填写评标参数时，必须保证与电子招标文件文字部分内容保持一致。补充答疑文件如对评标办法进行了修改，提交的评标参数必须进行相应调整。

（四）　使用清单计价的项目应在电子招标文件中包含 XML 清单数据。

第十三条　为适应电子化评标的要求，招标人在招标文件中应加入对电子投标文件及开、评标过程等的特殊要求，编写时可参照北京市有形建筑市场提供的相关范本。

第五章　投标人注意事项

第十四条　投标人应严格按照本细则规定和招标文件要求，使用本单位的“电子标书生成器”制作电子投标文件。

第十五条　电子投标文件制作具体要求如下：

（一）电子投标文件内容包括:投标函、技术明标、技术暗标、经济标、XML 清单数据五个页签，投标人不得任意增减和更改名称。唱标内容应与投标文件相应内容一致。

（二）技术标部分：按明标、暗标分别导入不同的页签，没有则可为空；按内容分目录导入。暗标中不得出现透露投标单位的任何信息。

（三）执行工程量清单计价规范的项目，电子投标文件中须含 XML 清单数据。

第六章　专家管理和注意事项

第十六条　参与电子化评标的专家，须为本市评标专家库的专家并经过北京市电子化评标系统应用培训和考核，未通过培训和考核的专家不能参与电子化评标。招标人评标代表须在评标开始前经过北京市电子化评标系统培训。

第十七条　评标专家应积极参加北京市评标专家管理部门组织的电子化评标系统应用培训，通过相关操作的考核，加强日常学习、熟练评标系统操作技能。

第十八条　如遇系统故障等突发事件，评标专家应及时与现场工作人员沟通解决，或转为纸质标书评审。

第七章　附　则

第十九条　本细则所涉及“电子标书生成器”和电子印章（含 CA 数字证书）的获取依照北京市有形建筑市场相关规定。

第二十条　本细则由北京市建设工程发包承包交易中心和北京市建设工程招标投标管理办公室负责解释。

第二十一条　本细则自发布之日起施行。

关于第三批申请中央投资项目招标代理机构资格初审事项的通告

根据国家发展改革委《中央投资项目招标代理机构资格认定管理办法》（第36号令）和国家发展改革委办公厅《关于开展第三批中央投资项目招标代理机构资格认定工作有关事项的通知》（发改办投资［2009］581号）的相关规定和要求，企业注册登记地在北京市的招标代理机构申请中央投资项目招标代理机构资格的，由北京市发展和改革委员会负责初审。现将第三批申请中央投资项目招标代理机构资格有关初审事项通告如下：

一、拟申请中央投资项目招标代理机构资格以及资格升级的各招标代理机构（以下简称申请单位），应当分别具备国家发展改革委第36号令第八条、第九条、第十条、第十一条、第十七条规定的条件。

二、申请单位应按照发改办投资［2009］581号通知规定的内容和要求提交资格申请材料，其中企业基本情况表、企业机构设置情况表、企业全部人员基本情况表、招标从业（专业）人员基本情况表、评标专家库人员名单应附电子版文档。申请材料有关表格请从国家发展改革委门户网站（www.ndrc.gov.cn）、北京市发展改革委网站（www.bjpc.gov.cn）、北京市招投标信息平台（www.bjztb.gov.cn）下载。

三、北京市发展改革委受理申请的时间为2009年4月10日至4月20日期间的每个工作日上午8:30至11:30；受理地点为北京市发展改革委一层行政事项受理大厅代理机构资格初审窗口。

北京市发展改革委办公地点：北京市西城区复兴门南大街丁2号天银大厦C东座

咨询电话：66415588-0129；66415802

特此通告。

北京市发展和改革委员会

二〇〇九年三月二十四日

天津市

关于印发《天津市建设工程招标投标规范》的通知

建筑［2009］31号

各区（县）建委，各招标代理机构，各有关单位：

为了贯彻《中华人民共和国招标投标法》及配套法规和规章，进一步规范房屋建筑和市政基础设施项目招标投标活动，维护公平竞争的市场环境，使项目业主单位和招标代理机构依法做好招标投标工作，防止围标、串标、虚假招标等违法违规行为的发生，建立一个统一、开放、竞争、有序的建筑市场，我委制定了《天津市建设工程招标投标规范》，现印发你们，请遵照执行。本招标投标规范自2009年2月1日起执行。

特此通知。

附：天津市建设工程招标投标规范（略）

天津市建设管理委员会

二〇〇九年一月十六日

河北省

关于加强新增中央投资建设项目管理工作的通知

冀建综［2009］639 号

各设区市建设局、城乡规划局、城管（公用）局、住房保障和房产管理局，各扩权县（市）建设管理部门：

最近，中央检查组在对我省贯彻落实扩大内需、促进经济增长政策落实情况进行检查时，对我省新增中央投资项目建设进行了重点检查，针对存在的问题提出了整改意见和要求。省政府召开电视电话会议，对全省加快新增中央投资项目建设进行了专项部署，提出了明确要求。为贯彻落实会议精神，加强对廉租住房、污水和垃圾处理设施建设、农村危房改造等新增中央投资项目建设过程管理，确保项目按时完成，提出如下要求：

一、高度重视，进一步增强工作责任感

新增中央投资项目是保增长、扩内需、调结构、惠民生的重大举措，既是当前经济工作的重点，也是一项重大政治任务。这些项目的建设不仅关系到当前我省经济发展，而且关系到结构调整和优化升级，更直接关系到民生的改善。从项目实施和中央检查组检查情况看，仍存在一些不容忽视的问题，部分项目进展迟缓，一些项目存在手续不完备、申报情况不实、重大设计变更未按要求报批、工程未按规定进行招投标、工程质量监控体系不完善、项目建成后未及时竣工验收等问题。这些问题的存在直接影响项目实施的效果，进而影响今后国家对我省的支持力度。各级建设管理部门要针对存在的问题深入剖析原因，抓紧整改，进一步增强责任感和紧迫感，把新增中央投资建设项目管理作为重要工作内容，抓到实处，抓出实效。

二、加强项目管理，加快新增投资项目实施进度

要把落实项目配套资金和督促项目开工作为当前工作的重点来抓。

（一）落实地方配套资金，规范资金管理和使用。各级建设管理部门要积极协调有关部门，统筹安排好各类财政性资金，充分发挥政府各类投融资平台的融资功能，按项目落实银行贷款资金，广泛吸纳社会资金参与项目建设，保证项目实施阶段配套资金及时足额到位，不留缺口，确保新增中央投资建设项目顺利实施。切实加强建设资金管理，落实好项目配套资金，项目建设资金做到专户存储、分账核算、专款专用，不得截留、挤占和挪用。

（二）加快项目建设进度。各级建设管理部门要对新增中央投资建设项目实施情况进行全面检查，在确保工程质量的前提下，努力加快项目实施进度。对尚未开工的项目，要采取切实有力措施，督促和协助建设单位及早做好项目前期工作，确保年底前全部开工。对已开工项目，要进一步加快施工进度，争取按时竣工。对已竣工项目，要尽快做好收尾工作，确保项目正常发挥效益。

（三）加强项目建设过程管理。城市新增中央投资建设项目应在城市总体规划确定的建设用地范围内进行选址，并与相关专项规划搞好衔接。规划管理部门要加快审批，主动协助项目建设单位做好规划设计方案。加强招投标管理，严格依法依规进行招标投标，防止弄虚作假，违规操作。加强建设管理，对符合条件的项目，必须在规定时限内发放施工许可证。要对工程勘察、设计、施工、招标采购、监理、竣工验收等环节严格把关，同时要监督建设单位严格按批准的建设内容、规模和标准组织施工。

（四）强化项目质量安全管理。各级建设管理部门要加强对新增中央投资建设项目质量管理，加强过程控制和事前预控，对建设单位、施工企业和监理单位现场质量保证体系和主要质量保证措施的运行情况、三检制度落实、监理记录、实体抽查及施工现场主要材料质量控制情况进行重点检查。要督促建设单位明确专人负责施工安全管理工作，按规定办理建设工程安全监督备案手续，合理安排工期，监督施工企业做好现场安全防护。要建立施工现场质量安全责任制，定期组织质量安全检查，努力消除质量通病和安全隐患。

三、明确责任，有针对性地抓好整改落实

各级建设管理部门要按照职责分工，切实抓好新增中央投资项目的建设实施和管理。

住房保障部门要会同有关部门，要及时办理项目建设相关手续，落实筹集廉租住房各项资金的相关规定，足额安排建设资金，加强项目调度，做到项目建设各种手续齐全有效，管理规范，确保工程质量。新申报项目要依据本地住房建设总体规划，结合当地土地供应、配套资金筹集等情况，合理确定廉租住房建设规模，满足城市低收入家庭住房需求。

建设或城管（公用）部门要加快做好污水和垃圾处理设施建设项目的立项、环评、核准、土地征收等工作，落实好项目法人责任制、招标投标制、建设监理制和合同管理制，在确保工程质量的前提下，进一步加快项目建设进度。

农村危房改造主管部门要按规定切实做好农村危房改

造户的确定、建设施工的监管和技术指导工作，按照满足最基本居住和安全的要求，控制建筑面积和总造价。要经常下乡督导，及时查看农村危房改造建设施工情况，对发现的问题及时解决，确保项目顺利完工。

四、加强组织领导，强化监督检查

（一）加强组织领导。项目所在地的市县建设管理部门要建立健全项目组织机构，负责管理、协调和监督当地新增中央投资项目的实施工作。要逐项目明确责任人，逐层抓好落实，确保项目顺利推进。要加强和发改、财政、土地、环保等部门的密切配合，畅通信息沟通渠道，建立健全工作衔接机制，形成推进项目的合力。各级规划、建设管理部门要切实履行职能，加强项目规划许可、施工许可、质量监督和安全监管工作，为新增项目建设开辟“绿色通道”，进一步简化程序，改进服务，提高效能，切实加快项目建设进度。

（二）加强监督检查。各级建设管理部门要按照“保开工、保进度、保质量、保安全”的要求，对新增中央投资项目进行全过程定期监督检查。加强对履行职责和责任制落实情况的考核，对责任不落实、措施不得力、监管不到位影响项目建设的，要提请有关部门追究相关责任人的责任。鼓励企业争创国家、省、市质量安全奖。各市可增加质量、安全、科技创新奖项在评标中的权重，并在招标文件和合同中明确对获得国家、省、市级质量、安全、创新奖项的奖励办法。

（三）完善周报、月报制度。针对中央检查组对我省新增中央投资项目提出的问题和整改要求，做好相关项目的整改工作，项目主管部门每周三前要将整改进度和工作情况报省住房和城乡建设厅对口处室。其他未检查的新增中央投资项目，项目主管部门每月5日前要将项目进展情况报省住房和城乡建设厅对口处室。建立项目督查制度，省住房和城乡建设厅将会同有关部门，不定期组织项目督查，对进展缓慢、工作不力的进行通报，以加快推进项目建设。

河北省住房和城乡建设厅

二〇〇九年十一月三十日

辽宁省

关于在重点建设工程项目招标投标领域推行企业信用报告制度的通知

各市人民政府，省政府有关厅委、直属机构，各有关单位：

为了维护公平竞争的市场经济秩序，加快推动招标投标信用体系建设，从今年6月份起，我省将在重点建设工程项目招标投标领域推行企业信用报告制度。经省政府同意，现就有关事项通知如下：

一、全省重点建设工程项目的确定，以省发展改革委年度下达的重点建设工程项目名单为准。重点项目招标人应将企业信用报告作为投标人资格审查的依据。企业在投标时，使用信用服务中介机构出具的企业信用报告，不再使用资信证明。招标人要在保证投标竞争充分的前提下，规定某类信用等级作为投标资格的必要条件，该条件要在招标公告中载明。企业信用评级结果纳入评标环节的有关规定由省社会信用体系建设领导小组办公室（以下简称省信用办）会同省政府有关部门制定。

二、在省发展改革委备案的信用服务中介机构，可承担招标投标领域企业信用评价工作。信用服务中介机构要坚持公平、独立的原则，按照规定对企业进行信用评价，并出具企业信用报告，报省信用办备案。信用服务中介机构出具的信用报告及信用等级结果，经第三方规范性审查后，在“信用辽宁”网站和“辽宁省招标投标监管网”上公示。企业信用报告有效期为1年，有效期内可重复使用。

三、省信用办负责制定企业信用评价指导性标准及信用报告格式文本，对企业信用评价工作实施监督管理，接受投标人、招标人对企业信用报告的投诉和举报，对违反有关规定的信用服务中介机构进行查处。

四、省外投标企业可委托属地或在我省备案的信用服务中介机构出具企业信用报告，但须采用省信用办制定的企业信用评价指导性标准及信用报告格式文本。

五、各市政府要按照本通知精神，在本市重点建设工程项目招标投标领域推行企业信用报告制度。省政府有关部门要结合行业特点，加大工作指导监督力度，积极推进全省重点建设工程项目招标投标领域企业信用报告制度的实施。

附件：招标投标文本通知（略）

附件：企业信用评价指导性标准（略）

附件：企业信用报告格式（略）

附件：企业信用报告格式规范要求（略）

辽宁省人民政府办公厅

二〇一〇年三月四日

关于启动辽宁省综合评标专家库的通知

辽政办明电［2010］51号

各市人民政府，省政府有关厅委、直属机构，各有关单位：

为了进一步规范招标投标活动，加强评标专家管理，切实提高评标质量，经省政府同意，现就启动辽宁省综合评标专家库有关问题通知如下：

一、辽宁省综合评标专家库自2010年5月25日起正式启动。届时，各地区、各部门现有的评标专家库立即停止运行。省发展改革委会同省有关部门负责辽宁省综合评标专家库和评标专家管理工作。

二、评标委员会中的评标专家原则上从省综合评标专家库的评标专家中随机抽取产生。各评标专家库网络终端要按照《辽宁省综合评标专家库网络终端抽取管理办法》要求抽取评标专家。

三、各级发展改革部门要做好评标专家库的管理和服务工作，及时解决运行中出现的问题，要会同监察机关加强对评标专家库运行情况的监督检查，发现问题，及时纠正。

辽宁省人民政府办公厅

二〇一〇年四月二十二日

吉林省

关于《吉林省建设工程招标投标管理若干意见》的通知

吉建办［2009］36号

各市（州）建委（建设局）、长白山管委会建设局，监察局：

为解决建设工程招投标中存在的问题，省住房和城乡建设厅、省监察厅结合我省实际，借鉴外省经验，制定了《吉林省建设工程招标投标管理若干意见》；从管理体制、工作机制、监管方式、监督措施等方面作出若干具体规定。

现将《吉林省建设工程招标投标管理若干意见》印发给你们，请遵照执行，并将执行过程中发现的问题，及时反馈省住房和城乡建设厅、省监察厅。

附件：吉林省建设工程招标投标管理若干意见

吉林省住房和城乡建设厅办公室

二〇〇九年四月二十日

附件：

吉林省建设工程招标投标管理若干意见

为深入贯彻《国务院办公厅关于进一步规范招投标活动的若干意见》，切实解决建设工程招标投标活动中存在的问题，加强对建设工程招标投标活动的管理与监督，规范招标投标操作程序，从源头上预防和治理腐败，依据《中华人民共和国招标投标法》和《吉林省建筑市场管理条例》等法律法规及有关规定，结合我省实际，提出如下意见：

一、加大监督管理力度，规范招标投标活动

（一）实行信息公开制度，提高招投标活动透明度

1. 依法必须公开招标的建设工程项目的招标公告，各市（州）、县（市）和各类开发区必须严格按照有关规定，在指定的“一报两网”（吉林日报或东亚经贸新闻，吉林省建设信息网 http：// zb. jljsw. gov. cn 和吉林省建设项目招标网 http：// jlinbidding. changchun. gov. cn）发布，这将作为是否公开招标的依据。在招标人自愿的前提下，可以同时在国家或当地其他媒介发布。违反规定的，各级建设行政主管部门责令招标人或者招标代理机构限期改正，并视情节依法进行处罚；情节严重的，招标活动无效，重新招标。

2. 加快招投标信息公开的建设步伐。采用公开招标的，在中标通知书发出前，要将预中标人的情况在该工程项目招标公告发布的同一信息网络和建设工程交易中心予以公示，公示的时间应当不少于3个工作日。逐步推行采用电子招标、电子投标和计算机辅助评标以及计算机辅助远程评标等现代化的手段，提高招标投标的效率和评标结果的准确性、公正性。要及时公告对违规招投标行为的处理结果、招投标活动当事人不良行为记录等相关信息，接受社会公众监督。

（二）严把资格预审文件、招标文件和评标办法关，防止设置霸王条款

1. 实行资格预审的，资格预审文件应当明确合格申请人的条件、资格预审的评审标准和评审方法、合格申请人过多时将采用的选择方法和拟邀请参加投标的合格申请人数量等内容。

2. 实行资格后审的，招标文件应当设置专门的章节，明确合格投标人的条件、资格后审的评审标准和评审方法。

3. 所有依法实行招标的建设工程项目，应当使用《吉林省标准招标文件（示范文本）》。招标文件需向建设行政主管部门备案。建设行政主管部门加强对备案文件的审查，对发现的问题及时纠正。

4. 严禁针对某一投标人的特点，采取“量体裁衣”等手法确定评标的标准和方法，对这类行为应当视为对投标人实行歧视待遇，要依法予以处理。

（三）完善评标办法，规范评标行为

建设工程施工招标实行“经评审的最低投标价法”和“综合评估法”。试行“两阶段评标法”，即第一阶段，评标委员会对投标文件根据量化因素及量化标准，从形式评审、资格评审、响应性评审、技术评审等方面进行评审，确定合格投标人；第二阶段，由招标人抽签选择评标方式（平均投标报价方式、平均投标报价下浮方式、最低投标报价方式、随机方式等四种），按照抽取的评标方式确定中标候选人。

采用平均投标报价方式时，先计算评标基准价，然后按照投标人的投标报价与评标基准价的比值大小来确定排名先后顺序，比值小的优先。当投标人投标报价的比值相等时以投标报价低者优先，如投标报价相同时，由招标人代表对投标报价编号进行抽取，按抽取的先后顺序进行排名，选取前三名为中标候选人。评标基准价的计算方式为：进行平均值计算（当投标人超出5家以上时，去掉一个最高报价，去掉一个最低报价），其平均值作为评标基准价。

采用平均投标报价下浮方式时，先计算评标基准价，然后按照投标人的投标报价与评标基准价的比值大小来确定排名先后顺序，比值小的优先。当投标人投标报价的比值相等时以投标报价低者优先，如投标报价相同时，由招标人代表对投标报价编号进行抽取，按抽取的先后顺序进行排名，选取前三名为中标候选人。评标基准价的计算方式为：进行平均值计算（当投标人超出5家以上时，去掉一个最高报价，去掉一个最低报价），其评标基准价为平均值下浮3%。

采用最低投标报价方式时，将有效投标报价按由低到高的顺序进行排名，选取前三名为中标候选人。

采用随机方式时，将有效投标报价进行编号，由招标人代表摇球抽取，按先后顺序抽取三名中标候选人。

具体评标定标方法及细则，由省建设行政主管部门规定。

（四）遏止串通投标行为

1. 凡符合应公开招标的范围、规模的建设工程项目，投标人不得少于法定个数，投标人少于法定个数的，应当降低招标条件重新招标，直至完成招标投标活动。

2. 招标的建设工程项目，投标人已经报名或接受邀请、购买招标文件的，必须参加投标；否则按有陪标嫌疑处理。

3. 有下列情形之一的，建设行政主管部门可直接认定，或经评标委员会集体表决认定后，视作串通投标，并依法做出处罚：

（1）不同投标人的投标文件内容存在非正常一致的；

（2）不同投标人的投标文件错漏之处一致的；

（3）不同投标人的投标报价或者报价组成异常一致或者呈规律性变化的；

（4）不同投标人的投标文件由同一单位或者同一个人编制的；

（5）不同投标人的投标文件载明的项目管理班子成员出现同一人的；

（6）不同投标人的投标文件相互混装的；

（7）不同投标人的投标文件由同一台电脑编制或者同一台附属设备打印的；

（8）不同投标人委托同一人投标的；

（9）不同投标人聘请同一人为其投标提供技术或者经济咨询服务的（招标工程本身要求采用专有技术的除外）；

（10）评标委员会认定的其他串通投标情形。

（五）限时抽取专家评委，严把评委资格关

1. 抽取评标专家，应在开标时或开标结束后进行；省内异地抽取评标专家的，视路途远近，可在开标的前一天下午或开标结束后立即进行，并将抽取的评标专家统一集中前往

开标地点参加评标，评标专家的通讯工具同时统一保管。

2. 依法应当招标的建设工程项目，被抽取的专家评委必须持省建设行政主管部门签发的《专家评委证》参加评标活动；招标人只能派1名代表参加评标，并应当具有与专家评委相同标准的专业资格，同时不得担任评标委员会主任职务；招标人代表不具有与专家评委相同标准的专业资格的，不能参加评标。

3. 严格评标回避制度。项目主管部门人员、行政监督部门人员、政府指定场所的服务人员、招标代理机构人员以及与投标单位有亲属和经济利益关系的评标委员会成员，一律不得参加评标。

二、改进招标代理机构的管理方式，推行代理业务的招标承揽制度

（一）认真执行省住房和城乡建设厅《吉林省建设工程项目招标代理机构管理办法》

实行招标代理机构及从业人员信用管理和从业人员资格管理。招标代理机构的从业人员实行定期培训，持证上岗。未办理《吉林省工程招标代理信用管理手册》的企业，建设行政主管部门依法对其实施行政处罚。加强对招标代理机构承接业务后的行为管理，重点是代理合同的签订、代理项目专职人员的落实、在代理过程中签字、盖章手续的履行等。严厉打击挂靠、出让代理资格、在规定时限内拒售招标文件、以赢利为目的的高价出售资格预审文件或招标文件等行为。

（二）认真执行省住房和城乡建设厅《吉林省房屋建筑和市政基础设施工程建设项目选择确定招标代理机构实施办法（试行）》

对政府投资的建设工程项目，试行通过招标方式公开、公平、择优选择招标代理机构。

招标文件由招标人编制，并在吉林省建设信息网（http：//zb.jljsw.gov.cn）上发布招标公告。

参加投标的招标代理机构应当不少于3个，少于3个时招标人应当重新组织招标。

评审工作由招标人组建的评审委员会负责，成员由招标人代表和专家评委组成，人数不少于5人，其中招标人代表1人。

评审办法采用最低评标价法。最低评标价法是指按评标价（即报价系数）由低至高顺序对投标文件进行初步评审和强制性标准审查，推荐通过初步评审和强制性标准审查（由招标人根据项目实际情况制定业务能力、信誉、服务承诺、业绩等方面的强制性标准）且评标价最低者为第一中标候选人，依次类推确定前三名中标候选人。如两名及以上投标人的评标价并列第一的，采取随机抽取方式确定中标候选人排序。

三、进一步发挥有形建筑市场的作用，推行分类管理

（一）各级建设行政主管部门要积极拓展有形建筑市场服务范围、服务内容和服务领域，创造必要条件确保有形建筑市场硬件、软件及人员经费。有条件的可设立专业分包、劳务分包市场。应当建立电子视频音频监控系统，保存每个工程项目开标、评标的监控电子文档。

（二）全省有形建筑市场（工程交易中心）推行分类管理，以促进全省建设工程招标投标活动硬件和软件等信息化建设，为收集、存储和发布招投标相关信息，为建设工程交易各方主体提供信息及咨询服务，为政府主管部门实施监督和管理提供应有的条件。

四、理顺招标投标活动行政监管，突出监督管理重点

（一）为推进建设工程领域招标投标反腐败工作，从源头上预防和治理商业贿赂，各地在机构改革中对建设工程招标投标的监督管理职能应进一步加强，不能削弱；加强各级建设工程招标投标监管机构监管体系建设，完善监管手段，切实履行监管职能。

（二）在监督对象上，要以国有资金投资的工程项目为重点；在监督的主体上，要以招标人、招标代理机构和评标委员会为重点；在监督方法上，将有针对性的过程监督和随机监督有机地结合起来，提高行政监督的效率和权威。各级建设行政主管部门在具体招标投标活动中，应突出解决对全部使用国有资金投资，以及国有资金投资占控股或者主导地位的建设工程项目招标投标后中标项目的后期跟踪管理问题。

五、完善投诉处理机制，严惩违规违纪行为

（一）按照国家七部委《工程建设项目招标投标活动投诉处理办法》的要求，认真做好招标投标投诉处理工作，进一步完善招标投标投诉处理机制。

（二）各级纪检监察机关、建设行政主管部门要按照监察部等10部委办《关于监察机关和有关行政监督部门在查处工程建设招标投标违法违纪案件工作中加强协作配合的通知》要求，切实履行各自的职责。

各级建设行政主管部门对建筑市场各方主体的违法违规行为，除严格按照国家和省有关法律法规和规章进行处罚外，对建筑市场各方主体的违纪行为，还应按照《关于在全省实行建设工程招投标违规违纪处罚联络制度的通知》，及时填写通知单告知纪检监察机关，由纪检监察机关对违规违纪的相关责任人进行调查核实处理；对建筑市场主体各方涉嫌犯罪行为的，要同时将情况书面告知检察机关。

各级纪检监察机关要继续加大查处违规违纪行为的力度，对领导干部违反规定干预或插手建设工程招标投标活动的腐败案件，要一查到底，依法惩处，典型案件要公开曝光。同时，还要严肃查处对招标投标活动依法负有行政监管职责的政府机关工作人员失职渎职、以权谋私、徇私舞弊的案件；构成犯罪的，移交司法机关追究刑事责任。

关于印发《吉林省房屋建筑和市政基础设施工程建设项目选择确定招标代理机构实施办法（试行）》的通知

吉建招［2009］6号

各市（州）建委（建设局）、长白山管委会规划建设局，各县（市）建设局，各有关单位：

现将《吉林省房屋建筑和市政基础设施工程建设项目选择确定招标代理机构实施办法（试行）》印发给你们，请遵照执行，并将实际运作中存在的问题和建议及时反馈给我们。

附件：《吉林省房屋建筑和市政基础设施工程建设项目选择确定招标代理机构实施办法（试行）》

吉林省住房和城乡建设厅办公室

二〇〇九年七月三日

附件：

吉林省房屋建筑和市政基础设施工程建设项目选择确定招标代理机构实施办法（试行）

第一章　总　则

第一条　为进一步引入市场竞争机制，规范招标人选择确定房屋建筑和市政基础设施工程建设项目招标代理机构的行为，建立和维护公开、公平、公正的市场竞争秩序，促进招标代理活动的健康发展，结合本省实际，制定本办法。

第二条　在本省行政区域内政府投资的各类房屋建筑和市政基础设施工程（包括勘察、设计、施工、监理及与工程有关的重要设备、材料的采购）选择确定招标代理机构的活动，适用本办法。

第三条　本办法所称房屋建筑工程，是指各类房屋建筑及其附属设施和与其配套的线路、管道、设备安装工程及室内外装修工程。

本办法所称市政基础设施工程，是指城市道路、公共交通、供水、排水、燃气、热力、园林、环卫、污水处理、垃圾处理、防洪、地下公共设施及附属设施的土建、管道、设备安装工程。

本办法所称招标人，是指依照本办法规定，编制招标文件、组织实施选择确定活动的法人或者其他组织。

本办法所称投标人，是指符合招标公告规定的条件，具有独立法人资格且与招标人无隶属关系或其他利益关系，并参加选择确定活动的招标代理机构。

本办法所称评审委员会，是指从省级建设行政主管部门确定的专家名册中随机抽取的评标专家和招标人代表组成的评审专家组。

第四条　选择确定活动应当遵循公开、公平、公正和诚实信用的原则。严禁泄露保密资料、歧视和排斥投标人、采用不正当手段获取中标、转让或借用资质、转让中标业务等违法行为。

第五条　省级建设行政主管部门负责全省房屋建筑和市政基础设施工程建设项目选择确定招标代理机构活动的监督检查。省级建设行政主管部门所属的招投标管理机构负责省重点、大型工程选择确定招标代理机构活动的具体监督检查工作；各市（州）、县（市）建设行政主管部门负责本行政区域内的其他房屋建筑和市政基础设施工程建设项目选择确定招标代理机构活动的具体监督检查工作。

选择确定活动应当在建设行政主管部门和纪检监察部门的监督下进行，建设行政主管部门不到场监督，选择确定活动无效。

第六条　依法必须招标的房屋建筑和市政基础设施工程建设项目，且招标组织形式核准为委托招标的，应当按照本办法的规定选择确定招标代理机构。

第七条　投标人应在国家相关规定的范围内进行招标代理服务收费系数报价。超出规定范围的报价系数为无效报价。

第二章　招　标

第八条　房屋建筑和市政基础设施工程建设项目选择

确定招标代理机构按下列程序进行：

（一）招标人编制招标文件，并按项目管理权限报相关建设行政主管部门备案；

（二）发布招标公告，发出招标文件；

（三）召开评审会议，当场收取、开启投标文件；

（四）组建评审委员会，推荐中标人，向招标人提交评审报告；

（五）招标人依据评审报告确定中标人，并向中标人发出中标通知书；

（六）招标人与中标人签订委托招标代理合同；

（七）将投标文件、评审报告等有关资料按项目管理权限报相关建设行政主管部门备案。

第九条 招标人应当根据招标项目的特点和需要编制招标文件。

招标文件应当载明下列事项：

（一）招标公告；

（二）投标人须知；

（三）投标文件的组成和格式；

（四）委托招标代理合同格式；

（五）履约担保格式；

（六）其他事项。

第十条 进行选择确定招标代理机构的房屋建筑和市政基础设施工程建设项目，招标人应在吉林省建设信息网（http://zb.jljsw.gov.cn）上发布招标公告。为扩大发布范围，也可在其他媒体上同时发布。招标公告中规定获取招标文件的时间最短不得少于三个工作日。

招标公告应当载明下列事项：

（一）招标人的名称和地址；

（二）招标项目的名称、内容、建设规模、投资情况、实施地点和时间；

（三）在吉林省建设信息网（http://zb.jljsw.gov.cn）下载招标文件的时间；

（四）对投标人要求的报名条件、报名办法等事项；

（五）递交投标文件的截止时间、地点；

（六）应当公告或者告知的其他事项。

第十一条 自招标人发出招标文件之日起到投标人提交投标文件截止之日止，最短不得少于六日。

第十二条 招标人如需对已发出的招标文件进行补充说明、勘误或者局部修改时，应当在投标文件递交截止时间的二十四小时前以书面形式通知所有投标人。

第三章 投 标

第十三条 投标人投标前应向招标人递交投标保证金，额度一般为 2 万元，招标人与中标代理机构签订合同协议书五天内，应当向中标代理机构和未中标代理机构退还投标保证金。

第十四条 投标人应当按照招标文件的要求编制投标文件，并对招标文件提出的实质性要求和条件作出响应。

投标文件的组成：

（一）招标代理机构申请书；

（二）授权委托书；

（三）投标保证金；

（四）招标代理服务收费报价系数；

（五）投标人的基本情况及拟投入本项目的主要人员及设备、类似项目业绩；

（六）招标代理初步方案，应包含工作计划、工作周期、保障措施等主要内容；

（七）招标人要求的其他相关文件。

第十五条 投标文件应当由投标人的法定代表人或其授权的代理人签字或盖章，并加盖投标人公章。投标文件应当密封，并按招标文件中规定的时间、地点和方式送达招标人。

第十六条 投标文件按要求送达后，在招标文件规定的递交投标文件截止时间前，投标人如需撤回或者修改投标文件，应当以正式函件提出并作出说明。

第十七条 对按时送达并符合密封要求的投标文件，招标人应当签收，并妥善保存。

招标人不得接受未按照要求密封的投标文件及投标截止时间后送达的投标文件。

第十八条 投标人参加投标，不得弄虚作假，不得与其他投标人互相串通投标，不得采取贿赂以及其他不正当手段牟取中标，不得妨碍其他投标人投标。

第四章 开标、评审、中标

第十九条 开标会议召开的时间和地点应当与招标文件中确定的送达投标文件截止时间和地点一致，不得随意变更。

第二十条 开标会议应当公开举行。会议由招标人主持，邀请建设行政主管部门和所有投标人的法定代表人或其授权的代理人参加。开标会议结束后，即召开评审会议对投标文件进行评审。

招标人对评审会议过程应当记录，并存档备查。

第二十一条 评审工作由评审委员会负责，评审委员会由在省级建设行政主管部门设立的专家库中随机抽取的评标专家和招标人代表组成。评审委员会人数为五人以上单数，其中招标人代表不多于一人。评审委员会成员名单在中标结果确定前应当保密。与投标人有利害关系的人员不得进入相关项目的评审委员会。

评标委员会成员应当客观、公正地履行职责，遵守职业道德，对所提出的评审意见承担责任。

评标委员会成员不得私下接触投标人，不得收受贿赂或者投标人的其他好处，不得透露对投标文件的评审、中标候选人的推荐情况以及与评标有关的其他情况。评标委员会存在违规行为的，一经查实，取消其评标委员会成员资格，并不得再参加任何依法必须进行招标的项目评标。

任何单位和个人不得非法干预、影响评标过程和结果。

第二十二条　评审办法采用最低评标价法。

最低评标价法是指按评标价（即报价系数）由低至高顺序对投标文件进行初步评审和强制性标准审查，推荐通过初步评审和强制性标准审查（由招标人根据项目实际情况制定业务能力、信誉、服务承诺、业绩等方面的强制性标准）且评标价最低者为第一中标候选人，依次类推确定前三名中标候选人。如两名及以上投标人的评标价并列第一的，采取随机抽取方式确定中标候选人排序。

第二十三条　评审委员会应当按照招标文件中确定的评审标准，对投标文件进行评审。招标文件中没有规定的标准，不得作为评审的依据。评审结束后，由评审委员会向招标人提交评审报告。

第二十四条　评审委员会向招标人提交的评审报告应当包括以下内容：

（一）对投标人的评价；

（二）推荐的中标人；

（三）需要说明的其他事项。

第二十五条　评审会议结束后，应立即将中标结果进行公示，公示时间最短不少于二个工作日。中标人确定后，招标人应当向中标人发出中标通知书，同时将中标结果通知其他投标人。招标人和中标人应当在中标通知书发出后二日内依法签订书面委托招标代理合同。

招标人未按评审委员会推荐的中标候选人中确定中标人的，其中标结果无效。

第二十六条　招标人应当在与中标人签订委托代理合同后三日内按项目管理权限向相关建设行政主管部门提交选择确定情况报告。

选择确定情况报告应当包括以下内容：

（一）招标项目概况；

（二）评审委员会成员名单；

（三）评审投标文件记录情况；

（四）评审采用的标准；

（五）在媒介上发布的招标公告；

（六）评审委员会向招标人提交的评审报告；

（七）中标通知书；

（八）委托招标代理合同。

第二十七条　有下列情形之一的，应按本办法规定重新组织选择确定活动：

（一）投标截止时间止，投标人少于3家的；

（二）经评审委员会评审后否决所有投标的。

第二十八条　投标人和其他利害关系人认为选择确定活动不符合本办法规定的，可以在知道或者应当知道其权益受到侵害后十日内，按照《工程建设项目招标投标活动投诉处理办法》向相关建设行政监督部门提出投诉。

第五章　附　则

第二十九条　招标人违反本办法规定，直接指定招标代理机构代理招标业务，责令改正，其代理结果无效。并由纪检监察部门对直接负责的主管人员和其他直接责任人员依法给予处分。

承接代理业务的招标代理机构，由建设行政主管部门暂停其一至三年内代理业务资格并予以公告，直至吊销其招标代理资格证书。

第三十条　有下列行为之一的，由建设行政主管部门暂停其一至三年内代理业务资格并予以公告，直至吊销其招标代理资格证书。给他人造成损失的，依法承担赔偿责任。构成犯罪的，依法追究刑事责任。

（一）收受贿赂、索取回扣或者牟取其他不正当利益；

（二）与招标人、投标人串通，在招标投标中弄虚作假，规避招标、明招暗定等损害国家利益，公共利益或者他人合法权益的不良行为；

（三）转让、转包招标代理业务；

（四）出借或假借他人招标代理资格证书承接招标代理业务；无招标代理资格证书或者超越招标代理资格证书规定的范围承接招标代理业务；

（五）招标代理机构不按法律法规、规章、工程建设标准和招标投标程序进行招标代理；

（六）法律法规和规章禁止的其他行为。

第三十一条　其他房屋建筑和市政基础设施工程建设项目招标代理机构的选择确定活动可参照本办法执行。

第三十二条　本办法自公布之日起施行。

关于印发《加强经评审的最低投标价法招投标监管的若干意见》的通知

吉建招［2010］4 号

各市州、县（市）建委（建设局），长白山管委会规划建设局，各相关单位：

现将《加强经评审的最低投标价法招投标监管的若干意见》印发给你们，请遵照执行。

吉林省住房和城乡建设厅

二〇一〇年三月二日

加强经评审的最低投标价法招投标监管的若干意见

为进一步规范建筑市场秩序，遏制恶意低价中标行为，保护招标投标当事人的合法权益和提高投资效益，根据相关法律法规规定，并结合我省实际，提出如下监管意见：

一、加强招标前期准备工作，从源头上遏制恶意低价中标行为

招标人采用经评审的最低投标价法进行招标的项目，必须按照国家、省有关部门的规定和设计规范提供涉及招标范围的完整施工图纸、相关资料，并要求勘察和设计单位提高勘察和设计的深度和精度，避免出现因地质条件变化、使用功能改变、施工方案变更等原因出现的设计变更。

全部使用国有资金投资或国有资金投资为主的工程建设项目，招标人或受其委托具有相应资质的中介机构，必须按照国家标准《建设工程工程量清单计价规范》（GB 50500－2008）要求，采用工程量清单招标，并确保工程量清单的准确性和完整性。招标控制价应按国家、省现行工程造价计价依据的规定编制，材料价格应按照省建设工程造价管理站发布的同期“价格信息”执行，不得违反有关规定随意压低或抬高招标控制价。

招标人或受其委托具有相应资质的中介机构在编制招标文件时，禁止人为的抬高、降低资质条件或以不合理条件限制、排斥潜在投标人参加投标。同时，应明确主要材料和设备的等级、规格、型号及工艺要求，并应符合国家强制性标准。招标文件的编制要细致，施工条件的描述要详尽，以保证投标单位的投标报价考虑全面。

二、完善经评审的最低投标价中标方法，促进投标单位理性报价

（一）资格标和技术标的评审

采取经评审的最低投标价法实行分步评审、分阶段淘汰不合格的投标人的方法。资格标和技术标的评审结论分为合格与不合格两种，评标委员会应在每一阶段结束，对评审结果做出书面说明并确定合格投标人后，再进入下一阶段评审。

1. 对投标文件进行符合性及资格条件的审查。对投标文件不能符合招标公告中提出的资格要求和招标文件规定的其他实质性条款的，作废标处理。

2. 对技术标进行评审。对通过资格标符合性审查的投标人，对其技术标要进行评审，施工组织设计（方案）不可行的作废标处理。

（二）商务标的评审

1. 评标委员会对投标文件进行评审，发现下列情形之一的，应当否决其投标：

（1）工程投标总价高于招标控制价或比评标基准价低 10%时；评标基准价是以所有投标人（不含报价超过招标控制价的投标人）的报价为基础计算的算术平均值，当投标人多于 5 家时（不含 5 家），评标基准价是以所有投标人的报价中去掉一个最高报价和一个最低报价以后的评标价格的算术平均值；

（2）未按招标文件提供的分部分项工程量清单逐项报价，减少或修改工程量清单项目、内容与数量的；

（3）投标报价中环境保护费、文明施工费、安全施工费、临时设施费、规费、税金等费用未按国家、省相关部门的规定标准计取，工程利润总额按零报价，暂列金额、暂估价未按招标文件明确的金额报价的；

（4）措施费报价，与其施工方案或施工组织设计中的主要施工方法不对应的；

（5）招标文件认为应当否决投标的其他情形。

2. 当投标人的投标总价比评标基准价低 5%（含 5%），且比下浮评标基准价 10%高时（含 10%），评标委员会应详细评审其报价分析、说明和所附的相关证明材料，同时评标委员会对以下内容也要逐项进行评审、质询，对存在以下情况之一的，视为不合理报价：

(1)投标报价中人工费比评标基准价人工费低5%以上的；

(2)需评审的分部分项工程项目综合单价比评标基准价相应子目低10%以上的；

(3)需评审的主要材料单价比评标基准价相应材料单价低10%以上的；需评审的主要材料总用量比评标基准价相应材料消耗量低5%以上的；

(4)投标报价中机械费比评标基准价机械费低30%以上的；

(5)投标报价中管理费比评标基准价管理费低15%以上的；

(6)投标报价中施工措施费（扣除环境保护费、文明施工费、安全施工费、临时设施费）比评标基准价施工措施费低15%以上的。

需评审的分部分项工程项目及主要材料为评标时评标委员会随机抽取，抽取数量不得少于5项。

3.对评标委员会的质询，投标人应当进行说明并提供相应的证明材料。对存在以下情况之一的，评标委员会应当否决其投标报价，不能成为中标候选人：

（1）投标人拒绝询标的；

（2）不能合理说明理由的；

（3）未提供相应证明材料的；

（4）所提供的证明材料不能说明其理由的；

（5）投标人以周转性材料已摊销完毕为由大幅度降低周转性材料的消耗量标准，以机械闲置或机械已折旧完毕为由大幅度降低施工机械台班单价。

三、做好标后的合同签订工作，加强合同的跟踪管理

招标人与中标人必须按照招标文件规定和投标文件承诺的内容、条件和价格签订合同，合同价应与中标价一致，中标承建范围应与招标范围一致，项目管理机构配备情况与投标文件一致。对各种可能出现的情况，尤其是对造价可能出现影响的情况，应在合同条款中予以明确，对合同的关键条款应进行认真推敲，以避免出现施工过程及工程决算时的推诿扯皮现象。此外，各级住房和城乡建设行政主管部门还应加强合同的备案管理与跟踪管理，对建设资金的投入和合同的履约情况进行监督，防范经评审的最低价中标工程出现劣质工程的风险。

四、强化工程标后监管措施，建立标后监督管理的长效机制

（一）严把设计变更关。首先杜绝带有人为主观倾向性的设计变更，严格按审查的设计图纸施工；其次对确需设计变更的应由提出变更单位说明理由，设计变更不得降低原设计标准。设计变更需由建设、监理、施工和设计单位四家共同确认签章，并经施工图审查通过。超过合同价部分的工程变更由建设、监理、设计和施工确认签章后，提交相关主管部门审查，并报原工程合同备案部门备案。

（二）认真做好设计更改方案的论证。组织相关人员和专家对更改方案进行论证和比选，以取得技术上可行，造价上合理的更改方案。

（三）建立材料置换报审制度。凡要进行材料置换的，均要填写理由，置换材料的品牌、等级、规格、型号以及价格变化情况，经现场施工人员核实后，按相关规定程序并报相关人员核定，监理工程师要认真审核核实并签字同意后，报业主审批，方可进行材料置换。

（四）规范签证手续。对不具备签证条件的，要坚决予以拒签。在签证时，要把施工现场的情况和签证的内容描述详细，对增加的工程项目、内容、尺寸要定量记载；对增加的工程量应在现场进行勘测的基础上绘制草图，填写尺寸和注明工程量计算公式以及计算结果。要按规定程序及时签证，对事后的签证不予认可。

（五）严把工程结算审核关。在竣工结算时，结算人员应重点审查设计变更是否符合规定、签证手续是否完善、工程量增减、材料单价变更、工程资金拨付以及工程资金的流向等环节。对结算价超过中标价时，建立监理一业主一审核单位三级的造价审核制度，防止低价中标高价结算。

五、树立信用意识，构建与市场经济相适应的诚信体系

一方面加强企业合同的履约意识，在确保履约的同时，要维护自己的权益；另一方面加快建立省、市、县三级联网管理和信息共享的吉林省建筑市场诚信信息平台，制定评价办法。充分发挥行业管理和行业自律作用，引导企业公平竞争，诚信经营，同时严格市场的准入和清出制度，重点监管恶意低价中标造成工程质量的违规者，逐步形成行政监管和社会监督相结合的诚信激励和失信惩戒机制，从而促进建筑市场向规范化、科学化方向发展。

关于印发《全省建设工程招标投标管理2010年工作要点》的通知

吉建招［2010］6号

各市（州）建委（建设局）、长白山管委会规划建设局：

现将《全省建设工程招标投标管理2010年工作要点》印发给你们，请结合本地区工作实际，进一步安排好今年的招标投标管理工作。

附件：《全省建设工程招标投标管理2010年工作要点》

吉林省住房和城乡建设厅

二〇一〇年三月二十五日

附件：

全省建设工程招标投标管理2010年工作要点

一、总体思路

以《住房和城乡建设部建筑市场监管司2010年工作要点》和厅《2010年全省住房和城乡建设工作要点》为指导，落实科学发展观，以工程建设领域突出问题专项治理工作为契机，坚持以改革创新、真抓实干、高效廉洁的形象服务于建筑市场招投标活动各方主体，推进招标投标活动的有序发展。

二、主要目标

（一）改变管理身份，履行法定职能。参照住房和城乡建设部和其他省的做法，将省建设工程招标投标管理处变为参照公务员管理的全额拨款事业单位。同时促进解决全省各级招标投标监管机构的人员编制、经费来源问题，使各级招标投标管理机构充分发挥行政监管职能作用。

（二）落实与省监察厅联合下发的《吉林省建设工程招标投标管理若干意见》，制定下发《吉林省房屋建筑和市政基础设施工程合同管理办法（试行）》等配套政策规定，初步解决有关法律法规相对滞后问题，增强操作性。

（三）配合做好工程建设领域突出问题专项治理工作，并以此为契机配合省发改委制定《进一步规范建设招标投标行为若干意见》。

（四）进一步规范工程建设项目招标代理机构的执业行为，遏制选择招标代理机构过程中的不正之风和违法违规行为。对政府投资建设工程项目的招标代理，积极引进竞争机制，通过招标竞争择优选择代理机构，先试点、后推行。

（五）贯彻落实厅党组惩防体系《实施办法》，做好本单位的建立健全惩治和预防腐败体系工作。完善建设工程项目招标投标投诉处理机制，推行招标投标违法行为记录公告制度，加强对政府投资工程招标投标的监管。

三、工作措施

（一）对《招标投标法》落实情况进行监督检查，严格规范招标代理机构的执业行为，突出解决规避招标、串通投标、明招暗定等违法违规行为。

（二）加强对全部使用国有资金投资，以及国有资金投资占控股或者主导地位的房屋建筑工程项目和市政工程项目招标投标活动的重点监督管理、中标项目的后期跟踪管理。按照国家和省的有关规定，设计、监理及设备采购必须纳入招投标范围之内。

（三）拓展“阳光交易”的良好环境。推进招标投标和评标工作的电子信息化，建立全省统一的信息发布平台；进一步加强信息的集中公开发布，招标公告的发布必须通过省指定的媒体发布；逐步开展网络招投标、计算机辅助评标、远程评标等工作。

（四）推行《吉林省标准施工招标文件范本》，防止带有歧视性条款、排斥潜在投标人和对投标人不公平的内容发生。

（五）落实国家发改委令第29号《评标专家和评标专家库管理暂行办法》、《吉林省建设工程评标专家管理暂行办法》等相关规定，对我省现有的评标专家库中不足的专业及人员进行及时的补充和调整；对评标专家库中的评标专家实行动态管理和清除制度。

（六）整合利用好有形建筑市场（建设工程交易中心）资源，重新进行核查，实行分类管理；依法应招标的政府投资和使用国有资金项目的勘察、设计、施工监理及重要材料设备采购，必须进入有形建筑市场（建设工程交易中心）进行交易。

（七）提高我省招标代理机构的执业水平。加强日常的动态监督管理，建立诚信评价机制，制定扶持信誉好和清除信誉差的相关规定。

（八）设立合同备案中心，完善合同备案制度。制定合同归档、调阅、保管、销毁等档案管理制度；健全合同履约监管机制。

（九）完善工程项目招投标投诉的长效机制。选取资深评标专家设立《招标投标投诉复议专家库》，建立典型案例分析制度。

（十）认真研究新情况、新问题，不断解决工程项目招标投标中存在的规避招标、明招暗定、暗箱操作等深层次问题。同时，探索建立建设工程招投标惩治和预防腐败体系绩效测评工作机制，深入研究建设工程招投标违规违法案件的特点、规律，提出防治对策措施。

（十一）加强业务培训工作。继续做好对建设工程评标专家、建筑业企业人员、合同管理和招投标监管机构人员的法律法规和业务技能的培训工作。

（十二）筹备成立“吉林省建设工程招标投标协会”。

黑龙江省

关于印发《垦区国有投资建筑工程招标阶段造价管理有关规定》的通知

黑垦局建发［2009］48号

各分局建设局、各建设单位、工程造价咨询单位、招标代理机构：

现将《垦区国有投资建筑工程招标阶段造价管理有关规定》印发给你们，请遵照执行。

附件：《垦区国有投资建筑工程招标阶段造价管理有关规定》

黑龙江省农垦总局建设局

二〇〇九年六月八日

附件：

垦区国有投资建筑工程招标阶段造价管理有关规定

为进一步加强工程造价管理，规范工程计价行为，维护建筑市场正常秩序，提高投资效益，依据《建设工程工程量清单计价规范》（GB50500—2008）、《关于加强建设工程造价监督管理的通知》（黑建造价［2007］7号）、《黑龙江省建筑工程招标控制价管理办法》（黑建发［2008］10号）、《关于进一步加强工程造价监管工作的指导意见》（黑建造价[2009]2号）和《关于发布建筑安装工程有关费用项目调整及合同、结算规定的通知》（黑建造价［2009］5号），结合垦区的实际情况，特做如下规定：

一、招标文件

1.工程造价管理机构配合招标投标管理机构，加强对国有投资项目计价依据合规性审查，防止不合理低价中标扰乱建筑市场正常秩序。

2.招标人在发售招标文件前，将招标文件中的有关计价条款等相关内容报送至工程造价管理机构进行审查。

（1）招标文件的组成中是否有施工合同条款，采用的施工合同应是省建设行政主管部门和省工商行政管理部门印发的施工合同文本。在招标文件施工合同条款中应明确合同价款的确定方式和价款调整的内容办法。

（2）安全生产措施费、规费和检验试验费条款是否符合相关规定。

（3）是否存在霸王条款。

（4）是否存在垫资条款。

（5）在招标文件中应明确风险内容及其范围（幅度），

不得采用无限风险、所有风险或类似语句规定风险内容及其范围（幅度）。风险的内容不考虑人工费，只考虑由市场价格波动导致的材料价格风险，材料价格风险范围是指主要建筑材料和燃料（不含施工机械使用费中的燃料）等价格风险，材料价格的风险幅度宜控制在 5%以内。对于承包人能够自主控制的风险由承包人承担。

（6）全部使用国有资金投资、国有资金（含国家融资资金）占投资总额 50%以上（或虽不足 50% 但国有投资者实质上拥有控股权）的工程建设项目，必须采用工程量清单计价。

（7）工程量清单

① 工程量清单应由具有编制能力的招标人或其委托的具有相应资质的工程造价咨询企业、招标代理机构编制。

② 工程量清单的编制必须符合《建设工程工程量清单计价规范》（GB 50500—2008）强制性标准的规定。

③ 工程量清单成果文件必须有造价员、注册造价工程师签字并加盖执业专用章和咨询企业执业印章。

④ 措施费应按省有关规定进行补充列项。

⑤ 分部分项工程量清单的补充项目需附有项目的名称、项目特征、计量单位、工程量计算方法和工作内容。

二、招标控制价的备查

1.招标人至少应在开标前五天，将招标控制价报送至工程造价管理机构进行备查。

2.报送的招标控制价应提供建筑工程招标控制价成果文件的书面材料（电子文档）。

3.工程造价管理机构对报送材料不符合规定要求的，应在报送时一次性告知需要补充的全部内容。

4.工程造价管理机构应自收齐材料之日起 2 个工作日内，重点对以下内容进行检查：

（1）招标控制价应由具有编制能力的招标人或其委托的具有相应资质的工程造价咨询企业、招标代理机构编制。

（2）招标控制价成果文件必须有造价员、注册造价工程师签字并加盖执业专用章，单位公章（咨询企业执业印章）必须齐全。

（3）招标控制价中的安全生产措施费、规费和检验试验费为不可竞争性费用，按省有关文件的规定计算。

（4）综合单价的组成中：人工费按 40.03 元/工日计算，计费基础为 35.05 元/工日；材料价格的风险宜控制在 5%以内（与招标文件中规定的一致）；施工机械使用费的风险暂不考虑；企业管理费执行《黑龙江省建筑安装工程费用定额》（HLJD—FY—2007）规定标准的上限，利润执行《黑龙江省建筑安装工程费用定额》（HLJD—FY—2007）规定的标准。

（5）将检验试验费列入到一般措施费中，其标准为人工费的 4%。

（6）暂列金额的标准为 5%～10%。

（7）总承包服务费标准如下：

① 招标人自行供应材料的，按招标人供应材料价值的 1%计算。

② 招标人对分包的专业工程需要总承包管理和协调的，按分包专业工程估算造价的 1.5%计算。

③ 招标人对分包的专业工程需要总承包管理和协调，并同时要求提供配合服务的，根据招标文件中列出的配合服务内容和提出的要求，按分包专业工程估算造价的 3%～5%计算。

5.垦区内实行工程量清单计价招标的建筑工程，公布的招标控制价，不仅要公布总价，还应包括费用项目的组成，各分部工程的费用小计。

6.投标人对招标控制价有异议并提出复核申请的，按照《黑龙江省建筑工程招标控制价管理办法》的规定，由工程造价管理机构组织复核，并及时答复。

复核招标控制价误差范围在±3%以内（含±3%）的，原招标控制价有效；误差范围在±3%以外的，原招标控制价无效，应以复核确认的招标控制价为准。经复核确认的招标控制价不得再次复核。

复核招标控制价费用由申请人预付，复核确认招标控制价误差范围在±3%以内（含±3%）的，其复核费用由申请人承担；误差范围在±3%以外的，其复核费用由编制单位承担。

三、工程造价管理机构应将对招标文件计价条款及相关内容和招标控制价的审查意见，记入《建筑工程招标文件计价条款及相关内容登记表》（见附件 1）和《建筑工程招标控制价登记表》（见附件 2），分别发送招标人和招标投标管理机构。招标投标管理机构应监督招标人实施情况。

四、各级招标投标管理机构在办理招标备案时，发现招标人未办理《建筑工程招标文件计价条款及相关内容登记表》和《建筑工程招标控制价登记表》的，应当暂停招标。

五、招标人对招标文件计价条款及相关内容、招标控制价审查意见提出异议的，工程造价管理机构应当做出说明。工程造价管理机构做出说明后，招标人仍有异议的，可向上一级建设行政主管部门申诉反映。

六、未办理建筑工程招标文件计价条款及相关内容和招标控制价备查手续的，施工合同不予备案。

七、经复核确认招标控制价误差范围在±3%以外的工程造价成果文件，作为不良记录记入工程造价咨询企业、工程造价从业人员信用档案。

八、对招标文件计价条款及相关内容、招标控制价违反法律法规、规章、工程造价计价标准和计价办法规定的，工程造价管理机构下发《建筑工程招标文件计价条款及相关内容整改表》（见附件 3）、《建筑工程招标控制价整改表》（见附件 4），责令其改正，分别发送招标人和招标投标管理机构，并作为不良记录记入工程造价咨询企业、工程造价从业人员信用档案。

九、工程造价咨询企业、工程造价从业人员信用档案中的不良记录，是确定停止其执业行为的重要依据。

十、工程造价管理机构直接负责的主管人员和其他直接责任人员，未按本规定履行监督职责或者监督不力的，按有关法律法规及《黑龙江省建筑工程招标控制价管理办法》等规定，视情节轻重给予责令改正或行政处分，构成犯罪的，追究刑事责任。

十一、本规定由黑龙江省农垦总局工程造价管理站负责解释，自发布之日起执行。

附件：

1.《建筑工程招标文件计价条款及相关内容登记表》（略）

2.《建筑工程招标控制价登记表》（略）

3.《建筑工程招标文件计价条款及相关内容整改表》（略）

4.《建筑工程招标控制价整改表》（略）

江苏省

关于进一步加强全省重点水利工程建设招标投标程序管理的通知

苏水基［2010］1号

各市水利（务）局、厅直有关单位、各重点水利工程建设局（处）：

根据水利部和江苏省开展工程建设领域突出问题专项治理工作统一部署及《江苏省水利工程建设领域突出问题专项治理工作方案》具体要求，为进一步加强我省水利工程建设招标投标程序管理，特通知如下：

一、加强招标人资格和能力管理，强化招标项目报备制度

加强对招标人资格与能力的管理是保证建设项目招标投标活动规范有序的重要前提。招标人申请招标，招投标监管部门应重点把好五个环节：

1．认真把好招标组织形式和招标方式核备关。项目法人申请自行招标的，应严格按照国家发改委5号令和水利部14号令对其招标能力和条件进行核准，不具备条件的应要求其委托招标。项目法人采取委托招标的，要对招标代理机构资格、能力、业绩、信誉进行审查，不符合要求的应予更换；规模较大的重点工程，招标代理可通过招标择优选取。

2．认真把好招标报告审核备案关。要对招标报告中反映的招标条件、招标内容、招标方式、分标方案、招标计划、投标人资格、评标方法、评标委员会组成进行规范性审查。凡是招标报告未能及时提交或提交的招标报告不能满足要求的，应要求招标人修改完善且符合要求后，才能核准招标。

3．认真把好招标文件核查关。发布招标公告前，招投标监管部门应对招标信息和招标文件的规范性、完整性、针对性进行把关，招标文件不符合要求的，招标信息不予发布。

4．认真把好评标程序监管关。重点要加强对项目法人、招标代理、评标专家以及参与评标人员的行为监管，发现异常现象要即时制止，并将其行为录入个人和单位的诚信档案，以维护评标工作纪律的严肃性。

5．认真把好评标结果备案关。评标工作结束后，招标人应按国家七部委12号令规定时限内报备评标报告。评标报告报备不及时或评标报告内容不完整的，不予发布中标公示信息。招标人未按规定及时报备的，不予受理新的项目招标备案。

二、严格招标计划和分标方案管理，防止建设项目化整为零规避招标或虚假招标

加强对招标计划和分标方案的管理是遏制建设项目肢解招标、虚假招标的有效措施。招标人组织招标，应重点抓好三项工作：

1．认真组织招标设计工作。初步设计批复后，要及时组织相关设计单位搞好招标设计工作，根据工程项目技术特点，统筹考虑，认真细化，确保招标设计工作一步到位。

2．统筹制定招标计划和分标方案。招标计划和分标方案要严格执行国家发改委30号令等相关法规规定。对属于同类工程内容或技术上紧密相联的，应按照承包单位资质能力确定标段，严禁随意分割或以分批分期为名化整为零；不属于同类工程内容的也不得随意合并。少数特殊工程项目确因实际需要必须采取分批分期的，应事先报项目主管部门批准。

3．严格控制招标次数和标段数量。为提高招标工作效率和质量，同类工程内容或技术上紧密相联的建设项目原则上一次招标完成，每次招标的标段数应控制在3个以内，每个投标人只允许中1个标段。

三、加强对招标文件的质量管理，重点抓好评标办法和评标标准的制定

加强对招标文件的质量管理是招标人和评标专家在建设项目招标投标评审活动中择优选取投标人的重要保证。招标人要高度重视招标文件的编制工作，关键是科学制定评标办法和评标标准。

1．认真抓好招标文件的编制工作。招标人自身不具备招标文件编制能力的，要委请有资格、有能力、熟悉工程情况、掌握相关法律法规的单位和人员进行编制；对科技含量较高或技术比较复杂的工程项目，其招标文件应组织专家审查。

2．合理制定评标办法和评标标准。评标办法和评标标准的制定要依据工程的技术特点，具有针对性。对于一般堤岸防护工程或者基础处理、结构形式不复杂的建筑物工程应以合理低价法或最低评标价法为主，并提倡无标底招标或弱化业主标底权重以及技术分值，原则上控制在30%以内；对于规模较大、技术比较复杂的重要工程则应以综合评估法为主，为有利投标人充分竞争，业主标底权重和技术分值也应适当弱化，原则上控制在40%以内，并在技术分值中强化对投标人的资信、业绩、投入本工程的主要技术力量和主要技术创新方案等要素的评审。

四、加强评标专家和工作人员行为管理，规范评标工作程序

加强对评标专家和工作人员行为管理是保证招投标活动中评标工作公平公正的重要环节。招标人在评标工作中，要高度重视以下工作：

1．加强相关人员行为约束。重点要加强对项目设计人员和招标文件编制人员的行为约束，严禁同时为投标人编写投标文件，或向投标人和招投标活动无关人员透露信息。

2．控制评标工作人员人数。除必要的相关专业技术人员外，其他无关人员不得参与评标活动。采取委托招标的，项目法人和设计单位原则上可不派人参加工作组，确因评标工作需要的，应严格控制人数。

3．规范评委抽取工作。专家评委应在开标前从省专家库中随机抽取；项目法人评委也应具备评标专家条件，并在行政监督部门监管下通过差额抽取确定。招标代理人员不得担任所代理工程的评委。

4．严格评标工作程序。评标工作坚持时间服从质量，项目法人和招投标代理要确定合理的评标时间，评标时间一经确定，项目法人、招标代理和评标专家都不得随意缩短，确保初步评审和详细评审工作到位，使每个评标专家真正做到对每份投标文件详细审阅、独立评审。

5．严肃评标纪律。严禁评委在评标过程中相互暗示或打招呼，相关工作人员应忠于职守做好配合，不得向评标专家提供任何参考建议。每个评委应对每份投标文件评审赋分负责，凡出现与其他多数评委偏离较大，又不能合理解释的赋分不参与统计。

五、加强投标人资格和资信管理，规范投标人参与水利建设市场招投标活动程序

加强对投标人资格和资信管理是预防投标人非法获取投标资格或中标结果的重要手段。招标人在项目招标过程中，要按照招标投标程序严格把好以下几个环节：

1．认真抓好网上备案。凡没有通过《江苏省水利工程建设招标投标信息系统》建立信息档案的投标人，且未能实现网上报名的，不得给予现场报名和出售标书。

2．严格审查投标人资信。在出售和接受标书时，应认真核实投标人资信、资质、业绩（类似工程合同）、各类证书（如：安全生产、项目经理证书等）、主要人员（特别是委托代理人）身份等证件原件，严防假冒资质或借用资质投标。

3．强化各类证件复审。评标过程中，应对投标人资信、资质、业绩、项目经理及安全生产证书等证件证明进行复审，尤其要复审网上报名的项目经理与投标文件中项目经理一致性。有一项不满足要求的，特别是弄虚作假的，实行一票否决。

4．核查合同履行能力。定标前，应对投标人在建的中标合同和项目经理近期合约核实工作。对年度中标合同已超过该投标人核定的资质能力或项目经理被《信息系统》锁定的不得中标。

江苏省水利厅

二〇一〇年一月五日

浙江省

关于严格规范国有投资工程建设项目招标投标活动的意见

浙政发［2009］22 号

近年来，各地、各部门积极推进统一招标投标平台建设，加强对招标投标活动的监督和管理，促进了全省招标投标活动的健康发展。但是，在招标投标活动中挂靠投标、串标围标、低价中标高价结算等问题仍然较为突出，招标人及中介机构违规操作等现象不同程度存在，严重影响了正常市场秩序，滋生了不少腐败现象。为严格规范国有投资工程建设项目的招标投标活动，从源头上遏制工程建设领域中的腐败行为，现提出以下意见：

一、严格招标投标条件和程序

（一）本意见所述国有投资工程建设项目的具体范围是指《浙江省招标投标条例》第七条中包括的内容。

（二）依法必须招标的项目，招标人应将招标范围、招标方式报项目审批部门核准。招标事项一经核准，招标人不得随意改变。确需改变的，须报原核准部门批准。项目审批部门应依法核准招标事项，并在 5 个工作日内抄送有关行政监督部门。

（三）招标人应当在发出招标文件 5 个工作日前将招标文件送有关行政监督部门备案。未经备案的，招标公告、招标文件（包括招标补充文件）、招标资格预审文件（包括资格预审补充文件）等不得作为招标、投标、评标以及资格预审的依据。

有关招标投标行政监督部门负责对招标的合法性进行审查。有关行业行政主管部门负责对招标技术方案及相关标准的合法性、合理性进行审查。有关行政监督部门及其工作人员应当严格对备案材料进行审查，并在受理之日起 5 个工作日内完成备案审查工作。有关行政监督部门发现招标文件有违反法律、法规、规章规定或相关标准以及存在不公平条款的，应当及时告知招标人，由招标人自行改正后重新备案。

招标人违反有关备案规定造成不良后果的，应追究招标人及有关人员的责任。有关行政监督部门及其工作人员审查不严造成严重后果的，应追究有关行政监督部门及其工作人员的责任。

（四）严格遵守招投标各阶段时限规定。发售招标文件、招标资格预审文件时间不得少于 5 个工作日；发售招标资格预审文件之日起至递交招标资格预审材料截止时间不得少于 10 天；发售招标文件之日起至开标之日止不得少于 20 天；中标候选人、评标被废除的投标人及废标原因、中标人应在浙江招标投标网及其相关的交易中心、网站上公示（公告），时间不少于 3 个工作日；招标人和中标人应当自中标通知书发出之日起 30 日内签订合同，并在合同签订之日起 15 日内将合同报有关行政监督部门备案。

二、规范招标投标操作办法

（五）技术特别复杂或设计文件有特别要求的施工项目，可以实行招标资格预审，其他的实行招标资格后审。实行招标资格预审的，必须使用“招标资格预审标准文件”，并采用明确的具有可操作性的资格条件标准。

实行招标资格预审的招标项目应组建资格预审委员会。招标人只能派 1 名代表进入招标资格预审委员会。招标资格预审委员会的成员除招标人代表外必须在政府指定的评标专家库中随机产生，并进入相关交易中心评审。

各地、各部门不得以备案、登记、注册、交纳相关费用等为由设置条件限制本地区、本部门以外的潜在投标人的投标活动。

提倡采用不记名方式发售“招标资格预审文件”、“招标文件（含图纸）”。“招标资格预审文件”、“招标文件（含图纸）”和所有答疑、补遗文件可以通过浙江招标投标网或者当地相关网站下载。

（六）推行“标准施工招标文件和标准施工资格预审文件”。招标人制作的“招标文件”、“招标资格预审文件”有与标准文件不一致的内容，确需进行修改的，必须用黑体字注明，由招标人自行填入的内容，应当用斜体字写入，备案审查部门应将其作为重点审查内容。

（七）严格控制招标文件中设立材料、设备的暂估价。确需设立暂估价的材料、设备必须由业主方供应，估价材料或设备的总价值应达到规定的必须进行依法招标的额度，且保证今后能够通过依法招标的方式确定供应商，否则视同支解发包、规避监督行为。原则上不得设立专业工程、分部分项工程等的暂估价。

（八）招标项目实行委托招标的，应当通过招标竞争方式选择招标代理机构。招标代理业务必须由注册于该代理机构的业务人员负责完成。

（九）所有必须招标的工程建设项目，包括勘察、设计、代建、施工、监理以及与工程建设有关的重要设备、材料等的招标采购活动必须进入政府统一的招标投标交易中心发包交易。省重点建设工程（A）类项目在省招标投标交易中心进行发包，其他项目进入项目所在地的交易中心进行交易，跨地区的线性工程项目由招标人决定进入的招投标交易中心。

各招标投标交易中心应为招标投标活动及时提供规范的场所安排、信息服务，并为政府有关部门实施的监督和管理提供条件。建立、健全计算机管理系统和严格规范的服务操作程序，不得代替行政监督职责和干预招标投标活动。

评标专家的抽取终端应设在交易中心。交易中心应采取有效措施确保随机抽取评标专家，并认真做好评标专家名单的保密工作。

（十）对技术没有特殊要求的施工招标项目应采用经评审的最低投标价法。招标人应在招标文件中设置专门条款明确载明投标最高限价，防止投标人围标抬价。投标最高限价必须低于该工程预算造价的一定比例，下浮比例不得低于8%，且不得高于批准的概算造价。评标时按各投标人由低至高的报价排序，根据招标文件明确的评标办法和标准依次对投标文件进行评审，评出合格的3个投标人由低至高顺序排出中标候选人。

为防止投标人低价抢标，应以招标文件中设置专门条款明确载明的最高限价的85%作为风险控制价。凡低于该风险控制价中标的，中标人在提交履约保证金的同时必须额外提交中标价净值与风险控制价之差额。

（十一）不得采用抽签、摇号、摸球或者费率招标等方式选择潜在投标人、中标候选人或中标人。

（十二）积极推进电子招标，逐步实现招标资格预审文件、招标文件（招标补充文件）、投标文件的无纸化运作和运用计算机进行辅助评标。

（十三）投标保证金、履约保证金必须通过投标人或中标人的基本账户以银行转账方式缴纳或退还。项目业主支付的工程款只能拨付至中标人的基本账户。

（十四）原则上招标人不派代表参加评标委员会。确需参加的，只允许派1名代表参加，并采用抽签的方式产生，且招标人代表不得担任评标委员会主任。凡与招标人存在经济利害关系或隶属关系的单位（企业）参加投标的，招标人不得派代表参加评标委员会。需要重新评标的，必须依法重新组建评标委员会，原评标委员会成员不得进入重新组建的评标委员会。

（十五）招标人与中标候选人应当严格履行招标投标的约定和承诺。招标人应在招标文件中明确载明，第一中标候选人因不可抗力之外的原因放弃中标权的，必须按招标文件的规定没收其投标保证金。没收的投标保证金不能弥补由于其放弃中标权而给招标人造成报价的差额损失的，由放弃中标权的中标候选人承担。有关行政监督部门应将其放弃中标权的情况记入其信用档案。

所有中标候选人放弃中标权或被取消中标资格的，招标人应当重新依法组织招标。

（十六）建设工程招标投标活动中有下列情形之一的，应认定为串通投标行为：

1. 招标人（或招标代理机构）在规定的提交投标文件截止时间后，协助投标人撤换投标文件、更改报价。

2. 招标人（或招标代理机构）泄露投标人名称、数量或联系方式等应当保密的事项。

3. 不同投标人的投标文件由同一单位（或个人）编制或提供投标咨询服务。

4. 不同投标人使用同一人或者同一单位的资金交纳投标保证金。

5. 不同投标人委托同一人办理投标事宜的或不同投标人与同一投标人联合投标的。

6. 不同投标人的投标文件内容出现非正常一致，或者报价细目呈明显规律性变化。

7. 不同投标人的投标文件载明的项目管理人员出现同一人的情况。

8. 不同投标人的投标文件相互混装。

9. 法律、法规或规章规定的其他串通投标行为。

三、加强合同履行阶段的监督

（十七）除因管理原因发生重大质量安全事故不适合再任，因生病住院、终止劳动合同关系（需提供相关部门或单位的证明材料）等无法继续履行合同责任和义务，被责令停止执业、羁押或判刑外，项目负责人、项目总监理工程师、主要技术负责人不得更换。符合规定确需更换的，应征得建设单位同意，并经有关行业行政主管部门备案，且更换后的人员不得低于原投标承诺人员所具有的资格和业绩条件。其中被更换的项目经理和项目总监理工程师在原承担的合同工程项目未通过验收前不得参加依法进行招标的其他国有投资工程建设项目的投标活动。

（十八）严格执行设计变更管理的有关规定。由于设计变更导致突破原批准的初步设计概算工程造价10%的，或超过金额在500万元以上的，必须报原项目审批部门重新审批。

（十九）工程建设合同工期超过1年的应采用可调价差的固定单价合同，由发、承包双方合理分担人工、主要材料、机械等市场价格风险，并在招标文件或合同中明确风险、范围（幅度）及价差调整的方法。项目业主在履行合同时按照合同约定的价格和方式支付工程款。

四、严肃招标投标工作纪律

（二十）各项目管理、招标代理等中介机构和评标专家、招标人、投标人在招标投标活动中违法、违规、违纪的，由有关行政监督部门依法处罚，记入不良信用档案并在媒体公开曝光。对在招标投标活动中串标、围标的企业，限制其1～2年参于国有投资工程建设项目的投标。

（二十一）招标投标行政监督部门要认真履行监督执法职责，在监督执法过程中涉及其他部门管辖的事项，应及时移交其他部门处理或联合处理。

（二十二）建立由监察机关、招投标综合管理部门和行政监督部门等单位参加的招标投标行政监督执法协调机制，具体负责协调招标投标活动中的监督执法工作。

（二十三）监察机关负责对招标投标行政监督部门履行监督执法职责情况的行政监察，调查处理行政主管部门越权履职、行政不作为及乱作为等行为，严肃查处非法干预和插手招投标活动的国家行政机关和国有企、事业单位的工作人员。

浙江省人民政府

二〇〇九年四月二日

关于在省重点建设工程招投标活动中应用“企业信用报告”的通知

浙发改基综［2009］319号

各有关单位：

根据国务院办公厅《关于进一步规范招标投标活动的若干意见》（国办发［2004］56号）、《关于社会信用体系建设的若干意见》（国办发［2007］17号）文件精神和中央治理商业贿赂领导小组《关于在治理商业贿赂专项工作中推进市场诚信体系建设的意见》（中治贿发［2008］2号）的要求，浙江省发改委决定在省重点建设工程招标投标活动中推行“企业信用报告”制度。按《关于进一步规范省重点建设工程招投标活动的通知》（浙发改基综［2007］58号）和《关于在全省重点建设工程招标投标领域应用企业信用报告的通知》（浙发改法规［2008］172号）的规定，对应用“企业信用报告”的具体要求通知如下，请遵照执行。

一、采用经评审的最低投标价法评标的施工类招标项目，招标人可以将“企业信用报告”作为投标人资格条件的依据。招标人应在保证投标竞争充分的前提下，规定某类信用等级作为投标资格的必要条件，该条件必须在招标公告中载明。

二、采用综合评估法评标的施工类招标项目，招标人在将“企业信用报告”作为投标人资格条件依据的基础上，应在评标办法中考虑企业信用等级优劣情况。

三、施工类招标项目除根据本通知应用“企业信用报告”外，《关于进一步规范省重点建设工程招投标活动的通知》（浙发改基综［2007］58号）的相关规定仍应遵照执行。采用综合评估法评标时，设置“企业信用报告”评分可参照《浙江省重点建设工程施工招标评标示范办法》。

四、服务类招标项目，设置“企业信用报告”评分可参照《浙江省重点建设工程监理招标评标示范办法》。资信评分项目的设置在对投标人本身采用“企业信用报告”评分外，可以根据项目实际对拟派项目管理班子进行适当评分。

五、货物采购类招标项目，资信评分项目的设置在对投标人本身采用“企业信用报告”评分外，可以根据项目实际对投标人提供的货物进行适当评分。

六、招标人在设置“企业信用报告”评分时，可以调整评标示范办法中的各类信用等级的具体得分，但最高分值不得突破相应评标示范办法的最高得分。

七、本通知自2009年6月1日起施行。

附件：

1.《浙江省重点建设工程监理招标综合评标示范办法》

2.《浙江省重点建设工程施工招标资格后审综合评标示范办法》

3.《浙江省重点建设工程施工招标资格预审综合评标示范办法》

浙江省发展和改革委员会

二〇〇九年五月四日

附件1：

浙江省重点建设工程监理招标综合评标示范办法

1. 依据

1.1 为规范省重点建设工程招标的评标工作，根据《中华人民共和国招标投标法》、《评标委员会和评标方法暂行规定》（原国家发展计划委员会等七部委令第12号）、《浙江省招标投标条例》、《浙江省重点建设工程发包承包管理办法》、《浙江省人民政府关于严格规范国有投资工程建设项目招标投标活动的意见》（浙政发［2009］22号）等有关规定，制定本办法。

2. 评标原则

2.1 评标应遵循公平、公正、科学、择优的原则。

3. 评标委员会

3.1 评标工作由招标人依法组建的评标委员会负责，评标委员会成员为5人及以上单数，其中三分之二以上的成员在浙江省综合性评标专家库中随机产生。

3.2 评标委员会组建后报浙江省招标投标办公室（以下简称省招标办）备案。

4. 评标程序和内容

4.1 评标的一般程序

4.1.1 熟悉招标文件和评标办法。

4.1.2 投标文件的符合性审查。

4.1.3 投标人的资信、业绩评审。

4.1.4 投标文件的监理大纲评审。

4.1.5 投标文件的报价评审。

4.1.6 必要时，对投标文件中的问题进行询标。

4.1.7 根据评标办法对投标文件进行评分。

4.1.8 完成评标报告，推荐中标候选人。

4.2 投标文件的符合性审查

4.2.1 评标委员会应依照招标文件的要求和规定首先对投标人的投标资格和投标文件进行符合性审查。

4.2.2 投标人不得通过补充、修改或撤消投标文件中的内容使其成为实质性响应的投标。投标人在投标截止以后不得提交任何资料作为评标依据。

4.2.3 投标文件如存在以下情况之一的，经评标委员会三分之二以上的成员认定，作为符合性审查未通过予以废除，不再进行资信业绩、监理大纲、商务报价的评审：

（1）投标人的投标资格不满足国家有关规定或招标文件载明的投标资格条件的。

（2）投标人未按招标文件要求加盖单位印章或投标人的法定代表人（或其委托代理人）未按招标文件要求签字或盖章的。

（3）不响应招标文件规定的实质性要求（具体条文前用“★”标示）的。

（4）投标人不以自己的名义或未按招标文件的要求提供投标保证金或提供的保证金有缺陷而不能接受的。

（5）投标报价超出招标文件规定的上限、下限范围的。

（6）法律、法规、规章规定的其它无效投标的。

4.3 投标文件的资信、业绩评审

4.3.1 由评标委员会全体成员查阅投标文件及相关证明材料并进行集体讨论后统一评分。资信、业绩评分（-1～8分）的内容和标准为：

（1）投标人的《企业信用报告》评分。

评分依据：根据《关于进一步规范省重点建设工程招投标活动的通知》（浙发改基综［2007］58号）文件，用以评分的《企业信用报告（浙江省招标投标领域适用）》应符合以下所有条件：

a.《企业信用报告》由第三方信用服务机构出具；

b. 出具《企业信用报告》的机构已经浙江省发改委（浙江省信用浙江建设领导小组办公室）备案；

c. 信用等级信息已在“信用浙江”网上公示；

d. 在有效期（1年）内。

（2）具体得分如下表：（见下页表格）。

（3）拟派项目总监具有高级技术职称的，得2分。

（4）拟派项目总监近五年以总监身份承担过类似项目的，得2分。

（5）拟派项目总监到位率承诺达到80%的，得1分，达到60%的，得0.5分，低于60%的，不得分。

4.4 投标文件的监理大纲评审

4.4.1 由评标委员会全体成员在认真审阅、分析监理大纲主要内容的基础上，采用记名方式各自评分。如发现某个单项的评分超出了评分细则所规定的分值范围的，则该张评分表无效。此项评分为：从评标专家的有效评分中，扣除一个最高总分和一个最低总分（当专家人数超过9人时，扣除一个最高、次高总分和一个最低、次低总分）后的算术平均值。

4.4.2 监理大纲评分（26～62）的内容和标准为：

（1）监理大纲的内容是否全面；2～4分。

（2）监理大纲中对相关人员的组织分工是否明确；1～3分。

（3）项目总监、总监代表、监理工程师、检查员的权利和责任是否明确；3～5分。

信用等级	信用提示	得分
AAA	信用优良	3.0
AA		2.5
A	信用良好	2.0
BBB		1.5
BB	信用一般	1.0
B		0.5
CCC	信用偏低	0
CC		0
C	信用很差	-1
未出具报告或报告不符合要求	信用不明	0

（4）监理大纲中对本工程施工的难点、要点和关键部位是否阐明，质量控制的保证措施和手段是否科学、可靠；1～6分。

（5）关键部位的旁站监理方案是否完整、可行；2～5分。

（6）监理力量的投入是否能满足工程的需要；3～5分。

（7）监理人员的专业配置是否符合工程需要；3～5分。

（8）监理人员的年龄结构是否合理；2～4分。

（9）检测仪器和工具是否满足监理工作要求；2～4分。

（10）施工进度控制手段是否科学；2～4分。

（11）投资控制的方法是否合理、可行；1～3分。

（12）核定实际完成工程量的方法是否可行，其准确性的保证措施是否有力；2～4分。

（13）现场安全、文明施工的管理措施是否全面；2～5分。

（14）对业主或设计、施工、监理的合理化建议。0～5分。

以上内容评分时保留一位小数，计算评分值时保留二位小数。

4.5　投标文件的商务标评审

4.5.1　商务标评审应以报价口径范围一致的投标评标价为依据。投标评标价应在最终报价的基础上，按照招标文件约定的因素和方法进行计算。凡属招标文件的原因造成报口径范围不一致的，应调整投标人报价，但因投标人自身失误造成多算、少算、漏算的，不得调整。

4.5.2　投标文件的商务评分为监理服务费报价计算得分与报价质量评分之和。其中监理服务费报价计算得分满分为28分，由评标委员会指定专人计算并复核；报价质量满分为2分，由评标委员会集体判定评分。

（1）以招标文件规定的投标价下限为最佳报价值。

（2）投标评标价与最佳报价值对比，计算出投标评标价的得分值，即

a．投标评标价等于最佳报价值，得满分28分；

b．投标评标价高于最佳报价值一个百分点，扣0.3分。

以上计算得分时，如不足一个百分点时，使用直线插入法计算，保留二位小数，最低得分为10分。

（3）报价质量评分为0～2分，主要考虑的因素是：

a．报价的分析说明是否全面；0～1分

b．监理服务费的调整条件和办法是否明确。0～1分

4.6　投标文件的综合评分

4.6.1　投标文件的综合评分为投标文件的资信、业绩评分与监理大纲评分、报价评分的总和。

4.7　推荐中标候选人

4.7.1　评标委员会根据综合评分对投标文件进行排序，依次推荐前一至三名为中标候选人。评分相同时，报价低者优先。评分、报价均相同时，由评标委员会全体成员记名投票（不得弃权）决定排序。

4.8　评标报告

4.8.1　评标委员会对投标文件作出的评审结论，应当符合有关法律、法规、规章和招标文件的规定。

4.8.2　评标委员会应根据评标情况和结果，向招标人提交评标报告。评标报告应由评标委员会起草，经评标委员会三分之二以上的成员同意通过。评标委员会全体成员应在评标报告上签字确认，评标专家如有保留意见可以在评标报告中阐明。

4.8.3　评标报告应包括以下内容：

（1）开标记录。

（2）评标的内容、过程和结果。

（3）废标情况详细说明及相关依据。

（4）询标澄清纪要。

（5）中标候选人的优劣对比和存在问题。

（6）其他建议。

4.8.4　中标候选人按照《浙江省招标投标条例》规定进行公示，投标人如发现权益受到侵害，应当按照《工程建设项目招标投标活动投诉处理办法》（七部委11号令）的规定向有关监督部门提出投诉。

5．定标

5.1　定标由招标人负责，参与定标的人员不少于应到成员的三分之二（招标人也可以授权评标委员会直接确定中标人）。

5.2　定标按照原国家发展计划委员会等七部委 12 号令的有关规定，确定中标人。

5.3　如发生投诉争议等情况时，经查实中标候选人存在违法违规行为，不符合中标条件，且该行为在评标时是无法发现和确认的，招标人可以在其他中标候选人中按照推荐的排序确定中标人。

5.4　当所有中标候选人经查实都存在违法违规行为时，将重新依法组织招标。

5.5　招标人将招标投标情况和定标结果报省招标办备

案后，向投标人发出中标或招标结果通知书。

注意事项：

1．评标时间必须满足评标工作质量的需要。

2．评标结束，评标资料留存省招标办一套。

3．招标人应参照本办法结合工程的特点和要求制定具体招标工程的评标办法，在招标文件中公布，并报省招标办备案。

附件2：

浙江省重点建设工程施工招标资格后审综合评标示范办法

1．依据

1.1　为规范省重点建设工程招标的评标工作，根据《中华人民共和国招标投标法》、《评标委员会和评标方法暂行规定》（原国家发展计划委员会等七部委令第12号）、《工程建设项目施工招标投标办法》（原国家发展计划委员会等七部委令第30号）、《浙江省招标投标条例》、《浙江省重点建设工程发包承包管理办法》、《浙江省人民政府关于严格规范国有投资工程建设项目招标投标活动的意见》（浙政发［2009］22号）等有关规定，制定本办法。

2．评标原则

2.1　评标应遵循公平、公正、科学、择优的原则。

3．评标委员会

3.1　评标工作由招标人依法组建的评标委员会负责，评标委员会成员为5人及以上单数，其中三分之二以上的成员在浙江省综合性评标专家库中随机产生。

3.2　评标委员会组建后报浙江省招标投标办公室（以下简称省招标办）备案。

4．评标程序和内容

4.1　评标的一般程序

4.1.1　熟悉招标文件和评标办法。

4.1.2　投标文件的符合性审查。

4.1.3　投标文件的商务标评审。

4.1.4　投标文件的技术标评审。

4.1.5　必要时对投标文件中的问题进行询标。

4.1.6　根据评标办法对投标文件进行评分。

4.1.7　完成评标报告，推荐中标候选人。

4.2　投标文件的符合性审查

4.2.1　评标委员会应依照招标文件的要求和规定，首先对投标报价由低到高的前5名投标人的投标资格和投标文件进行符合性审查。符合性审查应包括三个方面内容：投标人资格审查、投标文件实质性格式要求响应性审查、投标文件实质性内容要求响应性审查。符合性审查未通过的投标文件不再进入后续评审。其他投标人按投标报价由低到高依次递补满5名（少于5名时全部进入评审范围）。

4.2.2　投标人不得通过补充、修改或撤消投标文件中的内容使其成为实质性响应的投标。投标人在投标截止以后不得提交任何资料作为评标依据。

4.2.3　投标文件如存在以下情况之一的，经评标委员会三分之二以上的成员认定，作为符合性审查未通过予以废除，不再进行商务标和技术标的评审：

（1）投标人的投标资格不满足国家有关规定的。

（2）投标人的资质、信用等级、业绩、人员、设备等条件不满足招标文件载明的强制性要求的。

（3）投标人未按招标文件要求加盖单位印章或投标人的法定代表人（或其委托代理人）未按招标文件要求签字或盖章的。

（4）不响应招标文件规定的实质性要求（具体条文前用“★”标示）的。

（5）投标人不以自己的名义或未按招标文件要求提供投标保证金或提供的投标保证金有缺陷而不能接受的。

（6）投标报价超过招标人制定的最高限价的（如有）。

（7）改变招标人提供的工程量清单中的内容或招标文件规定的投标暂定价的（但按照国家规范所作的修改除外）。

（8）采用的验收标准或主要技术指标达不到国家强制性标准或招标文件要求的。

（9）采用的施工工艺、方法或质量安全管理措施不能满足国家强制性标准或要求的。

（10）法律、法规、规章规定的其它无效投标的。

4.3　投标文件的商务标评审

4.3.1　评标委员会的商务专家应对通过符合性审查的投标文件进行商务标评审。评标委员会的商务专家应对商务报价的范围、数量、单价、费用组成和总价等进行全面审阅和对比分析，找出报价差异的原因及存在的问题。

4.3.2　商务标评审应以报价口径范围一致的投标评标价为依据。投标评标价应在最终报价的基础上，按照招标文件约定的因素和方法进行计算。凡属招标文件的原因造成报价口径范围不一致的，应调整投标人报价，但因投标人自身失误造成多算、少算、漏算的，不得调整。

4.3.3　投标报价中，如有以下情况之一的，按商务标评审不通过处理：

（1）投标人未按招标文件实质性规定（具体条文前应用“★”标示）要求进行报价；拒绝修正不平衡报价；拒绝提供报价分析说明和证明材料的。

（2）通过符合性审查的最低投标评标价低于通过符合性审查的次低投标评标价 8%，且投标人对其报价不能充分说明理由，或提供的相关材料无法证明报价不低于其成本价的。

（3）评标委员会认定属投标人自身原因有重大漏项的。

4.3.4　商务标评审不通过的投标文件不再进入后续评审。其他投标人按投标报价由低到高依次递补满 5 名（少于 5 名时全部进入评审范围）。

4.4　投标文件的技术标评审

4.4.1　评标委员会的技术专家对通过符合性审查和商务标评审的投标文件进行技术标评审。专家评审采用集体评议，记名表决，少数服从多数的方法进行。

4.4.2　如投标文件有以下情况之一的，按技术标评审不通过处理：

（1）项目经理、技术负责人不明确的。

（2）主要的施工技术方案或安全保障措施不可行的。

（3）主要施工机械设备不能满足施工需要的。

（4）附有工程无法适用的其他技术和管理条款。

4.4.3　技术标评审不通过的投标文件不再进入后续评审。其他投标人按投标报价由低到高依次递补满 5 名（少于 5 名时全部进入评审范围）。

4.5　投标文件的商务标评分

4.5.1　评分范围：通过符合性审查且商务标和技术标评审通过的投标报价由低到高的 5 名投标人（少于 5 名时取通过上述评审的全部投标人）的投标文件进入评分范围。

4.5.2　最佳报价值：进入评分范围的投标评标价的算术平均值为最佳报价值。

4.5.3　报价评分值的计算：

（1）每个进入评分范围的投标评标价与最佳报价值对比，计算评分值，即

a．投标评标价等于最佳报价值时，得满分 99 分；

b．投标评标价每低于最佳报价值 1 个百分点，扣 1 分；

c．投标评标价每高于最佳报价值 1 个百分点，扣 2 分。

（2）以上评分保留小数 2 位；评分不足一个百分点时，使用直线插入法计算。

4.6　投标人的《企业信用报告》评分

4.6.1　评分依据：

根据《关于进一步规范省重点建设工程招投标活动的通知》（浙发改基综［2007］58 号）文件，用以评分的《企业信用报告（浙江省招标投标领域适用）》应符合以下所有条件：

a.《企业信用报告》由第三方信用服务机构出具；

b. 出具《企业信用报告》的机构已经浙江省发改委（浙江省信用浙江建设领导小组办公室）备案；

c. 信用等级信息已在“信用浙江”网上公示；

d. 在有效期（1 年）内。

4.6.2　《企业信用报告》评分的确定：

进入评分范围的投标人的《企业信用报告》具体评分如下表：

信用等级	信用提示	得分
AAA	信用优良	1.0
AA		0.8
A	信用良好	0.6
BBB		0.5
BB	信用一般	0.3
B		0.2
CCC	信用偏低	0
CC		0
C	信用很差	-1
未出具报告或报告不符合要求	信用不明	0

4.7　投标文件的综合评分

4.7.1　投标文件的综合评分为投标文件的商务评分与投标人的《企业信用报告》评分之和。

4.8　推荐中标候选人

4.8.1 评标委员会根据综合评分对进入评分范围的投标文件进行排序，依次推荐前一至三名为中标候选人。评分相同时，报价低者优先。评分、报价均相同时，由评标委员会全体成员记名投票（不得弃权）决定排序。

4.9　评标报告

4.9.1　评标委员会对投标文件作出的评审结论，应当符合有关法律、法规、规章和招标文件的规定。

4.9.2　评标委员会应根据评标情况和结果，向招标人提交评标报告。评标报告由评标委员会成员起草，经评标委员会三分之二以上的成员同意通过。评标委员会全体成员应在评标报告上签字确认，评标专家如有保留意见可以在评标报告中阐明。

4.9.3　评标报告应包括以下内容：

（1）开标记录。

（2）评标内容、过程和结果。

（3）废标情况详细说明及相关依据。

（4）询标澄清纪要。

（5）中标候选人的优劣对比和存在问题。

（6）其他建议。

4.9.4　中标候选人按照《浙江省招标投标条例》规定进行公示。投标人如发现权益受到侵害，应当按照《工程建

设项目招标投标活动投诉处理办法》（七部委11号令）的规定向有关监督部门进行投诉。

5. 定标

5.1 定标由招标人负责，参与定标的人员不少于应到成员的三分之二（招标人也可以授权评标委员会直接确定中标人）。

5.2 定标按照原国家发展计划委员会等七部委30号令的有关规定，确定中标人。

5.3 如发生投诉争议等情况时，经查实中标候选人存在违法违规行为，不符合中标条件，且该行为在评标时是无法发现和确认的，招标人可以在其他中标候选人中按照推荐的排序确定中标人。

5.4 当所有中标候选人经查实都存在违法违规行为时，将重新依法组织招标。

5.5 招标人将招标投标情况和定标结果报省招标办备案后，向投标人发出中标或招标结果通知书。

5.6 在办理工程施工招标的定标备案手续前，招标人将对拟中标人的以下证书原件进行核验。

5.6.1 《安全生产许可证》。

5.6.2 企业“三类人员”证书。A类证书包括：企业法定代表人、企业经理、企业技术负责人及企业分管安全生产的副经理；B类证书包括：项目经理；C类证书包括：驻现场的安全生产专职管理人员。A类人员中企业分管安全生产的副经理，须提供任职文件。

5.7 上述七证凡一项核验不合格的，取消中标候选人资格，并在其他中标候选人中按照推荐排序确定中标人。

5.8 当所有中标候选人经核验均不合格的，将重新依法组织招标。

注意事项：

1．招标文件必须对投标人的资格条件要有界定明确的规定。

2．评标时间必须满足评标工作质量的需要。

3．评标结束，评标资料留存省招标办一套。

4．招标人应参照本办法结合工程的特点和要求制定具体招标工程的评标办法，在招标文件中公布，并报省招标办备案。

附件3：

浙江省重点建设工程施工招标资格预审综合评标示范办法

1. 依据

1.1 为规范省重点建设工程招标的评标工作，根据《中华人民共和国招标投标法》、《评标委员会和评标方法暂行规定》（原国家发展计划委员会等七部委令第12号）、《工程建设项目施工招标投标办法》（原国家发展计划委员会等七部委令第30号）、《浙江省招标投标条例》、《浙江省重点建设工程发包承包管理办法》、《浙江省人民政府关于严格规范国有投资工程建设项目招标投标活动的意见》（浙政发［2009］22号）等有关规定，制定本办法。

2. 评标原则

2.1 评标应遵循公平、公正、科学、择优的原则。

3. 评标委员会

3.1 评标工作由招标人依法组建的评标委员会负责，评标委员会成员为5人及以上单数，其中三分之二以上的成员在浙江省综合性评标专家库中随机产生。

3.2 评标委员会组建后报浙江省招标投标办公室（以下简称省招标办）备案。

4. 评标程序和内容

4.1 评标的一般程序

4.1.1 熟悉招标文件和评标办法。

4.1.2 投标文件的符合性审查。

4.1.3 投标人的资信评审。

4.1.4 投标文件的技术评审。

4.1.5 投标文件的报价评审。

4.1.6 必要时，对投标文件中的问题进行询标。

4.1.7 根据评标方法和标准对投标文件进行评分。

4.7.8 完成评标报告，推荐中标候选人。

4.2 投标文件的符合性审查

4.2.1 评标委员会应依照招标文件的要求和规定，首先对投标人的投标资格和投标文件进行符合性审查。

4.2.2 投标人不得通过补充、修改或撤消投标文件中的内容使其成为实质性响应的投标。投标人在投标截止以后不得提交任何资料作为评标依据。

4.2.3 投标文件存在以下情况之一的，经评标委员会三分之二以上的成员认定，作为符合性审查未通过予以废除，不再进行资信业绩、技术和报价的评审。

（1）投标人的投标资格不满足国家有关规定或招标文件载明的投标资格条件的。

（2）投标人未按招标文件要求加盖单位印章或投标人的法定代表人（或其委托代理人）未按招标文件要求签字或盖章的。

（3）不响应招标文件规定的实质性要求（具体条文前应用“★”标示）的。

（4）投标人不以自己的名义或未按招标文件要求提供投标保证金或提供的投标保证金有缺陷而不能接受的。

（5）改变招标人提供的工程量清单中的内容或招标文件规定的投标暂定价的(但按照国家规范所作的修改除外)。

（6）投标报价超过招标人制定的最高限价的（如有）。

（7）法律、法规、规章规定的其它无效投标的。

4.3　投标文件的资信标评审

4.3.1 由评标委员会全体成员查阅投标文件及相关证明材料并进行集体讨论后统一评分。

投标人的《企业信用报告》的评分即为资信评分。

（1）评分依据：根据《关于进一步规范省重点建设工程招投标活动的通知》(浙发改基综［2007］58号）文件，用以评分的《企业信用报告（浙江省招标投标领域适用）》应符合以下所有条件：

a.《企业信用报告》由第三方信用服务机构出具；

b.出具《企业信用报告》的机构已经浙江省发改委（浙江省信用浙江建设领导小组办公室）备案；

c.信用等级信息已在“信用浙江”网上公示；

d.在有效期（1年）内。

（2）《企业信用报告》评分的确定。

4.4　投标文件的技术标评审

4.4.1　由技术评标专家负责对投标文件的技术部分采用记名方式各自评分。如发现某个单项的评分超出了规定的分值范围的，则该张评分表无效。此项评分为：从评标专家的有效评分中扣除一个最高总分和一个最低总分(当专家人数超过9人时，扣除一个最高、次高总分和一个最低、次低总分）后的算术平均值（保留小数2位）。

4.4.2　技术评分（15～25分）具体内容和标准为：

（1）派驻现场的工程技术管理人员的专业配置是否合理；1～2分。

（2）总分包之间的关系是否明确，各项管理手段是否科学，是否考虑为招标人另行发包工程的承包人提供便利的施工条件；1～2分。

（3）施工现场总平布置的合理性；1～2分。

（4）施工进度网络计划、关键节点和线路的保证措施是否具有针对性和可行性；2～3分。

（5）施工质量的控制和检验手段是否科学、可靠；2～3分。

（6）原材料、半成品、外购件的质量保证措施是否可靠；1～2分。

（7）施工机具和检验仪器的投入是否能够满足工程质量和进度的要求；2～3分。

（8）各专业工种的配置和劳动力的投入是否能满足工程的需要；2～3分。

（9）工程关键部位的施工方案及保证措施是否具有针对性、科学合理；2～3分。

（10）安全、文明施工及市政、市容、环保、消防等的保证措施是否科学、合理、到位。1～2分。

4.4.3　以上评分保留小数1位。

投标人的《企业信用报告》具体评分如下表：

信用等级	信用提示	得分
AAA	信用优良	2.0
AA		1.5
A	信用良好	1.2
BBB		1.0
BB	信用一般	0.7
B		0.5
CCC	信用偏低	0
CC		0
C	信用很差	－1
未出具报告或报告不符合要求	信用不明	0

4.5　投标文件的商务标评审

4.5.1　由商务评标专家对投标文件的商务报价进行评审。商务评标专家应对商务报价的范围、数量、单价、费用组成和总价等进行全面审阅和对比分析，找出报价差异的原因及存在的问题。

4.5.2　商务报价评审应以报价口径范围一致的投标评标价为依据。投标评标价应在最终报价的基础上，按照招标文件约定的因素和方法进行计算。凡属招标文件的原因造成报价口径范围不一致的，应调整投标人报价，但因投标人自身失误造成多算、少算、漏算的，不得调整。

（1）符合性审查通过的投标评标价的算术平均值为报价平均值（投标评标价在5个及以上时，去除一个最高价和一个最低价；投标评标价在8个及以上时，去除一个最高、次高价和一个最低、次低价）。

（2）报价平均值与符合性审查通过的投标评标价中的次低投标评标价（不足4个的与最低投标评标价）的算术平均值为最佳报价值。

（3）根据投标文件的投标评标价与最佳报价值对比，计算投标人的商务报价的得分值，即

a. 投标评标价等于最佳报价值时，得70分；

b. 投标评标价每低于最佳报价值1个百分点，扣1分；

c. 投标评标价每高于最佳报价值1个百分点，扣2分。

以上报价得分不足一个百分点时，使用直线插入法计算，保留小数2位。

（4）报价书质量1～3分，如发现报价存在遗漏、多计或少算（采用工程量清单报价时，属于更改工程量清单内容的，不在此列），及其它差错，视涉及金额大小和差错次数酌情评分。

（5）投标文件的商务标评分为投标报价的计算得分与报价书质量评分之和。不足30分的，计为30分。

4.6 投标文件的综合评分

4.6.1 投标文件的综合评分为投标文件的资信标评分、技术标评分、商务标评分的总和。

4.7 推荐中标候选人

4.7.1 评标委员会根据综合评分对投标文件进行排序，依次推荐前1～3名为中标候选人。评分相同时，报价低者优先。评分、报价均相同时，由评标委员会全体成员记名投票（不得弃权）决定排序。

4.8 评标报告

4.8.1 评标委员会对投标文件作出的评审结论，应当符合有关法律、法规、规章和招标文件的规定。

4.8.2 评标委员会应根据评标情况和结果，向招标人提交评标报告。评标报告由评标委员会起草，经评标委员会三分之二以上的成员同意通过。评标委员会全体成员应在评标报告上签字认可，评标专家如有保留意见可以在评标报告中阐明。

4.8.3 评标报告应包括以下内容：

（1）开标记录。

（2）评标内容、过程和结果。

（3）废标情况详细说明及相关依据。

（4）询标澄清纪要。

（5）中标候选人的优劣对比和存在问题。

（6）其他建议。

4.8.4 中标候选人按照《浙江省招标投标条例》规定进行公示，投标人如发现权益受到侵害，应当按照《工程建设项目招标投标活动投诉处理办法》（七部委11号令）的规定向有关监督部门提出投诉。

5. 定标

5.1 定标由招标人负责，参与定标的人员不少于应到成员的三分之二（招标人也可以授权评标委员会直接确定中标人）。

5.2 决标按照原国家发展计划委员会等七部委30号令的有关规定，确定中标人。

5.3 如发生投诉争议等情况时，经查实中标候选人存在违法、违规行为，不符合中标条件，且该行为在评标时是无法发现和确认的，招标人可以在其他中标侯选人中按照推荐的排序确定中标人。

5.4 当所有中标候选人经查实都存在违法、违规行为时，将重新依法组织招标。

5.5 招标人将招标投标情况和决标结果报省招标办备案后，向投标人发出中标或招标结果通知书。

5.6 在办理工程施工招标的决标备案手续前，招标人将对拟中标人的以下证书原件进行核验：

5.6.1 《安全生产许可证》。

5.6.2 企业“三类人员”证书。A类证书包括：企业法定代表人、企业经理、企业技术负责人及企业分管安全生产的副经理；B类证书包括：项目经理；C类证书包括：驻现场的安全生产专职管理人员。A类人员中企业分管安全生产的副经理，须提供任职文件。

5.7 上述七证凡一项核验不合格的，取消中标候选人资格，并在其他中标候选人中按照推荐排序确定中标人。

5.8 当所有中标候选人经核验均不合格的，将重新依法组织招标。

注意事项：

1．评标时间必须满足评标工作质量的需要。

2．评标结束，评标资料留存省招标办一套。

3．招标人应参照本办法结合工程的特点和要求制定具体招标工程的评标办法，在招标文件中公布，并报省招标办备案。

关于在省重点建设工程招投标活动中实行行贿犯罪档案查询制度的通知

浙招办［2009］23号

各有关单位：

为了贯彻落实《浙江省预防职务犯罪条例》，根据省预防职务犯罪工作领导小组第一次成员会议的部署和要求，经研究，在省重点建设工程招投标活动中实行行贿犯罪档案查询制度，具体要求通知如下，请遵照执行。

（一）资格审查

1.在资格审查中，要求招标人向检察机关查询所有投标申请人及其拟派项目负责人一定年限内的行贿犯罪档案，并将查询结果列入资格审查内容。

2.实行有限数量制预审办法的招标项目，资格预审文件应将一定年限内的行贿犯罪记录设置为扣分内容或将无行贿犯罪记录作为投标资格的必要条件，设置相应的表格和扣分条款，同时要求投标申请人在资格预审申请文件中必须填报至预审申请截止日前本单位及拟派项目负责人的行贿犯罪情况。资审委员会根据资格预审文件规定和投标申请人的填报作出评审。招标人在将资格审查报告报我办备案公示前，应向检察机关查询通过单位及其拟派项目负责人的行贿犯罪档案，若发现有未如实填报或隐瞒不报情况的，一律取消其投标资格。

3.实行合格制预审办法的招标项目，应将一定年限内无行贿犯罪记录作为投标资格的必要条件，操作要求参照第2条。

4.对于不发售资格预审文件，而采用报名方式进行投标申请的招标项目，必须采用合格制预审办法，并将一定年限内无行贿犯罪记录作为投标资格的必要条件。招标人在评审前应向检察机关查询所有投标申请人及其拟派项目负责人的行贿犯罪档案。

5.实行资格后审的招标项目，有关要求应在招标文件中明确。

6.经批准实行邀请招标的项目，招标人在确定邀请名单前应向检察机关查询拟邀请单位一定年限内的行贿犯罪档案，不得将有行贿犯罪记录的单位列入被邀请名单。

7.招标人在向我办备案资格审查报告或邀请投标人名单时，应同时提交查询情况说明，有行贿犯罪记录的应附检察机关查询结果反馈单复印件。

（二）评标

8.所有投标人及其拟派项目负责人一定年限内的行贿犯罪记录，招标文件应设置为投标资格的必要条件或扣分内容。

9.实行综合评估法的招标项目，招标文件应将一定年限内的行贿犯罪记录设置为扣分内容或将无行贿犯罪记录作为投标资格的必要条件，设置相应的表格和扣分条款，同时要求投标人在投标文件中必须填报至投标截止日前本单位及拟派项目负责人的行贿犯罪情况。评标委员会根据招标文件规定和投标人的填报作出评审。

10.实行经评审的最低投标价法的招标项目，应将一定年限内无行贿犯罪记录作为投标资格的必要条件，操作要求参照第9条。

11.邀请招标或经过资格预审的招标项目，无论在确定入围名单时投标人有无填报行贿犯罪情况，都应在投标文件中填报至投标截止日前的行贿犯罪情况。

12.实行有限数量制预审办法的招标项目，当资格预审文件将行贿犯罪记录设置为扣分内容，且评标采用经评审的最低投标价法时，若投标人已在资格预审申请文件中如实填报的，不应在评标时再取消其投标资格；若行贿犯罪情况发生在资格审查申请截止日至投标截止日之间、在资格预审中未经过扣分处理的，应当在评标时取消其投标资格。

（三）定标

13.招标人在定标前，应向检察机关查询中标候选人及其拟派项目负责人的行贿犯罪档案，若发现有未如实填报或隐瞒不报情况的，一律取消其中标资格。

14.招标人在向我办备案定标结果时，应同时提交查询情况说明，有行贿犯罪记录的应附检察机关查询结果反馈单复印件。

（四）投诉

15.资格审查情况、中标候选人、中标人等公示后，招标项目的利害关系人如发现有投标人未如实填报或隐瞒不报的、资格审查委员会或评标委员会未按资格预审文件或招标文件规定评审的、招标人在确定投标入围名单或定标时未按要求查询行贿犯罪档案的，均有权在投诉有效期内向有关行政监督部门投诉。

（五）其他

16.本通知要求查询的行贿犯罪记录，由资格审查申请截止之日或投标截止之日上溯，一般应不少于3年，行贿犯罪记录日期以法院判决书日期为准。投标截止以后发生的行贿犯罪记录，不得作为投诉的依据。

17. 招标人将投标人及其拟派项目负责人无行贿犯罪记录作为投标资格必要条件的，应在招标公告中明确。

18. 本通知自发布之日起施行。

浙江省招标投标办公室

二○○九年九月二十一日

安徽省

安徽省政府投资建设项目审计监督办法

安徽省人民政府令第 225 号

《安徽省政府投资建设项目审计监督办法》已经 2009 年 12 月 25 日省人民政府第 46 次常务会议审议通过，现予公布，自 2010 年 3 月 1 日起施行。

省长 王三运

二○一○年一月二十五日

安徽省政府投资建设项目审计监督办法

第一条 为加强对政府投资建设项目的审计监督，进一步规范投资行为，提高投资效益，根据《中华人民共和国审计法》、《中华人民共和国审计法实施条例》和有关法律法规，结合本省实际，制定本办法。

第二条 本省行政区域内政府投资建设项目，以及与政府投资建设项目直接有关的建设、勘察、设计、施工、监理、采购等单位的财务收支，应当依法接受审计监督。

第三条 本办法所称政府投资建设项目，包括下列基本建设项目和技术改造项目：

（一）财政预算资金、政府专项建设资金（基金）、政府债务资金以及其他财政性资金占概算总投资比例 50％以上的建设项目，或者不足 50%但政府拥有控制权的建设项目。

（二）法律、法规、规章和县级以上人民政府规定的其他政府投资建设项目。

第四条 审计机关应当对政府投资建设项目总预算或者概算的执行情况、年度预算的执行情况和年度决算、项目竣工决算，依法进行审计监督。

对财政性资金投入较大或者关系国计民生的政府投资建设项目，审计机关可以对建设项目前期准备、建设实施、竣工使用等全过程进行跟踪审计。

第五条 县级以上地方人民政府有关部门应当在各自职责范围内，协助审计机关依法做好政府投资建设项目的审计监督工作。

政府投资建设项目的建设单位及其主管部门应当加强对本单位或者本系统政府投资建设项目的内部审计。

第六条 审计机关履行政府投资建设项目审计监督职责所必需的人员和经费，由本级人民政府予以保证。

第七条 审计机关应当根据法律法规和规章的规定，按照本级人民政府和上级审计机关的要求，确定年度政府投资建设项目审计工作重点，编制年度审计项目计划，并抄送本级人民政府发展改革、财政等部门。

审计机关编制政府投资建设项目年度审计项目计划，应当征求本级人民政府发展改革、财政等部门意见。

第八条 政府投资建设项目按照项目投资主体的财政隶属关系确定审计管辖范围。

上级审计机关可以将审计管辖范围内的政府投资建设项目授权或者委托下级审计机关审计，也可以直接审计属于下级审计机关管辖范围内的政府投资建设项目，但是应当防止不必要的重复审计。

下级审计机关依据上级审计机关委托实施的审计，审计结果应当报委托机关审定。

第九条　审计机关应当对政府投资建设项目下列事项的真实性、合法性和效益性进行审计监督：

（一）建设程序执行情况。

（二）项目法人、招标投标、合同管理和工程监理等建设管理制度执行情况。

（三）征地、拆迁费用管理及使用情况。

（四）建设资金的筹集与使用、建设成本和其他财务收支情况。

（五）工程价款结算、支付以及工程造价控制情况。

（六）设备和材料的采购、保管和使用情况。

（七）竣工决算报表的编制、交付使用资产情况。

（八）工程质量管理情况。

（九）经济、社会、环境等投资效益情况。

（十）法律法规和规章规定需要审计的其他事项。

第十条　审计机关可以对下列与政府投资建设项目有关的重要事项进行专项审计或者审计调查：

（一）专项建设资金的征集、使用和管理情况。

（二）涉及政府宏观调控政策的重要事项。

（三）政府指定或者涉及公共利益的其他重要事项。

第十一条　审计机关对政府投资建设项目及与政府投资建设项目有关的重要事项实施审计或者审计调查，具有下列权限：

（一）要求被审计单位提供相关文件资料、财务资料和电子数据等资料。

（二）检查被审计单位的有关文件资料、财务资料、合同、概（预）算、工程结算、竣工决算、工程监理资料和电子数据等资料。

（三）就审计事项的有关问题向相关单位和个人调查取证。

（四）法律法规和规章规定的其他权限。

与政府投资建设项目直接有关的建设、勘察、设计、施工、监理、采购等单位，应当按照审计机关的要求提供有关资料，并对提供资料的真实性、完整性负责。

第十二条　审计机关根据需要，可以委托具有法定资质的社会中介机构或者聘请具有与审计事项相关专业知识的人员参加审计工作。委托费用由本级人民政府统筹安排。

审计机关应当加强对委托的社会中介机构和聘请的相关人员的指导、监督，并对审计结果的真实性、合法性负责。

审计机关委托社会中介机构参加政府投资建设项目审计工作，应当采取招标等公平竞争方式。

第十三条　政府投资建设项目的建设单位，与施工单位签订建设工程合同，应当在合同中约定经审计后方可办理工程结算或者竣工决算，并约定保留一定比例的待结价款。

保留的待结价款可以与工程质量保证金等统筹安排，并在审计后结清。

第十四条　财政部门对政府投资建设项目进行投资评审的，应当在投资评审结束后，将评审结论抄送审计机关。

审计机关进行政府投资建设项目审计，可以利用财政部门对政府投资建设项目作出的投资评审结论。

第十五条　审计机关应当根据政府投资建设项目的规模确定审计期限，审计期限不得超过3个月。因特殊情况，经审计机关负责人批准，可以适当延长，延长期限最长不得超过2个月。

第十六条　审计机关应当在规定期限内完成政府投资建设项目审计。审计结果作为建设单位支付结算款项以及建设项目竣工后国有资产移交的依据。

以财政性资金投资为主的政府投资建设项目，经竣工决算审计后，有关部门方可批准财务决算。

第十七条　审计机关应当及时向本级人民政府报告政府投资建设项目审计结果，并抄送本级人民政府发展改革、财政等有关部门。

第十八条　政府投资建设项目审计结果经本级人民政府批准后，依法向社会公布。审计机关公布审计结果，应当保守国家秘密和被审计单位的商业秘密。

第十九条　被审计单位及其有关人员在政府投资建设项目中有违法违规行为，属于审计机关处理、处罚职权范围内的，由审计机关依照法律法规和规章的规定处理、处罚，并建议有关部门对有关责任人给予行政处分；对不属于审计机关处理、处罚职权范围内的，移送有关部门处理、处罚，有关部门应当依法及时作出处理、处罚，并将处理、处罚结果书面通知审计机关；构成犯罪的，移送司法机关依法追究法律责任。

第二十条　被审计单位违反本办法规定，未按照要求提供有关资料，或者提供的资料不真实、不完整的，由审计机关责令改正、通报批评；拒不改正的，依法追究法律责任。

第二十一条　政府投资建设项目工程结算中多计工程价款的，审计机关应当责令建设单位和施工单位据实结算，对已多付的工程价款，审计机关应当责令建设单位限期收回或者依法予以收缴；对少计工程价款的，审计机关应当责令建设单位限期改正。

第二十二条　审计机关委托的社会中介机构或者聘请的相关人员在政府投资建设项目审计中有违法行为的，审计机关应当及时停止其承担的工作，依法追究法律责任。

第二十三条 审计机关工作人员有下列行为之一的，依法给予行政处分：

（一）弄虚作假、出具虚假审计报告的。

（二）隐瞒被审计单位和建设项目存在的违反国家财经法规行为的。

（三）明知与被审计单位或者审计事项有利害关系而不主动回避，并造成严重后果的。

（四）泄露国家秘密或者被审计单位商业秘密的。

（五）滥用职权、徇私舞弊、玩忽职守的。

（六）有其他违法行为的。

第二十四条 本办法自2010年3月1日起施行。1997年1月29日省人民政府发布的《安徽省建设项目竣工决算审计规定》同时废止。

福建省

关于印发《福建省房屋建筑和市政基础设施工程施工预选承包商名录管理办法》的通知

闽建筑［2009］23号

各设区市建设局、发改委、财政局：

为贯彻落实省政府《关于进一步发展壮大建筑业的若干意见》（闽政［2006］11号）和省委《福建省贯彻落实〈建立健全惩治和预防腐败体系2008—2012年工作规划〉的实施办法》（闽委［2008］22号），加强我省政府投资房屋建筑和市政基础设施工程施工招投标监管，推进源头防腐工作，保障政府投资工程质量安全，促进建筑业持续健康发展，结合《福建省房屋建筑和市政基础设施工程施工预选承包商名录管理办法（试行）》（闽建筑［2007］43号）实施情况，省建设厅、发改委、财政厅制定了《福建省房屋建筑和市政基础设施工程施工预选承包商名录管理办法》，现予印发。请认真遵照执行。

福建省建设厅
福建省发展和改革委员会
福建省财政厅
二〇〇九年七月八日

福建省房屋建筑和市政基础设施工程施工预选承包商名录管理办法

第一条 为加强我省政府投资房屋建筑和市政基础设施工程施工招投标监管，推进源头防腐工作，保障政府投资工程质量安全，促进建筑业持续健康发展，根据省政府《关于进一步发展壮大建筑业的若干意见》（闽政［2006］11号）和省委《福建省贯彻落实〈建立健全惩治和预防腐败体系2008—2012年工作规划〉的实施办法》（闽委［2008］22号）等文件精神，结合《福建省房屋建筑和市政基础设施工程施工预选承包商名录管理办法（试行）》（闽建筑［2007］43号）实施情况，制定本办法。

第二条 依照《福建省依法必须招标项目具体范围和规模标准规定》（闽发改政策［2007］157号），在本省行政区域内依法必须招标的下列政府投资的房屋建筑和市政基础设施施工项目，适用本办法：

（一）省重点建设项目。

（二）工程施工总承包单项合同估算价3000万元及以上的。

（三）建筑装修装饰工程、机电设备安装（不含设备费）工程、消防设施工程、建筑智能化工程、建筑幕墙工程、园林绿化工程等依法单独发包的专业工程，单项合同估算价800万元及以上的。

第三条　本办法所称预选承包商，是指省和设区市建设行政主管部门会同发展改革、财政等部门，通过对承包商的资格、能力、业绩、信誉、财务状况、工程质量安全状况和对国家、社会的贡献等情况进行综合比较，从中优选出一批施工企业建立预选承包商名录（以下简称名录），招标人从名录中选择承包商。

第四条　名录分省和设区市二级，名录内分房屋建筑工程施工总承包、市政公用工程施工总承包和专业工程承包等若干个类别。

省级名录目前暂设房屋建筑工程施工总承包一个类别；各设区市可根据前款规定的名录类别和本办法第二条第（三）项规定的专业，并结合本地区实际分别设置施工总承包名录和专业工程承包名录的类别，合理设定企业入选名录的条件和数量，确保一定数量企业入选名录，防止围标串标。各县（市、区）不得设立预选承包商名录。

省级名录内的承包商在全省使用，无条件列入各设区市相应类别的名录并参加相应项目投标；设区市级名录内的承包商在本设区市内使用。

第五条　名录实行动态管理，每年受理申请、审查、公布一次。省级名录由省人民政府建设行政主管部门会同省发展改革、财政等部门按以下办法建立：

（一）符合本办法第六条规定的申请人少于80名的，所有符合规定的申请人可以直接进入名录。

（二）符合本办法第六条规定的申请人多于80名的，通过对申请进入名录的承包商进行综合评分，按得分从高到低选择80名承包商进入名录（第80名出现得分并列时同时进入名录）。

设区市名录由设区市人民政府建设行政主管部门会同同级发展改革、财政等部门，按照本办法并结合当地实际建立。

第六条　进入省级房屋建筑工程施工总承包名录的承包商必须同时具备下列条件：

（一）具有独立法人资格、良好的信誉。

（二）具有建设行政主管部门颁发的二级及以上的房屋建筑工程施工总承包资质和安全生产许可证书。

（三）申请进入名录前三年内在福建省有相应的工程业绩和良好表现。

（四）省外施工企业在闽设有分支机构，并在闽办理工商、税务登记，同时具有300平方米以上固定办公场所和相应专职技术人员、办公设施以及健全的分支机构管理制度。

第七条　承包商在申请进入名录前一年内有下列情形之一的，不予列入名录：

（一）发生较大及以上生产安全事故。

（二）超越本单位资质等级承揽工程。

（三）允许其他单位或个人以本企业名义承揽工程。

（四）将承包的工程转包或者违法分包。

（五）中标后非因不可抗力原因放弃中标二次及以上。

（六）按《关于建立福建省建设市场法人和自然人违法违规档案制度试行办法》（闽建法［2007］15号）规定，单位或法定代表人被列入违法违规档案。

（七）单位或法定代表人因有关部门行政处罚被禁止或限制参加工程建设项目投标尚在禁止期内的。

（八）因拖欠民工工资、分包商工程款被有关部门行政处罚的。

（九）按《福建省重点项目（考核类）参建单位业绩信誉评价登记办法》，被登记过D级或同一单位一年中有三个及以上C级的。

（十）在申请进入名录时存在弄虚作假行为。

申请进入预选承包商名录的承包商应当就规范投标等经营行为做出承诺，不参与围标串标，不与工程掮客合作牟利。

第八条　承包商申请进入名录应当提交下列材料：

（一）申请表。

（二）工商营业执照副本。

（三）资质证书、安全生产许可证书副本。

（四）申请进入名录前三年内在福建省上缴税收最多一年的纳税证明。

（五）工程业绩证明（施工总承包应提供工程合同、施工许可证或开工报告批复、竣工验收报告及备案证明，分包的应提供工程合同、分部分项工程验收证明）。

（六）申请人认为应当提交的其他材料（如证明良好信誉的文件、获奖证书、认证证书等）。

省外企业还应提供企业注册地省级建设行政主管部门有关工程质量、安全生产的证明，证明内容包括：企业申请进入名录库前一个年度是否发生工程质量、安全生产事故和发生事故的死亡人数等。

以上证书及有关证明材料提交复印件的，应提供原件与复印件核对。

第九条　承包商入选省级名录的程序：

（一）省建设行政主管部门商省发展改革、财政部门发出受理申请通知，并在福建建设信息网和福建招标与采购网上公告。

（二）申请人在规定的时间内向省建设行政主管部门提出申请。

（三）省建设行政主管部门组织人员对申请材料进行初审、汇总。

（四）省建设行政主管部门会同省发展改革、财政部门对汇总的申请材料进行评分、排名，确定进入名录的承包商初选名单，并将初选名单在福建建设信息网和福建招标与采购网上公示10个工作日。

（五）公示期内若有异议，可向省建设行政主管部门提出书面投诉，由省建设行政主管部门会同省发展改革、财政部门对有异议的承包商进行复审，并作出最终结论。

（六）省建设行政主管部门商省发改委、财政部门公布进入名录的承包商名单，并在福建建设信息网和福建招标与采购网上公告。

第十条 进入省级房屋建筑施工总承包名录的评分标准：

（一）企业注册资本得分（ZZ，以资质证书的为准，最高得 20 分）：达到 2000 万元基准数的得 5 分，每增加 2000 万元加 1 分（不足 2000 万元的不加分）。

（二）纳税总额得分（NS）：申请进入名录前三个年度上缴税收最多一个年度的纳税总额（省外建筑施工企业纳税总额为在福建省内上缴的税收），以税务部门出具的年度完税证明或纳税发票为准。每 50 万元计 1 分（不足 50 万元的不加分）。

（三）年平均建筑业总产值得分（CZ）：申请进入名录前三个年度完成的年平均建筑业总产值（省外建筑施工企业建筑业产值为在福建省内完成的产值），以福建省统计部门的统计年报为准。达到 1 亿元基准数的得 10 分，每增加 2000 万元加 1 分（不足 2000 万元的不加分），低于基准数的以零分计算。

（四）业绩分（YJ）：申请进入名录前三个年度在福建省内完成 15 层以上或高度 50 米以上的建筑物、构筑物，或单体面积 1 万平方米以上的建筑物，或建筑面积 5 万平方米以上的住宅小区或建筑群体的每项得 3 分；完成 28 层以上或高度 100 米以上的建筑物、构筑物，或单体面积 3 万平方米以上建筑物，或建筑面积 10 万平方米以上的住宅小区或建筑群体的每项得 6 分。业绩确认时间点以竣工验收报告落款时间为准。

（五）优质工程分（YZ）：申请进入名录前三年内，在福建省的工程获得国家鲁班奖的每项加 6 分、省优质工程奖的每项加 3 分。

（六）文明工地分（WM）：申请进入名录前三年内，在福建省的工程获得省级文明工地的每项加 2 分。

（七）科技进步分（KJ）：申请进入名录前三年内，企业在福建省的建筑类科研项目，每获得一项住房和城乡建设部或福建省政府科技进步三等奖加 2 分、二等奖加 3 分、一等奖加 5 分，每获得一项国家科技进步三等奖加 3 分、二等奖加 5 分、一等奖加 6 分，进入国家、福建省建设科技成果推广转化指南项目的每项加 1 分；企业在福建省的工程列为国家、福建省建筑新技术、节能科技推广示范工程并通过验收的，每项加 1 分。

（八）编制工法分（GF，最高计 10 分）：申请进入名录前三年内，编制并被公布为国家级工法的每套加 2 分，福建省级工法的每套加 1 分。

（九）先进分（XJ，最高计 5 分）：申请进入名录前一年内，被住房和城乡建设部授予先进企业的加 3 分，被福建省建设行政主管部门授予先进企业的加 2 分。

（十）抗险救灾分（KX）：申请进入名录前三年内，因参加抗险救灾受到国家表彰的每次加 6 分；受到国家部委、福建省委、省政府表彰的每次加 3 分；受到福建省省直部门、设区市委、市政府表彰的每次加 1 分。

（十一）信用等级分（XY）：申请进入名录前一年内，被福建省建设行政主管部门确认为 AAA 级的加 5 分；参加福建省重点项目建设业绩信誉考核被评定为 A 级的每个项目加 3 分。

（十二）综合实力分（SL）：入选福建省建设行政主管部门和统计部门公布的前一年度福建省建筑业企业综合实力评比结果的企业加 3 分。

（十三）扣分（KF）：申请进入名录前一年内，按《建筑市场诚信行为信息管理办法》（闽建筑［2007］40 号）和《福建省建设市场不良行为记录和信息公布办法》（闽建法［2008］104 号）规定被记录不良行为的，每次扣 3 分；发生一般生产安全事故，每死亡一人扣 3 分；参加福建省重点项目建设业绩信誉考核被评定为 C 级的每个项目扣 3 分。

前款第（四）、（五）、（七）～（十）项中，若出现同时满足多项指标的，按最高的一项计分；第（五）～（十一）、（十三）项内容确认时间点以证书或文件的落款时间为准。

设区市级名录的评分标准由各设区市参照本办法制定。

第十一条 进入名录后的承包商有下列情形之一的，由建设行政主管部门按下列规定进行处理，并将处理情况抄送同级发展改革、财政等部门：

（一）非因不可抗力原因放弃中标或拒绝按照合同约定进行中标工程施工的，暂时清出名录 6 个月。

（二）出现本办法第七条第一款情形之一的，清出名录。

承包商因前款第（一）项原因被暂时清出名录的，在清出期限内暂停本办法第十二条规定的投标资格。因前款第（二）项原因被清出名录的，停止本办法第十二条规定的投标资格，建设行政主管部门不再受理其进入下一年度名录的申请；出现空缺的，按原得分顺序由高到低及时递补（得分并列的同时递补），并由建设行政主管部门告知被递补进入名录的单位。

承包商被清出名录前已签订承包合同的业务，可继续完成。法律法规另有规定的从其规定。

第十二条 本办法第二条规定的招标项目，已经建立预选承包商名录的，只有名录内具备相应类别和资质等级的承包商才具有承接相应工程和参加投标的资格，招标人不得将工程发包给名录以外的承包商。但出现以下情形之一的，可以向名录外符合条件的承包商招标：

（一）名录内符合资格条件的承包商少于七家的。

（二）向名录内的承包商招标失败的。

第十三条　采用公开方式进行招标的，招标人应当在招标公告和招标文件中明确投标人在名录中所属的类别和资质等级要求，并采用资格后审方式招标。采用邀请方式进行招标的，招标人应当向名录内具备相应类别和资质等级的承包商发出投标邀请书。

对不属于技术特别复杂和有特殊专业要求的工程，招标人不得提出业绩方面要求作为报名条件，只要预选承包商名录内的企业资质符合条件即可参加投标；技术特别复杂和有特殊专业要求的工程设置业绩后，名录内符合条件的承包商少于七家的，应当允许名录外符合条件的承包商参加投标。

第十四条　招标人或其委托的招标代理机构应当按本办法规定编制招标公告和招标文件。发现违反规定的，建设行政主管部门将按有关规定严肃处理。

第十五条　本办法中下列用语的含义：

（一）政府投资项目，是指使用纳入政府预算管理的资金、间接融资资金以及政府管理的其他资金进行的固定资产投资项目。

（二）申请进入名录前，是指建设、发展改革、财政部门发出受理入选名录申请通知的时点之前。

（三）工程质量、安全生产事故划分标准，按国务院《生产安全事故报告和调查处理条例》的规定执行。

第十六条　本办法自发布之日起施行，闽建筑［2007］43号文同时废止。

关于印发《省管建设工程项目招投标监督管理工作制度》的通知

闽建筑［2009］32号

厅机关有关处室、直属单位：

为依法履行我厅招投标活动行政监督职能，规范省管建设工程项目招投标的监管行为，提高监管效率，维护招投标市场各方主体的合法权益，保证招投标活动有序进行，服务项目建设，制定《省管建设工程项目招投标监督管理工作制度》，现予印发，请遵照执行。该制度自印发之日起执行。

福建省住房和城乡建设厅

二〇〇九年十一月十八日

省管建设工程项目招投标监督管理工作制度

为依法履行招投标活动行政监督职能，提高监管效率，维护招投标市场各方主体的合法权益，保证招投标活动有序进行，根据《中华人民共和国招标投标法》和《福建省招标投标条例》等有关法律法规和省厅职责，制定本工作制度。

一、适用范围

1.本制度适用于省管建设工程项目（以下简称省管工程）的招投标（含勘察、设计、施工、监理和货物招投标，下同）。

本制度所称省管工程，是指进入省建设工程交易中心（以下简称省交易中心）交易，并由省厅监管的房屋建筑和市政基础设施工程招投标项目，范围包括：省直部门、省直单位、省属企业和省级资金投资或控股的建设项目，中央在我省投资及中央委托我省投资的建设项目。

2.非省管工程原则上不在省交易中心进行招投标。特殊情况需在省交易中心进行招投标的，招标人应提出书面报告，经该项目招投标监管部门签注同意意见，由省交易中心报厅分管领导同意后（抄送相应监管机构），方可在省交易中心进行招投标，并由该项目的监管部门负责监管。

二、监管职责分工

工程勘察、设计招投标由设计处负责监管；工程施工和货物招投标由建筑业处负责监管，具体监管工作由省建设工程造价管理总站负责；工程监理招投标由工程处负责监管（以下统称设计处、建筑业处与造价总站、工程处为监管机构）。

三、招投标监管内容

1. 依法必须招标的工程是否具备法定条件。

2. 依法必须招标的工程是否以化整为零或者其他方式规避招标。

3. 招标人采取的招标方式和组织形式是否合法。

4. 招标人是否依法发布招标信息和接受投标人的投标。

5. 招标代理机构是否具有相应资格，是否在规定的范围内承接招标代理业务。

6. 招标人和招标代理机构是否依照法定和招标文件规定的程序进行招标活动，是否按有关规定履行招投标各项文件的报备手续。

7. 招标文件是否使用统一的范本编制，修改内容是否合法，实质性条款前后是否一致。

8. 评标委员会的组建、组成及其评标活动是否依法进行。

9. 投标人是否依法参加投标活动。

10. 招标人是否依法确定中标人和发出中标通知书。

11. 依法受理和处理招投标投诉。

12. 工程招投标活动中依法需要监督的其他事项。

四、招标报备与审查

1. 省厅在省交易中心设立招标“报备窗口”，人员由厅有关处室、单位组成。

2. “报备窗口”履行以下职责：

（1）接受招标文件等材料的备案。

（2）对备案材料进行合法性审查。

（3）对备案材料中发现的违法违规和不合理条款提出处理意见，并按规定的程序送审。

（4）对在省交易中心进行招投标活动的招投标各方依法进行监督。

（5）对评标委员会是否依法组建和遵守评标纪律以及评标过程进行监督。

（6）对招标人是否依法发布招标信息、确定中标人、发出中标通知书、发布中标结果公示进行监督。

3. 进入省交易中心的省管工程，招标人或招标代理机构应通过福建省建设工程交易网上传所有依法应备案的招标文件和资料（勘察设计除外），并提供以下书面材料：

（1）项目立项批准文件复印件。

（2）应当履行初步设计及概算审批手续的，提供批准文件复印件。

（3）应当履行招标范围、招标方式和招标组织形式等核准手续的，提供核准文件复印件。

（4）建设资金或资金来源已经落实的证明材料。

（5）施工招标所需的设计图纸已经施工图审查机构审查的审查文件复印件。

勘察、设计、监理招投标只需提供上述第（1）、（3）、（4）项资料；货物招投标只需提供上述第（1）～（4）项资料。

4. “报备窗口”应在受理招标文件报备的3日（工作日，下同）之内完成审查，并填写《招标文件审查表》（详见附件1），其中未发现违法违规和不合理条款的，《招标文件审查表》由审查人填写后直接存档；发现有违法违规和不合理条款的，按规定的程序送审。

5. 备案材料处理意见审查程序：

“报备窗口”对备案材料中的违法违规和不合理条款提出处理意见后，经监管机构（施工、货物招投标报造价总站会建筑业处，下同）审核后报厅分管领导审定。

监管机构对备案材料中疑似违法违规和不合理的条款不能确定或有疑义的，由监管机构牵头会同有关处室、单位共同研究后提出审核意见，报厅分管领导审定。

重大问题由厅分管领导报告厅长确定。

五、违法违规等行为纠正

1. 招标人或其委托的招标代理机构未依法发布招标信息、备案、确定中标人、发出中标通知书、发布中标结果公示的，“报备窗口”应在 3 日内报告监管机构，由监管机构依法发出责令改正通知书。

2. 发现备案材料存在违法违规或明显不合理条款的，“报备窗口”应在接受备案后3日内提出处理意见（包括需采取的相应措施），并经厅里审定后，在接受备案后的 5 日内按以下规定处理（施工、货物招标由造价总站按以下规定处理）：

（1）招标文件存在违法违规条款的，采用以下方式通知代理机构（自行招标的通知招标人）改正：

①一般以电话或当面的方式通知招标项目的负责人，必要时可将《招标文件审查表》中有关处理意见的内容打印成《招标文件整改意见书》（详见附件2）并加盖招投标监管专用章后，交招标人及其委托的招标代理机构签收；代理机构或招标人有不同意见的，应陈述理由和依据；经监管机构研究并报厅分管领导同意，认为代理机构或招标人陈述的理由不成立或依据不足的，仍要求改正；同意代理机构或招标人陈述的理由和依据的，撤回改正要求。

经办人应及时做好通知过程、通知内容以及不同意见的记录。

②代理机构或招标人接到改正通知后，既无不同意见又不改正的，“报备窗口”应在截标前 5 日报告监管机构，由监管机构（施工、货物招标由造价总站）发出书面责令改正通知，并明确改正时间。

③代理机构或招标人接到书面责令改正通知后逾期仍不改正的，除按有关规定对招标人或其委托的代理机构进行处理外，监管机构（施工、货物招标由造价总站）应

及时通知省交易中心暂停安排接收投标文件和开、评标场所。

（2）招标文件未违法违规但存在明显不合理条款的，以电话或当面的方式提醒代理机构或招标人研究，同时做好记录。

六、评标专家抽取

1. 省交易中心应设立抽取评标专家的专用场所，配备随机抽取评标专家的设备和可显示来、去电话号码的固定免提电话，并按《福建省建设工程交易中心评标专家抽取暂行办法》抽取评标专家。

通知评标专家参加评标时应使用免提通话。

2. 因技术复杂、专业性强或者有特殊要求的招标项目，或者专家库内的专家人数或专业不能满足招标工程评标需要，招标人用书面形式直接确定评标专家的，招标人应在评标专家进入评标场所之前，向省交易中心提供直接确定评标专家的文件，并办理评标专家进入评标场所的手续。勘察、设计招标直接确定评标专家的，招标人和其委托的招标代理机构还应提前5日，按照《建筑工程设计评标中直接邀请专家若干规定》（详见附件3），并填写《设计招标评标委员会直接确认报备表》报监管机构。

招标人用书面形式直接确定的评标专家，招标人和代理机构应予以保密。

3. 不在省交易中心招投标的工程不在省交易中心抽取专家。

七、开标、评标监管

1. 在省交易中心招投标的工程原则上都应当在省交易中心内开、评标。特殊情况需要在省交易中心外开、评标的，招标人应提前5日向省厅提出书面报告，说明原因，由监管机构提出意见，报厅分管领导同意后方可实施。在省交易中心外开、评标的场所除应满足开、评标工作流程要求外，评标场所还应满足保密的要求。

2. 在省交易中心内进行的开、评标活动，通过省交易中心的闭路电视监控系统进行录像监督；录像的保存时间不少于30天（日历天，下同）。在省交易中心外开、评标的，监管机构应派至少2名以上人员现场监督。

八、投诉接受和处理

1. 投诉人当面递交投诉或反映招投标问题的材料，一律由厅办公室负责接收并按急件即时呈阅或批转有关监管机构处理。处室、单位收到的投诉或反映招投标问题的信函，应按急件即时转交厅办公室处理。

非书面形式的投诉一律不予受理。

2. 监管机构经办人员收到投诉后，应按照《福建省招标投标条例》和《工程建设项目招标投标活动投诉处理办法》的要求，对投诉是否符合招投标投诉受理条件进行审查（必要时经监管机构领导同意后，可请投诉人的法定代表人或其授权代表到省厅配合调查），并在3日内填写《招投标投诉审查表》（详见附件4），提出初步审查、处理意见，经监管机构领导审核，报厅分管领导审定。

初审内容包括：

（1）是否属于省管工程。

（2）是否超过投诉时效。

（3）投诉书上印章、签字等是否齐全，是否留有效的联系方式和联系人。

（4）委托投诉的是否附投诉企业法人授权委托书。

（5）投诉事项是否已进入行政复议或者行政诉讼程序。

（6）投诉事项是否具体，是否提供有效线索，能否查证。

（7）投诉人是否为所投诉招标投标活动的参与者，与投诉项目有无利害关系。

（8）投诉是否已作出处理决定，投诉人是否提出新的证据。

（9）用电话或信函的方式对投诉件的真实性进行核实。核实对象为投诉单位的法定代表人，内容包括：法定代表人是否知道本单位已递交了投诉书、本人是否亲自在投诉书上签字、投诉书上的公章是否真实、投诉书上的联系人或授权代表是否为本单位职工。

（10）是否已发出中标通知书。

（11）投诉反映的问题是涉嫌泄密，或者投诉与其他投诉书或信访件存在雷同，涉嫌挂靠投标、围标串标等违法违规行为。

3. 投诉单位及法定代表人在递交投诉书后3日内，不配合监管机构对其投诉件真实性进行核实的，按《工程建设项目招标投标活动投诉处理办法》第十二条第（三）项的规定处理，其投诉不予受理，并发出《投诉不予受理通知书》（详见附件5）。

4. 不符合投诉受理条件或不属于省厅受理的投诉，除无法告知的以外，应在收到投诉后的5日内按以下规定处理：

（1）属于省管工程的，发出《投诉不予受理通知书》，并将材料转招标人及代理机构阅处。

（2）不属于省厅受理的投诉，发出《投诉处理意见书》（详见附件6）。

5. 符合受理条件的省管工程招投标投诉原则上转招标人和代理机构核实处理，并应按以下规定办理：

（1）经厅分管领导批准，将投诉材料复印转招标人和代理机构核实处理，要求在10日内书面反馈核实处理结果，并明确书面反馈的基本内容要求；未发出中标通知书的还应通知暂缓发出中标通知书；已发出中标通知书的，应通知暂停签订合同。

招标人和代理机构书面反馈的核实材料基本内容应当包括：

①投诉反映的问题；

②调查核实的过程情况（包括相关利益者的陈述和申辩的情况）及所获得的证据材料；

③事实认定的意见；

④处理意见及依据。

（2）招标人和代理机构逾期未反馈核实处理结果的，监管机构（施工、货物招标由造价总站）经办人员应在到期的当日报告监管机构领导，并电话催促尽快反馈，同时做好电话记录；必要时可发函催促。

（3）监管机构（施工、货物招标由造价总站）经办人员收到核实处理结果书面反馈后，应在5日内完成审查，提出审查意见和应采取的相应措施报监管机构领导。审查内容包括：

①反馈的内容是否完整；

②证据是否确凿；

③投诉的问题是否都已得到处理；

④处理的依据是否合法。

监管机构在审查招标人和代理机构核实处理结果书面反馈过程中，必要时可会同厅有关处室、单位共同进行，或征求省发改委、监察厅等有关部门意见。

（4）对招标人和代理机构核实处理结果书面反馈审查后有异议的，由监管机构（施工、货物招标由造价总站）电话通知招标人和代理机构在5日内完成重新或补充核实处理，并做好电话记录。招标人或代理机构要求书面通知的，经厅分管领导同意发出书面通知。

（5）经审查并报厅分管领导审定对招标人和代理机构处理结果无异议的，由监管机构（施工、货物招标由造价总站）将处理结果当面向投诉人反馈。当面反馈时监管机构及有关处室、单位至少应有两人在场（必要时可请招标人和代理机构参加反馈），并由经办人员做好反馈记录。投诉人要求书面反馈的，经厅分管领导同意后给予书面反馈。

厅分管领导在审定工程招投标投诉处理结果过程中，必要时可召集厅有关处室、单位或省发改委、监察厅进行会商；涉及重大问题的招投标投诉处理，由厅分管领导报告厅长。

（6）逾期未能处理完成的投诉，由监管机构（施工、货物招标由造价总站）报厅分管领导同意后予以延期，并电话通知投诉人、招标人及其代理机构。

6. 特殊情况经厅分管领导批准由厅直接组织核查的工程招投标投诉，按以下规定办理，并建立会商机制：

（1）由监管机构会同厅监察室（必要时可请厅有关处室、单位配合）进行调查、取证，听取利益相关者的陈述和申辩。

（2）由监管机构牵头，召集厅有关处室、单位对调查的情况进行厅内会商，必要时还可与省发改委、监察厅等有关部门进行厅外会商，提出书面处理意见，报厅分管领导同意后作出书面处理决定。涉及重大问题的招投标投诉处理，由厅分管领导报告厅长。

7. 投诉处理完毕，应移送省建设监察总队初查或立案查处的，按厅有关行政执法案件处理机制的规定处理。

8. 不是正式投诉但书面反映招投标问题的信访件，按《福建省建设厅信访工作暂行规定（修订）》（闽建综［2005］24号）、《福建省建设厅信访工作责任制》（闽建综［2005］38号）的规定处理。

除上级机关、上级领导批办或厅领导有要求反馈的信访件外，其他群众来信不要求反馈处理结果。

九、来访和咨询

1. 涉及招投标问题的上访按《福建省建设厅处置建设工程招投标上访投诉事件工作预案》（闽建筑函［2009］17号）的规定处理。

2. 招投标工作咨询按以下规定进行：

（1）下级建设行政主管部门到省厅咨询有关招投标工作的，应由局领导带领，并事先与相应的监管机构联系，由监管机构报告厅分管领导同意后安排接待时间和人员。

（2）省厅不接受招标人或代理机构有关工程项目具体的招投标业务的咨询。涉及招投标法律法规问题的咨询，由法规处负责；涉及招投标监管问题的咨询，由监管机构负责。

省厅接受咨询的人员应当告知咨询人：咨询过程中省厅工作人员的口头意见仅供咨询人参考，不作为执行依据；咨询人据口头意见做出任何行为的法律后果，由做出行为的单位或个人负责。

3. 有关招投标问题的请示应以书面的方式进行，并按以下规定处理：

（1）请示的问题具有普遍性的，由相应的监管机构按普遍问题予以书面答复。

（2）涉及具体工程项目招投标问题的请示一般不予回复，并由相应的监管机构报告厅分管领导后予以电话告知。

任何形式的具体工程项目招投标问题的口头请示，一律不予接受。

4. 厅内涉及招投标工作的人员应当廉洁自律，严格遵守有关招投标和保密及廉政建设的各项规定，及时依法处理招投标各项问题，不得向无关人员泄露工程项目的招投标情况和投诉处理情况。厅内任何与工程招投标业务无关的人员，严禁本人或带人咨询、了解工程招投标的情况及投诉处理情况，干预投诉处理，违者由厅监察室调查处理。

十、招投标监管专用章管理

1. 省厅刻制“福建省住房和城乡建设厅建设工程项目招标投标监管专用章”（以下简称“监管专用章”），由建筑业处指定专人保管。使用“监管专用章”应经厅分管领导签发，并经“监管专用章”保管人员登记后方予用印；“监管专用章”保管人员应严格用章规定，保管和使用“监管专用章”。

2. 以下文件使用“监管专用章”：

（1）《投诉不予受理通知书》、《投诉处理意见书》。

（2）将省管工程投诉件复印转招标人和代理机构处理的函。

（3）对省管工程招标文件中的不合法条款或规定发出责令改正通知书。

（4）对下级招投标监管机构作出不合法或不合适的招投标监督执法决定或不依法履行监督职责等行为发出的责令改正通知。

（5）其他有关招投标市场和省管工程招投标活动监管工作中需要使用的文件。

十一、投标文件、评标资料封存管理和招投标监管档案管理

1. 按《福建省工程建设招标代理机构管理试行办法》（闽建法［2002］148 号 附件 2）第十一条规定封存在省交易中心的投标文件和评标资料（以下简称封存材料），未经同意，任何单位和个人一般不得查阅，有权机关、招标人等依法核查需要查阅、复印的，按本条规定办理查阅手续。

因处理投诉需要延长封存材料封存时间的，经厅分管领导同意，可以通知代理机构和省交易中心予以延长。

2. 招投标监管档案按《福建省建设厅机关文书档案管理办法》和《福建省建设厅办公室关于印发〈福建省建设厅归档文件整理办法、科技档案管理办法、会计档案管理办法、声像档案管理办法〉等通知》（闽建办［2005］15 号）及以下规定保管：

（1）省管工程招投标的备案材料委托省交易中心保管，保管期限不少于 5 年。

（2）招投标投诉及处理过程和监管过程中形成的材料，有文号的按文号顺序归档，没有文号的由监管机构每年度整理归档一次。

3. 封存材料和监管档案材料利用：

（1）查阅材料应按以下规定办理查阅手续：

①经批准由省厅直接对投诉进行立案调查或核查需要查阅封存材料或监管档案材料的，应经调查或核查处室、单位领导批准。

②厅内各职能处室、单位因工作或厅外其他部门、单位需要查阅封存材料或监管档案材料的，查阅单位应出具本单位介绍信，经监管机构领导同意，报厅分管领导批准。

经批准查阅封存材料的单位应提前至少 1 天与省交易中心联系，约定查阅时间，由省交易中心通知封存单位到场启封、监管机构派员监督查阅。封存材料查阅后，由原封存单位按规定继续封存。

③查阅材料的单位至少应派 2 人到场，并凭批准件办理登记手续后查阅资料。材料保管单位应留存同意查阅材料的批准件。

（2）查阅者应注意材料保密，不得将材料原件带离保管场所，不得任意转借、私自摘录、翻印、复制；需要摘录、翻印、复制的应经监管机构领导同意，并登记、签收所摘录、翻印、复制的材料。经批准复制的材料，材料利用者应对复制件使用的合法性负责。

（3）查阅者应保持档案的清洁、完整，不准撕拆、损污、涂改，否则保管单位有权停止其继续查阅，并要求损坏者承担修复责任。情节严重的，由保管单位报厅办公室处理。

附件 1：招标文件审查表　（略）

附件 2：招标文件整改意见书（略）

附件 3：建筑工程设计评标中直接邀请专家若干规定（略）

山东省

关于对全省建设工程评标专家进行资格复审的通知

鲁建招字[2010]3 号

各市建委（建设局）：

为实现评标专家的动态管理和优胜劣汰，提高我省建设工程评标专家队伍整体素质，根据《招标投标法》等相关法律法规及我省有关规定，决定对《山东省建设工程评标专家库》中任期满三年的评标专家进行资格复审。现将复审事项通知如下：

一、资格复审范围和条件

参加资格复审范围为全省 2007 年上半年取得资格的评

标专家，其中资深评标专家免于复审。资格复审合格须满足下列条件：

1. 符合评标专家法定资格条件。

2. 有良好的职业道德和评标业绩，在评标活动中没有违法违规行为。胜任评标工作，考核结论为基本称职以上。

3. 能按要求参加资格复审继续教育培训。

二、资格复审内容和程序

各市接到通知后，要将复审内容和要求及时通知待审专家，由专家从山东省建设工程招标投标管理信息网（www.sdzb.gov.cn），下载《山东省建设工程评标专家资格复审申请表》，然后按下列程序组织复审：

1. 复审申请。评标专家本人提出资格复审申请，填写《山东省建设工程评申请表》一式两份，连同有关证明材料原件一起报送所在设区市建设行政主管部门所属招标投标管理机构考核；县（市、区）招标办负责将辖区内评标专家申请材料，连同考核意见统一报市招标办审核；省直分库评标专家的申请材料直接报省招标办考核；冶金分库评标专家的申请材料由所在单位统一报省冶金总公司考核。

从业单位、职称、注册师以及通信方式有变化的评标专家，要特别标明，从业单位变更的由新单位盖章签署意见，职称或注册师有变化的需提供复印件，并将原件送设区市招标办核对。

2. 行为考核。依据评标专家资格复审申请材料，由各市招标办和省冶金总公司负责对所属分库评标专家进行行为考核，县域专家由所在县（市、区）招标办考核、设区市招标办审核。重点考核评标专家任期内的评标行为，包括评标责任心、公正度和专业水平。考核结论分为优秀、称职、基本称职、不称职四档，其中优秀和基本称职两档数量均控制在10%以内。提出考核意见后，报省招标办审核。

省招标办根据各市考核意见，结合《山东省建设工程评标专家管理软件系统》对专家评标活动记录，进行综合审核。考核结论不称职或不参加资格复审的评标专家不得参加继续教育培训。

3. 继续教育培训。对考核结论为基本称职以上档次的评标专家，由省招标办统一安排，与各设区市招标办共同组织继续教育培训。不参加专业培训的评标专家，视为资格复审不合格。

4. 资格复审认定。经继续教育培训的评标专家报请省建设厅审定，符合资格复审合格条件的评标专家，延续其评标专家资格。否则，终止或取消其评标专家资格。

5. 公告与换证。对延续资格的评标专家由省建设厅向社会公告，并换发《山东省建设工程评标专家资格证书》。

三、资格复审培训内容及时间安排

本次评标专家资格复审工作采取相对集中方式进行。省招标办3月份受理申报材料，4月份开始培训，6月底前复审工作全部完成。

培训安排一天时间，内容主要有两部分，一是新增招投标法规解读与评标实务答疑；二是当好评标专家专题讲座与专家经验介绍。培训地点设在各设区市。

培训分三批进行，具体安排是：四月份培训第一批，菏泽、济宁、临沂、日照、莱芜、泰安市；五月份培训第二批，聊城、德州、东营、潍坊、淄博、济南市；六月份培训第三批，青岛、烟台、威海市和冶金分库。

四、资格复审工作要求

这次评标专家资格复审是我省一次大规模的依法复审，涉及面广、复审人数多，并首次将行为考核和继续教育为复审重点。为此，提出以下要求：

一是认真做好评标专家的行为考核。各市要高度重视资格复审中的行为考核工作，安排专人负责，采取有效措施，客观公正对评标专家进行行为考核，切实评选出能代表本地评标水平的优秀专家，淘汰不合格专家，建立评标专家优胜劣汰制度。

二是组织好继续教育培训。重点是严密组织好专家参训。要选好培训场地；县域评标专家要由县（市、区）招标办统一组织参训；要查验评标专家资格证，确保专家本人到课。凡未参加本地培训的，需到下一个培训地补课。并推荐2～3位优秀评标专家，在本次培训中介绍当好评标专家的经验体会。

三是统筹评标专家统一管理。省住房和城乡建设厅确定，《山东省建设工程评标专家管理软件系统》在17市使用的基础上，今年覆盖到所有县（市、区），实现评标专家全省统一使用与管理。各市要利用好这次资格复审和管理软件统一使用之机会，通盘谋划本地区评标专家统一管理使用方案，加强对县（市、区）评标专家管理使用工作的调研和指导，推动评标专家使用管理及评标活动上一个新台阶。

附：《山东省建设工程评标专家资格复审申请表》（略）

联系人：沈平兴 0531-87065210

王晓光 0531-87923174

邮箱：sdpbzj@126.com

山东省住房和城乡建设厅

二〇一〇年一月二十日

河南省

关于进一步规范招标投标活动的意见

豫政［2009］48 号

各省辖市人民政府、省人民政府各部门：

为进一步规范全省招标投标（以下简称招投标）活动，营造公开、公平、公正的市场竞争环境，根据《中华人民共和国招标投标法》、《中华人民共和国政府采购法》、《中华人民共和国行政许可法》、《国务院办公厅关于进一步规范招投标活动的若干意见》（国办发［2004］56 号）、《河南省实施〈中华人民共和国招标投标法〉办法》等法律法规和相关规定，结合我省实际，提出以下意见：

一、充分认识进一步规范招投标活动的意义

进一步规范招投标活动，是社会主义市场经济体制下通过竞争择优方式优化资源配置的重要途径，是深化投资体制改革、提高国有资产使用效益和工程质量的有效手段，是加强反腐倡廉建设、从源头上预防和治理腐败的重要环节。近年来，随着我省经济持续快速发展，招投标活动日趋普及，招投标领域不断扩大，招投标已成为市场经济活动的重要内容。从总的情况看，我省招投标市场发展较好。但是，仍存在一些不容忽视的问题：有的地方和部门人为分割招投标市场，实行行业垄断和地区封锁；有的项目业主以各种名义规避招标、虚假招标，人为干预评标和定标；有的投标人串通投标、围标，以出具假资质、假保函、假业绩、假信贷证明等不正当手段骗取中标，之后擅自转包和违法分包；一些行政监督部门监管乏力，对违法行为查处不力；有的领导干部直接介入或非法干预招投标活动，行贿受贿、贪污腐败问题时有发生。因此，各地、各部门一定要从大局出发，提高认识，采取切实可行措施，改进招投标办法，进一步规范招投标活动。

二、进一步放开招投标市场，促进招投标市场有序竞争

全省各地、各部门要进一步清理有关招投标工作的规范性文件，修改或废止与《中华人民共和国招标投标法》、《河南省实施〈中华人民共和国招标投标法〉办法》、《中华人民共和国行政许可法》和国办发［2004］56 号文件相抵触的规定，并向社会公布。坚决禁止行业垄断和地区封锁行为，不得制定限制性条件阻碍或者排斥其他地方、其他系统投标人进入本地、本系统市场；严格禁止以获得本地、本系统奖项等歧视性要求作为评标加分条件或者中标条件；不得要挟、暗示投标人在中标后分包部分工程给本地、本系统的承包商、供货商。

要进一步拓展招投标领域，严格按照《河南省实施〈中华人民共和国招标投标法〉办法》规定的范围和规模标准进行招标。大型基础设施、公用事业等关系社会公共利益、公众安全的项目，全部或者部分使用国有资金投资或者国家融资的项目，使用国际组织或者外国政府贷款、援助资金的项目等三类项目必须依法进行招投标。规范政府采购、科研课题、特许经营权、药品采购、物业管理等领域的招投标活动。

三、改进资格预审办法，强化资格预审作用

资格预审阶段要严格审查投标人的资质业绩和信誉。要调整资格预审内容，将投标阶段对投标人技术能力、管理水平、财务能力、企业信用报告、信用评级报告、以往业绩信誉和有无不良记录等的审查工作前移到资格预审阶段，评标阶段不再对上述内容进行评审。为防止潜在投标人围标或串通投标，资格预审一般应当采用合格制；对于技术复杂、施工难度大的工程，经行政主管部门批准后可实行打分制。只要满足资格预审条件，通过符合性审查、强制性标准审查的潜在投标人均应通过资格预审，不得限制通过预审投标人的数量。为保证充分竞争，通过资格预审的投标人不得少于 5 家。

为切实保证资格预审工作的公开、公平、公正，资格评审工作由招标人依法组织的专家审查委员会负责。资格评审专家从全省统一的专家库内相关专业跨省专家名单中采取随机抽取方式确定，专家的数量不少于资格预审委员会成员总数的 2/3。评审专家要对照资格预审文件的符合性条件、强制性标准，独立对投标人递交的资格预审申请文件作出是否通过审查的结论，并对审查结论负责。招标人辅助工作人员不得参与具体评审工作。招标人要依法公示资格预审结果，并向未通过资格预审的投标人书面说明理由，接受社会监督。

四、改进评标办法，克服人为因素影响

为最大限度地减少人为因素影响，保证评标工作科学、合理、公正、透明，积极推行合理低价评标法，恰当实行最低价评标法，限制采用综合评分法。

凡具有通用技术、性能标准或对技术、性能没有特殊要求的工程项目，均采用经评审的合理低价评标法。采用合理低价评标法时，在评标阶段仅对投标要件是否存在重大偏差进行审查，主要对投标人报价进行评审。

对于技术含量较低、规模较小的工程项目，或具有通用技术、性能标准的设备、材料及服务采购项目，采用最低价评标法，但要通过提高履约保函额度或者保证金的形式防止恶意低价抢标。

对于技术复杂、性能标准特殊的工程项目，可实行综合评分法。

五、改进开标、定标方式，实行“阳光运作”

要按照法定程序在规范严密的场所公开进行开标、定标。采用合理低价评标法的招标项目，应采取开标现场随机抽取调整系数的方式形成标底，现场公布中标候选人。采用最低价评标法的招标项目，招标人应依据投标人报价确定中标人，无正当理由不得取消第一中标候选人优先中标资格，不得在中标候选人之外另行选择中标人。评标结果要及时公布，并进行公示。

创新招标方式，积极探索网络招标、电子招标等多种招标形式，逐步实现无纸化投标和计算机辅助评标。建立招投标活动网上监察系统和预警机制，全过程监控开标、评标、定标。

六、规范招投标主体行为，促进招投标活动健康开展

加强对招标人的监督管理。凡依法必须进行招标的项目，招标人要公开招标信息，按要求在指定的媒介发布招标公告，使潜在投标人能够了解项目情况、招标时间及地点、评标标准和方法，并有充足时间做投标准备。任何单位和个人不得将依法必须进行招标的项目化整为零或者以其他任何方式规避招标，不得违法指定或者限制招标公告的发布地点和发布范围。要采用国家统一标准的资格预审文件或招标文件，不得在文件中含有倾向或排斥潜在投标人的内容，不得含有地区或行业性限制条款，不得含有违反法律、法规和规章的规定。对超出国家范本增加的废标条件、有特殊要求的通用条款或专用条款，应在资格预审文件或招标文件的显著位置以黑体字标出。在订立合同时，招标人不得向中标人提出超出资格预审文件或招标文件规定的违背中标人意愿的要求，不得背离资格预审文件或招标文件的实质性条款再行订立其他协议。

加强对评标专家和评标专家库的监督管理。建立跨地区、跨部门的全省统一评标专家库并实行动态管理，吸收一定比例的省外优秀评标专家进入专家库。评标专家在评标过程中违法违纪的，依据有关规定，暂停或者取消其资格，不得再参加本省项目的评标活动，同时建议主管部门给予相应的政纪处分；涉嫌犯罪的，移交司法机关处理。

加强对招标代理机构的监督管理。建立健全招标代理市场准入和退出制度，招标代理机构必须与行政机关、事业单位脱钩，不得存在任何隶属关系或者其他利益关系。招标代理机构应当依法经营、平等竞争。对违法违规的招标代理机构，一经查实要严肃处理；情节严重的，取消其招标代理资格。

七、强化招投标活动行政监督工作，依法监管招投标行为

加强对招投标全过程的监督。建立统一规范的公共资源交易平台，完善招投标投诉处理机制，实行实名举报制度。重点加强对招投标过程中泄露保密资料、串通招标、串通投标、歧视和排斥投标等违法违规行为的监管，加大对转包、违法分包行为的查处力度。对挂靠有资质或高资质单位并以其名义投标，或者从其他单位租借资质证书进行投标等行为，由相关行政主管部门依法处理。加快建立从业单位的信用评价指标体系。有关部门要对从业单位的信用情况进行准确、公正的评价，定期向社会公布相关信息。建立河南省工程建设领域信用体系和廉洁准入制度，将招投标活动中违法违规的从业单位和人员记入“黑名单”，并向社会公布；情节严重的，要依法追究责任。

各级纪检监察机关要建立电子监察系统，变“人盯人”为“计算机盯事”。严厉查处招投标活动中的腐败和不正之风。重点查处领导干部和国家工作人员以权谋私，采取暗示、授意、打招呼、递条子、指定、强令等方式干预和插手招投标活动的违纪违法行为。在严厉惩处受贿行为的同时严厉惩处行贿行为，依法受理诬告陷害、打击报复他人的投诉，营造公开、公平、公正的市场竞争环境。

各级政府要切实加强对招投标工作的组织领导，及时总结经验，不断完善制度，切实解决招投标工作中出现的新矛盾、新问题，推动我省招投标工作健康有序开展。

河南省人民政府

二〇〇九年七月三日

湖南省

关于印发《湖南省代建单位招标投标办法》的通知

湘发改代建［2009］1386号

各市州发展改革委，各有关部门：

按《湖南省政府投资项目代建制管理办法》（省人民政府令第241号）规定，为规范代建单位招标投标行为，现将《湖南省代建单位招标投标办法》印发，请各地统一严格执行。对执行中发现问题，请及时反馈我委。

附件：湖南省代建单位招标投标办法

湖南省发展和改革委员会

二〇〇九年十二月十三日

附件：

湖南省代建单位招标投标办法

第一条　为规范我省政府投资项目代建单位招标投标活动，根据《中华人民共和国招标投标法》、《湖南省实施〈中华人民共和国招标投标法〉办法》和《湖南省政府投资项目代建制管理办法》等法律、法规、规章，制定本办法。

第二条　本省行政区域内政府投资项目代建单位招标投标活动，适用本办法。

第三条　代建单位招标投标活动应当遵循公开、公平、公正和诚实信用的原则。

第四条　发展改革部门会同政府出资部门、项目行政主管部门作为招标人，依法组织政府投资项目代建单位招标工作。

代建单位招标投标活动不受地区或者部门的限制，任何单位和个人不得以任何方式非法干涉招标投标活动。

第五条　发展改革部门在批复政府投资项目可行性研究报告或项目建议书时，对代建单位的招标方式进行核准。

代建单位的招标方式分为公开招标和邀请招标。招标人根据核准的代建单位招标方式组织招标工作。

第六条　经批准的项目估算或概算总投资3000万元以上的项目，必须采用公开招标方式确定代建单位。

经批准的项目估算或概算总投资3000万元以下的项目，可实行多个项目捆绑公开招标的方式。

对于代建费用没有达到法定规模标准的，可以采用比选的方式确定代建单位。

第七条　代建单位招标工作由招标人委托招标代理机构进行。招标代理机构采用比选方式产生，并应具备以下条件：

（一）具有中央投资项目招标代理资质。

（二）近3年没有因违反《中华人民共和国招标投标法》、《湖南省实施〈中华人民共和国招标投标法〉办法》及有关招标投标管理规定，受到有关行政管理部门的行政处罚。

（三）近3年法定代表人、经济或技术负责人没有因违反有关招标投标管理规定受到行政处分或刑事处罚。

第八条　招标代理机构应与招标人签订代建单位招标代理书面委托合同，并根据招标人的委托办理招标事宜。

第九条　采用公开招标方式的，应当发布招标公告，向不特定的法人或其他组织招标。招标公告应当在国家和省发展改革部门指定的媒体上发布。

经批准采用邀请招标的，应向三个以上具备承担招标项目管理的能力、资信良好的特定法人或者其他组织发出投标邀请书。

第十条　招标人可以根据招标项目本身的特点和需要，要求潜在投标人或者投标人提供满足其资格要求的证明材料，并对潜在投标人或者投标人进行资格审查。

资格审查分资格预审和资格后审。采取资格预审的，招标人应发布资格预审公告。采取资格后审的，招标人应发布招标公告。资格预审公告和招标公告应按本办法第九条规定的方式发布。

资格审查时，招标人不得改变已载明的资格条件或者以没有载明的资格条件对潜在投标人或者投标人进行资格审查。

招标人不得以不合理的条件限制、排斥潜在投标人或者投标人，不得对潜在投标人或者投标人实行歧视待遇。

第十一条 招标人根据招标项目的特点和需要编制招标文件。招标文件应包括下列内容：

（一）投标邀请书。

（二）投标人须知。

（三）评标标准和方法。

（四）项目有关批复文件。

（五）使用单位的相关要求。

（六）合同主要条款。

（七）投标文件格式。

招标人应当在招标文件中规定实质性要求和条件，并用醒目的方式标明。

招标文件在发售前应当报同级人民政府招标投标领导小组办公室备案。

第十二条 招标文件应当规定适当的投标有效期，以保证招标人有足够的时间完成评标和与中标人签订合同。

在原投标有效期结束前，出现特殊情况的，招标人可以书面形式要求所有投标人延长投标有效期。投标人同意延长的，不得要求或被允许修改其投标文件的实质性内容，但应当相应延长其投标保证金的有效期；投标人拒绝延长的，其投标失效，但投标人有权收回其投标保证金。

第十三条 招标人应当合理确定投标人编制投标文件所需要的时间。自招标文件开始发出之日起至投标人提交投标文件截止之日止，最短不得少于二十日。

第十四条 投标人应当具备下列基本条件：

（一）具有施工总承包一级及以上、工程设计甲级、工程监理甲级、工程咨询甲级、房地产开发一级资质中的一项或者多项资质。

（二）没有依法被责令停业。

（三）近3年内承接的项目中没有发生过较大以上责任事故。

（四）近3年内没有其他严重违法、违约等不良记录。

第十五条 招标人根据招标项目的具体情况，可以组织投标人踏勘项目现场。

投标人在阅读招标文件或现场踏勘中提出的疑问，招标人应以统一的书面形式答复并告知所有投标人。告知的内容为招标文件的组成部分。

第十六条 投标人应当按照招标文件的要求编制投标文件。投标文件应当对招标文件提出的实质性要求和条件作出响应。投标文件一般包括下列内容：

（一）投标函。

（二）投标报价和服务承诺。

（三）项目管理方案和实施计划（包括拟组织实施的项目管理机构和人员配置，代建实施方案及确保工程质量、进度、投资控制、安全文明生产等方面的具体措施）。

（四）企业资信情况（包括从事代建业务或工程建设管理业务的经验和业绩、企业经营财务状况、履约能力、社会信誉等）。

（五）招标文件规定的其他要求。

第十七条 招标人应在招标文件中要求投标人提交投标保证金。投标保证金可以是银行出具的银行保函、保兑支票、银行汇票等，但不得采用现金形式。

投标保证金一般不超过代建项目估算或概算总投资的千分之二，但最高不得超过三十万元人民币。投标保证金有效期应当与投标有效期一致。

第十八条 开标应当在招标文件确定的递交投标文件截止时间的同一时间公开进行。

省管项目应当在省招投标交易中心进行开评标；其他项目应当在项目所在地政府规定的招投标集中交易场所进行公开评标。

第十九条 发现投标文件有下列情形之一的，评标委员会初审后按废标处理，并在评标报告中说明废标的理由及依据：

（一）未密封或密封处未加盖投标人印章的。

（二）无法人单位盖章，以及法定代表人或法定代表人授权的代理人签字或盖章的。

（三）未按规定的格式填写，内容不全或关键字迹模糊、无法辨认的。

（四）投标人递交两份或多份内容不同的投标文件，或在一份投标文件中对同一招标项目有两个或多个报价，且未声明哪一个有效的。

（五）投标人名称或组织结构与资格预审时不一致的。

（六）没有按招标文件规定提供投标保证金的。

（七）招标文件约定的其他废标条件。

第二十条 评标委员会认定废标后因有效投标不足三个使投标明显缺乏竞争而决定否决全部投标的，或者所有投标均被作为废标处理的，招标人应重新招标。

第二十一条 提交投标文件的投标人少于三个的，招标人应当依法重新招标。

重新招标后投标人仍少于三个，或仍因有效投标不足三个而被评标委员会否决全部投标的，经原项目审批部门批准后可以不再进行招标，或者对两家合格投标人进行开标和评标。

第二十二条 评标由招标人依法组建的评标委员会负责。

评标委员会由招标人的代表和有关技术、经济、管理等方面的专家组成，成员人数为五人以上单数。其中，招标人代表为一人，其余为技术、经济、管理等方面的专家。

评标委员会中有关技术、经济、管理等方面的专家应当从湖南省综合评标专家库内随机抽取。

第二十三条 评标一般采用综合评估法，也可以采用法律法规允许的其他评标方法。采用综合评估法的，应当重点审查投标人的资信和项目管理能力。包括：投标人资产、信用情况，工程建设管理经验和业绩情况，管理机构设置、人员配备情况，组织协调设计、监理、施工的措施和能力，控制工程质量、工期和造价的措施和能力，履约和承担投资风险的能力等。

第二十四条　评标委员会应当在开标后十日内提出书面评标报告和推荐中标候选人。评标报告应由评标委员会全体成员签字。参与评标的专家对评标结果有异议的，应书面向评标委员会提出自己意见和理由，并由其本人签字确认，否则视为同意评标结论，同时应在评标报告中记录在案。

评标委员会推荐的中标候选人应当限定在一至三人，并标明排列顺序。

第二十五条　招标人应当自收到评标报告和推荐候选人名单之日起，在指定的媒介上对推荐的中标候选人进行公示，公示时间为十日。招标人应当在公示期满之日起十日内根据招标文件确定的中标条件和评标委员会提交的评标报告中推荐的排序确定中标人，并向中标人发出中标通知书。

中标通知书对招标人和中标人具有法律效力。中标通知书发出后，招标人改变中标结果的，或者中标人放弃中标项目的，应当依法承担相关责任。

招标人应当在确定中标人之日起十五日内向同级人民政府招标投标领导小组办公室提交招标投标情况的书面报告。

第二十六条　项目使用单位和中标人应当自中标通知书发出之日起三十日内，按照招标文件和中标人的投标文件订立书面代建合同。不得再行订立背离合同实质性内容的其他协议。

在与项目使用单位签订的代建合同生效前，中标人必须向项目使用单位提交银行履约保函，中标人提交银行履约保函金额为概算总投资的 1%～5%，具体比例根据项目行业特点在招标文件中确定。拒绝提交银行履约保函的，视为放弃中标项目。

第二十七条　政府投资项目的代建合同自签订之日起十日内，项目使用单位应当将合同副本报同级发展改革部门和有关部门备案。

第二十八条　各级人民政府招标投标领导小组办公室依法对代建单位招标投标活动实施监督。

监察部门依法对招标投标执法活动进行行政监察。

第二十九条　有关行政主管部门、代建单位、项目使用单位、招标代理机构违反本办法有关规定，按照《中华人民共和国招标投标法》、《湖南省实施〈中华人民共和国招标投标法〉办法》、《湖南省政府投资项目代建制管理办法》及有关管理规定进行处罚。

第三十条　本办法由省发展和改革委员会负责解释。

第三十一条　本办法自 2010 年 2 月 1 日起实施。

广东省

关于印发《广东省住房和城乡建设厅关于房屋建筑和市政基础设施工程施工评标的管理办法》的通知

粤建市［2009］7 号

广州市建委、各地级以上市建设局：

为规范房屋建筑和市政基础设施工程施工招标的评标活动，保证评标活动的公平、公正，维护招标投标活动当事人的合法权益，省住房和城乡建设厅根据有关法律、法规和规章，制定了《广东省住房和城乡建设厅关于房屋建筑和市政基础设施工程施工评标的管理办法》，现印发给你们，请按照执行。

执行过程中的问题和建议，请及时反馈至我厅建筑市场监管处。

广东省住房和城乡建设厅

二〇〇九年十二月十五日

关于房屋建筑和市政基础设施工程施工评标的管理办法

第一条 为规范房屋建筑和市政基础设施工程施工招标的评标活动，保证评标活动的公平、公正，维护招标投标活动当事人的合法权益，根据《中华人民共和国招标投标法》、《评标委员会和评标方法暂行规定》、《工程建设项目施工招标投标办法》等法律、法规和规章，制定本办法。

第二条 本办法适用于本省行政区域内，全部使用国有资金投资，以及国有资金投资占控股或者主导地位的房屋建筑工程项目和市政基础设施工程项目施工招标的评标工作。

第三条 评标办法是指对投标文件进行评审和比较、确定投标人的排名顺序、推荐中标候选人的标准和方法。

评标是指评标委员会依据招标文件载明的评标办法对投标文件进行评审和比较、确定投标人的排名顺序、推荐中标候选人的过程。

招标人在编制招标文件时，应根据本办法结合工程实际确定具体的评标办法并写入招标文件。

第四条 评标定标过程中，评标委员会应严格按照建设行政主管部门或其委托的建设工程招标投标管理机构备案的招标文件中的评标办法进行评标。招标文件中没有规定的评标办法不得作为评标的依据。

第五条 中标人的投标应当符合下列条件之一：

（一）能够最大限度地满足招标文件中规定的各项综合评价标准。

（二）能够满足招标文件的实质性要求，并且经评审的投标价格最低；但是投标价格低于成本的除外。

第六条 建设工程施工招标的招标人可以根据工程特点选择下列评标方法：

（一）最低投标价法。中标人的投标应当能够满足招标文件的实质性要求，并且有效的投标价格最低。适用于土石方、管道、花木种植等合同估价500万元及以下的简易工程，一般不要求编制技术标。

（二）经评审的最低投标价法。中标人的投标应当能够满足招标文件的实质性要求，并且经评审的投标价格最低，但是投标价格低于成本的除外。适用于具有通用技术的工程项目，可不要求编制技术标。

（三）平均值法。中标人的投标应当能够满足招标文件的实质性要求，并且经评审的投标价格最接近评标基准价。适用于具有通用技术的工程项目，可不要求编制技术标。

（四）综合评估法。中标人的投标应当能够最大程度地满足招标文件中规定的商务、技术等各项综合评价标准。适用于一级及以上施工资质才能承担的工程项目，或工程复杂、技术难度大和专业性较强的工程。

第七条 招标人采用本办法之外的评标方法的，评标方法的设定应当遵循“公平、公正、科学、择优”的原则，并报建设工程招标投标管理机构批准。

第八条 施工招标工程的评标委员会成员应当从政府设立的建设工程评标专家库中随机抽取确定。因评标需要，经建设行政主管部门批准，招标人可以委派不超过评标委员会成员总数三分之一的代表参加评标。

采用最低投标价法、经评审的最低投标价法、平均值法评标办法的，评标委员会成员中工程经济类评标专家不得少于50%。采用综合评估法评标办法的，应分别组建商务评标委员会、技术评标委员会。

第九条 评标委员会成员应当按照招标文件及有关规定独立评标，切实履行评标职责。对评标中发现的违法或者其他不良行为，评标委员会应及时做出处理并报告建设工程招标投标管理机构。

评标结论应当通过评标委员会所有成员按照少数服从多数的原则，以记名投票方式表决。禁止评标委员会成员将个人意见强加给他人，影响正常评标秩序和妨碍评标结论的公正性。

第十条 评标工作按以下程序进行：

（一）评标的准备。

（二）初步评审。

（三）详细评审。

（四）推荐中标候选人。

（五）提交评标报告。

第十一条 评标准备阶段的工作包括：

（一）熟悉文件资料。评标委员会成员应当认真研究招标文件，了解和熟悉招标目的、招标范围、主要合同条款、技术标准和要求、质量标准和工期要求等，掌握评标标准和方法，熟悉评标表格的使用，如果招标文件所附的表格不能满足评标所需时，评标委员会应补充编制评标所需的表格。

招标人或者招标代理机构应当向评标委员会提供评标所需的信息和数据，包括招标文件、未在开标会上当场拒绝的各投标文件、开标会记录、资格预审文件及各投标人在资格预审阶段递交的资格预审申请文件（适用于已进行资格预审的）、招标控制价、标底（有标底的）、工程所在地工程造价管理部门颁布的工程造价信息、定额（如作为计价依据时）、有关的法律、法规、规章、国家标准以及招标人或者评标委员会认为必要的其他信息和数据。

（二）基础性数据分析。在不改变投标人投标文件实质性内容的前提下，评标委员会应当对投标文件进行基础性数据分析和整理（简称为“清标”），从而发现并提取其中可能存在的对招标范围理解的偏差、投标报价的算术性错误、错漏项、综合单价构成不合理、不平衡报价等存在明显异常的问题，并就这些问题整理形成清标成果。需要投标人进行书面澄清、说明和补正的，应当经投标人书面澄清、说明、补正或认可，作为商务标评审的依据。

对于大型或者特殊的施工招标工程，招标人可在评标前委托造价咨询企业对投标人的商务标书进行清标，并出具清标报告。清标发生的费用由招标人承担。

第十二条　初步评审阶段的工作包括：

（一）形式评审。评标委员会根据招标文件规定的评审因素和评审标准，对投标人的投标文件进行形式评审，并记录评审结果。

（二）资格评审。评标委员会根据招标文件规定的评审因素和评审标准，对投标人的投标文件进行资格评审，并记录评审结果（适用于未进行资格预审的）。

（三）响应性评审。评标委员会根据招标文件规定的评审因素和评审标准，对投标人的投标文件进行响应性评审，并记录评审结果。

（四）判断投标是否为废标。评标委员会根据招标文件规定的废标条件判断投标人的投标是否为废标，并记录评审结果。

（五）算术错误修正。评标委员会依据招标文件规定的相关原则对投标报价中存在的算术错误进行修正，并记录评审结果。

第十三条　只有通过了初步评审的投标文件方可进入详细评审。详细评审阶段的工作包括：

（一）采用最低投标价法的：检查投标报价详细内容是否涵盖招标项目的范围和内容，确定有效的投标报价；对有效的投标报价从低至高排序并据此确定投标人的排序。如招标人要求编制技术标的，对投标人的技术标依序进行详细评审，直至确定三位中标候选人。

（二）采用经评审的最低投标价法的：根据招标文件的规定，从低至高依次评审投标报价，并作出其是否低于投标人企业成本的评审结论，直至确定三位中标候选人。如招标人要求编制技术标的，对投标人的技术标依序进行详细评审，直至确定三位中标候选人。

（三）采用平均值法的：确定评标基准价；对商务标详细评审；按照最接近评标基准价的顺序进行排序，投标报价最接近评标基准价的前三位为中标候选人。如招标人要求编制技术标的，对投标人的技术标依序进行详细评审，直至确定三位中标候选人。

（四）采用综合评估法的：商务评标委员会和技术评标委员会分别对投标文件进行详细评审，并根据招标文件规定进行量化打分；商务标和技术标评审结果汇总；按评审总得分从高至低的顺序确定三位中标候选人。

第十四条　评标工作完成后，评标委员会应写出评标报告并由评标委员会全体成员签字。评标委员会成员对评标结论有异议的，应以书面方式阐述其不同意见和理由。评标委员会成员拒绝在评标报告上签字且不书面阐述其不同意见和理由的，视为同意评标结论。评标委员会应当对此作出书面说明并记录在案。

评标委员会完成所有评标工作后，应当向招标人提交书面评标报告。招标人应当将评标报告按规定报送建设工程招标投标管理机构备案。评标报告应载明如下内容：

（一）基本情况和数据表。

（二）评标委员会成员名单。

（三）开标记录。

（四）符合要求的投标一览表。

（五）废标情况说明。

（六）评标标准、评标方法或者评标因素一览表。

（七）经评审的价格或者评分比较一览表。

（八）经评审的投标人排序。

（九）推荐的中标候选人名单及排列顺序。

（十）澄清、说明、补正事项纪要。

（十一）签订合同前要处理的事宜及其他。

第十五条　招标人应根据评标委员会提供的评标报告和推荐的中标候选人排列的先后顺序确定中标人。

第十六条　招标人和中标人应当自中标通知书发出之日起 30 日内，按照招标文件和中标人的投标文件订立书面合同。

第十七条　本评标定标办法自 2010 年 1 月 1 日起执行。原广东省建设厅粤建管字［2002］41 号文件同时停止执行。

附件：

一、评标方法（略）

二、商务标评分规则（略）

三、技术标合格性评审标准（略）

四、技术标详细审查评分标准（略）

关于印发《广东省住房和城乡建设厅关于建设工程项目招标中标后监督检查的办法》的通知

粤建市［2009］8号

广州市建委、各地级以上市建设局：

为了规范建筑市场秩序，确保建设工程施工和监理招标中标后，按照招标文件、中标单位的投标文件和工程合同的约定实施，根据有关法律法规，结合本省实际，我厅重新修订了《广东省住房和城乡建设厅关于建设工程项目招标中标后监督检查的办法》，现印发给你们，请按照执行。

执行过程中的问题和建议，请及时反馈我厅建筑市场监管处。

广东省住房和城乡建设厅

二〇〇九年十二月十五日

广东省住房和城乡建设厅关于建设工程项目招标中标后监督检查的办法

第一条 为了规范建筑市场秩序，确保建设工程施工和监理招标中标后，按照招标文件、中标单位的投标文件和工程合同的约定实施，根据《中华人民共和国建筑法》、《中华人民共和国招标投标法》等有关法律法规，结合本省实际，制定本办法。

第二条 本省行政区域内依法必须招标的房屋建筑工程项目和市政基础设施工程项目（以下简称建设工程项目）的施工和监理招标中标后的监督检查，适用本办法。

第三条 本办法所称的监督检查，是指建设行政主管部门对建设、施工（含施工总包和分包单位）、监理等单位执行工程建设法律法规和履行投标承诺、工程合同的情况进行监督管理的一系列活动。

第四条 县级以上人民政府建设行政主管部门负责本行政区域内建设工程项目招标中标后的监督检查工作。

第五条 省住房和城乡建设厅委托广东省建设信息中心建立全省建设工程管理信息系统（以下简称管理信息系统），各市要以该管理信息系统为平台，建立健全本地的相应管理信息系统。相关单位必须通过该管理信息系统及时填报本办法要求填报的资料，确保建设工程项目中标后的工程管理信息公开，方便政府和社会监督。

第六条 任何单位和个人有权向当地建设行政主管部门进行检举和投诉建设工程项目招标中标后建设过程中的违法违规行为。

第七条 建设单位应依法加强对施工总分包的管理，中标单位的投标文件中有载明分包并符合法律法规规定的，方可同意分包，并在合同中约定。建设单位不得指定分包单位。

第八条 建设行政主管部门在办理施工许可证时，发现施工或监理合同的主要条款与招标文件、投标文件和中标通知书不一致，工程分包行为不符合法律规定和合同约定的，应予以纠正。

建设行政主管部门应在管理信息系统上填报《施工招标中标情况登记表》（见附表1）、《监理招标中标情况登记表》（见附表2）以及《施工总分包情况报告表》（见附表3）。

第九条 投标文件确定的项目负责人和总监理工程师除发生下列情形之一外，不得更换：

（一）因重病或重伤（持有县、区以上医院证明）两个月以上不能履行职责的。

（二）调离原工作单位的。

（三）因管理原因发生重大工程质量、安全事故，施工单位认为该项目负责人不称职或监理单位认为该项目总监不称职需要更换的。

（四）无能力履行合同的责任和义务，造成严重后果，建设单位要求更换的。

（五）因违法被责令停止执业的。

（六）因犯罪被羁押或判刑的。

（七）死亡。

发生上述情形需要更换的，施工或监理单位应向建设行政主管部门填报《建设工程项目管理班子变更情况报告表》（见附表4），并附上有关证明文件，经审核同意方可变更。同意变更后，建设行政主管部门应在管理信息系统上填写变更的内容。

更换后的项目负责人或总监理工程师应与中标单位的投标文件所确定的项目负责人或总监理工程师的主要条件一致。

第十条　建设行政主管部门或其委托的建设工程质量安全监督机构应对建设工程项目的施工管理人员、监理人员到位情况和施工总分包情况进行现场检查。每月至少检查一次。检查的主要内容和步骤包括：

（一）施工管理人员到位情况。重点检查：

1．项目负责人及主要施工管理人员是否与《施工招标中标情况登记表》一致。

2．项目总监理工程师及主要监理人员是否与《监理招标中标情况登记表》一致。

3．项目负责人、总监理工程师等人员的变更是否经建设行政主管部门审核同意。

（二）施工发包和承包情况。重点检查：

1．建设项目分包是否符合《建筑法》有关工程发包、承包的规定。

2．施工现场是否有投标文件载明的大型机械设备，如有变化，理由是否充足。

（三）填写《建设工程中标后监督检查记录表》（见附表5）。发现有下列行为的，应及时报请建设行政主管部门查处：

1．现场施工管理人员、监理人员与中标情况登记表不一致的。

2．项目负责人或总监理工程师现场管理不到位的。

3．投标文件没有载明分包而分包或分包内容与投标文件载明的分包内容不一致的，转包、违法分包的。

4．项目负责人承担超过一项的工程项目或总监理工程师承担超过三项的工程项目任务的。

5．违反法律、法规规定的其它事项的。

第十一条　工程竣工验收后，建设行政主管部门应在管理信息系统上填报《建设工程项目竣工验收情况登记表》（见附表6）。

第十二条　建设、施工、监理等单位有下列行为，除依照有关法律法规进行处罚外，还应记入单位的诚信档案，并在信息网上公布：

（一）建设单位违反规定指定分包单位的。

（二）施工单位转包、违法分包或违反投标承诺分包工程的。

（三）监理单位转让监理业务的。

（四）非原参加投标中标的项目负责人（总监理工程师）负责组织施工（监理）或在实施过程违反第九条规定更换项目负责人（总监理工程师）的、项目的其他主要管理人员或监理人员与中标文件确定的人员不相符的。

（五）投标文件确定的大型机械设备没有进入施工现场的。

（六）建设、监理、施工等单位串通，签认虚假工程量或工程造价的。

（七）违反有关法律、法规、规章规定的其它行为。

第十三条　项目负责人、总监理工程师在工程实施过程中有下列行为的，除按有关法律法规进行处罚外，还应记入个人诚信档案，并在建设工程管理信息网上公布：

（一）施工现场管理或现场监理不到位的。

（二）非本人资格证书登记所在的单位从事工程项目施工管理或监理工作的。

（三）与有关单位管理人员串通，签认虚假工程量或工程造价的。

（四）项目负责人同时承担超过一项工程项目或总监理工程师承担超过三项工程监理任务的。

（五）违反有关法规、规章规定的其它行为。

项目管理的其它人员有上述行为的，参照上款的规定进行处理。

第十四条　其它工程建设项目可参照本办法执行。

第十五条　本办法自公布之日起施行，各地级以上市建设行政主管部门可根据本办法制定实施细则。原省建设厅粤建管字［2004］10号同时停止执行。

附件：1．施工招标中标情况登记表（略）

2．监理招标中标情况登记表（略）

3．施工总分包情况报告表（略）

4．建设工程项目管理班子变更情况报告表（略）

5．建设工程中标后监督检查记录表（略）

6．建设工程项目竣工验收情况登记表（略）

海南省

关于进一步加强和改进房屋建筑和市政基础设施工程招标投标管理工作的意见

琼建管［2009］37号

各市、县、自治县建设局，各有关单位：

近年来，我省各级建设主管部门，认真贯彻执行住房和城乡建设部、省政府有关工作的规定，以建立统一、开放、竞争有序的建筑市场为目标，不断加强和改进工程招标投标管理工作，深化工程招标投标体制改革，完善工程招标投标法律法规，规范工程招标投标行为，使工程招标投标工作取得了明显的成效。为了贯彻落实科学发展观，进一步整顿和规范工程招标投标市场秩序，创建公开、公平、公正的招标投标市场环境，推动我省工程招标投标市场健康、持续发展，根据《中华人民共和国招标投标法》、住房和城乡建设部《房屋建筑和市政基础设施工程施工招标投标管理办法》（建设部令第 89 号）和省政府《关于集中规范开展招标投标活动的意见》（琼府［2008］85 号，以下简称《意见》），结合我省建设行业实际，现就进一步加强和改进房屋建筑和市政基础设施工程（以下简称工程）招标投标管理工作提出以下意见：

一、根据《工程建设项目招标范围和规模标准规定》（国家计委令第3号，以下简称《招标范围规定》），下列工程必须进行招标：

（一）房屋建筑和市政基础设施工程：施工单项合同估算价在200万元人民币以上的。

（二） 工程勘察、设计、监理：单项合同估算价在50万元人民币以上的。

（三） 单项合同估算价低于第（一）、（二）项规定的标准，但项目总投资额在3000万元人民币以上的。

各市、县（自治县）根据实际情况，可以规定本地区必须进行招标的具体范围和规模标准，但不得缩小《招标范围规定》确定的必须进行招标的范围。如做调整，应报当地政府批准，并将调整后的具体范围和规模标准报省建设主管部门备案。

二、深化政府投资工程招标投标体制的改革创新，重点加强对政府投资工程招标投标工作的监督管理力度，采取切实有效措施，预防和遏制招标投标过程中权钱交易、暗箱操作、虚假招标、围标、串标等违法行为。

（一）使用国有资金投资工程，国家融资工程，使用国际组织或者外国政府资金的工程，以国有土地、矿产权、国有资产、市政配套等参与投资投入的公共公益工程以及以其它融资方式或接受、使用社会捐赠并委托政府部门实施管理的公益性工程等政府投资工程必须公开招标，并应按《意见》规定的规模标准进入省政务服务中心招标投标服务平台或当地建设工程交易中心进行招标投标活动（未设立建设工程交易中心的市、县必须在当地建设主管部门指定的开展招标投标活动的固定办公场所进行）。

（二）政府投资的工程，招标人或其委托的招标代理机构进行投标报名（登记）、资格预审文件及招标文件发放、资格预审申请文件及投标文件递交、专家抽取、资格审查、随机抽签选择投标人、开标及评标等重要招标投标活动都必须在建设工程交易中心或当地建设主管部门指定的开展招标投标活动的固定办公场所进行，并接受有关监管部门的监督检查。有条件的，招标人应通过建设工程交易中心的网络系统发布资格预审文件及招标文件，由投标人免费下载打印，在规定的截止日期前递交资格预审申请文件和投标文件，免去投标报名（登记）、资格预审文件及招标文件发放登记等事项。

（三）政府投资的工程，资格预审文件及招标文件按照住房和城乡建设部印发的《房屋建筑和市政基础设施工程标准施工招标资格预审文件》和《房屋建筑和市政基础设施工程标准施工招标文件》编制，并须报经当地建设主管部门审查备案后方可对外发放。招标人或其委托的招标代理机构对潜在的投标人或投标人的资格审查要充分体现公开、公正、公平的原则，不得提出高于招标工程实际情况所需要的资质等级要求。

（四）政府投资的工程，资格预审及评标工作全部由政府组建的专家库中随机抽取的专家组成资格审查委员会或评标委员会负责。建设单位（或其委托的代建单位）可选派1～2名熟悉招标投标业务、具有工程建设管理经验的专业技术人员作为协调人参加资格预审及评标工作，但要严格执行回避制度，不直接参与也不得委派代理人参与资格审查委员会或评标委员会。

（五）政府投资的工程，资格审查分为资格预审和资格后审。除深基坑建筑、超高建筑、城市轨道交通、大型市政桥梁、大型污水处理、地下公共设施等复杂工程可进行资格预审外，其他工程只进行资格后审。

1．实行资格后审的，采用合格制审查办法进行审查，通过初步审查、详细审查的潜在投标人均应确定为通过资格审查的投标人。

2．实行资格预审的，可采用合格制审查办法或者有限数量制审查办法对潜在投标人进行资格审查，一般情况下应当采用合格制。采用有限数量制审查法的，招标人预先规定通过资格审查的潜在投标人数量不得少于9家；有限数量制采用量化打分的，资格审查委员会按照资格预审文件规定的评审办法，对通过初步审查和详细审查的资格预审申请文件进行量化打分，按照得分由高到低的顺序确定通过资格预审的潜在投标人。

3．当通过资格审查的潜在投标人数量过多时，可采用随机抽签的办法选择规定数量的投标人参加投标。

（六）政府投资的工程，除采用综合评估法、经评审的最低投标价法或法律法规允许的其他评标办法外，各市、县建设主管部门可积极探索实行科学、公正、合理的评标办法。特别是对具有通用技术和性能标准的一般工程，可选择更能体现客观和公平原则的合适的评标办法。

各市、县要充分发挥《建设工程工程量清单计价规范》在商务标评审中的作用，完善与之相适应的评标细则，逐步推行工程量清单计价评标。

三、放宽社会投资项目招标投标的限制。

（一）社会投资建设项目，涉及大型基础设施、公用事业等关系社会公共利益、公众安全的建设项目，在当地建设主管部门及有关部门的监督下，由招标人依法组织招标。

（二）依法应当进行招标的其他社会投资建设项目，招标人可以自行组织招标或委托招标代理机构依法组织招标，并可以自行选择招标方式。招标结束后，招标人应将招标结果报当地建设主管部门备案。

招标人自行组织招标的，应报当地建设主管部门备案，并符合以下条件：

1．招标人具有法人资格或者具有项目法人资格。

2．招标人具有从事同类工程招标的经验。

3．招标人具有与招标项目规模和复杂程度相适应的工程技术、概预算、财务和工程管理等方面的专业技术力量。即至少有3名中级以上职称并且熟悉和掌握有关招标投标法律法规的工程技术、概预算及工程管理的专业人员（其中至少有1名是注册在本单位的注册造价师）。

四、工程属下列情形之一的，可以不进行招标：

1．停建或者缓建后恢复建设的单位工程，且承包人未发生变更的。

2．施工企业自筹资金建设的房屋建筑工程，且该施工企业资质等级符合工程要求的。

3．房地产开发企业自行开发建设的房屋建筑工程，该企业有直接控股的施工企业，且资质等级符合工程要求的。

4．在建工程追加的附属小型工程或者主体加层工程，且承包人未发生变更的。

5．法律、法规、规章规定的其他不进行招标情形。

五、清理和整顿工程招标代理市场，进一步规范工程招标代理机构行为。

（一）从事工程招标代理业务的机构，应当依法取得国务院建设主管部门或者省、自治区、直辖市人民政府建设主管部门认定的工程招标代理机构资格，并在其资格许可的范围内从事相应的工程招标代理业务。

（二）本省招标代理企业申报资质时不设建筑工程评标专家库，统一使用省级建筑工程评标专家库。

（三）省外工程招标代理机构进琼承揽招标代理业务，须到省建设主管部门办理单项备案手续后，方可在资格许可范围内开展单项招标代理业务。

（四）工程招标代理机构在工程招标代理活动中不得有下列行为：

1．超越资格许可范围承接招标代理业务。

2．明知委托事项违法而进行代理。

3．从事同一工程的招标代理和投标咨询活动。

4．泄露或者出卖应当保密的与招标投标活动有关的情况和资料。

5．未经招标人书面同意，转让工程招标代理业务。

6．擅自修改经批准或备案的资格预审文件和招标文件。

7．与招标人或投标人串通，损害国家利益、社会公共利益和他人合法利益。

8．对有关行政监督部门依法责令改正的决定拒不执行或以弄虚作假方式隐瞒真相。

六、进一步约束招标人的招标行为，禁止招标人与投标人之间串通投标。招标人应依法招标并不得有以下与投标人串通投标的行为：

（一）在资格预审评审或开标之前开启资格预审申请文件或投标文件，并将资格预审或投标情况告知投标人，或授意投标人撤换资格预审申请文件或投标文件，更改报价。

（二）直接或间接向投标人泄露标底、审查委员会或评标委员会名单等应当保密的信息。

（三）明示或暗示投标人压低或抬高投标报价，或对资格预审申请文件或投标文件的其他内容进行授意。

（四）组织、授意或暗示其他投标人为特定投标人中标创造条件或提供方便。

（五）授意审查委员会或评标委员会对申请人或投标人进行区别对待。

（六）法律、法规、规章规定的招标人与投标人之间其他串通投标的行为。

七、切实加强对投标人的监督管理，遏制投标人串通投标行为。

（一）投标人必须在其资质许可范围内参加招标投标活动，严禁超越其资质许可范围承包任务。

（二）投标人委派的工程项目负责人（如项目经理、总监理工程师等）必须是在本企业注册、具备执业资格的相关人员。从2009年4月1日起，新建项目的招标投标一律由本企业注册建造师担任项目经理。建筑施工企业原项目经理证书一律停止使用。

（三）有下列情形之一的，属投标人之间串通投标报价、串通投标行为：

1．投标人之间相互约定抬高或压低投标报价。

2．投标人之间事先约定中标人。

3．投标人之间为谋取中标或排斥特定投标人而联合采取行动。

4．不同投标人的投标担保来源于同一投标人或同一账户。

5．不同投标人委托同一机构或同一人编制资格预审申请文件或投标文件。

6．投标人的资格预审申请文件或投标文件存在异常一致。

7．法律、法规、规章规定的投标人之间其他串通投标的行为。

（四）投标人有下列行为之一的，招标人应当取消其投标或中标资格，并没收其投标担保；投标人没有提交投标担保或造成的损失超过投标担保数额的，投标人应当赔偿损失：

1．放弃中标的。

2．拒不提交履约担保的。

3．投标截止之后至投标有效期限终止期间撤回投标文件的。

4．因投标人违法违规行为而被行政监督部门取消投标资格或裁定中标无效的。

八、按照《意见》要求，整合我省建设行业现有的省、市（县）两级工程评标专家资源，积极配合省有关部门做好建立全省统一的综合评标专家库的工作。各市县建设主管部门要认真清理已设立的工程评标专家库，将其纳入省综合评标专家库；要抓紧设立抽取评标专家的网络终端，为从省综合评标专家库中抽取评标专家做好技术准备。

九、健全和规范建设工程交易中心的运行，营造公开、公正、公平的市场竞争环境。

（一）建设工程交易中心要加强设施建设，特别是要加快计算机管理系统和相关信息网络建设，建立和充实相关数据库，提高信息化服务水平，除满足工程交易活动的基本需要外，还要进一步完善并拓展服务功能，为有关各方提供安全、准确、高效、优质和多样的信息咨询服务。

1．要建立评标专家随机抽取和语音通知系统、评标网络监控系统、企业信息查询系统，为评标专家抽取保密性和评标工作公平性提供技术支持。

2．要能提供网上发布招标公告，网上发布招标文件供潜在投标人免费下载等信息化服务，方便招标人选择使用。

3．应当妥善保存工程交易活动产生的文字、音像、图片资料和原始记录，并制定相应的查询和保密管理措施。

4．要认真研究并积极稳妥地推进网上招标备案、网上报名、电子标书及计算机辅助评标等工作，进一步降低投标人成本，提高招标效率，加快建设工程招标投标进度，进一步提高工程交易活动操作的客观性和透明度。

5．有条件的，还要充分发挥建设工程交易中心的服务功能，为当地建设主管部门建立建筑市场诚信信息平台，配合做好诚信信息的发布工作。

（二）建设工程交易中心要按照国家、地方有关部门核定的收费项目和标准进行收费，不得收取或变相收取其他费用；同时，要加强制度建设，严格工作人员的管理，预防和杜绝工作人员的各种违规行为。

（三）各市县建设主管部门要加强与同级监察机关等部门的协作配合，根据工作需要成立具体负责本地区建设工程交易中心健全和规范工作的协调机构，并按规定在建设工程交易中心设立集中办公的“窗口”，加强对其工作进行指导，依法对建设工程交易活动实施监督，查处招标投标活动的违法违纪行为。

省建设主管部门负责对已设立的建设工程交易中心实施监督指导。

十、建立健全招标投标失信惩戒机制，坚决查处招标投标当事人（指招标人、投标人、招标代理机构、资格审查委员会及评标委员会成员）的违法违规行为。

（一）省建设主管部门将按照《招标投标违法行为记录公告暂行办法》的要求，2010年前在海南省建设系统企业诚信行为信息管理系统上建立招标投标违法行为记录公告平台。 各市、县建设主管部门应自招标投标违法行为行政处理决定作出之日起7个工作日内上报省建设主管部门；省建设主管部门自招标投标违法行为行政处理决定收到之日起10个工作日内对外进行公告。

（二）对招标投标违法行为所作出的以下行政处理决定应给予公告：警告；罚款；没收违法所得；暂停或者取消招标代理资格；取消在一定时期内参加依法必须进行招标的项目的投标资格；取消担任评标委员会成员的资格；行政主管部门依法作出的其他行政处理决定。

（三）公告的招标投标违法行为记录作为招标代理机构资格认定，依法必须招标项目资质审查、招标代理机构选择、中标人推荐和确定、评标委员会成员确定和评标专家考核等活动的重要参考。

十一、进一步规范和完善工程建设招标投标举报投诉处理机制，坚决查处招标投标活动中发生的各类违法违纪问题。

（一）各市县建设主管部门要按照《工程建设项目招标投标活动投诉处理办法》的要求，进一步加强招标投标活动的投诉处理工作，及时受理投诉并依法作出处理决定；要设立专门的招标投标活动举报投诉受理机构，向社会公布举报投诉电话、联系方式和电子邮箱。

各市县建设主管部门应自收到投诉书5日内进行审查，决定是否受理投诉。决定不予受理的，应将理由书面通知投诉人；决定受理的，应当调取、查阅有关文件，调查、核实有关情况，在30日内对投诉事项做出处理决定，并以书面形式通知投诉人、被投诉人和其它与投诉处理结果有关的当事人。

（二）各市县建设主管部门要严肃查处规避招标、虚假招标、围标、串标、违法违规评标、不按照评标结果确定中标人、招标人与中标人不按照招标文件签订合同等违法违规问题，同时要加大对中标后转包、违法分包等行为的查处力度。

在查处招标投标活动的违法违纪问题时，各市、县建设主管部门要严格按照《关于监察机关和有关行政监督部门在查处工程建设招标投标违法违纪案件工作中加强协作配合的通知》的要求，与同级监察机关建立工程建设招标投标举报投诉处理中涉及违法违纪案件线索的移交制度，发现监察对象违法违纪线索的，应将线索及时移送同级监察机关。

十二、严禁领导干部干预招标投标活动。各级领导干部在建筑工程招投标活动中要严格遵循四个不准：不准参与招投标活动；不准干预招投标工作；不准向有关单位介绍施工单位；不准为自己的亲戚朋友参加招投标活动说情。

以上意见，请认真严格执行，并将执行中出现的问题及时报告省建设工程招标投标管理办公室。

海南省建设厅

二〇〇九年二月二十五日

重庆市

关于进一步做好新增中央投资项目招投标工作的通知

渝发改标［2009］364号

各区县（自治县）发展改革委，有关单位：

为落实好党中央、国务院扩内需、促增长重大战略决策，我委于去年11月印发了《关于抓紧做好新增中央投资项目招投标工作的紧急通知》（渝发改标［2008］1531号），对规范招投标工作，促进“中央1000亿元投资项目”如期实施发挥了重要作用，中央和市政府检查组对这批项目的招投标情况给予了较高评价。但与此同时也还存在一些不容忽视的问题：不按规定招标；委托的招标代理机构不符合要求；对点多面广、实施分散的项目招标指导和监管不到位等。

今年是保增长、扩内需、调结构的关键一年，中央和市委、市政府对于管好用好中央投资都有明确要求，同时对项目实施情况继续开展检查。为确保新增中央投资项目的规范管理和加快实施，现就进一步做好招投标工作提出如下要求：

一、坚持严格执行招投标制度和保项目开工，促经济拉动两个不动摇。要严格按照《招标投标法》和《重庆市招标投标条例》等法律法规的规定。凡达到规模标准的项目必须招标，应当公开招标的坚持公开招标，不得以时间紧、任务重为由变公开招标为邀请招标或不招标。要根据今年政府投资力度大、新上项目多的新情况，结合本地区、本行业特点，进一步改进工作作风、简化办事程序，提高招标工作实效和监督管理水平，确保项目尽快开工并形成实物工作量和采购订单，避免因招投标工作贻误时机。

二、严格招标方案核准。区县发展改革委在审批项目可行性研究报告、资金申请报告时，对招标方案要严格核准，要求可研编制单位在可行性研究报告中编制招标方案。上报市里审批的项目，区县发展改革委在请示报告中要同时上报招标方案初审意见，否则，市发展改革委一律按公开、委托招标核准。按国家发展改革委要求，核准内容除明确招标内容、招标方式、招标组织形式外，增加要求招标代理机构必须具有中央投资项目招标代理资质。

三、规范招标代理工作。新增中央投资项目必须按照国家发展改委令第36号的规定委托具有中央投资项目招标代理资质的机构承担招标代理工作。各地不得以建立招标代理机构“短名单”等形式，显示中央投资项目招标代理机构在本地开展业务。为确保代理工作质量，防止招标代理机构间恶性竞争，招标代理服务费应严格按照2002年国家《招标代理服务收费管理暂行办法》（计价格［2002］1980号）规定的标准确定，下浮比例不得超过20%，并在代理合同中予以明确。招标代理合同在招标公告发布时按监督权限一并报市、区（县）发展改革委备案。各招标代理机构不得以项目投资规模小、项目所在地远等为由拒绝代理，市招投标管理办公室将建立重庆地区中央投资项目招标代理机构考核机制，一旦发现代理工作中有故意推诿、违纪违规等行为者，将依法予以取缔。

四、规范招标公告发布。为使投标人能及时、准确、便捷地获取招标信息，按《重庆市招标投标条例》规定，公开招标项目必须在我市指定媒介《重庆市建设项目及招标网》、《重庆日报》上发布，未在上述媒介发布的视为未公告，并由发展改革部门按《重庆市招标投标条例》规定予以查处。招标人同时在其他媒介发布招标公告的，公告内容必须相同。按规定属招标公告应当披露的信息，尤其是资格条件、有效报名时间等信息必须完整、准确，并不得在招标文件中改变招标公告已载明的实质性内容。

五、强化中标结果公示。目前，发现个别项目未按要求公示或公示内容不全，影响了招投标活动的公开性。各区县发展改革委、有关监督部门要督促各招标人和招标代理机构严格按照市发展改革委、市监察局等九部门《关于国有投资工程建设项目实施中标结果公示制度的通知》（渝发改标［2007］1357号）要求，在发出中标通知书前将中标候选人和确定的中标人在《重庆市建设项目及招标网》上进行公示。公示情况列入对招标代理公司和招标人的考核内容，从现在起，对于未按规定公示的按季度予以通报，并列入不良记录名单，情节严重的按《重庆市招标投标条例》规定查处。

六、加大监督管理力度。使用了新增中央投资的项目，在招标公告和招标文件中应予以明确。对于点多面广、实施地点分散的项目，可以将勘察设计、监理、重要设备和材料采购等实行打捆招标，集中采购；需要专业队伍实施、单项合同预算价达到100万元以上的，施工必须招标；对不需专业队伍承担，由村、社组织以农民投工投劳为主、国家实行补助的项目可以不招标。为防止围标串标，招标文件应明确投标保证金统一从投标人基本账户转账，不以现金形式交纳。

各地、各部门要建立和完善招投标工作协调机制，加强部门协作配合，对招投标活动中的新情况、新问题及时研究指导。招标活动其他事项仍按照渝发改标［2008］1531号文件要求执行。

重庆市发展和改革委员会

二〇〇九年四月十三日

关于印发《重庆市招标公告发布管理暂行办法》的通知

渝发改标［2009］780号

市级有关部门，各区县（自治县）发展改革委，各招标代理机构，有关单位：

为了规范我市依法必须招标项目的招标公告发布行为，保证潜在投标人公平、准确、便捷地获取招标信息，根据《重庆市招标投标条例》、《招标公告发布暂行办法》（国家计委令第4号）的规定，我委制定了《重庆市招标公告发布管理暂行办法》。经市政府法制办审查同意（渝文审［2009］18号），现予以印发，请遵照执行。

附件：重庆市招标公告发布管理暂行办法

重庆市发展和改革委员会

二〇〇九年七月六日

附件：

重庆市招标公告发布管理暂行办法

第一条　为了规范招标公告发布行为，保证潜在投标人公平、准确、便捷地获取招标信息，根据《重庆市招标投标条例》、《招标公告发布暂行办法》（国家计委令第4号），结合本市实际，制定本办法。

第二条　《重庆市招标投标条例》第六条规定的依法必须招标项目的招标公告发布活动适用本办法。

第三条　本市招标公告的发布活动由市发展改革委负责统一监督管理；区县发展改革部门依法对本行政区域内招标公告的发布活动进行监督管理。

第四条　《重庆市建设项目及招标网》（www.project—and—bidding.cq.cn）和《重庆时报》是本市指定的依法必须招标项目招标公告发布媒体。

调整招标公告发布的指定媒体，应及时向社会公布。

第五条　招标公告必须在《重庆市建设项目及招标网》上发布，也可同时在《重庆时报》上发布。国家发展改革委要求须在其指定媒介上发布招标公告的项目，还应当在其指定媒介发布公告。

招标人在非指定媒介发布招标公告的，内容必须与指定媒介发布的招标公告相同。

未在指定媒介发布招标公告的，视为未公告。

第六条　市级行政部门监督的招标项目、招标公告由招标人或招标代理机构报市发展改革委签署意见后，送指定媒介发布；区县行政部门监督的招标项目、招标公告经区县发展改革部门签署意见后，送指定媒介发布。

第七条　招标公告文本一式四份。自行招标的，由招标人盖章；委托招标的，由招标人和招标代理机构同时盖章。

第八条　招标公告应当载明以下内容：

（一）招标的内容、规模、资金来源。

（二）招标项目实施地点和工期。

（三）资格审查方式、对投标人的资格要求，以及潜在投标人提供的有关证明文件和业绩。

（四）投标及获取招标文件或者资格预审文件的地点、时间和联系人、联系电话。

（五）对招标文件或者资格预审文件收取的费用。

（六）同时发布的其他媒介名称。

（七）招标人的名称和地址。

（八）法律法规规定的其他内容。

招标人和招标代理机构应当保证招标公告内容的真实、准确和完整，并采用本办法附件规定的格式。

第九条　招标公告中确定的报名时间不得少于五个工作日。

第十条　招标公告中确定的招标文件和资格预审文件收费应当合理，不得以赢利为目的。

第十一条　拟发布的招标公告文本有下列情形之一的，招标人或招标代理机构必须改正、补充或调整：

（一）字迹潦草、模糊、无法辨认的。

（二）载明的事项不符合本办法第八条规定的。

（三）招标人或招标代理机构未加盖公章的。

（四）在不同媒介发布的同一招标公告的内容不一致的。

第十二条 指定媒介应当建立相关工作制度，为招标人和招标代理机构提供优质服务。

第十三条 指定媒介应当与招标人或招标代理机构就拟发布的招标公告内容进行核对，经双方确认无误后发布。

指定媒介发布的招标公告内容与招标人或招标代理机构提供的招标公告文本不一致的，应当及时纠正，重新发布。

第十四条 招标人或招标代理机构有下列行为之一的，根据《中华人民共和国招标投标法》第四十九条、第五十一条，《重庆市招标投标条例》第五十六条、第五十九条，以及本市其他有关规定，由发展改革部门视其情节轻重给予相应处罚：

（一）依法必须招标的项目，应当发布招标公告而不发布的。

（二）违反本办法第五条规定，不在指定媒介发布依法必须招标项目的招标公告的。

（三）招标公告中有关获取招标文件或资格预审文件的时间和办法的规定明显不合理的。

（四）招标公告以不合理的条件限制或排斥潜在投标人的。

（五）提供虚假的招标公告、证明材料，或者招标公告含有欺诈内容的。

（六）在不同媒介发布的同一招标项目的招标公告的内容不一致的。

第十五条 市发展改革委建立招标公告信用制度，有本办法第十四条规定情形之一的招标人或招标代理机构，纳入不良信用名单定期公布。

第十六条 指定媒介有下列情形之一的，给予警告；情节严重的，取消招标公告指定发布资格：

（一）无正当理由拒绝发布招标公告的。

（二）无正当理由延误招标公告发布时间的。

（三）因媒介原因导致发布的招标公告内容与审定的招标公告文本不一致，并造成严重后果的。

（四）网站不能及时提供招标公告查阅的。

（五）其他违法行为。

第十七条 任何单位和个人认为招标公告发布活动不符合国家《招标公告发布暂行办法》及本办法有关规定的，可向发展改革部门投诉和举报。

第十八条 使用国际组织或者外国政府贷款、援助资金的招标项目，贷款方、资金提供方对招标公告的发布另有规定的，从其规定。

第十九条 本办法自二〇〇九年九月一日起实施。市发展计划委员会《关于印发贯彻国家招标公告发布暂行办法的实施意见的通知》（渝计委标［2000］1590号）同时废止。

附件：

1．招标公告（资格后审）格式（略）

2．招标公告（资格预审）格式（略）

关于印发重庆市工程建设项目招标范围和规模标准规定的通知

渝办发［2010］12号

各区县（自治县）人民政府，市政府各部门，有关单位：

《重庆市工程建设项目招标范围和规模标准规定》已经市政府同意，现印发给你们，请认真贯彻执行。

第一条 为了确定本市依法必须招标的工程建设项目的具体范围和规模标准，规范招标投标活动，根据《重庆市招标投标条例》第六条的规定，制定本规定。

第二条 本市行政区域内必须进行招标的工程建设项目范围包括：

（一）基础设施、公用事业等关系社会公共利益、公众安全的项目。

（二）全部或者部分使用国有资金投资或者国家融资的项目。

（三）使用国际组织或者外国政府贷款、援助资金的项目。

（四）市人民政府确定的应进行招标的其他项目。

第三条 本规定第二条所称关系社会公共利益、公众安全的基础设施项目的具体范围包括：

（一）煤炭、石油、天然气、电力、新能源等能源项目。

（二）铁路、公路、管道、水运、航空以及其他交通运输业等交通运输项目。

（三）邮政、电信枢纽、通信、信息网络、自动化控制等邮电通信系统项目。

（四）防洪、灌溉、排涝、引（供）水、滩涂治理、水土保持、水利枢纽等水利项目。

（五）道路、桥梁、城市轨道交通、污水处理、垃圾收运及处理、地下管道、公共停车场、公交站场、休闲广场、城市公园等城市设施项目。

（六）生态环境保护项目。

（七）其他基础设施项目。

第四条　本规定第二条所称关系社会公共利益、公众安全的公用事业项目的具体范围包括：

（一）供水、供电、供气、园林、绿化、路灯照明等市政工程项目。

（二）科技、教育、文化、广播电视等项目。

（三）体育、旅游等项目。

（四）卫生、社会福利等项目。

（五）政府保障性住房等项目。

（六）其他公用事业项目。

第五条　本规定第二条所称使用国有资金投资项目的具体范围包括：

（一）使用各级财政预算资金的项目。

（二）使用纳入财政管理的各种政府专项建设基金或行政事业性收费资金的项目。

（三）使用国有企业事业单位自有资金或者借贷资金的项目。

第六条　本规定第二条所称国家融资项目的具体范围包括：

（一）使用国家发行债券所筹资金的项目。

（二）使用国家对外借款或者担保所筹资金的项目。

（三）使用国家政策性贷款的项目。

（四）国家或者市、区县（自治县）人民政府授权投资主体融资的项目。

（五）国家或者市、区县（自治县）人民政府特许的融资项目。

第七条　本规定第二条所称使用国际组织或者外国政府资金项目的具体范围包括：

（一）使用世界银行、亚洲开发银行等国际组织贷款资金的项目。

（二）使用外国政府及其机构贷款资金的项目。

（三）使用国际组织或者外国政府援助资金的项目。

第八条　本规定第三条至第七条规定的工程建设项目，包括项目的勘察、设计、施工、监理以及与工程建设有关的重要设备、材料等的采购，达到下列标准之一的，必须进行招标：

（一）施工（含土建施工、设备安装、装饰装修、拆除、修缮等）单项合同估算价在200万元人民币以上的；国有资金投资或者国家融资项目，施工单项合同估算价在100万元人民币以上的。

（二）重要设备、材料等货物的采购，单项合同估算价在100万元人民币以上或者单台设备估算价在50万元人民币以上的。

（三）勘察、设计、监理等服务的采购，单项合同估算价在50万元人民币以上的。

（四）项目总投资额在3000万元人民币以上的。但单项合同估算价低于第（一）、（二）、（三）项标准的50%，同时经项目主管部门认定又无法并入本项目其他合同包一并进行招标的除外。

第九条　使用各级财政预算内外资金和经有权机关批准收费筹集的资金达到1000万元人民币以上，以及1000万元人民币以下特别重要的政府公益性项目，采用建设管理代理制（代建制）进行建设的，代理业主的选择必须进行招标。

第十条　总投资在5000万元人民币以上的项目，采用BT（建设－移交）模式进行建设的，BT投（融）资人的选择必须进行招标。

第十一条　政府特许经营项目，采用BOT（建设－经营－移交）模式进行建设的，BOT投资人的选择必须进行招标。

第十二条　国有投资项目未达到本规定第八条至第十条规定的规模标准的，招标人可采用竞争性比选的方式确定承包商。

前款所称竞争性比选的方式是指发包人公开通过对多家承包商的资信、业绩、报价、合同执行力等进行综合比较，以选择最优秀的承包商的方法。

第十三条　各区县（自治县）人民政府、市政府各部门不得再另行确定工程建设项目必须招标的范围和规模标准，已经出台但与本规定不一致的一律无效。

第十四条　本规定自2010年3月1日起施行。

重庆市人民政府办公厅

二〇一〇年一月十九日

四川省

关于印发《关于进一步加强水利工程招标投标监督工作的暂行办法》的通知

川水发［2009］10号

各市州水利（水务）局、厅属各单位、厅机关有关处室：

为认真贯彻落实《中共中央办公厅、国务院办公厅印发〈关于开展工程建设领域突出问题专项治理工作的意见〉的通知》（中办发［2009］27号）文件精神，我厅制定了《关于进一步加强水利工程招标投标监督工作的暂行办法》，现印发你们，请结合本单位实际，细化措施，完善制度，进一步强化水利工程招投标监督工作。

四川省水利厅

二〇〇九年八月四日

关于进一步加强水利工程招标投标监督工作的暂行办法

依据《中华人民共和国招标投标法》，为进一步强化水利工程招标投标监督工作，严格执行国家、水利部和四川省一系列有关招标投标工作的法规、文件，确保我省水利工程建设规范有序、水利事业健康发展，特制定本暂行办法。

一、进一步明确水利工程招标投标监督工作职责

水利工程建设管理部门、监察部门要认真履行监管职责，进一步加强对招标投标法律法规执行情况的监督检查，加强对工程建设项目前期工作、备案审查、合同执行和资金使用等情况的监督检查。

按照统一管理、分级负责的原则，在水利厅备案的水利工程项目，由厅建设管理处（或委托）、驻厅监察室及项目单位的监察部门派员参与招标投标监督工作；在各市州（县）备案的水利项目，由当地水利工程建设管理部门和监察部门参与招标投标监督工作。

上级水利工程建设管理部门和监察部门指导和督查下级水利单位的招标投标监督工作。

二、进一步规范水利工程招标投标监督工作程序

各级水利工程建设管理部门和监察部门，要进一步规范对水利工程项目招标投标活动的监督工作程序，加强配合，及时沟通相关情况。

（一）在水利厅备案的水利项目，招标投标监督部门工作的主要程序如下：

1. 招标人将招标文件和有关资料报厅建设管理处备案。备案同时，由招标人向厅建设管理处和驻厅监察室提交《四川省水利工程建设项目招标投标监督情况表》（详见附件一）。

2. 厅建设管理处根据项目备案情况，确定参与招标投标的监督项目和全程监督或开、评标现场监督等方式，并通知招标人。

3. 厅建设管理处将备案情况告知驻厅监察室，驻厅监察室确定参与招标投标的监督项目和全程监督或开、评标现场监督等方式。

4. 监督部门及监督人员参与开标、评标现场监督项目后，填写《四川省水利工程建设项目招标投标监督情况表》中“开标、评标现场监督情况”一栏。

5. 委托实施招标投标监督工作的，以《四川省水利工程建设项目招标投标委托监督书》（见附件二）进行委托。

6. 厅建设管理处、驻厅监察室等相关部门，不定期地对水利工程招标投标项目实施情况进行监督检查。

（二）厅直属各单位按照上述工作程序进行。在各市州（县）备案的水利项目，可参照本办法执行，亦可结合本地实际，制定招投标监督部门工作程序。

（三）水利工程比选项目的监督工作程序，参照上述招投标项目的监督程序进行。

三、进一步加强对水利工程招标投标重点环节的监督

各单位要严格按照《招标投标法》等一系列法律法规及相关文件规定的程序，加大对水利工程招标投标活动各个环节的监督力度，进一步完善监管办法，健全相关制度，特别是对主要环节、关键环节要重点加强监督检查。

（一）在招标投标事前监督中，要重点监督项目招标是否按有关部门核准的招标方式进行，招标人设置的投标人资格条件是否符合有关规定。采取公开招标、邀请招标方式的，项目审批手续是否齐全；采取自行招标、委托招标组织形式的，招标人是否已履行报批程序，被委托单位是否具备相应的资格条件。

（二）在开标、评标现场监督中，要重点监督开标现场的程序是否符合有关规定；应该回避的单位是否回避；评标委员会的组成是否符合有关规定；评标过程是否按照招标文件制定的评标办法严格执行；是否严守工作纪律；评标委员会出具的评标报告是否符合有关规定。

（三）在招标投标项目事后监督中，要重点监督招标人是否按评标报告和推荐的中标候选人确定中标人；招标人是否按照有关规定订立书面合同；招标人与中标人是否认真履行中标合同；项目实施是否与招标文件要求一致。

四、严格水利工程招标投标监督工作纪律

（一）严格遵守国家有关招标投标工作的法律法规和相关部门的管理制度，依法履行监管职责。

（二）严格按规定的招标投标程序、范围和方式实施招标投标监督工作，不得擅自改变招标投标程序或给招投标单位设置障碍。

（三）监督人员在开标、评标现场监督中，应坚守工作岗位，做到全过程监督。

（四）不准以监督人员的特殊身份与招标人或评标专家私下接触，影响公正评标或决标。

（五）不准纵容、包庇违法违纪行为，不准利用职权谋取私利。

（六）不准向外泄露招标投标中的保密事项。

五、严肃查处招标投标中的违法违纪行为

各单位要进一步健全完善招标投标各项监督制度，细化措施，突出重点，规范程序，确保水利工程建设顺利进行。

要加强对水利工程招标投标活动的监督检查，对在监督检查中发现的问题，或信访举报、上级转办的有关问题，要采取措施、及时处理，防止造成损失。要严肃查处违反《招标投标法》等违法违纪行为，重点查处擅自改变招标方式、围标、串标、借牌和挂靠投标、违法分包和非法转包、低价中标高价结算以及领导干部违反规定干预和插手招标投标活动等行为。问题较轻的，责令及时整改、纠正；问题较重或严重的，按照有关规定追究相关负责人和工作人员的责任、给予处分；涉嫌犯罪的，移送司法机关。在调查期间，不得发出中标通知或订立合同。水利工程建设管理部门和监察部门应及时受理有关招投标的投诉、举报。

厅投诉举报电话：028-86932782；028-86949829。

附件一：四川省水利工程建设项目招标投标监督情况表（略）

附件二：四川省水利工程建设项目招标投标委托监督书（略）

陕西省

关于印发《房屋建筑和市政基础设施工程施工招标投标管理办法》的通知

陕建发［2009］15号

各设区市城乡建设规划局（建委、建设局）、杨凌示范区规划建设局：

现将《房屋建筑和市政基础设施工程招标投标管理办法》印发你们，请遵照执行。执行中遇到的问题，请及时报告。

附件：房屋建筑和市政基础设施工程施工招标投标管理办法

陕西省住房和城乡建设厅

二〇〇九年二月六日

附件：

房屋建筑和市政基础设施工程施工招标投标管理办法

第一章　总　则

第一条　为了规范房屋建筑和市政基础设施工程施工招标投标活动，维护招标投标当事人的合法权益，确保工程质量，提高投资效益，根据《中华人民共和国招标投标法》、《陕西省实施〈中华人民共和国招标投标法〉办法》以及建设部《房屋建筑和市政基础设施工程施工招标投标管理办法》、《陕西省建设工程招标投标有形市场管理办法》等法律、法规和规章，结合本省实际，制定本办法。

第二条　在本省行政区域内，依法必须实行招标的各类房屋建筑和市政基础设施工程施工招标投标活动及其监督管理，适用本办法。

本办法所称房屋建筑工程是指各类房屋建筑及其附属设施和与其配套的线路、管道、设备安装工程及室内外装饰装修工程。

市政基础设施工程是指城市道路及桥涵、公共交通、供水、排水、燃气、热力、园林、环卫、污水处理、垃圾处理、防洪、地下公共设施及附属设施的土建、管道、设备安装工程。

第三条　房屋建筑和市政基础设施工程（以下简称建筑工程）符合《陕西省实施〈中华人民共和国招标投标法〉办法》（以下简称《办法》）规定的范围和规模标准的，应当进行招标。

第四条　建设行政主管部门依法对施工招标投标活动实施监督管理，查处施工招标投标活动中的违法行为。

省建设行政主管部门负责全省建筑工程施工招标投标活动的监督管理。市（示范区）、县（市）建设行政主管部门负责本市（示范区）、县（市）建筑工程施工招标投标活动的监督管理。

省建设工程招标投标管理机构具体负责实施中央驻陕及省属单位建筑工程施工招标投标活动的监管管理；市（示范区）、县（市）建设工程招标投标管理机构具体负责实施市（示范区）、县（市）属单位工程施工招标投标活动的监督管理。

第五条　建筑工程招标项目的计价方式实行工程量清单计价。

第六条　建筑工程施工的招标投标活动应当在依法设立的有形建筑市场公开进行。

第二章　招　标

第七条　建筑工程施工招标由招标人按项目归属，在具有相应权限的招投标监管机构的监督下自行或委托具有相应资格的招标代理机构依法组织实施。

招标人自行组织施工招标的，应当具备法律法规规定的条件。

第八条　建筑工程施工招标应当具备下列条件：

（一）按照国家和本省有关规定需要履行审批手续且已获得批准。

（二）具有相应工程建设资金或资金来源已经落实。

（三）有满足建筑工程施工招标需要并经过审查的设计文件。

（四）法律法规等规定的其它条件。

第九条　建筑工程施工招标分为公开招标和邀请招标。

国有资金投资或者国家融资的建筑工程项目施工、国有单位住宅建设项目的施工，应当公开招标。其它建筑工程项目可以实行邀请招标。

应公开招标的建筑工程项目，有下列情形之一，按照国家和本省规定经批准可以邀请招标：

（一）因项目技术复杂或者有特殊要求，只有少数潜在投标人可供选择的。

（二）受自然资源或者环境限制的。

（三）涉及国家安全、国家秘密或者抢险救灾，适宜招标但不宜公开招标的。

（四）公开招标所需费用和时间与项目的价值不相称，不符合经济合理性要求的。

（五）法律法规规定其他不宜公开招标的。

第十条　工程建设项目有下列情形之一的，经建设行政主管部门批准，可以不进行招标：

（一）停建或者缓建后恢复建设的单位工程，且承包人未发生变更的。

（二）建筑施工企业自建自用的工程，且该企业资质等级符合工程建设项目要求的。

（三）在建工程追加的附属小型工程或者主体加层工程，且原中标人仍具备承包能力的。

（四）法律法规等规定的其它可以不进行招标的。

第十一条　依法必须进行招标的项目，招标人自行办理招标事宜的，应当向建设工程招标投标监督管理机构备案，并报送下列书面材料：

（一）营业执照、法人证书或者证明文件。

（二）内设专门招标机构的基本情况。

（三）有与工程规模、复杂程度相适应并具有同类工程建设项目招标经验、熟悉有关工程建设项目招标法律法规的工程技术、经济及工程管理的专业人员，其中具有相关专业中级以上职称的自有专业人员不少于三人；招标人自行编制工程量清单或最高投标报价限价的，应具有专业齐全及具备相应资格的注册于本单位的工程造价执业人员，其中注册造价工程师不少于一人。

（四）其它材料。

第十二条　建筑工程施工招标应按下列程序进行：

（一）实施招标备案。

（二）发布经招投标监督管理机构备案后的招标公告，或发出投标邀请书。

（三）编制资格预审文件、招标文件。

（四）对投标申请人进行资格预审，确定投标人。

（五）发标。

（六）组织投标人踏勘现场、答疑。

（七）依法组建评标委员会。

（八）开标、评标、定标。

（九）发出中标通知书。

（十）签订建筑工程施工发包承包合同。

第十三条　招标人或招标代理机构应当在发布招标公告或者发出投标邀请书的五个工作日前，向具有相应监管职责的招标投标监督管理机构报送下列材料：

（一）按照国家和本省有关规定办理审批手续的各项批准文件。

（二）本办法第十一条所要求的书面材料，包括专业技术人员的名单、职称证书、执业证书及其工作经历的证明材料，或受托招标代理机构的资质证书及委托代理合同。

（三）法律法规等规定的其它材料。

招标投标监督管理机构对报送的材料在三个工作日内未提出异议的，招标人或招标代理机构可以实施招标投标活动。

第十四条　公开招标的工程建设项目，招标人应按规定在相应媒体和将要交易的有形建筑市场网站上发布招标公告。招标公告规定的报名时间不得少于五个工作日。

邀请招标的建筑工程项目，招标人应向三个以上具备承担招标项目能力的法人或者其它组织发出投标邀请书。

第十五条　招标公告或者投标邀请书一般应当载明下列主要内容：

（一）招标人的名称和地址。

（二）招标工程的性质、规模、地点。

（三）工程资金来源及落实情况。

（四）工程承包方式。

（五）投标人的资质要求。

（六）招标工作时间安排。

（七）获取资格预审文件或招标文件的方法和所需费用。

第十六条　依法必须公开招标的建筑工程项目的施工招标实行资格预审，并且采用经评审的最低投标价法评标的，招标人必须邀请所有合格申请人参加投标，不得对投标人的数量进行限制。

依法必须公开招标的建筑工程项目的施工招标实行资格预审，并且采用综合评估法评标的，当合格申请人数量过多时，一般采用随机抽签的方法，特殊情况也可以采用评分排名的方法选择规定数量的合格申请人参加投标。其中，工程投资额1000万元以上的工程项目，邀请的合格申请人应当不少于12个；工程投资额1000万元以下的工程项目，邀请的合格申请人应当不少于9个。

实行资格后审的，招标文件应当设置专门的章节，明确合格投标人的条件、资格和后审的评审标准和评审方法。

投标人资格的确认依其法定的资质（资格）和信誉档案为基本条件，依其所取得的业绩为优先条件。投标报名、资格预审、确定投标人应在具有相应监管资格的招投标监督管理机构的监管下进行。

第十七条　招标人在发出招标公告、投标邀请书或者售出资格预审文件或招标文件后不得擅自终止招标。招标人非因不可抗力取消招标的，应当赔偿投标人的直接经济损失。

第十八条　招标人应当自行或者委托招标代理机构编制招标文件。招标文件应当包含下列内容：

（一）投标须知。包括工程概况，招标范围，标段划分，工期要求，质量标准，现场踏勘和答疑安排，投标文件编制、提交、修改、撤回的要求，投标报价要求，投标有效期，评标的标准、原则和方法，开标的时间、地点等。

（二）招标工程的技术要求和设计文件。

（三）按单位工程编制的工程量清单。

（四）投标标函、标书的格式及附录。

（五）拟签订合同的主要条款。

（六）投标保证金、履约担保、支付担保的方式及额度。

（七）要求投标人提交的其它材料。

招标工程的工期要求应当以国家颁发的定额工期为准。招标要求工期提前定额工期15%以上时，招标人应支付赶工费用。当施工工期超过十二个月时，招标文件应当规定工程造价指数体系、价格调整因素和调整方法。

第十九条　工程量清单应以建筑工程造价管理的有关规定编制，招标人对其完整性、正确性负责。

第二十条　招标人应当将资格预审文件、招标文件报实施监督管理的招标投标监督管理机构备案，对内容不全或不符合有关规定的文件不予备案。

招标人应将备案合格的资格预审文件、招标文件向投标报名人、资格预审合格的投标申请人或者被邀请人发放或出售。

第二十一条　招标人自招标文件发放（售出）之日起至提交投标文件截止之日，最短不得少于二十日。

第二十二条　招标人对已发出的招标文件进行必要的

澄清或者修改的，应当在投标文件提交截止时间十五日前，以书面形式通知所有招标文件收受人，并同时报实施监督的招标投标监督管理机构备案。该澄清或者修改的内容为招标文件的组成部分。

第二十三条 招标文件发出后，投标人对招标文件或现场踏勘有疑问需要澄清的，应当在投标截止时间十日前以书面形式向招标人提出。招标人应当在投标截止时间七日前以书面形式或者召开投标答疑会的形式向所有投标人进行一致的解答。召开投标答疑会的，应形成答疑会纪要，并以书面形式通知所有投标人，同时报实施监督的招标投标监督管理机构备案。书面答复和答疑会纪要与招标文件具有同等效力。

第二十四条 工程量清单招标的建筑工程项目，招标人应事先制定最高报价限价。该限价的制定应符合建筑工程造价管理的有关规定，不得随意浮动，并在投标截止日期三日前同时向所有投标人公布。最高报价限价未按相关规定编制的，招标投标监管机构责令其改正并可建议有相应执法权的机关对编制单位进行必要的处罚。

第三章 投 标

第二十五条 投标人应当具备相应的资质和资格，并应满足招标文件提出的工程业绩、技术能力、项目经理资格、财务状况等要求。

第二十六条 投标人有下列情况之一的，禁止参加投标，隐瞒实情骗取中标的，中标无效：

（一）企业被责令停业。

（二）投标资格被暂停或取消。

（三）财产被接管、冻结或处于破产状态。

（四）与招标人为同一法定代表人。

（五）法律法规等规定的其它情况。

第二十七条 投标人应当按照建筑工程造价管理的有关规定及招标文件的要求自主报价和编制投标文件，对招标文件提出的实质性要求和条件做出响应，并对投标文件的真实性负责。

招标文件允许投标人提供替代方案的，投标人可以按照招标文件的要求提交替代方案，并做出相应报价。

第二十八条 投标文件一般应包括下列内容：

（一）投标标函。

（二）工程建设项目施工组织设计或者实施方案。

（三）投标报价。

（四）招标文件要求提供的其它材料。

第二十九条 招标人可以在招标文件中要求投标人提交投标担保。投标担保可以采用投标保函或者投标保证金的方式，其额度一般不得超过投标总价的百分之二，最高不得超过五十万元人民币。

第三十条 投标人应当按照招标文件要求的方式和金额，向招标人提交投标保函或者向招标人交纳投标保证金。

在评标工作结束后的五个工作日内，招标人应当向非中标候选人足额退还其投标保证金本息或保函；在招标人与中标人签订合同后五个工作日内，向中标人和其它中标候选人足额退还其投标保证金本息或保函。

第三十一条 投标人不得以低于其企业成本的报价竞标，不得以他人名义投标或者以其它方式弄虚作假，骗取中标。

第四章 开标、评标和定标

第三十二条 开标应当在招标文件确定的提交投标文件截止时间的同一时间在有形建筑市场公开进行，并接受招标投标监督管理机构的监督。开标会议由招标人或其委托的招标代理机构主持，通知所有投标人参加。

第三十三条 开标时，发现投标人有下列情形之一的，不得进入评标：

（一）实行资格后审的，投标人未携带营业执照、企业资质证书、安全生产许可证、省外建筑企业进陕登记证书、建造师注册证书（项目经理资质证书）及法定代表人或者企业法定代表人授权委托书及其身份证等有效证件的。

（二）投标文件中的投标标函及投标文件的正本或副本未加盖投标人企业及企业法定代表人或者企业法定代表人委托代理人印章的。

（三）组成联合体投标的，投标文件未附联合体各方共同投标协议的。

（四）投标文件未按要求密封的。

（五）投标人名称或组织机构与资格预审时不一致或者投标人相关证件的名称不一致的。

（六）投标人未按要求提交投标保证金或者保函的。

第三十四条 评标由招标人依法组建的评标委员会负责。评标委员会的负责人由评标委员会推举产生或由招标人指定。评标委员会由招标人或其委托的招标代理机构熟悉相关业务的代表，以及有关技术、经济等方面的专家组成，成员人数为五人以上的单数。其中招标人和招标代理机构以外的专家不得少于成员总数的三分之二，并在开标的同一工作日内，从省建设工程招标投标监督管理机构设立的评标专家库中随机产生。

评标委员会成员的名单在中标结果确定前应当保密。

第三十五条 评标时有下列情况之一的，该投标人为不合格投标人：

（一）投标文件未按招标文件的规定格式填写，内容不全或关键词字迹模糊、无法辨认的。

（二）投标报价高于最高报价限价的。

（三）投标人递交两份或多份内容不同的投标文件或针对同一项目有多个不同报价的，但按招标文件规定可提交替代投标方案的除外。

（四）　投标人擅自改动招标人提供的工程量清单内容（包括招标人指定的单价）的。

（五）不可竞争费用未按相关规定计取的。

（六）投标文件载明的招标项目完成时间超过招标文件规定的期限的。

（七）投标人拒不按照要求对投标文件进行澄清、说明或者补正的。

（八）投标有效期少于招标文件规定的期限的。

（九）未对招标文件的实质性条款做出完全响应的。

（十）法律法规等规定的其它情形。

第三十六条　评标委员会可以用书面形式要求投标人对投标文件中含义不明确的内容作必要的澄清或者说明。投标人应当采用书面形式进行澄清或者说明，其澄清或者说明不得超出投标文件的范围或者改变投标文件的实质性内容。

第三十七条　评标可以采用综合评审法、不低于合理成本价的低价中标法或者法律法规规定允许的其它方法。

第三十八条　采用综合评审法的，应当对投标文件能否最大限度地满足招标文件规定的各项要求和评价标准进行评审和比较，内容包括已获得优质工程、文明工地业绩和国家强制推行的新技术、新工艺、建筑节能及安全施工方案等。

第三十九条　采用不低于合理成本价的低价中标法的，有下列情形之一的，评标委员会可以要求投标人做出书面说明并提供相关材料：

（一）投标报价低于评标标准价或最高报价限价合理幅度的。

（二）不设最高报价限价的，投标报价明显低于其它投标人的平均投标报价，有可能低于企业成本的。

经评标委员会论证，认为该投标人的报价可能低于其企业成本的，可劝其放弃中标。若该投标人不放弃中标，如果设有最高报价限价，可将该投标人的投标报价与最高报价限价之间的差额作为其中标后的追加履约担保；如果没有设最高报价限价，可将该投标人的投标报价与其它投标人的投标报价平均值之间的差额作为其中标后的追加履约担保。

第四十条　评标委员会成员应当按照招标文件确定的评标标准和方法，对投标文件进行评审，并对评标结果签字确认。

评标委员会完成评标后，应当向招标人提出书面评标报告，推荐一至三名中标候选人，并标明排列顺序。

第四十一条　评标报告内容应当包括：

（一）招标情况，包括工程概况、招标范围和招标的主要过程。

（二）开标情况，包括开标的时间、地点，参加开标会议的单位、人员以及唱标等情况。

（三）评标情况，包括评标委员会组成人员名单，评标的方法、内容和依据，对各投标文件的分析及评审意见。

（四）评标结果，包括对投标人的排序、推荐的中标候选人等。

（五）评标过程中评标委员会各成员的原始评标资料等附件。

评标报告应在评标结束时完成，并经评标委员会全体成员签字确认。

第四十二条　招标人应当根据评标委员会推荐的中标候选人排序先后确定中标人，也可以授权评标委员会根据中标候选人排序先后直接确定中标人，并予以公示，公示时间不少于两个工作日。

招标人不得在评标委员会推荐的中标候选人之外确定中标人。

第四十三条　经评标委员会评审，合格的投标人少于三个时，招标人应当重新组织招标，同时通知已提交投标文件的投标人，并退回投标文件和投标保证金。

第四十四条　招标人应当在评标结束后三十日内确定中标人。

第四十五条　招标人应当自确定中标人之日起十五日内，向实施监督管理的招标投标监督管理机构备案。

第四十六条　招标人和中标人应当自中标通知书发出之日起三十日内，按照招标文件和中标人的投标文件订立书面合同，中标价即为合同价；招标人和中标人不得再行订立背离合同实质性内容的其它协议。

中标人应当将书面合同送建设主管部门或其授权机构备案。

第四十七条　招标人应提供工程款支付担保，中标人应提供履约担保。担保额度及方式应遵从有关规定，担保合同为工程合同的必备附件。

第四十八条　中标人应当按照合同约定履行义务，除合同中约定的可分包项目外，不得将中标项目转让或者肢解后转包。

第四十九条　施工合同中应约定，建设单位（招标人）要按时支付工程款，并不得违背本办法规定以保证金等方式让施工单位（中标人）变相垫资。

第五章　附　则

第五十条　工程建设项目专业分包、劳务分包采用招标方式的，可参照本办法执行。

第五十一条　本办法自实施之日起原《陕西省房屋建筑和市政基础设施工程施工招标投标管理办法》（陕建建发［2001］443号）同时废止。

甘肃省

关于成立甘肃省招标投标协调领导小组的通知

甘政办发［2009］90 号

各市、自治州人民政府，省政府有关部门，有关单位：

为加强我省建设工程招标投标工作的监督管理，省政府决定，成立甘肃省招标投标协调领导小组，现将有关事项通知如下：

组　长：冯健身　省委常委、常务副省长

副组长：张勤和　省政府副秘书长、金融办主任

赵　春　省发改委主任

张光义　省监察厅厅长

成　员：王泉清　省发改委副主任

朱行之　省经委副主任

蒲志强　省监察厅副厅长

李　堋　省财政厅副厅长

张和平　省建设厅巡视员

辛　平　省交通厅副厅长

栾维功　省水利厅副厅长

韩临广　省农牧厅副厅长

赵建林　省林业厅副厅长

王代喜　省商务厅副厅长

李存文　省卫生厅副厅长

曾施霖　省政府法制办副主任

高建国　省机械设备成套局局长

协调领导小组办公室设在省发改委，办公室主任由王泉清同志兼任，副主任由蒲志强同志兼任。协调领导小组成员如有变动，报经组长同意后，由接任工作的同志自行替补，不另行文。

协调领导小组成立后，由省发改委、省监察厅牵头，会同领导小组各成员单位，尽快建立我省招标投标工作部门协调机制，并根据国家有关要求，抓紧制定《甘肃省招标投标部门协调机制暂行办法》，进一步规范全省招投标监管工作。

甘肃省人民政府办公厅

二〇〇九年六月一日

关于印发《甘肃省招标投标部门协调机制暂行办法》的通知

甘发改法规［2009］1334 号

省工信委、省财政厅、省建设厅、省交通厅、省水利厅、省农牧厅、省林业厅、省商务厅、省卫生厅、省政府法制办、省机械设备成套局：

为了加强招投标行政监督部门之间的联系、沟通与协调，有效解决招投标行政监督过程中以及招投标法律法规执行中遇到的各类问题，建立招投标行政监督部门各司其职、部门之间密切配合的长效工作机制，根据《甘肃省人民政府办公厅关于成立甘肃省招标投标协调领导小组的通知》要求，省发展改革委和省监察厅牵头研究起草了《甘肃省招标投标部门协调机制暂行办法》，经招标投标协调领导小组各成员单位同意，现予以印发，请按此做好相关工作。

附件：1. 甘肃省招标投标部门协调机制暂行办法

2. 甘肃省招标投标部门协调机制联席会议成员名单（略）

甘肃省发展和改革委员会

甘肃省监察厅

二〇〇九年十月二十八日

附件 1:

甘肃省招标投标部门协调机制暂行办法

第一条　为切实加强对全省招投标工作的指导、协调，建立招投标行政监督部门之间密切配合的长效工作机制，依法加强和规范行政监督，促进招投标市场健康发展，根据《甘肃省招标投标条例》、《国务院办公厅关于进一步规范招投标活动的若干意见》（国办发［2004］56 号）和监察部等十部委《关于监察机关和有关行政监督部门在查处工程建设招标投标违法违纪案件工作中加强协作配合的通知》（监发［2008］8 号）精神，结合我省实际，制定本办法。

第二条　招标投标部门协调机制由省发展改革委、工信委、监察厅、财政厅、建设厅、交通厅、水利厅、农牧厅、林业厅、商务厅、卫生厅、省政府法制办、省机械设备成套局共 13 个部门组成。 省发展改革委为招标投标部门协调机制牵头单位。

第三条　协调机制办公室（以下简称协调办公室）设在省发展改革委，负责处理日常事务，主要职责是：

（一）筹备、组织协调机制会议。

（二）起草、印发协调机制会议纪要。

（三）了解、督促有关成员单位落实会议议定事项。

（四）组织、落实成员单位有关信息交流事宜。

第四条　招标投标部门协调机制的主要职责范围：

（一）定期分析招投标市场形势和存在的主要问题，共同研究提出解决方案和办法。

（二）研究拟定有关招投标活动的重大政策建议，为相关法律法规、政府规章的立改废以及政府决策提供参考。

（三）研究分析重大、复杂、疑难案件，从招投标技术层面就法律法规适用等问题，提出执法执纪的依据和处理意见。

（四）协调、解决有关部门在依法实施行政监督过程中出现的争议。

（五）做好部门之间在起草招投标配套政府规章和制定其他规范性文件时的沟通和协调。

（六）组织对招投标活动中的重大问题开展联合调研，对重点建设项目的招投标活动进行联合执法检查。

（七）相互通报招投标方面的信息，交流招投标方面的材料、文件。

（八）其他重要事项。

第五条　协调机制采取定期联席会议的形式。省发展改革委、工信委、监察厅、财政厅、建设厅、交通厅、水利厅、农牧厅、林业厅、商务厅、卫生厅、省政府法制办、省机械设备成套局各指定一名承担招投标管理和监督工作的内设处室的负责人为联席会议成员。

第六条　部门联席会议可根据实际需要召开，原则上每年不少于一次。由省发展改革委负责召集并主持。联席会议的议题、开会时间及参加人员，由协调办公室商有关单位确定，提前书面通知各参会单位。根据工作需要，可以邀请相关单位、专家参加会议。

第七条　各成员单位应当在会前认真研究有关问题，准备相关材料，按时参加会议；会议结束后，参会人员应当根据需要及时向本单位有关领导报告；如有未尽事宜或不同意见，应当在 3 个工作日内向协调办公室书面反馈，必要时，由协调办公室在会议纪要中予以明确。

第八条　部门联席会议通过集体讨论、协商一致后，将会议议定事项以会议纪要的形式印发各有关成员单位。对于会议纪要明确的事项，各成员单位应当按照职责分工，负责组织实施。对于情况较为复杂、难以达成统一意见的问题，会议纪要中应当明确表达。对于重大事项可以联合向省政府请示。

第九条　各成员单位要主动分析研究招投标行政监督工作中的问题，部门之间应当加强联系和沟通，互通信息、相互配合、相互支持，形成合力，及时、有效地解决招投标行政监督过程中出现的各种矛盾和问题，充分发挥部门协调机制的作用。

第十条　本办法自 2009 年 12 月 1 日起施行。

青海省

关于进一步加强我省房屋建筑和市政工程招标控制价管理工作的若干意见

青建工［2009］513号

各州（地、市）建设局，各有关单位：

为进一步加强我省房屋建筑和市政工程招标控制价计价活动的监督管理，规范招标工程计价行为，合理确定和有效控制工程造价，维护招投标活动当事人的合法权益，根据《中华人民共和国招标投标法》、《青海省实施<招标投标法>办法》、国家标准《建设工程工程量清单计价规范》（GB 50500－2008）以及省委省政府办公厅印发《青海省关于开展工程建设领域突出问题专项治理工作的实施方案》等有关要求，结合我省实际，现就进一步加强我省房屋建筑和市政工程招标控制价管理工作提出如下意见：

一、进一步统一思想，切实加强对招标控制价管理工作重要性和必要性的认识

自我厅颁发《青海省房屋建筑和市政工程工程量清单招标评标定标办法》（青建法［2004］284号）要求在国有投资项目实行招标控制价以来，在一定程度上起到了遏制投标人投标报价过高及超概算或超预算高价中标的作用，建设项目的成本得到有效控制，得到了市场主体各方的充分肯定。但是在招标控制价的实施过程中，也出现了一些问题。有的招标人公布的招标控制价过低，随意下浮，没有充分考虑到市场供求状况和合同实施过程中可能发生的风险因素等情况，施工单位的利润空间被大幅度压缩，对工程质量和安全生产都产生了一定影响。

因此，各级建设行政主管部门要从科学发展的高度，充分认识当前开展工程建设领域突出问题专项治理工作的紧迫性和艰巨性，进一步认识加强招标控制价管理工作对合理控制工程造价、确保工程质量和安全生产的重要作用，要切实采取有效措施，强化对招标控制价计价活动的监督管理，促进我省工程建设招投标工作更加规范、有序、健康发展。

二、加强招标控制价编制行为管理，严格执行有关工程计价规定

（一）严格招标控制价编制范围。招标控制价是招标人对招标工程设定的最高限价。凡是达到我省招标规模和标准的国有资金投资的房屋建筑和市政工程项目的施工应全部实行工程量清单招标，并应编制招标控制价。招标控制价超过批准的概算时，招标人应将其报原概算审批部门审核。投标人的投标报价高于招标控制价时，其投标应予以拒绝并作废标处理。招标控制价应由具有编制能力的招标人，或其委托具有相应资质的工程造价咨询单位编制。

（二）严格招标控制价编制依据。招标控制价的编制应遵循客观、公正的原则，按照工程量清单计价规范的要求，合理反映拟建工程项目市场价格水平。在编制招标控制价时，消耗量水平、人工工资单价、有关费用标准按省建设行政主管部门颁发的计价依据和计价办法执行；材料价格按工程造价管理机构发布的市场指导价取定（无市场指导价的，按市场信息价取定）；措施项目费用按工程所在地常用的施工技术和施工方案计取。

（三）严格招标控制价备案。实行工程量清单计价招标的房屋建筑和市政工程，招标人应在发布招标控制价前将招标控制价有关材料报送工程所在地招投标监管机构备案。备案资料主要包括招标文件中有关工程计价条款、工程量清单、招标控制价成果文件等。备案的主要内容包括：工程量清单和招标控制价是否由具有编制能力的招标人或受其委托的具有相应资质的工程造价咨询单位编制；工程量清单和招标控制价编制单位公章、造价专业人员签字及印章是否齐全；工程量清单和招标控制价是否符合《建设工程工程量清单计价规范》（GB 50500－2008）和我省工程造价计价的规定要求等。编制招标控制价的工程造价咨询单位（或自行编制招标控制价的招标人）应当将招标控制价成果文件、计算书、图纸等有关资料归档备查。

三、加强招标控制价的监督检查，使招标控制价管理工作落到实处

（一）招标控制价不得上调或下浮。招标控制价的性质和作用决定了招标控制价不同于标底，无须保密。为体现招标的公开、公平和公正性，防止招标人有意抬高或压低工程造价，给投标人以错误的信息，招标人编制的招标控制价应在招标文件中载明，或于开标前3日内在发布招标公告网络媒体或工程所在地有形建筑市场等形式如实公布，不得对编制的招标控制价上调或下浮，更不得随意改动。公布的招标控制价应当包括总价、费用项目的组成、各分部工程的费用小计等。

（二）招标控制价投诉处理。投标人对已公布的招标控制价经自行复核后，认为其未按国家标准《建设工程工程量清单计价规范》和我省工程造价计价依据的规定编制的，应在开标前3日内向工程所在地招投标监管机构投诉。

招投标监管机构收到投诉材料后，应及时会同工程造价管理机构对投诉进行处理，对招标控制价组织复核，发现确有错误的，应责成招标人修改。复核确认招标控制价误差范围在±3%以内（含±3%）的，原招标控制价有效；误差范围在±3%以外的，招标控制价应以复核确认的为准。

（三）招标控制价监督检查。各级建设行政主管部门要切实加强对招标控制价的指导、监督、检查，认真执行有关工程计价和工程量清单招标的相关规定和工作程序，对在招标控制价编制过程中有违规行为的招标人，要依法查处。

各级工程招投标监管机构和工程造价管理机构应当切实履行对未按国家标准《建设工程工程量清单计价规范》和我省工程造价计价依据编制招标控制价的行为进行监督处理的责任，对查实违规编制招标控制价的中介服务机构和编制人员，应按照有关规定进行处理，并作为不良行为予以记录和公示。省级建设行政主管部门将随时对招标控制价的执行情况进行抽查和检查。

青海省住房和城乡建设厅

二〇〇九年十一月二十三日

关于印发《青海省招标投标行政监督省级协调机制暂行办法》的通知

青发改法规［2010］150号

省监察厅、省住房和城乡建设厅、省经委、省财政厅、省交通厅、省水利厅、省商务厅、省政府法制办、省工程建设成套局：

根据《国务院办公厅关于进一步规范招标投标活动的若干意见》和《国家发展改革委关于印发〈招标投标部际协调机制暂行办法〉的通知》精神，为推进我省惩防体系建设，加强协作配合，依法共同做好招标投标行政监督工作，我委研究制定了《青海省招标投标行政监督省级协调机制暂行办法》，已经省政府同意。现予以印发，请据此做好相关工作。

附件：青海省招标投标行政监督省级协调机制暂行办法

青海省发展和改革委员会

二〇一〇年四月十三日

附件：

青海省招标投标行政监督省级协调机制暂行办法

第一条 根据《国务院办公厅关于进一步规范招标投标活动的若干意见》（国办发［2004］56号）和《国家发展改革委关于印发〈招标投标部际协调机制暂行办法〉的通知》（发改法规［2005］1282号），为建立健全我省招投标行政监督省级协调机制（以下简称协调机制），加强部门间的沟通联系，保证协调机制的规范、有效、顺畅运行，制定本办法。

第二条 建立协调机制的目的是：加强省各有关部门行政监督工作的协调与配合，及时有效地解决本省招投标领域存在的突出矛盾和问题；保障法制统一和政令畅通，依法加强和规范行政监督，促进招投标市场健康发展。

第三条 协调机制成员单位由省发展改革委、省监察厅、省住房和城乡建设厅、省经委、省财政厅、省交通厅、省水利厅、省商务厅、省政府法制办、省工程建设成套局共10个部门组成。

省发展改革委为协调机制牵头单位。

第四条 协调机制协调事项和主要职责范围是：

（一）研究本省招投标行政监督管理工作的重要思路与办法。

（二）协调解决本省招投标领域的突出矛盾和重要问题。

（三）加强与各州（地、市）政府在招标投标诉处理、行政执法方面的沟通衔接。

（四）研究涉及跨行业、跨部门的招投标工作、需呈报省政府决策的重要事项。

（五）协调衔接各部门制定、拟定的招投标政策法规及文件范本。

（六）组织开展全省招投标执法检查或联合调查工作。

（七）各部门招投标行政监督工作信息交流、情况通报。

（八）需要多部门研究或协调的其他有关事项。

第五条 协调机制办公室（以下简称协调办公室）设在省发展改革委，负责处理日常事务，主要职责是：

（一）筹备、组织协调机制成员单位联席会议。

（二）起草、印发协调机制会议纪要。

（三）了解、督促有关成员单位落实会议确定事项。

（四）组织、落实成员单位有关信息交流事宜。

（五）组织召开联络员工作会议。

（六）办理、落实其他有关事项。

第六条 协调机制议事采取不定期联席会议形式。各成员单位主管招投标工作的领导担任联席会议成员，各成员单位有关部门负责同志担任联席会议联络员。

第七条 招标投标省级联席会议根据成员单位的要求随时召开。各成员单位可以就第四条规定事项范围内的具体议题提请协调机制会议研究。

招标投标省级联席会议的议题、开会时间及参加单位人员，由协调办公室商有关成员单位确定并发文通知。

第八条 招标投标省级联席会议研究重要事项或重大问题，应由各单位联席会议成员参加；研究工作中的具体问题或临时事项，可由各单位联席会议联络员参加。根据工作需要，可以邀请相关单位、专家参加会议。

第九条 招标投标省级联席会议由省发展改革委负责召集并主持。会议确定事项以会议纪要的形式印发各有关成员单位。对于情况较为复杂、难以达成统一意见的问题，应当在会议纪要中作出明确表达。重大事项可以由有关成员单位联合报省政府决定。

第十条 各成员单位应当在会前认真研究有关问题，准备相关材料，按时参加会议；会议结束后，参会人员应当根据需要及时向本单位有关领导报告；如有未尽事宜或不同意见，应当在 3 个工作日内向协调办公室书面反馈，必要时，由协调办公室在会议纪要中予以明确。

对于会议纪要明确的事项，由各成员单位按照职责分工组织落实。

第十一条 招标投标省级联席会议成员和联络员名单，经各单位确定后由协调办公室印发。成员和联络员发生调整变化时，应及时向协调办公室报告。

第十二条 各州（地、市）可参照本办法，建立本地区的招投标行政监督协调机制。

第十三条 本办法由省发展改革委负责解释，自印发之日起施行。

宁夏回族自治区

宁夏回族自治区招标投标管理办法

宁夏回族自治区人民政府令第 12 号

《宁夏回族自治区招标投标管理办法》已经 2009 年 2 月 17 日自治区人民政府第 27 次常务会议讨论通过，现予公布，自 2009 年 4 月 1 日起施行。

自治区主席　王正伟

二OO九年二月二十四日

宁夏回族自治区招标投标管理办法

第一章　总　则

第一条　为了保证招标项目的质量，提高经济效益，保护国家利益、社会公共利益和招标投标活动当事人的合法权益，根据《中华人民共和国招标投标法》（以下简称《招标投标法》）和有关法律、行政法规的规定，结合本自治区实际，制定本办法。

第二条　在本自治区行政区域内进行招标投标活动，对招标投标活动实施监督，应当遵守本办法。

其他规章的规定与本办法不一致的，依照本办法的规定执行。

第三条　招标投标活动应当遵循公开、公平、公正和诚实信用的原则。

第四条　发展改革部门统一指导、协调、监督本行政区域的招标投标工作。

建设、财政、交通、水利、卫生、商务等行政主管部门，负责相关项目招标投标活动的监督工作。

监察、审计机关依法对招标投标相关活动实施监督。

第五条　达到本办法规定数额标准的招标项目，必须在政府设立的招标投标交易服务中心进行招标投标活动，禁止任何形式的场外交易。

第六条　依法必须进行招标的项目，其招标投标活动当事人的合法权益受法律保护。

对违反招标投标法和本办法规定的行为，任何单位和个人都有权向有关行政监督部门举报、投诉。

第二章　组织管理

第七条　自治区发展改革部门履行下列招标投标工作职责：

（一）按照招标投标法律、行政法规和国家有关规定，会同有关部门拟定招标投标规章制度，报自治区人民政府批准后实施。

（二）会同有关部门制定评标专家的遴选、评审、回避制度，建立自治区综合评标专家库并与市、县（市）和行业评标专家库联网运行，监督管理评标专家及评标活动。

（三）对必须招标的重大建设项目进行审批并核准项目的具体招标范围和招标方式。

（四）负责对重大建设项目招标投标活动的监督检查。

（五）招标投标法律、法规规定的其他工作职责。

第八条　对招标投标活动实施监督，执行下列规定：

（一）建设行政主管部门负责各类房屋建筑及其附属设施的建造和与其配套的线路、管道、设备的安装项目和市政工程项目的招标投标活动的监督。

（二）水利、交通、商务、工业与信息产业行政主管部门，分别负责行业和产业项目招标投标活动的监督。

（三）卫生行政主管部门负责医疗器械、医用耗材和药品集中采购项目招标投标活动的监督。

（四）财政部门负责政府采购项目招标投标活动的监督。

对前款规定以外的招标投标活动的监督管理工作，按照行政管理权限，由相关行政主管部门依法负责。

第九条　从事工程建设、政府采购等项目招标代理业务的招标代理机构，其资格分别由自治区建设、财政等行政主管部门认定。

有关行政主管部门应当向社会公布经其依法认定的招标代理机构名单，并加强对招标代理机构招标代理活动的监督。

第十条　招标投标活动的相关执法监督部门，应当公开招标事项核准、招标公告、中标候选人、中标结果、招标代理机构代理活动等信息，并及时对违法违规招标投标行为的处理结果、招标投标活动当事人不良行为记录等相关信息予以公告。

第十一条　各有关执法监督部门应当将发现的问题及时通知项目审批部门，项目审批部门可以依法暂停项目的执行或者暂停项目资金的拨付。

第十二条　监察机关和招标投标相关执法监督部门，应当建立招标投标投诉处理机制，公正、高效地受理投诉并查处违法行为。

第十三条　自治区和设区的市设立招标投标交易服务中心，有条件的县级人民政府可以设立招标投标交易服务中心。

招标投标交易服务中心是政府为招标投标当事人、中介机构、相关执法监督部门无偿提供公共服务的专门机构，是政府设立的综合招标投标有形交易市场。招标投标交易服务中心的经费列入财政预算。

第十四条　中央驻宁单位、自治区所属部门、单位的招标投标活动，在自治区招标投标交易服务中心进行。设区的市和没有设立招标投标交易服务中心的县（市、区）人民政府及其所属部门、单位的招标投标的活动，在设区的市招标投标交易服务中心进行。

第十五条　招标投标交易服务中心履行下列职责：

（一）为招标投标活动当事人及相关执法监督部门提供场地、设施和相关服务。

（二）建立和完善网络信息管理系统，为招标投标当事人提供信息化服务。

（三）向社会公开有关招标投标的法律法规、规章以及相关政策和规章制度。

（四）管理招标投标文件档案，并提供相关档案查询服务。

（五）向有关行政主管部门报告招标投标活动中发现的违法违纪行为，并协助调查。

（六）负责招标投标的统计、分析工作。

（七）建立招标投标信誉档案。

（八）其他招标投标服务工作职责。

第十六条 招标投标交易服务中心及其工作人员不得与招标代理机构有隶属关系或者经济利益关系；不得从事招标项目代理活动；不得以任何方式非法干涉依法进行的招标投标活动。

第十七条 招标投标当事人、招标代理机构和相关执法监督部门，应当遵守招标投标交易服务中心依法规定的管理制度。

第三章 招标的范围和标准

第十八条 自治区行政区域内下列工程建设项目（包括项目的勘察、设计、施工、监理以及与工程建设有关的重要设备、材料等的采购）达到本办法第二十四条规定标准之一的，必须进行招标：

（一）大型基础设施、公用事业等关系社会公共利益、公众安全的项目。

（二）全部或者部分使用国有资金投资或者国家融资的项目。

（三）使用国际组织或者外国政府贷款、援助资金的项目。

第十九条 关系社会公共利益、公众安全的基础设施项目的范围包括：

（一）煤炭、石油、天然气、电力、新能源等能源项目。

（二）铁路、公路、管道、航空以及交通运输等交通运输项目。

（三）邮政、电信枢纽、信息网络等邮电通信项目。

（四）灌溉、引（供）水、水土保护、水利设施等水利项目。

（五）道路、污水排放及处理、垃圾处理、地下管道、公共停车场等城市设施项目。

（六）生态环境保护项目。

（七）其他基础设施项目。

第二十条 关系社会公共利益、公众安全的公用事业项目的范围包括：

（一）供水、供电、供气、供热与市政工程项目。

（二）科技、教育、文化、卫生、社会福利等项目。

（三）体育、旅游等项目。

（四）医疗器械、耗材和药品集中采购等项目。

（五）商品住宅（包括廉租住房和经济适用住房）。

（六）其他公用事业项目。

第二十一条 使用国有资金投资项目的范围包括：

（一）使用各级财政预算资金的项目。

（二）使用纳入财政管理的各种政府性专项基金的项目。

（三）使用国有企业事业单位自有资金，并且国有企业事业单位实际拥有控制权的项目。

第二十二条 国家融资项目的范围包括：

（一）使用各级财政预算资金的项目。

（二）使用纳入财政管理的各种政府性专项基金的项目。

（三）使用国有企业事业单位自有资金，并且国有企业事业单位实际拥有控股权的项目。

（四）使用国家发行债券所筹资金的项目。

（五）使用国家对外借款或者担保所筹资金的项目。

（六）使用国家政策性贷款的项目。

（七）国家授权投资主体融资的项目。

（八）国家特许的融资项目。

第二十三条 使用国际组织或者外国政府资金的项目的范围包括：

（一）使用世界银行、亚洲开发银行等国际组织贷款资金的项目。

（二）使用外国政府及其机构贷款资金的项目。

（三）使用国际组织或者外国政府援助资金的项目。

第二十四条 必须进行招标的工程建设项目的标准为：

（一）施工单项合同估算价在100万元人民币以上的。

（二）重要设备、材料等货物的采购，单项合同估算在50万元人民币以上的。

（三）勘察、设计、监理等服务单位的选用，单项合同估算在20万元人民币以上的。

（四）单项合同估算价低于本条第（一）、（二）、（三）项规定标准，但项目总投资额在1000万元人民币以上的。

国有土地使用权出让、机电产品国际招标、医疗器械、耗材及药品集中采购、政府采购等项目的招标范围和标准，依照国家和自治区的有关规定执行。

第二十五条 必须进行招标的工程建设项目的标准需要进行调整的，由自治区发展改革部门会同有关部门提出意见，报自治区人民政府批准后，公布执行。

第二十六条 下列项目可以不进行招标，但在报告工程建设项目时，应当提出不招标申请，说明原因，并按投资管理权限，由发展改革行政主管部门会同有关部门核准：

（一）涉及国家安全、国家秘密或者其他有保密要求的项目。

（二）抗洪、抢险、救灾的应急工程项目。

（三）利用扶贫资金实行以工代赈的项目。

（四）建设项目的勘测、设计采用特定专利或者专有技术的，或者其建筑艺术造型有特殊要求的。

（五）国家规定可以不进行招标的其他项目。

第四章　招标、投标

第二十七条　招标人必须依照项目审批部门核准的事项进行招标。

纳入政府采购范围的项目，在招标活动开始前，必须向本级财政部门报送政府采购计划。

第二十八条　招标分为公开招标和邀请招标。

第二十九条　全部使用国有资金投资、国有资金投资控股或者占主导地位的必须进行招标的项目，应当公开招标。

自治区人民政府确定的重点建设项目不适宜公开招标的，经自治区人民政府批准，可以进行邀请招标。

第三十条　依法进行公开招标的项目，招标人应当在国家或者自治区指定的媒介发布招标公告。被指定的媒介应当在规定或者约定的时间内发布招标公告。

任何单位和个人不得违法指定或者限制招标公告的发布地点和发布范围。 除国家另有规定外，在指定媒介发布依法必须招标项目的招标公告，不得收取费用。

第三十一条　招标公告应当载明下列事项：

（一）招标人及其代理机构的名称、地址、联系方式。

（二）招标项目的性质、内容、数量、实施地点和时间。

（三）投标人应当具备的资格条件。

（四）报名时需要携带的证件或者相关资料。

（五）报名期限。

（六）开标的时间、地点。

（七）其他须知事项。

前款第五项规定的报名期限不得少于5天。

第三十二条　依法进行邀请招标的项目，招标人应当从符合资质条件的法人或者其他组织中随机选择三个以上资信良好的潜在投标人，向其发出投标邀请书，并在招标投标交易服务中心公布受邀人名单及其相关信息。

招标人或者招标代理机构应当保证招标公告或者投标邀请书的内容真实、准确和完整。

第三十三条　项目建设单位按照工程建设项目审批管理规定报送项目审批部门审批的项目，在报送项目可行性研究报告时，应当同时报送项目的招标范围和拟采用的招标方式。

第三十四条　项目审批部门在审批项目可行性研究报告时，应当核准项目的招标范围和拟采用的招标方式，并将核准的结果书面通知项目建设单位，同时抄送有关行政主管部门。

自治区人民政府确定的重点建设项目拟采用邀请招标方式的，由审批部门报送自治区人民政府批准。

第三十五条　工程建设项目招标应当具备下列条件：

（一）按照国家和自治区有关规定需要履行项目审批手续的，已履行了审批手续，并获得批准。

（二）招标人应当有实施招标项目的相应资金或者资金来源已经落实。

（三）有能够满足招标需要的施工图纸、设备清单及技术资料。

（四）已经项目所在地规划部门批准，建设用地的征用工作和施工现场的“三通一平”已经完成。

（五）法律法规、规章规定的其他条件。

第三十六条　招标人可以自行办理招标事宜，也可以委托依法设立的招标代理机构办理招标事宜。但政府采购项目中的采购人不得自行办理招标事宜。

任何单位和个人不得以任何方式为招标人指定招标代理机构。

招标代理机构与行政机关及其他国家机关不得存在隶属关系或者其他利益关系。

第三十七条　招标人自行办理招标事宜，应当具有编制招标文件和组织评标的能力，具体包括下列条件：

（一）有项目法人资格。

（二）有与招标项目规模和复杂程度相适应的工程技术、概预算、财务和工程管理等方面的专业技术人员。

（三）有从事同类工程建设项目招标的经验。

（四）设有专门的招标机构或者拥有3名以上专职招标业务人员。

（五）法律法规、规章规定的其他条件。

招标人自行办理招标事宜的，应当向有关执法监督部门备案。

第三十八条　招标代理机构办理招标事宜，应当遵守下列规定：

（一）与招标人签订书面委托代理合同，并在招标人委托的范围内办理招标事宜。

（二）未经招标人同意，不得向他人转让招标代理业务。

（三）不得从事同一招标项目的投标咨询服务。

（四）不得向他人透露与招标投标活动有关的情况和资料。

（五）不得与招标人、投标人串通损害国家利益、社会利益和他人的合法权益。

（六）招标投标法规定的有关招标人的其他规定。

第三十九条　招标项目设有标底的，招标人或者招标代理机构应当按照国家和自治区有关规定，并结合市场供求状况进行编制。一个招标项目只能编制一个标底。

第四十条　招标人应当根据招标项目的特点和需要，依法编制、澄清或者修改招标文件，并遵守下列规定：

（一）不得泄露保密资料、泄露标底，串通招标。

（二）不得以获得本地区、本系统奖项等不合理的条件限制或者排斥潜在投标人。

（三）不得向他人透露已获得招标文件的潜在投标人的名称、数量等情况。

（四）不得强制投标人组成联合体共同投标，不得限制投标人之间的竞争。

（五）不得要挟或者暗示投标人中标后分包部分工程给本地区、本系统的的承包商、供货商。

（六）在确定中标人之前，不得与投标人就投标价格、投标方案等实质性内容进行谈判。

（七）法律法规、规章有关招标投标的其他规定。

第四十一条 投标人应当具备下列条件：

（一）依法注册，具有独立法人资格。

（二）经营范围和资质等级与招标项目相适应。

（三）具有承担招标项目的技术、专业人员和机械设备、财务能力。

（四）具有良好的信誉和业绩。

国家对投标人资格条件另有规定的，从其规定。

第四十二条 投标人应当按照招标文件的要求编制投标文件，并遵守下列规定：

（一）不得挂靠有资质或者高资质单位并以其名义投标，不得租借他人资质证书投标。

（二）不得相互串通投标报价，不得排挤其他投标人的公平竞争。

（三）不得与招标人串通投标。

（四）不得以低于成本的报价竞标，或者弄虚作假，骗取中标。

（五）不得在中标后违法转包或者分包工程建设项目。

禁止投标人以向招标人或者评标委员会成员行贿的手段谋取中标。

第四十三条 投标人应当在规定的提交投标文件截止日期前将投标文件密封后送达投标地点。招标人应当向投标人出具标明签收人和签收时间的书面凭证。超过截止日期送达的投标文件为无效投标文件。

招标人应当妥善保管投标文件。在开标前，任何单位和个人不得开启投标文件。

第五章 开标、评标和中标

第四十四条 开标必须采用公开方式，由招标人或者招标代理机构主持，邀请所有投标人和相关执法监督部门参加，按照法定程序进行。

第四十五条 开标时，投标文件有下列情形之一的为无效投标：

（一）逾期送达投标文件的。

（二）招标文件未密封的。

（三）投标文件未加盖投标人及其法定代表人或者委托代理人印鉴的。

（四）组成联合体投标的，投标文件未附联合体各方共同投标协议的。

（五）未按照规定格式填写或者填写字迹模糊的。

（六）法律法规和规章规定的其他情形。

第四十六条 投标人有下列情形之一的，取消其投标资格：

（一）不具有法人资格的。

（二）为本招标项目的监理人、代建人或者提供招标代理服务的。

（三）与本招标项目的监理人、代建人或者招标代理机构同为一个法定代表人的。

（四）与本招标项目的监理人、代建人或者招标代理机构相互控股或者参股的。

（五）投标人被责令停业的。

（六）投标人被暂停或者取消投标资格的。

（七）投标人财产被接管或者冻结的。

（八）投标人在最近三年内有骗取中标、严重违约或者重大工程质量问题的。

（九）法律法规和规章规定的其他情形。

第四十七条 评标专家由招标人在有关执法监督部门的监督下，从综合评标专家库中随机抽取。

项目主管部门和执法监督部门的工作人员，不得作为专家和评标委员会成员参与评标。

第四十八条 评标专家与投标人及其招标代理机构有利害关系的，应当回避。

评标专家应当独立、公正地履行职责，不得收受任何单位或者个人的礼品或者其他财物，不得向他人透露与招标投标活动有关的情况和资料。

第四十九条 评标委员会应当按照法定程序进行评标，客观、公正履行法定职责，并对所提出的评标意见承担法律责任。

评标应当在严格保密的情况下进行，与评标无关的人员不得进入评标现场。

任何单位和个人不得非法干预、影响评标过程和结果。

第五十条 评标委员会完成评标后，应当向招标人提出书面评标报告，推荐合格的中标候选人。评标报告应当由评标委员会全体成员签字。

第五十一条 中标人的投标应当符合下列条件之一：

（一）能够最大限度地满足招标文件中规定的各项综合评价标准。

（二）能够满足招标文件的实质性要求，经评审的投标价格最低或者合理，但是投标价格低于成本的除外。

第五十二条 招标人应当自中标通知书发出之日起30日内，与中标人依法订立书面合同，并应当自确定中标人之日起15日内，向有关执法监督部门提交有关招标投标情况的书面报告。

书面报告应当包括下列内容：

（一）项目的招标范围、招标方式。

（二）发布招标公告的时间。

（三）招标文件与投标文件。

（四）开标时间和地点。

（五）投标人签到名单。

（六）评标委员会成员名单。

（七）评标标准及评标方法。

（八）开标、评标纪录及评标报告。

（九）中标结果。

（十）招标投标交易服务中心出具的进场交易情况说明。

第五十三条　招标文件要求中标人提交履约保证金的，保证金数额不得超过中标合同价的10%，中标人应当在订立书面合同前提交。中标人拒绝缴纳履约保证金的，视为放弃中标项目，并依法承担违约责任。

招标人应当在合同完全执行后30日内，向中标人退还履约保证金及利息，并按照合同约定支付工程款。

第五十四条　中标人在规定时限内拒不签订合同或者不按照约定交纳履约保证金或者不按照合同约定履行义务的，由招标投标交易服务中心将其行为记入档案并向社会公布。该中标人在3年内不得进入本自治区招标投标有形市场参与投标活动，招标人不得接受其投标。

第六章　罚　则

第五十五条　违反本办法规定，有违反招标投标法行为的，依据招标投标法的有关规定给予处罚。

第五十六条　违反本办法第三十三条规定，项目建设单位在报批项目可行性研究报告时，未同时报送项目的招标范围、拟采用的招标方式等有关招标内容的，由项目审批部门给予警告，责令改正；逾期不改正的，暂停审批项目可行性研究报告。

第五十七条　违反本办法第三十八条第（二）、（三）项规定，招标代理机构未经招标人同意，擅自转让招标代理业务或者从事同一招标项目的投标咨询服务的，由认定招标代理机构资格的执法监督部门给予警告，并处以10000～30000元的罚款；情节严重的，吊销其招标代理机构的资格；给他人造成经济损失的，依法承担赔偿责任。违反第（四）、（五）项规定，向他人透露与招标投标活动有关的情况和资料或者相互串通损害国家利益、社会利益和他人合法权益的，依照《招标投标法》第五十条规定处罚。

第五十八条　违反本办法第三十条规定，被指定媒介拒绝发布招标公告，或者无正当理由延误招标公告发布时间，或者违法收取费用的，由自治区发展改革部门给予警告，责令限期改正，逾期不改正的，处以5000～20000元的罚款。

第五十九条　违反本办法第四十二条第（五）项规定，投标人在中标后违法转包或者分包工程建设项目的，由有关行政执法监督部门处以10000～30000元的罚款。

第六十条　违反本办法第四十八条规定，评标专家应当回避而不回避，或者收受礼品或者其他财物，或者向他人透露与招标投标活动有关的情况和资料的，由发展改革部门依法给予警告，没收收受的财物，并处以5000～20000元的罚款；情节严重的，取消其评标委员会成员资格；构成犯罪的，依法追究刑事责任。

第六十一条　违反本办法规定，招标人不按规定进入招标投标交易服务中心招投标的，招标无效，由发展改革部门责令限期改正，并对招标人处以10000～30000元的罚款；对全部或者部分使用国有资金的项目，由有关行政执法监督部门按照职责范围暂停项目执行或者暂停资金拨付。

第六十二条　违反本办法规定，招标投标交易服务中心及其工作人员从事招标代理业务，或者有其他影响招标投标活动公平、公正进行的营利性活动，或者违反规定收费的，由行政监察部门没收违法所得，对中心主管人员和直接责任人依法给予记过或者记大过处分；情节严重的，依法给予撤职或者开除处分。

第六十三条　对招标投标活动依法负有执法监督职责的国家机关工作人员有下列行为之一的，由行政监察机关或者任免机关依法给予处分；构成犯罪的，依法追究刑事责任：

（一）不依法履行招标投标监管职责的。

（二）对不符合法定条件的招标代理机构给予资格认定的。

（三）索贿受贿的。

（四）违法参与评标活动或者非法干预、影响评标过程和结果的。

（五）有其他徇私舞弊、玩忽职守、滥用职权行为的。

第七章　附　则

第六十四条　本办法自2009年4月1日起施行。2002年3月20日自治区人民政府发布的《宁夏回族自治区招标投标管理办法》同时废止。

宁夏回族自治区非经营性政府投资项目代建制管理办法

宁夏回族自治区人民政府令第13号

《宁夏回族自治区非经营性政府投资项目代建制管理办法》已经2009年2月17日自治区人民政府第27次常务会议讨论通过，现予公布，自2009年4月1日起施行。

自治区主席 王正伟

二〇〇九年二月二十四日

宁夏回族自治区非经营性政府投资项目代建制管理办法

第一章 总 则

第一条 为了推行非经营性政府投资项目代建制，规范代建行为，提高项目建设管理水平和投资效益，保证项目质量，节约项目资金，依据有关法律法规的规定，结合自治区实际，制定本办法。

第二条 本自治区行政区域内非经营性政府投资项目实行代建制管理的，适用本办法。

第三条 本办法所称代建制，是指通过招标等竞争方式，选择专业化的项目管理单位（即项目代建单位），负责非经营性政府投资项目的实施，严格控制项目投资、质量和工期，保证施工安全，项目竣工验收合格后移交给使用单位的制度。

第四条 本办法所称非经营性政府投资项目，包括：

（一）机关、人民团体的办公用房等建设项目。

（二）科研、教育、文化、卫生、体育、民政等社会事业建设项目。

（三）环境保护、市政设施、生态治理等建设项目。

第五条 总投资在1000万元以上，且政府投资占总投资的70%以上的非经营性政府投资项目，实行代建制。但是，涉及国家安全、国家秘密的项目除外。

鼓励低于前款规定标准的非经营性政府投资项目实行代建制。

实行代建制的建设项目（以下统称代建项目）投资标准需要调整的，由自治区发展改革和财政部门拟定，报自治区人民政府批准后公布执行。

第六条 发展改革部门负责本级政府投资的代建项目的组织实施、指导协调和监督管理工作。财政部门负责本级政府投资的代建项目资金使用的监督管理工作。

监察、审计和建设等有关部门负责对代建项目实施活动的有关监督管理工作。

第七条 代建费用标准由财政、物价部门确定。

代建费用标准应当向社会公开。

第二章 项目监管

第八条 发展改革部门应当履行下列职责：

（一）研究制定代建项目管理制度。

（二）审核代建方案，拟定代建合同文本。

（三）会同监察机关和项目使用单位审核确定代建单位和工程监理单位。

（四）与项目代建单位、项目使用单位签订代建合同。

（五）检查代建项目的工程质量、安全、进度、规模、标准和资金使用情况，协调项目建设中的重大问题。

（六）组织代建项目的竣工验收。

第九条 发展改革部门发现项目代建单位在项目建设过程中存在违法违规行为的，应当批评纠正，情节严重的，应当中止代建合同的执行。

审计机关应当对代建项目资金的拨付、使用进行跟踪审计，定期公布代建项目资金使用情况，并在审计结束后公布最终的审计结果。

建设行政主管部门应当对项目的施工单位、工程监理单位的资质和项目工程抗震设防标准、质量、安全等执行情况进行监督检查，及时查处违法违规行为。

监察机关应当对履行代建项目监督管理职责的行政机关和与代建项目有关的其他国家机关和法律法规授权的具有管理公共事务职能的组织及其工作人员进行监察。

第十条 发展改革、建设等行政主管部门对代建项目实施监督检查，应当依法进行，不得索取或者收受相关单位的财物，不得谋取其他利益。

第十一条　任何单位和个人对代建项目实施活动中的违法违纪行为有权举报。

接到举报的职能部门应当立即调查，依法处理，并将处理结果反馈举报人，并可以将处理结果向社会公布。

第三章　项目代建

第十二条　项目代建单位应当具备下列条件：

（一）具有独立企业法人资格。

（二）具有与代建项目相适应的工程咨询资质或者工程设计资质、工程监理资质、房地产开发资质、施工总承包资质。

（三）具有相应的经济实力。

（四）具有项目建设管理经验和良好信誉。

第十三条　项目代建单位和工程监理单位应当通过招标或者比选的方式确定。

确定项目代建单位和工程监理单位，应当遵循公开、公平、公正的原则。

第十四条　发展改革部门与项目代建单位、项目使用单位之间，项目代建单位与工程监理单位之间，应当依法签订合同，明确各方的权利和义务。

第十五条　项目代建单位应当遵守下列规定：

（一）以现金或者银行保函形式为代建项目提供履约担保，履约保证金额为项目代建服务费的30%～50%。具体履约担保方式和金额，应当在代建合同中载明。

（二）本单位或者与本单位有隶属关系的单位不得在代建项目中承担勘察、施工、监理、安装、设备材料供应等工作。

（三）依法组织项目勘察、设计、施工及设备材料采购招标，并将招标投标情况书面报告发展改革和财政部门。

（四）依法办理施工许可等工程建设手续。

（五）督促工程监理单位和施工企业履行代建项目安全施工和质量监管职责。

（六）根据代建项目建设进度和资金需求，向财政部门提出资金使用计划。

（七）定期向发展改革、财政部门和项目使用单位报送代建项目工程进度和资金使用情况。

（八）整理汇编竣工的代建项目有关技术资料，向项目使用单位办理资产交付手续。

（九）不得向他人转让中标的代建项目。

（十）不得与勘察、设计、施工、监理、设备材料供应以及项目使用单位串通，谋取不正当利益或者损害国家利益和社会公共利益。

前款第（一）项规定的履约保证金由发展改革部门收取管理，任何单位和个人不得挪用履约保证金。

第十六条　项目使用单位应当遵守下列规定：

（一）组织编制项目可行性研究报告，负责规划、建设、国土资源、环保等相关报批手续。

（二）提出项目建设方案和代建方案、使用功能配置及标准，提供工程建设需要的资料。

（三）完成项目建设用地的征地、拆迁工作。

（四）参与项目设计审查和招投标监督工作。

（五）负责筹措代建项目中的自筹资金。

（六）监督代建项目的工程质量、施工安全和施工进度，参与工程验收。

（七）不得与项目代建单位或者施工、监理单位串通，损害国家利益或者社会公共利益。

（八）不得违反项目资金使用和财务管理规定。

第十七条　项目代建单位和项目使用单位不得擅自变更代建项目建设规模、标准和内容；确需变更的，应当由项目代建单位或者项目使用单位提出书面申请，报项目审批部门批准。

书面申请应当载明变更的理由和依据，并提交相关的书面资料。

项目审批部门收到申请书后，应当即时作出批准或者不批准的书面决定。

第四章　项目验收

第十八条　代建项目竣工后，发展改革部门应当组织项目使用单位和建设等相关部门进行工程验收。验收合格的，向项目使用单位办理项目交付手续；验收不合格的，由项目代建单位组织施工等单位进行修建，直到验收合格。

第十九条　项目使用单位应当按照代建合同约定，对验收合格的代建项目，接收资产移交，并配合项目代建单位办理项目移交手续。

第二十条　代建项目竣工验收后，经财政部门审核，项目财务决算比经批准的项目初步设计概算或者调整后的概算有节余或者基本相符的，应当及时退还项目代建单位的履约保证金及利息；代建项目超出概算增加投资的，增加的金额应当用履约保证金补偿；履约保证金额不足的，由项目代建单位用自有资金补偿。

第五章　奖　惩

第二十一条　县级以上人民政府应当对有效控制项目投资、确保项目工程质量、工期和施工安全，项目竣工验收合格的项目代建单位给予奖励。

第二十二条　项目代建单位违反本办法规定，有下列情形之一的，除承担相应的违约责任外，3 年内不得参与代建活动，并由有关部门依法处理：

（一）违反项目代建合同约定，致使投资增加、工期延长、工程质量不合格的。

（二）发生重大安全事故的。

（三）与项目使用单位串通，损害国家利益或者社会公共利益的。

（四）与勘察、设计、施工、监理、设备材料供应等单位串通，谋取不正当利益的。

（五）转让代建业务的。

第二十三条 项目使用单位违反本办法规定，有下列情形之一的，除承担相应的违约责任外，暂停项目执行或者资金拨付，对单位主要负责人和其他直接责任人，根据情节轻重，依法依纪追究责任：

（一）违反项目代建合同约定，致使项目建设不能正常进行的。

（二）与项目代建单位或者施工、监理单位串通，损害国家利益或者社会公共利益的。

（三）违反项目资金使用和财务管理规定的。

第二十四条 发展改革等有关行政主管部门及其工作人员违反本办法规定，有下列情形之一的，由其所在单位、上级主管部门或者监察机关责令限期改正，对主要负责人和其他直接责任人，根据情节轻重，依法依纪追究责任：

（一）对符合本办法规定应当实行代建制的代建项目不实行代建的。

（二）索取、收受财物或者谋取其他利益的。

（三）滥用职权、徇私舞弊的。

（四）玩忽职守，不履行法定职责的。

第六章 附 则

第二十五条 本办法自 2009 年 4 月 1 日起施行。

领导重要讲话选登

优质高效廉洁地推进重点建设和民生工程

——在第二届中国招标投标高层论坛上的致辞

中共中央政治局常委　国务院副总理　李克强

二〇〇九年十月十日

各位来宾，女士们、先生们：

十月的北京，金秋怡人。此时召开第二届中国招标投标高层论坛，令人感受到秋风送爽的清新气氛。本届论坛的主题是，维护公开、公平、公正竞争的市场秩序，为扩大内需、促进经济平稳较快发展创造良好市场环境，很有意义。在此，我代表中国政府对论坛的召开表示祝贺！对参加会议的各位专家学者、企业家、政府官员和国际组织代表表示欢迎！对支持和参与我国投资建设与招投标事业的各方面人士表示感谢！

新中国成立60年特别是改革开放30年来，中国社会主义现代化建设取得了举世瞩目的成就，人民生活实现了总体小康，经济总量位居世界前列。中国投资建设事业也有了长足发展。投资总量明显扩大，目前一年已超过17万亿元，有力拉动了经济增长。同时，投资结构不断改善，重点建设得到加强，投资体制改革持续推进，招标投标、政府采购等制度逐步建立，一大批基础设施、产业发展和社会事业项目建成投产，取得了显著的经济效益和社会效益。去年以来，我们为应对国际金融危机实施了一揽子计划，包括大幅度增加政府支出、实行结构性减税、新增4万亿元投资、较大规模地推进民生工程建设等，已经取得初步成效，并正在持续实施过程中。

当前，保持中国经济平稳较快发展，需要着力扩大内需特别是消费需求，继续发挥好投资拉动经济的作用，落实好保增长、调结构、惠民生的建设项目。从长远看，促进经济长期平稳较快发展，需要进一步筹划新的建设项目，既包括支撑发展、增强后劲的重点建设，也包括面向基层特别是面向农村、服务群众的民生工程，这两个方面的投入规模将不断扩大。因此，需要大力提高投资项目的质量和效益，以适应经济结构战略性调整的要求，适应人民生活质量不断提高的要求，适应未来发展和国际竞争的要求。这就需要从制度上更好地发挥市场配置资源的基础性作用，形成有利于投资健康发展的宏观调控体系。招标投标、政府采购等投资管理方式和资金使用制度，作为社会主义市场经济体制的一个重要组成部分，致力于营造公开、公平、公正竞争的市场秩序，有利于提高工程质量、改善投资效益，从而有利于保持经济长期平稳较快发展和社会全面进步，真正惠及广大人民群众。

重点建设和民生工程是推动经济增长、使人民共享发展成果的重要方面，政府重视，群众关心，全社会瞩目。推进重点建设和民生工程，要求我们深入贯彻落实科学发展观，加快转变经济发展方式，把质量和效益放在更加突出的位置，在优化结构的同时完善体制机制，做到优质、高效、廉洁。

安全和质量是一切工程项目的生命线。无论是重点建设，还是民生工程，都应以对国家、对人民、对历史高度负责的精神，把安全和质量摆在首位。我们将坚持按客观规律办事，遵循投资建设程序，确保科学设计，确保安全施工，确保工程质量，切实把投资工程建成安全优质的工程。

节约增效是投资建设的基本要求。实施重点建设需要改善经济效益、提高发展能力，推进民生工程需要实现社会效益、惠及广大群众。我们将加强科学规划和论证，从源头上节约资金、提高效益；严格监督管理，尤其是加强对公共投资项目的监管，千方百计降低成本消耗，着力把投资工程建成节约高效的工程。

廉洁透明对于投资建设至关重要。我们将建立完善监督体系，针对工程建设领域的突出问题，积极开展专项治理，整顿和规范市场秩序，严肃法规纲纪，预防和惩治腐败；推进决策科学化、民主化，提高信息公开性、透明度，以保障资金安全，保证人员廉洁，保证群众知情，努力使投资工程成为廉洁工程、阳光工程。

促进投资健康发展，根本上还是要靠改革开放。我们将深化投资、财税、金融、行政管理等改革，加快转变政府职能，改善投资和发展环境，尤其是要鼓励多种所有制投资公平竞争，增强企业自主投资、自我发展的能力；健全公共投资建设和运行机制，建好管好公共项目，提高公共产品使用效率。同时，我们将坚定不移地实施互利共赢的对外开放战略，提高利用外资质量，创新对外投资方式，更好地利用国外适销对路并有竞争力的商品。中国已经是亚洲最大的商品进口市场。我们反对一切形式的投资和贸易保护主义，将充分利用国际国内两个市场、两种资源，促进共同发展。

做好招投标工作，有利于投资健康发展，有利于创造良好市场环境。随着改革开放的深化，中国招投标事业不断成长。从20世纪80年代对部分建设项目试行，到目前在投资建设领域广泛应用，招投标在工程建设中起到了重要作用。在新的形势下，我们将按照完善社会主义市场经济体制的要求，完善招投标制度，拓展招投标领域，推进招投标市场统一开放；改善招投标行政监督，严格执行《招标投标法》以及《政府采购法》等法律规定，提供公开、公平、公正的市场竞争环境；创新招投标方式，切实发挥招投标鼓励先进、鞭策后进的择优功能，为投资建设和经济社会发展把好关、服好务。

展望未来，中国投资建设与招投标事业前景广阔。希望在座的各位代表献计献策，共同促进中国投资建设与招投标行业可持续发展。希望世界银行、亚洲开发银行等国际组织一如既往，继续支持并参与中国的重点建设和民生工程。希望招标投标高层论坛继续取得丰硕成果，进一步发挥联系企业与政府、联系国内与国际的平台作用，为中国经济平稳较快可持续发展和世界经济复苏做出特有的贡献。

最后，预祝第二届中国招标投标高层论坛取得圆满成功！谢谢大家。

加强和改进招投标工作
促进经济社会又好又快发展

国家发展和改革委员会主任　张平

二〇〇九年十月十日

由国家发展改革委、工业和信息化部、财政部、住房和城乡建设部、交通运输部、铁道部、水利部、商务部以及世界银行、亚洲开发银行共同举办的第二届中国招标投标高层论坛今天在这里隆重召开。在此，我代表国家发展改革委向论坛的召开表示热烈的祝贺！对多年来为推动中国招投标事业发展做出积极努力和贡献的各部门、各单位以及各界人士表示诚挚的谢意！刚才，中共中央政治局常委、国务院副总理李克强同志作了重要讲话，指出招投标作为社会主义市场经济体制的重要组成部分，有利于提高工程质量、改善投资效益，有利于促进经济长期平稳较快发展和社会全面进步。李克强副总理强调，在新的形势下，要按照完善社会主义市场经济体制的要求，做好招投标工作，为投资建设和经济社会发展把好关、服好务。我们一定要认真学习领会，坚决贯彻落实。

今年是《招标投标法》颁布十周年。十年来，伴随着我国改革开放和社会主义现代化建设的伟大历程，招投标制度在国民经济和社会发展各个领域得到广泛应用，对发挥市场配置资源基础性作用，深化投资体制改革，促进经济发展方式转变，完善社会主义市场经济体制发挥了不可替代的重要作用。按照国务院部署和要求，国家发展改革委会同有关部门认真贯彻落实《招标投标法》，加强协作配合，在培育和发展招投标市场方面做了一些工作，取得了积极成效。一是法规制度趋于完备。颁布实施了一部行政法规、二十多部地方性法规和四十余部规章，编制完成标准施工招标文件等系列操作规程，形成了较为完备的法律法规体系和标准规范。组织开展全国招投标法规文件集中清理，维护和促进了法制统一。二是监督体系逐步健全。通过招投标部际协调机制平台，统一部署工作、统一研究重大政策、统一开展执法检查，提高了行政监督的权威性和有效性。组建了全国性招投标行业自律组织，积极倡导诚信自律，促进市场主体行为规范，切实发挥了桥梁纽带作用。三是工作机制不断创新。建立招投标违法行为记录公告制度，促进信用体系建设。健全了投诉举报处理机制，建立案件线索移交和查处协作机制，及时惩治违法违规行为。实施职业水平评价制度，提高人员素质。通过全面推行和不断完善招投标制度，全社会依法招标意识显著增强，招投标效益大幅度提高。据有关部门统计，全国建筑工程招标率已经由2000年的63%提高到目前的95%，进口机电设备节资率从17.8%提高到21.7%，为国家经济建设节约了大量资金，保证了工程质量。

在看到招投标市场快速发展的同时，也要清醒地认识到，招投标领域仍然存在一些亟待解决的突出问题：市场主体不规范，围标串标、弄虚作假、转包和违法分包；部分招标代理机构恶性竞争，与招标人或业主串通；少数评标专家不独立、不公正履行职责；违法违纪案件时有发生。产生这些问题的原因是多方面的，既有管理体制不健全，国有投资主体缺位，利益约束机制不完善的问题；也有市场发育不够成熟，信用体系有待完善的问题；还有法制不尽完备，执法力度不够的问题。今年7月，中央决定，用两年左右的时间，集中开展工程建设领域突出问题专项治理工作，进一步规范招投标活动是此次专项治理的一项重要任务。我们将认真贯彻落实中央部署和李克强副总理重要讲话精神，立足为科学发展服务，立足为促进经济平稳较快发展服务，以统一完善的法规政策为基础，以体制改革和制度创新为动力，以开展工程建设领域突出问题专项治理为契机，深入贯彻《招标投标法》，努力构建统一开放、竞争有序的招投标市场。重点做好以下几项工作：

一是推进体制改革。按照深化投资体制改革要求，通过招投标引入竞争机制，进一步落实鼓励支持引导非公有制经济发展的政策措施。健全基础设施特许经营招标制，推动公益事业和公共基础设施项目建设模式改革。在总结推行项目代建制经验基础上，研究制定代建制招标管理办法，促进政府投资项目建设实施方式创新。完善行政监督体制，有效解决职能交叉重叠、权责不清等问题。

二是健全法规制度。推动《招标投标法实施条例》尽早颁布实施，增强法律制度的针对性、可操作性和规则的统一性。全面实施标准施工招标文件，加快形成完整的招标文件体系，增强招投标活动标准化和规范化。按照突出重点、分类管理原则，适时调整、合理确定依法必须招标的范围和规模标准。抓紧制定电子招投标办法和技术标准，加快推进电子招投标。建立从业人员执业准入制度，规范和加强机构和人员管理。

三是构筑公共平台。按照推进政府职能转变和建设服务型政府的要求，加快招投标公共平台建设，为市场主体和社会公众提供服务。完善招标公告发布平台，建立健全监管信息平台，推进招投标全过程信息公开，增强透明度。加快违法行为记录公告平台建设，加大违法失信行为披露力度，逐步形成互联互通的招投标信用体系。统一评标专家专业分类标准和管理办法，组建综合性评标专家库，打造人才高地，实现资源共享，为投资管理和重大项目建设提供高质量专家资源服务，切实提高评标公正性。

四是加强监督执法。落实中央专项治理工作部署，以政府投资和使用国有资金项目为重点，规范招标方式确定、招标文件编制、资格审查、标段划分、评标定标、招标代理等行为，强化全过程监管。维护公平竞争的市场秩序，进一步打破地区封锁和行业垄断，依法惩处设置歧视性条件排斥潜在投标人、限制竞争的行为，保障所有市场主体平等参与市场竞争的权利。充分发挥招投标部际协调机制作用，加强行业组织自律监督和社会监督，提高监督执法效能。

培育和发展招投标市场是一项长期而艰巨的任务，需要我们做出不懈的努力。在党中央、国务院的领导下，在社会各界的关心和支持下，国家发展改革委将与各有关方面通力合作，扎实工作，进一步推动招投标事业健康发展，为完善社会主义市场经济体制，促进经济社会又好又快发展做出新的更大的贡献！

在第二届中国招标投标高层论坛闭幕式上的讲话

国家发展改革委副主任　杜鹰

二〇〇九年十月十日

第二届中国招标投标高层论坛，在大家的共同努力下，圆满完成了各项议程，即将落下帷幕。

本届论坛的召开，适逢建国六十周年，又值《招标投标法》颁布十周年，也是在我国经济形势处于企稳回升的关键时期召开的一次盛会。国务院领导同志对此次论坛非常重视，中共中央政治局常委、国务院副总理李克强同志亲临大会并作重要讲话。李克强副总理指出，招投标作为社会主义市场经济体制的重要组成部分，有利于提高工程质量、改善投资效益，有利于促进经济长期平稳较快发展和社会全面进步，强调在新的形势下，要按照完善社会主义市场经济体制的要求，做好招投标工作，为投资建设和经济社会发展把好关、服好务。这对我们进一步做好招投标工作，既是巨大鼓舞，也指明了前进方向。国家发展改革委、工业和信息化部、住房城乡建设部、交通运输部、铁道部、水利部领导作了主旨演讲，提出了进一步加强制度建设、创新体制机制、改进行政监督的目标和举措。世界银行、亚洲开发银行代表的演讲，与我们分享了招标采购的国际经验，展现了深化合作与交流的前景。中国招标投标协会负责人以及16位来自招投标业界的权威人士和资深专家作了主题演讲，从不同层面、不同角度对培育和发展招投标市场提出许多很有价值的意见和建议。论坛还精心组织了25篇书面发言材料，反映了各行业、各领域对招投标工作的思考和实践，进一步丰富了论坛成果。

本次论坛层次高、规模大，精英云集、代表性强，研讨深入、成果丰硕。大家坦诚直言，深入交流，既立足当前，又着眼长远，既有实践经验的总结，又有针对性很强的分析和建议，对进一步做好招投标工作具有重要的参考价值，大家都感到很受启发，很有收获。这里，我将大家的意见归纳为以下四点：

第一，要坚定不移地推行招投标制度。改革开放以来，特别是《招标投标法》颁布十年来，招投标制度在我国国民经济和社会发展各领域得到全面推行，不仅为国家经济建设节约了大量资金，有效保证了工程质量，取得了显著的经济效益；而且对于推动现代市场体系建设，创造公平竞争的市场环境，发挥了不可替代的重要作用。大家一致认为，招投标作为竞争性交易方式，已经成为社会主义市场经济体制的有机组成部分，在市场配置资源中发挥着重要的基础性作用。当前和今后一个时期，是我国推进现代化建设和完善社会主义市场经济体制的关键时期，我们必须始终不移地坚持并大力推行这项行之有效的制度。

第二，招标投标工作要积极为投资建设和经济发展服务。保持经济长期平稳较快发展是当前经济工作的首要任务，为此要着力扩大内需特别是消费需求，继续发挥投资拉动经济和调整结构的作用，实施好民生工程和基础设施建设项目。做好招标投标工作，是实现优质高效廉洁投资建设的有效保障。我们要按照建立公开、公平、公正的市场体系的根本要求，扎实有效地做好招标工作，既要发挥招投标择优机制的作用，提高资金使用效益；也要发挥招投标对产业结构优化升级的拉动作用，打造安全优质的工程和产品。要进一步扩大招投标政策功能范围，积极研究支持促进节能减排、产业升级和技术创新的招投标政策，加大采购节能产品和环保产品的支持力度。利用现代信息技术，加快推进电子招投标。要坚决纠正地区封锁和行业垄断，依法惩处设置歧视性条件排斥潜在投标人、限制竞争的行为，为投资健康发展提供有力保障。

第三，要务实创新地完善招投标体制机制。当前，招投标领域还存在不少亟待解决的突出问题，究其原因，既有市场发育不够成熟、信用体系有待健全的问题，也有法制不尽统一完备、监督执法力度不够的问题。针对市场发展过程中的矛盾和问题，需要我们以创新的思路、改革的办法，标本兼治、重在治本，着力从体制机制上谋求解决之道。要加快《招标投标法实施条例》的出台，进一步完善法制环境。要积极推进招投标信用体系建设，建立和完善失信惩戒和信用评价机制，加快形成互联互通的招投标诚信体系。要推进招投标全过程信息公开，健全监管信息平台，打造“阳光工程”，切实贯彻“阳光法案”。

第四，要持之以恒地规范和发展招投标市场。规范和发展招投标市场，是一项长期而艰巨的任务，需要统筹、整合各方面力量，协力配合、共同推进。要贯彻落实中央工程建设领域突出问题专项治理工作部署，突出重点，加大力度，强化对政府投资和使用国有资金项目的监督执法，力争用2年左右的时间，基本形成工程建设招投标健康有序发展的长效机制。招投标企业和代理机构要恪守职业操守，提高职业素质，自觉维护市场秩序。行业自律组织要大力培养和提升招投标市场主体和从业人员的诚信守法意识，加强能力建设，协助政府促进行业规范、净化市场环境。有关部门要改进和完善行政监督，建立分工明确、运转协调、执法有力的招投标监管体制，要更好地发挥社会监督、舆论监督作用，形成行政监督、行业自律与社会监督有机结合的监督体系。

完善制度　加强监管
努力开创工业和通信业招标投标工作新局面

工业和信息化部副部长　苗圩

二〇〇九年十月十日

在《中华人民共和国招标投标法》（以下简称《招标投标法》）颁布十周年之际，国家发展改革委、工业和信息化部、财政部、住房城乡建设部、铁道部、交通运输部、水利部、商务部，以及世界银行、亚洲开发银行联合举办第二届中国招标投标高层论坛。这是继2006年首届高层论坛以来，我国招标投标行业的又一次重大活动，必将对进一步贯彻落实《招标投标法》，推动我国招标投标事业持续、健康发展起到积极作用。在此，我谨代表工业和信息化部对此次论坛的召开表示衷心的祝贺，对各位领导、来宾的光临表示热烈的欢迎和诚挚的谢意。

一、招投标制度的建立有力地推动工业和通信业持续健康发展

招投标制度引入我国近30年来，在工业和通信业领域经历了从无到有、从起步到不断健全的过程，招标服务的范围不断扩大，从单一的设备采购，发展到货物、工程、服务所涉及的各个领域。通过招投标的市场化运作，择优选强，为保证工程质量、提高投资效益创造了条件。

改革开放30年来，我国工业结构发生深刻变化，工业化水平明显提高，实现了由工业化初期向工业化中期的历史性跨越，工业在国民经济中的主导作用进一步增强。据统计，2008年实现工业增加值129112亿元，比上年增长9.5%，占GDP的比重达43%，实现电信业务收入8148亿元，同比增长6.6%。工业和通信业固定资产投资规模不断扩大、水平不断提高，2008年，完成工业投资63742亿元，电信业完成固定资产投资3068亿元，合计占全国城镇固定资产投资的45%。我国社会市场经济体制的不断完善，包括招投标制度在内的各项制度不断建立，市场在资源配置中的基础性作用日益确立，为工业和通信业持续健康发展提供了强大动力。

二、贯彻实施《招标投标法》有效保障了工业和通信业的投资建设

多年来，各级工业和信息化主管部门认真履行监管职责，依法推进招投标工作，有效保证了工业和通信业招投标活动规范有序进行。主要从以下三方面着手开展工作：

一是不断完善规章制度建设。我部以《招标投标法》为依据，结合行业特点，陆续出台了《通信建设项目招标投标管理暂行规定》、《通信建设项目货物招标文件范本》、《通信建设项目施工招标文件范本》等配套制度。这些部门规章和技术规范的推广实施，促进了招标规范化程度不断提高。

二是加强人才队伍建设，培育专业招投标代理机构。培养了一批既懂专业又熟悉招投标法规和程序的评标专家；通过不断引导和规范，一批专业经验多、技术力量精、人员队伍强的招标代理机构迅速成长，成为推动工业和通信业招标事业发展的重要力量。

三是加大监督检查力度，严肃查处违法违规行为。组织开展招投标专项检查活动，对3G等新一代移动通信建设重点项目的招投标全过程进行跟踪、监督，对于突出问题及时处理，并向全行业通报。

国际金融危机爆发后，中央果断决策，陆续出台了应对金融危机、保持经济平稳较快发展的一揽子计划。工业和信息化部坚决贯彻落实中央的战略决策，把抓好工业企业技术改造作为应对危机、扩大内需的重要举措。截至目前，已审核技改项目1680项，总投资5625亿元。同时，今年3G网络建设已全面铺开，上半年已完成投资798亿元。在落实扩内需、保增长政策的过程中，我部把招投标作为加强项目监管的重要内容，保证了一批国家和地方重点建设项目的实施，取得了较好的效果。

三、认真贯彻落实《招标投标法》，进一步推进工业和通信业招投标规范化和制度化

尽管工业和通信业招投标活动逐步规范，取得了一些成绩，但是仍存在一些亟待解决的问题。近期，中央关于开展工程建设领域突出问题专项治理的意见中，特别指出招投标领域存在招标人和投标人规避招标、虚假招标、围标串标、转包和违法分包、招标代理机构违规操作、专家评标不公正等突出问题。因此，为保证工业和通信业投资项目高效、安全、廉洁运行，我们将围绕以下几方面努力开展工作：

1．深入开展调研，明确监管思路。研究工业和通信业投资项目的特点和趋势，分析招投标现状，根据国务院关于招标监管职责的分工，结合我部主要职责和中心工作，明确监管定位，研究管理措施，进一步健全制度、完善机制、强化监督，推动招标工作有序健康发展。

2．深入做好《招标投标法》及其配套制度的贯彻和落实。通过各种形式加强对招标投标的宣传和培训，不断提高招投标当事人的法律意识和法制观念。不断培育招标市场，培养和建立适应工业和通信业发展需要的专业化的人才队伍和招标代理机构。

3．加强对重要工程建设项目招投标活动的全过程跟踪和监督。借鉴以往项目招标管理经验，规范招标操作程序，在创新和发展的基础上，加强在项目审批、核准后对落实情况的监督检查，确保投资发挥应有的效益。

金色的秋天，我们迎来了伟大祖国的六十华诞。回望招标投标事业发展的历程，一路的风雨，一路的艰辛，事业的发展凝聚了政府、企业和每一位招标投标参与者的辛勤和汗水。我们有信心共同努力，开创工业和通信业招标投标工作的新局面，为全面建设小康社会和构建社会主义和谐社会做出新的贡献！

规范招投标活动
促进住房城乡建设事业健康发展

住房和城乡建设部副部长　郭允冲

二〇〇九年十月十日

在《招标投标法》颁布十周年之际，由国家发展改革委、住房和城乡建设部等国务院部门，世界银行、亚洲开发银行联合举办的“第二届中国招标投标高层论坛”顺利召开了，在此，我代表住房城乡建设部，对本次论坛的召开表示祝贺，对参加本次论坛的来自招投标工作各方面的各位来宾表示热烈的欢迎！

我国工程建设领域招标投标制度的建立，促使了我国工程建设管理体制的改革，推动了工程建设水平的提高和建筑业的发展。2008 年，全社会建筑业实现增加值 1.7 万亿元，比上年增长 7.1%，建筑业增加值占 GDP 的 5.68%，比上年提高 0.08 个百分点。全国建筑业企业实现利润 1756 亿元，增长 12.5%，上缴税金 2058 亿元，增长 20%。大量固定资产投资通过建筑业的转化，形成了促进国民经济长期发展的固定资产和现实生产力，极大地改善了城乡面貌，提高了人民居住水平和生活水平,并给社会提供了大量就业机会，促进农村富余劳动力向城市转移和城乡统筹发展。

近年来，各级住房城乡建设主管部门认真学习和实践科学发展观，以贯彻《建筑法》、《招标投标法》等法律法规为主线，以完善房屋建筑和市政工程招标投标制度为核心，以建立和维护公开、公平、公正的建筑市场秩序，促进住房城乡建设事业健康发展为目标，加快法规制度建设，深化招投标体制改革，加强对招标投标活动的监管，积极拓展有形建筑市场服务功能，房屋建筑和市政工程招投标工作得到有序推进。据国家统计局统计，2008 年，全国实行招投标的房屋建筑施工面积约 44 亿平方米，依法应实行招标的房屋建筑和市政工程，基本上都已实行招投标。

一、工程招标投标法规制度日趋完善

近年来，我部相继颁布《房屋建筑和市政基础设施工程施工招标投标管理办法》、《工程建设项目招标代理机构资格认定办法》、《建筑工程方案设计招标投标管理办法》等规章文件，对从招标公告发布到施工合同备案各个环节的工作程序和要求，对监管部门职责、招标投标双方和招标代理等中介服务机构的行为等都做出明确规定，房屋建筑和市政基础设施工程招标投标的法规制度体系已初步形成，为进一步加强对招标投标活动的监管，规范市场各方主体的交易行为，起到了积极的引导和保障作用。

二、招标投标监管机制不断创新

目前，全国地级及以上住房城乡建设主管部门均设有招标投标监督管理机构，形成了覆盖全国的工程招标投标监管体系。各级招标投标监督管理机构不断创新机制，逐步建立完善招标公告发布、资格预审文件和招标文件备案、中标结果公示、举报投诉处理等各项制度，加强对招标投标活动全过程的监管，依法惩处招投标过程中的违法违规行为，执法规范程度不断提高，促进了招投标活动的公开、公平、公正，维护了建筑市场各方主体的合法权益。

三、有形建筑市场作用得到充分发挥

各级住房城乡建设主管部门认真贯彻落实《建设部国家计委监察部关于健全和规范有形建筑市场若干意见的通知》精神，不断规范和加强有形建筑市场建设。有形建筑市场为招投标活动各方主体提供场所、设施、信息、咨询等高效、便捷的服务，为政府主管部门加强对招标投标活动的动态监管提供重要的手段和条件，提高了建设工程交易透明度，特别是监察部门进驻后，通过联合执法监察等措施，有效预防了工程腐败等违法违规行为的发生。各级住房城乡建设主管部门依托有形建筑市场，加强信息化建设，利用网络技术等现代科技手段，以计算机辅助评标和异地远程评标为基础，探索网上投标、开标和定标等电子化招投标方式，取得了显著成效。

四、工程建设项目招标代理机构不断发展和规范

2008 年，我部会同国家统计局共同建立了全国工程建设项目招标代理机构统计报表制度，对全国工程建设项目招标代理机构的基本情况、人员、业务和财务状况进行全面统计。2008 年参加统计的各类工程建设项目工程招标代理机构共 4961 家，年末从业人员合计 29.0251 万人，招标投标行业服务群体已经形成。各级住房城乡建设主管部门不断加强对招标代理机构的监管，严格准入清出。例如，河南近年来先后开展六次招标代理机构专项治理，对 40 家有不良行为的企业给予通报批评，取消了 44 家招标代理机构资格；湖南坚持严把市场准入和清出关，2008 年取消了 20 家招标代理机构资格。同时，各级住房城乡建设主管部门不断完善对招标代理机构人员的继续教育，提高从业人员的业务水平、综合素质和招标代理服务质量，逐步规范招标代理行为。

五、评标专家逐步实现动态管理

各地普遍建立了涵盖房屋建筑和市政工程各相关专业的评标专家名册，统一对专家资格培训、考核、认定，并实行准入和清出的动态管理。同时，逐步增设资深评标专家库，将高层次的评标专家资源整合在一起，满足大型工程、重点工程、城市标志性工程和技术特别复杂工程项目对高层次评标专家的需求。为杜绝业主左右评标专家等不正之风，不断创新评标专家管理制度，研究开发评标专家管理软件，对评标专家的评标过程进行跟踪记录，并形成信用档案，从多角度、多方位规范专家评标行为，制约了业主的“暗箱操作”行为。

2009年是贯彻落实中央扩大内需、促进经济平稳较快增长决策部署的关键一年，大力推进民生工程、基础设施、生态环境建设和灾后重建等工作，对于规范工程招投标活动提出了更高要求。前不久，中办、国办下发了《关于开展工程建设领域突出问题专项治理工作的意见》，决定用两年左右的时间，集中开展工程建设领域突出问题专项治理工作。住房城乡建设系统将认真落实克强副总理的讲话精神，履行房屋建筑和市政工程招投标监管职责，不断完善招投标监管方式，依据《招标投标法》，加强对工程建设项目招标代理机构及其从业人员的管理，规范评标专家行为，充分利用有形建筑市场资源，综合治理围标、串标等突出问题，努力营造统一开放、规范有序的建筑市场环境，为工程建设项目提供有力保障和高效服务，促进住房和城乡建设事业健康发展。

最后，预祝大会取得圆满成功！

加强诚信建设　强化行业监管
推动工程建设招标投标制度深入科学健康发展

交通运输部副部长　冯正霖

二〇〇九年十月十日

非常高兴参加第二届中国招标投标高层论坛，与大家一起交流和探讨，推动工程招标投标领域的规范、科学、健康发展。

交通运输行业是最早开放市场、引入招标投标制度的行业之一。20世纪80年代中期，首先在利用世行贷款的京津塘高速公路推行招标投标制度。90年代，大中型交通基础设施建设项目广泛实行了招标投标制度。目前，所有达到规模的交通基础设施建设项目全部实行了招标投标制度。20多年来，交通运输建设领域招标投标制度从无到有、从个别项目到普遍实施，通过招标投标竞争机制发挥了择优选择队伍、优化资源配置、节约建设成本、保证工程质量的重要作用，推动了交通运输业的持续快速健康发展。至2008年年底，我国公路通车总里程达到373万公里，是建国初期的46倍，改革开放初期的4倍。高速公路总里程达到6万余仅是，居世界第2位。以苏通长江公路大桥、杭州湾跨海大桥、秦岭终南山隧道为代表的一批世界级桥梁和隧道工程建成通车。我国港口建成生产性泊位达3万个，其中万吨级以上深水泊位1400多个，分别是改革开放初期的42倍和10倍。港口货物吞吐量连续六年位居世界第一，上海港成为世界第一大港。这些成就的取得，是各级政府、社会各界大力支持，交通运输系统干部职工辛勤努力的结果，也是招标投标制度不断推进、不断规范、不断完善、不断显示其维护建设市场公开、公平、公正、竞争有序的载体功能的过程，推行招标投标制度，要重点抓好五个方面的工作。

一、加强制度建设，依法招标投标

20世纪80年代，我们开始着手建立交通运输建设招投标制度体系，陆续发布实施《公路工程施工招标投标管理办法》、《水运工程施工招标投标管理办法》、《公路工程施工招标资格预审办法》和《公路工程施工招标文件范本》等。截止目前，我们按照“公正、公开、透明、高效”的原则，制定了涉及交通工程勘察设计、施工、监理、设备材料采购等领域，涵盖招标投标各个环节的30多部规章制度，在培育招标投标市场、规范从业单位行为、加强招标投标监管方面发挥了基础性作用。

二、坚持改革创新，注重扬长避短

任何招标投标方式，都有其发挥作用的主客观条件。离开特定的主客观条件，不从实际出发，一味强调其统一性，就有可能形式大于内容，使好的制度产生不了好的结果。我们在招标投标监管过程中，坚持不断以创新的思路，发现问题、研究问题，尽最大的可能发挥制度的优势，使其管用、有效，保证招投标工作的科学与规范。如：改进资格预审办法，增强资格审查工作的公正性和透明度；推行合理低价中标，解决低价抢标问题；建立评标结果公示制度，引入社会监督机制；建立和推行经营性公路建设项目投资人招标制度；开展设计施工总承包招标试点等。

三、注重专家管理，规范评标行为

按照《招标投标法》规定，我们建立了交通运输部评标专家库，各省交通运输部门也相应建立省级评标专家库。明确了评标专家的资格条件和评审程序，制定了评标专家管理办法和工作制度，对评标专家实行定期培训和考核、动态管理和评估，不断调整优化专家库结构，清除不合格的专家。同时，开发应用评标专家网上管理系统，实现评标专家在线管理、网上抽取、评标记录自动生成、工作表现评价等信息化管理功能。

四、推行诚信管理，规范企业行为

把信用管理作为招投标监管和规范交通建设市场从业单位行为的重要手段，制定发布了《关于建立公路建设市场信用体系的指导意见》，建立交通建设市场信用信息管理办法、从业单位信用评价标准体系，通过对从业单位市场行为、投标情况、履约状况、质量安全表现等综合评价，确定从业单位信用等级，并与市场准入和招投标挂钩。对信用好的从业单位给予奖励优惠，使其赢得市场。对不良行为多、信用等级低的从业单位重点监管，并根据情节限制其市场行为。由此，激发企业争先创优的积极性，减少了出借资质、围标串标行为，有效净化交通建设市场。

五、强化监督检查，确保制度落实

实行“事前监督、事中监督和事后监督相结合，日常动态监管和重点监管相结合，内部制约和外部监督相结合”的“三结合”制度，着力构建全覆盖监督网络。以交通建设市场督查为抓手，每年开展全面督查和招投标专项督查，项目法人根据督查通报意见认真整改。建立了招标投标投诉举报制度，畅通投诉举报渠道，严肃处理违法违纪案件。定期发布从业单位不良行为记录，每半年在全国集中通报违法违规单位。开展招标投标挂牌监督工作，查找共性问题，寻求解决对策。今年，我部组织开展“制度落实年”活动，把深化招标投标制度作为重点环节进行治理整顿。

交通建设领域招标投标工作虽然取得明显成效，但我们也清楚地认识到，在目前工程建设市场领域内，工程建设领域招标投标活动仍存在许多问题，如重招标形式，轻招标内容，虚假招标，围标串标，甚至个别领导干部干预招投标，个别评标专家职业道德缺失，收受贿赂，造成恶劣后果等，这既与资本逐利、诚信缺失、供求失衡有关，同时也与制度不健全、体制不完善、监管不到位有关。这也充分说明，工程建设领域滋生腐败的土壤仍然没有从根本上铲除，建立公开、公平、公正、竞争有序的工程建设市场秩序仍是艰巨的任务。

交通运输业仍处在大建设、大发展时期，实现交通运输业的快速、科学、安全、协调发展，规范建设市场招标投标工作，必须用发展的思路和改革的办法，探索从源头上预防和治理招标投标工作中存在的突出问题。我们将在科学发展观的指导下，紧密结合中央部署的开展工程建设领域突出问题专项治理工作，在总结以往有效做法的基础上，继续创新思路，深化改革，重点在五个方面着力推进招标投标工作的可持续发展：一是针对市场出现的新情况、新问题，不断深化和完善交通基础设施建设招标投标制度；二是加强“三个关键人”（即项目法人、项目经理、项目总监）和评标专家队伍建设，进一步提高交通工程建设领域从业者的整体素质；三是强化行业监督管理，提高各项法规、规章制度的执行力；四是深入开展电子招标的研究，进一步推进招标活动全公开、全透明；五是打造市场信用平台，加快市场诚信体系建设，建立规范招投标工作的长效机制。

各位领导，朋友们，招标投标制度在我国实施二十多年来，取得了长足的发展。本次论坛将使我们站在新的起点和高度上来审视招标投标制度的发展现状、发展政策、发展前景，也使我们更加开阔了思路、扩大了视野、丰富了经验。让我们携手共进，不断完善招标投标制度，努力构建和维护统一开放、公平公正、诚实守信的招标投标市场，为我国经济社会发展做出更大的贡献。

创新招标投标机制　强化诚信体系建设 为又好又快推进铁路建设营造良好市场环境

铁道部副部长　卢春房

二〇〇九年十月十日

首先，我谨代表铁道部对论坛的成功举办表示热烈的祝贺！向长期以来关心支持我国铁路发展的各位领导和各界朋友表示衷心的感谢！

铁路是国家的重要基础设施、国民经济的大动脉和大众化的交通工具，具有运力大、占地省、能耗低、有利于环保的特点。党的十六大以来，党中央、国务院作出了“加快发展铁路”的安排，2004年1月，国务院批准了《中长期铁路网规划》，2008年10月国家又对《中长期铁路网规划》作出了调整，确定了到2020年我国铁路营业里程达到12万公里以上的目标，为我国铁路发展绘就了宏伟蓝图。

自2006年10月第一届论坛举办以来，铁路建设呈加快发展态势，截至2009年8月底，共招标322批次，合同金额达到10208亿元。目前在建项目234个，投资规模17200多亿元，在建新线3万公里，其中客运专线达到1.06万公里。2008年8月1日，我国第一条时速350公里的京津城际铁路通车运营，标志着我国高速铁路技术达到了世界先进水平，中国已经大踏步地进入了“高铁时代”。

几年来，铁路系统认真贯彻落实《招标投标法》，坚持依法建设，始终将招投标工作作为铁路建设的源头性工作来抓，通过创新招投标工作机制、强化诚信体系建设、扩大铁路市场开放、推行铁路建设标准化管理，为实施大规模高标准铁路建设创造了良好条件。

一、不断创新铁路工程招标投标工作机制

首先，大力强化招标投标制度建设。铁路建设系统认真落实《招标投标法》及国家有关法律法规，结合铁路实际，建立了一整套标准规范、严格有效的招投标制度。一是不断完善铁路有形建设市场管理办法和交易规则，构建了覆盖全国铁路的有形建设市场体系。二是修订完善铁路建设项目施工招标文件示范文本，组织起草监理和物资招标文件示范文本，并将廉政协议书统一纳入招标文件。三是不断改进评标办法。部分项目实行商务标、技术标评审通过制，根据综合报价得分并结合企业信用评价结果，最终确定中标单位；选择部分建设项目，采用经评审的最低投标价法。成立了铁道部物资管理办，对甲方供应物资实行统一集中采购，在技术、质量满足要求的同等条件下，严格执行最低价中标制度。四是大力推行施工大标段招标和施工总承包，目前铁路工程一个标段少则几十个亿，最多达到了200多亿元。五是扩充完善全路评标专家库，积极邀请路外设计企业和高等院校专业人员作为评委专家，目前专家库的近2000名评委中，非铁路系统专家占了三分之一。六是制定铁路建设责任追究暂行办法，有效落实了招投标活动问责制度。七是加强建设市场的信息化建设，积极开发网上交易系统、计算机辅助评标系统，减少评标过程中的人为因素，确保公开、公平、公正。

其次，实施严格的招标投标监管。铁道部铁路建设工程招投标管理办公室，认真负责招投标活动的日常管理。一是严格标前审查。着重对是否存在限制或者排斥潜在投标人和其他歧视性等条款进行审核，检查评标委员会是否依法组建并严格执行了规避制度等。二是加强过程监督。部招标办和监察部驻铁道部监察局、各铁路局监察部门，共同对铁路工程招投标活动进行全过程监督。三是注重标后检查。重点督促检查中标单位的履约情况。2008年以来，铁道部先后对甬台温等十几个铁路项目进行了执法监察，及时发现并纠正了一些中标单位转包、违法分包的问题。四是强化社会监督。建立举报和投诉受理机制，向社会公布举报方式，并将调查结果逐一答复举报人和投诉人。2009年以来，我们共收到涉及招标投标的举报和投诉32起，目前23件已有调查结果，有9件正在调查中。对于查实的投诉进行严肃处理，有2个投标人被取消一年在铁路建设市场投标的资格，有4个建设单位被铁道部通报批评，对于有效遏制各类违规、违纪和违法行为，发挥了强大的震慑作用。

总之，通过不断创新招标投标工作机制，进一步强化各项制度和措施，有效防止并遏制了围标、串标现象和转包、违法分包的问题，确保了铁路工程招标投标活动的公开、公平和公正。

二、强力推进铁路建设市场诚信体系建设

铁道部高度重视铁路市场的诚信体系建设，从2002年开始就一直积极探索开展参建单位信用评价。经过多次修订完善，形成目前较为完备的施工企业、勘察设计、监理企业以及物资供应商的信用评价办法，并在铁道工程交易中心网站上建立了“施工企业不良行为记录公告平台”。这些办法措施的制定和实施，使参建企业市场竞争意识和自我约束能力明显增强，施工企业“重揽轻管”的现象和转包、违法分

包问题得到了有效遏制，设计企业现场配合不到位、监理企业现场监控不落实、供货厂商履约不及时等现象有了较大改观，特别是在铁路建设规模大幅增长的情况下，铁路工程质量安全形势总体稳中有升，重大事故得到有效控制。2005年以来，我们累计开展信用评价18次，其中施工企业8次、设计企业7次、监理企业3次。先后有9个施工企业被评为A级，A级企业占施工企业总数不到13%，但中标金额已经超过招标总额的30%，充分体现了铁路从优选择承包单位的原则；累计有28个施工企业、1个勘察设计企业、21个监理企业，受到暂停投标的严厉处罚。今年以来，共有10个物资供应商因物资质量问题，分别受到了3个月内不得进入铁路建设市场投标的处罚。铁道部工程质量安全监督总站根据日常监督检查发现的问题，在铁道工程交易中心网站上发布了3期“施工企业不良行为公布书”。

此外，我们全面推行铁路建设标准化管理，积极推广“架子队”劳务用工管理模式，持续推进工程质量“三项治理活动”（质量管理达标、整治工程分包和打击内业资料弄虚作假）和铁路工程质量安全大检查大反思、施工安全专项治理、安全生产“三项行动”等一系列活动，根据党中央、国务院关于开展工程建设领域突出问题专项治理工作的部署，8月起在铁路工程建设领域开展为期2年的突出问题专项治理，并将以上工作开展情况一并纳入信用评价，进一步丰富和完善了铁路建设信用评价的内容，推动铁路建设市场诚信体系建设不断向前发展。

三、持续扩大铁路建设市场开放力度

为有效利用社会各种建设资源和力量，努力营造一个公开、公平、公正的铁路建设市场环境，铁道部积极鼓励具有公路、煤炭、城市轨道交通、水运、电子通信广电（通信）甲级设计资质的设计院，以联合体方式参与铁路专业工程设计；在施工标段划分时选择不涉及营业线施工的独立标段，由具有公路、港口与航道、水利水电、矿山、市政公用工程等施工总承包特级资质的施工企业投标；鼓励具有公路、矿山、城市轨道、电力、通信甲级资质的监理企业，以联合体方式参加铁路工程监理工作，等等。目前参与铁路建设的特级施工企业达到70多家，非铁路传统企业中标铁路工程的额度逐年攀升，从2003年的0迅速增加到2008年的604亿元，占全路中标总价的比例也由2003年的0提高到了2008年的12.52%，其中2007年达到了20.2%。今年1—8月，7家非铁路传统企业合计中标515.42亿元，占铁路建设市场份额15.19%。铁路建设市场的全面开放，营造了良好的市场竞争格局，有效促进了大规模铁路建设的健康发展。

目前社会上还存在着一些围标、串标、转包和违法分包的现象，这种情况在铁路也有反映。对此，铁道部将采取完善招投标制度、加大检查处罚力度、全面开放建设市场、完善市场诚信体系、鼓励优秀企业多中标、大力推行“架子队”模式等多项措施，从根本上消除围标、串标、转包和违法分包等现象，努力构建一个公开、公平、公正的铁路建设市场。

当前和今后一个时期，是全国上下合力应对国际金融危机的关键时期，也是大规模高标准铁路建设的重要阶段，铁路系统肩负的使命光荣、责任重大。我们将以科学发展观为指导，认真贯彻落实《招标投标法》，加快铁路建设，尽快缓解铁路运输紧张局面，为促进国民经济又好又快发展提供强大的运力保障。

最后，预祝论坛圆满成功！

健全制度　强化监管
规范水利工程建设招投标活动

水利部副部长　矫勇

二〇〇九年十月十日

在《中华人民共和国招标投标法》（以下简称《招标投标法》）颁布十周年之际，第二届中国招标投标高层论坛今天开幕了。首先，我代表水利部对大会的召开表示热烈的祝贺！向长期以来关心支持我国水利事业发展的各级领导和各位朋友表示衷心的感谢！

水利工程是国民经济的重要基础设施，具有以下几个突出特点：一是公益性强。水利工程承担着防洪、供水、灌溉、发电等重要公共服务任务，与社会公共利益、人民生命安全密切相关。水利工程质量和安全一旦出现问题，极有可能导致灾难性后果。二是投资规模大。目前全国在建的水利工程项目投资规模达6680亿元，这还未包括大水电和市政供水管网投入。三是项目类型多。从功能上分，有水利枢纽、水电站、堤防、水闸、调引水、灌区、水土保持等多种工程；从规模上分，既有南水北调等超大型的，也有大、中、小型的水利工程。

水利工程建设的特殊性和复杂性，要求水利系统必须严格执行《招标投标法》，有效规范水利建设市场秩序，确保水利工程建设质量、安全与效益。水利行业在规范招标投标活动中，主要做了以下几项工作：

第一，加强制度建设。2001年10月，水利部颁布了《水利工程建设项目招标投标管理规定》，随后，陆续颁布了水利工程建设项目监理、重要设备及材料、勘察（测）设计招标投标管理办法，水利水电工程施工合同和招标文件示范文本，水利工程建设项目施工招标标底编制指南等；与其他部委联合颁发了工程建设项目施工、勘察设计、货物招标投标办法。截至目前，由水利部颁布或联合颁布实施了20余个相关规章制度和规范性文件，各省、自治区、直辖市人民政府水行政主管部门和流域管理机构制定出台的招标投标管理规定达100余件，招标投标活动的主要方面和环节都实现了有法可依，形成了较为系统、完善的水利工程招标投标法律法规体系，为规范水利工程招标投标活动提供了可靠的保障。

第二，严格招标程序。近年来，我部注重招投标活动中重点环节的管理，严格执行招标投标法定程序。我部把建设规范的项目法人作为履行好招标投标的重要前提，健全机构设置，落实项目法人责任，建立和完善了项目法人的考核制度与激励约束机制。严格按照规定招标，杜绝工程项目化整为零、规避招标，采用邀请招标的按照规定履行批准程序。规范招标文件编制，科学划分标段，合理确定工期。规范评标工作，制定科学合理的评标标准和方法，加强评标专家管理，规范评标专家行为，保证评标工作深度。加强围标串标治理，有效控制围标串标、恶意低价中标行为。

第三，强化监督管理。水利部相继出台了水利工程建设项目招标投标行政监督暂行规定、招标投标行政监察暂行规定和招标投标审计办法，明确了招标投标行政监督主体，建立了科学、高效的水利工程建设招标投标行政监督机制和监控体系。各级水行政主管部门依法对招标、投标、开标、评标、定标及合同签订等招标投标活动的各个环节进行全过程监督、监察和审计，目前水利工程招标投标行政监督率达到100%，重点水利工程监察、审计率达到100%。建立了水利建设市场主体及相关执（从）业人员信用档案系统，将企业信用信息与市场监管制度结合起来，目前共有2000余家水利施工企业、监理单位等市场主体进入档案系统；严格执行招标投标违法行为记录公告制度，并扩大到整个建设管理全过程，制定了《水利建设市场主体不良行为记录公告暂行办法》；出台《水利建设市场主体信用信息管理暂行办法》，建立全国统一的水利建设市场主体信用信息平台，逐步建立起科学合理的信用评价、诚信激励和失信惩戒制度。开展了大规模的稽察活动，对重点水利工程、病险水库除险加固、饮水安全和灌区改造等项目加大稽察力度，并加强复查，督促整改。健全了责任追究制度和举报投诉受理制度，在招投标监管中开展反腐倡廉和治理商业贿赂活动，全面开展自查自纠，严肃查处水利招投标中的腐败行为。

第四，勇于开拓创新。水利系统坚持依法招标投标和密切联系行业实际相结合，针对不同类型水利工程的特点创新招标投标管理模式，保障《招标投标法》在水利行业的全面落实。针对水利工程质量和安全的极端重要性，积极开展水利工程成本与防范低于成本报价中标方法研究，建立防范低于成本价中标行为的机制，以有效控制恶意低价中标行为；针对民生水利工程项目分散、单项工程规模小、工期紧的特点，积极探索采用打捆和集中招标的方式，以降低招标成本、节省时间、吸引和选择高资质的监理和施工队伍，同时解决了中小型工程监管易缺位的难题；针对部分地区项目多、管理力量薄弱的实际情况，相关省份采取了集中建管、整合设计技术力量等有针对性的帮扶措施，推进了民生水利建设的优质高效实施。

《招标投标法》施行的10年，也是我国实施大江大河治理、开展大规模水利建设的10年，水利工程建设招标投标工作成效显著。目前，水利工程限额以上施工招标投标率达到100%，监理招标投标率接近100%，限额以上重要设备和材料采购招标投标率在90%以上，勘察（测）设计招投标正在稳步推进，招标代理也有了长足的发展。10年来，通过招投投标优化配置水利建设市场资源，已经成为推进水利建设顺利实施的重要手段，水利系统未出现大的质量安全事故和违规违法事件，长江三峡、南水北调、黄河小浪底、万家寨、治淮、治太、长江干堤加固等一大批关系国计民生的重点水利工程相继开工建设并发挥作用，实现了水利建设的工程安全、资金安全和干部安全。

女士们、先生们，水利工程建设事业任重而道远，规范招标投标工作任务长期而艰巨。我们将认真贯彻落实李克强副总理的重要讲话精神，进一步完善制度，加强监管，创造公平、公正、规范的水利建设市场环境，推进水利建设事业的又好又快发展。

最后，预祝本届论坛圆满成功！

加强行业自律　提高行业素质
促进招标投标事业健康科学发展

中国招标投标协会会长　叶青

二〇〇九年十月十日

在举国共庆新中国辉煌六十年之际，恰逢《中华人民共和国招标投标法》（以下简称《招标投标法》）颁布十周年，我们又与政府、企业、科研院校和国际金融组织的领导和专家相聚在第二届中国招标投标高层论坛，共同回顾历程，总结成就，探讨问题，展望未来。特别是李克强副总理亲临论坛，并对促进招标投标事业的进一步健康发展作了重要指示，这使每一位与招标投标事业发展休戚相关的同行无不感慨、振奋，深受鼓舞。承蒙主办部委的充分信任，中国招标投标协会有幸再次承办论坛。为此，我谨代表中国招标投标协会向本次论坛的胜利召开表示热烈的祝贺！向多年来默默奉献、关心、爱护和支持中国招标投标行业成长发展的社会各界同人及出席论坛的各位代表表示诚挚的欢迎和衷心的感谢！

招标投标制度是改革传统计划经济管理体制，建立和完善社会主义市场经济体系的重要内容。自改革开放以来，特别是《招标投标法》颁布实施十年来，招标投标活动从工程建设和机电产品开始，以前所未有的速度扩大到各类货物、服务、土地、药品以及政府采购等各个行业和领域，招标投标的内涵功能也获得了全面提升。实践充分证明，建立和完善招标投标制度对于建立统一开放、竞争有序的市场体系，促进政府职能和企业经营机制的转变；引导企业产品和服务调整升级，提高竞争能力；充分发挥政策导向，优化资源配置，节约公共开支，提高经济和社会效益；建立有效的社会监督机制，预防和惩治腐败行为；以及对于扩大对外开放，促进我国与世界经济贸易体系的融合等都发挥了举足轻重的作用，取得了举世瞩目的成就。

伴随着招标投标事业的发展，会聚了一支庞大的从业队伍，并在政府、企业及全行业的热切期待中，催生了中国招标投标协会。在社会各界的关心、支持下，中国招标投标协会成立四年来，始终坚持以邓小平理论和“三个代表”重要思想为指导，深入学习实践科学发展观，按照《国务院办公厅关于加快推进行业协会商会改革和发展的若干意见》，坚持以行业服务为宗旨，以行业自律为灵魂，以队伍建设为根本，以制度建设为基础，充分发挥桥梁纽带作用，协助政府完善制度，规范市场主体行为，切实维护会员合法权益，促进行业健康发展，各项工作取得了初步成效。

一、努力构建行业诚信自律机制

构建行业诚信自律机制，强化市场主体的诚信自律责任是规范招标投标市场行为的基石，也是招标投标行业生存发展的灵魂。协会始终致力于培育全行业诚信守法、公正科学的职业文化和行业风尚。2006年，协会向全行业倡议签订《招标投标行业诚信自律公约》，三年多来，响应签订公约的会员不断扩大。截至今年 9 月，已有 70%以上的会员签订了诚信自律公约，并且带动了地方招标投标行业协会诚信自律活动的相继开展。一个“自我约束、行业监督”的自律机制正在逐步形成。

今年，协会又部署了开展招标代理机构诚信创优活动，旨在大力倡导招标代理行为的诚信规范，树立招标代理机构的崭新形象。同时，积极配合中央《关于开展工程建设领域突出问题专项治理工作的意见》，从行业自律管理的角度坚决抵制虚假招标、串标围标、违规代理等行为。这是协会创新机制、完善行业自律体系建设的又一项新举措。

二、积极搭建行业交流合作平台

为充分发挥桥梁纽带作用，加强行业沟通，增强行业凝聚力，按照政府和企业的需要，协会搭建行业交流合作的各类平台，联合地方协会建立了全国招标投标协会联席会议制度和协商合作机制，加强相互的协调统一，合作共赢；主办了招标采购电子化发展论坛，召开了“扩大内需与规范招标投标程序”主题研讨会，举办了各类招标投标培训班、座谈会、联系会等活动，为拓宽交流领域、深化交流层次、提升行业形象、促进共同发展做出了积极贡献。

三、全面提高行业队伍素质

招标投标工作具有法律政策性和技术经济性相结合的职业特点。从业人员的职业素质和专业能力，决定了《招标投标法》的贯彻效果和市场秩序的规范程度，决定了招标投标行业服务的层次水平和行业发展的前途。为此，改变招标投标从业队伍素质结构参差不齐的状况，全面提高从业人员的职业素质已成为促进招标投标事业健康发展的根本途径和迫切任务。2007 年，原人事部和国家发展改革委根据招标投标行业迫切需求，颁布了《招标采购专业技术人员职业水平评价暂行规定》。两年多来，协会接受国家发展改革委的委托，协助组建了招标采购专业技术人员职业水平评价专家委员会，组织编写了《招标师职业水平考试大纲》，保证了招标师考试工作的顺利开展。目前，招标师考试准备工作已经基本完成，近 7 万名从业人员将参加 10 月底举行的首次考试。

招标师职业水平考试的全面实施，赢得了全行业的充分好评和强烈响应，这对于推动建立招标投标的执业资格准入制度，全面提高招标投标行业人员队伍的职业素质、强化职业责任意识，规范职业行为，提升招标投标行业服务水平具有里程碑意义。

同志们，我国招标投标制度经过十年的发展，现在又进入了一个重要的历史发展时期。如何适应社会主义市场经济体制机制发展的要求，积极配合当前应对国际金融危机，实现“保增长、扩内需、调结构、促发展”的目标，促进招标投标行业更好地为经济建设和社会发展服务，我们面临着许多崭新的课题和深层次的问题。我们应当以坚定的信心、创新的精神和改革的思路，配合完善市场经济体制机制的总体部署，从行业的执业资格、素质教育、标准规范、制度约束、信息公开、社会监督等方面全方位探索建立招标投标行业诚信自律的长效机制，规范市场秩序，提升招标投标制度功能，科学规划招标投标行业发展方向。

同志们，这是一次凝聚各界同人智慧、提升行业整体形象的大会，又是一次会聚改革创新思路、谋划行业健康科学发展的盛会。让我们紧密团结在以胡锦涛同志为总书记的党中央周围，坚持科学发展观，认真落实李克强副总理的重要讲话精神，贯彻执行招标投标的法律政策，齐心协力，扎实工作，为建立开放统一、竞争有序的招标投标市场，促进招标投标事业的健康科学发展做出更大的贡献。

在 2009 年全国招标中心系统工作会议上的讲话

工业和信息化部总工程师　朱宏任

二〇〇九年九月十七日

同志们：

在 2009 年全国招标中心系统工作会议召开之际，我很高兴有机会和大家一起总结工作，并共同研究今后的发展。今天的会议是中国机电设备招标中心划归工业和信息化部管理后召开的第一次全系统工作会议，也是全国招标中心系统历经两年改革发展后召开的一次重要会议，希望通过这次会议，进一步贯彻落实科学发展观，认真完成部、党、组部署的各项任务，在“扩内需、保增长、调结构、惠民生”中发挥招标工作的重要作用，提高凝聚力和战斗力，切实做好招标工作，为经济社会发展做出新的贡献。下面，我讲几点意见，供大家参考。

一、　当前面临的经济形势和任务

改革开放以来，我国工业经济快速发展，工业基础显著增强，工业在国民经济中的主导作用进一步增强。去年下半年以来，国际金融危机对我国产生了较大影响，党中央、国务院及时应对，陆续出台了一系列政策，包括投资拉动、十大产业的调整和振兴规划、加强企业技术改造、加快技术创新等各项政策措施逐步落实。经过一年的努力，随着宏观调控取得明显成效，我国经济出现企稳向好的发展势头，工业增速下滑的势头得到遏制，企稳回升的趋势已经较为明朗。今年前8个月，宏观经济数据令人鼓舞：上半年国内生产总值近14万亿元，按可比价格计算，同比增长7.1%，比一季度加快1个百分点。1～8月,全国规模以上工业增加值同比增长8.1%，8月当月达到12.3%，生产增速逐月攀升。1—8月，城镇固定资产投资约11.3万亿元，同比增长33%，一直保持了对国民经济的强劲拉动。我国经济仍处于重要战略机遇期,保持经济平稳较快发展依然具备许多有利条件和积极因素。但是，目前经济回升的基础还不巩固，回升的态势还不稳定，回升的过程还不平衡。目前，我们依然面临十分复杂的形势，还不能盲目乐观，随时要保持一份清醒。

拉动内需的一系列政策措施为招标工作的发展带来可喜的机遇。招标正是促进企业自主创新、推动技术进步、实现产业结构调整的重要措施。全国招标中心系统在新的形势下，要深入贯彻落实科学发展观，继续发挥招标服务于经济建设、节约投资、预防腐败行为的重要作用。尤其是要抓住中央和地方拉动内需、加大投资建设力度为招标工作带来的契机，进一步坚定信心，增强工作的积极性和主动性。

二、工业和信息化部下半年的工作要点

毅中同志在9月7日召开的全国工业和信息化主管部门负责同志座谈会上谈到：从当前形势看，今年实现经济增长8%的目标很有希望。问题是，持续增长的基础还不牢固，明年、后年以至金融危机后的增长怎么实现。中央一揽子计划最直接、最重要的目标，是应对金融危机、促进经济平稳较快发展，着力解决制约我国经济发展的深层次结构性问题。下半年工作重点要转到结构调整上，具体来说，有三项任务、六个抓手。

三项任务分别是：一是行业结构调整，比如提高行业的集中度，淘汰落后的产能，促进中小企业的产业积聚和产业转移；二是企业调整，企业调整包括企业的组织结构、企业的股权结构，还有企业之间的兼并重组，以及企业内部资源的整合；三是以产品质量为重点的产品结构调整。

六个抓手是指：一是技术改造，这是工业结构调整最得力的办法；二是企业的兼并重组和淘汰落后生产能力；三是优化中小企业发展环境；四是制定、修订各个行业的产业政策，提高市场准入的门槛；五是加快培育新的经济增长点，尤其是把电子信息技术用在传统产业里去催生新的工业服务业、新的新兴产业；六是大力加强工业产品质量管理，包括品种、质量、品牌和服务。

按这三项任务、六个抓手提出的目标，我们要继续把应对国际金融危机、促进经济平稳较快发展作为重点，立足当前，着眼长远，做到保增长与调结构相互促进，在应对国际金融危机中实现产业转型升级。招标行业要以“扩内需、保增长、调结构、惠民生”为目标，以高水平的招标服务，协助工业和信息化部大力推进结构调整和技术进步，巩固和发展当前工业经济企稳回升的好形势。

三、发挥招标在工业和信息化领域的积极作用

自工业和信息化部成立以来，根据职能要求，全面贯彻落实中央经济工作会议的有关精神，坚持走中国特色新型工业化道路。现阶段着力保增长，积极应对金融危机，扭转工业下滑势头；着力调结构，推进技术改造和自主创新，加快结构调整和发展方式转变；着力促融合，推进信息化和工业化融合，加强对传统产业改造提升；全面履行行业管理职责，促进工业、通信业平稳较快发展。加快推进技术改造是2009年的工作重点之一。企业技术改造服务于我国经济发展的全局,对关系国家经济命脉的基础产业、支柱行业的骨干企业突出重点、扶优扶强，以少量投入带动企业和社会大量的投入。在国家上一轮技术改造工作中，1999—2003年，国家实行技术改造财政贴息政策，共使用355亿元贴息，带动4354亿元投资，支持2000多个项目，极大地提高了我国工业技术水平和发展能力。

加强技术改造投资管理、监督项目执行，必然要对工业领域企业固定资产投资项目招标环节进行有效管理。根据以往国债技改项目招标管理的实践经验，从招标环节控制投资资金的使用，改变了过去重项目审批、轻项目管理的行政管理方式。通过招标环节联系企业和投标商，便于全面地监督管理技术改造项目；通过招标环节促进资金的合理利用；同时，招标有利于企业节省资金、设备性能充分满足需要；招标更有利于减少对国产设备的歧视，推动工业企业自主创新。所以，在工业和信息化领域，仍然需要大力推动招投标，需要做好有关招标管理工作。

四、对今后工作的几点希望

中国机电设备招标中心划归我部后，围绕部里的工作重点，积极发挥优势，参与和协助有关司局开展了相关工作。目前招标中心的“三定方案”正在积极研究制订，待批准后即可组织实施。希望招标中心继续发挥在招标管理中的专业、技术、队伍和经验优势，在做好发改委和工信部委托的各项具体工作的基础上，结合全国招标管理工作的状况和招标中心系统的实际，认真研究工业和信息化领域投资项目的特点和趋势，积极探索工业和信息化领域招标管理思路，为促进企业自主创新、推动技术进步、实现产业结构调整服务，

为走新型工业化道路服务。同时，要继续做好全国招标中心系统行业联系和业务指导，做好招标行业的对外宣传、理论研究、国际交流和专业培训等行业服务工作。

多年来，经过不懈的努力，全国招标中心系统普及了招标法律法规，推进招标理论体系建设，打造和树立了招标行业的品牌和“诚信公正”的良好信誉，探索和实现了规范的招标业务流程与自律规则，积累和实践了丰富的招标工作经验，培养和建立起一支专业化的人才队伍，形成和创建了主业框架和辅业体系，进行多元化发展，形成了目前实力雄厚、欣欣向荣的良好局面。

2007—2009年上半年，全国中心系统共完成招标项目95729个，委托金额8941亿元，中标金额7700亿元，平均节资率超过13%。这是全系统广大干部职工辛勤努力的结果，在此我向你们表示衷心的祝贺！对于今后一段时期招标中心系统的工作，希望大家按照这次会议的安排，抓好落实。在此我提以下几点要求：

（一）认真学习实践科学发展观，做好新时期的招标工作

2009年是新中国成立60周年，也是“十一五”规划实施的关键一年。虽然目前各机构适应地方改革发展的需要，在机构性质、隶属关系等方面都发生了较大变化，但承担重点项目招标工作的任务和在招标行业中实力规模领先的地位没有改变，所以贯彻落实科学发展观、全面落实中央经济工作、全国工业和信息化工作的有关精神，仍然是全国招标中心系统的重要任务。希望大家在招标工作中，坚持以人为本，用科学发展观的理念指导、深化和完善各项工作任务，积极稳妥地推进招标事业的改革与发展。正确处理好当前与长远、局部与全局、对内与对外、发展创新与稳健经营的关系，防范经营风险，真正让学习实践科学发展观成为促进招标工作发展的强大动力，按照走新型工业化道路的要求，从优化产业结构中求发展，从技术改造和自主创新中求发展，从节约资金、节能与环保中求发展。

（二）发挥经验与优势，积极参与技术改造项目的招标

大家要紧紧围绕国家和地方工业和信息化部门的工作重点，发挥优势，服务大局，主动参与和协助管理部门开展相关工作，更好地服务于各地工业经济的增长，服务于各地工业领域的结构调整和发展方式转变，服务于各地传统产业改造升级。目前，技术改造工作已经全面启动，截至7月，已审核通过技改项目1680项，安排投资计划70多亿元，拉动总投资5625亿元。在座的各家机构都多年从事技改招标工作，希望大家积极开拓，努力进取，为工业和信息化领域今后的技术改造工作多做贡献。

（三）加快职能转变，推进事业单位改革和国有企业改制

近两年，全国招标中心系统各机构改革改制的步伐逐渐加快。一些机构向监管机构转变，承担起地方的一些招标管理和服务职能；一些机构与省级政府采购中心、建设工程招标中心等合并，服务领域不断扩大；一些机构完成了企业化转制，初步建立了现代企业制度；一些机构完成了股份制改造，不断延伸业务领域，向集团化企业的方向发展。虽然改革改制的形式各不相同，有些机构的名称也发生较大变更，但以招标为主业的格局没有改变，为项目建设服务的宗旨没有改变，具备的共性问题没有改变，所以招标中心系统仍然要加强联系，共同发展。无论以何种模式进行改革，都要确保队伍稳定、业务稳定，积极稳妥地探索改革改制的新思路、新理念、新措施、新办法，着力解决发展中的深层次矛盾和问题，走创新促发展的道路。

（四）规范招标，确保招标服务的质量水平

规范是招标的灵魂，规范保证了“公开、公平、公正”原则的实现，也是招标在市场经济中得到较为广泛认可和运用的前提。希望全国招标中心系统严格遵守各项法律法规，严守业务流程，认真对评标专家的资格进行管理，规范招标操作程序，减少质疑和投诉。能够警钟常鸣，时刻牢记自己的使命和职责，严格要求，规范行为，从根本上提高自身素质和专业水平。

同志们！这两年的工作成绩是大家辛勤努力的结果。2009年希望招标中心在做好业务指导和服务协调方面继续发挥更大作用，希望全国招标中心系统团结一致、坚定信心、扎实工作，保增长、保发展、保稳定，形成相互配合、共同进步的整体优势，以更好的成绩向建国60周年献礼！

谢谢大家！

开拓谋进取　和谐促发展

——在2009年全国招标中心系统工作会议上的讲话

中国机电设备招标中心主任　谢荣全

二〇〇九年九月十七日

同志们：

为学习贯彻中央经济工作的有关精神和全国工业和信息化工作会议精神,积极应对国际金融危机带来的影响，总结交流近两年全国招标中心系统工作,研究目前面临的共性问题，促进招标工作持续健康发展，我们今天召开2009年全国招标中心系统工作会议。这次会议是在去年国务院机构改革、招标中心划归工业和信息化部后召开的第一次系统工作会议,也是时隔两年后召开的第一次系统工作会议。近两年,在各地政府的正确领导和上级主管部门的大力支持下,全国招标中心系统工作取得了较好成绩，希望通过这次会议，进一步统一认识，提高招标中心系统的凝聚力和战斗力，切实做好招标工作。

这次会议得到工业和信息化部领导的高度重视,刚才朱宏任总工程师对系统工作做了重要指示，我们要认真学习，做好贯彻落实。下面，我代表招标中心谈几点意见，供大家讨论。

一、近两年工作的回顾

两年来，招标事业不断发展、招标中心系统各项工作持续取得进步。全系统认真抓资源整合，降经营成本，促经济效益，实施积极稳健的业务拓展战略，切实提高内部管理水平，凝聚力和竞争力不断增强，各项工作取得了显著成绩。中心划归工信部后，机构人员基本实现顺利过渡，各项工作有序开展,中心在继续做好国家发展改革委委托的中央投资项目招标管理有关具体事务性工作和行业服务协调工作的基础上，积极与工信部联系，沟通中心的基本情况与发展动态，推动工业和信息化领域招标的有关业务和管理工作，促进招标行业为新型工业化发展战略服务。

（一）中央投资项目招标工作逐步开展

受国家发展改革委投资司委托，从2003年至今，中心积极协助建立中央投资项目招标管理的制度体系，完成三批资格认定专家复核的组织工作，协助制定了复核程序、复核方法，确保复核工作科学合理、公平公正。从材料接收归档，到组织专家封闭复核、协助资格质询和公示期答疑，每个工作环节衔接顺畅，分工明确，为资格认定提供了有力的技术保障。从去年开始，中心协助投资司不断完善日常管理制度，协助开展了证书变更、年检工作和《招标项目情况报告》检查。经过几年的努力，在资格认定工作顺利开展的基础上，中央投资项目招标管理工作取得了明显进展，呈现出机构数量达到一定规模、社会认可程度不断提高和日常管理工作逐步规范三个特点。

目前，在全国招标中心系统各机构中，获得中央投资项目招标代理甲级资格的有46家，乙级有12家，中央投资项目的招标业务工作逐步开展起来，成为业务增长的主要动力。过去，各地招标中心（局、公司）从事工业领域企业技术改造项目较多，成套局所属招标机构从事大型基础设施建设项目和政府采购项目较多。在目前政府投资力度加大，着力保增长、保稳定的形势下，这一延续多年的传统正在发生变化，各机构积极开展中央投资项目招标业务，体现了全方位、多层次、宽领域占领各地招标市场的综合优势。开展中央投资项目招标业务，对全国招标中心系统在应对挑战中开创新局面，在克服困难中实现新发展产生了积极作用。

（二）事业单位改革、企业改制不断深化

两年以来，招标中心系统各机构服务于地方经济发展大局，找准自身定位，切实转变观念，积极进行改革改制。各地在事企分开的基础上，一部分机构向稳定事业职能发展，另一部分转企改制，各地招标机构积极探索改革模式，为全系统的整体发展进步提供了有力的制度保障。

这两年，一些机构的隶属关系从省经贸委、发改委变成省政府直接管理，在改革中取得积极的进展，如：陕西省机械设备成套局纳入省工业和信息化厅；云南省机械设备成套局等近十家机构将省政府采购中心的职能吸收进来；宁夏招标局成为省政府直管单位，兼备政府采购、建设工程有形市场管理职能。这些单位在体制上的调整，保证了自身在一定时期内的基本稳定和可持续发展。而另一批既保留事业职能，下属企业又从事招标业务的机构，都基本实现了事企分开。一些机构所属的事业单位得到有关主管部门的授权委托，不断完善事业职能，争取到一部分具体任务，积极协助当地政府有关部门完善招标管理，积极维护招标投标市场健康发展。同时，所属公司规范有序地开展招标业务，重视招标质量，建立起良好的信誉。事业单位与下属公司平稳健康发展，实现了经济效益与社会效益的双赢。已经企业化运作的招标机构，不断探索建立股份制和市场化运行机制的道

路，积极建立自主经营决策的现代企业制度，成为各地招标市场的中坚力量。

（三）业务规模扩大，业绩再创新高

近两年全国招标中心系统业务稳定，发展态势良好。2007—2008年，全系统所属招标机构内共完成招标项目77169项，完成招标委托金额7129亿元人民币，实现中标金额6141亿元人民币，平均节资率13.85%。多家机构业绩创出历史新高，2008年中标金额超过100亿元人民币的有9家机构，分别是：云南招标股份有限公司、广东省机械设备成套局、河北省机械设备成套局、辽宁省机械设备成套局、重庆招标采购（集团）公司、天津国际招标有限公司、上海机电设备招标公司、安徽省国际招标有限责任公司、中招国际招标有限公司。

今年上半年，全系统又完成招标项目18560项，完成招标委托金额1812.5亿元人民币，实现中标金额1559.3亿元人民币，平均节资率13.96%。从业绩统计数据来看，相比去年同期，项目数量有所减少，而中标金额大幅度增加。这个变化说明承揽的大项目越来越多，各机构克服国际金融危机的不利影响，抓住了政府投资规模扩大的机遇，取得了骄人的业绩。分析成因，主要有以下几个方面：

一是由于中央投资项目招标业务增多。两年来各机构加大对重点项目的开拓与协调组织力度，积极争取承揽中央投资项目，市场覆盖面逐渐加大，招标市场不断拓宽。通过各机构报送的《中央投资项目招标情况报告》可以看出，全国招标中心系统仍然是各地方实力最强的招标机构，承接了一大批政府重点项目、民生项目、基础设施建设项目、生态项目、企业自主创新和产业结构调整项目。

二是贯彻了“大项目促大发展”的思路。各机构结合自身条件，深入项目前沿，积极拓展项目领域，取得了能源、轻工、教育、卫生、公用事业等领域的突破。

三是重视培育和积累大客户。各机构经过多年招标业务开拓，与有关投资管理、项目管理和招标管理部门保持着紧密的联系，也积累和沉淀了不少大客户，建立了广泛的项目资源和业务渠道，这些都为进一步发展创造了比较和谐的外部环境。

（四）坚持走多元化发展道路，业务体系继续完善

近年来大部分机构一直保持着业务多元化发展的思路，不仅招标业绩连年增长，包括项目管理、投资咨询、技术咨询、外贸进出口、监理、项目代建等业务的多元化业务格局也初步建立，涵盖了招标市场的大部分延伸业务领域，很多机构都成立了下属项目管理公司、投资公司，经营情况良好。几年前我参加华东地区片会时，各机构经营班子都预见到单一的招标业务结构蕴涵风险，纷纷表示要早做准备，向招标上下游领域延伸。这几年来系统各机构积极参与本地企业的技术改造，承揽工程咨询业务，编制项目可行性研究报告、资金申请报告、项目评估报告，积极参与省重点项目的监理、项目管理和政府投资项目代建，通过这些延伸业务的服务，树立起招标中心系统的良好形象。

（五）完善招标业务流程，积极推动招标信息化建设

全国招标中心系统至今已有20余年历史，形成了一个职能多层次、业务多元化、地区覆盖广阔的庞大市场体系。随着项目数量逐年增加，各机构业务管理部门的工作量越来越大，信息化管理手段逐渐应用在招标流程管理中，不断推动招标信息化发展。深圳国际招标公司大胆尝试信息化招标管理比较早，该公司的“协同工作系统”在招标信息化领域处于领先水平，近两年通过不断升级，“协同工作系统”得到更广泛的应用，依托电子竞价平台，深圳公司已经尝试将不良资产处置、拍卖等业务实现电子化。广东省机械成套局建立的省电子采购平台，也是为数不多的省级电子采购平台，为此他们专门成立了信息化领导小组，与主管部门沟通，积极推广使用，电子采购平台应用范围逐步扩大，发挥了明显作用。2007年，北京国际招标有限公司建立起招标办公管理系统、电子竞价采购系统和招投标电子商务平台，提高了工作效率和管理水平。贵州鹏业国际机电设备招标公司也建立起自己的招投标管理系统，实现了全部项目在网上操作，包括项目建档、实施计划表、招标公告发布、质量控制、评标专家抽取、评标结果、中标结果公示、项目归档等环节，都在网上操作，按权限实施监督管理。2008年，重庆招标采购（集团）有限责任公司启用“国际招标在线平台”，对招标过程进行有效的跟踪记录，减轻了工作强度，提高了项目质量。系统各机构在招标过程中获得的信息资料都具有较高的参考价值，建立网上业务系统，开发流程管理软件，实现内部信息资源共享，推广招标业务网上操作，能够提高招标项目的透明度，提高招标服务的效率，极大地降低招标业务成本。并通过业务流程的标准化、一体化，实现服务水平的同质化、经营风险的最小化。

二、当前面临的形势

今年是《招标投标法》颁布十周年，十年来，招标法律体系不断完善，政府监管逐步到位，招标领域不断延伸，招标市场稳步扩大，一大批招标机构蓬勃发展，招标工作已经深入经济生活的方方面面，取得社会各界和公众的广泛认知和认可，招标行业在获得较大经济和社会效益的同时，自身也获得巨大的发展。在这种大环境下，全国招标中心系统各机构也走过不同寻常的十年，虽然机构隶属更迭变化，行政职能逐渐淡化，但是行业工作积极适应市场经济的发展，稳步开展；招标业务突飞猛进，内部体制和机制基本完善，人员队伍不断壮大，经济实力显著增强，职工待遇大幅提高。经历多年的发展，招标中心系统已经具备较强实力和竞争力。

（一）系统的发展模式基本稳定

各省市招标中心和成套局成立之初，根据当时的社会经济状况，集监管和组织招标的职能一体，主要侧重于管理机电设备招标、采购成套设备的行政职能。这种体制符合当时的经济发展需要，对招标工作的推动起到了积极作用。在后来的一段时期，单位的经济效益和生存问题成为当时迫切需要解决的问题，系统各机构在体制上进行了调整，将业务工作与管理分离，大力开拓招标业务，创收成为首要任务。随着经济体制改革的不断深化，在各省市上级管理部门的支持下，系统各机构逐步推动了内部的事企分开，建立股份制和市场化的运行机制。实践证明，各机构通过多年努力，基本建立起符合自身实际、符合当地管理整体状况、符合当地招标市场环境的体制机制，从而保证了一定时期内的基本稳定和持续发展。

（二）系统的业务基础日益稳固

招标业务是生存发展的生命线，经过全系统员工的辛勤努力，近几年招标业务取得可喜的成绩。在老一批业务骨干的带领下，新一批业务人才不断成长，各机构的市场份额、赢利能力、收入积累、员工薪酬都在稳步增加，招标主业的基础稳固。同时，在招标业务取得增长的基础上，持续推动主业延伸，项目管理、工程咨询、拍卖、展览等业务蓬勃兴旺，全面发展，各延伸领域的业务规模和实力也在稳步增长，不断完善的业务体系增强了系统的市场竞争力和抗风险能力。

（三）系统的内部管理水平大幅度提高

完善有效的管理制度是各项工作开展的前提和保障，系统各机构近几年通过持续的制度建设，在行业管理、质量管理、资产和财务管理、人力资源、考核奖惩等诸多方面形成较为完善的制度体系，为各项管理和业务工作的开展提供了保障。完善的管理制度保证了业务的持续增长，进一步树立各机构品牌知名度，促进业务工作逐步走向制度化、规范化的发展轨道。

看到我们多年发展积聚优势的同时，宏观经济环境的影响不容忽视，自身存在的迫切需要解决的问题也突出存在。这就需要我们时刻保持清醒的认识，从目前的状况来看，存在的问题主要有以下两个方面：

一是国际金融危机所带来的不确定因素需要重视。国际金融危机对我国经济的影响巨大而深远，从上半年的经济数据来看，经济运行出现积极变化，总体形势企稳向好，但是经济回升的态势还不稳定、不牢固。目前政府投资的导向主要是基础设施建设，大量资金直接用于地铁、高速铁路等大型项目，但是这一类资金并不会成为杠杆，去撬动社会投资的热情。正因为社会投资和企业投资没有跟上，现在我们不能仅凭统计数字来判断实体经济彻底走出金融危机的影响。今年将是我国经济发展比较困难的一年，国际金融危机对我国经济增长形成的压力还会持续较长时间。国际经济环境的变化既是挑战又是机遇，虽然我们取得了不错的业绩，但仍要居安思危，根据各自的实际情况采取应对的措施，努力开拓业务，为将来的改革发展打好基础。

二是招标市场激烈竞争造成的冲击不容忽视。从全行业来讲，全国招标中心系统的经济实力和行业地位排在前列，但是在中心协助开展的中央投资项目招标管理工作中，我们对招标市场竞争之激烈深有体会。我们这样的大型招标机构虽然有优势，但优势已经不明显。在目前的市场环境下，招标行业是一个全面放开的大市场，各地招标机构的资质普遍越来越多、越来越全，一些新生力量与我们比拼成本、抢占市场，甚至恶性竞争。在小规模招标机构层出不穷的情况下，我们必须占据高端市场，发挥专业化品牌的优势，努力开发大项目，维护好现有客户。

三、正确把握改革和发展的方向

随着近几年各机构发展模式的稳定，管理职责有所增加，业务规模迅速增长。在具备一定生存发展基础和实力的情况下，积极应对未来的风险，消除体制机制障碍成为我们当前普遍需要解决的共性问题。所以今后一段时期，各机构需要积极迈开事业单位改革和企业改制的步伐，探索出适应市场经济环境和当地情况的发展道路，以保证机构相对稳定，各项工作相对平稳，职工生活得到保障，招标事业持续健康发展。

（一）目前改革发展的主要模式

各地机构的情况有较大差异，各地政府对各机构提出的改革改制目标也不尽相同。目前的改革主要有以下三种模式：一是向政府行政监督管理方向改革；二是在事企分开的基础上，保留一部分事业职能，兼有招标业务；三是完全市场化的企业模式。

按照第一种模式，即向行政监管方向发展的，如湖北、宁夏、陕西等地的机构，成为省政府直接或间接管理的行政监督管理部门，代表政府管理招标投标市场。同时，按“管办分离”的要求，必须将招标业务与局机关或中心彻底剥离，下属公司需要彻底转企改制，与监管部门脱钩。

第二种模式，既保留一定事业职能，事企分开，又保留下属公司从事招标业务，如广东、云南、甘肃等机构，按照上级管理部门的要求，积极改制，继续加大事业单位改革的深度和广度，同时还要管理好所属企业，确保国有资产保值增值。

系统内也有一批机构是第三种模式，即按照企业模式运作，已经完成或正在进行股份制改造，完全走上市场化道路，成为独立的企业法人。

（二）存在的问题和困惑

根据《招标投标法》和《国务院有关部门实施招标投标活动行政监督的职责分工意见》关于招标监督管理职能的规

定，向行政监管方向转型的机构，已经组建专门的行政监督管理部门，协助政府落实招标监督管理的各项措施，切实保证国家投资的资金使用效率和项目质量。但从实际效果来看，一些地方的招标监管职能没有完全落到实处。更为不利的是，这部分机构的所属企业全部剥离出去，机构和队伍完全靠财政支持，失去了自主生存发展的基础。即使暂时没有和所属企业彻底脱钩，招标业务也受到影响。

事业职能与招标业务两头发展的机构面临的体制问题最为严重。这部分招标机构既要争取职能，又要兼顾招标业务，容易在资质申请和职能定位的过程中受到限制，自身发展被束缚。目前，系统内一些机构因为这个原因，迟迟不能通过有关资格年检，极大地影响了招标业务的开展。

系统内企业化的机构面临招标行业的激烈竞争，需要找到自己在行业中的定位，建立稳定的业务渠道，稳妥地进行产权改革，保持对股权的控制力。一些机构由于规模偏小，在转制为省直企业以后，又面临兼并重组的问题。一些机构在产权多元化进程中，战略合作伙伴的引入不慎，在合并过程中面临招标主业独立性丧失的问题。

（三）因地制宜，探索正确的改革方向

在未来的事业单位改革过程中，地方政府和有关管理部门仍将努力减少和规范行政审批，简化公务手续和环节，提高政策执行效果，政府将逐步退出微观经济领域的直接管理，把更多具体事项交给公益性事业单位。在事业单位改革模式的选择上，系统各机构不求统一，只要哪一种改革模式有利于自身发展，就选择哪一种改革途径。

第一，在目前招标投标监督管理职能分散的环境下，争取到行政监督管理职能的单位要积极探索管理手段，可以侧重于搞好宏观规划、政策制定及行业服务，与其他部门加强沟通联系，从协助具体工作入手，将自身的监管职能落到实处。同时严格与所属公司脱钩，保证监督管理工作的公正权威。

第二，保留事业职能的单位在改革过程中，要分清先后。或是先保证招标业务，或是先保证事业职能，“两条腿走路”，一定要解决好先迈哪一条腿的问题。目前生存压力大的机构，建议珍惜招标市场不断扩大的良好环境，先迈业务发展的这条腿，大力开拓业务，壮大自身实力，实力决定未来。目前经济实力较强的机构，可以先迈争取事业职能这条腿，这里需要明确的是争取事业职能，并不是行政监督职能，所谓事业职能是在政府的领导下，发挥技术和专业优势，承担相关行业管理和服务的具体工作，并不是行政监督。毕竟在今后的改革中，行政监督模式只能解决一小部分人员的出路，绝大部分人员仍需要在业务发展中得到安置。行政监督模式所要求的政企分开我们目前很难做到，“既当裁判员又当运动员”的时代已经不复存在。所以各机构在改革中要尽量避免因盲目争取行政监督职能，而将业务工作置于不利局面的状况。

第三，企业化运营的机构，则要建立规范的法人治理结构，决策权、执行权、监督权“三权”分立，有效制衡，妥善进行股权改革，成为风险可控、效益可见的企业。健全符合市场化要求的用人机制、监督机制和激励机制，进一步深化聘任制，明确岗位职责，完善收入分配方法，形成干部能上能下、人员能进能出的体制。如果还面临兼并重组，就要注意保证主营业务的独立性和完整性，维护职工利益。

（四）积极探索“公益二类”管理模式

目前，国家有关部门制订的事业单位改革方案中，基本实行三种模式：一是行政监督部门化；二是公益机构化；三是企业化。在公益机构中又分为三类，公益一类主要任务和业务范围由政府确定并严格监督，所需经费由同级财政予以保证，实行“收支两条线”管理；公益二类是面向全社会提供公益服务，所需经费由财政给予不同程度的投入，其公益服务项目和收费标准由政府规定，其他业务活动项目与收费标准接受政府指导；公益三类从事的业务活动具有一定公益属性，但社会化程度较高，可自主开展公益服务和相关经营活动，所需经费主要来自服务性收入、经营性收入等，实行经费自理。

结合我们系统的特点，“公益二类”比较符合我们的现实情况。事业单位是社会公益服务的最主要提供者，关系着社会公众的切身利益。确立事业单位法人在我国提供公益性服务的主体地位，是政府所有权、管理权、监督权相分离的重要途径。全国招标中心系统有关机构，可以积极争取从事省政府投资项目公益服务，争取建立重大项目招标投标平台，积极充实自身公益服务职能，为政府有关部门提供必要的工作支持，形成一套完整的监管和服务机制。可以探索逐步改革为法定的事务执行机构，实行不同于行政机关的定位和管理制度，既保证了一定的职能，也不妨碍下属公司获得招标资质。从事公益类服务，与一般行政机构相比，具有更强的专业化要求或具有更强的技术性，需要保留、吸引专门的专业技术人员，进行专业化监管。

四、大力加强自身实力和品牌建设

全国招标中心系统各机构作为各地实力较强、资质较全、资格较高、最为专业的机构，在今后的工作中，要进一步发挥行业领军优势，积极落实社会责任，引领招标行业自律规范。近几年是我们系统改革发展的关键阶段，在这个重要的战略机遇期，全国招标中心系统要认真学习贯彻中央经济工作的有关精神，积极应对国际金融危机带来的挑战，团结一致，扎实工作，振奋精神，从容面对，要保持清醒头脑，未雨绸缪，把挑战和风险估计得更充分，把对策和措施考虑得更周全，把工作和部署做得更扎实，认真研究宏观经济形势，抓紧制定长期的经营战略，通过优异的招标业绩，为实现科学发展、社会和谐、建设小康社会的目标贡献一份力量。

（一）保障招标主业稳步增长

在新的形势下，招标中心系统必须面对现实，迎接挑战，保持住经营收入的增长势头，确保重点项目不流失，保证招标业务质量以及延伸业务的服务质量。

第一，要挖掘新的业务增长点，牢牢把握住招标主业，并加快向其他业务领域拓展，在工程咨询、项目管理、监理等业务上取得更好成绩。要将服务范围向前延伸到立项、规划、报批，向后延伸到合同、验收、项目效益和项目管理后评价服务。

第二，利用好区位优势，不流失本地市场份额，保持招标中心系统的整体市场优势。“十一五”规划提出东部腾飞、西部开发、东北振兴、中部崛起战略，各地机构要认真研究国家区域性财政安排，深刻分析招标工作所面临的形势，抓住未来一段时期内的区域经济发展机会，比如建设天津滨海新区、西南重化工业带等，巩固本地招标业务，深入挖掘本地市场潜力。

第三，在业务工作中增强成本核算与项目选择，有选择地承揽业务，尽量避免质疑投诉。逐步从仅为业主按照程序进行招标，转变成体现自身特有技术含量的专业化招标服务，打造自身品牌，逐步实现业务适度、稳健扩张的目标。

（二）加强机构自身内部管理

系统各机构要注意发挥整体优势，在经营理念、方式上做到一定程度的统一、整体联动。各机构应综合考虑整体效益，以全局为利益出发点，综合评价承揽项目的成本、费用、收益，优化业务流程，整合优势资源，加强内部凝聚力，树立品牌形象，不搞低价恶性竞争。首先要进一步提升招标服务质量，杜绝不规范的招标，以诚信和优质服务维护信誉和资质。其次要加强内部控制，在组织建设和内部管理方面，向建立现代企业制度的方向发展，以提高经营效率为目标，把强化内控管理作为一个长期的任务来抓。再次要开源节流，加强财税管理和资金管理，切实降低招标成本。财务部门与业务部门要加强沟通，做好财务分析，合理避税，稳妥地运用闲置资金，精打细算，尽量实现利润最大化。

（三）加强队伍建设，创造宽松和谐的工作环境

机构发展离不开人才的创造力和积极性，因此要重视对员工的激励，综合运用多种激励机制，把激励的手段和目的结合起来，为员工营造归属感，将个人的发展与机构的可持续发展保持一致。还要加强业务培训和法律法规传达，培养员工的学习能力、实践能力、创新能力，进一步加强队伍建设，培养复合型人才，提高招标专业人员素质。管理者要关心员工利益，改善工作环境，提高员工生活质量，创建和谐企业，增强员工的主人翁意识和责任感，增强企业的向心力和凝聚力。通过开展丰富多彩、多种形式的企业文化建设活动，激发全员工作热情，保障员工身体健康，为招标事业的长远发展打下坚实基础。

同志们！今年是《招标投标法》颁布十周年，明年招标中心也将迎来创立25周年的日子，二十多年来，我们风雨同舟，经过一批又一批招标人的共同努力，终于开创了今天招标事业的良好局面。我们有信心在工业和信息化部及其他招标管理部门的领导下，团结一致，相互支持，继续把招标事业推向深入。让我们开拓谋进取，和谐促发展，以良好的姿态和优异的成绩迎接即将到来的祖国六十华诞！

谢谢大家。

把握形势　团结一致
努力实现招标中心平稳较快发展
——在2009年工作总结大会上的讲话

中国机电设备招标中心主任　谢荣全

二〇一〇年一月二十九日

在这即将辞旧迎新、欢度新春佳节的时候，我们在这里召开年终总结大会和春节团拜会，回顾2009年的工作成绩，分析目前面临的形势和任务，研究2010年的工作重点，把握形势，团结一致，共同促进招标中心的各项工作继续全面、平稳、较快发展。下面我代表中心班子和党委就有关工作进行总结和部署，供同志们讨论、落实。

一、2009年工作回顾

2009年是我国经济在国际金融危机的背景下企稳回升、

夯实经济复苏基础的关键一年，2009年也是中心划归工业和信息化部后，招标工作在有关主管部门的支持下取得长足进步的一年。一年来，在工业和信息化部、国家发展改革委等部门的大力支持下，招标中心全体员工以旺盛的工作热情、积极的工作态度和开拓进取的精神，完成了年初制定的各项工作任务，行业协调管理深入开展，以招标为主业的各项业务工作再创佳绩。

（一）党的工作

2009年中心党委配合行政领导班子，在工信部党组的领导下，积极应对国际金融危机的严重冲击，深入开展学习实践科学发展观等各项政治活动，欢庆新中国成立60周年和建党88周年，维护团结稳定，推动各项工作更好更快地发展。党委紧密联系党支部、广大党员和入党积极分子，充分发挥党组织的政治核心和保障作用，共同努力、克服困难，较圆满地完成了党的各项工作任务。

中心党委始终坚持把邓小平理论和“三个代表”重要思想作为开展各项工作的指导思想，积极引导广大党员干部，尤其是党员领导干部，把思想和行动统一到党中央的决策部署上来，统一到工信部党组贯彻落实中央决策的具体措施上来，把力量凝聚到实际工作中，切实发挥党员在改革发展过程中的先锋模范作用。一年来，党委先后组织开展了学习贯彻党的十七届四中全会和十七届中纪委四次全会精神等10多项学习活动，加强领导和部署，做到学习有计划、学习资料及时购买、学习安排有布置有落实，并注意做好督促检查和反馈工作。2009年上半年，学习实践科学发展观活动进入整改落实阶段，党委根据群众意见完成了《中心领导班子贯彻落实科学发展观分析检查报告》，并组织召开了群众评议大会，将评议结果上报部学习实践活动检查指导组同意后，对评议结果和《分析检查报告》进行公示，公示结果为群众无异议。为了确保整改落实阶段的实效，党委制定了《招标中心领导班子深入学习实践科学发展观活动整改落实方案》，进一步明确了落实整改措施的责任部门、责任人和整改时限，在广泛征求意见之后，组织全体职工参加学习实践活动满意度测评。根据部《关于进一步做好整改落实“回头看”工作的通知》要求，中心党委组织党员及副处以上干部开展对学习实践活动进行“回头看”活动，顺利完成学习实践活动各个阶段的任务。

以学习实践科学发展观活动为契机，一年来党委认真组织理论学习，不断增强党员干部的党性意识，提高拒腐防变、抵御风险的能力。组织了局级党员领导干部述职述廉，把党风廉政和反腐败工作纳入中层以上干部的年度考核和目标责任制中。按照部署和要求，对《工业和信息化部反腐倡廉工作任务分解表》认真研究，细化目标要求，制定具体措施，对中心承担的任务进行了具体分解落实，并修改完善了中心《党风廉政建设责任制实施办法》，党风廉政建设不断完善和加强。一年来，按照部机关党委的要求，党委还开展了党的十七届四中全会等会议精神的学习，完成了有关征文和参观教育活动，多次组织召开党员和入党积极分子座谈会，开展了爱国主义教育。中心党委注重加强支部建设，做好组织发展工作；发挥宣传栏和党委网页的媒介作用，加强党群交流，推进和谐单位建设；完成了中心捐建的第三所希望小学——四川德阳希望小学捐赠的收尾工作；积极响应号召，组织开展了“向实行计划生育的贫困母亲献爱心”活动。一年来党的建设工作开展有序，发挥了为业务和行业工作保驾护航的积极作用。

（二）中招公司工作

2009年是中招公司面对挑战、战胜困难、继续发展的一年。在经营班子的带领和广大员工的共同努力下，面对市场竞争日趋激烈的状况，抓住机遇，克服困难，平稳推动，和谐发展，各项工作取得了很大成绩，招标业绩和经济效益再创历史新高，业务工作保持了较大增长的好势头。截至2009年12月31日，中招公司已开标项目共计2362个，委托金额514.47亿元，预计中标金额472.23亿元，已接受委托尚未开标的项目761个。2009年在招标项目数量、委托金额、中标金额等几方面均呈现快速增长趋势，与2008年相比，已开标项目数量增长25.91%，委托金额增长28.62%，中标金额增长123.19亿元，同比增长35.29%。全年中招公司实现营业收入为2.42亿元，与去年持平,营业费用支出同比下降6.12%，经营利润5427万元，同比增长33.6%，管理费用同比下降2.4%，净利润4025万元，同比增加37.65%。业务部门和处室全部完成目标责任制规定的指标和任务。中招公司的招标业务继续保持较高的水平发展，主要得益于以下几个方面的工作：

一是精心组织实施新一届目标责任制，坚持团结拼搏、竞争效益的原则，充分调动广大员工的工作积极性。努力改进公司人力资源工作，加强培训、评价、流动组合及招聘工作，提高员工素质和企业竞争力。90多员工参加了国家首次招标师考试，总体取得了较好成绩。

二是业务范围扩大和大项目增加。2009年中招公司充分认识到国际金融危机背景下传统国际招标项目承揽的艰巨性，有关部门积极开拓，国际招标从下半年开始实现业绩回升，保持了较强的竞争力，截至12月底，国际招标的中标金额、委托金额分别在中国国际招标网排名第二和第三。在工程招标、政府采购等领域，有关业务部门努力将业务领域推进到更广范围，继续保持了良好的增长势头。截至2009年12月底，工程招标项目中标金额增长76.8亿元，增长比例50.6%；政府采购项目委托金额和中标金额同比上年分别增加9.3%和9.5%。在有关部门的支持和中心的协助下，业务部门勇于开拓，承担了一大批重大项目的招标工作，如北京、广州、上海、南宁、杭州等城市地铁和轨道交通项目，一批大型的高速公路、港口、矿山、能源和医疗集中采购项目得到落实，有效推动了招标业务量的增长。

三是业务质量等管理工作常抓不懈，防控风险，努力提高中招品牌的竞争优势。2009年中招公司继续坚持“三级负责、一进一出”的招标业务把关制度，实施了项目情况月度通报制度，对日常业务审核中发现的问题进行警示。加强了项目冲突协调处理机制，积极推动办公管理平台的使用，加强了业务信息化建设，调整改进了分支机构管理。有关部门继续保持各项资质有效延续，做好综合业务管理工作，进一步加强财务管理，努力防范控制风险，为公司取得骄人业绩提供了坚实的保障。

（三）其他公司工作

中招国发工程项目管理公司2009年在应对国际金融危机影响的同时，也面对着与中招国际合作模式调整所带来的不利影响，公司积极应对，将2009年确定为“战略调整年”，即走出完全依靠中招国际的庇护，扛起中招国发的旗帜走向中招国际业务空白的市场，为中心实施“大中招”战略开辟了一个新的领域。全体员工坚定信心，坚持两个“两手抓”：“一手抓生存，一手抓发展”；“一手抓既有服务品种不放，一手抓适时拓展新服务功能”。一年来在营销渠道、制度建设、客户积累等方面不断加强，克服了外贸进出口业务下降等不利因素，继续在工程项目管理、监理、招标等业务领域取得较大突破。2009年实现营业收入2080万元，与2008年相比增长13.66%，实现利润约269.57万元，与上年相比增长79.57%，同时顺利通过工程甲级资质延续审核、国家发展改革委工程咨询评估单位入库申请等工作。妥善调整了部门设置，促进各项业务有序开展。

《中国招标》周刊社2009年在中心、各公司和招标行业的大力支持下，继续按照“健全机构，完善制度，充实内容，扩大发行，大力创收，和谐发展”的工作思路开展工作。加强编辑工作，刊物质量明显提高；以发行为主，广告、网络、培训、专刊等收入为辅的创收工作取得明显进展；积极参加行业活动，社会影响逐步扩大；编辑、发行、综合、薪酬等内部管理制度不断健全。经过全社职工的共同努力，2009年实现营业收入436.57万元，实现利润106.41万元，经过连续两年的赢利，初步建立了符合媒体发展规律的良好运行机制。

中招国际拍卖公司2009年走过了不平凡的一年，从年初到岁末可谓是一波三折。年初，拍卖公司官司缠身，一审开庭后等待判决，账户被法院查封，人心涣散，业务基本停滞。为解决正常运转问题，拍卖公司新成立了一个咨询公司，缓解资金往来问题，逐步稳住了局面，一边打官司一边开展业务。4月中旬，一审下来宣判拍卖公司败诉，这一结果与我们当时的预期是天壤之别，假如3500多万元标的官司败诉，后果不堪设想。针对这种状况，经公司研究建议，并经中心同意，国有股退出以避免国有资产的损失。同时坚信既然是“被骗案”，就坚决把官司打到底。之后，拍卖公司借钱上诉，聘请北京和杭州的律师组成律师团开始了二审上诉。经过半年的努力，2009年11月收到浙江高院终审判决书，拍卖公司完全胜诉。经过公司班子与全体员工的艰苦努力，2009年拍卖公司克服种种不利因素，仍然保持了较好的业绩水平，全年举办拍卖会39场，实现主营收入936万元，公司业务逐步转入正常。

（四）行业管理工作

2009年的行业管理工作，根据部工业和信息化部职能落实的实际情况，继续以协助国家发展改革委的招标管理工作为依托，探索工业领域招标管理的新思路，各项行业管理、协调和服务工作深入开展，中心的行业地位不断得到巩固。2009年4～7月，中心多个部门和下属单位合作，顺利完成了第三批中央投资项目招标代理机构的资格复核工作，176家机构获得资格，30家机构实现资格升级，中央投资项目招标队伍初具规模。一年中，中心继续开展了中央投资项目的日常管理工作，检查了大量《项目招标情况报告》，完成了2008年度的年检，办理了大量资格证书变更的审核工作，协助规划建设了中央投资项目招标管理信息系统，组织起草了《中央投资项目招标分级管理办法》，促进了中央投资项目招标管理的不断加强和日常管理制度的有序运行。中心认真研究工业和信息化部职责和中心任务，上报了《关于建立工业领域招标投标管理制度的建议》，并完成了中心“三定方案（建议稿）”的编制，加强与部有关司局的沟通联系，开展工业领域招标管理的前期调研和准备工作。

2009年招标政策法规建设和行业协调服务工作继续深入开展，中心组织人员对《招标投标法实施条例》（征求意见稿）和有关招标文件范本提出修改意见，协助部有关司局参加第二次全国招标投标高层论坛等多项行业重要活动，承担了国家发展改革委等招标管理部门委托的招标投标和项目管理调研、检查、课题研究等行业工作任务。同时中招公司、周刊社等单位2009年还积极配合财政部、商务部和地方招标、采购管理部门，完成了大量研讨会组织、专项监督检查技术支持、招标文件范本推广、培训等监督管理和行业服务工作。

在系统工作方面，2009年中心继续加强全国招标中心系统各机构的联系，组织召开了2009年系统工作会议，交流了各地招标市场的现状及遇到的问题,研究部署了系统需要统一解决的共性问题。支持了地区片会、专题会议和各项系统活动的开展，在改革改制、业务协调、行业规范、有关资格申请等方面为系统各机构提供了大量咨询和帮助。

（五）内部管理工作

2009年，中心、各公司管理部门认真研究划归工业和信息化部后的新情况，主动调整角色，增强服务意识，做好沟通联系和工作配合，实现了内部运转和业务工作的全面衔接。继续加强内部管理能力和水平建设，推动各项内部管理制度的落实，促进全中心内部管理水平显著提高。

政务部门积极完善和实施相关政务管理制度，促进工作规范有序开展。严格落实职责分工，各项工作及时记录、及时反馈、及时检查，加强内部协作，统筹安排开展工作。做好有关会议组织协调，顺利完成工作日志编纂、日常公文运转、核稿、用印、保密、外事、信访等工作。与上级部门和有关单位的日常联络按照专人专办、急事急办的工作原则，强化组织协调能力和服从大局的责任意识，上传下达渠道顺畅。

人事部门制定和实施了相关人事工作制度办法，完成了人员调配、考核晋升、技术职务管理、劳资管理等工作，在全中心范围内组织实施了新一届目标责任制，完成了考核、竞聘、处室组建和人员调配等工作。在工业和信息化部有关司局的支持下，组建了工程系列工程技术咨询高级专业技术评审委员会，于年底开展了评审工作。完成了日常的人事综合管理和离退休干部的理论学习、生活照顾、文娱活动组织等工作。公司人力资源部门与中心人事部门分设后，按照现代企业制度的要求有效开展人力资源调配、薪酬管理、劳动合同管理、社保管理、业务培训，促进各项人力资源管理制度得到落实。

财务部门继续加强与上级财务部门、税务、审计、银行等单位的工作联系，认真做好预决算管理、日常会计核算、银行账户管理、税务管理等工作，组织完成了有关单位近 6 年经济责任、经济效益、财务、资产的审计，配合完成了“小金库”专项治理工作和驻部审计局的年度审计，经过不懈努力，增加了离退休经费并纳入经费基数。公司财务部门适应新一届目标责任制处室和人员的变化，调整建立了新的财务核算体系，强化资金管理，提高资金使用效率，全年实现利息收入 703 万元，同时还加强了分公司、办事处、合作单位的财务管理工作。

资产管理部门继续落实有关国有资产管理办法，规范、有序地开展资产管理工作。由于中招公司改制方案经国家发改委批准后，资产划转到资产管理公司的手续因机构改革一直未办，2009 年资产部门积极向上级单位说明情况，得到有关司局支持，启动了资产划转的工作。按照新出台的中央级事业单位国有资产管理法律法规，修改了租赁协议、调整租金收取方式、办理房屋财产保险、及时填报上报各项报表，做好出租房产的管理，认真执行有关政策，稳妥有序地处置了海南资产，维护了单位利益。

后勤保障部门 2009 年在行政、后勤、物业等方面都有所加强。年初目标责任制实施后按照部门和人员的变化，进行了办公室的调整。为了保障办公楼正常运转和各项工作顺利开展，完善和落实了办公楼的巡查制度、机动车的服务保障制度、印章管理使用制度。针对 2009 年重大活动较多的情况，主动抓好安全工作，消除安全隐患，维护单位稳定，在工业和信息化部召开的安全工作会议上受到表扬。2009 年工青妇组织的群众活动形式多样、丰富多彩，受到广大职工的喜爱和欢迎。筹办了中招企业文化报《丰报》，组织了各种文体比赛、假期休养和参观活动，关心职工身体健康，丰富职工业余文化生活，营造了和谐发展的良好氛围。

二、目前面临的形势和工作重点

2009 年的工作成绩是上级单位大力支持的结果，更是中心、各公司班子团结一致，广大职工辛勤努力的结果。2009 年中心有三项事关长远发展的工作顺利完成，这些工作将对中心的未来产生积极而深远的影响。一是实现了机构隶属的顺利过渡。2008 年中心明确划归工业信息化部，机构隶属不是单位和个人所能决定的，但顺利衔接至关重要，可喜的是经过各部门的努力，实现了各项工作的平稳过渡。二是中招公司改制后顺利运行。中招公司的改制工作一直困扰中心多年，只有改制才能保障国家、职工利益兼顾，抵御体制风险。此次改制虽然离我们的目标有一定差距，但为进一步的改制和现代企业制度的全面推行提供了契机。三是中央投资项目招标管理制度正式确立。经过 2003 年以来的不懈努力，在国家发展改革委的正确领导和中心的辛勤努力下，制度、队伍、机制全面确立，大量政府投资项目将进入招标市场，中心的职能和行业地位明显增强，公司业务发展和中心作为事业单位应对改革的能力将显著提高。从中心所面临的内外环境来看，总体情况仍然比较利于中心的改革发展。具体有以下三个方面：

一是总体经济形势企稳向好。从目前的宏观经济环境来看，我国正处在经济社会发展的重要战略机遇期，虽然受到国际金融危机的影响，外部需求萎缩，仍存在不确定因素，但经济回升向好的基础逐步稳固，市场信心明显增强，扩大内需和改善民生的政策效应逐步显现，去年国家实施的“保增长、保民生、保稳定”政策实现了经济平稳较快发展。宏观环境对招标行业的影响作用明显，拉动内需的中央投资 2010 年将达到 3926 亿元，带动的投资规模将是十分巨大的，有关部门的行业振兴规划、重点行业扶持政策，对于招标行业更是利好因素。

二是与上级单位的关系逐步理顺。李毅中部长在全国工业和信息化工作会议上讲到“要组织部属单位积极参加部相关业务工作，密切工作联系，发挥其重要作用”，一年来中心按照有关司局的要求开展大量协助工作，发挥了专业优势，与其关系逐步理顺。同时做好国家发展改革委、财政部、商务部等部门有关司局交办的各项工作，业务联系更加紧密。这种紧密联系必将促进业务和行业工作范围的逐步扩大。

三是中心自身也具备较强实力和竞争力。首先表现在中心的发展模式基本稳定。经过多年的改革发展我们形成了中心对各公司实施资产管理、各公司自主经营决策的体制，这种体制的初步确立，保证了中心的事业定位，保证了各公司的资产归属，也确保了一定时期内招标中心的基本稳定和持续发展。其次表现在业务基础日益稳固。下属公司市场份额、赢利能力、公司积累、员工收入都在稳步增加，招标、项目管理、工程咨询、拍卖、展览等业务以及周刊、网站等媒体全面发展，增强了市场竞争力和抗风险能力。再次表现在内部管理日趋完善。中心在政务运作、行业管理、人力资源、考核奖惩、质量管理、资产和财务管理等诸多方面形成较为完善的制度体系，尤其是通过目标责任制的建立和完善，为业务工作提供了发展动力，促进中心和公司逐步走向规范化的发展轨道。

但是，看到有利因素的同时，我们必须看到目前工作中面临的问题和困难，全体职工必须清醒地认识到中心发展的道路并不是一帆风顺，发展和繁荣的背后还存在许多亟待解决的突出矛盾和问题，这些问题解决不好，将为中心的发展埋下重大隐患。从 2009 年的工作情况看，目前主要面临以下突出困难和问题。

一是市场竞争日趋激烈。虽然中招公司在市场中占有一定份额，品牌形象也具有一定知名度，但是市场竞争压力在2009年越来越明显，竞争形势比较严竣，业务部门的同志对此感触颇深。这种状况的原因是受全球金融危机影响，经济形势虽然企稳但并未根本转变，国际招标业务仍然会受到一定影响。同时目前全国招标代理机构的数量持续增加，一些重点行业的招标机构不断涌现，地方一些小规模招标机构也层出不穷，业主自行招标的趋势有所发展，势必造成同业竞争加剧。另外招标投标的监管更加细化，统一有序、公平竞争的市场又远未形成，业务中外地项目和一些垄断行业项目的制度障碍和地方、行业保护壁垒不断出现。竞争成本持续加大，业务开拓的压力明显增加。

二是业务发展的障碍依然存在。目前我们业务领域的局限性仍然存在，传统领域基本稳定，新领域开拓尚未形成制度化和规模化，新业务探索、新扩展战略没有取得实质性进展。在市场中发展既需要优质服务，也需要各种资质的支持，目前工程招标代理资质的问题没有彻底解决，风险依然存在，支持主业的各种配套资质尚不完善，造价、咨询等资质存在申请障碍。同时人才队伍也不适应业务开拓的需要，企业人员总体学历、职称偏低，执业资格人员偏少。体制制约仍然存在，符合业务发展的现代企业制度落实不到位，内部质量管理还存在一定漏洞，企业执行力有待继续提高。

三是行业工作开拓仍有一定难度。中心划归工业和信息化部后，有关司局提供了大量的支持，经过协调，各项工作步入正轨，沟通和联系渠道畅通。但从整个机构调整的大环境来看，部门之间出现一些协调不畅的情况，我们上级部门的职能相对薄弱，工业行业的各项管理职能尚未落实到位，这些都将直接影响中心行业工作的开拓，有许多困难需要我们一起努力克服。

四是自身还存在许多亟待解决的突出问题。经过制度建设年的努力，虽然明确了职责划分，各项制度逐步完善，但制度的落实还不到位，一些制度仍没有完全落实到内部管理的具体环节中，缺少有效的监督机制和手段，影响了内部管理的严肃性和约束力。内部资源整合不够，中心内部各单位、一个单位内部各部门工作衔接不力，各自为政的问题仍没有得到很好解决。告状不断、人心涣散的现象一定程度存在，内部相互协作和凝聚力有待加强。业务制度和劳动纪律执行不够，一些职工工作作风有待改进。

综观目前所面临的形势，内外环境利弊并存、挑战和机遇并存。这就需要我们深入分析各种困难和挑战，进一步增强忧患意识、风险意识和责任意识，既要着力应对当前，又要积极谋划长远。从目前的形势和2009年的工作状况来看，今后一段时期，要继续保持中心良好稳健的发展势头，必须坚持抓好以下几个方面的重点工作：

一要坚持抓好制度建设。必须通过建章立制，推动中心内部管理的规范化和科学化，保障中心日常运转的灵活、高效，为业务和行业工作保驾护航，提供动力。同时要确保管理制度能行得通、做得到、管得住，必须加强制度建设的长效机制，不断按照现实情况对规章制度进行完善、修改，使之能够落到实处。

二要坚持抓好资源整合。目前中心行业管理和业务工作都处在良好的上升阶段，各公司的经营管理基本走上了轨道。从2006年我们提出资源整合以来，中心的管理流程和公司的业务流程得到优化，通过OA平台的建立、持续改革人事管理工作，人员交流和业务协作水平得到一定提高，但是距离资源整合的目标仍有差距，需要进一步降低内耗、提高管理效率，控制成本，各公司更要注重品牌建设与核心竞争力的提高，提升员工的质量意识和责任意识，加强沟通、交流、协作，实现资源共享，切实通过资源优化整合提高经济效益。

三要坚持抓好和谐单位建设。我们不断取得成绩达到今天的发展成果来之不易，中招公司和其他公司向多个业务领域拓展，通过体制和机制的改革实现了共同进步，在外部环境有所变化的情况下，仍然稳定原渠道，确保了收入和利润的增长，全中心内部和谐的基础基本具备。“万物和谐万事成”，我们要深刻理解运用“和”的观念，达到自我和谐、人际和谐、社会和谐，进而实现和谐单位的总体目标。在工作中我们要进一步把握和处理好速度和效益、规模和质量的关系，增强队伍的凝聚力，建立以人为本的管理体制，进一步健全和完善和谐的工作环境。

四要坚持抓好中招文化建设。随着业务的扩张和队伍的壮大，中心内部传统的优良工作作风有所淡化，个人利益和整体利益的冲突不断显现，要求我们必须加强中招文化建设。建立中招文化的工作我们一直在做，出台了不少规章制度、管理办法，但与真正深入每个职工内心而变成自觉行动的目标还有一段距离。真正的企业文化不是一句话、一个口号，一份文件，而是所有员工共同认可的价值观念、行为准则、发展目标。建立中招文化是一项长期的工作。今后中心要继续发挥《丰报》的宣传带动作用，开展更加丰富多彩的文体活动，切实提高员工福利，让员工实实在在地感受到来自中心的温暖，以更高的工作热情投入工作，形成良好的企业文化氛围。

五要坚持抓好工作作风改进。改进工作作风，就是要努力弘扬正气，求真务实，脚踏实地。中心和各公司领导班子要做到胸襟开阔、同舟共济、公道正派，不断增强班子的凝聚力。中层干部要自重、自律、自省，把握好原则，对员工要尊重理解、关心爱护，让职工分享到改革发展的成果。广大职工要不断提高自己的能力和素质，加强自我修养，把个人价值的实现置身于中心的事业发展中来。“有大气象才有大作为”，努力树立胸怀宽广、行为正义、一心为人、乐于奉献的“大气象”，杜绝鼠肚鸡肠、委靡颓废的不正“气象”，这样才能有心胸、有气度，才能爱国家、爱集体、爱员工，才能知道自己的分量，明白自己的使命，从而实现大的作为。目前中心正站在一个新的历史起点上，我们要根据以人为本的理念，扎扎实实推进各项工作，确保整个单位具有高度的凝聚力，以务实的工作作风，勤勉自律的个人修养来保证各项工作的开展，在中心形成共识，共创，共享的局面。

三、2010年的工作任务

2010年是我国经济发展最为关键的一年，也是实施“十一五”规划的最后一年，经济社会又将进入一个全新的发展阶段。经过30年的改革发展，目前我国人均GDP首次达到3200美元，按照国际标准，当人均GDP达到3000美元以上，则开始进入工业化中后期，未来经济社会的发展模式将不同以往。工业化中后期的普遍规律是：消费品工业占总生产的比重会不断下降，资本品工业所占比重将上升，这意味着钢铁、有色金属、机械、汽车、化工等行业将获得更多的发展机会。对于招标行业来讲，需要牢牢抓住重工业领域蓬勃发展的历史机遇，服务于政府投资、基础建设、企业技术改造，通过这些大项目，促进我们自身的大发展。

中央经济工作会议明确提出“加大经济结构调整力度，提高经济发展质量和效益,使经济回升建立在结构优化的基础之上”，这将是明年经济工作的主要任务之一。可以预见，去年中央“保增长”的要求得到落实，未来将把重点放在“调结构”上，作为经济结构调整的重要手段，企业技术改造工作将继续得到重视。李毅中部长在全国工业和信息化工作会议上提到，2009年下达了近200亿元技改专项资金，拉动社会投资28倍，今年要继续用好技改专项资金，充分发挥技改对投资结构的优化作用。同时李部长在讲话中谈到，今年“部属各单位要紧紧围绕部的中心工作，做好决策咨询和服务支撑，稳步推进改革，规范内部管理”。李部长的这两方面要求，对于招标中心的改革发展都是十分有利的，我们应抓住时机，在企业技术改造中争取有一番作为，同时发挥招标中心的优势，为工业领域投资项目做好服务工作。

2010年是《招标投标法》实施10周年。10年来，《招标投标法》在促进社会诚信与公平、反腐倡廉、提高投资采购效益、推进体制改革、培育市场体系等方面发挥了重要作用。2010年又值中心成立25周年，自1985年成立以来，中心致力于服务政府投资和采购，在招标投标政策制定、流程规范、应用推广、资格认定、专家库建立、质疑投诉处理、信息统计等方面开展了大量工作，在促进公平竞争、培育招标市场主体、节约国家和企业资金、预防和遏止腐败等方面取得了明显成效。全体职工在回顾中心成立25周年光辉历程的同时，也要籍此为新的起点，振奋精神，通过我们的扎实工作，继续为经济社会发展做出更多贡献。

2010年的工作任务是：贯彻落实中央经济工作会议和全国工业和信息化工作会议精神，抓业务领域拓展，促行业职能落实，解决内部矛盾，突出效率效益，进一步提高凝聚力和竞争力，保障中心各项事业平稳较快发展。全中心要围绕这一任务，具体做好以下工作：

（一）贯彻中央纪委第五次全体会议精神，扎实推进党风廉政建设

2010年党委要继续加强党的建设和党风廉政建设工作。刚刚结束的中央纪委第五次全体会议，要求我们把思想和行动统一到中央的要求和部署上来，围绕经济社会发展的中心任务，建设科学、严密、完备的反腐倡廉制度体系，进一步规范和完善重要工作制度，创新工作方式方法，扎实推进党风廉政建设。中心广大党员要认真学习全会精神，以科学发展观为指导，努力加强自身建设，坚决贯彻《建立健全惩治和预防腐败体系2008－2012年工作规划》的有关措施。中心党委2010年要继续完善和落实“理论学习组学习制度”等党组织工作制度，做好学习宣传的组织工作，深入开展理论学习和理想信念教育。按照工业和信息化部直属机关党委的要求，提高工作效率，增强服务意识，加强各支部间的协调配合，密切干部群众联系，做好组织发展和党员统计工作。及时完成上级党委交办的任务，完成中心党委换届的准备和相关具体工作，为中心各项业务和行业工作的顺利开展提供坚实保障。

（二）围绕工业和信息化部工作重点，做好有关服务保障和技术支持工作

在全国工业和信息化工作会议上，部领导多次对直属单位的工作提出希望，要求紧紧围绕部中心工作，积极参加，密切联系，做好决策咨询和服务支撑。根据一年的协调和运行情况来看，初步明确了中心业务总体上对口规划司，与有

关司局的业务联系也在不断紧密。目前已经委托中心协助组织年底工业信息化系统的投资项目检查工作，中心积极编制方案，派出业务骨干，提供项目决策、招标投标、工程实施和资金使用检查的技术支持。同时规划司已委托我们尽快开展工业行业招标投标监督管理调研，提出工作思路。作为直属单位，为部核心工作提供支持和保障责无旁贷，2010年要继续加强与有关司局的业务联系，围绕技术改造和自主创新，围绕产业升级和工业结构调整，发挥技术、人员、队伍和经验的专业优势，突出招标投标制度建设这一关键环节和抓手，重点在投资规划和项目管理方面提供良好服务，做好参谋和助手。各公司要积极参与中心统一组织的有关协助工作，在技术力量方面予以大力支持。同时要大力宣传中招公司品牌，积极参与一些重大项目，承揽相关业务，做好招标、项目管理等方面的业务示范和技术保障。

（三）保持传统优势，继续协助做好中央投资项目招标管理工作

继续与工业和信息化部、国家发展改革委、商务部、建设部、财政部等部门进行业务联系和工作协调，是中心发展的需要，也是我们行业工作的核心。2010年要继续密切与国家发展改革委有关司局的沟通和联系，进一步增进交流和工作衔接，把传统的中央投资项目招标投标管理的各项协助工作做扎实。截至2009年9月，前三批中央投资招标机构资格认定工作已经顺利完成，队伍初具规模，社会不断认可，日常管理全面启动，2010年要重点做好第四批资格认定、资格升级和到期换证工作，在项目情况报告检查、年检、证书变更审核等日常管理工作中，要积极查找问题，不断规范工作程序，推动中央投资项目招标管理信息系统的规划和建设。虽然这项制度已经正式确立并全面运行，与国家发展改革委有关司局的工作默契程度很高，并得到充分信任，但是我们仍然要清醒地看到，中央投资项目具有投资规模大、建设周期长、项目覆盖领域广、技术要求高等特点，无论是在资格认定还是在日常管理中，工作技术要求越来越高，工作难度继续加大，对人力的需求也在增加。这就要求我们始终保持扎实、谦虚、勤奋的精神，发扬积极主动精神，保证专业水平，为中央投资项目招标管理更好地服务。

（四）加大业务开发支持力度，促进招标主业增长保持较高水平

招标主业是中心生存发展的生命线，2010年全中心要加大对主业的支持和支撑力度，保障招标业绩和收益持续增长。从中心整体发展的角度来看，一是要盘活积累的资产，二是要保持主要业务增长。中招公司改制后，资产划转到资产管理公司，如何管好用好盘活资产，我们在今年要认真研究，拿出办法，启动运营资产公司，做到国有资产的保值增值。2010年中心各部门在遵守行业管理有关制度的前提下，要继续在重大项目开发、业务困难解决、国家和地方招标管理协调等方面为中招公司提供更多的支持。中招公司管理和职能部门要提高办事效率和协调能力，增强服从大局的责任意识，改进工作方法，积极协调解决工作中的实际问题，为主业开展保驾护航。各项管理措施的制定和实施继续向业务部门倾斜，在薪酬待遇方面，落实好业务部门高于管理部门、公司高于中心的原则。同时，业务部门要加强自身的开拓能力和业务开发管理，在承接招标业务时，一要增强成本核算与项目选择，逐步从仅为业主走程序式的招标服务，转变成体现自身特有技术含量的专业化招标服务；二要增强选择性，首选能给公司带来效益或对公司品牌形成有促进作用的项目。全公司要上下一致、齐心协力，以品牌创建和竞争力提高为核心，逐步实现招标主业总量适度、稳健扩张的目标。

（五）加强公司班子建设，全面落实现代企业制度

中招公司改制工作完成后，我们初步建立了资产所有权和经营权分离的股权结构和公司治理结构。2010年我们要继续深入研究，探索进一步完善股权结构的稳妥方法，在遵守国家法律法规的前提下，让公司的治理结构更加合理，让职工的利益得到合理体现。近年来，包括中招公司在内的各公司不断取得发展的主要原因之一，就是建立了各负其责的经营班子。2010年要根据各公司班子运行多年以来的具体状况，按照考虑工作布局、适当减轻压力、锻炼年轻人才的原则，大力推动各公司的班子建设，让脱颖而出的人才真正成为事业不断发展的强大动力。2010年要在各公司全面推动现代企业制度的贯彻和落实，中心要主动为各项制度的落实创造条件。要进一步深化改革改制，建立责权相符、运转协调、有效制衡的公司法人治理结构。根据不断变化的市场状况，抓住质量管理和市场开拓这些重要环节，建立和健全激励机制和约束机制，深化人力资源和分配制度改革。以财务管理和成本管理为重点，严格预算制度，努力降低各项成本和费用，提高科学管理水平和抵御市场风险的能力。继续健全支机构管理制度，建立更明确规范、行之有效的管理模式，促进分公司成为风险可控、效益可见的业务分支机构。在全中心范围内，要逐步理顺管理体制，使下属公司的发展更符合现代企业制度的要求和招标管理部门的规定，创造有利于业务发展的外部环境。

（六）规范人力资源管理，引进和储备各类人才

2009年开始，我们形成了以中心人事处为指导部门，各公司按照企业人力资源特点进行管理的良好格局。一年来各公司在员工聘用、员工培训、员工评价等方面做了大量的工作，全员整体素质有了一定改善。但是我们应该看到，企业人员素质不能满足业务发展要求的情况仍然存在。2010年，各公司要继续提高人力资源管理的能力和水平，通过进一步加强对人员的招聘辞退、考核评价、资格上岗、岗位培训和制定完善薪酬体系，促进人员合理流动和优化组合，逐步形成完善的人力资源管理制度体系。完善和落实人才引进的各

项规章制度，对于高学历、高素质、有经验的人才要引得进、留得住，优先引进各类具备专业技术资格的人才，严格控制低学历人员的进入。做好内部员工的培训和培养，编制并落实常态的培训纲要和计划，鼓励员工报考或申报各类专业技术执业资格和职称，提高人员专业素质，努力培养复合型人才。总之要通过引进和培养，强化人才战略，完成人才储备，奠定中心进一步发展的人才基础。

（七）着眼长远发展，尽快完成中长期规划编制

根据学习实践科学发展观活动中职工的意见和建议，中心从去年开始编制《中长期发展规划》（以下简称《规划》），提出发展预期，确定发展目标，确保正确的发展方向。目前《编制方案》、《工作大纲》、问卷调查和咨询安排等工作已经落实。这是一项复杂、系统的工作，希望有关公司和部门认真配合，群策群力，积极推动这项工作的有效进行。特别是规划编制小组的成员，都是各部门、公司的骨干力量，在规划编制过程中，要抽出精力和时间，积极提供意见和建议，力争《规划》尽快完成，确保《规划》真正对中心的整体发展起到积极的促进和保障作用。

（八）做好相关重点工作的清理，避免经营和管理的责任风险

2010年是招标中心机构创建25周年，经过一批又一批招标人的辛勤努力，今天中心的机构状况、人员规模已经与成立初期不可同日而语。尤其是2002年招标、成套两个机构合并以后，在上级主管部门的大力支持下，业务和行业工作迅速发展，重点工作和内部管理事项头绪日渐增多。在这样的背景下，暴露出我们历史上一些重要工作的资料处理和保存工作做的不够，许多事关中心发展关键环节的历史资料缺失，有些一直保留在经办人手中，使我们在近年来的审计和纪检监察部门的检查中有些被动。2010年中心要开展一次2002年以来相关重点工作情况的清理，对一些事关中心发展的业务、财务、资产、人事等方面的重要事项进行梳理，将各类报告、批示、总结等历史资料整理归档，档案缺失的经办人要做出情况说明，进一步提高中心的资料保存和档案管理水平，避免不必要的经营和管理责任风险。

同志们！2010年的工作任重而道远，在不断发展的过程中，我们取得了骄人的成绩，但是面临的困难和需要解决的问题依然严峻，我们到了一个不进则退的关键时期。希望全体职工坚定信心，加强团结，全力开拓，不断创新，学习和贯彻好十七届四中全会、中央经济工作会议和全国工业和信息化工作会议精神，全面落实科学发展观，突出效率效益，保障和谐发展，为实现招标中心的做大做强、做稳做长而努力。

时光飞逝，虎年将至。在此我代表班子向一年来关心支持招标中心发展的领导、老同志和各界人士表示衷心的感谢，向全体职工和你们的家属表示新年的问候和崇高的敬意，恭祝同志们阖家幸福，万事如意！

谢谢大家！

招标工作概况

国务院

发布关于进一步加强政府采购管理工作的意见

为进一步加强政府采购管理，全面深化政府采购制度改革，国务院办公厅于 2009 年 4 月 10 日发布了关于进一步加强政府采购管理工作的意见，提出“七个坚持”：①坚持应采尽采，进一步强化和实现依法采购；②坚持管采分离，进一步完善监管和运行机制；③坚持预算约束，进一步提高政府采购效率和质量；④坚持政策功能，进一步服务好经济和社会发展大局；⑤坚持依法处罚，进一步严肃法律制度约束；⑥坚持体系建设，进一步推进电子化政府采购；⑦坚持考核培训，进一步加强政府采购队伍建设。

加快推进三网融合，产品纳入政府采购范围

2010 年 1 月 13 日，国务院总理温家宝主持召开国务院常务会议，决定加快推进电信网、广播电视网和互联网三网融合。

会议明确了推进三网融合的重点工作：①按照先易后难、试点先行的原则，选择有条件的地区开展双向进入试点。符合条件的广播电视企业可以经营增值电信业务和部分基础电信业务、互联网业务；符合条件的电信企业可以从事部分广播电视节目生产制作和传输。鼓励广电企业和电信企业加强合作、优势互补、共同发展；②加强网络建设改造。全面推进有线电视网络数字化和双向化升级改造，提高业务承载和支撑能力。整合有线电视网络，培育市场主体。加快电信宽带网络建设，推进城镇光纤到户，扩大农村地区宽带网络覆盖范围。充分利用现有信息基础设施，积极推进网络统筹规划和共建共享；③加快产业发展。充分利用三网融合有利条件，创新产业形态，推动移动多媒体广播电视、手机电视、数字电视宽带上网等业务的应用，促进文化产业、信息产业和其他现代服务业发展。加快建立适应三网融合的国家标准体系；④强化网络管理。落实管理职责，健全管理体系，保障网络信息安全和文化安全；⑤加强政策扶持。制定相关产业政策，支持三网融合共性技术、关键技术、基础技术和关键软硬件的研发和产业化。对三网融合涉及的产品开发、网络建设、业务应用及在农村地区的推广，给予金融、财政、税收等支持。将三网融合相关产品和业务纳入政府采购范围。

公立医院全面实行药品网上集中招标采购

国务院 2010 年 3 月 23 日召开第三次廉政工作会议，中共中央政治局常委、国务院总理温家宝在会上发表讲话，他强调，今年我国改革发展稳定任务繁重，各级政府要认真落实中央关于反腐倡廉的各项部署，标本兼治、综合治理、惩防并举、注重预防，以重点领域和关键环节为突破口，加强制度建设，强化对行政权力运行的监督和制约，推动反腐倡廉取得新成效。

温家宝指出，要强化政府投资项目和公共资金监管。对铁路、公路、机场、城建项目和地震灾后恢复重建等公共工程项目实施全过程监管，及时发现和纠正问题，使每项工程都成为阳光工程、廉洁工程和安全工程。加强对政府保障性住房建设、管理和分配的监督检查，强化对社保基金、住房公积金、扶贫和救灾资金以及政府其他专项资金的财政和审计监督，继续加强“三农”资金监管。规范教育资金使用和学校收费行为，严格落实阳光招生制度。公立医疗卫生机构全面实行药品网上集中招标采购，规范医疗服务收费。完善土地使用权市场公开交易制度。加快推进探矿权、采矿权等矿业权出让市场化进程。深入开展工程建设领域专项治理。

国家发展和改革委员会

六部门发文规范医疗机构药品集中采购

为规范和推动新形势下医疗机构药品集中采购工作，国家发改委、卫生部、国务院纠正行业不正之风办公室、国家工商行政管理总局、国家食品药品监督管理局、国家中医药管理局六部门于 2009 年发布了《关于进一步规范医疗机构药品集中采购工作的意见》（以下简称《意见》）。

该《意见》主要内容有以下七项：

1. 全面实行政府主导、以省（自治区、直辖市）为单位的网上药品集中采购工作；
2. 规范集中采购药品目录和采购方式；
3. 建立科学的药品采购评价办法；
4. 减少药品流通环节；
5. 认真履行药品购销合同 ；
6. 规范医疗机构合理用药；
7. 落实部门责任，严格监督管理。

“招标师职业水平考试工作情况汇报会”在京召开

2009 年 4 月 2 日，“招标师职业水平考试工作情况汇报会”在京召开。国家发改委法规司副司长李亢、国务院有关部委代表、招标采购专业技术人员职业水平评价专家委员会部分成员和特邀行业专家出席了会议，会议由中国招标投标协会常务副会长霍春林主持。

会上，中国招标投标协会副秘书长李小林介绍了招标师考试总体进展和考试辅导教材的编写情况，并就下一步的考试考务和命题等工作的考虑做了汇报；四科辅导教材的主编分别针对各自教材的编写情况做了说明；与会的住房和城乡建设部、工业和信息化部、交通运输部、水利部、商务部、国务院法制办等国务院各有关部门及行业专家针对考试工作和辅导教材分别发表了意见。

国家发改委法规司副司长李亢做了总结讲话。他充分肯定了招标师职业水平考试所取得的大量、卓有成效的工作进

展，并要求相关各方根据国务院各有关部委及与会专家的意见，进一步修改完善招标师职业水平考试大纲和辅导教材，做好各项准备工作，确保首次考试公平、公正、规范有序的进行。

规范中央投资招投标　从源头防治腐败

国家发改委2009年4月9日发布消息，在中国所有政府投资项目和有关行业的企业投资项目中，全面实施有关施工招标投标的《标准文件》，以从源头上防治腐败，保障中央投资安全有效落实。

《标准文件》是在总结于2007年11月，以国家发改委、财政部等九部委五十六号令形式发布的《标准施工招标资格预审文件》和《标准施工招标文件》，以及各部门结合行业管理特点所编制的行业范本实施经验基础上，由国家发改委会同国务院有关部门编制的。

工程建设项目招标人根据其项目具体特点和实际需要，结合该标准文件做一些补充或修改，即可形成比较完整和规范的招标文件，由此可节省编制招标文件时间，加快项目进度，提高招标文件质量，规范招标投标活动等。

中国招标采购电子化发展论坛在京举行

2009年4月28日，由中国招标投标协会主办的中国招标采购电子化发展论坛在北京举行。国家发改委副主任杜鹰出席论坛并致辞。论坛由中国招标投标协会会长叶青主持。

杜鹰副主任指出，自《招标投标法》颁布十年来，在党中央国务院的高度重视和社会各方面的共同推动下，我国的招投标事业蓬勃发展，取得了显著成就。招投标已经成为推动社会主义市场体系建设的重要手段，对优化资源配置、提高经济效益、促进国民经济又快又好发展发挥了重要作用。推动招投标事业健康可持续发展，必须坚持以邓小平理论和“三个代表”重要思想为指导，深入贯彻落实科学发展观，以改革的精神，着力体制机制创新，着力健全法规制度，着力改进行政监督，努力创造公平竞争的市场环境，进一步激发和释放招投标市场的活力。

杜鹰副主任强调，电子招标是运用当代信息技术对传统招标采购方式进行优化升级的有益探索，是招投标工作贯彻落实科学发展观、推进信息化建设的积极实践；也是创新招投标机制、实现招投标行业可持续发展的内在要求。电子招标因其具有的低成本、高效率、透明化的特性，正在逐步引领国际公共采购发展的潮流，也必将为我国招标采购事业的发展注入新的活力。国家发展改革委将与国务院有关部门密切配合，按照积极引导、稳妥推进的原则，加强统筹规划，完善政策规范，打造服务平台，努力为电子招标采购发展创造良好的制度环境。

会上，国家发改委、工业和信息化部、商务部、世界银行、亚洲开发银行、韩国驻华使馆等有关负责同志作了主旨演讲，有关市场主体代表和专家作了主题发言。中国招标投标协会常务副会长霍春林宣读了论文征文活动中优秀论文和优秀论文推荐单位名单。

国家发改委、工业和信息化部、财政部、住房和城乡建设部、交通运输部、铁道部、水利部、商务部等有关负责同志，世界银行、亚洲开发银行、韩国驻华大使馆以及有关市场主体、高等院校、行业协会的代表共400余人参加了会议。

两部门发布关于调整“节能产品政府采购清单”公示通知

2009年6月15日，根据《国务院办公厅关于建立政府强制采购节能产品制度的通知》（国办发［2007］51 号）规定，国家发改委、财政部对“节能产品政府采购清单”（以下简称“节能清单”）进行了调整，并将拟公布的“节能清单”（第六期）在中国政府采购网、发改委网站和中国质量认证中心网站进行公示。

国家综合评标专家库系统建设评审会在京召开

2009年10月20日，国家发改委法规司召开国家综合评标专家库系统建设评审会，法规司司长任珑出席评审会。会议由法规司副司长李亢主持。

与会专家在听取项目建设单位的汇报后，对系统开发进行了认真评审。大家基本肯定了前期开发成果，并提出以下四方面建议：

一是关于专家库的需求。有专家提出，专家库的建设应当注重区分工作需求和非工作需求，项目建设单位应主动与项目业主加强沟通，对接需求。

二是关于专家库的安全性。有专家提出，在线监督系统和用户浏览界面不宜透露过多项目信息。还有专家建议，系统除采用加密方式之外，还应考虑通过访问控制等方式加强安全性。

三是关于专家库功能设计。专家们提出，系统应进一步优化流程、简化功能，尽可能减少审核环节，建议取消招标人注册的功能和招标人对评标专家进行评价的功能。按照以人为本的原则，优化语音通知系统，在功能上考虑专家正常作息时间。还有专家提出，从方便使用的角度出发，每一个操作环节都应有明确、细致的操作说明。

四是关于专家和专家库的管理。专家们建议，应尽快确定专家库分类标准，启动评标专家选聘工作，保证专家库按期运行，同时，研究强制抽取范围的保障手段，以确保强制抽取的实施。此外，大家还就进一步提升系统应用性提出了一些具体意见。

《电子招标投标系统基本技术要求》编制工作在京启动

为了统一电子招投标系统技术标准，从技术上保证电子招标安全高效、公开透明、信息共享，2009年12月3日，国家发改委法规司在京召开会议，正式启动《电子招标投标系统基本技术要求》编制工作。会议由中国招标投标协会协助组织。国家发改委法规司司长任珑、中国招标投标协会常务副会长霍春林出席会议并讲话，来自招标投标、标准编制、信息技术等领域的9个参编单位的负责人及编制专家参加了会议。

任珑首先听取了中国招标投标协会关于前一阶段工作的汇报和各编制单位的建议。受法规司委托，中国招标投标协会从9月起先后三次邀请相关企业、协会、研究机构等10余家单位进行座谈，并先后两次请相关单位提出编制方案建议。11月30日—12月3日，集中4天研究讨论，逐步统一认识，形成了编制的思路和大纲。任珑对此给予了充分肯定，并对各编制单位的大力支持和编制专家的辛勤劳动表示衷心感谢。

任珑指出，推行电子招标是招投标工作贯彻落实党的十七大报告提出的适应工业化、信息化、城镇化、市场化、国际化深入发展新形势要求的具体体现，是按照李克强副总理在第二届中国招投标高层论坛上讲话精神，创新招投标方式，为投资建设和经济社会发展把好关、服好务的重要举措，也是中央开展工程建设领域突出问题专项治理工作部署的一项重要任务。大家一定要充分认识到做好编制工作的重要意义，增强使命感、责任感，加强协作，保证质量，按期完成编制任务。专家组编制完成初稿后，法规司将抓紧征求国务院有关部门意见，联合发布实施，为电子招标健康快速发展提供可靠的技术支撑。

招标投标部际协调机制会议在京召开

2010年2月4日，国家发改委在京组织召开了招标投标部际协调机制会议。国家发改委副主任杜鹰出席会议并作重要讲话。工业和信息化部、监察部、财政部、住房和城乡建设部、交通运输部、铁道部、水利部、商务部、国务院法制办、民用航空局等协调机制成员单位，以及委内投资司、稽察办、监察局有关负责人参加了会议。

杜鹰在会上指出，去年7月，中央决定用两年左右的时间集中开展工程建设领域突出问题专项治理工作，进一步规范招投标活动是此次专项治理的一项重要任务。这次部际联席会议，就是要研究落实专项治理工作任务，采取更加有效的措施，规范和发展招投标市场。他强调，要勇于直面招投标领域存在的突出问题，抓住关键环节，敢于碰硬；要加大查处力度，加强部门协作，形成失信惩戒、震慑警示的态势，力争在重点工作上取得实质性突破。

各成员单位通报了2009年招投标行政监督工作情况和2010年工作考虑，并围绕落实招投标违法行为记录公告制度，推进统一规范的有形市场建设，以及进一步推进电子招标工作等议题进行了讨论。

国家发改委法规司司长任珑主持会议并作了总结。任珑指出，协调机制各单位围绕会议议题进行了充分讨论，达成了共识，明确了下一步工作安排。会后，国家发改委法规司将整理会议纪要，征求各成员单位意见后印发，作为各部门今后开展招投标工作的依据。

财政部

2009年政府采购工作当谋八大进步

财政部部长助理张通2008年12月26日在“改革开放30年·中国政府采购高峰论坛2008”上讲话时指出，2009年是解决国际金融危机、落实中央扩大内需、促进经济快速增长的第一年，要继续将深化政府采购制度改革作为2009年一项重要工作，从以下八个方面把政府采购工作再向前推进一步：

一、要强化依法采购，进一步完善政府采购法律制度体系；

二、坚持管采分离，进一步提高集中采购工作质量和服务水平；

三、严格政府采购程序，进一步规范政府采购行为；

四、坚持采购结果最佳，进一步提高政府采购效率和采购质量；

五、狠抓政策规定落实，进一步发挥政府采购政策功能；

六、积极利用信息技术，进一步推进电子化政府采购建设；

七、坚持惩防并举，建立和完善监督处罚工作机制；

八、实行执业资格管理，建立政府采购专业化队伍。

甲级代理机构逾期不申请延续有效期届满后自动失效

2009年2月，财政部办公厅下发《关于办理延续政府采购甲级代理机构资格有关问题的通知》（以下简称《通知》），要求政府采购甲级代理资格即将到期的采购代理机构前去办理申请延续资格的相关手续。

《通知》规定，凡是依法取得政府采购甲级代理资格的单位，需要延续甲级代理资格的，应当在《政府采购代理机构资格证书》载明的有效期届满60日前，向财政部提出申请。

财政部国库司政府采购一处相关负责人介绍说，甲级代理机构在提出资格延续申请时，须提交申请书；原甲级代理机构资格证书正、副本原件；职工人员中高级职称所占比例，以及符合规定条件的技术方面专职人员的学历，高级职称证书原件及复印件；近三年政府采购业绩，包括委托代理协议和中标通知书；营业执照原件和复印件；近三年接受投诉及行政处理、处罚情况的说明等书面材料。其中，申请书中应注明需要延续资格的原因。

《通知》指出，甲级代理机构逾期不申请资格延续的，其《政府采购代理机构资格证书》自证书载明的有效期届满后自动失效；需要继续代理政府采购事宜的，应当重新申请政府采购甲级代理机构资格。

电子化政府采购工作座谈会在广州召开

为了加快全国电子化政府采购管理交易平台建设步伐，研究制定全国电子化政府采购工作规划和实施方案，2009年7月23～24日，财政部在广州召开了电子化政府采购工作座谈会。

财政部国库司王瑛副主任到会并做重要讲话，王瑛充分肯定了广东等省、市电子化政府采购工作的成效，指出当前建设全国统一电子政府采购管理交易平台的必要性和重要意义，提出了建设全国统一电子政府采购管理交易平台的工作思路。

此次会议由广东省汇报演示广东全省统一电子政府采购平台的功能系统以及实施推广情况，上海、浙江等11个省、市分别介绍了本地区电子化政府采购建设情况；会议还讨论了《全国电子化政府采购工作指导意见》(征求意见稿)。

两部门发布《关于取消24个家电下乡项目中标资格通知》

2009年12月14日财政部与商务部联合发布《关于取消24个家电下乡项目中标资格通知》，取消浪潮电脑、夏新手机、尚朋堂电磁炉等产品的下乡中标资格。这意味着国家进一步加强对中标家电下乡企业的管理，下乡资格打破“终身制”。

此次有6家生产企业的产品被取消家电下乡中标资格：分别是夏新电子中标的手机，深圳亿和源科技中标的手机，新科电子集团中标的彩电，浪潮电子中标的计算机，默洛尼卫生洁具中标的热水器，尚朋堂（无锡）电器中标的电磁灶。此外，18家销售企业被取消家电下乡中标资格，其中包括浪潮电子、浙江美大太阳能、浙江双鹿空调器、尚朋堂（无锡）电器等知名企业。

此外，根据2009年11月财政部和商务部联合下发《家电下乡中标企业考核及管理办法》，从2010年1月1日起，家电下乡将全面启动淘汰机制；生产企业所有中标产品自中标之日起3个月内没有生产，或6个月内没有实现销售，将被直接取消中标资格。

廉租住房纳入政采

财政部2009年12月23日印发《关于加强中央廉租住房保障专项补助资金管理的通知》（以下简称《通知》），就加强专项补助资金管理提出了明确要求。

《通知》要求各地及时分配下达中央补助资金并加强中央补助资金专项管理，省级财政部门应制定和完善本地区廉租住房补助资金的分配管理办法，并严格按照制定的办法分配中央补助资金。各地购买、改建和租赁廉租住房，应编制政府采购预算，并纳入政府采购范围。

要求细编政府采购计划

针对审计查出的2008年度中央单位存在的未严格执行政府采购的问题，财政部对2010年部门预算基本支出政府采购预算表进行了分类，并要求中央单位编制详细的政府采购计划。

2009年12月30日，审计署公布了2008年度中央预算执行和其他财政收支审计查出问题的整改结果。关于中央部门未严格执行政府采购规定的问题整改，财政部已经在2010年部门预算基本支出政府采购预算表中增加了集中采购、部门集中采购和分散采购等分类，并要求中央单位对项目支出预算表中属于政府采购的项目，要编制详细的政府采购计划，为逐步细化政府采购预算创造条件。

工业和信息化部

TD－SCDMA产品纳入政府采购范围

2009年1月22日，工业和信息化部联合多个部委公布了一系列支持TD－SCDMA发展的扶持政策。其中，TD－SCDMA产品和应用被纳入政府采购扶持范围。

工业和信息化部称，按照国家自主创新产品认定管理规定，将TD－SCDMA相关产品纳入《政府采购自主创新产品目录》，获得促进自主创新政府采购政策支持。并将TD－SCDMA产业链研发和完善纳入电子发展基金和集成电路专项资金支持范围。

项目支持方面，工业和信息化部要求在自主创新和高技术产业化基金中安排部分资金，用于支持TD－SCDMA产业链等薄弱环节的建设。此外，有关部门要加快国家重大专项TD－SCDMA项目审批程序。

根据政策安排，相关部委和地方政府，在基站选址、市政规划、管道建设、电力引入等方面要继续给予支持，加快TD－SCDMA网络建设进度。

两部门着手制定中小企业政府采购管理办法

工业和信息化部新闻发言人朱宏任于2009年9月3日向媒体透露，财政部与工业和信息化部正在制定中小企业政府采购管理办法，在政府采购政策、采购门槛、采购合同中将充分考虑中小企业利益，给予更多的机会。同时，要加大对政府采购的宣传、培训和服务，让更多的中小企业可以了解并且参与到政府采购中。

朱宏任指出，在我国的有关法律法规中，对支持中小企业在政府采购中发挥更大的作用也有相关的规定。但在实际中，中小企业要拿到政府的订单并不容易。主要受以下五点问题的阻碍：一是中小企业划分标准过于宽泛给操作带来了难度；二是确定的政策比较原则，操作起来不太容易；三是门槛较高，一些小企业还难以进入；四是制度缺失，没有实施细则；五是中小企业自身存在问题，比如产品质量、企业管理、售后服务、创新能力以及其他方面还有不完善的地方也需要不断加强和提高。

通信建设项目施工和货物招标文件范本及建设标准强制性条文宣贯会召开

2009年11月12～13日，工业和信息化部通信发展司在广西北海组织召开了通信建设项目施工和货物招标文件范本及通信工程建设标准强制性条文宣贯会，部分省、自治区、直辖市通信管理局、通信工程质量监督机构、电信运营企业的有关人员参加了会议。

通过这次宣贯会，增强了招投标当事人的自律意识和法制观念，提高从业人员编制招标文件的能力，也加深了对通信工程建设标准的理解，对规范通信建设项目招投标活动具有积极的作用，对发挥通信建设标准在工程建设中约束引导作用、保证工程质量具有重要意义。

通过政府采购扶持中小企业发展

2010年1月5日工业和信息化部部长李毅中表示，国家将出台相关政策，通过政府采购等方式扶持中小企业的发展。

李毅中表示，要尽快出台政府采购等财税配套政策，修订和颁布中小企业划型标准，重点扶持小企业和微型企业。协调扩大中小企业发展专项资金安排额度，加快设立国家中小企业发展基金。落实对年应税额在3万元及以下的小型微利企业所得税减半优惠，以及困难中小企业缓缴社会保险费或降低费率政策。

李毅中指出，将加大对企业自主创新的政策支持。加快推动出台新的鼓励软件和集成电路产业发展政策，发布首台（套）重大技术装备认定和示范项目实施办法。会同有关部门研究设立鼓励使用国产首台（套）重大装备风险补助资金，继续用好电子发展基金，协调设立装备发展基金。帮助企业落实研发投入抵扣企业所得税政策，通过政府采购等措施鼓励使用自主创新产品和技术。

商务部

公布2009年前三季度全国机电产品国际招标情况

2009年11月，商务部公布了2009年前三季度全国机电产品国际招标情况。数据显示，前三季度全国机电产品国际招标总量同比下降。前三季度全国机电产品国际招标累计中标金额167.65亿美元，与2008年同比下降13.69%。其中第一季度中标金额53.44亿美元，同比下降21.24%；第二季度中标金额59.05亿美元，同比下降3.88%；第三季度全国机电产品国际招标累计中标金额 55.16 亿美元，同比下降15.09%。

国内资金招标项目占据绝对主导地位。前三季度国内资金机电产品国际招标中标金额157.73亿美元，与2008年同比下降12.64%，金额占比94.08%。外国政府贷款项目累计中标金额3.41亿美元，与2008年同比下降44.52%，金额占比2.03%；世行贷款项目累计中标金额2.35亿美元，与2008年同比上升39.82%，金额占比1.4%。日元贷款项目累计中标金额2.09亿美元，同比下降36.12%，金额占比1.25%。亚行贷款项目累计中标金额2.07亿美元，同比下降20.53%，金额占比1.23%。

“世界贸易组织《政府采购协定》研讨会”在京举行

2009年8月3～4日，商务部与世界贸易组织（WTO）秘书处在北京联合举办了“WTO《政府采购协定》研讨会”，此次会议旨在帮助有关各方加深对WTO《政府采购协定》的理解，更好地认识和处理加入《政府采购协定》谈判中遇到的问题，以及加入《政府采购协定》后将带来的挑战和机遇。

此次研讨会是WTO技术援助的重要组成部分，WTO秘书处派出了两位主管专家到会，详细讲解了WTO《政府采购协定》的框架、主要条款、加入程序及协定修改情况等问题。我国政府有关部门、商协会、研究机构和部分企业代表出席。商务部还专门为讲习班提供了重新翻译的《政府采购协定》全部文本。

《政府采购协定》是WTO一项诸边协定，目标是促进参加方开放政府采购市场，扩大国际贸易。《政府采购协定》目前有美国、欧盟等14个参加方，包括41个WTO成员。

根据我国在加入WTO时所做承诺，我国政府于2007年12月28日向WTO秘书处提交了加入《政府采购协定》申请和附录一出价，正式启动加入《政府采购协定》谈判。加入《政府采购协定》谈判，是继加入WTO后我国在对外经贸领域开展的又一项重大谈判。

住房和城乡建设部

分两批公布工程勘察设计企业资质、工程监理企业资质、工程招标代理机构资格延续结果

根据《中华人民共和国建筑法》及有关建设工程类企业资质管理规定，住房和城乡建设部于2009年8月24日和9月2日分两批公布了工程勘察设计企业资质、工程监理企业资质、工程招标代理机构资格延续结果。经审核，第一批中，北京清尚环艺建筑设计院有限公司等101家企业工程勘察设计资质延续，北京百事百达工程建设监理有限责任公司等377家企业工程监理资质换证，江河机电装备工程有限公司等26家甲级招标代理机构资格延续。第二批中，北京北方安恒利数码技术有限公司等23家企业工程勘察设计资质延续，北京奥成工程建设监理有限责任公司等123家企业工程监理资质换证，上海申轩工程咨询有限公司等9家甲级招标代理机构资格延续。

交通运输部

要求加强公路工程施工招标资格审查

2009年3月26日，交通运输部发出通知，要求各地进一步加强公路工程施工招标资格审查，特别是要严格核实投标人的资质条件。

交通运输部同时公布了公路工程施工一级以上资质企业名录（简称资质企业名录），首批691家公路施工企业名列其中。

交通运输部要求，对于招标公告要求投标人具有相关一级以上资质的，招标人出售资格预审文件或招标文件时，应通过资质企业名录对投标人的资质条件进行审核。对于投标人未列入资质企业名录或名称与资质企业名录不符的，应告知投标人及时办理有关更正事宜。对于资格审查时未列入资质企业名录的投标人，不得通过资格审查。

交通运输部强调，资格评审期间，资格评审委员会成员和其他参与评审活动的工作人员不得发表带有倾向性或诱导、影响其他评审成员的言论，不得对不同投标人采取不同的审查标准。各地交通主管部门要认真受理招投标投诉，发现问题要及时、依法处理。

召开部属单位国有资产管理暨政府采购工作会议

2010年4月8日，交通运输部在南京召开部属单位国有资产管理暨政府采购工作会议，交通运输部副部长高宏峰到会并讲话。

高宏峰指出，加强部属行政事业单位资产管理和政府采购工作的努力方向和总体目标是：经过一两年的努力，争取出台一两个行业特色显著的系统资产配置标准规定，所有部属行政事业单位都使用计算机信息系统管理本单位及所属单位的国有资产，2010年年内实现政府采购网上审批，两年内实现资产处置网上审批。经过3～5年的努力，实现资产管理和政府采购工作由经验式管理到理性化管理、由分散式管理到集约化管理、由粗放式管理到精细化管理的转变，资产管理体制机制和资产管理队伍建设基本适应工作要求，资产配置科学合理，资产使用有效、处置规范，资产管理全面实现信息化，部属行政事业单位资产管理和政府采购工作走上科学管理和规范管理的轨道。

高宏峰强调，对违反国家和部有关资产管理规定，仍然擅自出租、出借资产和对外投资的单位，将发现一起，查处一起，追究有关单位领导的责任；对于个别单位执行政府采购规定不严格，属于集中采购项目而自行分散采购的、采购进口产品或改变采购方式应当报批而未报批等行为，部将采取通报批评、核减预算等措施进行处理。

国资委

对央企新增中央投资项目的工程招标投标等七环节进行督查

国务院国有资产监督管理委员会下发通知，决定对中央企业承担的（含中标承建的）新增中央投资项目开展专项监督检查，以规范新增中央投资项目管理和资金使用，保证工程项目建设的透明、高效和安全。

此次督查采取国资委抽查和中央企业自查相结合，以中央企业自查为主的方式进行。投资项目的组织领导、前期准备、工程招标投标、施工管理、合同管理、竣工验收、廉政建设等七个环节将是督查行动的重点。

按照国资委的安排，自查工作由中央企业组织开展；抽查工作由国资委纪委牵头，与相关厅局组成联合检查组，适时对有关中央企业承担的新增中央投资项目进行抽查。监督检查以听取介绍、实地考察、问卷调查等方式进行。

北京市

公立医院药品将统一招标实现同城同价

2009年3月16日，北京市卫生局局长方来英表示，通过全新的政府统一招标平台，2010年年内，北京市所有公立医疗机构（不含军队武警系统医院）向患者提供的药品，将实现“同城同价”。

据介绍，以前医院因隶属不同分组进行药品招标，今后将整合为统一的政府招标采购平台，在统一质量、价格和配送服务的标准下，公开对药品进行挂网采购，减少药品从生产企业到医院的中间环节，集中药品供应渠道的同时，压缩医疗机构选购多种中标药品的“私权力”。北京市卫生局将其这套新的药品招标采购模式，称之为“六组归一，同城同价”。据悉，北京医疗机构用药的招标采购模式将在今年年底前变革。

将招标确定家电“以旧换新”回收企业

北京市商务委员会和北京市财政局联合发布消息称，北京市于7月末对家电“以旧换新”回收企业进行公开招标，向社会公开选择旧家电回收企业。

根据国务院《促进扩大内需，鼓励汽车、家电“以旧换新”实施方案》和商务部等部委《家电以旧换新实施办法》的规定，家电“以旧换新”是指购买人废弃旧家电并购买新家电的行为，产品范围包括电视机、电冰箱（含冰柜）、洗衣机、空调和电脑。

据北京市商务委员会相关人士透露，通过招标确定的回收企业回收上述5类家电之后，将给家电“以旧换新”补贴对象提供相应证明，供家电销售企业向其垫付补贴资金。回收企业收购的旧家电一律交售给指定的拆解处理企业进行拆解处理，拆解处理企业向家电回收企业垫付运输费用补贴。

据介绍，此次招标要求的合格投标人必须是注册3年以上的北京本地企业，且必须具备上门回收的能力。除此之外，对于供应商来说拥有200平方米的封闭式库房和不少于20名经过培训、具有专业能力的回收人员也是必要条件。招标结束之后，家电“以旧换新”回收企业的有关信息将在商务部、财政部备案，并向社会公布。

中关村中小企业投标重大工程贷款贴息40%

北京市发改委、中关村管委会等部门于2009年9月联合发布了《支持中关村国家自主创新示范区中小科技型企业投标承接重大建设工程项目的若干措施（试行）》（以下简称《支持措施》），并宣布了首批11家申请支持的企业名单。此次出台的《支持措施》主要包括以下四个方面的内容：

一是在招投标阶段，企业凭重大建设工程项目招标文件向北京中关村科技担保公司提出投标保函申请；企业中标后，凭中标通知书向北京中关村科技担保公司提出履约保函申请；由担保公司及银行在5个工作日内为符合条件的企业出具投标保函或履约保函。

二是推动担保机构、银行与企业进行合作，通过担保补贴、风险补贴等激励手段，鼓励担保机构为企业提供担保，鼓励银行为企业提供无抵押无担保的信用贷款等。

三是为企业提供40%的贷款利息补贴、20%的保函成本补贴等资金支持，降低企业在承接重大建设工程项目中的资金压力。

四是对于在北京地区实施、全部或部分由北京市政府资金投资的重大建设工程项目，在招投标过程中，对企业技术或产品，项目评审方法和标准中设置一定比例的价格扣除或总分值加分等优惠条件，在同等条件下优先采购。

天津市

推行公立医疗机构药品网上集采

自2009年5月10日起，天津市药品集中采购开始全面覆盖公立医疗机构，这是该市首次将药品集中采购由原来的二级以上医院向社区服务中心和乡镇卫生院扩展。据悉，自5月10日起，这些医疗机构使用的药品除个别特殊药品及中药饮片外将全面实行网上集中采购，采购周期暂定为一年。其中，中成药部分在天津为首次实行全品种集中采购。

据天津市药品集中采购招标中心相关负责人介绍，本次集中采购采取“四个统一”的方式，即统一制定药品采购目录、统一确定药品价格体系、统一网上采购、统一配送。这种方式一是可以减少药品在购销过程中的环节和不必要的流程，保障用药安全，降低药价。二是所有药品实行网上采购，避免了各种不正当交易和暗箱操作，医疗机构用药将更加阳光透明，便于监管。三是药品在二级以上医院将实现同城同价，社区卫生服务机构由于实行药品零差率，销售价格更低，最高降幅可达25%以上。

本次集中采购工作是天津市2009年20项民心工程及卫生改革的8项措施之一，由天津市药品集中采购联席会及其办公室直接领导，天津市药品集中采购招标中心具体组织实施。据了解，这已经是该中心第六次进行药品集中采购招标工作。与此前相比，这一次药品集采覆盖范围更为全面，操作更加规范，网络平台技术也更加成熟。

滨海新区公布200亿元采购大单

2009年6月17日，天津市滨海新区管委会向社会公布了《滨海新区政府及重点项目采购产品目录（第一期）》，向企业提供的采购需求超过200亿元。

此次采购的产品涉及办公设备及易耗品、电气设备、建筑工程材料、机械设备等10大类413种产品。

此次公布的采购产品目录，只是滨海新区首批采购产品。今后，滨海新区将继续加强对政府及在建项目产品需求的调研力度，汇总更多的产品采购信息向企业公布。

河北省

京津冀共同建筑市场建设工作会议在河北承德召开

2009年6月17日，京津冀共同建筑市场建设工作会议在河北承德召开，此次会议正式签署了《京津冀共同建筑市场合作协议》，标志着京津冀三地建筑市场一体化建设正式启动。今后，京津冀三地30家试点建筑业企业将不再办理市场准入备案手续，只要凭建设主管部门发放的投标卡或备案证书，就可在京津冀三地自由参与工程招投标活动。

建立共同建筑市场的最终目标是统一市场准入标准，降低企业交易的制度化成本，最终实现三地企业在京津冀建筑市场的无障碍自由流动，形成企业效益和社会效益的最大化。同时，一地备案、三地共享的信息互认原则也标志着建筑领域监管手段将由资质管理向诚信管理转变。

2010年，京津冀三地建设主管部门将根据试点情况扩大试点企业数量，制定市场运行机制，并建立共同市场相应的配套制度；2011年将对三地所有建筑业企业取消准入限制，真正实现市场一体化，推动京津冀地区建设市场的共同发展。

政府采购电子化平台将于年内覆盖全省

2010年3月1日，河北省开始在省、市、县三级全面推行政府采购电子化工作，并计划年内覆盖全省。

河北省此次启动的电子化平台，以在该省邯郸市试运行近5年的电子化平台为蓝本，实现对政府采购全方位全过程的操作和监管。政府采购当事人，包括各级采购人、采购代理机构和政府采购供应商，在网上办理申报、审核、招标、投标、询价、发布公告、验收、投诉、监管等政府采购业务。

河北省政府采购电子化管理交易平台将采取全省统一构建、统一部署、统一管理、分别操作的模式，系统硬件配置和软件开发由河北省财政厅统一构建，全省省、市、县三级实施统一部署，系统维护和升级由河北省财政部门统一管理，各级政府采购监管部门拥有独自的信息发布门户和业务数据管理权限。

石家庄：规范医疗机构招标采购行为

为规范全市二级以上医疗机构招标采购行为，河北省石家庄市人民检察院、市监察局、市卫生局等部门于2009年2月联合下发了《石家庄市医疗机构招标采购廉政准入规定》（试行）（以下简称《规定》），明确制定了对串通投标、行贿等违规操作行为的处罚措施。

《规定》要求，在医疗机构招标采购过程中，建筑商、供应商、采购单位和卫生行政部门必须签订廉政责任书，明确廉政准入要求与责任，相互监督、相互制约，并接受检察机关、监察机关、卫生、食药监、工商等部门的监督。投标过程中，投标人串通投标的，向招标人或者评标委员会行贿谋取中标的，其投标作废标处理。投标人以他人名义投标，利用伪造、转让、租借、无效的资质证书参加投标，弄虚作假骗取中标的，或中标后不按规定签订合同，违背投标承诺书的，其中标无效。

《规定》明确，在招投标过程中行贿数额在5000元～2万元的单位或个人，半年至一年内不得参与医疗机构招投标活动；行贿数额为2万～5万元的，1～2年不得参与招标活动；行贿数额为5万～10万元的，2～3年不得参与招标活动；行贿数额超过10万元或行贿方被依法追究刑事责任的，取消参与医疗机构招投标活动的资格。中标人已经中标，没有正当理由而随意撤标的，两年内不得参与医疗机构招投标活动。

石家庄：专项治理领导干部干预招投标

2009年8月21日，石家庄市委、市政府召开全市工程建设领域突出问题专项治理工作会议，对该市开展工程建设领域突出问题专项治理工作进行动员部署，对领导干部乱干预招投标者将给予严惩。

据介绍，石家庄此次专项治理工作以政府投资和使用国有资金项目特别是扩大内需项目为重点，计划用两年多的时间，对2008年以来使用国有资金或国有资金参股的项目进行全面排查。严肃查处一批违纪违法案件，坚决纠正目前存在的条块分割、各行其是的现象；完善一批规章制度，建立全市统一规范的工程建设市场体系，进一步规范工程建设领域市场交易行为。

专项治理工作将集中查处和通报一批工程建设领域典型案件，着重解决国家机关工作人员特别是领导干部利用职权违规插手干预招标投标、城乡规划审批、土地和矿业权审批出让以牟取私利，以及官商勾结、权钱交易等突出问题。

临城：政府采购出台22种串标行为认定

为进一步规范政采供应商的行为，河北省临城县于2009年6月出台规定，要求政府采购要严禁供应商不得与采购人、代理机构相互串通，损害国家、社会公众及相关人的合法权益。规定有下列22种情形之一的，将被认定为串通投标行为：

1. 同一人携带两家及以上企业资料参与投标报名的；

2. 不同的法人委托人由同一单位缴纳社会保险的；

3. 资格预审后同一投标人领取其他投标人企业资料的；

4. 一年内有两次及以上通过资格预审，但不购买招标文件或不缴纳投标保证金的；

5. 同一投标人代替其他投标人领取和提交招标投标相关资料的；

6. 招标人（招标代理）组织投标人串通投标或招标人（招标代理）为投标人制作投标资料的；

7. 招标人（招标代理）与投标人或投标人之间约定给予未中标的其他投标人以费用补偿的；

8. 中标后无正当理由放弃中标结果的；

9. 不同投标人的投标文件内容非正常一致的；

10. 不同投标人的投标文件错、漏之处一致的；

11. 总报价相近，但其中各项报价不合理，没有合理的解释或者提不出计算依据或者主要材料设备价格相近或者没有成本分析，乱调乱压的；

12. 不同投标人的投标文件由同一单位或者同一个人编制的；

13. 不同投标人的投标综合单价或者报价组成异常一致或者呈规律性变化的；

14. 不同投标人的投标文件中，项目班子出现同一人的；

15. 不同投标人的投标文件相互混装的；

16. 不同投标人的投标文件由同一台电脑编制或同一台附属设备打印，或投标预算用同一个预算编制软件密码锁制作的；

17. 不同投标人使用同一个人或者同一个企业资金缴纳投标保证金的；

18. 不同投标人聘请同一个人为其投标提供技术咨询服务的（招标工程本身要求采用专有技术的除外）；

19. 投标时无正当理由不按招标文件规定提交业绩认定

资料的；

20. 在一个年度内同一法人委托代理人接受其他单位委托参加投标的；

21. 同一投标人委托代理人在一个年度内使用其他单位资格投标的；

22. 依法认定的其他串通投标行为。

如供应商被查实具有以上情形之一的，将在 1～3 年内拒绝其参加本区域的政府采购活动，并可能列入政府采购供应商黑名单。

唐山：境内工程必须 100%实行招投标

2009 年 7 月 19 日，河北省唐山市市委召开八届第 92 次常委会议，听取唐山市纪委关于落实中央、河北省惩防体系建设及行政权力运行监控机制建设工作情况的汇报，研究部署了唐山市权力监控机制建设的总体思路和下步打算。

会议强调，加强行政权力运行监控机制建设，要把加强项目招投标监控机制建设作为重点。要严格按照《招标投标法》要求，唐山市境内的工程建设必须 100%实行招投标，以此进一步加强管理、堵塞漏洞、取信于民。一是要统一组织领导。二是要统一建立工程建设招投标交易中心。三是要进一步完善招投标制度。四是要统一招投标办法。五是要切实加强监督管理。

山西省

山西从采购源头治理商业贿赂

2009 年 9 月 9 日，山西省财政厅发布通报：全省各级财政部门将采取措施，从采购源头治理商业贿赂。治理工作将从财政部门、采购人、集中采购三方面入手：

一是财政部门提高审批效率，整合优化采购环节，按照规范管理与效率兼顾的原则，积极推行协议供货和定点采购；通过制定出台评标管理和信息公告制度和办法，实现高效规范采购。

二是采购人依照已批复的政府采购预算，合理安排采购进度。

三是集中采购机构建立健全内部监管制度，即实现采购活动各环节之间权责明确、岗位分离的操作体制，完善评审程序、缩短采购操作时间；建立政府采购价格与市场价格联运机制，实现采购价格与质量最优。

侯马：政采中心公开招标确定供应商资格

为维护各采购单位的合法权益，满足采购单位对货物需求的多样性和及时性，降低供应商参与政府采购的成本，山西省侯马市政府采购中心就 2009 年度行政事业单位协议供货供应商资格进行了公开招标，共确定了 3 大类 34 家政府采购定点供应商。

为确保招标过程井然有序、公开透明，侯马政府采购中心特别邀请了侯马市委、市人大、市政府、市政协以及财政局的相关领导、部分人大代表和政协委员出席招标会，对招标全过程进行监督。并严格按照《中华人民共和国政府采购法》法定程序，本着“公开、公平、公正”的原则，确定了办公家具类 9 家、一般电器类 11 家、办公自动化设备及耗材类 14 家。不仅节约了财政资金，发挥了政府采购职能，避免了零星小额采购的重复招标，而且规范了政府采购市场，提高了政府采购效率，保证了采购商品的质优价廉。

内蒙古自治区

阿盟阿右旗：招投标综合评标专家库正式建立

2009 年 11 月，内蒙古阿盟阿右旗招标办正式建立了招投标综合评标专家库，将原分散于各个部门的行业性专家进行整合归类。这标志着该旗招投标工作正式步入科学化、规范化、法律化轨道。

目前，来自阿盟阿右旗相关部门、行业且具有相应等级资格的招投标从业人员，已通过自荐、单位推荐和旗招投标办公室、监察局等相关部门的登记入库和严格审定，涉及建筑、水利、农牧、林业、交通、经济 6 大类 32 名专家已纳入专家库。今后，在对阿盟阿右旗承建的建筑、水利、农牧、林业、交通、经济 6 大类项目的招投标工作时，评标专家将从专家库中随机抽取相应专家承担各项交易的评标工作，以彻底杜绝项目招标过程中的围标、串标等现象，确保招投标过程的公开、公正、公平。

辽宁省

沈阳：土地招投标将网上直播

2009 年 12 月 1 日上午 9 时，沈阳市公共资源交易门户网站正式开通。网站开通后，沈阳市公共资源交易相关单位将在该网站上统一发布各类招标信息，该网站也为在沈阳参加招投标活动的各方当事人提供网上服务。同时，开标、专家抽取等现场音视频内容在网站予以直播。

据沈阳市公共资源交易中心相关负责人介绍，“沈阳市公共资源交易”网站是一个体系庞大的网站群，包含工程建设、政府采购、土地交易以及各区县相关交易的综合信息。

本次网站开通的亮点是将在网上直播开标、专家抽取等环节，同时配以文字模式的报价信息。

沈阳：重点项目招投标将推行企业信用报告制度

2010 年 5 月 6 日，辽宁省沈阳市有关方面公布了《沈阳市 2010 年社会信用体系建设工作要点》（征求意见稿），要求政府职能部门带头讲诚信，并接受“诚信单位”、“诚信部门”的评定。

其中，政务诚信建设将以清理整顿政府关联类拖欠贷款和对内对外招商引资承诺失信行为、在重点建设工程招投标领域使用信用报告三方面工作为主。预计从2010年6月开始，将在全市重点建设工程项目招投标领域推行企业信用报告制度，并在政府采购、企业债券发行、政府投资补助和贴息项目审批等环节，研究使用信用报告的制度。

大连：对外埠企业实行投标备案登记制度

大连市建委于2009年5月19日下发了《关于加强外埠入连建筑业企业招投标管理工作的通知》，要求外埠施工企业在大连市参加建设工程招投标活动，需实行投标备案登记制度。中标后，外埠企业需在工程所在地设立独立核算的法人企业或非法人企业分支机构。

据介绍，外埠施工企业在投标前必须办理外埠企业进连备案和企业安全资格审查意见，并取得相应的资格证明文件。外埠建筑业企业在投标文件中须承诺“同意中标后在工程所在地设立独立核算的法人企业或非法人企业分支机构，否则自愿放弃该项目的中标资格”；无此承诺，按废标处理。在办理中标通知书备案时，外埠施工企业须出具在工程所在地设立独立核算的法人企业或非法人企业分支机构有效证明文件的原件及复印件。

吉林省

公开招标项目必进政务大厅

2009年6月30日，吉林省政府下发了《省直政府采购若干规定》（以下简称《规定》），《规定》要求，所有公开招标项目统一在吉林省政务大厅进行。采购中心对采购需求相同的项目，原则上每月集中采购一次。

《规定》指出，采用询价方式采购的货物，应当实行同种（类）产品单独询价，不得将两种（类）以上产品打包询价。单次采购预算在10万元以下（含10万元），与现有设备或者系统配套使用的货物，可以指定单一品牌；单次采购预算在10万元以上、50万元以下（含50万元）的货物，可以指定三个品牌以上（含三个品牌）相近档次的产品。

在公务用车采购方面，《规定》要求应当优先申报采购列入财政部、国家环保总局发布的《环境标志产品政府采购清单》的车型，需要增加专用业务功能配置的，应当在向采购办申报采购计划时获得批准。采购中心组织采购时应当在采购文件中要求供应商单独报价，采购合同中应当单独列项。

黑龙江省

政府采购等投资项目将向社会公开

2009年3月30日，黑龙江省政府政务公开领导小组办公室对媒体透露，2009年黑龙江将推进省、市、县政府确定的重大投资项目和资金使用公开透明运行。公开涉及的领域将转向群众关注的工程招投标、棚户区改造等领域。

据按照黑龙江省委、省政府的部署，2010年政府信息公开将推进省、市、县政府确定的重大投资项目和资金使用公开透明运行。健全政府投资项目公示制度，除涉及国家秘密外，凡是政府投资项目信息都要向社会公开。设立咨询、举报电话，适时举行新闻发布会，主动公开项目资金的种类、数量和使用情况，主动接受公众和媒体监督，保证资金管好、用好。政府信息重点公开涉及群众切身利益的行政事业性收费、政府采购、工程招投标、棚户区改造、房屋拆迁、安全生产事故和食品安全事件、公安交警执法等领域。

哈尔滨：围标串标面临信用惩戒

2010年4月，黑龙江省哈尔滨市纪委下发《关于进一步抓好“四项制度”落实工作的通知》（以下简称《通知》），要求进一步落实哈尔滨市工程建设项目招投标、土地征收和使用权出让、产权交易、政府采购“四项制度”，切实加强对重点领域、重要部门、重要岗位和关键环节的监督制约。

《通知》要求，市建委及各级招投标主管部门要加大对房屋建筑和市政基础设施工程招投标的监管力度，采取有力措施加以治理。要对招标人和投标人违法违规行为进行整治，对规避招标、虚假招标的，依法停止建设，重新招标；对围标串标的，依法处罚并实施信用惩戒；对中标后不履行中标义务的，加大处罚力度。

要重点对招标代理机构的资格条件、市场行为、执业质量状况等进行定期检查和量化考核，建立招标代理机构准入清出制度，对代理机构肢解工程规避招标、压价竞争、违规接受招标人投标人请托的，依法限制或取消招投标代理机构及执业人员从业资格。对评标专家在评标活动中的违法违规和评标不公行为，要严肃查处，直至终止其评委资格、开除出专家队伍。要完善社会监督平台，将招标事项核准、资格预审公告、招标公告、中标候选人、中标结果等信息全部向社会公开。

《通知》要求，市国资委要建立公共资源统一交易制度，完善公共资源交易平台建设。市财政局要进一步加强政府采购评审专家信息库的建设和管理工作。要通过严格审核、登记入库，不断充实和扩大评审专家队伍，保证各类专业评标专家数量。要加强对评审专家的年度考核和考核档案管理，将年度考核结果与专家本人见面，对专业水平、执业能力和职业道德达不到评审工作要求或有违法违规不良记录的专家及时予以清退。要结合哈尔滨市实际，积极创造条件加快建立“采管分离”的政府采购体制。同时，加强对哈尔滨市政府采购代理机构的监督考核，对检查考核未达到量化标准和违反有关规定的，督促其进行整改，并责令其暂停代理业务。

上海市

将完善评标办法，终结最低价中标

从2009年8月19日的上海市十三届人大常委会十三次会议上了解到，为了杜绝类似“莲花河畔景苑”重大安全事故再度发生，上海将完善评标办法，终结“最低价中标制度”；年内完成《上海市地基基础设计规范》的修编；研究建立建设工程企业“短名单”和“黑名单”制度等多项举措，完善“能进能出”的市场准入制度，严格行业监管，进一步规范建筑市场秩序。

关于最低价中标的问题，上海市城乡建设和交通委员会主任黄融透露：上海市政府将完善评标办法，“最低价”不能作为唯一取舍标准；同时改变原来的招投标监管方式，从“程序监管”为主，转向“程序”、“行为”监管并重，全过程监管各环节。“特别要杜绝‘三边现象’。”黄融说，部分建设单位不遵守基本建设程序，边设计、边审图、边施工，一定要严查。

《上海市政府采购促进中小企业发展暂行办法》开始全面实施

2010年1月1日起，《上海市政府采购促进中小企业发展暂行办法》开始全面实施。该办法规定，200万元以下的政府采购必须有中小企业参与，政府同时应对中小企业减免相关费用。

为了帮助中小企业走出经济危机困境，中小企业地方立法目前已经被列入了上海市人大2010年的立法计划。

江苏省

江苏：政府采购2009年将突破800亿

2009年12月10～12日，“2009中国南京政府采购产品展览会”在南京国际展览中心隆重举行。此次展会展出面积达2万平方米，共设8个展区，展出品牌有一百余家。积极支持自主创新、促进中小企业发展，成为本次展会的鲜明特点。

江苏省财政厅政府采购处处长吴小明在展会上透露，江苏省政府采购2008年已达到602.32亿元，占全国份额的1/10，连续7年位居全国第二；而2009年前三季度已经达到600亿元，预计全年将突破800亿元。

南京：出台44条法规严管政府投资工程招投标

2009年3月31日，南京市出台了《关于规范政府投资工程建设项目招投标活动的若干规定》（以下简称《规定》），对招投标重点环节进行严格监管。据悉，此次出台的《规定》共5章44条，对事关政府投资工程建设项目的招标、投标、评标、中介服务以及监督管理等行为进行“全面监控”。

该《规定》的最大特点是针对突出问题设计制度，围绕关键环节革新机制，覆盖全部过程完善管理，其许多举措均为江苏省甚至全国首创。如：针对“串标、围标”，《规定》给出了“两大实招”：非现金方式缴纳投标保证金；全国首创的“抽签确定”评标法。据悉，实行以非现金方式缴纳投标保证金，增加了串标、围标的成本，且便于事后查证。针对不同项目，采取经评审最低价法、综合因素法、随机抽签法等评标办法，增加了评标过程的不确定性，使串标、围标变得更难。

《规定》同时规定，南京的政府投资工程建设项目将实行中介机构预选制度。为此，南京市在国内首创了“中介机构库”，目的在于打破工程参建各方与中介机构的利益链，运用经济措施规范中介服务行为，有利于依法办事的中介机构发展壮大。

《规定》还对招标活动结束后的延伸监管进行了明确，指出，项目业主因违反相关法律法规和该《规定》，致使工程结算金额超过中标价（合同价）的，相关责任单位应进行调查并视情进行处理。

无锡：技改项目降低招投标门槛

2009年5月26日召开的无锡市第二批次企业扩大内需技术改造及新增固定资产投资引导资金项目开标会上，无锡市相关组织部门共收到无锡7个地区投标项目164项，项目总数接近首次投标项目数的三倍。为此，无锡市经贸委决定进一步降低技改项目招投标的门槛。

无锡市经贸委的具体规定为：对无锡市重点扶持的产业，根据不同行业、总投资额来认定重大项目，对投资在亿元以上的重大项目的设备投资占比从原来的50%降为不低于30%。对原来完成财务支出30%以上的项目首付30%，放宽为完成财务支出20%以上的项目首付50%。

淮安：公开招标金额标准提高至50万元

2008年12月11日，江苏省淮安市财政局编制了《淮安市2009—2010年度政府集中采购目录》。该目录较之往年，调整了品目范围，提高了招标数额标准。具体体现在以下三个方面：

一是统一标准，便于执行。统一市本级和县区政府采购公开招标金额标准，并将标准由原来的30万元提高到了50万元。

二是结合实际，区别对待。市本级和县区分别设定分散采购限额标准，其中市本级限额标准为10万元，县区限额标准为5万元。

三是调整品目，科学设置。对集中采购目录内的相关品目进行了清理归并，并在原有的品目基础上增加了路灯管控设备、文娱设备、炊事设备、交通运输工程、各类监理、公务员体检等品目。

常州：分散采购纳入监管，违规采购将受惩罚

2010年1月1日起，《常州市政府分散采购管理暂行办法》（以下简称《暂行办法》）正式开始实施。

根据《暂行办法》规定，以后的分散采购项目，采购人必须在编制下一年度部门预算时，就在部门预算中单独编制该年度政府分散采购项目预算，按照规定程序上报财政部门审批。并应在项目实施前，编制政府分散采购月度计划，计划内容包括采购项目名称、具体规格型号及参数、采购预算、资金落实情况、拟采用的采购方式及自行采购申请等。其中，委托采购的分散采购计划按照集中采购的程序上报；自行采购的应书面填写《常州市政府分散采购月度计划申请表（自行采购）》，经主管部门批准后，于每月10日之前上报财政局相关业务处室审核，由政府采购管理部门批准后方可采购。

与此同时，采购代理机构实施委托的分散采购项目应按照集中采购的相关程序办理。采购人自行采购的分散采购项目，从确定采购方式到编制招标（采购）文件，一直到履约验收、资金结算等政府采购的全过程，也必须严格按照政府采购的程序进行。《暂行办法》还规定，行政主管部门在加强本部门政府分散采购管理工作的同时，应加强对所属单位分散采购工作的指导和监督检查。

浙江省

重大工程招投标将引入“行贿犯罪档案查询”制度

浙江省人民检察院副检察长何永星近日对外透露，在浙江省“三千个亿”工程建设的招投标环节将引入行贿犯罪档案查询制度，以有效遏制贪污贿赂、渎职等职务违法违纪的发生，同时加强对项目、资金的监督检查。

今后，“行贿犯罪档案查询”将成为浙江省开展重大建设项目招投标的必经程序，它将为预防建设投资和管理部门的一些干部利用工程立项、土地批租、房地产开发、工程发包等权力实施犯罪而拉起一道“高压线”。

何永星指出，重大工程建设目前仍是职务犯罪高发、多发的领域。近年来，浙江省各级人民检察院及相关部门不断完善重大项目和重要部位的预防监督制度，重点之一就是把行贿犯罪档案查询作为开展重大建设项目招投标、市场主体监管的必经程序，以有效防范为争项目、争资金、争合同出现行贿、串标、非法转包、违法分包等违法违纪行为。

“三千个亿”工程是2008—2012年浙江省重点建设的重中之重，即千亿基础网络、千亿惠民安康、千亿产业提升“三个千亿”工程，包括续建、新建、拟建180个项目，总投资6460亿元，涉及16个行业。

浙江省招投标协会正式成立

2009年12月30日，浙江招投标协会正式成立，这是浙江省维护招投标当事人合法权益的一个全省性招投标自律组织。国家发展改革委法规司副司长李亢出席成立大会并讲话。

会上，李亢代表国家发改委法规司对浙江省招投标协会的成立表示热烈的祝贺，并指出，规范和发展招投标市场，离不开能够综合性招投标行业自律组织支撑、协助、规范和引导作用的发挥。他强调，国家发改委将按照中央部署，贯彻落实国务院领导同志的重要讲话精神，深入开展工程建设领域突出问题专项治理工作，着力从以下四个方面进一步加强和改进招投标工作：第一，要坚定不移地推行招投标制度；第二，要积极主动地完善招投标政策；第三，要务实创新地改革招投标体制机制；第四，要持之以恒地规范和发展招投标市场。

浙江省招投标协会首批会员包括了招投标监管部门、集中交易服务机构、建设单位、施工企业、勘察设计院所、监理公司、招标代理机构、代建单位等。

杭州：领导干部不得插手和干预工程项目招投标

未来3年，杭州市将安排重点项目投资3000亿元，其中政府投资1600亿元。如此多的项目同时上马，如果在监管上稍有疏漏，就将酿成大错。基于此，杭州市于2008年12月30日专门召开了加强政府投资项目管理的工作会议。

会议指出，凡是政府投资建设工程项目，必须全部纳入公共资源交易中心进行招投标，领导干部不得插手和干预工程项目的招投标。同时，杭州市将把全市所有政府投资和政府资金控股或者占主导的工程建设项目，全部纳入各级纪检监察机构的效能监察范围，包括材料采购、资金拨付等各个环节。为了规范招投标，杭州还将会尽快出台《进一步加强国有投资工程施工招投标管理的若干意见》及操作细则；《杭州市建设工程施工招标投标管理办法》也将纳入2009年的立法计划。

安徽省

安徽省招标投标协会在合肥成立

2009年2月27日，安徽省招标投标协会在合肥正式成立，此举标志着安徽省招标投标行业开始走上了自我约束、自我监督的自律性轨道。

据该协会有关负责人介绍，安徽省招标投标协会是由安徽省从事招标投标活动的企事业单位、社会中介组织、进行招标投标理论研究的社会团体、专家学者，以及招标投标从业人员自愿组成的非营利性的行业组织。协会成立后，将坚持以引导和规范行业发展为主线，以构建统一开放、竞争有序的全省招投标市场秩序为目标，针对当前招投标活动中存在的突出问题，研究采取切实有效的办法。积极探索和建立招标投标从业人员执业资格和专业技术等级制度，定期组织各种专业学习培训，促进从业人员专业素质和业务技能的提高，搭建招标投标信息统一发布平台，推动资源共享。

凤台：安徽省首个县级电子招投标系统建成

2009年1月，安徽首个县级电子招投标系统在凤台县建成，此举标志着该县招投标管理从此进入了电子化、无纸化时代，这在安徽全省县级地区尚属首例。

该系统具有电子化办公、信息发布、建设工程项目网上报名、网上抽取专家、网上标书下载等功能。这使得在县中心招投标的建设工程与政府采购项目实现了公告发布、专家抽取、结果公示等流程的电子化。开标前后投标保证金等各项费用的收取、退还；开标、评标的场地安排都能在系统上实现，从而防止恶意低价抢标、恶意串标、极度不均衡报价等违法违规行为，大大减少了招投标中的人为因素。

巢湖：开展整顿建设工程招投标市场专项行动

为打击招投标活动中的违法违规行为，安徽巢湖市从2009年6月起对建设工程招投标市场秩序进行专项整顿，并设立举报电话、举报信箱，发动群众参与，接受群众监督；活动到9月底结束，举报人最高可获5万元奖励。

《巢湖市整顿规范建设工程招投标市场秩序专项行动方案》指出，此次专项行动将重点整治建设工程转包和非法分包，挂靠投标和围标、串标，招标时间延误三个方面的突出问题。整个整顿过程从2009年6～9月，分自查自纠阶段、重点整治阶段、完善制度阶段。

六安：出台政府采购和国土资源交易两项制度

为加强市招投标中心的规范化、制度化建设进程，安徽省六安市招投标中心于2009年11月发布了《六安市政府采购中心政府采购业务工作规程》（以下简称《工作规程》）、《六安市招投标中心国有建设用地使用权出让活动现场操作指南》（以下简称《操作指南》）。

《工作规程》明确了六安市本级政府采购活动的办理流程和公开招标、竞争性谈判、询价采购三种常用方式的办理程序，使政府采购工作更加程序化、透明化。《操作指南》对六安市区和金安区、裕安区国有建设用地使用权挂牌出让现场的区域划分、竞买人员进入、现场秩序和保障措施等进行了进一步细化，为国有建设用地使用权出让活动的公开、公平、公正和有序进行提供了保证。

福建省

交通工程建设领域严查围标、串标

从2009年9月开始至2011年12月，福建省交通系统将利用2年时间严查交通工程建设领域的突出问题，其中查处串标、围标是此次专项治理活动的重点。

目前交通工程建设领域存在的问题主要有：招投标市场行为不规范；个别领导干部违规干预工程建设；项目基建程序不完善；拖欠工程款和工资现象依然存在。今后，福建将采取措施进行治理，主要将改进招标管理办法，防止招标人或者招标代理机构违规暗箱操作；严厉打击投标资料虚假、围标、串标、干预招投标活动等行为。

厦门：政采代理机构将与财政部门彻底分开

为实现财政部门及其所属单位与所主管的中介组织在工作、组织、经济、场所、名称五个方面彻底分开，厦门市财政局在日前专门印发的《厦门市财政局关于挂靠的市场中介组织与财政部门分开工作实施方案》（以下简称《方案》）中指出，将把政府采购代理机构导入正轨，与所属财政部门分开。厦门市财政局相关人员透露，该《方案》是由厦门市监察局会同厦门市财政局共同主抓的一项工作，主要意图是从源头上预防不正之风和腐败现象的滋生。

《方案》要求，财政部门完成会计师事务所、资产评估机构、政府采购代理机构、拍卖代理机构的分开工作。按照其部署，2008 年年底厦门将完成对会计师事务所的分开工作，下一步继续做好政府采购代理机构、拍卖代理机构与有关部门及区财政部门的分开工作。

厦门：政府采购管理新办法3月1日正式实施

《厦门市政府采购管理办法》（以下简称《办法》）在厦门市政府常务会第89次会议上正式通过，该《办法》于2010年3月1日正式实施，将着力解决厦门政府采购工作中的几个突出问题。

《办法》对财政性资金的范围给予了明确界定，并指出，公开招标应当作为政府采购的主要采购方式。《办法》强调政府采购应当优先采购自主创新产品、节能产品、环境标志产品，同时指出应鼓励厦门本市诚信企业、地方优质产品生产企业积极参与政府采购活动。

《办法》对几种非公开招标采购方式的实施提出了具体操作办法，并对履约中的分包行为进行了规范。

对投诉处理时限，《办法》强调，财政部门应当在收到投诉书后30个工作日内，对投诉事项作出处理决定。情况复杂、不能在规定期限内作出处理决定的，经财政部门负责人批准，可以适当延长，并将延长期限及理由告知投诉人和被投诉人。但是延长期限最多不得超过15个工作日。

江西省

江西省招标投标协会成立

为充分发挥行业自律组织的作用，规范江西全省招标投标市场秩序，2009年2月20日，江西省招标投标协会成立大会暨第一次会员大会在南昌召开。江西省政府副省长孙刚出席大会并讲话，国家发改委法规司司长任珑、中国招标投标协会常务副会长霍春林、江西发改委主任姚木根莅临大会并发表了讲话。

会议审议并通过了《江西省招标投标协会章程》、《江西省招标投标协会会员管理办法》、《江西省招标投标协会第一次会员大会选举办法》和《江西省招标投标协会第一次会员大会决议》，选举产生了第一届理事会理事。据了解，江西省招标投标协会首批102家会员单位包括了江西省内具有较强实力和业绩的一流建设单位、施工企业、勘察设计院所、工程监理公司、招标代理机构等，具有广泛的代表性，聚集了在投资建设和管理领域具有丰富经验和知名度的专家、学者等高素质人才。

在江西省招标投标协会成立之前，全国已经有9个省份成立了自己的省级招标投标协会。

加强工程招投标监管力度

为进一步加强工程建设招标投标监督管理工作，江西省在10月底前，将全面清理招投标有关规定，确保规则统一。同时，将加大对招投标活动的监管力度。

据了解，江西省将全面开展招投标有关规定的清理工作，确保规则统一。省直各有关监管部门负责本系统的有关招投标规定的清理工作，严格按照有关文件的要求进行全面清理，并将于2009年10月底前将本系统的清理情况向社会公布。大力推行《标准施工招标资格预审文件》和《标准施工招标文件》的使用范围。要求省直有关部门在日常工作中按照法定职责分工，加强对招投标活动的监督执法，对查处的违法违规行为要及时予以公告。江西省发改委、省监察厅今年适时牵头会同省直有关部门选取投资规模大、社会影响面广的政府投资项目进行重点检查，查处并公告违法违规行为。

同时，江西省将进一步做好招标投标信息公开工作。要求依法必须招标项目的招标公告必须在依法指定的媒介发布，各依法指定的招标公告发布媒体定期将招标公告发布情况报送省发改委。省发改委将会同有关部门适时对有关项目单位和公告发布媒体的招标公告发布情况进行检查。要进一步完善招投标违法行为记录公告平台建设，充分发挥江西省招标投标网这一招投标信息发布综合性平台的作用，实现各部门招投标信息的互联互通和互认共用。

再则，为规范评标活动，打破行业和地区垄断和保护，防止不正当交易和腐败现象，实现专家资源共享，保证评标专家独立、公正地履行职责，提高评标活动公正性，由省发改委将会同有关部门共同推进江西省综合性评标专家库建设。

南昌公共资源交易中心成立

2008年12月19日，江西省南昌公共资源交易中心在南昌成立。此前，江西省人民政府办公厅下发了《关于做好省属公共资源交易项目在江西省南昌公共资源交易中心或项目所在地设区市公共资源交易中心进行交易工作的通知》（简称《通知》），该《通知》规定，2009年江西省包括探矿权、采砂权等5类省属公共资源交易项目，必须在南昌或项目所在设区市的公共资源交易中心进行交易。

据江西省财政厅政府采购监管办公室主任曹银发介绍，该公共资源交易中心是一个统一的资源交易平台，主要负责办理南昌区域内（含省属）的建设工程招投标、产权交易、政府采购和地产矿产交易。这一中心实行项目统一进场、信息统一发布、场地统一安排、专家统一抽取、评标统一监控、保证金统一收退，以预防腐败，促进廉政建设。

今后，江西省通过公开招标和邀请招标进行的政府采购项目，都必须到公共资源交易平台内进行操作。

江西省招标咨询集团举办五十周年庆典大会

2009年9月29日，江西省招标咨询集团有限公司五十周年暨江西省机电设备招标有限公司二十周年庆典大会隆重举行。集团公司全体干部职工、离退休老同志共计130余人参加了会议，江西省国资委副主任林加奇应邀出席了会议。

会上，江西省国资委副主任林加奇代表江西省国资委致辞祝贺。集团公司党委书记、董事长王世平，集团公司总经理、招标公司董事长何继元分别代表集团公司、招标公司发表了热情洋溢的讲话。老红军、老局长林维、招标公司招标一处处长喻君龙分别代表离退休老同志、在职人员作了庆典感想发言。会上，企业全体干部职工齐聚一堂，共话辉煌历史，畅想美好未来。集团公司还在会上表彰了企业模范标兵、全省优秀党务工作者、省国资系统先进基层党组织、优秀党员等。

江西省招标咨询集团有限公司作为江西省招标咨询行业中历史悠久、最具影响的省属国有招标咨询机构，先后组织的工程、设备、设计、监理等领域的国内与国际招标的委托金额超过310亿元，融资租赁业务达8亿元，为江西省经济发展做出了重要贡献。集团公司所属江西省机电设备招标有限公司作为江西省招标机构中资质最全、规模最大、覆盖行业最广的专业招标代理机构，先后完成了3000多个招标代理项目，为国家节约了40多亿的投资资金，为规范招标代理行为、节约社会资金、推动企业技术改造和社会经济建设提供了规范、周到的服务。

山东省

济南：政府采购明确九种行为属串标行为

针对招投标中存在的一些问题，济南市政府采购中心明确界定了九种行为属串标行为。对在招标投标活动中串标的企业，除了处罚外，还要在网上公开曝光，进一步规范投标（报价）行为。据悉，今后，凡是政府集中采购活动中有下列情形之一的，将被认定为串通投标行为：采购人（或中心工作人员）在规定的提交投标文件截止时间后，协助投标人撤换投标文件、更改报价；采购人（或中心工作人员）泄露投标人名称、数量或联系方式等应当保密的事项；不同投标人的投标文件由同一单位（或个人）编制或提供投标咨询服务；不同投标人使用同一人或者同一单位的资金缴纳投标保证金不同投标人委托同一人办理投标事宜的或不同投标人与同一投标人联合投标的；不同投标人的投标文件内容出现非正常一致，或者报价细目呈明显规律性变化；不同投标人的投标文件载明的项目管理人员出现同一人的情况；不同投标人的投标文件相互混装；法律法规或规章规定的其他串通投标行为。

济南市政府采购中心指出，一旦出现上述情形之一的，将由政府采购监督部门依法处罚，记入不良信用档案并在媒体公开曝光。对在招标投标活动中串标、围标的企业，限制其1到3年参与政府采购活动。

青岛：开展2008年度招标代理行业评价工作

为全面总结2008年度招标代理行业发展成果，发现行业发展过程中存在的问题，2008年12月，青岛市建委建管局组织开展了招标代理行业评价工作制度。

此次开展的代理行业评价工作分为行业互评和社会评价两种形式。行业互评是指由各招标代理机构结合对同行业企业的了解及2008年代理市场的发展情况对其他企业进行评价打分；社会评价是指由不特定的建设单位、施工单位、监理单位等结合参与招标投标情况，对代理机构的业务水平、服务能力、职业道德情况等进行评价打分。此项工作将评出“好”、“中”、“差”三个等次，评价结果纳入2008年招标代理机构市场主体考核范畴，并与评优、评先工作挂钩。

胶州：开创村级小工程招投标管理新模式

2008年以来，山东省胶州市不断探索创新村级管理手段，探索建立村级小工程招投标管理新模式，大力维护农民群众根本利益，实现了农村经济社会的稳定健康发展。

该模式主要是实行工程招投标中标价格平均值制度，即取标的以下所有人员投标额的平均值，投标额与平均值近者中标。同时，将招投标工程保证金存入各镇（办）代理中心账户，工程全部完工验收合格后方可退还，对不公开进行招投标的工程项目一律不予审批和拨付工程款。新模式实施以来，胶州市共完成小工程招投标367项，总中标价6347多万元，按市场价估算，节省工程款25.6%，为镇、村集体节约资金1624万元，有效杜绝了小工程腐败现象的发生。

滨州：综合招标投标交易中心正式启用

2009年1月6日，山东省滨州市综合招标投标交易中心正式启用。滨州综合招标投标交易中心是滨州市建立的一家跨行业、跨部门的招标投标服务机构。该中心占地面积近2000平方米，总投资1000万元，是集信息发布、工程交易为一体的综合交易市场。今后，滨州市重大建设项目的开标、评标、合同签订等活动，都将在这个交易中心进行。

济宁：城区公共资源招投标全部集中监管

为加快山东省济宁市招投标活动纳入集中监督管理、统一进场交易工作步伐，2009年6月底前，济宁城区所有招投标和公共资源项目都已纳入集中监管，统一进入市招投标中心实行公开交易。

根据济宁市委、市政府制定的《关于实行招投标集中统一监管的意见》，规定市直及市中区、任城区、高新区、济宁北湖度假区的建设工程交易、国有土地使用权出让、国有（集体）产权交易和政府采购等10类公共资源招投标活动一律纳入集中监管、进入济宁市招投标中心进行公开交易。

同时，加强对招标采购活动的监督检查，凡未纳入集中监管、未进入济宁市招投标中心公开交易的项目，规划、国土、建设、国资等部门不予办理相关手续，属政府投资的，财政部门不予办理资金拨付和结算手续。济宁市招监办将认真履行职责，加强监督管理，进一步改进评标办法，落实不良记录公示和禁止进入济宁市招投标市场的制度，营造诚实守信用的良性竞争环境。

淄博：工程招投标10000平米以上工程须公示

2010年1月10日，山东省淄博市建管处下发《关于进一步加强建设工程招标投标监管工作的意见》，明确要求，今后山东淄博市将依法对招标工程项目实行招标公告制度，除执行国家及省有关规定外，同时必须在建设工程交易中心规定的场所张贴，并在市或区县建设行政主管部门开设的网站发布。建筑面积在10000平方米以上或者工程总造价在1000万元以上的，必须在新闻媒体或山东省建设工程招标投标管理信息网发布，以保证潜在投标人及时便捷的获得招标信息。

意见要求，招标公告应明确投标报名时间及招标文件发售时间。投标报名时间不少于5日，发售招标文件（资格预审文件）时间不少于5个工作日。招标人以不合理条件限制或者排斥潜在投标人的，对潜在投标人实行歧视待遇的，将依据相关规定责令改正，并处以1万元以上5万元以下的罚款。淄博市将严格施工合同备案管理，实施跟踪监管。对招投标工程项目中标后的合同签订、备案和履行加强监督管理，及时纠正合同中违法及“霸王”条款。未办理合同备案的，《项目管理手册》不予盖章。要严厉查处中标后随意更换项目经理、转包、违法分包、任意进行合同变更、拖延支付工程款、拖延竣工结算、拖欠农民工工资等违法违规行为，促进合同的全面履行，并根据相关规定予以处罚。

施工过程中因特殊原因确需更换项目经理的，应提供书面申请报告，报告中须陈述更换的原因以及新任项目经理的资格等级和验证加分业绩（须等于或高于原项目经理），经招标人同意后，报招标投标监管机构审查备案。中标人未经审查同意更换项目经理的，视为其不按照与招标人订立的合同履行义务，依据相关规定予以处罚。情节严重的取消其2~5年参加依法必须进行招标的项目的投标资格，并在市建设行政主管部门开设的网站公告。

河南省

郑州：全面实施政府采购项目网上报审

新年伊始，郑州市460家预算单位开始全面实施政府采购项目网上申报审批，这标志着该市在河南省率先实现了电子化政府采购。

郑州市采购办相关负责人表示，网上申报审批实施后，郑州市各级采购人都可以实现足不出户，通过电子化政府采购系统来完成采购计划申报、采购合同起草、查询、备案。通过电子化政府采购系统，可以实现网上对采购项目进行审批、监管、查询等功能，从而大大简化了政府采购程序，方便了采购人采购活动的开展。此外，电子化采购使所有的采购环节都在系统上进行并保存，减少了人为操作，实现了整个采购过程的公开透明，同时降低了采购成本，提高了采购效率。

内黄：建设工程实现“阳光招标”

自2008年年初以来，河南省内黄县积极从源头上探索建设工程领域防治商业贿赂的新思路、新措施，推行“五公开、四把关、三不准、二监督、一公示”工作机制，有效防范了违纪违法案件的发生。

“五公开”是指招标信息公开，招标报名公开，资格预审公开，招标程序公开，定标结果公开；

“四把关”是指严把资格审查关，严把招标文件审定关，严把标底编审关，严把评标定标关；

“三不准”是指不准招标管理人员介绍投标企业，不准招标管理人员参与或干预具体评标，与工程项目建设有利益关系的人员不准担任评委；

“二监督”是指监督机关和县招标办对招标全过程实施监督；

“一公示”是指对所有公开招标工程的中标结果在网上进行3个工作日的公示，公示期满无异议后办理中标手续。

湖北省

武汉：市政工程招标优先本地企业

2009年3月2日，武汉市政府常务会议原则通过《关于进一步优化政府服务促进企业发展的实施意见》（以下简称《意见》），明确将在今年推出困难企业减免税收、缓缴社保费，政府采购优先购买本地产品，奖励扩大出口等32项保增长、促发展的重大举措。

根据该《意见》要求，在同等条件下，武汉市政府采购资金将优先用于购买本地产品，尤其在与“两型社会”建设密切相关的节能环保产业、高科技产业等方面，如公交车采购等。

同时，武汉将加大对本地建筑施工企业的支持，对涉及武汉市国计民生的市政建设工程，优先在本地企业范围内招标。同时，将一批地方名优施工企业列入政府投资项目预选承包商名单，政府投资的建设项目，优先选用本地名优企业；鼓励支持建设、施工企业在政府投资工程项目中采购本地名优建材产品。

招标投标行业自律公约签约仪式举行

2009年9月18日，湖北省招投标监督管理局和湖北省招标投标协会在武汉举行了“湖北省招标投标行业自律公约签约暨招投标违法违规网络公示专栏开通仪式”，来自湖北全省各级招投标管理机构、综合招投标中心和招标人、投标人、招标代理机构共249家单位近300名代表参加了会议。

湖北省招投标监督管理局赵康林副局长主持会议，湖北省纪委副书记、省监察厅厅长陈绪国到会讲话，湖北省招标投标协会会长黄仲坚介绍了自律公约形成的背景和过程。会上，全体参会单位代表现场郑重签约，表示坚决支持加强行业自律，拥护自律宣言，自觉维护市场秩序，促进招标投标事业健康、有序、和谐发展。

中国政府采购研究所在湖北挂牌成立

2010年3月27日，中国政府采购研究所在湖北武汉中南财经政法大学正式挂牌成立。湖北省副省长郭练生、财政部国库司（国库支付中心）副主任王瑛、湖北省财政厅副厅长周顺明等领导出席了研究所揭幕仪式。

成立大会上，湖北省财政厅副厅长周顺明提出了研究所的六项主要工作：

一是总结中国政府采购工作经验，探讨工作规律；调查研究政府采购工作中出现的新情况、新问题，并进行有关对策研究，推动政府采购制度改革不断深化；积极推动中国加入世贸组织《政府采购协议》的研究，为促进民族企业参与国内外政府采购市场活动服务。

二是总结中外政府采购教育的实践经验，研究和推动政府采购专业的教育发展，建设事业需要的政府采购学科体系。

三是开展国际政府采购学术交流和友好往来，介绍和研究国外政府采购理论、方法和工作经验。

四是多层次、多渠道、多形式地开展会员培训，培养政府采购专业人才，提高政府采购队伍的素质和工作水平。

五是为采购人、供应商、社会代理机构等政府采购当事人提供培训等服务。

六是为社会提供政府采购从业职业化培训。

湖南省

中央投资项目招标管理工作座谈会在湖南召开

为积极贯彻落实扩大内需、促进经济增长决策部署，进一步加强中央投资项目招标投标管理，中央投资项目招标管理工作座谈会于2009年7月3日在湖南召开。

会议主要围绕如何进一步完善中央投资项目招标代理机构资格认定和日常管理工作及在具体工作中如何充分发挥地方发展改革部门的作用等议题进行了座谈讨论。

通过讨论，与会代表一致认为，前两批中央投资项目招标代理机构资格认定工作有三个特点：一是代理机构的数量、规模逐步扩大；二是资质管理的认可程度逐步提高；三是资格管理的日常工作逐步规范。同时认为,在资质的强制执行性、部门认识的统一性及日常管理工作的规范性三个方面尚需不断加强和完善。

长沙：工程转包将网上曝光

在长沙市2009年8月25日召开的纪念《中华人民共和国招标投标法》颁布10周年座谈会上，长沙市建委主任陈鲁青介绍："针对围标串标行为禁而不止、挂靠行为依然存在等问题，我们将进一步健全制度、完善机制、强化监督、规范行为，以促进我市招投标事业的健康发展。下一步，将切实抓好标后监管，严格资质挂靠；创新监管机制、遏制围标串标；抓好精细管理，减少投诉纠纷；实施现场与市场的联动，把好市场"入口"关；切实加强诚信建设，整治违法违规行为等。招标投标监管部门、质量和安全监督部门在查实有资质挂靠、转包、违法分包等行为后，24小时内将在长沙建设网上公示。"

2010年将加快推进招标采购电子化

2010年4月29日，湖南省招标投标协会召开第一届理事会第三次会议，大力推行招标采购电子化成为主要议题。在湖南省公立医疗机构药品集中采购已实现全程电子化的基础上， 在行业中推广运用招标采购电子化将成为今年工作重点。

2010年，湖南省将总结电子招投标试点经验，整合公安、工商、人民银行、检察等信用信息资源，建立健全全省统一的信用信息数据库、项目信息监管系统和电子招投标平台，争取实现招投标全过程电子化操作。

2009年，湖南省首次实施以省为单位的药品网上集中招标采购，所有经审核的企业信息、产品信息全部在网上向社会公开，资格审核结果、申投诉处理、中标结果等关键环节全过程公开，彻底杜绝了违规行为，使采购降价幅度达到53.21%，在全国居首位。

广东省

今年将把医用耗材纳入"阳光采购"范围

从2009年起，广东省将首次把医用耗材纳入全省集中采购范围。据广东省医药采购服务中心介绍，今年将首次开展医用耗材方面全省集中采购工作，以解决以往耗材招标采购工作由各市分散进行，存在规则不统一、过程烦琐、企业负担重、社会成本高、难监管，以及同一品种在各地不同价格等问题。

目前，方案正在起草中，预计上半年将会启动。据透露，采购办法将与药品类似，从高值、使用量大的类别开始突破，分类进行。根据初步估计，广东省医疗机构的医用耗材采购量有几十亿元。

广州：工程招投标将改为资格后审

为遏制招投标过程中出现围标、串标等违法现象，广州建设工程交易中心宣布于2009年6月22日起，在房屋建筑、市政公用工程施工总承包二级及以下资质要求的公开招标项目中，由原先的资格预审改为资格后审的方式确定正式投标人。

广州建设工程交易中心有关负责人表示，该制度的实行将有效防范招投标过程中的人为干扰因素，使资源配置得到优化。而今年年底在招投标资格后审中，将采用招投标过程全电子化，实现招标文件（包括图纸）网上公开发布、网上投标报名、网上答疑、投标文件全电子化、电子开标、计算机辅助评标等。

广州：拟实施重点项目计划目标责任制

广州市政府于2009年9月初下发了《重点建设项目计划目标责任制实施方案（试行）》（以下简称《方案》），该试行《方案》指出，广州将实施重点建设项目计划目标责任制，由广州市委常委、常务副市长邬毅敏领衔组建广州市重点项目工作领导小组，协调解决市重点建设项目推进过程中遇到的重大问题。

《方案》指出，广州今年共安排重点项目81个，包括了亚运城、地铁五号线、新客运站、国际商品展贸城、国际医药港等，《方案》要求审批部门要根据年度市重点建设项目和重点建设预备项目计划，提前介入市重点建设项目前期工作，不定期召开项目审批事前咨询会，及时掌握市重点建设项目前期工作存在的问题。《方案》还要求建立以区（县级市）政府为责任主体的重点项目征地拆迁机制。

深圳：创新产品工程招投标可获得加分

2009年8月，深圳市建设局下发通知，要求在建设工程招标投标活动中支持该市自主创新产品、本地优质产品和驰名、著名产品。

该通知指出，建设工程施工或与工程密切相关的重要设备、材料采购的招标人，可在资格预审或评标择优环节（仅限一个环节加分），对承诺采用支持产品的投标人增加一定的加分因素或在同等条件下优先推荐该投标人。招标人不得在评分标准中，对同一支持产品设置多个加分因素。对承诺采用支持产品的投标人的加分规则，或同等条件下优先推荐的具体办法，招标人应在资格预审文件或招标文件中加以明确和细化，总加分分值不得超过总分的5%。若投标人承诺采用多项支持产品，其累计加分分值也不得超过总分的5%。

该通知所称支持产品，是指被列入深圳市贸工局和科技信息局联合发布的《深圳市自主创新产品名录》或被列入其他市级行政主管部门发布的本地优质和高科技品牌产品名录中的产品，以及已被认定为中国品牌、中国驰名商标、广东省名牌、广东省著名商标以及深圳知名品牌的深圳市企业产品。未列入上述名录中的产品或其他衍生产品均不属于支持产品的范围。

深圳：全国20个城市在深圳签署远程评标合作协议

2010年4月16日，由深圳发起的“全国二十城市异地远程评标合作协议签约仪式”在深圳蛇口明华国际会议中心举行，这意味着包括北京、天津、深圳在内的20个城市将可通过共享各城市交易中心的专家库和评标资源，并通过多城市随机抽取评标专家，提高评标的客观公正性。如此大规模的异地远程评标合作，在国内尚属首创。

异地远程评标是指在多个城市（不限于省内）的建设工程交易中心同时抽取专家，组成联合评标委员会，并依托互联网，利用先进的网络通信技术、计算机技术和安全保障技术，由各评标专家在当地交易中心进行远程评标。

海南省

启动政府采购绩效审计调查

2009年1月从海南省审计厅召开的政府采购绩效审计调查座谈会上获悉，海南省近期已启动政府采购绩效审计调查，此举旨在有效地解决目前政府采购中存在的问题，最大限度节约财政资金，提高财政资金的使用效率。

审计调查的范围是：2008年海南省本级政府采购资金预算的编制、批复、分配、拨付和使用情况，必要时可追溯到其他年度。调查对象包括：政府采购监督管理机构、政府采购中心、采购人、供应商及其相关单位。根据调查对象的不同，审计重点也分别有所侧重。

构建统一平台，规范政府招投标

2009年2月海南省出台了《海南省人民政府关于集中规范开展招标投标活动的意见》（以下简称《意见》），作出了在全省构建公开透明的招标投标统一平台，在海南省政务服务中心集中规范开展招标投标活动的规定。

该《意见》规定，海南政府采购中心代理的政府采购项目，资金总额达到500万元及其以上的，必须进入省政务服务中心招标投标服务平台组织运作；500万元以下的项目，在已与省政务服务中心联网的政府采购中心平台操作。其他政府采购代理机构代理的政府采购项目，资金总额达到100万元及其以上的，全部进入省政务服务中心招标投标服务平台组织运作；100万元以下的项目，可在自己的场所组织运作。

同时，海南省还将通过联网监控，将海南政府采购中心、海南产权交易所纳入省政务服务中心平台统一监管。逐步将企业国有资产产权、土地使用权、探矿权、采矿权等公共资源交易项目纳入省政务服务中心平台运作。

医疗机构药品集中采购正式实现网上交易

2009年12月19日，首次由政府主导的2009年海南省医疗机构药品集中采购正式实现网上交易。据统计，此次采购目录中有10173个品种，基本覆盖了临床需要的大部分品种。共有2119家企业参与了投标，投标品种21107个。从入围的药品来看，共有1906家投标企业的14324个品种中标。中标候选品种报价与投标限价相比，平均降幅14.2%，与上年度中标价比较，平均降幅11%，有效降低了部分药品的虚高价格。

海南省卫生厅副厅长韩英伟指出，2010年2月初，海南省7个市县（海口市龙华区、三亚、文昌、澄迈、昌江、陵水、五指山）30%的政府举办的基层医疗机构将试点实施国家基本药物制度。下一步，基层医疗机构的药品集中采购也将通过这个交易平台完成，以有效缓解百姓“看病贵”的问题。

重庆市

《重庆市招标投标条例》施行

2009年1月1日，《重庆市招标投标条例》（以下简称《条例》）开始在重庆全市范围内施行，它的出台标志着重庆市第一部招投标地方性法规诞生，对规范招标投标秩序、遏制腐败产生积极而深远的影响。

《条例》从2003年开始研究起草，历时6年出台，共7

章65条，集针对性、创新性、可操作性和地方特色于一体，在进一步理顺监管体制、规范操作程序、加大处罚力度等方面呈现诸多亮点。如：《条例》强化了对国有资金投资或国家融资项目招投标活动的监管，弱化了对非国有资金投资项目招投标活动的监管；将土地、矿产等自然资源开发利用等项目纳入了必须招标的范围，适用于所有工程、货物、服务招投标；对招投标活动中常出现的围标串标认定标准进行了细化，对投诉处理程序和时限要求做了详细规定等。

2009 年政府采购将突出科学化、精细化管理

2009 年重庆市政府采购工作将进一步秉承解放思想，扩大开放理念，切实践行科学发展观，按照“夯实基础、规范管理、强化责任、开拓创新”的原则推进各项工作，在各个工作环节突出科学化、精细化管理，全面提升政府采购管理水平。2009 年重庆市财政局将重点抓好以下几方面工作：①进一步规范招标文件编制；②强化政府采购实施环节管控；③积极推进网上政府采购工作；④加强政府采购评标专家监督管理；⑤探索建立采购代理机构竞争机制；⑥实行采购项目追踪责任制；⑦改革管理方式，实施有效监督。

第三批中央投资项目代理机构资格申报工作座谈会召开

2009 年 3 月 27 日，由重庆市招标投标协会组织的该市第三批中央投资项目代理机构资格申报工作座谈会在重庆市经济信息中心召开。

会上，重庆市发改委招投标处副处长杨蜀华针对申报的具体流程、申报过程中需要注意的事项以及今后申报需要重视的问题等方面做了全面详细介绍。各会员单位结合自身情况进行了激烈的讨论，结合前两次申报情况总结出未通过评审的问题主要集中在以下几个方面：一是申报资料不够严谨，申报材料技巧和细节处理不够；二是工作人员的社保和职称证明不规范，存在明显的弄虚作假现象；三是专家库问题。很多单位对专家库没有引起足够的重视，出现了男女不分、身份证上年龄和实际年龄不一致、电话号码不对或者是空号等细节问题，有明显的不真实性；四是公司本身的业绩问题。少数公司业绩未达到评审要求。

四川省

财政掏钱为自主创新产品供应商买标书

2008 年 12 月 29 日，四川省财政厅印发了《自主创新产品政府采购实施意见》（以下简称《意见》）。《意见》规定，将对自主创新产品采取免收采购文件费用等方式给予支持。

《意见》主体内容延续了财政部已经颁布的相关政策，在预算编制、评审办法、合同管理等方面的内容都大体一致。四川省财政厅政府采购管理处有关负责人表示，该文件出台主要着眼于在四川贯彻落实国家和财政部支持自主创新产品的相关政策。

与其他地方出台的支持自主创新产品的文件相比，四川出台的这个《意见》有个显著的特色，就是规定免收自主创新产品供应商购买采购文件的费用。至于相关费用，《意见》规定由四川省财政厅安排专项经费解决。

此外，《意见》还规定，凡属于定点采购品目的政府采购自主创新产品，供应商可向财政部门书面申请，经审核后直接纳入定点采购范围。

扩大内需灾后重建项目招标投标监督管理工作会议召开

2009 年 3 月 10 日，四川省组织召开了扩大内需灾后重建项目招标投标监督管理工作电视电话会议。四川省各级人民政府和相关部门，以及四川省部分企（事）业单位与招标代理机构出席了会议。

此次会议设主会场 1 个，分会场 202 个。会上，四川省发改委、省监察厅、省建设厅就当前扩大内需和灾后重建招标投标监督管理工作做了交流发言，分析了当前招投标工作中存在的问题、面临的形势，并就下步如何做好扩大内需和灾后重建项目招标投标工作提出了意见。

针对扩大内需灾后重建项目的招标投标工作，四川省委常委、常务副省长魏宏在会上提出了四项具体要求：一是务必对恢复灾后重建中的问题高度警觉；二是按两年基本完成重建任务的要求来部署研究工作；三是务必强化项目招投标监督管理工作；四是要切实落实领导和工作的主体责任。

全省发展改革系统政策法规工作会议召开

2009 年 4 月 13～14 日，四川省发展改革委组织召开了“全省发展改革系统政策法规工作会议”，四川省发改委副主任刘媛到会并做重要讲话。

会议传达了全国发展改革系统法规工作会议主要精神，回顾总结了四川省发展改革系统政策法规一年多来的主要工作，部署了今年相关工作，并就如何贯彻落实四川省政府扩大内需灾后重建项目招标投标监督管理工作电视电话会议精神进行了指导。同时对《四川省国家投资工程建设项目招标代理机构比选文件》（规范文本 2009 年版）（征求意见稿）、《四川省评标专家库管理办法》（修订稿）、《四川省国家投资工程建设项目招投标开标、评标现场监督管理办法》（征求意见稿）、《四川省人民政府关于进一步规范扩大内需和灾后重建项目招标投标工作的通知》（征求意见稿）进行了讨论和征求意见，以便进一步为推动“两个加快”提供政策保障。

招标投标监督工作会议在成都召开

2009 年 7 月 10 日，四川省招标投标监督工作会议在成都召开，会议提出要加强监督管理，确保廉洁高效。

会议指出，前阶段四川省各级党委、政府和各职能部门探索和创新扩大内需和恢复重建工程建设的招标投标办法和措施，取得了一定成效。但是，全省工程建设招标投标工作还存在一些突出问题。会议要求，要进一步落实市（州）、县（市、区）政府监管主体的责任，严格执行招标投标各项规章制度。各级政府行业主管部门要加强行政效能建设，督促国家投资工程各项目业主主动计划、超前安排，把工作的着力点放在加快前期工作进度和后期建设进度上，绝不能规避招标投标程序。要强化招标投标信息公开，以公开促公正。要严格履行中标合同，维护招标投标制度的严肃性。要加强组织协调，营造良好的市场环境，形成招标投标监督管理合力。

会议强调，要加强对招标投标工作的监督检查，按照“谁主管谁负责”和一岗双责的要求，认真查找工程建设招标投标中的廉政风险点，前移监督关口，紧紧盯住重点领域、重点环节、重点岗位，有效防范违纪违法行为和腐败现象发生。要严肃招标投标违纪违规行为的责任追究，畅通群众信访举报渠道，及时受理工程建设招标投标方面的举报和投诉，认真排查和核实。对违纪违规行为，发现一起，查处一起，绝不手软。

会议还通报了四川省扩大内需促进经济增长加快灾后恢复重建监督检查和招标投标专项检查的相关情况。

成都：市政工程施工从 2009 年 12 月起开始电子招投标

成都市从 2009 年 12 月 1 日起，对全市“建设工程”施工都采用电子招标、电子投标、计算机辅助评标等方式开展招投标活动。届时，招标人采用电子化文件形式制作电子招标文件，运用网络进行投标报名和电子招标文件的发售，并通过计算机辅助评标系统完成招标活动。

贵州省

政府采购协议供货网上采购平台开通

为了简化采购程序，降低采购成本，提高采购效率，贵州省财政厅本着高效、简便、实用、科学和规范的原则，委托贵州卫虹医药电子商务有限公司开发了贵州省政府采购协议供货网上采购平台，并于 2009 年 2 月 27 日举办了操作培训班，贵州省级行政事业单位共 80 多人参加了培训。

2009 年 3 月 1 日，筹备多时的贵州省政府采购协议供货网上采购平台正式开通。此网开通后，可以实现网上申报、网上审批、网上签订合同和网上交易。据悉，相关配套的管理办法也将在贵州省财政厅政府采购处组织各单位讨论修改后择日发出。

工程建设招标投标监督管理工作座谈会在贵阳召开

2009 年 7 月 9 日，贵州省工程建设招标投标监督管理工作座谈会议在贵阳召开。会议强调，要紧紧抓住工程建设招投标中的热点难点问题，加强监督管理，着力解决存在的突出问题。

贵州省委常委、省纪委书记王正福出席会议并讲话。他在讲话中强调指出，必须着力强化工程建设招标投标监督管理工作。各级各部门要坚决贯彻落实《招标投标法》和《贵州省招标投标条例》，在健全制度、规范程序方面下工夫，在推进公开、增加透明度方面下工夫，在改进监督方式、拓展监督途径方面下工夫。各级纪检监察机关要认真履行职责，将规范工程建设招标投标作为一条“高压线”来抓，严格责任追究，严肃查处行政主管部门和行政监督部门的失职、渎职行为。

贵州省委常委、常务副省长王晓东对贯彻落实会议精神提出了要求，他强调，各地各单位要把加强工程建设招投标监督管理工作、进一步规范招投标活动作为推进社会主义市场经济建设、提高依法行政能力、加强政府部门廉政建设、净化贵州省发展环境和投资环境的重要举措和重要任务来抓。

会上，贵州省发展和改革委汇报了全省工程建设招标投标工作总体情况。贵州省交通厅、建设厅、水利厅和贵阳市建设局、贵阳南环线工程指挥部作了开展招投标工作的情况介绍。

云南省

工程设计方案未中标将获经济补偿

2009 年 5 月 1 日开始实施的《云南省建设工程勘察设计管理条例》规定：“对达到招标文件要求而未中标的各类房屋建筑及其附属实施和市政工程的设计方案单位，给予一定的经济补偿。”

在 2009 年 4 月 24 日召开的《云南省建设工程勘察设计管理条例》（下称《条例》）颁布和实施新闻发布会上，云南省人大常委会委员、财经委员会副主任委员肖建明指出，建设工程设计招标与施工招标的一个不同点就是投标人在投标时已经按照招标文件以及“方案设计”的要求编制投标文件，此时投标人已经完成了 10%～20%的设计工作量。为了尊重投标人的劳动成果，激发投标人的积极性，《条例》规定对达到招标要求但未中标的方案给予一定的经济补偿。肖建明表示，《条例》的这一规定建立起了工程设计投标补偿制度，将有效解决长期以来把设计投标方案等同于施工投标报价、不重视投标方案是设计人员智慧结晶的问题，《条例》实施后将大大激发设计人员创作优秀设计方案的热情，有效推进云南特色城镇建设。

公务员参与串标要受监察处理

2009年10月，云南省住房和城乡建设厅和云南省监察厅联合公告了《云南省房屋建筑和市政基础设施工程招标中串通投标行为认定处理暂行办法》（以下简称《办法》），该《办法》已从11月1日起开始实施。

《办法》规定，在对串通投标行为进行认定处理时，建设行政主管部门应依法组成不少于三人的调查小组进行调查核实，并将认定处理结果在云南省建设工程信息网上进行公告。今后涉及国家公务员、国家行政机关任命的其他人员参与房屋建筑和市政基础设施工程招标中串通投标行为的，行政监察机关应派人参加调查核实工作，并依法予以处理。

招标人、招标代理机构和投标人在招标投标活动中被认定为有串通投标行为的，由建设行政主管部门按相关法律法规和规章予以处理，并按照国家、省有关不良记录的规定予以相应的不良记录；涉及的国家公务员、国家行政机关任命的其他人员的，由监察机关依法予以处理；情节严重构成犯罪的，由司法机关依法追究刑事责任。

评标委员会成员被认定有串通投标行为的，评标委员会成员是省级建设工程评标专家库内专家的，由省级建设行政主管部门给予警告、从评标专家库中除名等处理，被从评标专家库中除名的，终身不得再进入评标专家库，并按照国家和省有关个人诚信管理办法的规定予以不良行为记录；招标人的评标专家为国家公务员、国家行政机关任命的其他人员的，由监察机关依法予以处理；情节严重构成犯罪的，由司法机关依法追究刑事责任。

陕西省

将在市级试行药品“三统一”改革

2009年2月23日召开的陕西省食品药品监督管理工作会议传出消息，今年陕西省将在市级试行药品统一招标、统一价格、统一配送的“三统一”改革试点，解决百姓看病贵问题。据了解，陕西省初步确定将在榆林、宝鸡、安康3个城市进行试点，并逐步在全省推开。

22家省级单位先行试点电子化政府采购

2010年1月21日，陕西省财政厅采购与资产管理处在西安举办了省级电子化政府采购管理系统试点工作培训班。陕西省人大等22个政府采购基础工作比较好的省级单位先行试点，经办人员参加了培训。

今后，各试点单位在申报采购项目时，将全部实行网上申报，以实现无纸化办公的目的，从而进一步规范管理、节约成本，简化办事程序、提高工作效率。试点工作取得经验后，将于今年6月底前在陕西省级单位全面实施。随着管理系统的逐步实施，集中采购机构也将建立内部管理系统，并开展部分项目网上采购，为全面推进陕西省阳光采购工作奠定基础。

甘肃省

出台一系列文件加强代理机构监管

2009年9月，甘肃省财政厅出台了《政府采购代理机构资格认定办法》、《政府采购代理机构监督考核暂行办法》和《政府采购代理机构随机抽取管理暂行办法》三个文件，对代理机构认定及监督管理做了全面而严格的规定，打出了一套代理机构监管的“组合拳”。

《政府采购代理机构监督考核暂行办法》要求：“采购代理机构的考核中包含基础工作情况，其中又分为日常基础工作和业务基础工作。日常基础工作主要包括政府采购文件档案管理制度是否规范有序，归档资料是否齐全、及时等。而业务基础工作主要包括采购信息（含采购、中标、成交等公告）发布率，采购文件、采购结果和采购合同备案率，擅自改变采购方式率，质疑答复满意率，受到投诉情况，有关收费和资金管理情况；在执行采购程序过程中，签订委托代理协议是否符合规定，采购文件编制是否存在不合理条款，评审委员会的组建是否合法，发售采购文件和接收采购响应性文件是否合法，开标、唱标是否规范等。”

《政府采购代理机构随机抽取管理暂行办法》则明确规定：采购人选用代理机构，应当采取随机抽取方式，任何单位和个人不得以任何方式为采购单位指定代理机构。

除了上述三个文件，甘肃省财政厅还出台了《甘肃省政府采购质疑答复办法》。明确规定：“被质疑人经核实后，确认采购文件、采购过程影响或者可能影响中标、成交结果的，或者中标、成交结果的产生过程存在违规行为的，应按相关办法和程序分别予以纠正，并将纠正情况书面通知质疑人以及参与该采购项目活动的所有供应商。”

按照规定，被质疑人对应当受理的质疑未受理或在规定期限内未答复或不按本规定答复质疑的，由政府采购监管部门给予警告或通报批评；情节严重的，可责令停止1～3个月的代理采购业务，并进行通报批评。被质疑人的工作人员在处理质疑过程中滥用职权、玩忽职守、徇私舞弊的，属于国家工作人员的，给予行政处分；其他工作人员给予罚款和通报批评处罚，情节严重的，取消其从业资格；构成犯罪的，依法追究刑事责任。如出现原项目评审专家无故不参加质疑答复的，将作为不良行为予以通报批评并停止1～3个月的评审资格，一年以内发生两次通报批评的，取消评审资格。

青海省

2009年医疗机构药品集中采购工作7月1日启动

2009年6月26日，青海省政府召开新闻发布会称，2009年青海医疗机构药品集中采购工作7月1日正式启动。

2009 年青海省医疗机构药品集中采购工作将全面实行以政府主导、以省为单位的药品网上集中采购。政府加强领导，建立非营利性采购交易平台，对采购交易全过程加强监督管理。对纳入集中采购目录的药品，实行公开招标、网上竞价、集中议价和直接挂网采购。据介绍，青海省县级以上人民政府、国有企业等所属的非营利性医疗机构，必须全部参加药品集中采购。

出台政策加强工程招标控制价管理

2009 年 11 月，青海省住房和城乡建设厅就进一步加强该省房屋建筑和市政工程招标控制价管理发布意见，要求加强招标控制价编制行为管理和招标控制价的监督检查。

青海省住房和城乡建设厅要求，加强招标控制价编制行为管理，严格执行有关工程计价规定：一是严格招标控制价编制范围。凡是达到青海省招标规模和标准的国有资金投资的房屋建筑和市政工程项目的施工应全部实行工程量清单招标，并应编制招标控制价。投标人的投标报价高于招标控制价时，其投标应予以拒绝并作废标处理。二是严格招标控制价编制依据。三是严格招标控制价备案。实行工程量清单计价招标的房屋建筑和市政工程，招标人应在发布招标控制价前将招标控制价有关材料报送工程所在地招投标监管机构备案。

该意见规定，招标控制价不得上调或下浮。投标人对已公布的招标控制价经自行复核后，认为其未按有关规定编制的，应在开标前 3 日内向工程所在地招投标监管机构投诉。

青海省住房和城乡建设厅明确要求，各级建设行政主管部门要切实加强对招标控制价的指导、监督、检查，对在招标控制价编制过程中有违规行为的招标人，要依法查处。各级工程招投标监管机构和工程造价管理机构应当切实履行责任，对查实违规编制招标控制价的中介服务机构和编制人员，应按照有关规定进行处理，并作为不良行为予以记录和公示。省级建设行政主管部门将随时对招标控制价的执行情况进行抽查和检查。

紧急启动玉树抗震救灾应急物资采购预案

2010 年 4 月 15 日，青海省玉树抗震救灾物资集中采购工作协调小组办公室紧急下发《关于玉树抗震救灾物资紧急采购有关事宜通知》（以下简称《通知》）。

《通知》明确，药品、急救医疗设备等的采购由青海省卫生厅负责；生活用品（方便食品、饮用水、办公用品、防疫喷雾器、应急照明等物品）的采购由青海省商务厅负责；成品油、煤炭和发电机、炊事车等机械设备以及其他特殊物品的采购由青海省发改委负责；粮油（大米、面粉、食用油）等的采购由青海省粮食局负责；帐篷、棉被、衣物等的采购由青海省民政厅负责。

《通知》要求，要明确采购程序，切实做好应急物资的采购工作：一是由协调小组办公室请示协调小组后指派青海省财政厅政府采购监督管理机构，按责任单位分类下达采购计划。青海省政府采购中心积极配合有关单位实施紧急采购任务，在保证物资质量和交付时间的前提下，以不高于市场平均价进行采购。二是各相关单位要落实采购人员岗位责任制。三是相关单位负责对采购物资进行验收，办理验收和交接手续，确保采购货物的种类、规格、数量、质量、交付时间等准确无误并符合要求。四是紧急采购活动完成后，青海省财政厅政府采购监督管理机构对有关单位递交的采购相关凭证进行审核，审核通过后财政国库按有关规定实施国库集中支付。

宁夏回族自治区

宁夏招标管理服务局正式揭牌

2008 年 12 月 28 日，宁夏回族自治区招标管理服务局在银川正式揭牌成立，这标志着宁夏招投标工作向改革创新迈出了新的一步。宁夏回族自治区主席王正伟、副主席刘慧共同为新公司揭牌，同时揭牌的还有宁夏回族自治区政府采购中心、宁夏招标交易服务中心和宁夏招标代理中心。

据悉，更名之后的宁夏回族自治区招标管理服务局将在加大宁夏政府采购方面发挥更加积极的作用。该局将于 2009 年起推行按工作流程分段作业，加强关键部位重点监控，实施综合定量考核等措施，使业务办理过程中部门、人员之间形成相互制衡、相互监督的机制，保证各项业务运行达到依法、规范、科学和有序管理。

宁夏招标管理服务局前身为宁夏回族自治区机械设备成套局，成立于 1959 年，隶属中央部委垂直管理的驻宁单位。2000 年，根据国务院部委体制改革部署，该局移交地方管理；2001 年，更名为宁夏设备招标局，升格为自治区政府直属正厅级单位。2003 年，增挂“自治区政府采购中心”的牌子；2004 年，再次更名为宁夏回族自治区招标局（自治区政府采购中心），实行一套机构、两块牌子管理。近五年来，宁夏招标局在政府强力推行的药品招投标、药品价格、药品配送“三统一”方面发挥了重要作用，累计为宁东能源化工基地、美利纸业、“三馆两中心”等数百个政府投资项目、重点大中型企业建设项目组织招投标和自治区本级政府采购 160 多亿元，节约资金 10%左右。

两项招标投标管理新规颁布实施

《宁夏回族自治区招标投标管理办法》和《宁夏回族自治区非经营性政府投资项目代建制度管理办法》于 2009 年 2 月 24 日正式颁布实施。这两项政府规章的出台和颁布实施，旨在依法更好地落实国务院扩大内需和促进经济平稳较快增长的十项重要政策；进一步规范招标投标行为、提高项目管理水平和工程质量；加快推进和规范非经营性政府投资项目代建制工作；切实提高政府投资项目的质量和效益。

《宁夏回族自治区招标投标管理办法》（以下简称《办法》）共七章，六十四条。主要从六个方面对招投标行为进行了规范：一是明确规定了发展改革部门统一指导、协调、监督招投标活动的职责，明确界定了建设、交通、水利、卫生等行政主管部门在各自招投标活动中的管理职责；二是明确规定所有招投标活动必须进入自治区和该区的市级政府设立的为招投标当事人无偿提供公共服务的招标投标交易服务中心，并对中心的服务职能作了具体规定；三是细化了依法必须进行招标的项目的范围和标准；四是明确规定了招投标双方以及招标代理机构依法应当具备的条件和在招标投标活动中依法享有的权利和义务；五是具体规定了开标、评标和定标应当遵循的规则，规定了评标专家的回避制度和对不诚信行为的惩戒措施；六是规定了相应的法律责任。

《宁夏回族自治区非经营性政府投资项目代建制度管理办法》共二十三条，主要从五个方面强化了非经营性政府投资项目代建制的规范管理：一是明确规定了非经营性政府投资项目的范围和实行代建制项目的投资规模；二是具体规定了发展改革、财政等有关部门在非经营性政府投资项目代建制管理工作中的监管职责；三是对项目代建单位应当具备的条件作了具体规定；四是明确了项目代建单位、项目使用单位在项目代建活动中的权利和义务；五是对违反本办法的行为规定了相应的法律责任。

建设领域列入“黑名单”者将取消投标资格

经宁夏自治区检察院和自治区住房和城乡建设厅共同研究决定，从2010年3月24日开始，在全区工程建设领域开展行贿犯罪档案查询工作，对有行贿犯罪记录的单位和个人，将取消其投标资格。

今后，凡是政府投资500万元以上的房屋建筑工程和市政基础设施工程的施工招标，以及200万元以上的装饰工程招标，建设单位必须到检察机关查询投标单位是否有行贿记录。检察机关将在受理后3日内出具《行贿犯罪档案查询结果告知书》。开标前，建设单位再将查询结果告知招投标监管机构审查，告知投标者。应查询而没有报送查询结果的项目不予开标，有行贿犯罪记录的投标人将被取消资格。

另外，外地工程建设单位来宁夏投标的，除要查证其在宁夏有无行贿记录外，还要查证其在注册地有无行贿记录。本地企业、公司、客商等到外省区投标的，也被要求接受查询。

新疆维吾尔自治区

挂牌监督重点公路建设项目招标

2009年8月，新疆维吾尔自治区交通厅出台了《公路建设项目招标挂牌监督实施办法（试行）》（以下简称《办法》）。今后，国家高速公路网新疆境内段、新疆重点公路建设项目的各项招标活动，都将采取挂牌监督的方式，实施从招标文件编制、审查直至合同签订的全程监督，监督工作由招投标管理部门和行政监察部门负责组织实施。

该《办法》规定，招投标管理部门和行政监察部门可对以下内容进行监督：建设项目招投标工作中有关招标方案、资格预审文件及补遗书、招标文件及补遗书、资格预审结果和评标结果的备案情况；资格预审专家和评标专家的抽取情况；建设项目招投标工作中的资格审查及评标情况；建设项目合同签订和执行情况；建立健全招投标内部监控机制情况；按照部挂牌监督工作流程完成情况；建设项目信息公开情况。

招标人须在招标活动前（一般为3个工作日）向新疆交通厅行政监督和行政监察部门提出监督申请，同时提交招标工作相关资料，资料应包含招标项目名称、招标工作类别、招标工作时间、参与人员及主要负责人、招标工作程序及计划安排等相关内容。行政监督和行政监察部门接到申请后，视情况组成专门监督组，指派负责人，实施现场监督。

新疆还为此专门设立了举报投诉受理机构，并建立了网上公示制度，招投标挂牌过程中出现的违法违纪现象将被严肃查处。

政府采购法规

国务院

关于进一步加强政府采购管理工作的意见

国办发［2009］35号

各省、自治区、直辖市人民政府，国务院各部委、各直属机构：

近年来，各地区、各部门认真贯彻落实《中华人民共和国政府采购法》（以下简称《政府采购法》），不断加强制度建设、规范采购行为，政府采购在提高资金使用效益，维护国家和社会公益，以及防范腐败、支持节能环保和促进自主创新等方面取得了显著成效。但是，个别单位规避政府采购，操作执行环节不规范，运行机制不完善，监督处罚不到位，部分政府采购效率低、价格高等问题仍然比较突出，一些违反法纪、贪污腐败的现象时有发生，造成财政资金损失浪费。为切实解决这些问题，全面深化政府采购制度改革，经国务院同意，现就进一步加强政府采购管理工作提出以下意见：

一、坚持应采尽采，进一步强化和实现依法采购

财政部门要依据政府采购需要和集中采购机构能力，研究完善政府集中采购目录和产品分类。各地区、各部门要加大推进政府采购工作的力度，扩大政府采购管理实施范围，对列入政府采购的项目应全部依法实施政府采购。尤其是要加强对部门和单位使用纳入财政管理的其他资金或使用以财政性资金作为还款来源的借（贷）款进行采购的管理；要加强工程项目的政府采购管理，政府采购工程项目除招标投标外均按《政府采购法》规定执行。

各部门、各单位要认真执行政府采购法律制度规定的工作程序和操作标准，合理确定采购需求，及时签订合同、履约验收和支付资金，不得以任何方式干预和影响采购活动。属政府集中采购目录项目要委托集中采购机构实施；达到公开招标限额标准的采购项目，未经财政部门批准不得采取其他采购方式，并严格按规定向社会公开发布采购信息，实现采购活动的公开透明。

二、坚持管采分离，进一步完善监管和运行机制

加强政府采购监督管理与操作执行相分离的体制建设，进一步完善财政部门监督管理和集中采购机构独立操作运行的机制。

财政部门要严格采购文件编制、信息公告、采购评审、采购合同格式和产品验收等环节的具体标准和程序要求；要建立统一的专家库、供应商产品信息库，逐步实现动态管理和加强违规行为的处罚；要会同国家保密部门制定保密项目采购的具体标准、范围和工作要求，防止借采购项目保密而逃避或简化政府采购的行为。

集中采购机构要严格按照《政府采购法》规定组织采购活动，规范集中采购操作行为，增强集中采购目录执行的严肃性、科学性和有效性。在组织实施中不得违反国家规定收取采购代理费用和其他费用，也不得将采购单位委托的集中采购项目再委托给社会代理机构组织实施采购。要建立健全内部监督管理制度，实现采购活动不同环节之间权责明确、岗位分离。要重视和加强专业化建设，优化集中采购实施方式和内部操作程序，实现采购价格低于市场平均价格、采购效率更高、采购质量优良和服务良好。

在集中采购业务代理活动中要适当引入竞争机制，打破现有集中采购机构完全按行政隶属关系接受委托业务的格局，允许采购单位在所在区域内择优选择集中采购机构，实现集中采购活动的良性竞争。

三、坚持预算约束，进一步提高政府采购效率和质量

各部门、各单位要按照《政府采购法》的规定和财政部门预算管理的要求，将政府采购项目全部编入部门预算，做好政府采购预算和采购计划编报的相互衔接工作，确保采购计划严格按政府采购预算的项目和数额执行。

要采取有效措施，加强监管部门、采购单位和采购代理机构间的相互衔接，通过改进管理水平和操作执行质量，不断提高采购效率。财政部门要改进管理方式，提高审批效率，整合优化采购环节，制定标准化工作程序，建立各种采购方式下的政府采购价格监测机制和采购结果社会公开披露制度，实现对采购活动及采购结果的有效监控。集中采购机构要提高业务技能和专业化操作水平，通过优化采购组织形式，科学制定价格参数和评价标准，完善评审程序，缩短采购操作时间，建立政府采购价格与市场价格的联动机制，实现采购价格和采购质量最优。

四、坚持政策功能，进一步服务好经济和社会发展大局

政府采购应当有助于实现国家的经济和社会发展政策目标。强化政府采购的政策功能作用，是建立科学政府采购制度的客观要求。各地区、各部门要从政府采购政策功能上支持国家宏观调控，贯彻好扩大内需、调整结构等经济政策，认真落实节能环保、自主创新、进口产品审核等政府采购政策；进一步扩大政府采购政策功能范围，积极研究支持促进中小企业发展等政府采购政策。加大强制采购节能产品和优先购买环保产品的力度，凡采购产品涉及节能环保和自主创新产品的，必须执行财政部会同有关部门发布的节能环保和自主创新产品政府采购清单（目录）。要严格审核进口产品的采购，凡国内产品能够满足需求的都要采购国内产品。财政部门要加强政策实施的监督，跟踪政策实施情况，建立采购效果评价体系，保证政策规定落到实处。

五、坚持依法处罚，进一步严肃法律制度约束

各级财政、监察、审计、预防腐败部门要加强对政府采购的监督管理，严格执法检查，对违法违规行为要依法追究责任并以适当方式向社会公布，对情节严重的要依法予以处罚。

要通过动态监控体系及时发现、纠正和处理采购单位逃避政府采购和其他违反政府采购制度规定的行为，追究相关单位及人员的责任。要完善评审专家责任处罚办法，对评审专家违反政府采购制度规定、评审程序和评审标准，以及在评审工作中敷衍塞责或故意影响评标结果等行为，要严肃处理。要加快供应商诚信体系建设，对供应商围标、串标和欺诈等行为依法予以处罚并向社会公布。要加快建立对采购单位、评审专家、供应商、集中采购机构和社会代理机构的考核评价制度和不良行为公告制度，引入公开评议和社会监督机制。严格对集中采购机构的考核，考核结果要向同级人民政府报告。加强对集中采购机构整改情况的跟踪监管，对集中采购机构的违法违规行为，要严格按照法律规定予以处理。

六、坚持体系建设，进一步推进电子化政府采购

加强政府采购信息化建设，是深化政府采购制度改革的重要内容，也是实现政府采购科学化、精细化管理的手段。各地区要积极推进政府采购信息化建设，利用现代电子信息技术，实现政府采购管理和操作执行各个环节的协调联动。财政部门要切实加强对政府采购信息化建设工作的统一领导和组织，科学制订电子化政府采购体系发展建设规划，以管理功能完善、交易公开透明、操作规范统一、网络安全可靠为目标，建设全国统一的电子化政府采购管理交易平台，逐步实现政府采购业务交易信息共享和全流程电子化操作。要抓好信息系统推广运行的组织工作，制定由点到面、协调推进的实施计划。

七、坚持考核培训，进一步加强政府采购队伍建设

各地区、各部门要继续加强政府采购从业人员的职业教育、法制教育和技能培训，增强政府采购从业人员依法行政和依法采购的观念，建立系统的教育培训制度。财政部要会同有关部门研究建立政府采购从业人员执业资格制度，对采购单位、集中采购机构、社会代理机构和评审专家等从业人员实行持证上岗和执业考核，推动政府采购从业人员职业化的进程。集中采购机构要建立内部岗位标准和考核办法，形成优胜劣汰的良性机制，不断提高集中采购机构专业化操作水平。

各地区、各部门要全面把握新时期、新形势下完善政府采购制度的新要求，进一步提高对深化政府采购制度改革重要性的认识，切实加大推进政府采购管理工作的力度，加强对政府采购工作的组织领导，着力协调和解决政府采购管理中存在的突出问题，推进政府采购工作健康发展。

国务院办公厅

二〇〇九年四月十日

财政部

关于印发2010年政府采购工作要点的通知

财办库［2010］7号

各省、自治区、直辖市、计划单列市财政厅（局）、新疆生产建设兵团财务局，党中央有关部门办公厅（室），国务院各部委、各直属机构办公厅（室），全国人大常委会办公厅秘书局，全国政协办公厅机关事务管理局，高法院办公厅，高检院办公厅，有关人民团体办公厅（室）：

为进一步深化政府采购制度改革，根据全国财政工作会议精神，我们制定了《2010年政府采购工作要点》，现印发给你们，请遵照执行。请结合本地区、本部门具体情况，不断完善工作机制，创新管理思路，推动政府采购制度改革取得新进展。

附件：2010年政府采购工作要点

财政部办公厅

二〇一〇年一月二十七日

附件：

2010年政府采购工作要点

2010年政府采购工作的总体要求是：坚持以科学发展观为指导，深入贯彻落实《国务院办公厅关于进一步加强政府采购管理工作的意见》（国办发［2009］35号）文件精神，按照政府采购科学化、精细化的工作要求，以加强法制建设为重点，以规范操作执行和健全监督管理为核心，以全面夯实基础工作和加快电子化建设为支撑，以推动专业化队伍建设为保障，不断创新发展思路，改进工作方法，谋划工作新举措，努力开拓政府采购工作新局面。

一、加强法制建设，进一步完善政府采购法律制度体系

（一）加强与有关部门的协调，推动出台《政府采购法实施条例》，并做好与《招标投标法实施条例》的衔接，解决具体执行中无法律规定或有法律规定但操作性不强的问题。

（二）研究制定《政府采购违法行为处罚处分办法》、《政府采购供应商监督管理办法》、《非招标方式政府采购管理办法》等规章，解决制度缺失问题。

（三）推动出台新修订的《政府采购代理机构资格认定办法》，做好《政府采购货物和服务招标投标管理办法》（财政部第18号令）和《政府采购供应商投诉处理办法》（财政部第20号令）的修订工作，使政府采购活动不断适应形势发展变化的需要。

二、强化政府采购政策功能，充分发挥政府采购对经济社会的调控作用

（四）进一步落实促进节能减排的政府采购政策，建立健全节能环保产品认证产品采信机制和分级机制，完善清单的动态调整机制和公示制度，强化绿色采购执行机制，不断提高绿色采购份额。

（五）出台政府采购扶持中小企业管理办法，扩大政府采购信用担保试点范围，加大对中小企业的政策支持力度。

（六）制定支持服务外包发展的政府采购政策，利用政府采购手段鼓励政府服务外包，促进服务外包产业发展。

（七）配合科技部积极开展国家自主创新产品认定工作，落实自主创新产品首购、订购等政府采购扶持政策。在《政府采购法》规定范围内对信息安全产品实施强制性认证。

（八）注重加强各项政府采购政策的衔接配合，强化政府采购政策的执行力，研究建立政府采购政策效果评价体系，不断提高政策实施效果。

三、规范政府采购操作执行行为，着力提高政府采购监督管理水平

（九）强化政府采购预算和计划约束，做到预算、计划和执行有效衔接，确保采购计划严格按政府采购预算的项目和数额执行。实行中央单位按季度编报采购计划，通过基础数据录入采集计划执行情况，逐步实现采购计划执行的预警分析和考核评价。

（十）健全集中采购运行工作机制，增强集中采购目录执行的严肃性和有效性。规范和优化集中采购实施方式，发挥集中采购规模优势，进一步提高采购质量和采购效率。调查分析集中采购目录执行情况，制定中央预算单位2011—2012年政府集中采购目录和标准。

（十一）按照《政府采购法》的要求，做好对集中采购机构的考核工作，跟踪集采机构整改落实情况，巩固考评效果。进一步做好代理机构资格认定和监管工作。

（十二）加强和规范专家管理工作，完善专家库管理办法，制定评审专家分类标准，扩大专家库专家数量，改进政府采购专家评审制度。

（十三）做好新形势下的投诉举报处理工作，加大对违法违规行为的处罚力度，建立评审专家、供应商和代理机构“黑名单”制度。

（十四）完善财政部门综合性监督与监察、审计部门专业性监督相结合的工作机制，实现监督检查常态化和制度化，逐步从合规性监督向合规与效益并重监督模式转变。继续做好政府采购领域治理商业贿赂工作。

四、树立科学化精细化工作理念，不断夯实政府采购各项基础工作

（十五）适应形势发展变化和政府采购国际化进程需要，修订《政府采购品目分类表》，提高品目分类科学性和实用性。

（十六）制定采购文件编制规范、信息公告和采购合同格式以及产品验收等环节的具体标准和程序要求，推进政府采购流程标准化。

（十七）实行政府采购信息基础数据录入办法，进一步完善信息统计编报制度。拓展和深化信息统计分析工作，加强信息统计工作考核评价。

（十八）认真做好人大代表建议和政协委员提案办理工作，实现建议提案办理与提高工作水平的双促进。

五、加快推进电子化政府采购建设进程，不断提高信息化对政府采购工作的贡献度

（十九）财政部门要切实加强对政府采购信息化建设工作的领导和组织，按照建设全国统一的电子化政府采购管理交易平台的目标要求，抓紧梳理和制定业务需求方案，研究中央与地方、管理与执行的系统整合、数据交换和共享等系统建设的重大问题，做好系统建设的各项工作。

（二十）制定《中国政府采购网管理暂行办法》，加强和规范中国政府采购网管理，科学合理使用中国政府采购网建设维护补助费，实行分网站维护业绩考核和公告制度，全面实现中国政府采购网的互联互通。

六、深入开展调查研究工作，为加强和改进政府采购监管创造有利条件

（二十一）加强与高等院校、科研院所和有关单位的合作，做好政府采购政策功能关系、政府服务外包政府采购政策、政府采购监管模式及监管体系、政府采购绩效评价等课题的研究工作。

（二十二）对部门集中采购、高校政府采购、中央对地方专项补助采购、县乡政府采购等工作进行专题调研，不断改进政府采购管理工作中的薄弱环节。

七、加强政府采购队伍建设，提高政府采购从业人员的专业化水平

（二十三）建立和完善对政府采购从业人员的培训机制，加大培训力度，有针对性地组织法律制度和操作实务等培训，开展加强政府采购科学化、精细化管理等专题研讨，增强政府采购从业人员依法行政和依法采购的观念，提高采购管理和操作执行水平，以及解决复杂问题的能力。

（二十四）研究建立政府采购从业人员执业资格制度，制定政府采购从业人员准则和岗位标准，实行持证上岗，尽快出台政府采购从业人员资格管理办法，推动政府采购从业人员职业化进程。

八、加大政府采购宣传工作力度，为深化政府采购制度改革营造良好的氛围

（二十五）重点抓好新出台的各项法规制度和政策的宣传，提高依法采购意识和政策的执行效果。针对社会关注的热点、难点做好释疑解惑工作，形成有利于政府采购科学健康发展的正确舆论导向。在财政部门指定的政府采购信息发布媒体设置投诉专栏、不良行为公告栏，加大违法违规行为公开曝光力度，增强依法管采的震慑力。

（二十六）不断改进中国政府采购网版面设计，丰富和完善相关栏目内容，增强信息发布的时效性和权威性，进一步提高中国政府采购网的社会影响力。

关于办理延续政府采购甲级代理机构资格有关问题的通知

财办库［2009］20 号

各政府采购甲级代理机构：

根据《政府采购法》和《政府采购代理机构资格认定办法》（财政部令第 31 号）有关规定，财政部门将对到期的政府采购甲级代理机构资格办理延续手续，现将有关情况通知如下：

一、凡是依法取得政府采购甲级代理机构资格的单位，需要延续依法取得的政府采购代理机构资格有效期的，应当在《政府采购代理机构资格证书》载明的有效期届满60日前，向财政部提出申请。

二、政府采购甲级代理机构提出资格延续申请时，须提供下列书面材料：

（一）申请书，载明需要延续资格的原因。

（二）原甲级代理机构资格证书正、副本原件。

（三）职工人员中高级职称所占比例，以及符合规定条件的技术方面专职人员的学历，高级职称证书原件及复印件。

（四）近 3 年政府采购业绩，包括委托代理协议和中标通知书。

（五）营业执照原件和复印件。

（六）依法缴纳税收和社保的证明原件和复印件。

（七）近 3 年接受投诉及行政处理、处罚情况的说明。

（八）经会计师事务所审计的近 3 年的财务报告。

三、政府采购甲级代理机构报送材料时，须按照以下流程办理：

（一）延续时，如果单位法人代表、地址、注册资金、职工人员等情况与原申请内容发生变动的，甲级代理机构需先登录中国政府采购网（www. ccgp. gov. cn）“政府采购代理机构资格认定”专栏，对本公司原始资料按照最新情况进行修改。

（二）网上修改完成后，将本通知第二条规定的书面材料上报财政部。

（三）凡代理机构名称发生变化的，须重新申请资格，不得办理延续。

四、财政部在收到政府采购甲级代理机构资格延续申请后，经审查认为申请材料齐全、符合法定形式和要求的，在代理机构资格有效期届满前，根据下列情况分别作出以下决定：

（一）申请人的申请符合规定条件的，将作出延续代理机构资格的决定，并重新颁发《政府采购代理机构资格证书》。

（二）申请人的申请不符合规定条件的，将作出不予延续代理机构资格的书面决定，并说明理由和告知申请人享有依法申请行政复议或者提起行政诉讼的权利。

五、政府采购甲级代理机构逾期不申请资格延续的，其《政府采购代理机构资格证书》自证书载明的有效期届满后自动失效；需要继续代理政府采购事宜的，应当重新申请政府采购甲级代理机构资格。

财政部办公厅

二〇〇九年二月十九日

关于印发《中央单位变更政府采购方式审批管理暂行办法》的通知

财库［2009］48 号

党中央有关部门，国务院各部委、各直属机构，全国人大常委会办公厅，全国政协办公厅，高法院，高检院，有关人民团体：

为了规范中央单位变更政府采购方式审批管理工作，加强中央单位政府采购管理，根据《中华人民共和国政府采购法》，财政部制定了《中央单位变更政府采购方式审批管理暂行办法》。现印发给你们，请遵照执行。

附件：中央单位变更政府采购方式审批管理暂行办法

中华人民共和国财政部

二〇〇九年四月二十日

附件：

中央单位变更政府采购方式审批管理暂行办法

第一条 为了规范中央单位变更政府采购方式审批管理工作，加强中央单位政府采购管理，根据《中华人民共和国政府采购法》（以下简称《政府采购法》），制定本办法。

第二条 中央单位申请变更政府采购方式和财政部审批变更政府采购方式申请的，适用本办法。本办法所称中央单位包括中央一级预算单位、中央二级预算单位和中央基层预算单位。

第三条 中央单位采购达到公开招标数额标准的货物或者服务的，应当采用公开招标方式采购。因特殊情况需要采用公开招标以外其他采购方式的，采购人应当在采购活动开始前，按照财政部规定要求将变更政府采购方式申请报财政部审批。

本办法所称公开招标以外其他采购方式，是指邀请招标、竞争性谈判、单一来源采购、询价以及财政部根据实际情况认定的其他采购方式。

第四条 变更政府采购方式申请应当由中央一级预算单位向财政部提出。中央一级预算单位对其提交申报材料的真实性负责。财政部应当按照政府采购法和本办法规定的申报要素进行审批。

第五条 中央单位的申请和财政部的批复均必须以公文格式印发，财政部和中央单位不得以电话记录、会议记录、备案等材料代替批复公文。

第六条 因特殊情况需要采用公开招标以外其他采购方式的，申请公文中应当载明下列内容：

（一）项目情况说明及该项目预算金额。

（二）采购计划及预算批复文件。

（三）拟申请变更的采购方式和变更理由。

（四）供应商名称、代理机构名称、相关产品名称和该产品近 1 年内的市场价格。

（五）3 位以上专家针对变更采购方式的理由，分别出具的手写意见原件。

（六）因采购任务紧急需变更采购方式的，中央单位应当提供项目紧急原因的说明材料。

（七）因采购任务涉及国家秘密需变更采购方式的，中央单位应当提供由国家保密机关出具的、证明本项目为涉密采购项目的文件。

（八）结合项目具体情况应当提供的其他证明材料。

（九）联系人及联系电话。

第七条　因公开招标采购失败或废标的，中央单位应当提供以下材料：

（一）项目情况说明及该项目预算金额。

（二）采购计划及预算批复文件。

（三）拟申请变更的采购方式和变更理由。

（四）相关产品的名称、供应商名称和前 1 年内的市场价格。

（五）在财政部指定政府采购媒体上发布的招标公告（复印件）。

（六）采购人和代理机构出具的采购过程和采购文件没有供应商质疑、投诉的证明材料。

（七）评审专家出具的招标文件没有歧视性、排他性条款的证明材料。

（八）其他相关证明材料。

（九）联系人及联系电话。

第八条　专家意见中应当载明专家姓名、工作单位、职称、职务、联系电话和身份证号码。专家原则上不能是本单位、本系统的工作人员。

专家意见应当具备明确性和确定性。意见不明确或者含混不清的，属于无效意见，不作为审批依据。

第九条　变更采购方式申请应当由中央一级预算单位负责政府采购管理工作的司局加盖公章。因采购任务紧急或者涉及国家秘密的采购项目，变更采购方式申请应当加盖中央一级预算单位公章。

第十条　对于采购情况特殊，邀请招标、竞争性谈判、单一来源采购、询价等采购方式无法满足或者无法全部满足采购需求的，财政部可以根据实际情况认定其他采购方式。

第十一条　财政部收到申请后应当及时审查，并按下列情形限时办结：

（一）变更政府采购方式申请的理由和申请材料符合政府采购法和本办法规定的，财政部应当在收到材料之日起，7 个工作日内做出批复。

（二）申请材料不符合本办法规定的，财政部应当在 5 个工作日内通知中央单位修改补充。办结日期以财政部重新收到申报材料时算起。

（三）变更政府采购方式申请的理由不符合政府采购法规定的，财政部应当在收到材料之日起，7 个工作日内做出批复，并将不予批复的理由告知中央单位。

第十二条　中央单位未收到财政部批复公文的，不得开展该项目的采购活动。中央单位未按本办法规定变更采购方式的，根据有关法律、行政法规和规章的规定追究单位和有关人员的法律责任。

第十三条　专家出具不实论证意见的，按照有关规定追究专家个人的法律责任。

第十四条　集中采购机构受中央单位委托，采购属于集中采购目录内产品的，由集中采购机构向财政部提交变更采购方式申请，按上述规定执行。

第十五条　本办法自印发之日起实施。

关于进一步做好中央单位政府集中采购工作有关问题的通知

财库［2009］101 号

党中央有关部门，国务院各部委、各直属机构，全国人大常委会办公厅，全国政协办公厅，高法院，高检院，有关人民团体，中央国家机关政府采购中心，中共中央直属机关采购中心，全国人大机关采购中心：

为了进一步贯彻落实政府采购法，认真执行国务院办公厅印发的中央单位政府集中采购目录及标准和财政部有关规定，加强中央单位政府集中采购工作，促进政府采购制度改革的深化与发展，现就有关问题通知如下：

一、认真履行职责，增强集中采购目录执行的严肃性

按照国务院办公厅文件规定的属于集中采购机构采购的项目和对目录中部分细化品目（附件 1），都应当由集中采购机构负责组织实施，包括海关总署机关、国家税务总局机关、中国人民银行总行机关等属于集中采购机构采购的项目。除此之外的采购项目，由中央单位按照政府采购规定自行组织实施采购，也可以委托集中采购机构或政府采购代理机构组织采购。

集中采购机构要在政府采购法管理范围内做好采购组织工作，不得拒绝属于集中采购机构采购范围的项目委托。对中央单位自愿委托集中采购机构采购目录范围外政府采购项目的，可以根据工作情况接受委托并组织实施。中央单位和集中采购机构在操作执行中有关集中采购范围和集中采购目录的问题，由财政部负责解释。

二、加强计划管理，规范政府集中采购程序

主管部门应按规定在财政部批复部门预算之日起 40 个工作日内编制年度政府采购实施计划（附件 2）报财政部备案，并将属于集中采购机构组织实施的计划抄送集中采购机构。中央单位要统筹安排全年采购任务，并按规定将采购项目构成、使用单位、采购数量、技术规格、服务要求、使用时间、预算金额等内容编入政府采购实施计划。采购计划内容要具体明确，采购需求符合国家有关政策规定。对年度追加和调整部门预算的，要及时补编政府采购预算和政府采购实施计划。没有政府采购预算或未编报政府采购实施计划的，应当按规定程序向财政部补报后开展采购活动。

集中采购机构及时汇总各中央单位报送的政府采购实施计划，制定实施方案，对计划内容不明确、采购需求不符合国家有关政策规定的，要与采购单位沟通，确保采购实施计划的准确性。对未编制政府采购实施计划的，集中采购机构应拒绝采购项目委托。

三、调整适用范围，进一步完善协议供货采购制度

政府集中采购目录中规格及标准相对统一，品牌较多，日常采购频繁的小额零星通用类产品和通用类的服务类项目，可以分别实行协议供货采购和定点采购，大额采购仍应当实行集中单独采购。中央单位若采购同一品牌型号、配置和服务相同的产品价格明显低于协议供货价格，在与协议供货商未达成低价购买的情况下，或者中央单位所在地无协议供货商的，可以委托集中采购机构进行网上竞价。超出协议供货产品型号和供应商范围，以及采购限额的采购项目，由集中采购机构另行组织，不得自行采购。

网上竞价实质是询价采购，适用于协议供货范围内项目采购或者货物规格、标准统一、现货货源充足且价格变化幅度小，金额在50万元以下的集中采购项目采购，网上竞价应由中央单位委托集中采购机构进行。集中采购机构接受委托后按照中央单位提交的具体采购需求，根据询价适用条件进行网上竞价，并将竞价结果通知采购委托单位。

四、实行项目归集，积极开展批量集中采购试点工作

为了充分体现集中采购规模优势和集中效益，对部分达到一定数额的采购项目不再执行协议供货，应报集中采购机构，由集中采购机构归集形成规模后统一组织集中招标采购，切实发挥集中采购的规模优势。中央单位要按照“中央单位批量集中采购试行方案”（附件 4）的规定，认真做好采购项目批量集中采购试点工作，特别要做好采购实施计划提前编报工作。集中采购机构要在开展批量集中采购试点工作中，注意总结经验，逐步推广。

五、改进服务项目集中采购，中央驻京外县以下单位服务项目试行属地化采购

针对中央单位分布广、管理层次多，以及县以下中央定点供应商数量少、竞争不充分的情况，对定点服务项目实施中央集中采购与属地化采购相结合方式。中央驻京外县以下单位在执行中央集中采购定点服务项目时，如果通过自行采购或当地政府采购的服务价格低于中央定点采购价格，或价格相同服务条款优于中央定点采购条款的，以及当地无中央定点服务商的，可以按照自行采购或当地政府采购结果执行，具体执行情况应当填报“中央单位属地化采购情况汇总表”（附件 3）报主管部门。主管部门于每季度结束 10 日内报财政部备案。

六、采取有效措施，加强协议供货和定点服务的监测与管理

集中采购机构要按照与供应商签订的采购协议内容，对协议产品价格、定点服务质量、供应商执行协议情况等进行检查和监测，并淘汰考评不合格的供应商，促进供应商提高履行协议规定的质量。同时，要鼓励供应商对集中采购活动进行监督，不得以任何理由阻止相关质疑和投诉，对违反协议规定的情况要及时解决和处理。集中采购机构作为采购活动的组织者，可以对违反采购协议规定的行为向社会进行公告，但对禁止评审专家和供应商参与政府采购活动、罚款等处罚，应当由财政部依法作出决定。

七、严格委托手续，加强确定中标（成交）结果管理

中央单位将采购项目委托集中采购机构组织实施时，应当按财政部有关规定签订委托协议，委托协议可以一年一签，也可以按项目一事一签。要加强委托协议责任追究管理，凡遇有质疑投诉或举报，涉及各方责任的，按委托协议规定内容处理；凡未签订委托协议或签订内容不清的，其责任由采购单位和集中采购机构共同承担。采购单位接到集中采购机构中标（成交）通知书后应当在规定时间内予以确认，并签订采购合同。采购单位在签订采购合同时必须按照中标（成交）的规模、数量和金额签订合同。超过规定时间未确认或签订采购合同而产生的后果由采购单位负责。

为了防止不按中标（成交）协议履行的不良行为，保证采购产品质量，采购单位要本着公正、客观的原则，严格按照采购文件规定做好验收工作。凡未经过验收或经过验收而又产生与验收有关联的问题，其责任由采购单位承担。

八、加强管理，推进部门集中采购工作规范化

设立部门集中采购机构的主管部门应加强对部门集中采购的领导和管理，认真编制部门集中采购目录，明确直属系统集中采购实施范围，制定具体实施方案，做好部门集中采购品目的实施工作。部门编制的部门集中采购目录应当报财政部备案。

严格和规范中央对地方专项补助资金的采购管理。按照政府采购管理体制要求，应当由地方实施政府采购的项目，原则上不得实行主管部门集中组织采购并确定结果，由地方单位执行和支付资金的方式。确因法律法规有明确规定或情况特殊需要对地方政府采购项目实行主管部门集中采购的，主管部门应当报财政部同意后实施。

九、强化监管，建立规范的监督管理工作机制

财政部文件规定需要审批或备案的事项，中央单位和集中采购机构必须严格按规定执行，其中涉及中央单位的协议供货和定点采购等集中采购方案应当报财政部同意后实施。

建立集中采购目录执行情况报告制度，集中采购机构和设置部门集中采购机构的主管部门应当在每季度结束10日内，分别向财政部报送上一季度“集中采购执行情况表”（附件5）和“部门集中采购执行情况表”（附件6）。年度终了，集中采购机构应当在次年一月底前将上一年度工作总结报财政部，财政部组成考核组对集中采购机构全年工作进行考评。

要充分发挥监察、审计的监督管理职责和监管优势，分别从各自职责加强对集中采购工作的监督。建立不良行为社会公告制度，对中央单位、集中采购机构、供应商和评审专家等在政府采购活动中的违法违规行为，要在财政部指定的政府采购信息披露媒体上公告。

附件：1. 中央预算单位2009—2010年政府集中采购目录及标准有关集中采购机构采购项目的解释（略）

2. 中央单位政府采购实施计划表（略）

3. 中央单位属地化采购情况汇总表（略）

4. 中央单位批量集中采购实行方案（略）

5. 集中采购机构采购执行情况表（季度）（略）

6. 部门集中采购执行情况表（季度）（略）

中华人民共和国财政部

二〇〇九年七月二十日

关于加强中国政府采购网建设维护工作的通知

财办库［2009］277号

各省、自治区、直辖市财政厅（局）：

为进一步加强中国政府采购网建设和维护工作，推动中国政府采购网全国范围内互联互通，促进政府采购信息化建设，现将有关问题通知如下：

一、高度重视中国政府采购网建设维护工作。中国政府采购网是财政部依法指定的唯一政府采购信息发布网络媒体，是面向全国的政府采购信息和专业服务平台，各地分网站是中国政府采购网的有机组成部分。实现中国政府采购网全国范围内互联互通，是政府采购公开透明的需要，是政府采购信息资源共享和电子化政府采购工作的内在要求。根据“统一开发、统一管理、集中发布、分级维护”的管理体制，各地财政部门要加强对中国政府采购网地方分网站的管理，科学合理使用中国政府采购网建设维护补助费，切实做好分网站建设维护工作。

二、严格执行中国政府采购网统一域名制度。根据《关于中国政府采购网有关管理问题的通知》（财库［2000］28号）规定，各地分网站应使用财政部统一注册域名，此域名为中国政府采购网地方分网站的唯一指定域名。各地政府采购网站（包括自建网站和虚拟主机分网站）均应按照《关于中国政府采购网有关管理问题的通知》（财库［2000］28号）规定的统一域名进行调整，不得采用其他域名。

三、认真做好政府采购信息发布工作。根据《关于中国政府采购网有关管理问题的通知》（财库［2000］28号）规定，各地财政部门应当及时在中国政府采购网加载政府采购信息。2009年年底前，中国政府采购网将取消邮件、传真等信息发布方式，各地财政部门负责组织本地区采购人和采购代理机构，通过虚拟主机或者信息接口方式在中国政府采购网发布信息，并确保中国政府采购网信息发布的及时、全面和权威。财政部每年对各地分网站在中国政府采购网上发布的信息数量（采购公告信息）与政府采购项目实际数量进行统计，对信息发布率排名，对分网站维护业绩进行考核，并在中国政府采购网上公布相关情况。

四、进一步规范中国政府采购网管理工作。各地财政部门已自建政府采购网站的，应将网站建设情况报财政部（国库司）审查，审查通过后纳入中国政府采购网统一管理。今后拟单独建立政府采购网站的，应先向财政部（国库司）提出申请，经批准后，按财政部关于全国电子化政府采购业务平台建设的统一要求进行建设，纳入中国政府采购网统一管理。

财政部办公厅

二〇〇九年九月十六日

关于开展2009年国家自主创新产品认定工作的通知

国科发计［2009］618号

各省、自治区、直辖市，新疆生产建设兵团科技厅（委、局）、发展和改革委员会、财政厅（局）：

为贯彻落实《国家中长期科学和技术发展规划纲要（2006—2020年）》配套政策实施细则，推动国家自主创新产品认定工作，根据《国家自主创新产品认定管理办法（试行）》的有关规定，科技部、国家发展改革委和财政部决定联合开展国家自主创新产品认定工作。现将有关事项通知如下：

一、请各单位按照2009年度国家自主创新产品申报说明（见附件）的要求，认真做好产品申报、初审与推荐工作。

二、产品申报和推荐通过“国家科技计划项目申报中心”（以下简称“申报中心”）进行网上填报。有关要求及流程可登陆申报中心网站查看（program.most.gov.cn）。

三、产品申报的截止时间为2009年12月10日24时；产品推荐的截止时间为2009年12月30日24时；到达截止时间，申报中心将自动关闭。

四、请各单位通过申报中心推荐产品的同时，将相关书面材料（一式两份）报送至国家科技评估中心（地址：北京市海淀区阜成路73号裕惠大厦13层B1303，邮编100142）。

技术咨询：电话 010-51292636、68529618、68528758
传真 010-68528068、68522908
邮箱 program@most.cn

业务咨询：王健 电话 13810188689
丁宇 电话 13511035121
传真 010-88232615
邮箱 wangjian@ncste.org

附件：2009年度国家自主创新产品申报说明（略）

中华人民共和国科学技术部
中华人民共和国国家发展和改革委员会
中华人民共和国财政部
二〇〇九年十月三十日

关于印发《外国政府贷款采购工作管理办法》的通知

财金［2009］157号

国务院有关部委，有关直属机构，各省、自治区、直辖市、计划单列市财政厅（局），新疆生产建设兵团财务局，财政部驻各省、自治区、直辖市、计划单列市财政监察专员办事处，有关银行、采购公司、计划单列企业集团、中央管理企业：

为了进一步贯彻《国际金融组织和外国政府贷款赠款管理办法》（财政部令第38号）和《外国政府贷款管理规定》（财金［2008］176号），完善外国政府贷款采购管理制度，明确有关机构的权利和职责，保证贷款采购工作的顺利进行，现将我部制定的《外国政府贷款采购工作管理办法》印发你们，请遵照执行。

附件：外国政府贷款采购工作管理办法

中华人民共和国财政部
二〇〇九年十二月四日

附件：

外国政府贷款采购工作管理办法

第一章　总　则

第一条　为了加强外国政府贷款项下采购工作的管理，规范采购行为，保证采购质量，合理、有效地使用贷款资金，根据《国际金融组织和外国政府贷款赠款管理办法》（财政部令第38号）和《外国政府贷款管理规定》（财金［2008］176号），制定本办法。

第二条　外国政府贷款（以下简称贷款）项下的采购（以下简称贷款采购）工作适用本办法。

第三条　贷款采购应当遵守国家法律法规、贷款法律文件和本办法，遵循公开透明原则、公平竞争原则、公正原则和诚实信用原则。

前款所称贷款法律文件包括政府协议和贷款协议。

第四条　本办法有关用语的含义与财政部令第38号和财金［2008］176号文件规定一致。

第二章　机构职责

第五条　财政部负责制定贷款采购的工作原则和相关政策，制定贷款采购管理制度，对贷款采购工作进行指导、协调、监督和管理。

第六条　省级财政部门按照国家法律法规、贷款法律文件和本办法，对本地区贷款采购工作进行指导、协调、监督和管理；监督贷款采购工作的真实性和合法性。

第七条　项目单位应当按照国家法律法规、贷款法律文件和本办法，组织实施贷款项目，开展贷款采购和合同执行工作；保证采购内容与可行性研究报告等批复以及经贷款方确定的采购清单一致；严格执行采购合同，如实验收货物并负责维护、管理与有效使用；保证贷款采购内容的真实性。

第八条　采购公司受债务人或项目单位委托并在其协助下，依照国家法律法规、贷款法律文件、本办法和委托代理协议等有关规定，开展贷款采购和合同执行工作；保证贷款采购程序和合同执行的合法性和真实性。

第九条　转贷银行负责审核有关采购单据与合同的一致性，并按照贷款法律文件和本办法办理贷款资金的提取和支付等工作。

日元贷款项目的贷款资金提取和支付工作由贷款协议规定的支付结算银行负责。

第十条　有关单位及个人均应就贷款采购工作中的违法违规情况及时向省级财政部门和财政部反映。

第三章　招　标

第十一条　贷款采购应采用公开招标方式。贷款法律文件另有规定的，从其规定。

第十二条　项目单位负责将经批准的可行性研究报告和采购清单等报省级财政部门、转贷银行和采购公司备案。采购清单如需变更或调整，项目单位应当履行审批手续，并经省级财政部门报财政部备案。

贷款法律文件规定采购清单需经贷款方审批的，需办理相关手续。

第十三条　项目单位和采购公司依据采购清单并结合项目实施进度共同制定采购计划，并报送省级财政部门备案。

第十四条　项目单位和采购公司应当在贷款项目经国务院有关部门批准或在贷款协议生效后开展贷款采购的招标工作。贷款法律文件另有规定的，从其规定。

第十五条　项目单位和采购公司共同编制招标文件。其中，项目单位负责招标文件技术部分（中英文），采购公司负责商务部分（中英文）并将技术和商务部分汇编成完整的招标文件。

第十六条　招标文件经项目单位确认后，由采购公司报国内有关部门审批或备案（省级财政部门有要求的，应报送其审批或备案）。贷款法律文件另有规定的，招标文件应当报送贷款方审批或备案。

第十七条　项目单位和采购公司应当依据国内有关法规和贷款法律文件规定共同编写招标公告，并由采购公司通过规定媒介发布。贷款法律文件另有规定的，招标公告应当报送贷款方审批或备案。

第十八条　采购公司根据招标公告规定的时间和地点发售招标文件。

第十九条　招标文件需要澄清或修改的，应当按照规定重新办理审批或备案手续后，由采购公司负责通知所有购买招标文件的潜在投标人。

第四章　评　标

第二十条　评标由采购公司依法组建的评标委员会负责。采购公司应当对评标程序的合法性和合规性负责。

第二十一条　评标委员会对评标结果负责。评标委员会成员应当客观、公正地履行职务，遵守职业道德，对所提出的评审意见承担个人责任。

第二十二条　评标委员会应当按照招标文件确定的评标标准和方法，对投标文件进行评审。国家法律法规以及贷款法律文件另有规定的，从其规定。

第二十三条　评标委员会完成评标后，应当提出书面评标意见，并推荐合格的中标候选人。

第二十四条　项目单位和采购公司根据评标委员会的

意见共同编制评标报告，按规定报送国家有关主管部门审批，并按有关省级财政部门的要求报其备案。贷款法律文件另有规定的，评标报告应当报送贷款方审批或备案。

第二十五条 投标人、贷款方或国家有关部门对评标结果提出质疑的，采购公司应当负责组织、协调项目单位和评标委员会共同对质疑作出妥善处理和答复。

第二十六条 对违背国家法律法规和有关招标采购规定的行为，采购公司应当及时予以制止和纠正，暂停评标活动，并向省级财政部门和财政部报告。

第五章 合同签订

第二十七条 评标结果生效后，项目单位和采购公司应当按照招标文件和中标人的投标文件共同与中标人进行合同谈判并签订合同。合同内容应当与招标文件和投标文件相关内容一致，不得有实质性内容变更。

第二十八条 采购公司根据贷款法律文件规定将合同报贷款方审批或备案。需经财政部对外提交的，采购公司应通过财政部向贷款方提交。

第二十九条 合同签订后，采购公司将合同要点（包括合同号、签署日期、买方、卖方、合同金额和币种、采购内容、支付条款等）报送财政部，并抄送项目所在地省级财政部门。

第三十条 合同变更或调整（如数量、型号、规格、价格等发生变化），采购公司和项目单位应当报财政部或国家有关部门以及贷款方办理审批或备案手续，并抄送项目所在地省级财政部门和转贷银行。

第六章 合同执行与监督

第三十一条 合同有关各方共同负责合同执行工作，中标人应当严格履行合同的约定，确保供货内容与合同规定相一致。合同执行过程中，如发生争议和纠纷，有关方应当按照合同约定予以解决。

第三十二条 项目单位应当如实签署货物签收证明和验收证明。工程合同，应当出具监理单位的报告或建设部门或行业主管单位的竣工证明。进口货物提单、发票和装箱单，国内货物签收证明、验收证明，工程合同的监理报告、验工计价证明或竣工证明等应当作为合同的付款凭证。

第三十三条 对可直接从贷款方提取贷款资金的项目（如采用特别账户支付方式的项目）、一类贷款项目以及省级财政部门提出审核单据要求的项目，支付单据应当由省级财政部门依据合同进行审核。

信用证方式支付的合同，可采取事后审核支付单据的方法，但采购公司应当事前将开证申请书或信用证修改申请书报省级财政部门审核。

第三十四条 负责审核合同支付的省级财政部门，应当在收到采购公司提交的付款单据或付款申请、开证申请书或信用证修改申请书后的10个工作日内出具审核意见，逾期视为审核同意。

第三十五条 采购公司、转贷银行和支付银行应当根据合同的约定，本着单单相符、单证相符的原则进行审核，并根据贷款法律文件和本办法办理支付手续。

第三十六条 省级财政部门应当对贷款项目合同执行进行监督与管理，定期或不定期进行现场检查；对可直接从贷款方提取贷款资金的项目，应当对贷款资金提取到国内后的支付情况进行监督和管理。

第三十七条 财政部或经财政部委托的中介机构可对贷款项目的采购工作进行监督和检查。采购当事人应当如实反映情况，提供有关材料。

第三十八条 国务院有关部门或贷款法律文件要求审计贷款项目采购支付情况的，债务人和项目单位应当接受审计，对审计机构的工作予以配合。

第七章 罚 则

第三十九条 对违反有关法律法规、贷款法律文件和本办法进行贷款采购的单位和个人，除依照《财政违法行为处罚处分条例》以及相关法律法规规定处罚外，财政部可视情况采取通报批评、限期整改、取消相关资质等措施。

第四十条 项目单位违反有关法律法规、贷款法律文件和本办法的，财政部可予以通报批评、暂停贷款资金的提取和支付、加速未到期贷款债务的偿还、取消贷款使用资格。

第四十一条 采购公司违反有关法律法规、贷款法律文件和本办法的，财政部可予以通报批评、限期改正、暂停和取消贷款项目采购代理资格；可建议债务人或项目单位终止委托代理业务，并按规定另行选定其他采购公司。

采购公司一年内两次受到财政部通报批评的，财政部可予以暂停新贷款项目采购代理资格一年或以上。采购公司参与虚假采购或谋取不正当利益的，财政部可取消其贷款项目采购代理资格。

第四十二条 转贷银行违反有关法律法规、贷款法律文件和本办法的，财政部可予以通报批评、暂停或取消参与贷款转贷业务资格。

第四十三条 省级财政部门对采购工作监督管理不力的，财政部可予以通报批评、限期整改，或在有关问题得到妥善处理前暂停新项目安排。

第四十四条 投标人、中标人、供货商、承包商等违反国家相关法律法规、贷款法律文件和本办法的，财政部可予以通报批评、限期整改、暂停或取消参与贷款采购工作资格。财政部可建立不良行为记录名单制度，列入名单的机构、单位或个人将不得参与贷款采购工作。

第四十五条 评标委员会及其成员违反有关法律法规、贷款法律文件和本办法的，财政部可予以通报批评、暂停和取消参与贷款采购工作资格。

第八章 附 则

第四十六条 属于政府采购项目的贷款采购，应当遵照

《中华人民共和国政府采购法》执行。

第四十七条　国务院有关部门、计划单列企业集团以及中央管理企业贷款的采购工作管理，参照本办法执行。

第四十八条　经贷款方批准，贷款项目的采购采用非公开招标方式采购的，参照本办法有关规定执行。

第四十九条　省级财政部门可根据本办法和其他有关规定制定具体实施办法或细则。

第五十条　本办法自2010年1月1日起施行。

关于做好2009—2010年全国政府采购信息统计工作的通知

财库［2009］172号

党中央有关部门，国务院各部委、各直属机构，全国人大常委会办公厅，全国政协办公厅，高法院，高检院，中央国家机关政府采购中心，中共中央直属机关采购中心，人大机关采购中心，有关人民团体，各省、自治区、直辖市、计划单列市财政厅（局），新疆生产建设兵团财务局：

现将2009—2010年全国政府采购信息统计报表编报工作有关事项通知如下：

一、2009年全国政府采购信息统计年报编报工作有关事项

（一）2009年全国政府采购信息年报在原指标体系和原统计系统上进行编报，编报内容与2008年年报相同（报表格式和编报说明见附件1、附件2）。

（二）2009年全国政府采购信息统计管理系统分为网络版和单机版。网络版用户登录中国政府采购网首页“全国政府采购信息统计管理系统”（http://report.ccgp.gov.cn/login.cfm）在线进行编报。单机版用户可以在中国政府采购网“统计专栏”（/tjzl/index.shtml）下载第三条“2008政府信息采购统计管理系统单机版”2008版完整安装程序进行安装。

已经使用2008版的用户，则无须再重新安装或升级；目前还使用2008版以前版本的用户，可以在中国政府采购网“统计专栏”下载第四条“2008年政府采购信息统计管理系统单机版自动升级程序”，下载后解压运行软件将自动升级到最新版本；因文件损坏自动升级失败的老用户，请直接下载第三条“2008政府信息采购统计管理系统单机版”2008版完整安装程序进行安装，老用户安装之前请先备份数据库以便于恢复数据。

（三）各省级财政部门和各中央一级预算单位请于2010年2月28日前将2009年政府采购信息统计年报编报完毕。网络版用户通过网络直接报送，单机版用户导出上报文件（格式为*.cz 的文件）通过软盘报送。同时将纸质报表和统计分析报告（省级财政部门加盖单位行政公章，中央一级预算单位加盖主管政府采购的司（局）公章）各1份报送至财政部国库司。

二、2010年全国政府采购信息统计编报工作有关事项

（一）2010年政府采购信息统计编报工作采用新指标体系和编报方式以及新统计系统（即“政府采购信息统计及计划管理系统”。政府采购基础数据录入界面、报表格式和编报说明见附件3、附件4、附件5）

（二）2010年全国政府采购信息统计工作采用“政府采购执行情况基础数据”录入方式。要求实时录入，即每发生一项政府采购活动录入一次，期末自动生成报表。政府采购执行情况基础数据主要以采购合同要素为主，对无法取得采购合同的项目，可以依据其他购销凭证。例如发票和验收单等进行编报。

（三）2010年政府采购信息统计及计划管理系统分为网络版和单机版，单机版在具备互联网连接的条件下，可作为网络版客户端使用，即数据录入、报表生成等工作在本地计算机进行，数据上报时，身份验证后通过网络直接提交；在不具备互联网条件下，以数据盘形式（导出文件格式为*.cz文件）上报。网络版用户登录中国政府采购网首页“政府采购信息统计及计划管理系统”在线进行编报。单机版（网络版客户端）用户可在中国政府采购网下载软件安装程序或到财政部国库司领取软件安装光盘。根据有关实际情况，要求各级政府采购监管机构和集中采购机构使用网络版；所有采购人使用单机版（网络版客户端）。

（四）2010年全国政府采购信息统计工作分为季报和年报，各省级财政部门和中央一级预算单位请于每个季度结束后15日内上报季报，于年度结束后30日内上报年报，并将年报的纸质报表和统计分析报告（省级财政部门加盖单位行政公章，中央一级预算单位加盖主管政府采购的司（局）公章）各1份报送至财政部国库司。

三、全国政府采购信息统计编报工作要求

（一）各编报单位要高度重视政府采购信息统计汇总的组织落实工作，及时布置工作，明确职责分工，注意相互协调，准时上报政府采购信息统计资料。

（二）“政府采购执行情况基础数据”录入方式既能够提高数据的真实性和准确性，又能增强数据分析功能。各编报单位要充分认识其重要意义，加强合同等基础数据的收集、整理和及时录入。

（三）各编报单位应认真阅读《2009年政府采购信息统计编报说明》（附件2）和《2010年政府采购信息统计编报说明》（附件5），准确理解和掌握各项统计指标的内涵、编报方法和口径，保证政府采购信息统计和汇总工作不重不漏、内容完整、真实可靠。要增强政府采购信息统计的全面性与完整性，凡是按照《政府采购法》规定开展的采购活动，都应当纳入统计范围。

（四）各编报单位要认真对统计数据进行对比和原因分析，撰写政府采购信息统计分析报告，准确揭示出政府采购活动的当前状况、存在问题及未来发展趋势，为政府采购制度改革和国家制定宏观经济政策提供真实、可靠的依据。

（五）财政部国库司将分别对省级财政部门和中央一级预算单位2009年和2010年政府采购信息统计工作（结合统计基础工作、报表报送情况、报表质量、分析质量等因素）继续进行考核评比，对统计工作先进单位给予通报表扬。

（六）在报表编报过程中，如遇统计编报口径等问题，请及时与财政部国库司政府采购管理一处联系。如遇统计软件操作问题，请及时与北京九三三软件股份有限公司联系。

财政部国库司联系电话：

010-68552269；010-68552231

北京九三三软件股份有限公司联系电话：

010-58734800；010-58734801

010-58734802；010-58734803

15011211901；　13910715200

附件：1. 2009年政府采购信息统计报表（略）

2. 2009年政府采购信息统计报表编报说明（略）

3. 2010年政府采购执行情况基础数据录入界面（略）

4. 2010年政府采购信息统计报表（略）

5. 2010年政府采购信息统计编报说明（略）

中华人民共和国财政部

二〇〇九年十二月三十一日

关于做好2010年中央单位政府采购计划和执行编报工作的通知

财库［2009］173号

党中央有关部门，国务院各部委、各直属机构，各人民团体，全国人大常委会办公厅，全国政协办公厅，高法院，高检院，中央国家机关政府采购中心，中共中央直属机关采购中心，人大机关采购中心：

为了进一步加强政府采购计划和执行管理，根据《中央单位政府采购管理实施办法》（财库［2004］104号）和《财政部关于进一步做好中央单位政府集中采购工作有关问题的通知》（财库［2009］101号）等有关文件精神，从2010年起，中央单位和集中采购机构要通过“政府采购信息统计及计划管理系统”编报政府采购计划和执行情况。现将有关工作通知如下：

一、充分认识编报政府采购计划和执行情况的重要意义

编报政府采购计划和执行情况是实现科学采购的重要基础，不仅可以规范采购行为，而且可以使单位提高政府采购精细化管理工作水平，节约国家资金，充分体现国家政策目标，为分析决策提供依据。各单位要做好采购预算、计划与执行的相互衔接工作，强化预算和计划约束，确保政府采购效率和质量不断提高。

二、政府采购计划和执行情况编报内容

（一）中央单位

1.“中央单位政府采购计划表”（季报）

中央单位分季度编报“中央单位政府采购计划表”。中央单位根据财政部批复的政府采购基本支出和项目支出预算，按照政府采购项目、品目、数量、金额、组织形式、采购方式等要素录入“中央单位政府采购计划表”（分基本支出和项目支出），每季度开始前30日内，逐级汇总上报财政部。涉及集中采购的计划，由中央一级预算单位汇总后，抄送集中采购机构。

2.“中央单位政府采购执行情况表”（季报）

中央单位分季度编报“中央单位政府采购执行情况表”。中央单位根据政府采购执行进度，按照采购数量、采购金额、组织形式和采购方式等要素，实时录入政府采购执行情况基础数据，由系统生成“中央单位政府采购执行情况表”（分基本支出和项目支出），每季度结束后15日内，逐级汇总上报财政部。

3.“中央单位属地化采购执行情况表”（季报）

中央单位分季度编报“中央单位属地化采购执行情况表”。中央单位按照政府采购执行进度，实时录入对应的属地化数据，由系统生成“中央单位属地化政府采购执行情况表”，每季度结束后15日内，逐级汇总上报财政部。

4.“批量采购计划表”

中央单位按月编报“批量采购计划表”。批量采购计划，由中央一级预算单位按规定统一汇总所属各单位批量采购需求后，于每月15日前报送财政部，同时，抄报所委托的集中采购机构。

（二）集中采购机构

1.“批量采购执行情况表”

集中采购机构分季度编报。集中采购机构根据中央一级预算单位按月上报的“批量采购计划表”，实施批量集中采购，于每季度结束后15日内编报对应的“批量采购执行情况表”，上报财政部。

2.“集中采购机构采购执行情况表”

集中采购机构分季度编报。集中采购机构按时录入中央单位委托的集中采购执行情况，于每季度结束后15日内编报“集中采购机构执行情况表”，上报财政部。

三、编报工作的组织实施

（一）中央单位和集中采购机构应当对照编报说明，准确理解和掌握各项指标的内涵、填报方法和口径，认真录入和填报，确保计划和执行数据及时完整、真实可靠。

（二）中央单位和集中采购机构要高度重视政府采购计划及执行情况的编报工作，及时布置下达，明确职责分工，积极做好相关协调和培训工作，切实提高编报水平。

（三）中央单位和集中采购机构应当加强政府采购计划执行的跟踪分析，及时掌握计划执行进度与效果，分析计划与执行差异原因，采取措施提高计划和执行水平。

（四）建立健全政府采购计划和执行考核制度，强化预算和计划约束。财政部严格按照政府采购预算和计划，审批中央单位变更政府采购方式，对中央单位和集中采购机构政府采购计划和执行情况编报工作不定期进行检查，并对检查结果予以通报。

四、报送要求

2010年“政府采购信息统计及计划管理系统”分为网络版和单机版，单机版在具备互联网连接的条件下，可作为网络版客户端使用，即数据录入、报表生成等工作在本地计算机进行，数据上报时，身份验证后通过网络直接提交；在不具备互联网条件下，以数据盘形式（导出文件格式为*.cz 文件）上报。网络版用户登录中国政府采购网首页“政府采购信息统计及计划管理系统”在线进行编报。单机版（网络版客户端）用户可在中国政府采购网下载软件安装程序或到财政部国库司领取软件安装光盘。根据有关实际情况，中央单位要求统一采用“网络版客户端”进行填报，集中采购机构要求采用网络版填报。

各单位要严格按照财政部统一的编报要求逐级录入有关数据，如遇口径等问题，请及时与财政部国库司政府采购管理一处联系。如遇系统软件操作问题，请及时与北京九三三软件股份有限公司联系。

财政部国库司政府采购管理一处联系电话：

010-68552269；010-68552231

010-68552233；010-68552921

北京九三三软件股份有限公司联系电话：

010-58734800；010-58734801

0105-8734802；010-58734803

13911507780；　13910715200

附件：1.政府采购计划和执行情况编报表格（略）

2.2010年政府采购执行情况基础数据录入界面（略）

3.政府采购计划及执行情况编报说明（略）

中华人民共和国财政部

二〇〇九年十二月三十一日

关于《政府采购本国产品管理办法（征求意见稿）》公开征求意见的公告

为规范政府采购行为，维护市场秩序，根据《中华人民共和国政府采购法》，财政部、商务部、发展改革委、海关总署联合起草了《政府采购本国产品管理办法（征求意见稿）》，现公开征求意见。欢迎社会各界通过来信、传真或电子邮件等方式，提出修改意见和建议。意见反馈的截止日期为2010年6月21日。

联系人：肖帆

传真：010-68552871

E-mail:xiaofan@mof.gov.cn

地址：北京市西城区月坛南街三里河南三巷3号财政部国库司，邮编：100820

财政部

商务部

国家发展改革委

海关总署

二〇一〇年五月二十一日

附件：

政府采购本国产品管理办法（征求意见稿）

第一章 总 则

第一条 为规范政府采购行为，维护市场秩序，根据《中华人民共和国政府采购法》，制定本办法。

第二条 本办法适用于各级国家机关、事业单位、团体组织（以下统称采购人），使用财政性资金采购依法制定的集中采购目录以内或者采购限额标准以上的货物项目。

第三条 采购人采购货物的，应当采购本国产品。但本办法另有规定的除外。

第四条 任何单位和个人不得阻挠和限制本国产品自由进入本地区和本行业的政府采购市场，不得以不合理条件对本国产品实行差别或者歧视待遇。

第五条 各级人民政府财政部门负责政府采购本国产品的监督管理。

各级人民政府有关部门依法履行与政府采购本国产品有关的监督管理职责。

第二章 本国产品认定

第六条 本办法所称本国产品是指在中国关境内生产，且国内生产成本比例超过50%的最终产品。

第七条 本办法所称国内生产成本比例按下列公式计算：

国内生产成本比例＝（最终产品生产成本-非中国原产材料价值）/最终产品生产成本×100%

第八条 本办法所称最终产品生产成本，是指供应商履行政府采购合同的最终产品的生产成本。

第九条 本办法所称非中国原产材料是指进口直接用于制造或装配最终产品的原料或零部件。

无法明确来源的原料或零部件，视为非中国原产材料。

第十条 非中国原产材料价值是指非中国原产材料的到岸价（CIF）。

第十一条 最终产品生产成本和非中国原产材料价值，应按我国现行会计准则的相关规定予以核算。

第三章 本国产品采购

第十二条 采购人应当要求供应商提供本国产品参加政府采购活动。

第十三条 采购人应当在采购文件（含谈判文件、询价报价文件、单一来源报价文件，下同）中载明，供应商应在投标文件中提交生产厂家出具的《产品最终生产地声明》（以下简称声明）和《最终产品国内生产成本比例达标承诺书》（以下简称承诺书）。

第十四条　采购人采购集成项目时，应当要求供应商对所有占报价20%以上的单一组件，提供生产厂家出具的声明和承诺书。

第十五条　本国产品在中国关境内无法获取或者无法以合理的商业条件获取的，采购人应当优先采购在中国关境内生产的最终产品，并在采购合同签订之日起7个工作日内，将合同副本报同级政府采购监督管理部门和有关部门备案。

第四章　监督检查

第十六条　各级人民政府财政部门应当加强对政府采购本国产品的监督检查。

依照法律、行政法规的规定对政府采购负有行政监督职责的政府有关部门，应当按照职责分工，加强对政府采购本国产品的监督。

第十七条　采购人在验收时，应当要求供应商确认本国产品国内生产成本比例。

第十八条　参加政府采购活动的供应商对本办法的执行情况有异议的，可以依法提出质疑或投诉，但应当承担举证责任。

第十九条　本国产品认定存在争议的，由财政部门会同海关核定。

第二十条　任何单位和个人对违反本办法规定的采购行为，有权控告和检举，有关部门、机关应当依照各自职责及时处理。

第五章　附　则

第二十一条　采购人采购进口产品的，应按照现行政府采购进口产品管理有关规定执行。

第二十二条　采购与我国签署相互开放政府采购市场多边或双边协议国家生产的产品，依照协议有关规定执行。

第二十三条　本办法由财政部会同国家发展改革委、商务部、海关总署解释。

第二十四条　本办法自2010年 月 日起施行。

卫生部

关于印发《进一步规范医疗机构药品集中采购工作的意见》的通知

卫规财发［2009］7号

各省、自治区、直辖市卫生厅局、纠风办、发展改革委(物价局)、工商行政管理局、食品药品监管局(药品监管局)、中医药局:

为规范和推动新形势下医疗机构药品集中采购工作，我们制定了《关于进一步规范医疗机构药品集中采购工作的意见》。现印发给你们，请遵照执行。

卫生部
国务院纠正行业不正之风办公室
国家发展和改革委员会
国家工商行政管理总局
国家食品药品监督管理局
国家中医药管理局
二〇〇九年一月十七日

关于进一步规范医疗机构药品集中采购工作的意见

近几年来，各地结合实际，积极推行医疗机构药品集中采购工作，进行了有益探索，取得了明显成效，但也存在各地发展不平衡、采购政策不统一、采购办法不完善、中介服务成本高等突出问题。为进一步规范医疗机构药品集中采购工作，使其在保证药品质量、控制虚高药价、整顿购销秩序、治理商业贿赂、纠正不正之风、减轻人民群众医药费用负担等方面发挥重要作用，根据中央纪委第十七届三次全会精神和国务院对纠风工作的要求，现提出以下意见：

一、全面实行政府主导、以省（自治区、直辖市）为单位的网上药品集中采购工作

药品是维护人民健康的特殊商品，与群众利益密切相关。各级政府对药品集中采购工作要切实加强领导，积极发挥主导作用。各省（区、市）人民政府负责组织建立药品集中采购工作领导机构、工作机构和非营利性的药品集中采购平台，确保采购平台功能完善、设施齐全，并对药品集中采购工作机构的人员编制、经费补助等给予积极支持。有条件的地区可建立财政全额补助的集中采购机构，具体负责药品集中采购的实施工作，形成政府组织推动、医疗机构和药品生产流通企业通过采购平台直接免费交易的购销方式。

医疗机构药品集中采购工作，要以省（区、市）为单位组织开展。县及县级以上人民政府、国有企业（含国有控股企业）等所属的非营利性医疗机构，必须全部参加药品集中采购。鼓励其他医疗机构参加药品集中采购活动。药品集中采购要充分考虑各级各类医疗机构的临床用药需求特点。集中采购周期原则上一年一次。

全面推行网上集中采购，提高医疗机构药品采购透明度。医疗机构按申报集中采购药品的品种、规格、数量，通过药品采购平台采购所需的药品。

二、规范集中采购药品目录和采购方式

各省（区、市）要制定药品集中采购目录。列入国家基本药物目录的药品，按照国家基本药物制度规定执行。国家实行特殊管理的第二类精神药品、医疗用毒性药品和放射性药品等少数品种以及中药材和中药饮片等可不纳入药品集中采购目录，麻醉药品和第一类精神药品不纳入药品集中采购目录。除上述药品外，医疗机构使用的其他药品原则上必须全部纳入集中采购目录。

对纳入集中采购目录的药品，实行公开招标、网上竞价、集中议价和直接挂网（包括直接执行政府定价）采购。对经过多次集中采购、价格已基本稳定的药品，可采取直接挂网采购的办法，具体品种由省级集中采购管理部门确定。

三、建立科学的药品采购评价办法

集中采购药品要建立科学的评价办法，坚持“质量优先、价格合理”的原则，合理划分药品类别，加大质量分权重，并考虑临床疗效、质量标准、科技水平等因素，对药品的质量、价格、服务和信誉等进行综合评价。省级卫生行政部门要汇总提出本地区有关医疗机构集中采购药品的品种、规格和数量，保证医疗机构的临床用药，满足人民群众多样化的用药需求。进一步做好专家库建设和专业分类管理工作。

四、减少药品流通环节

药品集中采购由批发企业投标改为药品生产企业直接投标。由生产企业或委托具有现代物流能力的药品经营企业向医疗机构直接配送，原则上只允许委托一次。如被委托企业无法向医疗机构直接配送时，经省级药品集中采购管理部门批准，可委托其他企业配送。

五、认真履行药品购销合同

医疗机构要与中标（入围）药品生产企业或其委托的批发企业签订药品购销合同，明确品种、规格、数量、价格、回款时间、履约方式、违约责任等内容。合同采购数量要以医疗机构上年度的实际药品使用数量为基础，适当增减调整后确定。

药品企业和医疗机构必须严格按照《合同法》等规定，履行药品购销合同规定的责任和义务，合同周期一般不低于1年。医疗机构必须按照药品购销合同确定的品种、数量、价格和供货渠道采购使用药品，不得擅自采购非中标（入围）药品；必须严格按照合同约定的时间及时回款，回款时间从货到之日起最长不超过60天。药品企业未按合同生产供应药品或医疗机构未按合同规定采购药品以及逾期不能回款的，都应支付一定比例的违约金（具体比例由省级药品集中采购机构确定）。情节严重的要公示警告并依法追究责任。积极探索采用银行承兑汇票等多种方式规范医疗机构货款结算。

六、规范医疗机构合理用药

医疗机构要加强处方开具和药品使用的规范化管理，提高处方质量，规范医务人员用药行为，纠正为追求经济利益而滥用药物的问题。强化监督检查，推行医疗机构药品用量动态监测、超常预警、处方点评等制度，坚决查处大处方等损害群众利益的行为，保障患者用药安全。

对于部分常用药、廉价药，医疗机构可按照政府规定的最高零售价格销售，具体品种由省级集中采购管理部门确定。

七、落实部门责任，严格监督管理

各地区有关部门要密切协作，加大监管力度。卫生行政部门牵头组织药品集中采购工作，并负责对医疗机构执行中标（入围）结果和履行合同情况进行监督检查；物价管理部门负责对收费行为、中标（入围）药品零售价格的核定及执行情况进行监督检查；工商行政管理部门负责对药品集中采购及招投标过程中的商业贿赂等不正当竞争行为进行监督检查；药监部门负责药品企业的资质认定，并对中标（入围）药品的质量和配送情况进行监督检查；纠风部门负责对药品集中采购的全过程进行监督，受理有关药品集中采购的检举和投诉，并对违纪违法行为进行调查处理。各部门要加强协调配合，及时研究解决药品集中采购工作中出现的重大问题。

各地区有关部门要通过采购平台，对医疗机构采购药品的品种、数量、价格、加价率、回款、使用和药品企业参与投标、供应药品等情况进行动态监管，使药品采购全过程公开透明。要定期检查，发现问题及时解决。要及时受理并认真调查处理有关投诉。对在药品集中采购中违反有关政策和规定的机构和有关人员，一经发现，要严肃追究责任。

本意见自印发之日起施行。以前所发药品集中采购文件与本意见不一致的，按本意见规定执行。

关于印发《进一步规范医疗机构药品集中采购工作的意见》有关问题说明的通知

卫规财发［2009］59号

各省、自治区、直辖市卫生厅（局）、纠风办、发展改革委（物价局）、工商行政管理局、食品药品监管局（药品监管局）、中医药局：

2009年1月17日，卫生部、国务院纠风办、发展改革委、工商总局、食品药品监管局、中医药局联合印发了《进一步规范医疗机构药品集中采购工作的意见》（卫规财发［2009］7号，以下称《意见》）。为进一步贯彻落实《意见》精神，我们研究制定了《关于〈进一步规范医疗机构药品集中采购工作的意见〉有关问题的说明》。现印发给你们，请遵照执行。

卫生部

国务院纠正不正之风办公室

国家发展和改革委员会

国家工商行政管理总局

国家食品药品监督管理局

国家中医药管理局

二〇〇九年六月十九日

关于《进一步规范医疗机构药品集中采购工作的意见》有关问题的说明

2009年1月17日，卫生部、国务院纠风办、发展改革委、工商总局、食品药品监管局、中医药局联合印发了《进一步规范医疗机构药品集中采购工作的意见》（卫规财发［2009］7号），要求全面实行以政府为主导、以省（自治区、直辖市）为单位的网上药品集中采购工作。按照《中共中央、国务院关于深化医药卫生体制改革的意见》和国务院《医药卫生体制改革近期重点实施方案（2009—2011年）》确定的原则，现就有关问题做出以下说明：

一、关于坚持政府主导

坚持政府主导是深化医药卫生体制改革的要求，是建立健全药品供应保障体系的需要，是安全有效使用医疗卫生公共资金的保证。

在药品集中采购中坚持政府主导，主要体现在以下三个方面：一是政府加强组织领导。各省（区、市）人民政府应当组织和健全由相关部门组成的药品集中采购工作领导机构、管理机构和工作机构，并给予人、财、物等方面的保障。二是政府建立非营利性采购交易平台。各地应当建立政府非营利性的药品集中采购交易平台，并确保政府拥有平台的所有权和使用权，这是坚持政府主导的核心标志。这个平台不仅要承担包括国家基本药物在内的各种药品的采购工作，也要承担高值医用耗材的采购工作，还要承担省级管理的乙类大型医用设备的采购工作。采购交易平台要做到安全可靠、功能完善、数据齐全、监管严密。目前采购交易仍收取一定费用的，应当向政府提供经费支持、医疗机构和医药企业免费采购交易的方式转变。三是政府要对采购交易全过程加强监督管理。地方各级政府应当按照国家关于深化医药卫生体制改革总体部署及有关文件的要求，结合本地实际情况，制定完善辖区内药品集中采购实施细则，规范医疗机构和医药企业在医药购销活动中的行为，保证药品集中采购活动公开、公平、公正。

二、关于以省（区、市）为单位集中采购

实行以省（区、市）为单位集中采购所形成的价格，是医药企业向省（区、市）内所有参加药品集中采购医疗机构的供应价格。实行以省（区、市）为单位集中采购，有利于集中省内专家的集体智慧，选购优质药品，保证用药安全；有利于节约政府部门、医疗机构和医药企业的人力、物力和财力，有效降低采购成本；有利于发挥集中采购的规模效益，降低采购价格。

实行以省（区、市）为单位集中采购，要合理划分省、市（地）、县管理事权。省级负责集中采购的组织和实施，市（地）、县级负责本级集中采购的监管。

三、关于实行网上集中采购

网上集中采购，就是要求集中采购的全过程要通过网上运行来实现。要充分利用网络的优势，使医疗机构与医药企业通过互联网开展采购和销售，为政府监督和决策提供有力的支持。各医疗机构与医药企业的购销活动必须在采购平台上“阳光操作”，使药品采购切实做到招标公开、价格公开、采购公开和使用公开。

四、关于建立科学的药品采购评价办法

要合理划分药品类别。划分过粗，可能使部分疗效确切、质量较好的药品难以中标；划分过细，则可能影响药品有效竞争，不易降低药品采购价格。要注意兼顾药品质量、企业标准、生产工艺、科技水平等方面因素，加大质量分权重。保证中标药品质优价廉，促进优质企业发展。

五、关于组织专家评标议标

要做好专家库建设和专业分类管理工作。进行专业分类的目的是为了更好地保证入围品种和价格的合理性。在具体品种议价和谈判时，根据不同品种类型抽取不同的类别专家，保证谈判结果更加合理。

要严格把好专家评议关。评标专家要随机抽取，进行全封闭式评标议标；对投标品种的安全性、疗效、副作用、企业规模、品牌知名度、企业服务等指标，进行综合评价；评议意见要以药品疗效和安全性为依据，并记录在案，严禁以专家个人意愿确定中标品种。

六、关于合理控制中标率

确定集中采购药品的中标率，必须全面分析投标品种数量，考虑省（区、市）内各地区的社会经济发展差异，把握本省（区、市）地域范围大小。合理确定中标率，有利于规范采购秩序，促进企业开展合理的价格竞争。

七、关于减少药品流通环节

药品集中采购实行医药生产企业直接投标。投标人须持有生产企业证明文件。生产企业设立的仅销售本公司产品的商业公司、进口产品国内总代理可视同生产企业。中标药品配送到全省（区、市）参加集中采购的医疗机构的费用，包含在中标价格之中。中标的生产企业负责全省（区、市）的配送，中标企业可以自行配送，也可以委托其他具有现代物流能力的医药经营企业进行配送，如果本地区尚无具有现代物流能力的医药经营企业，可以委托其他大型医药经营企业配送。原则上每种药品只允许委托一次，但在一个地区可以委托多家进行配送。如果被委托企业完成不了配送任务，需要再委托另一家医药企业配送的，应当由中标企业提出申请，经省（区、市）医药采购领导小组管理部门审查批准，但不得提高中标药品的采购价格。列入国家基本药物目录的药品，按照国家基本药物制度规定执行。

八、关于认真履行药品购销合同

合同是规范医药购销双方行为的法律依据，医药购销双方必须按照规定内容如实签订，依法执行。

各医疗机构必须按照至少不低于上年度实际使用量的80%，向省（区、市）药品集中采购领导小组管理部门申报当年采购数量，并只能购买中标药品；遇有特殊情况需要购买中标以外药品时，需报经省（区、市）药品集中采购领导小组管理部门审批同意。医疗机构和医药企业必须按照药品购销合同购销药品，不得进行“二次议价”。严格对药品采购发票进行审核，防止标外采购、违价采购或从非规定渠道采购。

九、关于规范医疗机构合理用药

规范医疗机构合理用药，要从因病施治抓起，规范诊疗行为；要抓好医疗机构经济运行管理，严格成本核算，加强成本控制；要严格对药品的采购、使用情况进行监管，建立医药购销行为公示、“阳光用药”等管理制度。

十、关于落实部门责任

药品采购工作涉及范围广，管理部门多，各部门应当履行各自职责，切实加强监督管理，防止因采购集中度的提高，出现新形式的腐败问题。

要充分认识加强药品采购管理工作对于深化医药卫生体制改革、整顿医药购销秩序、规范医疗服务行为、解决群众看病就医问题的重要意义，从维护人民群众根本利益的高度出发，兼顾各方利益，建设科学的药品供应保障体制。要按照有关规定，针对实际情况，完善药品集中采购工作中财政保障、医保支付、价格调整等相关政策，相互配合，协同行动。要不断地研究新情况，采取新措施，解决新问题，确保以政府为主导、以省（区、市）为单位的网上药品集中采购工作顺利进行。

北京市

关于印发《北京市自主创新产品政府首购和订购实施细则（试行）》的通知

京财采购［2009］370 号

市属各单位、各区县财政局:

为贯彻落实《国务院关于实施〈国家中长期科学和技术发展规划纲要（2006—2020 年）〉若干配套政策的通知》，发挥政府采购政策功能，鼓励、扶持我市自主创新产品的研究和应用，规范我市政府首购和订购活动，根据《中华人民共和国政府采购法》、财政部《自主创新产品政府首购和订购管理办法》和北京市人民政府《关于在中关村科技园区开展政府采购自主创新产品试点工作的意见》，结合北京市实际，北京市财政局制定了《北京市自主创新产品政府首购和订购实施细则（试行）》。现印发给你们，请遵照执行。

北京市财政局

二〇〇九年三月十日

附件：

北京市自主创新产品政府首购和订购实施细则（试行）

第一章　总　则

第一条　为贯彻落实《国务院关于实施〈国家中长期科学和技术发展规划纲要（2006—2020 年）〉若干配套政策的通知》，发挥政府采购政策功能，规范政府首购和订购活动，根据《中华人民共和国政府采购法》、财政部《关于印发〈自主创新产品政府首购和订购管理办法〉的通知》和北京市人民政府《关于在中关村科技园区开展政府采购自主创新产品试点工作的意见》，结合北京市实际，制定本实施细则。

第二条　本细则在中关村科技园区试行。

第三条　北京市各级国家机关、事业单位和团体组织（以下统称采购人）使用财政性资金开展首购、订购活动的，适用本细则。

第四条　本细则所称首购，是指对于国内企业或科研机构生产或开发的，暂不具有市场竞争力，但符合国民经济发展要求、代表先进技术发展方向的首次投向市场的产品（以下统称首购产品），通过政府采购方式由采购人或政府首先采购的行为。

第五条　本细则所称订购，是指对于北京市需要研究开发的重大创新产品、技术、软科学研究课题等（以下统称订购产品），通过政府采购方式面向全社会确定研究开发和生产机构（以下统称订购产品供应商）的行为。

第六条　政府首购和订购活动应当遵循公开透明原则、公平竞争原则、公正原则和诚实信用原则。

第七条　北京市各级财政部门和科技部门是自主创新产品政府首购和订购活动的监督管理部门。

第二章　首购管理

第八条　首购产品是指财政部公布的《政府采购自主创新产品目录》（以下简称《目录》）中列明的首购产品。市科委负责向科技部推荐我市符合首购条件的自主创新产品。

为推进首购政策在我市的实施，在财政部未公布《政府采购自主创新产品目录》（以下简称《目录》）前，由市科委会同有关部门在我市自主创新产品中研究确定首购产品，并予以公布，实施首购。财政部公布《目录》后按《目录》实施，原尚未执行完成的合同继续执行。

第九条 采购人采购的产品属于首购产品类别的，采购人及其委托的采购代理机构应邀请《目录》中列明的首购产品的供应商参加投标，不属于首购产品供应商的，不能参加投标。若符合条件的供应商或对招标文件作实质性响应的供应商不足三家，按照规定程序采取其他采购方式。采取公开招标以外的采购方式，应由市级或区县财政部门进行审批。

第十条 首购产品供应商在投标过程中，除按规定提交有关材料外，应提供政府采购自主创新产品首购产品证明。

第十一条 首购产品公布前的政府采购合同继续执行，首购产品公布后的政府采购活动，应当按照政府首购政策执行。

第三章 订购管理

第十二条 政府订购活动应当以公开招标为主要采购方式。因特殊情况需要采用公开招标以外的采购方式的，由市级或区县财政部门进行审批。

第十三条 政府订购活动的投标供应商必须为在中国境内具有中国法人资格的企业、事业单位。

第十四条 采购人及其委托的采购代理机构必须在采购文件的资格要求、评审方法和标准中明确对订购产品供应商的具体要求、订购项目成果的详细技术要求以及相关评分要素和具体分值等。

第十五条 采购人及其委托的采购代理机构应当根据项目需求合理设定订购产品供应商资格，包括技术水平、规模、业绩、资格和资信等，不得以不合理的要求排斥和限制任何潜在的本国供应商。

第十六条 确定订购产品供应商后，签订订购产品政府采购合同。

第十七条 订购产品政府订购合同不得分包或转包。

第十八条 订购产品政府采购合同应当约定考核验收、技术成果转化和应用推广等内容。

第四章 监督检查

第十九条 在首购、订购产品政府采购合同履行过程中，双方当事人依法变更合同条款或者签订补充合同的，不得违背促进自主创新的原则和首购、订购政策。

第二十条 双方当事人依法变更首购、订购合同条款或者签订补充合同的，采购人或者其委托的采购代理机构应当将变更后的合同、补充合同副本以及变更、补充合同的理由报同级财政部门备案。

第二十一条 采购人、采购代理机构和中标、成交供应商有违反政府首购、订购政策等法律法规行为的，按照《中华人民共和国政府采购法》和财政部《关于印发〈自主创新产品政府首购和订购管理办法〉的通知》的规定进行处理。

第五章 附 则

第二十二条 对于符合政府首购基本条件的试制品的采购活动参照本办法执行。

第二十三条 涉及国家安全和秘密的项目不适用本办法。

第二十四条 本细则由北京市财政局负责解释。

第二十五条 本细则自发布之日起30日后实施。

关于我市实施促进自主创新政府采购政策有关问题的通知

京财采购［2009］1021号

市属各单位，各区县财政局，燕山财政分局，开发区财政局，北京市政府采购中心，各政府采购代理机构：

根据《国务院关于同意支持中关村科技园区建设国家自主创新示范区的批复》（国函［2009］28号）文件精神，为进一步做好北京市人民政府《关于在中关村科技园区开展政府采购自主创新产品试点工作的意见》（京政发［2008］46号）的贯彻落实工作，充分发挥政府采购促进自主创新的作用，在财政部会同有关部门出台《政府采购自主创新产品目录》之前，就我市实施促进自主创新政府采购政策有关问题明确如下：

一、我市政府采购自主创新产品工作在中关村科技园区开展试点。

二、本通知中自主创新产品是指纳入北京市科学技术委员会等单位联合公布的《北京市自主创新产品目录》（可登陆北京市科学技术委员会网站 www.bjkw.gov.cn 查询）中的产品。

本通知中首购产品是指纳入北京市科学技术委员会等单位联合公布的《北京市政府首购自主创新产品目录》（可登陆北京市科

学技术委员会网站 www.bjkw.gov.cn 查询）中的产品。

三、各级国家机关、事业单位和团体组织（以下统称采购人）使用财政性资金进行采购的，在同等条件下要优先采购自主创新产品。评审的具体规定按照《北京市财政局转发财政部〈关于印发自主创新产品政府采购评审办法的通知〉》（京财采购［2007］787 号）执行。

四、采购人采购的产品属于首购产品类别的，采购人应当购买《北京市政府首购自主创新产品目录》中列明的首购产品，将政府采购合同授予提供首购产品的供应商。

（一）对于《北京市政府首购自主创新产品目录》中同类产品只有一种的情况，可按单一来源方式实施。具体程序为：采购人在项目申报时直接申报单一来源采购方式（不用选择采购代理机构，也不需网上公示），市财政局依据市自主创新产品认定小组出具的在首购目录内同类别产品唯一性证明批准后，采购人可直接与首购产品供应商签订合同。在首购信息化系统开通前，采购人以纸质方式进行申报。

（二）对于《北京市政府首购自主创新产品目录》中同类产品达到两种或两种以上的情况，应按照《政府采购法》的相关规定及《北京市自主创新产品政府首购和订购实施细则（试行）》执行。

五、各级财政部门和采购人要建立采购自主创新产品统计机制。应在每月 3 日前将上月本区县或本系统政府采购自主创新产品的实施情况，具体包括：采购自主创新产品名称、数量、金额，上报市财政局。

六、本通知自印发之日起执行。

附件：北京市政府采购支持自主创新产品文件目录

北京市财政局

二〇〇九年五月二十五日

附件：

北京市政府采购支持自主创新产品文件目录

1．北京市财政局《转发财政部关于印发自主创新产品政府采购预算管理办法的通知》（京财采购［2007］908 号）

2．北京市财政局《转发财政部关于印发自主创新产品政府采购评审办法的通知》（京财采购［2007］787 号）

3．北京市财政局《转发财政部关于印发自主创新产品政府采购合同管理办法的通知》（京财采购［2007］786 号）

4．北京市财政局《转发财政部关于印发自主创新产品政府首购和订购管理办法的通知》（京财采购［2008］18 号）

5．北京市财政局《关于印发〈北京市自主创新产品政府首购和订购实施细则（试行）〉的通知》（京财采购［2009］370 号）

关于公布北京市市级 2010—2011 年党政机关会议定点中标服务供应商及有关事项的通知

京财预［2009］2970 号

市级各国家机关、事业单位、团体组织：

为规范和加强会议费支出预算管理，降低行政运行成本，根据《北京市行政事业单位会议费管理办法》（京财预［2009］2181 号）要求和市级各预算单位使用会议定点需求，北京市财政局委托北京市政府采购中心通过公开招标方式确定了 236 家政府采购会议定点服务供应商（见附件 1），现予以公布，请各单位遵照执行。同时，对会议费管理有关事项说明如下：

一、本次政府采购确定的会议定点服务供应商服务有效期为 2010 年 1 月 1 日至 2011 年 12 月 31 日。

二、本次政府采购确定的会议定点服务供应商服务价格均为最高限价。结算价格不再实行人均消费限额，应根据实际发生费用，在不高于中标价的前提下由双方议价确定。

三、会议费结算（具体流程见附件 2）。自 2010 年 1 月 1 日起，各预算单位开会后，直接与会议定点服务供应商结算。结算时，由会议定点服务供应商依据实际发生的费用在北京市政府采购会议定点综合查询系统中填写并打印“会议费结算明细单”，预算单位应认真核对经会议定点服务供应商盖章确认的“会议费结算明细单”，核对无误后方可签字确认；经双方确认的“会议费结算明细单”与正式发票一起作为会议费报销凭证，无“会议费结算明细单”视同未在会议定点场所开会，财务部门原则上不予报销。

四、有关会议定点服务供应商的详细信息，请登陆北京市政府采购会议定点综合查询系统进行查询。同时还可对会议定点服务供应商的服务情况进行实名评价。

五、北京市各区县财政局可共享本次招标结果所提供的服务，并根据实际情况自行与上述中标定点服务商签订服务合同。

六、北京市财政局负责对会议定点服务情况进行监督。北京市政府采购中心负责对会议定点供应商的日常管理工作。

联系人及联系电话：

北京市政府采购中心：刘玉华 63056629

李　嵩 63050966

北京市财政局：张丽娟 88549474

武传福 88549445

北京市财政局

二〇〇九年十二月二十八日

天津市

关于市级预算单位 2009 年度协议供货和定点采购有关事项的通知

津财采［2009］2 号

各市级预算单位：

为提高政府采购工作效率，简化采购程序，降低采购成本，满足采购人紧急的零星需求，根据《天津市 2009 年政府集中采购目录和采购限额标准》（津财采［2008］46 号）和《关于加强市级预算单位协议供货和定点采购管理工作的通知》（津财采［2008］16 号），现将市级预算单位 2009 年度协议供货和定点采购的有关事项通知如下：

一、2009 年度协议供货和定点采购的范围

（一）协议供货的范围

1. 办公设备：微型计算机、便携式计算机、打印机、传真机、复印机、速印机、碎纸机、多功能一体机、投影仪、扫描仪、照相摄像器材及配件；

2.移动存储设备：U盘、移动硬盘、数码伴侣；

3.网络设备：服务器、路由器、网络交换机、磁盘阵列、网络安全设备、硬件防火墙、UPS；

4.空调机；

5.正版软件：系统软件、杀毒软件、财务软件；

6.办公消耗用品：硒鼓、碳粉。

（二）定点采购的范围

1.家具；

2.印刷；

3.复印纸、打印纸；

4.电器设备：电视机、电冰箱、冰柜、微波炉、饮水机；

5.节能照明产品；

6.出国机票；

7.出差和会议；

8.车辆保险。

市财政部门已就上述产品委托天津市政府采购中心（以下简称采购中心）通过公开招标等方式确定了入围或中标供应商，具体名单、联系方式及其他相关信息已公布在天津市政府采购网（www.tjgp.gov.cn）“政策法规栏目”和天津市采购中心网（www.tjgpc.gov.cn）“协议供货和定点采购平台”中。本次协议供货和定点采购入围或中标供应商（除车辆保险、出差和定点会议）的有效期限截至2009年12月31日。

出差和会议定点饭店工作按《关于通报天津2009－2010年党政机关出差和会议定点饭店情况的通知》（津财行政［2008］64号）执行，车辆统一保险工作按《关于2008－2010年度市级行政事业单位机动车统一保险有关问题的通知》（津财行政［2008］2号）执行。

二、相关要求

（一）各市级预算单位应严格执行《关于加强市级预算单位协议供货和定点采购管理工作的通知》，禁止将超过公开招标数额标准的项目化整为零以协议供货和定点采购方式实施采购，并且委托单位在半年内通过协议供货和定点采购方式采购的同类产品总量累计不得超过公开招标限额标准。同类产品是指上述协议供货和定点采购范围内的最细类别产品。

（二）按照《关于加强市级预算单位协议供货和定点采购管理工作的通知》的规定，预算在3万元以下的采购项目在采购中心网站“协议供货和定点采购平台——完全自主采购栏目”中实施政府采购，也可以委托采购中心通过网上竞价进行采购；预算在3万元以上的采购项目，各市级预算单位应当委托采购中心组织3家以上供应商网上竞价进行采购，其中家具和印刷项目各市级预算单位应选择不少于5家供应商进行网上竞价。网上完全自主采购和网上竞价采购，各市级预算单位都应网上确认合同并下载存档。

（三）各市级预算单位应高度重视协议供货和定点采购的合同验收工作，如发现产品质量、售后服务存在问题，价格明显高于市场价格或者执行中存在的其他问题，请及时与市政府采购办公室或市政府采购中心联系。

市政府采购办公室联系电话：23311740，联系人：高磊

市政府采购中心联系电话：24538175，联系人：万昊周

天津市财政局

二〇〇九年二月三日

关于印发《天津市优秀政府采购评审专家和优秀政府采购监督员表彰办法》的通知

津财采［2009］3号

各区县财政局，各采购代理机构：

为进一步做好我市政府采购评审专家和政府采购监督员的考核评比工作，根据《财政部 监察部关于印发<政府采购评审专家管理办法>的通知》（财库［2003］119号）以及《关于印发〈天津市政府采购监督员管理暂行办法〉的通知》（津财采［2005］6号）的有关规定，我们制定了《天津市优秀政府采购评审专家和政府采购监督员表彰办法》。现印发给你们，请遵照执行。

天津市财政局

二〇〇九年二月十一日

天津市优秀政府采购评审专家和优秀政府采购监督员表彰办法

第一条 为做好我市政府采购评审专家和政府监督员的考核评比工作，完善相关奖惩机制，制定本办法。

第二条 本办法旨在表彰和鼓励那些积极参与我市政府采购活动并有着突出贡献、表现优异的政府采购评审专家和政府采购监督员。

第三条 本办法适用于在我市市级政府采购监督管理部门登记注册的政府采购评审专家和政府采购监督员。

第四条 我市每两年进行一次优秀政府采购评审专家和优秀政府采购监督员的评选工作。每届原则上评选20名优秀政府采购评审专家和10名优秀政府采购监督员。

第五条 优秀政府采购评审专家应具备以下条件：

（1）在政府采购的评审过程中，具有良好的职业道德，坚持客观公正的原则；

（2）精通专业业务，熟悉产品情况，具有丰富的评审工作经验，并在评审过程中，认真履行职责，发挥积极的作用；

（3）熟悉和掌握政府采购法律法规、规章制度和方针政策方面的规定，并按规定认真执行；

（4）积极参与政府采购相关项目的评审工作和政府采购的培训活动；

（5）在政府采购评审活动中坚持原则，业绩突出，廉洁自律，品行端正，遵纪守法，得到各方当事人的公认；

（6）没有其他违纪违法等不良记录。

第六条 优秀政府采购监督员应具备以下条件：

（1）在政府采购活动中，具有较强的责任意识，认真履行职责，积极发挥监督员作用，并作出突出和重大贡献的；

（2）熟悉和掌握政府采购法律法规、规章制度和方针政策方面的规定，并按规定执行的；

（3）坚持原则，遵纪守法，客观公正，廉洁自律，敢于纠正评审过程中出现的违纪违法等不良行为，自觉维护政府采购当事人合法权益的；

（4）积极参与政府采购相关项目的监督工作和政府采购的培训活动；

（5）没有其他违纪违法等不良记录。

第七条 各采购代理机构负责优秀政府采购评审专家和优秀政府采购监督员候选名单的前期提名工作。各采购代理机构应将提名的候选名单及候选者的相关事迹材料一并提交同级政府采购监督管理部门审核。

第八条 区县政府采购监督管理部门根据代理机构提交的相关资料和两年度内各政府采购代理机构提供的政府采购评审专家和政府采购监督员日常考核情况，确定各自的推荐候选名单，并将候选名单及相关资料报市政府采购监督管理部门，市政府采购监督管理部门综合提名情况确定最终候选名单。

第九条 每届优秀政府采购评审专家和优秀政府采购监督员评选活动的起始时间为奇数年份的五月至六月。

第十条 候选人名单确定后将于天津市政府采购网上进行公示。任何单位和个人可以在公示期内对候选人的资格提出疑义，如存在反映情况属实且不宜作为优秀评审专家或优秀监督员的，市政府采购管理部门将取消相关人员的候选资格，原则上不增加替补候选人员。

第十一条 通过公示期无异议的，市政府采购管理部门将发布评选结果公告，并择期召开表彰大会对优秀政府采购评审专家和优秀监督员予以表彰。

第十二条 本办法自2009年起实施。

关于加强天津市政府采购供应商诚信管理工作有关事项的通知

津财采［2009］4号

各区县财政局，各采购代理机构：

根据《中华人民共和国政府采购法》、《天津市预算单位政府采购管理暂行办法》等有关规定，现就进一步加强我市政府采购供应商诚信管理工作的有关事项通知如下：

一、管理要求

对供应商城信管理工作，应以公开、公平、公正为基础，以诚信入市，失信受罚，行业自律为原则。

通过对供应商参加政府采购活动的诚信状况进行记录，

建立供应商诚信档案，并试行诚信等级管理制度。

供应商的诚信档案由政府采购监督管理部门通过各采购代理机构填写《供应商不诚信情况记录表》建立。采购代理机构应在发现供应商不诚信情况三日内将《记录表》报送同级政府采购监督管理部门，经查实的供应商不诚信记录，由同级政府采购监督管理部门在天津市政府采购网上予以公布，并在全市政府采购领域范围内共享，形成一处失信、处处受约的管理氛围。

网上公布的不诚信记录信息内容包括：（一）标题：对×××供应商的不诚信记录。（二）正文：供应商名称、供应商不诚信情况的具体事项、信息公告时间。

供应商不诚信记录有效期为三年，起始时间以信息公告时间为准，超出有效期的不诚信记录为无效记录。

二、供应商在政府采购活动中有下列情形之一的，作为不诚信行为予以记录：

（一）以虚假行为谋取中标、成交的：

1. 以他人名义参加政府采购活动的；

2. 伪造有关资质证明文件的；

3. 提供虚假财务报告的；

4. 隐瞒在经营活动中重大违法记录的；

5. 虚报产品质量的；

6. 提供货物、工程和服务与招标投标文件要求不符的。

（二）与采购人、其他供应商串通围标的。

（三）在采购活动开展前和进行中，采取不正当手段，散发信函等材料，诋毁、排斥其他供应商参与竞争的。

（四）不按照招标文件和投标文件确定的事项签订政府采购合同，或与采购人签订有悖于合同内容协议的。

（五）中标、成交后不与采购人签订政府采购合同的。

（六）在合同执行中，未按合同约定履行合同义务的。

（七）查无实据的质疑、投诉或者捏造事实和提供虚假质疑、投诉材料，以及不配合有关部门办理质疑、投诉的。

（八）向采购人、采购代理机构、采购管理部门、评审专家和监督员等工作人员行贿或提供不正当利益的。

（九）拒绝有关部门监督检查或者提供虚假情况的。

（十）政府采购监督管理部门认定的其他行为。

三、试行诚信等级管理制度

各采购代理机构应根据不诚信记录情况对供应商进行诚信等级划分。供应商诚信等级根据其不诚信记录情况划分为五级，存在上述其中一项或一次不诚信记录的，为一级不诚信供应商；存在两项或两次不诚信记录的，为二级不诚信供应商；存在三项或三次不诚信记录的，为三级不诚信供应商；存在四项或四次不诚信记录的，为四级不诚信供应商；存在五项或五次及以上不诚信记录的，为五级不诚信供应商。

各采购代理机构和采购人在制定采购文件时，应就供应商的诚信等级状况作相关规定说明。其中对一级至四级不诚信情况应作为评标打分扣减项在采购文件中予以规定，扣减总分值分别为：一级不诚信扣减总分值5%、二级不诚信扣减总分值10%、三级不诚信扣减总分值20%、四级不诚信扣减总分值25%。五级不诚信供应商应作为实质性要求在采购文件中予以规定不准参加政府采购活动。

本通知规定自发布之日起试行。执行中遇有问题请及时反馈市财政局政府采购办公室。

附件：供应商不诚信情况记录表（略）

天津市财政局

二〇〇九年二月十六日

关于印发《天津市财政局政府采购办公室2009年工作要点》的通知

津财采［2009］5号

各区县财政局，各采购代理机构：

为贯彻财政部和市财政局2009年工作要求，我们制定了《天津市财政局政府采购办公室2009年工作要点》，现印发给你们。并请结合实际情况，提出本区县、本部门2009年政府采购工作安排，于3月底前送市财政局政府采购办公室。

天津市财政局

二〇〇九年二月十六日

天津市财政局政府采购办公室2009年工作要点

2009年是贯彻党的十七大精神，落实科学发展观，应对世界金融危机影响，保持国民经济稳定持续发展的关键一年。我市政府采购工作的总方针是：继续坚持围绕服务经济社会发展、围绕财政改革和发展、围绕促进廉政建设和围绕强基建制四个方面加强政府采购工作，进一步提高政府采购效率和效益，保持我市政府采购工作健康和谐发展。

一、积极扩大政府采购规模

积极推进将涉及国家政策性产品、政府行政保障性产品及关系人民群众切身利益的产品及服务纳入政府集中采购目录的工作。进一步优化集中采购品目结构，逐渐将国家政策性产品、民生项目作为扩大政府集中采购规模的重要支撑点，发挥政府集中采购优势。

积极探索将财政性资金投资工程项目纳入政府采购管理的有效途径和方法，通过实行将财政投资工程项目委托具有政府采购资格的招投标代理机构组织招标投标，实施对工程项目的政府采购管理，扩大政府采购的规模，发挥社会招投标代理机构的作用。

二、巩固和发展政府采购专项检查成果

针对政府采购执行情况专项检查中查出的问题，深入研究加强政府采购执行和管理的长效机制。

进一步强化市级预算单位政府采购预算和采购计划管理，加大对政府集中采购目录和采购限额标准以及《天津市市级预算单位政府采购管理暂行办法》的执行力度，完善政府采购预算编制与执行的衔接。积极推进采购人在编制部门预算的同时编制政府采购预算，并严格按照批复的政府采购预算编制政府采购计划，切实做到“应编尽编、应采尽采”，从源头上实现政府采购规范化管理。积极推进政府采购资金国库集中支付制度，为保证财政资金的安全、有效使用发挥作用。

进一步落实区县“管采分离”工作目标，督促区县解决监督管理和操作执行职责交叉问题。通过对全市区县政府采购机构设置、管理现状和采购规模等情况进行排队分析，确定区县“管采分离”工作目标和任务，提出并落实“管采分离”的方法和措施。同时，依法对区县采购管理部门、集中采购机构进行规范，促进管理部门建设，保障管理职责到位，规范采购行为。

进一步加强政府采购代理机构的管理，在依法组织对集中采购机构考核的同时，积极组织开展社会代理机构的考核工作。

三、加大监督检查工作力度，规范采购行为

充分发挥财政、监察、审计的监督管理职责和优势，形成有效的监管合力，运用政府采购日常监督检查与专项检查相结合的方式，建立事前、事中和事后实时动态监控的监督体系。建立不良行为公告制度，对采购代理机构、供应商和评审专家不良行为以适当方式向社会公告。加大《关于加强政府采购合同验收工作的通知》的贯彻执行力度，组织开展政府采购合同履约执行情况的监督检查，实施政府采购市场禁入制度，推进政府采购市场诚信体系建设。

四、规范采购流程，优化管理环节

进一步明确政府采购事项办理时限，细化采购环节操作流程，建立政府采购业务流程规范化、采购文档格式统一化、采购文书内容精细化、数据交换标准化的管理运行机制，促进采购活动规范高效严谨。

五、加快信息化建设，建立统一的电子化政府采购系统

积极拓宽市政府采购中心电子采购平台服务功能，扩大全程电子招标采购项目范围。加快信息化建设步伐，提高政府采购信息化管理水平，以实现采购管理各环节通畅、运行功能完善、操作交易公开统一和全过程监控等诸多监管和服务功能为目标，加快构建我市统一的，集采购人、集中采购机构、社会代理机构、评审专家、供应商和监督管理部门各类参与主体为一体的政府采购信息管理平台，为建立公开、公平、公正的政府采购环境，接受社会监督，提高政府采购工作效率奠定基础。

六、发挥政府采购政策功能作用

强化政府采购政策功能，服务经济和社会发展大局。围绕国家《公共机构节能条例》，积极研究和落实政府采购促进节能减排工作的具体措施。同时，继续贯彻财政部关于政府采购支持自主创新和节能环保的相关要求，做好节能节水产品定点采购的招标组织工作。

积极探索建立激励自主创新的政府首购、订购制度，研究鼓励采购国货产品和支持中小业发展的具体措施，发挥政府采购政策功能作用，积极为扩大内需、促进我市经济发展服务。

围绕财政中心工作任务，全面落实政府采购促进增收节支的新举措。积极推进通用类采购项目配置标准、价格信息数据库建设，促进预算编制科学化和精细化，把政府采购节约的资金真正留在财政，实现财政节支的目的。

七、做好地方加入WTO《政府采购协议》（GPA）谈判相关工作

认真组织我市GPA研究工作组，积极开展地方加入《政府采购协议》（GPA）调查研究工作。总结研究GPA成员地方开放规律，分析加入GPA对我市经济、产业、就业、行政管理等方面的影响，提出应对加入GPA谈判的意见和对策。同时，做好GPA知识宣传和培训工作。

八、开展政府采购调查研究工作

积极组织开展调查研究工作，着力解决政府采购工作开展过程中出现的新情况、新问题。2009年重点围绕供应商信誉等级制度建设，实行通用类商品或服务等级制度的可行性以及政府采购评审专家的管理等问题展开调研，提出对策和建议，促进我市政府采购工作健康发展。

九、强化政府采购基础管理工作

加强制度建设，进一步充实和完善政府采购法律制度体系。印发《关于市级预算单位2009年度协议供货和定点采购有关事项的通知》，规范协议供货和定点采购工作管理。印发《天津市政府采购评审专家和监督员表彰办法》，开展政府采购评审专家和政府监督员的考核评比工作，完善奖惩机制，对优秀评审专家和监督员予以表彰。印发《关于加强天津市政府采购供应商诚信管理工作有关事项的通知》和《天津市政府采购采购人诚信管理工作有关事项的通知》等规范性文件，推进采购人和供应商诚信制度建设，促进政府采购当事人依法参与政府采购活动，建立规范有序的政府采购市场竞争机制。

抓好政府采购政策法规和业务知识的宣传培训工作。围绕依法采购对采购人开展政府采购工作程序培训，围绕依法评审对评审专家开展政策法规和评审业务培训，围绕依法组织对代理机构开展代理业务培训，围绕依法监管对管理部门开展政策、法规制度和专业素质培训。通过培训，进一步强化政府采购当事人的法律意识、政策水平和业务能力，打造公开、公平、公正、透明的政府采购运营环境。

关于加强天津市政府采购采购人行为规范管理工作有关事项的通知

津财采［2009］12号

各市级预算单位，各区县财政局，各采购代理机构：

为加强我市政府采购采购人行为规范的管理，促进采购人依法参与政府采购活动，根据《中华人民共和国政府采购法》、市政府《批转市财政局拟定的天津市预算单位政府采购管理暂行办法的通知》（津政发［2007］109号）和《关于加强我市政府采购项目验收工作的通知》（津财采［2008］18号）等有关规定，现就进一步加强我市政府采购采购人行为规范管理工作的有关事项通知如下：

一、管理要求

按照法律规定的采购方式和采购程序进行采购，是对采购人的基本要求，是实现公开、公平、公正原则的保证，是维护国家利益和社会公共利益以及供应商合法权益的需要。

采购人行为规范管理是通过对采购人在政府采购活动中采购行为的情况进行记录、归集，以此促进采购人不断规范其采购行为的管理方式。

采购人的行为规范档案由政府采购监督管理部门通过各采购代理机构填写《采购人行为规范情况记录表》（见附件）建立。采购代理机构应在发现采购人在政府采购活动中不规范行为情况的三个工作日内将《采购人行为规范情况记录表》报送同级政府采购监督管理部门，经查实的采购人不规范行为记录，由同级政府采购监督管理部门视其情节，责令采购人限期改正，给予通报批评、警告，对直接负责的主管人员和其他直接责任人员，建议由其行政主管部门或者有关机关给予处分。

采购代理机构将采购人不规范行为记录备案。不规范行为记录的内容应包括：采购人名称、不规范行为事件发生的时间、不规范行为的具体事项等。

二、采购人在政府采购活动中有下列情形之一的，作为不规范行为予以记录

（一）将采购项目化整为零规避公开招标的。

（二）不按规定的评标标准、定标文件、合同文本、验收证明执行或擅自改变采购标准的（包括采购的货物、工程和服务规格、性能及价格等方面）。

（三）在采购活动中以不合理条件对供应商实行差别待遇或指定特定供应商的。

（四）在踏勘现场时与中意的供应商串通，对其他供应商只提供粗浅技术需求的。

（五）不按照评审委员会确定的的中标、成交候选供应商排序确定供应商的或擅自在评审委员会推荐的中标、成交候选供应商以外确认中标、成交供应商的。

（六）不在规定时限内对评标委员会、谈判小组和询价小组的评审结果给予确认的。

（七）中标、成交通知书发出后不按时与供应商签订政府采购合同，或不与中标供应商签订政府采购合同的。

（八）不按照定标文件确定的事项签订政府采购合同，或与中标、成交供应商签订有悖于定标文件或合同内容协议的。

（九）擅自变更或终止政府采购合同，或默认供应商提供与定标文件不符的货物、工程和服务类项目内容情况的。

（十）不按照生效的政府采购合同及时办理项目验收、资金支付审核事宜或在办理项目验收、资金支付时设置障碍以及接受贿赂、获取其他不正当利益的。

（十一）在政府采购活动中，未依法遵守相关保密规定，将评审现场情况泄露扩散的。

（十二）未按规定程序实施政府采购并已自行完成采购项目的。

（十三）拒绝有关部门监督检查或者提供虚假情况的。

附件：采购人行为规范情况记录表（略）

天津市财政局

二〇〇九年四月二十日

关于开展政府采购合同执行情况专项检查的通知

津财采［2009］15 号

各市级预算单位：

为贯彻落实国务院《关于进一步加强政府采购管理工作的意见》（国办发［2009］35 号）文件精神，进一步规范市级预算单位的政府采购行为，根据《天津市预算单位政府采购管理办法》和我市 2009 年政府采购工作要点，市财政局、市监察局、市审计局决定于今年 6 月至 10 月开展市级预算单位政府采购合同执行情况专项检查。现将有关事项通知如下：

一、专项检查的任务与目的

此次专项检查的任务与目的是：在市级预算单位广泛开展政府采购合同执行情况检查的基础上，了解和掌握各预算单位政府采购合同签订、执行、验收、付款和采购文件的保存等方面存在的问题，查找法律制度、管理体制、监督机制、操作执行等方面存在的缺失和薄弱环节，查处违规违纪行为，加强对政府采购合同执行环节的监督管理，完善管理和运行机制，堵塞漏洞，进一步规范预算单位政府采购行为，推进我市政府采购诚信体系建设。

二、专项检查范围

此次专项检查的范围是：市级预算单位及所属单位2007年和2008年政府采购合同签订、执行、验收、付款及相关采购文件归档保存情况。必要时，可延伸检查至有关采购代理机构和相关供应商，并延至以后年度。

三、专项检查组织和实施

此次专项检查由市财政局牵头，会同市监察局、市审计局共同组织实施。

四、具体安排

专项检查工作采取自查自纠与重点检查相结合的办法，从6月25日开始，到10月底结束。具体分为自查自纠、重点检查和总结整改三个阶段。

（一）自查自纠。6 月 25 日—7 月 25 日为自查自纠阶段。各预算单位要认真组织学习政府采购法和有关制度规定，对本单位 2007 年和 2008 年政府采购合同签订、执行、验收、付款及相关采购文件归档保存情况进行全面自查。主要内容包括：

1. 是否对政府采购合同签订、执行、验收、付款及相关采购文件归档保存等建立相关的内部制度和监督制约机制。

2. 是否有专人负责政府采购合同的管理工作，相关采购文件是否齐全，归档文件是否完整有序。

3. 是否依照规定在中标、成交通知书发出之日起三十日内按时与供应商签订合同。

4. 是否严格按照采购文件确定的事项签订政府采购合同，有无与中标、成交供应商签订有悖于定标文件或合同内容协议的情况。

5. 是否严格按照合同规定履行合同，有无擅自变更、中止或终止合同的情况。

6. 是否有默认供应商提供与定标文件内容不符的货物、工程和服务类项目的情况。

7. 是否依已生效的政府采购合同对项目实施验收，验收报告等文件是否齐全，验收结果是否存在与合同约定不一致的情况。

8. 是否有在办理项目验收资金支付时设置障碍以及接受贿赂、获取不正当利益的情况。

9. 是否有经审批的自行采购项目实际采购与审批不符的情况，自行采购项目相关票据、申请、审批意见等文件是否齐全。

在自查自纠阶段，各预算单位主管部门（一级预算单位）

应当在做好自身查纠的同时，积极组织开展对所属单位的重点抽查工作，抽查比例应当不低于所属单位总数的 30%。自查自纠阶段工作结束后的十日内，各预算单位要对自查自纠情况进行归纳整理，查找问题根源，写出自查自纠报告以备专项检查小组重点检查。

（二）重点检查。7 月 25 日—9 月 25 日为重点检查阶段。专项检查小组将确定并通知重点检查单位，入户检查核实各单位自查事项。重点检查工作结束后，检查小组应根据检查情况写出重点检查报告，并对检查发现的问题提出处理建议或依法下达处理意见。

（三）总结整改。9 月 25 日—10 月 25 日为总结整改阶段。各预算单位要结合自查自纠和重点检查阶段中发现的问题，提出改进措施，制定整改方案。整改落实情况要以书面形式报专项检查小组。对整改措施不力、落实结果不好、工作走过场的，专项检查小组应责成其重新进行整改。专项检查小组将全面总结和分析专项检查工作情况，并撰写专题工作报告上报我市政府采购监督管理委员会。

五、工作要求

（一）统一思想认识，认真做好专项检查工作。今年政府采购专项检查工作是结合我市政府采购工作现状，查找采购工作中的薄弱环节，加强制度建设，规范采购行为展开的。因此，各预算单位要统一思想，按照我市的统一部署和要求，认真做好此次专项检查工作。

（二）加强组织领导，狠抓工作落实。各预算单位要加强对专项检查工作的组织领导，制定切实可行的自查工作方案，做好对所属预算单位的检查督导工作，对检查过程中遇到的问题要及时向专项检查小组反馈，并及时予以解决。

（三）认真总结分析，做好检查信息汇总和阶段报告工作。各预算单位要高度重视自查自纠报表的填报工作，做好对所属单位的督查工作，及时对所属单位填报的报表进行审核汇总，确保填报的信息资料真实准确。同时，要认真分析总结检查工作和存在的问题，提出整改措施。

附件：1. 政府采购合同专项检查自查统计表（略）

2. 政府采购合同专项检查自查汇总表（略）

天津市财政局

天津市监察局

天津市审计局

二OO九年六月二日

关于规范政府采购供应商资格审查管理事项的通知

津财采［2009］19 号

各市级预算单位，各区县财政局，各政府采购代理机构：

为了进一步做好政府采购项目的实施工作，规范采购人及政府采购代理机构（以下统称招标采购单位）对供应商资格审查的行为，根据《中华人民共和国政府采购法》、《中华人民共和国招标投标法》和《政府采购货物和服务招标投标管理办法》（财政部令第 18 号）等法律法规的要求，现就资格审查管理事项通知如下：

一、供应商参加政府采购活动应当具备下列条件：

（一）具有独立承担民事责任的能力。

（二）具有良好的商业信誉和健全的财务会计制度。

（三）具有履行合同所必需的设备和专业技术能力。

（四）有依法缴纳税收和社会保障资金的良好记录。

（五）参加政府采购活动，在经营中没有重大违法记录。

（六）法律、行政法规规定的其他条件。

在政府采购活动中，供应商被列入不良（不诚信）行为记录在期限内的，招标采购单位应在招标文件中载明其不接纳或扣减总分值的具体条款。在资格审查时，政府采购代理机构予以提供有不良行为记录或有不诚信记录的供应商名单。

二、招标采购单位可以根据采购项目的特殊要求，规定供应商的资格条件。特殊要求是指：

（一）法律法规有明确规定的资格要求。

（二）省级（直辖市）以上行业主管部门规定的资格要求。

（三）因保密需要而设定的资格要求。

（四）因行业管理的特殊性而设定的资格要求。

凡属行业特性和部门特性的产品和项目，应提供法定权力部门的规定文件。

三、招标采购单位可以要求参加政府采购的供应商提供有关资格证明文件和业绩情况。要求供应商提供资质证明文件的，招标采购单位要提供具有法律效力的文件依据，要求供应商提供业绩情况的，招标采购单位应作理由阐述，且符合业绩要求的供应商必须在三家以上。

四、招标采购单位不得以不合理的条件对供应商实行差别待遇或者歧视待遇。招标采购单位在资格审查时不得含有以下内容：

（一）设定与采购项目规模不相适应或者过高的企业资质或以某一企业或某一品牌的标准作为资质要求；

（二）以垫资承包作为通过资格审查的条件；

（三）针对不同所有制企业提出歧视性条件；

（四）在同一采购项目中采用不同的审查标准；

（五）其他违反法律法规、规章的内容。

五、招标采购单位可根据法律法规规定的供应商条件和采购项目的特定要求，对供应商的资格进行审查，但不能把资格审查作为购买标书的依据。资格审查的地点，除有设备及重要仪器限制外，应在政府采购代理机构内进行。资格审查的方法由招标采购单位制定，其中应包括详细具体的资格审查评分标准和判断原则。

六、资格审查的程序应公开、透明，招标采购单位因项目特殊要求需要对供应商进行资格审查的，应在招标公告中予以说明，特别是供应商的资格要求及设置资格的依据，以及资格审查的评分标准、判断原则等要在招标文件中载明。

七、评标时资格审查由采购人代表和有关技术、经济等方面的专家组成，人数为三人及以上单数。资格审查时，应有政府采购监督员全程监督。

八、资格审查成员应当客观、公正地履行职责，遵守国家相关法律法规和职业道德，对所提出的审查意见承担相应的责任。

九、资格审查工作结束后，应出具资格审查报告，其内容应包括：

（一）资格审查工作简介。

（二）供应商未通过资格审查的主要理由及所提供不符的相关证明材料。

（三）通过资格审查的供应商名单。

（四）资格审查记录表等附件。

附件1：《供应商资格审查报告》（略）

附件2：《供应商资格审查记录表》（略）

天津市财政局

二〇〇九年七月十日

关于对政府采购代理机构进行监督检查的通知

津财采［2009］20号

有关代理机构：

根据《国务院办公厅关于进一步加强政府采购管理工作的意见》（国办发［2009］35号）文件精神，结合我市政府采购工作实际情况，市财政局、市监察局、市审计局决定组成政府采购代理机构检查组，开展监督检查工作，现将有关事项通知如下：

一、检查依据

检查工作依据《中华人民共和国政府采购法》、《政府采购货物和服务招标投标管理办法（财政部第18号令）》、《天津市2008年政府集中采购目录和采购限额标准》等相关法律法规规定进行。

二、检查时限

检查时限为2008年度，必要时延伸至以后年度。

三、检查组人员

检查组由市财政局、监察局、审计局等部门派出人员组成。

四、检查内容

1．执行政府采购的法律、行政法规和规章情况。采购组织程序、信息发布、专家抽取等环节的执行情况是否执行了制度规定，有无违规行为。

2．采购方式和采购程序的执行情况。包括是否按规定的采购方式执行，采购程序是否合理合法。

3．建立和健全内部管理监督制度情况。包括是否建立岗位工作纪律要求，工作岗位设置是否合理，管理操作环节是否权责明确，是否建立内部监督制约体系。

4．基础工作情况。包括日常基础工作和业务基础工作。日常基础工作为，政府采购文件档案管理制度是否规范有序，归档资料是否齐全、及时。业务基础工作为，采购信息发布率，招标文件、招标结果和合同保管率，是否按规定收取费用，有关报表数据是否及时、准确等。

5．采购计划和按规定项目范围实施采购的执行情况。

6．受理质疑案件的答复处理情况，质疑答复满意率。

7．采购价格、资金节约率情况。包括实际采购价格是否低于采购预算和采购预算的节约率。

8．采购机构政府采购项目确认及合同签订、履约情况。是否在规定的时间内及时组织采购人和中标（成交）供应商签订采购合同，是否依委托协议参与合同履约验收。

9．采购机构及其从业人员的廉洁自律情况。包括是否制定廉洁自律规定，是否有接受采购人或供应商宴请、旅游、娱乐的行为，是否有接受礼品、回扣、有价证券的，是否在采购人或供应商处报销应该由个人负担的费用以及其他不廉洁行为等。

10．政府采购政策功能落实情况，是否严格执行了制度规定。

五、检查方式

此次检查采用定量考核与定性考核相结合的方式。其中对执行政府采购的法律、行政法规和规章情况、内部管理监督制度情况、政府采购政策功能落实情况、集中采购机构及其从业人员的廉洁自律等情况进行定性考核；对采购计划和按规定项目范围实施采购的执行情况、政府采购方式和采购程序执行情况、基础工作及质疑满意答复情况、政府采购项目的采购价格、资金节约率和合同签订及履约执行等情况进行定量考核。

六、考核评价

此次考核综合得分60分以下为差，60～75分为一般，75～90分为良好，90分以上为优秀。

七、检查时间安排

检查时间自2009年8月17日—9月30日。

第一阶段：检查准备阶段（8月17日—8月21日）

由财政、监察、审计三部门抽调人员组成检查组，明确组织检查工作的有关事项和要求，并向采购代理机构发出检查通知。

第二阶段：自查阶段（8月22日—9月7日）

采购代理机构进行自查，将自查报告书面报告考核组，并做好有关考核所需文件、数据及资料的整理工作，准备接受检查组检查。

第三阶段：现场检查阶段（9月8日—9月18日）

检查组赴采购代理机构进行现场检查，听取情况汇报，抽查相关资料并询问相关单位和人员。

第四阶段：整理通告阶段（9月19日—9月30日）

检查组根据检查及考核情况形成书面意见，并将检查考核结果按照规定在市政府采购网上公布。

八、其他事项

此次检查针对2008年度政府采购执行情况，2009年后审批和确认的政府采购代理机构不在此次考核范围内。

附件：1.采购代理机构定性指标检查考核表(1-4)（略）
　　　2.采购代理机构定量指标检查考核表(1-5)（略）
　　　3.检查考核记录（略）

天津市财政局
天津市监察局
天津市审计局
二〇〇九年八月十七日

关于对集中采购机构进行监督考核的通知

津财采［2009］21号

各区县财政局，市政府采购中心，市教委教学仪器设备供应中心：

为加强对我市集中采购机构的监督管理，促进集中采购机构工作质量的提高。根据财政部、监察部关于印发《集中采购机构监督考核管理办法》的通知（财库［2003］120号）规定，结合我市政府采购工作实际情况，市财政局、市监察局、市审计局决定在全市开展政府集中采购机构监督考核工作，现将有关事项通知如下：

一、考核依据

考核工作根据《中华人民共和国政府采购法》、《政府采购货物和服务招标投标管理办法（财政部第18号令）》、《集中采购机构监督考核管理办法》（财库［2003］120号）、《天津市2008年政府集中采购目录和采购限额标准》等相关法律法规规定进行。

二、考核时限

考核时限为2008年度，必要时可延伸至以后年度。

三、组织与实施

监督考核工作分别由市、区县财政、监察和审计部门组织实施。市财政局、监察局、审计局负责市集中采购机构的考核工作。区县财政局、监察局、审计局负责各区县集中采购机构的考核工作。设立集中采购机构的区县财政局应结合各自的实际情况，组织成立集中采购机构考核组，负责本区县考核工作。

四、考核内容

1．执行政府采购的法律、行政法规和规章情况。采购组织程序、信息发布、专家抽取等环节的执行情况是否执行了制度规定，有无违规行为。

2．采购方式和采购程序的执行情况。包括是否按规定的采购方式执行，采购程序是否合理合法。

3．建立和健全内部管理监督制度情况。包括是否建立岗位工作纪律要求，工作岗位设置是否合理，管理操作环节是否权责明确，是否建立内部监督制约体系。

4．基础工作情况。包括日常基础工作和业务基础工作。日常基础工作为，政府采购文件档案管理制度是否规范有序，归档资料是否齐全、及时。业务基础工作为，采购信息发布率，招标文件、招标结果和合同保管率，是否按规定收取费用，有关报表数据是否及时、准确等。

5．受理质疑案件的答复处理情况，集中采购机构质疑答复满意率。

6．采购价格、资金节约率情况。包括实际采购价格是否低于采购预算和采购预算的节约率。

7．集中采购机构政府采购项目确认及合同签订、履约情况。是否在规定的时间内及时组织采购人和中标（成交）供应商签订采购合同，是否依委托协议参与合同履约验收。

8．集中采购机构及其从业人员的廉洁自律情况。包括是否制定廉洁自律规定，是否有接受采购人或供应商宴请、旅游、娱乐的行为，是否有接受礼品、回扣、有价证券的，是否在采购人或供应商处报销应该由个人负担的费用以及其他不廉洁行为等。

9．政府采购政策功能落实情况，是否严格执行了制度规定。

五、考核方式

此次考核采用定量考核与定性考核相结合的方式。其中对执行政府采购的法律、行政法规和规章情况、内部管理监督制度情况、政府采购政策功能落实情况、集中采购机构及其从业人员的廉洁自律等情况进行定性考核；对政府采购方式和采购程序执行情况、基础工作及质疑满意答复情况、政府采购项目的采购价格、资金节约率和合同签订及履约执行等情况进行定量考核。

六、考核评价

此次考核综合得分60分以下为差，60～75分为一般，75～90分为良好，90分以上为优秀。

七、考核时间安排

此次考核工作时间从2009年8月17日—9月30日。

第一阶段：考核准备阶段（8月17日—8月21日）

由财政、监察、审计三部门抽调人员组成考核组，明确组织考核工作的有关事项和要求，并向集中采购机构发出考核通知。

第二阶段：自查阶段（8月22日—9月7日）

集中采购机构进行自查，将自查报告书面报告考核组，并做好有关考核所需文件、数据及资料的整理工作，准备接受考核组检查。

第三阶段：现场检查阶段（9月8日—9月18日）

考核组赴集中采购机构进行现场检查，听取情况汇报，抽查相关资料并询问相关单位和人员。

第四阶段：整理通告阶段（9月19日—9月30日）

考核组根据考核情况形成书面考核意见，同时各区县财政局应将考核结果按照规定在市政府采购网上公布。

八、其他要求

1．各区县要加强对专项检查工作的组织领导，统一思想，按照我市的统一部署和要求，结合本区县实际，制定切实可行的工作方案认真开展好监督考核工作。

2．各区县在制定考核方案时，可对考核时间及安排进行调整，但全部考核工作完成时间不得晚于10月15日。

3．各区县财政局应认真分析总结此次监督考核工作，在10月15日前将考核结果在本区县政府采购网上进行公布，并将考核情况汇总形成考核报告上报市考核组。

附件：1. 集中采购机构定性指标考核表（1—4）（略）

2. 集中采购机构定量指标考核表（1—4）（略）

3. 考核记录（略）

天津市财政局

天津市监察局

天津市审计局

二〇〇九年八月十七日

关于加强我市政府采购当事人在评审现场监督管理工作的通知

津财采［2009］25号

各市级预算单位，各区县财政局，各政府采购代理机构：

为保障政府采购评审过程规范、有序进行，营造评审现场良好秩序，现就加强我市政府采购当事人在评审现场监督管理工作的相关事项通知如下：

一、严格控制进入评审现场人员

以下人员可以进入评审现场：

1.采购人代表；

2.政府采购评审专家；

3.政府采购监督员；

4.供应商观摩人员；

5.政府采购代理机构项目组织人员；

6.投标人代表；

7.政府采购监管部门人员及其指派人员。

在项目评审过程中，除上述人员以外的其他人员不得擅自进入评审现场。

二、对政府采购当事人在评审现场的规定

（一）采购人代表

1.根据《批转市财政局拟定的天津市预算单位政府采购管理暂行办法的通知》（津政发［2007］109号）第三十三条的规定，采购人可以推荐1名代表参加评标委员会，采购金额在300万元以上（含300万元）且技术复杂的项目，采购人可以推荐1～2名代表参加评标委员会；

2.技术复杂的项目，经政府采购监督管理部门批准，采购人可以授权技术人员进入评审现场，但授权进入评审现场的技术人员仅限1人；

3.非经政府采购监督管理部门批准，采购方的其他任何人员禁止进入评审现场；

4.进入评标委员会的采购人代表必须提交采购人的授权函或证明，以备政府采购监督员的查验，采购人代表独立进行评审，不得左右或干预评审专家的评审工作，不得有倾向性或歧视性的言论；

5.进入评审现场的技术人员，仅协助采购人代表介绍采购文件的需求、技术参数等有关事项，不得发表与采购项目无关的言论或带有倾向性的言辞，不得参与项目的评审，不得以任何理由对投标人实行差别待遇或者歧视性待遇，不得干预评审活动；

6.采购人代表和技术人员进入评审现场后，都应主动交存通信工具，在评审过程中，未经政府采购监督员同意，不得擅自离开评标区域，不得泄露有关投标文件的评审和比较、中标候选人的推荐以及与评标有关的其他情况。

（二）政府采购评审专家

1.应当主动提交评审专家聘书或身份证件，自觉接受政府采购监督员的核验和监督；

2.应准时参加评审，不迟到、不早退；

3.进入评审现场后，主动交存所有通信工具，评审过程中，未经政府采购监督员同意，不得擅离职守和影响评审程序正常进行；

4.必须严格依照招标文件规定的评审办法和评审因素进行评审；

5.自觉执行回避制度，凡参加过评审项目的前期论证或与投标人有利害关系的均应主动回避；

6.遵守保密制度，不得透漏评审过程及结果；

7.服从政府采购代理机构项目组织人员和政府采购监督员的监督，独立打分，不得以倾向性的意见影响其他评审人员。

（三）政府采购监督员

1.应主动提交政府采购监督员聘书或身份证件，自觉接受政府采购代理机构项目组织人员的核验；

2.应准时参加项目监督，不迟到、不早退；

3.不发表倾向性言论干预评审工作；

4.对采购方式进行监督；

5.对供应商资质审查程序进行监督；

6.收取评审现场当事人的通信工具，并妥善保存；

7.宣读评审现场纪律，维持评审现场秩序；

8.复核评审专家组成情况，查验其聘书及身份证件；

9.复核采购人代表及技术人员的授权函或证明及身份证件；

10.对评审过程中的不规范行为予以纠正。对采购人代表、项目技术人员、评审专家以及投标供应商的不规范行为予以制止，对不服从管理的上述人员，可以将其请出评审现场，并视情况建议评标委员会和政府采购代理机构中止进行该项目的评审工作；

11. 核查评审专家和采购人代表的打分情况和评审意见书，对于未按招标文件规定的评审办法和评审因素进行评审的，以及具有倾向性的评审，可以要求复审；

12. 填写《政府采购评审现场监督报告》，书面记录评审现场的不规范行为，并及时通过政府采购代理机构上报政府采购监管部门。

（四）政府采购代理机构项目组织人员

1. 协调组织项目评审工作合法、有序的开展；

2. 介绍评审现场的所有人员；

3. 做好评审现场全程的记录工作；

4. 负责对评审委员会打分结果的核对和统计工作；

5. 对于不合理的评审结果以及评审现场不规范的行为及时提请政府采购监督员予以纠正；

6. 不得发表带有倾向性及可能影响评审工作的言论；

7. 不得擅离职守，不得提出不合理的时间限制要求，离开评审现场必须经过政府采购监督员的许可。

（五）投标人代表

1. 投标人代表应对评审专家的询问如实做出澄清，不得发表与所提问题无关的其他任何言论；

2. 投标人代表应在指定地点接受质疑，不得在评审区域随意走动、大声喧哗。

（六）供应商观摩人员

投标供应商可以向政府采购代理机构申请进入评审现场观摩，经批准进入评审现场的观摩人员应当遵守评审现场纪律，不得发表任何言论、不得随意走动，项目结束前不得随意离开评审现场。

（七）政府采购监管部门人员及其指派人员

根据项目情况，政府采购监管部门可以派驻人员或指派其他人员进入评审现场，进行现场监督。

天津市财政局

二〇〇九年八月三十一日

关于规范我市政府采购委托代理有关事项的通知

津财采［2009］35号

各市级预算单位，各区县财政局，各采购代理机构：

为进一步加强我市政府采购管理工作，规范政府采购行为，根据市政府《转发市财政局市监察局市审计局进一步加强我市政府采购管理工作意见的通知》（津政办发［2009］147号）要求，现就规范我市政府采购委托代理有关事项通知如下：

一、各级预算单位要严格执行我市政府集中采购目录和采购限额标准，政府集中采购目录以内的项目必须委托集中采购机构实施采购。其中市级预算单位原则委托市级集中采购机构。

二、没有设立集中采购机构的区县，其政府集中采购目录以内的项目应当由采购单位委托我市集中采购机构实施采购，并报本区县政府采购管理部门备案，涉及的监督管理及其相关审批事项由本区县政府采购管理部门负责。

三、集中采购机构要严格按照相关规定组织采购活动，增强政府集中采购目录执行的严肃性和有效性，不得将采购单位委托的集中采购项目再委托给具有政府采购资格的非集中采购代理机构，或与非集中采购代理机构联名组织实施采购。

天津市财政局

二〇〇九年十一月十日

关于印发《天津市财政局政府采购办公室2010年工作要点》的通知

津财采［2009］66号

各区县财政局，各采购代理机构：

为贯彻财政部和市财政局2010年工作要求，我们制定了《天津市财政局政府采购办公室2010年工作要点》，现印发给你们。并请结合实际情况，提出本区县、本部门2010年政府采购工作安排，于2010年2月10日前送市财政局政府采购办公室。

天津市财政局

二〇〇九年十二月二十三日

天津市财政局政府采购办公室2010年工作要点

2010年，我市政府采购工作的总体要求是：围绕服务经济社会发展、围绕服务财政改革与发展、围绕促进廉政建设、围绕强基建制，不断深化和加强政府采购工作。深入贯彻落实《关于进一步加强我市政府采购管理工作的意见》精神，着力提高政府采购法规制度执行力，着力扩大政府采购管理范围，着力发挥政府采购政策功能作用，着力维护政府采购公平公正的市场竞争秩序，着力提高服务质量和工作水平，着力提高政府采购效率和效益，着力提高区县政府采购工作整体水平，进一步推进我市政府采购工作和谐发展、科学发展。

一、狠抓制度建设与制度落实

要进一步完善以政府采购法为核心的制度体系建设，强化各项制度规定的贯彻执行和监督检查力度。

一是进一步加强制度建设。认真贯彻《关于进一步加强我市政府采购管理工作的意见》要求，研究制定保密项目政府采购管理办法；认真贯彻《天津市工程建设领域突出问题专项治理工作实施方案》要求，从加强工程类项目政府采购监管入手，制定财政性资金建设项目政府采购管理程序；从加强采购人档案管理入手，制定政府采购档案管理办法；从规范供应商维权程序入手，制定政府采购供应商质疑处理办法。

二是进一步强化相关制度的贯彻落实和执行。坚持依法行政，全面贯彻落实市政府办公厅《关于进一步加强我市政府采购管理工作的意见》精神，重点加强对采购预算和计划编制、供应商诚信监管、采购合同履约验收以及采购内容委托代理、节水、照明和部分环保建材定点采购等方面制度和规定落实情况的监督检查。

二、巩固和扩大政府采购范围与规模

要进一步加强财政管理资金采购项目监督，采取切实有效措施扩大政府采购的规模和范围。

一是不断完善政府集中采购目录，合理制定政府采购限额标准，下力量落实将涉及支农、教育、公益、民生等财政性资金支出项目纳入政府采购范围的具体措施，在不断扩大政府采购管理范围的基础上，优化品目结构，发挥规模效益。

二是强化政府采购执行力度，积极推进将财政性资金投资工程项目全部纳入政府采购管理范围中来。在全市范围内开展财政性资金建设项目专项调查，全面掌握财政性资金建设项目采购工作状况，查找和分析制度建设和采购执行中存在的薄弱环节和突出问题，促进财政性资金建设项目政府采购活动规范有序进行。

三、突出发挥政府采购政策功能作用

要将发挥政府采购宏观调控和政策导向作用摆在突出位置，促进我市经济社会又好又快发展。

一是加大强制采购或优先购买自主创新和节能环保产品的工作力度，研究政府采购首购、订购的具体措施。对纳入自主创新和节能环保清单的产品，在满足采购需求的前提下，积极推进首购、订购制度，促进自主创新产品、节能环保产品的市场推广应用。

二是配合采购政策实施，加大执行监督力度。组织开展政府采购政策功能要求落实情况的专项检查，对采购代理机构在标书编制环节给予自主创新、节能环保产品加分情况、采购人在采购环节有无抵制或变相回避采购节能环保、自主创新产品情况进行重点检查，确保政府采购支持自主创新、节能环保政策的落实到位。

三是加强宣传培训，提高各方当事人对政府采购政策功能重要性的认识，营造有利于政策落实的良好环境。

四、加快政府采购标准化建设

要进一步完善采购程序标准化、格式统一化、文本规范化的政府采购操作流程。

一是采购文档标准化。针对采购活动涉及的招标文件、开标程序、采购公告、评标报告、监督报告、政府采购合同、验收报告等内容，建立和完善格式化的函件、报告、通知及合同文本，进一步规范采购流程。

二是评分方法标准化。研究提出招标文件评分标准设置的指导性意见，细化评分标准，规范评审细则，努力减少政府采购评审专家自由裁量权，确保采购活动公平公正。

三是研究制定竞争性谈判采购项目应用最低评标价法的具体指导意见。根据质量、服务相同且报价最低的原则确定成交供应商这一基本原则，建立质量、服务、价格三个要素全面衡量的综合评价体系。

五、兼顾政府采购效率和效益

要坚持政府采购效率与效益相结合的原则，不断扩大政府采购协议供货和定点采购实施范围，全面推进政府采购监管与执行电子化。

一是适当扩大政府采购协议供货和定点采购范围。对部分医疗器械产品和小规模室内装修项目试行协议供货或定点采购制度，建立政府采购家具、印刷等定点采购供应商等级管理制度，不断提高采购效率，满足采购人紧急性和多样性的采购需求。

二是推进政府采购信息化建设。本着先易后难、以点带面、逐步推进的原则进行规划建设，逐步完成需求确定、软件开发合作伙伴招标、项目需求分析以及系统初期的开发调试工作，先期完成采购计划管理、政府采购方式审批管理、政府采购进口产品审批管理、政府采购评审专家管理、政府采购监督员管理、代理机构资格认定管理和信息公告管理等诸多功能。

六、理顺区县政府采购管理体制

要坚持“管采分离”的原则，进一步理顺区县“管采”体制，规范区县“管采”机构设置。

一是加强区县政府采购管理部门建设。根据《关于进一步加强我市政府采购管理工作的意见》的要求，督促区县财政部门设立政府采购管理专司机构、明确专人履行好监督管理职责，切实改变以往部门代管、无人专管以及“管采”人员混岗的状况。

二是下力量解决目前区县集采机构不健全、委托代理行为不规范等问题。积极协助有条件的区县设立集采机构，对其内部机构设置、人员素质、工作程序等进行统一规范。同时，加大监管力度，对违反规定，将集中采购项目转委托给社会代理机构或与社会代理机构联名组织实施采购的行为予以纠正。

三是积极落实预算管理部门要固定政府采购专门人员的要求，保障各级预算单位从事政府采购工作人员的相对稳定，推行政府采购联络员制度，建立采购人“专人专管、职责固定”的管理机制。

七、加强政府采购从业人员队伍建设

要重点加强政府采购队伍建设，努力建立一支德才兼备、廉洁高效的政府采购专业队伍。

一是完善政府采购从业人员培训制度。有计划、有步骤地对现有从业人员在政府采购政策法规、专业技能、服务意识等方面进行培训和考试，通过政府采购业务培训和考试，向从事政府采购操作执行的人员发放合格证书，并将合格人员数量作为政府采购代理机构认定考核的重要内容。

二是进一步发挥市政府采购中心的示范效用，加强政府采购项目人的培养和教育，在全市范围内首先培养一批业务过硬、素质较高的项目人，推进政府采购从业人员专业化、职业化的进程。

八、继续做好GPA研究工作

要深入研究我市加入GPA后面临的机遇与挑战，提出谈判的工作建议。通过开展对相关企业调查研究工作，搜集和整理基础数据，夯实基础资料，摸清我市重点行业、产业发展现状，拟定开放清单，完成两项研究报告及相关配套改革措施，上报财政部。

九、强化服务理念，不断提高服务质量和水平

要牢固树立服务理念，不断提升服务能力与服务水平。

一是要进一步改进工作作风。要加强和政府采购当事人的联系与沟通，听取意见和建议；要深入政府采购工作一线，积极开展调查研究工作，解决新问题，提出新举措。

二是要进一步改进工作方法。要完善政府采购办公室和政府采购中心主任联席会议制度，建立社会代理机构工作交流机制，加强采购人信息反馈渠道。

三是要进一步提高工作效率。要建立和完善应急采购绿色通道。在采购需求确定、方式审批、供应商履约和售后等方面，研究制定应急采购绿色通道的范围、方式和办法，提升为采购人服务的效率。要建立政府采购事项督办制度，规范办事环节，明确办事时效，落实相关责任。

四是要进一步加强政府采购宣传和业务指导工作。充分利用网站、宣传册及座谈会等平台和载体，开展多种形式的宣传活动，向政府采购当事人宣传政府采购法律法规及各项政府采购扶持政策，营造和谐采购的良好氛围。

关于市级预算单位2010年度协议供货和定点采购有关事项的通知

津财采［2010］1号

各市级预算单位、市政府采购中心：

为进一步规范政府采购行为，提高采购效率，现就2010年度协议供货和定点采购有关事项通知如下：

一、协议供货和定点采购范围

（一）办公设备：台式计算机、便携式计算机、打印机、传真机、复印机、速印机、碎纸机、多功能一体机、投影仪、扫描仪、刻录机、照相摄像器材及配件。

（二）网络设备：服务器、路由器、网络交换机、磁盘阵列、网卡、网络安全设备、硬件防火墙、UPS。

（三）软件：系统软件、杀毒软件、财务软件。

（四）耗材：复印纸、打印纸、硒鼓、碳粉。

（五）电器设备：空调机、电视机、电冰箱、冰柜、微波炉、饮水机。

（六）家具：钢制家具、木制家具、医用家具。

（七）部分医疗设备：普通X线摄影机、移动X线机、彩色多普勒超声诊断仪、彩色多普勒超声诊断仪（便携式）、灰阶超声诊断仪、六道心电图机、十二道心电图机、多参数监护仪、除颤监护仪。

（八）小规模室内装修。

（九）印刷。

（十）节能照明产品。

（十一）节水产品。

（十二）部分环保建材产品。

（十三）出国机票。

（十四）车辆保险。

（十五）出差和会议。

市财政部门已就上述项目委托天津市政府采购中心（以下简称采购中心）依据政府采购相关程序确定了入围或中标供应商，具体名单、联系方式及其他相关信息已公布在天津市政府采购网（www.tjgp.gov.cn）“政策法规栏目”和天津市采购中心网（www.tjgpc.gov.cn）“协议供货和定点采购平台”中。本次协议供货和定点采购入围或中标供应商的资格有效期截至2010年12月31日（出国机票、车辆统一保险供应商有效截至期从其规定）。

其中，出国机票供应商资格有效期截至2011年12月31日，车辆统一保险供应商资格有效期截至2011年1月31日。

二、协议供货和定点采购项目的额度和采购方法

（一）额度

1.预算在30万元以下（不含30万元）的小规模室内装修项目；

2.预算在50万元以下（不含50万元）的印刷项目；

3.预算在100万元以下（不含100万元）的其他货物类协议供货和定点采购范围内的项目。

（二）采购方法

1.完全自主采购

预算在5万元以下（不含5万元）的采购项目（不包括复印纸、打印纸），各预算单位可以在采购中心网站“协议供货和定点采购平台——完全自主采购栏目”中实施政府采购，也可以委托采购中心通过网上竞价采购。

2.网上竞价采购

复印纸、打印纸项目，预算在5万元以上、30万元以下（不含30万元）的办公设备及电器设备项目，以及预算在5万元以上的其他项目，实行网上竞价采购。3家以上供应商参与网上竞价为有效竞价。

3.多品牌电子采购

预算在30万元以上、100万元以下（不含100万元）的办公设备及电器设备项目，实行多品牌电子采购。采购人实行网上委托，网上提交需求，并在协议供货商品目录内选择不少于3个满足采购人技术需求的产品品牌，采购中心在网上公告。凡满足采购人技术需求的所有协议供应商参与电子竞标，3家以上供应商参与网上竞标为有效竞标，同一品牌的代理商按一个供应商计算。

三、协议供货和定点采购相关要求

（一）涉及节水产品政府采购管理规定的，按市财政局《关于我市节水产品定点采购有关事项的通知》（津财采［2009］14号）执行。涉及部分环保建材产品政府采购管理规定的，按市财政局《关于部分环保建材产品定点采购有关事项的通知》（津财采［2009］31号）执行。涉及节能照明产品政府采购管理规定的，按市财政局《关于我市节能照明产品定点采购有关事项的通知》（津财行政［2008］17号）执行。涉及车辆统一保险政府采购管理规定的，按市财政局《关于2008—2010年度市级行政事业单位机动车统一保险有关问题的通知》（津财行政［2008］2号）执行。涉及出差和会议定点政府采购管理规定的，按市财政局《关于通报天津2009—2010年党政机关出差和会议定点饭店情况的通知》（津财行政［2008］64号）执行。

（二）预算在30万元以上的协议供货和定点采购项目，各预算单位应按照《关于印发市级预算单位政府采购计划报表的通知》（津财采［2008］4号）要求，按月编报政府采购计划。

（三）协议供货和定点采购的信息公告及竞价必须在法定工作时间内进行。预算在30万元以上的项目，信息公告时间不少于48小时。上述时间如遇节假日顺延。

（四）各预算单位要加强对协议供货、定点采购工作的管理，鼓励一级预算单位集中委托，打包采购，最大限度地发挥集中采购的规模效益。对下级单位较多、集中委托有困难的，一级预算单位可以书面授权其下级单位直接委托采购中心实施采购。为方便管理，所有项目均应在委托单位名称前标明一级预算单位的名称。

（五）各预算单位要积极推行集中采购，严禁将采购项目化整为零，对化整为零的采购单位和责任人将予以通报。市政府采购办公室将根据预算单位采购规模和人员情况，把各单位分为A类和B类，A类单位同类产品每周可以采购一次（包括完全自主采购和委托采购中心竞价采购，委托采购中心竞价采购的，一次委托可以进行同类产品的一个品牌或多个品牌的采购）。B类单位同类产品每月可以采购两次（包括紧急采购）。同类产品是指上述协议供货和定点采购范围内的最细类别产品。有关预算单位AB类的划分另行通知。

（六）2010年度家具和印刷定点采购项目，已按照供应商的规模和技术水平划分为A、B档，采购人可以根据项目预算及需求选择同一档次供应商，进行竞价采购。

（七）家具及小规模室内装修项目所涉及的环保建材（人造木质板材、水性涂料及腻子膏、室内装饰装修用溶剂型木器涂料）、节水产品、节能照明产品，必须按照市财政局的相关文件在入围供应商范围内进行采购。小规模室内装修项目，采购人应视情况由专业部门出具工程量单。

（八）采购人实行网上竞价采购和电子采购时，参与报价的供应商不足3家时，采购中心应延长不少于一个竞价周期（即供应商网上报价时限）。延长竞价周期后，参与报价的供应商仍不足3家的，凡属于网上竞价项目的，采购人可以在参与报价的供应商中确定成交供应商；凡属于多品牌电子采购项目的，采购人应当委托采购中心另行选择公开招标或竞争性谈判方式实施采购。

（九）各预算单位实行网上完全自主采购、竞价采购和电子采购，要在网上及时确认采购结果并妥善保存相关的采购文件。

四、其他采购问题

（一）除完全自主采购项目外，协议供货和定点采购项目中涉及进口产品的，应按市财政局津财采［2008］47号文件规定执行。

（二）协议供货和定点采购范围内的项目，采购人也可以选择公开招标和竞争性谈判方式实施采购。协议或定点供应商不能满足采购人特殊需求的，也可以由采购中心出具相关证明，采购人向市政府采购办公室申请自行采购。

（三）本通知有关内容与市财政局《关于加强市级预算单位协议供货和定点采购管理工作的通知》津财采［2008］16号文件相抵触的，按本通知规定内容执行。

天津市财政局

二〇一〇年一月十二日

关于规范政府采购供应商质疑处理工作有关事项的通知

津财采［2010］14号

各市级预算单位、各区县财政局、各政府采购代理机构：

为了进一步规范政府采购供应商质疑处理行为，切实维护供应商和采购人的合法权益，提高质疑处理效率，根据《中华人民共和国政府采购法》和《政府采购供应商投诉处理办法》（财政部令第20号），现就规范政府采购供应商质疑处理工作的有关事项通知如下：

一、总体要求

供应商认为采购文件、采购过程、中标和成交结果使自己的合法权益受到损害的，有依法向采购人、采购代理机构提出质疑的权利。采购人和采购代理机构，要高度重视供应商质疑处理工作，认真做好相关沟通和解释工作，不得阻碍或拒绝答复供应商质疑，着力将政府采购活动中的问题和争端依法、依规解决在初发阶段。

二、对质疑供应商的相关要求

（一）供应商认为下列事项使自己权益受到损害的，可以依法向采购人或采购代理机构提出书面质疑：

1. 采购文件存在限制性、倾向性条款的；

2. 采购文件未按规定程序补充、澄清或修改的；

3. 采购人员或相关人员与供应商有利害关系，应当回避而没有回避的；

4. 采购程序违反规定的；

5. 采购当事人之间存在串通行为的；

6. 其他供应商提供虚假资料谋取中标、成交的；

7. 认为采购文件、采购过程和中标、成交结果使自己权益受到损害的其他事项。

（二）供应商提出质疑应当递交书面质疑函。质疑函应当包括下列主要内容：

1. 质疑供应商的名称、地址、邮政编码、法定代表人、联系人及联系电话；

2. 具体的请求和事实依据；

3. 提出质疑的日期。

质疑材料是外文的，质疑人应当提供中文简体字译本。

（三）供应商提出质疑必须实名制。提出质疑的供应商为自然人，质疑函应当由本人签字或盖章；提出质疑的供应商为法人的，质疑函应当由法定代表人签字或盖章并加盖公章；提出质疑的供应商为其他组织的，质疑函应当由其主要负责人签字或盖章并加盖公章。

(四)质疑供应商可以委托代理人办理质疑事宜。代理人办理质疑事宜时，应当向被质疑人提交质疑供应商的书面授权委托书及被授权人身份证件；授权委托书应当载明委托代理的具体权限和事项。

(五)供应商的质疑应在法定期限内提出。即在知道或者应当知道其合法权益受到损害之日起七个工作日内提出质疑。

供应商对采购文件提出质疑的，自供应商获得采购文件之日起计算，且应当在投标截止之日或递交谈判、询价响应性文件截止之日前提出。

供应商对采购过程提出质疑的，应当在评审工作结束之日起计算。

供应商对中标或成交结果提出质疑的，应当在中标或成交结果公告之日起计算。

（六）供应商的质疑查无实据，或者捏造事实和提供虚假质疑材料，以及不配合有关部门处理质疑的，将依照《关于加强天津市政府采购供应商诚信管理工作有关事项的通知》（津财采［2009］4号）的相关规定处理。

三、对被质疑人的相关要求

（一）被质疑人收到供应商的书面质疑后，应当立即按照本通知的要求进行审核，对于符合本通知要求的质疑函，被质疑人应立即予以受理；对于超过质疑有效期限的质疑函，被质疑人可以不予受理；对于不符合本通知其他相关要求的质疑函，被质疑人应一次性书面告知供应商修改或补充的内容，并告知供应商在质疑有效期限内重新提交质疑函。

（二）被质疑人应当在受理质疑之日起七个工作日内，对供应商所提出的质疑事项逐一做出明确的书面答复。答复的内容仅限于供应商所质疑的内容，不得涉及以下内容：

1. 国家秘密和商业秘密；

2. 开标前已获取采购文件的供应商名称、数量；

3. 中标或成交结果公告前评审专家信息及评审情况；

4. 中标或成交结果公告前的中标（成交）结果；

5. 其他供应商的投标文件。

（三）采购人可以委托政府采购代理机构做好质疑处理工作，具体的委托事项以及权限等，应当在政府采购委托代理协议中予以明确。政府采购代理机构在采购人的委托权限范围内处理供应商提出的质疑。

（四）处理质疑过程中，被质疑人要组织有关人员对质疑事项进行逐条调查核实，并听取质疑供应商的陈述和申辩；复杂的项目可以组织项目的评审专家就质疑事项进行核实并提出书面意见，必要时可以邀请第三方专家出具独立意见。

（五）在质疑处理过程中，供应商撤回质疑的，采购人或采购代理机构应终止质疑处理。

（六）经审查，质疑供应商的质疑事项不成立或者质疑事项属于保密事项的，被质疑人在向质疑供应商书面说明理由的基础上，驳回质疑。

（七）被质疑人经审查，供应商质疑采购文件有明显倾向性或者歧视性问题属实的，被质疑人应及时修改采购文件，公告并书面通知所有参加采购活动的供应商，并按修改后的采购文件开展采购活动。

（八）被质疑人经审查，认定质疑供应商对采购过程或中标和成交结果存在违法行为的质疑属实的，应按下列情况分别处理：

1. 采购合同尚未履行的，重新开展采购活动；

2. 采购合同已经履行的，由被质疑人按相关规定承担相应的民事赔偿责任。

（九）被质疑人应在对质疑供应商书面答复后两个工作日内，将质疑函及质疑答复函等相关材料报同级政府采购监管部门进行备案。

（十）被质疑人应建立健全质疑处理档案管理制度。供应商质疑处理档案是政府采购档案的重要组成部分，采购人和采购代理机构必须妥善保存，不得伪造、变造、隐匿或者销毁。质疑处理档案应包括：质疑函、质疑函审查情况、取证情况、专家论证情况、质疑答复函以及其他与质疑有关的资料。

（十一）被质疑人在处理质疑过程中，对合理的诉求，要客观公正、实事求是、认真对待。质疑答复不得敷衍推诿、不能答非所问，也不得将评委书面意见等同于质疑答复。

（十二）对于事实清楚、证据确凿、合理合法的质疑事项，被质疑人不按规定时限进行答复，或者对质疑事项不进行逐一和认真的核查，造成供应商投诉并经查证属实的，属于采购人责任的，由政府采购监督管理部门进行通报批评；属于政府采购代理机构责任的，由政府采购监督管理部门按照相关规定进行处理，并在天津市政府采购网上予以公示。

附件：1. 质疑函（格式）（略）

2. 质疑函收件回执存根（格式）（略）

3. 质疑函补充通知书（格式）（略）

4. 答复函（格式）（略）

天津市财政局

二〇一〇年三月十二日

河北省

关于印发《2009年政府采购工作要点》的通知

冀财采［2009］4号

各设区市、扩权县（市）财政局：

为了有计划地安排和做好2009年政府采购工作，省厅研究确定了《2009年政府采购工作要点》，现印发给你们，请结合本地实际情况，认真抓好落实。

河北省财政厅

二〇〇九年二月十日

2009年政府采购工作要点

2009年，全省政府采购工作要以科学发展观为统领，紧紧围绕经济社会发展大局和财政中心工作，不断推进政府采购制度改革，努力提高政府采购管理的科学化和精细化水平。

一、进一步扩大政府采购范围规模

要在广度和深度上扩大政府采购范围和规模，力争2009年全省政府采购规模达到250亿元。在采购项目资金范围上，继续推进财政性资金偿还的借（贷）款、各级补助专款、国债资金项目实施政府采购；在采购项目品种范围上，将促进科学发展、体现产业政策和关系群众利益的项目纳入集中采购目录；在采购项目实施范围上，探索与有关部门建立公共工程实行政府采购的有效协调机制，继续做好涉及民生项目的政府采购工作，深入推进尚未实施政府采购的部门单位依法履行政府采购程序，不断增加纳入协议供货管理的项目品种、品牌和型号。要进一步加强政府采购预算编制和执行管理，强化预算约束，积极发挥采购资金直接支付的控制作用，从源头上将采购项目纳入政府采购监管程序。在进一步扩大采购范围和规模的同时，注重提高采购质量和综合效益。

二、进一步完善政府采购制度机制

要围绕贯彻落实《政府采购法》，深入做好政府采购制度建设和机制创新。要针对政府采购执行情况专项检查中发现的突出问题，制定、完善相关配套制度和操作办法，进一步健全政府采购制度体系。从解决问题和深化改革两方面着手，增强政策、制度、规定的操作性和执行力。建立政府采购供应商失信行为档案和失信处罚制度，推进政府采购市场诚信体系建设；制定政府采购当事人行为规范，形成对采购人、采购代理机构、采购评审专家和供应商参与政府采购行为的有效约束；完善政府采购评审规定，促进政府采购评审的客观公正；健全政府采购档案管理制度，保护和使用好采购存档资料。各市县要结合自身实际，针对监管薄弱环节，研究制定措施办法。要继续加强采购管理机制建设，推进县级“管采分离”工作，进一步理清采购管理与执行职能，完善分工合作、相互制约的工作机制。推动集中采购机构建立内部岗位职责分工相互交叉的制约机制建设，强化岗位责任制，对违规操作行为实施问责。通过推行网上采购，探索完善事前风险预警、事中公开透明、事后责任追究的政府采购运行监控机制。

三、进一步加大政府采购监管力度

要通过严格有效的监管措施，规范采购行为，落实制度要求，提高采购效益。要按照“统一布置、统一编制、统一汇总、统一审查、统一批复”的要求做好政府采购预算编制工作，严格执行已经批准的采购预算，建立大宗采购预算项目执行情况跟踪反馈机制。依法审核政府采购计划，执行公开招标数额标准，规范非公开招标采购方式的审核管理，巩固公开招标在采购方式中的主导地位。按照“格式规范、内容完整、符合时限”的要求，做好招标采购信息、更正信息、预中标成交信息、中标成交信息的发布工作，增强采购信息发布的透明度。加强政府采购评审专家管理，扩大专家库库容，优化专家结构，完善评审专家全省共享机制；坚持限时、随机抽取使用评审专家的规定，执行评审回避制度；加强专家培训考核，健全评审工作反馈，对业务不专、不负责任、有不良记录的专家要取消资格。要强化对采购文件制定、采购活动组织、采购合同签订、采购项目验收等政府采购操作行为的约束控制。做好采购代理机构资格认定工作，硬化、细化资格认定条件；加强采购代理机构的监督考核，规范采购代理行为，加大违规操作处罚力度；探索促进规范操作的采购代理机构选用机制。对采购当事人在政府采购目录执行、采购信息公告、采购项目评审、采购合同签订与履行等环节的采购情况实施重点监督检查。继续做好供应商质疑和投诉处理工作，完善工作机制，提高处理质量。要进一步推进全省电子化政府采购建设，利用现代电子信息技术，逐步实现政府采购管理和操作执行各个环节的网上运行。省和设区市要按照全省电子化政府采购建设实施方案的要求，抓紧做好应用准备，逐步完成由传统采购模式向网上采购模式的转变；各县（市、区）也要积极创造条件，争取早日实现采购管理与操作的电子化。

四、进一步发挥政府采购政策功能作用

要在继续发挥政府采购节约财政资金、强化支出管理、促进廉正建设等方面作用的基础上，按照“保增长、扩内需、调结构、惠民生”的要求，更加注重发挥政府采购政策功能和作用。采取积极稳妥的措施，进一步落实支持我省汽车工业发展的政府采购政策，促进我省经济平稳较快增长。实施强制采购节能产品政策，按照“节能产品政府采购清单”标明的节能产品类别，执行强制采购和优先采购规定，将通用节能产品纳入协议供货管理，促进国家节能减排政策的落实。实施优先采购自主创新产品政策，对国家和我省确定的自主创新产品在采购预算编制、采购项目评审、采购合同签订和履行等环节实行政策优惠，对政府采购进口产品加强审核管理，促进国家自主创新政策的落实。实施优先采购环境标志产品政策，在采购评审中给予环境标志产品一定比例的政策扶持，促进国家保护环境政策的落实。建立健全节能产品、自主创新产品、环境标志产品政府采购信息统计制度，及时掌握相关政策实施情况。研究探索运用政府采购政策支持中小企业发展的有效措施。同时，在政府采购活动中坚持“以人为本”，对关系国计民生和涉及群众生命财产安全的采购项目，要允许购买技术先进、质量上乘、服务到位的产品。

五、进一步做好加入 GPA 谈判应对工作

按照财政部的统一部署，积极开展我省加入 WTO《政府采购协议》（GPA）应对工作。要进一步落实研究任务，加快研究进程，完善研究工作机制，加强部门间的协调配合。学习 GPA 规则，分析加入 GPA 对我省产业以及经济和社会产生的影响，总结 GPA 成员地方采购实体开放规律，提出我省应对预案和谈判策略。加强培训和组织协调，为有关方面提供必要的技术支持。与有关地区共同做好专题研究工作。各市县也要做好有关数据、资料的汇总、整理、分析和上报工作。

六、进一步加强政府采购基础工作

要努力夯实基础工作，为推进政府采购制度改革提供支撑。要充分利用报刊、广播、电视、互联网等媒体，从制度设计、政策规定、经济社会效益、操作执行程序等多方面、多角度宣传政府采购制度改革，使改革成效、经验做法和典型事例深入人心，进一步提高社会认知度，扩大政府采购制度的影响。要针对关系政府采购改革发展的重大问题加强调查研究。结合工作实际，选择一些热点、重点、难点问题进行研究分析，在统筹和处理好各方面关系的基础上提出解决措施，保障政府采购制度改革的顺利进行。要加强政府采购干部队伍素质建设，不断提高管理水平和操作执行水平。编制政府采购业务培训教材，加大对政府采购代理机构、供应商和评审专家的培训力度，促进政府采购活动的规范开展。

关于印发《政府采购信息动态公开工作方案》的通知

冀财采［2009］21号

各设区市、直管县财政局、监察局，省直各部门，省级政府采购中心，各政府采购代理机构：

现将《政府采购信息动态公开工作方案》印发给你们，请按方案中的规定和要求认真抓好落实。

河北省财政厅

河北省监察厅

二○○九年六月十六日

政府采购信息动态公开工作方案

按照《河北省2009年政务公开暨行政权力公开透明运行工作方案》（冀字［2009］2号）的有关要求，现就做好政府采购信息动态公开工作制定如下方案：

一、政府采购信息动态公开的总体要求

以邓小平理论和"三个代表"重要思想为指导，深入贯彻科学发展观，全面落实省委、省政府关于推进行政权力公开透明运行、深化政务公开的决策部署，着力做好政府采购信息动态公开工作，加大政府采购管理和操作的透明度，努力实现政府采购管理精细化、操作规范化、监督科学化，进一步推进政府采购制度改革和治理政府采购领域商业贿赂专项工作，为促进全省经济社会又好又快发展作出积极贡献。

二、政府采购信息动态公开的内容、标准和形式

（一）公开内容。坚持公开是原则、不公开是例外，除国家法律法规和有关制度办法规定不得公开以外的非涉密政府采购信息一律公开。重点公开内容：

1．有关政府采购的制度、办法、政策等规范性文件。

2．政府集中采购目录、政府采购限额标准和公开招标数额标准。

3．政府采购代理机构资格认定信息。

4．招标采购信息包括公开招标公告、邀请招标资格预审公告、竞争性谈判公告、询价公告、单一来源采购公告及其更正事项等。

5．采购结果信息包括预中标（成交）公告、中标（成交）公告及其更正事项等。

6．财政部门受理政府采购投诉的联系方式等信息。

7．采购代理机构、供应商不良行为记录名单。

（二）公开标准。政府采购信息动态公开应符合以下标准：

1．全面性。政府采购信息动态公开必须全面反映信息内容，不得随意隐瞒、遗漏需要公开的事项。

2．及时性。政府采购信息动态公开必须保证信息的实效性，能够及时反映政府采购活动的现实变动情况。对有发布时限要求的政府采购信息，必须按时公开。

3．清晰性。政府采购信息动态公开内容必须清楚、明了，便于社会公众了解。

4．准确性。政府采购信息动态公开事项必须真实、准确，不存在虚假、诈欺或误导的内容。

5．一致性。在不同媒体上动态公开的政府采购信息必须保持一致。

（三）公开形式。政府采购信息动态公开主要采取以下形式：

1.网上公开。通过中国政府采购网（www.ccgp.gov.cn）、河北政府采购网（www.hebgp.gov.cn）等网站动态公开政府采购信息。

2．媒体公开。通过中国政府采购（杂志）、公共支出与采购（杂志）、中国财经报等媒体动态公开政府采购信息。

3．电话信函公开。通过接听电话、接收信函等形式处理政府采购举报事项。

三、政府采购信息动态公开的保障措施

（一）进一步扩大政府采购范围规模，对更多采购项目信息实行动态公开。要在广度和深度上扩大政府采购范围和规模。在采购项目资金范围上，继续推进财政性资金偿还的借（贷）款、各级补助专款、国债资金项目实施政府采购；在采购项目品种范围上，将促进科学发展、体现产业政策和关系群众利益的项目纳入集中采购目录；在采购项目实施范围上，探索与有关部门建立公共工程实行政府采购的有效协调机制，继续做好涉及民生项目的政府采购工作，深入推进尚未实施政府采购的部门单位依法履行政府采购程序，不断增加纳入协议供货管理的项目品种、品牌和型号。从源头上将采购项目纳入政府采购监管程序，为进一步扩大政府采购信息动态公开范围奠定基础。

（二）进一步完善政府采购工作机制制度，为政府采购信息动态公开提供体制保证。要围绕落实政府采购公开透明原则和信息动态公开有关要求，加强政府采购制度机制建设，从解决问题和深化改革两方面着手，增强政策、制度、规定的操作性和执行力。进一步落实《政府采购信息公告管理办法》，细化操作、强化监管，促进政府采购信息动态公开工作规范、有序开展。建立政府采购供应商失信行为档案和失信处罚制度，推进政府采购市场诚信体系建设。加强采购管理机制建设，推进县级“管采分离”工作，进一步理清采购管理与执行职能，完善分工合作、相互制约的工作机制。推动集中采购机构建立内部岗位职责分工相互交叉的制约机制建设，强化岗位责任制，对违规操作行为实施问责。

（三）进一步增强对政府采购环节的约束控制，落实公开透明的管理要求。要通过严格有效的监管措施，规范采购行为，落实制度规定。按照“格式规范、内容完整、符合时限”的要求，做好招标采购信息、更正信息、预中标（成交）信息、中标（成交）信息的发布工作，增强采购信息发布的透明度。加强政府采购评审专家管理，扩大专家库库容，优化专家结构，完善评审专家全省共享机制。坚持限时、随机抽取使用评审专家的规定，执行评审回避制度。加强专家培训考核，健全评审工作反馈，对业务不专、不负责任、有不良记录的专家要取消资格。强化对采购文件制定、采购活动组织、采购合同签订、采购项目验收等政府采购操作行为的约束控制。做好采购代理机构资格认定工作，硬化、细化资格认定条件。加强采购代理机构的监督考核，规范采购代理行为，加大违规操作处罚力度。探索促进规范操作的采购代理机构选用机制。对采购当事人在政府采购目录执行、采购信息公告、采购项目评审、采购合同签订与履行等环节的采购情况实施重点监督检查。继续做好供应商质疑和投诉处理工作，完善工作机制，提高处理质量。

（四）进一步加大政府采购电子化建设力度，提高政府采购活动的透明度。要进一步推进全省电子化政府采购建设，利用现代电子信息技术，逐步实现政府采购管理和操作执行各个环节的网上运行。省和设区市要按照全省电子化政府采购建设实施方案的要求，抓紧做好应用准备，逐步完成由传统采购模式向网上采购模式的转变；各县（市、区）也要积极创造条件，争取早日实现采购管理与操作的电子化。

（五）进一步加强信息公开督导检查，依法处理违反信息公开规定的各种行为。省财政厅会同省监察厅不定期开展政府采购信息动态公开专项督导检查。对在检查中发现或经举报查实违规操作、政府采购信息应公开而拒不公开或不按时限规定公开、公开信息不真实等问题，严格依法依规追究主要负责人和有关责任人的责任，对典型案件予以曝光。对违法、违规的单位、机构予以通报批评。

关于印发河北省省级政府采购计划表有关事项的通知

冀财采［2009］42号

省直各部门，省级政府采购中心，各政府采购代理机构：

为落实省政府办公厅《贯彻落实国务院办公厅关于进一步加强政府采购管理工作意见的通知》（冀政办［2009］83号）的有关要求，并与我省实施“全省政府采购电子化统一管理平台”工作相适应，我们制定了“河北省省级政府采购计划表”（以下简称政府采购计划表）。现将有关事项通知如下：

一、为保持“政府采购计划表”与部门政府采购预算文本、“河北省省级财政预算单位分月用款计划汇总表”（以下简称分月用款计划表）的一致性，“政府采购计划表”必须加盖预算部门公章。

二、为与“全省政府采购电子化统一管理平台”相适应，采购单位必须认真、准确、全面填写“政府采购计划表”中的各项内容。

三、为加强政府采购资金使用管理，保证采购资金使用的准确性和及时性，采购单位必须严格按照“分月用款计划表”批准的采购项目内容和资金下达时间，及时办理政府采购手续。

四、“政府采购计划表”自2010年1月1日起使用，原“河北省省直行政事业单位政府采购计划表”同时停止使用。

附件：1. 河北省省级政府采购计划表（略）

2. “河北省省级政府采购计划表”填报说明（略）

河北省财政厅

二〇〇九年十二月二十四日

关于印发《2010年政府采购工作要点》的通知

冀财采［2010］2号

各设区市、直管县（市）财政局：

为了有计划地安排和做好2010年政府采购工作，省厅研究确定了《2010年政府采购工作要点》，现印发给你们，请结合本地实际情况，认真抓好落实。

河北省财政厅

二〇一〇年二月五日

2010年政府采购工作要点

2010年，全省政府采购工作要以科学发展观为统领，深入贯彻落实国务院办公厅《关于进一步加强政府采购管理工作的意见》（国办发［2009］35号，以下简称国办35号文件）和省政府办公厅《贯彻落实国务院办公厅关于进一步加强政府采购管理工作意见的通知》（冀政办［2009］83号，以下简称冀办83号文件），深入推进政府采购管理科学化、精细化，完善机制，强化措施，努力实现政府采购改革与发展的新跨越。

一、围绕科学管理，着力完善政府采购制度机制

要继续以讲科学、求规范、重创新为要求，进一步抓好政府采购制度机制建设、完善和实施工作。据了解，《政府采购法实施条例》纳入了国务院立法计划并已公开征求意见，法律实施细则即将出台。条例颁布后，一方面要认真抓好贯彻落实，另一方面要根据我省情况，抓紧研究起草政府采购法实施办法，并完善有关制度规定。要制定供应商诚信管理办法，加强违规和失信行为的处罚管理，推进政府采购市场诚信体系建设；制定电子化条件下的政府采购业务流程，整合采购环节、理顺采购程序；完善政府采购评审规定，保障政府采购评审的客观公正。要结合实际工作，围绕落实国办35号文件和冀办83号文件，制定相关配套办法。同时要不断完善采购管理运行机制，形成既相互监督又分工合作的工作机制。在集中采购业务代理活动中适当引入竞争机制，允许采购单位在所在区域内择优选择集中采购机构，实现集中采购活动的良性竞争。通过试点，探索择优选择集中采购机构的操作方式，同时落实采购项目的监管责任，防止出现监管真空。

二、围绕精细控制，着力推行电子化政府采购

政府采购电子化，可以实现采购管理环环相扣、采购程序明确规范、采购信息公开透明、采购记录详细可查、采购效率明显提升、采购活动全程监督的效果，是应对形势发展、解决问题矛盾的有效途径。国办35号文件对实施电子化采购提出了明确要求，冀办83号文件确定了全省推行的时间表，省财政厅也将推行全省统一的政府采购电子化作为2010年突破性工作来抓。要高度重视政府采购电子化工作，主动适应这一新的采购形式，积极采取措施，保障实施效果。抓紧制定电子化政府采购具体实施办法，优化操作程序，做好与以往采购管理形式的配套衔接工作；集中力量搞好电子化应用宣传和培训工作，使采购监管机构、采购代理机构、采购单位、评审专家和供应商等采购管理与执行参与人能够熟练使用电子化软件进行管理和操作；加强硬件配套建设，为实施电子化提供基础保障。确保省和设区市2010年3月1日全面实施政府采购电子化，年底前推广到有条件的县（市、区）。要在实施中不断总结工作经验，解决工作难点，完善电子化软件，充分发挥政府采购电子化的功能和作用。

三、围绕应采尽采，着力扩大政府采购实施范围

要将推进应采尽采作为政府采购日常管理和监督检查工作的重点。要做好政府集中采购项目的组织和实施工作，并加强省直部门属地政府采购的管理。将部门和单位使用以财政性资金作为还款来源的借（贷）款进行的采购，全部纳入政府采购管理实施范围。尚未实行政府采购的二级预算单位、基层预算单位，都要依法履行采购程序。要加强工程项目的政府采购管理，不按《招标投标法》管理的公共工程项目，必须按政府采购管理规定执行；实行招标投标的，要在采购预算编制、采购计划审核、采购信息发布、采购合同备案、采购资金支付等招标投标以外的环节，接受财政部门监管。

四、围绕硬化约束，着力加强政府采购预算管理

政府采购预算是部门预算的重要组成部分。采购单位要按照政府采购法规定、财政部门预算管理要求和“五统一”原则，将政府采购项目全部编入部门预算和政府采购预算。财政部门要加强政府采购预算的审查工作，对未编制或未完整编制政府采购预算的部门和单位，要限期整改；拒不改正的，取消对应的部门预算项目、收回预算资金。对部门预算追加、调整涉及的政府采购事项，要与追加预算、调整预算一并下达政府采购预算。要做好从采购预算到采购计划的衔接工作，增加采购预算的控制力和执行力。对部门预算执行中发现的漏编政府采购预算问题，要重新编制并报批准后，才能办理采购计划。政府采购预算一经批复，要严格执行。确保采购计划严格按政府采购预算的项目和数额执行，对无采购预算或超预算采购的，财政部门不予支付采购资金。未依法实行政府采购和财政直接支付的，严格按照有关规定采取必要措施予以纠正和处理。

五、围绕发展目标，着力发挥政府采购政策功能

作为宏观调控的有效手段，政府采购承载着越来越多的政策功能。要发挥好政府采购政策功能，就必须有所作为，不断深化认识，主动改革创新。要进一步落实强制采购节能产品政策，严格执行强制采购和优先采购规定，将通用节能产品纳入协议供货管理；落实优先采购自主创新产品政策，对国家和我省确定的自主创新产品，在采购预算编制、采购项目评审、采购合同签订和履行等环节实施优惠；要落实好优先采购环境标志产品政策，在评审比较中给予一定比例的政策扶持。要严格审核进口产品的采购，凡国内产品能够满足需求的要采购国内产品。要进一步扩大政府采购政策功能范围，探索促进中小企业发展的政府采购政策。同时要加强政策实施的监督，完善有关信息的统计工作，建立采购效果评价体系，跟踪评估政策实施效果。

六、围绕规范运作，着力加大政府采购监管力度

要力争通过严格有效的监管措施，规范采购行为，提升管理水平。一是加强变更采购方式管理。明确变更采购方式的条件和审核程序，巩固公开招标方式的主体地位。二是加强采购评审管理。增加专家库专家数量，完善评审专家分类标准，改进政府采购评审办法，减少自由裁量权，建立考核评议制度，规范和约束评审专家行为。三是加强采购合同管理，做好政府采购验收工作，尤其要对重大采购项目要组织专家和相关单位进行联合验收。四是加强采购代理机构管理。强化监督考核，对不按政府采购程序规定组织实施的采购代理机构，要依法进行处理，情节严重的取消其政府采购代理资格。探索促进规范操作的采购代理机构选用机制。五是加强协议供货监管。加大对协议供应商监督检查的力度，定期对协议价格、协议供货的合同档案、服务承诺等进行检查。通过检查，完善协议供货制度，合理地调整协议供货范围。六是加强违法行为处罚，研究制定对采购人、采购代理机构、评审专家、供应商和有关人员在招标投标和评审工作中出现的违规违纪行为的处分处罚办法，加大对采购当事人违法违纪行为的处罚力度。七是加强采购活动监督。借助电子化政府采购信息系统，不断完善对采购预算和采购计划、采购过程的动态监控，形成事前、事中和事后一体的动态监督体系，及时发现、纠正和处理采购单位逃避政府采购和其他违反政府采购制度规定的行为。充分发挥财政、监察、审计部门的监督管理职责和优势，形成有效的监管合力。进一步完善信息披露制度，引入公开评议和社会监督机制，对采购代理机构、供应商和评审专家不良行为要以适当方式向社会公告。

七、围绕提高素质，着力加强政府采购队伍建设

高素质的政府采购队伍是高水平采购工作的重要保证。要建立系统的教育培训制度，在充实采购队伍专职人员的基础上，进一步加强政府采购从业人员的职业教育。财政部门要有针对性地举办不同层次的培训班，逐步形成具有政府采购专业技能的采购管理队伍、采购操作队伍和评审专家队伍。采购单位要明确专门机构和专职人员负责本单位采购预算编制、内部工作协调、采购活动申报组织、采购信息统计等政府采购工作，形成职责明确、分工协作的工作机制。同时加强内部学习培训，熟悉政府采购法律法规，掌握政府采购操作技能。集中采购机构要建立内部岗位标准和考核办法，形成优胜劣汰的良性机制，提高专业化操作水平。

山西省

关于印发政府采购文件范本的通知

晋财购［2009］35号

为规范政府采购行为，逐步减少因采购文件不规范、不严密引发的质疑、投诉行为，经研究，我们制定了《货物类招标文件范本（2009）》及《货物类竞争性谈判文件范本（2009）》，现印发给你们，请遵照执行。执行中有何问题，请及时向我厅反映，以便进一步修订。该范本的电子文档可从中国山西政府采购网（www.ccgp－shanxi.gov.cn）下载。

附件：1.货物类招标文件（2009）（略）

2.货物类竞争性谈判文件（2009）（略）

山西省财政厅

二〇〇九年十二月九日

辽宁省

关于省直单位2009年度政府采购协议供货（办公家具）有关事宜的通知

辽财采［2009］10号

省直各单位：

为贯彻落实《中华人民共和国政府采购法》和《辽宁省人民政府办公厅关于印发辽宁省政府采购集中采购目录及相关限额标准的通知》（辽政办发［2007］41号）的有关要求，进一步规范政府采购行为，提高采购效率。日前，省政府采购中心接受委托通过公开招标方式，确定了省直单位2009年度办公家具政府采购协议供货的中标供应商及中标产品。现将有关事宜通知如下：

一、适用范围

省直机关、事业单位和团体组织（以下统称"采购单位"）使用财政性资金采购预算金额50万元以内的木制式办公家具、金属制办公家具、学生用家具，要按照本通知的规定执行协议供货制度。

本通知所称协议供货，是指通过公开招标方式，统一确定特定政府采购项目的中标供应商及中标产品的价格和服务条件，并以协议书的形式固定，由采购单位在供货有效期内自主选择中标供应商及其中标产品的一种采购形式。

二、执行期限

本期协议供货有效期自2009年1月1日起至2009年12月31日止。在此期间，协议供货商将按照《政府采购协议供货框架协议》（附件1）的承诺，向采购单位提供中标产品和服务（附件2、附件3）。采购单位可通过"辽宁省政府采购网"协议供货专栏（http://www.ccgp－liaoning.gov.cn/xygh/index.asp），查询中标产品的品名、规格型号、材质及结构说明、协议供货限价、供货期限、售后服务条款、销售网点、订货及售后服务联系方式等详尽信息。

三、采购程序

（一）实施采购

1.采购方式。对一次性采购预算金额50万元以内的，采购单位可按照经济适用原则确定采购需求，在协议供货商及中标产品范围内自行选择供货单位，与其就采购价格进行协商。达成一致后，采购单位与协议供货商签订《政府采购协议供货合同》(以下简称“协议供货合同”)。采购单位原则上不得采购协议供货范围外的非中标产品,协商确定的采购价格不得高于规定最高限价。采购单位可采用电话订货的方式进行采购，由协议供货商送货到指定地点。

对采购预算金额超过 50 万元（含 50 万元）的项目，仍按照有关规定委托省政府采购中心组织集中采购。

2. 协议供货价高于采购单位市场询价的处理。采购单位在实施协议供货采购过程中,如有协议供货商所提供的货物和服务在完全可比的情况下价格高于采购单位市场询价的,若采购单位承诺对货物及服务质量执行承担责任,则可以在协议供货商以外采购,但采购单位须事先将加盖本单位公章的书面情况说明（附录询价供应商的报价文件及产品品牌、型号、配置清单）送至省政府采购中心审核。省政府采购中心核实确认后，采购单位可与询价供应商签订采购合同。

3. 协议供货合同样本的获取。协议供货合同明确约定了采购单位和协议供货商的权利及义务。协议供货合同（附件 4）由省政府采购管理办公室监制，由协议供货商在实际业务发生时录入前述网站中辽宁省省直协议供货合同管理系统,自动生成带水印的且编号唯一的电子合同文本及与其对应的电子验收单文本，由协议供货商合同管理系统中填制、打印，供需双方签字盖章，作为会计凭证入账。

4. 协议供货价格限制。通过公开招标方式，确定了协议供货商、中标产品和最高限价。采购单位可与协议供货商在最高限价的基础上进行谈判，以争取获得更优惠的价格。协议供货商承诺最高限价中已包含配套服务和有关配件的费用，采购单位无须另外付费。根据《政府采购协议供货框架协议》的约定，协议供货商将根据市场变化定期调整最高限价，省政府采购中心及时在“辽宁省政府采购网”政府采购协议供货专栏更新相关信息。

（二）项目验收

采购单位按照政府采购法律制度规定和采购合同约定负责项目验收。在协议供货商交货时当场进行认真清点，现场参加安装和调试，并在验收合格后签署《政府采购集中采购项目验收报告单》(以下简称“验收报告单”)。为保护采购单位的合法权益，杜绝假冒伪劣产品，验收时应当场抄录设备及其主要部件的编号或序列号，形成书面记录，并经双方签字确认，作为合同附件妥善保存，以备维修及产生合同纠纷时使用。验收报告单（附件 5）由省政府采购管理办公室监制，在实际业务发生时，辽宁省省直协议供货合同管理系统自动生成编号唯一的与电子合同文本对应的电子验收单文本，供需双方签字盖章，作为会计凭证入账。

（三）合同价款支付

合同价款支付按照省财政厅《辽宁省省直单位政府采购工作规程（试行）》(辽财采［2005］600 号）及《辽宁省省直单位政府采购资金财政直接支付管理暂行办法》(辽财库［2008］877 号）规定的程序进行。采购单位申请支付合同价款，需凭签订的协议供货合同及验收报告单等相关手续到省政府采购中心进行审核，并经省政府采购管理办公室对协议供货合同进行备案确认后，向省财政厅国库管理机构申请拨付政府采购资金。

四、权益保护

采购单位在签订协议供货合同前，应查询前述网站政府采购协议供货专栏，充分利用协议供货制度规定的价格优惠和服务条件，监督协议供货商履行《政府采购协议供货框架协议》所承诺的义务；对合同执行中出现的纠纷，要及时报省政府采购中心协调解决，维护自身权益。同时，采购单位应维护协议供货商的合法权益，不得假借政府采购之名为其他单位或个人采购，不得无故拖欠合同价款，不得向协议供货商提出超出《政府采购协议供货框架协议》和协议供货合同约定的其他要求。

五、监督检查

1. 省直主管部门要在做好本单位的协议供货采购工作的同时，严格要求本系统所属单位按照本通知规定开展协议供货采购工作，并对本系统执行协议供货情况进行监督检查。

2. 省政府采购中心要加强对协议供货价格特别是最高限价的市场监测，对协议供货商履约情况进行跟踪调查和监督，并建立协议供货商履约情况考核机制和诚信档案管理制度。

任何单位和个人如发现采购单位、协议供货商有违反本通知规定行为的，可向省政府采购中心反映。省政府采购中心将及时开展调查，并按规定程序进行处理。

3. 省财政厅要加强对采购单位、省直主管部门、省政府采购中心、协议供货商执行政府采购协议供货制度情况的监督检查。对协议供货采购工作中发生的违法违规行为，依照有关规定严肃处理。

六、违约处理

（一）协议供货商的违约处理

协议供货商有下列情形之一的，采购单位、省政府采购中心应当按照《政府采购协议供货框架协议》和协议供货合同的约定进行处理，责令限期改正，予以通报批评，扣除或没收履约保证金，暂停或取消协议供货商资格；情节严重的，报请省财政厅将其列入不良行为记录名单，在 1～3 年内禁止参加政府采购活动：

（1）提供假冒伪劣产品的；

（2）产品质量、配置或提供的售后服务不符合国家有关规定和投标文件、协议供货合同承诺标准的；

（3）无正当理由拒绝按照承诺供货或提供售后服务的；

（4）未按照承诺的供货期限及时供货或提供售后服务的；

（5）未按照承诺的优惠价格或优惠折扣签订协议供货采购合同并供货的；

（6）协议供货最高限价高于沈阳地区同类型招标项目供

货价及最高级别分销商、代理商或团购的提货价、结算价、优惠价的；

（7）中标产品的市价或市场统一零售价降低时，未相应进行价格调整的；

（8）借调换产品、材质之名乱加价的；

（9）使用不正当竞争手段，影响采购单位正常采购活动的；

（10）违反政府采购协议供货制度规定和协议供货合同约定的其他情形。

（二）采购单位的违规处理

采购单位及其工作人员有下列情形之一的，由省财政厅责令限期改正，给予通报批评；情节严重的，由其行政主管部门对直接责任人员给予处分：

（1）擅自从协议供货商以及中标产品范围外采购的；

（2）将政府采购项目化整为零拆单采购的；

（3）在采购过程中接受贿赂或者获取不正当利益的；

（4）无故拖欠货款的；

（5）假借政府采购之名为其他单位和个人采购的；

（6）在有关部门依法实施监督检查中提供虚假情况的；

（7）违反政府采购协议供货制度规定的其他情形。

七、其他事宜

本通知自 2009 年 1 月 1 日起执行。采购单位对协议供货执行过程中发现的问题或有关工作建议，可向省政府采购管理办公室和省政府采购中心及时反馈。省政府采购管理办公室和省政府采购中心设立专线电话并在“辽宁省政府采购网”设立信箱，接收各单位的意见和建议，以及时改进相关工作。

省政府采购管理办公室联系电话：

024-22700983；　024-22823174（传真）

省政府采购中心采购一处联系电话：

024-23496759；　024-23496752

辽宁省财政厅

辽宁省政府采购中心

二〇〇九年一月九日

关于印发《辽宁省政府采购中心 2009 年工作要点》的通知

辽政采［2009］3 号

中心各处：

现将《辽宁省政府采购中心 2009 年工作要点》印发给你们，请结合工作实际，认真贯彻落实。

辽宁省政府采购中心

二〇〇九年一月二十一日

辽宁省政府采购中心 2009 年工作要点

2009 年是落实“十一五”规划的关键之年，也是全面贯彻落实科学发展观的重要一年。中心工作的指导思想是：认真贯彻党的十七大、十七届三中全会和全省经济工作会议精神，深入落实科学发展观，创新工作体制机制，以优化内部业务工作流程为核心，以制度建设为重点，以电子化采购为手段，不断规范操作行为，拓展政府集中采购范围和规模，充分发挥政府采购政策功能作用，提升工作人员专业化水平，切实提高政府集中采购工作的执行力，不断推进省直政府采购事业又好又快发展。

围绕上述指导思想，2009 年中心主要工作定位是“二四四五”，即继续确保两个重点——扩大规模，强化规范；努力做到四个结合——扩面增量与提高质量相结合，规范操作与提高效率相结合，节约资金与发挥政策功能相结合，防范腐败与廉洁自律相结合；全面完成四项目标（301000）——政府集中采购规模力争达到 30 亿元以上，资金节支率保持在 10%以上，针对中心有效投诉继续保持为零，继续确保中心及每名工作人员不发生违法违纪现象；着力在五个方面实现新突破——扩大涉及民生项目的采购规模、建立健全新的工作运行机制、完善构建电子化政府采购平台、发挥政府采购政策功能作用和提升工作人员专业化水平。

围绕上述指导思想和工作任务，中心要重点做好以下几个方面的工作：

一、扩大政府集中采购规模和范围，力争采购规模达到30亿元以上和资金节支率保持在10%以上

1. 做好政府采购预算和计划工作。会同省财政厅严格按照省政府办公厅《关于辽宁省政府采购集中采购目录及限额标准的通知》规定，做好部门预算中政府采购预算审核工作，实现应采尽采，建立省直各主管部门按月向省财政厅编报政府集中采购项目实施计划的制度，提高政府集中采购的计划性和科学性。

2. 做好药品和医疗设备采购的基础工作。会同省财政厅和省卫生厅将药品和医疗设备纳入政府集中采购范围；做好药品采购前期调研、全国药品集中采购相关资料分析整理、向省编办申报增加中心内设机构和人员编制、搭建药品采购网络操作平台等各项准备工作；集中人力和时间，适时组织实施药品采购工作。

3. 扩大涉及民生项目的政府采购范围。会同省财政厅将农机具、良种补贴、基层医疗卫生服务体系建设等公益性和关系群众利益项目以及中央、省专项转移支付的项目纳入政府集中采购范围，使日益增多的民生项目成为扩大政府集中采购规模的重要支撑点，促进政府集中采购项目组织实施的经济效益和社会效益同步提高。

4. 做好货物类协议供货和定点采购工作。会同省财政厅做好新一轮办公设备、空调设备、公务用车和办公家具等大类产品的协议供货采购工作；启动实施办公用家电和日常办公用品等定点采购。

5. 促进服务类采购工作实现新突破。会同省财政厅做好新一轮中央国家机关、省直机关出差及会议定点饭店采购管理工作，将服务类定点采购范围逐步扩大到机动车辆维修、印刷、公务出国团组代理服务和国际机票购买等项目，力争启动新一轮的财务检查、投资审核及资产评估代理机构的采购工作。

6. 发挥政府集中采购的规模效益。继续推动与沈阳、抚顺、锦州、盘锦等周边各市共同打造统一的货物类协议供货市场和定点采购市场，实现区域采购成果共享，提高政府集中采购的规模效益。

二、继续推进规范化管理，进一步完善政府集中采购工作机制

1. 会同省财政厅完善相关政策制度。修订现行《辽宁省政府采购集中采购目录及限额标准》，扩大集中采购范围，细化目录及限额标准；制发《关于省直单位2009年度政府采购协议供货（办公设备及空调设备）有关事宜的通知》和《关于省直单位2009年度家具政府采购协议供货有关事宜的通知》，完善相关制度规定，促进政府集中采购活动的规范化。

2. 优化政府集中采购业务工作流程。根据省财政厅《关于进一步规范政府采购招标投标活动的实施意见》，结合省直政府集中采购工作的实际，制发《辽宁省省直政府集中采购业务工作规程》，同时修改完善中心内部业务工作规程，提高省直及中心内部政府采购规范化水平。

3. 不断规范采购文件的编制和专家评审工作。推进采购文件范本的制定和应用工作力度，根据各类采购项目的特点，对采购文件的商务、技术和服务条款加以细化和量化，最大限度地采用客观指标或条款，增加客观评分因素。进一步完善采购文件论证制度，对项目资金预算300万元（含300万元）以上及重点采购项目的采购文件全面实行专家论证和网上公开征求意见制度。推行“背靠背”和“隐藏式”评审方法，建立评委（谈判小组、询价小组）打分复核制度，以保证专家评审的客观性、公正性和独立性。

4. 积极推进采购合同审验监管工作。整合中心内部处室，组建专门内设机构，完善业务工作流程，参与组织采购合同金额在200万元以上采购项目的验收；按照政府采购法律法规的相关规定负责协调处理采购合同金额在200万元（含200万元）以下采购项目的争议事宜，确保政府采购相关当事人权益不受损失，维护政府集中采购声誉。

5. 建立聘请专业律师制度。聘请熟悉政府采购业务及相关法律法规的专业律师作为中心的法律顾问，为中心提供法律咨询及相关服务，确保中心的各项采购活动均置于法律法规的框架下依法依规操作。

6. 建立政府采购活动相关当事人的评价、不良行为记录和公告制度。进一步完善评审专家库建设和评审专家抽取办法，建立对供应商、评审专家的评价制度。在此基础上，会同省财政厅对供应商、评审专家的不正当行为建立记录和公告制度，按照有关规定严肃处理，将其列入不良行为“黑名单”，并在“辽宁省政府采购网”上设立曝光台，在一定期限内直至永久性不得参与政府集中采购活动，增强法律法规的权威性和严肃性。

三、大力推进信息化建设，完善电子化网络采购平台

1. 加大“6个操作平台”建设与应用工作力度。做好供应商库、协议供货商品信息库建设与维护工作，会同省财政厅进一步做好评审专家库和采购单位信息库的建设；搭建好协议供货管理系统、采购文件下载、供应商库、协议供货商品信息库、评审专家库和采购单位信息库等6个操作平台，加大其应用工作力度，实现中心与省财政厅政府采购管理机构、采购单位和供应商网上操作，资源共享；对采购计划、采购组织形式确定、采购方式审批、采购合同备案、信息统计等实行电子化管理，进一步完善和加强电子化评审工作，提高工作效率，最大限度地降低采购成本。

2. 建立药品采购网络操作平台。学习借鉴先进省市的经验做法，探索采取外租服务器的方式，建立“辽宁省政府采购中心药品采购”网站，升级“辽宁省政府采购管理信息系统”，完成中心内外网的连接，搭建药品采购网络操作平台，依法组织实施药品采购。

3. 建立全省各级集中采购机构共享供应商库。在中心与沈阳市现有共享供应商库的基础上，开发研制中心与全省各级集中采购机构供应商库数据自动上传、下传、下载的中间件，在“辽宁省政府采购网”上建成全省各级集中采购机构共享供应商库，以最大限度地满足全省各级集中采购机构对供应商的需求。

四、发挥政府采购政策功能，促进经济和社会发展

1. 参与制定有利于经济社会科学发展的政府采购政策。积极配合省财政、发展改革、环境保护、经贸、科技、中小企业管理、商业管理等部门研究我省节能产品强制采购、环境标志产品认证、自主创新产品清单、促进中小企业发展的采购优惠政策和促进大型商业企业发展的货物类定点采购政策，支持具有核心竞争力的产业和中小企业发展，强化国货意识，严格执行进口产品政府采购管理制度，加大组织实施政府首购、订购和优先购买工作的力度，充分运用政府采购政策功能，逐步提高我省企业的产品和服务在政府集中采购中的规模和比重，积极推动辽宁扩内需、调结构、保增长、促振兴目标的实现。

2. 认真贯彻执行政府优先及强制采购节能产品制度。按照财政部和国家发改委联合发布的《节能产品政府采购清单》的规定，对节能产品实行优先采购，对其中空调机、双端荧光灯（含自镇流荧光灯）、电视机、电热水器、计算机、打印机、显示器、便器、水嘴等9类产品实行政府强制采购的政策。

3. 着力落实各项政府采购政策。认真贯彻落实省财政厅《关于进一步规范政府采购招标投标活动的实施意见》，在采购文件编制、采购需求和评审方法设定、项目评审工作等环节全面落实各项政府采购政策。合理设定供应商资格条件，依法维护公平竞争的市场秩序；公平设定采购内容和要求，构建充分有效的竞争环境；科学设定自主创新、节能和环保产品等采购项目的评审因素及其分值，落实价格优惠幅度等支持措施，使政府采购政策功能在政府集中采购业务中得到充分体现。

五、深入学习实践科学发展观，狠抓党风廉政建设

1. 认真开展深入学习实践科学发展观活动。按照省委和省政府办公厅党组关于开展深入学习实践科学发展观活动的总体部署，在完成学习调研和分析检查阶段工作的基础上，对检查梳理出来的问题进行深入的总结分析，研究制定切实可行的整改落实方案，重点解决突出问题，认真做好整改落实阶段的各项工作。

2. 加强政治理论学习。进一步完善政治理论学习制度，组织党员干部深入学习十七大、十七届三中全会和全省经济工作会议精神，把力量凝聚到做好各项工作上来，切实提高中心工作人员的政治理论水平，以科学发展观统领政府集中采购工作，切实推进各项业务工作的顺利开展。

3. 狠抓党风廉政建设。加强党员干部理想信念教育和廉政教育工作，强化廉洁自律意识，筑牢思想防线；严格执行中央和省有关廉政建设的要求，落实好治理商业贿赂各项措施和中心工作人员守则；进一步健全谁主管，谁负责，一级抓一级，层层抓落实的廉政建设责任制度；进一步健全按制度办事，靠制度管人，用制度规范和约束行为的机制。

4. 深入开展政风行风建设活动。恪守职业道德，依法依规组织实施每个采购项目，切实做到主体合法合规、内容合法合规、程序合法合规；充分发挥督察工作机制作用，加大对中心业务工作考评工作力度，切实提高采购文件编制、采购项目评审和综合保障等项工作质量和水平；完善首问负责制度、办事指南制度、一次性告知制度、限时办结制度、挂（摆）牌服务制度和上门服务制度；继续开展中心服务情况问卷调查，认真查找政风行风建设中的薄弱环节，加强整改，纠建并举；强化中心工作纪律和作风建设，建立每月定期考核通报制度。

六、深入开展调查研究，不断加大培训和宣传工作力度

1. 深入开展调查研究。采取“走出去、请进来”的做法，积极学习借鉴国内外政府采购的先进经验和做法；加强对我国加入世贸组织《政府采购协议》相关问题及其对政府采购工作影响的研究；建立与生产厂商和相关领域专家沟通交流工作机制，提高对政府采购产品的技术发展趋势及市场行情动态的了解和把握能力；围绕业务工作的“热点”、“难点”和“重点”问题，开展多种形式的调查研究，年内每个处结合业务工作形成高质量的调研报告不得少于两篇。

2. 认真做好培训工作。计划举办1—2期省直各部门、各单位负责集中采购操作人员培训班，提升省直各部门、各单位负责集中采购操作人员队伍的整体素质和政策水平；通过座谈、讲座等形式对参与政府采购活动的供应商，尤其是货物类协议供货、定点采购和服务类定点采购的中标（成交）供应商进行培训，提高供应商依法参与政府集中采购活动的意识和水平；选派人员有计划地参加财政部等国家有关部门举办的业务培训，确保学有所得；积极参加省委党校、省行政干部管理学院和省直机关工委党校组织的学习培训班，与省政府办公厅和省财政厅建立工作上的必要联系，积极参加其举办的有关专题报告会和讲座。

3. 坚持中心内部学习制度。完善中心定期学习制度；选择适当时间，开展中心业务学习培训月活动，采取集中学习、座谈讨论和考试及知识竞赛等形式，对政府采购法律法规和业务技能进行学习培训，全年每个处至少分别给中心全体人员讲一次业务课，切实提高中心工作人员的政策执行能力、专业技术能力和文字综合能力。

4. 积极做好宣传工作。进一步加大宣传工作力度，积极协调省内外相关新闻媒体，对中心工作进行宣传报道；进一步完善与省人大、政协和纪检监察部门工作联系沟通机制，宣传政府采购制度和中心工作，扩大政府集中采购工作的影响；完善工作简报制度，每季度各处为《政府采购情况》提供并被采纳的稿件不得少于两篇。

七、强化中心内部建设，保障中心各项工作正常运转

1. 加强中心班子建设。积极配合省委组织部、省政府办公厅党组做好中心分党组的组建工作；建立健全分党组中心组学习制度，以深入学习科学发展观理论为主线，夯实理论基础，突出学以致用，提高运用科学发展观指导政府采购实践和解决实际问题的水平；坚持贯彻民主集中制原则，建立分党组例会制度，对人事任免、重大业务事项、大额经费支出等重大问题，在认真履行民主程序和充分征求意见的基础上，集体研究决定；进一步加强班子的思想建设，开好民主生活会，广泛深入地开展批评与自我批评；进一步改进工作作风，牢固树立全心全意为人民服务的宗旨，深入调查研究，增强政治意识、大局意识、责任意识和服务意识，真抓实干，开拓进取；大力抓好干部队伍建设，坚持正确的用人导向，建立公开、平等、竞争、择优的选人用人机制，充分调动全体干部干事创业的积极性，形成干部想工作、领导班子想干部的良好氛围；进一步加强党风廉政建设，切实做到"两手抓，两手都要硬"，率先垂范，身体力行，提高廉洁自律水平。

2. 做好人事管理工作。按照省委及政府办公厅党组的规定，建立相应的干部人事管理制度，并加强与省委组织部、省人事厅、省政府办公厅工作上的沟通交流，自觉接受指导和监督；优化内设机构设置，争取增加人员编制，做好职责界定和人员岗位交流工作；组织好正副处长竞聘上岗和处级非领导职务竞聘晋升工作，加强处级领导干部队伍建设；努力做好非领导职务正常晋升、工资管理和人事档案管理等项工作，维护干部职工的切身利益。

3. 加强财务资产管理。积极争取财政预算拨款，确保中心正常运转和事业发展对经费的需求；牢固树立过紧日子的思想，处处精打细算，严肃财经纪律，完善相关制度规定；切实加强资产管理，完善中心资产实物台账管理和谁使用谁负责制度，做到账账相符和账实相符；优化中心资源配置，提高中心现有资源的利用率，做到物尽其用；严格执行政府采购制度和中心的"采管分离"制度，完善办公用品（设备）保管制度，严格履行领用相关手续；做好中心接待、车辆日常管理工作。

4. 做好文秘、档案和安全工作。严格执行国家现行公文管理的相关制度规定，切实提升中心发文的质量和水平；严格执行中心文件收发制度，确保公文流转顺畅安全；继续做好政府采购文件资料档案的收集整理和调阅管理工作，确保政府采购文件资料档案的真实完整；进一步加大安全和保密工作力度，切实提高中心工作人员的保密和安全防范意识，防止出现各种安全事故和失泄密问题。

5. 做好机关党建工作。建立起中心与省直机关工委、省政府办公厅机关党委工作上的必要沟通机制；根据《省直机关党支部工作细则》，建立健全中心党支部和各处党小组工作制度，做好积极分子的培养和新党员发展工作；坚持"两手抓"，实行"一岗双责"；深入开展"保持先进性，服务在基层"主题实践活动；切实发挥好机关工会的桥梁和纽带的作用，不断提高职工的思想道德、职业道德水平和综合素质；采取多种形式积极开展文体活动，进一步提高中心的凝聚力和战斗力，努力营造竞合共赢、奋发向上的工作氛围。

八、充分发挥省政府采购协会作用，促进集中采购机构健康规范发展

1. 加强省政府采购协会自身建设。制发省政府采购协会2009年工作计划要点，充分发挥省政府采购协会的职能作用；按照《辽宁省政府采购协会章程》规定，召开好理事会议和常务理事会议；创办《辽宁政府采购》季刊，加强会员单位信息和业务交流；完善内部财务管理制度，加强会费收缴与支出管理；建立集中采购机构业务报告制度，积累行业信息与数据。

2. 完善行业联动体系。学习借鉴先进经验做法，有的放矢地组织开展调查研究和集中业务培训学习工作；充分发挥省政府采购协会平台作用，加强会员交流；因地制宜地组织开展行业协作工作，积极探索建立联动采购工作机制；探索推广采购业务操作标准化工作，提高规范化工作水平；充分发挥"自我约束、诚信守信、相互监督、共同发展"的行业自律机制作用，推动行业健康发展。

关于办理延续政府采购乙级代理机构资格有关问题的通知

辽财采［2009］349 号

各有关政府采购代理机构：

根据《中华人民共和国政府采购法》和《政府采购代理机构资格认定办法》（财政部令第 31 号）的有关规定，辽宁省财政厅将对到期的政府采购乙级代理机构资格办理延续手续，现将有关情况通知如下：

一、凡是依法取得政府采购乙级代理机构资格的单位，需要延续政府采购代理机构资格有效期的，应在《政府采购代理机构资格证书》载明有效期届满 30 日前，向辽宁省财政厅提出申请。

二、政府采购乙级代理机构提出资格延续申请时，须提供下列书面材料：

（一）申请书载明需要延续资格的原因。

（二）原乙级代理机构资格证书正、副本原件。

（三）职工人员中高级职称所占比例，以及符合规定条件的技术方面专职人员的学历、高级职称证书原件及复印件。

（四）近三年政府采购业绩，包括委托代理协议和中标通知书。

（五）营业执照原件和复印件。

（六）依法缴纳税收和社保的证明原件和复印件。

（七）近三年接受投诉及行政处理、处罚情况的说明。

（八）经会计师事务所审计的近三年的财务报告。

（九）营业场所的证明材料。

三、政府采购乙级代理机构报送材料时，须按照以下流程办理：

（一）办理延续时，如果单位法人代表、地址、注册资金、职工人员等情况与原申请内容发生变动的，应提供有关证明材料，提出修改申请；凡代理机构名称发生变化的，须重新申请资格，不得办理延续。

（二）辽宁省财政厅收到政府采购乙级代理机构资格延续申请后，经审查合格、符合法定要求的，在代理机构资格有效期届满前，将作出延续代理机构资格的决定，并重新颁发《政府采购代理机构资格证书》，同时在《辽宁省政府采购网》上公布。

（三）申请人的申请不符合规定条件的，将作出不予延续代理机构资格的书面决定，并说明理由和告知申请人享有依法申请行政复议或者提起行政诉讼的权利。

四、政府采购乙级代理机构逾期不申请资格延续的，其《政府采购代理机构资格证书》自证书载明的有效期届满后自动失效；需要继续代理政府采购事宜的，应当重新申请政府采购乙级代理机构资格。

辽宁省财政厅

二〇〇九年六月四日

关于实施促进中小企业发展政府采购政策的指导意见

辽财采［2009］406 号

各市财政局、中小企业局，省直各部门：

为贯彻落实科学发展观，积极应对当前国际金融危机，促进经济平稳较快发展，充分发挥政府采购对促进中小企业发展的积极作用，依照《中华人民共和国政府采购法》、《中华人民共和国中小企业促进法》及《辽宁省促进中小企业发展条例》的有关要求，提出以下指导意见：

一、加强政策实施的组织领导，全面贯彻落实促进中小企业发展政府采购政策

中小企业在保障和增加就业、推动经济发展、方便群众生活、促进市场竞争、推进技术创新和保持社会稳定等方面发挥着重要作用。实施促进中小企业发展的政府采购政策，是贯彻落实《中华人民共和国政府采购法》、《中华人民共和国中小企业促进法》、《辽宁省促进中小企业发展条例》等法律法规的客观要求，是运用财政政策工具扩大国内需求、改善民生、拉动消费、带动生产、促进经济平稳较快增长的重要举措。各级财政和中小企业行政管理部门要从贯彻落实省委、省政府“保增长、扩内需、促振兴”战略部署及经济社会发展战略全局出发，切实提高对实施促进中小企业发展政府采购政策重要性的认识，进一步加强组织领导，增进部门间的协调配合。

各级财政、中小企业行政管理部门要确定一位领导同志负责，指定专门工作机构具体落实，实行严格的工作责任制，为全方位推进政策实施提供组织保障。在此基础上，财政和中小企业行政管理部门要建立健全采购中小企业产品、服务的工作协调机制，共同研究确定采购中小企业商品、服务的目标和任务，研究制定切实可行的政策措施，监督检查政策实施情况，协商解决工作中遇到的困难和问题，充分发挥政府采购优先购买的政策功能和市场导向作用，努力构建优先采购中小企业商品、服务的政策环境。

二、加强政府采购信息服务平台建设，为中小企业参与政府采购活动提供指导和服务

各级财政、中小企业行政管理部门要通过政府工作体系和新闻媒介等多种渠道，采取多种形式大力宣传政府采购促进中小企业发展的重要作用，通过政府采购网、中小企业网、电视、报刊、广播等信息平台加强对中小企业及其提供商品、服务的宣传，增进采购单位和社会各界对中小企业的了解及支持。充分调动社会各界力量，共同推进工作深入开展。要加强信息服务平台建设，建立健全地方政府采购网站，完善相关配套服务措施，及时公开发布政府采购信息，并适时与地方中小企业网相链接，建立起中小企业快捷、便利获取政府采购信息的“绿色通道”，为改善中小企业经营环境发挥积极作用。

要积极为中小企业提供政策指导及业务培训，公告采购活动程序和供应商基本条件，指导相关企业科学编制投标（报价）文件，有效提高中小企业提供的商品、服务的中标（成交）率。

三、明确中小企业商品、服务优先采购原则，支持中小企业开拓市场

采购单位和集中采购机构、采购代理机构在确定采购项目评审标准时，必须充分考虑优先采购中小企业商品、服务等政策要求。在国家作出统一规定之前，我省对中小企业的商品、服务在采购项目评审中设定以下优先采购原则：

一是实行中小企业优先，对于供应商生产经营规模和类型方面，在商品或服务的性能、质量、价格总体相同的条件下，优先采购中小企业提供的商品、服务。

二是设定中小企业商品或服务价格优惠政策，对于直接制造产品的生产性中小企业（不包括代理商、经销商）提供的商品、服务，在满足基本技术条件的前提下，按照规定采用最低评标价法和性价比法评标（评审）的采购项目，可以对其投标价格（报价）给予5%～10%幅度不等的价格扣除；采用综合评分法评标（评审）的采购项目，对价格部分给予相应评标（评审）分值5%～10%幅度不等的加分。

三是支持中小企业技术创新，对于同属中小企业的，在商品或服务的性能、质量、价格总体相同的条件下，优先采购国家和省评定的“专、精、特、新”产品。

四是激励中小企业完善品牌建设，在商品或服务的性能、质量、价格总体相同的条件下，优先采购获得国家驰名商标、省著名商标、国家和省名牌产品、国家地理标识产品、境外注册自有商标、国家重点支持名牌出口商品等荣誉称号的中小企业产品。

五是鼓励中小企业集群发展，在商品或服务的性能、质量、价格总体相同的条件下，优先采购生产基地设在“五点一线”沿海经济带园区和省级经济技术开发区等中小企业提供的商品、服务。通过实施上述优先采购政策，稳步提高中小企业提供的商品、服务在政府采购规模中的比重。

四、加强采购项目监管和采购资金使用监督，确保中小企业商品、服务采购规模持续稳定增长

在兼顾公平竞争、同质同价的基础上，适当向中小企业倾斜，优先安排向中小企业采购商品、服务，是采购单位和集中采购机构、采购代理机构在政府采购活动中必须遵守的一项法律义务。

各级财政部门要加强对采购项目实施过程的监管，对采购单位有意规避采购中小企业商品、服务或无正当理由拒绝接受合同约定中小企业商品、服务的，要责令其纠正，否则不予支付采购资金。通过强化采购项目实施和采购资金使用的监督，有效地扩大中小企业商品、服务的市场容量，确保中小企业商品、服务采购量持续稳定地增长，确保中小企业商品、服务采购量增长幅度高于政府采购规模增长幅度，确保未来三年中小企业商品、服务在政府采购中的比重明显提高。

五、建立信息反馈制度并追踪问效，促进中小企业不断改进商品及服务质量

各级财政、中小企业行政管理部门要建立采购中小企业商品、服务的信息反馈制度，采购单位要及时反馈中小企业商品、服务的使用情况。对采购单位提出不同意见的，财政、中小企业行政管理部门要开展调查论证，向有关企业提出改进意见或建议，促进有关企业不断提高商品、服务的质量。采购单位和集中采购机构、采购代理机构要建立中小企业参与政府采购活动记录制度，实行信用管理，对不能按照合同约定提供商品、服务的，及时通报同级财政部门和中小企业行政管理部门，并由财政部门责令中标（成交）中小企业限期纠正，否则不予支付合同价款。各级财政、中小企业行政管理部门要加强对促进中小企业发展政府采购政策实施情况进行考核并追踪问效，同时加强同监察、审计等相关行政管理部门的沟通，共同推进政府采购政策的更好更快落实。

辽宁省财政厅

二〇〇九年六月二十三日

关于印发《辽宁省政府采购中心内设机构及其主要职责》的通知

辽政采［2009］33号

中心各处：

《辽宁省政府采购中心内设机构及其主要职责》业经中心分党组会议审议通过，现印发给你们，请遵照执行。原《辽宁省政府采购中心内设机构及其主要职责》（辽政采［2005］13号）同时废止。

辽宁省政府采购中心

二〇〇九年八月六日

辽宁省政府采购中心内设机构及其主要职责

根据省编委《关于省政府采购中心增加人员编制等机构编制事项的批复》（辽编发［2009］2号）和省编办《关于重新核定省政府采购中心机构编制事项的批复》（辽编办发［2008］109号）的要求，为进一步提高内部管理水平，强化规范，提升效率，适应中心新增职能需要，解决实际工作中的突出问题，决定对中心内设机构及职能进行适当调整。调整后中心内设综合处、采购处、药品采购处、招标处、合同管理处。具体职责如下：

一、综合处

负责中心的综合性工作。主要履行以下职责：

（一）负责中心业务综合协调工作。主要包括：负责会同省财政厅研究拟定并组织实施涉及省级政府集中采购业务的政策、制度和工作规程；负责制定中心内部采购操作规程，草拟综合性文字材料和有关会议纪要；负责省直各部门、各单位操作业务人员的培训；受理省财政厅下达的政府集中采购计划，编制《辽宁省政府采购中心政府采购任务书》并下达；统一受理供应商质疑（包括药品集中采购，下同），并交由相关业务处限期答复；中心统计报表的汇总、分析和上报；中心形成的各类档案的归集和管理工作；与省财政厅协调及相关报批备案工作；督察中心有关工作的完成情况；统一组织中心宣传工作。

（二）负责中心文秘工作。主要包括：会议组织、文电收发传递管理、机要保密和政务信息等日常工作。

（三）负责中心信息化建设、管理和维护工作。

（四）负责中心分党组秘书工作，完成分党组交办的各项任务。

（五）负责中心人事、党务工作。主要包括：人事劳资管理、年度考核、教育培训、党群、纪检监察和信访等方面管理工作。

（六）负责中心行政保障管理工作。主要包括：财务会计、资产管理、政府采购、职工生活福利、公务车辆管理、安全保卫、公务接待等行政后勤事务。

（七）负责承担省政府采购协会秘书处的日常工作。

（八）中心领导交办的其他工作。

二、采购处

负责政府集中采购项目开标（谈判、询价）前的各项组织实施和供应商信息库业务管理工作。主要履行以下职责：

（一）负责签订委托代理协议。

（二）负责制定采购项目操作方案。

（三）负责论证、编制和发放采购文件。主要包括：协调采购单位落实采购工作，负责采购项目的论证、技术参数审核与修订，采购项目的分包；会同招标处做好采购项目的排期；拟订评标（谈判、询价）程序、方法和标准，编制采购文件及补遗文件；协调采购单位会签确认采购文件；印制和发放采购文件；按规定对采购文件等向省财政厅进行报备。

（四）负责答疑和组织现场踏勘。主要包括：解释、澄清、答复潜在供应商提出的与采购项目有关的问题；协调采购单位按照采购文件约定时间、地点召开采购项目情况说明会，组织潜在供应商进行现场考察。

（五）负责供应商资格预审。

（六）负责根据采购项目的具体情况提出所需评审专家的专业和人数要求。

（七）负责采购信息公告的编制、发布及备案。

（八）负责协助招标处做好评标（评审）环节的相关工作。

（九）负责协议供货和定点服务采购的日常管理。

（十）负责涉及本处职责范围内的供应商询问及相关质疑答复。

（十一）负责中心供应商信息库的建立、管理和更新工作。

（十二）归集、整理本处已经形成的采购文件资料，其中：属于非协议供货日常采购项目所形成的采购文件资料，即时移交招标处；属于协议供货日常采购项目所形成的采购文件资料，即时移交合同管理处。

（十三）完成中心领导交办的其他工作。

三、药品采购处

负责药品集中采购及相应计算机网络平台业务管理工作。主要履行以下职责：

（一）负责会同省卫生厅等部门制定操作方案，编制招标文件，制定评审方法，并提交省药品集中采购工作领导小组办公室（以下简称领导小组办公室）审定。

（二）负责发布招标公告，发放招标文件，以书面形式答复投标人提出的澄清要求。

（三）负责审核投标人提交的各种证明文件，将审核通过的合格投标人报领导小组办公室审查备案，并将审核结果向社会公示；负责收集、录入、审核、维护供应商的信息工作。

（四）负责组织开标、评标，并向领导小组办公室报告评标结果。

（五）负责发布中标通知书，组织医疗机构、中标人和配送企业签订药品购销合同，参与药品购销合同的履约验收。

（六）负责在招标工作结束后的15日内将中标药品的中标价格及相关资料报省物价局审核。

（七）负责编制医疗机构集中采购中标药品手册，印发给参加统一采购的医疗机构执行。

（八）负责向领导小组办公室报送书面招标总结报告等相关材料。

（九）负责建立完善网上药品采购监督管理信息平台，对全省药品集中采购情况进行网上监控，定期统计分析，并上报领导小组办公室。

（十）负责涉及职责范围内的供应商询问及相关质疑答复。

（十一）负责对评审专家、医疗机构、中标人和配送企业的不正当行为建立记录和公告制度，并按照规定进行处理。

（十二）归集、整理药品集中采购文件资料，装订成册，定期移交综合处归档。

（十三）负责法律法规赋予的其他职责及领导小组办公室和中心领导交办的其他事项。

四、招标处

负责组织政府集中采购项目的评审工作。主要履行以下职责：

（一）负责开标（谈判、询价）前的准备工作。

（二）负责组织开标（谈判、询价小组）会议。

（三）负责组织评标委员会（谈判、询价小组）进行评审。

（四）参与药品集中采购现场评标工作。

（五）负责组织编写评审报告，向采购单位报送评审结果。

（六）负责拟订并发布中标（成交）公告和中标（成交）通知书。

（七）负责组织中标（成交）供应商的资格后审。

（八）负责对评审专家业务水平、工作能力、职业道德等方面的信用考核评价，对评审专家的不正当行为建立记录和公告制度，并按照规定进行处理。

（九）负责对供应商在政府集中采购项目评审过程中的不正当行为建立记录和公告制度，并按照规定进行处理。

（十）负责涉及本处职责范围内的供应商询问及相关质疑答复。

（十一）归集、整理本处已经形成的采购文件资料，即时移交合同管理处。

（十二）完成中心领导交办的其他工作。

五、合同管理处

负责政府集中采购项目的合同管理和履约验收工作。主要履行以下职责：

（一）负责草拟合同文本。

（二）负责组织采购单位与中标（成交）供应商（含定点服务、协议供货供应商）签订合同（含框架协议）；负责组织签订变更和补充合同。

（三）负责参与组织合同金额在规定限额以上采购项目的现场履约验收，编制验收报告，对规定限额以下的采购项目（含定点服务、协议供货采购项目）合同履约验收签署意见；负责协调处理合同履行过程中出现的质量、性能、售后服务问题以及其他纠纷。

（四）负责对供应商（含定点服务、协议供货供应商）的信用考核评价，对供应商合同履约过程中的不正当行为建立记录和公告制度，并按照规定进行处理。

（五）负责涉及本处职责范围内的供应商询问及相关质疑答复。

（六）负责归集、整理采购文件资料，形成完整档案资料，并装订成册，定期移交综合处归档。

（七）负责已完成政府集中采购项目的统计与分析。

（八）完成中心领导交办的其他工作。

关于印发《辽宁省政府采购中心2010年工作要点》的通知

辽政采［2010］3号

中心各处：

现将《辽宁省政府采购中心2010年工作要点》印发给你们，请结合工作实际，认真贯彻落实。

辽宁省政府采购中心

二〇一〇年二月十一日

辽宁省政府采购中心2010年工作要点

2010年是全面完成“十一五”规划和加速辽宁全面振兴的关键之年。中心工作的指导思想是：认真贯彻党的十七大和十七届三中、四中全会精神，坚持以科学发展观为指导，深入贯彻落实《关于进一步加强政府采购管理工作的通知》（辽政办发［2009］87号）文件精神，以优化内部业务工作规程为核心，以规范化、精细化管理为重点，以发挥政策功能为目标，以加快电子化建设为支撑，以提升队伍专业化水平为保障，进一步拓展政府集中采购范围和规模，全面推进全省药品集中采购工作，切实提高采购工作的执行力，不断推进省直政府采购事业和全省药品集中采购工作又好又快发展。

围绕上述指导思想，2010年中心主要工作定位是“二二四六”，即围绕两条主线——政府集中采购，药品集中采购；继续确保两个重点——做大规模，强化规范；努力做到四个提高——提高科学化、精细化管理水平，提高电子化、信息化建设水平，提高政府集中采购、药品集中采购的质量和效率，提高干部队伍的综合素质；全面完成六项目标（2111500）——力争政府集中采购规模增长幅度达到20%以上，资金节支率保持在10%以上，药品集中采购规模达到100亿元左右，在保证质量的前提下药品降价幅度达到15%以上，针对中心有效投诉继续保持为零，继续确保中心及每名工作人员不发生违法违纪现象。

围绕上述指导思想和工作任务，中心要重点做好以下几个方面的工作：

一、扩大政府集中采购规模和范围，力争采购规模增长幅度达到20%以上，资金节支率保持在10%以上

1.会同省财政厅做好集中采购目录的调整和完善工作，积极配合省财政厅做好2010年省本级政府采购预算和计划工作，提高政府集中采购的计划性和科学性。

2.会同省财政厅将中小学生免费教科书、药品、农村文化资源共享、农村孕妇彩色多普勒、医疗设备器械等采购项目以及中央、省专项转移支付的项目纳入政府集中采购范围，促进政府采购制度实施的经济效益和社会效益同步提高。

3. 会同省财政厅继续做好办公设备、公务用车、空调设备和办公家具等大类产品的协议供货采购工作；启动办公耗材用品等货物类定点采购。

4. 会同省财政厅做好新一轮中央国家机关、省直机关出差及会议定点饭店采购工作，将服务类定点采购范围逐步扩大到机动车辆维修、印刷、专业设计、工程监理和工程设计等项目。

5. 会同省财政厅充分利用电子化政府采购管理与交易平台，在先行试点的基础上，打造全省统一的货物类协议供货采购和定点服务采购市场，实现区域采购成果共享；探索汽车等实行全省统一招标采购，提高政府集中采购的规模效益。

二、全面推进全省药品集中采购工作，力争药品集中采购规模达到100亿元左右，药品降价幅度达到15%以上

1. 会同省卫生厅等省直相关部门全面完成全省2010年药品集中采购工作。2月底前，完成基本药物招标采购工作；3月底前，完成非基本药物招标采购工作。

2. 在认真总结经验、查找存在的问题和薄弱环节的基础上，会同省卫生厅等省直相关部门进一步完善药品集中采购的相关政策制度及其工作规程，制订和完善相关文件的标准模板，积极为2011年全省药品集中采购招标工作创造条件。

3. 加强学习培训和调查研究，采取"走出去、请进来"的做法，积极学习借鉴外省药品集中采购的先进经验和做法，切实提高工作的能力和水平，更好地发挥集中采购的优势，保证药品质量、控制虚高药价。

4. 进一步完善药品集中采购管理与交易平台，会同软件公司进行"辽宁省药品集中采购网"的完善升级工作；全面熟悉掌握"辽宁省药品集中采购网"的核心技术和操作技能；对全省药品集中采购情况进行网上监控，定期统计分析。

5. 会同省卫生厅适时启动2011年全省药品集中采购工作，按照国家相关政策和要求，积极探索医用耗材和医疗设备器械的集中采购工作。

三、进一步推进科学化、规范化和精细化管理工作，不断夯实各项工作基础

1. 会同省财政厅制发相关政策制度和业务标准模板。研究制订评审专家、协议供货商、集中采购目录、履约验收等一系列管理办法；制定和完善采购文件、投标（报价）文件、信息公告、合同文本、验收证明、评审报告、质疑投诉处理决定等采购要件的统一格式。

2. 制定和完善中心内部管理制度。根据中心工作实际，制定和完善中心业务规程、评审专家考核评价实施细则、采购项目论证制度、合同履约验收实施办法和工作目标责任制管理暂行办法等项内部管理制度，并加大落实考核力度。

3. 全面推进采购合同管理和履约验收工作。推行采购合同范本，简化工作程序；加大对协议供货采购和定点服务采购合同履约管理力度；对限额标准以上及重点采购项目全面实施履约验收制度；会同省财政厅制定供应商量化考核管理细则，建立供应商信用评价体系和奖惩激励机制，促进供应商不断提高服务质量和水平。

4. 进一步完善对采购活动相关当事人的评价、不良行为记录和公告制度，切实增强其诚信意识和责任意识；建立供应商、评审专家违规行为列入"黑名单"制度，切实增强法律法规的权威性和严肃性。

5. 进一步完善协调、沟通、反馈工作机制。定期或不定期地开展中心工作"回头看"和政府采购案例分析工作，及时总结工作中的经验教训，完善措施；完善中心周工作计划和采购项目完成情况动态分析报告制度，提高工作质量和效率；继续坚持和完善中心与省财政厅定期联席会议制度。

四、大力推进信息化建设，完善电子化网络采购平台

1. 会同省财政厅建立电子化政府采购管理与交易平台，对采购计划下达、采购方式审批、采购项目委托、采购文件编制、采购公告发布、评审专家抽取、采购合同备案、采购项目验收、质疑投诉处理、信息统计等环节全部实施网上电子化操作，进一步提高工作效率；建立政府采购要素市场，搭建全省统一的政府采购供应商库及商品价格信息库等基础信息平台，实现跨地区、跨部门的资源整合及共享，有效利用公共资源并降低采购成本。

2. 进一步完善中心"辽宁省政府采购管理信息系统"。通过政府采购形式确定软件开发商；在中心内部操作环节实现采购需求随任务下达、采购文件自动生成、供应商自行下载、网上评标、网上竞价等环节全部实施网上电子化操作，实现中心与省财政厅、采购单位和供应商"无纸化"办公。

3. 研究开发中心内部办公自动化系统，对公文流转、文件起草、会议通知、文件库、档案管理、人员管理等环节全部实施网上电子化操作，实现中心内部办公自动化。

五、强化政府采购政策功能，充分发挥政府采购对经济社会的调控作用

1. 进一步落实促进节能减排的政府采购政策，在政府集中采购活动中对绿色环保和节能产品优先采购，对空调机等9类产品实行政府强制采购，强化绿色采购执行机制，不断提高绿色采购份额。

2. 会同省财政厅等省直相关部门研究制定《辽宁省中小企业政府采购管理办法》等项采购政策制度，稳步提高我省企业提供的货物、工程、服务在政府集中采购中的规模和比重。

3. 注重加强各项采购政策制度的衔接配合，强化采购政策的执行力，探索建立采购政策制度效果评价制度，不断提高采购政策制度实施效果。

六、深入开展调查研究，不断加大培训和宣传工作力度

1. 加强调查研究，推动工作再上新台阶。要深入学习借鉴国内外政府采购的先进经验，进一步开阔视野；要加强市场调研，提高对政府采购产品的技术发展趋势及市场行情动态的了解和把握能力；要围绕业务工作的“热点”、“难点”和“重点”问题，开展多种形式的调查研究，年内每个处结合业务工作形成高质量的调研报告不得少于两篇。

2. 认真做好各项培训工作。会同省财政厅计划举办1—2期省直各部门、各单位负责政府采购管理与操作人员培训班，提升省直各部门、各单位政府采购管理与操作人员队伍的整体素质和政策水平；通过座谈、讲座等形式对参与政府采购活动的供应商，尤其是协议供货采购和定点服务采购的中标供应商进行培训，提高其依法参与政府集中采购活动的意识和水平。

3. 做好宣传工作，提升中心对外的形象。要积极协调省内外相关新闻媒体，对中心工作进行宣传报道；要会同省财政厅创办好《辽宁政府采购》季刊，加强政策宣传和信息业务交流；要进一步完善与省人大、政协和纪检监察部门工作联系沟通机制，宣传政府采购制度和中心工作，扩大政府集中采购和药品集中采购工作的影响；要进一步完善工作简报制度，每季度各处为《政府采购情况》或《辽宁政府采购》提供并被采纳的稿件不得少于两篇。

七、加强自身建设，为业务工作开展提供有力保障

1. 加强中心班子建设，充分发挥分党组的领导核心作用。要进一步健全分党组中心组学习制度，以深入学习科学发展观理论为主线，夯实理论基础，突出学以致用；要坚持贯彻民主集中制原则，对人事任免、重大业务事项、大额经费支出等重大问题，在认真履行民主程序和充分征求意见的基础上，集体研究决定；坚持正确的用人导向，努力为每名同志展示才华、发挥创造力提供环境和空间；要进一步加强班子的思想建设，开好民主生活会，广泛深入地开展批评与自我批评；要进一步改进工作作风，真抓实干，开拓进取；要进一步落实“一岗双责”，加强党风廉政建设，切实做到“两手抓，两手都要硬”。

2. 加强干部队伍建设，大力提倡“勤奋学习、爱岗敬业、优质高效、清廉和谐”的机关作风。坚持勤奋学习，以建设学习型中心为重点，全面提高干部素质。坚持爱岗敬业，要苦练内功，潜心钻研业务，耐得住寂寞，守得住清苦，大力弘扬无私奉献精神。坚持优质高效，进一步完善首问负责制度、办事指南制度、一次性告知制度、限时办结制度、挂（摆）牌服务制度和主动上门服务制度，提高采购工作的质量和效率，以优质的服务赢得政府采购相关当事人的满意。坚持清廉和谐，营造风清气正、和谐共进的良好环境，自觉维护团结共事的大局，要牢固树立正确的权力观、地位观和利益观，严守中心工作人员“五不准”，要切实增强大局意识，共同开创中心工作新局面。

3. 强化中心内部建设，保障中心各项工作正常运转。要努力做好干部人事工作，维护干部职工的切身利益；要切实加强财务管理工作，确保中心正常运转和事业发展对经费的需求；要优化中心资源配置，提高中心现有资源的利用率；要进一步提升中心发文的质量和水平，确保公文流转顺畅安全、档案资料真实完整；要组建中心党总支和各处党支部，做好积极分子的培养和新党员发展工作；要采取多种形式积极开展文体活动，努力营造竞合共赢、奋发向上的工作氛围。

4.充分发挥省政府采购协会作用，促进全省各级集中采购机构健康规范发展。要进一步加强省政府采购协会自身建设，组织召开好协会换届会议；要充分发挥“自我约束、诚信守信、相互监督、共同发展”的行业自律机制作用，推动行业健康发展。

吉林省

关于印发《吉林省省直政府采购若干规定》的通知

吉政发［2009］19号

各市（州）人民政府，长白山管委会，各县（市）人民政府，省政府各厅委办、各直属机构：

现将《吉林省省直政府采购若干规定》印发给你们，请遵照执行。

吉林省人民政府

二〇〇九年六月三十日

吉林省省直政府采购若干规定

第一章 总 则

第一条 为进一步加强省直政府采购监督管理，规范政府采购行为，提高政府采购效率，根据《中华人民共和国政府采购法》和《中华人民共和国招标投标法》及有关规定，制定本规定。

第二条 省直国家机关、事业单位、社会团体以及有关单位（以下统称“采购人”）使用财政性资金（包括预算资金、预算外资金和其他资金）购买货物、工程和服务及相关活动，适用本规定。

第三条 省直政府采购应当遵循公开、公平、公正原则及下列具体原则：

（一）集中采购主导原则。采购人采购列入省直政府集中采购目录、属于通用的采购项目，应当委托省政府采购中心（以下简称“采购中心”）组织采购。

（二）优先原则。省直政府采购应当采购本国货物、工程和服务，应当优先采购节能、环保、自主创新产品。

（三）无差别待遇原则。采购人编制的采购需求、采购标准、采购条件不得带有倾向性，不得以不合理的采购条件对供应商实行差别或歧视待遇。

（四）公开透明原则。坚持公开招标作为政府采购的主要方式，逐步推行电子化采购方式。政府采购规章制度、目录与公开招标限额标准和采购项目信息等向社会公开发布，政府采购全过程应公开透明运行。

（五）监督制约原则。政府采购项目审核、采购计划下达、采购方式变更、采购代理机构检查报告等工作记录应在省财政厅政府采购管理办公室（以下简称“采购办”）存档。加强财政、审计、监察等专业部门监督，加强社会舆论监督和群众监督，采购相关单位应建立内部监控机制，加强自我监督。

第二章 采购计划申报

第四条 省财政厅根据政府采购实际需要、国家产业政策要求合理确定政府采购的范围，编制政府采购目录和公开招标限额标准，报省政府批准后向社会公布实施。

第五条 采购人在编制下一年度部门预算或申请追加预算时，应按政府采购目录将属于政府采购项目和资金预算等逐项列出，并落实采购项目资金。

第六条 采购人编制的政府采购预算经省财政厅审核批准后，随同部门预算一并下达给采购人。采购人按采购预算编制月份采购计划。采购办应汇总编制月份采购计划。纳入政府集中采购目录的通用采购项目，以《吉林省省直政府采购任务通知书》下达给采购中心组织实施；属于分散采购的项目，由各采购人组织实施。

第七条 采购人需补报采购计划、调整采购项目及采购预算的，应报采购办批准。采购人调整政府采购计划应当在申报具体项目前以书面方式申请，经采购办审核同意后，再下达《吉林省省直政府采购任务通知书》。

第八条 采购人应将采购计划在本单位公示。采购人不得申报、采购办不得下达无政府采购计划的采购项目。除实行定点采购、协议供货的项目和预算追加外，对采购需求相同的项目，采购单位在同一年度内不得分批（次）申请执行。

第三章 采购执行模式

第九条 政府采购执行模式包括：政府集中采购——采购办下达或采购单位委托采购中心组织实施的集中采购目录以内、属于通用性项目的采购活动；部门集中采购——由省直部门委托有资质的政府采购代理机构，统一组织实施的纳入集中采购目录、属于本部门或本系统特殊要求项目的采购活动；单位自行采购——采购人自行组织或委托采购代理机构实施的集中采购目录以外、集中采购限额标准以下项目的采购活动。

第十条 省直政府采购实行政府集中采购为主和分散采购为辅的执行模式。列入政府采购目录，属于通用的政府采购项目，采购人无特殊原因不得委托代理机构组织采购。采购中心对采购需求相同的项目（同一项目内容），原则上每月集中采购一次。部门集中采购项目的采购文件、采购结果等，需报采购办备案。

第四章 采购方式与程序

第十一条 政府采购采用公开招标、邀请招标、竞争性谈判、单一来源采购和询价等采购方式。采购办应严格按照《政府采购法》对 5 种采购方式适用条件的规定进行审核。中央政府各部门对具体政府采购项目的采购方式、采购程序以及相关要求有明文规定的，按其规定办理。

第十二条 公开招标方式。公开招标项目统一在省政务大厅进行。

（一）适用条件：达到政府采购目录规定的公开招标限额标准的货物、工程与服务采购项目。

（二）采购程序：

1. 招标文件编制与信息公告：采购人与采购中心或采购代理机构（向省政务大厅预定公开招标日期与地点后），共同编制招标文件，在指定媒体发布招标公告。

2. 招标文件获取与递交：采购中心组织的公开招标项目，招标文件由供应商自行从采购中心网站下载；采购人或者采购代理机构组织的公开招标项目，招标文件统一在省政务大厅发售。供应商递交投标文件时应当登记，采购人、采购中心或者采购代理机构收到投标文件后应当妥善保存，在招标文件规定的投标截止时间之前不得拆封。在递交投标文件截止时间之后送达的或者未按招标文件要求密封的投标文件，均为无效投标并予以拒收。

3. 开标：开标前，投标代表或公证机构、现场监督人员对投标文件密封情况进行检查并当众宣布检查结果。工作人员当众拆封，宣读投标人名称、投标价格、交货（竣工）时间和投标文件的其他主要内容，并对开标过程全程记录、存档备查。唱标过程在投影幕上同步显示，投标报价表通过实物展台向所有投标人展示。开标后，所有投标文件应在监督员的监督下送评标区保管，任何人不得翻阅和更改，待评标专家到齐后方可供评标使用。

4. 评标：所有人员的通信工具在进入封闭评标区时一律存入保管箱中。评标专家的抽取，在省政务大厅封闭评标区评标室内进行，由采购人代表、省政务大厅招标办工作人员和现场监督人员共同从省政务大厅评标专家库中随机抽取评标专家，与采购人代表组成评标委员会，进行独立评标。专家询标使用语音变声技术，投标人在评标区外询标室内答复评委询标。担任评委的采购人代表仅限 1 人进入评标室，采购中心或者采购代理机构工作人员不得超过 2 人。

5. 结果公示与公告：采购人、采购中心或者采购代理机构应在评标结束后 2 个工作日内在指定媒体将预中标结果公示 5 个工作日。预中标结果公示期满无异议，预中标人确定为中标人。采购人、采购中心或者采购代理机构应当在中标人确定后 2 个工作日内在指定媒体发布中标结果公告，同时向中标人发出中标通知书。

第十三条 邀请招标方式。邀请招标项目统一在省政务大厅进行。

（一）适用条件：具有特殊性，只能从有限范围的供应商处采购的；采用公开招标方式的费用占政府采购项目总价值的比例过大的。

（二）采购程序：

1. 投标人资格预审：发布邀请招标资格预审公告 7 个工作日，公布投标人资格条件。投标人在资格预审公告结束后 3 个工作日内，按公告要求提交资格证明文件。采购人、采购中心或者采购代理机构共同从评审合格投标人中通过随机方式选择 3 家以上的供应商，向其发出投标邀请书，或者向全部具备合格资格的供应商发出投标邀请书。

2. 其余程序与公开招标方式相同。

第十四条 竞争性谈判方式。

（一）适用条件：招标后没有供应商投标或者没有合格标的或者重新招标未能成立的；技术复杂或者性质特殊，不能确定详细规格或者具体要求的；采用招标方式所需时间不能满足采购人紧急需要的；不能事先计算出价格总额的。

（二）采购程序：

1. 谈判文件编制与信息公告：采购人与采购中心或采购代理机构共同编制谈判文件，在指定媒体发布招标公告。

2. 谈判文件获取：采购中心组织的竞争性谈判项目，供应商从采购中心网站下载谈判文件；采购人或者采购代理机构组织的竞争性谈判项目，谈判文件统一在省政务大厅发售。

3. 报价文件递交：供应商按照谈判文件要求编制和递交报价文件。供应商递交报价文件时应当登记，采购人、采购中心或者采购代理机构收到报价文件后应当妥善保存，在谈判文件规定的提交报价文件截止时间之前不得拆封。在提交报价文件截止时间之后送达的或者未按谈判文件要求密封的报价文件，均为无效报价并予以拒收。

4. 谈判预备会议：谈判之前召开所有递交报价文件供应商参加的谈判预备会议，由采购人、采购中心或者采购代理机构当众宣布提交报价文件的情况、谈判程序、评标方法和标准等事项。

5. 抽取专家：谈判预备会议结束后，由采购人代表、采购中心或者采购代理机构工作人员和现场监督人员共同从省政务大厅评标专家库中随机抽取评标专家。评标专家由采购人代表当场点击抽取，采购中心或者采购代理机构工作人员当场通知，监督人员现场监督。采购代理机构代理的项目，由省政务大厅招投标管理办公室工作人员抽取评标专家。

6. 谈判：由采购人代表和专家组成的谈判小组集体分别与参加谈判的供应商谈判。除担任评委的采购人代表外，采购人可委派 1 名工作人员进入评标室，采购中心或者采购代理机构工作人员不得超过 2 人。

7. 供应商最终报价：谈判结束后，由供应商按照谈判小组的要求，在规定时间内进行最终报价。供应商的最终报价当场向参加谈判的所有供应商宣布。

8. 评定成交供应商：谈判小组对所有供应商的最终报价进行评审，采用最低评标价法评定成交供应商，评标结束后由谈判小组当场向参加谈判的供应商宣布评审结果并说明理由，当场接受和答复供应商的质疑。

9. 公告成交结果：采购人、采购中心或者采购代理机构应当在评标结束 3 个工作日后在指定媒体发布成交结果公告，同时向成交供应商发出成交通知书。

第十五条　单一来源方式。

（一）适用条件：采购人申请、采购办审核单一来源采购方式必须符合下列条件：只能从唯一供应商处采购的；发生了不可预见的紧急情况不能从其他供应商处采购的；必须保证原有采购项目一致性或者服务配套的要求，需要继续从原供应商处添购，且添购资金总额不超过原合同采购金额 1/10 的。

（二）采购程序：

1. 采购人以正式文件向采购办提出申请单一来源采购方式的理由，提交单一来源供应商的资料。

2. 采购属于独家生产经营的产品，采购办在确定采用单一来源方式时，由采购中心在指定媒体上公告 3 个工作日，公告截止时间结束后 2 个工作日内如无供应商提出异议，则采用单一来源方式采购；如果另有供应商以书面形式明确表示能够提供拟采购的标的物，则由采购中心变更为其他方式。

3. 单一来源项目由采购办下达给采购中心组织，由采购人组成包括本单位纪检监察人员参加的谈判小组，集体与单一来源供应商谈判，在保证采购项目质量和合理定价的基础上确定合同条款，由谈判小组成员共同签署谈判纪要。

4. 采购人明知采购项目不符合单一来源采购条件，但仍弄虚作假申请单一来源采购方式，由采购人承担相关责任。

第十六条　询价方式。

（一）适用条件：采购的货物规格、标准统一，现货货源充足且价格变化幅度小的政府采购项目。

（二）采购程序：

1. 编制询价文件，发布询价采购信息公告。

2. 询价文件获取与报价文件递交：供应商自行从采购中心网站下载询价文件。供应商应按照询价文件要求编制和递交报价文件并登记，采购中心收到报价文件后应当妥善保存，在询价文件规定的提交报价文件截止时间之前不得拆封。在提交报价文件截止时间之后送达的或者未按询价文件要求密封的报价文件，均为无效报价并予以拒收。

3. 开标：采购中心在所有递交报价文件的供应商在场的情况下公开开标，当众宣布提交报价文件的情况、报价、交货时间、询价程序、评标方法和标准等事项。

4. 抽取专家：开标后，由采购人代表、采购中心工作人员和现场监督人员共同从省政务大厅评标专家库中随机抽取并当场通知评标专家，与采购人代表组成的询价小组独立评标，采用最低评标价法评定成交供应商，评标结束后由询价小组当场向参加询价的供应商宣布评审结果并说明理由，当场听取并答复供应商的质疑。除担任评委的采购人代表外，采购人可委派 1 名工作人员进入评标室，采购中心工作人员不得超过 2 人。

5. 成交结果公告：采购中心应当在评标结束 2 个工作日后在指定媒体发布成交结果公告，同时向成交供应商发出成交通知书。

6. 特殊规定：采用询价方式采购的货物，应当实行同种（同类）产品单独询价，不得将两种（两类）以上产品打包询价。单次采购预算在 10 万元以下（含 10 万元），与现有设备或者系统配套使用的货物，可以指定单一品牌；单次采购预算在 10 万元以上 50 万元以下（含 50 万元）的货物，可以指定三个品牌以上（含三个品牌）相近档次的产品。

第十七条　协议供货和定点采购。

（一）协议供货和定点采购是指通过统一招标确定协议供货供应商和定点供应商，采购人按照规定程序自行向协议供货供应商和定点供应商采购的方式。

（二）协议供货和定点采购项目由采购办委托采购中心组织实施，采用公开招标等方式确定供应商。预中标（预成交）结果公示期满无异议后，由省财政厅发布执行。

（三）采购办负责协议供货和定点采购工作的日常监督管理。采购人采购属于协议供货和定点采购的货物、工程或者服务时，应当按省财政厅有关办公用品、汽车维修与保险等协议供货与定点采购相关文件规定实施。

（四）采购人采购列入定点产品目录和协议供货产品目录的货物、工程或者服务时，应当进行充分的市场调查，邀请多种品牌产品的多家供应商进行再次竞价，或者向多种品牌产品的多家供应商进行再次询价。采购人应当保证实际采购价格低于省财政厅文件列示的最低价格，实际获得的价格优惠率高于省财政厅文件列示的最高优惠率，实际享有的服务不低于省财政厅文件列示的优惠服务。

（五）采购人发现定点供应商或者协议供货供应商所提供的货物、工程或者服务的价格高于其所承诺的优惠价格或者低于其所承诺的优惠率或者不能提供其所承诺的优惠服务时，应当及时以书面形式向采购办反映，并提供具体事实和有效凭证。

第五章　采购需求编制

第十八条　采购中心或采购代理机构接到采购办下达的《政府采购任务通知书》后，应当在2个工作日内通知采购人编制提交《省直单位明确采购需求和招标要求一览表》（采购中心组织的项目，由采购人从采购中心网站 www.jlszfcg.gov.cn 下载）。采购人应当在接到通知后2个工作日内向采购中心或采购代理机构提交《省直单位明确采购需求和招标要求一览表》，明确项目的采购需求和招标要求，作为编制采购文件的依据。

第十九条　采购人编制采购需求时，每种货物均应将主要功能配置及其技术指标、辅助功能配置及其技术指标分别编制。其中，主要功能配置及其技术指标必须全部满足，不允许有缺项或者负偏离；辅助功能配置应当允许有不低于一定比例的缺项，辅助功能配置的技术指标应当允许有不超过一定比例的负偏离。

第二十条　公务用车采购需求限定为出厂标准配置。采购人应当优先申报采购列入财政部、国家环保总局发布的《环境标志产品政府采购清单》的车型，需要增加专用业务功能配置的，应当在向采购办申报采购计划时获得批准。采购中心组织采购时应当在采购文件中要求供应商单独报价，采购合同中应当单独列项。

第二十一条　采购需求中包含多种货物时，应当根据货物的性质、类别合理划分合同分包，原则上不得将不同性质、不同类别的货物纳入一个合同包中进行采购。

第六章　采购条件编制

第二十二条　（资质认定）非国家强制性规定的资质或者认证不得作为投标人资格条件。以国家强制性规定的资质作为投标人资格条件的，所设定的资质级别应当与采购项目的规模、性质相适应，不得设定与采购项目规模、性质相差悬殊、显失合理的资质级别要求限制供应商平等参加竞争。

第二十三条　以投标人的同类项目业绩作为采购门槛条件的，工程类采购项目要求同类项目业绩案例应当与采购项目的规模、性质相适应，数量不得超过2个；货物类采购项目不得以同类项目业绩案例作为采购门槛条件。

第二十四条　企业注册资金规模作为采购门槛条件的，应当与采购项目的规模、性质相适应，不得以不合理、不公正的注册资金规模要求限制供应商平等参加竞争。

第二十五条　不得以制造厂商的授权书、承诺书、产品说明书、产品介绍彩页，某一品牌产品特有的功能配置、技术指标，某一特定的品牌、专利、商标、设计、原产地或者制造厂商等作为采购门槛条件；不得以任何获奖情况或者对企业的排名、对产品的排名、对售后服务的排名等作为采购门槛条件；省财政厅批准采购进口货物的项目不得排斥符合要求的本国货物。

第二十六条　作为供应商资格条件（采购门槛条件）不得作为评分因素。

第七章　采购文件编制

第二十七条　采购文件由采购人与采购中心、采购代理机构共同编制，经采购人审核并签字盖章后发布。

第二十八条　采购中心和采购代理机构对采购人编制的采购需求、采购标准、采购条件等事项进行审核，如果发现其中含有指定品牌、指定供应商等问题，应当要求采购单位合理修改。

第二十九条　采购预算500万元以上、技术要求比较复杂项目的采购文件实行专家论证制度。由采购中心或者采购代理机构负责组织，从省政务大厅评审专家库中随机抽取3人以上单数组成论证专家组。采购人不参加论证工作，参加论证的专家不参加所论证项目的评标。专家论证应形成论证会议纪要，明确阐述对采购需求、采购标准、采购条件等事项合法性、公正性、合理性的论证结论和具体修改意见。采购人应按专家论证意见修改完善采购文件。如果采购人不同意按照专家论证意见修改，不予实施采购并报采购办备案。

第三十条　预算数额在1000万元以上的采购项目，或者预算数额低于1000万元但技术要求比较复杂的采购项目，协议供货和定点采购项目的采购文件应在相关媒体上公告3个工作日，公开征求潜在供应商的意见和建议。

第三十一条　技术要求比较复杂以及需要踏勘项目现场的项目，应当在采购文件中约定召开标前答疑会或踏勘项目现场的条款。采购人、采购中心或者采购代理机构应当按照采购文件约定的时间和地点召开答疑会、组织踏勘项目现场。对于供应商在答疑会和踏勘现场时提出的问题，由采购人拟订采购文件澄清、修改、补遗文件，经采购中心或者采购代理机构审核后，在发布采购信息的媒体上公告。由采购人、采购代理机构组织的采购项目，以书面形式通知所有获取采购文件的供应商；由采购中心组织的采购项目，并发送到确认参加投标供应商注册时预留的电子邮箱。

第三十二条　采购文件网上下载（发售）时间和等标时间。

（一）公开招标、邀请招标项目的采购文件网上下载（发售）时间不得少于5个工作日，从采购文件上网（开始发售）之日起至投标人递交投标文件截止之日止（等标时间），不得少于20个日历日，需要召开标前答疑会和踏勘现场的项目，等标时间应当延长3～5个日历日；

（二）竞争性谈判项目的采购文件网上下载（发售）时间不得少于3个工作日，从采购文件网上下载（发售）截止之日起至供应商递交报价文件截止之日止，不得少于8个工作日，需要召开标前答疑会和踏勘现场的项目，等标时间应当延长3个日历日；

（三）询价项目的采购文件网上下载时间不得少于3个工作日，从采购文件网上下载截止之日起至供应商递交报价文件截止之日止，不得少于5个工作日。

第八章　采购信息发布

第三十三条　采购需求、采购标准、采购条件、采购预算、评分因素和标准等事项应当在采购文件中公开发布，没有列入采购文件的标准和方法不得作为评标的依据。

第三十四条　除单一来源方式外，所有项目的采购信息、采购文件应当公开发布。

（一）公开招标公告、邀请招标资格预审公告，在中国财经报、中国政府采购网、省政务大厅招投标信息网和吉林省公众信息网上发布。采购中心组织的项目，同时在采购中心网站发布。

（二）采购中心组织的竞争性谈判和询价项目，采购信息公告在采购中心网站发布；采购人和采购代理机构组织的竞争性谈判和询价项目，采购信息公告在省政务大厅招投标信息网上发布。

（三）拟批准采用单一来源方式采购的项目公示公告，在中国政府采购网、省政府采购中心网站公告。

（四）由采购中心组织的项目，采购文件在采购中心网站发布；由采购人、采购代理机构组织的项目，采购文件统一在省政务大厅公开发售。

（五）预中标结果公示公告、中标（成交）结果公告，在发布采购信息公告的媒体上发布。

（六）采购信息变更公告，采购文件的澄清、修改、补遗文件，在发布采购信息公告的媒体上发布；采购人、采购代理机构组织的采购项目，并以书面形式通知所有获取采购文件的供应商；采购中心组织的采购项目，并发送到确认参加投标供应商注册时预留的电子邮箱。

第九章　开标与评标

第三十五条　开标、评标工作由采购人、采购中心或者采购代理机构负责组织，具体评标工作由依法组建的评标委员会（谈判小组、询价小组，以下统称“评标委员会”）负责，从省政务大厅监督员库中随机抽取监督员对开标和评标过程进行监督。采购中心和采购代理机构只负责评标组织工作。

第三十六条　采用招标方式采购的项目，投标截止时间结束后参加投标的供应商不足3家的；在评标期间出现符合专业条件的供应商或者对招标文件作实质性响应的供应商不足3家情形的，应予废标，并将废标理由通知所有参加投标的供应商。废标后，应当重新招标。重新招标仍然出现前述情形的，以及竞争性谈判、询价项目出现前述情形的，如果采购人需求紧急需要直接变更方式采购，经采购人代表现场提出，评标委员会专家成员和评标监督人员同意，可以在评标专家、采购人代表、评标监督人员、投标供应商授权代表以及采购中心或者采购代理机构工作人员同时在场的情况下直接变更采购方式继续采购，并按下述规定办理：

（一）采用招标方式采购的项目，重新招标出现前述情形的，如果有两家供应商投标或者经评审有两家合格投标供应商，可以直接变更为两家供应商竞争性谈判或者向两家供应商询价采购。

（二）采用竞争性谈判、询价方式采购的项目，出现前述情形的，如果有两家供应商投标或者经评审有两家合格投标供应商，原采购方式为竞争性谈判的，应当直接变更为两家供应商竞争性谈判；原采购方式为询价的，应当直接变更为向两家供应商询价采购。

（三）只有1家供应商投标，或者经评审只有1家合格供应商的，不得直接变更为单一来源方式采购。采购人需要变更为单一来源方式采购的，应当在废标后向采购办申请批准。

（四）招标失败后直接变更采购方式采购的项目，应当当场由评标专家、采购人代表、评标监督人员和相关投标供应商授权代表共同签署《招标失败后直接变更采购方式备忘录》。评标结束后，由采购中心或者采购代理机构将《招标失败后直接变更采购方式备忘录》和评标纪要（评标报告）报采购办备案。

（五）招标失败后直接变更采购方式的条件应在采购文件中事先申明。

第三十七条　评标委员会评标中发现投标人有下列情形之一的，应当认定属于串通投标行为，相关投标人的投标做废标处理，并在评标报告（评标纪要）中准确记录。评标结束后，由采购人、采购中心或者采购代理机构以书面形式报告采购办。

（一）不同投标人的投标文件中错、漏之处相同的。

（二）不同投标人的投标文件相互混装的，或者相互加盖了对方公章的，或者相互出现了对方法定代表人或者授权代理人签名的，或者相互书写了对方名称的。

（三）一家投标人的投标文件中加盖了另一家投标人公章的。

（四）不同投标人的投标文件中项目成员出现同一人的。

（五）不同投标人的投标文件制作非正常一致的。

（六）不同投标人的投标文件中相关内容的段落、字句、联系电话、联系人姓名等非正常一致的。

（七）一家投标人的投标文件中装订了标有另一家投标人名称的文件材料，或者出现了另一家法定代表人或者授权代理人签名的。

（八）不同投标人的投标文件由同一投标人或者同一个人编制的。

（九）《关于禁止串通招标投标行为的暂行规定》（国家工商行政管理局令第82号）第三条规定的串通投标行为。

（十）投标人串通投标的其他情形。

第三十八条 采用最低评标价法评标的项目，当报低价的投标人不能中标时，评标委员会必须有充分理由并明确写入评标报告（评标纪要）；在评标结果形成之后、签署评标决议之前，评标委员会应当场宣布拟评定的预中标供应商（成交供应商），并说明报价低的供应商不能被评定为预中标供应商（成交供应商）的原因和理由；对于供应商提出的意见，评标委员会应当当场评审并最终评定预中标供应商（成交供应商）。

第三十九条 采用综合评分法和性价比法评标的项目，现场工作人员与监督人员应当共同审核评委是否按照采购文件规定的评分项目和评分标准进行评分。对于超出采购文件规定的评分项目、评分标准评分的评委，应当要求其改正。

第四十条 评标委员会成员如果对评审结果有异议，必须以书面形式阐明具体理由和根据。如果出现评标委员会成员既不在评标结果上签字又不书面阐述理由的情况，评标委员会应当在评标报告（评标纪要）中准确记录在案，并按照少数服从多数原则做出评标结论。评标结束后，由采购人、采购中心或者采购代理机构以书面形式报告采购办。

第四十一条 评标结束时，评标委员会应当形成评标报告（评标纪要）。评标报告（评标纪要）除应准确记载评审过程、评标结果以及每个投标人中标、落标的原因外，必须包括对是否存在串通投标问题的审查结论。评标报告（评标纪要）必须当场宣读，由评标委员会集体审定，并由评标委员会所有成员在评标报告（评标纪要）的每一页上签字。

第十章　质疑与投诉

第四十二条 供应商对公开招标、邀请招标文件、竞争性谈判及询价项目的采购文件、采购过程和中标、成交结果有疑问的，可以在知道或者应知其权益受到损害之日起7个工作日内，以书面形式向采购人或政府采购中心（采购代理机构）提出质疑，采购人或采购中心、采购代理机构应当在收到供应商书面质疑之日起7个工作日内做出答复。因处理供应商质疑需要延长投标截止时间的，应当延长投标截止时间并在发布采购信息公告的媒体上公告，并以书面形式（信函、电子邮件）通知所有获取采购文件的供应商，并在发布采购信息公告的媒体上公告。

第四十三条 供应商对采购需求、采购标准、采购条件等事项质疑的，由采购中心或采购代理机构协调采购单位答复或者聘请专家进行论证后答复；供应商对采购程序质疑的，由采购中心或采购代理机构答复；质疑答复对采购文件进行了澄清、修改或者补充的，在答复质疑供应商的同时，应当以书面形式（信函、电子邮件）通知所有获取采购文件的供应商，并在发布采购信息公告的媒体上公告。

第四十四条 在评审供应商质疑过程中，如果评标委员会成员之间发生争议，必须由全体评委分别独立地以书面形式就所争议事项做出“实质性响应采购文件要求”或者“实质性不响应采购文件要求”的结论并详细阐述理由，按照少数服从多数原则形成评审结论。

第四十五条 在评标过程中以及当场宣布评标结果时，供应商对采购项目废标原因、自身落标原因等以书面形式当场提出质疑的，评标委员会应当以书面形式当场进行答复。

第四十六条 预中标结果在公示期内受到质疑，经评标委员会评审后认定预中标人确实存在没有实质性响应采购文件的问题或者存在违规行为，取消该预中标人的预中标资格。该预中标人的资格取消后，如果剩余合格投标人不足3家，该项目做废标处理，待相关当事人的法律权利履行完毕并且没有争议后，由采购中心或采购代理机构重新组织招标。如果剩余合格投标人仍有3家以上，应当在相关当事人的法律权利履行完毕、没有争议并且征得采购人同意后，由采购中心或者采购代理机构重新组建评标委员会在剩余合格投标人中重新评定预中标人，重新发布预中标结果公示公告。如果采购人不同意在剩余合格投标人中重新评定预中标人，应当重新招标。

第四十七条 质疑供应商对采购人、采购中心或者采购代理机构的答复不满意，或者采购人、采购中心、采购代理机构未在规定时间内做出答复的，可以在答复期满后15个工作日内向采购办投诉。采购办应在收到有效投诉后30个工作日内做出处理决定。

第十一章　履约与验收

第四十八条　评标结束后，采购人、采购中心或者采购代理机构按照评标委员会的评审结论向中标、成交供应商发中标、成交通知书，按照采购文件和中标、成交供应商的投标文件拟订政府采购合同，组织采购人和中标、成交供应商签订采购合同。由采购中心组织的采购项目，采购中心作为鉴证方加盖公章。

第四十九条　采购人负责与中标、成交供应商履行合同。采购人应当成立由本单位采购项目使用部门以及资产管理、财务、纪检监察等部门及相关专业技术人员参加的验收小组，由本单位有关负责人担任组长，制定验收方案，集体组织验收。

（一）验收小组要落实验收责任，完善验收手续，认真细致验收，防止走形式、走过场，避免出现所接收的货物、工程或者服务与采购合同不符的问题，切实维护国家利益和自身合法权益。

（二）验收中如果发生争议，由采购人与中标、成交供应商按照采购合同约定的方法解决。

（三）验收通过后，由验收小组形成验收结论，全体成员在验收报告上签字。同时，填写《吉林省省级政府采购验收报告单》，由采购人单位有关负责人签字并加盖单位公章后存档备查。

（四）大型或者复杂的政府采购项目，应当聘请国家认可的质量检测机构委派专业技术人员参加验收，履行相关验收手续，并承担相应的法律责任。

第五十条　政府采购合同履行和验收过程中，中标、成交供应商存在下列行为之一的，采购人应当在行为发生之日起10个工作日内以书面形式报告采购办，按照政府采购法律规章的规定处理。

（一）不能按照合同约定时间提供货物、工程或者服务的。

（二）提供的货物、工程或者服务不符合合同约定的。

（三）提出超出合同约定的不合理要求的。

（四）发生其他违反合同约定行为的。

第五十一条　采购人需要追加与合同标的相同的货物、工程或者服务时，应当向采购办申请批准，订立追加采购合同。

第五十二条　采购人和中标、成交供应商因故解除合同需要重新组织采购的，由采购人重新向采购办申报采购计划。

第五十三条　政府采购资金支付按照《吉林省省级政府采购资金使用管理暂行规定》（吉财采购［2008］796号）办理。

第十二章　监督检查

第五十四条　省财政厅对政府采购活动计划、程序的执行情况，采购人、采购中心和采购代理机构、评标委员会履职尽责情况，政府采购合同的履行情况等进行监督检查。

第五十五条　省审计厅依法对政府采购活动进行审计，必要时，可以对采购人、采购办、采购中心和采购代理机构进行专项审计监督。

第五十六条　省监察厅对政府采购进行廉政监察、执法监察和效能监察，对政府采购活动中的违法违纪行为进行调查处理。

第五十七条　省监察厅、省财政厅、省审计厅和其他政府职能部门对数额巨大、技术复杂的政府采购项目进行全过程监督，对采购人、采购办、采购中心和采购代理机构进行日常监督检查。

第五十八条　采购人、采购办、采购中心、采购代理机构和省政务大厅招投标办依照有关规定，建立健全采购规章制度、工作规程和内部操作流程，完善内部监督制约机制，并在各环节之间形成相互配合、相互监督、相互制约的运行机制。省直各部门各单位财务审计部门和纪检监察机构应当加强对本部门、本单位政府采购工作情况的监督检查。

第五十九条　在政府采购活动中，国家公务员、事业单位人员和国家行政机关任命的其他人员违反政府采购相关法律法规，滥用职权、玩忽职守、徇私舞弊、行贿受贿、恶意串通、泄露秘密的，要依纪依法严肃处理，对负有监管责任的相关领导进行责任追究；构成犯罪的，移送司法机关处理。

第六十条　具有政府采购招标代理资格的社会中介机构违反规定给采购人或者供应商造成损失的，依据有关规定承担赔偿责任。

第六十一条　供应商违反规定给采购中心、采购人、招标中介机构或者其他供应商造成损失的，依据有关规定承担赔偿责任。

第十三章　附　则

第六十二条　省内相关规定与本规定不一致的，按本规定执行。

第六十三条　本规定由省财政厅、省监察厅负责解释。

第六十四条　本规定自公布之日起施行。

关于确定省直单位办公用纸定点采购供应商的通知

吉财采购［2009］657号

省委各部委、省政府各厅委、各直属机构、各所属事业单位，各人民团体、各民主党派，省人大常委会办公厅，省政协办公厅，省纪检委办公厅，省法院，省检查院：

为进一步加强省直机关、事业单位及团体组织（以下简称省直单位）办公用纸政府采购管理，形成规模效应，节约经费支出，提高政府采购效率，根据《中华人民共和国政府采购法》及相关法律法规规定，在上一轮运行期满的基础上，近期，省财政厅委托省政府采购中心组织竞争性谈判，依法确定了新一轮办公用纸定点供应商及办公用纸品牌、价格（供应商成交情况表附后），本文件从2009年10月20日起实行，运行到2010年12月31日止，上一轮办公用纸定点采购文件终止执行。现将有关事宜通知如下：

一、省直单位无论使用何种资金购买各类办公用纸，都必须按规定参加定点采购，不得以任何理由到非定点采购供应商处购买。

二、本次确定的办公用纸基准成交价格是以一包500张70gA4纸为标准计算的，70g的A3、B5、B4、16开、8开纸张和80g相应纸张价格按照附表中所列公式计算，成交价格是最高限价，定点供应商供应纸张价格不得超过成交价。省直单位在购买办公用纸时，应在本次定点的供应商名单中选择经销同品牌纸张的几家定点供应商分别询价，选用报价最低的购买。省直单位财务报销时，必须使用定点供应商开具的盖有“吉林省省级政府定点采购专用章”的税务发票，否则财务部门不得入账报销。

三、定点供应商要严格按照中标的品牌和价格供应纸张，要确定专人负责，履行服务承诺，保证质量和时间。如有纸张出厂价格变动，应在3个工作日内向财政厅政府采购办和省政府采购中心提交价格变动依据和说明，纸张出厂价格降低时相应的定点纸张供应价格降低幅度不得小于出厂价格降低幅度；出厂价格升高时定点纸张供应价格提高幅度不得大于出厂价格升高幅度。

四、省财政厅政府采购办对办公用纸定点采购情况进行不定期的检查，发现问题严肃处理。

五、请各预算主管部门接文后，速发至所属各单位，以便遵照执行。

吉林省财政厅

二〇〇九年十月十四日

黑龙江省

关于进一步做好政府采购信息统计和分析工作的通知

黑财采［2009］8号

各行署、市、县财政局：

近年来，在全省各级财政部门的共同努力下，我省圆满完成了各年度政府采购信息统计报表工作，并连年受到财政部的通报表彰。从信息统计和报表分析工作完成情况看，绝大多数市县财政部门能够认真落实信息统计报表及分析工作的有关要求，做到信息报送及时，数据真实准确、分析翔实，并对信息统计工作提出了许多建设性意见。但也有个别市县财政部门对信息统计和报表分析工作不重视，报送信息不及时，数据填报不准确、不完整，报表分析缺失或过于简单。为了进一步加强政府采购信息统计和报表分析工作，现就有关要求重申如下：

一、要高度重视，明确责任。各市县财政部门主管领导要高度重视政府采购信息统计和报表分析工作，加强检查指导，落实责任分工。要指定专人负责政府采购信息统计工作，并积极协调相关部门和人员搞好协调配合，合力完成信息统计与报表分析工作。

二、把握要求，确保质量。要认真学习领会《财政部关于做好 2008 年全国政府采购信息统计工作的通知》（财库［2008］97 号）所附《2008 年度政府采购信息统计报表编制说明》的有关要求，准确理解和掌握各项统计指标的内涵、填报方法和口径。为增强政府采购信息统计的全面性与完整性，凡是按照政府采购法律法规和制度规定开展的采购活动，都应纳入信息统计范围，进行统计汇总。对政府采购执行情况要结合典型采购案例进行说明，做到言之有物、分析透彻，确保信息统计和分析工作质量。

三、逐级汇总，严格考评。实行省管县财政管理体制后，政府采购信息统计仍沿用原有的逐级上报汇总信息统计报表的工作模式。即由县（市）采购办上报到市（地）采购办，再由市（地）政府采购办汇总上报到省政府采购办。省政府采购办将继续对各市（地）政府采购信息统计工作进行考核评比，对统计工作先进单位给予通报表扬。

黑龙江省财政厅

二〇〇九年六月十七日

关于做好政府采购信息发布及报送工作的通知

黑财采［2009］14 号

各行署、市、县财政局、政府采购中心，各政府采购代理机构：

今年 9 月，财政部办公厅下发了《关于加强中国政府采购网建设维护工作的通知》（财办库［2009］277 号，以下简称《通知》），要求各省市按照《财政部关于中国政府采购网有关管理问题的通知》（财库［2000］28 号）和《政府采购信息公告管理办法》规定，将政府采购信息在财政部指定的信息发布媒体上向社会公开发布，在 2009 年年底前取消中国政府采购网邮件、传真信息发布方式，信息交互方式改为自助发布或信息接口方式发布。财政部将每年对各地分网站在中国政府采购网上发布的信息数量（招投标信息和综合类信息）进行统计，并按照信息发布率进行排名。

根据财政部《通知》精神，我省确定采用信息接口方式发布政府采购信息。近期暂由省厅政府采购办按自助发布方式组织进行发布，待信息接口开发完成后，再按新的发布方式进行发布，具体规程和要求另行通知。为落实好《通知》精神，现将近期政府采购信息发布工作事宜通知如下：

一、各市县应按照《政府采购信息公告管理办法》第二章第八条的规定，将政府采购信息（包括招标公告，预中标、成交公告，中标、成交公告等招投标信息和综合类信息）按照本通知规定的提交方式上报省厅政府采购办，由省厅政府采购办统一对外发布。中国政府采购网和黑龙江省政府采购网是黑龙江省政府采购信息指定发布媒体，各市县招投标信息是否需要在其他媒体上发布由各市县自行确定。

二、综合类信息（主要是采购工作动态、新闻等）提报应以拟新发布信息为主，可适当提报今年第四季度的相关信息。截至 2010 年 2 月底，每个市（地）应至少提供 5 条信息，每个县（市）应至少提供 1 条信息。各市县应注意把握信息上报时间的均衡性。

三、各地要充分认识政府采购信息发布工作的规范性和法制性，指定专人负责、认真抓好落实。省厅政府采购办将对年底前和明年政府采购信息提报及发布情况进行统计评比，并适时予以通报。

四、政府采购信息的提交方式为网上提交。邮箱地址为 ttta999@126.com。联系电话：0451-53637536，联系人：高磊、朱荣辉。（注：每个工作日 16：30 前提交的信息，一小时后可查询；16：30 以后提交的信息，第二个工作日 9：00 以后可查询）

黑龙江省财政厅

二〇〇九年十二月二十一日

关于省直单位2010—2011年度公务车辆保险实行政府采购有关问题的通知

黑财采［2010］1号

省直各单位：

为加强省直单位公务车辆保险管理，规范车辆保险行为，根据《中华人民共和国政府采购法》和有关文件规定，省财政厅委托省政府采购中心采取公开招标方式，确定了省直单位2010—2011年度公务车辆保险的承保公司。现就有关事宜通知如下：

一、投保范围

省直机关、实行预算管理的事业单位和团体组织（以下简称投保单位）的各类公务机动车辆（驻哈埠外省直预算单位，若所在地单独进行招标，执行当地招标的结果；若所在地未单独进行招标，则可以共享本次招标结果，根据属地化管理原则，在当地投保）。

二、承保公司

经省政府采购中心采取公开招标方式，确定9家保险公司为省直单位2010—2011年度公务车辆承保公司（以下简称承保公司），即中国人民财产保险股份有限公司黑龙江省分公司、中国平安财产保险股份有限公司黑龙江省分公司、阳光财产保险股份有限公司黑龙江省分公司、永诚财产保险股份有限公司黑龙江省分公司、中国大地财产保险股份有限公司黑龙江省分公司、太平财产保险有限公司黑龙江省分公司、中国人寿财产保险股份有限公司黑龙江省分公司、华安财产保险股份有限公司黑龙江省分公司、安邦财产保险股份有限公司黑龙江省分公司。

三、投保原则和险种

投保单位应按照实用、合理、节俭的原则，确定参保险种。其中，机动车交通事故责任强制保险（简称交强险）、车辆损失险、第三者责任险（赔偿限额10万元）、全车盗抢险和车上人员责任险（每座赔偿限额1万元）为必保险种，其他险种（玻璃单独破碎险、自燃损失险、车身划痕损失险、车上货物责任险、无过错损失补偿险、车载货物掉落责任险、新增加设备损失险、他人恶意行为损失险、不计免赔特约险）投保单位可根据经费和车辆状况自行选择投保。

四、保费优惠和承保理赔服务

（一）各承保公司的保费优惠率均为30%（交强险除外），必保险种和附加险种均享受上述优惠费率。由于各承保公司的保费费率不同，在保费优惠率均为30%的情况下，各险种的实缴保费有所不同，投保单位可参考承保公司公务车辆保险保费优惠比较表（详见附件2）。

（二）根据保监发［2007］52号文件规定，交强险费率与道路交通事故相联系浮动，若“上一个年度未发生有责任道路交通事故”，则交强险费率优惠，10%；“上两个年度未发生有责任道路交通事故”，优惠20%；“上三个及以上年度未发生有责任道路交通事故”，优惠30%。

（三）投保单位享受省政府采购中心与各承保公司签订的合同中承诺的其他优惠条件和保险理赔服务。承保省直单位公务车辆保险业务服务咨询电话及理赔服务承诺事项等可到黑龙江省政府采购网进行查询（网址：www.hljcg.gov.cn—省本级—政策法规）。

五、保费调整

在承保有效期内，如遇国家保险监督部门批准调整机动车辆保险条款、费率及系数的，承保公司应按照合同约定与省政府采购中心重新确定保费、服务承诺等内容，并由省政府采购办在黑龙江省政府采购网站上另行公布（网址：www.hljcg.gov.cn）。

六、投保选择

为促进承保公司的公平竞争，提高服务质量与水平，在合同有效期内，投保单位可以根据各承保公司服务网点的地域位置、费率优惠和服务承诺等情况，自主选择承保公司。

七、保费结算

车辆保险保费支付分为财政直接支付和自行支付两种方式。使用财政预算资金投保的，按财政国库集中支付程序办理；使用自筹资金投保的，由投保单位与承保公司直接结算。在确定的承保公司范围以外投保的车辆保险保费，投保单位财务部门不予报销，否则，按违反财经纪律予以处理。

八、保险时限

本次采购公务用车保险合同的有效期为两年，即2010年1月起至2011年12月底，其投保时间计算应以日为单位。在此期间，投保单位的公务车辆参加保险，承保公司要按承诺的保费、折扣率和其他优惠条件为投保单位提供公务车辆的保险服务。

九、有关要求

（一）省直各主管部门应加强组织领导，尽快将本通知规定和要求传达到所属单位，做好公务车辆保险工作。

（二）各单位要加强对车辆保险费结算工作的财务监

管，严格按照各承保公司的保费优惠率审核、结算保费，投保车辆的保单要作为会计凭证的附件一并入账。

（三）各单位应以 2010 年 12 月 31 日作为本次投保车辆保期的截止时间，以逐步统一单位车辆的投保时间，方便以后年度车辆保险。

（四）投保单位应加强内部管理，积极配合承保公司做好公务车辆保险工作。任何单位和个人不得向承保公司提出合同以外的不合理要求，否则，承保公司有权拒绝并可向省政府采购办举报，一经查实，将追究有关人员和单位的责任。

（五）投保单位发现承保公司不能履行其投标服务承诺或违反本通知规定的，应向省政府采购办举报，一经查实，将视情节轻重给予警告、扣缴履约保证金直至终止合同，并列入不良供应商名单。

对执行中遇到的有关情况和问题，请及时反馈省政府采购办和省政府采购中心。

省政府采购办电话：0451-53650829

省政府采购中心电话：0451-87220785

附件：1. 投保车辆基础数据表（略）

2. 承保公司公务车辆保险保费优惠比较表（略）

黑龙江省财政厅

二〇一〇年一月十三日

关于印发《2010 年全省政府采购工作要点》的通知

黑财采［2010］3 号

各行署、市、县财政局：

现将《2010 年全省政府采购工作要点》印发给你们，请结合本地实际，认真抓好贯彻落实。

黑龙江省财政厅

二〇一〇年二月八日

2010 年全省政府采购工作要点

2010 年政府采购工作的总体要求是：坚持以科学发展观为指导，深入贯彻落实《国务院办公厅关于进一步加强政府采购管理工作的意见》（国办发［2009］35 号）和全国财政工作会议精神，按照全省财政工作会议的部署，以强化监管工作为重点，以拓展政府集中采购范围为主攻方向，以推进电子化政府采购为手段，以进一步发挥政府采购的政策功能为目标，创新工作思路，改进工作方法，强化工作措施，努力开拓政府采购工作新局面。

（一）以强化监管工作为重点，进一步规范政府集中采购运行规程。一是从规范标准入手，进一步修订完善政府集中采购目录、政府采购限额标准，为完整准确编报政府采购预算等项工作创造条件。二是从抓源头入手，细化预算编制，进一步提高政府集中采购预算编报质量，依法编报和均衡执行政府采购计划，增强政府采购预算的约束力。三是健全集中采购运行工作机制，规范和优化集中采购实施方式，增强集中采购目录执行的严肃性和有效性。四是从强化监督检查入手，开展对采购人（预算单位）政府集中采购执行情况的专项检查和对集中采购机构的年度考核，细化监督考核标准和要求，完善惩防体系，增强政府采购当事人依法集中采购和规范操作的意识，堵塞制度漏洞。五是加强政府采购制度建设，针对采购人、采购代理机构和采购监管部门存在的制度缺失或规定不明确和操作不规范等方面问题，充实完善相关政府采购制度，重点加强政府采购执行、采购项目委托、招标文件编制、采购信息发布、采购评标办法、采购合同签订和履约验收等方面的制度建设，推进政府采购规范化管理进程。六是做好投诉举报处理工作，加大对违法违规行为的处罚力度，建立评审专家、供应商和代理机构“黑名单”制度。七是加强公务用车编控管理，严禁超编超标准购车。认真执行中央和省委、省政府规定的公务用车配备数量和标准，严格履行审批程序，按照规定标准配车。

（二）以拓展政府集中采购范围为主攻方向，探索扩大政府集中采购规模的有效途径。一是按照政府采购项目应当全部依法实施政府采购的要求，在巩固现有政府采购范围和规模的基础上，继续推进财政性资金偿还的借（贷）款、中央和省级补助专款、国债资金项目和社会关注的民生项目纳入政府采购管理。二是探索建立工程项目实行政府采购管理的运行机制，继续推广黑河市工程项目实行政府集中采购经验，加大推进财政性资金市政基础工程项目政府集中采购力度，提高工程采购规模比重，继续采用“备案制”方式推进工程项目政府集中采购工作。三是要严格执行招标制度，不断扩大公开集中招标的比重，能公开集中招标的，一律实行公开集中招标，发挥集中采购的规模优势，进一步提高采购质量和采购效率。

（三）以进一步发挥政府采购的政策功能为目标，促进我省经济社会更好更快发展。政府采购作为宏观调控的一项重要手段，工作重心要从单纯的节省资金转向发挥政府采购政策功能上来。一是要研究制定实施扩大内需政策的政府采购具体措施，鼓励采购地方产品，扶持本土品牌的发展。二是积极会同省科技厅等有关部门向国家科技部申报我省高新技术产品和重点新产品，使其纳入国家《政府采购自主创新产品目录》。三是在政府采购活动中，认真落实国家和省关于支持企业发展、支持自主创新、节能减排的政策措施，严格执行国家印发的“节能产品政府采购清单”、“环境标志产品政府采购清单”；在政府采购评审中，对纳入《政府采购自主创新产品目录》的采购项目，认真执行价格扣除和价格、技术总分值加分的倾斜政策。在质量可靠、价格合理、服务有保障的情况下，应尽可能采购省内产品。四是进一步健全和完善政府采购为企业投标及履约保证金担保政策，解决中小企业融资难的问题。五是认真落实省委、省政府关于支持“哈飞”汽车发展的政策，促进地方经济发展。

（四）以推进电子化政府采购为手段，大力提高政府采购工作质量和效率。一是加快黑龙江省政府采购信息管理系统功能完善和推广应用步伐。要把采购方式审批、评审专家选取、采购供应商选取、采购代理机构选取、计划执行动态监控、合同核对备案等敏感环节作为改进完善的重点，充分体现公开、透明和效率原则。要加快市（地）分网站的推广应用工作。进一步明确政府采购信息发布规程，强化对市、县政府采购信息发布工作的指导和管理。二是做好新老政府采购结算业务应用流程的交替过渡。继续加强财政内部业务部门间的工作配合，加强与在哈预算单位的沟通协调，梳理完善新的网上业务应用流程，尽快实现新老资金结算办法平稳过渡。三是努力扩大网上招标采购规模。及时总结药品网上采购经验，梳理解决存在的问题。制定和完善其他政府采购项目网上采购工作规程，扩大网上采购范围。从采购金额和采购范围上提高网上采购的规模和比重，降低采购成本，提高采购效率，增强采购活动透明度。

（五）以健全完善教育培训制度为核心，加强政府采购队伍建设。一是要加强业务学习和培训工作，采取法规制度讲解、业务交流、召开现场观摩会等多种形式，对采购人、政府采购代理机构以及评审专家进行法律法规、操作规程、基础规范、招标技能等多方面的培训，提升采购从业人员的综合素质和操作技术水平。二是要加大政府采购理论和政策研究的力度，深入基层调研指导，提高研究问题、解决问题和开拓创新能力。三是继续通过多种途径，采取多种形式宣传政府采购法律法规和全省政府采购工作情况，进一步增强政府采购的社会认知度。四是要切实抓好干部队伍思想作风建设，采取多种形式开展警示教育，把反腐倡廉贯穿于政府采购工作的全过程，提高防腐拒变能力和反腐倡廉的自觉性，塑造一支依法行政、廉洁服务、高效务实的“阳光采购”队伍。

上海市

关于印发《上海市政府采购自主创新产品操作规程（试行）》的通知

沪财库［2009］8号

各市级主管预算单位、市政府采购中心、各区县财政局、政府采购代理机构：

为了贯彻落实《上海市人民政府关于实施〈上海中长期科学和技术发展规划纲要（2006—2020年）〉若干配套政策的通知》（沪府发［2006］12号），发挥政府采购政策功能，鼓励、扶持自主创新产品的研究和应用，规范本市政府采购自主创新产品活动，根据《中华人民共和国政府采购法》，以及财政部和本市的有关政府采购自主创新产品的管理办法，市财政局会同市科委制定了《上海市政府采购自主创新产品操作规程（试行）》。现印发给你们，请按照执行。

特此通知。

上海市财政局
上海市科学技术委员会
二〇〇九年三月十六日

上海市政府采购自主创新产品操作规程（试行）

第一章　总　则

第一条　为了贯彻落实《上海市人民政府关于实施〈上海中长期科学和技术发展规划纲要（2006—2020年）〉若干配套政策的通知》（沪府发［2006］12号），发挥政府采购政策功能，鼓励、扶持自主创新产品的研究和应用，规范本市政府采购自主创新产品活动，根据《中华人民共和国政府采购法》（以下简称《政府采购法》），以及财政部和本市的有关政府采购自主创新产品的管理办法，制定本规程。

第二条　本规程所称自主创新产品，是指根据《上海市自主创新产品认定管理办法（试行）》，由市财政局会同市科委、市发展改革委确定的《上海市政府采购自主创新产品目录》（以下简称目录）的产品。

第三条　本市国家机关、事业单位和团体组织（以下统称采购人）使用财政性资金采购目录产品和订购，适用本规程。

第四条　本规程未作规定的，应当按照政府采购有关法律法规和规章执行。

第二章　自主创新产品的预算管理

第五条　采购人在编制部门预算时，应当考虑优先购买自主创新产品。

第六条　采购人采购纳入目录的自主创新产品，应当在年度部门预算、年度执行中追加预算和使用待分配预算时，将纳入目录的产品编入政府采购计划，并标明自主创新产品。

第七条　对于纳入部门预算项目支出的自主创新产品政府采购项目，采购人应当在项目支出排序时将自主创新产品政府采购项目排在前列，财政部门优先予以保障。

第八条　采购人在预算执行过程中，因采购自主创新产品而确需超出采购预算，或其在运行、培训和维护过程中确需发生额外费用，可按预算管理的有关规定进行预算调整。

第三章　自主创新产品政府采购的评审

第九条　采购人或其委托的采购代理机构应当按照本规程规定编制采购文件，在采购文件中明确优先采购自主创新产品的评审因素和分值。且采购需求不得超出目录产品的技术规格，以确保自主创新产品能实质性响应采购文件要求。

第十条　采购文件应合理设定供应商资格要求，不得排斥和限制自主创新产品供应商。

供应商以其目录产品进行投标的，在进行供应商资格审查时，不得以其注册资本、规模、业绩等商务条件不符合招标文件要求而拒绝其投标或予以废标。

第十一条 采购人采用邀请招标方式采购的，应当优先邀请符合相应资格条件的自主创新产品供应商参加投标；采用竞争性谈判和询价方式采购的，应当优先确定自主创新产品供应商参加谈判、询价。

第十二条 采用最低评标价法评标的项目，对自主创新产品可以在评审时对其投标价格给予10%的价格扣除。

第十三条 采用综合评分法评标的项目，对自主创新产品应当增加自主创新评审因素，并在评审时，在满足基本技术条件的前提下，对技术和价格项目按下列规则给予一定幅度的加分：

（一）在价格评标项中，可以对自主创新产品给予价格评标总分值的8%的加分。

（二）在技术评标项中，可以对自主创新产品给予技术评标总分值的8%的加分。

第十四条 采用性价比法评标的项目，对自主创新产品可增加自主创新评分因素和给予一定幅度的价格扣除。按照第十三条所述原则，在技术评标项中增加自主创新产品评分因素，给予自主创新产品投标报价8%的价格扣除。

第十五条 采用竞争性谈判、询价方式采购的，应当将对产品的自主创新要求作为谈判、询价的内容。在满足采购需求、质量和服务相等的情况下，自主创新产品报价不高于非自主创新产品当次报价的最低报价10%的，应当确定自主创新产品供应商为成交供应商。

第十六条 为鼓励供应商投保产品责任保险、产品质量保证保险等科技保险险种，通过商业保险解决风险问题，可以将投保科技保险作为评审因素，并确定评审总分的3%分值。

第十七条 政府采购工程项目中涉及货物采购的，比照本规程执行。

第四章　自主创新产品政府首购和订购

第十八条 首购，是指对于国内企业或科研机构生产或开发的，暂不具有市场竞争力，但符合国民经济和社会发展要求、代表先进技术发展方向的首次投向市场的产品（以下统称首购产品），通过政府采购方式由采购人首先采购的行为。

列入自主创新产品目录中的首购产品，可以在有效期内实行首购。

第十九条 订购，是指对于国家需要研究开发的重大创新产品、技术、软科学研究课题等（以下统称订购产品），通过政府采购方式面向全社会确定研究开发和生产机构（以下统称订购产品供应商）的行为。

第二十条 采购人采购的产品属于首购产品类别的，可以采取单一来源采购方式采购，将政府采购合同授予提供首购产品的供应商。

提供首购产品的供应商应当投保产品责任保险。

第二十一条 采购人应当通过政府采购方式，面向全社会确定订购产品供应商，签订订购产品政府采购合同，确保充分竞争。政府订购活动应当以公开招标为主要采购方式。因特殊情况需要采用公开招标以外的采购方式的，按照《政府采购法》有关规定执行。

第二十二条 订购产品政府采购合同应当授予在中国境内具有中国法人资格的企业、事业单位。

第二十三条 采购人及其委托的采购代理机构应当根据项目需求合理设定订购产品供应商资格，包括技术水平、规模、业绩、资格和资信等，不得以不合理的要求排斥和限制任何潜在的本国供应商。

第二十四条 订购产品政府采购合同应当约定考核验收、技术成果转化和应用推广等内容。

第二十五条 政府订购产品的知识产权归属，按照国家有关规定执行。

第二十六条 对于符合政府首购基本条件的试制品的采购活动参照本办法执行。

第五章　自主创新产品政府采购合同

第二十七条 自主创新产品政府采购合同必须将促进自主创新作为必备条款，明确支持自主创新产品的内容和具体措施。

自主创新产品政府采购合同应当在履约保证金、付款期限等方面给予自主创新产品供应商适当支持。

第二十八条 自主创新产品政府采购合同履行中，采购人需追加与合同标的相同的货物或者服务的，在不违背促进自主创新的原则、不改变合同其他条款的前提下，可以与供应商协商签订补充合同，但所有补充合同的采购金额不得超过原合同采购金额的百分之十。

第二十九条 自主创新产品政府采购合同签订时间应当在自主创新产品认证有效期之内。自主创新产品政府采购合同期限一般不得超过自主创新产品认证有效期。

第六章　附　则

第三十条 对目录产品实行产品质量安全管理，政府采购评审专家发现目录产品不符合相应的标准或未达到明示的技术规范和技术条件，或采购人在使用目录产品时发现质量问题，应及时向质量监督部门和科技等部门反馈，科技部门根据实际情况调整自主创新产品目录。

第三十一条 国家《政府采购自主创新产品目录》出台后，依国家目录执行。

第三十二条 本规程由上海市财政局负责解释。

第三十三条 本规程自2009年5月1日起执行，《上海市政府采购支持自主创新产品暂行规定》同时废止。

关于办理延续政府采购乙级代理机构资格有关问题的通知

沪财库［2009］9号

政府采购乙级代理机构：

根据《政府采购法》和《政府采购代理机构资格认定办法》（财政部第31号令）有关规定，我局将对到期的政府采购乙级代理机构资格办理延续手续，现将有关情况通知如下：

一、凡是依法取得政府采购乙级代理机构资格的单位，需要延续依法取得的政府采购代理机构资格有效期的，应当在《政府采购代理机构资格证书》载明的有效期届满60日前，向我局提出申请。

二、政府采购乙级代理机构提出资格延续申请时，须提供下列书面材料：

（一）申请书，载明需要延续资格的原因。

（二）原乙级代理机构资格证书正、副本原件。

（三）职工人员中高级职称所占比例，以及符合规定条件的技术方面专职人员的学历、高级职称证书复印件。

（四）近三年政府采购业绩，包括委托代理协议和中标（成交）通知书。

（五）营业执照原件和复印件。

（六）依法缴纳税收和社保的证明复印件。

（七）近三年接受投诉及行政处理、处罚情况的说明。

（八）经会计师事务所审计的近三年的财务报告。

（九）申请政府采购乙级确认资格延续的代理机构须提供国务院有关部门或者省级人民政府有关部门颁发的招标代理机构资格证书原件及复印件。

三、凡政府采购乙级代理机构名称发生变化的，须重新申请资格，不得办理延续。

四、在取得政府采购乙级代理机构资格后，又取得相同代理范围政府采购甲级代理机构资格的单位，无须申请办理原有乙级政府采购资格延续，乙级政府采购代理资格有效期届满，自动失效。

五、我局在收到政府采购乙级代理机构资格延续申请后，经审查认为申请材料齐全、符合法定形式和要求的，在代理机构资格有效期届满前，根据下列情况分别作出决定：

（一）申请人的申请符合规定条件的，将作出延续代理机构资格的决定，并重新颁发《政府采购代理机构资格证书》。

（二）申请人的申请不符合规定条件的，将作出不予延续代理机构资格的书面决定，并说明理由和告知申请人享有依法申请行政复议或者提起行政诉讼的权利。

六、政府采购乙级代理机构逾期不申请资格延续的，其《政府采购代理机构资格证书》自证书载明的有效期届满后自动失效；需要继续代理政府采购事宜的，应当重新申请政府采购代理机构资格。

特此通知。

上海市财政局

二〇〇九年三月二十日

关于印发《上海市政府采购协议采购网上供货管理暂行办法（试行）》的通知

沪财库［2009］18号

市政府采购中心，各市级预算单位，各区县财政局、政府采购供应商：

为规范政府采购行为，提高政府采购效率，降低采购成本，促进公平竞争，方便采购人，根据《中华人民共和国政府采购法》及相关法律法规的规定，结合本市实际情况，市财政局制定了《上海市政府采购协议采购网上供货管理暂行办法（试行）》（以下简称暂行办法）。现印发给你们，请按照执行。

本暂行办法中的协议供货产品各品目的具体上线时间，由市财政局根据上海市政府采购信息管理平台的建设进度，逐步纳入协议供货系统中。在实际执行中如有相关问题，请及时与我们联系或者在上海政府采购网（网址：www. zfcg. sh. gov. cn）的服务交流中的在线解答中提出。

特此通知。

上海市财政局

二〇〇九年四月三十日

上海市政府采购协议采购网上供货管理暂行办法（试行）

第一章　总　则

第一条　为规范政府采购行为，提高政府采购效率，降低采购成本，促进公平竞争，方便采购人，根据《中华人民共和国政府采购法》（以下简称《政府采购法》）及相关法律法规的规定，结合本市实际情况，制定本办法。

第二条　本办法所称协议采购网上供货（以下简称协议供货）是指通过公开招标方式确定中标供应商及其协议供货产品，在协议供货期内，由采购人登录上海政府采购网（网址：www. zfcg. sh. gov. cn）的协议供货系统（以下简称系统），在协议框架内选购具体货物的一种采购方式。

第三条　本市国家机关、事业单位和团体组织（以下简称采购人）使用财政性资金，采购经公开招标确定的协议供货产品的，适用本办法。

第四条　市财政局根据预算单位的政府采购需求确定纳入协议供货的产品品目，并在政府采购集中采购目录中明确。

实施协议供货的产品，单次或单项采购金额达到公开招标数额标准的，仍应委托集中采购机构按照公开招标方式组织采购。

第五条　协议供货产品招标的规格型号、配置及标准由市财政局会同行业主管部门，组织政府采购评审专家确定。

第六条　本市政府采购协议供货的招标活动统一由上海市政府采购中心（以下简称市采购中心）根据市财政局确定的协议供货的产品品目及规格型号、配置和标准组织实施。

第七条　市财政部门对协议供货的招标过程及本级预算项目协议供货网上运行进行监督管理，各区县财政部门负责对本级预算项目协议供货网上运行进行监督管理。

本市各区县采购人应按照本办法实施协议供货。为确保工作有效开展，各区县的协议供货将根据工作进度，逐步实施到位。区县具体实施计划另行通知。

第八条　协议供货涉及进口产品的，应按照《中华人民共和国政府采购法》及财政部《政府采购进口产品管理办法》等规定执行。

第九条　节能、环保、自主创新等产品的采购按照国家和本市的有关规定执行。

第十条　为提高政府采购资金的使用效益，保证财政预算资金的合理使用，对协议供货项目采购结余的财政预算资金，可以经审核后调整增加采购人当年的预算经费。

第二章　协议供货

第十一条　参加协议供货活动的供应商，应当符合《中华人民共和国政府采购法》规定的条件，并且应当在参加协议供货活动前根据《上海市政府采购供应商登记及诚信管理（暂行）办法》的规定登记成为上海市政府采购的供应商。

第十二条　参加协议采购投标的供应商应为投标产品的制造厂商。制造厂商不能直接参加投标的，可授权一家经销商参加投标。中标的协议供应商（以下简称中标供应商）应确定三至五家经营状况及诚信记录良好的经销商作为供货商。

第十三条　协议采购的中标供应商及其产品，应当由市采购中心通过公开招标方式确定。

第十四条　协议采购的中标结果由市采购中心在上海政府采购网上公告。

中标结果确定后，由市采购中心与中标供应商签订政府采购框架协议。

第十五条　政府采购框架协议应包含中标供应商及其协议供货产品的规格型号、最高限价、供货期限、售后服务、违约责任等条款。

第十六条　实行协议供货的产品，采购人原则上不得采购协议中标产品范围之外的产品。因特殊原因中标产品不能满足采购需求的，采购人应提出书面申请，报同级财政部门核准，由集中采购机构按照法定程序另行组织采购。

第十七条　协议供货的公开招标活动原则上每六个月进行一次。如出现市场价格波动较大的情况，重新确定中标供应商和供货产品。

第十八条　中标供应商和供货商应当根据市场行情，及时主动地调整和更新系统中协议供货产品的市场价格和其他相关信息，确保入库的信息全面、真实、准确和可靠。

经公开招标确定的产品价格为协议供货最高限价。协议供货最高限价应低于同期市场价格。供货商在系统中对协议供货产品的价格实行动态管理，当市场价格发生变化时，供货商应于2个工作日内在系统中及时调整产品价格，但调整后的价格不得高于协议供货最高限价。

协议供货中标产品的功能、性能介绍及相关图片等信息，由中标供应商在系统中负责维护。协议供货中标产品的价格，由供货商在系统中负责维护。

第十九条　在协议供货有效期内，因更新换代，中标产品无法继续提供的，应由中标供应商在不降低性能配置、质量标准和售后服务的前提下，在系统中用同类产品替代，但产品的价格不得高于原产品的最高限价。

如该产品属于节能、环保、自主创新等产品的，应按照有关规定执行。

第三章　协议供货合同确定

第二十条　采购人、供货商应在系统中采取议价、团购、反拍等竞价手段与供货商确定供货合同，以获得优惠的价格。

供货商在议价、团购和反拍中的报价不得高于其在系统中的产品的最新价格。

参与议价、团购和反拍的采购人应当按照议价、团购和反拍发起的要件与最终成交的价格及数量，依本办法的规定与成交供货商签订供货合同。

第二十一条　议价是指采购人通过上海政府采购网提供的协议供货议价功能，向协议供货范围内的供货商就其提供的协议供货范围内产品的价格和服务要求等事宜进行充分协商，以双方最终确定的价格作为实际成交金额的一种协议供货模式。

采购任务较急的协议供货项目原则上可采取议价方式确定具体供货商。

第二十二条　议价按照以下流程进行：

（一）采购人可以在系统中就所需采购的协议供货范围内产品的单价和服务要求等事宜向协议供货范围内的一家供货商提出议价请求，并报出自己愿意接受的价格，同时规定供货商报价截止时间。

（二）供货商应当对采购人提出的议价请求报出能够接受的价格。供货商未在规定时间内做出报价回应的，视同放弃议价。

（三）采购人和供货商可以就产品价格进行多次议价，最终以双方确定的价格作为实际成交金额。

（四）在议价过程中，采购人或供货商如认为双方报价已无成交可能的，可随时终止议价过程。议价被终止后，采购人可以继续与协议供货范围内的其他供货商开展议价活动，也可选择反拍方式竞价。

第二十三条　团购是指多个采购人在上海政府采购网中采购纳入协议供货范围内的相同的产品时，组成一个具有共同采购需求的团队，向纳入协议供货范围内的供货商通过协商确定采购价格，以获取采购规模效应，降低采购成本的一种协议供货模式。

主管预算单位应鼓励所属预算单位积极组织或参与团购活动，主管预算单位也可牵头组织团购。凡所属预算单位年内采购相同的协议供货产品，原则上应采取团购方式确定具体供货商。

第二十四条　团购按照以下流程进行：

（一）团购发起时应当明确团购的商品名称、规格型号、具体配置、供货期限及团购报名时限等必要的采购信息。采购人、供货商可通过系统查询获取团购信息。

团购可以由采购人，也可以由供货商在上海政府采购网上发起。

团购时供货商的报价不得高于单次采购相同产品且采购数量在当前团购数量以下的最低历史成交价格。

（二）采购人发起团购时应当明确团购报名有效时限及报名结束后各供货商的报价具体时限。报名有效时限应在3个工作日以上。

（三）采购人发起团购后，有相同采购需求的采购人可以在报名有效时限内加入团购。在报名有效时限结束后，系统将统计报名的采购人的数量及所需购买的商品总量。报名有效时限结束后，如报名的采购人数少于两家的，团购不成立，由采购人自行选择是否继续发起团购或者发起反拍确定供货商。

（四）各供货商可根据团购信息，在报价时限内，在系统中提交各自的报价。在有效报价时期内，系统显示当前的最低报价，各供货商可参考系统提供的即时价格，提交或修改各自的团购报价。

（五）至团购报价截止时间止，系统将自动按照以下成交原则确定团购成交供货商及成交价格。

至报价截止时间止，系统以最低报价确定成交供货商及成交价格。

当报价相同时，以报价时间最早的为成交供货商。

（六）由供货商发起的团购，应当明确所提供的商品名称、具体型号、报名期限、供货期限及所能提供商品的价格和最低团购量、最高团购量。采购人如需购买，可以在报名有效时限内加入团购。报名有效时限应在3个工作日以上。

（七）由供货商发起的团购中，对在报名期内加入团购的采购人，视同其接受团购发起人的各项约定。在报名有效时限结束后，应当按照供货商发起团购的要件确定具体团购事宜。报名有效时限结束后，如采购数量低于最低团购量，团购不成立，供应商可自行选择是否重新发起团购。

（八）团购结束后，系统将发出团购成交信息，确定团购成交供货商及成交价格。

（九）参与团购的各采购人分别按照成交的价格及数量，依本办法的规定签订供货合同及验收。

第二十五条 反拍是指采购人通过上海政府采购网提供的协议供货反拍功能，就其所需采购的协议供货范围内的产品的价格，向协议供货范围内的供货商发起反拍要求，在一定时间内，按照最低报价来确定最终供货商的一种协议供货模式。

除议价、团购适用情形外，或者议价、团购未成交的，采购人原则上可采取反拍方式确定具体供货商。

第二十六条 反拍按照以下流程进行：

（一）采购人在发起反拍时应在系统内将其所需采购的产品的规格型号、具体配置、供货期限、反拍报名时间和发起时间及反拍有效报价时间等具体要求进行公告。反拍报名时间应在3个工作日以上。

（二）协议供货范围内的供货商可按照反拍要求报名，经采购人审核通过后的供货商可以参加采购人发起的反拍。在反拍有效报价时期内，系统显示反拍当前的最低价格，各供货商可参考系统提供的即时价格，提交各自的反拍报价。

（三）至反拍报价截止时间止，系统将自动按照以下成交原则确定反拍成交供货商及成交价格。

至反拍报价截止时间止，系统以最低报价确定成交供货商及成交价格。

当报价相同时，以报价时间最早的为成交供货商。

（四）如没有供货商参加反拍导致反拍不成功的，采购人应再次发起反拍。如采购任务较急，再次反拍影响采购时间的，采购人可以选择采取议价方式确定供货商和成交价格。

第二十七条 各供货商应注意及时浏览系统中的有关竞价信息，因未及时浏览而错过竞价机会的，其后果由供货商自行承担。

第四章　供货合同与验收支付

第二十八条 供货商及产品价格和数量确定后，采购人应在系统中制作供货合同发送给成交供货商。经供货商确认后，系统生成供货合同、货物验收单，通知供货商供货。

第二十九条 供货商和采购人应按照供货合同约定的条款供货及验收货物。

供货商供货后，采购人应按规定对供货商送达的产品进行验收。验收合格后，双方应在验收单上签署意见，并在系统中对验收单进行确认。

第三十条 验收合格后，采购人应按照政府采购资金支付的有关规定办理支付手续。

第三十一条 采购人应当按照供货合同的约定以及相关法律法规的规定，及时向供货商支付价款。

供货商在收到价款后，应在系统中对收款确认单进行确认，以确定货款的收付情况。

第五章　监督管理

第三十二条 中标供应商有下列情形之一的，取消协议供货资格，作为不良行为记录记入诚信档案，并按照相关法律法规的规定进行处罚：

（一）提供虚假材料谋取中标、成交的；

（二）采取不正当手段诋毁、排挤或串通其他供应商的；

（三）向采购人、采购代理机构行贿或者提供其他不正当利益的；

（四）中标后，无不正当理由拒绝履行协议义务的。

第三十三条 供货商应积极响应各采购人的竞价申请，在协议供货有效期内，对应当响应而未响应采购人竞价申请累计满三次的供货商，取消其当期协议供货资格，由中标供应商另行确定供货商补充。

第三十四条 供货商有下列情形之一，其成交结果无效，并将作为不良行为记录记入诚信档案，情节严重的，取消当期协议供货资格，并按照相关法律法规的规定进行处罚：

（一）未按采购结果签订供货合同的；

（二）无正当理由拒绝履行合同义务，或未按合同规定履行合同义务构成违约的；

（三）当市场价格低于最高限价时，未及时在系统中更新的；

（四）有其他违法违规行为的。

第三十五条 采购人有违反本办法规定或其他违法违规行为的，由财政部门责令其纠正或予以通报；拒不纠正的，应依法予以处罚。

第六章　附　则

第三十六条 本办法由上海市财政局负责解释。如遇国家有关规定调整，本办法规定与国家有关规定不符的，按照国家规定执行。

第三十七条 政府采购网上协议供货的运行，同时接受同级监察部门、审计部门的检查监督。

第三十八条 本办法自2009年7月1日起实施。

附件：1.上海市政府采购框架协议（略）

2.上海市政府采购供货合同（略）

3.上海市政府采购电子平台货物交付验收单（略）

关于落实政府采购优先购买福利企业产品和服务的通知

沪财库［2009］19号

各市级主管预算单位、市政府采购中心、各区县财政局、政府采购代理机构：

为贯彻落实《中华人民共和国残疾人保障法》和国务院《残疾人就业条例》有关政府采购优先采购福利企业产品和服务的规定，现将有关事项通知如下：

一、福利企业是指经县级以上人民政府民政部门认定，并获得福利企业证书的企业。

二、福利企业参加本市政府采购活动前，应按照《上海市政府采购供应商登记及诚信管理（暂行）办法》规定，通过上海政府采购网(www.zfcg.sh.gov.cn)进行供应商信息登记。符合条件的登记为本市政府采购供应商。

三、福利企业持有福利企业证书参加政府采购活动，采购人或其委托的采购代理机构在供应商资格审查时，不得排斥和限制福利企业。

四、采购人或其委托的采购代理机构应当在采购文件中明确规定，在同等条件下优先采购福利企业的产品和服务。

特此通知。

上海市财政局

二○○九年五月十三日

关于上海市政府采购管理信息平台正式运行的通知

沪财库［2009］26号

市政府采购中心、各区县财政局、市级预算单位、政府采购代理机构：

为进一步促进本市政府采购制度改革，加强政府采购监督管理，规范政府采购行为，提高政府采购效率，增加政府采购透明度，落实惩治和预防腐败体系建设，上海市政府采购管理信息平台（www.zfcg.sh.gov.cn）自2009年7月1日起正式运行。上海市政府采购管理信息平台的门户网站“上海政府采购”是本市政府采购对外信息发布的唯一指定网站。

上海市政府采购管理信息平台是一个覆盖市、区两级集中采购机构和所有采购代理机构，涵盖政府采购预算、审批、采购、支付和征信整个流程，通用产品采购逐步实现网上运行，全覆盖、全流程、全上网、全透明的分级管理的全市一体化政府采购管理信息平台。为了全面做好上海市政府采购管理信息平台的运行和规范使用工作，现就平台主要栏目有关事项规定如下：

一、采购新闻发布

市财政局、区县级财政部门、市政府采购中心通过CA身份认证登录政府采购管理信息平台，在“采购新闻”栏目发布新闻。

市级采购新闻由市财政局审核、发布。市政府采购中心、政府采购代理机构在政府采购管理信息平台上发布新闻，由市财政局审核、发布。

区县级采购新闻，由区级财政部门审核、发布。根据政府采购信息员联络制度，各区县财政部门每月至少发布一篇本区县政府采购新闻。

本市预算单位应积极将本单位政府采购新闻素材向上海市政府采购管理信息平台投稿。预算单位可以通过CA身份认证登录上海市政府采购管理信息平台投稿，由同级财政部门审核后发布。

二、重要通知发布

市财政局、区县级财政部门通过CA身份认证登录政府采购管理信息平台，在“重要通知”栏目发布重要通知。重要通知包括：会议通知、培训通知、政策发布通知等。

市级重要通知由市财政局审核、发布。区县级重要通知由区县级财政部门审核、发布。

三、采购公告发布

市级预算单位、市及区县级政府采购中心、政府采购代理机构通过CA身份认证登录政府采购管理信息平台，在“采购公告”栏目发布公告，包括：采购公告、中标公告、失败公告、澄清公告、更正公告等。

市级政府采购项目采购公告，由市级预算单位、市级政府采购中心、政府采购代理机构在政府采购管理信息平台发布，由市财政局审核。

区县级政府采购项目采购公告，由区县级政府采购中心、政府采购代理机构在政府采购管理信息平台发布，由区县级财政部门审核。

自上海市政府采购管理信息平台正式运行后，各公告发布单位必须在上海市政府采购管理信息平台（www.zfcg.sh.gov.cn）发布采购、中标公告。

四、电子采购公告发布

电子采购公告，主要包括：反拍、团购等公告。市级预算单位通过CA身份认证登录上海政府采购管理信息平台，按照《上海市政府采购协议采购网上供货管理暂行办法（试行）》的规定，通过反拍、团购等方式采购通用产品的，需在“反拍、团购公告”栏目发布反拍、团购公告。

五、供应商公示

市财政局通过CA身份认证登录上海市政府采购管理信息平台，在“供应商公示”栏目，对通过准入审核的供应商进行公示。

根据《上海市政府采购供应商的登记及诚信管理（暂行）办法》的规定，上海市政府采购管理信息平台作为全市唯一的供应商登记准入平台。市财政局对政府采购供应商在上海市政府采购管理信息平台的准入申请审核后，对通过审核的供应商进行公示并对公示期内被异议的供应商进行核实、仲裁。

区县财政部门、市及区县级政府采购中心通过CA身份认证登录上海市政府采购管理信息平台，可以查询供应商的登记信息，也可以下载供应商的登记信息。

政府采购代理机构、市级预算单位通过CA身份认证登录上海市政府采购管理信息平台查询已登记供应商的简要信息，包括供应商名称、技监局代码、法人代表、地址等。

六、供应商诚信档案的建立

市财政局负责供应商诚信档案的建立。

市级政府采购项目的供应商有《上海市政府采购供应商

的登记及诚信管理（暂行）办法》规定的不诚信行为，市级预算单位和采购代理机构通过 CA 身份认证登录上海市政府采购信息管理平台向市财政局提出报告。市财政局审核后，在上海市政府采购信息管理平台的供应商诚信档案中予以记录。

区县级政府采购项目的供应商有《上海市政府采购供应商的登记及诚信管理（暂行）办法》规定的不诚信行为，区县级财政部门审核后通过 CA 身份认证登录上海市政府采购信息管理平台向市财政局提出报告。市财政局确认后，在上海市政府采购信息管理平台的供应商诚信档案中予以记录。

区县财政部门、市及区县级政府采购中心、政府采购代理机构、市级预算单位通过 CA 身份认证登录上海市政府采购管理信息平台查询供应商诚信记录。

七、违法行为记录公告

市财政局，区县财政部门通过 CA 身份认证登录上海市政府采购管理信息平台，根据市财政局《关于贯彻落实〈招标投标违法行为记录公告暂行办法〉的通知》的规定，对政府采购招标投标活动中采购人、政府采购代理机构、供应商以及评标委员会成员的违法行为做出行政处理决定应当公告的，在“违法行为记录公告”栏目进行公告。

市财政局对市级项目政府采购招标投标活动中预算单位、政府采购代理机构、供应商以及评标委员会成员的违法行为做出行政处理决定的，登录上海市政府采购管理信息平台发布、审核后公告。

区县级财政部门对区级项目政府采购招标投标活动中违法行为做出行政处理决定的，登录上海市政府采购管理信息平台发布。市财政局审核后公告违法行为。

本通知自发布之日起执行，此前本市有关文件规定与本通知规定不一致的，按本通知规定执行。

特此通知。

上海市财政局

二〇〇九年七月十七日

关于规范政府采购信息公开事项的通知

沪财库［2009］30 号

各市级主管预算单位，市政府采购中心，各区县财政局、采购中心，各社会中介机构：

为落实市政府《关于进一步加强政府信息公开工作的若干意见》的要求，进一步规范本市政府采购信息公开制度，增强政府采购透明度，现就相关事项通知如下：

一、政府采购项目中标公告

预算单位、采购代理机构应按政府采购信息公告的有关规定拟写中标公告，中标公告必须包括以下内容：该项目招标公告日期、公告发布媒体、中标供应商、质疑途径（含预算单位或采购代理机构的名称、地址、联系方式）、中标金额、评审委员会成员名单。中标公告公示期限为 7 个工作日。

二、单一来源公示制度

对于预算单位因只有唯一供应商而采取单一来源方式的政府采购项目，采购前必须先在上海政府采购网（www.zfcg.sh.gov.cn）进行单一来源采购公示（公示格式见网上），公示内容包括：采购单位、拟采购内容、拟采购供应商、单一来源理由、公示期限、异议反映途径。

单一来源公示期限一般为 7 个工作日，若无供应商向预算单位、采购代理机构提出异议，即可实施采购；若有供应商提出异议，须在公示期内书面向预算单位、采购代理机构提出，并由预算单位、采购代理机构在收到异议后 7 个工作日内向异议供应商作出书面答复，供应商对答复不满意的，可在收到答复后 5 个工作日内，向同级财政部门反映；若预算单位、采购代理机构未答复的，在答复期满后 5 个工作日内，向同级财政部门反映。

对于市级预算单位因只有唯一供应商而采取单一来源方式的政府采购项目，预算单位在向市财政局提出付款申请时，应提供在上海政府采购网（www.zfcg.sh.gov.cn）公布的单一来源公示材料。对于区县级预算单位的付款事项由区县财政部门确定。

三、政府采购供应商投诉处理决定

除涉及国家秘密、供应商的商业秘密，以及法律、行政法规规定应予保密的政府采购信息以外，各区县财政部门应及时在上海政府采购网（www.zfcg.sh.gov.cn）公布对政府采购供应商的投诉处理决定。

特此通知。

上海市财政局

二〇〇九年八月五日

关于市级政府采购补充规程的通知

沪财库［2009］34号

各市级主管单位、市政府采购中心、各政府采购社会中介机构：

为进一步规范市级政府采购运行管理，理顺政府采购操作环节，简化操作流程，提高工作效率，经研究，对部分政府采购操作流程进行明确和优化，现就有关事项通知如下：

一、公开招标变更为非公开招标

（一）货物、服务、信息工程项目

对于预算单位、采购代理机构在组织货物、服务项目，或须向建设部门办理备案的建设工程项目之外的信息工程项目，公开招标过程中，因发生《政府采购法》规定的流标、废标情形，按《关于规范市级政府采购运行管理的通知》（沪财库［2007］18号）规定向市财政局提出申请。市财政局组织专家对招标文件是否存在不合理条款进行评审，并按以下原则处理：

1．专家评审认为招标文件存在不合理条款，则由市财政局出具《政府采购审批情况告知单》（以下简称《告知单》）通知预算单位、采购代理机构根据专家意见修改招标文件后依法重新组织公开招标。

2．专家评审认为招标文件无不合理条款，采购程序符合规定，若预算单位提出重新组织公开招标的，则由市财政局出具《告知单》通知预算单位、采购代理机构依法重新组织公开招标。

在上述两种经市财政局同意依法重新组织公开招标的情况下，第二次公开招标，仍发生流标、废标的，可由预算单位、采购代理机构直接将该项目变更为非公开招标，非公开招标具体方式确定应对照《政府采购法》所规定的适用条件进行选择。

3．专家评审认为招标文件无不合理条款，采购程序符合规定，若预算单位未提出重新公开招标要求的，则由市财政局出具《告知单》通知预算单位、采购代理机构由公开招标改为非公开招标。

（二）申请支付程序

对于上述项目，预算单位按政府采购支付程序向市财政局申请付款时，应提供以下材料替代《关于调整市级政府采购合同签订及款项支付流程及相关问题的通知》（沪财库［2008］48号，简称“48号文”）中规定的“对于按规定须采用公开招标改为非公开招标采购的项目应提供财政部门审批意见”：

1．市财政局同意该项目重新组织公开招标的《政府采购审批情况告知单》。

2．第二次公开招标的招标公告以及开标材料或评审意见等。

上述材料若预算单位提供复印件的，应加盖公章，若预算单位委托采购代理机构采购的，公开招标公告以及开标材料或评审意见另需由采购代理机构盖章。

（三）建设工程项目

对于预算单位、采购代理机构在组织工程项目公开招标过程中，因发生“投标供应商不足三家”、“在评标期间出现符合专业条件的供应商或者对招标文件作出实质响应的供应商不足三家”情形的，应按照《招标投标法》及建设部门的有关规定执行。上述工程项目是指向建设部门备案手续的工程。

二、提前实施集中采购项目的有关规定

预算单位在预算批复前，需提前实施集中采购项目的，按以下程序操作：

（一）预算单位向市财政局提出提前采购申请，并承诺若预算未批复，该项目的款项由预算单位自行承担。

（二）市财政局审核后，开具《政府采购审批情况告知单》，告知审核结果。

（三）预算单位凭《政府采购审批情况告知单》中标明的提前实施采购项目编号向市政府采购中心提出采购需求。

（四）预算批复后，预算单位就批复预算通过“政府采购支付系统”按规定程序向市财政局申请付款，若预算单位已垫付资金的，款项支付至预算单位，若预算单位未垫付资金的，款项支付至供应商。

三、延长项目采购年限的有关规定

对于物业管理、高架道路养护维护、信息系统维护、绿化养护、指令性基础测绘的政府采购项目，若预算单位需要采取多年一并采购的，原则上采取一次采购三年享用，分年签订合同。每年结束后预算单位应对中标（成交）供应商的工作进行考核，并在相同采购任务的条件下与供应商就服务价格进行协商以取得更优惠的价格，次年签订的采购合同价原则上不得高于第一次采购确定的合同价格。如年度考核未通过或项目内容及价格变动较大的（超过原合同采购金额10%），应重新采购。上述条件应在采购文件与采购合同协议中明确。

对于一次招标、分年签订的项目合同，若该项目是由采购人委托采购代理机构采购的，第二年及以后合同签订时可不再由采购代理机构加盖骑缝章，但预算单位向市财政局申请付款时，必须出具第一年有采购代理机构加盖骑缝章的合同复印件。

四、进口产品采购的特殊规定

预算单位采购进口产品，应按《关于转发〈财政部关于印发〈政府采购进口产品管理办法〉的通知〉的通知》（沪财库［2008］6 号）及《关于转发〈财政部关于政府采购进口产品管理有关问题的通知〉的通知》（沪财库［2008］49 号）规定向市财政局提出政府采购进口产品申请。对于预算单位一次采购金额超过 100 万元进口机电产品的，如属于集中采购范围，可在向市财政局申请进口产品采购审核时，一并申请采购形式变更。经市财政局审核同意后，由预算单位委托政府采购业务认定范围中包括国际招标业务的政府采购代理机构按国际招标程序进行采购。

五、市政府驻外地办事处的项目采购

对于市政府驻外地办事处的政府集中采购项目，可由预算单位委托当地政府采购集中采购机构或具有政府采购资质的代理机构，按《政府采购法》等相关法律法规规定实施采购。

六、网上供货审批事项

根据市财政局自 7 月 1 日起执行的《上海市政府采购协议采购网上供货管理暂行办法》规定，实行协议供货的产品，预算单位原则上不得采购协议中标产品范围之外的产品。因特殊原因中标产品不能满足采购需求的，预算单位应提出书面申请，报市财政局核准，由集中采购机构按照法定程序另行组织采购。

七、政府采购进口产品款项支付的说明

根据《关于转发〈财政部关于政府采购进口产品管理有关问题的通知〉的通知》（沪财库［2008］49 号），预算单位向财政部门申请支付政府采购进口产品资金时，应当提供财政部门审核同意文件、采购合同和产品报关单等材料，以确保所采购的产品规格、数量、金额等与审批或采购文件规定的一致，否则不予支付。市级预算单位在向市财政局申请支付进口产品采购资金时，应严格按照沪财库［2008］49 号的规定执行。

特此通知。

上海市财政局

二〇〇九年八月十二日

关于政府采购委托代理有关事项的通知

沪财库［2009］44 号

各市级预算单位、政府采购代理机构：

近日，我局发现有部分政府采购代理机构取得了商务部认定的国际招标代理机构资格后，未经财政部门确认，承揽政府采购国际招标项目的情况。现将有关规定重申如下：

一、根据《中华人民共和国政府采购法》及《政府采购代理机构资格认定办法》（财政部 31 号令）规定，招标代理机构经国务院有关部门或者省级人民政府有关部门依照法律、行政法规规定认定资格，从事建设工程招标、国际招标等业务的，若涉及政府采购范围，应向财政部门申请确认政府采购代理机构资格。

二、预算单位在选择政府采购代理机构时，应根据其被认定的政府采购业务代理范围进行选择。对于工程项目，预算单位应委托经财政部门确认工程招标代理业务范围以内政府采购项目招标代理业务的单位实施；对于国际招标项目，预算单位应委托经财政部门确认国际招标代理业务范围以内政府采购项目招标代理业务的单位实施；对于非国际招标的货物以及服务项目，预算单位应委托经财政部门审批业务范围为货物和服务招标、竞争性谈判、询价等的单位实施。

三、本市招标代理机构经国务院有关部门或者本市人民政府有关部门依法认定资格后，需代理政府采购业务的，取得甲级资格单位应向财政部提出确认申请，取得乙级资格单位应向市财政局提出确认申请。

取得政府采购代理资格的招标代理机构应在财政部门授予的政府采购业务代理范围内接受预算单位委托。

四、根据市财政局《关于转发财政部〈政府采购代理机构资格认定办法〉的通知》（沪财库［2006］25 号），本市新办的乙级政府采购代理机构资格认定采取集中受理的办法，每年 4 月 1 日至 30 日为递交申请材料时间。鉴于日前发现部分招标代理机构存在未经财政部门确认代理政府采购项目的情形，对于由国务院有关部门或者本市人民政府有关部门依法认定资格的本市乙级招标代理机构可于 2009 年 10 月底前向市财政局提出政府采购业务范围内的资格确认申请，逾期未申请的，按沪财库［2006］25 号文规定于每年 4 月 1 日至 30 日向市财政局申请办理。

五、政府采购代理机构的名单，包括名称、级别、认定的业务范围、资格有效期、地址、联系方式等，甲级单位可在中国政府采购网（www.ccgp.gov.cn）政府采购代理机构资格认定与延续栏目查询，乙级单位可在上海政府采购（www.zfcg.sh.gov.cn）办事指南栏目查询。

特此通知。

上海市财政局

二〇〇九年九月二十七日

关于印发《上海市集中采购机构监督考核管理暂行办法》的通知

沪财库［2009］63号

市政府采购中心，各区县财政局、监察局：

为了全面、规范地开展对本市集中采购机构的监督考核管理工作，促进本市集中采购机构依法执行集中采购任务，提高采购质量与效率，依据《中华人民共和国政府采购法》和财政部、监察部《集中采购机构监督考核管理办法》的有关规定，市财政局和市监察局制定了《上海市集中采购机构监督考核管理暂行办法》。现印发给你们，请按照执行。

上海市财政局

上海市监察局

二〇〇九年十二月二十八日

上海市集中采购机构监督考核管理暂行办法

第一条（依据和目的）

为了全面、规范地开展对本市集中采购机构的监督考核管理工作，促进本市集中采购机构依法执行集中采购任务、提高采购质量与效率，依据《中华人民共和国政府采购法》和财政部、监察部《集中采购机构监督考核管理办法》的有关规定，制定本办法。

第二条（主体和适用范围）

本市各级财政部门（以下简称“财政部门”）依法负责对同级集中采购机构的监督考核，各级集中采购机构应依法接受、配合财政部门开展监督考核工作。

上款所称集中采购机构是指上海市政府采购中心（以下简称“市采购中心”）和本市区（县）人民政府设立的政府采购中心。

本市各级监察部门应加强对同级集中采购机构及其工作人员的监督，同时对财政部门的监督考核工作实施监察。

第三条（监督考核的原则）

对集中采购机构的监督考核应当遵循依法办事、客观公正、实事求是、廉洁奉公的原则。

第四条（考核要求）

财政部门应当组织由三人以上单数组成的考核小组对集中采购机构进行考核，考核小组可以邀请纪检监察、审计部门人员参加。必要时邀请采购人和供应商参加。

市财政局制定对市采购中心进行年度考核的考核要求和考核表（见附件），并可根据实际情况适时调整，区（县）财政局参照市财政局制定的考核要求和考核表制定本区（县）采购中心的考核要求和考核表。

财政部门对集中采购机构的考核应当做到“要求明确，事先通知，程序规范，考核公正”。

第五条（考核范围）

对集中采购机构的考核范围应包括：

（一）集中采购机构执行政府采购的法律、行政法规、规章、规范性文件和政府采购政策的情况；

（二）采购范围、采购项目执行情况；

（三）采购方式和采购程序的执行情况；

（四）集中采购机构建立和健全内部管理监督制度情况；

（五）集中采购机构从业人员的职业素质、专业技能、服务态度和廉洁自律情况；

（六）采购价格、采购质量和采购效率情况；

（七）采购文件的编制、公告和保存情况。

市财政局根据考核实际情况可以将其他有关事项纳入考核范围。

第六条（考核方式）

对集中采购机构的考核实行定期与专项考核、定性与定量考核、自查与核查相结合的方式。

第七条（定期与专项考核）

对集中采购机构的考核工作以定期考核为主，原则上每年进行一次，于每年的三月底前对上一年度进行考核。集中采购机构应在每年的一月底前向财政部门报送上一年度的工作总结报告，二月份报送定期考核自查报告，三月份由财政部门组织考核。定期考核按照本办法第四条、第十条规定的考核要求和考核程序进行。

财政部门可以根据实际情况不定期对集中采购机构进行专项考核。专项考核是针对具体的采购阶段或采购项目，以及特定事项进行考核。专项考核的结果作为年度考核的重要依据。

财政部门进行专项考核应当明确考核的范围和方法，制定专项考核的方案，提前十五日通知集中采购机构。

第八条（定性与定量考核）

定性考核的内容包括：

（一）政府采购政策执行情况。是否擅自制定政府采购政策，是否落实政府采购节能产品、环境标志产品、自主创新产品和扶持中小企业等政策。

（二）政府采购范围。具体表现为是否依法接受采购人委托代理集中采购目录项目的采购，是否擅自提高采购标准，是否将采购人委托的采购项目擅自委托其他采购代理机构采购。

（三）政府采购文件。具体表现为采购文件是否存在限制性和倾向性。

（四）政府采购方式。具体表现为是否未经财政部门审批擅自将公开招标项目改为非公开招标方式，是否未按照政府采购法的规定情形选择非公开招标方式。

（五）政府采购程序。具体表现为是否依法公告采购信息，是否依法进行资格预审，信息公告的形式、招标文件的发放（发售）以及对招标文件的澄清、修改是否合法，是否存在违规收费，开标程序是否合法，是否依法组织评标、谈判和询价，是否依法发布中标、成交公告和通知，是否按规定退还投标保证金，是否侵占、挪用投标保证金。

（六）询问与质疑处理。具体表现为是否及时答复供应商的询问，是否依法受理供应商的质疑并在法定期间作出质疑答复。

（七）政府采购文件保存及政府采购合同备案情况。具体表现为是否建立政府采购文件档案管理制度，归档文件是否齐全、及时，政府采购合同副本是否依法报财政部门备案。

（八）集中采购机构内部管理制度。具体表现为工作岗位设置是否合理，管理操作环节是否职责明确，是否建立内部监督制约机制，是否制定采购流程。

（九）集中采购机构从业人员的培训情况。具体表现为是否定期进行内部培训，是否参加财政部门组织的培训。

（十）集中采购机构及其从业人员的廉洁自律情况。具体表现为是否制定了廉洁自律的规定，是否存在违反廉洁自律规定的行为。

（十一）采购人的评价。具体表现为是否接受采购人委托并签订委托代理协议，是否按照委托协议的约定的事项完成采购项目，是否接受采购人委托签订政府采购合同并参与合同的验收。

（十二）供应商的评价。具体表现为是否公平、公正对待参加政府采购活动的供应商。

定量考核的内容包括：

（一）政府采购信息公开率

政府采购信息公开率＝公开的项目数量÷受托采购项目数量×100%

（二）采购任务完成率

采购任务完成率＝实际完成的采购项目数量÷受托采购项目数量×100%

（三）资金节约率

采购资金节约率＝节约额÷采购预算×100%

节约额＝采购预算－实际采购金额

（四）供应商满意率

供应商满意率＝供应商评分平均数÷100×100%×该项总分值

（五）采购人满意率

采购人满意率＝采购人评分平均数÷100×100%×该项总分值

（六）质疑答复满意率

质疑答复满意率＝（1－答复质疑后被投诉的次数÷被质疑的次数）×100%

（七）被有效投诉率

被有效投诉率＝被有效投诉次数÷被投诉次数×100%

市财政局根据本条规定的内容制定考核表，确定考核的范围、因素和分值。

第九条（自查与核查）

集中采购机构应于每月十日前向财政部门报送上月政府采购统计快报；于当季度结束后十五日内向财政部门报送政府采购统计信息报表。政府采购快报和统计信息报表作为年度考核的基础性资料。

集中采购机构应当依本办法第八条规定按季度进行自查，并将自查报告于季度结束后30日内报送财政部门。

财政部门可以根据集中采购机构的自查报告进行核查，核查采取随机抽取的办法进行检查。

第十条（考核程序）

财政部门对集中采购机构的考核按照以下程序进行：

（一）成立考核小组。财政部门按照本办法规定成立考核小组，并确定一名考核小组组长。

（二）制定考核要求和考核表。考核要求包括考核方式、考核时间、考核步骤和自查要求；考核表包括考核范围、内容和分值。在考核工作开始前15天以文件形式通知集中采购机构。

（三）集中采购机构的自查。集中采购机构收到财政部门的考核通知后，十五个工作日内按照考核要求进行自查，并形成自查报告。自查报告的内容包括对考核的内容进行逐项分析、说明和自评结论，并附相关的资料。

（四）收集相关资料。考核小组根据考核方案要求集中采购机构提供有关原始资料，可以根据考核要求对原始资料进行复制。

（五）实施考核。考核小组根据考核表所确定的内容、对集中采购机构自查报告及附录的资料、考核小组要求集中采购机构提供的资料进行评议，并根据采购人、供应商的反馈意见进行独自评分。

（六）汇总及报告。考核小组组长统计各成员的打分进行算术平均，确定综合评分。考核小组根据综合评分和实际考核情况，在考核工作结束后5个工作日内形成书面考核报告。

考核报告的内容应当包括考核的期间、考核的范围、考核的项目、定性与定量考核的综合评分、考核的结果，并附集中采购机构的自查报告以及财政部门自行收集的相关资料。

（七）公布考核结果。财政部门根据考核小组的考核报告，集中采购机构的自查报告，作出正式考核报告。

市财政局应将考核结果报送上海市人民政府。区（县）财政局应将考核结果报送各区（县）人民政府，同时报送市财政局。

（八）整改。财政部门根据考核结果以及在考核过程中发现的问题，向集中采购机构提出整改建议，集中采购机构应当按照财政部门的建议在规定时间内进行整改，并将整改情况报告财政部门。

第十一条（综合评定）

财政部门根据定性考核和定量考核并结合实际考核情况进行综合评定，确定集中采购机构的年度考核结果为不合格、合格、良好和优秀。

综合评定得分59分以下的为不合格。不合格表现为集中采购机构内部管理混乱，工作人员的政治、业务素质不能适应集中采购机构的工作要求，不能完成集中采购机构的代理工作。由于代理工作失职给采购人、供应商造成损失或给政府采购带来不良影响的。

综合评定得分60分以上75分以下的为合格。合格表现为基本能够完成采购代理的工作，但质量和效率不高，不能较好地为采购人和供应商提供服务。

综合评定得分76分以上89分以下的为良好。良好表现为能够贯彻执行政府采购的法律法规、规章和规范性文件，内部机构设置和人员配备合理，制度建设和操作流程较为规范，较好地完成采购人委托的采购代理业务，采购的质量和效率较高。

综合评定得分90分以上的为优秀。优秀表现为认真贯彻执行政府采购法律法规、规章和规范性文件，落实政府采购政策目标。内部机构设置和人员配备完善，制度建设和操作流程规范合理，很好地完成采购人委托的采购代理业务，采购的质量和效率很高。受到采购人、供应商的一致好评。

第十二条（对违法行为的考核认定）

集中采购机构因其违法行为受到行政处罚，或司法判决认定其违法的，当年度的考核应认定为不合格。

第十三条（奖励与整改）

财政部门对于综合评定优良以上的集中采购机构给予表彰和奖励。对于综合评定不合格的集中采购机构，财政部门应当责令其限期整改。集中采购机构应当按照财政部门的要求制定整改方案，并将整改方案和整改情况在规定时间向财政部门报告。

第十四条（考核责任）

集中采购机构在考核中虚报业绩，隐瞒真实情况的，或拒不按照财政部门建议进行整改的，财政部门给予警告或通报批评，情节严重的，可责令停止一至三个月的代理采购业务，进行内部整顿。

考核小组工作人员在考核工作中徇私舞弊或滥用职权的，由其所在部门或监察机关依法给予行政处分。

第十五条（办法解释）

本办法由市财政局、市监察局按各自职能负责解释。

第十六条（实施时间）

本办法自2010年1月1日起执行。

附件：上海市政府采购集中采购机构考核表（略）

关于公开招聘本市政府采购评审专家的通知

沪财库［2010］8号

各有关单位：

为了适应本市政府采购发展需要，规范政府采购行为，提高政府采购质量，根据《中华人民共和国政府采购法》、《政府采购评审专家管理办法》和《上海市政府采购评审专家工作管理暂行办法》的有关规定，特向社会公开招聘本市政府采购评审专家。现将有关事项通知如下：

一、招聘专业

本次招聘按照《上海市政府采购评审专家库专业分类表》所列专业进行招聘。

二、应聘条件和要求

凡有意参加本市政府采购项目评审活动，年龄不超过63周岁（含63周岁），具备以下条件的各类技术、经济方面的专业人员，经市财政局进行资格认定后，可成为本市政府采购评审专家。

（一）具有较高的业务素质和良好的职业道德，在政府采购的评审活动中能以客观公正、廉洁自律、遵纪守法为行为准则。

（二）从事相关领域工作满8年，具有本科（含本科）以上文化程度，高级专业技术职称或者具有同等专业水平，精通专业业务，熟悉产品情况，在其专业领域享有一定声誉。

其中，从事高新技术领域工作的，专业年限放宽至满3年。高新技术领域以科技部、财政部和国家税务总局制发的《高新技术企业认定管理办法》所附的“国家重点支持的高新技术领域”中列出项目为准。

（三）熟悉政府采购、招标投标的相关政策法规和业务理论知识，能胜任政府采购评审工作。

（四）本人愿意以独立身份参加政府采购评审工作，并接受财政部门的监督管理。

（五）身体健康，并且能够安排一定时间参加政府采购项目评审工作。

（六）没有违纪违法等不良记录。

对达不到上述第（二）款所列条件，但在相关工作领域有突出的专业特长并熟悉商品市场销售行情，具有中级专业技术职称（或者具有同等专业水平），且符合其他资格条件的各类专业人员，还应同时提供由本人所在单位，或者行业组织，或者两名（含两名）以上政府采购评审专家所出具的推荐意见。

三、政府采购评审专家资格申报

1. 登录“上海政府采购网”（http://www.zfcg.sh.gov.cn），点击“准入申请”→“评审专家”，按照《上海市政府采购评审专家资格申报指南》进行网上填报。填报完毕后打印《上海市政府采购评审专家资格申报表》并加盖公章，连同有关附件材料，于2010年6月30日之前送至我局。

地址：肇嘉浜路800号上海市财政局国库处2006室

邮码：200030

联系电话：54906050

54679568/17057、20138、20047

传真电话：54906051

联系人：廖　挺　季　蕾　陈科杰

2. 凡有意推荐评审专家的单位，应填报《上海市政府采购评审专家推荐表》（从本通知附件中下载），并指导被推荐人员按上述要求进行网上填报。

为提高信息采集效率，建议各推荐单位统一报送《上海市政府采购评审专家推荐表》和被推荐人员的《上海市政府采购评审专家资格申报表》。

四、评聘方式

市财政局将根据报送的申报材料进行综合评审，对具备相应资格的专业人员办理聘请手续，发给《上海市政府采购评审专家聘书》，聘期为两年。

资格到期后，政府采购评审专家可按照市财政局届时的资格复审通知申请资格续聘。

五、政府采购评审专家权利、义务及法律责任

应聘人员如果被聘为本市政府采购评审专家，将享有以下权利、履行以下义务并承担相应的法律责任。

（一）政府采购评审专家权利

1. 定期获取本市政府采购工作的信息资料。

2. 受邀参加政府采购项目的评审工作。

3. 按规定获得参加项目评审的劳务报酬。

4. 法律法规和规章规定的其他权利。

（二）政府采购评审专家义务及法律责任

1. 积极应邀参加政府采购项目的评审和咨询工作。

2. 主动回避与本人存在利害关系的评审和咨询活动。

3. 严格遵守国家有关廉洁自律的规定和评审工作的职业道德要求。在担任政府采购评审专家期间，不得违反规定收受参加政府采购活动的供应商和其他利害关系人给予的财物或者其他好处。

4. 严格遵守评审工作纪律，自觉接受有关部门的监督管理。

5. 积极参加市财政局组织的政府采购培训。

6. 法律法规和规章规定的其他义务。

如果政府采购评审专家不认真履行上述义务，有违纪违法行为的，市财政局将视情节的严重程度，给予诚信记录、通报批评、取消评审专家资格、没收违法所得、追究经济赔偿责任、提请有关部门给予行政处分的处理；构成犯罪的，依法追究刑事责任。

特此通知。

附件：1.《上海市政府采购评审专家推荐表》（略）

2.《上海市政府采购评审专家资格申报指南》、《上海市政府采购评审专家名单》、《上海市政府采购评审专家库专业分类表》和《关于印发〈高新技术企业认定管理办法〉的通知》（略）

上海市财政局

二〇一〇年四月十四日

江苏省

政府采购投诉处理法律咨询论证制度

苏财购［2009］4号

第一条　为依法、正确、妥善处理政府采购投诉事项，提高工作质量和效率，降低执法风险，保证我厅政府采购监督管理工作有效开展，根据《政府采购法》及财政部《政府采购供应商投诉处理办法》、《江苏省财政厅行政执法责任制规定》、《江苏省政府采购投诉处理流程》等规定，结合工作实际，制定本制度。

第二条　政府采购投诉处理法律咨询论证制度是指在政府采购投诉处理工作中，针对重大、疑难、复杂的法律问题，向法律专业人员咨询，或者组织厅相关处（室）、法律专家、采购代理机构及投诉事项有关当事人召开论证会议或进行书面论证，广泛听取意见的内部工作制度。

第三条　政府采购投诉处理过程中遇有下列情形，政府采购管理处认为需要进行论证的，可以组织法律咨询论证，就投诉处理活动的合法性及风险防范征求意见：

（一）认为采购活动违法并需要采取相应措施的；

（二）处理投诉事项期间需要暂停采购活动的；

（三）对供应商违法行为拟依法实施行政处罚的；

（四）投诉事项处理中涉及的法律问题存在明显分歧的；

（五）投诉事项涉及其他专业领域法律问题的；

（六）使用国际组织和外国政府贷款进行政府采购引发投诉的；

（七）投诉事项情况复杂或影响较大的；

（八）投诉处理过程中遇到的其他疑难复杂法律问题。

第四条　政府采购投诉处理法律咨询论证工作由政府采购管理处发起并负责组织实施，厅法制机构负责组织厅法律顾问参加咨询论证。

政府采购管理处应与厅法制机构加强联系、相互沟通，协同做好政府采购投诉依法处理工作，降低法律风险。

第五条　政府采购投诉处理法律咨询论证可采取会议论证、书面论证或口头咨询等方式。

政府采购管理处收到投诉后，应当对材料进行审查核实或开展必要的调查工作，经研究认为存在本制度第三条规定情形的，原则上应组织召开论证会议，广泛听取意见和建议。

不便于召开会议或者召开会议确有困难的，可以采取书面论证方式。

一般性法律问题，可以采取口头方式进行法律咨询。

第六条　政府采购管理处在召开法律论证会议前，应准备好下列材料：

（一）投诉事项的基本情况；

（二）与投诉事项有关的法律法规和政策；

（三）需要论证的主要问题或初步处理意见；

（四）进行法律论证需要的其他材料。

第七条　政府采购管理处应提前三天将有关材料送厅法制机构并告知论证会议的时间、地点，厅法制机构应派员并安排厅法律顾问出席会议。

政府采购管理处应将会议要求提前通知其他与会人员，根据需要也可提前提供有关材料，便于其做好会议准备。

第八条　根据政府采购投诉处理工作需要，下列人员参加法律论证会议：

（一）政府采购管理处负责人及相关人员；

（二）厅法制机构有关人员；

（三）厅法律顾问；

（四）投诉事项所涉采购机构的有关人员；

（五）特殊投诉事项所属领域的有关专家；

（六）其他需要与会的人员。

第九条　论证会议由政府采购管理处主持，投诉处理工作或投诉事项承办人介绍情况、提出咨询，有关专家提供投诉事项所涉专业技术方面的意见，其他与会人员各自独立提供法律论证意见和投诉处理建议。

第十条　书面论证由政府采购管理处投诉处理工作承办人或其他人员采取电子邮件、传真等形式，向相关专业人员分别征求意见。

接受咨询的人员，应当在合理时间内给予书面答复，厅法律顾问应当按要求出具法律意见书。

第十一条　口头咨询由政府采购管理处投诉处理工作承办人或其他人员，通过电话或当面向相关专业人员征求意见。

第十二条　法律咨询论证情况应当记录整理，经承办人或主持人签字后归入政府采购投诉处理档案，作为政府采购投诉处理的参考依据。

论证会议记录应载明下列内容：

（一）会议的时间、地点；

（二）会议主持人、记录人、参加人；

（三）会议讨论的主要问题以及与会人员各自发表的意见和建议；

（四）达成的共识或存在的主要分歧。

书面论证应当留存往来书面资料（电子文件应打印），并对论证的主要情况进行汇总。

口头咨询记录应载明下列内容：

（一）咨询时间；

（二）咨询承办人、接受咨询人；

（三）咨询的主要问题以及答复意见和建议。

第十三条　参与咨询论证的人员应当遵守以下纪律：

（一）遵守职业道德，公正、公平、客观地提供咨询论证意见和建议。

（二）与采购当事人有利害关系时主动披露并回避。

（三）对所知悉的有关投诉处理事项及商业秘密严格保密。

第十四条　咨询论证结束后，政府采购管理处拟制投诉处理决定或行政处罚决定，按规定送厅法制机构进行法律审核。

第十五条　根据政府采购投诉处理法律咨询论证工作需要，厅法制机构从厅法律顾问中安排一至二名相对固定、熟悉政府采购工作的律师为政府采购投诉处理提供专业法律咨询，确保及时提供服务。

对处理投诉过程中的疑难问题，由政府采购管理处提出，厅法制机构应安排律师提前介入研究。

第十六条　政府采购管理工作中其他重要事项需要组织法律咨询论证的，参照本制度。

第十七条　本制度由政府采购管理处负责解释。

第十八条　本制度自印发之日起实施，各省辖市财政局可参照执行。

江苏省财政厅

二〇〇九年三月十日

关于办理延续江苏省政府采购乙级代理机构资格有关问题的通知

苏财购［2009］19号

江苏省各乙级政府采购代理机构：

根据《政府采购法》和《政府采购代理机构资格认定办法》（财政部令第31号）有关规定，江苏省财政厅将对到期的政府采购乙级代理机构资格办理延续手续，现将有关情况通知如下：

一、凡是依法取得江苏省政府采购乙级代理机构资格的单位，需要延续依法取得的政府采购代理机构资格有效期的，应当在《政府采购代理机构资格证书》载明的有效期届满60日前，向江苏省财政厅提出申请。

二、政府采购乙级代理机构提出资格延续申请时，须提供下列书面材料：

（一）政府采购代理机构资格认定或确认申请书，载明需要延续资格的原因。

（二）原乙级代理机构资格证书正、副本原件。

（三）职工人员中高级职称所占比例，以及符合规定条件的技术方面专职人员的学历，高级职称证书原件及复印件。

（四）近3年政府采购业绩，包括委托代理协议和中标通知书。

（五）营业执照原件和复印件。

（六）依法缴纳税收和社保的证明原件和复印件。

（七）近3年接受投诉及行政处理、处罚情况的说明。

（八）经会计师事务所审计的近3年的财务报告。

（九）工作人员在3年内累计完成《江苏省政府采购人员学习和培训暂行办法》规定的学习和培训任务的情况（需培训证书或证明的复印件）。

三、凡代理机构名称发生变化的，须重新申请资格，不得办理延续。

四、江苏省财政厅在收到政府采购乙级代理机构资格延续申请后，经审查认为申请材料齐全、符合法定形式和要求的，在代理机构资格有效期届满前，根据下列情况分别作出决定：

（一）申请人的申请符合规定条件的，将作出延续代理机构资格的决定，并重新颁发《政府采购代理机构资格证书》。

（二）申请人的申请不符合规定条件的，将作出不予延续代理机构资格的书面决定，并说明理由和告知申请人享有依法申请行政复议或者提起行政诉讼的权利。

五、政府采购乙级代理机构逾期不申请资格延续的，其《政府采购代理机构资格证书》自证书载明的有效期届满后自动失效；需要继续代理政府采购事宜的，应当重新申请政府采购代理机构资格。

六、请各省辖市财政局协助省财政厅共同做好江苏省政府采购乙级代理机构资格的延续认定工作。

江苏省财政厅

二〇〇九年三月二十日

关于印发《关于政府采购促进中小企业发展的意见》的通知

苏财购［2009］34号

各市、县财政局，省级有关单位，采购代理机构：

为进一步发挥政府采购政策功能，扶持和促进中小企业发展，根据《政府采购法》、《中小企业促进法》和有关法律法规，研究制定了《关于政府采购促进中小企业发展的意见》，现予印发，请结合实际执行。

附件：关于政府采购促进中小企业发展的意见

江苏省财政厅

二〇一〇年一月十一日

附件：

关于政府采购促进中小企业发展的意见

为进一步发挥政府采购政策功能，扶持和促进中小企业发展，推进政府采购科学化、精细化管理，根据《政府采购法》、《中小企业促进法》和有关法律法规，现就政府采购促进中小企业发展提出以下意见：

一、清理对中小企业参与政府采购的不合理限制。采购人及政府采购代理机构应依法编制政府采购招标文件（含谈判文件、询价文件），制定的评标办法和标准，要体现扶持中小企业的政策，将中小企业诚信经营、依法纳税和职工社会保险缴纳等情况作为评分内容。不得以不合理的条件对中小企业实行歧视性待遇或差别待遇，不得在注册资本、生产能力、业绩水平、资格条件等方面限制中小企业，不得使用特定供应商的技术标准排斥中小企业。任何单位和个人不得阻挠和限制中小企业自由进入本地区和本行业的政府采购市场。

二、明确中小企业政府采购中标份额比例标准。要安排一定的比例向中小企业购买货物、工程和服务，具体比例由同级地方人民政府根据实际情况确定。各级采购人应当积极采取措施，确保本单位每年度直接从中小企业采购货物、工程和服务的金额达到规定比例，各级财政部门要加强对采购活动的监管，督促有关单位执行规定比例要求。

三、保证中小企业优先获得政府采购合同。政府采购采用招标方式的，应当在评审方式和标准等方面作出有利于中小企业的具体规定：采用最低评标价法评标的项目，应当明确在评审时给予中小企业投标价格 5%～10%的价格扣除；采用综合评分法评标的项目，在满足基本技术条件的前提下，应当明确在价格评标项分别给予中小企业总分值 4%～8%的加分；采用性价比法评标的项目，应当增加中小企业评分因素和给予 5%～10%的价格扣除。中小企业投标产品系自主创新、环保节能等产品的，一律按照相应政策规定的最高标准同时给予优惠。政府采购采用竞争性谈判、询价方式的，在满足采购需求的前提下，应当优先确定中小企业参加谈判、询价，中小企业报价不高于大企业当次最低报价 10%的，应当将合同授予中小企业。

四、专门面向中小企业组织开展定向采购。对于中小企业有能力提供的通用性强、标准或规格较为统一的货物、工程和服务项目，应当面向中小企业采购。在满足采购需求的前提下，预算金额不超过 200 万元的小额、零星政府采购项目，应当面向中小企业采购。家具、印刷、物业管理、软件服务等货物和服务项目，可以依法面向中小企业定点采购。

五、减轻中小企业参与政府采购的负担。政府采购活动中，要尽可能减免和缓收中小企业参与政府采购的有关费用。要开辟政府采购项目中标中小企业资金支付绿色通道，在控制履约风险的前提下首付款比例一般不低于 50%，累计付款不超过 3 次。集中采购机构、采购人组织政府采购，一律免收中小企业招标文件工本费，中小企业投标保证金、履约保证金数额应合理确定并可以免除或者减少。政府采购代理机构也要尽可能减免中小企业参与政府采购活动的相关费用。禁止任何单位在法定的收费项目和收费标准外向中小企业收取费用，禁止强制或变相强制中小企业提供赞助或者接受有偿服务，禁止违法指定中介机构提供各种有偿服务等。

六、积极搭建中小企业政府采购融资平台。各级财政部门和集中采购机构要协调和引导金融机构和专业担保机构，建立中小企业参与政府采购信用担保体系，加大对中小企业的信贷投放，开发和推广中小企业政府采购项目专项贷款业务，实现中小企业以中标通知书或政府采购合同为抵押，直接向金融机构贷款，帮助中小企业缓解资金压力、顺利组织生产、提高履约能力。

七、鼓励中小企业组成联合体参与政府采购。鼓励中小企业、中小企业与大企业依法组成联合体参与政府采购：符合资质条件的中小企业依法组成联合体参与政府采购活动，享受中小企业各项扶持政策；大企业与中小企业组成联合体参与政府采购活动，按中小企业在项目中所占份额的比例享受中小企业扶持政策。

八、加强对中小企业参与政府采购的培训引导。对中小企业组织开展政府采购政策法规、操作流程、投标实务等业务培训，定期分析中小企业参与政府采购数据信息，帮助中小企业了解政府采购扶持政策，熟悉参与政府采购流程，在完善企业内部管理机制的基础上积极参与竞争。要对产品和服务质量过硬、履约诚信好、有发展潜力的中小企业给予重点扶持，引导中小企业更新发展观念，调整经营结构，坚持走专业化、精品化、特色化道路，开展技术创新和品牌创优，提高参与政府采购的核心竞争力，积极培育政府采购优秀中小企业供应商队伍。

九、建立中小企业参与政府采购诚信体系。逐步完善中小企业参与政府采购信用档案，联合有关金融机构对企业的经营状况、社会信用状况和资信能力等进行综合评估，对信用等级较高的中小企业在融资担保等方面优先给予支持。加强中小企业采购活动的诚信监督，对违反诚信原则非法牟取中标或者中标后不按照合同提供产品和服务、损害采购人利益的中小企业，视情采取不予支付合同价款或列入不良行为记录名单等措施，督促中小企业恪守诚信、依法经营，为诚信守法的中小企业提供更多竞争机会。

十、加强政府采购活动的监督管理。各级财政部门要把扶持中小企业发展政策的落实情况，作为日常监管考核的重要内容。要加强采购活动监管，依法严格控制政府采购进口产品，为中小企业提供更大的市场空间。对采购人有意规避采购中小企业产品和服务，或者无正当理由拒绝接受合同约定的中小企业产品和服务的，要责令改正，否则不予支付采购资金。加强供应商质疑和投诉处理工作，采购人和采购代理机构应严格按照法定期限答复中小企业供应商的质疑，不得敷衍塞责；财政部门要及时受理和调查中小企业供应商提起的投诉，发现问题依法处理，切实维护中小企业供应商的合法权益。积极推进政府采购信息化建设，增加政府采购的公开性和透明度，及时、完整地在省级以上政府采购监管部门指定的媒体公开发布采购信息，提供便于中小企业获取政府采购信息的稳定渠道。

本意见所称“中小企业”，是指符合国家中小企业标准，同时在政府采购活动中提供本企业制造的货物或者代理销售其他中小企业制造的货物，或者直接提供工程、服务的各类企业。

各级各部门要进一步统一思想、提高认识，充分认清政府采购促进中小企业发展对于保持经济平稳较快增长的重要意义，认真抓好各项政策的落实，营造扶持中小企业发展的良好氛围，帮助中小企业转变发展方式，实现又好又快发展。

关于印发《江苏省政府采购档案管理暂行办法》的通知

苏财规［2009］10号

各省辖市财政局、省各有关部门单位、省级集中采购机构、省级部门集中采购机构、采购代理机构：

为进一步加强对我省政府采购档案管理，有效保护和利用政府采购档案资源，根据《中华人民共和国政府采购法》、《江苏省档案管理条例》等有关规定，我们制定了《江苏省政府采购档案管理暂行办法》，现印发给你们，请遵照执行。

附件：江苏省政府采购档案管理暂行办法

江苏省财政厅

二〇〇九年十二月二十七日

附件：

江苏省政府采购档案管理暂行办法

第一章　总　则

第一条　为加强政府采购档案管理工作，有效保护和利用档案资源，根据《中华人民共和国政府采购法》、《江苏省档案管理条例》等有关规定，结合我省实际，制定本办法。

第二条　本办法所称政府采购档案是指在政府采购活动中形成的具有查考、利用和保存价值的文字、图表、声像等不同形式（载体）的历史记录。

第三条　本办法适用于江苏省内各级政府采购监管部门、采购人和采购代理机构对政府采购档案的收集、归档、保管、使用和销毁等活动。

第四条　政府采购档案工作实行统一领导、分级管理的原则。各级政府采购监管部门负责本级政府采购档案工作的管理和监督，并接受同级档案行政管理部门的指导、监督和检查。

第五条　各级政府采购监管部门、采购人和采购代理机构以及政府采购相关人员都有保护政府采购档案的义务。

第六条　政府采购档案归档实行“谁组织，谁负责”。采购代理机构组织采购的档案由采购代理机构负责归档，其中采购文件、评审报告及供应商的采购响应文件等相关资料应同时报送采购人存档备查；采购人自行组织采购的档案，由采购人负责归档。

第七条　各级政府采购监管部门、采购人和采购代理机构应加强政府采购档案管理，维护档案的完整、准确与安全，便于社会各方面利用。

第二章　政府采购档案的内容和范围

第八条　政府采购档案具体包括：

（一）政府采购预算执行文件

1．政府采购预算表；

2．政府采购计划申报表和审核表；

3．有关政府采购预算和计划的其他资料。

（二）政府采购前期准备文件

1．委托代理采购协议书；

2．核准采购进口产品的相关审批资料；

3．自行组织采购的申请及批复资料；

4．采购方式变更申请及批复；

5．采购文件及采购人确认记录，包括评标办法、评标细则、评标纪律等有关文件、资料；

6．采购公告、资格预审公告及其变更事项（包括报刊及电子网站等媒体原件或下载记录等）；

7．获取采购文件或资格预审文件的供应商名单登记表；

8．专家咨询论证会记录；

9．已发出采购文件或资格预审文件的澄清、修改说明和答疑记录；

10．供应商资格审查情况报告；

11．评审专家名单及抽取记录；

12．库外专家使用备案审核表。

（三）政府采购开标（含谈判、询价）文件

1．采购响应文件及有关资料等；

2．在递交采购响应文件截止时间前供应商对递交的采购响应文件进行补充、修改或撤回的记录；

3．采购项目样品送达记录；

4．接受供应商投标或谈判的记录；

5．开标一览表；

6．开标（谈判、询价）过程有关记录；

7．开标（谈判、询价）过程中其他需要记载的事项。

（四）政府采购评审文件

1．评审专家签到表及现场监督人员签到表；

2．评审专家评审工作底稿等评审过程记录；

3．供应商的书面澄清记录；

4．评标或谈判报告，包括无效供应商名单及说明、中标（成交）候选供应商名单等；

5．经监督人员签字的现场监督审查记录；

6．评审过程中其他需要记载的事项。

（五）政府采购中标（成交）文件

1．采购人对采购结果的确认意见；

2．中标或成交通知书；

3．采购结果公告（公示）记录（含报刊及电子网站等媒体原件或下载记录等）；

4．公证书；

5．与中标（成交）相关的其他文件资料。

（六）政府采购合同文件

1．政府采购合同；

2．政府采购合同依法补充、修改、中止或终止等相关记录。

（七）政府采购验收及结算文件

1．项目验收记录；

2．政府采购项目质量验收单或抽查报告等有关资料；

3．发票复印件及附件；

4．其他验收文件资料。

（八）其他文件

1．供应商质疑材料、处理过程记录及答复；

2．供应商投诉书、投诉处理有关记录及投诉处理决定等；

3．采购过程中的音像资料；

4．其他需要存档的资料。

第三章　政府采购档案收集、整理与保管

第九条　各级政府采购监管部门、采购人和采购代理机构应依法做好政府采购档案的收集、整理和保管工作，明确档案管理人员工作职责并建立岗位责任制度。

第十条　政府采购合同签订后三个月内或项目竣工验收后一个月内，由项目经办人员或责任人将该采购项目的全套文件材料进行收集整理后移交档案管理人员归档。

第十一条　政府采购档案的归档要求

（一）内容齐全完整；

（二）规格标准统一；

（三）要求是原件的，不可用复印件替代；

（四）签名、印鉴手续齐全，首页应有“政府采购档案目录”字样；

（五）符合国家有关档案质量标准，便于保管和利用。

第十二条　档案管理人员应按照档案管理的要求，负责收集、整理、立卷、装订、编制目录，保证政府采购档案标识清晰、保管安全、存放有序、查阅方便。光盘、磁盘等无法装订成册的应在档案目录中统一编号，单独保存。

第十三条　政府采购档案按照年度顺序编号组卷，卷内材料按照政府采购工作流程排列，依次为项目预算及预算执行文件、项目采购准备文件、项目开标（谈判、询价）文件、项目评审文件、采购结果文件、项目采购合同文件、项目验收文件及其它文件资料。

第十四条　政府采购档案的保存期限按照政府采购法律法规和档案管理有关规定执行。

第十五条　采购人和采购代理机构因合并、撤销、解散、破产或其他原因而终止的，在终止和办理注销登记手续之前形成的政府采购档案，应按档案管理的有关规定移交相关部门。

第四章　政府采购档案的使用、移交与销毁

第十六条　各级政府采购监管部门、采购人和采购代理机构应当建立健全政府采购档案查阅、使用制度。除法律另有规定外，未经批准，不得擅自查阅、复印或出借政府采购档案。

第十七条　档案使用者应对档案的保密、安全和完整负责，不得传播、污损、涂改、转借、拆封、抽换。

第十八条　档案管理人员工作变动，应按规定办理档案移交手续，并经单位负责人签字确认。

第十九条　保管期满的政府采购档案，应按照档案主管部门及档案法规规定程序和手续进行销毁。

第五章　监督检查与法律责任

第二十条　采购人和采购代理机构的档案工作，应当接受政府采购监管部门的监督检查。

第二十一条　采购人、采购代理机构违反规定隐匿、销毁应当保存的采购文件或者伪造、变造采购文件的，由政府采购监督管理部门依照《中华人民共和国政府采购法》等法律法规予以处理处罚。

第二十二条　政府采购监管部门、采购人和采购代理机构有下列行为之一的，由县级以上人民政府档案行政管理部门依照《江苏省档案管理条例》等法律法规予以处理处罚。

（一）将政府采购活动中形成的应当归档的文件、资料据为己有、拒绝归档的；

（二）涂改、损毁档案的；

（三）档案管理人员、对档案工作负有领导责任的人员玩忽职守，造成档案损失的。

第六章　附　则

第二十三条　各省辖市政府采购监管部门可根据本办法制定具体实施办法，同时报省级政府采购监管部门备案。

第二十四条　本办法自2010年3月1日起施行。

关于印发《江苏省政府采购评审专家管理实施办法》的通知

苏财规［2010］1号

各省辖市财政局、省各有关部门单位、省级集中采购机构、省级部门集中采购机构：

为了加强对我省政府采购评审专家的管理，规范政府采购评审行为，根据《中华人民共和国政府采购法》及财政部、监察部《政府采购评审专家管理办法》（财库［2003］119号），省财政厅制定了《江苏省政府采购评审专家管理实施办法》。现印发给你们，请遵照执行。

附件：江苏省政府采购评审专家管理实施办法

江苏省财政厅

二〇一〇年一月九日

附件：

江苏省政府采购评审专家管理实施办法

第一条　为加强对江苏省政府采购评审专家的管理，规范政府采购评审行为，根据《中华人民共和国政府采购法》和《政府采购评审专家管理办法》（财库［2003］119号）有关规定，制定本办法。

第二条　江苏省政府采购评审专家（以下简称“评审专家”）实行“统一条件、分级管理、资源共享、随机抽取、管用分离”的管理办法。

评审专家的聘任条件由省级财政部门统一规定。各省辖市财政部门按属地原则负责本辖区评审专家的公开征集。审核和聘任等工作。

评审专家通过江苏省政府采购评审专家库（以下简称“专家库”）管理。省级财政部门负责统一建立专家库，省辖市财政部门负责本辖区评审专家管理的事宜。

评审专家的使用不受地域限制。

评审专家的管理与使用要相对分离。财政部门要建立评审专家库维护管理与抽取使用相互制约的管理制度，即专家库的维护管理与抽取使用相分离。

第三条　财政部门应当加强对采购人、采购代理机构（含集中采购机构，下同）抽取、使用专家情况的监督检查，加强对评审专家的后续教育工作，对评审专家违规行为进行处理。

采购人、采购代理机构应积极推荐评审专家，严格按有关规定使用评审专家。

第四条　评审专家应当具备以下条件：

（一）具有较高的业务素质和良好的职业道德，在政府采购的评审过程中能以客观公正、廉洁自律、遵纪守法为行为准则；

（二）从事相关领域工作满8年，具有本科（含本科）以上文化程度，高级专业技术职称或者具有同等专业水平，精通专业业务，熟悉产品情况，在其专业领域享有一定声誉；

（三）熟悉政府采购、招标投标的相关政策法规和业务理论知识，会基本的电脑操作，能胜任政府采购评审工作；

（四）本人愿意以独立身份参加政府采购评审工作，并接受财政部门的监督管理；

（五）没有违纪违法等不良记录；

（六）身体健康，能正常参加政府采购评审活动；

（七）财政部门规定的其他条件。

第五条　符合本办法第四条规定条件的在职和离退休

人员，均可向当地财政部门自荐，也可由所在单位、采购人、采购代理机构或本行业专家推荐。自荐或推荐时应填写《江苏省政府采购评审专家申请登记表》，并交验以下材料：

（一）文化及专业资格证书（原件及复印件）；

（二）个人研究或工作成就简况（包括学术论文、科研成果、发明创造等）；

（三）证明本人身份的有效证件；

（四）财政部门要求的其他材料。

第六条　评审专家采取随时申报、定期聘任的办法。省辖市财政部门根据自荐和推荐情况，定期审核聘任。对经审核符合条件的专家，经过初任培训合格后，即获得政府采购评审专家资格，颁发《江苏省政府采购评审专家聘书》，纳入专家库统一管理。

第七条　省辖市财政部门应当对所聘的评审专家每两年检验复审一次，符合条件的可以继续聘用，并办理相关手续。

对评审专家的检验复审应以平时的考评记录为主。包括本人的职业道德、专业水平、评审能力以及有无违法违纪行为等。

经调查核实有下列情形之一者，按检验复审不合格处理：

（一）本人专业水平和执业能力不能继续满足政府采购评审工作要求的；

（二）在项目评审中显失公正的；

（三）在项目评审中未按规定回避的；

（四）一年内参加政府采购评审累计 3 次迟到或早退，或累计 2 次答应参加而无故缺席的，或一年内累计不参加次数占总抽到通知数（大于 5 次）50%以上或总抽到通知次数不大于 5 次的累计不参加次数 3 次及以上的；

（五）因身体状况及其他情况不再适宜从事评审工作的；

（六）未按有关规定参加培训的；

（七）未按规定参加检验复审的。

第八条　评审专家实行动态管理。对在政府采购评审工作中有违规行为、不再胜任评审工作。检验复审不合格的，或者本人提出不再担任评审专家申请的，财政部门可随时办理有关解聘手续。

第九条　评审专家在政府采购活动中享有以下权利：

（一）对政府采购制度及相关情况的知情权；

（二）对政府采购项目的独立评审权；

（三）推荐中标或成交候选供应商的表决权；

（四）按规定获得相应的评审劳务报酬；

（五）法律法规规定的其他权利。

第十条　评审专家在政府采购活动中承担以下义务：

（一）为政府采购提供真实、可靠的评审意见。

在评审工作中不受任何采购人、采购代理机构、供应商、监管部门或其他机构的干扰，客观、公正地履行职责，遵守职业道德，对所提出的评审意见承担个人责任。禁止出现下列行为：

1．发表不负责任的言论，影响评审公正性；

2．征询采购人的倾向性意见；

3．不按采购文件的标准和方法评审的。

（二）严格遵守政府采购评审工作纪律：

1．按时参加政府采购项目的评审工作。遇特殊情况不能按时参加评审时，应及时告知邀请单位，不得私下转托他人参加。

2．回避与本人存在利害关系的评审活动。当被聘为某一采购项目评审成员时，如有下列情形之一的，应立即主动提出回避或应采购人、采购代理机构的请求进行回避：

（1）本人、配偶或直系亲属三年内曾在参加该采购项目的供应商中任职（包括一般工作）或担任顾问；

（2）与参加该采购项目的供应商发生过法律纠纷的；

（3）曾经参加过该采购项目的采购文件征询工作的；

（4）其他可能影响公正评标的情况。

3．不得向外界泄露评审情况。

4．不得私下接触采购项目供应商，不得收受他人的财物或者其他好处。

（三）发现供应商在政府采购活动中有不正当竞争或恶意串通等违规行为，及时向采购人、采购代理机构或财政部门报告并加以制止。

（四）解答有关方面对政府采购评审工作中有关问题的咨询或质疑，配合财政部门处理供应商的投诉等事宜。

（五）当工作单位、技术职称聘任资格、通讯联络方式等发生变化时，及时告知当地财政部门。

（六）积极参加必要的学习培训。

（七）法律法规规定的其他义务。

第十一条　政府采购项目的评审专家应通过专家库抽取。抽取使用专家时，原则上由采购人或采购代理机构的经办人在财政部门监督下随机抽取。特殊情况下，经采购人或采购代理机构同意，也可以由财政部门专家库维护管理人员从专家库中随机抽取后，推荐给采购人或采购代理机构。任何单位和个人都不得指定评审专家或干预评审专家的抽取工作。

抽取、通知时应安排相应的监督人员。参加评审专家抽取的人员、抽取结果及通知情况应当场记录备案，以备后查。

第十二条　招标采购机构对技术复杂、专业性极强的采购项目，通过随机方式难以确定合适评审专家的，应填写《江苏省政府采购选择性方式确定评审专家申请表》，经省辖市以上财政部门同意，可以采取选择性方式确定评审专家。

第十三条　评审专家的抽取时间原则上应当在开标前

半天或前一天进行，特殊情况不得超过两天。

参加评审专家抽取的有关人员对被抽取专家的姓名、单位和联系方式等内容负有保密的义务。

第十四条 对参加评审活动的评审专家，由使用单位支付评审费用。费用标准可由当地财政部门根据当地经济发展水平等提出参考标准。

第十五条 建立评审专家信息反馈制度。采购代理机构对政府采购项目专家评审情况做出记录，填写《江苏省政府采购评审专家评审情况信息反馈表》，每月终了至下月10日前报送同级财政部门。

第十六条 评审专家有下列情况之一的，将作为不良行为予以通报批评或记录。

（一）被选定为某项目并且已接受邀请的评审项目专家，未按规定时间参与评审，影响政府采购工作的；

（二）在评审工作中，有明显倾向或歧视现象的；

（三）违反职业道德和国家有关廉洁自律规定，但对评审结果没有实质性影响的；

（四）违反政府采购规定，擅自向外界透露有关评审情况及其他信息的；

（五）不能按规定回答或拒绝回答采购当事人询问的；

（六）在不知情的情况下，评审意见违反政府采购政策规定的。

第十七条 评审专家有下列情况之一的，财政部门取消其政府采购评审专家资格，同时办理解聘手续。

（一）故意并且严重损害采购人、供应商等正当权益的；

（二）违反国家有关廉洁自律规定，私下接触或收受参与政府采购活动的供应商及有关业务单位的财物或者好处的；

（三）违反政府采购规定向外界透露有关评审情况及其他信息，给评审结果带来实质影响的；

（四）评审专家之间私下达成一致意见，违背公正、公开原则，影响和干预评审结果的；

（五）以政府采购名义从事有损政府采购形象的其他活动的；

（六）弄虚作假骗取评审专家资格的；

（七）评审意见严重违反政府采购有关政策规定的。

第十八条 评审专家在一年内发生两次通报批评或不良记录的，将取消其一年以上的评审资格，累计三次以上者不得再从事评审工作。

第十九条 对属于行政监察对象的评审专家的个人行为由监察机关监督检查，涉及有关违规违纪行为的，由有关部门按照有关规定给予相关人员相应处分。

第二十条 由于评审专家个人的违规行为给有关单位造成经济损失的，相关评审专家应当承担经济赔偿责任；构成犯罪的，将移送司法机关追究其刑事责任。

第二十一条 通报批评、不良记录和取消资格等对评审专家的处理结果，可以在财政部门指定的政府采购信息发布媒体上公告。

第二十二条 采购人、采购代理机构应建立健全抽取和使用评审专家内部监督机制，包括：

（一）建立岗位工作纪律要求、抽取使用环节职责明确、内部监督制约体系完善；

（二）抽取使用专家程序合法完备；

（三）评审专家抽取使用档案规范完整；

（四）评审专家评审信息报送及时完整等。

评审专家抽取使用情况列入集中采购机构的考核内容。

采购人或采购代理机构在抽取评审专家工作中，违反操作要求予以指定或进行暗箱操作的，或故意对外泄露被抽取评审专家姓名、单位、联系方式等内容的，可根据具体情况，由其上级部门或监察机关给予相应的行政处分。

第二十三条 财政部门及其工作人员在评审专家的管理工作中，有失职、渎职、徇私舞弊等行为，不正确履行职责，或借管理行为不正当干预政府采购工作的，要予以通报批评；情节严重的，由其上级部门或监察机关给予相应的行政处分。

第二十四条 本办法由省财政厅负责解释，各省辖市财政部门可根据本办法规定，制定具体实施办法。

第二十五条 本办法自2010年3月1日起执行。

附件：1．江苏省政府采购评审专家申请登记表（略）

2-1．江苏省政府采购选择性方式评审专家申请表（略）

2-2．江苏省政府采购选择性方式评审专家申请表附表（备选专家名单）（略）

3．江苏省政府采购评审专家评审情况信息反馈表（略）

浙江省

关于印发《浙江省政府采购档案管理办法》的通知

浙财采监字［2009］6号

各市、县(市、区)财政局、档案局、集中采购机构，省直各单位，各社会中介（采购）代理机构：

为加强政府采购档案的管理，有效保护和利用政府采购档案资源，我们制定了《浙江省政府采购档案管理办法》，现印发给你们，请认真贯彻执行。

浙江省财政厅

浙江省档案局

二〇〇九年一月二十一日

浙江省政府采购档案管理办法

第一章 总 则

第一条 为加强政府采购档案的管理，有效保护和利用政府采购档案资源，根据《中华人民共和国政府采购法》、《浙江省实施〈中华人民共和国档案法〉办法》等有关规定，结合我省实际，制定本办法。

第二条 本办法适用于各级采购单位及其委托的集中采购机构、具有政府采购业务代理资格的社会中介机构（以下统称代理机构）对政府采购档案的收集、归档、管理、使用和销毁等活动。

第三条 本办法所称政府采购档案是指在政府采购活动中形成的具有查考、利用和保存价值的文字、图纸、图表、声像、磁盘、光盘等不同载体的历史记录。

第四条 各采购单位和代理机构应依照本办法的规定加强档案管理，并保证档案资料的真实性、完整性和有效性，不得伪造、变造、隐匿或者擅自销毁。

第五条 政府采购档案应按照“谁组织采购，谁负责归档”的原则进行。代理机构组织采购的档案由代理机构负责归档，其中采购文件、评审报告及供应商的采购响应文件(副本)等相关资料应同时报送采购单位存档备查；分散自行组织采购的档案由采购单位负责归档。

第六条 各级财政部门负责政府采购档案工作的管理，各级档案行政管理部门负责对政府采购档案工作的指导、监督和检查。

第二章 政府采购档案的归档范围

第七条 政府采购档案的归档范围包括：

（一）政府采购预算执行文件

1.政府采购预算指标核定单；

2.政府采购预算执行建议书（或计划申报表）；

3.财政预算审核机构的政府采购预算审核意见；

4. *政府采购预算执行确认书（或计划审批表）。

（二）政府采购前期准备文件

1.*委托代理采购协议书（或合同）；

2.采购方式变更申请批复；

3.*采购文件及采购人确认记录，包括评标办法、评标细则、评标纪律等有关文件、资料、样本、图纸；

4.*采购公告、资格预审公告及其变更事项（含报刊及电子网站等媒体原件或下载记录等）；

5.*购买采购文件或资格预审文件的供应商名单；

6.已发出采购文件或资格预审文件的澄清或修改说明；

7.供应商资格审查情况报告；

8.*评审专家名单及抽取记录。

（三）政府采购开标（含谈判、询价）文件

1.*采购响应文件正本，包括有关文件、资料等；

2.在采购响应截止时间前，供应商对递交的采购响应文件进行补充、修改或撤回的记录；

3.*接受供应商投标（谈判、报价）的记录；

4.*开标一览表；

5.*开标（谈判、询价）过程有关记录，包括采购项目样品送达记录；

6.开标（谈判、询价）过程中其他需要记载的事项。

（四）政府采购评审文件

1.*评审专家签到表；

2.*评标委员会（谈判小组、询价小组）名单及现场监察、监督人员名单；

3.*评审过程的记录，包括评审专家评审记录、考察报告、偏差表（工作底稿）等；

4.供应商的书面澄清记录；

5.*评标或谈判报告，包括无效供应商名单及说明、中标（成交）候选供应商名单等；

6.经监察、监督人员（包括采购机构内部监督人员）签字的现场监督审查记录。

（五）政府采购中标（成交）文件

1.*采购人对采购结果的确认意见；

2.依法变更采购结果的记录；

3.*中标、成交通知书；

4.*采购结果公告（公示）记录（含报刊及电子网站等媒体原件或下载记录等）；

5.公证书。

（六）政府采购合同文件

1.*政府采购合同；

2.政府采购合同依法补充、修改、中止或终止等相关记录。

（七）政府采购验收及结算文件

1.*项目验收报告或其他验收文件资料；

2.政府采购项目质量验收单或抽查报告和有关资料；

3.*发票复印件及附件。

（八）其他文件

1.供应商质疑材料、处理过程记录及答复；

2.供应商投诉书、投诉处理有关文书、投诉处理决定；

3.采购过程中的音像录音资料；

4.其他需要存档的资料。

上述带*的内容为必须归档的文件资料，其他内容如涉及，则应按要求对涉及部分内容全部或部分归档。

第三章　政府采购档案收集与管理

第八条　各采购单位和代理机构应指定专人负责政府采购档案的管理，并建立岗位责任制度。

第九条　政府采购合同签订后三个月内或项目竣工验收后一个月内，由项目经办人员或责任人将该采购项目的全套文件材料进行收集整理后交档案管理人员归档。

第十条　政府采购档案的归档要求

（一）政府采购档案内容齐全完整；

（二）政府采购档案规格统一，文件、资料用纸规格一律采用国际标准A4纸（工程图纸可根据具体情况确定）；

（三）政府采购档案原则上使用原始件，不可用复印件替代；

（四）政府采购档案中的签名、印鉴手续齐全，首页应有“政府采购档案目录”字样；

（五）整理的政府采购档案应符合国家有关档案质量标准，便于保管和利用。

第十一条　档案管理人员应加强归档档案的管理，按照归档内容要求，负责收集、整理、立卷、装订、编制目录，并保证政府采购档案的标识清晰有效，确保政府采购档案安全保管、存放有序、查阅方便。

光盘、磁盘等无法装订成册的应在档案中统一编号索引，单独保存。

第十二条　政府采购档案按照年度顺序进行编号组卷，卷内档案材料按照政府采购工作流程排列，依次为项目预算及预算执行文件、项目采购准备文件、项目开标（谈判、询价）文件、项目评审文件、采购结果文件、项目采购合同文件、项目验收文件及其它文件资料。

第十三条　政府采购档案（包括电子文档）的保存期限应从采购结束之日起不少于十五年。

非中标（成交）供应商的采购响应文件保管期限应从采购结束之日起不少于五年。

采购过程中录制的录音、录像资料保管期限从采购结束之日起不少于五年。磁介质（录音、录像）必须放入防磁柜中保管。

采购过程中由供应商制作的项目样品，应从采购结束之日的十五个工作日内由采购单位或代理机构通知相关供应商自行领取或退回。

第十四条　采购单位和代理机构因合并、撤销、解散、破产或其他原因而终止的，在终止和办理注销登记手续之前形成的政府采购档案，应按档案管理的有关规定移交相关部门。具体按以下办法办理移交手续：

代理机构因故合并的，移交新成立机构；代理机构撤销、解散、破产或其他原因终止的，移交采购单位。采购单位因故合并的，移交新成立机构；因故撤销、解散、破产或其他原因终止的，移交同级财政部门，同级财政部门由于特殊原因不能办理移交手续的，移交同级档案管理部门。移交政府采购档案的单位，应当编制档案移交清册，列明应当移交的档案名称、卷号、册数、起止年度、应保管期限、已保管期限等。

第四章　政府采购档案的使用与销毁

第十五条　各级财政部门、采购单位和代理机构应当建立健全政府采购档案查阅、复印和出借制度，除法律另有规定外，未经档案管理人员审核并经单位负责人批准，不得擅自查阅、复印或出借政府采购档案。

第十六条　档案使用者应对档案的保密、安全和完整负责，不得传播、污损、涂改、转借、拆封、抽换。

第十七条　政府采购项目档案管理人员工作变动，应按规定办理档案移交手续，并经单位负责人签字确认。

第十八条　保管期满的政府采购档案，应按以下程序销毁：

（一）档案管理人员提出档案销毁清单及销毁意见，并登记造册；

（二）销毁意见报单位负责人审核后，报同级财政部门审批，同时报同级档案行政管理部门备案；

（三）销毁政府采购档案时，应邀请同级财政部门人员参加现场监销；

（四）销毁政府采购档案前，档案保管单位和参加现场监销人员，应认真核对清点销毁的档案，销毁后应在销毁清册上签名。

第五章　监督检查与法律责任

第十九条　采购单位和代理机构应当主动接受财政部门或档案行政管理部门对其政府采购档案的检查。

第二十条　采购单位、采购代理机构违反《中华人民共和国政府采购法》的规定隐匿、销毁应当保存的采购文件或者伪造、变造采购文件的，由政府采购监督管理部门处以二万元以上十万元以下的罚款，对其直接负责的主管人员和其他直接责任人员依法给予处分；构成犯罪的，依法追究刑事责任。

第二十一条　采购单位和代理机构有下列行为之一的，由县级以上人民政府档案行政管理部门责令整改；情节严重的，对直接责任人员依法给予行政处分；构成犯罪的，由司法机关依法追究刑事责任：

（一）将政府采购活动中形成的应当归档的文件、资料据为己有、拒绝归档的；

（二）涂改、损毁档案的；

（三）档案管理人员、对档案工作负有领导责任的人员玩忽职守，造成档案损失的。

第六章　附　则

第二十二条　本办法由浙江省财政厅负责解释。

第二十三条　各市、县（市、区）财政和档案管理部门可根据本办法制定具体实施办法，同时报省财政厅、省档案局备案。

第二十四条　本办法自印发之日起施行。

关于印发《浙江省政府采购信息管理系统建设和推广实施方案》和《浙江省2009—2011年政府采购信息管理系统推广实施计划》的通知

浙财采监字［2009］11号

各市、县（市、区）财政局（宁波不发）：

根据省政府《关于进一步深化政府采购制度改革全面推进政府采购工作的意见》（浙政发［2006］27号）精神和“金财工程”建设的总体规划，我们会同省政府采购中心共同编制了《浙江省政府采购信息管理系统建设和推广实施方案》（附件1）和《浙江省2009—2011年政府采购信息管理系统推广实施计划》（附件2），现印发给你们，请联合本级集中采购机构按计划共同组织建设并推广实施。

列入2009年推广实施计划的市、县（市、区），应按方案要求抓紧组建工作机构，采购管理部门、集中采购机构和信息中心应各明确一名业务骨干具体负责此项工作，并将人员名单在3月31日前上报省财政厅采购监管处。各地在建设和推广实施过程中有什么问题，请及时与我们联系。联系电话：省财政厅采购监管处0571-87058489，省政府采购中心0571-88907711，省财税信息中心0571-87057623，系统开发单位（杭州中软安人公司）0571-28978881。

附件：1. 浙江省政府采购信息管理系统建设和推广实施方案

2. 浙江省2009—2011年政府采购信息管理系统推广实施计划

浙江省财政厅

二〇〇九年三月十三日

附件 1：

浙江省政府采购信息管理系统建设和推广实施方案

为贯彻落实全省政府采购工作会议精神，积极利用信息化手段，促进政府采购管理和操作的精细化、科学化和规范化，切实提高政府采购的效率和服务水平，并从根本上改变政府采购管理手段落后，操作不够规范透明，系统建设缺乏统一规划，信息资源不能共享等状况，根据省政府浙政发［2006］27 号文件精神和“金财工程”建设的总体规划，按照“一体化”建设的要求，特制定本方案。

一、政府采购信息化建设的总体目标、建设原则和基本思路

（一）总体目标

政府采购信息化建设必须坚持以科学发展观为指导，始终体现“寓管理于服务，以透明促规范”的理念，结合电子政务和电子商务建设，以信息化手段，建立和完善以政府采购网站为平台，以采购执行、采购管理、在线服务和决策分析为主要内容的政府采购信息管理系统，打破各类采购机构自成一体、封闭操作的现状，逐步建成覆盖省、市、县（市、区，下同）三级政府采购监管部门、集中采购机构、社会（中介）代理机构和其他采购当事人，涵盖政府采购预算执行管理、采购活动组织实施、采购资金支付和征信评估等整个政府采购流程，实现省、市、县三级政府采购信息的集中交互、统一发布和互通共享，最大限度地方便采购单位和供应商获取采购信息、参与采购交易和享受公共服务，达到政府采购规范化、标准化、精细化管理，以及“依法采购、廉洁采购、科学采购、和谐采购”的目标，为建立全省统一开放、透明规范、竞争有序的区域性政府采购市场奠定基础。

（二）建设原则和基本思路

政府采购信息化建设应按照“以省为主、分级组网、高效链接、资源共享”的原则，由省财政厅会同省政府采购中心，与各级财政政府采购管理部门和集中采购机构等共同建设，并实行分级维护，分工管理，共享共用。

“以省为主”是指由省财政厅“金财工程”领导小组统一为主负责全省政府采购信息管理系统的总体规划、软件开发、标准制定、运行监管、推广实施和技术支持等工作。具体由省财政厅政府采购监管处牵头组织，并会同省财税信息中心、省政府采购中心和招标确定的软件开发公司组织实施。

“分级组网”是指由各市、县财政局应按照省财政厅“金财工程”和本方案的总体规划及建设要求，负责市级政府采购门户网站和县级子网站的硬件建设、系统维护和业务监管等；对部分采购规模较大、技术力量较强的县，经市级财政部门同意，也可以建立县级政府采购门户网站，并结合实际选用自建自管或主机托管、虚拟主机的方式。同时，各地可以根据本地实际工作自行增设有关专栏，完善功能需求，办出地方特色，公共性栏目、主要业务、技术标准和基本业务流程应做到全省统一。

“高效链接”是指省、市、县三级网站及系统管理软件之间有关技术标准、数据标准、接口标准必须统一规范，功能不交叉重复，数据交换顺畅，业务无缝衔接；内外网之间数据能及时交互；客户端采用浏览器方式，用户界面友好统一、方便协调；与中国政府采购网及其他相关网站的链接做到高效、畅通。政府采购信息统一由浙江政府采购网站与其他政府采购指定媒体进行交互和发布。

“资源共享”是指各级政府采购的供应商信息、商品价格信息、评审专家信息和其他资源信息等，应当按统一的代码体系和标准进行分类、征集、审核和注册登记，并分级考核评估和维护管理，共同在一个网站管理系统平台上运行监管，实现政府采购的信息互联互通和资源共享共用。

二、政府采购信息管理系统的主要内容

政府采购信息化建设的核心，是要建立一个覆盖全省各级政府采购当事人、监管部门、各类采购项目和整个采购过程的政府采购信息管理系统，实现“一网实现、全程服务、实时监控”的目标。政府采购信息管理系统按网络环境不同，可分为“内网系统”和“外网系统”两大系统。

“内网系统”是指网络环境搭建在省政府政务外网（相对因特网而称内网）上，以采购预算执行管理为主要内容的政府采购业务信息管理系统。具体包括：采购预算管理（追加调整）、采购预算执行管理、采购文件备案管理、采购结余清算（对账结算）、采购信息统计五个应用子系统。“内网系统”同时作为“金财工程”的财政管理子系统，自动实现与财政预算项目管理、国库集中支付等子系统的数据交互和资源共享。

“外网系统”是指网络环境搭建在因特网上，以采购活动执行和管理为主要内容的业务信息管理系统。具体包括：采购机构内部管理、单位自行组织采购、网上委托代理、采购活动管理（含网上招标、投标、开标、电子辅助评标）、供应商管理、商品行情管理（含价格分析）、专家管理（含专家自动语音通知系统）、协议定点采购管理（含协商采购、竞价采购、直接订购）、网上询价采购、质疑投诉管理、合同履约管理、文档备案管理、考核评价管理、远程视频监控、预警分析管理等十五个应用子系统。系统相对独立于财政管理系统，但统一纳入“金财工程”管理。

三、政府采购信息化建设的基本要求

政府采购信息化建设是一项整体性、系统性极强的工作，应当实行“一体化”的建设要求，确保政府采购信息系统建设的统一管理和有序发展。

1．规范全省政府采购基本业务需求

规范业务需求是政府采购信息一体化建设的前提。政府采购信息管理系统所依据的业务需求不是手工流程的简单照搬，而是要按照《政府采购法》的要求，结合信息技术的规律对业务需求进行重组和优化，建立符合信息化管理、统一规范的基本业务流程、采购代码体系、文书样式和表证单书，以确保政府采购信息管理系统的科学、规范、统一和高效。各地应结合实际业务需求，抓紧对已有的工作规程进一步梳理和细化，对常用的政府采购名词概念和指标口径予以规范和统一，形成依托信息管理系统下的新型政府采购业务操作模式。

2．建立统一的政府采购标准规范体系

标准规范体系是政府采购信息一体化建设的基础。要在现有信息系统的技术标准体系基础上，继续完善相关数据标准、接口标准、代码体系、技术规范和项目管理规范，统一规范技术平台和数据交换平台，建立全省统一的标准规范体系，健全硬件网络技术规范和数据安全保障体系，为应用系统的整合和建设，确保数据安全、实现信息共享打下坚实的基础。

3．实现全省政府采购基础资源共享

在统一数据标准的基础上，实现全省范围内的政府采购供应商库、专家库、商品库、代理机构库的信息共享。通过全省共享基础信息库建设，建立全省统一的分类登记、注册准入和考核评价等机制，实现供应商、专家等信息的“一地注册，全省通用”，以及各类采购业务资源的跨地区使用，促进全省政府采购的诚信体系建设。

4．建立全省协议供货统一交易平台

基于基础资源的全省共享，以全省协议供货商品的网上集中交易为突破口，探索建立覆盖全省的网上集中采购市场，充分发挥政府集中采购的规模效应，增强政府采购的竞争性，为供应商提供更加广泛的政府采购市场和平等竞争机会，使采购人更自主、快捷地采购到“质优价廉”的商品和服务，有效节约采购成本，提高资金使用效率。

5．建立全省政府采购数据交换平台

基于全省统一的数据标准，搭建以省为主、以市为辅的政府采购数据交换平台和适度集中处理的数据中心，实时采集、整理和汇总分析各地的政府采购业务数据，以业务数据的全程处理和深化挖掘为依据，实现采购业务的全程监管，逐步建立全省政府采购数据统计查询和分析监控平台，为科学编制采购预算、制定政府采购政策提供有效依据。

6．统一各级政府采购信息数据接口

政府采购信息管理系统的数据标准和软件开发要留有扩展接口，以方便系统升级、整合需要和与其他应用软件及系统管理平台的数据交换。在此基础上，各地可增加地方性的扩展指标，以满足不同需求。

7．建立统一的系统安全体系

安全体系建设是政府采购信息一体化建设的重要组成部分。政府采购信息安全体系应与软硬件系统同步规划、设计和建设。在建立健全安全管理机构、人员和制度的同时，应加强技术安全体系的建设，建立从设备、网络、系统软件、数据库、系统应用等多层次的安全体系和安全机制，严格控制对各业务、数据和资源的访问权限，并建立统一的数字认证（CA 认证）制度，建立完整的安全记录、严格的访问审核和时间戳功能等，保证数据生成、存储和传输的安全与可靠。

四、政府采购信息管理系统的项目管理

政府采购信息化项目必须严格按照一体化建设原则和规范的项目管理程序进行科学管理。政府采购信息化项目作为“金财工程”的组成部分，由省财政厅为主进行全省统一管理，并按“以我为主”的方针进行总体的规划、设计，在自主拥有知识产权的前提下通过政府采购方式委托软件公司进行全省统一开发，各地免费使用，既避免各自设计开发造成软件互不兼容、数据难以共享，又防止项目多头管理和重复建设，减少建设成本，提高建设效率。

各级财政部门作为政府采购的行政主管部门，应承担起本地区的政府采购信息化建设工作，负责对各政府采购业务应用部门提出的项目需求进行分析、审核、汇总和协调把关，并坚持上下联结、横向联合，按照政府采购信息一体化建设的要求，为主负责对全省政府采购信息管理系统的推广、实施和应用维护。同时将政府采购信息化项目纳入到当地的“金财工程”进行统筹安排。省金财办将对各地推广、实施、维护和建设管理等情况进行统一考核。

目前已建成政府采购信息管理系统或网络平台的地方，要按照全省统一的技术方案和建设标准进行适当改造或升级；正在建设的，应进行必要的规范和整合，其业务应用软件的开发质量和相关数据标准必须符合全省信息一体化建设的要求，确保政府采购公共信息资源的互通共享以及网上政府采购市场的统一；尚未开始建设的地方，原则上不得再另行开发和建设政府采购信息管理系统，应统一推广使用全省的政府采购信息管理系统。对全省信息管理系统一时难以满足的功能需求，可在该系统基础上结合本地实际自行组织二次开发，同时将二次开发的项目报省财政厅备案。

全省政府采购信息管理系统建成后，各级集中采购机构、社会中介代理机构和单位自行组织的政府采购业务必须纳入同级政府采购网站和信息管理系统进行统一操作和管理。鉴于全省大部分地方的政府集中采购机构纳入当地公共资源交易平台办公的现状，全省政府采购信息管理系统中的集中采购机构办公平台系统将尽可能满足公共资源交易统

一平台的业务需求，做到统分结合、主动接轨。各地集中采购机构不得另行开发建设独立的政府采购信息系统。

五、政府采购信息管理系统的推广与实施

系统的推广实施是信息化建设取得成效的关键。全省政府采购信息管理系统将按照“统一领导、分级负责、分步实施、逐步到位”的原则，在省财政厅的统一领导下，计划分为两个阶段在全省范围内进行推广和实施。

（一）第一阶段：率先在省级单位中全面实施

“内网系统”于2005年年底正式应用和实施以来，系统已覆盖到所有省级单位，并实现与财政预算指标管理系统和国库集中支付系统之间的链接和数据自动交换，经过近3年的使用和完善，目前系统已相对成熟稳定。

“外网系统”计划分三期、用5年左右时间建设完成。其中一期项目（包括委托代理采购、自行组织采购、协议定点采购、专家管理、集中采购机构内部采购业务管理等多个子系统）已于2008年上半年在省级单位中进行全面试行，目前省级70%以上的政府采购业务已实现上网运行，基本实现了采购办、采购中心、采购人、供应商、专家之间的网上协同办公，为实现政府采购主要业务的“一网实现、全程服务、实时监控”奠定了基础。个别县的推广试点工作也在顺利、有序进行。

（二）第二阶段：逐步向市县进行推广实施

在省级和部分市县试点的基础上，自2009年开始，计划用3年左右的时间，将政府采购信息管理系统的“内网系统”和“外网系统（一期）”推广部署到全省大部分市县（2009—2011年推广实施计划见附件2）。力争通过3年努力，逐步建立以“浙江政府采购网”为中心，省、市、县三级互联互通、共为一体的政府采购网站平台，初步形成一个全省统一开放的网上政府采购市场。

各市县推广实施的具体实施时间及项目由各地财政部门结合当地实际，并征求集中采购机构意见后报省财政厅确定。为确保试点成功，对列入试点的市县，省财政厅将安排一定的政府采购信息化试点工作经费予以补助和鼓励。

（三）项目建设的经费保障

各地应按照全省政府采购信息一体化建设的总体规划和软硬件系统建设标准，抓紧制订本地区的政府采购信息化建设和推广实施方案，并按照“统一、合理、节约”的原则，按规定编报项目预算，安排和落实一定的项目建设资金及日常维护工作经费，确保项目的顺利实施。

系统软件：由省里通过政府采购方式择优确定技术开发公司，统一组织开发，并自主拥有知识产权，所需经费由省财政统一承担并支付，各地按一体化的要求免费部署使用；市县如需对系统软件作二次开发，经费自行承担。

系统硬件：由各地参照省里统一的建设标准，按规定采购、部署，所需经费自行承担。各地应积极利用现有的设备资源和信息资源，不片面追求最新技术和产品，防止重复建设和损失浪费。采购规模和业务相对较小的县，建议不独立建网，可以充分利用市级的网络设备和资源，以“子网站”的形式进行部署。

系统维护：系统专业技术服务，原则上由省里通过政府采购方式统一确定专业技术服务团队及其服务范围和费用标准，由各地自行委托其维护管理并按标准支付服务费用，或自行组织其他技术服务团队进行日常维护管理。

各地应安排一定的系统推广应用和培训工作经费，保证采购单位、采购代理机构、有关监管部门及工作人员，以及广大供应商能熟练掌握和应用政府采购信息管理系统，确保信息化建设取得实效。

（四）推广实施的技术保障

承担系统建设和推广实施的技术开发公司（杭州中软安人网络通信有限公司），应抽调精干力量组成专门的推广实施小组和技术服务团队，根据省财政厅的统一部署和确定的推广计划，结合各地实际有针对性地制订相应的推广实施和技术服务方案，按计划、有步骤地做好系统的推广应用工作，为各地推广应用政府采购信息管理系统提供有力的专业技术保障。

在系统试运行期间，技术开发公司应积极配合省财政厅和试点市县做好对系统运行的跟踪监测，按时记录运行效果，定期提交系统运行报告，并及时总结试点经验，进一步完善项目需求和系统功能，不断优化政府采购信息管理系统，保持系统的普遍性、适用性和先进性。

六、加强组织领导，精心组织实施

政府采购信息化建设是一项涉及面广、技术复杂的系统工程和基础工作，也是深化政府采购制度改革和建立服务型政府的一项主要内容，事关长远，意义重大。全省各级财政部门和集中采购机构要统一思想，提高认识，切实加强组织领导，明确职责分工，确保工作的顺利进行。

为确保推广试点工作的有序推进，省里决定成立由省财政厅分管领导任组长，省财政厅采购监管处、省财税信息中心、省政府采购中心和试点市县财政局等有关领导组成的浙江省政府采购信息管理系统推广实施领导小组，同时下设“需求组”和“技术组”两个工作组，具体负责规划全省推广实施的整体思路、工作安排和实施中的技术指导，监督、协调全省推广实施工作的总体进程。

各地也应成立相应的系统推广实施工作小组，负责本地区政府采购信息化建设的组织协调和信息管理系统的具体推广实施工作，明确各部门、各单位在信息化建设中的职责，并采取积极有效的措施，共同做好全省的政府采购信息化建设和信息管理系统的推广实施工作，使我省的政府采购工作再上一个新的台阶。

附件 2：

浙江省 2009—2011 年政府采购信息管理系统推广实施计划

2009 年：

市级 4 个：嘉兴市、绍兴市、金华市、衢州市

县级 14 个：余杭区、富阳市、嘉善县、平湖市、海宁市*、海盐县、上虞市、义乌市、永康市、东阳市、江山市、龙游县、德清县、普陀区

2010 年：

市级 5 个：温州市、湖州市、舟山市、台州市、丽水市

县级 23 个：萧山区、临安市、建德市、桐庐县、淳安县、瑞安市、洞头县、苍南县、平阳县、泰顺县、嵊州市、岱山县、定海区、温岭市、玉环县、青田县、缙云县、云和县、龙泉县、庆元县、松阳县、景宁县、开化县

2011 年：

县级 18 个：乐清市、永嘉县、文成县、长兴县、安吉县、绍兴县、新昌县、兰溪市、武义县、磐安县、浦江县、常山县、嵊泗县、临海市、仙居县、天台县、三门县、遂昌县、诸暨市*

备注：

1. 全省除杭州市、桐乡市自行开发建设，宁波市及所辖各县区计划到 2012 年开始推广实施外，列入全省统一推广实施的市县（区）共 65 个，将按年度计划分步推广，逐步实施到位。

2. 个别市、县（区）如需调整实施时间的，应事先报省财政厅同意。

3. 市级单位中包含下辖各区，带*的只实施部分系统。

关于办理浙江省政府采购代理机构（乙级）资格延续手续的通知

浙财采监字［2009］12 号

各政府采购代理机构：

根据《政府采购法》和《政府采购代理机构资格认定办法》（财政部令第 31 号）有关规定，浙江省财政厅将对到期的浙江省政府采购代理机构（乙级）办理资格延续手续，现将有关事项通知如下：

一、依法取得浙江省政府采购代理机构资格（乙级）的单位，需要延续依法取得的政府采购代理机构资格有效期的，应当在《政府采购代理机构资格证书》载明的有效期届满 60 日前，向浙江省财政厅提出申请。

二、理机构提出资格延续申请时，须提供下列书面材料：

（一）申请书（详见附表）。

（二）营业执照复印件。

（三）机构章程或简介、内部机构设置和人员配备情况说明；从事政府采购的业务操作规程和内部管理制度清单。

（四）从业人员学历证书、专业技术职称证书、省级以上政府采购监督管理部门颁发的政府采购业务培训证书复印件。

（五）近三年政府采购业绩清单，包括委托代理协议和中标通知书。

（六）近三年依法缴纳税收和社会保障资金的证明。

（七）经会计师事务所审验的近三年的财务会计报告。

（八）近三年接受投诉及行政处理、处罚情况的说明。

（九）政府采购代理机构资格证书正、副本原件。

三、凡代理机构名称发生变化的，须重新申请资格，不得办理延续。

四、浙江省财政厅在收到资格延续申请后，经审查认为申请材料齐全、符合法定形式和要求的，在代理机构资格有效期届满前根据下列情况分别作出决定：

（一）申请人的申请符合规定条件的，将作出延续代理机构资格的决定，并重新颁发《政府采购代理机构资格证书》。

（二）申请人的申请不符合规定条件的，将作出不予延续代理机构资格的书面决定，并说明理由和告知申请人享有依法申请行政复议或者提起行政诉讼的权利。

五、代理机构逾期不申请资格延续的，其《政府采购代理机构资格证书》自证书载明的有效期届满后自动失效，在依法重新取得政府采购代理资格前，不得再从事政府采购代理业务。

附件：政府采购代理机构资格延续申请表（略）

浙江省财政厅

二〇〇九年三月二十日

关于印发《浙江省政府采购招标文件范本（试行）》的通知

浙财采监字［2009］20 号

各市、县（市、区）财政局、采购办：

为规范政府采购招标投标行为、促进公平竞争，我们组织制定了《浙江省政府采购招标文件范本（试行）》，供全省采购人、采购代理机构参照适用。现将《浙江省政府采购招标文件范本（试行）》印发给你们，请向所辖区域内的集中采购机构、中介代理机构、采购人及供应商进行广泛宣传，并认真组织实施。

执行中有何意见和建议，请及时反馈给浙江省财政厅政府采购监管处。

附件：浙江省政府采购招标文件范本（试行）（略）

浙江省财政厅

二〇〇九年六月十八日

关于印发《浙江省政府采购供应商注册及诚信管理暂行办法》的通知

浙财采监字［2009］28 号

各市、县（市、区）财政局、集中采购机构，省级有关单位：

为加强政府采购供应商管理，进一步规范供应商的政府采购行为，加快建设政府采购市场诚信体系，促进供应商依法、诚信经营和公平竞争，我们制定了《浙江省政府采购供应商注册及诚信管理暂行办法》，现印发给你们，请认真贯彻执行。

浙江省财政厅

二〇〇九年九月十日

浙江省政府采购供应商注册及诚信管理暂行办法

第一章　总　则

第一条　为加强政府采购供应商管理，进一步规范供应商的政府采购行为，促进供应商诚信经营和公平竞争，切实维护供应商合法权益，根据《中华人民共和国政府采购法》及相关法律法规规定，结合本省实际情况，制定本办法。

第二条　本办法适用于在浙江省范围内参与或从事政府采购活动的供应商。本办法所称的供应商，是指具备向采购单位提供货物、工程或服务能力的法人和其他组织。

第三条　政府采购供应商实行注册登记制度，并统一进行资格审查和诚信考核管理。凡符合本办法第九条规定条件的供应商，均可通过浙江政府采购网（www.zjzfcg.gov.cn）或各地分网站，向注册所在地或组织采购活动的采购代理机构（包括集中采购机构和社会中介采购代理机构，下同）、采购单位等进行注册申请，按规定审核后，登记加入“浙江省政府采购供应商库”。

第四条　以下供应商必须注册并登记加入政府采购供应商库，并接受各级采购单位、采购代理机构和财政部门的诚信考核和管理。

（一）政府采购中标或成交供应商；

（二）政府采购协议供货或定点管理的供应商及其供货商；

（三）参与网上政府采购活动的供应商。

第五条　供应商的注册审查、管理和使用，应当遵循“统一标准、分级管理、多点受理、授权审查”和“管用分离、互认共享”的原则。凡按本办法规定在本省任何一地注册入库的供应商，其政府采购供应商资格和注册登记信息在全省范围内有效，各级财政部门、采购代理机构和采购单位等应当相互予以确认，并实现共享。

第六条　省财政厅负责全省政府采购供应商库及信息管理系统的开发、建设和管理，并对省本级及外省进浙注册供应商进行监督管理；各市、县（市、区）财政局负责本地区所辖注册供应商的监督管理工作。经同级财政部门授权，各级采购代理机构、采购单位和其他机构（以下统称审查机构）负责受理参加本单位组织的政府采购活动供应商的注册申请，按规定审查供应商的入库资格，并对参加本单位组织的政府采购项目的供应商进行诚信记录。供应商的日常注册和变更登记应由注册所在地集中采购机构为主负责受理、审查。尚未建设、开通政府采购网站及供应商信息管理系统的地方，其政府采购供应商的注册审查和监督管理工作原则上暂由其上一级集中采购机构和财政部门负责。

第七条　按照“谁审查、谁负责”的原则，审查机构应当指定专人，按照本办法规定的条件、程序和要求，负责供应商注册受理和审查复核等工作，并承担相应的审查责任。

第八条　除集中采购机构外，财政部门可按审查机构组织的采购项目分次授权其进行供应商入库资格审查；也可根据其开展政府采购活动的需要分期授权，分期授权的有效期一般不超过1年。

第二章　供应商注册条件及注册程序

第九条　申请注册加入政府采购供应商库的供应商，应当具备下列基本条件：

（一）具有独立承担民事责任的能力；

（二）具有良好的商业信誉和健全的财务会计制度；

（三）具有履行合同所必需的设备和专业技术能力；

（四）有依法缴纳税收和社会保障资金的良好记录；

（五）参加政府采购活动前3年内，在经营活动中没有重大违法记录；

（六）法律法规规定的其它条件。

第十条　采购单位可以根据采购项目的特殊要求，规定供应商特定的资格条件，但不得以区域范围、原厂商授权（不定品牌采购除外）、事先设立本地化服务机构（服务项目除外），以及与采购项目规模和需求不相适应的注册资本金、资质等级等不合理条件对供应商实行差别待遇或歧视待遇。如确属项目必需且合理的，可以此作为评审因素之一适当予以考虑。

第十一条　供应商注册登记采取以网上申请为主，以书面申报为辅的形式。申请网上注册的，应当按以下程序进行注册登记：

（一）登录浙江政府采购网，自行申请获取供应商用户名及密码；

（二）使用网上获取的用户名和密码登录“供应商注册管理系统”，如实填写《浙江省政府采购供应商库注册申请表》（以下简称注册申请表，见附件1），登记并扫描录入必要的信息和本办法第十四条规定的资料后，从网上提交审查机构初审；

（三）初审合格后，在网上打印注册申请表，连同扫描录入资料的复印件，经法定代表人签字和加盖公章后，书面上报审查机构终审；

（四）终审通过后，由供应商注册所在地财政部门定期在浙江政府采购网和当地分网站上进行公示；

（五）公示后无异议的，经所在地财政部门确认后注册加入政府采购供应商库，并由系统自动将入库信息反馈给供应商。如需参加网上采购的，注册供应商还应按规定向国家认定的电子数据认证中心申请领取CA证书，并凭CA证书参加网上采购活动。

第十二条 供应商因客观原因目前尚不具备上网条件或上网注册能力的，可以以书面形式提出注册申请。提出书面申请时，供应商应按规定填写注册申请表，并与相关资料复印件一并经法定代表人签字和加盖公章后，上报审查机构审查。审查合格的，供应商可使用审查机构设备自行上网办理或委托审查机构代其办理网上注册登记手续，经公示后无异议的，注册加入政府采购供应商库。

第十三条 供应商注册时，应将以下基本信息登记入库：

（一）供应商基本情况信息；

（二）相关资质信息；

（三）资产财务信息；

（四）出资人（或股东）和分支（或服务）机构信息；

（五）供应商认为可以提供的其他信息。

第十四条 供应商在注册登记的同时，应在网上扫描录入以下资料：

（一）企业法人营业执照（或事业等其他法人证书）；

（二）税务登记证；

（三）社会保险登记证；

（四）组织机构代码证和法定代表人身份证；

（五）最近年度的资产负债表、损益表和验资（出资）报告；

（六）特许生产、经营或安全卫生许可，特定技术或业务资质，ISO质量和环保管理认证，品牌授权代理等有助于证明其经营和管理能力的证书；

（七）审查机构认为需要提交或供应商认为可以提供的其他资料（如公司章程、信用报告等）。

第十五条 供应商应对其注册登记的信息和所提供资料的合法性、真实性、有效性负责，并承担相关法律责任。审查机构应将供应商上报的书面材料按《浙江省政府采购档案管理暂行办法》的有关规定存档备查。

第十六条 审查机构应在收到供应商注册申请起3个工作日内，对供应商网上提交的信息和资料进行符合性、完整性和准确性审查。初审通过后，应在收到供应商书面申报材料起3个工作日内，完成对网上注册登记信息和资料与书面申报材料的一致性和真实性审查。

第十七条 在注册审查过程中，审查机构应根据下列情况分别作出处理：

（一）供应商资格条件不符合本办法第九条规定的，应作出不予受理的决定，并告知不予受理的原因；

（二）供应商申请注册登记的信息或所提供资料不全的或不符合规定的，应一次性告知申请供应商需要补正的全部内容；

（三）供应商申请注册登记的信息或所提供资料齐全，或者申请供应商已按要求提交全部补正信息和申报资料，符合规定的，予以审查通过，并网上提请供应商注册所在地财政部门进行公示；

（四）如发现供应商弄虚作假的，不予通过审查，并按本办法第十九条第（三）款的规定予以处理。

第十八条 供应商网上公示时间一般不少于5天，公示内容包括供应商的基本信息、相关资质信息、出资人（或股东）和分支（或服务）机构信息等，并同时公布同级财政部门的监督联系方式。公示期间及公示结束后，任何单位或个人均可就供应商信息的真实性和有效性，向财政部门举报反映。

第十九条 财政部门应对举报反映的事项及时进行调查核实，如举报反映不实的，应当予以注册入库；如举报反映属实的，应根据下列情况分别作出处理：

（一）属于供应商非重要信息错误的，责令其自行纠正后，列入下一期公示名单中重新公示；

（二）属于供应商基本资格、业务资质或可能成为评审要素等重要信息错误的，责令其自行纠正后，列入下一期公示名单中重新公示，并作为不良行为记入供应商诚信档案；

（三）属于供应商弄虚作假或与审查机构串通的，予以通报批评，并列入供应商黑名单，视情可取消或禁止其1～3年内注册加入政府采购供应商库，其相关信息同时登记或转入临时供应商库中进行管理；

（四）由于审查机构不按规定审查，或审查不严、与供应商串通等原因造成的，给予通报批评，并暂停或取消其审查供应商入库资格的权限。对署名举报并提供相关事实依据的，财政部门应当将调查处理结果通报或告知该举报人。

第三章 注册供应商的权利和义务

第二十条 注册供应商根据注册级别，享有以下权利：

（一）使用“浙江省政府采购供应商信息管理系统”（以下简称系统），直接参加网上政府采购活动，并向省政府采购中心和省财政厅提出改进信息管理系统的意见和建议；

（二）查阅并下载采购文件（标书），浏览有关采购公告的历史信息，发布供销信息，订阅与其经营范围和所注册的产品服务相关的采购信息；

（三）直接被系统随机抽取为竞争性谈判、询价采购的受邀供应商；

（四）在本省范围内参加政府采购活动时，免于提供已注册登记资格信息的相关证明文件，并在预中标成交前免于对该部分资格信息的资格性审查；

（五）对采购单位和采购代理机构组织的政府采购活动的服务水平、工作效率和公正性等进行评价；

（六）在浙江政府采购网站优先开设网上商铺、优先获取网站广告权，介绍、发布自己的产品服务和优惠促销等信息；

（七）法律法规规定的其他权利。

第二十一条　注册供应商应承担以下义务：

（一）自觉遵守政府采购法律法规和其他相关规定，共同维护政府采购市场秩序和公平竞争环境，并接受财政部门的监督检查；

（二）依法、诚信地参加政府采购活动，积极参与政府采购市场诚信体系建设；

（三）依法履行政府采购合同和政府采购活动中的各项承诺，切实维护国家和社会公共利益以及采购单位的合法权益；

（四）对在政府采购过程中获取的国家秘密和商业秘密负有保密责任；

（五）全面、真实地登记供应商相关信息；及时调整变更信息，并按规定报送审查机构审查；

（六）法律法规规定的其他义务。

第四章　供应商注册信息的维护管理

第二十二条　供应商信息登记和日常维护应当遵循诚实信用和客观真实的原则，确保供应商库中的相关信息全面、真实、准确和有效。

第二十三条　除供应商已注册登记的本办法第十三条规定的基本信息外，供应商库中还应当注册登记以下信息：

（一）产品、服务及价格信息，包括当前可提供的政府采购产品或服务的名称、类别、简要技术规格或型号、产地和市场价格等信息；

（二）项目业绩（案例）信息，包括近三年签约成交或承揽的政府采购合同和非政府采购合同目的项目名称、采购单位（项目业主）、履约验收情况等信息；

（三）政府采购诚信档案信息，包括近三年参与政府采购活动中的奖惩记录（含不良行为记录）、质疑投诉记录、采购单位对其考核评价记录等信息。

第二十四条　根据不同信息类别，供应商库中的相关信息应分别由以下单位或机构进行登记记录，并注册生效：

（一）产品服务及价格信息和非政府采购业绩信息，应当由注册供应商自行在网上登记、确认后，由系统自动生效。

（二）政府采购项目业绩信息及项目相关产品（或服务）的中标成交价格信息等，由系统自动生成记录后生效；非政府采购项目业绩信息，可由注册供应商自行在网上登记、确认后，由系统自动生效。

（三）政府采购诚信档案信息，由采购单位、采购代理机构和作出处罚处理的财政部门分别根据相关事实依据或处理决定负责登记记录。供应商如发现供应商库中记录的相关信息有误的，应书面向有关信息的记录单位反映，由有关单位核实后报同级财政部门予以修正。

第二十五条　供应商注册登记的基本情况信息、相关资质信息、产品服务及价格等信息应当向社会公开，并接受公众监督。其余信息原则上只限于采购单位、采购代理机构和财政等部门在组织或监管政府采购活动时按权限查询、使用。

第二十六条　如供应商注册信息发生变更的，注册供应商应自发生变更之日起7个工作日内自行进行变更、维护。除涉及供应商经营范围、级次类别、相关资质等的重要信息需经同级集中采购机构和财政部门审核、公示外，其他一般信息经注册供应商确认完成后，由系统自动变更生效。

第二十七条　注册供应商发生分立、兼并、重组，或发生重大合同纠纷、诉讼等可能影响履约能力的重大事项的，应当向注册所在地集中采购机构报告，并提请同级财政部门按规定处理。

第二十八条　注册供应商发生应当变更或需书面报告的事项而不及时进行变更调整或书面报告的，或自行登记确认的信息不实的，一经发现或被举报查实，即作为不良行为记入该供应商诚信档案，直至取消注册资格。

第二十九条　供应商注册入库后，每3年由各级财政部门或委托集中采购机构进行一次复审，符合条件的，应重新予以注册。注册供应商未按时申请复审，或在3年内未参加一次政府采购活动和未进行信息变更维护的，集中采购机构可提请同级财政部门对该注册供应商进行“冻结”。“冻结”后，注册供应商将不再享有本办法第二十条第（二）、（三）、（四）、（六）项规定的有关权利；供应商如需解除“冻结”，应当书面向注册所在地集中采购机构提出，报同级财政同意后解除。“冻结”时间超过3年的，财政部门可直接将该注册供应商从供应商库中“注销”或转入临时供应商库中。

第五章　供应商库的使用管理

第三十条　各级财政部门、采购单位和采购代理机构在进行政府采购活动时，应首先使用在供应商库中注册的政府采购供应商及其注册登记的信息，并在网上及时反馈使用情况。采购单位及其委托的采购代理机构（以下简称采购组织单位）采取网上采购或协议供货时，必须使用注册入库的供应商；未注册入库的供应商拟参与网上采购活动的，可以先获取采购文件，再补办注册登记手续，并在采购响应截止时间前注册入库。

第三十一条　除招标采购外，如采购项目时间紧急，采购组织单位可直接从注册供应商库中按一定的资格条件筛选供应商，并通过随机方式确定不少于5家以上的供应商邀请其参加谈判或报价，同时可适当缩短采购响应截止时间，但最少应不少于3个工作日。如筛选后符合条件的供应商不足5家，应按规定发布采购公告并组织采购。

第三十二条　注册供应商参加政府采购活动时，应从网上下载打印针对所参加采购项目的《浙江省政府采购注册供应商资格信息登记表》（以下简称信息登记表，见附件2），并经法定代表人签字和加盖公章后，作为供应商采购响应文件的必要组成部分提交采购组织单位。

以联合体形式参加政府采购活动的，联合各方应分别下载打印信息登记表，并按规定出具有关各方签署的联合协议等证明文件，作为采购响应文件的组成部分一并提交采购组织单位。

第三十三条 信息登记表所记录的信息如能完全满足采购文件规定的资格条件的，注册供应商可凭信息登记表免于提供相应的资格证明材料，否则，应在采购响应截止时间前进行变更注册登记，或在采购响应文件中补充提供相应的资格证明材料并予以特别说明。

第三十四条 对注册供应商实行“资格后审”制度。采购组织单位或其委托的评审专家在评审时，可先按注册供应商的信息登记表进行资格性审查，待其被确定为中标（成交）候选供应商后，再按采购文件规定的资格条件对其提供的信息登记表及登记信息进行网上审查和核实。如不一致，除该供应商已在采购响应文件中说明并已补充提供相关资格证明材料外，应要求其作出书面澄清说明并提供相关资格证明文件，否则应按无效处理，并重新审查、推荐排名次之的供应商为中标（成交）候选供应商，依次类推。同时，采购组织单位如发现注册供应商登记信息不实或弄虚作假的，应向同级财政部门报告，并按规定进行处理。

采购单位如对中标成交供应商资格有疑问，也可在采购结果确认前要求中标（成交）候选供应商提供相关资格的原始证明材料，对供应商资格等进行进一步审查、复核。中标（成交）候选供应商应当予以配合。

第三十五条 除网上采购或协议定点采购外，采购组织单位不得因供应商未注册入库而限制或阻止其参加一般的政府采购活动。

未注册入库供应商参加政府采购活动时，应按采购文件要求提交相应的资格证明材料，按规定接受采购组织单位或其委托的评审专家的资格审查和其他评审。一旦被确定为中标（成交）候选供应商的，采购组织单位应要求其在中标（成交）通知书发出前的 3 个工作日内按本办法的规定进行注册申请，否则，采购组织单位可以拒绝向其发出中标（成交）通知书，并直接推荐排名次之的供应商为中标（成交）候选供应商，依次类推。

采购活动结束后，采购组织单位应根据供应商提供的采购响应文件，将未注册入库的供应商的基本情况信息和相关资格信息登记录入临时供应商库，实行长效监管。如该供应商已被录入临时供应商库的，应对相关信息进行比较、核对，发现问题的应向同级财政部门报告处理。

第三十六条 注册供应商在向采购组织单位提交采购响应文件前，应首先将参加本次采购活动拟提供的产品或服务在网上自行进行注册登记，否则，采购组织单位在评审时可以予以拒绝。采购组织单位如将项目业绩（案例）作为评审因素的，则应以注册入库的项目业绩（案例）为准，否则，在评审时可以将其认定为无效业绩（或案例）。本条及第三十五条第二款的有关规定，采购组织单位应当在采购文件中予以特别说明。

第六章 供应商诚信档案和考核管理

第三十七条 各级财政部门、采购代理机构和采购单位应如实记录和客观反映注册供应商参加政府采购活动的诚信状况，共同建设和管理全省统一的供应商诚信档案库，逐步建立和完善政府采购不良行为的全省联合惩戒制度和政府采购市场诚信体系，并实行动态管理。

第三十八条 注册供应商有下列情形之一的，采购单位或采购代理机构应按不良行为记入该注册供应商诚信档案中：

（一）开标后擅自撤回采购响应文件，或扰乱开标现场，影响采购活动继续进行的；

（二）中标、成交后无正当理由拒绝签订政府采购合同，或者与采购单位另行订立背离合同实质内容的协议的；

（三）无正当理由拒绝履行合同和有关承诺，或擅自变更、中止（终止）政府采购合同的；

（四）超过合同约定的供货（或服务）时间达 30 日以上的；

（五）中标、成交后，将政府采购合同转包或擅自分包给其他供应商的；

（六）提供假冒伪劣产品或走私物品的；

（七）擅自降低产品质量等次和售后服务，或以次充好、偷工减料的；

（八）实际提供的有关产品性能指标和技术服务能力明显低于采购响应文件或询标、谈判时的承诺；

（九）在供应商库中发布的产品服务信息或在政府采购网上宣传的信息与实际明显不符，或故意误导采购人的；

（十）不按规定或不及时变更供应商库中的有关信息的；

（十一）1 年内在全省被质疑或投诉累计分别在 20 和 10 次以上且 60%以上被驳回的，或恶意举报给采购人或采购代理机构造成损害的；

（十二）各级财政部门认定的其它有违诚实信用的行为。

第三十九条 注册供应商有下列情形之一的，采购单位或采购代理机构应向同级财政部门书面报告，并提请财政部门将其列入“黑名单”或者依法作出处罚；各级财政部门在依法处罚的同时，应将该情况按不良行为记入该供应商诚信档案中，同时将该供应商列入“黑名单”公开曝光：

（一）提供虚假材料谋取中标、成交的；

（二）采取不正当手段诋毁、排挤其他供应商的；

（三）与采购单位、其他供应商或者采购代理机构恶意串通的；

（四）向采购单位、采购代理机构行贿或提供其他不正当利益，或因此被其他国家机关立案查实的；

（五）在招标采购过程中与采购单位进行协商谈判的；

（六）哄抬、操纵政府采购报价，或政府采购价格（包括产品及其配件、试剂、耗材等价格）明显高于市场平均价的；

（七）提供虚假材料骗取注册供应商资格的；

（八）伪造《浙江省政府采购注册供应商信息登记表》的；

（九）销售或发布法律法规禁止销售的商品、服务和其他违法信息的；

（十）其他违反法律法规和政府采购管理有关规定的行为的。

第四十条　供应商或采购组织单位有下列情形之一的，应按串通行为认定，列入“黑名单”，或按规定追究采购组织单位和相关人员责任；属恶意串通的，应依法予以处罚：

（一）不同供应商的采购响应文件由同一单位或人员编制的；

（二）不同供应商使用同一单位或人员的资金交纳投标（或谈判、询价）保证金的；

（三）不同供应商委托同一单位或人员办理投标（或谈判、询价）事宜的；

（四）不同供应商的采购响应文件中的内容出现非正常的一致，或者报价细目呈明显规律性变化，或在完全可比的情况下投标总价均高于市场平均价的；

（五）不同供应商的采购响应文件载明的项目管理或实施人员出现同一单位的工作人员或同一人的；

（六）不同供应商的授权代表为同一单位的工作人员的；

（七）不同供应商的采购响应文件相互混装，或在一个供应商的采购响应文件内遗留有其他供应商的签名、盖章等不属于本供应商参加政府采购必需的信息资料的；

（八）采购响应截止时间后，采购组织单位协助供应商撤换或更改采购响应文件的；

（九）采购组织单位泄露有意向参加政府采购的供应商名称、数量等应当保密的事项的；

（十）不同供应商之间私下达成书面或口头协议，指定一家供应商中标（成交）或轮流中标（成交）的；

（十一）法律法规或规章规定的其他串通行为。

第四十一条　除由系统自动记录的不良行为外，采购单位和采购代理机构在作出不良行为认定或记录前，应书面通知该注册供应商，允许其申辩或澄清，并按规定处理。同时，应对其记录行为或提供材料的合法性、真实性、有效性负责。不良行为被有效记入后，如发现有误，可由供应商书面提出，经作出处理的采购单位和采购代理机构确认报同级财政部门审核同意后予以撤销。

第四十二条　采购活动结束后，采购单位应及时在网上对注册供应商所提供产品服务的质量、价格、售后服务和合同履行情况等进行满意度评价，评价结果将由系统自动记入该注册供应商诚信档案库和项目业绩库，并作为业绩考核的主要参数。

第四十三条　本供应商库中将统一设置“政府采购诚信指数”，由供应商信息管理系统根据供应商库中的诚信记录、项目业绩和用户满意度评价情况自动统计计算，用“星级”或分值表示。其中诚信指数在100分以上（含本数，下同）的为5星级，以下依次每10分递减一级，60分以下的不计星级，只计分值。

第四十四条　政府采购诚信指数的计算方法为：诚信指数＝起始基础分±诚信记录分＋业绩考核分。注册供应商的起始基础分为50分；诚信记录分以每发生并记录一项不良行为扣10分，被记录一次“黑名单”的再扣20分；得到省级以上财政部门公开表彰奖励的，每表彰奖励一次加10分（一个年度内累计加分最多不超过20分）。业绩考核分以政府采购的中标成交项目业绩为标准，每次中标成交的合同金额在100万元以下的得1分，超过100万元部分，每30万元加计0.1分（加计分最多不超过4分），将项目业绩分合计乘以满意度指数（用户满意度评价分/100）即为业绩考核分；若满意度评价分在50以下的，则业绩考核分计零分。

协议定点项目业绩考核分应每月计一次，成交金额和满意度评价指数均以每月的累计金额和平均指数为依据分类计算（其中对采购单价和总量较小的部分采购品目的基准合同金额可按系数适当予以修正）。

第四十五条　凡星级供应商参加政府采购活动（不包括协议定点网上竞价采购，下同）时，采购组织单位在评审时应当予以一定的优惠。其中采用综合评审法的，每一个星级可给予总分值0.5%～1%的加分；采用性价比法和最低报价法的，每一个星级可按该供应商报价的0.5%～1%的评审价格扣除。

诚信指数达到5星级且当年无不良行为记录的协议定点供应商，经协商谈判并书面承诺不降低原有价格优惠和服务水平的，可以直接进入下一期协议供货或定点采购项目的供应商名单，但协议定点政策或项目需求重新调整的除外。凡供应商诚信指数低于50分时，采购组织单位在评审时应当给予一定的扣分或增价，每10分为一级。其中，采用综合评审法的，诚信指数在40分以上且低于50分的应给予总分值0.5%～1%的扣分，诚信指数在30分以上且低于40分的应给予总分值1%～2%的扣分，依次类推，扣分最高不超过5%；采用性价比法和最低报价法的，诚信指数在40分以上且低于50分的按该供应商报价的0.5%～1%的评审价格增加，诚信指数在30以上且低于40分按该供应商报价的1%～2%的评审价格增加，依次类推，评审价格增加最高不超过5%。当供应商诚信指数为负数时，系统将自动对该注册供应商的权限进行“冻结”，协议定点供应商将暂停其协议定点资格，直到诚信指数恢复到正数。

第四十六条 被列入“黑名单”的注册供应商，在处罚有效期内，采购组织单位在资格审查时可以不予以通过，但应事先在采购文件中明确。如被财政等部门行政处罚并禁止其参加政府采购活动的，有效期内将同时禁止其参加网上采购的一切活动。

第四十七条 被列入“黑名单”的注册供应商，其相关信息由政府采购网“曝光栏”统一对外披露。公开曝光时间一般应与处罚时间一致；没有明确处罚时间的，公开曝光时间原则上应不少于6个月。

第四十八条 注册供应商被列入“黑名单”后，如能及时整改、主动消除影响或损害，并表现突出的，经注册供应商申请并报作出处罚的财政部门同意，可以适当缩短公开曝光时间，但最少不短于处罚有效期的50%；在之后政府采购活动中无不良行为发生的，处罚到期后，其名单可以从黑名单库中撤销。不良行为记录自记录之日起3年内不得撤销。

第七章 附 则

第四十九条 本办法由省财政厅负责解释。之前如本省有关规定与本办法不一致，应以本办法为准；之后如遇国家有关规定调整，本办法规定与国家有关规定不符的，则按照国家有关规定执行。

第五十条 各地可结合当地实际制订相关的实施细则。

第五十一条 本办法自2010年7月1日起实施。省财政厅2001年1月1日发布的《浙江省政府采购供应商管理暂行办法》同时废止。

附件：1.《浙江省政府采购供应商库注册申请表》（略）

2.《浙江省政府采购注册供应商资格信息登记表》（略）

关于做好2010—2011年度协议供货项目全省联动采购有关事项的通知

浙财采监［2010］3号

各市财政局、集中采购机构（宁波不发），省政府采购中心：

根据《政府采购法》及《浙江省政府采购协议供货制实施办法》（浙财办字［2003］32号）规定，我省将从2010年开始对部分协议供货（含定点采购，下同）采购项目实行全省联动采购，即由省财政厅统一委托指定省级或有关市地集中采购机构对所委托的协议供货项目组织实施采购，省、市、县三级共享采购结果，并联合实施监管。现将2010—2011年度实行全省联动采购的有关协议供货采购项目统一委托给你们（具体委托的项目及组织实施机构等见附件），请你们按规定抓紧组织实施，并提以下意见，请一并执行：

一、本次全省联动采购的协议供货项目原则上要求在3月底之前完成招标或谈判采购及协议签订工作；项目实施时间为2010年5月1日—2011年4月30日。具体进度安排和时间要求另行通知。

二、各协议供货项目纳入协议供货范围的采购限额，根据省级和各市县实际情况分别设定。省级协议采购限额在各协议定点项目招标文件中明确，各市县协议采购限额由各地自行规定并执行。

三、各协议供货项目投标供应商的资格条件，由组织实施地区集中采购机构在认真调查并结合当前采购实际的基础上提出，报同级财政部门审查确定。

协议供货项目投标供应商及其各级供货商按如下流程确定：各投标供应商在参加协议供货项目投标前，应当根据《浙江省政府采购协议供货制实施办法（试行）》及招标文件的要求，确定其在省本级和各地的供货商，并要求各供货商与该投标供应商在参加投标前按照《浙江省政府采购供应商注册及诚信管理暂行办法》的规定，在“浙江政府采购网”上进行供应商注册登记，同时将已注册的各供货商名单书面汇总打印后作为投标文件必备要件列示。请实施地区及所属各县（区）集中采购机构和财政部门积极配合做好各投标供应商及其供货商的网上注册登记审查、公示和审核入库工作，具体注册审核要求在浙江政府采购网上另行公告。

协议供货项目采购结束后，由各级集中采购机构会同同级财政部门，在采购结束后的15个工作日内，按照属地原则，对入围的各中标供应商在本地的供货商进行最终审查确认。

四、各协议供货项目采购需求，由项目组织实施的集中采购机构结合各级用户需求及产品市场特点提出，经网上公开征求意见后确定。其中交换机、路由器、扫描仪、复印机、投影机、数码相机、数码摄像机、打印机等部分协议供货项目或部分标项，因目前国内市场供给现状和实际工作需要，经核准同意上述项目在本次协议采购中允许进口产品参与投标，但在评标时应按其投标报价（含配件）的6%～10%增加其“评标报价”，其余项目只接受中国境内生产的产品参与投标。

五、各协议供货项目的招标或谈判文件，由项目组织实施的集中采购机构根据采购需求，科学、合理地编制，经同级财政部门审查确认，并报省财政厅和省政府采购中心备案后公开发售。

六、各协议供货项目的投标保证金和中标供应商的履约保证金，由项目组织实施的集中采购机构统一管理；其供货商的履约保证金由所在地集中采购机构为主管理。

七、各协议供货项目的采购结果，由组织实施地区的财政部门审查确认，并报省财政厅、省政府采购中心备案后在“浙江政府采购网”进行公示。各协议供货项目的政府采购协议，由省政府采购中心统一组织，授权各项目组织实施的集中采购机构代表全省各级采购单位签订。协议未尽事宜，各地集中采购机构可与各中标供应商或其供货商另行约定。

八、各协议供货项目在组织采购过程中，如有供应商质疑或询问的，由组织实施地区集中采购机构商同级财政部门后进行答疑或解释。如发生供应商投诉的，由同级财政部门为主受理并处理。

九、协议供货供应商的日常管理，由省财政厅会同省政府采购中心为主负责，各地财政部门和集中采购机构应予以配合；协议供货项目在各地的供货商，由所在地财政部门会同集中采购机构管理。各协议供货项目的产品及价格信息发生调整、变更的，应由中标供应商（或原厂商）进行维护，省政府采购中心会同省财政厅为主进行审查，各地共同予以监督。如同类同型号协议供货产品市场价格下调但协议供货供应商不按规定下调，或出现其他违法违规行为的，各地应及时向省财政厅或省政府采购中心报告，并配合进行查处。

本次协议供货项目的全省联动采购，时间紧、任务重、要求高，请各地抓紧做好前期有关准备工作，尤其是要对实际采购需求和产品市场进行充分调查，制定切实可行的采购方案和实施计划，按计划、有步骤地组织实施，并对该项目采购结果负责。在组织采购过程中如遇什么问题，请及时与省财政厅采购监管处和省政府采购中心联系并反映。

附件：2010—2011年度全省联动采购项目名称、实施机构及范围（略）

浙江省财政厅

二〇一〇年一月十二日

关于做好2009年全省政府采购信息统计工作的通知

浙财采监［2010］7号

各市、县（市、区）财政局，省政府采购中心：

根据《财政部关于做好2009—2010年全国政府采购信息统计工作的通知》（财库［2009］172号）要求，结合我省实际，现就2009年政府采购信息统计报表编报工作的相关事项通知如下：

一、2009年政府采购信息年报在原指标体系和统计系统上进行编报，内容与2008年相同（报表格式和编报说明见附件1、2）。

二、2009年政府采购信息统计管理系统分为网络版和单机版。网络版用户登录中国政府采购网首页“全国政府采购信息统计管理系统”（http：//report.ccgp.gov.cn/login.cfm）进行在线编报；单机版的用户应统一使用“政府采购信息统计管理系统单机版”（2008年版）。有条件的地方应当采用网络版报送。

目前仍使用2008版以前版本的单机版用户，可以在中国政府采购网“统计专栏”（http：//www.ccgp.gov.cn/tjzl/index.shtml）下载第四条“2008年政府采购信息统计管理系统单机版自动升级程序”，下载后解压运行软件将自动升级到最新版本；因文件损坏自动升级失败的老用户，请直接下载第三条“2008 年政府采购信息统计管理系统单机版”2008 版完整安装程序进行安装，并在安装前备份数据库，以便于恢复数据。

三、各市、县（市、区）2009 年度报表的编报范围为按照《政府采购法》确定并实施的政府集中采购项目、部门集中采购项目和分散采购项目。其中，政府集中采购项目由政府集中采购机构负责编报，部门集中采购项目由实施部门集中采购的部门负责编报，分散采购项目由采购单位负责编报。政府集中采购项目的执行情况，必须在统计分析报告中重点加以说明。省级单位纳入省政府采购中心进行集中采购的项目（包括协议供货和定点采购项目），由省政府采购中心统一汇总上报省财政厅。

四、在“全国政府采购信息统计管理系统”中已编报过前四季度报表的单位，可使用“统计报表录入”中的“由季报生成”功能直接生成 2009 年年报，审核通过后逐级汇总上报省财政厅。

五、各市财政局应对所辖各县（市、区）的政府采购信息逐级统计汇总和审核，于 2010 年 2 月 12 日前将统计报表、分析报告的电子版和书面文件（加盖公章）各 1 份报省财政厅。各市对所属各县（市、区）的报表报送时间等要求，由各市自行规定。

六、省财政厅将依据《浙江省政府采购信息统计考核办法》（浙政采办［2005］1 号）的规定，对各市、县（市、区）2009 年度政府采购信息统计编报工作（包括统计基础工作、报表报送情况、报表质量、分析报告质量等因素）进行考核评比，对先进单位给予通报表扬。

七、2010 年政府采购信息统计编报工作的内容和要求因变化较大，省财政厅将另行培训、布置。

八、在报表编报过程中，如遇编报口径等问题，请及时与省财政厅联系。如遇统计软件操作问题，请及时与北京九三三软件股份有限公司联系。

省财政厅联系人及电话：

冯华，0571-87055741；马瑞敏，0571-87056985

北京九三三软件股份有限公司联系电话：

010-58734800；　010-58734801

010-58734802；　010-58734803

15011211901；　13910715200

浙江省财政厅

二〇一〇年一月二十日

关于开展政府采购供应商网上注册登记和诚信管理工作的通知

浙财采监［2010］8 号

各市、县（市、区）财政局、集中采购机构，省政府采购中心：

为进一步加强政府采购供应商管理，规范供应商的政府采购行为，促进供应商诚信经营和公平竞争，根据省财政厅《关于印发〈浙江省政府采购供应商注册登记及诚信管理暂行办法〉的通知》精神，现决定在全省全面试行政府采购供应商网上注册登记和诚信管理工作，并就有关事项通知如下：

一、充分认识实施政府采购供应商网上注册登记工作的目的和意义

政府采购供应商网上注册登记和诚信管理工作，是贯彻落实省政府《关于进一步深化政府采购制度改革全面推进政府采购工作的意见》（浙政发［2006］27 号）的重要举措，对于进一步推进政府采购制度改革，加快建设全省统一开放、资源共享的供应商库及其商品服务库，促进政府采购市场诚信体系建设，建立和完善政府采购不良行为的全省联合惩戒制度等都具有十分重要的作用，同时对深化部门预算改革，进一步科学、准确、合理地编制政府采购预算，强化政府采购预算执行具有重要的现实意义。各级财政部门和集中采购机构要从全局和整体的高度，充分认识开展政府采购供应商网上注册登记和诚信管理的重要意义，增强责任感和紧迫感，扎实有效地推进政府采购供应商管理工作。

二、实施范围和时间

自本通知发布之日起，凡有意在浙江省行政区域范围参加政府采购活动的供应商，都可以按照自愿原则进行注册申请。但下列供应商应当在规定时间内进行注册登记：

1. 为配合做好 2010—2011 年度协议供货（包括定点采购）项目全省联动采购和第 23 届中国（浙江）医疗仪器设

备展销会期间的网上采购工作，请参加上述采购活动的供应商（包括各级协议定点供货商）于 2010 年 2 月底前完成注册登记手续。

2. 从 2010 年 7 月 1 日起，全省各地政府采购中标或成交供应商，以及参与网上政府采购活动的供应商，均应申请注册加入“浙江省政府采购供应商库”，并按规定开展供应商诚信考核和履约监督等长效管理。

3. 目前已在浙江政府采购网上登记的供应商，应使用供应商原用户名登录浙江政府采购网，重新更新维护供应商相关注册信息，并按规定在 2010 年 3 月底之前向有关审查机构办理网上注册申请手续。

三、受理审查机构和监督管理部门

1. 受理审查机构。政府采购供应商日常注册登记和诚信记录，由供应商工商注册所在地的集中采购机构（指政府采购中心、公共资源交易中心或招投标中心）受理并进行审查，其中，注册地为浙江省本级和浙江省外的，由省政府采购中心受理并审查。

2010 年 7 月 1 日之后，财政部门可视情况将审查机构逐步授权扩大到部分中介采购代理机构和自行组织采购活动较多的单位主管部门。届时，各地尚未注册的供应商在参加政府采购时，可向采购组织机构（即经授权的中介采购代理机构或单位主管部门）进行政府采购供应商注册申请，该采购组织机构应当予以受理审查；如该采购组织机构未经授权的，应当通知供应商向注册所在地集中采购机构办理网上注册申请手续。

2. 监督管理部门。按照属地管理的原则，省财政厅负责浙江省本级及外省进浙供应商的注册公示、审核入库、诚信管理等监督管理工作；各市、县（市、区）财政局负责本地区所辖注册供应商的监督管理工作。

因特殊原因个别市县集中采购机构和财政部门尚未在浙江政府采购网上开设用户账号，或暂不具备网上注册管理条件的，其所辖区域内的政府采购供应商注册受理审查和监督管理工作，暂由上级集中采购机构和财政部门负责。

四、其他工作要求

1. 对政府采购供应商开展网上注册登记和诚信管理工作，是实现政府采购供应商管理精细化、规范化和科学化的有效手段，该项工作涉及面广、任务繁重、责任重大，全省各地财政部门和集中采购机构要统一思想，提高认识，切实加强组织领导，明确职责分工，确保工作的顺利实施。

2. 为使政府采购供应商注册登记和诚信管理等各项工作落到实处，各地财政部门和集中采购机构应当确定一名责任性强、熟悉政府采购业务并能熟练使用计算机的人员作为管理员，专职本地区政府采购供应商注册登记和诚信考核管理工作，统一注册审查标准，加强入库审核管理，并将相关人员名单（表式见附件）由市级财政部门汇总后，于 2010 年 2 月 12 日前以电子邮件形式上报省财政厅采购监管处（联系人：陈军训）。省财政厅将会同有关部门对各地政府采购供应商网上注册登记和诚信管理工作进行抽查，并将该项工作开展情况纳入各地财政部门和集中采购机构年度考核内容之一。

五、技术支持和服务

“浙江省政府采购供应商网上注册管理系统”是一个新的系统，在使用过程中有什么问题，请及时向我们反馈。如涉及系统操作和技术的，请与浙江政府采购网站客服中心联系（电话：0571-28978881、28819668）；涉及政策业务的，请与省财政厅采购监管处联系（电话：0571-87057615、87058489）。

附件：政府采购供应商网上注册管理相关人员名单（略）

浙江省财政厅

二〇一〇年一月二十九日

关于印发《2010 年全省政府采购监管和控购管理工作要点》的通知

浙财办发［2010］25 号

各市、县（市）财政局（宁波所属市县不发）：

现将 2010 年全省政府采购监管和控购管理工作要点印发给你们，请遵照执行。各地要结合当地具体情况，不断完善工作机制，创新管理思路，推动政府采购制度改革和控购管理工作取得新进展。

浙江省财政厅办公室

二〇一〇年三月五日

2010 年全省政府采购监管和控购管理工作要点

2010 年，全省政府采购监管和控购管理工作应以党的十七大、十七届三中、四中全会和省委十二届五次、六次全会精神为指导，深入贯彻落实科学发展观和《国务院办公厅关于进一步加强政府采购管理工作的意见》（国办发[2009]35 号），按照科学化、精细化的工作要求，围绕“规范、高效、服务、创新”四大目标，牢固树立“依法采购、廉政采购、科学采购、和谐采购”四大理念，以加强制度建设为重点，进一步规范政府采购和控购行为，以发挥财政支撑、保障和引导功能为出发点，切实发挥政府采购政策功能，稳步推进全省政府采购信息系统一体化建设，不断创新监管手段，强化服务意识，改进工作方法，努力开创政府采购和控购工作新局面。

一、加强制度建设，进一步完善政府采购制度体系

（一）根据《政府采购法》的精神，结合我省实际，全面启动《浙江省政府采购法实施办法》的调研和起草工作。

（二）制定政府采购专家管理办法、政府采购中介代理机构考核管理办法，加强对政府采购相关当事人的监督管理。

（三）结合政府采购信息化建设，研究制定政府采购网上交易管理办法、政府采购合同履约监督管理办法，进一步完善协议供货管理制度。

（四）加强与有关部门的协调，研究出台《省级政府投资工程项目实施政府采购管理暂行办法》。

（五）开展集中采购目录执行情况分析，完善浙江省政府采购目录分类标准，研究制订全省统一的政府集中采购目录。

二、强化政府采购政策功能，发挥政府采购对经济社会的支撑、保障和引导作用

（一）深入贯彻落实省政府办公厅《关于建立政府优先强制采购节能环保和自主创新产品制度的通知》（浙政办发［2008］29 号）精神，加大政府采购对节能环保和自主创新产品的支持力度，探索实施在协议定点采购中强制或优先采购列入国家节能环保产品政府采购清单的产品。

（二）结合我省实际，研究制定政府采购进口产品审核管理的相关配套制度，进一步贯彻落实“政府采购应当采购本国货物、服务和工程”的政策目标。

（三）探索研究政府采购扶持中小企业发展的政策和措施，并积极创造条件开展政府采购信用担保试点。

三、规范政府采购执行行为，推动政府采购工作自身发展方式的转变，着力提高政府采购监管水平

（一）强化服务和效率意识，在政府采购领域全面推行服务承诺制，实现效率和效益的统一。

（二）启动全省集中采购机构考核和评价工作，促使集中采购机构工作质量和服务水平的不断提高。

（三）进一步做好社会中介代理机构政府采购代理资格认定工作，加强对社会中介代理机构的监督管理，形成重大分散采购项目现场监督、重点抽查和专项检查相结合的工作机制。

（四）完善评审专家分类，充实评审专家数量，加快建设全省统一开放、资源共享的评审专家库，建立政府采购评审专家的考核评价、进入退出机制。

（五）改进和完善政府采购信息统计指标体系，做好政府采购信息基础数据采集工作，加强全省政府采购信息统计和分析。

四、大力推进全省政府采购信息系统一体化建设，加快建设全省统一的政府采购市场

（一）按全省政府采购信息系统推广实施方案，加快对市县推广进度，抓紧启动二期系统建设，建立全省政府采购协议供货交易平台，探索实施计算机、办公设备等通用类产品的全省联动集中采购和网上集中交易，并逐步推广到其他项目。

（二）进行政府采购信息管理系统（内网系统）的升级开发工作，推进政府采购信息管理系统与金财工程的一体化。

（三）全面开展政府采购供应商网上注册登记工作，建设全省统一的商品服务价格库和供应商诚信档案库，逐步建立和完善政府采购不良行为的全省联合惩戒制度和政府采购市场诚信体系。

五、强化工程建设领域政府采购监管和治理商业贿赂工作

（一）结合工程建设领域专项治理工作，理顺建设工程政府采购和招投标关系，完善体制机制，建立相互协调、配合得力的监督机制。加强对工程建设领域政府采购活动监管，扩大政府采购范围。

（二）继续做好政府采购领域治理商业贿赂工作。

六、继续开展加入 WTO《政府采购协议》谈判研究工作（略）

七、切实加强全省公务车辆控购管理工作

（一）根据中央及省委、省政府关于节约行政支出和反腐倡廉工作的要求，严格执行有关控购政策，做好公务用车的编制和标准管理工作，确保 2010 年全省公务车辆购置费用总额在 2006—2008 年三年平均压缩 15%基础上零增长。

（二）加快开发建设“全省公务车辆控购信息管理系统”，改进和完善控购审批行为；开展对省级参公管理事业单位的车辆定编管理工作，切实加强对公务车辆控购管理。

八、加强政府采购队伍建设，提高从业人员的政治素质和专业水平

（一）针对当前我省政府采购和控购管理中出现的新情况、新问题，深入开展调查研究，切实掌握市县政府采购和控购工作现状，增强制定政策的针对性、科学性和合理性，提高发现和解决实际问题的能力。

（二）建立政府采购从业人员的分类、分级培训和管理制度。结合政府采购信息化建设，加强对政府采购信息化专业人才的培训，培养一批懂技术、精业务的复合型人才，为全省政府采购信息化建设提供人才储备。

（三）提高政府采购队伍思想政治素质，认真抓好党风廉政建设和财税文化建设，树立服务意识，加强自身学习，以严格执行制度为抓手，以学习提高为手段，提高廉洁采购意识，做到警钟长鸣。

关于印发《浙江省2009年度政府集中采购机构考核方案》的通知

浙财采监［2010］11号

各市、县（市、区）财政局、各政府集中采购机构：

为总结全省各级政府集中采购工作经验，及时发现和查找实践中存在的不足和问题，并对各级集中采购机构进行客观的考核和评价，我们研究制定了《浙江省2009年度政府集中采购机构考核方案》，现印发给你们，请认真组织实施。

浙江省财政厅

二○一○年三月十日

浙江省2009年度政府集中采购机构考核方案

一、考核依据

《中华人民共和国政府采购法》、《集中采购机构监督考核管理办法》（财库［2003］120号）、《浙江省集中采购机构监督考核管理办法》（浙财采监［2010］1号）等。

二、考核对象

浙江省行政区域内的各级政府集中采购机构。

各地集中采购职能设在公共资源交易中心或招投标中心等机构的，以其作为考核对象。

三、考核内容

2009年度考核内容为政府采购相关的机构建设、制度建设、业务建设、队伍建设、社会评价等五项内容，其中前四项内容由考核部门派出的考核小组进行量化评分，最后一项由被考核单位同级监管部门及采购人、供应商、评审专家等各政府采购相关当事人评价打分。

四、考核分工及组织

省财政厅负责浙江省政府采购中心、11个设区市和义乌市集中采购机构的考核工作，以及对部分县级集中采购机构考核结果进行重点抽查复核。各设区市财政局按照交叉考核的原则，负责对指定地区（具体地区交叉方案详见附件4）的县级集中采购机构的考核工作，并将考核结果报送省财政厅。

省财政厅和设区市财政局应分别组建考核工作领导小组，统一领导集中采购机构的考核工作。考核工作领导小组可视情况设若干个考核小组，负责考核的各项具体工作并向领导小组出具考核意见。考核小组应当邀请监察、审计部门人员参加，也可以视情况邀请中介代理机构代表、集中采购机构行政主管部门代表、政府采购督察员等人员参加。

各市县财政部门应当配合省、市考核小组开展对同级集中采购机构的考核工作，并协助做好发布考核公告、收发有关表格等相关工作。

五、考核程序及时间安排

（一）动员部署阶段（2010年2月下旬至3月上旬）

省财政厅发布考核方案，部署考核工作，明确考核工作要点。

（二）单位自查阶段（2010年3月中旬至3月下旬）

各政府集中采购机构比照考核内容与评分标准进行逐项自查，收集整理考核材料、形成自查报告和《量化考核表》（附件1，电子版可在浙江政府采购网下载），并于2010年3月30日前报同级财政部门。

（三）现场考核阶段（2010年4月上旬至6月中旬）

1.地区之间交叉考核工作应于2010年5月20日前完成；省财政厅将于2010年6月20日前完成现场考核和抽查复核工作。

2．考核小组现场考核前，应在政府采购指定媒体和当地主流媒体上发布考核公告，广泛征集相关政府采购当事人对被考核机构的评价和意见，同时定向向被考核机构的同级财政部门、监察部门、审计部门以及5～10家采购单位、2～4家参与当年度被质疑投诉项目的供应商以及2～5名政府采购评审专家发送《浙江省集中采购机构考核评价表》（附件2），征求上述单位对被考核单位的评价和意见。定向征集考核评价意见的采购单位和供应商代表、评审专家代表名单由集中采购机构所在地的同级财政部门商考核小组后确定。《考核评价表》由同级财政部门负责发送，并应在考核小组到达之前收回。

3．各考核小组通过听取汇报、检查核对相关档案材料、统计分析监管部门和相关采购当事人的评价意见等方式对集中采购机构进行综合量化评分，并逐项填入《量化考核表》。其中考核小组检查项目数量一般控制在年度代理项目总数的5%以内，但县级不得少于8个，省市级不得少于12个，所检查项目类型应涵盖各种采购方式（未采用的除外）。

4．现场考核结束后，考核小组应根据考核结果填写《考核情况汇总表》（附件3），并结合采购单位、供应商、专家、监管部门的意见，起草考核报告，连同所有表格一起报送考核工作领导小组。

（四）反馈整改阶段（2010年6月下旬至8月上旬）

1．各设区市财政部门应于2010年6月30日前将考核结果反馈给被考核机构，并汇总上报省财政厅；对于考核不合格或问题较多的单位，应发出整改通知书。

2．省财政厅考核领导小组应对各省级考核小组评定的省市两级集中采购机构的考核结果（量化得分），及经复核的县级集中采购机构的考核结果按相关的折算系数进行修正（折算办法见评分标准），并对经修正后的考核结果按得分高低，分省市级和县级两个序列进行排名，考核结果及全省考核排名于2010年7月10日前在政府采购指定媒体上公布，并抄送其同级行政主管部门。

考核对象如有《浙江省集中采购机构监督考核管理办法》第二十六、二十七、二十九条规定的违法违规情形，或者有第二十八条规定的违法违规情形且情节严重的，应作为考核不合格，另行处理。

3．各集中采购机构于2010年8月10日前根据财政部门的建议或整改通知书进行整改，并将整改情况报负责考核的财政部门。

（五）总结表彰阶段（2010年8月中旬至9月下旬）

省财政厅于2010年9月30日以前，对本次全省集中采购机构考核情况进行总结，对考核得分前5名省市级集中采购机构、前25名县级集中采购机构进行通报表彰。

六、评分标准

（一）考核实行百分制。最终得分由考核小组量化考核分和被考核单位同级监管部门评价分、政府采购相关当事人评价分三部分组成：考核小组现场量化考核占80分；被考核单位同级财政部门和其他监督部门评价占10分，其中财政部门评价5分，其他监督部门评价5分；采购人、供应商、专家等政府采购相关当事人评价占10分。同类型多个评价单位评价的，取其平均分。

（二）为保证不同考核小组和市县之间考核标准的相对统一和考核结果的相对公平，各集中采购机构的量化考核得分按以下公式进行换算：

1．省市两级集中采购机构：量化考核得分＝初评分×小组差别折算系数。

2．县级集中采购机构：量化考核得分＝初评分×小组差别折算系数×复核差别折算系数。

上述公式中，初评分即各考核小组进行现场考核的得分；小组差别折算系数＝全省初评平均分÷本考核小组初评平均分，其中全省初评平均分按省市级、县级两个序列分别统计；复核差别折算系数＝本地区复核平均分÷本地区被复核单位初评平均分。

七、其他事项

考核工作中未尽事宜遵照政府采购法律法规和文件执行，有关法律法规和文件未明确的，由省财政厅考核工作领导小组解释或补充。

附件：1.浙江省政府集中采购机构量化考核表（略）
2.浙江省政府集中采购机构考核评价表（略）
3.浙江省政府集中采购机构考核情况汇总表（略）
4.浙江省县级政府集中采购机构考核地区交叉表（略）

安徽省

关于安徽省省级政府采购协议供货实行网上采购有关问题的通知

财购［2009］1450号

省直各部门、单位，省政府采购中心：

为适应政府采购电子化发展要求，进一步规范政府采购行为，提高政府采购工作效率，经研究决定，自2009年12月1日起对省直行政、事业单位和社会团体（以下统称省直单位）政府采购协议供货实行网上采购。现将有关事项通知如下：

一、协议供货范围的确定

省直单位使用财政性资金单项年批量采购80万元以下（不含80万元）协议供货范围的货物，一律实行协议供货；采购金额在80万元以上的，仍按原程序采购。

协议供货的范围。省级每次公开招标后，省政府采购中心将及时在“安徽省政府采购网”上公布协议供货的品目和相关信息，省直单位可随时上网查询。

二、协议供货供应商的确定

省政府采购中心根据省财政厅委托，组织协议供货供应商的公开招标活动，确定中标供应商并与其签订协议供货框架协议。框架协议应当明确在协议有效期内，协议供货中标产品的规格型号、基本配置标准、供货价格、优惠率、售后服务、提供的备品备件及价格等事项。供应商应保证同一品牌、型号的货物实际供货价格不高于其他任何非政府采购价格。

中标供应商应于框架协议签订后5个工作日内将中标产品及价格等信息上传至“安徽省政府采购协议供货系统”（以下简称协议供货系统）。上传信息经省政府采购中心审核后，在“安徽省政府采购网”公告。

三、协议供货采购方法

省直单位采购协议供货范围内的货物时，应根据采购预算向省财政厅申报协议供货采购计划，待采购计划审批后，按照采购任务书约定的采购项目，登录“协议供货系统”，在网上进行协议供货商品挑选，直接向协议供货供应商采购，并与其签订协议供货采购合同（电子合同）。合同履行后，由省直单位根据批复的政府采购计划，填写协议供货资金支付申请电子信息，经省财政厅政府采购处审核同意后进行资金支付。

网上显示的协议供货产品价格或优惠率是供应商承诺的协议供货最高限价或最低优惠幅度，省直单位可以在网上与协议供货供应商进行再次询价，以获得进一步优惠。

省直单位采购协议供货范围内货物，如因特殊情况需要向其他供应商采购，或中标货物不能满足需求的，应书面报经省财政厅批准后，由省政府采购中心代理采购。

四、协议供货相关要求

（一）省直单位采购协议供货范围内货物，应当执行协议供货规定，未经财政部门批准，不得向协议供货范围外的供应商采购，否则，不予支付采购资金，并按有关规定进行处理。

（二）省直单位不得将标准以上同一品种货物化整为零，分批进行采购。

（三）协议供货供应商不及时在网上维护中标产品价格变动等信息的，省政府采购中心应及时报告省财政厅，省财政厅将暂停直至取消其政府采购协议供货资格，并在“安徽省政府采购网”通报。

五、协议供货各方职责

（一）省财政厅依法履行对协议供货项目采购活动监督管理职责。主要包括：

1. 制定省级政府采购协议供货相关制度办法；

2. 确定省级政府采购协议供货项目的范围；

3. 审批省级协议供货项目的采购实施方案；

4. 制定省级政府采购协议供货合同文本并接受合同备案；

5. 公告省级政府采购协议供货有关信息；

6. 处理有关投诉事项；

7. 监督检查省级协议供货制度执行情况。

（二）省政府采购中心依法接受委托对协议供货项目组织实施集中采购。主要包括：

1. 制定协议供货的实施方案；

2. 组织协议供货供应商的招标投标工作，确定协议供货供应商并与其签订框架协议；

3. 协调协议供货日常工作（供应商及商品信息库的建立与维护、市场价格的调查、供应商履约情况跟踪、采购人反映情况的受理）；

4. 收集统计协议供货政府采购信息。

（三）省直单位应当严格执行协议供货制度。主要包括：

1. 认真执行协议供货的有关规定；

2. 维护协议供货供应商合法权益；

3. 对协议供货供应商合同履行及供货产品质量、售后服务等履约情况进行评价。

（四）协议供货中标供应商应当履行各项承诺。主要包括：

1. 与省政府采购中心签订协议供货框架协议，明确协议供货产品的规格型号、基本配置标准、供货价格、优惠率、售后服务、提供的备品备件及其价格等事项；

2. 登录协议供货系统，及时维护协议供货产品价格，确保协议供货产品信息的真实、准确，在线与采购人进行协议产品交易；

3. 在协议供货有效期内，按协议书及采购合同规定向采购人提供货物及有关服务；

4. 定期将“协议供货合同”报省政府采购中心备案，并反映产品实际采购情况；

5. 因市场变化等原因需调整价格的，应在生产厂商调整价格的两个工作日内在网上进行信息变更，并报告省政府采购中心。

六、监督检查

（一）省政府采购中心对协议供货供应商的履约情况进行定期检查，并将有关情况及时向省财政厅报告。

（二）省直单位、中标供应商发现协议供货执行中存在违规违约情形的，应及时以向省财政厅报告并保全相关证据。

（三）省财政厅将不定期组织开展协议供货制度及政府采购合同执行情况检查，对于未履行协议供货制度及合同条款的采购人或供应商，按《政府采购法》等法律法规进行处理。

（四）网上协议供货采购工作依法接受纪检、监察和审计部门的监督。

七、其他事项

（一）未纳入省级财政国库支付的部门、单位，仍按原程序进行协议供货采购。驻肥以外省直单位的协议供货采购工作，由其主管部门按本通知精神负责组织。

（二）“协议供货系统”具体使用方法，请登录“安徽省政府采购网”查阅相关操作手册。

安徽省财政厅

二〇〇九年十一月十一日

关于印发《安徽省政府采购供应商诚信档案管理办法》的通知

财购［2009］1540 号

各市、县财政局，省政府采购中心：

现将《安徽省政府采购供应商诚信档案管理办法》印发给你们，请遵照执行。

安徽省财政厅

二〇〇九年十一月二十三日

安徽省政府采购供应商诚信档案管理办法

第一章　总　则

第一条　为加强政府采购诚信体系建设，规范政府采购交易行为，促进政府采购供应商依法诚信经营和公平竞争，依据《中华人民共和国政府采购法》及相关法律法规规定，制定本办法。

第二条　各级财政部门负责对安徽省政府采购供应商诚信档案（以下简称诚信档案）进行监督管理。省财政厅委托省政府采购中心建立诚信档案，记录参与政府采购活动供应商诚信情况，并在安徽省政府采购网（www.ccgp－anhui.gov.cn）设立诚信档案专栏，公开披露供应商诚信情况。

市、县政府采购供应商诚信档案如何建立，由市、县财政部门确定，也可以比照省级做法。

第三条　参与本省政府采购活动的供应商，为诚信档案的记录对象。

第四条　供应商诚信档案的建立和管理应当做到公开透明、客观公正、科学规范。涉及国家秘密、商业秘密、个人隐私的诚信档案公开应按照国家有关法律法规规定办理。

第二章　供应商诚信行为

第五条　供应商参与政府采购活动，应当履行以下诚信义务：

（一）遵守政府采购法律法规和规章制度，维护政府采购市场秩序和公平竞争环境。

（二）依法诚信参与政府采购活动，自觉维护国家利益、社会公众利益和采购人合法权益。

（三）在政府采购活动中保守获取的国家秘密和商业秘密。

（四）依法履行政府采购合同和政府采购活动中的各项承诺，为采购人提供符合规定质量标准的货物、工程和服务，以及优良的售后服务。

（五）依法诚信进行质疑与投诉活动。

（六）依法接受政府采购监督管理部门的监督检查。

第三章　供应商不诚信行为

第六条　供应商在投标阶段有下列情形之一的，属不诚信行为：

（一）提供虚假材料谋取中标、成交的。

（二）开标后擅自撤回投标文件的。

（三）采取不正当手段诋毁、排挤其他供应商的。

（四）向采购人、采购代理机构及评标委员会成员行贿或者提供其他不正当利益的。

（五）与采购人、其他供应商或者采购代理机构恶意串通的。

第七条　供应商在中标、成交后有下列情形之一的，属不诚信行为：

（一）中标、成交后无正当理由不与采购人或采购代理机构签定合同的。

（二）将中标、成交项目转让给他人，或者在投标文件中未说明，且未经采购代理机构同意，将中标、成交项目分包给他人的。

（三）与采购人另行订立背离合同实质性内容的协议的。

（四）超过合同约定的供货（或服务）时间达30日以上的。

（五）提供假冒伪劣产品或走私物品的。

（六）提供的货物、工程和服务降低质量等次、以次充好、偷工减料的。

（七）不按合同约定提供售后服务，或售后服务行为恶劣的。

（八）恶意质疑、投诉的。

（九）拒绝政府采购监督管理部门的监督检查，或提供虚假材料的。

第四章　供应商诚信档案的建立

第八条　供应商诚信档案的建立实行“分级管理，资源共享”的原则，即谁建立，谁负责，资源全省共享。

第九条　诚信档案分为诚信供应商库和不良行为供应商库。诚信档案实行动态管理，于每年年底对诚信档案进行变更，但尚在行政处罚期内的供应商除外。

第十条　诚信供应商库的建立。每年年底，由省政府采购中心根据本年度供应商投标、签定合同、合同履约、售后服务等情况，评选出诚信供应商候选名单（控制在中标、成交供应商总数的10%以内）。省政府采购中心将诚信供应商候选名单广泛征求省级采购人意见，同时在“安徽省政府采购网”上公示七个工作日。省政府采购中心根据向采购人和社会公众征求意见结果，拟定诚信供应商名单报我厅确认后，录入诚信供应商库。

第十一条　不良行为供应商库的建立。省政府采购中心如发现供应商有本办法第六条、第七条中的不诚信行为，应及时将情况书面（含相关证据）报告省财政厅。采购人如发现供应商有不按合同履约等行为的，应及时向省政府采购中心书面（含相关证据）反映，省政府采购中心核实后再报省财政厅。

省财政厅对省政府采购中心报送的材料进行调查核实后，根据供应商的不诚信行为，依照法律法规的规定和程序给予列入不良行为记录名单、在一至三年内禁止参加政府采购活动、没收投标保证金、罚款等处罚。省政府采购中心应根据省财政厅下达的行政处罚决定书，及时将不诚信供应商录入不良行为供应商库。

第五章　供应商诚信档案的使用

第十二条　凡是诚信供应商库中的供应商参加政府采购活动的，在评标时，采用综合评分法的，可以给予其总分值1%～3%的加分；采用最低评标价法或性价比法的，可以给予其评标价或报价1%～3%的扣减。

第十三条　对不良行为供应商库中的供应商，凡是尚在禁止参加政府采购活动期内的，不得参加政府采购活动，否则，中标、成交结果无效。凡是有其他不良行为记录的供应商参加政府采购活动的，在评标时，采用综合评分法的，可以给予其总分值1%～3%的减分；采用最低评标价法或性价比法的，可以给予其评标价或报价1%～3%的加价。

第六章　附　则

第十四条　本办法由安徽省财政厅负责解释。

第十五条　本办法自2010年1月1日起施行。

关于印发《安徽省电子化政府采购管理应用系统数字证书使用管理暂行办法》的通知

财购［2009］1633 号

省直各部门、各有关单位，省政府采购中心：

为了保障电子化政府采购管理应用系统安全运行以及相关电子信息安全、保密和法律效力，规范我省电子化政府采购管理应用系统数字证书的使用与管理工作，我们特制定《安徽省电子化政府采购管理应用系统数字证书使用管理暂行办法》，现印发给你们，请遵照执行。

安徽省财政厅

二○○九年十二月二日

安徽省电子化政府采购管理应用系统数字证书使用管理暂行办法

第一章　总　则

第一条　为了规范我省电子化政府采购管理应用系统数字证书的使用与管理工作，有效鉴别参与网上招投标行为人的真实身份，确保相关电子信息的安全与保密，根据《中华人民共和国电子签名法》、《安徽省电子认证证书管理办法（试行）》和政府采购管理工作的相关法律法规，结合我省电子化政府采购管理应用系统的推广应用需要，制定本办法。

第二条　安徽省电子化政府采购管理应用系统数字证书使用范围：本省各级政府采购监督管理部门、采购人、集中采购机构和政府采购业务代理机构、评审专家以及参与本省政府采购活动的供应商。

第三条　数字证书和电子认证服务实行“一点办理、全省通用”制，即数字证书办理生效后，可在我省的省级与市、县（区）的电子化政府采购活动中使用。

第四条　安徽省电子化政府采购管理应用系统数字证书持有人，登录安徽省电子化政府采购管理应用系统后，应按照职责范围内的业务从事相关操作。

第二章　数字证书的颁发与申领

第五条　根据相关规定，安徽省电子化政府采购管理应用系统所使用的数字证书，由经过省级政府审查认定的专门机构颁发并提供电子认证；数字证书持有人应办理申领和年检手续。

第六条　安徽省电子化政府采购管理应用系统所使用的数字证书，实行分类颁发与申领管理。不同用户的颁发与申领方式如下：

1．财政部门工作人员因办理采购业务而使用的数字证书，由各级财政的政府采购监督管理部门组织统一申领颁发、统一续交服务费。

2．集中采购机构和政府采购业务代理机构工作人员因办理采购业务而使用的数字证书，由各机构自行缴费办理。申领表见附件 1。

3．财政预算单位（采购人）使用的数字证书由各级财政的政府采购监督管理部门统一组织办理申领颁发手续。但一年有效使用期期满后，各单位需自行办理续交服务费手续。申领表见附件 1。

4．评标专家使用的数字证书按照个人自愿申领原则办理。申领者须提交本人身份证复印件，到当地的政府采购监督管理部门免费办理申领手续，年检手续也统一免费办理。

5．供应商（投标人）使用的数字证书按照自愿申领的原则，按循序渐进的方式办理，请供应商凭相关法人登记证件申领数字证书，申领程序见附件 2。

第三章　数字证书服务商

第七条　经过资质审查和竞价谈判，我省的 2 家数字证书服务商同时入选成为安徽省电子化政府采购管理信息系统的数字证书服务商。

1．安徽省电子商务技术中心面向财政用户、集中采购机构和政府采购代理机构、采购人和评标专家提供数字证书制作与电子认证服务。

2．安徽省电子认证管理中心有限责任公司面向供应商提供数字证书制作与电子认证服务。

第八条　服务商承诺在省物价部门核定的服务费标准基础上，以优惠价为电子化政府采购管理应用系统用户提供数字证书制作与电子认证服务。

第四章　数字证书的更换与注销

第九条　数字证书在使用过程中发生损坏，由证书持有者自行联系服务商办理更换手续。

第十条　因单位撤并、人员调动而不再使用的数字证书，应向服务商提请注销，证书注销后不可再使用。

第十一条　数字证书为年审交费管理，凡超过一年使用期且未按照服务商提示及时办理服务费续交手续的，数字证书将自动被吊销。

第五章　附　则

第十二条　数字证书应妥善保管，注意防范因数字证书丢失、用户密码泄漏，而导致的工作贻误或财产损失。

第十三条　与电子化招投标文件有效性相关的电子印章的应用，将根据工作需要适时启用，具体办法另行通知。

第十四条　本办法所涉及的安徽省电子化政府采购管理应用系统的登录网址为 http://www.ccgp－anhui.gov.cn

第十五条　本办法自 2010 年元月 1 日起施行。本办法所称的数字证书与电子认证系统也将同时启用。

附件：1. 安徽省电子商务技术中心数字证书办理须知

2. 安徽省电子认证管理中心数字证书办理须知

附件 1：

安徽省电子商务技术中心数字证书办理须知

安徽省电子商务技术中心是国家电子政务外网数字证书中心的安徽分中心，根据相关规定，数字证书办理应遵循下列流程。

一、证书申请

1. 单位用户首张证书办理

为简化办理手续，财政预算单位的首张数字证书由省财政厅统一组织办理，各单位（垂直管理单位由主管部门统一办理）应指派专人提前准备、携带下列材料于 2009 年 12 月 25 日前到省财政厅 409 室办理证书领取手续。

（1）填写并加盖公章的《国家电子政务外网数字证书中心机构数字证书登记表》（表格可从安徽省政府采购网下载）；

（2）单位组织机构代码证（副本）原件及复印件；

（3）单位介绍信或经办人身份证原件及复印件。

2. 单位用户新增证书办理

由各单位经办人携带前述证明材料到我中心办理。相关材料审验合格且交费后，开始证书制作，并在五个工作日内通知经办人领取证书。经办人领取证书时，应携带本人身份证。

二、证书挂失、更新与失效

证书有效使用期以年为单位，一般为 1 到 3 年，具体时间在交费时约定。超过有效使用期、且未按照我中心提醒办理续交服务费手续的，证书将自动失效。

因丢失、损毁或单位撤并而需要挂失、补办、更新证书时，可持书面申请并携带前述证明材料联系办理。

三、证书收费标准

1. 证书制作费为每个 150 元（含证书介质费和第一年的认证服务费）。

2. 证书服务费为每个 80 元/年。

四、联系方式

单位名称：安徽省电子商务技术中心

联系电话：0551－2602307

邮编：230001

地址：合肥市红星路 92 号、省经济信息中心北楼 4 层

五、附表

1. 国家电子政务外网数字证书中心机构数字证书登记表（略）

2. 个人数字证书挂失更新登记表（略）

附件 2：

安徽省电子认证管理中心数字证书办理须知

安徽省电子认证管理中心是安徽省电子化政府采购管理信息系统使用的数字证书服务单位，面向供应商（投标人）提供数字证书电子认证服务。按照相关规定，供应商只有在注册成为“安徽省电子化政府采购系统供应商库”会员后，才能申领数字证书。

一、注册为供应商库会员

1. 访问安徽政府采购网（http://www.ccgp－anhui.gov.cn）的“供应商注册”栏目，填写、提交“安徽省电子

化政府采购系统供应商库”会员注册信息，同时要下载填写和打印一份会员注册申请表，加盖申请单位公章。

2．携带会员注册申请表和营业执照原件与复印件，到省政府采购中心办理会员资格审查手续。（省财政厅综合楼505室）

3．审查合格的，将在《安徽省电子化政府采购系统供应商会员注册申请表》上加盖省政府采购中心的供应商会员审查合格章。

二、证书申请

1．经办人应提前准备并携带下列证明材料到我中心的证书办理点：

（1）从安徽省电子认证管理中心网站（http://www.aheca.cn）下载证书申请表（三联表），填写并加盖申请单位公章。

（2）经省政府采购中心签字盖章的《安徽省电子化政府采购系统供应商会员注册申请表》。

（3）申请单位营业执照原件与复印件（一份）。

（4）单位介绍信或经办人身份证原件及复印件（一份）。

2．证书申请材料齐全合格的，在办理费缴纳后的五个工作日内，可以领到制作好的数字证书。

3．第一批次办理数字证书的为省级协议供货供应商，时间为12月14日至15日，请有关供应商凭企业法人营业执照（原件）、法定代表人授权书等证件申领数字证书；其他供应商在2010年上半年，根据网站通知时间和程序进行办理。

三、证书续费、挂失、更新与失效

证书有效使用期以年为单位，通常为1到3年，具体时间由交费额确定。超过有效使用期、且未按照我中心提醒办理续交服务费手续的，证书将自动失效。

因证书丢失、损毁或企业撤并而需要挂失、更新或注销数字证书时，可持书面申请和前述证明材料联系办理。

四、证书收费标准

1．证书制作费为每个180元（含证书介质和第一年的认证服务费）。

2．证书年维护费为每个100元/年（含时间戳服务）。

3．其他费用为：挂失费10元/次

变更手续费10元/次。

注：证书介质免费保修一年，在保修期内，非人为原因的损坏可以免费更换。保修期外的介质损坏，需交纳介质费用。

五、联系方式

单位名称：安徽省电子认证管理中心有限责任公司

联系电话：0551－3497666

邮编：230001

地址：合肥市太湖东路99号

六、附表

附表：电子证书申请表（略）

关于印发《安徽省电子化政府采购管理暂行办法》的通知

财购［2009］1951号

省直各部门、单位，各市、县财政局，省政府采购中心：

为推进和规范我省电子化政府采购工作，提高各级、各部门政府采购工作效率，根据《中华人民共和国政府采购法》等相关法律法规，制定《安徽省电子化政府采购管理暂行办法》。现印发给你们，请遵照执行。

安徽省财政厅

二〇〇九年十二月二十六日

安徽省电子化政府采购管理暂行办法

第一章　总　则

第一条　为推进我省电子化政府采购工作，进一步规范政府采购行为，提高政府采购效率，根据《中华人民共和国政府采购法》和财政部《政府采购货物和服务招标投标管理办法》等法律法规，制定本办法。

第二条　属于安徽省集中采购目录范围内的政府采购项目，应执行本办法。

第三条　本办法所称电子化政府采购，是指通过基于国际互联网和安徽省电子化政府采购管理应用系统（以下简称电子化政府采购系统）进行的政府采购管理及实务活动。包括网上申报采购计划，网上下达采购任务，网上提交采购需求，网上组织招标、竞争性谈判、询价、单一来源采购、协议采购、定点采购，网上签订采购合同，网上办理合同款项支付等。

第四条　电子化政府采购按照“先易后难、积极稳妥、分步实施”的原则，最终实现政府采购的全程无纸化。

第二章　政府采购资源库的建立与管理

第五条　政府采购资源库包括政府采购监督管理机构库、采购人库、集中采购机构库、政府采购代理机构库、供应商库、专家库、项目库和商品库。

第六条　采购人、集中采购机构、政府采购代理机构、供应商、专家、政府采购监督管理机构使用电子化政府采购系统，应当按照《安徽省电子化政府采购管理应用系统数字证书使用管理暂行办法》（财购［2009］1633 号）的规定取得和使用数字证书。

第七条　政府采购监督管理部门负责采购人库、集中采购机构库、专家库、政府采购代理机构库的管理与维护，并授权集中采购机构负责对供应商库、商品库、项目库的管理与维护。

第八条　供应商的中标（成交）产品进入政府采购商品库。

政府采购商品库由各集中采购机构、政府采购代理机构分别建立，全省共用。

第九条　项目库由集中采购机构、政府采购代理机构分别建立、管理和使用，接受同级政府采购监督管理部门的监督和检查。

第十条　供应商、专家应及时对其注册的信息进行维护，确保信息的真实、及时、准确。如因信息不真实、不及时、不准确，导致其不能正常参与政府采购活动，后果自负。

第三章　电子化政府采购操作程序

第十一条　各级、各部门电子化政府采购活动，其操作程序应符合国家的法律法规。

第十二条　采购人运用电子化政府采购系统的具体操作程序由各级政府采购监督管理部门负责另行制定。

第十三条　采购人在向集中采购机构、政府采购代理机构提交采购详细需求时，须按采购人客户端“采购需求”的编制要求进行编写。

集中采购机构、政府采购代理机构对采购人提交的采购需求负有审查的责任，对不符合国家法律、法规和本办法规定的采购需求，退回采购人并要求其按要求重新编制。

第十四条　集中采购机构、政府采购代理机构在制订采购工作计划时，要审查该项目是否适合网上递交投标文件（采购响应文件）和电子评审。

对实行网上递交投标文件（采购响应文件、报价函）和电子评审的项目，集中采购机构、政府采购代理机构应在采购公告和采购文件中做出明确的规定。

对不适合网上递交投标文件（采购响应文件、报价函）和电子评审的项目，也应保证该项目系统数据的真实、完整。

第十五条　集中采购机构、政府采购代理机构对实行网上递交投标文件（采购响应文件、报价函）和电子评审的项目，应严格按照系统的操作规程进行操作，确保整个过程公正、规范。

第十六条　集中采购机构、政府采购代理机构应采取措施，方便供应商在线参与政府采购活动，节约各当事人采购成本。

第十七条　集中采购机构、政府采购代理机构对原实行招标和竞争性谈判的，开标或谈判开始后需要改变采购方式的，应在线填报采购方式变更申请表，报财政部门审核后，按财政部门批准的采购方式进行。

第十八条　在项目评审中，供应商如有下列情况的，应中止对其提供的文件做进一步的评审：

（一）在电子文件中携带有病毒的；

（二）恶意递交电子文件，企图造成网络堵塞或瘫痪的；

（三）电子文件无法打开或不完整的；

（四）电子文件与纸质文件明显不符的；

（五）法律法规和采购文件规定的其他应予废标情形的。

第十九条　对进行网上协议供货采购的，采购人可直接在线下订单，提交供应商确认；也可邀请一个或多个有供货资格的供应商在线议价。

采购人还可以发起网上竞价，以获取更优惠的供货价。

第二十条 网上竞价按“价格＋时间”的方式确定成交供应商，当出现两个以上相同最低价格时，按投标时间先后顺序定标，先报价的为成交供应商。

第二十一条 集中采购机构、政府采购代理机构组织签订的合同，应有电子合同。

第二十二条 供应商对政府采购活动的质疑与投诉，仍按原来方式在网下进行。

第二十三条 集中采购机构、政府采购代理机构应将质疑处理情况记入本系统。

第四章 监督管理

第二十四条 各级集中采购机构、政府采购代理机构应当建立健全电子化政府采购管理制度，确保政府采购各流程间的相互制约和有效控制。

第二十五条 各级政府采购监督管理部门应加强对采购人、专家、集中采购机构、政府采购代理机构相关工作人员的电子化去采购机构业务知识的培训工作。各级集中采购机构、政府采购代理机构应当加强对其工作人员的培训，不断提高全体人员的电子化政府采购专业技能。

第二十六条 采购人应指定专门的部门和人员从事电子化政府采购工作，不断提高其政府采购专业知识水平和电子化政府采购技能，配合本级集中采购机构、政府采购代理机构开展电子化政府采购。

第二十七条 评审专家在线评审音、视频资料，应记录保存。重大项目，应有政府采购监督员、纪检部门等现场监督。

第二十八条 各级财政部门应当加强对电子化政府采购活动的监督检查。监督检查的主要内容是：

（一）各集中采购机构、政府采购代理机构使用本系统的深度和广度情况；

（二）本办法在电子化政府采购中的执行情况；

（三）电子化政府采购中出现的新情况、新问题；

（四）电子化政府采购中的违纪违规情况。

第二十九条 按照本规定实行的电子化政府采购，其全过程应当接受财政部门、监察部门、审计部门、新闻媒体及社会各界监督。

第五章 罚 则

第三十条 参与电子化政府采购的有关单位和人员，在电子化政府采购过程中，徇私舞弊、玩忽职守的，由主管机关依法给予行政处分；构成犯罪的，依法追究刑事责任。

第三十一条 评审专家在电子化评审中，不严格遵守评审纪律，情节较轻、尚未造成危害的，集中采购机构、政府采购代理机构要及时制止，责令其改正；情节严重、造成危害的，集中采购机构、政府采购代理机构除要及时中止该评审专家的评审，并及时报同级政府采购监管部门。

第三十二条 供应商提供虚假材料，骗取政府采购网上会员资格参加政府采购活动的，集中采购机构、政府采购代理机构不予退还其交纳的投标保证金，并报同级财政部门依法对其进行处罚。

第三十三条 供应商有第二十五条中（一）、（二）情形之一的，集中采购机构、政府采购代理机构应及时报告同级财政部门。财政部门经调查核实，属供应商恶意所为的，将其列入不诚信供应商名单。

第六章 意外情况的处理

第三十四条 由于不可抗力及下列情形导致电子化政府采购系统无法正常运行或无法保证采购过程的公平、公正和信息安全时，当事各方免责：

（一）网络服务器故障而无法正常访问网站或使用电子化政府采购系统的；

（二）电子化政府采购系统的软件或网络数据库出现错误，不能进行正常操作的；

（三）电子化政府采购系统被发现有安全漏洞，存在泄密危险的；

（四）计算机病毒发作导致系统无法正常运行的；

（五）其他无法保证采购过程公平、公正和信息安全的意外情形。

第三十五条 出现第三十四条意外情况且不能及时解决的，经政府采购监督管理部门批准，由集中采购机构、政府采购代理机构采取以下处理办法：

（一）宣布项目暂停，并以书面方式通知供应商，待电子化采购系统或采购网故障排除并经过可靠测试后，再恢复电子化采购系统运行并重新在系统中实施暂停的采购项目；

（二）宣布停止该项目在电子化采购系统上的运行程序，并以书面方式通知供应商转入线下操作。

第七章 附 则

第三十六条 本办法由安徽省财政厅负责解释。

第三十七条 本办法从2010年1月1日起施行。

关于进一步明确省级电子化政府采购工作规程的通知

财购［2009］2033号

省直各部门、单位：

2010年1月1日，安徽省电子化政府采购管理应用系统将正式上线运行，为有利于省级各部门、单位有序、高效地应用该系统，切实提高政府采购工作效率，现将系统应用有关事项通知如下：

一、安徽省电子化政府采购管理应用系统，是基于财政一体化管理信息系统（http://172.17.31.91，以下简称内网）和安徽省政府采购网（http://www.ccgp—anhui.gov.cn，以下简称外网）构建的电子化政府采购执行平台，通过内、外网数据交换，实现政府采购全过程电子化运作。

二、省直各部门、单位登录内网“政府采购管理”模块，进行采购计划申报、审核。

（一）政府采购计划申报。采购人申报采购计划时，应区分不同执行机构分开填报。属于协议供货的，应作出标记。

采购资金来源属于国库集中支付的资金，必须选择相关预算指标申报；属于财政相关处室专户管理的资金，选择“增加财政专户资金”申报；属于财政预算外资金专户管理的资金，选择“增加财政预算外专户资金”申报；属于单位账户管理的资金，选择“增加其他资金”申报。

采购需求信息填报要准确。采购品目及数量一经批准，将传至外网执行，不再允许调整。确需调整的，需申请退回，重新申报采购计划。

在采购项目实施时，如采购资金不足，采购人可申请追加采购资金，但在申报时要与原来的采购项目相关联。

采购合同履行中，采购人如需追加采购与合同标的相同的货物、工程、服务时，在不超过原合同金额10%范围内可与供应商续签补充合同。但采购人应先行补报采购计划，并与原来的采购项目及合同相关联。

（二）政府采购计划审核。政府采购计划由主管部门、财政归口处、政府采购处、国库处逐级审核。

主管部门如要参与下级单位某个项目采购活动时，应在主管部门审核的相应栏目作出标记，同时填列主管部门联系人姓名及电话，系统将在采购项目实施活动中通知主管部门参与。

政府采购计划批复后，系统将自动反馈采购人，同时传递至外网。采购人应根据批复内容，按政府采购相关规定实施。

三、省直各部门、单位登录外网，落实政府采购项目实施。

（一）协议供货采购项目。采购人登录外网“协议供货系统”，根据批复的“安徽省省级政府采购协议供货通知书”，网上进行协议供货商品采购，网上签订协议供货合同，同时打印协议供货政府采购纸质合同，经签字盖章后，七日内报送省财政厅政府采购处备案。验收结束后，采购人还应上传验收报告及发票等相关信息。

（二）省政府采购中心（或省教育技术装备中心）组织采购的项目。采购人登录外网“项目采购系统”，根据批复的“安徽省省级政府采购项目任务书”，网上提交详细需求，网上进行招标等采购活动，网上签订政府采购电子合同，同时打印政府采购纸质合同，经签字盖章后，七日内报送省财政厅政府采购处备案。验收结束后，采购人还应上传验收报告及发票等相关信息。

（三）如外网无法正常运行且经批准在网下进行采购活动的，采购人应配合省政府采购中心（或省教育技术装备中心）将采购活动的相关电子信息在网上补录，以保证采购项目电子信息的完整和采购资金能正常支付。协议供货项目，采购活动的相关电子信息由采购人负责补录。

四、特殊的政府采购项目，需要由中央集中采购、委托市、县采购中心采购，或单位自行采购的，在采购计划批复后，采购人网下落实采购项目的实施。合同签订后七日内，采购人应将政府采购合同报送省财政厅政府采购处备案。采购人还应将采购合同、验收报告及发票等相关信息在外网上传，以保证采购项目电子信息的完整和采购资金能正常支付。

五、省直各部门、单位登录内网“政府采购管理”模块，办理政府采购资金支付及结余指标退回手续。

（一）政府采购资金支付。政府采购项目完成后，采购人根据合同约定网上提交政府采购资金支付申请，经省财政厅审核批准后，办理相关资金支付手续。

属于国库支付中心直接支付的，网上打印“财政直接支付申请书”递交国库支付中心办理支付；属于财政预算外资金支付的，网下填报“财政预算外资金用款计划”报财政归口处并在网上作出标记；属于其他资金自行支付的，采购人网下办理资金支付手续，并在网上作出标记。

（二）政府采购结余资金处理。政府采购项目所签订的全部合同资金支付完成后，财政国库资金结余部分，系统将自动退回，还原为政府采购指标。如采购项目还未办结，采购人急需使用结余资金的，也可在政府采购合同签订后，主动填写结余资金退回信息，经省财政厅审核同意后，退回采购结余指标。合同金额在执行中如有变动或按竣工决算报告付款的工程项目，需待实际支付款项核定之后才能办理。

六、省直各部门、单位要高度重视，抓好本级及所属单位电子化政府采购工作。要指定专门部门和人员负责这项工作，加强对CA数字证书的管理，保证电子信息与纸质资料的真实、完整、一致。进一步完善内部相关制度办法，理顺政府采购工作流程。

七、没有CA数字证书、无法登录系统的单位，需进行政府采购的，仍申报纸质政府采购计划，网下进行政府采购活动。

八、2010年1月1日前下达的政府采购项目，其政府采购活动仍按原程序网下进行。这些项目在办理资金支付时（包括协议供货项目），“财政直接支付申请书”均由省财政厅政府采购处负责办理，单位无须网上申报。

安徽省财政厅

二〇〇九年十二月三十一日

关于印发《安徽省政府投资工程项目政府采购管理暂行规定》的通知

财购［2010］396号

省直各部门、单位，各市、县财政局：

现将《安徽省政府投资工程项目政府采购管理暂行规定》印发给你们，请遵照执行。

安徽省财政厅

二〇一〇年四月二十日

安徽省政府投资工程项目政府采购管理暂行规定

第一条 为规范政府投资工程项目政府采购行为，加强工程项目财政资金管理，提高资金使用效益，根据《中华人民共和国政府采购法》、《中华人民共和国招标投标法》等法律法规，制定本规定。

第二条 我省各级国家机关、事业单位和团体组织（以下统称采购人）全部使用或部分使用财政性资金建设工程项目的，适用于本规定。

第三条 本规定所称财政性资金，包括财政预算资金和纳入财政管理的其他资金。

财政预算资金，是指预算内资金和预算外资金。

纳入财政管理的其他资金，是指以财政性资金作为还款来源的借贷资金，以事业单位和团体组织占有或使用的国有资产作担保的借贷资金。

第四条 本规定所称工程项目，是指使用财政性资金建设的各类工程项目以及与工程项目有关的货物和服务。

工程，是指建设建筑物和构筑物的工程，包括新建、改建、扩建、装修、拆除、修缮等。

与工程项目有关的货物，是指构成工程永久组成的部分，且为实现工程项目基本功能所不可或缺的设备和材料，包括电梯、空调、门窗、网络布线、楼梯扶手、灯具、钢筋、水泥等。

与工程项目有关的服务，是指为完成工程项目所必须的勘查、设计、监理等。

第五条 工程项目进行招标投标的，适用招标投标法，但与工程项目有关的货物和服务，以及招标投标法没有规定的，应当适用政府采购法。

工程项目不进行招标投标的，应当全部适用政府采购法。

第六条 工程项目适用政府采购法的，应当按照下列程序进行：

（一）采购人使用财政性资金建设工程项目的，应当在部门综合预算中编制政府采购预算。

（二）采购人应当在准备建设工程项目前，向同级政府采购监督管理部门编报政府采购计划，经政府采购监督管理部门批准后，才可启动工程项目的建设工作。

（三）工程项目的采购执行工作。工程项目招标投标的，其土建部分的招标投标工作按照招标投标法执行，即建设单位有招标能力的，可以自行组织招标投标工作，建设单位没有招标能力的，应当委托经财政部门认定资格的采购代理机构组织招标投标工作。进行招标投标工程项目中的货物和服务项目，以及不进行招标投标的工程项目，应当委托集中采购机构执行，但与土建总包的水泥、钢筋等材料和设备除外。

（四）工程项目的招标、中标等有关信息公告，除了在有关部门指定的媒体上发布以外，还必须在财政部门指定的媒体上发布。

（五）工程项目通过采购执行确定中标、成交人后，应当在规定的时间内签订政府采购合同。政府采购合同自签订之日起七个工作日内，采购人应当将合同副本报同级政府采购监督管理部门备案。

（六）工程项目的资金支付。采购人按照合同约定拨款时，应当首先自行支付自筹资金，需要支付财政预算资金时，要向财政部门报送用款计划，以及监理单位的工程进度证明、设备和材料的验收证明、中标、成交人的发票复印件，工程项目竣工时，还需提供工程项目的竣工决算报告、审计报告。经财政部门审核无误后，预算内资金通过国库集中支付直接拨给中标、成交人，预算外资金，由财政部门从财政预算外资金专户中直接拨给中标、成交人。

第七条　工程项目应当严格按照批准的政府采购预算执行，因特殊情况确需突破原批准预算的，采购人必须按规定程序报批并落实资金后，再开展采购执行工作。

第八条　工程项目执行完毕后，采购执行单位应当向同级财政部门报送政府采购信息统计报表，具体按我厅《转发财政部关于做好2009—2010年全国政府采购信息统计工作的通知》（财购［2010］45号）执行。

第九条　本暂行规定由财政厅负责解释。

第十条　本暂行规定自发布之日起施行，我厅原制定的《关于印发<安徽省工程项目实行政府采购制度暂行规定>的通知》（财购［2003］475号）同时废止。

福建省

关于印发《福建省省级政府采购项目公开招标评标方法一览表》的通知

闽财购［2009］4号

省直各单位：

根据省政府采购工作领导小组成员会议精神，为规范省级政府采购项目公开招标评标方法，切实落实政府采购法规定的“政府采购活动应当符合采购价格低于市场平均价格，采购效率更高”的要求，省财政厅制定了《福建省省级政府采购项目公开招标评标方法一览表》，已经省人民政府审定，现印发给你们，请遵照执行，并就有关事项通知如下：

一、政府采购法规定公开招标应作为政府采购的主要采购方式。公开招标的评标方法分为最低评标价法、综合评分法和性价比法。根据省级政府集中采购目录各品目的特点，除部分品目公开招标时由采购人根据实际情况可选择最低评标价法或综合评分法或性价比法外，其余品目公开招标时全部采用最低评标价法。

二、采用最低评标价法时，采购人可根据实际情况合理设置采购要求，但不得规定含有倾向或者排斥、限制潜在供应商的内容，并且招标中所提交有效投标文件的供应商不得少于三个。经专家评审，在全部满足招标文件实质性要求前提下，依据统一的价格要素评定最低报价，以提出最低报价的投标人作为中标候选供应商或者中标供应商。

三、采购人要加强验收和付款环节的把关，防止供应商以次充好、以假充真、价格不实、售后服务不到位等违规行为。大型或者复杂的项目，应当邀请国家认可的质量检测机构参加验收工作。验收方成员应当在验收书上签字，并承担相应的责任。

本通知自二〇〇九年二月一日起执行。

福建省财政厅

二〇〇九年一月十五日

关于办理延续政府采购乙级代理机构资格有关问题的通知

闽财购［2009］10 号

各政府采购乙级代理机构：

根据《政府采购法》和《政府采购代理机构资格认定办法》（财政部令第 31 号）有关规定，财政部门将对到期的政府采购乙级代理机构资格办理延续手续，现将有关事项通知如下：

一、凡是依法取得政府采购乙级代理机构资格的单位，需要延续依法取得的政府采购代理机构资格有效期的，应当在《政府采购代理机构资格证书》载明的有效期届满 60 日前，向省财政厅提出申请。

二、政府采购乙级代理机构提出资格延续申请时，须提供下列书面材料：

（一）资格延续申请书，载明需要延续资格的原因。

（二）原乙级代理机构资格证书正、副本原件及复印件。

（三）职工人员中高级职称所占比例，以及符合规定条件的技术方面专职人员的学历，高级职称证书原件及复印件。

（四）近三年代理政府采购业绩情况（注明委托代理协议和中标通知书编号）。

（五）营业执照原件和复印件。

（六）近三年依法缴纳税收和社会保障资金的证明。

（七）近三年接受投诉及行政处理、处罚情况的说明。

（八）经会计师事务所审计的近三年的财务报告。

三、申请延续时，如果单位法人代表、地址、注册资金、职工人员等情况与原申请内容发生变动的，乙级代理机构需按本公司最新情况进行申报，并提交相应的书面材料。

对福州市以外申请资格延续的乙级代理机构地址和固定营业场所发生变动的，由各设区市财政部门协助省财政厅审核。

凡代理机构名称发生变化的，须重新申请资格，不得办理延续。

四、政府采购乙级代理机构报送材料时，须按照以下流程办理：

申请人可以通过福建省省级网上行政审批系统的网上审批受理发布平台提交申请事项，也可以直接到省财政厅网上行政审批服务窗口提交申请事项（书面材料一式两份）。

五、省财政厅在收到政府采购乙级代理机构资格延续申请后，经审查确认申请材料齐全、符合法定形式和要求的，在代理机构资格有效期届满前，根据下列情况分别作出决定：

（一）申请人的申请符合规定条件的，将作出延续代理机构资格的决定，并重新颁发《政府采购代理机构资格证书》。

（二）申请人的申请不符合规定条件的，将作出不予延续代理机构资格的书面决定，并说明理由和告知申请人享有依法申请行政复议或者提起行政诉讼的权利。

六、政府采购乙级代理机构逾期不申请资格延续的，其《政府采购代理机构资格证书》自证书载明的有效期届满后自动失效；需要继续代理政府采购事宜的，应当重新申请政府采购乙级代理机构资格。

附件：1. 乙级政府采购代理机构资格延续申请书（略）

2. 乙级代理机构资格延续固定营业场所（变动）审核表（略）

福建省财政厅

二〇〇九年三月三日

关于政府采购促进我省产品市场开拓的实施意见

闽财购［2009］13号

省直各单位，各设区市财政局、经贸委：

为深入贯彻落实科学发展观，推进我省优势产业转型升级，切实提升我省企业及产品在政府采购市场的竞争力和应对金融危机的能力，保持我省经济平稳较快发展，服务海峡西岸两个先行区建设，根据省政府办公厅《关于支持工业产品开拓市场的若干意见》（闽政办［2008］197号）精神，经省人民政府研究同意，现就政府采购促进我省产品开拓市场，提出如下实施意见，请认真贯彻落实。

一、统一思想，提高认识

各级各部门要进一步统一思想认识，明确推进我省产品市场开拓对于为应对当前国际金融危机、保持我省经济平稳较快增长的重要意义，顾全大局、积极作为，充分发挥政府采购政策功能，认真落实政府采购促进我省产品开拓市场的政策措施。

各级财政、经贸部门要加强与监察、发展改革、建设、卫生等相关主管部门的协调合作，加大对大宗采购项目采用我省产品情况的督查力度，切实做好政府采购促进我省产品市场开拓工作。

二、部分采购项目可采用邀请招标采购方式

对《福建省省级政府集中采购目录》中的系统集成、信息技术、信息管理软件的开发设计、印制品、制服及相关用品、家具以及集中采购目录外的彩电、工程照明设备等品目，符合法定情形的，依法经设区市以上财政部门批准，采购单位可采用邀请招标方式采购。

招标采购单位（包括采购人及采购代理机构，下同）采用邀请招标采购方式采购以上品目时，应按照《政府采购法》、《政府采购货物和服务招标投标管理办法》的有关规定，在省级以上人民政府财政部门指定的政府采购信息媒体发布资格预审公告，公布投标人资格条件，资格预审公告的期限不得少于7个工作日。招标采购单位对符合相应资格条件的本省投标供应商，在同等条件下优先邀请，向其发出投标邀请书。受邀投标供应商参与投标阶段按照公开招标的程序和相关规定执行。

招标采购单位采购以上品目时，可委托经省级以上财政部门认定资格的政府采购代理机构，也可委托政府集中采购机构在委托的范围内代理采购。

三、完善政府采购供应商准入资格管理

各级财政部门、政府集中采购机构要进一步加强政府采购供应商库的管理，完善供应商库的入库管理和清出机制，强化对入库供应商的服务，引导入库的我省企业及时掌握采购项目信息。建立供应商诚信档案，对恶意低价中标、中标后以次充优、减少售后服务内容、延长响应时间的供应商记“不良记录”，并限制其在一定时期内进入我省政府采购市场。

四、持续扩大我省节能、环境标志、自主创新产品清单范围

在《福建省节能、环境标志、自主创新产品政府采购清单》（以下简称《清单》）的基础上，省级财政、经贸等相关部门将根据实际情况，建立和完善相关产品的认定标准、评审方法、公示制度和更新机制，加强对清单产品的动态管理，持续将符合认定标准的产品纳入清单并使之制度化、常态化、规范化。

各有关部门要配合做好相关产品的检验、认证和推荐工作，不断扩大我省节能、环境标志、自主创新产品清单的范围，鼓励更多本省企业产品积极参与相关部门的认定，争取纳入中央级或省级清单，以便在参与政府采购过程中享受同等优先待遇。同时，要督促进入《清单》范围的生产企业建立健全质量保证体系，认真落实国家有关产品质量、标准、检验等要求，确保产品性能和质量持续稳定。

五、改进跟单采购实施办法

扩大跟单采购实施范围。将福建省省级政府集中采购目录内的货物项目可实行低价跟单采购，扩大至省级政府集中采购目录内公开招标数额标准50万元（不含50万元）以下的货物和服务采购项目。

延长跟单采购可参照采购结果的时限。将跟单可参照的福建省政府采购网公布的30个日历日内相同产品的采购中标、成交结果，延长为6个月内的中标或成交结果，扩大跟单采购可参照范围，方便单位采购本省产品。

六、强化招标文件中优先采购的要求

招标采购单位在实施具体采购项目时要增加支持节能、环境标志、自主创新产品的评审因素，在招标文件中设定对《清单》内节能、环境标志、自主创新产品的优惠条款。通过对纳入《清单》的产品予以一定幅度的加分或价格扣除，实现同等优先采购。同时，在编制招标文件时，要充分考虑本省企业运输成本低、熟悉本地情况、服务响应时间短、沟通交流方便、应急处理能力强、可到现场监督检查等优势，合理设置评分要素及分值，充分发挥本省企业的地缘优势

福建省财政厅

福建省经济贸易委员会

二〇〇九年三月三十日

关于政府采购促进我省中小企业发展的实施意见

闽财购［2009］50号

各省直单位、各设区市财政局：

为了进一步贯彻落实国务院常务会议关于扶持中小企业的战略部署，加大对我省中小企业特别是高新技术企业的扶持力度，促进我省中小企业技术创新和产业升级，服务海峡西岸经济区建设。根据《中华人民共和国中小企业促进法》，结合我省实际，就政府采购促进我省中小企业发展，提出以下实施意见，请认真贯彻执行。

一、统一思想，提高认识

中小企业是推动经济增长、缓解就业压力、优化经济结构和增加地方财政收入的重要力量。促进中小企业发展，是保持国民经济平稳较快发展的重要基础，是关系民生和社会稳定的重大战略任务。各级各部门要进一步统一思想认识，明确扶持我省中小企业发展对于保持我省经济平稳较快增长的重要意义，认真落实政府采购促进我省中小企业发展的政策措施，帮助中小企业克服困难，支持中小企业进行技术创新和结构调整，转变发展方式，实现又好又快发展。

二、坚持同等优先的实施原则

各单位使用财政性资金的政府采购项目，应当按照公开、公平、同等优先的原则，购买我省中小企业（包括生产商、销售商）生产或销售的产品或服务。我省政府采购支持中小企业，其认定标准按照国家经贸委、国家计委、财政部、国家统计局《中小企业标准暂行规定》执行。

三、明确实施范围和方法

（一）实施范围

采购项目预算金额100万元（含）以下的政府采购项目（暂不包括电梯、车辆、医疗设备采购项目），在实行招标采购过程中，应当优先采购我省中小企业生产或销售的产品或服务。采用非招标方式（不包括网上竞价）采购的项目参照招标采购的优惠方法执行。

（二）实施方法

招标采购单位（包括采购单位和采购代理机构，下同）编制招标文件时应增加优先采购我省中小企业生产或销售的产品或服务的评审因素（包括加分及价格扣除幅度的具体条款），不得设置限制、歧视或排斥中小企业参与投标的不平等条款。

采用综合评分法时，对参与投标的我省中小企业产品或服务一次性分别给予价格评标项和商务评标项标准总分值4%的加分；若我省中小企业所投产品同时属于中央或省级节能、环境标志或自主创新产品中一项或多项的，还可根据《福建省财政厅关于福建省省级政府采购货物和服务项目招标文件编制指引和实施指引的补充通知（二）》（闽财购［2008］31号，以下简称《补充通知（二）》）的规定，按照获得认定的类型（中央、省出台的同类型加分因素不重复计算）可分别获得对应比例的加分。

采用最低评标价法时，对我省中小企业投标产品或服务一次性给予该产品或服务投标报价总金额3%的价格扣除；若我省中小企业所投产品同时为中央或省级节能、环境标志或者自主创新产品中一项或多项的，还可根据《补充通知（二）》的规定，另外获得相应比例的扣除。

投标供应商符合《中小企业标准暂行规定》中企业划型标准的，在投标文件中应提供福建省税务机关出具的参与投标时最近月份缴纳社会保险资金证明及相关申报明细表中显示的投标人企业所缴社保的职工总人数，或福建省社保机构出具的参保人员总人数作为判定是否属中小企业的依据。中小企业与非中小企业组成联合体参与投标的，不适用中小企业优先采购的优惠条款。

评标委员会成员应认真审查各投标人的投标文件，对所投产品为我省中小企业产品的，应根据招标文件设置的评审因素，给予加分或价格扣除。

四、加强指导和服务

招标采购单位依法进行政府采购活动的，应当及时在省级（含）以上政府采购监督管理部门指定的媒体上公布采购信息，为我省中小企业提供公平的参与机会。

各级财政部门应当会同中小企业工作部门加强市场开拓服务，指导我省中小企业参加政府采购项目投标等活动，为中小企业获得采购合同提供引导和服务，促进区域性中小企业产品市场的形成。

附件：国家经贸委、国家计委、财政部、国家统计局《中小企业标准暂行规定》（略）

福建省财政厅

二〇〇九年十月二十日

江西省

关于印发《江西省自主创新产品政府采购管理办法（试行）》的通知

赣财购［2009］21 号

各设区（市）财政局、科技局、发改委、经贸委：

为了认真贯彻落实《江西省人民政府关于实施〈江西省中长期科学和技术发展规划纲要（2006—2020 年）〉若干配套政策的通知》，实施促进自主创新的政府采购政策，根据《中华人民共和国政府采购法》、《财政部关于印发〈自主创新产品政府首购和订购管理办法〉的通知》和《财政部关于印发〈自主创新产品政府采购评审办法〉的通知》精神，制定了《江西省自主创新产品政府采购管理办法（试行）》，现印发给你们，请遵照执行。

附件：江西省自主创新产品政府采购管理办法（试行）

江西省财政厅

江西省科学技术厅

江西省发展和改革委员会

江西省工业和信息化委员会

二〇〇九年六月二十四日

附件：

江西省自主创新产品政府采购管理办法（试行）

为了认真贯彻落实《江西省人民政府关于实施〈江西省中长期科学和技术发展规划纲要（2006—2020 年）〉若干配套政策的通知》精神，充分发挥政府采购政策功能，鼓励、扶持自主创新产品的研究和应用，实施促进自主创新的政府采购政策，根据《中华人民共和国政府采购法》、《财政部关于印发〈自主创新产品政府首购和订购管理办法〉的通知》和《财政部关于印发〈自主创新产品政府采购评审办法〉的通知》精神，特制定本办法。

第一章 总 则

第一条 江西省国家机关、事业单位和团体组织（以下统称采购人）用财政性资金购买货物和服务的活动，适用本办法。

第二条 本办法所称自主创新产品是指纳入省科技厅、省发改委、省工信委和省财政厅公布的《江西省自主创新产品目录》（以下简称《目录》）的货物和服务。《目录》由省科技厅、省发改委、省财政厅、省工信委等有关部门研究制订。

自主创新产品的认定按照省科技厅、省发改委、省财政厅、省工信委等有关部门制定的《江西省自主创新产品认定管理办法》执行。

各设区市、各部门可以按照有关规定向省科技厅推荐自主创新产品和符合首购政策精神的产品。

第三条 采购人在政府采购活动中，应当首购和优先购买《目录》中的自主创新产品。

第四条 采购人在编制年度部门预算时，应当按照《目录》的范围编制自主创新产品政府采购预算，标明自主创新产品。

第五条 各级财政部门在部门预算审批过程中，在采购项目支出已确定的情况下，应当优先安排采购自主创新产品的预算。

第六条 采购人应当严格按照自主创新产品政府采购预算和计划进行采购。

第七条 采购人未按规定采购自主创新产品的，财政部门应拒绝支付有关项目采购资金。

第二章 首购管理

第八条 首购产品应当符合下列条件：

（一）属于省级认定的自主创新产品；

（二）符合国民经济发展要求，代表先进技术发展方向；

（三）首次投向市场，尚未具备市场竞争力，但具有较大的市场潜力，需要重点扶持；

（四）具有潜在生产能力并质量可靠；

（五）符合国家法律、行政法规和政策规定。

第九条 首购产品由省科技厅会同省发改委、省财政厅、省工信委等部门研究确定后纳入《江西省自主创新产品目录》予以公布，在有效期内实行首购。

第十条 采购人采购的产品属于首购产品类别的，采购人应当购买《目录》中列明的首购产品，将政府采购合同授予提供首购产品的供应商。

第三章 评审要求和评审标准

第十一条 采购人采购自主创新产品应当采用法律规定的采购方式，其中，达到公开招标数额标准的，应当采用公开招标方式采购。

第十二条 采购人采购达到公开招标数额标准以上的，经省级以上认定的自主创新技术含量高、技术规格和价格难以确定的服务项目采购，经设区的市财政部门批准，可以采用竞争性谈判和询价等采购方式。

第十三条 采购人采购的产品属于《目录》中品目的，招标采购机构必须在招标文件（含谈判文件、询价文件，下同）的资格要求、评审方法和标准中作出优先采购自主创新产品的具体规定，包括评审因素及其分值等。

招标文件不得要求或者标明特定的供应商或者产品，以及含有倾向性或者排斥潜在的自主创新产品供应商的其他内容。

第十四条 采购人采购的产品属于《目录》中品目的，招标采购机构应当合理设定供应商资格要求，在供应商规模、业绩、资格和资信等方面可适当降低对自主创新产品供应商的要求，不得排斥和限制自主创新产品供应商。

联合体参与投标时，联合体中一方为提供自主创新产品的投标供应商的，联合体视同自主创新产品供应商。

第十五条 自主创新产品供应商对政府采购活动事项有疑问的，或认为招标文件、采购过程和中标、成交结果使自己的权益受到损害的，可以按照政府采购法律法规规定向招标采购机构提出质疑。对质疑答复不满意或逾期不答复的，可以依法向同级财政部门投诉。

第十六条 采用最低评标价法评标的项目，对自主创新产品可以在评审时对其投标价格给予10%幅度的价格扣除。

第十七条 采用综合评分法评标的项目，对自主创新产品应当增加自主创新评审因素，并在评审时，在满足基本技术条件的前提下，对技术和价格项目按下列规则给予一定幅度的加分：

（一）在价格评标项中，可以对自主创新产品给予价格评标总分值的8%幅度的加分。

（二）在技术评标项中，可以对自主创新产品给予技术评标总分值的8%幅度的加分。

第十八条 采用性价比法评标的项目，对自主创新产品可增加自主创新评分因素和给予一定幅度的价格扣除。按照第一十八条所述原则，在技术评标项中增加自主创新产品评分因素；给予自主创新产品投标报价8%幅度的价格扣除。

第十九条 采用竞争性谈判、询价方式采购的，应当将对产品的自主创新要求作为谈判、询价的内容。在满足采购需求、质量和服务相等的情况下，自主创新产品报价不高于一般产品当次报价的最低报价10%的，应当确定自主创新产品供应商为成交供应商。

第二十条 招标采购机构应将自主创新产品的价格扣除比例、加分幅度和自主创新因素分值等在招标文件中予以公布。

第四章 监督检查

第二十一条 各级财政部门应当加强对自主创新产品政府采购活动的监督管理。

第二十二条 任何单位和个人对政府采购活动中的违法行为，有权控告和检举，有关部门应当依照各自职责及时处理。

第二十三条 招标采购单位有下列情形之一的，责令限期改正，并给予警告，对直接负责的主管人员和其他直接责任人员，由其行政主管部门或者有关机关给予处分，并予通报：

招标文件中未载明优先采购自主创新产品的具体规定的；

以不合理的要求限制或者排斥自主创新产品供应商参与政府采购的；

采购代理机构未按上述规定执行，视情节轻重，给予通报批评、暂停政府采购代理资格和取消代理资格的处罚。

第二十四条　采购代理机构在代理政府采购业务中有违法行为的，按照有关法律规定给予处罚，直至依法取消其进行相关业务的资格，构成犯罪的，依法追究刑事责任。

第二十五条　中标、成交供应商提供虚假材料冒充自主创新产品谋取政府采购合同的，中标、成交结果无效，并处以政府采购项目中标、成交金额千分之五以上千分之十以下罚款，列入不良行为记录名单，在一至三年内禁止参加政府采购活动，并予以公告，有违法所得的，并处没收违法所得，情节严重的，由工商行政管理部门吊销营业执照；构成犯罪的，依法追究刑事责任。

第五章　附　则

第二十六条　本办法自发布之日起执行。

第二十七条　本办法由省财政厅负责解释。

关于印发修订后的《江西省政府采购代理机构资格认定办法》的通知

赣财购［2009］29号

各设区市财政局：

为了规范江西省政府采购代理机构资格认定工作，加强政府采购代理机构资格管理，根据《中华人民共和国政府采购法》、《政府采购代理机构资格认定办法》（财政部令［第31号］）等法律法规，结合我省实际，对现行《江西省政府采购代理机构资格认定办法》进行了修订。现将修订后的《江西省政府采购代理机构资格认定办法》印发你们，请遵照执行。

江西省财政厅

二〇〇九年八月七日

江西省政府采购代理机构资格认定办法

第一章　总　则

第一条　为了规范江西省政府采购代理机构资格认定工作，加强政府采购代理机构资格管理，根据《中华人民共和国政府采购法》和《政府采购代理机构资格认定办法》（财政部令［第31号］）等有关规定，制定本办法。

第二条　隶属江西省行政区域内申请政府采购代理机构资格的认定适用本办法。

本办法所称政府采购代理机构，是指经省级以上财政部门认定资格的，依法接受采购人委托，从事政府采购货物、工程和服务的招标、竞争性谈判、询价等采购代理业务，以及政府采购咨询、培训等相关专业服务（以下统称代理政府采购事宜）的社会中介机构。

政府采购代理机构中由各级政府设立的集中采购机构（政府采购中心），不实行政府采购代理机构资格认定制度。

第三条　政府采购代理机构资格认定，应当遵循公开、公平、公正原则、便民原则和效率原则。

第四条　进入江西省行政区域内代理政府采购事宜的政府采购代理机构，必须依法取得省、自治区和直辖市以上财政部门认定的政府采购代理机构资格。

第五条　认定政府采购代理机构资格分为审批资格和确认资格两种方式。

审批资格适用于招标代理机构以外的机构申请政府采购代理机构资格，以及招标代理机构申请原招标代理业务范围以外的政府采购项目采购代理的资格。审批的政府采购代理机构资格分为甲级资格和乙级资格。

确认资格适用于招标代理机构申请确认其原招标代理业务范围以内的政府采购项目招标代理的资格。

本办法所称招标代理机构，是指经国务院有关部门或者江西省政府有关部门依照法律行政法规认定资格的从事工程建设项目等招标代理业务的机构。

第六条 招标代理机构经省级以上财政部门确认资格后，可以从事原招标代理业务范围以内的政府采购项目的招标代理事宜；也可以在依照本办法经省级以上财政部门审批资格后，从事原招标代理业务范围以外的政府采购项目的采购代理事宜。

招标代理机构以外的机构经省级以上财政部门审批资格后，可以从事招标代理机构业务范围以外的政府采购项目的采购代理事宜；也可以在依法取得招标代理机构资格后，从事招标代理机构业务范围以内的政府采购项目的招标代理事宜。

第七条 江西省财政厅负责本省行政区域内政府采购代理机构乙级资格认定管理工作。政府采购代理机构甲级资格认定工作由财政部负责认定，已申请甲级资格政府采购代理机构无须再向省级财政部门申请乙级资格政府采购代理机构。

江西省财政厅协助财政部负责对本省申请甲级资格的机构是否具有固定营业场所进行审核，并出具审核意见。

第八条 江西省财政厅向认定资格的乙级政府采购代理机构颁发《政府采购代理机构资格证书》。

《政府采购代理机构资格证书》应当载明政府采购代理机构名称、代理业务范围、资格有效期限起止日期等事项，并加盖颁发证书的财政部门印章。

《政府采购代理机构资格证书》分为正本和副本，有效期为三年，不得出借、出租、转让或者涂改。

第九条 经省级以上财政部门认定的政府采购代理机构可以依法在全国范围内代理政府采购事宜。任何部门、单位和个人不得采取任何方式，阻挠和限制政府采购代理机构依法自由进入本地区或者本行业的政府采购市场。

第十条 政府采购代理机构代理政府采购事宜的，按照国家有关规定收取中介服务费。

第二章 政府采购代理机构资格认定一般程序

第十一条 申请乙级政府采购代理机构资格的机构（以下统称申请人），应当向江西省财政厅提交由财政部门提供统一格式的资格认定申请书。

各设区市财政部门协助江西省财政厅负责对本区域内申请乙级资格代理机构的申请材料、固定营业场所及有否参加过规定的政府采购培训进行审核，并出具审核意见。

第十二条 申请人提出资格认定申请时，应当按照规定提供材料和反映情况，并对申请材料的真实性负责。

第十三条 申请人向江西省财政厅既申请资格审批又申请资格确认的，可以一并提出申请。

第十四条 江西省财政厅对申请人提出的资格认定申请，根据下列情况分别作出处理：

（一）申请事项依法不属于财政部门职权范围的，作出不予受理决定，并告知申请人向有关部门申请；

（二）申请材料存在可以当场更正的错误的，允许申请人当场更正；

（三）申请材料不齐全或者不符合本办法规定的，当场或者在五个工作日内一次告知申请人需要补正的全部内容，逾期不告知的，自收到申请材料之日起即为受理；

（四）申请事项属于财政部门职权范围，申请材料齐全、符合本办法规定的，或者申请人已按要求提交全部补正申请材料的，应受理资格认定申请。

第十五条 江西省财政厅受理或者不予受理资格认定申请，应当出具加盖财政部门专用印章和注明日期的凭证。

第十六条 江西省财政厅对申请人提交的申请材料进行审查，并自受理资格认定申请之日起十三日内，根据下列情况分别作出决定。十三日内不能作出决定的，经财政部门负责人批准，可以延长十日，并将延长期限的理由告知申请人。为了集中审批和确认，各申请人在每年 12 月 1 日至 12 月 10 日提交申请材料，江西省财政厅年底根据有关规定分别作出决定。

（一）申请人的申请符合本办法规定的，依法作出审批资格或者确认资格的书面决定，并向申请人颁发乙级《政府采购代理机构资格证书》；

（二）申请人的申请不符合本办法规定的，依法作出不予审批资格或者确认资格的书面决定，并说明理由，告知申请人享有依法申请行政复议或者提起行政诉讼的权利。

第十七条 江西省财政厅将认定资格的政府采购代理机构名单在财政部和江西省财政厅指定的政府采购信息发布媒体上进行公示，公示时间应不少于七天。

第三章 乙级政府采购代理机构资格审批条件与程序

第十八条 取得乙级资格的政府采购代理机构只能代理单项政府采购预算金额1000万元以下的政府采购项目。

第十九条 乙级政府采购代理机构应当具备下列条件：

（一）具有法人资格，且注册资本为人民币 50 万元以上；

（二）与行政机关没有隶属关系或者其他利益关系；

（三）具有健全的组织机构和内部管理制度；

（四）拥有固定的营业场所和开展政府采购代理业务所需设备、设施等办公条件；

（五）具有良好的商业信誉以及依法缴纳税收和社会保障资金的良好记录；

（六）申请政府采购代理机构资格前三年内，在经营活动中没有重大违法记录（申请时提供前三年内的招标业绩、委托协议书或合同、中标（成交）通知书或前三年的招标档案资料）；

（七）有参加过规定的政府采购培训，熟悉政府采购法律法规、规章制度和采购代理业务的法律、经济和技术方面的专业人员，其中：技术方面的专业人员，具有中专以上学历的不得少于职工总数的 50%，具有高级职称的不得少于职工总数的 10%。

有参加过规定的政府采购培训是指在设区市以上财政部门或财政部指定政府采购媒体参加过的政府采购培训并取得培训证书。

第二十条　申请人申请乙级政府采购代理机构资格的，应当向江西省财政厅提交由财政部门提供统一格式的资格认定申请书，并同时提供下列材料：

（一）企业法人营业执照和税务登记证副本及其复印件；

（二）机构章程、内部机构设置和人员配备情况说明，以及符合规定条件的技术方面专业人员的学历、职称证书复印件；

（三）会计师事务所出具的验资报告或者上年度的财务审计报告；

（四）拥有固定的营业场所和开展政府采购代理业务所需设备、设施等办公条件的相关证明材料；

（五）依法缴纳税收和社会保障资金的证明；

（六）申请政府采购代理机构资格前三年内有无重大违法记录的情况说明；

（七）法律行政法规规定的其他材料。

申请人申请资格认定时，暂无法提交法人营业执照和税务登记证（包括国税和地税）原件的，可以提供公证机关出具的公证函。

缴纳税收证明可以由所在地税务部门出具，也可以提供税务部门的纳税年审证明。缴纳社会保障资金证明应当由缴款所在地的劳动保障部门出具。

受理申请的财政部门的工作人员应及时将申请人提交的企业法人营业执照和税务登记证复印件与副本进行核对，核对无误后应及时将副本予以退回。

第二十一条　江西省财政厅对申请人提交的申请材料，依照本办法第二章规定的程序进行审查。

申请人的申请符合乙级政府采购代理机构条件的，江西省财政厅应批准其乙级政府采购代理机构资格，并颁发乙级《政府采购代理机构资格证书》。

第四章　政府采购代理机构确认资格的条件与程序

第二十二条　已获乙级资格的招标代理机构从事招标代理业务范围以内的政府采购项目的招标代理业务的，应当经江西省财政厅确认资格。已获甲级资格的招标代理机构从事招标代理业务范围以内的政府采购项目的招标代理业务的，应当向财政部提出确认资格的申请。

第二十三条　向江西省财政厅提出确认资格申请的招标代理机构，应当提交财政部门提供统一格式的资格认定申请书，并提供下列材料：

（一）国务院有关部门或江西省人民政府有关部门依法颁发的招标代理机构资格证书；

（二）企业法人营业执照和税务登记证明；

（三）证明其经营业绩和财务状况良好的材料（申请时提供前三年内的招标业绩、委托协议书或合同、中标（成交）通知书或前三年的招标档案资料）；

（四）法律行政法规规定的其他材料。

第二十四条　江西省财政厅对招标代理机构提交的申请材料，依照本办法第二章规定的程序进行核实，经核实无误的，确认其具有原招标代理业务范围以内的政府采购项目的招标代理资格，并颁发《政府采购代理机构资格证书》。

第五章　乙级政府采购代理机构资格延续与变更

第二十五条　乙级政府采购代理机构需要延续依法取得的政府采购代理机构资格有效期的，应当在《政府采购代理机构资格证书》载明的有效期届满六十日前，向江西省财政厅提出申请。

申请人提出资格延续申请的，应当提交资格延续申请书，并提供下列材料：

（一）近三年代理政府采购事宜的业绩情况；

（二）机构章程或者简介，内部机构设置和人员配备情况说明，以及符合规定条件的技术方面专业人员的学历、职称证书复印件；

（三）经会计师事务所审验的近三年的财务会计报告；

（四）近三年依法缴纳税收和社会保障资金的证明；

（五）近三年接受投诉及行政处理、处罚情况的说明。

第二十六条　江西省财政厅在收到资格延续申请后，经审查认为申请材料齐全，符合法定形式和要求的，应受理申请，并在申请人的政府采购代理机构资格有效期届满前，根据下列情况分别作出决定：

（一）申请人的申请符合本办法规定的，应作出延续政府采购代理机构资格的书面决定，并重新颁发乙级《政府采购代理机构资格证书》；

（二）申请人的申请不符合本办法规定的，应作出不予延续政府采购代理机构资格的书面决定，并说明理由和告知申请人享有依法申请行政复议或者提起行政诉讼的权利。

第二十七条　政府采购代理机构逾期不申请资格延续的，其《政府采购代理机构资格证书》自证书载明的有效期届满后自动失效；需要继续代理政府采购事宜的，应当重新申请政府采购代理机构资格。

第二十八条　政府采购代理机构情况发生变化的，应当按照下列规定到原发证机关办理相关手续，逾期未按规定办理相关手续的，其政府采购代理机构资格自动失效：

（一）《政府采购代理机构资格证书》记载事项依法发生变更的，应当自变更之日起十日内办理变更或者换证手续；

（二）解散、破产或者因其他原因终止政府采购代理业务的，应当自情况发生之日起十日内交回《政府采购代理机构资格证书》，办理注销手续；

（三）分立或者合并的，应当自情况发生之日起十日内交回《政府采购代理机构资格证书》，办理注销手续；分立或者合并后的机构需要代理政府采购事宜的，应当重新申请政府采购代理机构资格。

第六章 监督管理

第二十九条 加强对政府采购代理机构资格认定工作管理，以及依法使用《政府采购代理机构资格证书》情况的监督检查，对发现政府采购代理机构有违法行为的，依法追究其法律责任。

江西省财政厅对政府采购代理机构代理政府采购事宜进行监督检查时，将监督检查情况和处理结果予以记录，并由监督检查人员签字后归档。

第三十条 在江西省行政区域内从事政府采购事宜的政府采购代理机构应当遵守国家的法律法规和江西省政府采购行政法规、规章制度，自觉接受江西省各级财政部门对其执行政府采购法律、行政法规和规章制度情况进行的监督检查。对违法代理政府采购事宜的，由委托人隶属所在地的同级财政部门依法对政府采购代理机构的违法事实进行调查、处理，并将处理结果抄告作出资格认定决定的省级以上人民政府财政部门。

第三十一条 个人和组织发现政府采购代理机构违法代理政府采购事宜的，有权向当地财政部门举报。收到举报的财政部门有权处理的，应及时核实、处理；无权处理的，应及时转送有权处理的财政部门处理。

第三十二条 江西省财政厅将根据代理政府采购事宜的申请情况，不定期地对申请认定政府采购代理资格机构的从业人员进行政府采购法律、行政法规和规章制度的培训。

第三十三条 政府采购代理机构在江西省行政区域内代理政府采购事宜的，应当依照委托人的隶属关系，分别向由级财政部门依法办理政府采购方式审批手续和投诉处理工作。

凡在江西省行政区域内代理政府采购事宜的政府采购代理机构，依照委托人的隶属关系，应当从同级财政部门建立的政府采购评审专家库中抽取评审专家。

第七章 法律责任

第三十四条 申请人隐瞒有关情况或者提供虚假材料申请认定、延续政府采购代理机构乙级资格的，江西省级财政厅不予受理或者不予资格认定、延续，并给予警告。

第三十五条 申请人以欺骗、贿赂等不正当手段取得乙级政府采购代理机构资格的，由江西省财政厅予以撤销，并收回乙级《政府采购代理机构资格证书》。

第三十六条 政府采购代理机构有下列情形之一的，责令限期改正，给予警告；情节严重的，取消其政府采购代理机构资格，收回《政府采购代理机构资格证书》：

（一）超出授予资格的业务范围承揽政府采购代理业务的；

（二）向负责监督检查的财政部门隐瞒有关情况、提供虚假材料或者拒绝财政部门监督检查的。

第三十七条 政府采购代理机构出借、出租、转让或者涂改乙级《政府采购代理机构资格证书》的，取消其政府采购代理机构资格，收回乙级《政府采购代理机构资格证书》。

第三十八条 政府采购代理机构对江西省财政厅的行政处理、处罚决定不服的，可以依法申请行政复议或者向人民法院提起行政诉讼。

第八章 附 则

第三十九条 本办法由江西省财政厅负责解释。

第四十条 江西省财政厅关于印发《江西省政府采购代理机构资格认定办法》的通知（赣财购（2006）11 号）自本办法实施之日起予以废止。

第四十一条 本办法自发布之日起实施。

山东省

关于办理延续政府采购乙级代理机构资格有关问题的通知

鲁财库［2009］9号

各政府采购乙级代理机构：

根据《政府采购代理机构资格认定办法》（财政部令第31号）和《山东省乙级政府采购代理机构资格认定规程》有关规定，省财政厅将对代理资格已到期的政府采购乙级代理机构办理资格延续手续，现将有关事项通知如下：

一、凡依法取得政府采购乙级代理机构资格，且在省财政厅组织的考试中成绩合格的单位，需要延续依法取得的政府采购代理机构资格有效期的，应当在《政府采购代理机构资格证书》载明的有效期届满60日前，向省财政厅提出申请。

二、政府采购乙级代理机构提出资格延续申请时，须提供下列书面材料：

（一）申请书，载明需要延续资格的原因。

（二）原乙级代理机构资格证书正、副本原件。

（三）职工人员中高级职称所占比例，以及符合规定条件的技术方面专职人员的学历，高级职称证书原件及复印件。取得《山东省政府采购代理机构从业人员考试合格证书》人员占从业人员的比例，相关人员的合格证书原件及复印件。

（四）近3年政府采购业绩，包括委托代理协议和中标通知书。

（五）营业执照原件和复印件。

（六）依法缴纳税收和社会保险的证明原件和复印件。

（七）近3年接受投诉及行政处理、处罚情况的说明。

（八）经会计师事务所审计的近3年的财务报告。

三、政府采购乙级代理机构报送材料时，须按照以下流程办理：

（一）申请延续时，如果单位法人代表、地址、注册资金、职工人员等情况与原申请内容发生变动的，乙级代理机构需向省财政厅作出书面说明。

（二）代理机构已取得确认资格的乙级资质，后经相关主管部门批准升为甲级或被取消的，其乙级确认资格自动失效，不得办理延续。

（三）凡代理机构名称发生变化的，须重新申请资格，不得办理延续。

（四）因考试不合格，被省财政厅暂停政府采购代理业务的代理机构，不得办理延续。

四、省财政厅在收到政府采购乙级代理机构资格延续申请后，经审查确认为申请材料齐全、符合法定形式和要求的，在代理机构资格有效期届满前，根据下列情况分别作出决定：

（一）申请人的申请符合规定条件的，将作出延续代理机构资格的决定，并重新颁发《政府采购代理机构资格证书》。

（二）申请人的申请不符合规定条件的，将作出不予延续代理机构资格的书面决定，并说明理由，告知申请人享有依法申请行政复议或者提起行政诉讼的权利。

五、政府采购乙级代理机构逾期不申请资格延续的，其《政府采购代理机构资格证书》自证书载明的有效期届满后自动失效；需要继续代理政府采购事宜的，应当重新申请政府采购乙级代理机构资格。

山东省财政厅

二〇〇九年四月十日

关于印发《山东省应急项目政府采购管理暂行办法》的通知

鲁财采［2009］6号

各市财政局，省直各部门：

为进一步规范我省应急项目的政府采购行为，提高采购效率，确保各项应急事件采购工作的顺利开展，我们根据《中华人民共和国政府采购法》、《中华人民共和国突发事件应对法》及我省有关应急预案的规定，制定了《山东省应急项目政府采购管理暂行办法》，现予印发，请遵照执行。

山东省财政厅

二〇〇九年十二月十五日

山东省应急项目政府采购管理暂行办法

第一章　总　则

第一条　为进一步规范我省应急项目的政府采购行为，提高采购效率，确保各项应急事件采购工作顺利开展，根据《中华人民共和国政府采购法》、《中华人民共和国突发事件应对法》及我省有关应急预案的规定，制定本办法。

第二条　本办法适用于国家机关、事业单位和团体组织（以下简称采购人）使用财政性资金进行应急项目政府采购（以下简称应急采购）的行为。

第三条　本办法所称应急采购是指政府启动应急预案后，需紧急采购货物和服务的行为。

第四条　以下情形属于应急采购的范围：

（一）因自然灾害、事故灾难需紧急采购的项目；

（二）因公共卫生和社会安全事件需紧急采购的项目；

（三）经政府应急管理部门认定的其它应急事件需紧急采购的项目。

第二章　应急采购的组织形式

第五条　应急采购实行分散采购的组织形式。采购人需紧急采购的，应写出书面报告，经同级人民政府应急管理部门签署意见并向财政部门报送政府采购计划，经批准后方可自行组织采购。

财政部门收到采购人报送的政府采购计划，应在2天内完成审批。

第六条　采购人应指派两名以上工作人员负责采购活动，并落实采购人员工作岗位责任制。

第七条　采购人应按以下原则确定供应商范围：

（一）优先选择曾经在政府采购项目中中标的企业；

（二）可从自建的应急采购供应商库中选择供应商；

（三）选择三家以上供应商进行询价。

第八条　应急采购活动完成后，采购项目的品种、数量、单价等结果，须在“中国山东政府采购网”公布，接受社会监督。

第九条　采购人对应急采购项目的有关采购文件及凭证应妥善保存，并对采购情况进行统计汇总，以备财政、审计、监察等部门检查。

第三章　法律责任

第十条　因采购人自身原因延误应急采购并影响应急事件处理的，由其上级行政机关或者监察机关按照《中华人民共和国突发事件应对法》等有关规定处理。

第十一条　应急采购过程中，相关供应商应认真履行应急采购协议，不得囤积居奇、哄抬价格。如有违反，一经查实，将列入政府采购不良行为记录。

第四章　附　则

第十二条　本办法由省财政厅负责解释。

第十三条　本办法自印发之日起实施。

关于做好省级政府采购有关工作的通知

鲁财采［2010］5号

省直各部门，各政府采购代理机构：

为强化政府采购预算约束，加快预算执行进度，完善政府采购计划及合同要素编报流程，规范政府采购数据计算，动态分析政府采购预算执行情况，进一步做好省级政府采购工作，结合政府采购管理系统优化升级，现将有关规定和要求通知如下：

一、关于执行政府采购预算的规定

政府采购预算是实施政府采购计划的依据，政府采购管理坚持无政府采购预算不得申报计划的原则。

（一）关于年度政府采购预算问题。年初批复各单位的年度政府采购预算，从财政集中支付系统直接导入政府采购管理系统。导入系统的预算指标按照来源划分为“预算内、预算外（专户核拨的预算外资金，下同）、自筹资金”三类。

（二）关于年中追加政府采购预算问题。各单位年中使用预算内、预算外资金追加的政府采购预算，从财政集中支付系统直接导入政府采购管理系统；使用自筹资金追加的政府采购预算，应当通过政府采购管理系统报省财政厅部门预算管理处审核确认后报送政府采购计划。

（三）关于政府采购预算（计划）有关指标的计算问题。

为准确核算和统计政府采购预算（计划）执行情况，对部分指标的概念及逻辑关系进一步明确如下：

1. 未执行政府采购预算＝政府采购预算－已批准政府采购计划金额

2. 未完成政府采购计划金额＝已批准政府采购计划金额－已签订合同政府采购计划金额

3. 政府采购预算执行节约额＝已签订合同政府采购计划金额－签订合同金额

4. 政府采购合同财政应付未付金额＝政府采购合同金额（预算内、预算外资金部分）－该合同财政已支付金额（预算内、预算外资金部分）

（四）关于政府采购资金使用顺序问题。支付合同资金，先使用批准计划中的自筹资金，再使用预算外资金，最后使用预算内资金。

（五）关于政府采购预算执行节约额问题。政府采购项目签订合同后，按照年度对账结果确认预算内、预算外资金节约额。单位动支节约的资金，应当按照有关规定办理。

（六）关于未执行的政府采购预算处理问题。政府采购预算应于每年12月20日前执行完毕。对于12月20日前不能执行、已批准政府采购计划年末未完成或有其他因素确需跨年度结转的政府采购预算（预算内、预算外资金），各单位应当提前向省财政厅政府采购监督管理处、部门预算管理处说明原因。

对于已经不需要执行的政府采购预算，由省财政厅部门预算管理处发文收回预算指标，或下达更改预算用途不再实行政府采购的文件。未按照上述程序处理前，不得将未执行政府采购预算（预算内、预算外资金）作为自筹资金编报下年度政府采购预算。

全部使用自筹资金的未执行政府采购预算年末不再结转，省财政厅政府采购监督管理处将从政府采购管理系统中予以撤销，由单位报部门预算管理处备案。如继续政府采购，编入下年度政府采购预算。

二、关于编报具体政府采购计划的要求

各单位政府采购计划应通过政府采购管理系统“计划管理”模块编报，具体要求如下：

（一）关于报送政府采购计划前的准备工作。对于政府采购项目按照规定需要履行核准程序的事项，应当取得相关部门核准文件。各单位应当按照规定申请采用非公开招标方式、分散采购、采购进口产品等事项，并取得财政核准文件。申请文件应明确预算指标、计划金额、具体采购品目、数量以及必要性等相关内容，并附相关资料。在申报计划时应将核准文号录入计划表。

（二）关于确定并填报政府采购代理机构问题。按照规定核准有关事项后，采购人在报送政府采购计划前，除分散采购、协议供货等情况外，应当确定委托政府采购代理机构并将名称填报计划表中。政府采购代理机构应做好协助论证采购方案、编制政府采购计划等相关工作。属于部门集中采购目录范围内的政府采购计划，委托的社会政府采购代理机构应当从政府采购管理系统《政府采购代理机构名录》中选定。对于未列入名录的代理机构，接受委托后应到省财政厅政府采购监督管理处审核备案，具有执业资格的机构将被录入管理系统。

（三）关于编报政府采购计划分次使用预算问题。原则上一个预算指标编报一个政府采购计划，不得将应进行招标的项目化整为零规避招标，同一预算指标不得分次采购同类品目项目。对于同一预算指标确需分次编报政府采购计划的，必须明确每次政府采购计划使用的预算指标，并且一个政府采购计划只能对应一个“包”。该政府采购计划资金数是“标底”最大数，在开标前采购人与委托代理机构应当严格保密。同一预算指标中已经完成政府采购计划形成的预算执行节约额（预算内、预算外资金），未经核准不得作为未执行预算或自筹资金再次编报政府采购计划，待预算执行节约额经省财政厅确认后，方可作为自筹资金使用。

（四）关于变更政府采购方式核准问题。对于投标截止时间结束后参加招标的供应商不足三家、评标期间符合专业条件的供应商或者对招标作出实质性响应的供应商不足三家的，采购代理应当机构填写《政府采购方式变更申报表》。取得财政核准文件后，采购代理机构按照核准变更的采购方式组织采购活动，并在复核预算单位政府采购合同时录入核准文号。

（五）关于编报政府采购计划品目名称及代码的要求。各单位编报具体政府采购计划，应填写至最低一级品目名称及代码；若无对应品目，应填写采购内容所属最低一级品目中的“其他”品目。对于工程类预算项目，如果分包招标出现货物类、服务类品目，货物类、服务类的代码按照工程类代码加相应的货物类、服务类品目代码最低一级填写。

（六）关于填报政府采购计划联系人问题。为便于工作联络，各单位应在政府采购管理系统中将一、二级预算单位联系人负责人等信息替换为具体工作人员姓名及联系方式，并在报送计划及合同时填写项目负责人及代理机构联系人姓名和联系方式。

三、关于填报政府采购合同要素问题

（一）关于新增政府采购统计信息问题。按照编报财政部统计报表的要求，政府采购管理系统增加了节能、环保、自主创新和进口产品以及供应商规模、所属地域、市场情况等信息。其中，“所属地域”指供应商注册地，“市场情况”指产品产地。

（二）关于合同要素填报审核步骤问题。采购人应当依据合同如实准确填写有关信息，并由委托代理机构复核。

（三）关于特殊情况采购方式的填写问题。对于协议供货及定点采购，“采购方式”选项应填为“公开招标”方式。对由公开招标转变的采购方式，应按照核准方式选择填写：“由公开招标转为邀请招标”、“由公开招标转为竞争性谈判”、“由公开招标转为单一来源采购”、“由公开招标转为询价”。

（四）关于代理机构填报采购活动相关信息问题。采购代理机构应填写负责现场组织招标的本单位工作人员及评标委员会成员等信息。对于使用竞争性谈判方式的，应填报谈判小组成员信息；对于使用询价方式的，应填报询价小组成员信息；对于使用单一来源方式的，应填报采购小组成员信息。

（五）关于合同要素品目代码填报要求。各单位编报政府采购内容，应填写至最低一级品目名称及代码；若无对应品目，应填写采购内容所属最低一级品目中的“其他”品目。对于工程类预算项目，如果分包招标出现货物类、服务类品目，货物类、服务类的代码按照工程类代码加相应的货物类、服务类品目最低一级代码填写。

（六）关于填报分散采购计划合同数问题。合同额按照实际采购额填报，有合同的依据合同数，没有合同的依据采购项目发票金额合计数。

四、关于启用新政府采购管理系统的说明

目前，政府采购管理系统已经升级。省直各部门应登录新政府采购管理系统（http://10.28.8.50:8083/sdgp/logon2.jsp）执行 2010 年度政府采购预算；已使用 2010 年度政府采购预算编报纸质政府采购计划的，须登录新政府采购管理系统，补报政府采购计划；经财政厅部门预算管理处批准，利用单位自筹资金已在原政府采购管理系统（http://10.28.8.50:8080/sdgp/logon2.jsp）中追加2010年预算的，可在该系统中执行完毕。未执行的2009年度政府采购预算，可仍在原系统编报政府采购计划。

各市财政局自2010年政府采购预算起使用的新政府采购管理系统，网址为 http://10.28.8.50:8083/sdgp/logon1.jsp；2009年度政府采购计划仍使用原政府采购管理系统，网址为http://10.28.8.50:8080/sdgp/logon1.jsp。

省级机关政府采购中心自2010年政府采购预算起使用的新政府采购管理系统，网址为http://10.28.8.50:8083/sdgp/logon4.jsp；2009年度政府采购计划仍使用原政府采购管理系统，网址为http://10.28.8.50:8080/sdgp/logon4.jsp。

各政府采购代理机构自2010年政府采购预算起使用新政府采购管理系统，网址为 http://123.233.119.251:8083/sdgp/logon3.jsp；2009年度政府采购计划仍使用原政府采购管理系统，网址为 http://123.233.119.251:8080/sdgp/logon3.jsp。

政府采购流程复杂，程序严格、环环相扣，各单位及政府采购代理机构务必严格把关，认真填报相关信息和数据，确保真实、完整。要严格遵守本通知规定和要求，并随时关注系统的“超时提示”等功能，及时完成相关工作。

附件：1.政府采购资金流程图（略）

2.政府采购资金应支付数与节约额计算公式（略）

山东省财政厅

二〇一〇年四月八日

河南省

关于印发《关于政府采购支持企业发展的实施意见》的通知

豫财办购［2009］20号

省直各部门、各单位，各省辖市财政局，有关县(市)财政局，各采购代理机构：

为发挥政府采购政策功能作用，促进和支持我省企业发展，切实将我省“企业服务年”活动要求落到实处，根据《中华人民共和国政府采购法》和有关法律法规，我们制定了《关于政府采购支持企业发展的实施意见》，现印发给你们，请遵照执行。

附件：关于政府采购支持企业发展的实施意见

河南省财政厅

二〇〇九年六月二十二日

附件：

关于政府采购支持企业发展的实施意见

为深入开展企业服务年活动，根据《中华人民共和国政府采购法》和有关法律法规，结合我省政府采购工作实际，现就发挥政府采购政策功能作用，促进和支持我省企业发展，提出如下实施意见。

一、严格控制政府采购进口产品，为企业提供更大的市场空间

1.政府采购应当采购本国货物、工程和服务。财政部门应按照国货优先原则安排政府采购资金和计划，采购人应优先采购本国企业生产的产品，支持民族工业和本国企业发展。采购人确需采购进口产品的，应按照《政府采购法》和《政府采购进口产品管理办法》规定，向财政部门申报审核。财政部门依法开展政府采购进口产品审核活动，并实施监督管理，严格控制政府采购进口产品，为国内企业提供更多政府采购市场份额。

2.对不应当采购进口产品的财政部门不予审批；对符合规定的本着有利于我国企业自主创新或消化吸收核心技术的原则，按照国家《鼓励进口技术和产品目录》范围，对优先购买向我方转让技术、提供培训服务及其他补偿贸易措施的产品，财政部门要在3个工作日内完成审核工作；对申报资料不完备的采购单位，财政部门要帮助指导其补充资料。对采购国家非鼓励和非限制进口产品的，采购人应将拟采购进口产品的商务、技术指标在政府采购指定网站上公示，征求国内企业意见，公示时间不少于7日。

二、支持企业自主创新，提高企业核心竞争力

3.财政部门应切实发挥政府采购政策功能，支持我省企业自主创新。在部门预算审批环节，应当优先安排采购自主创新产品的预算。在政府采购项目评审环节，要制定促进自主创新的评标标准，给予自主创新产品适当的优惠幅度。采用最低评标价法评标的，在评审时对其投标价格给予5%～10%幅度不等的价格扣除；采用综合评分法评标的，在满足基本技术条件的前提下，分别在价格和技术评标项中给予评标总分值的4%～8%幅度不等的加分；采用性价比法评标的，在技术评标项中增加自主创新产品的评分因素，给予投标价格4%～8%幅度不等的价格扣除。

4.财政部门应积极配合科技等部门开展我省自主创新产品认证工作，并积极推动通过认证的自主创新产品列入全国“政府采购自主创新产品目录”。对于符合首购条件的自主创新产品，采购人应将政府采购合同授予提供首购产品的企业，鼓励、扶持我省自主创新产品的研究和应用。贯彻落实《国务院关于实施〈国家中长期科学和技术发展规划纲要(2006—2020年)〉若干配套政策的通知》要求，在政府投资的重大建设工程项目中，将承诺采购自主创新产品作为申报立项条件，不按要求采购自主创新产品的，发改等部门不予立项，财政部门不予支付资金。

5.财政部门要加强对自主创新产品政府采购政策落实情况跟踪问效和监督检查，促进自主创新产品的推广和应用，推动企业自主创新，提高企业国际、国内市场的竞争能力。

三、优先购买节能、环保产品，推动企业产品升级

6.财政部门要配合有关部门帮助企业对节能、环保产品进行认证，积极推动通过认证的产品列入国家“节能产品政府采购清单”和“环境标志产品政府采购清单”，为我省企业参与全国政府采购市场竞争铺建“绿色通道”。同时加强对节能、环保产品采购的统计和监督检查，建立政府采购指标体系和评审标准。采购人和采购代理机构在采购文件的制作、评审方法和标准确定等方面，增加优先采购的具体条件、优惠幅度，增强节能、环保产品的竞争优势，提高节能、环保产品的中标率，带动企业产品升级。

四、扶持中小企业发展，扩大企业产能和劳动就业

7.采购人和采购代理机构不得以不合理的要求（如注册资金、营销业绩和非强制性的资质等）故意抬高门槛限制中小企业投标。在符合政府采购项目基本要求的前提下，授予中小企业的合同应占一定比例；在法律许可或同等条件下，优先采购本地企业产品和服务；优先采购残疾人、下岗职工和农民工集中就业的企业生产的产品和服务，采购人和采购代理机构在编制招标文件时，可将对符合条件的投标企业在评标时给予适当加分。通过扶持中小企业发展，扩大企业产能，提供更多就业机会。

五、推动电子化政府采购，为企业参与政府采购市场竞争提供通畅的信息渠道

8.我省电子化政府采购已初见成效，基本实现信息发布、专家库管理、协议供货网上交易和电子招投标等功能。

全省各级财政部门应充分利用该平台，及时搜集、发布各地政府采购信息，为供应商提供更多参与政府采购的机会。要积极开展电子化政府采购工作，尽量实现招标文件下载、网上投标等业务，以降低企业投标成本。要发挥网络平台优势，为我省企业参与政府采购提供快捷有效指导和服务，具备条件的地方，可以在网上举办企业座谈会、知识讲座等活动，宣传政府采购政策，帮助企业了解政府采购市场需求和发展方向，扩大企业生存和发展的能力。

六、及时拨付政府采购资金，加快企业资金周转

9.采购人应当依法在规定的期限内及时与中标、成交供应商签订政府采购合同，按照合同约定进行验收，并办理资金支付手续。政府采购合同资金首付比例原则上不低于60%，支付次数原则上不超过三次，加快企业资金周转。财政部门应加强对政府采购合同的备案管理，对于拖延政府采购合同资金支付、拖欠政府采购合同资金的行为要依法予以处理。属国库集中支付的政府采购项目，财政部门应提高支付效率，及时拨付政府采购资金。

七、重视质疑和投诉处理，为企业创造良好的竞争环境

10.采购人和采购代理机构应当按照委托代理协议约定的事项依法受理投标企业的质疑，严格按照法定期限及时对反映的问题做出合理答复，不得敷衍塞责；对反映问题属实，存在明显违规的，要及时予以纠正。财政部门要加强对政府采购招投标活动的监督管理，对投标企业的投诉，要严格按照法定事项予以审核，在法定的期限内及时做出受理或不予受理的决定，不予受理的要耐心做好解释工作，予以受理的要按照法定程序及时对反映问题予以核实，发现问题及时纠正，切实为企业参与政府采购创造良好的竞争环境。

关于印发《河南省省级政府采购公开招标方式变更审批管理操作规程》的通知

豫财办购［2009］21号

省直各部门、各单位，各采购代理机构：

为加强省级政府采购活动监督管理，规范省级公开招标方式变更审批管理行为，根据《中华人民共和国政府采购法》，我们制定了《河南省省级政府采购公开招标方式变更审批管理操作规程》，现印发给你们，请遵照执行。

附件：河南省省级政府采购公开招标方式变更审批管理操作规程

河南省财政厅

二OO九年六月二十二日

附件：

河南省省级政府采购公开招标方式变更审批管理操作规程

第一条　为了规范河南省省级政府采购公开招标方式变更审批管理行为，加强省级政府采购管理，根据《中华人民共和国政府采购法》(以下简称政府采购法)，制定本规程。

第二条　省直单位(以下简称采购人)政府采购活动中，应采取公开招标方式而申请变更公开招标以外其他采购方式的，适用本规程。

本规程所称方式变更，是指政府采购项目已达到公开招标数额标准，因特殊情况需要采用公开招标以外其他采购方式；或因公开招标采购失败或废标，需要采用公开招标以外其他采购方式。

本规程所称公开招标以外其他采购方式，是指邀请招标、竞争性谈判、单一来源采购、询价以及国务院政府采购监督管理部门认定的其他采购方式。

第三条　采购人采购达到公开招标数额标准的货物或者服务的，应当采用公开招标方式采购。因特殊情况需要采用公开招标以外其他采购方式的，采购人应当在提交采购计划申请时，同时提供如下资料报省财政厅审批：

(一)因采购任务紧急需变更采购方式的，应当提供项目紧急原因的说明材料。

(二)因采购任务涉及国家秘密需变更采购方式的，应当提供由国家保密机关出具的、证明本项目为涉密采购项目的文件。

(三)因形不成充分竞争而变更采购方式的，采购人应在“河南省政府采购网”发布征求供应商信息，并向省财政厅提供信息发布证明材料。信息发布时间不少于5个工作日。

(四)因技术复杂或者性质特殊，不能确定详细规格或者具体要求而变更为竞争性谈判方式的，应在“河南省政府采购网”上发布征求供应商信息，信息发布时间不少于5个工作日；或者提供由3位以上专家针对该项目出具的变更方式理由和意见。

(五)因项目必须保证原有采购项目一致性或者服务配套，要继续从原有供应商处添购，且添购金额不超过原合同采购金额百分之十，而要求变更为单一来源采购的，采购人应提供原合同副本。

(六)结合项目具体情况应当提供的其他证明材料。

第四条　因公开招标采购失败或废标而需要变更政府采购方式的，由采购人和组织招标活动的采购代理机构同时向省财政厅提交《河南省省级政府采购公开招标方式变更审批表》(见附件)并提供以下材料：

(一)提供采购过程和采购文件没有供应商质疑、投诉的证明材料，或者有供应商质疑、投诉，但已妥善处理的证明材料。

(二)评审专家出具的招标文件没有歧视性、排他性等不合理条款的证明材料。

(三)已开标的提供项目开标、评标记录。

(四)其他相关证明材料。第五条专家意见中应当载明专家姓名、工作单位、职称、职务、联系电话和身份证号码。专家原则上不能是本单位、本系统的工作人员。

专家意见应当具备明确性和确定性。意见不明确或者含混不清的，属于无效意见，不作为审批依据。

第五条　省财政厅收到申请后应当及时审查，并按下列情形限时办结：

(一)变更政府采购方式申请的理由和申请材料符合政府采购法和本办法规定的，应当在收到材料之日起，3个工作日内做出方式变更批复。

(二)申请材料不符合本办法规定的，应当在3个工作日内通知采购人修改补充。办结日期以省财政厅重新收到申报材料时算起。

(三)变更政府采购方式申请的理由不符合政府采购法规定的，应当在收到材料之日起，3个工作日内做出批复，要求重新组织招标，并将不予变更方式的理由告知采购人。

第六条　采购人收到省财政厅批复后，应按照批复的方式开展政府采购活动；未收到省财政厅批复的，不得开展该项目的采购活动。

第七条　符合专业条件的供应商或者对招标文件作出实质性响应的供应商不足三家，导致公开招标采购失败或废标的，经省财政厅批准变更其他方式后仍不足三家的，采购人和采购代理机构按照政府采购“公开、公平、公正”的基本原则组织实施。

第八条　采购人和采购代理机构方式变更未按本规程实施的，根据政府采购有关规定追究单位和相关人员的责任。

第九条　专家出具不实论证意见的，按照有关规定追究专家个人的责任。

第十条　本规程自发布之日起实施。

附件：1. 河南省省级政府采购公开招标方式变更审表(三联)(略)

2. 河南省省级政府采购计划申请表(四联)(略)

关于印发《2010 年政府采购监督管理工作要点》的通知

豫财购［2010］7 号

各省辖市财政局，有关县（市）财政局：

现将《2010 年政府采购监督管理工作要点》印发给你们，供参考。请结合工作实际，做好本地 2010 年政府采购监督管理工作计划，并报送省财政厅政府采购监督管理处。

河南省财政厅

二〇一〇年二月二日

2010 年政府采购监督管理工作要点

2010 年我省政府采购制度改革要以科学发展观为指导，按照精细化科学化管理理念的要求，以强化监督管理为主线，深入开展“政府采购监督管理年”活动，推动政府采购制度改革有序发展。

一、进一步加强政府采购制度建设，夯实依法监管的制度基础

着力研究解决目前制度规定不明确、不细化的问题，提高制度的规范性、科学性和有效性。要重点做好非招标采购方式管理办法、招标采购文件编制规范、评审专家管理办法、协议供货和服务定点监督管理办法、评标方法及评标标准使用规范、采购代理机构操作执行规范等制度措施，建立用制度管人、用制度管采的监管机制。

二、推广电子化政府采购系统，完善科学监管的技术支撑

研究制订电子化政府采购系统推广规划，按照“成熟一个、推广一个”的原则，分期推广使用功能完善的系统模块。2010 年全省政府采购信息发布、专家管理、采购计划管理、协议供货、合同备案、信息统计、代理机构管理等功能要全部推开，网上招投标、网上竞价等功能力争逐步推广使用，以网络化、电子化、信息化，推动全省政府采购监督管理科学化。

三、注重发挥政府采购政策功能，提升服务经济社会发展的能力

落实积极的财政政策，紧贴财政支出中民生项目、重点项目，强化政府采购政策执行力，更好地服务保增长、调结构、促改革、惠民生的大局，提高政策实施的效果；配合科技部门积极开展我省自主创新产品认定申报工作，推动我省自主创新产品列入国家《政府采购自主创新产品目录》，支持我省自主创新产品开拓国际国内市场；落实自主创新产品首购、订购政策，扶持自主创新企业；进一步落实促进节能减排的政府采购政策，不断提高绿色采购份额。

四、规范政府采购操作执行行为，提高政府采购监管水平

强化政府采购预算管理，细化政府采购预算编制，加强预算执行的管理，做好预算、执行、支付的有效衔接；加强对政府采购项目执行过程的全流程监管，建立违规预警、音像监控和分析评价体系，对政府采购活动实施有效监控；规范招标采购文件的编制，建立专家评审和公示制度；规范政府采购评审方法、评标标准使用；切实加强协议供货和服务定点的管理，力求采购价格、采购质量和服务效能的综合最优；引入社会信用体系，建立守信激励、失信惩戒机制，引导供应商公平竞争、代理机构规范操作、评审专家依法评审。

五、开展政府采购人员培训，提高从业人员专业化水平

加强政府采购监督管理人员培训和队伍自身建设，全面提高监督管理人员政治素质、业务能力和职业道德，提升依法监管水平。以电子化政府采购系统推广使用为契机，加强对采购人、评审专家、代理机构从业人员和监督员的培训工作，提高政府采购执行力。

六、做好WTO政府采购协议谈判（GPA）应对研究工作

按照财政部统一部署，进一步深入开展加入GPA对我省的影响分析、产业评估等基础工作，为财政部谈判提供科学依据。

关于开展政府采购监督管理年活动的实施意见

豫财购［2010］10号

各省辖市财政局，有关县（市）财政局：

为进一步深化我省政府采购制度改革，完善政府采购制度，推进政府采购科学化、精细化管理，提升政府采购管理水平和服务经济社会发展的能力，经研究拟于2010年在全省财政系统开展政府采购监督管理年活动。现提出以下实施意见：

一、总体要求和工作目标

（一）总体要求

开展政府采购监督管理年活动要坚持以科学发展观为指导，按照财政科学化、精细化管理理念的要求，围绕政府采购制度建设、政策落实、预算管理、执行监督、合同履行、投诉处理、违规处罚等关键环节和问题，研究分析目前我省政府采购工作中的突出问题和矛盾，积极主动采取针对性措施，完善政府采购制度和规范，加强政府采购监管，促进政府采购管理工作科学化。

（二）工作目标

通过开展政府采购监督管理年活动，实现监管理念创新、监管体制完善、监管手段科学，努力形成管理跟上、监督到位、执行有力的政府采购工作氛围，使政府采购监管人员素质、依法监管水平和服务经济社会发展能力得到提高，为进一步深化政府采购制度改革发展奠定基础。

二、工作重点和主要措施

（一）着力加强制度建设，夯实依法监管的制度基础

完善规范性制度措施。着力研究解决目前制度规定不明确、不细化的问题，提高制度的规范性、科学性和有效性。要重点做好非招标采购方式管理办法、招标采购文件编制规范、评审专家管理办法、评标方法及评标标准使用规范、采购代理机构操作执行规范等制度措施，建立规范管理政府采购活动的监管机制。

健全内部管理制度。完善内部工作流程，健全内部管理制度，建立相互监督、相互制约的运行机制，加强政府采购监督管理部门内部的监督管理，规范监督管理行为。

（二）着力加强电子化工作，完善科学监管的技术支撑

完善电子化政府采购系统功能。在前期试点的基础上，完善网上招投标、违规预警、决策支持等功能，并首先在省直政府采购项目上线试用。

积极推广电子化政府采购系统。按照“成熟一个、推广一个”的原则，分期推广使用功能完善的系统模块。2010年全省政府采购信息发布、专家管理、采购计划管理、协议供货、合同备案、信息统计、代理机构管理等功能要全部推开，网上招投标、网上竞价等功能力争逐步推广使用，以网络化、电子化、信息化，推动全省政府采购监督管理科学化。

（三）着力发挥政策功能，提升服务经济社会发展的能力

服务财政工作大局。落实积极的财政政策，紧贴财政支出中民生项目、重点项目，强化政府采购政策执行力，更好地服务保增长、调结构、促改革、惠民生的大局，提高政策实施的效果。

扶持自主创新。配合科技部门积极开展我省自主创新产品认定申报工作，推动我省自主创新产品列入国家《政府采购自主创新产品目录》，支持我省自主创新产品开拓国际国内市场；落实自主创新产品首购、订购政策，扶持自主创新企业。

促进节能环保。进一步落实促进节能减排的政府采购政策，强化绿色采购执行机制，按照“节能产品政府采购清单”和“环境标志产品政府采购清单”，对国家强制采购和优先采购的节能节水环保产品采取相应措施，力促在政府采购活动中落实，不断提高绿色采购份额。

（四）着力规范操作执行行为，提高政府采购监管水平

加强政府采购预算管理。结合部门预算管理，细化政府

采购预算编制，加强对追加预算中政府采购项目的跟踪，严格预算执行的管理，做好预算、执行、支付的有效衔接。

规范招标采购文件的编制。加强招标采购文件范本的研究和制订；建立招标采购文件专家评审和公示制度，防止存在排斥潜在供应商的现象；招标采购文件要体现政府采购政策功能要求。

加强对采购活动的监控。建立政府采购监督员制度，现场监督开标评标活动；建立音像监控和分析评价体系，对政府采购活动实施有效监控。

（五）着力加强监督检查力度，提高政府采购执行效果

加强协议供货和服务定点的管理。坚持日常监督和重点抽查相结合，切实将协议供货和服务定点单位的承诺落到实处，力求采购价格、采购质量和服务效能的综合最优。

加强合同备案审查和合同履约的检查。完善合同备案制度，及时进行合同备案管理。加强政府采购项目，特别是重点项目和涉及民生的项目合同履约情况的检查和跟踪问效。

推行社会信用建设。在政府采购活动中融合社会信用机制，推行守信激励、失信受惩促信措施，引导供应商诚信竞争、代理机构规范操作、评审专家依法评审。促进政府采购活动真正做到公平公正、诚实信用。

（六）着力加强人员培训，提高从业人员专业化水平

加强政府采购监督管理人员培训。加强政府采购监督管理队伍自身建设，全面提高监督管理人员政治素质、业务能力和职业道德，提升依法监管水平。

加强政府采购相关人员的培训。以电子化政府采购系统推广使用为契机，加强对采购人、评审专家、代理机构从业人员和监督员的培训工作，提高政府采购制度执行力。

三、工作要求

（一）高度重视，加强领导

开展政府采购监督管理年活动是深化政府采购制度改革的客观要求，是推动政府采购科学化、精细化管理的重要措施。全省各级财政部门要高度重视监督管理年活动，加强对监督管理年活动的领导，要通过开展此次活动，提高政府采购监督管理水平和政府采购制度的执行力，推动政府采购工作再上新台阶。

（二）精心组织，抓紧实施

各级财政部门要按照省财政厅的统一部署，深入研究政府采购监督管理工作中存在的薄弱环节和亟待解决的问题，结合本地工作实际，抓紧制订切实可行的实施方案，精心组织实施，确保活动的各项要求落到实处、见到实效。制度建设、电子化政府采购工作等涉及全省的工作，要上下联动、上下互动，按照统一要求和规划推进和落实。

（三）加强督促，认真考核

省财政厅建立考核评价制度，加强对政府采购监督管理年活动的指导。年终，将对政府采购监督管理年活动的落实情况进行综合考核，检查活动开展情况及取得的效果，并以此为进一步深化我省政府采购制度改革奠定基础。

河南省财政厅

二○一○年三月三十一日

湖南省

关于政府采购代理机构资格延续有关事项的通知

湘财购［2009］4 号

各政府采购代理机构：

根据《政府采购法》和《政府采购代理机构资格认定办法》（财政部令第 31 号）有关规定，湖南省财政厅将对到期的政府采购代理机构资格办理延续手续，现将有关事项通知如下：

一、提交资格延续申请

（一）已取得政府采购乙级代理资格的机构应于乙级资格证书载明的有效期届满前向我厅提交书面资格延续申请，

并提交如下材料：

1．政府采购代理资格延续申请书（附件1），载明需要延续资格的原因。

2．原乙级代理机构资格证书正、副本原件。

3．加盖公章的《政府采购代理机构从业人员信息登记表》（附件2），注明职工人员中高级职称所占比例，以及符合规定条件的技术方面专职人员的身份证、学历证书、高级职称证书复印件（原件交验）；其他专职人员的身份证、学历证书、职称证书的复印件。

4．湖南省财政厅颁发的政府采购培训证书（原件交验并登记）。

5．前次审批资格有效期内委托代理业绩，包括：《政府采购代理业绩明细表》（附件3）、委托代理协议和中标（成交）通知书复印件。

6．营业执照复印件（原件交验）。

7．前次审批资格有效期内依法缴纳税收和社会保障资金的证明材料。

（1）依法纳税相关材料，包括：税务登记证复印件、纳税申报表及完税凭证复印件或当地税务机关开具的依法纳税证明原件、依法纳税承诺书。

（2）依法缴纳社会保障资金材料，包括：经年检的企业社保登记证复印件、专职人员社保缴费记录复印件或当地社保管理部门开具的依法缴纳社保资金的证明原件、依法缴纳社保资金承诺书。

8．经会计师事务所审计的近3年的财务报告。

9．近3年受到投诉及行政处理、处罚情况的说明。

（二）已取得政府采购相关确认资格的代理机构应于确认资格证书载明的有效期届满前提交资格延续申请，申请人应提交如下材料：

1．政府采购代理机构资格延续申请书（附件1），载明需要延续资格的原因。

2．原政府采购确认资格证书原件。

3．相关管理部门审批资格证书（如乙级工程招标资格证书）复印件（原件交验）。

4．前次确认资格有效期内委托代理业绩，包括：《政府采购代理业绩明细表》（附件3）、委托代理协议和中标（成交）通知书复印件。

5．营业执照复印件（原件交验）。

6．经会计师事务所审计的近3年的财务报告。

7．近3年受到投诉及行政处理、处罚情况的说明。

申请人应将上述资格延续申请材料按顺序装订成册，一式两份，一次交齐；申报材料中除第三方出具证明材料的原件（如税收证明原件、财务审计报告原件等）外，均须逐页加盖申请单位公章。否则，将视为无效申请不予受理。

二、资格延续申请注意事项

1．政府采购乙级代理机构法人代表、地址、注册资金、职工人员等情况与原申请内容发生变动的，须书面递交变动说明并加盖公章，与前述资格延续申请资料一并装订成册。

2．凡代理机构名称发生变化的，须重新申请资格，不得办理延续。

三、资格延续受理与处理

湖南省财政厅在收到政府采购乙级代理机构资格延续申请后，经审查认为申请材料齐全、符合法定形式和要求的，根据下列情况分别作出决定：

1．申请人的申请符合规定条件的，将作出延续代理机构资格的决定，并重新颁发《政府采购代理机构资格证书》。

2．申请人的申请不符合规定条件的，将作出不予延续代理机构资格的书面决定，并说明理由和告知申请人享有依法申请行政复议或者提起行政诉讼的权利。

四、其他事项

政府采购代理机构逾期不申请资格延续的，其审批（确认）资格自证书载明的有效期届满后自动失效；需要继续代理政府采购事宜的，应当重新申请政府采购审批（确认）资格。

附件1：资格延续申请书（略）

附件2：政府采购代理机构从业人员信息登记表（略）

附件3：政府采购代理业绩明细表（略）

湖南省财政厅

二〇〇九年六月三日

关于进一步明确工程政府采购有关事项的通知

湘财购［2009］8号

省直各单位，各市州财政局：

为了进一步贯彻落实国务院办公厅《关于进一步加强政府采购管理工作的意见》（国办发［2009］35号）精神，深入推进政府采购制度改革，扩大政府采购的范围和规模，加强对工程项目政府采购管理，现就工程政府采购有关事项明确如下，请遵照执行。

一、工程政府采购的定义及范围

本通知所称工程政府采购，是指“各级国家机关、事业单位和团体组织，使用财政性资金采购依法制定的集中采购目录以内的或者采购限额标准以上的”工程的行为。

本通知所称工程，是指土木工程、建筑工程、线路管道和设备安装工程、装修工程等建设工程（不含网络工程、信息工程等与土建无关的工程项目），其范围包括建筑物和构筑物的新建、改建、扩建、装修、拆除、修缮等。与建设工程相关的勘察、设计、施工监理、审计等服务视同建设工程。

二、工程政府采购的招标限额及采购方式

（一）工程政府采购的限额标准及招标数额标准

工程政府采购的限额标准是：省级20万元；市州级10万元；县（市）级5万元。凡采购金额在限额标准及以上的工程项目，均应实行政府采购制度。

工程招标的数额标准为100万元。

（二）工程政府采购方式

1. 工程采购项目金额在100万元以上的，应当实行招标采购，适用《湖南省实施〈招标投标法〉办法》规定的程序。

2. 工程采购项目金额在100万元以下、政府采购限额标准以上的，按政府采购法及相关制度规定实行政府采购，应当采用政府采购法规定的采购方式。

三、工程政府采购的实施步骤和程序

1. 编制工程政府采购预算。采购单位应将工程政府采购预算纳入年度部门预算编制范围，随部门预算政府采购预算一起向财政部门申报。

2. 申报工程政府采购计划。所有政府采购工程项目均应实行计划申报制度。采购单位在开展工程政府采购活动以前，应当根据财政投资评审部门出具的工程项目预算评审意见，申报工程项目政府采购计划，明确工程项目采购资金构成和落实财政资金安排。已开通政府采购管理网络的，实行网上计划申报；不能实行网上申报的，填制工程政府采购计划申报表（表格样式见附件：湖南省省本级工程政府采购计划申报表），实行纸质计划申报。工程政府采购计划批复以前，不得开展工程政府采购活动。

3. 委托代理机构。工程政府采购限额标准以上的，实行委托代理制度，必须委托具备相应工程招标资质等级，并经省级以上财政部门确认资格的招标代理机构组织开展工程政府采购活动。

4. 发布采购信息。工程招标数额标准以上的，应按照工程招标相关制度规定，发布招标采购信息，同时在中国湖南政府采购网（www.ccgp－hunan.gov.cn）发布招标信息和中标信息。工程招标数额标准以下的，按照湖南省财政厅《关于进一步规范政府采购信息公告有关事项的通知》（湘财购［2005］5号）要求，发布政府采购信息公告。

5. 专家抽取及项目评标。工程招标数额标准以上的，应按照工程招标相关制度规定的程序，进行专家抽取和项目评标。工程招标数额以下的，应从财政部门评审专家库抽取评标专家，按照工程招标评标办法有关规定进行评标。

6. 签订政府采购合同。采购单位与中标（成交）供应商应当在中标（成交）通知书发出之日起30日内，按照采购文件确定的事项签订工程政府采购合同。

7. 项目资料备案。采购代理机构应自工程政府采购合同签订之日起7个工作日内，将工程政府采购项目资料整理成档，报同级政府采购监督管理部门备案。备案资料应包括：采购文件、评审记录、评审报告、中标（成交）通知书、质疑及答复、合同文本、采购信息和中标成交信息发布记录（网页打印件）等有关文件、资料。

四、其他有关事项

1. 工程物资采购。工程项目中设备、材料等物资采购，应按政府采购货物类相关制度规定执行。

2. 工程勘察、设计、监理采购工程勘察、设计、监理招标的数额标准为30万元，按照本通知工程政府采购的实施步骤和程序执行。

3. 工程政府采购统计口径。凡按本通知规定，取得政府采购计划批复，执行了项目委托、项目评审、信息公示、合同签订、资料备案等环节和程序的工程项目，可以认定已实施政府采购程序，应纳入政府采购统计口径。

4. 本通知自发布之日施行，各市州可根据本通知精神制定具体实施措施。

湖南省财政厅

二○○九年九月八日

关于提高政府采购评审专家报酬的通知

湘财购［2009］12 号

省直机关政府采购中心，各政府采购招标代理公司：

专家评审是政府采购活动的重要环节。近来，有政府采购评审专家向我厅反映各代理机构间评审报酬标准不一，总体报酬偏低。为尊重评审专家的劳动，进一步增强评审专家的责任感，切实保障评审工作质量，经研究，决定提高省直政府采购项目评审专家报酬标准：

评审专家在 8 小时工作时间内的报酬为 500 元/天，评审时间不足 4 小时的为 300 元。评审时间从上午 9 时起计算。8 小时工作时间外的报酬为 50 元/小时。评审专家因参与政府采购评审活动发生的交通费用按往返 50 元计算。评标委员会、谈判小组、询价小组以外的其他人员，原则上不支付报酬。

本规定自发文之日起执行。在长沙以外的政府采购招标代理机构所进行的政府采购评审活动，可结合本地实际情况参照本规定执行。

湖南省财政厅

二〇〇九年九月十四日

关于进一步加强和改进政府采购管理工作的实施意见

湘政办发［2010］6 号

各市州、县市区人民政府，省政府各厅委、各直属机构：

近年来，全省各地各部门认真贯彻落实《中华人民共和国政府采购法》（以下简称《政府采购法》），不断加强制度建设、规范采购行为，政府采购在提高资金使用效益，维护国家利益和社会公共利益，以及预防腐败、支持节能环保和促进自主创新等方面发挥了积极作用。但是，政府采购中还存在一些问题，个别单位规避政府采购，操作执行环节不规范，运行机制不完善，监督处罚不到位，部分政府采购行为效率低、采购价格高等问题仍然比较突出；一些违法违纪、贪污腐败的现象时有发生。为切实解决这些问题，全面深化政府采购制度改革，根据《国务院办公厅关于进一步加强政府采购管理工作的意见》（国办发［2009］35 号）精神，结合我省实际，现就进一步加强和改进政府采购管理工作提出如下意见：

一、进一步扩大政府采购范围和规模

（一）乡（镇）以上国家机关、事业单位和团体组织（以下简称各单位）全部或者部分使用财政性资金采购货物、工程和服务的，要全部依法实行政府采购。

（二）要继续加大以财政性资金作为还款来源的借（贷）款（包括世行贷款和外国政府贷款等）、中央和省级补助专款、国债资金、农业开发资金以及其他部门专项资金实施政府采购的力度。各级政府支持和补助给企业用于采购的资金，以及各单位先由供应商垫资供货或建造后用财政性资金回购或支付的采购项目，均应纳入政府采购范围。

（三）要加强公共工程项目的政府采购管理，不断提高工程项目占政府采购规模的比重。工程项目概算金额未达到招标限额标准，不实行招标投标的，必须按照政府采购管理规定执行；工程项目概算金额达到招标限额标准，实行招标投标的，财政部门要明确除招标投标环节外执行政府采购的有关具体规定。

（四）由省财政厅制定并公布全省集中采购目录及政府采购限额标准和公开招标数额标准。进一步优化集中采购品目结构，逐步将体现国家政策功能的项目和关系民生的项目纳入集中采购范围，进一步扩大集中采购的规模，发挥集中采购的优势。

（五）各单位要严格执行政府采购法律制度规定的工作程序和操作标准，合理确定采购需求，及时签订合同、履约验收和支付资金，不得以任何方式干预或者规避政府采购。

严禁以任何理由规避或简化政府采购程序。

二、进一步完善政府采购监管和运行机制

（一）按照依法行政的要求，实行管采分离，财政部门必须彻底退出政府采购操作职能，切实依法履行监督管理职责。

（二）设区的市州人民政府根据本级政府采购项目组织集中采购的需要设立集中采购机构。集中采购机构根据采购人的委托办理采购事宜。采购人采购纳入集中采购目录属于通用政府采购项目的，必须委托集中采购机构代理采购；采购未纳入集中采购目录和纳入集中采购目录属于非通用政府采购项目的，可以委托社会中介代理机构或者集中采购机构在委托的范围内代理采购。

（三）未设立集中采购机构的地区，要充分发挥社会中介代理机构在政府采购活动的积极作用，建立政府采购代理机构竞争机制，引导社会中介代理机构参与政府采购项目竞争。纳入集中采购目录属于通用政府采购项目的，可以在全省范围内择优选择集中采购机构代理采购，也可以引入竞争机制，择优选择有资质的社会中介代理机构承办本级政府采购操作事务。

（四）在集中采购业务代理活动中要适当引入竞争机制，打破现有集中采购机构完全按行政隶属关系接受委托业务的格局，允许采购单位在所在区域内择优选择集中采购机构，实现集中采购活动的良性竞争。

三、进一步提高政府采购效率和质量

（一）进一步加强政府采购制度改革与部门预算和国库集中支付改革的协调和配套，将政府采购项目全部纳入预算管理，强化采购项目预算的刚性编制，并做好政府采购预算与采购计划编报的相互衔接，从源头上实现政府采购的规范化管理。

（二）大力推进电子化政府采购平台建设。要积极推进政府采购信息化建设，利用现代电子信息技术，实现政府采购管理和操作执行各个环节之间，以及省市县区域之间的协调联动。省财政厅要切实加强对全省政府采购信息化建设工作的统一领导和组织，科学制订发展建设规划，加快政府采购信息化进程，建立健全全省统一的电子化政府采购平台，逐步实现政府采购业务交易信息共享和全流程电子化操作。

（三）财政部门要进一步规范采购文件编制、信息公告、采购评审、采购合同格式、产品验收、投诉处理、档案管理等重要环节的具体标准和程序，组织制定全省统一的政府采购文本格式；规范政府采购招标评标场所管理；建立统一的评审专家库、供应商库和商品信息库，逐步实现全省资源共享和动态管理；完善协议供货和服务定点制度，切实加强对协议供货价格、定点服务质量、合同履行等后续环节的管理。

（四）各单位要制定政府采购内部管理制度，进一步明确相关部门和机构的职责，建立规范的内部工作流程，形成相互制衡的约束机制，项目需求、项目评审和项目验收等重要环节的工作不得由同一岗位单独完成；要编实编细政府采购预算，及时申报采购项目计划，预算金额较大且技术较复杂的项目，必须请专家做好需求论证，防止功能闲置和浪费。

（五）集中采购机构要严格按照《政府采购法》规定组织采购活动，规范集中采购操作行为，增强集中采购目录执行的严肃性、科学性和有效性。在组织实施中不得违反国家规定收取采购代理费用和其他费用，也不得将采购单位委托的集中采购项目再委托给社会代理机构组织实施采购。

（六）集中采购机构和社会中介代理机构要建立健全内部监督管理制度，实现采购活动不同环节之间权责明确、岗位分离。要重视和加强专业化建设，建立学习和培训上岗制度，提高专业技能和专业化水平，优化内部操作程序，科学制定技术参数和评价标准，实现采购价格低于市场平均价格、采购效率更高、采购质量优良和服务良好。

四、进一步发挥好政府采购政策功能

（一）要发挥政府采购政策功能，支持扩大内需和调整结构，严格落实进口产品审批制度，凡国内产品能够满足需要的都要采购国内产品。

（二）加大强制采购节能产品和优先购买环保产品、自主创新产品的力度，凡采购产品涉及节能环保和自主创新产品的，必须执行国家和我省发布的节能环保和自主创新产品清单（目录）。省财政厅要会同科技等部门尽快制定我省自主创新企业产品认定办法。

（三）进一步扩大政府采购政策功能范围，积极研究促进中小企业和民营企业发展的政府采购政策，着力研究支持本省汽车、中央空调、工程机械、锅炉、服装、家具、印刷等企业发展的具体措施。

（四）财政部门要加强对政府采购政策功能实施的监督，跟踪政策实施情况，建立政府采购绩效评价体系，保障政策、规定落到实处。

五、进一步加大监督检查和依法处罚力度

各级财政、监察、审计等部门要充分发挥各自的职能作用，切实加强对政府采购的监督管理。在建立健全相关制度的同时，要严格执法检查，对违法违规行为要依法追究责任并以适当方式向社会公布，对情节严重的要依法予以处罚。

（一）建立健全动态监控体系，及时发现、纠正和处理采购单位规避政府采购和其他违反政府采购制度规定的行为。对采购单位建立定期或不定期抽查制度，要重点加强对采购预算和计划编报、项目需求确定、项目委托、采购过程、采购合同签订、采购项目验收等容易发生问题的关键环节的监督检查，严肃查处协议供货和服务定点制度执行中的违法违规行为。检查和处理结果要在政府采购网等媒体上公布。

（二）完善集中采购机构监督考核办法，严格对集中采购机构的监督考核。年度考核结果要向同级人民政府和上级政府采购监督管理部门报告，并抄送同级监察部门。同时，在省级政府采购网上集中公示。要加强对集中采购机构整改情况的跟踪监管，对集中采购机构及其从业人员在采购活动中的违法违规行为，要严格依法依规予以处理。

（三）完善社会中介代理机构责任追究办法，对社会中介代理机构违反政府采购制度规定、非法承揽业务、违规制作标书、暗箱操作采购过程、篡改评审结果、违规收取代理费等行为，要坚决查处，并依法追究法律责任。要充分发挥政府采购协会的自律作用。

（四）完善评审专家责任处罚办法，对评审专家违反政府采购制度规定、评审程序和评审标准，以及在评审工作中敷衍塞责或者故意影响评标结果等行为，要依法严肃查处。

（五）加快政府采购诚信体系建设，引入公开评议和社会监督机制，加快建立对采购单位、评审专家、供应商、集中采购机构和社会中介代理机构及其从业人员的考核评价和不良行为公告制度。

六、进一步加大政府采购教育和培训力度

（一）各地要建立系统的教育培训制度，继续加强对政府采购从业人员的职业教育、法制教育和技能培训，特别是加大对市县政府采购从业人员、社会中介代理机构新增从业人员、评审专家的培训力度，增强服务意识、廉政意识、风险意识和法制观念，提高政府采购从业人员依法行政和依法采购的能力。

（二）要发挥政府采购协会的服务功能，组织专门力量编写相关培训教材，逐步建立政府采购从业人员职业技术水平考核评价体系。

（三）集中采购机构要建立岗位标准和考核办法，形成优胜劣汰的良性机制，不断提高集中采购机构专业化操作水平。

七、进一步加强政府采购宣传和调研

（一）各地要加强对深化政府采购制度改革重大问题的调研，深入研究战略性、前瞻性问题，并针对改革中存在的具体问题，特别是当前应当着重解决的突出问题，提出具体解决措施。围绕如何发挥政府采购政策功能服务经济和社会发展大局，积极开展相关调研，着重研究支持我省高新技术产业发展的政策措施，扶持自主创新、节能环保企业发展。积极探索垂直管理部门以及省管在长沙市区以外单位的政府采购管理问题。

（二）切实加大宣传力度，利用政府采购网站、报纸、杂志等宣传媒介，加强对政府采购改革中的亮点、焦点、难点等情况进行正面宣传和报道，让全社会了解政府采购、支持政府采购，为政府采购制度改革深入发展创造和谐的社会环境。

各地各部门要全面把握新时期、新形势下完善政府采购制度的新要求，进一步提高对深化政府采购制度改革重要性的认识，切实加大推进政府采购管理工作的力度，加强对政府采购工作的组织领导，着力协调解决政府采购监督管理中存在的突出问题，推进政府采购工作持续健康发展。

湖南省人民政府办公厅

二〇一〇年一月二十二日

关于省直行政事业单位2010年度协议供货有关事项的通知

湘财购［2010］3号

省直各单位：

为了进一步推进省直单位政府采购工作，提高采购效率，规范政府采购行为，根据《湖南省2010年政府集中采购目录及采购限额标准》的要求，现就2010年度省直行政事业单位实行政府采购协议供货制度有关要求通知如下：

一、2010年度协议供货的适用范围及标准

1．省直单位（含省级垂直管理部门的单位）在批量标准以下的所需商品，应在协议供货范围内进行采购。

2．协议供货标准：

办公设备（耗材）及空调：单项50万元以内。

汽车：同品牌、同型号 4 台以下（含 4 台）且金额在 100 万元以内。

3. 实行协议供货的采购品目：（1）便携式计算机；（2）台式计算机；（3）服务器；（4）打印机及其耗材；（5）多功能一体机(含配件、耗材)；（6）速印机(含配件、耗材)；（7）投影机(含配件、耗材)；（8）复印机(含配件、耗材)；（9）数码摄像机(含配件)；（10）数码照相机(含配件)；（11）UPS 电源；（12）通用耗材；（13）文印用纸；（14）家用空调；（15）汽车。

4. 凡纳入 2010 年度协议供货范围的货物均执行协议供货制度。中标厂商及品目见附件，政府采购最高限价及折扣在"中国湖南政府采购网"（www.ccgp－hunan.gov.cn）公布，请各采购单位在网站的"协议供货"栏目中下载。省直机关政府采购中心只受理协议供货范围以外批量标准以上的采购事项。

二、协议供货有效期

本次协议供货的有效期为 1 年。各单位在有效期内按照协议供货制度要求实施采购。中标厂商及其指定的协议供货代理商将按协议供货承诺书的承诺，在规定期限内向采购单位提供中标产品和服务。

三、协议供货采购程序

1. 上网查询协议供货产品信息，选择所需产品，并按照选择产品的最高限价进行采购计划申报。

2. 协议供货项目申报。所有纳入协议供货范围的货物采购均应按程序申报采购计划。已实行国库集中支付的单位实行网上申报，尚未实行国库集中支付的单位，采用书面申报。由不同供应商供货的货物应分别申报。

3. 询价。采购单位应在列入协议供货范围内的中标产品中自行选购，并在公布的协议供货商范围内选择一家或多家协议供货商，在采购品目的政府采购最高限价之下，与之进行协商谈判，确认采购品目在当地当时的最低价格，并在协商价的基础上，按照折扣计算政府采购合同价。

政府采购合同价＝经供购双方平等协商后的最低价格（不得高于政府采购最高限价）×折扣

4. 价格及折扣审核。采购单位应安排专职人员对拟签订的合同金额及折扣进行审核，合同金额不得高于最高限价，有折扣的品目应严格执行网上公布的折扣标准，审核人员应在协议供货合同上签署审核意见。

5. 与协议供货代理商签订合同。

(1)采购单位持我厅批复的《湖南省政府采购计划表》，直接与中标厂商指定的协议供货代理商签订合同。采购单位没有提供经我厅批复的《湖南省政府采购计划表》的，协议供货代理商有权拒绝按照协议供货价供货。

(2)政府采购协议供货合同应填报政府采购计划编号，否则我厅将不予支付合同款项。

（3）政府采购协议供货合同文本，可在"中国湖南政府采购网"上下载。

（4）协议供货合同分别由采购单位、协议供货代理商和我厅采购办留存。

6. 供货与验收。采购单位与供应商应按合同要求供货与验收。采购单位应在收到货物后 2 个工作日内验收完毕，并填写《政府采购验收结算书》。

《政府采购验收结算书》格式文件可在"中国湖南政府采购网"上下载。

7. 支付资金。采购单位要按照合同规定及时办理付款手续，不得无故拖延或拖欠。实行国库集中支付的采购单位，采购人应将《政府采购验收结算书》及政府采购合同一式两份报我厅采购办备案，并按照资金直接支付程序办理。

四、协议供货的管理

1. 采购单位应严格按照协议供货范围办理采购计划的申报，未办理协议供货计划申报而直接与供应商签订合同的，我厅将拒绝支付货款。

2. 各采购单位在签订合同时应注意核对协议供货代理商的资质及协议供货范围，不得与非协议供货代理商签订合同，也不得采购协议供货范围外的非中标品牌设备及非中标机型。

3. 各采购单位要充分利用协议供货制度规定的价格让利和服务条件，监督中标厂商及其指定的协议供货代理商履行承诺书和采购合同约定的应尽义务，对中标厂商及其指定的协议供货代理商不认真履行协议供货承诺书的承诺或履行合同要求的，请及时向我厅反馈。

4. 各采购单位要注意维护供应商的合法权益，不得假借政府采购之名为其他单位或个人采购，不得拖欠货款，不得向中标厂商及其指定的协议供货代理商提出超越协议供货承诺书范围的其他要求。

5. 各协议供货代理商的供货量由我厅定期在"中国湖南政府采购网"上公布。

6. 协议供货商的管理。

（1）中标协议供货厂商推荐合格的代理商提供协议供货服务，并应加强对代理商的管理，监督代理商严格按照谈判响应文件的承诺提供协议供货产品及服务，并确保协议供货价格为当地的最低销售价格。如提供协议供货价格高于当地的最低销售价格，将取消协议供货商的协议供货资格，且中标协议供货厂商不得补充协议供货代理商。

（2）中标协议供货厂商必须在"中国湖南政府采购网"上登记注册（免费）成为会员，及时在"中国湖南政府采购网"上公告中标产品信息、折扣、政府采购最高限价，当中标产品发生变更时，应及变更信息。

五、违规处理

1. 对于违反本通知规定的采购单位，我厅将按《中华人民共和国政府采购法》及有关规定进行处理，并同时在政府采购指定媒体上通报批评。

2. 对于违反本通知规定的中标厂商及其指定的协议供货代理商，我厅将按《中华人民共和国政府采购法》及承诺书有关规定进行处理，情节严重的，取消协议供货商资格，禁止参加下一年度的协议供货采购活动，并通报和上网公示。

各采购单位要严格按照本通知要求开展协议供货采购活动，并及时向我厅反映实际运作中发现的问题，以进一步完善协议供货制度。

附件：湖南省省直行政事业单位 2010 年度协议供货中标厂商名单（略）

湖南省财政厅

二〇一〇年三月二日

广东省

关于印发《2009 年广东省政府采购工作要点》的通知

粤财采购［2009］9 号

各地级以上市财政局：

根据《财政部国库司（国库支付中心）2009 年工作要点》（财办库［2009］9 号）精神和有关要求，为进一步贯彻落实《政府采购法》，促进和深化政府采购制度改革，做好我省 2009 年政府采购工作，现将《2009 年广东省政府采购工作要点》印发给你们，请遵照执行，并结合本地区具体情况，积极开展政府采购制度改革工作。

广东省财政厅

二〇〇九年三月二十七日

2009 年广东省政府采购工作要点

2009 年，广东省政府采购工作将在省财政厅党组的正确领导下，全面贯彻党的十七大会议精神，以科学发展观为指导，深入贯彻落实《政府采购法》，坚持改革创新，充分发挥财政职能作用，继续推进和深化政府采购制度改革，按照“明确重点、突出亮点、创新发展、规范管理、狠抓落实”的原则安排各项工作，努力在科学化和精细化管理上取得新突破、新发展，开创政府采购工作新局面。

一、继续巩固和扩大政府采购范围和规模

巩固并继续扩大政府采购范围和规模，积极采取措施将实行“收支两条线”管理的单位纳入到政府采购范围；积极探索建立公共工程政府采购规范管理的有效机制；继续做好社会关注和涉及民生项目如中小学免费教科书等的政府采购工作。在继续扩大范围和规模的同时，注重提高采购质量和综合效益。

二、继续推进法规制度建设

进一步规范操作，加强监督管理，建立科学合理的政府采购制度，在完善现行的政府采购制度的基础上，积极配合有关部门加快地方立法建设，进一步细化和完善我省政府采购法规制度体系。重点做好我省政府采购地方立法条文修订完善工作，争取省人大审议通过《广东省实施<中华人民共和国政府采购法>办法》。各地区可一并研究制定符合本地区实际的政府采购管理新办法。

三、继续强化预算执行管理和监督管理机制

进一步加强政府采购制度改革与部门预算和国库集中支付改革的协调与配套，强化政府采购项目预算的刚性编制，将采购项目全部纳入预算管理，从源头上实现政府采购规范化管理，并通过采购资金的国库集中支付，保证财政资金的安全使用；进一步加强与监察、审计等部门的沟通和联系，通力合作，建立和完善政府采购联席会议制度,充分发挥各职能部门的专业优势，加大检查监督力度，形成有效的监管合力,构筑行政监督、纪律监督和专业监督的防御体系；进一步加强对采购活动的监管，督促采购人严格按照政府采购预算和法定程序实施采购，规范操作行为；加强对采购代理机构的管理，严格落实决策、执行、监管“三分离”制度；认真组织对集中采购机构的年度考核工作，组织开展对采购代理机构的保证金账户、财务状况等方面的专项检查工作；逐步完善政府采购责任追究制度和信息披露制度，强化责任监督，对在政府采购活动中违反法律法规的行为依法予以惩处；完善信息披露制度，对代理机构、供应商和评审专家不良行为以合法适当方式向社会公告；抓紧研究政府采购供应商管理办法和政府采购市场禁入制度，推进政府采购市场诚信体系建设。

四、大力推进电子政府采购平台建设和实施推广

按照财政部“建设全国统一的电子化政府采购交易平台，逐步实现政府采购业务管理交易全流程电子化操作”的精神以及我省“统一领导、统一规划、统一平台、统一技术标准以及统一组织实施”的“五统一”建设目标，加快政府采购信息化进程，建立健全全省统一的电子政府采购平台，逐步实现政府采购业务管理交易全流程电子化操作；启动全省实施推广工作，在继续完善系统和试点先行的基础上，逐步在全省推开电子政府采购平台的上线运行工作，通过全省共享的电子政府采购系统，实现规模效益最大化，提高政府采购工作的效率和服务水平。

五、大力推进“两个竞争机制和一个制约机制”建设

在集中采购业务代理中引入竞争机制，打破现有的行政隶属关系，实现集中采购机构之间的良性竞争；通过建立政府采购代理机构竞争机制，引导社会中介采购代理机构参与政府采购项目的竞争，充分发挥社会中介采购代理机构在政府采购活动中的积极作用；通过开放市场，鼓励竞争，强化监管，激励更多的供应商广泛参与到广东政府采购市场中来，防止市场垄断行为；通过强化采购人、供应商、代理机构等政府采购各方当事人之间的制约机制，促进政府采购工作更加公开化、透明化和规范化，保障政府采购市场秩序健康、和谐、有序。

六、进一步加强宣传教育和专业化队伍建设

借助新闻媒体尤其是省级报纸、电视台等，广泛宣传政府采购的有关法律法规、政策、政府采购的成绩和经验做法，赢得社会各界和人民群众的理解、支持，推进政府采购制度改革顺利进行；加大培训力度，提高整体素质，使政府采购从业人员不断提高法律意识、政策水平和专业技能，切实掌握和遵守法规制度，进一步规范政府采购程序和操作行为，努力建设一支高素质的政府采购队伍。

七、进一步发挥政府采购政策功能

积极支持和优先采购节能、环保产品，制订相关落实措施；积极落实支持自主创新产品的政府采购措施；深入研究通过政府采购促进中小企业和民营企业发展的政策措施。

八、做好政府采购协议（GPA）谈判准备工作

切实做好 GPA 谈判各项准备工作，建立和完善 GPA 工作机制，认真组织研究 GPA 国际规则和相关政策，从法律制度、行政体制、产业与贸易政策等方面提出配套改革措施建议，科学制定我省 GPA 谈判策略和谈判预案。

关于进一步贯彻落实自主创新政府采购政策的通知

粤财采购［2009］10 号

各地级以上市财政局，省直各单位：

为全面贯彻《中共中央、国务院关于实施科技规划纲要增强自主创新能力的决定》（中发［2006］4 号）、《国务院关于实施〈国家中长期科学和技术发展规划纲要（2006—2020 年）〉的若干配套政策》（国发［2006］6 号），现就贯彻落实自主创新产品政府采购政策的有关意见通知如下：

一、充分认识自主创新政府采购政策的重要意义

为建立健全对采购自主创新产品的有效激励机制，构建政府采购自主创新制度体系，充分发挥政府采购对自主创新的促进作用，财政部出台了《自主创新产品政府采购预算管理办法》、《自主创新产品政府采购评审办法》和《自主创新产品政府采购合同管理办法》，广东省人民政府制定了《广东省促进自主创新若干政策》，明确了促进自主创新产品政府采购的具体政策：一是在预算审批过程中，在采购支出项目已确定的情况下，优先安排采购自主创新产品的预算；结合实际，建立自主创新产品的政府采购评标办法。二是在招标文件的资格要求、评审方法和标准中作出优先采购自主创新产品的具体规定，包括评审因素及其分值等，且不得要求或者标明特定的供应商或者产品，以及含有倾向性或者排斥潜在自主创新产品供应商的其他内容。三是自主创新产品政府采购合同必须将促进自主创新作为必备条款，明确支持自主创新产品的内容和具体措施；应当在履约保证金、付款期限等方面给予自主创新产品供应商适当支持。四是加强政府采购的监督管理。五是加强对自主创新产品政府采购合同履约验收的审核和监督，对拒绝接受或提供合同约定自主创新产品的，由财政部门责令其纠正，对拒绝纠正的不予支付采购资金。

各单位要从全局和战略的高度提高对自主创新政府采购政策重要性的认识，尤其是当前国际金融危机影响日趋深化的严峻形势下，要充分认识和发挥自主创新政府采购政策的重要作用，认真贯彻落实政府采购支持自主创新的各项政策措施，为扎实推进“三促进一保持”做出新的贡献。

二、注重加强自主创新政府采购政策的舆论宣传

要加大宣传力度，大力营造政府采购支持自主创新的良好氛围。市县财政部门也要借助新闻媒体尤其是主流报刊、电视台等多种渠道向全社会广泛宣传政府采购促进自主创新的必要性和重要作用，广泛宣传自主创新政府采购的有关法律法规和政策措施，扩大自主创新政府采购的社会影响力，同时调动社会各界力量，共同推进该项工作。省直单位要充分利用部门培训以及宣传等有利时机，加强对本部门所辖单位和政府采购从业人员的政策宣传工作；要加大培训力度，使政府采购从业人员不断提高法律意识、政策水平和专业技能，切实掌握和遵守有关自主创新政府采购的法规政策，进一步规范政府采购程序和操作行为，做好自主创新政府采购的有关实施工作。

三、积极建立沟通协调机制

目前，国家有关部门正在抓紧启动自主创新产品认定和目录编制工作，我省也正积极研究本地区政府采购自主创新产品认定办法、标准、程序以及目录。市县财政部门要结合本地区的实际情况，切实履行政府采购监督管理职责，督促各项政策措施贯彻执行到位；要建立合理的工作协调机制，积极支持和配合科技等部门开展相关工作。同时对工作进展情况以及在操作中遇到的难点、疑点要及时与省级财政、科技等有关部门进行沟通联系，共同研究解决政策实施中遇到的困难和问题，做到政府采购政策与国家其他政策的协调统一。

广东省财政厅

二〇〇九年四月一日

关于进一步规范政府采购招标投标活动事项的通知

粤财采购［2009］11号

各地级以上市财政局，省直各单位，政府采购各代理机构：

为进一步加强政府采购监管工作，规范政府采购行为，确保政府采购各方当事人的合法权益，针对当前我省政府采购招标投标活动中出现的一些问题，现将《中华人民共和国政府采购法》等相关规定重申如下：

一、各级人民政府财政部门是负责政府采购监督管理的部门和行政执法的责任主体，要依法履行对政府采购活动的监督管理职责；采购人应依法自行采购或者委托并协助采购代理机构办理采购事宜；采购代理机构是负责组织实施政府采购招投标活动的采购代理中介机构，根据采购人的委托，依法代理组织实施采购活动；供应商应当依照政府采购相关法律法规参加政府采购活动。

二、采购人委托采购代理机构采购的，应提交符合规定的用户需求书，并负责审查及确认招标文件。

招标文件中必须明确投标保证金的缴纳、退还方式及期限，规定的投标保证金数额，不得超过采购项目预算的百分之一；不得违法设置不予退还或没收投标保证金等相关条款。

严格执行《政府采购货物和服务招标管理办法》（财政部令第18号）第七十四条、七十五条的规定，对于中标供应商违约的，由招标采购单位按照《中华人民共和国合同法》的有关规定主张权利和履行义务。

三、采购代理机构（包括集中采购机构下同）应对投标保证金实行专户管理，不得挪用。

（一）应当在中标通知书发出后五个工作日内退还未中标供应商的投标保证金，在采购合同签订五个工作日内退还中标供应商的投标保证金，逾期未退还投标保证金的，除应当退还投标保证金外还应当按商业银行同期贷款利率上浮20%后的利率支付资金占用费。

（二）对于供应商在招标投标活动中存有违法违规情况的，应积极协助监督管理部门依法调查处理，但不得擅自扣押或没收投标保证金。

（三）要严格按章收费。不得以任何形式违规向供应商包括有违反政府采购相关规定的投标供应商收取因需要组织对采购项目进行复核而产生的成本费用。

四、政府采购供应商投标时，应当按照招标文件要求交纳投标保证金。中标供应商存在《政府采购货物和服务招标管理办法》（财政部令第18号）第七十五条规定的适用情形的，应当按照《中华人民共和国合同法》的有关规定负相应的法律责任；对于被采购代理机构不予退还或没收投标保证金，可依法向政府采购监督管理部门进行申诉。

五、采购人和采购代理机构应积极配合政府采购监督管理部门做好对招标投标活动中违法违规情况的查处工作，对于招标投标活动中的违规违法情况应及时向政府采购监督管理部门报告，由政府采购监督管理部门依法进行处理，而不得通过不予退还或没收保证金等方式自行处理。

六、各级政府采购监督管理部门要严格依照法定程序对在政府采购活动中存在违法违规行为的供应商实施行政处罚。

（一）依法应当给予投标供应商行政处罚的，政府采购监督管理部门必须查明事实作出处理；违法事实不清的，不得予以处行政处罚。

（二）作出行政处罚的适用情形及处罚事项依照《政府采购法》第七十七条的有关规定执行。

（三）罚款收入应按照非税收入管理的有关规定及时上缴同级国库。

七、政府采购监督管理部门和采购代理机构都应当接受审计机关、监察机关等政府有关部门的监督。

广东省财政厅

二○○九年四月九日

关于印发《广东省自主创新产品政府采购的若干意见》的通知

粤财采购［2009］13号

各地级以上市财政局，科技局，省直各单位，各采购代理机构（含集采机构）：

为贯彻落实《中共广东省委广东省人民政府关于贯彻落实〈珠江三角洲地区改革发展规划纲要（2008—2020年）〉的决定》精神，充分发挥政府采购政策在引导、鼓励、扶持、促进自主创新中的重要作用，现将《省财政厅、省科技厅关于广东省自主创新产品政府采购的若干意见》印发给你们，请遵照执行。

广东省财政厅

二○○九年六月二日

广东省自主创新产品政府采购的若干意见

为贯彻落实国务院《实施〈国家中长期科学和技术发展规划纲要（2006—2020年）〉若干配套政策》（国发［2006］6号）、《珠江三角洲地区改革发展规划纲要（2008—2020年）》和《广东省促进自主创新若干政策》（粤府［2006］123号）的精神，充分发挥政府采购政策在促进自主创新中的导向功能，规范自主创新产品政府采购的运行机制，根据《中华人民共和国政府采购法》，结合财政部关于实施促进自主创新政府采购政策的有关规定，现就推进我省自主创新产品政府采购提出如下意见：

第一部分　总体要求

第一条　自主创新产品的政府采购活动应当遵循依法采购原则、公开透明原则、公平竞争原则、公正原则和诚实信用原则。

第二条　本省各级国家机关、事业单位和团体组织（以下统称采购人）依照《中华人民共和国政府采购法》规定使用财政性资金采购属于纳入广东省政府集中采购目录以内的或采购限额标准以上的货物、工程和服务的，应当按照本意见的要求实行优先采购自主创新产品及实施政府首购和订购。

第三条　政府采购的自主创新产品是指纳入《广东省政府采购自主创新产品清单》（以下简称《清单》）的货物和技术服务，该《清单》由省财政部门会同省科技部门依据政府采购的需求从《广东省自主创新产品目录》中确定、公布并适时调整。

第四条　任何单位和个人不得阻挠或限制自主创新产品供应商（指提供自主创新产品的生产商或代理商，下同）自由进入本地区和本行业的政府采购市场，不得以不合理的条件对供应商实行差别待遇或者歧视待遇。

第五条　各级财政部门和科技部门要积极为自主创新型企业和科研机构提供政策指导及业务培训，定期向自主创新型企业和科研机构通报采购信息，建立起企业和科研机构快捷、便利获取政府采购需求信息的“绿色通道”。

第六条　采购人应及时将自主创新产品的使用情况向各级财政部门和科技部门反馈，省财政部门和科技部门要根据反馈情况及时更新《清单》；企业要建立自主创新产品使用意见反馈机制，推动企业技术进步，提高自主创新能力。

第七条　自主创新产品供应商参与投标时，除按规定提交有关材料外，还应向采购代理机构或采购人提供有效期内的自主创新产品认定证书，经采购代理机构或采购人审核确属《清单》内产品的，按照本意见的要求实施优先采购。

第八条　自主创新产品供应商参与投标时不得故意虚抬报价，并有义务向采购人或采购代理机构提供自主创新产品价格说明。

第九条　联合体参与投标时，联合体中占主导地位的一方为提供自主创新产品的投标供应商的，联合体视同自主创新产品供应商。

第十条　依据《中华人民共和国政府采购法》和《政府采购进口产品管理办法》的规定，经批准采购外国产品的，应当坚持有利于消化吸收核心技术的原则，优先将合同授予转让核心技术的国外企业。

第二部分　政府采购预算

第十一条　采购人在编制年度部门预算时，应当考虑优先购买自主创新产品，按照《清单》的范围编制自主创新产品政府采购预算，同时标明自主创新产品。年度自主创新产品政府采购预算应与部门预算同时编报，年中追加预算应当按预算审批程序编制自主创新产品政府采购预算。对于纳入部门预算项目支出的自主创新产品政府采购项目，财政部门应优先予以保障。

第十二条　各级财政部门应当明确提出自主创新产品的政府采购预算编制要求，在部门预算的相关表格中增加反映自主创新产品政府采购的内容，随同编制年度部门预算的通知一并下发。各级财政部门应当将自主创新产品政府采购预算执行情况纳入预算支出绩效考评范围，在共性考评指标的经济和社会效益指标中，增加采购自主创新产品因素。

第十三条　采购人应当严格按照批准的自主创新产品政府采购预算编制政府采购计划。

第三部分　政府采购方式

第十四条　采购人采购自主创新产品达到公开招标数额标准的，应当采用公开招标方式采购；采购人采购自主创新产品达到公开招标数额标准以上的，如该产品符合第十八条（一）、（二）、（三）款的条件，经地级以上市财政部门批准，可以采用邀请招标、竞争性谈判、询价及单一来源等采购方式。

第十五条　采购人采购的产品属于广东省政府采购目录内的，采用邀请招标方式、竞争性谈判和询价方式采购，应当优先确定自主创新产品供应商参加。

第十六条　采购人采购的产品属于广东省政府采购目录内的，采购人及其委托的采购代理机构必须在采购文件中对资格要求、评审方法和标准等作出优先采购自主创新产品的具体规定，不得含有倾向性或者排斥潜在自主创新产品供应商的内容。

第四部分　政府采购评审

第十七条　自主创新产品在政府采购中的价格扣除是指“自主创新产品供应商在参与投标时对其投标价格按照国家及广东的有关规定在评审时给予一定幅度的优惠，政府采购合同仍以投标价格为准”。

第十八条　采用最低评标价法评标的项目，对自主创新产品可以在评审时对其投标价格给予 5%～10%幅度不等的价格扣除。具体价格扣除幅度如下：

(一)该自主创新产品近五年内获得中国专利金奖或国家科技进步一等奖的，给予 10%的价格扣除；

(二)该自主创新产品近五年内获得中国专利优秀奖或国家科技进步二等奖的；获得广东省专利金奖或广东省科技进步一等奖的，给予 9%的价格扣除；

(三)该自主创新产品近五年内获得广东省专利优秀奖或广东省科技进步二等奖的，给予 8%的价格扣除；

(四)该自主创新产品近五年内获得广东省科技进步三等奖的，给予 7%的价格扣除；

（五）该自主创新产品拥有中国发明专利，且申请了国外专利的，给予 6.5%的价格扣除；

（六）该自主创新产品拥有中国发明专利的，给予 6%的价格扣除；

（七）其他自主创新产品给予 5%的价格扣除。

第十九条 采用性价比法评标的项目，应按照第二十三条、第二十四条所述原则，在商务评标项中增加自主创新产品评审因素，并给予自主创新产品投标报价 4%～8%幅度不等的价格扣除。具体价格扣除幅度如下：

（一）该自主创新产品近五年内获得中国专利金奖或国家科技进步一等奖的，给予 8%的价格扣除；

（二）该自主创新产品近五年内获得中国专利优秀奖或国家科技进步二等奖的；获得广东省专利金奖或广东省科技进步一等奖的，给予 7%的价格扣除；

（三）该自主创新产品近五年内获得广东省专利优秀奖或广东省科技进步二等奖的，给予 6.5%的价格扣除；

（四）该自主创新产品近五年内获得广东省科技进步三等奖的，给予 6%的价格扣除；

（五）该自主创新产品拥有中国发明专利，且申请了国外专利的，给予 5.5%的价格扣除；

（六）该自主创新产品拥有中国发明专利的，给予 5%的价格扣除；

（七）其他自主创新产品给予 4%的价格扣除。

第二十条 投标产品中仅有部分自主创新产品时，供应商应单独列出自主创新产品报价，评审时仅对自主创新产品按第十八、第十九条的（一）至（七）款进行价格扣除，且价格扣除幅度不能叠加。

第二十一条 采用综合评分法评标的项目，对自主创新产品应当增加自主创新评审因素，并在评审时，在满足基本技术条件的前提下，对技术和价格项目按下列规则给予价格评标总分值和技术评标总分值的 4%～8%幅度不等的加分，具体加分幅度如下：

（一）该自主创新产品近五年内获得中国专利金奖或国家科技进步一等奖的，给予 8%的加分；

（二）该自主创新产品近五年内获得中国专利优秀奖或国家科技进步二等奖的；获得广东省专利金奖或广东省科技进步一等奖的，给予 7%的加分；

（三）该自主创新产品近五年内获得广东省专利优秀奖或广东省科技进步二等奖的，给予 6.5%的加分；

（四）该自主创新产品近五年内获得广东省科技进步三等奖的，给予 6%的加分；

（五）该自主创新产品拥有中国发明专利，且申请了国外专利的，给予 5.5%的加分；

（六）该自主创新产品拥有中国发明专利的，给予 5%的加分；

（七）其他自主创新产品给予 4%的加分。

第二十二条 投标产品中仅有部分自主创新产品时，供应商应单独列出自主创新产品报价。采用综合评分法的项目在评审时应计算出自主创新产品报价占总报价的比重，价格评标总分值和技术评标总分值的加分幅度分别为第二十一条（一）至（七）款的加分幅度乘以该比重。

第二十三条 采用综合评分法评标或性价比法评标的项目，投标供应商具备经国家科技行政等部门认定的创新型企业资质的，设商务评审部分的 5%分值；具备经省科技行政等部门认定的高新技术企业或创新型企业资质的，设商务评审部分的 3%分值。

第二十四条 采用综合评分法评标或性价比法评标的项目，鼓励供应商通过商业保险解决风险问题，投保产品责任保险、产品质量保证保险等科技保险险种，可以将投保科技保险作为评审因素，并设商务评审部分的 3%分值。

第五部分　政府采购合同

第二十五条 自主创新产品政府采购合同应当在履约保证金、付款期限等方面给予自主创新产品供应商适当支持。

第二十六条 自主创新产品政府采购合同签订时间应当在自主创新产品认证有效期之内（指在投标截止时间为止）。自主创新产品政府采购合同期限一般不得超过自主创新产品认证有效期。

第二十七条 在合同履行过程中，双方当事人依法变更合同条款、签订补充条款或协议的，不得违背促进自主创新的原则。

双方当事人依法变更合同条款、签订补充条款或协议涉及自主创新产品的，采购人应当将补充条款或协议的内容、补充理由，以及变更后的合同、补充条款或协议副本报同级财政部门备案。

第二十八条 自主创新产品政府采购合同因变更、撤销、中止或终止而造成的损失，当事人有过错的一方应当承担赔偿责任，双方都有过错的，各自承担相应的责任。

第二十九条 自主创新产品政府采购合同的履行将损害国家利益的，采购人有权作出终止合同的决定。

第六部分　首购和订购

第三十条 首购和订购的产品应当具有首创和自主研发性质。属于自主创新产品的，应当按照自主创新产品政府采购政策执行。

第三十一条 广东省首购产品的认定按照科技部、发展改革委、财政部联合制定的《国家自主创新产品认定管理办法（试行）》（国科发计字［2006］539 号）以及《广东省科学技术厅 广东省发展和改革委员会 广东省经济贸易委员会 广东省财政厅 广东省知识产权局 广东省质量技术监督局关于自主创新产品认定的管理办法（试行）》执行。

第三十二条　广东省首购产品由省财政部门会同科技等部门研究确定后纳入《清单》予以公布，开具政府首购证书，在有效期内实行首购。

各地区、各部门可以按照有关规定向省科技部门推荐符合首购政策精神的产品，经省科技部门会同财政等部门认定和评审后，可以补充进入《清单》。具体推荐程序由省科技部门和财政部门共同制定。

第三十三条　采购人采购的产品属于首购产品类别的，采购人应当购买《清单》中列明的首购产品，将采购合同授予提供首购产品的供应商。采购人可以采取单一来源或竞争性谈判采购方式采购首购产品。

第三十四条　提供首购产品的供应商应当投保产品责任保险。对于符合政府首购基本条件的试制品的采购活动，参照本意见要求执行。

第三十五条　采购人应当通过政府采购方式，面向全社会确定订购产品供应商，签订订购产品政府采购合同，确保充分竞争。订购产品政府采购合同应当授予在中国境内具有中国法人资格的企业、事业单位。

政府订购活动应当以公开招标为主要采购方式。因特殊情况需要采用公开招标以外的采购方式的，按照政府采购有关规定执行。

第三十六条　采购人及其委托的采购代理机构必须在采购文件的资格要求、评审方法和标准中明确对订购产品供应商的具体要求、订购项目成果的详细技术要求以及相关评分要素和具体分值等。

第三十七条　采购人及其委托的采购代理机构应当根据项目需求合理设定订购产品供应商资格，包括技术水平、规模、业绩、资格和资信等，不得以不合理的要求排斥和限制任何潜在的本国供应商。

第三十八条　以联合体参与投标订购项目的，投标供应商必须为在中国境内具有中国法人资格的企业、事业单位。

第三十九条　首购产品公布前的政府采购合同继续执行，首购产品公布后的政府采购活动，应当按照政府首购政策执行。

第七部分　重大项目的政府采购

第四十条　省属国有及国有控股企业的重大建设项目所需原材料、机器设备，比照政府采购有关规定，依据本意见要求，鼓励优先购买列入《清单》的产品。

第四十一条　国家和地方政府投资的重大建设项目（指列入国家和地方重大建设项目投资计划的项目）、采购重大装备和产品的项目，采购人可以采用单一来源或竞争性谈判的采购方式采购；采购人应在可行性研究报告中承诺采购自主创新产品，明确采购自主创新产品的具体要求，且国产设备采购比例一般不得低于60%，并纳入项目竣工审计的范围之内；审计后如不符合承诺要求的，审计部门应及时通知财政部门，由财政部门停止拨付建设项目余款。

第八部分　政府采购监督

第四十二条　各级财政部门应当加强对自主创新产品政府采购活动的监督管理，研究建立采购自主创新产品奖惩制度。

第四十三条　各级财政部门在预算审核过程中，应当督促采购人编制自主创新产品政府采购预算，并加强审核管理。对应当编制而不编制自主创新产品政府采购预算的，财政部门应当责令其改正。

第四十四条　各级财政部门负责对自主创新产品政府采购活动的监督检查。监督检查的主要内容有：

（一）采购人编制自主创新产品政府采购预算和计划情况以及在政府采购活动中落实自主创新产品政府采购政策的情况；

（二）采购代理机构在组织实施政府采购活动中落实自主创新产品政府采购政策的情况；

（三）供应商参与自主创新产品政府采购投标活动和合同履约情况。

第四十五条　对于列入自主创新产品政府采购预算的项目，其采购结果为非自主创新产品的，采购人应当向财政部门作出书面说明，财政部门视情况可以拒付采购资金。

第四十六条　对采购人未编报自主创新产品政府采购预算和计划，或不按预算采购自主创新产品的，财政部门视情况可以拒付采购资金。

第四十七条　采购人有下列情形之一的，由财政部门责令限期改正，并给予警告，情节严重的，采购项目作废标处理；对直接负责的主管人员和其他直接责任人员，由其行政主管部门或者有关机关给予处分，并予通报：

（一）采购文件中未载明优先采购自主创新产品的具体规定的；

（二）以不合理的要求限制或者排斥自主创新产品供应商参与政府采购的；

（三）采购的产品属于《清单》内的，采用邀请招标、竞争性谈判、询价方式采购时，未邀请自主创新产品供应商参加的；

（四）中标、成交通知书发出之后，拒绝签订自主创新产品政府采购合同或拒绝接受自主创新产品的；

（五）不按照采购文件及其他采购文件和中标、成交自主创新产品供应商的投标文件、响应文件确定的有关促进自主创新事项签订政府采购合同的；

（六）政府采购属于《清单》内的产品，未经批准，擅自采购外国货物或技术服务的。

第四十八条　采购人不执行政府首购、订购政策的，责令限期改正，并给予警告。财政部门视情况可以拒付采购资金；对直接负责的主管人员和其他直接责任人员，由其行政主管部门或者有关机关给予处分，并予通报。

第四十九条 采购代理机构未按第四十七条中的(一)、（二）、（三）款规定执行或有违反其他相关法律法规的，视情节轻重，给予通报批评、暂停政府采购代理资格或取消代理资格的处罚。构成犯罪的，依法追究刑事责任。

第五十条 中标、成交供应商有下列情形之一的，中标、成交结果无效，并处以政府采购项目中标、成交金额千分之五以上千分之十以下罚款，列入不良行为记录名单，在一至三年内禁止参加政府采购活动，并予以公告，有违法所得的，处没收违法所得；构成犯罪的，依法追究刑事责任；省财政部门应将该产品从《清单》中删除，并及时反馈省科技部门。

（一）提供虚假材料冒充自主创新产品谋取政府采购合同的；

（二）自主创新产品投标报价高于制造商指导价的；

（三）以自主创新产品名义谋取中标、成交后将合同转包的；

（四）中标、成交后将自主创新产品分包给其他供应商的；

（五）提供的自主创新产品质量不合格、影响正常使用的。

第五十一条 获得首购订购合同的中标、成交供应商有下列情形之一的，中标、成交结果无效，并处以政府采购项目中标、成交金额千分之五以上千分之十以下罚款，列入不良行为记录名单，在一至三年内禁止参加政府采购活动，并予以公告，有违法所得的，处没收违法所得；构成犯罪的，依法追究刑事责任；省财政部门应将该产品从《清单》中删除，并及时反馈省科技部门。

（一）提供虚假政府首购证书谋取政府采购合同的；

（二）获得政府首购、订购合同后将合同转包的；

（三）获得政府首购、订购合同后分包给其他供应商的；

（四）提供的政府首购产品质量不合格、影响正常使用，或者承担的研究开发任务不能按照采购文件和合同约定完成的。

第五十二条 任何单位和个人对政府采购自主创新产品活动中的违法行为，有权控告和检举，有关部门应当依照各自职责及时处理。

第五十三条 涉及国家安全和秘密的项目不适用本意见。

第五十四条 本意见未作出规定要求的，应当按照《中华人民共和国政府采购法》、《自主创新产品政府采购合同管理办法》、《自主创新产品政府采购评审办法》、《自主创新产品政府采购预算管理办法》、《自主创新产品政府首购和订购管理办法》以及国家有关政府采购的相关法律法规执行。

第五十五条 本意见由省财政厅、省科技厅负责解释。

第五十六条 本意见自发布之日起执行。

关于印发《广东省政府采购自主创新产品清单》（2009 年第一期）的通知

粤财采购［2009］14 号

各地级以上市财政局、科技局，省直各单位，各采购代理机构（含集中采购机构）：

为深入贯彻落实《珠江三角洲地区改革发展规划纲要》（2008—2020 年），充分发挥政府采购政策在促进自主创新中的导向功能，根据省政府制定的《广东省促进自主创新若干政策》（粤府［2006］123 号）精神，现将《广东省政府采购自主创新产品清单》（2009 年第一期）印发给你们，请结合省财政厅、省科技厅印发的《广东省自主创新产品政府采购的若干意见》（粤财采购［2009］13 号）要求执行。

附件：《广东省政府采购自主创新产品清单》（2009 年第一期）（略）

广东省财政厅

广东省科技厅

二ＯＯ九年七月十七日

广东省第十一届人民代表大会常务委员会公告

第12号

《广东省实施〈中华人民共和国政府采购法〉办法》已由广东省第十一届人民代表大会常务委员会第十四次会议于2009年11月26日通过，现予公布，自2010年3月1日起施行。

广东省人民代表大会常务委员会

二〇〇九年十一月二十六日

广东省实施《中华人民共和国政府采购法》办法

2009年11月26日广东省第十一届人民代表大会常务委员会第十四次会议通过

第一章　总　则

第一条　为实施《中华人民共和国政府采购法》，结合本省实际，制定本办法。

第二条　本办法适用于本省行政区域内的政府采购活动。

本办法所称的政府采购，是指国家机关、事业单位和团体组织使用财政性资金，采购依法制定的集中采购目录以内的或者采购限额标准以上的货物、工程和服务的行为。

第三条　政府采购应当遵循公开透明、公平竞争、公正、诚实信用原则。

第四条　政府采购实行集中采购和分散采购相结合。

实行集中采购的政府采购项目，由集中采购目录确定。集中采购目录以外、采购限额标准以上的采购项目，实行分散采购。集中采购目录和采购限额标准由省人民政府确定并公布。

第五条　政府采购实行政府采购监督管理与操作执行相分离，逐步扩大采购范围和规模。

政府采购应当有助于实现保护环境、节能减排、支持自主创新、扶持不发达地区和少数民族地区、促进中小企业发展等国家的经济和社会发展政策目标。

第六条　政府采购应当采购本国货物、工程和服务。但有下列情形之一的除外：

（一）需要采购的货物、工程或者服务在中国境内无法获取或者无法以合理的商业条件获取的；

（二）为在中国境外使用而进行采购的；

（三）法律、行政法规另有规定的。

采购进口货物、工程和服务的，应当符合法定条件并报经地级以上市人民政府财政部门批准。

第一款所称本国货物、工程和服务的界定，按照国家有关规定执行。

第七条　政府采购信息应当在省级政府采购监督管理部门指定的政府采购信息发布媒体上及时向社会公开发布，但涉及国家秘密和商业秘密的除外。

第八条　各级人民政府应当推广电子化政府采购。省人民政府财政部门应当加强对政府采购信息化建设工作的统一领导和组织，制定电子化政府采购体系发展建设规划，建设全省统一的电子化政府采购管理交易平台。

政府采购文书格式文本由省人民政府财政部门统一制订，并通过指定的政府采购信息发布媒体供政府采购当事人免费下载使用。

第九条　各级人民政府财政部门是负责政府采购监督管理的部门，依法履行下列政府采购监督管理职责：

（一）制定政府采购工作规范；

（二）审核、批复采购人编制的政府采购预算，核准政府采购实施计划；

（三）监督政府采购预算执行，审核支付政府采购资金；

（四）建立健全政府采购合同备案制度，监督采购人依法履行采购合同；

（五）处理供应商投诉，查处政府采购违法行为；

（六）管理评审专家库；

（七）培训、考核政府采购人员；

（八）考核本级集中采购机构以及社会代理机构；

（九）法律法规规定的其他职责。

第二章　政府采购当事人

第十条　政府采购当事人是指在政府采购活动中依法享有权利和承担义务的各类主体，包括采购人、采购代理机构、供应商等。

采购代理机构包括集中采购机构和社会代理机构。集中采购机构由各级人民政府设立，社会代理机构应当由省级以上人民政府财政部门按照国家有关规定进行资格认定，并在其所在地财政部门网站登记。

第十一条 政府采购当事人进行政府采购活动，应当符合采购价格低于市场平均价格、采购效率更高、采购质量优良和服务良好的要求。

政府采购当事人不得互相串通、操纵政府采购活动。

第十二条 采购人及采购代理机构应当按照国家和省有关部门公布的优先采购产品目录，优先采购环境保护产品、节能产品、自主创新产品等。

第十三条 采购人采购属于本部门或者本系统有特殊要求的项目，应当实行部门集中采购，具体办法由省人民政府自本办法公布之日起一年内制定。

采购人采购预算金额达到政府采购限额标准以上的分散采购项目，必须依照法律、行政法规和本办法规定的采购方式和程序，组织采购或者委托采购代理机构代理。

第十四条 采购人可以在本省行政区域内择优选择采购代理机构。属于集中采购通用类目录的项目，采购人可以在集中采购机构范围内择优选择委托代理；属于集中采购部门集中类目录和分散采购的项目，采购人可以选择集中采购机构或者社会代理机构委托代理。

采购人委托采购代理机构代理部门集中类目录和分散采购项目中属于国家、省、市重点项目或者采购金额较大项目的，应当采取公开招标的方式确定采购代理机构。

采购金额较大项目的金额标准由地级以上市人民政府财政部门根据当地经济发展情况确定并调整。

采购人有权按照本条第一款、第二款的规定自行选择采购代理机构，任何单位和个人不得以任何方式为采购人指定采购代理机构。

第十五条 采购人应当建立健全政府采购管理工作制度，依法履行下列职责：

（一）加强对本单位采购人员的监督和培训；

（二）编报政府采购预算、政府采购实施计划；

（三）依法委托并协助采购代理机构办理采购事宜或者自行采购；

（四）选定代表参与政府采购评审工作；

（五）确认中标、成交供应商并签订采购合同，组织对供应商履约的验收和办理采购合同备案；

（六）负责对采购档案的管理工作；

（七）答复供应商的询问、质疑；

（八）接受和配合监督管理部门的监督检查；

（九）法律法规规定的其他事项。

第十六条 采购人不得在政府采购文件中规定排斥潜在供应商等方面的内容；不得在采购过程中以不合理的条件对供应商实行差别待遇或者歧视待遇。

第十七条 采购人应当选派符合下列条件的人员担任本单位的采购员，并报同级人民政府财政部门备案：

（一）本单位在编人员；

（二）熟悉有关政府采购法律法规和财会知识；

（三）法律法规规定的其他条件。

采购员应当按照法律法规的规定承办本单位的政府采购工作。采购员实行定期轮换制度。采购人应当加强对采购员的管理，对采购员承办的政府采购相关工作进行监督。

第十八条 采购代理机构开展政府采购活动，应当符合下列要求：

（一）编制政府采购文件，并送交采购人审核、确认；

（二）组织项目评审，维护评审纪律，做好相关服务；

（三）根据评审结果向采购人提交中标、成交候选供应商名单；

（四）答复供应商的询问、质疑；

（五）及时公布政府采购信息，保存政府采购档案资料；

（六）法律法规规定的其他事项。

第十九条 集中采购机构应当建立健全内部管理制度，配备必要的具有任职条件的采购工作人员，对采购工作人员进行培训考核和定期岗位轮换。

集中采购机构必须完成受委托的本级政府集中采购目录中通用类项目的采购任务，不得故意拖延或者拒绝代理，不得转委托，不得违反规定收取代理费。

第二十条 社会代理机构收取代理服务费应当按照国家有关规定执行。

第二十一条 供应商参加政府采购活动应当具备法律、行政法规规定的条件，依法提供有关资料并接受采购人或者其委托的采购代理机构的资格审查；不得弄虚作假骗取政府采购供应商资格；不得提供虚假资料谋取中标或者成交。

供应商在投标过程中，不得以一致抬高投标报价、轮流以高价位或者低价位中标以及先内定中标者再参加投标及其他恶意串通手段参与投标。

供应商中标或者成交后，应当按规定与采购人签订采购合同，并严格履行合同。

供应商对政府采购活动提出质疑或者投诉的，应当按照国家有关规定提出并附送有关证据材料。

第三章　政府采购程序

第一节　编制预算和计划

第二十二条 采购人应当编制政府采购预算，专项列入本单位下一财政年度部门预算或者申报年度追加预算内，按照法定程序上报审批。

采购人根据批复的政府采购预算编制本单位政府采购实施计划，报同级人民政府财政部门核准。

第二十三条 采购人编制政府采购预算，应当符合下列要求：

（一）政府采购项目以及资金预算在部门预算中单独

列出；

（二）集中采购项目和分散采购项目分别逐项列明项目名称、数量及金额；

（三）实行配备标准或者资产限额管理的项目，已经同级人民政府财政部门批准。

第二十四条　采购人编制政府采购实施计划，应当明确政府采购项目基本情况、采购方式、组织形式和预计采购时间等具体内容，并符合下列要求：

（一）项目和资金符合政府采购预算；

（二）相同品目的项目归并编列；

（三）对采购价格、规格及技术要求等相关事项进行市场调查或者论证；

（四）预计采购时间与采购方式程序所需时间基本一致。

第二十五条　各级人民政府财政部门应当自受理采购人报送政府采购实施计划之日起五个工作日内予以核准，书面通知采购人。

第二十六条　政府采购必须按照批准的政府采购预算、政府采购实施计划执行。未纳入政府采购预算和政府采购实施计划的政府采购项目，采购人不得组织实施，不得支付采购资金。

第二节　确定采购方式

第二十七条　政府采购采用公开招标、邀请招标、竞争性谈判、单一来源采购、询价，以及法律、行政法规规定的其他采购方式。

公开招标应当作为政府采购的主要采购方式。公开招标的具体数额标准由省人民政府确定并公布。

第二十八条　采购人不得将应当以公开招标方式采购的货物或者服务化整为零或者以其他任何方式、理由规避公开招标采购。

采购人在一个预算年度内，采用公开招标以外方式重复采购相同货物或者服务两次以上、资金总额超过公开招标数额标准的，视为化整为零规避公开招标采购。

第二十九条　采购人应当按照核准的政府采购实施计划中确定的采购方式实施采购。出现法律、法规规定的情形需要变更采购方式的，采购人应当向所在地地级以上市人民政府财政部门提出书面申请，财政部门应当自收到申请之日起五个工作日内予以批复。

第三节　实施采购

第三十条　采购人委托采购代理机构代理政府采购事宜的，应当签订委托代理协议，明确采购项目、采购数量、采购金额、采购时限和采购方式。

集中采购机构代理政府集中采购项目，应当定期汇总各采购人委托的政府集中采购项目，对同类货物和服务实行合并采购，采购人依法提出特殊采购需求的除外。

第三十一条　采购人委托采购代理机构采购的，应当提交符合规定的用户需求书；采购代理机构应当自收到用户需求书之日起五个工作日内，将其编制的政府采购文件提交采购人确认。

属于地级以上市的重点项目或者采购金额较大的项目，其政府采购文件的编制、提交确认时间可以再延长十个工作日。

第三十二条　公开招标国家、省、市重点项目或者采购金额较大项目，采购人或者其委托的采购代理机构对采购货物、工程和服务有特殊要求的，应当在组织专家论证后，报所在地地级以上市人民政府财政部门审批，并在招标文件中说明。

第三十三条　政府采购文件中应当明确政府采购项目评审方法。

政府采购文件中可以规定供应商提交保证金作为其参加政府采购活动的必要条件，但必须明确保证金的性质、缴纳和退还方式、期限。

对优先采购产品目录中的政府采购项目，政府采购文件中可以设定供应商的资格条件和基本要求，明确相应的评审标准和方法。

第三十四条　政府采购文件不得规定下列内容：

（一）指定货物的品牌、参考品牌或者供应商；

（二）区域或者行业限制；

（三）以单一品牌特有的技术指标作为技术要求。

第三十五条　采购人或者其委托的采购代理机构应当将政府采购文件在指定的政府采购信息发布媒体上公示五个工作日。供应商可以自行下载政府采购文件。

供应商认为政府采购文件的内容损害其权益的，可以在公示期间或者自期满之日起七个工作日内向采购人或者其委托的采购代理机构提出质疑；采购人或者其委托的采购代理机构认为质疑理由成立的，应当修改政府采购文件，重新组织政府采购活动。

第三十六条　采购人或者其委托的采购代理机构应当按照规定组建由采购人代表和有关专家组成的评标委员会、谈判小组或者询价小组，其中采购人代表由采购人指派一名人员担任，有关专家由采购人或者其委托的采购代理机构从政府采购评审专家库中随机抽取确定；因专业性强，采取随机抽取方式难以确定评审专家的，经地级以上市人民政府财政部门同意，可以从政府采购评审专家库或者有关机构推荐的专家名单中选定。

采购人代表不得担任评标委员会主任、谈判小组或者询价小组的组长。

评审专家名单应当在评审工作开始前一个工作日内确定，并在评审结果确定前保密。采购人或者其委托的采购代理机构的有关人员不得在评审工作开始前向评审专家透露其参加的评审项目信息。

第三十七条 采购人或者其委托的采购代理机构应当确保评审工作在严格保密的情况下进行。

参与评审工作的人员应当独立履行评审职责，遵守评审规定和现场纪律，并按照政府采购文件规定的评审标准、程序和办法进行。

第三十八条 评审专家应当提供真实、公正的评审意见，不得发表具有诱导性或者歧视性的意见。

评审专家不得向外泄露评审情况和参与政府采购活动所获取的国家秘密、商业秘密；不得私下接触供应商及有关单位，不得收受供应商及有关单位的财物或者谋取利益。

评审专家发现供应商在政府采购活动中有不正当竞争或者恶意串通等违法行为，应当及时向政府采购评审工作的组织者或者监督管理部门报告。

评审专家在一年内不得连续三次参加政府采购评审工作。

第三十九条 采用公开招标方式采购的，采购人或者其委托的采购代理机构应当在招标公告中明确投标人的资格条件，符合条件的供应商都可以参加投标。

采用邀请招标方式采购的，采购人或者其委托的采购代理机构应当发布资格预审公告，公布投标人的资格条件，资格预审公告期限不得少于五个工作日。投标人应当自资格预审公告期结束之日起三个工作日内，按照公告的要求提交资格证明文件。采购人或者其委托的采购代理机构应当从审查合格的投标人中随机选择三家以上的供应商，发出投标邀请书。

采用招标方式采购的，评标委员会成员应当依照法律、行政法规的规定，从供应商的财务状况、信誉、业绩，投标文件对招标文件的响应程度，以及货物或者服务的价格、技术、质量等方面予以评分，并在评分记录上签字。采购人应当按照评标委员会的评分结果，确定中标供应商。

第四十条 采用竞争性谈判方式采购的，谈判小组应当在采购人或者其委托的采购代理机构对报名的供应商进行资格审查后，从符合相应资格条件的供应商中随机选择三家以上的供应商参加谈判。

采用询价方式采购的，询价小组应当在采购人或者其委托的采购代理机构对报名的供应商进行资格审查后，从符合相应资格条件的供应商中随机选择三家以上的供应商参加询价，发出询价通知书；供应商提出的报价不得更改。

采用竞争性谈判、询价方式采购的，采购人应当按照符合采购需求、质量和服务相等且报价最低的原则从已选出的候选供应商中确定成交供应商。

第四十一条 采用招标方式采购的，至投标截止时间止参加投标的供应商不足三家的，采购人或者其委托的采购代理机构应当即时报告地级以上市人民政府财政部门，财政部门应当自接到报告之日起三个工作日内按照以下规定处理并答复：

（一）招标文件没有不合理条款、招标公告时间及程序符合规定的，同意采取竞争性谈判、询价或者单一来源方式采购；

（二）招标文件存在不合理条款、招标公告时间及程序不符合规定的，应予废标，并责令招标采购单位依法重新招标。

评标期间出现符合资格条件的供应商或者对招标文件作出实质响应的供应商不足三家的，按照前款规定执行。

第四十二条 采用竞争性谈判、询价方式采购的，在谈判、询价过程中对政府采购文件做出实质响应的供应商不足三家的，谈判小组、询价小组可以从其他符合相应资格条件的供应商名单中，随机选择补充；补充后仍不足三家或者没有可供补充的合格供应商的，经同级人民政府财政部门审核同意，采购人可以按照符合采购需求、质量和服务相等且报价最低的原则从已选出的候选供应商中确定成交供应商。

第四十三条 评审、谈判或者询价工作结束后，评标委员会、谈判小组或者询价小组应当出具全体评标委员、谈判小组或者询价小组成员签名的评审报告，推荐中标、成交供应商和候补中标、成交供应商名单。

采用竞争性谈判、询价方式采购的，谈判小组或者询价小组推荐非报价最低的成交供应商的，应当在评审报告中说明理由。

采购代理机构代理组织采购活动的，应当自评审结束之日起五个工作日内将评审报告送交采购人。

第四十四条 采购人应当自收到评审报告之日起五个工作日内，确定中标、成交供应商。

确定中标、成交供应商后，采购人或者其委托的采购代理机构必须在一个工作日内向中标、成交供应商发出中标、成交通知书，向未中标、成交供应商发出采购结果通知书。

中标、成交供应商放弃中标、成交或者中标、成交资格被依法确认无效的，采购人可以按照排序从其他中标、成交候选供应商中确定中标、成交供应商，没有其他中标、成交候选供应商的，应当重新组织采购活动。

第四十五条 确定中标、成交供应商后，采购人或者采购代理机构应当在指定的政府采购信息发布媒体上公告中标、成交结果和评标委员会、谈判小组、询价小组成员名单，并公开评审意见等相关资料。

供应商可以向采购人或者采购代理机构查询评标、谈判和询价等程序的有关资料。供应商对中标、成交结果提出质疑的，采购人或者采购代理机构应当进行审查并答复；供应商对审查和答复结果有异议的，可以向政府采购监督管理部门提出复审或者废标申请。供应商质疑和复审的具体办法由省人民政府自本办法公布之日起一年内制定。

第四节　签订和履行合同

第四十六条　采购人与中标、成交供应商应当自中标、成交通知书发出之日起三十日内签订政府采购合同。合同签订之日起七个工作日内，采购人应当将合同副本报同级人民政府财政部门备案。

签订补充合同的，必须按照前款规定备案。

第四十七条　采购人应当自供应商履行完合同义务之日起十个工作日内组织验收。大型或者复杂的政府采购项目，采购人应当邀请质量检测机构参加验收。

采购人出具的验收合格报告是申请支付政府采购项目资金的必备文件。

第四十八条　政府采购项目所使用的财政性资金，由采购人按规定提出申请，经同级人民政府财政部门审核后支付给供应商。

第五节　简易采购程序

第四十九条　对规格标准相对统一且现货货源充足或者涉及面广、采购频繁的政府采购项目，可以适用简易采购程序。

简易采购程序，是指通过公开招标，统一确定中标供应商及中标货物的品名、规格型号、价格、协议期限、服务承诺等内容，由采购人在协议有效期内自主选择中标供应商及中标货物的一种采购程序。

第五十条　各级人民政府财政部门应当根据采购人上报的政府采购实施计划，拟定适用简易采购程序的采购目录，并征询采购人意见后确定并公布。

第五十一条　中标供应商必须按照公开招标所确定的协议事项提供服务，及时满足采购人的采购需求，不得拒绝或者擅自更改。

采购人应当及时将中标供应商中标货物的质量情况、合同履行情况以及供应商的售后服务等情况向政府采购监督管理部门报告。

第五十二条　中标供应商应当保证其实际供货价格，在同一地区低于同期其他任何同一品牌、型号货物的非政府采购价格。在协议采购有效期内，协议供货市场价格发生变化，中标供应商应当按照协议书的要求及时同比例调整协议供货价格；协议供货产品出现更新换代、停产，中标供应商可以在不降低货物质量、配置和售后服务的前提下，提供该协议供货产品的替代产品，但替代产品的协议供货价格不得高于原协议供货价格。

中标供应商及其代理商应当及时在电子化政府采购管理交易平台上对协议供货的型号及价格进行更新。

第五十三条　采购人认为中标供应商的报价符合其要求，可以在电子化政府采购管理交易平台上实行网上协议订购，直接确定成交供应商。

采购人认为中标供应商的报价高于市场平均价格的，可以与中标供应商通过网上议价就价格优惠再次进行谈判、询价，或者通过网上竞价方式，在不限于原中标供应商资格名单的范围内确定成交供应商。成交价格必须低于原中标供应商的报价。

第四章　监督检查

第五十四条　各级人民代表大会及其常务委员会对政府采购法律法规的执行情况和本级政府采购预算执行情况进行监督。

第五十五条　各级人民政府应当加强对政府采购活动的监督管理，建立健全监督管理机制；督促、指导本级各部门、单位和下级人民政府依法开展政府采购活动。

各级人民政府财政、审计、监察等部门应当加强协作配合，建立政府采购监督工作机制。

上级人民政府政府采购监督管理部门应当依法对下级政府采购管理工作进行指导和监督。

第五十六条　各级人民政府审计部门应当依法对政府采购活动进行审计，并将审计结果报本级人民政府；必要时，可以对政府采购进行专项审计。

各级人民政府监察部门应当加强对参与政府采购活动的行政机关及其工作人员的监察。

第五十七条　政府采购监督管理部门应当制定政府采购标准化工作程序，建立政府采购价格监测制度。

第五十八条　政府采购监督管理部门应当加强对采购人、集中采购机构、社会代理机构、供应商和评审专家的监督检查，及时查处其违反政府采购法律法规和本办法的行为，将其记入不良行为记录名单，并及时向社会公布。

政府采购监督管理部门应当制定和完善对采购代理机构考核的程序、指标体系、评分方法和标准，定期组织对采购代理机构的考核，并根据考核结果向采购代理机构提出改进建议。

第五十九条　政府采购监督管理部门应当在本部门职责范围内，对采购人的下列政府采购活动进行监督检查：

（一）采购人编制政府采购预算、政府采购实施计划的情况，以及政府采购预算或者财政资金使用计划、政府采购实施计划的执行情况；

（二）政府采购信息公开、采购方式确定、采购程序的执行情况；

（三）政府采购合同的订立、履行、验收和资金支付情况；

（四）政府采购文件备案等审批、备案事项的执行情况；

（五）对供应商询问和质疑的处理情况；

（六）法律法规规定的其他事项。

第六十条　政府采购监督管理部门应当在本部门职责范围内，对集中采购机构下列政府采购活动进行监督检查：

（一）集中采购任务完成情况；

（二）内部制度建设和监督制约机制落实情况；

（三）政府采购信息发布和政府采购文件编制、采购程序的执行情况；

（四）实际采购价格与采购预算和市场同期平均价格差异情况；

（五）集中采购机构的服务质量情况；

（六）工作人员的专业素质和专业技能培训情况；

（七）对供应商询问和质疑的处理情况；

（八）法律法规规定的其他事项。

第六十一条 政府采购监督管理部门应当在本部门职责范围内，对社会代理机构下列政府采购活动进行监督检查：

（一）政府采购业务的代理资格；

（二）代理政府采购项目是否超越其规定的业务范围；

（三）政府采购信息公开、采购方式确定和采购程序的执行情况；

（四）评审专家抽取和使用情况；

（五）对供应商询问和质疑的处理情况；

（六）法律法规规定的其他有关事项。

第六十二条 政府采购监督管理部门应当在本部门职责范围内，对评审专家参加政府采购评审活动、遵守政府采购评审工作纪律、履行评审义务等情况进行监督检查。

第六十三条 政府采购监督管理部门应当将下列政府采购信息及时向社会公布：

（一）有关政府采购的法律法规、规章和其他规范性文件；

（二）集中采购目录、政府采购限额标准和公开招标数额标准；

（三）采购代理机构名录、采购项目信息；

（四）协议供货供应商的名单和协议供货事项；

（五）对集中采购机构的考核结果；

（六）对采购人、采购代理机构、供应商和评审专家不良行为的通报；

（七）投诉机构的名称、电话、地址，以及投诉处理决定；

（八）法律法规规定应当公布的其他政府采购信息。

第六十四条 任何公民、法人和其他组织对政府采购活动中的违法行为，有权控告和检举，政府采购监督管理部门应当及时处理，并予以答复。

第五章 法律责任

第六十五条 采购人有下列行为之一的，由政府采购监督管理部门责令限期改正，对直接负责的主管人员和其他直接责任人，由监察机关或者任免机关依法给予处分：

（一）未按规定编制和报送政府采购预算、政府采购实施计划的；

（二）没有政府采购预算、政府采购实施计划而擅自采购的；

（三）无正当理由不确认或者不按时确认政府采购文件的；

（四）无正当理由不确认或者不按时确认中标、成交供应商的；

（五）不与中标、成交供应商签订政府采购合同的；

（六）不履行或者擅自变更、中止和终止政府采购合同的；

（七）不按照政府采购合同进行验收的；

（八）未按规定办理政府采购事项报批、备案的。

采购人有前款第一项、第二项、第三项、第四项、第七项、第八项规定行为逾期不改正的，政府采购监督管理部门应当暂停或者停止拨付采购资金；采购人有前款第二项、第四项、第五项、第六项规定行为的，政府采购监督管理部门应当收回项目预算，并在本财政年度内不安排相同的政府采购项目。

第六十六条 采购人、采购代理机构及其工作人员有下列行为之一的，由政府采购监督管理部门责令改正，暂停或者停止拨付采购资金，对直接负责的主管人员和其他直接责任人，由监察机关或者任免机关依法给予处分；构成犯罪的，依法追究刑事责任：

（一）与供应商或者其他采购代理机构恶意串通的；

（二）未按规定发出中标、成交通知书，或者拖延、拒绝退还供应商保证金的；

（三）对供应商的质疑无正当理由逾期不答复的；

（四）未将政府采购信息在指定的政府采购信息发布媒体上公开的；

（五）未按规定确定参加政府采购活动供应商名单的；

（六）违反有关优先采购产品或者采购进口产品规定的；

（七）未按规定组建评标委员会、谈判小组或者询价小组，或者未按规定为评审工作提供必要条件、影响评审工作正常进行的；

（八）在采购文件中规定排斥潜在供应商等方面内容，或者在采购过程中以不合理的条件对供应商实行差别待遇或者歧视待遇的；

（九）拒绝政府采购监督管理部门依法进行的调查、检查或者不执行政府采购监督管理部门依法作出的投诉处理决定的。

采购代理机构及其工作人员有前款第一项规定行为的，依照法律、行政法规的规定处以罚款，有违法所得的，并处没收违法所得。采购代理机构有前款第八项、第九项规定行为之一的，可以并处一万元以上五万元以下的罚款。

第六十七条 集中采购机构有下列情形之一的，由政府采购监督管理部门责令改正，给予警告；逾期不改正或者情节较严重的，由监察机关或者任免机关对主要负责人和直接责任人依法给予处分：

（一）内部管理制度不健全的；

（二）未配备必要的采购工作人员，或者配备的采购工作人员不具备任职条件的；

（三）未按规定对采购工作人员进行培训、考核的；

（四）采购价格明显高于市场平均价格，或者质量不符合采购需求，且不能合理说明理由的；

（五）故意拖延或者拒绝代理政府集中采购事宜的；

（六）违反规定收取采购代理费的。

第六十八条　参加政府采购评审工作的人员收受供应商及有关单位的财物或者谋取利益的，向外泄露评审情况和参与政府采购活动所获取的国家秘密、商业秘密的，由政府采购监督管理部门给予警告，没收收受的财物，构成犯罪的，依法追究刑事责任。属于国家公务员或者国家行政机关任命的其他工作人员的，由监察机关或者任免机关依法给予处分；属于政府采购评审专家的，由政府采购监督管理部门取消其政府采购评审专家资格，并在指定的政府采购信息发布媒体上予以公告；对其他人员，由所在单位或者上级主管部门给予处分。

第六十九条　供应商有下列情形之一的，由政府采购监督管理部门给予警告；情节严重的，禁止参加政府采购活动一至三年；构成犯罪的，依法追究刑事责任：

（一）收到中标、成交通知书后无正当理由拖延或者放弃与采购人签订采购合同的；

（二）无正当理由拒不履行或者拖延履行采购合同义务的；

（三）擅自变更、中止或者终止采购合同的；

（四）捏造事实，进行虚假质疑及投诉的；

（五）使用串通投标手段参与投标的；

（六）与采购人、其他供应商或者采购代理机构恶意串通的。

供应商有前款第五项、第六项规定行为之一的，中标、成交无效，可以并处采购金额千分之五以上千分之十以下的罚款，列入不良行为名单，有违法所得的，并处没收违法所得，情节严重的，按照国家有关规定吊销营业执照。

第七十条　供应商提供的货物、工程或者服务存在质量问题的，依照有关法律法规的规定处理。

第六章　附　则

第七十一条　乡镇一级政府采购项目纳入上一级政府采购进行管理。具体管理办法由地级以上市人民政府规定。

第七十二条　本办法下列用语的含义是：

政府采购评审，是指政府采购活动中的评标、谈判或者询价等工作。

政府采购文件，是指招标采购中招标文件及其他采购方式中向供应商发出邀约的采购文件。

第七十三条　本办法自2010年3月1日起实施。

关于印发《广东省政府采购工作规范（试行）》的通知

粤财采购［2010］4号

各地级以上市财政局（委）、省直各单位：

为进一步建立健全我省政府采购制度体系，规范政府采购行为，根据《中华人民共和国政府采购法》和《广东省实施〈中华人民共和国政府采购法〉办法》，我厅制定了《广东省政府采购工作规范（试行）》［因页数较多，请各单位登录广东省政府采购网(政策法规栏)（http://www.gdgpo.gov.cn）自行下载正文附件)］，请认真遵照执行。执行中遇有问题，请及时反馈广东省财政厅。

2004年发布的《广东省财政厅关于印发〈广东省政府采购信息公告管理暂行办法〉的通知》（粤财采购［2004］13号）、《广东省财政厅关于印发〈广东省政府采购项目档案管理暂行办法〉的通知》（粤财采购［2004］14号）、《广东省财政厅关于印发〈广东省政府采购合同监督管理暂行办法〉的通知》（粤财采购［2004］16号）、《广东省财政厅关于印发〈广东省政府采购公开招标采购方式暂行实施规程〉的通知》（粤财采购［2004］17号）、《广东省财政厅关于印发〈广东省政府采购非公开招标采购方式实施暂行规程〉的通知》（粤财采购［2004］18号）、《广东省财政厅关于印发〈广东省政府采购评审委员会组建暂行办法〉的通知》（粤财采购［2004］26号）、《广东省财政厅关于印发《广东省政府采购评审委员会工作暂行规程》的通知》（粤财采购［2004］27 号）、《广东省财政厅关于印发〈广东省政府采购计划管理暂行办法〉的通知》（粤财采购［2004］32 号）、《广东省财政厅关于印发〈广东省政府采购当事人行为规范〉的通知》（粤财采购［2004］33 号）、2006 年发布的《广东省财政厅关于试行电子化政府采购的通知》（粤财采购［2006］4 号）同时废止。

附件：《广东省政府采购工作规范（试行）》文件一（略）

《广东省政府采购工作规范（试行）》文件二（略）

广东省财政厅

二〇一〇年三月二十五日

关于印发 2010 年广东省政府采购工作要点的通知

粤财采购［2010］5 号

各地级以上市财政局，省直各单位、各采购代理机构（含集中采购机构）：

2010 年广东省政府采购工作的总体要求是：坚持以科学发展观为指导，深入贯彻落实《国务院办公厅关于进一步加强政府采购管理工作的意见》（国办发［2009］35 号）精神，按照政府采购科学化、精细化的工作要求，继续深化政府采购制度改革，以加强法制建设为中心，以发挥政府采购政策功能为亮点，以加快电子政府采购为重点，以规范操作执行和健全竞争制约机制为核心，以推动专业化队伍建设为保障，坚持改革创新，不断改进工作方式方法，谋划工作新举措，依法行政，规范管理，努力开创政府采购工作新局面。

一、切实抓好《广东省实施〈政府采购法〉办法》的贯彻落实

（一）全面准确地了解和把握好《实施办法》的各项规定，维护采购当事人的合法权益，切实履行好政府采购管理职责，带动全社会学习好、宣传好、执行好这部法规，做好《实施办法》的宣传工作，确保《实施办法》的顺利实施。

（二）抓紧制订相关配套规范性文件，包括《广东省政府采购供应商质疑复审管理办法》、《广东省政府采购部门集中采购管理办法》、《广东省自主创新产品政府采购管理办法》等，作为《广东省实施〈政府采购法〉办法》的有益补充，借以推动我省政府采购管理逐步规范化、法制化、精细化。各地区可结合实际，研究制定符合本地区实际的政府采购管理新办法、新制度。

（三）建立《实施办法》跟踪反馈信息渠道机制，认真了解《实施办法》实施过程中遇到的问题，密切关注《实施办法》实施后社会大众的反应和效果，及时调整工作重心，做出应对措施，确保政策落实到位。

（四）积极与人大、纪委等部门沟通协调，适时开展执法检查工作，督促政府采购监督管理部门、政府采购各方当事人严格遵循政策，力求取得成效。

二、以“公开、透明”为原则，进一步推进电子化政府采购平台建设

（一）切实抓好全省统一的电子政府采购平台的建设和实施推广工作，进一步构建更加公开、透明、开放的电子政府采购管理交易平台，实现充分竞争和各采购参与方的相互制衡。

（二）认真总结试点市和试点单位的经验，继续完成试点任务，并在此基础上，加快推进电子化政府采购平台实施推广工作，力争 2010 年实现全省基本覆盖。

（三）进一步完善电子采购平台功能体系，加大实施力度，加快专家库、供应商库、商品信息库的建设，实现专家管理库、供应商库、商品行情库等信息资源在全省范围内的信息共享。

（四）抓紧建立价格监督平台，形成连续可比的价格信息体系，从而有效解决政府采购“质次价高”的难题。

（五）逐步完善监控子系统，充分发挥行政效能作用，实现全过程无盲点监控，确保人大、纪委、审计等部门实现在线监督。

三、以支持自主创新为亮点，进一步探索和研究政府采购政策功能长效运行机制

（一）强化政府采购政策功能，促进提高自主创新能力，认真研究并落实自主创新产品政府采购政策，充分发挥政府采购对自主创新的引导和支持作用。

（二）不断完善政府采购自主创新产品认定办法、标准、程序以及目录，不断扩大自主创新产品政府采购清单的范围和数量。各地区可结合实际出台本地区的自主创新产品政府采购政策和清单。

（三）加强对自主创新产品政府政策落实情况的监督检查，强化自主创新政府采购预算和计划编报，做好采购合同履约验收的审核，督促采购单位、采购代理机构认真落实自主创新产品政府采购政策。

（四）开展自主创新产品政府采购政策调研，摸清全省尤其是珠江三角洲地区自主创新产品参与政府采购的现状和问题，提出切实可行的措施。

四、加强监管，进一步规范政府采购操作执行行为

（一）狠抓政府采购预算执行，强化政府采购预算和计划的刚性编制，从源头上规范管理。严格审核政府采购合同，确保财政性资金的安全支付。

（二）加强对集中采购机构的管理，统一内部机构设置，严格落实决策、执行、监管“三分离”制度。按照集中采购机构考核办法要求，定期对政府采购集中代理机构进行量化考核。

（三）结合采购人、采购代理机构存在的薄弱环节，不定期开展有针对性的专项检查，督促其规范采购行为，加强内部管理，提高服务意识、服务质量和服务水平。

（四）加强和规范专家管理工作，完善专家库管理办法，不断扩大专家库专家数量。

（五）加强对采购活动的监管，做好投诉处理和群众信访工作，完善责任追究制度，加大对违法违规行为的处罚力度，建立评审专家、供应商和代理机构“黑名单”制度。

（六）进一步推进“两个竞争机制和一个制约机制”建设。继续发挥竞争机制作用，在集中采购业务代理中引入竞争机制，打破现有的行政隶属关系，实现集中采购机构之间的良性竞争；引导社会采购代理机构参与政府采购项目的竞争；通过鼓励竞争，激励更多的供应商广泛参与到广东政府采购市场中来，防止市场垄断行为。不断强化制约机制，通过强化政府采购各方当事人之间的制约机制，促进政府采购工作更加公开化、透明化和规范化。

（七）加强与监察、审计等部门的沟通联系，完善财政部门综合性监督与监察、审计部门专业性监督相结合的工作机制，形成有效的监管合力。

五、加强宣传，为深化政府采购制度改革营造良好氛围

（一）加大对政府采购法律法规的宣传力度，促进政府采购制度的全面贯彻执行。重点抓好新出台的各项法规制度和政策的宣传，提高依法采购意识和政策的执行效果，提高社会对政府采购的认可度，赢得社会各界和人民群众的理解和支持，为深化政府采购制度改革营造良好氛围。

（二）不断完善广东政府采购网站的版面设计，丰富和完善相关栏目内容，增强信息发布的时效性和权威性，不断加大违法违规行为公开曝光力度，同时针对社会关注的热点、难点及时在网站上做好释疑解惑工作，形成有利于政府采购科学健康发展的正确舆论导向。各地可结合实际，继续完善本地区的政府采购信息对外窗口建设。

（三）建立信息专报机制，及时向上级部门和人大、纪委汇报政府采购制度改革的新情况、新举措，以争取上级部门和人大、纪委对政府采购工作的重视和支持。

六、加强培训，努力建设一支高素质的政府采购队伍

（一）加大培训力度，提高整体素质，使政府采购从业人员切实掌握和遵守制度法规，不断提高法律意识、政策水平和专业技能。

（二）研究建立政府采购从业人员执业资格管理制度，制定广东省政府采购从业人员准则和岗位标准，实行持证上岗。

（三）开展加强政府采购科学化、精细化管理等专题研讨，不断提高政府采购管理和操作执行水平。

广东省财政厅

二〇〇九年三月二十六日

海南省

关于对海南省政府采购评审专家进行征集和重新确认的函

琼财采［2009］80号

省直各有关部门（单位）：

为进一步完善我省政府采购评审专家库建设，扩充专家库的专家数量，规范评审专家管理，掌握专家库评标专家的基本情况，现需向各单位征集政府采购评审专家，并对专家库现有的评标专家进行重新确认和分类。请各单位积极推荐评审专家（申报条件见附件1），并督促本单位已获得各行业主管部门认定资格的评标专家认真填写《评标专家重新确认登记表》（见附件 2）。申报评审专家工作随时受理，《评标专家重新确认登记表》请于 4 月 20 日前送财政厅政府采购管理处（联系方式：海口市滨海大道 109 号财政大厦 1506 室，联系电话：68546705，传真：68503236，联系人：李清丽）。

附件：1．申报政府采购评审专家应当具备的条件

2．评标专家重新确认登记表（略）

海南省财政厅

二〇〇九年三月十三日

附件 1：

申报政府采购评审专家应当具备的条件

政府采购评审专家是指符合《政府采购评审专家管理办法》规定条件和要求，以独立身份从事和参加政府采购有关评审工作的人员。

一、申请政府采购评审专家应当具备以下条件：

（一）热爱政府采购事业，能够积极参加政府采购的评审活动；

（二）具有较高的业务素质和良好的职业道德，在政府采购的评审过程中能以客观公正、廉洁自律、遵纪守法为行为准则；

（三）从事相关领域工作满 8 年，具有本科（含本科）以上文化程度，高级专业技术职称或者具有同等专业水平，精通专业业务，熟悉产品情况，在其专业领域享有一定声誉；

（四）熟悉政府采购、招标投标的相关政策法规和业务知识，能胜任政府采购评审工作；

（五）本人愿意以独立身份参加政府采购评审工作，并接受财政部门的监督管理；

（六）没有违纪违法等不良记录；

（七）财政部门要求的其他条件。

达不到上述（三）款要求，但在相关工作领域有突出的专业特长并熟悉商品市场销售行情，且符合专家其他资格条件的，也可提出申请。

二、申请人须提供以下材料：

（一）填写《海南省政府采购评审专家申请表》（登录“中国海南政府采购网”(www.ccpg－hainan.gov.cn)或“海南省人民政府网”（www.hainan.gov,cn）下载《海南省政府采购评审专家申请表》），申请表应由本人签字；

（二）提供毕业证书、学位证书、专业资格证书、身份证、工作证原件和复印件各一份（原件当场核对后退还）；

（三）个人研究或工作成就简况（包括学术论文、科研成果、发明创造等）；

（四）本人所在单位或行业组织出具的评荐意见。

关于印发《海南省医疗机构药品集中采购监督管理暂行办法》的通知

琼卫药招办［2009］4号

各市、县、自治县卫生局，纠风办，商务局，财政局，物价局，工商局，食品药品监管局，社保局，洋浦社会发展局，省农垦总局卫生局，省医疗机构药品集中采购工作领导小组成员单位，各有关医疗机构，药品生产、经营企业：

为切实加强对我省医疗机构药品集中采购工作的监督管理，规范药品集中招标采购活动中各医疗机构、药品生产企业、药品配送企业和药品采购服务机构的行为，省医疗机构药品集中采购工作领导小组制定了《海南省医疗机构药品集中采购监督管理暂行办法》，经省政府同意，现印发给你们，请遵照执行。

海南省卫生厅
海南省纠风办
海南省商务厅
海南省财政厅
海南省物价局
海南省工商行政管理局
海南省食品药品监督管理局
海南省政务服务中心
海南省社会保险事业局
二〇〇九年十二月二十九日

海南省医疗机构药品集中采购监督管理暂行办法

第一章　总　则

第一条　为规范医疗机构药品集中采购工作，建立公开、公平、公正、透明的药品采购工作机制，加强对海南省医疗机构药品集采购工作的监督管理，根据国家有关法律法规、规章，以及卫生部等六部委《关于进一步规范医疗机构药品集中采购工作的意见》（卫规财发[2009]7号）、海南省人民政府办公厅《关于印发进一步规范医疗机构药品集中采购工作的实施意见的通知》（琼府办[2009]109号）等有关规定，制定本办法。

第二条　参与海南省药品集中采购的医疗机构、药品生产企业、药品配送企业和省药品招标采购交易中心等相关单位、个人必须遵守本办法。

第三条　海南省医疗机构药品集中采购工作领导小组成员单位根据各自职责对全省医疗机构药品集中采购活动全过程进行监督管理。

第四条　市县医疗机构药品集中采购工作在当地政府的领导下，由卫生行政部门牵头、政府相关部门密切配合，根据各自职责分工，开展监督管理工作。

第二章　监督机构

第五条　监督管理的日常事务由海南省医疗机构药品集中采购工作领导小组办公室负责。

第六条　领导小组各成员单位按照职能分工，依据有关法律法规对全省医疗机构药品集中采购活动全过程进行监督管理，受理各方当事人对违规违纪行为的投诉和举报，纠正和查处药品集中招标采购活动中各种违规违纪行为。触犯刑律的移交司法机关查处。

（一）省纠风部门依照《中华人民共和国行政监察法》等有关法律法规，督促各有关部门对药品集中采购活动进行监督管理；对政府有关部门及其工作人员在药品集中采购活动中履行职责，执行法律法规和规章的情况进行监督，受理有关检举和控告，依法对违规违纪行为进行调查和处理。

（二）省卫生行政部门负责对医疗机构药品采购行为进行监督管理；纠正和查处医疗机构有关人员的违规违纪行为；督促各医疗机构认真履行合同，按时结算货款，定期公布药品集中采购情况，督促各医疗机构定期公布处方结构情况，推行医疗机构处方点评制度。

（三）省商务部门负责对省药品招标采购交易中心执行《省药品集中采购工作机构工作规定》情况进行监督；督促其建立健全各种规章制度和工作规范，并对执行情况进行监督管理。

（四）省政务中心负责抽取评审专家，协调有关职能部门通过联网监控系统对药品采购的评审活动进行监管，对联网平台开展的评审活动的投诉协同有关部门进行核查。

（五）省财政部门负责组织实施相应的财政监督。

（六）省物价管理部门负责对全省医疗机构药品集中采购活动中有关价格、收费行为进行监督管理。

（七）省工商行政管理部门依照《反不正当竞争法》、《合同法》和其他有关法律法规，对药品集中采购当事人的不正当竞争行为，购销双方的合同欺诈及其他违法行为进行查处。

（八）省食品药品监督管理部门负责对参加全省医疗机构药品集中采购活动的药品生产企业、药品配送企业的资质及其生产经营的药品质量进行监督管理。

（九）省人力资源和社会保障（社会保险）部门负责会同有关部门对各医疗机构合理用药情况进行监督。

监督管理机构在全省医疗机构药品集中采购活动中，要认真履行职责，密切配合；有关工作人员有违反本办法行为的，按照有关法律法规和规章进行处罚。

第三章　医疗机构

第七条　医疗机构在全省医疗机构药品集中采购活动中应当遵守以下规定：

（一）不得以任何理由和方式规避或变相规避参加全省医疗机构药品集中采购活动。

（二）组建药事管理委员会，定期制订药品采购计划，并按规定程序采购质优价廉的药物品种。

（三）采购药品必须通过海南省药品招标采购交易中心的交易平台采购系统完成，不得采购非中标药品。

（四）严格按“备案采购药品”规定程序采购未纳入采购中标目录中用量少的特殊专科药品或临床急抢救药品。

（五）购进的药品，必须执行进货检查验收制度，验明药品合格证明和其它标识，不符合规定和要求的不得购进和使用。

（六）严格执行中标药品的价格。

（七）必须与药品配送企业签订并严格履行药品购销合同；及时与药品配送企业结算货款，自收到药品之日起最长不得超过60日。

（八）不得在选定、采购、销售药品和后期回款过程中收受回扣或牟取其它不正当利益。

（九）发现在医疗机构药品集中采购活动中的违规违纪行为，应当及时向药品集中采购工作领导小组举报。

（十）遵守法律法规的其它规定。

第八条　医疗机构违反第七条有关规定的，由领导小组相关部门进行查处：

（一）违反第七条（一）、（三）项规定的，由卫生行政部门会同有关部门进行查处，追究该医疗机构有关领导和当事人相关责任，视情节轻重给予行政处分，取消该医疗机构当年的评先评优资格，并将上述情况纳入医疗机构相关评审考核。

（二）违反第七条（二）、（七）项规定的，由卫生行政部门、工商行政管理部门会同有关部门进行查处，一次违规的，对其进行批评教育，责令限期整改；二次违规的，对该医疗机构全省通报批评；三次违规的，追究该医疗机构有关领导和当事人相关责任，取消该医疗机构当年的评先评优资格，并纳入医疗机构相关评审考核。

（三）违反第七条（四）项规定的，由卫生行政部门会同有关部门进行查处，追究该医疗机构有关领导和当事人相关责任，取消该医疗机构当年的评先评优资格，并纳入医疗机构相关评审考核。

（四）违反第七条（五）项规定的，由食品药品监督管理部门、卫生行政部门会同有关部门进行查处，追究有关当事人责任及药品生产企业、药品配送企业责任，由此引发医疗事故的，承担相应的包括经济赔偿责任在内的法律责任。

（五）违反第七条（六）项规定的，由物价管理部门会同有关部门依法查处。

（六）违反第七条（八）项规定的，由省卫生、工商和纠风等部门依法查处。

第九条　医疗机构涉嫌违法的，由执法部门进行查处，追究有关当事人的责任，触犯刑律的移交司法机关查处。

第四章　药品生产企业

第十条　药品生产企业在全省医疗机构药品集中采购活动中必须遵守以下规定：

（一）在全省医疗机构药品集中采购活动中必须按要求提供真实有效的证明文件。

（二）不得以投标报价低于成本价的方式或不负责的承诺，骗取中标。

（三）一旦公布成为采购中标品种目录药品，自签订中标合同之日起至采购周期结束，除不可预见因素外，不得自行弃标和不履行合同。

（四）按网上公布的中标品种目录所注明的产品质量、剂型、规格和价格供应合格的药品，不得自行涨价和变更包装、规格在网上采购。如在采购周期内发生产品信息变更，须向省药品招标采购交易中心提出书面声明并提供有关证明，由省药品招标采购交易中心核实，报省物价管理部门确认相应价格后进行更新。

（五）应当与药品配送企业或医疗机构签订并严格履行药品购销合同，同时按规定给药品配送企业或医疗机构开具发票和结算货款。

（六）在规定的时间内，与省药品招标采购交易中心签订中标合同和有关协议。

（七）不得以任何名义给予“回扣”、“开单提成”、“赞助费”、“科室提单费”、“进药费”等违规违纪费用。

（八）发现全省医疗机构药品集中采购活动中违规违纪行为，及时向领导小组举报。

（九）遵守法律法规的其它规定。

第十一条　药品生产企业违反第十条有关规定的，由领导小组相关部门进行查处：

（一）违反第十条（一）项规定的，由食品药品监督管理部门会同有关部门进行查处，取消该药品生产企业当年在全省医疗机构药品集中采购活动的投标资格，将其列入不良记录名单并在网上公示，两年内不接受其在本省医疗机构药品集中采购活动的投标申请。

（二）违反第十条（二）项规定的，由卫生行政部门会同有关部门进行查处，并责令该药品生产企业以中标价供应该药品。对拒不履行的，依法追究经济赔偿责任，将其列入不良记录名单并在网上公示，两年内不接受其在本省医疗机构药品集中采购活动的投标申请。

（三）违反第十条（三）项规定的，由卫生行政部门会同有关部门进行查处。

对自行弃标的，直接将该药品生产企业列入不良记录名单并在网上公示，两年内不接受其在全省医疗机构药品集中采购活动的投标申请。

对无不可预见因素不供货，一次违规的，对该药品生产企业提出警告，限期整改；二次违规的，将其列入不良记录名单并在网上公示；三次违规的，两年内不接受其在本省医疗机构药品集中采购活动的投标申请。

（四）违反第十条（四）项规定的，由食品药品监督管理部门、物价管理部门依法查处。

对提供质量不合格药品的，直接将该药品生产企业列入不良记录名单并在网上公示，两年内不接受其在全省医疗机构药品集中采购活动的投标申请，由此产生医疗事故的，承担相应的包括经济赔偿责任在内的法律责任。

对不按中标目录中注明的剂型、规格、包装、价格供应药品，一次违规的，将其列入不良记录名单并在网上公示，限期整改；二次违规的，两年内不接受其在本省医疗机构药品集中采购活动的投标申请。

（五）违反第十条（五）、（六）、（七）项规定的，由卫生行政部门、工商行政管理部门会同有关部门依照有关法律法规进行查处。

第十二条　药品生产企业涉嫌违法的，由执法部门进行查处，取消该药品生产企业所有品种中标资格，并在网上公示，两年内不接受其在全省药品集中采购活动的投标申请，触犯刑律的移交司法机关查处。

第五章　药品配送企业

第十三条　药品配送企业在全省医疗机构药品集中采购活动中应当遵守以下规定：

（一）按要求提供真实有效的证明文件。

（二）按时确认网上医疗机构的订购信息，及时按网上公布的采购中标品种目录所注明的产品质量、剂型、规格和价格配送合格的药品；不得因采购量小、金额少拒绝配送；不得影响临床用药。如在采购周期内发生药品配送企业信息变更，须向省药品招标采购交易中心提出书面声明并提供有关证明，由省药品招标采购交易中心核实后进行更新。

（三）药品配送要求：节假日照常配送；急救药品 4 小时内送到；一般药品 24 小时内送到，最长不超过 48 小时。

（四）必须在规定时间内与药品生产企业、医疗机构签订并严格履行药品购销合同。

（五）必须在规定的时间内与省药品招标采购交易中心签订有关协议。

（六）不得以任何名义给予“回扣”、“开单提成”、“赞助费”、“科室提单费”、“进药费”等违规违纪费用。

（七）发现全省医疗机构药品集中采购活动中违规违纪行为，及时向辖区药品招标采购监督机构举报，所提供材料必须真实。

（八）遵守法律法规的其它规定。

第十四条　药品配送企业违反第十三条有关规定的，由领导小组相关部门进行查处：

（一）违反第十三条（一）项规定的，由食品药品监督管理部门会同有关部门进行查处，取消该药品配送企业当年所有品种配送资格，将其列入不良记录名单并在网上公示，两年内不接受其在本省医疗机构药品集中采购活动的配送申请。

（二）违反第十三条（二）、（三）项规定的，由卫生行政、食品药品监督管理部门会同有关部门进行查处。一次违规的，对该药品配送企业提出警告，限期整改；二次违规的，取消其当年所有药品品种配送资格，列入不良记录名单并在网上公示；三次违规的，取消其所有药品品种配送资格，列入不良记录名单并在网上公示，两年内不接受其参加全省药品集中采购活动。影响临床抢救用药的，承担相应的医疗事故责任。

（三）违反第十三条（四）、（五）、（六）项规定的，由卫生行政部门、工商行政管理部门会同有关部门依照有关法律法规进行查处。

第十五条　药品配送企业涉嫌违法的，由执法部门进行查处，取消该药品配送企业当年所有药品品种配送资格，并在网上公示，两年内不接受其参加全省医疗机构药品集中采购活动，触犯刑律的移交司法机关查处。

第六章　海南省药品招标采购交易中心

第十六条　省药品招标采购交易中心在全省医疗机构网上药品集中采购活动中应当遵守以下规定：

（一）自觉接受领导小组的领导和监督，依据有关法律法规和规章，认真贯彻执行当年度医疗机构药品集中采购实施方案。

（二）建立和维护全省药品集中采购服务网络平台，使其具备网上报名、报价、采购、配送、相关数据分析、网上监控等功能，并保证系统安全。按照工作职责，承担药品集中采购的事务性工作。

（三）建立和完善内部管理机制。设定科学的工作流程，制订工作规范，建立保密制度。按规定对全省医疗机构网上药品集中采购活动全过程各种信息和数据进行保密，并确保数据安全和完整，数据保存期限3年，经领导小组确认的数据必须备份，并交领导小组办公室、省纠风办各一份。

（四）建立网上招标采购监督管理信息平台，对全省医疗机构网上药品集中采购情况进行网上监控，定期统计分析，并报领导小组办公室。

（五）未经领导小组办公室审批，不得擅自发布任何相关信息和更改挂网数据。

（六）除规定的收费项目外，不得收取其它任何费用；不得收受任何名目的违规违纪费用。

（七）发现全省医疗机构药品集中采购活动中违规违纪行为，及时向领导小组举报。

（八）遵守法律法规的其他规定。

第十七条　海南省药品招标采购交易中心违反第十六条规定的，由领导小组有关部门依法进行查处，追究当事人和领导的相关责任。

第十八条　省药品招标采购交易中心有关人员涉嫌违法的，由执法部门进行查处，追究有关当事人责任，触犯刑律的移交司法机关查处。

第七章　附　则

第十九条　本办法由海南省医疗机构药品集中采购工作领导小组办公室负责解释。

第二十条　本办法自发布之日起施行。

关于2010年度协议供货（第一期）政府集中采购有关事宜的通知

琼财采［2010］560号

省直各预算单位：

为了节约财政资金，降低采购成本，提高采购效率，满足采购人快捷采购的需求，新一年度协议供货采购工作在保证产品质量和售后服务水平不低于往年的前提下，重点控制协议供货产品的采购价格不高于市场平均价。我厅委托海南省政府采购中心进行的2010年度协议供货第一期公开招标采购工作已经完成，新的招标结果已经产生。现将新一轮协议供货采购交易执行过程中的有关事宜通知如下：

一、实行协议供货的采购品目

依据协议供货产品的特点及实际采购情况，分为五大类：交通工具类、空气调节设备类、电子信息产品类、自动化办公设备类和通用软件类。具体品目见附件《2010年度协议供货产品目录》。

二、协议供货采购适用范围

凡在协议供货公开招标中的中标产品，均可使用协议供货方式采购。

三、协议供货采购周期

2010年的协议供货实行每季度公开招标一次。协议供货有效周期：3个月。

四、协议供货采购交易价格

今年协议供货采购的价格，直接在GFMIS系统中选择产品中标价格×产品数量＝合同价格（不再使用折扣率）。

五、中标结果使用时间

从通知发布之日起，GFMIS系统将使用新的功能模块及新的中标结果，产品信息将在3个工作日内录入系统，预计4月26日开始使用。这期间，如果有疑问，请与我厅或海南省政府采购中心联系，联系人：李清丽、王莉；联系电话：0898－68546705、66529826。

六、协议供货采购其他事宜

协议供货信息发布、操作方式、管理模式以及供应商违规处理，参照2009年的方法执行。

七、未尽事宜另行通知

附件：《2010年度协议供货产品目录》（略）

海南省财政厅

二〇一〇年四月十九日

重庆市

关于进一步规范招标文件编制等有关问题的通知

渝财采购［2009］6号

市级各部门，市政府采购中心、其它采购代理机构：

近段时间，我局多次收到供应商和评审专家对招标文件编制和政府采购相关工作提出的意见和建议，反映招标文件中供应商资格条件设置和评审标准制定，以及政府采购信息发布、开标、评标等方面存在的问题，为进一步规范招标文件编制等工作，促进政府采购活动的公开、公平和公正，根据《政府采购法》和《中共重庆市纪委、重庆市财政局、重庆市监察局关于印发<中共重庆市纪委、重庆市财政局、重庆市监察局政府采购工作监督管理办法（试行）>的通知》（渝纪发［2008］32号），经研究，就有关问题通知如下：

一、关于供应商资格条件设置问题

招标文件中的供应商资格条件应根据采购项目的实际需要设置，不得以不合理的条件阻挠和限制供应商参加投标，或对供应商实行差别待遇或者歧视待遇。供应商资格条件设置应遵守以下规定：

（一）投标产品品牌持有人（制造商）出具的投标特别授权函、服务承诺函等不得作为供应商资格条件。

（二）不得将供应商业绩和实施经验（案例）作为供应商资格条件。

（三）不得对供应商注册资金提出过高要求。供应商注册资金作为资格条件的，原则上不得超过采购项目预算的50%。

（四）因采购项目特殊需要设定的供应商资格条件，至少应有三家供应商满足所设条件。

（五）因采购项目的特殊需要设定的产品关键技术参数（“*”条款），至少应有不同品牌的三款产品满足该项技术要求。

二、关于综合评分法评标标准问题

招标文件中制定的评标标准应体现公开、公正和透明原则，评标细则应尽可能量化并具有可操作性。采购项目采用综合评分法的，评标标准应遵守以下规定：

（一）评标标准的主要评审因素是价格、技术、财务状况、信誉、业绩、服务、对招标文件的响应程度，以及相应的比重或者权值等，对各明细项分值及不同档次得分必须予以量化，切实减少评标的自由裁量权；除非特别需要，其他因素原则上不得列入评标标准中。

（二）招标文件中未要求供应商提供的内容不得作为评分因素。

（三）供应商资格、资质条件不得作为评分因素。

（四）招标文件中应体现政府采购政策功能和优先采购导向，应载明拟采购产品的节能和环保要求。评标标准应当按照相关规定对自主创新产品、节能和环保产品，以及支持不发达地区等设置合理的加分条款，对自主创新产品应给予一定幅度的价格折扣。拟采购产品属于节能产品政府采购清单规定必须强制采购的，应当在招标文件中明确载明，并在评标标准中予以充分体现。

（五）为进一步节约财政资金，货物类采购项目价格分值（权重）为40～60分，其中：拟采购产品规格、标准统一且市场货源充足的，评标标准中价格分值原则上不得低于50分，其他采购项目原则上不得低于40分。

（六）价格分统一采用低价优先法计算，即满足招标文件要求且投标价格最低的投标报价为评标基准价，其价格分为满分，其他投标人的价格分按规定公式计算得分，不得设置最低得分下限。

三、关于招标文件编制的其他问题

（一）除按国家规定程序报批的采购项目外，应在招标文件中明确不采购进口产品。

（二）招标文件中不得限制或强制供应商以联合体形式参加投标。

（三）为鼓励低价竞争，在确保产品质量的前提下，招标文件中不得对供应商报价设置最低限价。

（四）采购人委托采购代理机构采购的，采购人和采购代理机构应对招标文件的合法合规性共同负责。

（五）采购项目要收取供应商中标服务费的，招标文件中应明确载明物价部门的收费批复文件，以及具体收费标准和计算方法等。未经物价部门批准，不得向供应商收取中标服务费。

（六）根据《政府采购法》第五十九条“政府采购监督管理部门应当加强对政府采购活动及集中采购机构的监督检查”的要求，以及渝纪发［2008］32号等文件精神，招标项目预算在300万元（含300万元）以上或影响较大的，招标文件发布前，采购人或采购代理机构应报送市财政局进行合法合规性审查，否则不得对外发布。

四、关于询价和竞争性谈判采购的有关问题

（一）询价采购原则上应实行网上询价。询价公告中应载明询价及评审方法。

（二）询价（包括竞争性谈判，下同）文件自开始发出之日起至供应商提交报价文件截止之日止，不得少于三日（节假日除外）。

（三）询价文件中应当明确载明询价文件提交地点、提交截止时间及评审时间，采购代理机构（含部门集中采购单位，下同）不得提前接收询价文件；提交询价文件截止后，采购代理机构应及时公布供应商名称、报价及排名等主要内容（竞争性谈判只公布参加谈判供应商，不公布报价及排名）。

（四）未实行网上询价采购的项目，采购人或采购代理机构应在我局管理的市级政府采购专家库中随机抽取规定数量的评审专家进行评审。

（五）询价过程和结果应当由采购代理机构指定专人负责记录，形成询价报告并存档备查。

五、其他相关事项

（一）采购代理机构应作好招标文件发售登记工作，开标前，对招标文件发售情况应严格保密。招标公告发布时应同时发售招标文件，发售时间不得少于十五日，不得随意缩短招标文件发售时间。

（二）为降低采购成本，充分发挥部门集中采购机构作用，未经财政部门同意，市级部门集中采购单位原则上不得将集中采购目录中通用类项目委托其他采购代理机构代理采购。

（三）采购人或采购代理机构对供应商提出的有效质疑必须在规定时间内书面答复。

（四）采购代理机构和部门集中采购单位应加强政府采购制度建设，建立健全内部监督机制；要细化采购流程，每个采购项目必须由两个以上专业人员办理，并明确各自分工和责任。

重庆市财政局

二〇〇九年二月十二日

关于《重庆市政府采购管理系统》使用有关事项的通知

渝财采购［2009］16号

市级各部门：

《重庆市政府采购管理系统》（即“大家软件”，以下简称《系统》）自2008年开始在市级部门推广使用以来，已形成以我局为数据中心，连接各市级单位和市采购中心的市级政府采购管理系统。该管理系统的应用，对提高市级政府采购管理信息化水平，提高政府采购工作效率起到了积极作用。《系统》使用初期，由于部分市级单位尚未使用，致使《系统》功能未能很好应用，目前市级单位的《系统》已经安装到位，按照《系统》设计要求，为加强市级单位对采购项目的信息化管理，经研究，决定从2009年7月1日起，由采购单位根据与供应商签订的政府采购合同，在《系统》中录入采购合同相关信息并进行资金支付申请。现将有关事项通知如下：

一、采购单位与供应商签订纸质采购合同后，应及时在《系统》中录入采购合同相关数据，同时根据合同约定设定付款方式。采购项目资金由财政支付的，采购单位应在《系统》中进行资金支付申请，并打印《政府采购财政资金支付申请表》，与纸质合同一并提交我局政府采购处，作为采购项目财政资金支付凭据。

二、采购单位录入《系统》的采购合同内容和《政府采购财政资金支付申请表》内容应与纸质政府采购合同相关数据一致。对于录入采购合同内容与纸质采购合同不一致或录入的合同内容不完整的，我局将在《系统》中退回采购单位进行更正或补充。为了确保数据的一致性，我局只接收《系统》生成并打印的《政府采购财政资金支付申请表》，其他系统或手工填列的将不予受理。

三、采购单位可以通过《系统》随时查阅采购项目信息，包括采购项目申请审批情况、采购项目计划下达情况、采购合同信息、采购项目资金支付信息、政府采购预算指标、采购项目转账列支情况等。

四、采购单位可在《系统》中下载相关操作说明。使用中有何问题，请与重庆大家软件公司联系。

联系电话：89800981(2)(3)－8004/8005

联系人：陈文俊、陈小芬

重庆市财政局

二〇〇九年六月十六日

关于在中标公告中公布评标委员会名单的通知

渝财采购［2009］19号

各区县（自治县）财政局、政府采购代理机构：

为了规范政府采购行为，增强评标委员会成员的社会责任感和法纪意识，加强对政府采购活动的社会监督，根据《中华人民共和国财政部第18号令》的有关规定，市级、区县级政府采购代理机构（含部门集中采购单位），在发布政府采购项目中标公告中，必须公布评标委员会成员名单（仅限姓名），评审专家应对自己的评审意见承担法律责任。

重庆市财政局

二〇〇九年七月二十一日

关于市级政府采购评审专家资格复审的通告

渝财采购［2009］21号

为进一步完善我市政府采购评审专家的管理，提高评审专家资质水平，确保政府采购评审工作的质量和公正，建立能进能出的动态管理机制，根据国务院办公厅《关于进一步加强政府采购管理工作的意见》（国办发［2009］35号）以及财政部和监察部制定的《政府采购评审专家管理办法》（财库［2003］119号）的有关规定，决定对市级政府采购评审专家资格进行复审，现将有关事项通告如下：

一、政府采购评审专家的资格条件

政府采购评审专家，指符合国家规定的资格条件和要求，具有较高专业水平和道德操守，遵纪守法，公正廉洁，以独立身份受聘于财政部门参加政府采购评审工作的人员。其条件和资格要求如下：

1. 我市各行政事业单位、国有企业、高校及科研院所人员（在职及离退休人员，身体健康无重大疾病，年龄65岁以下，特殊专业年龄可适当放宽）及专业人员。

2. 具有较高的政治思想觉悟，良好的法律素养和职业操守，以及较高的专业水平，以遵纪守法、客观公正、廉政自律为个人的行为准则；熟悉政府采购、招标投标的相关政策法规和业务知识。

3. 具有本科（含本科）以上文化程度，连续从事相关业务工作满8年，获得高级专业技术职称。获得中级专业技术职称的，连续从事相关业务工作必须满15年；获得博士学位的，工作年限可适当放宽。对只有大专文化程度，但精通本专业业务，在其专业领域享有一定声誉，且符合其他条件的，经财政部门审核后，视评审业务急需，可聘为评审专家。

4. 模范遵守国家法律法规，没有违反政府采购法规和招标投标法规等不良纪录。

5. 能够在周一至周五调剂时间，按时参加评审工作。

6. 所在单位或行业组织推荐。

二、复审范围和资料

2008年12月31日以前聘为政府采购评审专家的，应参加本次复审，由于政府采购评审专家库建立已有4年，许多评审专家的职务、职称、电话号码等基本信息变化较大，因此，请各专家再次将学历、学位、职称证书和身份证的复印件、一寸免冠登记照片两张和本人填写的《政府采购评审专家复审表》一同报送。2009 年已申报政府采购评审专家的，如资料不齐，应补齐资料。

三、报送时间和地址

请于 2009 年 9 月 30 日之前将所需资料邮寄至重庆市财政局政府采购处张钢收，地址：重庆市渝北区洪湖西路 1 号，邮编：401121，联系电话：67575351 67575209

逾期未报送复审表及资料的，视同自动放弃评审专家资格。

四、社会公示

我局对报送的复审表和资料以及 2009 年以后申报人员报送的申请表和资料进行审核，合格者将在《重庆市政府采购网》［网址为（http://www.cqgp.gov.cn）］和《重庆日报》上公布。如无其他原因，由我局重新颁发《重庆市政府采购评审专家聘书》。评审专家资格每 3 年复审一次。以前年度颁发的《重庆市政府采购评审专家资格证书》同时作废。

五、评审报酬

为了确保评审专家的利益，各采购代理机构应根据评审工作量支付相应的报酬。

各区县财政局要加强对本级评审专家的动态管理，对聘用的评审专家应定期进行复审。实行“统一条件，分级管理，资源共享，随机选取，管用分离”的管理办法。

附件：重庆市政府采购评审专家复审表（略）

重庆市财政局

二〇〇九年八月三日

关于进一步加强政府定点采购管理的通知

渝财采购［2009］22 号

市级各部门，市政府采购中心，有关定点供应商：

近年来，我市实施的政府定点采购在简化工作程序、方便采购单位、提高工作效率、节约财政资金等方面取得了一定成效，但是，有关方面也反映定点采购价格高、效率低、操作不规范等问题。为了及时解决存在的问题，充分发挥政府采购的作用和优势，现就加强政府定点采购管理通知如下：

一、建立部门、单位内部监督约束机制

采购单位建立内部监督约束机制是加强政府定点采购管理的重要环节，实施政府采购的单位应建立由后勤、财务、纪检等部门建立集体审理有关采购事项的机制。通过上网调查和内部招标在定点供应商范围内广泛询价对比，做到货比三家、择优选择。同时要做好询价记录，健全政府采购财务审批报销制度。

二、加强网上定点供应商品价格的监督和管理

市政府采购中心负责对定点供应商在政府采购网信息登录、更新、查询等进行综合管理。政府采购中心要进一步加强网上监督管理，要确定专人对定点供应商品价格进行动态监管，对不按规定更新价格信息的供应商，要及时通知警示，长期不按规定时限更新的通知取消资格。同时要改进定点商品价格查询方式，以达到查询便捷、清晰、准确的要求。

三、定点供应商应诚信经营，信守承诺

定点供应商应按承诺严格执行定点商品优惠价格和售后服务。严格按照规定及时在政府采购网上登录和更新有关商品信息。做到信息准确、查询清晰简便。采购单位在政府采购网了解定点供应商价格等商品信息时，发现定点供应商信息陈旧未及时更新或网上价格与实价采购价格不符，应放弃对该供应商的选择，对定点供应商不按承诺供货和服务的，采购单位可向有关监管部门投诉，有效投诉两次以上的将取消定点供应商资格。

四、建立必要的应对机制

采购单位根据下达的定点采购计划，可择优选择定点范围内的供应商采购商品，在相同条件下，当定点范围内的供应商实际价格高于同期市场平均价格时，采购单位可向财政申请报批后（填写申报表见附件）选择非定点供应商进行采购。

五、加强对定点采购的追踪问效

定点采购反映出的问题与信息不畅、监管不力密切相关。加强动态管理，对定点采购全过程实行追踪问效十分必要。财政下达定点采购计划后，采购单位应及时与我局沟通定点采购的执行情况。完成采购任务后，采购单位要及时将采购合同或采购发票有关信息登记上网（使用现行软件），财政或单位根据登记信息和相关凭证支付货款。

重庆市财政局

二〇〇九年八月十二日

关于更新政府采购定点供应商的通知

渝财采购［2009］23 号

市级各部门，市政府采购中心：

我局《关于对办公设备、办公家具继续实行定点采购的通知》（渝财采购［2008］46 号）《关于对彩电等部分电器商品实行定点采购的通知》（渝财采购［2009］15 号）发布以来，部分品牌定点供应商销售范围、联系人和联系方式等发生了变化，应中标企业的要求，我局对定点供应商进行了调整，由政府采购中心将变更后的定点供应商及相关信息在“重庆市政府采购网”采购单位栏目进行更新，网址:http://www.cqgp.gov.cn。请有关单位和部门通过网上查询定点供应商相关信息(本文不附纸质附件)，原（渝财采购［2008］46 号和渝财采购［2009］15 号）文附件所列定点供应商名单同时废止。

为了适应工作需要，今后定点供应商的更新每年 9 月进行一次。需要调整和更新的定点供应商，由中标品牌的厂商（或委托商家）将调整供应商名单于每年 9 月 1 日至 20 日送市政府采购中心汇总，报我局审核后，由政府采购中心将定点供应商更新的信息在政府采购网上公布，有关部门从网上查询选择定点供应商。

附件：2009 年部分定点供应商变动情况表（略）

重庆市财政局

二〇〇九年九月一日

关于改变政府采购项目计划审批方式的通知

渝财采购［2009］31 号

市级各部门：

随着《重庆市政府采购管理系统》的(以下简称《系统》)推广使用，现已形成我局与市级各单位、市采购中心相连接的政府采购管理网络。为进一步优化政府采购审批流程，提高工作效率，减少重复环节，经征求相关部门意见，决定改变现有《系统》申报和纸质申报同时进行的模式，取消政府采购项目纸质申请流程。从 2009 年 11 月 15 日起，各采购单位、我局相关业务处只通过《系统》直接申报或审批政府采购项目计划，不再报送和审批纸质申请。项目审批结果等信息在《系统》“采购计划管理”中查询。各采购单位若需保存纸质计划表，可通过《系统》打印《重庆市市级政府采购项目计划表》存档。

重庆市财政局

二〇〇九年十一月五日

关于进口产品政府采购审批有关事项的通知

渝财采购［2009］32 号

市级各部门，各区县（自治县）财政局，各采购代理机构：

为了推动和促进自主创新政府采购政策的实施，规范进口产品政府采购行为，财政部于 2007 年印发了《<政府采购进口产品管理办法>的通知》（财库［2007］119 号，以下简称“办法”）。在我市进口产品政府采购审批工作中，遇到《办法》中未涉及的新问题，经请示财政部，现就有关事项补充通知如下：

一、我市政府采购进口产品的限额确定为 5 万元，即我市各级采购单位采购进口产品预算达到 5 万元的，应当履行相关审批手续。限额以下的，不需要审批。

二、《办法》第八条第三款“进口产品所属行业的设区的市、自治州以上主管部门出具的《政府采购进口产品所属行业主管部门意见》”，也可由采购单位的主管部门出具审批意见。

三、我市各区县（自治县）财政局及相关部门依法履行本地区进口产品政府采购的审批职责。

重庆市财政局

二〇〇九年十一月十八日

四川省

关于印发《四川省2009年度政府采购社会代理机构考核方案》的通知

川财采［2009］5号

各市（州）财政局、扩权试点县（市）财政局、政府采购社会代理机构：

为加强对政府采购社会代理机构的监督管理，规范政府采购行为，提高政府采购质量和效率，根据《四川省政府采购社会代理机构考核暂行办法》（川财采［2007］24号）文件要求，省财政厅制定了《四川省2009年度政府采购社会代理机构考核方案》。现印发给你们，请遵照执行。

四川省财政厅

二〇〇九年三月二日

四川省2009年度政府采购社会代理机构考核方案

一、考核部门

省财政厅负责考核甲级政府采购社会代理机构。市（州）财政部门、扩权试点县（市）财政部门负责考核住所在本行政区域内的乙级政府采购社会代理机构。

具体考核工作由考核部门组建的考核小组承担。考核小组可以邀请监察及其他部门人员参加。

二、考核对象

在四川省行政区域内从事政府采购代理业务的政府采购社会代理机构。

当年没有代理过政府采购业务的政府采购社会代理机构不作为考核对象。政府采购业务范围限于财政部门可以监管的政府采购活动。

三、考核时间

2009年度政府采购社会代理机构的考核实行定期考核。

政府采购社会代理机构应当于2010年2月底前将书面自查报告送交考核部门，并提供考核所需资料和做好有关准备工作。

考核部门应于2010年4月底前完成对政府采购社会代理机构的考核工作，将考核情况形成书面材料报省财政厅。

省财政厅于2010年5月底前完成对政府采购社会代理机构的考核结果确认，并在“四川政府采购网”向社会公布。

四、考核方式

考核实行现场考核和送达考核相结合的方式，以现场考核为主。现场考核是指到政府采购社会代理机构实地考核；送达考核是指政府采购社会代理机构按照考核部门的要求，将需要考核的全部资料按时送到考核部门所进行的考核。

五、考核内容

2009年度考核内容为政府采购代理机构建设情况；政府采购信息公告情况；政府采购方式执行情况；政府采购评审委员会组建情况；反馈政府采购评审专家执业情况；政府采购合同签订和履约验收情况；政府采购供应商质疑答复情况。

六、评分标准

（一）考核实行百分制。90 分以上为优秀；70～89 分为合格；69 分以下为不合格。

（二）政府采购社会代理机构有下列情况之一的，考核不合格：

1．机构及其工作人员因违反廉洁自律有关规定被查处的；

2．因违反工商、税务、社会劳动保障等有关规定被查处的；

3．拒绝或者不配合财政部门考核的，或者向财政部门隐瞒有关情况、提供虚假材料的；

4.超出授予资格的业务范围承揽政府采购代理业务的。

（三）考核内容所占总分数为 100 分。具体标准如下：

1．机构建设情况（15 分）

机构建设情况包括拥有开展政府采购代理业务所需设备、设施等办公条件以及技术方面的专业人员组成两个方面。

政府采购社会代理机构拥有开展政府采购代理业务所需基本设备、设施等办公条件的，得 7 分；拥有开展电子化评标所需办公条件的，得 10 分。

乙级政府采购社会代理机构技术方面的专业人员具有高级职称人数占职工总数达到 10%的，得 4 分；达到 20%以上的，得 5 分。

甲级政府采购社会代理机构技术方面的专业人员具有高级职称人数占职工总数达到 20%的，得 4 分；达到 30%以上的，得 5 分。

2．政府采购信息公告情况（20 分）

政府采购信息公告包括公开招标公告、邀请招标资格预审公告、中标公告、成交结果及其更正事项等。

政府采购信息公告完全符合政府采购相关法律法规规定的，得满分；应当公告的政府采购信息而未公告的，或者在两个以上政府采购信息指定发布媒体上公告同一信息的实质内容明显不一致的，以及政府采购信息公告审查过程中，财政部门要求修改的信息公告事项在正式发售的采购文件中未按要求修改的，一次扣 4 分，扣完为止。

3．政府采购方式执行情况（20 分）

政府采购方式执行情况包括政府采购方式适用和变更是否严格按照政府采购有关规定执行、是否依法按照每一种政府采购方式规定的评审方法确定中标、成交原则方式等。

政府采购方式适用和变更符合政府采购有关规定的，得满分；政府采购方式的适用不合法的，或者政府采购方式的变更不符合规定的，以及不依法按照每一种政府采购方式规定的评审方法确定中标、成交原则方式的，一次扣 4 分，扣完为止。

4．政府采购评审委员会组建情况（15 分）

政府采购评审委员会组建情况包括是否在四川省政府采购评审专家库网络终端抽取评审专家、选择性方式抽取评审专家所提供备选评审专家比例是否符合规定、评审专家所占评审委员会比例是否合法等。

政府采购评审委员会组建完全符合政府采购有关规定的，得满分；不在四川省政府采购评审专家库网络终端抽取评审专家的，或者选择性方式抽取评审专家未报财政部门批准的，以及评审专家所占评审委员会比例未达到三分之二的，一次扣 3 分，扣完为止。

5．反馈政府采购评审专家执业情况（10 分）

按照《四川省政府采购评审专家管理实施细则》（川财采[2008]38 号）反馈政府采购评审专家执业情况的，得满分；不反馈政府采购评审专家执业情况的，一次扣 2 分，扣完为止。

6．政府采购合同签订和履约验收情况（10 分）

政府采购合同签订和履约验收情况包括是否在规定的时间内及时组织采购人和中标（成交）供应商签订采购合同和是否及时会同采购人对采购项目进行验收。

在规定的时间内及时组织采购人和中标（成交）供应商签订采购合同和及时会同采购人对采购项目进行验收的，得满分；不在规定的时间内及时组织采购人和中标（成交）供应商签订采购合同的，或者不及时会同采购人对采购项目进行验收的，一次扣 2 分，扣完为止。

7．政府采购供应商质疑答复情况（10 分）

政府采购供应商质疑处理情况包括是否认真处理供应商质疑、答复供应商质疑是否具有针对性、是否按照规定将质疑答复书面通知质疑供应商和其他有关供应商等。

按照政府采购法律规章制度规定进行供应商质疑答复的，得满分；敷衍处理供应商质疑的，或者答复供应商质疑不具有针对性的，以及不按照规定将质疑答复书面通知质疑供应商和其他有关供应商的，一次扣 5 分，扣完为止。

七、考核结果及责任

财政部门对考核中发现的问题，应当责令政府采购社会代理机构限期整改。

考核不合格的政府采购社会代理机构整改期间暂停从事政府采购代理业务。

整改结束后，政府采购社会代理机构应当将整改结果报告省财政厅。

拒不整改的政府采购社会代理机构和考核不合格的政府采购社会代理整改后仍然不合格的，取消其在四川省行政区域内的政府采购代理资格。

政府采购社会代理机构不按照本方案要求向考核部门送交自查报告的，考核部门应予以通报。

财政部门在考核过程中发现政府采购社会代理机构有其他违法违规行为的，应当依法进行处理。

八、其他未尽事宜请遵照《四川省政府采购社会代理机构考核暂行办法》执行

关于印发《2009年政府采购工作要点》的通知

川财采［2009］28号

各市（州）财政局、各扩权试点县（市）财政局，省级各部门：

为进一步深化政府采购制度改革，根据《国务院办公厅关于进一步加强政府采购管理工作的意见》、全国政府采购工作会议精神和财政部《2009年政府采购工作要点》，结合我省实际，我们制定了《四川省2009年政府采购工作要点》，现印发给你们。请结合本地具体情况，认真抓好贯彻落实。

四川省财政厅

二〇〇九年五月八日

四川省2009年政府采购工作要点

2009年，全省政府采购工作要以邓小平理论和“三个代表”重要思想为指导，以科学发展观为统领，紧紧围绕经济社会发展大局和财政中心工作，不断推进政府采购制度改革，努力提高政府采购管理的科学化和精细化水平，为促进我省经济社会更好更快发展提供服务。重点做好以下几方面的工作：

一、继续扩大政府采购范围和规模

各市州、各扩权试点县、各部门要按照政府采购法的要求，继续扩大政府采购范围和规模。要将部门和单位使用以财政性资金作为还款来源的借（贷）款进行的采购纳入政府采购管理。将不实行招标投标的政府采购工程项目纳入政府采购管理。同时继续做好节能环保、社会关注、涉及民生项目和扩大内需政策实施中的政府采购工作。

二、进一步加强政府采购预算编制和执行管理

进一步加强政府采购制度改革与部门预算改革的协调与配套。要按照政府采购法的要求，将政府采购预算全部编入部门预算，并单独编列政府采购预算。年度中间涉及调整预算的项目，应明确是否应纳入政府采购，并将应纳入政府采购的项目按照程序规定履行相应的预算调整手续。要做好政府采购预算和采购计划编报的相互衔接工作，确保采购严格按照政府采购预算的项目和数额执行，充分发挥政府采购预算管理的基础效能，最终做到应编尽编，应采尽采。

继续做好列入政府采购预算项目实行财政直接支付工作。未按规定要求实行政府采购和财政直接支付的，财政部门应当按照规定采取必要措施予以纠正和处理。

三、进一步深化政府采购政策功能

按照中央“拉动内需、促进经济又好又快发展”的要求，在继续发挥政府采购节约财政资金、强化支出管理、促进廉政建设等方面作用的基础上，按照“保增长、扩内需、调结构、惠民生”的要求，运用政府采购的宏观调控职能，研究政府采购中涉及民生以及群众关心的难点、热点问题，促进国家自主创新、节能产品、环境标志产品政策的落实，加强对政府采购进口产品的审核管理，促进我省经济平稳较快增长。

四、进一步完善政府采购制度体系

按照财政部的工作部署，制定和完善相关配套制度和操作办法，进一步健全政府采购制度体系，增强政策、制度、规定的操作性和执行力。要按照政府采购法规定，进一步完善“管采分离”的管理体制，财政部门要继续履行好监督管理和业务指导职责，进一步理清采购管理与执行职能，逐步形成依法管采的工作规范。选择部分具备条件的省级单位开展部门集中采购试点工作，增强政府采购预算执行的计划性和均衡性。

五、进一步完善监管机制，加大监管力度

要通过严格有效的监管措施，规范采购行为，落实制度要求，提高采购效益。要按照“格式规范、内容完整、符合时限”的要求，做好招标采购信息的发布工作，增强采购信息发布的透明度。要扩大专家数量，加强专家管理，优化专家结构，坚持限时、随机抽取使用评审专家的规定，执行评审回避制度，健全评审工作反馈制度。建立政府采购验收检验监管机制，切实解决政府采购中存在的质次价高等问题。继续做好供应商质疑和投诉处理工作，完善工作机制。加强对采购代理机构的监督考核，规范采购代理行为。加大违规处罚力度，对采购人、评审专家、供应商和有关人员在评审工作中出现的违规违纪行为要依法予以严惩。

六、加强政府采购监管体系建设

针对政府采购执行情况专项检查和采购执行中出现的突出问题，通过完善政府采购预算、计划和资金支付程序，加强对采购过程的动态监管，建立科学合理的考核指标体系和考核工作机制，严格处罚，建立事前、事中、事后一体化、从源头上进行治理的监管体系。同时，通过建立供应商履约验收制度，加大监督检查力度，大力推进政府采购领域规范化和反腐倡廉工作。

七、加大宣传和培训力度，开展对重大问题的调研

要充分利用报刊、广播、电视、互联网等媒体，从制度设计、政策规定、经济社会效益、操作执行程序等多方面、多角度宣传政府采购制度改革，使改革成效、经验做法和典型事例深入人心，进一步提高社会认知度，扩大政府采购制度的影响。要针对关系政府采购改革发展的重大问题，结合工作实际，选择一些热点、重点、难点问题进行研究分析，在统筹和处理好各方面关系的基础上提出解决措施，保障政府采购制度改革的顺利进行。要加强政府采购干部队伍素质建设，不断提高管理水平和操作执行水平。编制政府采购业务培训教材，加大对政府采购监管人员和执行人员、政府采购代理机构、采购预算单位、供应商和评审专家的培训力度，促进政府采购活动的规范开展。

八、加强灾后重建政府采购项目的监管

按照《汶川地震灾后恢复重建条例》以及政府采购法规制度的规定，结合中央关于加强灾后重建资金监管的要求，继续加强灾后重建中政府采购项目执行的监督管理。

关于印发《四川省省级部门集中采购管理暂行办法》的通知

川财采［2009］42 号

省级各部门：

为完善政府采购制度，进一步规范政府采购行为，提高采购效率，节约采购成本，根据《中华人民共和国政府采购法》及有关规章制度规定，省财政厅制定了《四川省省级部门集中采购管理暂行办法》，现印发给你们，请遵照执行。

四川省财政厅

二〇〇九年八月二十五日

四川省省级部门集中采购管理暂行办法

第一章　总　则

第一条　为完善政府采购制度，进一步规范政府采购行为，提高采购效率，节约采购成本，根据《中华人民共和国政府采购法》及有关规章制度规定，结合实际，制定本暂行办法。

第二条　四川省省级开展部门集中采购活动适用本办法。

本办法所称部门集中采购是指四川省省级国家机关、事业单位和团体组织（下称采购人），使用财政性资金采购依法制定的集中采购目录以内，属于本部门、本系统有特殊要求的专用类货物、工程和服务的行为。

部门集中采购由采购人组织实施，也可以委托有资质的政府采购代理机构（包括集中采购机构和社会代理机构）组织实施。

第三条　部门集中采购应当遵循公开透明原则、公平竞争原则、公正原则和诚实信用原则；符合项目要求特殊性、采购集中性原则。

第四条　部门集中采购实行监督管理职能与操作执行职能相分离的管理体制。

四川省财政厅是部门集中采购工作的监督管理部门，履行采购活动中的监督管理职责。

采购人或其委托的政府采购代理机构履行部门集中采购操作执行职能。

第五条　部门集中采购应当体现政府采购政策功能，严格执行关于政府采购节能产品、环境标志产品、自主创新产品、进口产品、含有密码技术的信息产品等有关规定。

第二章 申报和批复

第六条 需要实施部门集中采购的采购项目，采购人应当在本部门、本系统内认真组织调研，准确掌握本部门、本系统的采购需求，结合年初政府采购预算和年中调整的政府采购预算对相同或者相近的采购项目进行充分的归纳集中。

第七条 部门集中采购实施前，采购人应当向四川省财政厅填报《四川省省级部门集中采购计划申报表》（以下简称《申报表》）。

第八条 采购人申报的部门集中采购项目符合下列条件的，四川省财政厅予以批复：

（一）有政府采购预算。

（二）采购资金已经落实。

（三）属于本部门、本系统有特殊要求。

（四）没有其他原因和理由证明部门集中采购不合法。

第九条 四川省财政厅收到《申报表》后，应当在 10 个工作日内批复采购人。

第三章 实施主体

第十条 部门集中采购活动应当做到实施主体合法。

第十一条 采购人应当指定固定的工作人员或者成立专门的机构、组织负责部门集中采购事宜。机构、组织应当具有编制采购文件和组织采购活动的能力，有与采购项目规模和复杂程度相适应的技术、经济方面的采购和管理人员，并接受过四川省财政厅或者财政部组织的政府采购培训。

第十二条 部门集中采购活动应当由采购人自行实施。采购人确有困难无能力实施的，也可以委托政府采购代理机构实施。

采购人委托社会代理机构实施的，应当根据社会代理机构对本部门、本系统采购项目的熟悉程度、服务质量等在“四川政府采购网”公布的社会代理机构中择优推选不少于 5 家的社会代理机构，从其中随机选定 1 家作为最终的社会代理机构代理采购业务。

第十三条 采购人委托政府采购代理机构代理采购事宜，应当与政府采购代理机构签订委托代理协议，依法确定委托代理的事项，约定双方的权利、义务。

第十四条 集中采购机构和社会代理机构之间不得共同代理同一采购项目。

第十五条 采购人与政府采购代理机构之间不得联合编制采购文件。政府采购代理机构之间不得联合编制采购文件。

第四章 采购方式

第十六条 部门集中采购采用以下方式：

（一）公开招标。

（二）邀请招标。

（三）竞争性谈判。

（四）单一来源采购。

（五）询价。

（六）财政部认定的其他采购方式。

公开招标应作为部门集中采购的主要采购方式。

第十七条 部门集中采购项目达到规定的公开招标数额标准的，必须采用公开招标方式采购。公开招标数额标准以下的部门集中采购项目，依法不能适用邀请招标、竞争性谈判、单一来源采购、询价等采购方式的，应当采用公开招标采购方式采购。

采购人不得将应当以公开招标方式采购的部门集中采购项目化整为零或者以其他任何形式规避公开招标采购。

第十八条 采购方式的变更按照政府采购货物和服务采购方式变更管理有关规定执行。

第五章 基本程序

第十九条 部门集中采购活动应当做到程序规范。

第二十条 部门集中采购活动应当遵循以下基本程序：

（一）编制无倾向性、排斥性的采购文件。

（二）在“四川政府采购网”发布采购信息公告。采购信息公告包括：①对供应商资质条件要求和采购项目技术要求的预公示；②采购公告。

（三）发售采购文件。

（四）根据采购项目情况召开答疑会。

（五）组建评审委员会。

（六）开标、唱标（适用于招标采购）。

（七）审查供应商资格，确定符合资格条件的供应商。

（八）评审。

（九）推荐中标（成交）候选供应商。

（十）公示评审结果。

（十一）确定中标（成交）供应商。

（十二）发布采购结果公告。

（十三）受理供应商质疑并作出质疑答复。

（十四）发中标（成交）通知书。

（十五）签订政府采购合同。

（十六）验收采购项目、支付采购资金。

（十七）政府采购法律、行政法规、规章规定的其他程序。

第六章 内部管理规范

第二十一条 采购人应当加强对本部门、本系统的部门集中采购工作的领导，建立科学合理的领导工作机制。

第二十二条 采购人应当加强内部建设，建立监督管理机制，实现对本部门、本系统的部门集中采购工作的有效监督管理。

第二十三条 采购人应当加强制度建设，建立本部门、本系统部门集中采购工作的采购管理制度。内容应当包括：

（一）部门集中采购预算的编制和执行工作管理制度。

（二）科学合理的采购需求调研工作管理制度。

（三）实施具体政府采购活动的程序要求工作管理制度。

（四）政府采购合同签订、履行和验收工作管理制度。

（五）政府采购资金支付工作管理制度。

（六）争议解决和政府采购供应商质疑处理工作管理制度。

（七）其他工作管理制度。

第二十四条　采购人应当注重本部门、本系统部门集中采购工作职责的合理划分和统筹协调，建立科学合理的工作责任机制，实现部门集中采购活动各环节分工制约和统筹协调。

第二十五条　采购人应当注重提高本部门、本系统的部门集中采购工作人员的综合业务素质，加强廉洁自律建设，建立科学合理的学习、培训工作机制。确保工作人员能够熟悉掌握政府采购制度政策，能够按照规定程序和要求，公开、公平、公正地实施政府采购活动。

第七章　附　则

第二十六条　四川省财政厅应当依法对采购人、政府采购代理机构、供应商、评审委员会成员及其他有关人员在部门集中采购活动中遵守政府采购法律、行政法规、规章和规范性文件等制度情况进行监督检查。

在监督检查过程中，采购人、政府采购代理机构、供应商、评审委员会成员及其他有关人员应当积极予以配合。

第二十七条　部门集中采购合同的签订和采购项目的履约验收按照《省财政厅关于加强政府采购项目履约验收工作的通知》（川财采［2009］30号）和有关规定执行。

第二十八条　供应商提起质疑、投诉，被质疑人作出质疑答复，四川省财政厅处理投诉按照政府采购供应商质疑投诉相关规定执行。

第二十九条　部门集中采购资金支付按照国库集中支付管理制度有关规定执行。

第三十条　采购人、政府采购代理机构应当建立真实完整的采购档案，妥善保管每项部门集中采购活动的采购文件，不得伪造、变更、隐匿或者销毁。采购文件的保存期限为从采购结束之日起至少保存十五年。

第三十一条　违反本办法规定的，按照政府采购有关法律法规和规章规定进行处理。

第三十二条　本办法由四川省财政厅负责解释。

第三十三条　本办法从2009年10月1日起实施，有效期5年。

附件：四川省省级部门集中采购计划申报表（略）

关于2009年度省级单位政府采购协议供货有关事项的补充通知

川财采[2009]46号

省级各部门：

为提高采购效率，降低采购成本，满足经常性的采购需求，根据《四川省省级定点采购管理办法》和工作的实际情况，省财政厅委托省政府采购中心补充招标了部分协议供货项目。现将有关事项通知如下：

一、本次协议供货的适用范围、协议供货管理、合同管理、资金付款方式等事项的要求均按《省财政厅关于2009年度省级单位政府采购协议供货有关事项的通知》（川财采［2009］6号）文件规定执行。

二、协议供货有效期从2009年9月23日起至2009年12月31日止。

三、协议供货采购项目及供货商联系名单。（略）

四川省财政厅

二〇〇九年九月二十三日

关于印发《四川省 2010 年度政府采购社会代理机构考核方案》的通知

川财采［2010］13 号

各市（州）财政局、扩权试点县（市）财政局、政府采购社会代理机构：

为加强对政府采购社会代理机构的监督管理，规范政府采购行为，提高政府采购质量和效率，根据《四川省政府采购社会代理机构考核暂行办法》（川财采［2007］24 号）文件要求，省财政厅制定了《四川省 2010 年度政府采购社会代理机构考核方案》。现印发给你们，请遵照执行。

四川省财政厅

二〇一〇年二月八日

四川省 2010 年度政府采购社会代理机构考核方案

一、考核部门

省、市（州）、扩权试点县（市）财政部门为政府采购社会代理机构考核部门。省财政厅负责考核甲级政府采购社会代理机构。市（州）财政部门、扩权试点县（市）财政部门负责考核住所在本行政区域内的乙级政府采购社会代理机构。

具体考核工作由考核部门组建的考核小组承担。考核小组可以邀请监察及其他部门人员参加。

二、考核对象

在四川省行政区域内从事政府采购代理业务的政府采购社会代理机构。

当年没有代理过政府采购业务的政府采购社会代理机构不作为考核对象。政府采购业务范围限于财政部门监管的政府采购活动。

三、考核时间

2010 年度政府采购社会代理机构的考核实行定期考核。

政府采购社会代理机构应当于2011年2月底前将书面自查报告送交考核部门，并提供考核所需资料和做好有关准备工作。

考核部门应于2011年4月底前完成对政府采购社会代理机构的考核工作，将考核情况形成书面材料报省财政厅。

省财政厅于 2011 年 5 月底前完成对政府采购社会代理机构的考核结果确认，并在“四川政府采购网”向社会公布。

四、考核方式

考核实行现场考核和送达考核相结合的方式，以现场考核为主。现场考核是指考核部门到政府采购社会代理机构实地考核；送达考核是指政府采购社会代理机构按照考核部门的要求，将需要考核的全部资料按时送到考核部门所进行的考核。

五、考核内容

2010 年度考核内容为：政府采购评审委员会组建情况；反馈政府采购评审专家执业情况；政府采购信息统计报表报送情况；政府采购供应商质疑处理情况四个方面。

六、评分标准

（一）考核实行百分制。90 分以上为优秀；70～89 分为合格；69 分以下为不合格。

（二）政府采购社会代理机构有下列情况之一的，考核不合格：

1. 机构及其工作人员因违反廉洁自律有关规定被查处的；

2. 因违反工商、税务、社会劳动保障等有关规定被查处的；

3. 拒绝或者不配合财政部门考核的，或者向财政部门隐瞒有关情况、提供虚假材料的；

4. 超出授予资格的业务范围承揽政府采购代理业务的。

（三）考核内容分值为 100 分。各项内容分值具体标准如下：

1. 政府采购评审委员会组建情况（20 分）

政府采购评审委员会组建情况包括是否在四川省政府采购评审专家库网络终端抽取评审专家、选择性方式抽取评审专家是否符合规定、评审委员会组成是否合法、是否将抽取的评审专家擅自进行拆分、组合等。

政府采购评审委员会组建完全符合政府采购有关规定的，得满分；不在四川省政府采购评审专家库网络终端抽取评审专家的，或选择性方式抽取评审专家未报财政部门或者备选专家比例不符合要求的，或评审委员会数量不够或者评审专家所占评审委员会比例未达到三分之二的，或将抽取的评审专家擅自进行拆分、组合的，一项一次扣5分，扣完为止。

2. 反馈政府采购评审专家执业情况（20分）

反馈政府采购评审专家执业情况包括是否严格按照《四川省政府采购评审专家管理实施细则》（川财采［2008］38号）的规定向财政部门报送《四川省政府采购评审专家执业情况反馈表》、报送的《四川省政府采购评审专家执业情况反馈表》是否客观真实。

向财政部门报送客观真实的《四川省政府采购评审专家执业情况反馈表》的，得满分；不报送或者报送的《四川省政府采购评审专家执业情况反馈表》不客观、不真实的，一项一次扣5分，扣完为止。

3. 政府采购信息统计报表报送情况（20分）

政府采购信息统计报表报送情况包括是否严格按照《省财政厅关于完善政府采购信息统计管理工作有关事宜的通知》（川财采［2009］87号）、《省财政厅关于转发财政部〈关于做好2009—2010年全国政府采购信息统计工作的通知〉的通知》（川财采［2010］3号）及其他有关规定向财政部门报送政府采购信息统计报表和报送的政府采购信息统计报表是否客观真实。

按照规定报送政府采购信息统计报表的，得满分；不报送或者报送的政府采购信息统计报表不客观、不真实的，一项一次扣10分，扣完为止。

4. 政府采购供应商质疑处理情况（40分）

政府采购供应商质疑处理情况包括是否严格按照《四川省政府采购供应商质疑处理暂行办法》（川财采［2007］14号）受理供应商质疑、处理供应商质疑，作出的质疑答复是否具有针对性，是否按照规定将质疑答复书面通知质疑供应商和其他有关供应商等。

按照政府采购法律规章制度规定进行供应商质疑处理的，得满分。

不严格审查供应商质疑，导致依法不应当受理的质疑进行受理、处理的，一次扣20分，扣完为止。

依法受理供应商质疑后敷衍处理供应商质疑的，或答复供应商质疑不具有针对性的，或不按照规定将质疑答复书面通知质疑供应商和其他有关供应商的，一项一次扣10分，扣完为止。

七、考核结果及责任

财政部门对考核中发现的问题，应当责令政府采购社会代理机构限期整改。

考核不合格的政府采购社会代理机构整改期间暂停从事政府采购代理业务。

整改结束后，政府采购社会代理机构应当将整改结果报告省财政厅。

拒不整改的政府采购社会代理机构和考核不合格的政府采购社会代理整改后仍然不合格的，取消其在四川省行政区域内的政府采购代理资格。

政府采购社会代理机构不按照本方案要求向考核部门送交自查报告的，考核部门应予以通报。

财政部门在考核过程中发现政府采购社会代理机构有其他违法违规行为的，应当依法进行处理。

八、其他未尽事宜请遵照《四川省政府采购社会代理机构考核暂行办法》执行

关于印发《四川省2010年政府采购工作要点》的通知

川财采［2010］18号

各市州财政局、各扩权试点县（市）财政局，省级各部门：

为进一步深化政府采购制度改革，根据财政部《2010年政府采购工作要点》，结合我省政府采购工作实际，我们制定了《四川省2010年政府采购工作要点》，现印发给你们，请结合本地区、本部门具体情况，认真贯彻执行。

四川省财政厅

二〇一〇年二月二十四日

四川省2010年政府采购工作要点

2010年，我省政府采购工作要坚持以科学发展观为统领，深入贯彻落实《国务院办公厅关于进一步加强政府采购管理工作的意见》和《四川省人民政府办公厅关于贯彻落实〈国务院办公厅关于进一步加强政府采购管理工作的意见〉的实施意见》，按照政府采购科学化、精细化的工作要求，进一步创新工作机制，规范采购行为，发挥政策功能，使我省政府采购制度改革再上台阶。

一、加强政府采购政策宣传，扩大社会影响

（一）利用网络、报刊等媒体，以专栏、专题报道、简报、政策解读等多种方式，宣传我省政府采购改革的进展，营造良好的社会环境。

（二）与有关部门联动，以印制发放宣传册、开展问卷调查等形式加大宣传力度。

（三）举办省级单位政府采购座谈会，增进采购人对政府采购政策的了解和支持。

二、认真总结，进一步完善政府采购制度建设

（四）及时贯彻财政部出台的政策规定。

（五）制定电子化政府采购建设的相关配套办法。

（六）修订《四川省政府采购供应商质疑处理暂行办法》和《四川省政府采购评审专家抽取管理办法》。

三、规范政府采购行为，提高政府采购监督和管理水平

（七）严格按照政府集中采购目录和限额标准编制政府采购预算，做好采购预算编制、调整和采购计划编报的相互衔接工作，严格按预算的项目和数额执行，做到应采尽采。

（八）与省级有关部门一起，审核确定省内自主创新产品清单，同时抓好节能环保、进口产品审核等政府采购政策功能的落实。

（九）探索建立政府采购指标评价体系，跟踪反馈政府采购活动的实施情况，对执行情况和效果进行督导检查，保证各项政策规定落到实处。

（十）加大评审专家征集和培训力度，加强评审专家库建设。

（十一）严格社会代理机构和评审专家考核，强化信息公开力度，加强对政府采购当事人和评审专家的监管，加大处罚力度，推进政府采购市场诚信体系建设。

（十二）充分发挥财政、监察、审计部门的监管职责和优势，形成监管合力，针对政府采购操作执行中不规范和容易产生腐败的环节，加强政府采购动态监控机制建设，完善预防腐败预警机制。

四、树立科学化、精细化理念，提高政府采购质量和效率

（十三）科学分析、梳理并完善政府采购监管和执行程序，推进政府采购流程标准化。

（十四）修订《四川省政府采购货物和服务通用设备招标文件范本》，研究制定专用设备招标文件范本。

（十五）着力建立政府采购供应商信息库。

五、积极探索，努力推进政府采购电子化政府采购建设

（十六）研究目前我省政府采购信息化管理以及采购操作执行中存在的问题，提出系统建设需求，尽快建立起以先进技术为手段，以功能完善、规范统一、方便操作、安全可靠为标准的四川省电子化政府采购管理和操作平台，提高政府采购工作和水平。

（十七）制定《四川政府采购网管理暂行办法》，加强和规范四川政府采购网管理。

六、深入调查研究，为改进政府采购工作创造条件

（十八）加强与有关单位的合作，做好我省贯彻政府采购法实施条例、政府采购绩效评价等课题的研究工作。

（十九）调研国内外电子化政府采购建设和发展现状，积极推动我省电子化政府采购建设。

（二十）对县级政府采购监管模式、部门集中采购、质疑投诉处理等工作进行专题调研，不断改进政府采购工作中的薄弱环节。

七、按照财政部要求，积极做好GPA谈判研究和准备工作

（二十一）认真履行GPA领导小组办公室职责，按照财政部和地区协调小组的要求，做好GPA课题研究和谈判准备工作。

八、完善管理体制，推动机构和队伍建设

（二十二）加强政府采购监督管理与操作执行相分离的体制建设，督促各级财政部门单设政府采购监管机构。

（二十三）加强政府采购从业人员培训，提高政策水平和业务能力。

（二十四）召开全省财政系统政府采购工作会，总结政府采购法颁布实施以来，我省政府采购工作的成效、经验和教训，探讨我省进一步深化政府采购制度改革的思路和措施。

关于对《四川省政府采购供应商质疑处理办法（修订）》（草案）第二次征求意见的通知

各财政部门、采购单位、政府采购代理机构、供应商：

为进一步规范政府采购行为，维护国家利益、社会公共利益，保护政府采购当事人的合法权益，及时有效地处理政府采购供应商的质疑，根据《中华人民共和国政府采购法》、《政府采购供应商投诉处理办法》（财政部令第20号）的有关规定，结合实际，我们草拟了《四川省政府采购供应商质疑处理办法（修订）》（草案），现就草案向你们征求意见。

有关意见或建议请以书面或电子邮件的形式于2010年4月30日前反馈至我处。

联系方式如下：

电话：028－86723190　　吴正新

电子邮件：wuzhengxin.888@163.com

地址：成都市南新街37号

四川省财政厅政府采购监督管理处

二〇一〇年四月二十一日

四川省政府采购供应商质疑处理办法（修订）

（草案）

第一章　总　则

第一条　为进一步规范政府采购行为，维护国家利益、社会公共利益，保护政府采购当事人的合法权益，及时有效地处理政府采购供应商的质疑，根据《中华人民共和国政府采购法》、《政府采购供应商投诉处理办法》（财政部令第20号）的有关规定，结合实际，制定本办法。

第二条　参加四川省政府采购活动的供应商依法向被质疑人提出质疑，被质疑人依法进行处理的，适用本办法。

本办法所称供应商是指向采购人提供货物、工程或者服务的法人、其他组织或者自然人。

本办法所称被质疑人是指受到供应商书面质疑的组织采购活动的采购人、集中采购机构和经省级以上财政部门认定资格的从事政府采购代理业务的社会中介机构。

第三条　供应商质疑实行实名制，不得进行虚假、恶意质疑，不得以质疑为手段获取不当得利、实现非法目的。

第四条　被质疑人处理质疑，应当坚持依法、公平、公正、高效的原则。

第五条　被质疑人应当指定专门的工作人员负责供应商质疑处理工作。

第二章　质疑提出

第六条　供应商提出质疑应当符合下列条件：

（一）必须是直接参加所质疑采购项目政府采购活动的当事人；

（二）在质疑有效期内提出质疑；

（三）质疑书内容符合本办法的规定；

（四）省级以上财政部门或者相关法律法规、规章制度规定的其他条件。

第七条　供应商认为下列事项使自己的合法权益受到损害的，可以依法向被质疑人提出书面质疑：

（一）采购文件存在限制性、倾向性条款的；

（二）采购文件未按规定程序补充、澄清或者修改的；

（三）采购人员或相关人员与供应商有利害关系，应当回避而没有回避的；

（四）采购程序违反规定的；

（五）采购当事人之间存在串通行为的；

（六）其他供应商提供虚假资料谋取中标、成交的；

（七）认为采购文件、采购过程和中标、成交结果使自己权益受到损害的其他事项。

本条（七）款所称采购文件，是指采购项目公告、招标文件、资格预审文件、竞争性谈判文件、询价文件，以及采购文件的补充、澄清和修改文件。

本条（七）款所称采购过程，是指从采购项目信息公告发布起，到中标、成交结果公告止，采购文件的发布、发售、开标、评标、澄清、谈判、询价等各个程序环节。

本条（七）款所称中标、成交结果，是指中标、成交供应商候选人和采购人确定后的中标、成交供应商。

第八条 招标采购活动中，供应商未购买招标文件的，不能提出质疑；供应商购买了招标文件，但未进行投标的，不能就投标截止后的招标过程、中标结果提出质疑。

竞争性谈判、询价采购活动中，按照规定程序未被确定为邀请参加谈判的供应商名单、被询价的供应商名单的，不能就谈判、询价和确定成交供应商的程序提出质疑。

第九条 供应商提出质疑，应当在知道或者应当知道其合法权益受到损害之日起七个工作日内提出。提出质疑期限的计算，依照下列规定办理：

（一）对采购文件提出质疑的，自供应商获得采购文件之日起计算，且应当在投标截止之日或递交谈判、询价响应性文件截止之日前提出；

（二）对采购过程提出质疑的，自采购程序环节结束之日起计算；

（三）对中标、成交结果以及评标委员会、谈判小组、询价小组组成人员提出质疑的，自中标、成交结果公告之日起计算。

第十条 供应商通过被质疑人的质疑答复知道采购过程、采购结果新的事项使其合法权益受到损害的，可以按照本办法的规定在收到质疑答复之日起七个工作日内提出新的质疑。

第十一条 质疑书应当包括下列主要内容：

（一）质疑供应商和被质疑人的名称、地址、邮政编码、联系人及联系电话等；

（二）具体的质疑事项；

（三）认为采购文件、采购过程、中标和成交结果使自己的合法权益受到损害的法律依据、事实依据、理由及其他相关证明材料；

（四）提出质疑的日期。

供应商不得将其他供应商作为被质疑人。

供应商不得将不具有代理权限的集中采购机构、社会代理机构作为被质疑人，但集中采购机构、社会代理机构事前未告知供应商其不具有的代理权限除外。

第十二条 质疑书应当署名。供应商为自然人的，应由本人签字；供应商为法人的，应由法定代表人签字或盖章并加盖公章；供应商为其他组织的，应由主要负责人签字或盖章并加盖公章。

第十三条 供应商提交质疑书，应按照与质疑事项相关的供应商数量提供质疑书副本。

第十四条 供应商委托代理人办理质疑事宜，应当向被质疑人提交授权委托书，并载明委托代理的具体权限和事项。

授权委托书中的委托人应当由供应商本人签字；供应商为法人的，应由法定代表人签字或盖章并加盖公章；供应商为其他组织的，应由主要负责人签字或盖章并加盖公章。

第十五条 供应商应提交本人身份证明，委托他人代理质疑事宜的，还应提交被委托人身份证明。

供应商是法人的，应一并提交法人营业执照和法定代表人身份证明；供应商是其他组织的，应一并提交其他组织营业执照和主要负责人身份证明。

无法提供原件的，必须提供真实有效并得到确认的复印件。

第十六条 供应商或者其委托代理人提交的质疑书时，应在质疑书及相关证明材料上签字或盖章，以确认提交的质疑书及相关证明材料的真实性、有效性和完整性。

供应商提供的相关证明材料中有外文资料的，应当将外文资料完整、客观、真实的翻译为中文资料，并以中文资料为准。

第十七条 供应商或者其委托代理人应当向被质疑人当面提交质疑书及相关证明材料。当面提交确有困难的，可以通过邮寄方式提交。

供应商以电子邮件、传真及其他按照本办法规定不予认可的方式提交质疑书及相关证明材料的，或者不是供应商或者其委托代理人提交质疑书及相关证明材料的，被质疑人可以拒收。

以邮寄方式提交质疑书及相关证明材料的，以寄出日期为提出质疑的日期，邮寄期间不计入提出质疑时效之内。

第三章　质疑初审与受理

第十八条 被质疑人收到供应商质疑书及相关证明材料后，应当办理签收手续，并按照本办法规定对供应商质疑书及相关证明材料进行初步审查。

第十九条 供应商提出质疑有下列情形之一的，被质疑人应当告知供应商修改质疑后重新提出质疑：

（一）质疑书内容格式不符合本办法规定的；

（二）部分质疑事项属于本办法第八条规定供应商不能提出质疑的事项或者部分质疑事项超过质疑有效期的；

（三）提供的质疑书副本不足的；

（四）提供的相关证明材料不全面、不完整或者不符合本办法第二章规定的；

（五）质疑书依据、理由部分只有主观陈述、推理、猜测等，而没有提供客观事实依据和法律依据的；

（六）其他不符合省级以上财政部门或者相关法律法

规、规章制度规定的。

第二十条　供应商提出质疑有下列情形之一的，被质疑人应当不予受理：

（一）不是直接参加所质疑采购项目政府采购活动当事人的；

（二）超过质疑有效期提出质疑的；

（三）质疑书内容格式不符合本办法的规定，经被质疑人告知修改质疑书重新质疑，修改后仍然不符合本办法规定的；

（四）所有质疑事项属于本办法规定供应商不能提出质疑的；

（五）其他不符合省级以上财政部门或者相关法律法规、规章制度规定的。

第二十一条　质疑事项属于有关法律法规和规章规定处于保密阶段的事项，被质疑人应当向供应商指出，并要求供应商限期提供信息来源或有效证据。供应商不能提供或者拒绝提供信息来源或有效证据的，被质疑人应当将质疑事项认定为无效质疑事项，不予受理。

第二十二条　被质疑人在初步审查供应商质疑过程中，告知供应商重新修改质疑、不予受理、要求供应商提供相关证明材料等相关信息或材料、文件的传递，应当采用书面形式，并办理签收手续。

第二十三条　被质疑人应当在收到供应商质疑后次日起 2 个工作日内完成初步审查工作。

第二十四条　被质疑人告知供应商修改质疑后重新提出质疑应根据具体情况限定期限，且限定的期限不能超过两个工作日。

限定的期限日期从供应商收到告知书后次日起算。

第二十五条　供应商质疑经过初步审查符合本办法规定的，被质疑人应当对供应商质疑进行受理。

供应商质疑符合本办法第十九条、第二十条、第二十一条规定情形，但被质疑人在初步审查期内未告知供应商的，视同受理质疑。

第二十六条　供应商认为其质疑符合本办法规定，被质疑人不予受理的，供应商可以就被质疑人是否应当受理质疑事宜向财政部门反映。

第四章　质疑处理

第二十七条　被质疑人受理供应商的质疑后，应当从受理之日起七个工作日内作出质疑答复。

第二十八条　被质疑人受理供应商的质疑后，应当将质疑书副本及时送达与质疑事项直接相关的供应商。

第二十九条　与质疑事项相关的供应商收到质疑书副本后，应当在 2 个工作日内就质疑事项作出解释说明。

与质疑事项相关的供应商认为被质疑人不应当受理质疑的，可以依据本办法规定向被质疑人提出质疑应当不予受理的意见，并说明理由。

第三十条　被质疑人收到相关供应商的解释说明后，应当对质疑事项进行审查。

第三十一条　被质疑人审查过程中，需要原评审委员会成员进行答疑的，应当组织所有的原评审委员会成员进行答疑；需要核实相关事实的，应当依法进行核实；需要质疑供应商、相关供应商、评审委员会成员当面质证的，应当组织质疑供应商、相关供应商、评审委员会成员当面质证；需进行相关鉴定、检验、检测、检疫的，应当依法组织鉴定、检验、检测、检疫。

被质疑人根据本条第一款规定组织原评审委员会成员进行答疑、核实事实、当面质证和组织鉴定、检验、检测、检疫所需必要时间，不计入质疑答复时限之内，但应当有书面材料作为依据。

第三十二条　被质疑人审查过程中，认为政府采购活动需要暂停的，应当报经同级财政部门同意后，及时暂停政府采购活动，但暂停政府采购活动期限最多为 7 个工作日。

第三十三条　被质疑人审查过程中，应注重与供应商进行沟通协商，但应当注意保密，严禁泄露下列事项：

（一）未公布的项目预算；

（二）领取采购文件的供应商名单；

（三）评审专家及评审的有关情况；

（四）公告之前的中标（成交）结果；

（五）不得公开的供应商报价；

（六）其他供应商的投标文件；

（七）其他可能影响采购结果公正、公平的事项。

第三十四条　被质疑人对受理的供应商质疑应当按照以下方式处理；

（一）供应商撤回质疑的，终止质疑处理。

（二）供应商质疑不符合本办法受理条件的，质疑无效。

（三）对采购文件提出的质疑，质疑事项不属实的，质疑无效；质疑事项属实，未构成供应商合法权益损害的，认可质疑属实，继续开展政府采购活动；质疑事项属实，构成供应商合法权益损害的，认可质疑属实，修改采购文件重新开展政府采购活动。

（四）对采购过程提出的质疑，质疑事项不属实的，质疑无效；质疑事项属实，未构成供应商合法权益损害的，认可质疑属实，继续开展政府采购活动；质疑事项属实，构成供应商合法权益损害的，认可质疑属实，重新开展政府采购活动。

（五）对采购结果提出的质疑，质疑事项不属实的，质疑无效；质疑事项属实，未构成供应商合法权益损害的，认可质疑属实，维持采购结果；质疑事项属实，构成供应商合法权益损害的，根据具体情况重新确定中标（成交）供应商或重新开展政府采购活动。

（六）质疑供应商不配合或拒绝被质疑人根据本办法第三十条规定核实事实、当面质证和组织鉴定、检验、检测、检疫，导致质疑事项无法查清的，视同撤回质疑，终止质疑处理。

（七）相关供应商不配合或拒绝被质疑人根据本办法第三十条规定核实事实、当面质证和组织鉴定、检验、检测、检疫，导致质疑事项无法查清的，视同相关质疑事项属实，按照本条（三）款、（四）款、（五）款规定处理。

第三十五条 被质疑人对供应商质疑审查终结后，应当就质疑事项作出质疑答复，以书面形式送达质疑供应商和与质疑事项相关的供应商。

第三十六条 被质疑人作出质疑答复应当包括下列主要内容：

（一）供应商和被质疑人的名称、地址、邮政编码、联系人及联系电话等；

（二）受理质疑日期、质疑项目及编号、质疑事项；

（三）质疑处理的具体内容及事实依据和法律根据；

（四）告知供应商依法投诉的权利；

（五）作出质疑答复的日期。

质疑答复应当加盖被质疑人单位公章。

质疑答复不得涉及供应商的商业秘密。

第三十七条 供应商对被质疑人的答复不满意或被质疑人未在规定的期限内作出质疑答复的，可以在法定答复期满后 15 个工作日内向同级财政部门投诉。

第三十八条 被质疑人处理完供应商质疑后，应当填写《政府采购供应商质疑登记表》，报同级财政部门。

第五章 罚 则

第三十九条 供应商有下列情形之一的，由被质疑人列入不良行为记录名单，根据情况在 1～3 年内的政府采购活动中每次扣除 2～5 分，在政府采购信息发布媒体上公告：

（一）提供虚假材料、陈述虚假事实进行质疑的；

（二）不配合或拒绝被质疑人根据本办法第三十条规定核实事实、当面质证和进行相关鉴定、检验、检测、检疫的；

（三）在质疑过程中以任何手段和方式索取其他供应商经济利益或其他好处的；

（四）查实以质疑为手段实现非法目的的；

（五）对处理中的质疑一案多投，增加被质疑人依法处理质疑压力的；

（六）其他不依法行事、违反诚实信用的行为。

第四十条 被质疑人有下列情形之一的，由同级财政部门责令改正，给予批评，在政府采购信息发布媒体上公告：

（一）供应商以有效方式提交的质疑拒收的；

（二）应当受理的质疑不予受理或不应当受理的质疑进行受理的；

（三）质疑答复违背客观事实，处理明显不当的；

（四）质疑处理过程中违反本办法有关保密规定的；

（五）质疑答复内容不针对质疑事项或超出质疑事项引起新的矛盾纠纷的；

（六）质疑处理相关文件不依法送达引起矛盾纠纷的；

（七）与供应商、评审委员会串通，不依法处理质疑的；

（八）循私舞弊、收受好处的；

（九）其他违法违规违纪行为。

第四十一条 供应商、被质疑人、评审委员会成员及其他相关人员发现质疑过程中存在违法违规违纪行为的，应当根据情况以书面形式及时向财政部门、监察部门报告。

第六章 附 则

第四十二条 被质疑人处理质疑事项不得向供应商收取任何费用。但因处理质疑发生的鉴定、检验、检测、检疫费用，应当按照“谁过错谁负担”的原则由过错方负担；双方都有过错的，由双方合理分担。

第四十三条 被质疑人应当建立真实完整的质疑档案。质疑过程形成的所有文件或其他介质的材料均应当留存；档案管理人员应当按档案管理规定对其进行立卷、归档，以便有关部门查证。

第四十四条 本办法由四川省财政厅负责解释。

第四十五条 本办法自 2010 年 3 月 1 日起实施。

附件：相关文书格式

1．质疑书（式一）（略）

2．授权委托书（式二）（略）

3．质疑答复（式三）（略）

4．送达回证（式四）（略）

5．登记表（式五）（略）

贵州省

关于严肃政府采购招投标现场纪律的通知

黔财采［2009］18号

省级各行政事业单位、团体组织，各政府采购招标代理机构：

为了贯彻落实2008年全国政府采购工作会议精神，加快政府采购电子化进程，规范政府采购行为，提高政府采购工作效益，进一步推进政府采购事业的改革和发展，我厅规划从2008年起分期分批建设政府采购电子化监督管理平台，该项目作为“金财工程”的组成部分之一，首期启动的“政府采购招投标现场监督管理系统”已初见成效。为了确保在现场监督管理系统监控下的开标、评标、定标等政府采购全过程的公平、公正、合法性，现就严肃政府采购招投标现场纪律有关事项通知如下：

一、所有招标代理机构必须严格按照贵州省财政厅《关于做好政府采购招投标现场监督管理系统项目建设相关工作的通知》（黔财采［2008］10号）要求安装相应的监控设施，并经验收合格后方可代理省级政府采购项目。

二、从2008年7月1日起，省财政厅原则上已经不再派专人到现场监督开标、评标活动，各评标结果经评审专家和采购人代表签字确认后，由招标代理机构派专人送监督机构核实，符合规定并签字后，才予以发布公告。

三、在现场监控下，所有参加评标（谈判）的人员必须严格遵守评标（谈判）纪律，不得发表任何倾向性、诱导性语言；若参加评标（谈判）的人员发表了倾向性、诱导性语言，导致评标（谈判）结果失去公平公正，监督机关将按照《政府采购法》等有关法律法规规定作出严肃处理。

四、开标、评标（谈判）前，招标代理机构应向投标人、采购人、评审专家明确告知本次采购活动是在政府采购远程监控下进行，并将进行同步录音录像，所录制的音像资料将作为调查处理采购活动相关问题的证据。

五、评标委员会独立评标、封闭评标。

1. 开标和评标活动开始之前，招标代理机构必须做到采购人代表与评标专家不得见面，以防止可能的违纪违规行为的发生。

2. 评标厅（室）是需要保密的评标现场，开标和评标活动期间，只供评标委员会（谈判小组）成员使用，并单人单桌，对名入座，独立评标。

进入评标厅（室）的人员只能是：招标代理机构必要的工作人员、评标委员会（谈判小组）成员（附：采购人进入评标委员会的人员代表比例按照法律规定办理）。其余人员一律不得进入评标现场。评审专家、采购人代表、招标代理机构工作人员应分别佩戴不同的醒目标识，以保证评标现场工作的正常有序进行。

3. 各招标代理机构必须自觉地遵守法律规定，并按法定的程序和要求组织开标、评标活动，若因违反规定而发生的法律责任和经济赔偿责任，原则上由招标代理机构完全承担。

目前所实施的视频监控系统既是未来政府采购电子化监督管理平台的重要基础，也是对政府采购招标代理机构考核的重要指标，请各代理机构务必予以支持和重视。

附：目前已开通现场监控系统可以代理省级政府采购业务的代理机构名单。（略）

贵州省财政厅

二〇〇九年二月二十四日

关于实施贵州省政府采购协议供货网上采购的通知

黔财采［2009］17号

省直各行政机关、事业单位、人民团体及其所属部门：

为保证省直各行政机关、事业单位、人民团体及其所属部门的日常办公设备的政府采购，本着安全、高效、公开、公平、公正的原则，根据《中华人民共和国政府采购法》、《中华人民共和国电子签名法》、《国家信息化领导小组关于我国电子政务建设指导意见》的相关要求，结合我省政府采购工作的实际，经研究，决定从2009年3月1日起，推出贵州省政府采购协议供货采购平台（以下简称“采购平台”），试行贵州省政府采购协议供货网上采购。现将有关事项通知如下：

一、推行贵州省政府采购协议供货网上采购的意义

推行贵州省政府采购协议供货网上采购，是财政相关部门、省直各行政机关、事业单位、人民团体及其所属部门和各协议供货商之间工作方式的重大改革，是现代高科技、信息化发展的必然趋势。其主要意义：一是实现协议供货采购科学化、信息化、规范化、制度化，体现协议供货采购工作的安全、高效、公开、公平、公正的原则，降低采购成本，提高工作效率。二是通过网上采购，提高省直各行政机关、事业单位、人民团体及其所属部门的信息化水平。三是通过推行网上采购，省财政厅及有关职能部门可对省直各行政机关、事业单位、人民团体及其所属部门的采购行为实施有效监管，提高监管水平和服务能力，为分析、监管和决策提供及时、准确的数据。

二、具体要求

（一）采购平台内的所有产品、生产企业及协议供货商，均依照贵州省省级单位政府采购协议供货产品文件中的相关内容。省直各行政机关、事业单位、人民团体及其所属部门本着自愿的原则，登录采购平台采购相关产品，并要求其选择的协议供货商在网上进行操作。

（二）贵州省政府采购协议供货相关表格及合同文本均在采购平台内填报。

（三）采购平台运营商需为省直各行政机关、事业单位、人民团体及其所属部门及协议供货商提供专业的培训、技术指导及平台运营的支持服务。

（四）贵州省财政厅政府采购处及有关职能部门对贵州省政府采购协议供货产品采购附有监管职责，将对供需双方采购行为及执行情况进行监督。

（五）财政厅相关部门将责成采购平台运营商为省直各行政机关、事业单位、人民团体及其所属部门分批分期提供操作培训，并提供日常技术支持。

（六）采购平台的网址为：www.ccgp－guizhou,gov.cn或者www.ccgp－gzsczt.gov.cn。省直各行政机关、事业单位、人民团体及其所属部门须登录后使用。

附件：1.贵州省省级单位领取协议供货网上交易平台登录账号管理办法（略）

2.贵州省政府采购协议供货网上采购管理办法（略）

贵州省财政厅

二〇〇九年二月二十五日

关于招标文件备案有关事项的通知

黔财采函［2009］50号

省级各部门、各单位及各招标代理机构：

为了规范采购行为，明确管采责任，提高工作效率，根据《政府采购法》等法律法规的规定，现将招标文件（包括非招标方式采购的招标文件，习惯称标书，下同）及其评审报告备案的有关事项通知如下：

一、招标文件及其评审报告不再报送省财政厅政府采购管理处备案，由采购人和招标代理机构按《政府采购法》的有关规定妥善保存，保存期为从采购结束之日起至少保存十五年。

二、采购人与采购代理机构应当严格按《政府采购法》、《政府采购货物和服务招标投标管理办法》（财政部第18号令）、《财政部关于加强政府采购货物和服务项目价格评审管理的通知》（财库［2007］2号）以及有关规定制作招标文件。招标文件不得有歧视性、排他性、倾向性及影响评审专家评审的条款、规定、标准等内容，且凡属应该进行专家论证的，应严格按有关文件规定办理。

三、招标文件发售时间为：采购项目在政府采购网或其他媒体公告之日起至开标前一天止（非招标方式采购公告时间最少不得少于三个工作日），期间不得以任何理由拒绝向合法供应商停售招标文件。

四、政府采购项目公告应严格按《政府采购信息公告管理办法》（财政部第19号令）规定发布，特别是公告的内容和要求要符合法律法规的规定。

五、招标代理机构对代理的政府采购项目，在发布公告之前应填报《政府采购项目情况表》送省财政厅政府采购管理处，并经审核同意后方能发布公告。

附：政府采购项目情况表（略）

贵州省财政厅

二〇〇九年八月五日

云南省

关于办理延续政府采购乙级代理机构资格有关问题的通知

云财采［2009］19号

各政府采购乙级代理机构：

根据《政府采购代理机构资格认定办法》（财政部令第31号）及财政部《关于办理延续政府采购甲级代理机构资格有关问题的通知》的规定和要求，省财政厅将对已到期的政府采购乙级代理机构办理资格延续手续，现将有关事项通知如下：

一、凡依法取得政府采购乙级代理机构资格的单位，需要延续依法取得的政府采购代理机构资格有效期的，应当在《政府采购代理机构乙级资格证书》和《政府采购代理机构资格确认证书》载明的有效期届满60日前，向省财政厅提出申请。

二、政府采购乙级代理机构提出资格延续申请时，须提供下列书面材料。

（一）申请书，载明需要延续资格的原因。

（二）原乙级代理机构资格证书正、副本原件。

（三）专职从业人员名单，职工人员中高级职称所占比例，以及专职从业人员的学历、高级职称证书原件及复印件。取得《云南省政府采购培训合格证》人员占从业人员的比例，相关人员的合格证书原件及复印件。

（四）近3年政府采购业绩，包括委托代理协议和中标通知书原件及复印件。

（五）营业执照原件和复印件。

（六）依法缴纳税收和社会保险的证明原件和复印件。

（七）近3年接受投诉及行政处理、处罚情况的说明。

（八）经会计师事务所审计的近3年的财务报告。

三、政府采购乙级代理机构报送材料时，须注意以下事项。

（一）申请延续时，如果单位法人代表、地址、注册资金、职工人员等情况与原申请内容发生变动的，乙级代理机构需向省财政厅作出书面说明。

（二）代理机构已取得确认资格的乙级资质，后经相关主管部门批准升为甲级或被取消的，其乙级确认资格自动失效，不得办理延续。

（三）凡代理机构名称发生变化的，须重新申请资格，不得办理延续。

四、省财政厅在收到政府采购乙级代理机构资格延续申请后，经审查确认申请材料齐全、符合法定形式和要求的，在代理机构资格有效期届满前，根据下列情况分别作出处理决定：

（一）申请人的申请符合规定条件的，延续代理机构资格，重新颁发《政府采购代理机构资格证书》。

（二）申请人的申请不符合规定条件的，不再延续代理机构资格，并说明理由。

五、政府采购乙级代理机构逾期不申请资格延续的，其《政府采购代理机构资格证书》自证书载明的有效期届满后自动失效；需要继续代理政府采购事宜的，应当重新申请政府采购乙级代理机构资格。

联系人及电话：姜滔　0871－3637530

云南省财政厅

二〇〇九年七月十日

陕西省

关于印发《陕西省省级单位协议供货和定点采购管理办法》的通知

陕财办采管［2009］22号

省级各部门、单位，各协议供货、定点采购供应商：

为进一步规范政府采购行为，加强对协议供货和定点采购工作的管理，更好地为省级单位提供服务，我厅于2007年制定了《陕西省省级单位协议供货和定点采购管理暂行办法》（陕财办采管［2007］25号），根据试行情况，我们对其进行了修改完善，现将修订后的《陕西省省级单位协议供货和定点采购管理办法》印发给你们，请遵照执行。《陕西省省级单位协议供货和定点采购管理暂行办法》（陕财办采管［2007］25号）同时废止。

陕西省财政厅

二〇〇九年十二月十七日

陕西省省级单位协议供货和定点采购管理办法

第一条　为了提高采购效率，节约采购成本，加强协议供货和定点采购工作的管理，根据《中华人民共和国政府采购法》和陕西省人民政府办公厅《关于进一步加强政府采购管理工作的意见》（陕政办发［2009］67号）等规定，结合我省实际，制定本办法。

第二条　省级行政事业单位和团体组织，使用财政性资金（包括预算内资金、预算外资金和非税收入，下同）采购集中采购目录中确定的协议供货和定点采购项目，适用本办法。

第三条　本办法所称的协议供货和定点采购，是指政府采购项目通过公开招标等方式，确定供应商及其所提供货物或服务（包括品牌、规格型号、市场参考价、优惠率、供货期限、服务承诺等），以协议方式固定下来，由采购人在协议有效期内自主选择供应商及其所供货物或服务的一种采购形式。

第四条　协议供货和定点采购遵循公开、公平、公正和诚信的原则；提高采购效率和方便采购人的原则；优先采购节能环保自主知识产权产品和扶持中小企业发展的原则；保证产品质量和维护采购人、供应商利益的原则；加强政府采购监督管理和促进廉政建设的原则。

第五条　协议供货和定点采购范围及限额标准。

（一）协议供货和定点采购的范围，一般为集中采购目录内，采购频繁、规格标准相对统一、价格相对稳定、市场货源充足的通用类货物或服务。具体包括：交通工具、办公设备、移动储存、网络设备、通用软件、办公消耗用品、电器设备、办公家具和公务车辆保险、加油、维修以及定点印刷等。

（二）协议供货和定点采购限额标准

——办公自动化设备中计算机（台式、便携式）单项或批量在60台或50万（不含）以下的，由采购人在协议供货中标供应商范围内，自主选择中标产品；超过上述标准的，采购人选择不同厂家生产的三个以上中标品牌，由集中采购机构组织二次谈判；其他协议供货产品，在20万元（不含）以下的，由采购人在协议供货中标供应商范围内，自主选择中标产品；达到20万元（含）～50万元（不含）的，采购人选择三个以上中标品牌，由集中采购机构组织二次谈判；达到50万元（含）以上的，由集中采购机构组织公开招标。

——交通工具单项或批量在3台或50万（不含）以下的，由采购人在协议供货中标供应商范围内，自主选择中标产品；超过上述标准的，由集中采购机构组织二次谈判。

——办公电器设备、办公家具单项或批量在20万元（不含）以下的，由采购人在协议供货中标供应商范围内，自主选择中标产品；达到20万元（含）～50万元（不含）的，采购人选择两个或两个以上供应商，由集中采购机构组织二次谈判；达到50万元（含）以上的，由集中采购机构组织公开招标。

——定点印刷单项或批量金额在20万元（不含）以下的，由采购人在定点供应商范围内自主选择；达到20万元（含）～50万元（不含）的，采购人选择三家以上定点供应商，由集中采购机构组织二次谈判；达到50万元（含）以上的，由集中采购机构组织公开招标。

其他定点采购项目，如公务车辆定点保险、加油、维修等由采购人自主选择定点供应商。

对于采购人有特殊需求的一些协议供货产品，由采购人以正式文件报政府采购监管机构审批后，可在同一品牌范围内选择三家以上协议供应商由集中采购机构组织二次谈判。

二次谈判评审办法依照《财政部关于加强政府采购货物和服务项目价格评审管理的通知》（财库［2007］2号）规定执行。

第六条　协议供货和定点采购的招标。

（一）协议供货和定点采购项目一律采用公开招标方式组织实施。因特殊情况需要采用其他采购方式的，要依法报省级政府采购监管机构批准。

（二）参加投标的供应商，应当具备政府采购法第二十二条规定的基本条件，并且是投标产品的生产制造厂商。制造厂商不能直接参加投标的，可委托区域代表作为全权代理参加投标。

（三）参加投标的供应商应当具有合法完善的采购渠道和售后服务体系，并按招标文件要求在投标文件中列明采购代理商及其地址和联系方式。

（四）投标供应商应当在投标文件中明确其在协议有效期内提供产品的规格型号、基本配置标准、媒体价格（即设备制造商媒体公布的价格）、中标优惠率、市场参考价（即所投产品在本地区近一个月内的市场平均价格）、售后服务、提供的备品备件及其他事项。

（五）协议供货和定点采购供应商的确定。省级协议供货和定点采购项目，由省级政府采购监管机构下达采购计划，委托省级集中采购机构组织采购。采购完成后，将中标品牌及供应商排名顺序报省级政府采购监管机构确定，省级集中采购机构与各中标供应商签订协议。

（六）中标厂家推荐的协议供货商不得同时代理同一标段内两个（不含）以上品牌的产品（办公电器除外）。

（七）省级政府采购监管机构将中标品牌和代理商联系方式及规格型号、基本配置标准、媒体价格、中标优惠率、市场参考价、售后服务承诺及有效期限等以文件形式或网上公告的形式通知省级单位。

（八）为适应市场变化，机动车辆、办公设备、移动储存设备、网络设备及办公消耗用品原则上每半年进行一次招标，其他协议供货和定点采购项目原则上每年进行一次招标。

第七条　协议供货和定点采购的执行。

（一）省级单位协议供货按以下程序办理：

1.申报协议供货计划。采购人填报《政府采购计划项目实施申请表》，经省财政厅相关业务处审核后，报省级政府采购监管机构审批，并送省级集中采购机构。

2.项目预算低于二次谈判限额标准的，由采购人持省级政府采购监管机构核准的《政府采购计划项目实施申请表》，在协议供货中标供应商范围内选择供应商。

3.采购人可在确定的协议供应商范围内根据其业务范围、能力、价格、服务等情况自主选择。由供需双方在市场参考价的基础上平等协商确定基本价格，再按优惠率进行优惠。即政府采购协议价=在市场参考价基础上经供购双方平等协商后的价格×（1－中标优惠率）。中标优惠率应根据采购数量的增加适当提高，市场参考价和媒体价格仅作为参考，采购人实施采购时应与供应商讨价还价，以争取最优惠价格。

4. 采购人与中标供应商或其授权代理商签订供货合同，在 3 个工作日内送达省级集中采购机构，并报省级政府采购监管机构备案。

5. 采购人应按合同组织验收，中标供应商应按合同约定及时送货和提供服务。采购人应在 3 个工作日内验收完毕，并出具项目验收单送达省级集中采购机构。出现纠纷的，按合同约定的方式进行处理。

6. 采购人应按照合同约定及时向供应商支付采购资金。使用财政预算资金采购的，由省级政府采购监管机构根据采购合同、验收单、发票复印件及《政府采购资金财政直接支付信息一览表》，通过国库集中支付系统向协议和定点供应商支付采购资金；使用自筹资金采购的，由采购人直接向协议和定点供货供应商或代理商支付采购资金。

7. 中标供应商应当保证同一品牌、型号产品的协议供货价格低于同期市场平均价格，货源紧张时应以后先保证政府采购需要，中标厂家的任何促销活动，采购单位可享受同等待遇。

8. 采购人应首先选择协议供货商及其中标产品，协议供货范围内的产品难以满足采购需求、协议供货价格高于非协议供货商提供的正品价格或协议供货商难以在规定时限内提供协议供货产品的，经省级政府采购监管机构批准后，可以采购协议供货范围外的产品。

9. 采购人应当优先享有中标供应商提供的技术咨询、培训服务和国家规定的“三包”服务等售后服务内容。

（二）省级单位定点采购按以下程序办理：

1. 申报定点采购计划。采购人填报定点采购相关申请审批表，经省财政厅相关业务处审核后，报省级政府采购监管机构审批，同时送省级集中采购机构。

2. 项目预算低于二次谈判限额标准的，由采购人在定点供应商范围内自主选择合适的供应商，并约定需要提供的产品或服务。

3. 供应商应根据采购人的要求提供产品或服务，同时向采购人开具正式发票，采购人凭供应商出具的发票和政府采购审批手续办理财务事宜。

第八条　协议供货产品价格的调整。

在协议供货有效期限内，中标产品市场价格发生变化的，中标供应商应当及时按投标承诺调整产品价格。调整后价格的优惠率应在保证不降低配置标准的前提下享受该产品中标时的优惠率。中标产品价格调整后，在 3 个工作日内将该产品中标时和调整后的媒体价格、市场参考价、优惠率分别报省级政府采购监管机构和省级集中采购机构备案，将调整信息在“陕西省政府采购网”上公告。

第九条　协议供货产品的替换。

在协议供货有效期限内，中标产品出现更新换代、停产的，在不降低产品质量和配置档次的前提下，可以提供该产品的替换产品，其协议供货的优惠率不得低于原投标承诺的优惠率。协议供货供应商应在 3 个工作日内报省级政府采购监管机构和省级集中采购机构备案。当有新产品上市时，协议供应商要及时报送产品名称、媒体价格、市场参考价和优惠率，在“陕西政府采购网”上及时公告。

第十条　权利和义务。

（一）省级政府采购监管机构

1. 制定省级单位协议供货和定点采购制度办法。

2. 确定省级单位协议供货和定点采购项目的范围。

3. 审批省级单位协议供货和定点采购项目的采购方式。

4. 受理省级单位协议供货和定点采购合同备案。

5. 负责确定并公告协议供货和定点采购中标供应商及中标产品的品牌、名称、基本配置标准、市场参考价、优惠率、售后服务等事项。

6. 推行协议供货全省联动，并组织专项检查。

（二）省级集中采购机构

1. 组织协议供货和定点采购项目的招标工作，招标完成后按照监管机构确认的中标结果与中标供应商签订协议。

2. 负责对协议和定点供应商的管理。包括检查协议供货和定点采购协议执行情况。检查中标供应商履行投标承诺情况，即：市场参考价、优惠率、商品质量、售后服务、价格信息反馈等以及对采购人反映的问题进行核实处理。

3. 负责协议供货和定点采购合同及项目验收单档案管理；收集统计协议供货和定点采购的有关信息及数据，及时将有关信息及数据提供给省级政府采购监管机构以便更新。

4. 协调采购人和供应商实施采购的要求。

5. 对违规供应商进行调查核实。

6. 定期收集采购产品的质量和售后服务意见，建立供应商质量信用和售后服务质量档案。

（三）协议供货和定点采购供应商或代理商

1. 认真履行投标时的各项承诺，遵守政府采购规则，不得向采购人提供虚假信息，不得向采购人提供各种返利、回扣（包括物品、有价证券等），不得以协议供应商名义从事损害政府采购形象的活动。

2. 协议供货项目完成后，及时向省级集中采购机构报送协议供货合同及项目验收单。

3. 定期向省级政府采购监管机构和集中采购机构报送协议供货和定点采购执行情况和提供价格变动等有关信息及数据，不及时报送信息的，将按规定进行处罚。

4. 接受省级政府采购监管机构和集中采购机构的监督检查。

5. 有权拒绝采购人提出的不合理要求，举报相关人员的不规范行为。

（四）采购人

1. 将协议供货和定点采购项目编入年度政府采购预算，申报政府采购计划。

2. 与供应商在市场参考价的基础上合理讨价还价，签订协议采购合同，明确约定双方的权利和义务。

3. 按合同进行验收，并在规定时限内验收完毕，填写验收单，及时办理采购资金付款手续，支付采购资金。

4. 发现供应商有违反有关规定的，及时向省级政府采购监管机构和集中采购机构反映。

5. 不得将超过限额标准的采购项目化整为零，规避集中采购。

6. 不得向协议以外的供应商购置协议供货和定点采购范围内的产品或服务，不得向供应商提出超越协议承诺范围的不正当要求。

第十一条　监督检查。

（一）采购人应当对本部门、本单位执行协议供货和定点采购情况进行监督检查，对中标供应商的重大违约行为应当以书面形式报送省级政府采购监管机构和省级集中采购机构。

（二）省级集中采购机构应当对中标供应商的价格开展市场调查，并对协议供货和定点采购事项的执行情况进行跟踪监督，并及时向省级政府采购监管机构报告有关情况。

（三）中标供应商及其授权代理商应当配合省级集中采购机构对采购人和其他中标供应商执行协议供货和定点采购情况进行监督，发现违规违约情形，应及时报告。

（四）省级政府采购监管机构在协议供货和定点采购执行期间有权利对执行情况实施监督检查。对违规行为，依照有关规定予以处理或处罚。

（五）任何单位和个人发现采购人、省级集中采购机构、中标供应商及其代理商违反本办法规定，有权向省级政府采购监管机构反映。

第十二条　对违反本办法规定的，将依据《政府采购法》相关规定予以严肃查处。

第十三条　各市区、省直管县可参照执行。

甘肃省

关于政府强制采购节能产品优先采购环保和自主创新产品的实施意见

甘财采［2009］17 号

省直各部门单位，各市（州）财政局，省直管县财政局，各政府采购代理机构：

为了贯彻落实《国务院办公厅关于进一步加强政府采购管理工作的意见》（国办发［2009］35 号）、《国务院办公厅关于建立政府强制采购节能产品制度的通知》（国办发［2007］51 号）、《甘肃省人民政府关于印发实施甘肃省中长期科学和技术发展规划纲要（2006—2020 年）若干政策措施的通知》（甘政发［2006］79 号）以及财政部《关于实施促进自主创新政府采购政策的若干意见》（财库［2006］47 号）精神，充分发挥政府采购政策功能，根据《政府采购法》和国家有关政策规定，结合我省实际，提出如下实施意见：

一、统一思想，提高认识，充分发挥政府采购政策功能作用

强化政府采购的政策功能作用，是建立科学政府采购制度的客观要求。建设资源节约型、环境友好型社会，促进自主创新产品发展，是国家发展的重要目标，是贯彻落实科学发展观，构建社会主义和谐社会的重大举措，是推进经济结构调整，转变增长方式，提高人民生活质量，维护中华民族长远利益，确保国家经济可持续发展的必然要求。各级国家机关、事业单位、团体组织（以下简称采购人），要提高发挥政府采购政策功能作用的认识，增强执行制度的自觉性，切实加强组织领导，积极采取有效措施。从政府采购政策功能上支持国家宏观调控，贯彻好扩大内需、调整结构等经济政策，大力推动政府强制采购节能产品、优先采购环保和自主创新产品工作。

二、落实政府强制采购节能产品、优先采购环保和自主创新产品制度的政府采购具体措施

（一）优先采购节能环保和自主创新产品。采购人凡采购涉及节能环保和自主创新产品的，必须执行财政部会同有关部门发布的节能环保和自主创新产品政府采购清单（目录）。对列入政府采购清单（目录）的节能环保和自主创新产品，必须优先采购；对列入政府强制采购清单（目录）的部分节能效果、性能达到要求的节能产品，必须强制采购；对符合首购和订购条件的自主创新产品，必须实行首购和订购。

（二）科学编制政府采购文件。采购人采购的产品属于列入政府采购清单（目录）中品目的，招标采购单位（采购人和招标代理机构）在编制采购文件（含招标文件、谈判文件、询价文件等）时，必须作出强制采购节能产品、优先采购环保和自主创新产品的具体规定，包括供应商资格要求、评审方法、评审标准、价格扣除比例、加分幅度、评审因素等事项。

对节能环保和自主创新产品的生产、经营企业，可在符合国家相关要求的前提下，在注册资金、生产业绩等方面适当降低资质要求，放宽这些企业进入政府采购市场的标准和条件。

在设置评分标准时，要增加节能环保、自主创新等评分因素，并通过单设“政策性因素”项目，结合同类产品的技术含量、质量性能、市场成熟度和销售特点等情况，给予列入政府采购清单（目录）的节能环保、自主创新产品合理的价格扣除比例或技术加分幅度；由多个产品或技术集成的项目，要结合节能环保、自主创新产品报价占项目总价的比例，给予相应的扣除或加分。

采购文件不得要求或者标明特定的供应商或者产品，以及含有倾向性或者排斥潜在节能环保或自主创新产品供应商的其他内容。

（三）严格政府采购项目评审。对采购列入政府采购清单（目录）的节能环保或自主创新产品，在项目评审中实行一定幅度的价格扣除和加分。

采用最低评标价法评审的，在评审时给予其5%～10%幅度不等的价格扣除。

采用综合评分法评审的，在满足技术和服务等条件的情况下，对技术和价格项目分别给予总分值的4%～8%幅度不等的加分。

采用性价比法评审的，在技术评审项中可增加评分因素；并给予报价4%～8%幅度不等的价格扣除。

采用竞争性谈判、询价方式采购的，应当将产品的节能环保或自主创新要求作为谈判、询价的内容。在满足采购需求、质量和服务相等的情况下，节能环保或自主创新产品报价不高于一般产品当次报价的最低报价5%～10%的，应当确定节能环保或自主创新产品供应商为成交供应商。

上述节能环保和自主创新产品，以列入财政部和相关部委制定的《政府采购清单（目录）》且在产品认证有效期内为准，超过认证有效期的自动失效。在采购中，供应商应向采购人、采购代理机构和评审委员会（小组）提供《节能环保或自主创新产品认定证书》，并经采购人、采购代理机构和评审委员会（小组）审核确属政府采购节能环保或自主创新产品目录中的产品。

（四）认真履行政府采购合同。节能环保和自主创新产品政府采购合同必须将节能环保和促进自主创新作为必备条款，明确支持节能环保和自主创新产品的内容和具体措施。

采购人在签订和履行采购合同过程中，可对节能环保和自主创新产品生产、经营企业以适当提高预付款比例、降低履约保证金比例及缩短付款尾款扣押期限等措施予以支持和保护。

（五）努力提高服务水平。各政府采购代理机构对属于政府采购目录清单的节能环保和自主创新产品生产、经营企业参与政府采购活动时，应减免收其采购文件工本费；委托社会中介代理机构采购的，对其采购金额100万元以上的项目，超出部分应减半收取采购代理服务费，努力降低生产和销售企业的负担。

（六）严格政府采购进口产品审核。要严格审核进口产品的采购，凡国内产品能够满足需求的都要采购国内产品。对需要采购的产品在中国境内无法获取或者无法以合理的商业条件获取，以及法律法规另有规定确需采购进口产品的，必须按规定在采购前报省、市财政部门核准。

各级财政部门、采购人和政府采购代理机构应严格执行财政部《关于印发政府采购进口产品管理办法的通知》（财库［2007］119号）和财政部办公厅《关于政府采购进口产品管理有关问题的通知》（财办库［2008］248号）的规定。

三、加强监督管理，确保政府采购节能环保、自主创新产品取得实效

各级财政部门要建立和完善监管机制，切实加强对政府采购节能环保和自主创新产品实施情况的监督检查，督促采购人和采购代理机构自觉执行强制采购节能产品、优先采购环保产品和促进自主创新的政府采购政策，加大对违规采购行为的处罚力度。同时要加强与审计、监察等部门的协调配合，将各部门、各单位对政府采购政策执行情况纳入监督检查和年度审计范围，共同做好采购节能环保和自主创新产品的政府采购工作，确保取得实效。

对采购人未按规定采购节能、环保和自主创新产品的，财政部门应及时采取有效措施责令其改正。拒不改正的，给予通报批评，不予拨付采购资金，直至追究有关责任人员的责任。

对采购代理机构在代理政府采购业务中未按规定采购节能、环保和自主创新产品的，按照有关法律规定视情节给予责令限期改正、通报批评、年度考核中扣分、列入不良记录名单、暂停政府采购代理资格和取消代理资格的处罚。

对中标、成交供应商提供虚假材料冒充节能、环保和自主创新产品谋取政府采购合同的，中标、成交结果无效，并列入不良行为记录名单，在一至三年内禁止参加政府采购活动。构成犯罪的，移交有关部门依法追究刑事责任。

因政府采购当事人违法违规而造成的损失，有过错的一方应当承担赔偿责任，双方都有过错的，各自承担相应责任。

甘肃省财政厅

二〇〇九年八月六日

青海省

关于印发《关于进一步加强政府采购监督管理工作的意见》的通知

青财库字［2009］151 号

各州、地（市）财政局、监察局、审计局，省级各行政机关、事业单位、团体组织，省政府采购中心：

为进一步加强政府采购监督管理，推动和深化政府采购制度改革，规范政府采购行为，促进廉政建设，根据《中华人民共和国政府采购法》及相关制度规定，结合我省实际，省财政厅、省监察厅和省审计厅联合制定了《关于进一步加强政府采购监督管理工作的意见》，现印发给你们，请遵照执行。

附件：关于进一步加强政府采购监督管理工作的意见

青海省财政厅

青海省监察厅

青海省审计厅

二〇〇九年三月九日

附件：

关于进一步加强政府采购监督管理工作的意见

为进一步加强政府采购监督管理，拓宽政府采购范围，扩大政府采购规模，提高政府采购效益，规范政府采购行为，促进我省政府采购工作健康发展，实现真正意义上的“阳光采购”。根据《中华人民共和国政府采购法》（以下简称《政府采购法》）及相关制度规定，结合我省实际，提出以下意见。

一、高度重视，充分认识政府采购的重要性和必要性

推行政府采购制度，是转变政府职能，建立与社会主义市场经济体制相适应的公共财政框架的客观需要；是深化财政改革，强化政府宏观调控，全面提高依法行政水平，促进财政支付管理改革目标的实现，提高财政性资金使用效益和政府支出管理水平，推动并实现政府消费行为市场化和提高财政资金使用效益的重要举措；是促进党风廉政建设，树立党和政府的良好形象，从源头上防治腐败，建设廉洁政府，构建惩防体系的必然要求。

近年来，全省各地区、各部门深入推进政府采购制度改革，政府采购制度框架基本形成，采购规模不断加大，运行和监管机制逐步完善，财政资金使用效益稳步提高，源头防腐的作用日益显现。但是，在全省政府采购执行的专项检查中发现，部分单位和部门依法采购的意识不强，在政府采购制度落实方面和执行环节还存在着采购预算编制不完整、采购预算执行不及时、随意变更采购预算项目、采购行为不规范、采购执行效率不高、规避政府采购行为等问题，在一定程度上影响了公开、公平、公正原则和政府采购制度的声誉，阻碍了政府采购制度改革的深入推进。

因此，各地区、各部门要从加强党的执政能力建设和依法治国的战略高度，统一思想，深化认识，加强领导，充分认识政府采购工作的重要性，高度重视政府采购工作的现实意义，切实加强对本地区政府采购工作的组织领导，把政府采购工作纳入重要议事日程，把深化政府采购制度改革作为阳光工程和民心工程来抓，积极发挥政府采购的宏观调控作用，拓展政府采购的政策功能，全面推进政府采购工作，使政府采购成为规范财政支出、促进党风廉政建设、实现政府宏观调控目标的一项基本管理制度。各级采购人（预算单位，下同）、采购管理部门和采购执行机构要进一步掌握政府采购相关法律、规章制度的各项规定，不断提高依法采购的意识和能力，主动适应新形势和新要求，堵塞管理与操作执行中的漏洞，防止腐败现象的发生，确保政府采购制度的贯彻落实。

二、明确范围，严格执行政府采购基本制度

（一）严格执行集中采购目录。政府采购的规模决定政府采购的效益，采购人使用财政性资金（包括预算内资金、预算外资金、自筹资金、中央专款等纳入财政管理的其他资金）采购依法制定的集中采购目录以内的或者集中采购限额标准以上的货物、工程和服务的行为，必须按照规定的采购方式和程序依法实施政府集中采购。未经县级以上人民政府财政部门审批而擅自采购的，视情节轻重，给予直接当事人党纪政纪处分，触犯刑律的要移交司法机关追究刑事责任。要根据形势的发展变化，及时修订完善政府集中采购目录和政府采购限额标准，逐步扩大政府采购实施范围，保证政府采购规模逐年扩大。

（二）进一步健全和细化政府采购预算。在编制部门预算和年度追加预算过程中，应严格按照政府集中采购目录和国有资产配置标准，界定政府采购项目的资金规模和范围，将应该纳入政府采购的项目全部纳入政府采购范围，进一步细化政府采购预算，做到“应编尽编”。

（三）严格执行政府采购预算。采购人根据政府采购预算，对纳入政府采购的项目资金应尽快编制和上报采购计划。年初部门预算安排的政府采购项目，必须在每年5月底前上报并完成政府采购；年度追加的政府采购预算项目，要在预算下达 1 个月内上报政府采购计划。对已安排采购预算，两年以上无故不实施政府采购的资金，财政预算管理部门将清理收回。

任何单位和个人未经财政预算管理部门批准，不得擅自改变资金用途和项目性质。对应纳入政府采购，未经政府采购管理部门批准而自行采购或“先采购后申报”等规避政府采购的行为，一律不予办理政府采购手续、不予支付政府采购项目资金。

（四）坚持做到公平采购。政府采购工作必须遵循公开、公平、公正、诚信原则，依法采购，阳光操作。采购人制订的采购计划要严格按照《政府采购法》以及《政府采购货物和服务招标投标管理办法》的规定，不得指定货物的品牌、服务的供应商；不得利用非实质性的资质、排他性参数等条件变相设置“排他性”条件，限制其他供应商参与政府采购活动。对已交付并符合采购需求的项目，要按规定在5个工作日内及时办理履约验收手续，不得无故拖延。

（五）政府采购应当符合国家产业政策。在同等条件下，应优先采购国货，应优先采购具有低耗能、环保型的产品或物资，应优先采购国家产业政策扶持的中小企业的新兴产品和具有自主知识产权的产品。

三、规范程序，认真履行政府采购各项规定

（一）切实提高采购效率。政府采购执行机构要严格按照政府采购管理部门下达的政府采购计划以及确定的采购方式，认真编制招标文件或采购文件，按规定及时组织实施采购，要在收到采购计划的30个工作日内实施并完成采购。未经政府采购管理部门批准，不得擅自改变采购方式以及项目内容。

（二）健全内部监督制约机制。政府采购执行机构要加强内部管理，决策和执行程序应当明确，建立和完善相互监督、相互制约的管理制度，经办采购的人员与负责采购合同审核、验收人员的职责权限应当明确，并相互分离。

（三）科学制定评标标准及办法。政府采购执行机构要按照《政府采购货物和服务招标投标管理办法》的规定，以实际、节俭为前提，通过详细市场调查，科学、合理地设定评标标准及办法，制定标书。标书文本格式要标准化，明确采购数量、品种、功能（性能）、技术要求以及要求采购供应商提供的情况等。

（四）切实做到信息公开。政府采购执行机构要按照《政府采购信息公告管理办法》的规定，对公开招标公告必须在《青海日报》、《中国政府采购网》以及《中国财经报》同时公布，自招标文件发出之日起至投标人提交投标文件截止日，不得少于二十日。招标采购单位对已发出的招标文件进行必要澄清或修改的，应当在招标文件要求提交投标文件截止时间十五日前，在原政府采购信息发布媒体上发布更正公告，并以书面形式通知所有招标文件收受人。该澄清或者修改的内容为招标文件的组成部分。

对邀请招标、谈判及询价、单一来源采购的采购信息等须在《中国政府采购网》上发布，保证供应商获取信息的时间、范围、内容的同一性。

（五）严格专家抽取制度。政府采购执行机构要按照政府采购专家管理办法的有关规定，在政府采购管理部门和监察部门的监督下，从政府采购专家库中随机抽取评标专家。

政府采购专家库不能满足特殊行业和特殊产品的采购需求时，由采购人、采购执行机构提出评审专家人选，经政府采购管理部门审核后实行差额确定。

（六）对供应商强化监管和维护权益并重。政府采购执行机构要按照《青海省供应商诚信管理暂行办法》的规定，加强对供应商库的动态管理，切实做好登记审核工作，确保参加政府采购供应商身份的真实性和履约能力的可靠性。政府采购的供应商有权公开、平等地取得参与政府采购活动的权利和获得政府采购相关信息，有权要求采购人或采购执行机构保守其商业秘密，有权根据法律法规行使对政府采购活动的监督，并享有政府采购有关规定的其他权利。对供应商参加政府非公开招标方式的采购活动，建立供应商报名和在政府采购管理部门、监察部门的监督下随机抽取相结合，符合一定法定数量以上的供应商进行采购的办法，保证政府采购活动的公开、公平和公正。

（七）严肃评标纪律。政府采购执行机构要按照政府采购评标制度和评标纪律的规定，评标工作由专家为主（不少于评委总数的三分之二）的评标委员会（小组）组织进行，其他任何单位和个人不得以任何方式参与评标工作，不得以任何方式干涉评委的评标工作，不得就有关评标工作发表任何意见。对需要考察的项目，严格专家抽取制度，确定考察组。在考察过程中，任何单位和个人不得以任何方式干涉专家工作，考察内容应全面、科学，考察结果真实。同时，要对评标专家的评标过程进行监督，防止评标不公正的现象发生。并严格执行保密纪律，不得将评标过程中的一切讨论意见以任何方式向与评标无关的人员泄露。

（八）加强合同的履约监督。采购人和供应商均应按照合同约定，履行各自权利和义务。采购人或者其委托的采购执行机构要组织好验收工作。政府采购执行机构要严格执行《政府采购合同监督暂行办法》的规定，在采购完成、公示期满后五个工作日内督促合同订立双方按规定订立合同（配套资金未落实的除外），监督合同履约，确保采购内容与验收内容的统一。及时有效地化解在采购过程中可能出现的如支出增加、推迟交货、货物不符合采购的要求等采购风险。验收方要对自己的验收意见负责，如果损害采购人或者供应商的合法权益，要承担相应的责任。建立协议供货采购的动态管理机制，对价格和产品等变动情况要在五个工作日内在政府采购指定媒体上发布。

（九）提升服务水平。政府采购执行机构工作人员要强化主动服务意识，提高工作效率，严肃工作人员纪律，认真办理政府采购业务，不得无故推诿、刁难采购人和供应商。要建立政府采购信息网络，搜集和整理供应商、产品和服务信息，记录政府采购过程，不断总结采购经验。

（十）认真受理质疑。政府采购执行机构要按照有关政府采购投诉质疑处理办法及制度的规定，重视和加强对供应商质疑的处理。在收到质疑当事人的书面质疑后七个工作日内作出答复，并以书面形式通知质疑当事人和其他有关当事人。答复事项应实事求是、客观公正。

四、强化监管，认真履行政府采购管理职责

（一）进一步强化监督检查。政府采购管理部门要积极组织并会同监察、审计部门对采购执行机构、采购人的政府采购工作进行定期专项检查。重点检查采购预算的编制、采购范围、采购程序、采购方式、采购资金、中标合同执行情况及内部控制制度等。对在检查中发现的不能严格执行政府采购制度的部门和单位要予以通报批评，要按照有关规定严肃处理，并追究有关人员的责任。各级政府采购管理部门要向社会公布投诉举报电话，接受全社会监督，加强政府采购知识的宣传教育，确保政府采购真正成为“阳光采购”。

（二）加强采购重点环节的监督管理。在政府采购活动实施中，采购管理部门要强化采购现场的监督职能，重点监督采购执行机构健全工作流程和落实工作制度的情况。加强对政府采购当事人执行行为的事前、事中、事后监督，加大对采购操作执行现场的开标、评标、定标等重点环节的监管力度。如果政府采购执行机构违反规定，或者其工作人员滥用职权、玩忽职守、徇私舞弊，可以依法及时终止采购，并提请有关部门依法追究当事人责任，确保采购管理部门在整个政府采购活动过程中发挥监督管理职能。同时，自觉接受采购人、采购执行机构和社会各界的监督。

（三）科学确定采购方式。政府采购管理部门要在审核下达采购计划时，明确采购预算资金的构成，并把采购方式作为政府采购计划的重要内容下达给采购执行机构。强化公开招标的主导地位，严格非公开招标采购方式的适用条件和审批程序，采购方式一经确定，不得随意更改。金额达到规定标准的单项或批量采购项目，必须采取公开招标方式采购，严格防止规避招标采购现象。采取非公开招标方式采购（邀请招标、竞争性谈判、询价、单一来源采购），必须符合《政府采购法》的规定。项目有特殊情况的，可征询政府采购执行机构意见确定。严格执行《政府采购进口产品管理办法》的规定，坚持政府采购进口产品专家论证和上级主管部门审批相结合的方式，未履行程序的不予下达政府采购计划。对采购计划的审定、采购方式及合同履约验收和采购资金的审核，要在五个工作日内完成，进一步提高政府采购效率。

（四）不断充实和完善政府采购专家库制度。采购管理部门要按照“统一条件，分级管理，随机抽取，管用分离”的原则，进一步扩大专家库的容量和质量，制定符合省、州、地、市实际的准入专家的标准和条件，不断提高专家数量和质量，评标专家的选取从合法专家库中随机抽取确定，提高评标质量。对专业能力不足，责任心不强及有与供应商有利益关系的专家坚决予以清理，切实加强专家的动态管理。

（五）加强部门集中采购和分散采购的管理。政府采购管理部门要严把部门集中采购和分散采购的审批关，要按照部门集中采购管理办法、单位分散采购管理办法的有关规定，切实加强部门集中采购和分散采购的管理和监督，适时组织专项检查。

（六）确保采购资金及时安全支付。政府采购管理部门要按采购验收文书和采购合同相关约定，认真审查政府采购合同及履约验收手续。在完成采购前期管理程序和对采购合同、验收意见进行审核后，财政国库支付部门要按照合同有关条款在三个工作日内支付采购资金给供应商。

（七）完善政府集中采购机构的考核。政府采购管理部门要按照《集中采购机构监督考核管理办法》的规定，对集中采购机构的采购价格、节约资金效果、服务质量、信誉状况、有无违法行为等事项进行考核，并在指定的政府采购信息发布媒体上公告考核结果。同时，对已采购的项目的执行情况及效果进行效益评估。定期与有关部门一道，广泛听取各预算单位、供应商的意见，促进政府采购工作上新台阶。

（八）进一步强化投诉处理工作职责。政府采购管理部门要认真把握政策，坚持原则，进一步强化服务意识，严格按程序办事，不断提升投诉处理工作质量和水平，在处理投诉事项期间，可以视具体情况书面通知采购人暂停采购活动（但暂停采购活动的时间最长不得超过三十日）。在受理投诉后三十个工作日内，对投诉事项作出处理决定。既要保护国家、人民的利益，也要维护好供应商的合法权益，促进社会公平、和谐发展。

五、密切协作，强化责任追究

《政府采购法》明确规定了以财政部门为主，监察、审计及其他有关部门共同配合的有效监督机制，确保政府采购活动按照公开、公平、公正、高效的原则落实。各级财政、监察、审计等部门要密切协作，相互配合，及时通报有关情况，充分发挥各自的监督职能，强化对政府采购行为的约束，及时防止规避政府集中采购的行为，进一步消除政府采购中腐败现象的发生。

（一）加强监察机关的监督。监察部门要加强对参与政府采购活动的国家机关、国家公务员和国家行政机关任命的其他人员的监察。各派驻监察机构和部门内设监察机构要加强对政府采购活动的监督。财政部门将本级政府采购计划报送同级监察部门备案，由监察部门确定实施监督的重点和方式方法。政府采购活动每半年向监察部门通报一次，重大情况随时通报。

（二）加强审计监督。充分借助审计部门专项审计的特长和专业优势，拓展和深化对采购资金使用的审计，把政府采购列入预算单位财务审计的必审内容，加大审计力度，不断推进政府采购工作。

（三）加强财政监督。财政监督检查专门机构要把政府采购纳入重点监督范围，有计划、有步骤地安排对重点、重大政府采购项目采购过程执行《政府采购法》、正确履行政府采购招标投标等有关程序及政府采购资金使用效益等情况进行全方位监督。

（四）加强社会监督。要积极邀请人大代表、政协委员参加政府采购活动的现场监督和专项检查，认真听取他们提出的意见及建议，不断改进政府采购工作。要发挥供应商的监督作用，认真受理供应商的质疑、投诉、举报或申诉，对查证属实的，要按规定进行严肃处理，切实纠正政府采购活动中的违法违纪行为，维护政府采购的良好形象。

（五）严肃责任追究。政府采购中相关各方当事人违反政府采购相关规定的，有关部门应依法追究责任，严肃处理。

关于印发《青海省网围栏工程项目政府采购管理暂行办法》的通知

青财办字［2009］391号

各州、地、市财政局、农牧局、发改委：

为了进一步做好网围栏政府采购工作，我们在广泛征求意见的基础上重新修订了2006年省财政厅制定的《青海省网围栏工程项目政府采购管理暂行办法》，现将修订后的《青海省网围栏工程项目政府采购管理暂行办法》予以印发，请遵照执行。

附件：青海省网围栏工程项目政府采购管理暂行办法

青海省财政厅

青海省农牧厅

青海省发展和改革委员会

二〇〇九年四月二十二日

附件：

青海省网围栏工程项目政府采购管理暂行办法

第一条　为加强三江源生态保护和建设，规范我省退牧还草、林业建设等工程中网围栏工程政府采购管理，依据《中华人民共和国政府采购法》、《青海省实施〈中华人民共和国政府采购法〉办法》等法律法规，制定本办法。

第二条　本省境内纳入政府集中采购的网围栏工程适用本办法。

第三条　项目实施单位要根据省级有关部门批复的工程实施方案、作业设计、标段划分，由州级项目主管部门在规定的时间内上报省政府采购管理办公室（以下简称省采管办）。

第四条　省采管办按照资金预算和项目工程实施方案对网围栏采购资金、建设内容进行复核。复核确认后，向州级项目行政主管部门和省政府采购中心（以下简称省采购中心）下达政府集中采购计划、确定采购方式。

网围栏工程项目政府集中采购方式，以公开招投标方式为主，采购金额在50万元（含50万元）以下的，由采管办确定采购方式，可采取公开招标方式以外的采购方式。

第五条　省采购中心按省采管办确定的采购方式和州主管部门提供的作业设计编制采购文件，对作业设计的建设规模、数量，不能变更。因特殊原因确需变更的要经业主单位、省主管部门批准后才能变更。

第六条　采购文件经州项目主管部门确认并经省主管部门审核，省采购中心在指定的媒体上发布政府采购公告。

第七条　省采购中心会同项目州主管部门在省采管办的监督下随机抽取专家，对所有报名参加投标的供应商按招标文件要求进行资格预审；资格预审通过的供应商省采购中心会同项目州主管部门组织考察组进行实地考察，考察组要向评标委员会提交书面考察报告，作为重要的评标依据。参加考察的专家不再参加评标工作。

资格预审、实地考察合格的供应商进入商务报价评标阶段。

第八条　省采购中心在监督部门的监督下采取随机抽取的方式组建评标委员会，评标委员会由5人以上单数组成，州项目主管部门1人，项目实施单位代表1人进入评标委员会。

第九条　省采购中心按照招标文件规定的时间、地点及评标方式，组织采购。

第十条　招标文件应体现《政府采购法》第九条“政府采购应当有助于实现国家的经济和社会发展政策目标，包括保护环境，扶持不发达地区和少数民族地区，促进中小企业发展等”的规定，对西部落后地区、少数民族地区网围栏企业给予鼓励支持，并做好优秀生产企业评定工作。

第十一条 评标委员会根据招标文件要求，现场确定预中标供应商。

第十二条 预中标供应商确定后，省采购中心及时在政府采购规定的媒体上公示，公示期7天；公示期内供应商若有疑问可向省采购中心提出书面质疑，采购中心以书面形式予以答复。

第十三条 省采管办对采购过程进行全程监督；对金额较大的项目主动接受纪检监察和审计等部门对开标、评标及项目实施全过程监督。

第十四条 公示期满没有质疑，省采购中心向供应商发出中标通知书，并通知项目县按照工程管理要求与中标企业签订供货合同。

第十五条 合同签订后，省采购中心在政府采购指定媒体上就项目具体内容及中标供应商等相关内容进行公示。

第十六条 网围栏中标企业进入生产阶段后，由省采购中心组织项目州有关人员和省级产品质量监督检验机构共同对生产企业的进度和质量进行监管。

第十七条 项目实施单位履约监督中若发现问题应及时以书面形式指出，问题较大的向省采购中心反映，省采购中心协同有关部门及时调查处理。

第十八条 做好事前、事中、事后的服务工作。在验收中若发现供应商有不诚信行为，将按照《青海省政府采购供应商诚信管理办法》进行处理。若发现供应商或其他相关人员有违纪违法行为的，省采购中心应及时报告相关部门，依法做出处理。

第十九条 项目资金管理按照《青海省人民政府办公厅转发省财政厅关于青海省退牧还草工程专项资金监督管理暂行办法的通知》的有关规定执行。供应商完成任务后，经业主方、监理方确认签字后，由项目县按合同约定分期分标段支付中标资金。

第二十条 本办法由省财政厅负责解释。

第二十一条 本办法自发布之日起实施。

关于进一步加强政府采购资金管理提高政府采购效率的通知

青财库字［2009］523号

省级各行政事业单位，集中采购机构：

为了进一步加强政府采购资金管理，切实提高政府采购效率，充分发挥政府采购的政策功能，现就有关事项通知如下：

一、预算单位根据政府采购预算，对纳入政府采购的项目资金应尽快编制和上报采购计划。年初部门预算安排的政府采购项目，必须在每年5月底前上报政府采购计划。年度追加的政府采购预算资金，要在预算下达10个工作日内上报政府采购计划。

二、财政预算管理处在下达政府采购预算时，按上述要求明确政府采购计划上报时间，预算单位按规定时间向政府采购管理办公室报送政府采购计划，同时抄报财政预算管理处。无特殊情况逾期不报的，省政府采购管理室不再下达采购计划。

任何单位和个人未经财政预算管理处批准，不得擅自改变资金用途和项目性质。

三、省采购管理办公室将各预算单位所报采购计划分类汇总后向采购人和集中采购机构下达集中采购计划，对2008年以前已安排采购预算，未实施政府采购的资金，预算单位须在2009年6月底之前予以上报采购计划，对未按规定时间和要求上报采购计划的预算单位，年度终了政府采购管理办公室将予以通报，省财政将收回预算指标。

四、本年度的政府采购预算资金原则上不得跨年度采购，因特殊原因确需跨年度采购的项目，采购单位需向政府采购管理办公室出具有关证明和书面说明，同时报送财政预算管理处。省政府采购管理办公室征求预算管理处意见后做出决定。

五、政府采购节余资金，预算单位向财政预算管理处提出意见，财政预算管理处根据实际需要，确定其资金用途，进行审批。需再进行政府采购的项目，按程序上报采购计划，否则，省财政将收回预算指标。

六、集中采购机构按政府采购管理办公室下达的采购计划，按同类项进行集中规模采购，不得分单位，多次组织采购。确因特殊情况另行采购的，需报经省政府采购管理办公室批准。

七、集中采购机构要切实采取措施提高政府采购执行效率，严格合同管理，加强履约监督，在采购完成、公示期满后3个工作日内督促合同订立双方按规定订立合同，监督合同如期履约，确保采购内容与验收内容的统一。对供应商无故不按合同履约，按《供应商诚信管理办法》加大处罚力度。对预算单位或经办人员无故刁难、拖延验收时间等情况要及时向政府采购管理办公室反映，政府采购管理办公室按有关规定依法追究相关单位和人员责任，并以适当方式向社会公布。

青海省财政厅

二〇〇九年五月二十日

宁夏回族自治区

关于政府采购代理机构开展政府采购业务的通知

宁财（采）发［2009］1019号

各市、县（区）财政局、区直各单位：

根据《中华人民共和国政府采购法》和《政府采购代理机构资格认定办法》（财政部第31号令），财政部认定我区的6家甲级政府采购代理机构已经自治区财政厅审核备案。为切实加强对政府采购代理机构的监管，现将有关事项通知如下：

一、政府采购甲级代理机构，在我区开展政府采购业务，应当在自治区财政厅进行审核备案，未经审核备案的，不得代理我区政府采购业务。

二、自治区直各行政事业单位和社会团体组织使用财政性资金采购的货物、工程和服务项目，在办理政府采购业务委托时，可以按照《宁夏回族自治区政府采购目录及标准》，委托财政部认定的甲级代理机构在部门集中采购范围内进行采购。各市、县（区）办理政府采购业务委托时，也可以按照《宁夏回族自治区政府采购目录及标准》，委托自治区财政厅备案的代理机构开展政府采购业务。

三、各政府采购代理机构必须按照财政部门下达的采购计划进行采购，严格执行政府采购的有关法律法规和规章制度，并严格按照规定的代理业务范围承办政府采购事宜。

四、自治区财政厅按照财政部监察部关于印发的《集中采购机构监督考核管理办法》，对政府采购代理机构进行监督考核。对有违法违规行为的代理机构，将按《政府采购法》有关规定进行处罚。

五、各市、县（区）财政部门要根据本地实际情况，加强对政府采购代理机构的监督，做好有关数据的统计管理工作。

附件：财政部认定的甲级政府采购代理机构名单（略）

宁夏回族自治区财政厅

二〇〇九年九月十五日

关于印发《自治区本级政府采购档案管理暂行办法》的通知

宁财（采）发［2009］1643号

各市县（区）财政局，自治区直各有关单位：

为加强政府采购档案的管理，有效保护和利用政府采购档案资源，依据《中华人民共和国政府采购法》和《中华人民共和国档案法》和有关规定，特制定《自治区本级政府采购档案管理暂行办法》，现印发给出你们，请遵照执行。

宁夏回族自治区财政厅

二〇〇九年十二月二十三日

自治区本级政府采购档案管理暂行办法

第一章 总 则

第一条 为加强政府采购档案管理，有效保护和利用政府采购档案资源，依据《中华人民共和国政府采购法》和《中华人民共和国档案法》的有关规定，结合我区实际情况，特制定本办法。

第二条 本办法适用于自治区本级国家机关、事业单位和社会团体（以下简称采购人）以及政府采购监管部门和政府采购代理机构对政府采购档案的收集、归档、管理、使用和销毁等活动。

第三条 本办法所称政府采购档案是指从政府采购活动开始至结束过程中有价值的各种文字、图纸、图表、声像、纸质、磁盘、光盘等不同媒质载体的记录。

第四条 政府采购监管部门负责下达采购计划、专家抽取、投诉的档案归档；采购代理机构负责组织政府采购活动的档案归档；采购人负责本单位采购管理的档案归档。

第二章 政府采购档案归集

第五条 政府采购档案的整理应包括政府采购计划、招标公告、招标文件和答疑记录、图纸、效果图、磁带、光盘、磁盘等载体的各类文件材料以及开标、评标现场监控系统录制的音像资料。

第六条 政府采购档案的归集应当符合下列要求：

（一）政府采购档案封皮；

（二）政府采购档案目录；

（三）政府采购档案的内容要求规范统一；

（四）实施采购过程中形成的文件材料齐全完整；

（五）必须是原始件的，不可用复印件替代；

（六）文件材料中的签名、印鉴手续齐全；

（七）整理的政府采购档案应符合《中华人民共和国档案法》要求，便于保管和使用。

第七条 政府采购档案需要补充内容，应由相应责任人将补充的有关文件材料按规定要求整理后，并注明补充原因及有关信息，经档案管理人员审核无误后，附在原档案后面归入原档案统一管理。

第三章 政府采购档案内容

第八条 政府采购监督管理部门管理的政府采购档案内容：

（一）申报、审批及下达的政府采购计划；

（二）专家的申请、备案、抽取；

（三）投诉的受理及处理；

（四）其他。

第九条 政府采购代理机构管理的政府采购档案内容：

（一）分配政府采购计划；

（二）发布招标公告及公告所刊登的媒体记录和有关负责人审批件；

（三）开标现场所有记录及供应商投标书（正本）；

（四）中标公告、中标通知书、公证书等；

（五）其他。

第十条 采购人管理的政府采购档案内容：

（一）单位组织自采的项目；

（二）由采购代理机构采购的项目；

（三）其他。

第四章　政府采购档案的管理

第十一条　政府采购监督管理部门、采购人和采购代理机构应依法做好政府采购档案管理工作，指定专人负责政府采购档案的管理并建立岗位责任制度，保证档案资料的真实性、完整性和有效性，不得伪造、变造、隐匿或者擅自销毁。

第十二条　档案管理人员应加强归档档案的管理，在政府采购合同签订、验收完成后，按照归档内容要求，负责收集、整理、立卷、装订、编制目录。保证政府采购档案的标识清晰有效、安全、存放有序、查阅方便。

第十三条　政府采购档案储存场所要保持清洁卫生，做好防虫、防尘、防潮、防火、防盗、防鼠等工作。

第十四条　政府采购档案管理人员发生变更时，应按规定办理档案移交手续。

第十五条　采购人或采购代理机构因机构撤销、解散、破产或其他原因而终止的，应按档案管理的有关规定移交相关部门。

第十六条　政府采购档案按照年度编号顺序进行组卷，卷内档案材料按照政府采购工作流程排列。

第十七条　政府采购档案文件材料用纸规格一律采用国际标准 A4 纸。大型工程图纸、设计效果图、光盘、磁盘等无法装订成册的可在档案中统一编页，单独保存。档案包装应使用无酸卷皮卷盒。

第十八条　政府采购档案和现场监控系统录制的音像资料的保存期限为二十五年。

第五章　政府采购档案的使用和销毁

第十九条　查阅政府采购档案，应填写政府采购档案查阅登记表，经单位负责人批准或档案管理人员审核后，由档案管理人员抽调档案，交查阅人查阅；复印政府采购档案，应填写政府采购档案复印登记表，经单位负责人批准或档案管理人员审核后，由档案管理人员抽调档案，交复印人复印。

第二十条　外借政府采购档案，应填写《政府采购档案外借登记表》，经单位负责人批准后办理外借手续，外借时间最长不得超过三天。

第二十一条　档案使用者应对档案的保密、安全和完整负责，不得传播、污损、涂改、转借、拆封、抽换。

第二十二条　保管期满的政府采购档案，应按以下程序销毁：

（一）档案管理人员提出档案销毁清单及销毁意见，并登记造册；

（二）销毁意见应报单位负责人审核批准，同时报同级档案行政管理部门备案；

（三）销毁政府采购档案时，应邀请同级政府采购管理部门人员参加监销；

（四）销毁政府采购档案前，销毁单位和参加监销人员，应认真核对清点销毁的档案，销毁后应在销毁清册上签名。

第六章　监督检查

第二十三条　政府采购监督管理部门负责政府采购档案工作的指导、监督和检查。

第二十四条　采购人和采购代理机构应积极配合政府采购监督管理部门对其政府采购档案的检查。

第二十五条　政府采购监督管理部门、采购人和采购代理机构及其工作人员违反本办法，依法追究其责任。

第七章　附　则

第二十六条　本办法由宁夏回族自治区财政厅负责解释。

第二十七条　本办法自发布之日起施行。

关于甲级政府采购代理机构在我区开展政府采购业务的通知

宁财（采）发［2010］517 号

各市、县（区）财政局、区直各单位：

根据《中华人民共和国政府采购法》和《政府采购代理机构资格认定办法》（财政部部长令 31 号），我区已对 6 家具备甲级政府采购资格的代理机构进行了审核备案。近期，经财政部认定，新增 2 家甲级政府采购代理机构，经研究，同意备案。目前，全区具备甲级政府采购资格的代理机构达到 8 家。为加强管理，现就有关事项通知如下：

一、政府采购甲级代理机构在我区开展政府采购业务，应当在自治区财政厅审核备案，未经审核备案的，不得代理政府采购业务。

二、自治区区直各行政机关、事业单位和社会团体组织使用财政性资金采购的货物、工程和服务项目，在办理政府采购业务委托时，可以按照《宁夏回族自治区政府采购目录及标准》（宁财采发［2009］1638号），委托自治区财政厅备案的政府采购甲级代理机构在部门集中采购范围内实施采购。各市、县（区）办理政府采购业务委托时，可以按照《宁夏回族自治区政府采购目录及标准》，委托自治区财政厅备案的政府采购甲级代理机构开展政府采购业务。

三、开展政府采购业务的政府采购代理机构必须按照财政部门下达的采购计划进行采购，严格执行政府采购的有关法律法规和规章制度，并严格按照规定的代理业务范围承办政府采购事宜。

四、按照财政部《政府采购代理机构资格认定办法》（财政部部长令31号），自治区财政厅对政府采购代理机构进行监督检查。对有违法违规行为的代理机构，按《政府采购法》等法规进行处罚。

五、各市、县（区）财政部门要根据本地实际情况，加强对备案的政府采购甲级代理机构的监督，做好有关数据的统计管理工作。

六、备案的政府采购甲级代理机构因法人、经办人员、联系电话和地址发生变动的，应以书面形式函告自治区财政厅政府采购管理处。对新增备案申请的政府采购甲级代理机构，或已备案的政府采购甲级代理机构发生相关内容变动的，自治区财政厅将在宁夏回族自治区政府采购网上予以公告，不再另行发文。

附件：财政部认定的甲级政府采购代理机构名单（略）

宁夏回族自治区财政厅

二○一○年五月十七日

关于印发《自治区本级政府采购供应商投诉处理工作规程》的通知

宁财（采）发［2009］1642号

自治区直各有关单位：

为规范自治区本级政府采购投诉处理工作规程，维护政府采购当事人的合法权益，根据《中华人民共和国政府采购法》、《政府采购供应商投诉处理办法》（财政部长令第20号），特制定《自治区本级政府采购供应商投诉处理工作规程》，现印发给你们，请认真遵照执行。

宁夏回族自治区财政厅

二○○九年十二月二十三日

自治区本级政府采购供应商投诉处理工作规程

第一条 为了规范政府采购投诉处理程序，维护政府采购当事人的合法权益，根据《中华人民共和国政府采购法》、《政府采购供应商投诉处理办法》（财政部令第20号，以下简称《处理办法》）等有关规定，结合实际，制定本规程。

第二条 自治区财政厅为本级政府采购投诉依法受理机构（以下简称受理投诉机构）受理参与区本级预算项目政府采购活动的供应商（以下简称投诉人）依法投诉，进行调查和作出处理决定，适用本规程。

第三条 投诉人应当首先依法向采购人、采购代理机构提出质疑，对质疑答复不满意的，或采购人、采购代理机构未在规定时间内作出答复的，可在答复期满后15个工作日内向宁夏回族自治区财政厅投诉（联系电话：5069346，地址：宁夏回族自治区银川市解放西街416号自治区财政厅四楼406室，邮政编码：750001 ）。

第四条 投诉人应符合《处理办法》第六条、第十条所列条件，并按《处理办法》第八条规定提交投诉书及有关材料；委托代理人办理投诉事务的，一并提交委托书和委托代理人有效身份证明。

第五条 受理投诉机构收到投诉书，应记录收到投诉书日期、投诉人及其代理人、联系地址和电话、被投诉人、投诉事项、投诉书提交份数等内容。

投诉人直接递交投诉书的，投诉记录由收发双方经手人签名后复印一份给投诉人存查。

投诉书以挂号信方式邮寄的，投诉记录以受理投诉机构签收时间为收到日期。

第六条 受理投诉机构应在5个工作日内按《处理办法》第十一条规定进行审查和处理。

（一）投诉符合条件的，发出《政府采购投诉受理通知书》（格式见附件1），以收到投诉书之日为受理日期；

（二）投诉书内容需要修改、补充的，发出《修改补充投诉材料通知书》（格式见附件2），告知投诉人修改、补充后在15个工作日内重新投诉，逾期视为放弃投诉；

（三）投诉不属于本部门管辖的，转送有管辖权的部门，并发出《政府采购投诉转送通知书》（格式见附件3）告知投诉人；

（四）投诉不符合《处理办法》第十条规定条件的，发出《政府采购投诉不受理决定书》（格式见附件4），书面告知投诉人不予受理并说明理由。

第七条 在法定的投诉有效期限内，投诉人以书面形式对同一投诉事项追加新的投诉内容，重新计算受理日期；逾期追加投诉内容的，不予受理。追加新的证据、说明等相关材料除外。

投诉人按《修改补充材料通知书》要求对投诉书的内容进行修改、补充后重新投诉的，以重新提交符合规定条件的投诉书之日为受理日期。投诉人应当提交投诉书正本1份，副本若干份，可根据被投诉人和与投诉事项有关的当事人进行提交。

第八条 受理投诉机构应在受理投诉后3个工作日内向被投诉人和有关当事人发出《政府采购投诉通知书》（格式见附件5）和投诉书副本，由被投诉人和有关当事人在收到投诉书副本之日起5个工作日内作出书面说明，并提交相关证据、依据和其他有关材料。同时确定暂停政府采购活动的，可一并通知。

被投诉人不提交相关证据、依据和其他有关材料的，视同放弃说明权利，认可投诉事项。

第九条 发现有下列情形的，发出《暂停政府采购活动通知书》（格式见附件6），暂停时间最长不得超过30日；

（一）招标、谈判、询价文件设置明显不合理、不公平条款的；

（二）评委评审时显失公平的；

（三）招标、谈判、询价程序明显错漏的；

（四）被投诉人明显不符合规定条件的；

（五）废标的可能性较大的；

（六）导致采购无效的可能性较大的其他情形。

第十条 受理投诉机构应对与投诉事项相关的说明、答复、证据、依据和其他有关材料进行初步审查，必要时，可进行调查取证、委托专业机构鉴定、听取有关专家意见、组织投诉人与被投诉人当面进行质证，或会同法制机构和有关部门作进一步审查。

到有关单位调查取证、给相关人员制作笔录的，应由两名以上持有《行政执法证》的工作人员按规定程序进行。

第十一条 在法定期限内，受理投诉机构应根据《处理办法》第十七、十八、十九、二十一条规定对投诉事项提出处理意见和起草《政府采购投诉处理决定书》（格式见附件7），视情况征求相关当事人意见，并经有关部门审核后，报相关负责人予以审定和签发。

《政府采购投诉处理决定书》应按规定送达投诉人、被投诉人及其他有利害关系的当事人（《送达回执》格式见附件8）。

第十二条 在处理投诉过程中，发现采购人和采购代理机构及其工作人员、评委、供应商有违法行为的，应视情节轻重依照有关法律法规、规章予以处理，

第十三条 投诉人属于《处理办法》第二十六条所列虚假、恶意投诉的，应驳回投诉，并依法作出处理。

第十四条 受理投诉机构应按投诉事项逐一建立投诉处理档案，保存相关执法文书、投诉记录、说明和证据材料、调查取证情况、移送记录等。

第十五条 本规程由自治区财政厅负责解释。

第十六条 本规程自发布之日起施行。

附件：1.《政府采购投诉受理通知书》（略）

2.《修改补充投诉材料通知书》（略）

3.《政府采购投诉转送通知书》（略）

4.《政府采购投诉不予受理决定书》（略）

5.《政府采购投诉通知书》（略）

6.《暂停政府采购活动通知书》（略）

7.《政府采购投诉处理决定书》（略）

8.《送达回执》（略）

新疆维吾尔自治区

关于征求《新疆维吾尔自治区医疗机构网上药品集中采购工作实施方案（试行稿）》意见的公告

为做好我区医疗机构网上药品集中采购工作，自治区网上药品集中采购领导小组办公室拟订了《新疆维吾尔自治区医疗机构网上药品集中采购实施方案（试行稿）》（以下简称《实施方案》）。为更好地体现公平、公开、公正原则，现将《实施方案》公开征求意见。请相关单位、组织或个人提出进一步完善的意见、建议，并于 2009 年 1 月 12 日 14:00(北京时间)之前以纸质文件或电子版形式反馈到自治区网上药品集中采购领导小组办公室。

联系人：苏雅莉、陈蕾

联系电话：0991-8560051

0991-8521731

电子邮箱：LPL19990104@tom.com

附件：《新疆维吾尔自治区医疗机构网上药品集中采购实施方案（试行稿）》

新疆药品集中招标采购中心

二〇〇九年一月三日

附件：

新疆维吾尔自治区医疗机构网上药品集中采购工作实施方案（试行稿）

第一章 总 则

第一条 根据国务院办公厅关于“全面推行以政府为主导、以省（区、市）为单位的药品网上集中采购办法”的要求，为认真贯彻落实国务院纠风办等六部门联合下发的《关于印发〈2008 年纠正医药购销和医疗服务中不正之风专项治理工作实施意见〉的通知》（国纠办发［2008］3 号）精神，结合我区实际，制定本《实施方案》。

第二条 在全区开展以政府为主导，以自治区为单位的网上药品集中采购工作，整顿药品购销秩序，规范购销行为，控制药品虚高价格，治理商业贿赂，纠正不正之风，为群众提供质优价廉的药品。

第三条 网上药品集中采购工作遵循以下原则：

（一）公开、公平、公正。自治区医疗机构网上药品集中采购工作实行药品采购信息公开，医疗机构和药品生产（经营）企业通过新疆医疗机构药品采购管理网进行药品购销活动，接受社会监督，使之成为一项阳光工程。

（二）质量优先、价格合理。在保证药品质量的前提下，选择价格合理的药品，切实减轻群众医药费用负担。

（三）政府主导、部门联动。政府建立网上药品集中采购平台，成立专门机构为药品购销双方提供公共服务。政府相关部门各司其职，共同做好网上药品集中采购监督管理工作。

（四）积极稳妥、分步实施。医疗机构网上药品集中采购采取分期分批公布采购目录，逐步扩大网上药品集中采购范围，实现医疗机构临床用药、医用耗材等全部纳入网上采购。

第四条 自治区网上药品集中采购工作领导小组负责研究制定网上药品集中采购相关政策和措施，解决网上药品集中采购运行工作中的重大问题。自治区网上药品集中采购工作领导小组办公室负责组织、协调和监督各项重大政策和措施的落实。自治区医疗机构药品采购中心承办全区网上药品集中采购的组织实施工作。

第五条 医疗机构、药品生产（经营）企业必须通过新疆医疗机构药品采购管理网进行药品购销活动。

第六条 全区县及县以上人民政府、国有企业（含国有控股企业）等所属的非营利性医疗机构、医保定点医疗机构必须全部参加网上药品集中采购。鼓励其他医疗机构自愿参加。

第七条　网上药品集中采购周期为两年。

第八条　网上药品集中采购工作实行纠风、发改、卫生、财政、劳动和社会保障、工商、食品药品监督等部门各司其职，齐抓共管的监督管理工作机制。

第二章　网上药品集中采购名词定义

第九条　名词定义

（一）网上药品集中采购：是指医疗机构通过新疆医疗机构药品采购管理网进行的药品采购活动。

（二）新疆医疗机构药品采购管理网：由政府建立的为自治区医疗机构医药采购活动提供服务的网络系统，包括网上报价系统、网上采购系统、网上采购监督管理系统等。

网址：http://www.xjwst.gov.cn

（三）采购人：指全区县及县以上人民政府、国有企业（含国有控股企业）等所属非营利性医疗机构和医保定点医疗机构以及其他自愿参加的医疗机构。

（四）生产企业：指参加自治区网上药品集中采购资质合格的药品生产企业。

（五）经营企业：指参加自治区网上药品集中采购资质合格的药品经营企业。

（六）网上药品集中采购目录：指新疆医疗机构药品采购管理网公布、供医疗机构采购的药品品目。包括竞价议价目录和非竞价议价目录。

（七）药品集中采购专家委员会：指由自治区网上药品集中采购工作领导小组办公室从自治区药品集中采购专家库中按比例随机抽取药学、临床药学、医学、卫生事业管理学等方面人员组成的专家委员会。

（八）竞价品种：指同一竞价组有3个或3个以上生产企业的品种。

（九）价格谈判品种：指同一竞价组少于3个生产企业的品种。

（十）药品质量层次：根据价格主管部门所采用的定价层次，将采购药品划分为专利、原研、单独定价和优质优价中成药，其他GMP厂家等层次。

（十一）专利药品：指由国家知识产权局授予的发明专利药品。包括新化合物专利、药物组合物专利、天然物提取物专利、微生物及其代谢物专利。

化合物专利是指新化合物的发明专利，在其专利文件中应当有化合物的名称、结构或分子式等关键表征，保护的对象是化合物本身。

药物组合物专利是指对两种或两种以上的药物成分组成的保护专利，在其专利文件中应当有组分或者含量等组成特点的关键表征，并在专利名称、摘要、权利要求等内容中明确表述其为组合物专利。

天然物提取物专利是指首次从自然界分离或提取出来的物质的保护专利，该物质结构、形态或者其它物理化学参数等应在其专利文件中被确切地表征。

微生物及其代谢物专利是指对细菌、放线菌、真菌、病毒、原生动物、藻类等微生物种经过筛选、突变、重组等方法得到并分离的纯培养物和其代谢物质的保护专利。

（十二）单独定价药品：指国家或自治区发展改革委员会单独批准价格的药品。

（十三）优质优价中成药：指国家或自治区发展改革委员会公布的优质优价中成药。

（十四）政府定价药品：指国家或自治区发展改革委员会公布的定价药品。

（十五）国家一类新药：指在保护期（监测期）内的国家一类新药（以国家食品药品监督管理局核发的《国家新药证书》和《药品注册批件》为准）。

（十六）国家科学技术奖药品：指1999年以来获得国家技术发明奖或国家科学技术进步奖的药品。

（十七）原研制药品：指超过中华人民共和国国家知识产权局授予的发明专利保护期的药品或国家、自治区发展改革委员会文件中标示为原研制的药品。

（十八）全国医药百强企业：指全国医药工业独立核算主营业务收入排序前100位的企业（以工业和信息化部组织编制的最新《中国医药统计年报》医药企业排序名单为准）。

（十九）中药保护品种：指获得国家食品药品监督管理局核发的《中药保护品种证书》且在保护期内的药品。

（二十）欧美认证药品：获得美国FDA认证或欧盟CGMP认证的药品。

（二十一）非竞价议价药品：指按照规定可由采购人自主采购的药品。

第三章　药品采购目录和分类

第十条　网上药品集中采购目录分类

（一）药品集中采购目录分为竞价议价采购目录和非竞价议价采购目录。

竞价议价采购目录指我区医疗机构临床使用的纳入竞价议价采购的药品。列入国家基本药物目录的药品，按国家基本药物制度规定执行。国家实行特殊管理的麻醉药品、精神药品、医疗毒性药品和放射性药品等少数品种以及中药材和中药饮片等不纳入药品集中采购目录。

非竞价议价采购目录指经专家论证确定的价格低廉、采购数量少、临床不易滥用、低价急救的药品。纳入非竞价议价采购目录的药品在“新疆医疗机构药品采购管理网”备案，由采购人通过“新疆医疗机构药品采购管理网”自主询价上网采购，其零售价不得超过政府定价。

（二）药品采购目录包括：药品序号、通用名、剂型、类别、规格、单位、最小销售包装、医保类别、挂网价格。

第十一条　药品剂型分类:

（一）注射剂按注射液与粉针剂分类。粉针分为普通粉针、冻干粉针、溶媒结晶粉针。

（二）大容量注射液在同容量规格下区分容器类型和材料差别。

（三）小容量注射液不分体积，不分容器类型和材料差别。

（四）普通片（含薄膜衣片、异型片、糖衣片、双层片、浸膏片）、分散片、肠溶片（含肠溶薄膜衣片、肠溶丸）、控释片、缓释片（含肠溶缓释片）、咀嚼片、中成药糖衣片、素片、薄膜衣片。

（五）胶囊剂指普通硬胶囊、肠溶胶囊、软胶囊。

（六）颗粒与溶液剂指颗粒（可溶、混悬）、口服溶液、口服干混悬剂、中成药颗粒剂、合剂（口服液）、糖浆剂（干糖浆）。

（七）丸剂指中成药蜜丸（小蜜丸）、水蜜丸、水丸、浓缩丸。

（八）散剂、滴剂、软膏剂、贴膏剂、膜剂、栓剂、气雾剂、喷雾剂、吸入剂、外用溶液剂、洗剂、滴耳剂、滴眼剂、眼膏剂、滴丸剂、缓释植入剂、海绵剂等其它剂型。

第十二条　药品质量层次划分

网上集中采购的药品分为三个质量层次:

（一）第一质量层

1. 专利药品

2. 1999 年以来获得国家科学技术奖的药品

3. 国家一类新药

（二）第二质量层次

1. 原研制药品

2. 单独定价药品

3. 优质优价中成药

（三）第三质量层次

1. 全国医药工业百强企业的药品

2. 中药保护品种

3. 欧美认证药品

4. 普通 GMP 药品

第十三条　竞价分组按以下规则区分

（一）口服制剂:按不同含量分为不同竞价组，中药制剂通用名、剂型相同、规格相近分为同一竞价组。

（二）同一通用名、剂型、规格，无糖型与有糖型分为不同竞价组。

（三）同一通用名、规格，冲剂、细粒剂、散剂、干混悬剂与颗粒剂分为同一竞价组，软膏剂与乳膏剂、霜剂分为同一竞价组，合剂与口服液、混悬液（口服）、糖浆剂分为同一竞价组。

（四）同一通用名、剂型，规格中标记“复方”与“/”的分为同一竞价组。

（五）脂肪乳含药量相同浓度不同分为不同竞价组。

（六）氨基酸注射液按组分不同分为不同竞价组。

（七）预混胰岛素按混合比例不同分为不同竞价组；笔芯和普通瓶装胰岛素分为不同竞价组。

（八）造影剂含药量相同浓度不同分为不同竞价组。

（九）注射液（非调节水、电解质及酸碱平衡药）大于或等于 50ml 为大容量竞价组；小于 50ml 为小容量竞价组，以上两类含量相同不再以容量细分。如主药成分相同，溶媒不同，分为同一竞价组。

（十）同一通用名、剂型、规格中，含配液、附配液、附注射器时，不单独分组。

（十一）同一通用名、剂型、规格中，微粒化、微球、玻璃酸钠、脂质体、异形片、特充（特指胰岛素），分为不同竞价组。

（十二）大容量注射液(非调节水、电解质及酸碱平衡药)竞价分组时按不同包材分组。包材分为五个层次:玻瓶、塑瓶、软袋、直立软袋、软袋双阀。

（十三）调节水、电解质及酸碱平衡药和甘露醇、复方甘露醇含量相同、容量相同、包材相同为同一竞价组。包材分为五个层次:玻瓶、塑瓶、软袋、直立软袋、软袋双阀。

（十四）不同亚型品种按药理效应、临床用途的不同区分为不同竞价组。例如：干扰素 α－1a、α－2a、α－1b、α－2b、γ 等不同亚型分为不同竞价组；胸腺肽中胸腺肽 α 及胸腺肽 F 分为不同竞价组。

具体区分细则见自治区医疗机构网上药品集中采购相关文件。

第十四条　网上集中采购药品价格规定

（一）网上药品集中采购的临时最高零售价格

1. 在自治区发展改革委员会的指导下，由自治区医疗机构药品采购中心以网上药品的采购价为基础，按照国家有关部门制定的药品加成办法计算临时最高零售价格。

2. 医疗机构不得超过临时最高零售价销售网上采购的药品。

（二）网上药品集中采购价格实行动态管理

网上集中采购公布的挂网药品价格如遇国家政策性调整，以国家或自治区发展改革委员会调整后的文件执行。

第四章　网上报名及材料申报

第十五条　报名及信息维护

申请参加网上药品集中采购的生产企业首先应持法人授权书、生产许可证、营业执照复印件（均加盖企业有效印章）到自治区医疗机构药品采购中心领取用户名和密码。企业凭密码登录新疆医疗机构药品采购管理网进行企业信息和产品信息的维护。

第十六条 材料申报要求

（一）生产企业须提供：

1.药品生产许可证

2.企业营业执照

3.法人代表授权书

4.进口药品一级代理商授权书

5.GMP 证书

6.参加网上集中采购活动前两年无违规违纪行为的申明

7.网上集中采购承诺函

（二）经营企业须提供（拟为采购人提供配送服务的企业，应登录新疆医疗机构药品采购管理网进行经营企业报名操作）：

1.药品经营许可证

2.企业营业执照

3.法人代表授权

4.GSP 证书

5.药品配送承诺函

6.参加挂网活动前两年无违规违纪行为的申明

7.网上集中采购承诺函

（三）产品证明文件：

1.药品生产企业授权书（生产企业如自行配送需提供配送承诺函）

2.进口药品一级代理商对药品经营企业授权书（经营企业递交）

3.药品配送企业受托书（生产企业如委托药品经营企业配送，需接受委托的企业提供）

4.药品说明书原件

5.质量层次证明文件

6.药品注册证

7.进口药品注册证

8.最新有效的价格证明文件

9.药品最新批次全检报告书（省、市、厂检均可）

10.拟参加挂网采购药品一览表

所有报送资料一律盖生产企业（进口药品一级代理商）有效资质印章，委托其它企业递交证明文件的一律递交授权委托书。

（四）申报材料递交时间和地点：

1.申报材料递交时间和地址：按公告执行。

2.在规定截止时间后不再受理申报材料。

（五）申报材料格式要求：

1.申报资料统一使用 A4 纸张。

2.申报材料如为复印件应清晰并逐页加盖单位有效资质印章。

3.提交的所有文件材料及往来函电均使用中文。外文原件资料需提供相应的中文翻译文本并经公证部门公证。

第十七条 申报材料修改和撤回

企业递交网上药品集中采购申报资料至确认前，申报企业可申请撤销、修改药品资料。药品经营企业无权单方撤销药品生产企业参加网上药品集中采购的申请资料。

第十八条 申报材料审核

企业资料通过审核后按规定程序在新疆医疗机构药品采购管理网公布。

第十九条 申报资料澄清

对申报材料中不明确的内容，自治区医疗机构药品采购中心有权要求生产企业、经营企业作出澄清。生产企业、经营企业有义务对有关的内容以书面形式做出解答。

第二十条 申报材料其它要求

1.申报资料统一使用 A4 纸张。

2.生产企业、经营企业提供的资料必须真实、合法。

3.递交的申报资料应逐页加盖生产（经营）企业有效资质印章。

第五章 竞价及价格谈判规则

第二十一条 报价

1.生产企业应在规定时间内通过自治区医疗机构网上药品集中采购网报价系统对供货品种进行报价。

2.生产企业应将报价一览表（加盖有效印章）在报价时间截止前递交至自治区医疗机构药品采购中心，也可通过特快专递邮寄至自治区医疗机构药品采购中心（以当地邮戳时间为准）。

3.生产企业所报价格是指供应给医疗机构的供货价（包括配送费用）。

4.报价使用货币及单位：人民币（元），报价保留到小数点后两位（即 0.01），如超出小数点后两位，则四舍五入。

5.小容量口服液体制剂按最小包装规格报价（如：某厂家生产的双黄连口服液，10ml×10 支/盒，按“盒”进行报价）。

中成药及外用制剂中贴膏、贴膜、贴片等以基本包装报价。

注射剂以支（瓶、袋）报价。

外用制剂中的乳胶剂、凝胶剂、滴眼液、滴鼻剂、滴耳剂、软膏剂、眼膏剂、喷雾剂、气雾剂等以支报价。

6.报价时间：以采购公告规定的时间为准。

第二十二条 竞价品种入围规则

（一）同一竞价组中的生产企业多于 3 家（含 3 家），采取竞价的方式进行入围。

（二）竞价品种价格原则上不得高于各地、州、市原中标价均值。

（三）每个参与网上采购的竞价品种只有一次报价机会。

（四）对于报价低于入围价格的产品，由计算机系统自动生成由低到高的品种排序，按入围企业理论数量要求确定最终入围品规。价格相同的药品可并列，其品种数量不受名额限制。不足理论数量的品种按实际入围品种数量执行。

（五）同一竞价组入围品种理论数量

竞价品种数（个）	入围品种数（个）
3	2
4	3
5	4
6	4
7	5
8	6
9	7
10	8
10 个以上	逢 5 增加 1 个名额

第二十三条 价格谈判品种入围规则

同一个竞价组中的生产厂家少于 3 家，采取价格谈判方式进行。

价格谈判采取面谈的方式进行。评审专家参考 2005 年自治区中标价，各地、州、市目前执行的中标价，采集的医保零售药店药品零售价格，周边省（区、市）最新药品集中采购中标结果，生成该药品专家建议价与企业谈判，确定最终价格。

第二十四条 挂网品种公示

挂网品种通过“新疆医疗机构药品采购管理网”公示，公示期 7 天。公示期间接受各方澄清及申诉。

第二十五条 非竞价议价采购目录品种确定

列入非竞价议价采购目录的药品，药品生产（经营）企业应在规定时间内，向自治区医疗机构药品采购中心递交产品资质材料和进行产品信息维护，经审核确定后在“新疆医疗机构药品采购管理网”公布。

第六章 网上集中采购药品的动态管理

为满足医疗机构临床用药需求，促进药品生产（经营）企业有序竞争，降低药品虚高价格，网上集中采购药品的品规、价格、配送根据具体情况在采购周期内实行动态调整。

第七章 网上药品集中采购与使用

第二十六条 医疗机构通过网上选择采购药品。按照《新疆维吾尔自治区守合同重信用单位管理暂行办法》第十七条的规定，参加网上药品集中采购的自治区各级“守合同重信用”单位，在同等条件下享有优先权。各医疗机构在采购药品时，要严格执行《处方管理办法》，同一通用名称药品的品种、注射剂和口服剂型各不得超过两种，处方组成类同的复方制剂 1～2 种。因特殊诊疗需要使用其他剂型和剂量规格药品的情况除外。

第二十七条 医疗机构建立药事管理委员会，由药事管理委员会根据本单位的用药情况进行药品选择。

第二十八条 为保障医疗机构合理安全用药，逐步建立和完善质量参考及评价体系。医疗机构根据生产企业规模、产品质量可靠性等项目通过网上形式选择采购药品。

第二十九条 重点监控限额采购品种采购规则

对于临床必须、采购品种不能替代的药品，经专家论证确定医疗机构销售价，由自治区网上药品集中采购工作领导小组办公室批准后列入重点监控限额采购目录。医疗机构必须通过新疆医疗机构药品采购管理网采购重点监控限额采购目录品种。

第八章 药品配送

第三十条 网上药品集中采购的配送原则

（一）生产企业具备配送资质和能力可直接提供配送服务。

（二）生产企业不具备配送能力可委托药品经营企业进行配送。

（三）本着减少流通环节、节约成本的原则，生产企业在全疆各地、州、市委托不超过 3 家药品经营企业进行配送，或指定 1 家药品经营企业作为一级配送，一级配送商可在全疆各地、州、市委托不超过 6 家药品经营企业进行转配送。

（四）配送和转配送企业均要在自治区医疗机构药品采购中心备案。

（五）医疗机构可在备案的配送单位中自主择优选择。

第九章 各方责任

第三十一条 采购人的责任

（一）根据临床需要，在网上药品集中采购品种目录中选择采购品种。

（二）采购品种、采购过程必须通过新疆医疗机构药品采购管理网完成。

（三）在收到配送药品后，医疗机构的药品回款时间从货到之日起最长不得超过 60 天。

第三十二条 生产（经营）企业的责任

（一）应按照挂网药品目录上注明的产品信息和质量及时供货，所提供的药品必须质量合格。

（二）GMP 证书、药品注册批件、营业执照（副本）、价格证明文件、药品检验报告书等到期前，应将变更后的最新有效证明文件报送到自治区医疗机构药品采购中心。超过有效期未报送的，停止挂网品种的网上采购。

（三）企业名称变更后，需在 10 个工作日内到自治区医疗机构药品采购中心办理变更手续。

（四）无论采购人路程远近及采购药品数量和金额多少，均应保质保量，按时供货。

（五）急救药品 4 小时内送到，一般药品 48 小时内送到，节假日照常配送。

（六）法律法规规定的其它责任与义务。

第三十三条　自治区医疗机构药品采购中心职责

（一）制定自治区网上药品集中采购工作的实施方案、规章制度等，规范采购工作程序。

（二）建立健全医疗机构网上药品集中采购管理平台，逐步实现采购人药品、医用耗材的网上集中采购。

（三）指导各地、州、市药品集中采购工作。

（四）组织对申请挂网的企业进行资质审核登记。

（五）组织专家并会同相关部门制定挂网药品目录。

（六）组织对申请挂网药品进行审核登记。

（七）对网上药品采购工作、合同签订、回款情况等进行网上监督和统计分析。

（八）对医疗机构、生产（经营）企业的咨询、申诉、投诉问题进行协调、调查、回复，对于违规违纪的问题，及时上报领导小组办公室。

（九）承担自治区网上药品集中采购工作领导小组办公室的日常工作及上级交办的其他工作。

第十章　网上药品集中采购监督管理

第三十四条　监督机构

网上药品集中采购监督机构由纠风、发改、卫生、财政、劳动和社会保障、工商、食品药品监督等部门组成。

第三十五条　监督机构职责

各有关部门要严格执行《医疗机构药品集中招标采购监督管理暂行办法》（国纠办发［2001］17号），各司其职，加大监管力度。要通过采购平台，对医疗机构药品采购品种、数量、价格、加价率、销售价格及回款情况等进行监督管理，使药品采购全过程公开。加强事前、事中和事后的监督，对网上药品集中采购全过程实行动态监管。要定期检查，发现问题并及时解决。要及时受理并认真调查处理有关投诉。对在药品集中采购中违反有关政策和规定的机构和人员，一经发现，要严肃查处。

（一）监察机关和纠风机构：依照《行政监察法》等有关法律法规，履行协调有关部门对药品集中采购监督管理；受理有关药品集中采购的检举和控告；负责对政府有关部门及其工作人员、由国家行政机关任命的其他人员在药品集中采购中履行职责、执行法律法规和政策的情况进行监督，依法对其不作为、违规行政和执法、包庇纵容和参与违法活动，违规干预或参与药品集中采购过程、谋取单位和个人利益，以及贪污、受贿等行为进行查处，依法作出《监察决定》或向有关部门提出《监察建议》；构成犯罪的，移交司法机关的职责。

（二）卫生行政部门：负责对医疗机构的采购行为进行监督和管理，依照有关法律法规，对医疗机构及有关科室和人员违反规定行为或类似行为进行纠正和查处。

（三）价格主管部门：负责对采购活动中药品购销价格进行监督管理，并依据《价格法》、《价格违法行为行政处罚规定》对违法违规行为进行纠正和查处。

（四）药品监督管理部门：负责对参加挂网前的药品生产、经营企业资质的审查；负责对集中采购药品的质量进行监督管理；依据《药品管理法》和相关法律法规对药品生产、经营企业的违法违规行为进行查处。

（五）财政部门：负责为网上药品集中采购的全过程提供资金保障，并监督资金的使用情况。

（六）劳动和社会保障部门：按照国家和自治区医疗保险有关规定，对网上药品采购全过程进行监督，对医疗机构、生产经营企业网上采购情况进行实时监督。

（七）工商行政管理部门：负责对药品集中采购合同进行行政监督，依照法律法规，对采购当事人的不正当竞争行为，购销双方的合同欺诈及其他利用合同危害国家利益、社会公共利益的违法行为进行纠正和查处。

第十一章　附　则

第三十六条　自治区医疗机构网上药品集中采购活动所有公告、信息通过自治区卫生厅网站和新疆医疗机构药品采购管理网发布。

第三十七条　本《实施方案》由自治区网上药品集中采购工作领导小组办公室负责解释。

第三十八条　本《实施方案》自公布之日起执行。

关于进一步做好政府采购工作的意见

新财购［2009］19号

伊犁哈萨克自治州财政局，乌昌财政局及各地、州、市财政局，自治区各委、办、厅、局，自治区政府采购中心、各政府采购代理机构：

为进一步加强政府采购规范化建设，全面推进自治区政府采购工作，根据《国务院办公厅关于进一步加强政府采购管理工作的意见》（国办发［2009］35号）和全国政府采购工作会议要求，结合自治区实际情况，在巩固政府采购执行情况专项检查成果的基础上，着力协调和解决政府采购工作中存在的突出问题，特提出如下贯彻意见：

一、严格执行《预算法》和《政府采购法》，认真编制政府采购预算和政府采购计划

编制政府采购预算是做好政府采购工作的基础和源头。目前，自治区政府采购预算编制工作还存在政府采购预算编制粗放、不完整，采购事项一事一议或临时安排的情况，影响了采购的时效性和结果的满意度。各级财政部门要进一步加强政府采购制度改革与部门预算和国库集中支付改革的协调与配套，做好政府采购预算和政府采购计划的编制工作。各部门（单位）要将政府采购项目全部编入部门预算，做到政府采购预算和政府采购计划编报的相互衔接，确保采购计划严格按政府采购预算的项目和数额执行。对于没有政府采购预算和计划的项目原则上不予实施政府采购。

二、坚持管采分离，建立科学的政府采购运行机制

随着政府采购制度的进一步深化，各地区基本实现了管采分设，个别地区实现了管采分离，但多数县（市）级政府采购部门管采不分、人员混用的现象比较严重，许多县（市）因受编制的影响，机构尚不健全、人员不到位，影响了政府采购工作的正常开展。为进一步规范政府采购工作，提高政府采购管理和执行水平，各地要重视和加强政府采购监管和执行机构相互分离的体制建设，尽快补充配齐采购机构工作人员，进一步完善财政部门监管和执行机构独立运行的工作机制；各部门（单位）要相对固定政府采购工作人员，单位内部要建立岗位责任制，形成监督制衡机制。目前在县级采购中心人员不足的情况下，可探索相邻县（市）采购中心合并或在同一个区域内采购中心通过分工协作的方式开展工作，以缓解因人员不足难以规范开展工作和有效实施监督的局面。对于采购中心不能完成的集中采购项目和经批准由采购人选定政府采购代理机构完成的集中采购项目，都要按照《政府采购代理机构代理政府采购业务管理（暂行）办法》（新财办［2005］11号）办理政府采购事宜。

三、规范政府采购工作程序和评标体系，进一步提高政府采购工作质量和效率

根据《政府采购法》和《政府采购货物和服务招标投标管理办法》（财政部令18号）和《财政部关于加强政府采购货物和服务项目价格评审管理的通知》（财库［2007］2号）精神，研究制定适合政府采购的评分标准和评标方法，加强评审活动的管理和监督检查，保护政府采购当事人的合法权益，切实提高政府采购资金的使用效益。

自治区将整理印发《自治区政府采购规章制度汇编》，重新修订《新疆维吾尔自治区区级政府集中采购工作指南》，制定自治区本级办理政府采购业务和实施政府采购的管理办法，提高政府采购工作质量和效率。各地区、各部门（单位）要结合工作实际，制定相应的管理办法，采取有效措施，改进政府采购环节程序不严谨、操作不规范及拖延的状况。

四、利用政府采购信息化系统，共享政府采购资源

通过政府采购管理信息化系统实现协议定点采购范围内采购人自行选择供应商、产品和服务的功能，实现与供应商进行网上议价、电子反拍和网上签订政府采购协议定点合同的功能。通过合作区域联动，组织协议供货和定点服务，实现分级管理框架下的合作成员共享供应商的价格、服务等优惠政策，逐步建立统一的政府采购大市场，达到资源共享，解决价格虚高和买卖双方诚信履约问题。各地区可通过分站点共享自治区本级协议定点采购的成果，简化政府采购程序、提高采购效率、保护当事人的合法权益。

五、充分发挥政府采购政策功能，服务经济和社会发展大局

强化政府采购的政策功能作用，是提高政府采购工作水平的客观要求。各地区、各部门要从政府采购政策功能上支持国家宏观调控，贯彻好扩大内需、调整结构等经济政策，加大强制采购节能环保产品的力度，研究制定支持促进中小企业发展等政府采购政策。严格审核进口产品的采购，凡国内产品能够满足需求的都要采购国内产品。财政部门要加强政策实施的监督，跟踪政策实施情况，建立采购效果评价体系，保证政策规定落到实处。

六、积极探索《政府采购法》与《招标投标法》相衔接的途径，逐步规范工程类政府采购

按照《政府采购法》规定，积极探索开展工程类政府采购的方法和途径。目前除克州、阿克苏通过建立招标投标大集中采购模式，将工程类采购纳入政府采购范围外，大部分地区工程类政府采购还未开展起来。各地要按照国办发［2009］35 号文件规定，建立工程项目政府采购管理与实施的运行机制，尚未实行工程招标投标的政府采购项目必须按政府采购管理规定执行，实行招标投标的要进一步完善政府采购执行的途径和办法，逐步扩大财政性资金工程类采购范围，将使用财政性资金的工程类采购逐步编入政府采购预算。

七、创新管理方式，引入政府采购监督员和法律顾问工作机制

当前，财政部门综合监督，监察和审计部门专业监督是政府采购的主要监督手段，引入政府采购监督员机制是健全政府采购监督的有益补充。政府采购监督员原则上从人大代表、政协委员、民主党派及群众团体中推荐产生，由财政部门颁发聘用证书，按照《政府采购法》对各行政事业单位采购制度落实情况、采购执行情况、招标采购情况、采购价格情况、服务质量情况以及廉政建设情况进行广泛监督，及时反映政府采购工作中存在的问题，提出改进工作建议。

随着政府采购制度改革的不断深化，政府采购当事人的法制观念和法律意识不断增强，质疑、投诉、纠纷等问题越来越多，同时政府采购改革需出台和完善一系列政府采购相关法规、制度和规范性文件。财政部门客观上需要借助法律专业人员的职业服务，聘请法律顾问协助政府采购部门依法开展工作，能够更好地运用法律武器来保障政府采购工作依法顺利开展。

八、依法处理违法违规行为，进一步严肃法律制度约束

各级财政部门要会同监察、审计部门加强对政府采购的监督管理，严格执法检查，对违法违规行为要依法追究责任并以适当方式向社会公布，对情节严重的要依法予以处罚。要通过建立动态监控体系及时发现、纠正和处理采购单位规避政府采购和其他违反政府采购制度规定的行为。要完善评审专家责任处罚办法，对评审专家违反政府采购制度规定、评审程序和评审标准，以及在评审工作中敷衍塞责或故意影响评标结果等行为，要严肃处理。要加快供应商诚信体系建设，对供应商围标、串标和欺诈等行为依法予以处罚，实行“黑名单”制度并向社会公布。要严格对集中采购机构的考核，考核结果要向同级人民政府报告，对集中采购机构的违法违规行为，要严格按照法律规定予以处理。要加快建立对采购单位、评审专家、供应商、集中采购机构和社会代理机构的考核评价制度和不良行为公告制度，引入公开评议和社会监督机制。

新疆维吾尔族自治区财政厅

二〇〇九年六月三日

关于进一步加强自治区本级政府采购计划编制和执行管理的通知

新财购［2009］28 号

自治区各委、办、厅、局，各直属单位、大专院校、社会团体：

为进一步加强自治区本级党政机关、事业单位政府采购计划编制及执行的管理，加强政府采购活动的计划性和执行力度，保障采购质量，提高采购效率，根据《中华人民共和国政府采购法》和《国务院办公厅关于进一步加强政府采购管理工作的意见》（国办发［2009］35 号）的有关规定，现将自治区本级政府采购计划编制及执行等有关问题通知如下：

一、政府采购计划的编报和审核

（一）各部门（单位）要严格按照年初财政部门批准的政府采购预算，根据政府采购计划要求的编制时间（上半年计划编报时间为 1 月 30 日以前，下半年编报时间为 6 月 30 之前）填制《采购单位××××年政府集中采购计划申请表》（见附表 1），分上、下半年编制（预算内、预算外、自筹资金）政府采购计划。

（二）采购单位将本单位编制的《采购单位××××年政府集中采购计划申请表》（上半年/下半年）（见附表 1）报主管部门审核汇总。本级各主管部门将汇总后的本部门（系统）的采购计划，填制《主管部门××××年政府集中采购计划申请表》（上半年/下半年）（见附表 2）送财政厅相关业务处审核。财政厅相关业务处审核同意后送厅政府采购管理办公室（以下简称采购办），采购办以此作为执行政府采购的依据。

（三）对于年中追加、调整的政府采购预算，须及时办理追加、调整政府采购计划手续。属于单位自筹资金的政府采购项目，年初未编入预算，年中需实施政府采购的，应先办理采购预算的追加手续，然后依据采购预算编制政府采购计划，实施采购。政府采购计划中的采购项目必须和政府采购预算、调整预算的采购项目一致，不允许无预算采购或者随意变更采购项目及其内容。

（四）按照《国务院办公厅关于进一步加强政府采购管理工作的意见》和财政部有关规定，要将以财政性资金作为还款来源的借（贷）款项目进行的采购、中央和省级专项补助的资金项目、列入节能环保和自主创新目录的项目、社会关注、涉及民生项目和扩大内需政策实施中的政府采购项目，按政府采购管理规定，编入政府采购计划。

（五）自治区垂直管理部门下属驻外单位的政府采购计划的编制，按照《关于自治区垂直管理部门下属驻外单位参加当地政府采购工作的通知》（新财购［2009］13号）规定，由主管部门将下属驻外单位编报的参与当地政府采购的计划报财政厅相关业务处审核，经采购办确认后，下达各地财政部门执行。

二、政府采购计划的执行和审核

（一）采购单位依据财政部门审核同意的（上半年/下半年）政府采购计划，结合采购进度、资金到位及国库集中支付用款计划的审批情况，在执行（上半年/下半年）政府采购计划中的项目时，需向财政厅相关业务处室报送《自治区区级单位政府集中采购计划执行申报表》（见附表3），提出执行计划申请。

属预算内、预算外资金安排的采购项目，执行计划审核程序仍按《关于改进和加强自治区本级政府采购管理的通知》（新财购［2003］3号）规定，由财政厅相关业务处将审核同意的采购计划填制《财政厅业务处政府采购计划审批表》（见附表4）送采购办，采购办据此下达采购计划。

属自筹资金安排的采购项目，财政厅相关业务处审核采购预算后，通知采购单位将采购资金交入财政厅国库处政府采购专户并向采购办出具《财政厅业务处政府采购计划审批表》（见附表4），采购办依据《财政厅业务处政府采购计划审批表》和国库处出具的单位自筹资金到账通知单，下达采购计划。

（二）属于协议供货和定点采购范围内的项目，采购单位应事先在“新疆政府采购网”中“协议供货”栏查询相关协议定点采购信息，并填写《自治区区级政府采购协议定点采购项目确认单》（见附表5）随采购执行计划一同报财政部门。

（三）采购单位因工作需要确需采购进口设备的，应严格按照《财政部关于印发〈政府采购进口产品管理办法〉的通知》（财库［2007］119号）和财政部《关于政府采购进口产品管理有关问题的通知》（财办库［2008］248号）规定，经过相关部门审核和专家论证后，报财政部门审核执行。

（四）采购产品涉及节能、环保、强制采购和自主创新产品的，必须在财政部门会同有关部门发布的节能环保和自主创新产品政府采购清单（目录）范围内选购。

（五）在采购活动过程中需追加、变更、停止采购项目和采购资金时，采购单位应及时填制《自治区区级政府采购计划调整申请表》（见附表6）送财政厅相关业务处审核并落实预算、资金签署意见后，送采购办办理采购执行计划的调整手续。

（六）自治区政府采购中心无法完成的采购计划和采购项目，应说明原因并及时退回采购办，由采购办按有关程序办理相关政府采购手续。经批准，由采购单位选定政府采购代理机构完成的集中采购项目，按照《政府采购代理机构代理政府采购业务管理（暂行）办法》（新财购［2005］11号）执行。

（七）在（上半年/下半年）政府采购计划中，对于有特殊要求，需申请分散采购或需要变更采购方式的项目，采购单位应按照《关于审批自治区区级政府分散采购和变更采购方式有关事项的通知》（新财购［2007］21号）规定执行。

（八）对采购资金无法一次到位的采购项目，财政厅相关业务处确认采购预算后，采购单位应及时将资金交款情况向采购办书面说明。

三、采购合同的签订及履行

（一）采购合同的签订。各部门（单位）要认真执行政府采购法律制度规定的工作程序，及时签订合同、履约验收和支付资金，不得以任何方式干预和影响采购活动。按照《政府采购法》的规定，政府采购合同适用于《合同法》。各部门（单位）应当在中标、成交通知书发出之日起三十日内，按照采购文件确定的事项和平等、自愿的原则签订政府采购合同。

（二）采购合同的履行。采购活动结束后，采购单位对所接受的货物、工程和服务经验收合格后，应按合同约定及时向采购办提交付款申请，按照自治区财政厅《关于进一步加强政府采购资金预算执行管理有关问题的通知》（新财库［2009］23号）规定，属于预算内、预算外资金安排的政府采购项目，支付采购资金时由采购单位填写《财政资金直接支付申请书》并附自治区本级政府采购项目清单、采购计划、中标通知书、评标报告、采购合同、验收报告、发票复印件等资料送采购办并同时发送国库集中支付信息，采购办将审核无疑异的支付申请送财政厅国库处，由国库处支付采购资金；属于自筹资金安排的采购项目，支付采购资金时，由采购单位填写《新疆维吾尔自治区财政厅政府采购资金请拨单》并附自治区本级政府采购项目清单、采购计划、中标通知书、评标报告、采购合同、验收报告、发票复印件等资料送采购办，采购办审核后送国库处，由国库处支付采购资金。

（三）采购合同的双方当事人不得擅自变更、中止或者终止合同，对无正当理由拒付或不按合同规定支付采购资金的采购单位和个人要进行通报，情节严重的，按照《政府采购法》有关规定处理。

四、相关要求

（一）采购单位要按照政府采购计划报送要求及时编制和报送计划，做好政府采购计划与国库用款计划的衔接工作，采购预算和采购资金一定要落实到位。采购项目的技术参数和用途等要在采购前详细提出，采购完毕的项目要及时办理资金结算手续。单位财务部门要及时做好政府采购有关凭证的账务登记和处理，按财政部门要求及时进行对账。要完整保留政府采购档案资料，负责政府采购事宜的工作人员要相对固定。

（二）财政厅相关处室要按规定按时审核和办理采购单位报送的政府采购计划，与采购单位互通信息、密切配合、高效服务。采购办与国库处要及时办理政府采购资金的审核、拨付手续。

（三）为配合厅相关业务处及时建立政府采购项目档案和对采购项目执行情况进行监督，采购办应每周向厅相关业务处反馈一次采购项目执行情况。

（四）加强政府采购计划编制执行的监督和检查。充分发挥监察、审计部门的监督作用，采取定期、不定期的方式对部门（单位）政府采购计划执行情况进行检查。对存在的问题要及时纠正，对问题比较严重的要给予通报批评或追究有关负责人的相关责任。

附表：1. 采购单位××××年政府集中采购计划申请表（略）

2. 主管部门××××年政府集中采购计划申请表（略）

3. 自治区区级单位政府集中采购计划执行申报表（略）

4. 财政厅业务处政府采购计划审批表（略）

5. 自治区区级政府采购协议定点采购项目确认单（略）

6. 自治区区级政府采购执行计划调整申请表（略）

新疆维吾尔族自治区财政厅

二〇〇九年七月三十日

自治区本级政府采购各环节工作有关问题的通知

新财购［2009］31 号

自治区各委、办、厅、局，各直属单位、各大专院校、社会团体，自治区政府采购中心：

为提高自治区本级政府采购的工作效率，明确政府采购各环节工作职责和完成时限，根据《中华人民共和国政府采购法》及有关政府采购规定，现将有关问题通知如下：

一、采购人办理政府采购业务环节

（一）政府采购年度计划的报送。各部门（单位）政府采购年度计划按上、下半年分别报送。主管部门将所属单位上、下半年《系统单位××××年政府采购计划申请汇总表》，分别于每年 1 月 30 日前和 6 月 30 日前报财政厅分管业务处审核。

（二）政府采购执行计划的报送。采购人将政府采购执行计划报主管部门签章后，于每月 15 日前报财政厅分管业务处审核。

（三）政府采购项目需求的报送。由自治区政府采购中心组织实施的项目，采购人领取《新疆维吾尔自治区区级单位政府采购项目需求表》后，2～5 个工作日，向自治区政府采购中心报送采购需求。

（四）政府采购信息的发布。单位凡需发布政府采购信息，应提前 3 个工作日将拟发布信息内容（加盖单位公章的纸质件和电子版）送财政厅政府采购管理办公室（以下简称采购办）审核。

（五）政府采购资金的支付。采购人将付款申请和付款所需资料，在合同约定付款时间前 10 个工作日内送采购办审核。

（六）政府采购信息统计报表的报送。季度报表的报送时间为每季度后次月的 10 日之内，年度报表的报送时间按当年政府采购信息统计报表报送的相关要求执行。

二、财政厅内部办理政府采购业务环节

（一）财政厅分管业务处

1. 对采购人编报的年度上、下半年《系统单位××××年政府采购计划申请汇总表》，5 个工作日内完成审核并送采购办。

2. 对采购人报送的政府采购执行计划审核完成后，于每月 20 日前出具《财政厅业务处政府采购计划审批表》（一式三份）送采购办，对其中使用自筹资金的采购项目，要通知采购人将自筹资金缴入政府采购专户。

3．对采购人报送的《自治区区级政府采购执行计划调整申请表》，3 个工作日内完成审核，对追加政府采购资金的项目，在对《自治区区级政府采购执行计划调整申请表》提出审核意见的同时，出具《财政厅业务处政府采购计划审批表》（一式三份）送采购办，对其中使用自筹资金的采购项目，要通知采购人将自筹资金缴入政府采购专户；对只需变更或停止政府采购执行计划的，只对《自治区区级政府采购执行计划调整申请表》提出审核意见。

（二）财政厅国库处

1．采购人缴入政府采购专户的自筹资金到账后，2 个工作日内予以确认并将《政府采购自筹资金确认单》送采购办。

2．对采购办送达的《财政资金直接支付申请书》（预算内、外资金）或《新疆维吾尔自治区财政厅政府采购资金请拨单》（自筹资金），经审核符合规定的，4 个工作日内审核办理付款手续。

（三）财政厅采购办

1．由自治区政府采购中心组织实施的执行计划，自收到采购人填报的《自治区区级单位政府集中采购计划执行申报表》、财政厅分管业务处《财政厅业务处政府采购计划审批表》及国库处“政府采购自筹资金确认单”等相关材料起，7 个工作日内向自治区政府采购中心下达政府集中采购任务。

2．属于协议供货和定点采购的执行计划，自收到采购人填报的《自治区区级单位政府集中采购计划执行申报表》、《自治区区级政府采购协议定点采购项目确认单》、财政厅分管业务处《财政厅业务处政府采购计划审批表》及国库处“政府采购自筹资金确认单”相关材料起，2 个工作日内予以确认。

3．对采购人采购进口产品的申请，经有关部门审核和专家论证后，手续齐全、符合规定的，5 个工作日内作出批复。

4.采购人报送的分散采购申请,7 个工作日内完成审批。

5．由采购人和自治区政府采购中心报送的《自治区本级变更政府采购方式审批表》，2 个工作日内完成审批。

6．采购人报送的《自治区区级政府采购执行计划调整申请表》，有关资金落实后，3 个工作日内作出批复。

7．采购人报送的《财政资金直接支付申请书》（预算内、外资金）和《新疆维吾尔自治区财政厅政府采购资金请拨单》（自筹资金），对手续齐全符合规定的，5 个工作日内审核并分两批送国库处。

8．发布政府采购信息，3 个工作日内完成审核并予以发布。

三、自治区政府采购中心的工作环节

（一）接到政府集中采购任务后，2 个工作日内通知采购人领取《新疆维吾尔自治区区级单位政府采购项目需求表》。

（二）以公开招标方式实施的采购项目，在接到采购人最终确认的《新疆维吾尔自治区区级单位政府采购项目需求表》后 30 个工作日内确定预中标供应商。

（三）以邀请招标方式实施的采购项目，在接到采购人最终确认的《新疆维吾尔自治区区级单位政府采购项目需求表》后 35 个工作日内确定预中标供应商。

（四）以竞争性谈判方式实施的采购项目，在接到采购人最终确认的《新疆维吾尔自治区区级单位政府采购项目需求表》后 20 个工作日内确定预中标供应商（采购公告时间不少于 5 天）。

（五）以询价方式实施的采购项目，在接到采购人最终确认的《新疆维吾尔自治区区级单位政府采购项目需求表》后 10 个工作日内确定预中标供应商（采购公告时间不少于 5 天）。

（六）以单一来源方式实施的采购项目，在接到采购人最终确认的《新疆维吾尔自治区区级单位政府采购项目需求表》后 5 个工作日内确定预中标供应商。

（七）接到采购人最终确认的《新疆维吾尔自治区区级单位政府采购项目需求表》后，于 5 个工作日内，向采购办书面反馈采购任务安排情况（注明集中采购任务编号）；采购任务完成后，于 5 个工作日内，向采购办书面反馈采购任务完成情况（注明集中采购任务编号）。

（八）政府采购信息统计报表的报送。季度报表的报送时间为每季度后次月的 10 日之内，年度报表的报送时间按当年政府采购统计报表报送的相关要求执行。

四、其他规定及要求

（一）各部门（单位）、财政厅各相关处（室）和自治区政府采购中心，在政府采购工作环节中，要各司其责，严格按照规定的工作时限执行，不得推诿拖延。

（二）如工作中出现特殊情况，请及时与各工作环节负责部门沟通。

（三）执行各环节工作完成时限，接受监察、审计、政府采购当事人和社会各界监督。

新疆维吾尔族自治区财政厅

二〇〇九年九月二十二日

北京震宇电气集团
BEIJING ZHENYU ELECTRIC GROUP
智能滤波电力测控仪
无功动态补偿调节器
无功动态补偿控制器
高低压成套设备
代码预付费水电气三表
柱上无功补偿装置
无功动态补偿装置
低压滤波装置
中压无功补偿装置
北京震宇成套电气设备集团是北京中关村科技园区昌平园重点扶持的电气高科技股份制企业。集团技术力量雄厚，与清华大学、中科院、上海电科所、天津电气传动研究所等单位建立了长期的技术合作关系，推动了高校科技成果“迈出实验室”，实现了技术与市场的完美结合，促进了中关村高科技与当地市场资源的优势互补，在推动电力、石油企业高科技产业发展过程中，开拓了一种崭新的营销模式和发展思路。
集团总部设在北京中关村科技园区昌平园，在北京、辽宁朝阳、浙江温州等地设有生产科技工业园区，并在全国设有80多家分支机构，已形成较有规模的营销网络。在全体员工的努力下，集团顺利通过了ISO 9001国际质量体系及CQC、CCC认证，并实行完善的售后服务体系，确保客户用之放心，安全可靠。
北京震宇电气集团从20世纪80年代就开始无功动态补偿和提高电能质量领域的研究，经过十几年的研发和生产，集团在提高电网电能质量领域已经具有了相当的规模。产品涉及无功功率动态补偿装置、电网滤波装置、高压动态补偿装置、柱上补偿装置、智能型无功补偿调节器、智能电量测控仪等领域。在相关领域获得多项殊荣，并有多项成果获得国家专利（ZL2004 2 0092672.1、ZL2004 3 0080829.4、ZL98 2 07313.5）。电容器跟踪投切屏、无功动补节电箱属国家第十八批节能机电推广项目，列入国家电网改建计划，是我国九五重大科技成果，并由机械部、科委、经贸委联合发文推广。并在相关领域获得多项殊荣。我们以雄厚的科技、优质的产品、专业的队伍为广大客户提供高品质的产品和满意放心的服务，为提高电网的电能质量、构建节能优质的用电环境而努力！
金奖
北京震宇成套电气设备集团 诚招全国代理商
地址：北京中关村科技园区昌平园创新路11号 邮编：102200 电话：010-89707722
传真：010-69707722 网址：www.chinazhenyu.com 电邮：zhenyujt@263.net
CQC

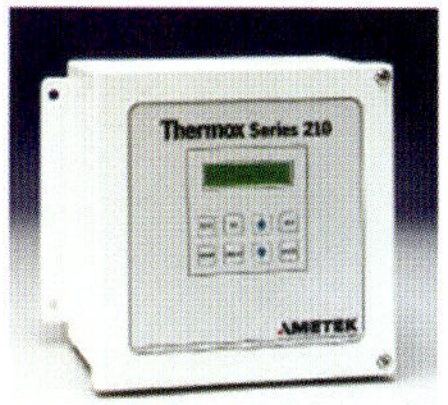

美国 AMETEK 公司烟道氧及可燃性气体分析仪

· 品种多样：直插式、对流式及抽气式
· 技术先进、性能稳定、寿命长、应用广泛
· 备有多种防爆等级的产品
· 可同时测量 O_2、CO 和 CH_4 等多种组分

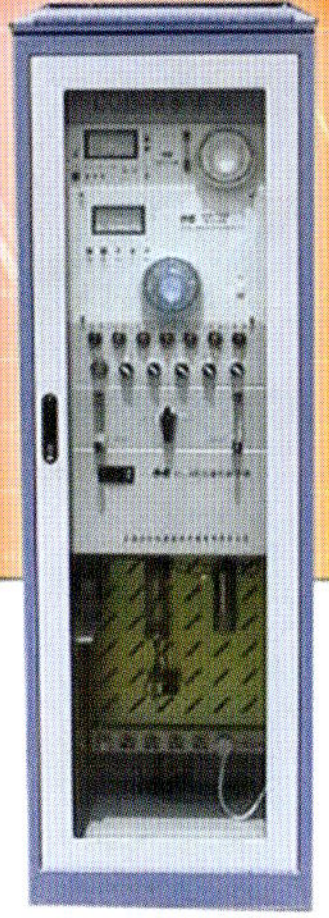

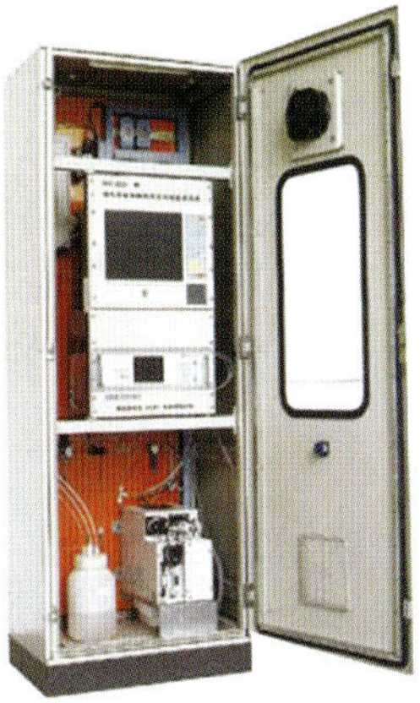

烟气连续排放监测系统 (CEMS)

烟气连续排放监测系统（CEMS）是为连续监测锅炉烟道污染物排放而设计的，根据用户要求的不同，可选择不同的测量参数如 SO_2、NO_x、CO、CO_2、H_2O%、温度、湿度、压力、流速、尘等，经数据采集装置，通过调制解调器传至国家环境保护部门，也可进行远程监测及排放总量的分析

磨煤机双探头 CO 监测系统

· 专门为磨煤机系统防爆设计
· 连续测量、性能可靠、响应速度快
· 采样探头采用内外反吹，探头及取样管路具有伴热功能
· 采用双探头设计，大大提高了系统的可靠性
· 取样探头耐腐蚀、耐磨损，用于含尘、含水较高样气的连续采集，同时可适用于防爆场合
· 系统具有三级过滤及水洗功能，充分过滤细小煤粉

美国 AMETEK 公司 BC 系列电站锅炉火焰检测装置

· 适用于煤粉、油及天然气等多种燃料
· 具有一体化和分体式产品
· 工作环境温度最高可达 125℃
· 宽泛的感应区段：覆盖可见光、红外及紫外区段

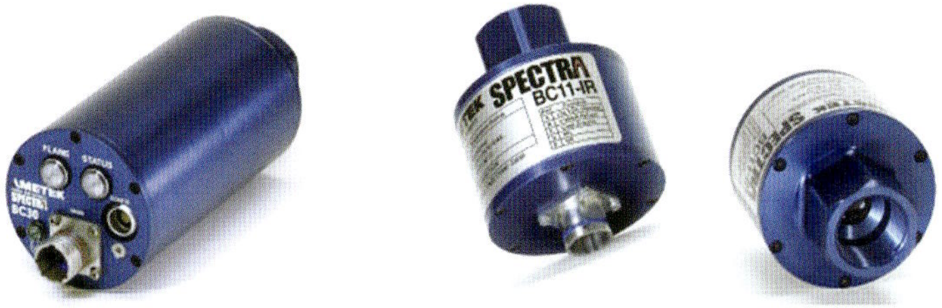

上海旭能电子科技有限公司

欲了解详细信息请登陆我公司网站：www.shxuneng.com

地址：上海市翔殷路 500 号莱茵半岛 63 号 502 室　电话：021-65348618、65346486　传真：021-65380165　E-mail：shxuneng@163.com　邮编：200433

保定天威电力线材有限公司

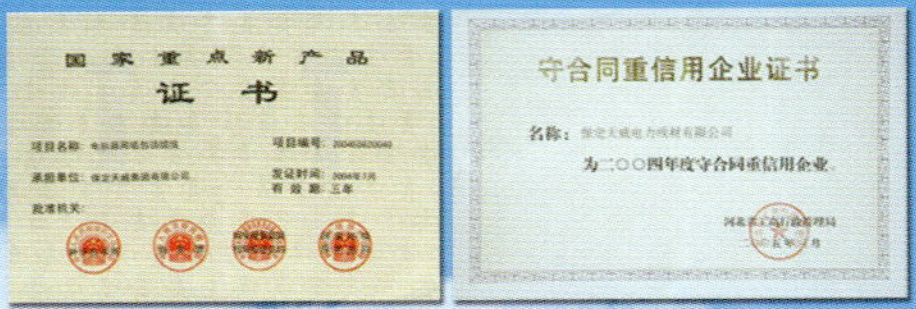

保定天威电力线材有限公司（简称“天威线材”）是天威集团的全资子公司，是变压器用电磁线专业生产厂家，始建于1968年，注册资本1亿元人民币。公司位于保定市国家高新技术开发区天威工业园区，占地面积35772m²，厂区环境优美、整洁。

天威线材在生产环境、制造设备、试验仪器等方面均为国内一流，公司配备了6台、32头漆包生产设备、5条现代化换位生产线及8条组合纸包生产线，年产电磁线20000t，是世界绕组线制造领域第一家实施厂房全封闭、中央空调控温的厂家，车间内部日降尘量为8mg/m²，公司多年坚持“6S”现场管理，对进入生产车间的人、物及车辆均有明确的通道规定，保证了生产环境的洁净有序。

天威线材公司为了扩大市场份额，更好的辐射中国南方市场，2006年我们在中国安徽合肥卢阳产业园投资3000万元设立了天威线材合肥分工厂，现已全面投产运营。合肥工厂拥有世界一流的电磁线制造设备，其中有2条换位生产线，3台漆包生产线（16头），4台纸包、组合生产线，年产电磁线能力5000吨。

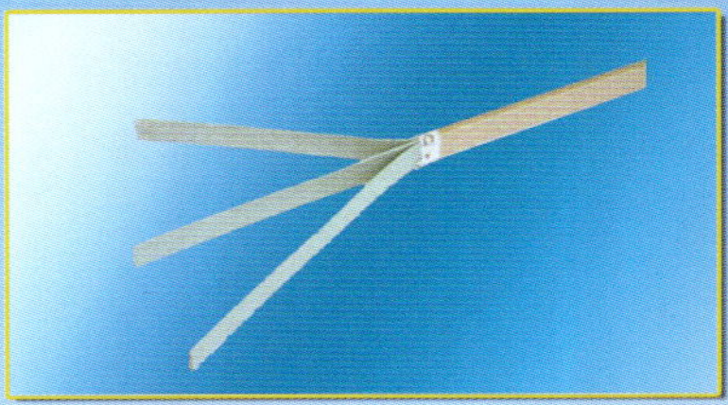

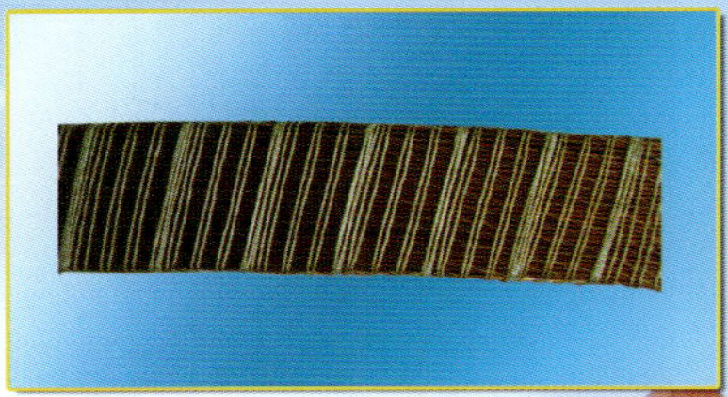

地 址：河北省保定市国家高新技术产业开发区创业路111号　　邮 编：071051　　电 话：0312–3309329 3309335
传 真：0312–3309332

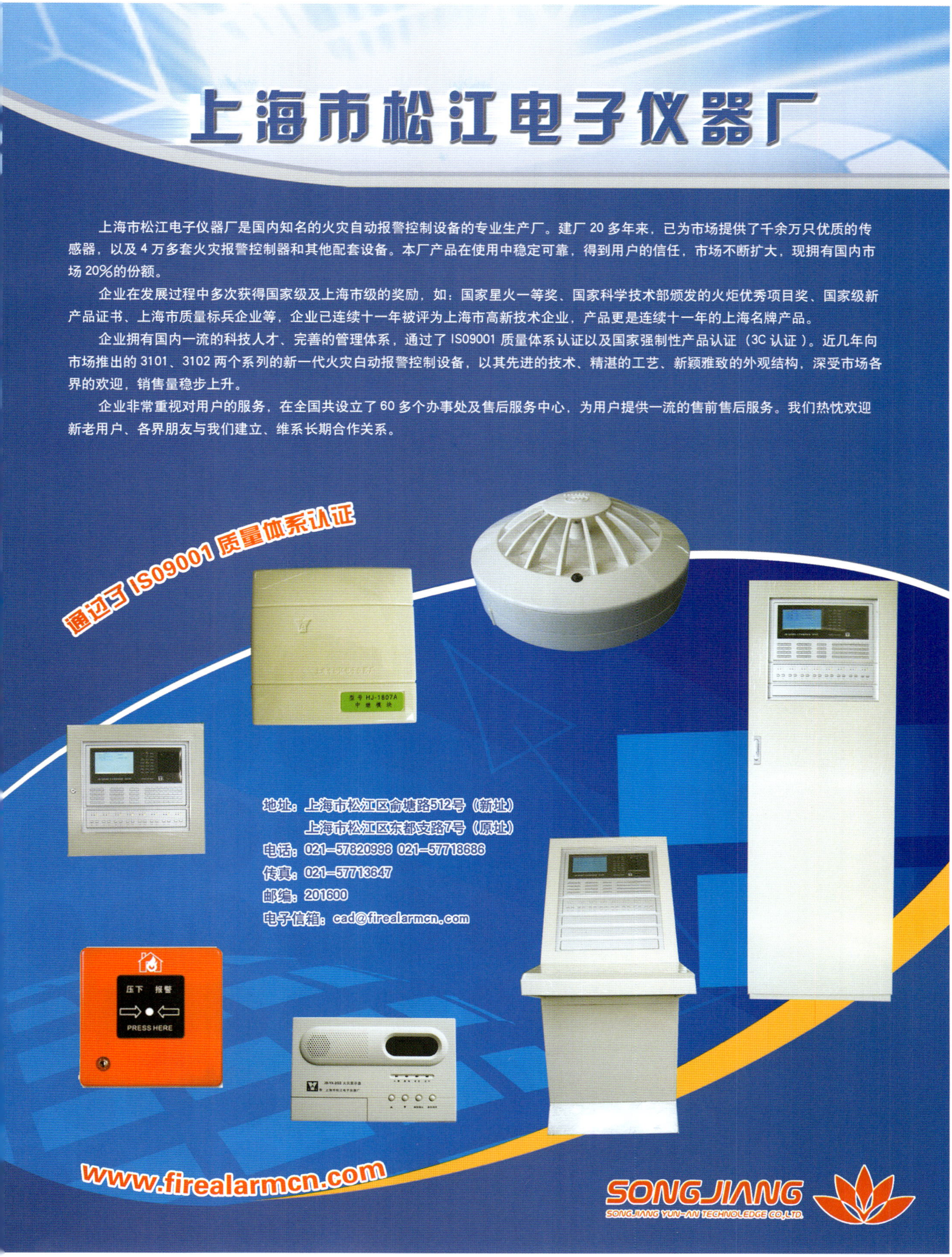
上海市松江电子仪器厂
上海市松江电子仪器厂是国内知名的火灾自动报警控制设备的专业生产厂。建厂20多年来，已为市场提供了千余万只优质的传感器，以及4万多套火灾报警控制器和其他配套设备。本厂产品在使用中稳定可靠，得到用户的信任，市场不断扩大，现拥有国内市场20%的份额。
企业在发展过程中多次获得国家级及上海市级的奖励，如：国家星火一等奖、国家科学技术部颁发的火炬优秀项目奖、国家级新产品证书、上海市质量标兵企业等，企业已连续十一年被评为上海市高新技术企业，产品更是连续十一年的上海名牌产品。
企业拥有国内一流的科技人才、完善的管理体系，通过了ISO9001质量体系认证以及国家强制性产品认证（3C认证）。近几年向市场推出的3101、3102两个系列的新一代火灾自动报警控制设备，以其先进的技术、精湛的工艺、新颖雅致的外观结构，深受市场各界的欢迎，销售量稳步上升。
企业非常重视对用户的服务，在全国共设立了60多个办事处及售后服务中心，为用户提供一流的售前售后服务。我们热忱欢迎新老用户、各界朋友与我们建立、维系长期合作关系。
通过了ISO9001质量体系认证
型号 HJ-1807A
地址：上海市松江区俞塘路512号（新址）
上海市松江区东都支路7号（原址）
电话：021-57820996 021-57718686
传真：021-57713647
邮编：201600
电子信箱：cad@firealarmcn.com
压下 报警
PRESS HERE
www.firealarmcn.com
SONGJIANG
SONGJIANG YUN-AN TECHNOLEDGE CO.,LTD.

HUILI

济南汇力数控机械有限公司

Jinan Huili CNC Machinery Co., Ltd

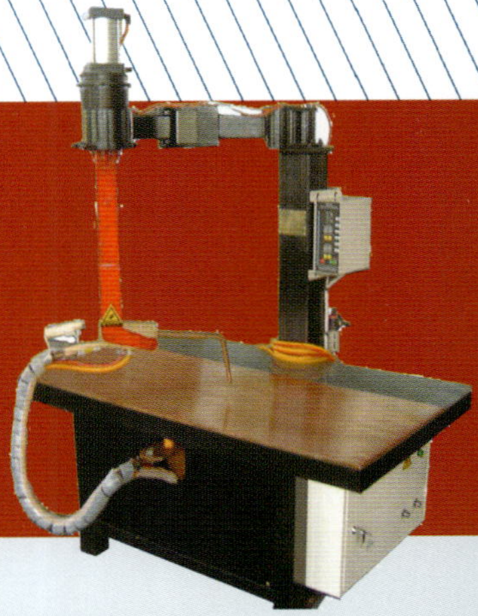

Jinan Huili CNC Machinery Co., Ltd is a hi-tech company .The company dedicate to the metal forming and electricity machinery manufacture. The products are on the leading position in the domestic market, the products are sold allover China to more than 20 provinces.

The major products are: CNC turret punch press, multi-functional bus bar machine, spot welding machine with mobile-arm and flat support, tool sharper machine, bus bar flatting machine, CNC shear, CNC press brake, Corner forming machine.

The products can be used to produce such machines as follows: switch cabinet, communication equipment, household appliances, OA equipment, elevator, control box and so on.

济南汇力数控机械有限公司坐落于有"泉城"之誉的济南，是一家致力于电工设备和数控钣金设备开发和生产的科技型企业。公司具有先进的管理经验、雄厚的技术力量和强大的销售网络。

产品在国内同行业处于领先水平，销往全国二十多个省、市、自治区。主要产品有母线加工机、数控转塔冲床、关节式无痕平台点焊机、深喉口液压冲床、刃磨机、数控涂胶机、数控剪扳机、数控折弯机、角成型加工机、剪角机等。产品广泛应用于电器开关、通信设备、工厂家用电器、办公自动化设备、电梯制造、机箱机柜制造等行业。

公司奉行"诚信、品质、服务"的经营方针，并通过了 ISO9001 国际质量管理体系认证，产品以优异的质量、卓越的性能及完善的售后服务赢得了用户的一致好评。

用质量打造汇力品牌，用服务回报用户信懒

地址：济南市槐荫工业园区企业孵化器　邮编：250118　电话：0531-85993697
传真：0531-85993692　网址：www.jnhuili.com　邮箱：jnhlsk@163.com　热情服务：赵刚　康以中　钱道岭

天津市既济电气控制设备有限公司
开拓创新 服务电力
天津市既济电气控制设备有限公司是原天津市华光电气控制设备厂的改制企业，位于天津北辰经济技术开发区。公司靠着过硬的产品质量及一流的售后服务，赢得了广大用户的信赖。
企业通过ISO9001 2000国际质量体系认证，国家强制性产品认证(CCC)，获国家有关部门颁发电力入网证书。经国家有关部门审定，在《全国城乡电网改造所需产品及企业推荐名录》中入网，在天津电力局入网。部分产品获市科技成果鉴定证书。主要产品：KYN61-40.5\1600-31.5、KYN28A-12、KYN18-12、KYN1-10、XGN1-10(F)、HXGN15-12Z(F)、GG-IZ(F)-10、GG-IA-10(JF)等各种型号高压开关柜；GGD、GCK、GHT、GCS、MNS、PGL、GGJ、PGJ等各种型号低压配电柜及电容器柜、YBM-10/0.4箱式站、各种起动柜、变频调速装置、节能、消谐设备、软起动器、直流屏、双电源、应急电源、消防、供水及动力照明箱等设备、XL-21、GML-2/1、CF-2、96-A、PZMS、JJLM、PXT、PZ-20、30、40等。
国内首创水轮发电机组智能电动盘车柜、测温制动柜、微机励磁柜、发电机轴线摆度激光检测装置等水电专用成套控制设备。本企业遵循质量方针：以不断创新的技术、优质产品和服务，永远确保提高顾客的满意度，达到国内先进水平。
质量管理体系认证证书
中国国家强制性产品认证证书
检验报告
高新技术企业认定证书
企业名称： 天津市既济电气控制设备有限公司
统一编号： 0512001A0961
有效期二年
地址：天津市北辰经济开发区双辰前路1号
邮编：300400
网址：www.jj-dq.com
电话：022-26980186 26970033
传真：022-26970033
E-mail：jjdq@jj-dq.com

东莞市创业电气设备有限公司

东莞市有关领导与创业公司董事长苏洪财合影

东莞市创业电气设备有限公司厂房面积约30000多平方米，职工人数380余名，是在承接东莞基业电气设备有限公司的技术、管理、人力资源基础上创建成立。创业公司秉承“基业”二十年的制造经验和“广东省著名商标”的品牌优势，坚持以“优质、诚信”立业，以市场为导向，始终不渝地把“质量、价格，服务”三方面作为重点，竭诚为电力建设、社会广大用户提供新颖、安全、可靠的产品和解决方案，已成长为东莞高低压成套开关设备制造业的骨干企业之一。

21世纪是知识经济时代，竞争与发展并存，机遇与挑战同在，创业人坚持以“产业科技化、企业股份化、管理规范化”为发展方向，努力把公司建成一流的国内知名企业。在质量控制上，对产品严格实施从设计到成品和服务全过程的质量控制，建立并完善了ISO9001：2000国际质量体系，产品通过CCC认证；在技术创新上，完成了成套设备产品的更新换代，实现技术、生产，质量水平的跳跃式发展，并与国际知名企业SIEMENS（西门子）公司签署技术合作协议，共同生产SIVACON 8PT−4000高级型低压成套开关设备等；在销售渠道上，在全国各大中型城市设立了30多个销售分支机构，产品辐射200多个县市区域，在各地大学城、体育场馆，五星级酒店，大型商贸中心广场、高速公路，发电厂、地铁、机场等重点工程项目中广泛使用，并与多家外商建立了良好的业务关系；在人力资源上，以”团结、务实，创新”的企业精神，依靠奋发向上的高素质人才，集全体员工的智慧结晶，合理地拓展产业领域；在管理上，实施精细化管理，全面提高客户满意度，使该公司步人协调、健康，快速的现代规范运作轨道，为公司的持续发展打下良好基础，成为基础好、档次高、管理严、机制灵活的高新技术企业。

面对日益激烈的市场竞争，创业公司将重点放在引进专业技术人才和产品更新上，并以“科技创新、服务创新、管理创新”的三新理念，立足广东、面向全国，以为顾客创造价值，为员工实现价值，为社会提供价值力宗旨。创业公司的努力得到了社会的广泛认可，2006年，创业公司成为中低压开关柜行业中首批荣获国家免检产品称号的企业，同时荣获“2006年东莞市诚信企业”、“省高新技术企业”、”2006年广东省创新信用示范企业”、”2006年国际贸易诚信AAA企业”及”中国最具品牌价值中小企业100强”证书和称号；2007年，创业品牌荣获“亚洲十大最具影响力品牌奖”和“中国房地产最受欢迎的电气品牌”称号。

在今后的日子里，创业公司将以国家免检产品荣誉为奋斗起点，以”追求卓越、创新科技”的理念为发展方向，在新的市场环境里努力开拓、务实进取，为创建国内配电自动化领导性企业而不懈努力！

经典案例

广州商学院鸟瞰图

东莞长安地王广场

深圳丽思卡尔顿酒店

创业新厂全景效果图

地 址：广东省东莞市东城桑园工业区狮长路1−1号　电 话：0769−22617628　传 真：0769−22259663

邮 箱：dgky.cy@163.net　网 站：http://www.chayip.com

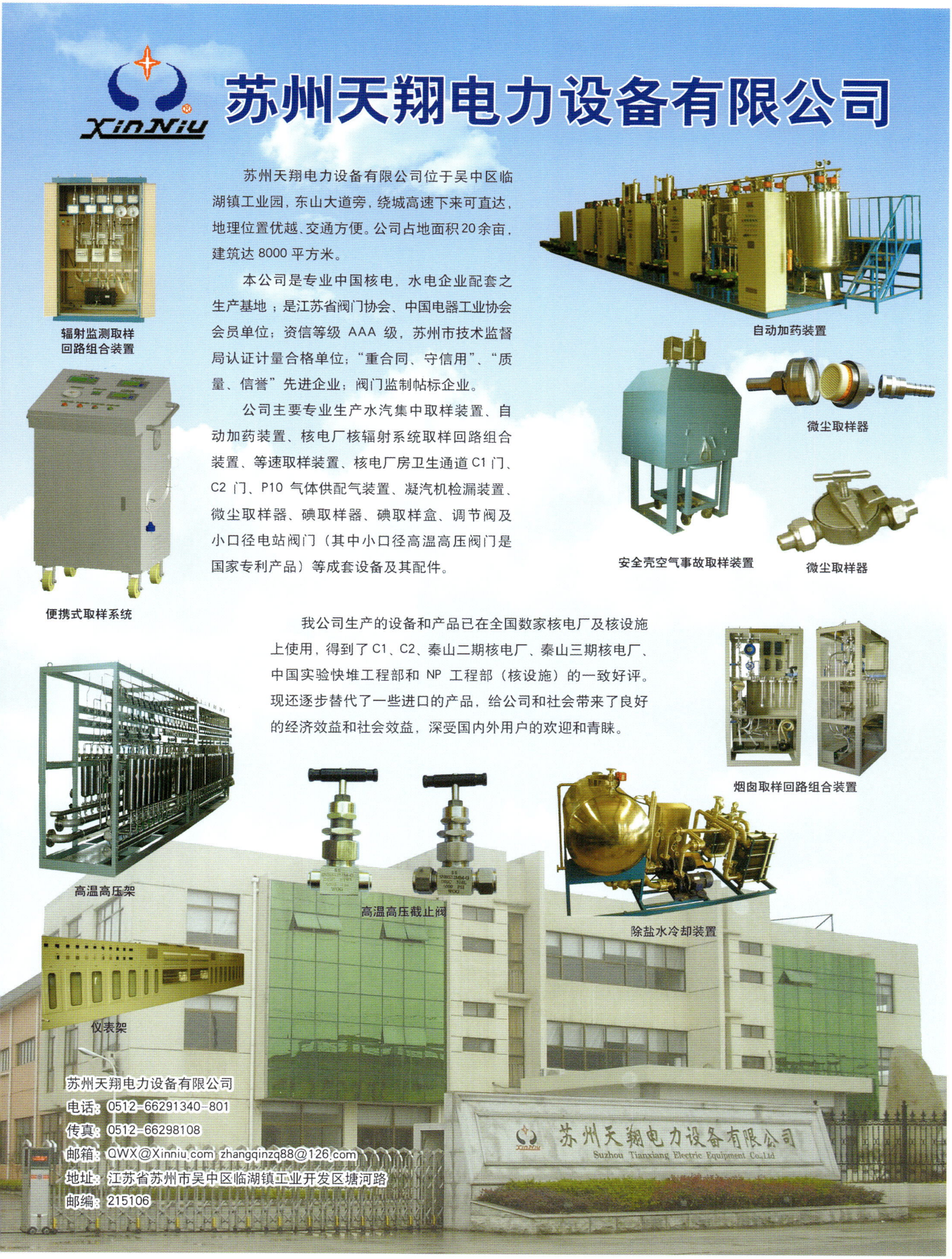

XinNiu
苏州天翔电力设备有限公司
苏州天翔电力设备有限公司位于吴中区临湖镇工业园，东山大道旁，绕城高速下来可直达，地理位置优越、交通方便。公司占地面积20余亩，建筑达8000平方米。
本公司是专业中国核电，水电企业配套之生产基地；是江苏省阀门协会、中国电器工业协会会员单位；资信等级AAA级，苏州市技术监督局认证计量合格单位；“重合同、守信用”、“质量、信誉”先进企业；阀门监制帖标企业。
公司主要专业生产水汽集中取样装置、自动加药装置、核电厂核辐射系统取样回路组合装置、等速取样装置、核电厂房卫生通道C1门、C2门、P10气体供配气装置、凝汽机检漏装置、微尘取样器、碘取样器、碘取样盒、调节阀及小口径电站阀门（其中小口径高温高压阀门是国家专利产品）等成套设备及其配件。
我公司生产的设备和产品已在全国数家核电厂及核设施上使用，得到了C1、C2、秦山二期核电厂、秦山三期核电厂、中国实验快堆工程部和NP工程部（核设施）的一致好评。现还逐步替代了一些进口的产品，给公司和社会带来了良好的经济效益和社会效益，深受国内外用户的欢迎和青睐。
辐射监测取样回路组合装置
自动加药装置
微尘取样器
便携式取样系统
安全壳空气事故取样装置
微尘取样器
烟囱取样回路组合装置
高温高压架
高温高压截止阀
除盐水冷却装置
仪表架
苏州天翔电力设备有限公司
电话：0512-66291340-801
传真：0512-66298108
邮箱：QWX@Xinniu.com zhangqinzq88@126.com
地址：江苏省苏州市吴中区临湖镇工业开发区塘河路
邮编：215106
苏州天翔电力设备有限公司
Suzhou Tianxiang Electric Equipment Co.,Ltd

浙江紫光电器有限公司

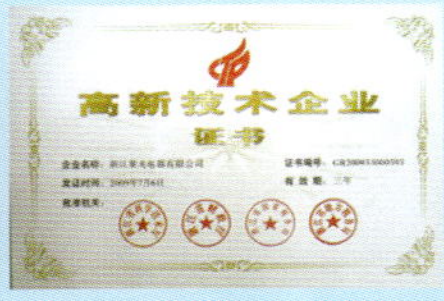

浙江紫光电器有限公司创建于1995年，为股份制有限责任公司，现有员工116人，其中高级工程师12人，公司占地面积20000多平方米，建筑面积约12000平方米，固定资产3000多万元，年创产值5600多万元。公司拥有的主要设备有TC型工频交流耐压系统6台、GKTJ–8（B）高压开关机械特性测试仪8台、WOJ–Ⅲ回路电阻自动测试仪6台、VC–Ⅲ真空测试仪4台、ZLS–23氦质谱检漏仪2台、P43–17真空灭弧室排气台6台、L65950/ZM型真空炉4台、高压直流老练1套、超声波清洗机3台、电流发生器1台等，配备有先进的真空灭弧室生产线、户外高压隔离真空负荷开关和户外高压真空断路器及高压成套产品生产线，并具有严密的生产工艺、严格的检测手段，确保产品的质量，同时本公司拥有一批高水平的工程技术人员及一支精干的销售队伍。

本公司在进行126kV真空灭弧室的开发的同时，也在进行126kV真空断路器的研发，已于2005年年底投入生产，126kV真空灭弧室和真空断路器的开发将使公司得到很大的发展，并将进入一个崭新的阶段。

2001年12月公司通过ISO9001：2000质量体系认证，被认定为“开发高压真空灭弧室高新技术产业化企业”；2003年3月，被评为“浙江省高新技术企业”、“浙江省守合同重信用单位”。

公司本着“以先进的科学技术创新、以严格的质量管理保证、以一流的产品开拓、以用户满意的服务”的质量方针；坚持“质量是公司的第一生命”、以“努力开拓、真诚服务、共同发展”的经营理念，形成了年生产10000台真空开关、30000只真空灭弧室、2000台高压无功补偿装置和500套ZGJK系列交流高压电力系统绝缘水平在线监测仪的生产能力。为客户提供高质量的产品和全方位的优质的售后服务。

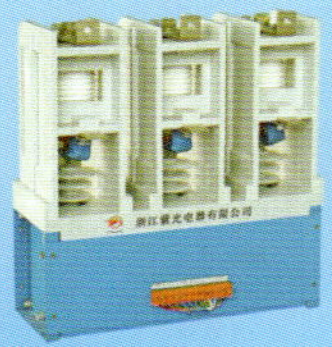
CKG

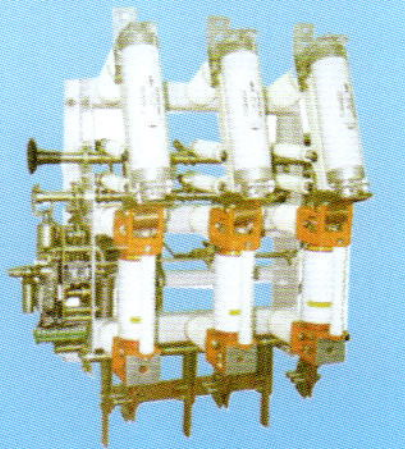
FZN21–12

FZW32–12

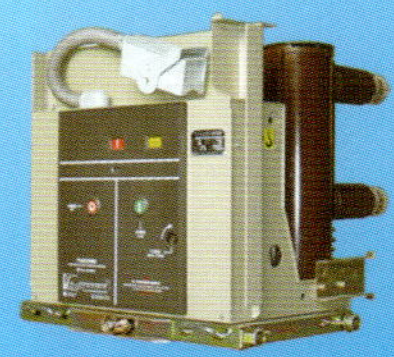
VS1–12

ZW7–40.5

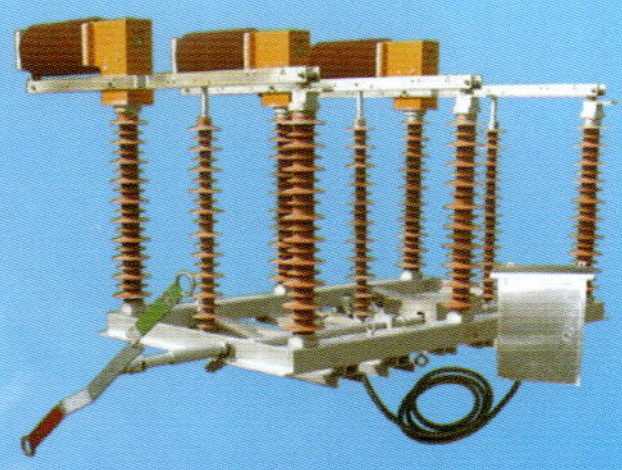
FZW□–72.5

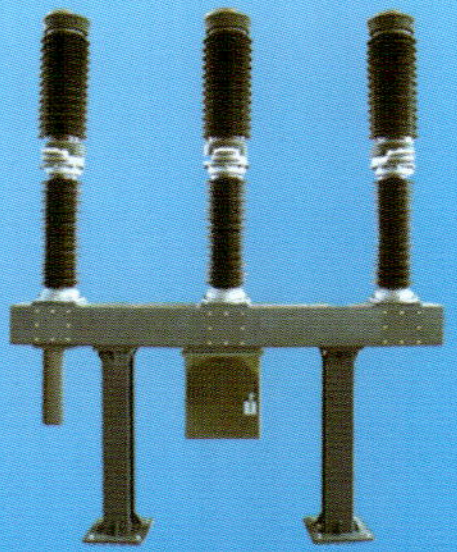
ZW□–72.5

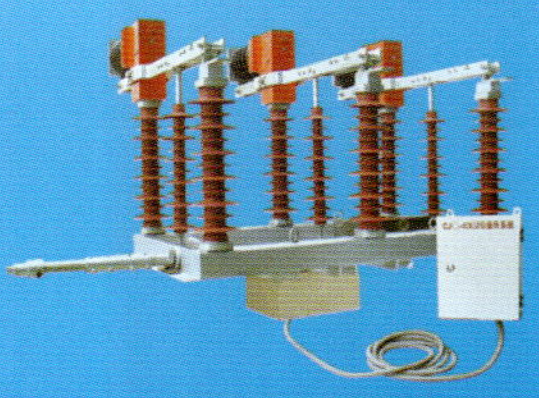
FZW32–40.5

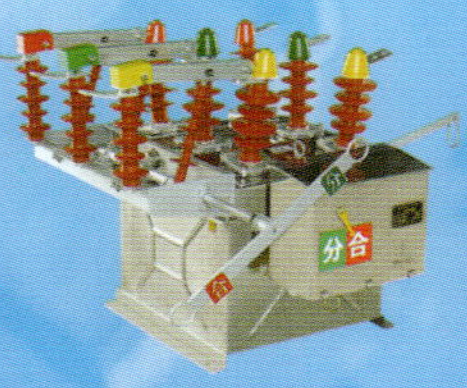
ZW8–12

ZW20B–12

ZW32–12

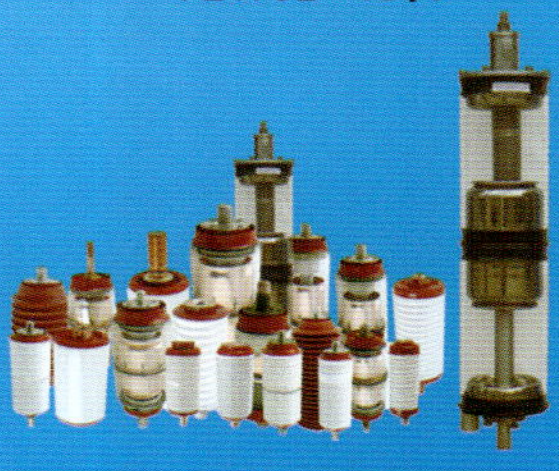
真空灭弧室

地 址：浙江省温岭市箬横镇朝西工业区　邮 编：317507　电 话：0576–86815413　传 真：0576–86815213
网 站：www.chinaziguang.com　E–mail：chinaziguang@163.com

振华宇光

源于专业　成就完美

中国振华电子集团宇光电工有限公司

中国振华电子集团宇光电工有限公司(简称“振华宇光”)坐落在贵阳市国家高新技术产业开发区，占地83000多平方米，现有员工1200余人，其中高中级技术人员300余人，属国家高新技术企业。

振华宇光前身为原电子工业部宇光电工厂（国营第771厂），是国内研制真空灭弧室、真空断路器、高低压开关成套设备以及真空微波器件产品的专业公司，具有国内最先进的生产、实验设备和检测仪器。曾为北京正负电子对撞机和我国第一枚洲际运载火箭等国家重点工程和国防尖端项目做出过重大贡献，多次受到国务院、国防科工委等上级部门的嘉奖，党和国家领导人曾多次到宇光视察。

经过几十年的发展，振华宇光现已形成年产真空灭弧室30万只、18000台真空断路器、12000面高低压开关柜的生产能力，产品远销美国、俄罗斯、德国、日本、印度、韩国等二十多个国家和地区，并拥有120kA大电流发电机保护及126kV高电压等级真空灭弧室的生产研发技术，生产规模和研发水平在国内名列前茅。

振华宇光公司拥有完善的管理体系，已通过ISO9001：2000、ISO14001：2004和OHSAS18001：2001体系认证；连续多年被国家工商总局授予“全国守合同重信用单位”，连续十三年荣获“贵州省名牌产品”称号；拥有十多项国家专利。

振华宇光公司将继续坚持“真情不变、服务永远”的诚信经营理念，秉承军工企业的品质追求，积极为广大新老客户服务，为我国电力事业、国防事业的发展作出更大贡献。

VFS真空炉

玻璃外壳真空灭弧室

陶瓷外壳真空灭弧室

固封极柱

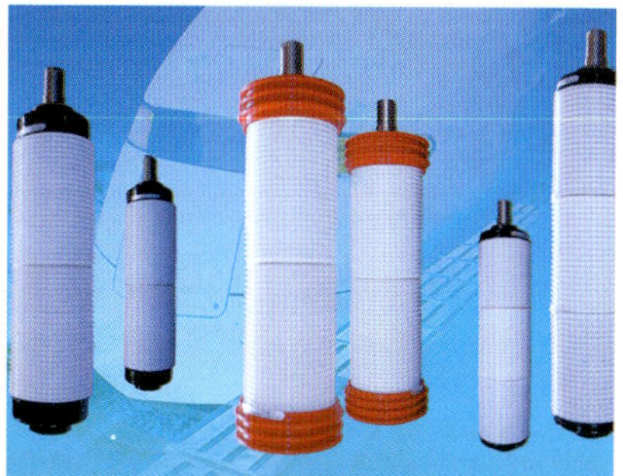
铁道专用真空灭弧室

地址：贵州省贵阳市乌当区新添大道北段272号　电话：0851-6305255　传真：0851-6305198　邮编：550018　邮箱：yuguang@public.gz.cn　网址：http//www.yg771.com

弯卷之冠 中国长锻
Main Products Series
Forging Machinery
公司主要产品
公司总经理、党委书记：王志平
● 原机械工业部锻压机械行业重点骨干企业
● 国家技术进步示范企业
● 山西省大型企业和省科技先导型企业
● 弯曲校正机类产品开发、研制生产基地
● 承担国家弯曲校正机类产品行业技术标准的制、修订工作
● 参加《锻压手册》弯曲校正设备的编辑和修订工作
● AA级信誉企业
● ISO9001质量体系认证企业
● 卷板机、弯管机系列创省名牌产品
● 四大系列产品荣获中国出口许可证产品
● 20多种产品荣获国家、山西省、长治市科学技术奖
● 卷板机荣获11项专利技术
● 校平机荣获5项专利技术
● 型弯机荣获3项专利技术
● 公司设有国家二类研究设计院，七个专业研究所
● 公司设有先进的CAD计算机辅助设计工作站
● 公司内设有“山西省锻压机械产品质量监督检测站”
● 公司设有数控液压试验站，
● 公司设有二级理化计量中心
● 公司内设有计算机管理中心
● 产品远销40多个国家和地区
卷板机系列
LATE BENDER SERIES
对称式三辊卷板机
水平下调式三辊卷板机
弧线下调式三辊卷板机
四辊卷板机
弯管机系列
UBE BENDER SERIES
液压弯管机
数控弯管机
顶墩弯管机
型弯机系列
ECTION BENDER SERIES
三辊型弯机
四辊型弯机
校平机系列
LAE SRAIHENER
钢板校平机
开卷校平剪切线
冶金成套设备
首钢长治钢铁锻压机械制造有限公司
SHOUGANG CHANGZHI STEEL FORGING AND MANUFACTURING MACHINERY CO.,LTD
山西省长治市太行西街159号 邮编：046011 电话：0355-2088103 2088049 2088045 传真：0355-2088043
售后服务热线：0355-2088145 E-mail:yzm158@163.com 网址：http://www.ChangDuan.com

镇江市江冠电器有限公司（下属子公司——镇江江冠电力设备有限公司和北京江冠电力电器销售中心）是全国带电作业标准化技术委员会委员单位，江苏省高新技术企业，江苏省名优企业，重合同守信用企业，坐落在素有“江中明珠”和“鱼米之乡”之称的水上花园城市——江苏扬中市，水、陆、空交通十分便利。

江冠公司从20世纪80年代末至今一直专业致力于高电压防污闪技术和母线绝缘保护的研发推广应用，通过与国电公司武汉高压研究院、华北电科院、华东电力试验研究院、重庆大学、上海橡胶研究所等知名院所强强合作，从PVC防污罩→硅橡胶合成增爬伞裙→防鸟害、防冰闪复合伞裙套→双伞型瓷芯悬式复合绝缘子；从双组份RTV防污闪涂料→单组份RTV涂料→PRTV持久性防污闪涂料；从笨重的汽动带电清扫装置→轻便可靠的手提式电动清扫工具；线路防鸟罩、母线绝缘护套及接头盒、变压器桩头护套、带电水冲洗等。经过二十多年的锤炼，已经将“江冠电器”成功打造成全国高压防污闪的第一大品牌。其中，硅橡胶合成增爬伞裙和RTV、PRTV防污闪涂料三种主导产品已占据市场的60%以上，深受全国电力系统用户单位的信赖，产品先后获取了中国电力设备管理协会推荐品牌，中国质量检验协会产品核定证书，“江苏省名牌产品”等荣誉称号。2008年荣获国家电网公司颁发的防污闪科技进步三等奖，华北电网公司防污闪科技进步一等奖。

江冠公司管理体系严谨，技术力量雄厚，专业人才齐全，工装检测设备完善，产品配方、生产工艺处于国内领先水平，产品挂网安全运行时间长久，生产能力强劲，企业资信度高，多年被评为“重合同守信用企业”和“信用等级AAA级企业”。

为了保证用户单位的利益，江冠公司长期坚持“安全第一，质量第一，管理严格，责任明确，措施到位”的施工质量方针，专业配置一支组织纪律严明，施工经验丰富且经过严格上岗培训的施工队伍，编制了一系列施工管理条例、产品安装作业指导书、现场施工考核记录表和现场施工三措等重要文件，确保了用户单位各项重大工程项目圆满完成。

成功源于专业，专业创造价值。全体江冠人凭着“诚信、严谨、务实”的工作态度和“以用户为核心，满足用户需求，用户利益至上，让用户放心使用”的服务宗旨，期待与您的真诚友好合作！

500kV变电站伞裙、涂料工程

500kV输变电线路用PRTV涂料

发电厂600MW机组空冷岛下方
变压器绝缘设备安装硅橡胶防污伞裙
和喷涂PRTV涂料工程

镇江市江冠电器有限公司

董事长兼总经理　包廷贵先生

地址：江苏省扬中市西来桥港南西路63号　邮编：212221　电话：0511-88565998、88561118　传真：0511-88561420
公司网址：www.jiangguan.com　电子信箱：info@jiangguan.com　btgjiangguan@sina.com

上海润滑设备厂有限公司

www.runhua-sh.com

热忱服务 持续改进

上海润滑设备厂有限公司建于1966年，是机械行业重点润滑设备专业制造厂。主要有高压干油润滑系统及元件、稀油润滑装置及列管式冷却器等3大类28个系列近400个规格产品。2007年通过了ISO9001:2000版的质量管理体系复评认证。

高压干油润滑系统及元件：40MPa高压干油润滑产品是迄今为止国内独家引进德国代立蒙（Delimon）公司专有技术及设备生产的高压干油润滑元件，可以组成多达1000个润滑点，长达800m管线的大中型高压干油集中润滑系统。主要品种有BS－B电动润滑泵、DJB－H1.6电动加油泵、SA－V二位四通换向阀、SG－A压差开关、ZB型多点润滑泵、DB型单线润滑泵。

稀油润滑装置：是由油站、仪表屏和电气控制柜组合而成，主要用于冶金、矿山、锻压、电力、化工、轻工等设备的稀油循环润滑系统中，向减速器齿轮座、主电动机轴承等摩擦部位供送润滑油。品种规格有XYZ6G～1000G稀油站、非标稀油站及送风机、引风机、增压风机稀油润滑装置。

列管式油冷却器：GLC型和GLL型列管式油冷却器用于液压系统和润滑系统，将工作油冷却至规定的温度。主要品种为GLC04～90m^2、GLL4～200m^2。“上润”牌GLC2、GLL3两个系列的列管式油冷却器曾获得中国机械工业产品“优质产品”和国家经委颁发的“银奖证书”。

公司理念：“热忱服务、持续改进”。公司质量方针：“坚持质量第一，制造卓越产品；坚持持续改进，确保用户满意”。公司精神：“积极进取、勤奋工作、质量第一、信誉第一”。公司发展远景：“液压与润滑技术、润滑与计算机技术、高压与低压技术、干稀油润滑系统相结合”。使公司进入国内外润滑设备制造的先进行列。欢迎广大用户惠顾上海润滑设备厂有限公司。

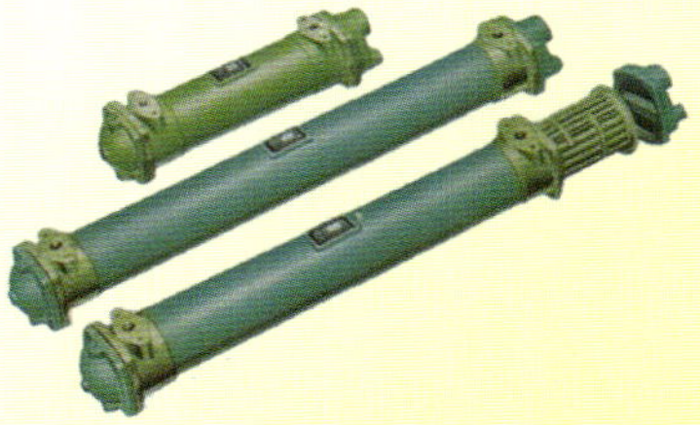

列管式油冷却器

压缩机油站

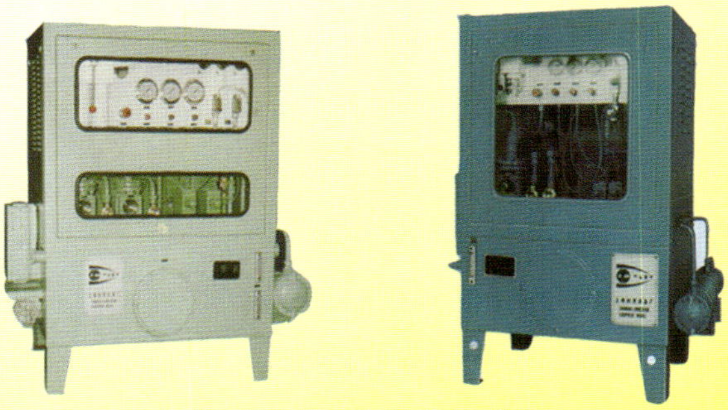

动叶可调风机液压润滑装置

40MPa高压干油润滑产品

地址：上海市双阳路201号
邮编：200090
传真：021-65431871
电话：021-65430543 65435660
65435669 65435673
http://www.runhua-sh.com
董事长、法人代表：周斌
总经理：杨全国
E-mail：srjsk@sina.com

甘肃省定西起重机厂有限责任公司

甘肃省定西起重机厂有限责任公司是甘肃省装备制造的重点企业，始建于1971年，是集设计、制造、销售、安装、改造、维修为一体的专业化生产企业，现为中国重型机械工业协会桥式起重机及起重葫芦专业委员会理事单位，也是我国第一代电动葫芦参与设计研制的企业，已有四十年的生产历史。

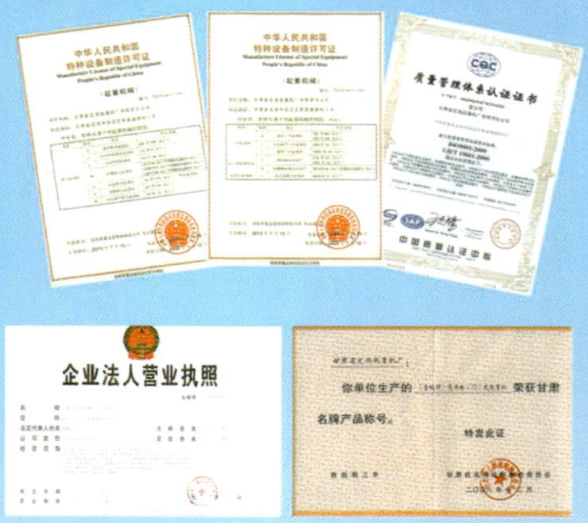

企业占地面积15万平方米，拥有各类加工设备近1000台，检测设备（仪器）120多台，工艺装备1000多套。企业资产总额6000多万元（其中固定资产4000多万元）。现有职工2000多人（其中专业技术人员100多人）。

主导产品有：“金城”牌QD型通用桥式起重机、YZ型冶金桥式起重机、QY型绝缘桥式起重机、MG型通用门式起重机、MDG型单主梁门式起重机、MGH型门式起重机、LD 型电动单梁起重机、LX型电动单梁悬挂起重机、MH型电动葫芦门式起重机、LH型电动葫芦桥式起重机、防爆梁式起重机（包括LB型防爆单梁起重机、LXDB型防爆单梁悬挂起重机、LHB型防爆电动葫芦桥式起重机）、BZD型柱式旋臂起重机以及CD1、MD1型钢丝绳电动葫芦、BCD1型防爆钢丝绳电动葫芦、锅炉及建筑钢结构、锥形转子电动机等。

2003年11月，“金城”牌起重机械在国家质量监督检验检疫总局行政许可办公室取得首批《特种设备制造许可证》；

分别于2004年11月、2008年12月获“甘肃省名牌产品”称号；

2006年3月，取得了国家颁发的A级“特种设备制造许可证”；

多次获得“质量信得过企业“、“重合同、守信用企业”等荣誉称号。

钢结构产品是主导产品的外延，制造车间占地面积4500平方米，拥有先进的数字控制大型切割机等生产设备150台，生产员工180余人，专业技术人员20多人，具有初、中级以上职业技能资格生产人员80多人，钢结构月生产能力达500吨以上。

产品行销甘肃、陕西、宁夏、新疆、内蒙、四川、陕西等省（区），年销售收入近亿元。

热忱欢迎各界人士前来我公司参观访问、洽谈业务。

公司地址：甘肃省定西市安定区焦家坡新村3号　　党委书记：石文瑞

法人代表：苏　勤　　联系电话：0932－8221013、8212307

烟台金鹏矿业机械有限公司

烟台金鹏矿业机械有限公司位于美丽的胶东半岛——烟台。公司有着十余年的矿山设计和矿山设备开发与研究历史，凭借先进的加工设备和雄厚的技术力量，可为10000T/D规模以下的矿山提供集选矿试验研究、工程设计咨询、设备制造加工、设备安装调试、人员培训一条龙服务。公司对出厂的产品均实行严格的全过程质量管理，在同行业中率先通过了ISO9001:2000国际质量体系认证。产品畅销全国各地，并远销俄罗斯、蒙古、哈萨克斯坦、朝鲜、印度尼西亚、墨西哥、伊朗等十多个国家。

“诚信友谊，质量第一”是金鹏矿机立足之本，在海内外朋友的支持下，我们不断发展壮大。欢迎各位光临指导，金鹏将以质优价廉的产品，完美周到的服务回报广大客户。

出口俄罗斯的直筒节能型球磨机

分级机大轴加工专用机床

新型浮选机

内蒙小西沟铅锌矿总包工程

印度尼西亚炭浆厂设备使用现场

云南金山矿业新山金矿竣工投产现场

http://www.jinpengkj.com

联系人：于建环（总经理）
电话：0535-3975289 13806388750
传真：0535-3975287
地址：烟台市开发区福州路11号
邮箱：jpkj2006@163.com
邮编：264006

潍坊市寒亭区鑫隆机械厂
柴油开沟培土机
水冷悬耕机
风冷悬耕机
汽油微耕机
震压轮
风冷微耕机
汽油开沟培土机
田园管理机

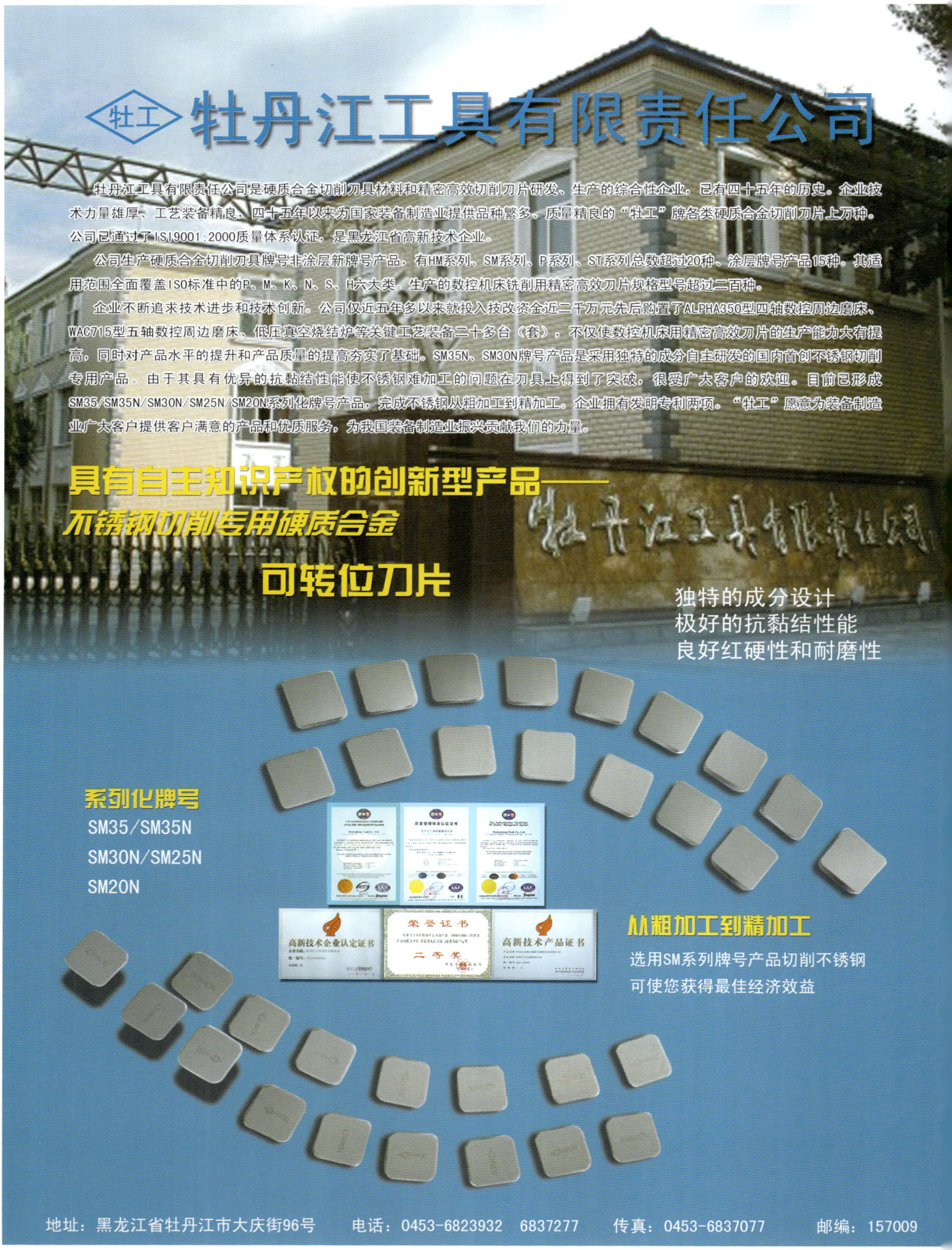

牡工
牡丹江工具有限责任公司
牡丹江工具有限责任公司是硬质合金切削刀具材料和精密高效切削刀片研发、生产的综合性企业，已有四十五年的历史。企业技术力量雄厚、工艺装备精良，四十五年以来为国家装备制造业提供品种繁多、质量精良的“牡工”牌各类硬质合金切削刀片上万种。公司已通过了ISI9001:2000质量体系认证，是黑龙江省高新技术企业。
公司生产硬质合金切削刀具牌号非涂层新牌号产品，有HM系列、SM系列、P系列、ST系列总数超过20种、涂层牌号产品15种。其适用范围全面覆盖ISO标准中的P、M、K、N、S、H六大类。生产的数控机床铣削用精密高效刀片规格型号超过二百种。
企业不断追求技术进步和技术创新。公司仅近五年多以来就投入技改资金近二千万元先后购置了ALPHA350型四轴数控周边磨床、WAC715型五轴数控周边磨床、低压真空烧结炉等关键工艺装备二十多台（套），不仅使数控机床用精密高效刀片的生产能力大有提高，同时对产品水平的提升和产品质量的提高夯实了基础。SM35N、SM30N牌号产品是采用独特的成分自主研发的国内首创不锈钢切削专用产品。由于其具有优异的抗黏结性能使不锈钢难加工的问题在刀具上得到了突破，很受广大客户的欢迎。目前已形成SM35/SM35N/SM30N/SM25N/SM20N系列化牌号产品，完成不锈钢从粗加工到精加工。企业拥有发明专利两项。“牡工”愿意为装备制造业广大客户提供客户满意的产品和优质服务，为我国装备制造业振兴贡献我们的力量。
具有自主知识产权的创新型产品——
不锈钢切削专用硬质合金
可转位刀片
独特的成分设计
极好的抗黏结性能
良好红硬性和耐磨性
系列化牌号
SM35/SM35N
SM30N/SM25N
SM20N
荣誉证书
二等奖
高新技术企业认定证书
高新技术产品证书
从粗加工到精加工
选用SM系列牌号产品切削不锈钢
可使您获得最佳经济效益
地址：黑龙江省牡丹江市大庆街96号 电话：0453-6823932 6837277 传真：0453-6837077 邮编：157009

高宇液压
GAOYU HYDRAULIC

持续改进　追求卓越　顾客满意

浙江高宇液压机电有限公司系合资组建的集科研、生产和国内外贸易为一体的现代化工业企业。

公司主要产品包括：**3～5吨新型装载机多路换向阀组、转向系统阀组、传动系统阀组、自卸车专用齿轮泵**系列等。

公司于2007年10月通过ISO9001:2000质量管理体系认证，形成了完善的质量保证体系和售后服务体系，可为广大客户提供性能优异、质量上乘、价格合理的产品和服务，力求广大顾客满意。

3～5吨新型装载机多路换向阀组

传动系统阀组

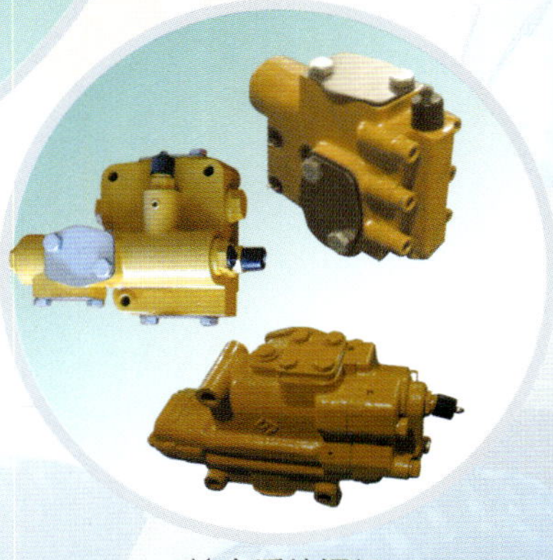

转向系统阀组

自卸车专用齿轮泵系列

实用新型专利：

- ★ ZL 200620141069.7　整体式手动多路换向阀
- ★ ZL201020169986.2　一种优先合流型流量放大阀
- ★ ZL201020130094.1　一种多路阀上用的钢球定位结构
- ★ ZL201020174300.9　一种叉车控制阀上用的装置
- ★ ZL201020182762.5　装载机用变速操纵阀的改进结构

浙江高宇液压机电有限公司

www.zjgaoyu.com

地址：浙江省临海市东方大道649-8号　邮编：317000　电话：0576-85126175 85126968　传真：0576-85128292

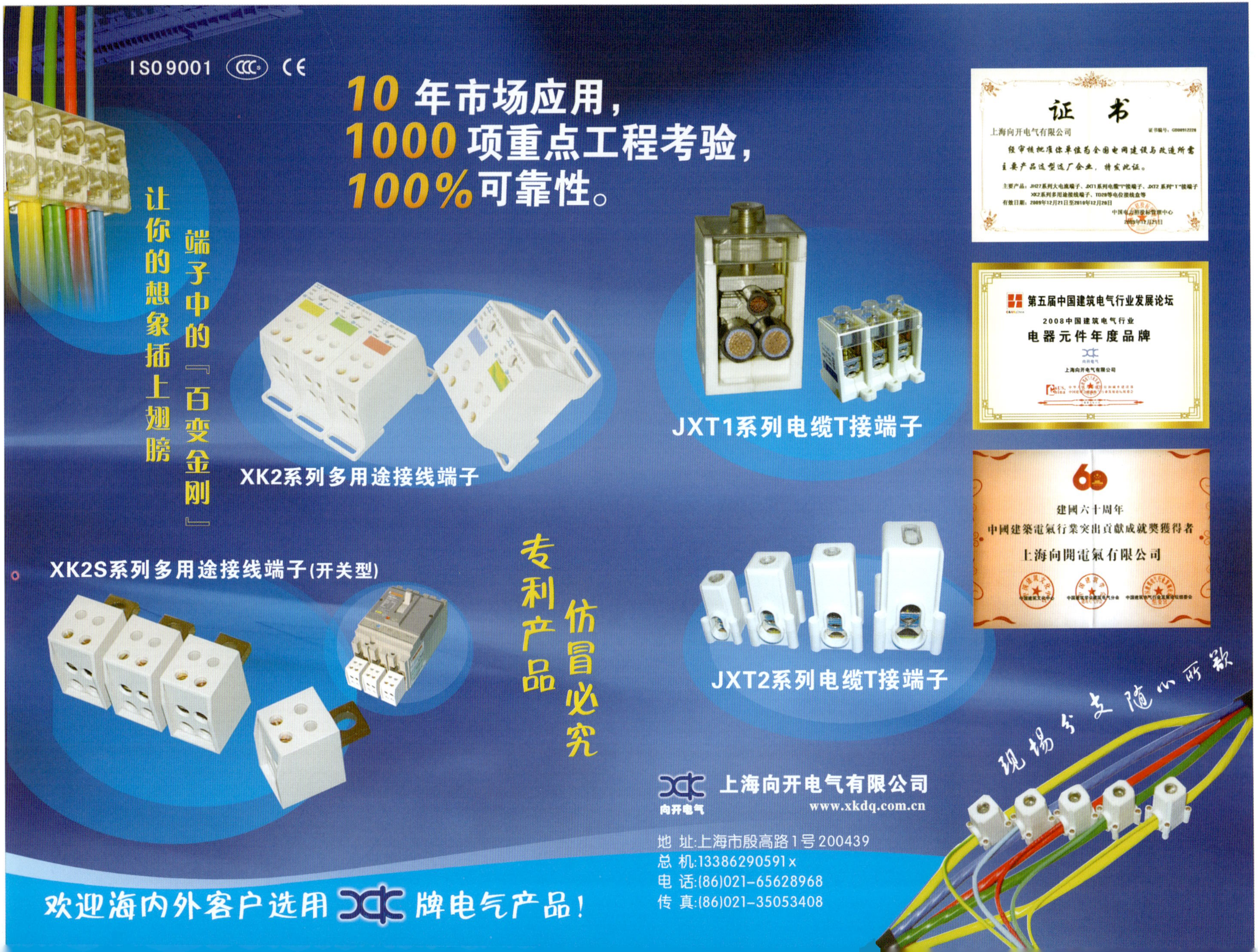
ISO9001
10年市场应用，
1000项重点工程考验，
100%可靠性。
让你的想象插上翅膀
端子中的『百变金刚』
XK2系列多用途接线端子
JXT1系列电缆T接端子
证书
上海向开电气有限公司
第五届中国建筑电气行业发展论坛
2008中国建筑电气行业
电器元件年度品牌
建國六十周年
中國建築電氣行業突出貢獻成就獎獲得者
上海向開電氣有限公司
XK2S系列多用途接线端子(开关型)
专利产品 仿冒必究
JXT2系列电缆T接端子
现场分支 随心所欲
向开电气
上海向开电气有限公司
www.xkdq.com.cn
地 址:上海市殷高路1号 200439
总 机:13386290591x
电 话:(86)021-65628968
传 真:(86)021-35053408
欢迎海内外客户选用 牌电气产品！

上海电气输配电试验中心有限公司

上海电气输配电试验中心有限公司(SETC)是国内最早的高压大容量实验室之一,主要从事高压电器产品与设备的检测与技术研究等工作。

公司拥有一批长期从事高压电器测试技术研究的专家和工程技术人员、拥有220 kV网络专线与35 kV电缆进线各一条及主要试验回路九套、拥有220 kV/60MVA(冲击容量1500 MVA)和35kV/15 MVA(冲击容量750 MVA)的冲击试验变压器组及BE3200型程序控制器、CY2000型试验数据采集系统等各类检测仪器设备600余台/套。

220kV/60MVA(1500MVA)
冲击试验变压器组

公司获认可的检测范围有25大类,检测能力达国内先进水平,具有按GB、IEC、DL、JB等标准对额定电压≤145kV、额定短路开断电流≤40kA(50kA)的开关设备和控制设备进行全面型式试验的能力、包括126(145)kV GIS的三相合成试验,以及252kV隔离开关型式试验的能力。

公司按CNAS—CL01:2006《检测和校准实验室能力认可准则》(ISO/IEC17025:2005)与《实验室资质认定评审准则》的标准要求建立管理体系,并贯彻执行,通过了中国合格评定国家认可委员会(CNAS)、国家认监委的实验室认可和计量认证(CMA),成为我国长江以南地区现在唯一具备第三方资质的高压大容量国家检测实验室,并同时成为PCCC指定检测单位之一,是国网上海电网公司高压开关电器产品质量监督、抽检的指定单位,煤炭部安全鉴定、煤安标志、生产许可证的指定检测单位。

126kV合成试验调频回路
(252kV合成试验后开极调频回路)

近五年来,SETC为国内、外高压电器制造企业做了大量的产品型式试验、研究性试验,包括国际上的知名企业,如西门子、ABB、施耐德、阿海珐、GE等,2009年的试验业务合同近700份,合同金额达到4500万元。公司以"公正、严谨、科学、规范"为宗旨,将持续为国内输配电产品的研究开发及电网的安全保障作出贡献。

350kV工频试验变压器

220kV户外开户站

126kV/50kA三相合成
试验回路后开极电压源

检测产品

- 高压交流断路器
- 气体绝缘金属封闭开关设备
- 高压交流负荷开关
- 交流高压接触器和基本接触器的电动机起动器
- 高压交流负荷开关-熔断器组合电器
- 交流金属封闭开关设备
- 高压交流隔离开关和接地开关
- 高压/低压预装式变电站
- 矿用隔爆型高压真空配电装置
- 矿用隔爆型移动变电站
- 高压熔断器
- 配电系统中性点接地电阻器
- 交流无间隙金属氧化物避雷器(部分项目)
- 电力变压器(部分项目)
- 高、低压开关设备和控制设备等产品的电磁兼容性试验

检测项目

- 开断及关合能力试验
- 短时耐受电流及峰值耐受电流试验
- 绝缘性能试验
- 回路电阻测量
- 温升试验
- 机械试验
- 防护等级试验
- 气体密封及水分含量检测
- 噪音测量
- 无线电干扰试验
- 电磁兼容性试验

地址:上海市灵石路696号　　邮编:200072　　网址:http://www.setc-sh.com
电话:86-21-56037283　　86-21-56657002-215　　传真:86-21-56037283

政府采购目录

国务院

关于印发《中央预算单位2009—2010年政府集中采购目录及标准》的通知

国办发［2008］129号

国务院各部委、各直属机构：

《中央预算单位2009-2010年政府集中采购目录及标准》已经国务院同意，现印发给你们，请遵照执行。

中华人民共和国国务院办公厅

二〇〇八年十二月十七日

中央预算单位2009—2010年政府集中采购目录及标准

一、集中采购机构采购项目

（一）以下项目必须按规定委托集中采购机构代理采购：

目录项目	适用范围	备　注
一、货物类		
台式计算机		
便携式计算机		
计算机通用软件	京内单位	指直接从市场可以购买的标准软件等非定制开发的商业软件
服务器		
网络设备		
复印机		
文印设备		指速印机、胶印机、数码印刷机、装订机
多功能一体机		
打印机		
传真机		
扫描仪		
投影机		
碎纸机	京内单位	
摄像机	京内单位	
电视机	京内单位	
电冰箱	京内单位	
复印纸	京内单位	
移动存储设备		
照相机		指单台或批量金额在3000元以上
汽车		指单价在5万元以上的轿车、越野汽车、面包车、大客车

续表

目录项目	适用范围	备　注
电梯	京内单位	指单价在 10 万元以上
供暖锅炉	京内单位	
空调机		指中央空调、商用空调、民用空调、精密空调
办公家具	京内单位	指单项或批量金额在 2 万元以上
变配电设备	京内单位	
二、工程类		
统一组织的房屋（含宿舍）修缮、装修	京内单位	
三、服务类		
汽车维修	京内单位	
汽车保险		
汽车加油	京内单位	
印刷项目	京内单位	指单项或批量金额在 2 万元以上
会议服务	京内单位	指单项会议金额在 2 万元以上
工程监理	京内单位	
机关办公场所物业管理	京内单位	指单项或批量金额在 50 万元以上

注：表中“适用范围”栏中未注明的，均适用所有中央预算单位。

（二）列入财政部等有关部门下发的节能环保政府采购清单中的产品应当委托集中采购机构实行集中采购。

二、部门集中采购项目

以下项目原则上应当实行部门集中采购。部门集中采购由部门自行组织，可以委托集中采购机构采购，也可以委托社会采购代理机构采购，其中涉及集中采购机构采购的项目，必须委托集中采购机构组织采购。

（一）货物类。救灾物资、防汛物资、抗旱物资、农用物资、储备物资、医疗设备和器械、计划生育设备、交通管理监控设备、港口设备、农用机械设备、气象专用仪器设备、人工影响天气作业设备、测绘专业仪器设备、消防设备、警用设备和用品、专用教学设备、广播电视和影像设备及专业摄影器材、文艺设备、体育设备、海关专用物资设备、税务专用物资装备、边界勘界和联检专用设备、质检专用仪器设备、金融系统专用设备及有价单证和凭证、救助船舶和直升机、执法船艇、检察诉讼设备、法庭内部装备、特种车辆（指事先在车内装有固定专用仪器设备，从事监测、消防、医疗、电视转播、雷达等专业工作的车辆）、缉私船、地震专用仪器设备、水利专用仪器设备（水保、水文专用仪器设备）

（二）工程类。部门确定的本系统单位公用房建设及修缮和装修工程。

（三）服务类。本部门或本系统信息管理系统开发及维护项目，部门确定的其他有特殊要求的专用服务项目。

三、分散采购限额标准

除集中采购机构采购项目和部门集中采购项目外，各部门自行采购单项或批量达到 50 万元以上的货物和服务的项目、60 万元以上的工程项目应执行《中华人民共和国政府采购法》和《中华人民共和国招标投标法》有关规定。

四、政府采购货物和服务公开招标数额标准

政府采购货物或服务的项目，单项或批量采购金额一次性达到 120 万元以上的，必须采用公开招标方式。政府采购工程公开招标数额标准按照国务院有关规定执行，200 万元以上的工程项目应采用公开招标方式。

北京市

关于印发《北京市 2010 年政府采购集中采购目录及标准》的通知

京财采购［2009］1767 号

市属各单位，各区县财政局、开发区财政局、燕山财政分局，北京市政府采购中心：

《北京市 2010 年政府采购集中采购目录及标准》（以下简称《目录及标准》，见附件 1）已经市政府同意，现印发给你们，并就有关事项通知如下，请遵照执行：

一、市属各预算单位要以《目录及标准》和《市本级 2010 年政府采购项目的采购类型划分表》（见附件 2）作为编制和执行 2010 年政府采购预算的依据。根据《中华人民共和国政府采购法》规定，各级国家机关、事业单位和团体组织，使用财政性资金采购集中采购目录以内的或者采购限额标准以上的货物、工程和服务的行为，必须实行政府采购。

二、各区县可结合本区县实际情况，对《目录及标准》做如下调整：适当增加集中采购目录中的品目；适当降低政府采购限额标准和集中采购目录中的附加限额标准。如需调整的区县，请将调整后的目录以书面形式上报市财政局，由市财政局统一公布。

北京市财政局

二〇〇九年九月三十日

附件 1：

北京市 2010 年政府采购集中采购目录及标准

根据《中华人民共和国政府采购法》和《国务院办公厅关于印发中央预算单位 2009—2010 年政府集中采购目录及标准的通知》（国办发［2008］129 号）精神，结合北京市具体情况，现制定北京市 2010 年政府采购集中采购目录及标准：

一、集中采购目录

（一）货物类

摄影、摄像设备　指数码照相机、数码摄像机（含镜头）及零配件

空气调节设备　指分体壁挂式、分体柜式、天花板嵌入式（吸顶式）、分体风管机（天井式）

计算机　指台式计算机、便携式计算机及零配件

显示器

打印机　指喷墨、激光、针式、多功能一体机、用于固定资产管理的条码打印机

传真机

复印机　含速印机

投影仪

投影幕

扫描仪　指高速文档扫描仪、平板扫描仪、便携式扫描仪、专用扫描仪、用于固定资产管理的数据采集扫描器

UPS 电源　指后备式、在线式

移动存储设备　指移动硬盘、数码照相机伴侣、录音笔

硬盘保护卡

碎纸机

服务器　含零配件

网络交换机

路由器

电视机

家具　指单项或批量达到 30 万元以上（含 30 万元）

电梯和起重机

锅炉

轿车

越野汽车（吉普车）

旅行车

大客车

摩托车

其他汽车 指皮卡、箱式货车、救护车、清障车、囚车

信息安全产品 指防火墙、入侵检测、VPN（商密）、漏洞扫描、网页防篡改系统、网络安全审计、邮件网关、主机安全管理系统产品、防病毒软件

（二）服务类

车辆保险

车辆加油

车辆维修

会议

印刷 指单项或批量达到30万元以上（含30万元）

互联网接入服务

二、分散采购限额标准

集中采购目录以外项目执行如下限额标准：

（一）货物类:单项或批量采购金额达到50万元以上（含50万元）;

（二）服务类:单项或批量采购金额达到50万元以上（含50万元）;

（三）工程类:单项或批量采购金额达到 100 万元以上（含100万元）。

三、政府采购公开招标数额标准

（一）货物或服务类：单项或批量采购金额一次性达到100万元以上（含100万元）;

（二）工程类：按照北京市有关规定执行。

附件2：

市本级2010年政府采购项目的采购类型划分表

一、集中采购项目

（一）货物类

摄影、摄像设备

空气调节设备

计算机

显示器

打印机

传真机

复印机

投影仪

投影幕

扫描仪

UPS电源

移动存储设备

硬盘保护卡

碎纸机

服务器

网络交换机

路由器

电视机

信息安全产品

家具

电梯和起重机

锅炉

项目采购

轿车

越野汽车（吉普车）

旅行车

大客车

摩托车

其他汽车

协议采购

（二）服务类

车辆保险

车辆加油

车辆维修

会议

互联网接入服务

定点采购

印刷项目采购

二、分散采购项目

项目采购

单项或批量小于100万元为协议采购，100万元以上（含100万元）为项目采购

天津市

关于印发《天津市2010年政府集中采购目录和采购限额标准》的通知

津财采［2009］33号

各区县人民政府，各市级预算单位，各采购代理机构：

经市人民政府同意，现将《天津市2010年政府集中采购目录和采购限额标准》印发给你们，请遵照执行。

天津市财政局

二〇〇九年十月九日

天津市2010年政府集中采购目录和采购限额标准

一、政府集中采购目录

（一）货物类

1．办公设备：计算机、打印机、传真机、复印机、速印机、碎纸机、多功能一体机、投影仪、扫描仪、刻录机、照相摄像器材及配件；

2．耗材：复印纸、打印纸、硒鼓、碳粉；

3．网络设备：服务器、路由器、网络交换机、磁盘阵列、网卡、集线器、网络安全设备、硬件防火墙、UPS；

4．电器设备：空调机、电视机、电冰箱、冰柜、微波炉、饮水机；

5．家具；

6．软件：系统软件、杀毒软件、财务软件；

7．电梯（含安装）；

8．锅炉（含安装）；

9．空气调节设备：中央空调机组（含安装）；

10．中小学免费教科书；

11．交通工具：轿车、面包车、大客车、越野汽车；

12．公务制服；

13．专用设备：印刷设备、照排设备、计划生育设备、医疗设备及器械、交通管理设备、监控设备、警用设备和用品、档案保密设备、消防设备、广播电视影像设备、炊事设备、教学设备、实验室设备、灯光、音响设备、防雷设备；

14．专用车：警车、囚车、救护车、消防专用车、洒水车、道路清扫车、垃圾车、工程车等专用车；

15．专用物资：救灾物资、防汛物资、抗旱物资、农用物资、燃煤；

16．自主创新、节能环保产品。

（二）工程类

1．房屋内部装修装饰工程；

2．系统集成及网络工程。

（三）服务类

1．印刷；

2．信息化工程监理；

3．车辆保险；

4．物业管理；

5．信息管理系统开发及维护；

6．出国机票；

7．出差和会议。

二、政府采购限额标准

（一）货物类

10万元以上的货物。

（二）工程类

10万元以上的工程。

（三）服务类

10万元以上的服务。

三、政府采购公开招标数额标准

采购人采购政府集中采购目录内或者采购限额标准以上的项目，凡达到公开招标数额标准的，应当采用公开招标方式实施政府采购。公开招标数额标准为：100万元以上的货物；50万元以上的服务；工程公开招标数额标准依据建设行政主管部门管理规定执行。

四、有关要求

（一）政府集中采购目录内的项目，无论采购金额大小，采购人均应委托集中采购代理机构实施采购。政府集中采购目录以外采购限额标准以下的项目，可由采购人自行采购。政府集中采购目录以外采购限额标准以上的项目，采购人应委托集中采购机构或者经省级以上人民政府财政部门认定政府采购代理资格的机构实施采购。

（二）政府采购协议供货和定点采购的项目由同级财政部门统一确定，其采购文件应当经财政部门核准，且采购结果由财政部门通知预算单位执行。具体采购工作由集中采购机构组织实施，采购操作程序按照有关规定执行。

（三）市教委系统部门集中采购依照市财政局《关于市教委教学仪器设备供应中心开展部门集中采购代理工作有关问题的通知》（津财采［2007］14号）规定执行。

（四）对达到公开招标数额标准的采购项目，因特殊情况需要采用公开招标以外采购方式的，采购人应在采购活动开始前获得同级财政部门的批准。

（五）对按规定应委托采购代理机构实施的采购项目，因特殊原因需要自行采购的，采购人应在采购活动开始前获得同级财政部门批准。

（六）政府集中采购目录以外的政府采购工程项目，应当委托具有政府采购资格的机构代理采购，其招标投标活动适用招标投标法。

（七）自主创新、节能环保产品是指经国家或我市有关部门认证，并经财政部门会同有关部门颁布的名录内产品。

（八）政府采购项目中对进口机电产品进行招标投标的，按照国家有关规定执行。

（九）各区县可根据实际情况对采购限额标准和公开招标数额标准进行适当调整，报市财政部门备案并予以公布。

五、有关说明

（一）以上目录和标准如因政策原因需要调整的，市人民政府授权市财政局执行。

（二）上述数额标准均包括所列数额，且为预算金额。

河北省

关于印发《河北省2010—2011年集中采购目录及政府采购限额标准》的通知

冀财采［2009］26号

各设区市人民政府，省直各部门：

为了明确省级及省以下国家机关、事业单位和团体组织实施政府采购的范围和标准，进一步加强政府采购的管理，根据《中华人民共和国政府采购法》有关规定，我们制定了《河北省2010—2011年集中采购目录及政府采购限额标准》（以下简称《目录》），已经省人民政府同意，现印发给你们，并就有关事宜通知如下，请遵照执行。

一、省级及省以下各级国家机关、事业单位和团体组织（以下统称采购人）使用财政性资金采购依法制定的集中采购目录以内的或者政府采购限额标准以上的货物、工程和服务的行为，均属于政府采购范围，必须执行政府采购制度。

二、政府采购项目的管理

（一）纳入集中采购目录以内的政府采购项目的实施

采购人采购纳入集中采购目录，属于“政府集中采购部分”的项目，应当委托集中采购机构代理采购；采购人采购纳入集中采购目录，属于“部门集中采购部分”的项目，应当委托省级以上人民政府财政部门认定的政府采购代理机构代理采购或具有相应资质的集中采购机构代理采购。

纳入集中采购目录的省本级政府采购项目，采购单位有特殊要求并提供相关依据和说明的，经省人民政府或省财政厅批准后，可以自行采购；纳入集中采购目录的市、县政府采购项目，采购单位有特殊要求并提供相关依据和说明的，经区市政府批准后，可以自行采购。

采购人采购纳入集中采购目录、属于协议供货品目类别的项目，实行协议供货，按照财政部门印发的有关协议供货办法执行。采购人采购属于协议供货品目类别的小额零星项目，且该品目类别在当月（季、年）协议供货招标中没有中标供应商的，报经同级财政部门审核批准后，可以自行采购。采购人采购纳入集中采购目录、不属于协议供货品目类别的项目，且采购单价及采购批量未达到采购限额标准的，可以自行采购。

采购人采购纳入集中采购目录以内达到采购限额标准以上的公共工程、室内外装修（饰）以及公共工程的货物项目，按照《中华人民共和国政府采购法》、《中华人民共和国招标投标法》、《河北省实施〈中华人民共和国招标投标法〉办法》进行管理的，由采购人经同级财政部门审核后，委托省级以上人民政府财政部门认定的政府采购代理机构代理采购。

采购人采购集中采购目录以内或者政府采购限额标准以上的货物，纳入《机电产品国际招标投标实施办法》（商务部令2004年第13号）管理范围、须进行国际招标的，按照有关规定执行。

（二）未纳入集中采购目录的政府采购项目的实施

采购人采购未纳入集中采购目录的政府采购项目，一次或批量采购达到政府采购限额标准的，实行分散采购，由采购人经同级财政部门审核后，委托省级以上人民政府财政部门认定的政府采购代理机构代理采购或具有相应资质的集中采购机构代理采购。

采购人采购未纳入集中采购目录的政府采购项目，一次或批量采购在政府采购限额标准以下的，可以自行采购，也可以委托集中采购机构在委托的范围内代理采购。

三、发挥政府采购政策功能。实施政府强制采购节能产品制度，对列入“节能产品政府采购清单”（由财政部、国家发展和改革委员会确定并发布）、属于强制采购类别和优先采购类别的节能产品，按照国家和省有关规定分别实行强制采购和优先采购。实施优先采购自主创新产品、环境标志产品和无线局域网认证产品制度。实施政府采购进口产品审核制度，对确需采购进口产品的项目，按照财政部《政府采购进口产品管理办法》（财库［2007］119号）实行审核管理。

四、政府采购限额标准。采购人采购未纳入集中采购目录的政府采购项目，一次或批量采购达到50万元以上的，由采购人经同级财政部门审核后，委托省级以上人民政府财政部门认定的政府采购代理机构代理采购或具有相应资质的集中采购机构代理采购。

五、公开招标数额标准。货物项目：单项或者批量采购金额50万元以上的。服务项目：单项或批量金额30万元以上的。纳入政府采购的公共工程项目：施工单项合同估算价50万元以上的。

六、各设区市人民政府可结合本地实际，对《目录》中的政府集中采购部分（包括项目及采购限额标准）、部门集中采购部分（包括项目及采购限额标准）、政府采购限额标准以及公开招标数额标准提出适当调整意见，报经省财政厅审定后执行。对《目录》进行调整应当遵循以下原则：（一）根据需要，《目录》中的政府集中采购部分和部门集中采购部分可进行合并，也可将部门集中采购部分中的部分品目调整至政府集中采购部分。《目录》范围可适当补充，原则上不得删减。（二）《目录》中有关品目的采购限额标准、公开招标数额标准可根据当地政府采购规模情况和管理需要适当向下调整。（三）根据需要，可对《目录》中所列的协议供货品目范围、定点采购品目范围进行调整。

七、《中国财经报》、《中国政府采购》、《公共支出与采购》、中国政府采购网（www.ccgp.gov.cn）及河北省政府采购网（www.hebgp.gov.cn）为本省指定的政府采购信息的公布媒体。

八、《目录》发布后，因特殊情况需要修改、补充的，由省人民政府或省财政厅另行公布。

九、本《目录》及有关标准由省财政厅负责解释。

河北省财政厅

二〇〇九年八月三日

河北省2010—2011年集中采购目录及采购限额标准

一、政府集中采购部分

A　货物类

A03　一般设备

A0301　电器设备　电视机、电冰箱、洗衣机、吸尘器、数码相机、数码摄像机、空调等品目实行协议供货

A030101　电视机　电视机实行强制采购节能产品政策

A030102　电冰箱　冰箱实行优先采购节能产品政策

A030103　洗衣机　家用洗衣机实行优先采购节能产品政策

A030104　吸尘器

A030105　摄影、摄像器材

A030106　空气调节设备　空调机实行强制采购节能产品政策

A030107　饮水机单价0.5万元以上（含0.5万元），或

批量采购金额 5 万元以上（含 5 万元）饮水机实行优先采购节能产品政策

A030108　电热水器单价 0.5 万元以上（含 0.5 万元），或批量采购金额 5 万元以上（含 5 万元）电热水器实行强制采购节能产品政策

A030109　电饭锅单价 0.5 万元以上（含 0.5 万元），或批量采购金额 5 万元以上（含 5 万元）家用自动电饭锅实行优先采购节能产品政策

A030110　电磁炉单价 0.5 万元以上（含 0.5 万元），或批量采购金额 5 万元以上（含 5 万元）家用电磁炉实行优先采购节能产品政策

A030111　DVD 机单价 0.5 万元以上（含 0.5 万元），或批量采购金额 5 万元以上（含 5 万元）DVD 机实行优先采购节能产品政策

A030199　其他电器设备单价 0.5 万元以上（含 0.5 万元），或批量采购金额 5 万元以上（含 5 万元）

A0302　办公自动化设备　台式微机、笔记本电脑、激光打印机、喷墨打印机、针式打印机、制版印刷一体机、桌面多功能一体机、传真机、投影仪、复印机、扫描仪等品目实行协议供货

A030201　计算机　计算机实行强制采购节能产品政策

A030202　打印机　打印机实行强制采购节能产品政策

A030203　电话机批量采购金额 5 万元以上（含 5 万元）

A030204　传真机　传真机实行优先采购节能产品政策

A030205　复印机　复印机实行优先采购节能产品政策

A030206　速印机单价 0.5 万元以上（含 0.5 万元），或批量采购金额 5 万元以上（含 5 万元）

A030207　碎纸机批量采购金额 5 万元以上（含 5 万元）

A030208　投影机数字投影机实行优先采购节能产品政策

A030209　扫描仪

A030210　视频展示台单价 0.5 万元以上（含 0.5 万元），或批量采购金额 5 万元以上（含 5 万元）

A030211　多功能一体机　数字多功能办公设备实行优先采购节能产品政策

A030212　监控设备单价 0.5 万元以上（含 0.5 万元），或批量采购金额 5 万元以上（含 5 万元）

A030213　计算机显示终端设备单价 0.5 万元以上（含 0.5 万元），或批量采购金额 5 万元以上（含 5 万元）显示器实行强制采购节能产品政策

A030214　不间断电源单价 0.5 万元以上（含 0.5 万元），或批量采购金额 5 万元以上（含 5 万元）不间断电源实行优先采购节能产品政策

A030215　开关电源单价 0.5 万元以上（含 0.5 万元），或批量采购金额 5 万元以上（含 5 万元）开关电源实行优先采购节能产品政策

A030216　电源适配器单价 0.5 万元以上（含 0.5 万元），或批量采购金额 5 万元以上（含 5 万元）电源适配器实行优先采购节能产品政策

A030298　办公自动化设备零部件单价 0.5 万元以上（含 0.5 万元），或批量采购金额 5 万元以上（含 5 万元）

A030299　其他办公自动化设备单价 0.5 万元以上（含 0.5 万元），或批量采购金额 5 万元以上（含 5 万元）

A0303　家具

A030301　办公家具批量采购金额 20 万元以上（含 20 万元）

A030302　学生桌椅、床铺、橱柜批量采购金额 20 万元以上（含 20 万元）

A0304　燃气设备

A030401　燃气热水器单价 0.5 万元以上（含 0.5 万元），或批量采购金额 5 万元以上（含 5 万元）燃气热水器实行优先采购节能产品政策

A030402　燃气灶具单价 0.5 万元以上（含 0.5 万元），或批量采购金额 5 万元以上（含 5 万元）燃气灶具实行优先采购节能产品政策

A04　办公消耗用品

A0401　纸张定点采购

A0402　信封定点采购

A0410　笔墨定点采购

A0411　资料夹定点采购

A0412　计算器定点采购

A0413　电脑打印耗材定点采购

A0499　其他消耗用品定点采购

A05　建筑、装饰材料单项合同估算价 50 万元以上（含 50 万元）

A06　物资

A0606　燃料批量采购金额 20 万元以上（含 20 万元）冬季取暖用煤

A07　专用材料

A0704　实验室用品单价 5 万元以上（含 5 万元），或批量采购金额 20 万元以上（含 20 万元）

A0706　工具和仪器(指仪表、乐器等)单价 5 万元以上（含 5 万元），或批量采购金额 20 万元以上（含 20 万元）

A0708　制服及劳保用品批量采购金额 20 万元以上（含 20 万元）

A0709　荧光灯

A070901　双端荧光灯批量采购金额 10 万元以上（含 10 万元）双端荧光灯实行强制采购节能产品政策

A070902　自镇流荧光灯批量采购金额 10 万元以上（含 10 万元）自镇流荧光灯实行强制采购节能产品政策

A070903　单端荧光灯批量采购金额 10 万元以上（含

10万元）单端荧光灯实行优先采购节能产品政策

A070904　高压钠灯批量采购金额10万元以上（含10万元）高压钠灯实行优先采购节能产品政策

A070905　高压钠灯电子镇流器批量采购金额10万元以上（含10万元）高压钠灯电子镇流器实行优先采购节能产品政策

A070906　管型荧光灯镇流器批量采购金额10万元以上（含10万元）管型荧光灯镇流器实行优先采购节能产品政策

A0710　节水用具

A071001　便器批量采购金额10万元以上（含10万元）便器实行强制采购节能产品政策

A071002　水嘴批量采购金额10万元以上（含10万元）水嘴实行强制采购节能产品政策

A071003　便器冲洗阀批量采购金额10万元以上（含10万元）便器冲洗阀实行优先采购节能产品政策

A071004　水箱配件批量采购金额10万元以上（含10万元）水箱配件实行优先采购节能产品政策

A071005　水暖用内螺纹连接阀门批量采购金额10万元以上（含10万元）水暖用内螺纹连接阀门实行优先采购节能产品政策

A071006　淋浴房批量采购金额10万元以上（含10万元）淋浴房实行优先采购节能产品政策

A071007　淋浴器批量采购金额10万元以上（含10万元）淋浴器实行优先采购节能产品政策

A10　专用设备

A1001　通信设备

A100102　电话通信设备单价0.5万元以上（含0.5万元），或批量采购金额5万元以上（含5万元）

A1004　网络设备服务器实行协议供货

A100401　服务器

A100402　路由器单价0.5万元以上（含0.5万元），或批量采购金额5万元以上（含5万元）

A100403　交换机单价0.5万元以上（含0.5万元），或批量采购金额5万元以上（含5万元）

A100404　调制解调器单价0.5万元以上(含0.5万元)，或批量采购金额5万元以上（含5万元）

A100499　其他网络设备单价0.5万元以上（含0.5万元），或批量采购金额5万元以上（含5万元）

A1011　工程机械单价0.5万元以上（含0.5万元），或批量采购金额5万元以上（含5万元）

A1012　园艺机械单价0.5万元以上（含0.5万元），或批量采购金额5万元以上（含5万元）

A1014　道路清扫设备单价0.5万元以上(含0.5万元)，或批量采购金额5万元以上（含5万元）

A1018　档案、保密设备单价0.5万元以上（含0.5万元），或批量采购金额5万元以上（含5万元）

A1020　实验室设备单价5万元以上（含5万元），或批量采购金额20万元以上（含20万元）

A1022　灯光、音响设备单价5万元以上（含5万元），或批量采购金额20万元以上（含20万元）

A1025　地震设备单价0.5万元以上（含0.5万元），或批量采购金额5万元以上（含5万元）

A1027　电梯和起重机

A1028　炊事设备单价5万元以上（含5万元），或批量采购金额20万元以上（含20万元）

A1029　锅炉及除尘设备单价0.5万元以上（含0.5万元），或批量采购金额5万元以上（含5万元）

A1030　殡仪火化设备单价0.5万元以上(含0.5万元)，或批量采购金额5万元以上（含5万元）

A1038　电力金具单价0.5万元以上（含0.5万元），或批量采购金额5万元以上（含5万元）电力金具实行优先采购节能产品政策

A1039　中小型三相异步电动机单价0.5万元以上（含0.5万元），或批量采购金额5万元以上（含5万元）中小型三相异步电动机实行优先采购节能产品政策

A1040　三相配电变压器单价0.5万元以上（含0.5万元），或批量采购金额5万元以上（含5万元）三相配电变压器实行优先采购节能产品政策

A1041　清水离心泵单价0.5万元以上（含0.5万元），或批量采购金额5万元以上（含5万元）清水离心泵实行优先采购节能产品政策

A11　交通工具

A1101　汽车轿车、商务车、越野车、微型面包车、面包车、大客车、轻型客货（皮卡）等品目实行协议供货

A110101　轿车

A11010101　普通轿车

A11010102　高级轿车

A110102　越野汽车（吉普车）

A110103　卡车

A110104　载客汽车

A11010402　旅行面包车

A11010403　公共汽车

A11010404　微型客车

A11010499　其他载客汽车

A110105　专用汽车

A11010501　工程汽车

A11010502　工具汽车

A11010503　消防车

A11010504　警车

A11010506　通讯和广播用车

A11010507　皮卡

A11010508　洒水车

A11010509　道路清扫车

A11010510　垃圾车

A11010511　殡仪车

A11010599　其他专用汽车

A110106　摩托车

A110107　电车

A1199　其他交通工具

B　工程类

B10　系统集成、网络工程单项采购金额 20 万元以上（含 20 万元）

C　服务类

C01　印刷、出版定点采购省级采购金额 30 万元以上（含 30 万元），实行公开招投标。市级以下标准由同级财政部门制定

C03　信息技术、信息管理软件开发设计单项采购金额 30 万元以上（含 30 万元）

C04　维修

C0401　一般设备单项采购金额 30 万元以上（含 30 万元）

C0402　专用设备单项采购金额 30 万元以上（含 30 万元）

C0499　其他维修单项采购金额 30 万元以上（含 30 万元）

C0703　交通工具的维护保障

C070301　车辆保险定点采购

C070302　车辆加油定点采购

C070303　车辆维修定点采购

C08 会议

C0801　大型会议定点采购

C0802　一般会议定点采购

C09 卫生保洁

C0901　办公环境保洁单项采购金额 30 万元以上（含 30 万元）

二、部门集中采购部分

A　货物类

A06　物资

A0601　救灾物资批量采购金额 20 万元以上（含 20 万元）

A0602　防汛物资批量采购金额 20 万元以上（含 20 万元）

A0603　抗旱物资批量采购金额 20 万元以上（含 20 万元）

A0604　农用物资批量采购金额 20 万元以上（含 20 万元）

A0605　储备物资批量采购金额 20 万元以上（含 20 万元）包括财政拨款购买的粮食

A10　专用设备

A100405　网络专用设备单价 0.5 万元以上（含 0.5 万元），或批量采购金额 5 万元以上（含 5 万元）

A1006　医疗设备和器械单价 5 万元以上（含 5 万元），或批量采购 20 万元以上（含 20 万元）

A1007　计划生育设备单价 5 万元以上（含 5 万元），或批量采购 20 万元以上（含 20 万元）

A1008　交通管理监控设备单价 0.5 万元以上（含 0.5 万元），或批量采购金额 5 万元以上（含 5 万元）

A1009　港口设备单价 0.5 万元以上（含 0.5 万元），或批量采购金额 5 万元以上（含 5 万元）

A1010　农用机械设备单价 0.5 万元以上(含 0.5 万元)，或批量采购金额 5 万元以上（含 5 万元）

A1013　消防设备单价 0.5 万元以上（含 0.5 万元），或批量采购金额 5 万元以上（含 5 万元）

A1015　警察设备和用品单价 0.5 万元以上（含 0.5 万元），或批量采购金额 5 万元以上（含 5 万元）

A1019　专用教学设备单价 5 万元以上（含 5 万元），或批量采购金额 20 万元以上（含 20 万元）

A1021　广播电视和影像设备单价 5 万元以上（含 5 万元），或批量采购金额 20 万元以上（含 20 万元）

A1024　体育设备单价 0.5 万元以上（含 0.5 万元），或批量采购金额 5 万元以上（含 5 万元）

A1031　气象专用仪器设备单价 0.5 万元以上（含 0.5 万元），或批量采购金额 5 万元以上（含 5 万元）

A1032　人工影响天气作业设备单价 0.5 万元以上（含 0.5 万元），或批量采购金额 5 万元以上（含 5 万元）

A1033　航测设备单价 0.5 万元以上（含 0.5 万元），或批量采购金额 5 万元以上（含 5 万元）

A1034　海关专用物资装备单价 0.5 万元以上（含 0.5 万元），或批量采购金额 5 万元以上（含 5 万元）

A1035　税务专用物资装备单价 0.5 万元以上（含 0.5 万元），或批量采购金额 5 万元以上（含 5 万元）

A1036　检察诉讼设备单价 0.5 万元以上(含 0.5 万元)，或批量采购金额 5 万元以上（含 5 万元）

A1037　法庭内部装备单价 0.5 万元以上(含 0.5 万元)，或批量采购金额 5 万元以上（含 5 万元）

A11　交通工具

A11010505　救护车

A110201　救助船舶和直升机

A110202　港务监督巡逻艇

A110203　缉私船

B　工程类

施工单项合同估算价在50万元以上（含）的项目、单项合同估算价在20万元以上的重要设备、材料等货物使用财政性资金以及与财政性资金配套的各类建筑物和构筑物的新建、改建、扩建、装修、拆除、修缮等工程。上述工程的货物、主要建筑材料

B01　建筑物

B0101　公用房建设

B0102　住宅建设

B0103　其他用房建设

B0104　文教、卫生、音乐、体育等公益设施建设

B0105　纪念性建筑设施建设

B0199　其他建筑设施建设

B02　市政建设工程

B0201　市政道路建设

B0202　市政公用设施建设

B0203　自来水输水工程

B0204　集中供暖、供热供气工程

B0205　城市道路隔离带

B03　环保、绿化工程

B0301　污水处理

B0302　市政垃圾处理

B0303　园林绿化工程

B0304　荒山绿化

B0305　天然林保护

B0306　防沙工程

B04　水利、防洪工程

B0401　河道疏浚工程

B0402　大坝、水库、闸门、泻洪工程

B0403　农田水利工程

B0404　江河、湖泊治理工程

B05　交通运输工程

B0501　机场、航空工程

B0502　港口工程

B0503　铁路工程

B0504　公路、桥梁、涵洞

B0505　各种公路标志、标杆、标线

B09　修缮、装饰工程

B99　其他各类工程

C　服务类

C02　专业咨询、工程监理、工程设计、勘察单项合同估算价达到30万元以上（含30万元）

C0403　建筑物维修单项合同估算价达到 30 万元以上（含30万元）

山西省

关于印发《2009年度山西省省级政府集中采购目录及采购限额标准》的通知

省直各部门及单位：

2008年采购目录及限额标准发布后，各部门及单位执行情况良好，为保持制度的稳定与连续性，深化与完善政府采购预算编制改革工作，经研究，2009年采购目录及限额标准不进行调整，现将《2009年度山西省省级政府集中采购目录及采购限额标准》印发给你们，并提出如下要求，请一并遵照执行。

一、各部门、各单位凡使用财政性资金采购集中采购目录以内或者采购限额标准以上的货物、工程和服务，应当按照政府采购目录分类及限额标准编制政府采购预算，并严格按照批准的预算执行，对2009年度部门预算中暂时无法细化的项目，待项目细化后，凡符合政府采购范围的，必须纳入政府采购。政府采购资金要严格执行国库直接支付制度。凡未按规定编制政府采购预算、申报政府采购计划和实行政府采购的项目，财政部门将拒付资金。

二、各部门、各单位要高度重视政府采购计划编制工作，严格执行我厅《关于改进和规范政府采购计划编报工作的通知》（晋财购［2007］19号），按照确定的政府采购预算，及时、科学、完整地编报政府采购计划，合理安排采购进度，以提高采购效率，规范政府采购行为。

三、各部门、各单位在政府采购活动中，应当按照我厅《关于政府优先及强制采购节能产品促进自主创新产品发展的实施意见》（晋财购［2008］22号）精神，优先或强制采购节能产品，积极支持自主创新产品，并将相关政策精神落实到政府采购的具体实施环节。财政部门将完善监管机制，加大检查力度，督促采购人自觉执行相关政策，促进节约型社会、创新型社会建设。

四、针对部分垂直管理部门以及省级非驻并单位政府采购管理权限不明确、监督主体不到位、采购行为不规范的问题，我厅制定了《关于省级垂直管理部门和非驻并单位办理政府采购业务有关事项的通知》（晋财购[2008]22号），相关部门要严格执行通知精神，充分发挥部门管理职能，从源头上强化管理工作，督促所属单位严格执行相关法规制度规定。对目录内或限额以上的项目主管部门要及时汇总上报采购计划，对目录外或限额以下的项目主管部门要督促所属单位主动向同级财政部门申报相关采购计划，自觉接受监督检查。

五、部门集中采购、分散采购同政府集中采购一样都属于政府采购的重要组织形式，其采购行为同样受政府采购法规的约束。各部门及单位要消除模糊认识，在组织开展部门集中采购或分散采购活动时，严格按制度规定履行采购计划审批程序，遵守政府采购的各项流程规范，接受有关部门的监督检查，杜绝发生随意采购、自行采购的违规行为。所有政府采购活动依法应当公布的信息必须在省级以上财政部门指定的政府采购媒体上予以公告，具体包括中国山西政府采购网、中国政府采购网、中国财经报、中国政府采购杂志。

附件：《2009年度山西省省级政府集中采购目录及采购限额标准》

山西省财政厅

二〇〇八年十二月三十日

2009 年度山西省省级政府集中采购目录及采购限额标准

一、政府集中采购目录

以下项目必须委托省级政府采购中心代理机构：

（一）货物类

1．建筑物、构筑物；

2．一般电器设备（电视机、电冰箱、洗衣机、照相机、摄像机、空调、电话机等）；

3．办公自动化设备（计算机、打印机、传真机、复印机、一体机、速印机、投影仪、视频展示台、扫描仪、计算机外设等相关设备、碎纸机）；

4．网络设备（服务器、路由器、磁盘阵列、交换机、调制解调器、防火墙、加密设备等）；

5．办公消耗用品（复印纸、打印纸、速印纸等）；

6．软件（操作系统软件、办公自动化软件、防杀病毒软件等）；

7．各类办公家具（批量采购 10 万元以上）；

8．印刷设备；

9．制式服装；

10．电梯；

11．锅炉；

12．交通工具（小轿车、越野汽车、卡车、载客汽车、摩托车等）；

13．专用汽车（工程汽车、工具汽车、警用汽车、救护车等）；

14．自主创新产品目录产品。

备注：上述目录中一般电器设备、办公自动化设备、网络设备、办公消耗用品、软件等批量采购额在 20 万元以下的品目以及交通工具中的公务用车经省财政厅批准依照协议供货的有关规定执行。

（二）工程类预算金额 50 万元以上新建、扩建、改建、装修、修缮的各类房屋建筑物工程以及其他各类工程

（三）服务类

1．预算金额 30 万元以上的软件开发设计；

2．预算金额超过 30 万元的工程设计监理及其他专业咨询；

3．公务车辆的定点保险、维修、加油；

4．各类会议的定点接待；

5．证照、票据等大宗印刷（含预算金额 30 万元以上的一次性印刷项目）；

6．预算金额 30 万元以上的物业管理；

7．预算金额 30 万元以上大型会展的承办。

二、部门集中采购项目

以下项目采取招标方式采购的，除具备规定条件、经省财政厅批准可以自行组织招标者外，必须委托采购代理机构代理招标，其中：预算金额 1500 万元以上的项目应当委托省级政府采购中心代理招标。

货物类

救灾物资、防汛物资、抗旱物资、储备物资、农用物资、农用机械设备、计划生育设备（含财政资金购买的避孕药具）、交通管理监控设备、消防设备、专用教学设备（含免费发放的义务教育阶段教科书）、大中专院校公寓用品（不含学生个人用品）、广播影视设备、文艺设备、体育设备及器材、医疗设备和器械、环保设备、质量检验设备、警用设备及用品、检察诉讼设备、法庭设备、地震专用仪器设备、水利专用仪器设备、工程机械。

三、政府采购限额标准

除政府集中采购目录项目外，达到以下限额标准的项目由采购人分散采购，按照省财政厅核定的采购方式进行采购：

货物类：采购预算超过 10 万元的各类货物；

工程类：采购预算超过 10 万元不足 50 万元的各类工程；

服务类：采购预算超过 10 万元的各类服务。

四、公开招标数额标准

货物、工程、服务类采购项目，单项或批量采购预算金额 50 万元（含 50 万元）以上的，应采用公开招标采购方式。数额标准之上符合其他采购方式法定条件的，经省财政厅批准可以采用非公开招标采购方式。采购预算不足 50 万元但可以实行公开招标的原则上应当进行公开招标采购。

内蒙古自治区

关于公布《2010—2011年度自治区本级政府采购/集中采购目录、限额标准和公开招标数额标准》的通知

内财购［2009］1602号

各盟行政公署、市人民政府，自治区本级各预算单位：

经自治区人民政府同意，现将《2010－2011年度自治区本级政府采购集中采购目录、限额标准和公开招标数额标准》（以下简称《目录》）予以公布，并提出以下具体要求，请一并贯彻执行。

一、根据《中华人民共和国政府采购法》（以下简称《政府采购法》）规定，各级国家机关、事业单位和团体组织（以下统称采购人）使用财政性资金，采购依法制定的集中采购目录以内的或采购限额标准以上的货物、工程和服务的行为，均属于政府采购，必须实行政府采购制度，按照法律法规规定的采购方式和采购程序进行采购。

二、财政性资金包括财政年初预算安排的资金、各类财政专项资金、预算执行中财政追加的资金，以及纳入财政专户管理的非税收入等。

使用财政性资金采购，是指全部或部分使用财政性资金以及使用需要财政性资金偿还的借款、贷款等的采购行为。

三、政府采购实行集中采购和分散采购相结合。集中采购包括政府集中采购和部门集中采购。

属于集中采购目录中的“通用采购项目”和涉及社会公共利益、关系民生的重大项目，实行政府集中采购，由采购人委托自治区政府采购中心代理采购；属于集中采购目录中的“专用采购项目”，实行部门集中采购，达到公开招标数额标准的，由采购人选择代理机构，委托自治区政府采购中心或经财政部门认定资格的采购代理机构代理采购；属于集中采购目录中本部门、本系统或本单位有特殊要求的或不具备批量特征的采购项目，经自治区财政厅批准后，可由部门或单位自行组织采购。

属于集中采购目录以外，采购限额标准以上的采购项目，应按照政府采购程序，办理相关审批手续后，实行分散采购。分散采购项目可由采购人自行组织，达到公开招标数额标准的，应委托自治区政府采购中心或经财政部门认定资格的采购代理机构代理采购。

四、集中采购目录中的部分通用采购项目实行协议供货制度或定点采购制度，协议供货、定点采购的有关规定，由自治区财政厅另行发文。各采购单位原则上不得采购协议供货或定点范围以外的非中标产品，特殊情况确需采购的，应在政府采购活动活动开始前，报自治区财政厅批准。

五、采购预算达到公开招标数额标准的采购项目，应当采用公开招标方式采购。因特殊情况需要采用公开招标以外的采购方式，应在政府采购活动开始前，按规定报自治区财政厅批准。

六、政府采购工程项目要按照《内蒙古自治区政府采购工程管理暂行办法》（内财购函［2008］119号）规定执行，应当编制政府采购工程预算，向财政部门申报采购预算和采购计划，按照财政部门批准的采购方式进行采购。纳入集中采购目录的工程项目，除招标投标环节外，均按照《政府采购法》和自治区有关政府采购规定执行。工程政府采购项目必须委托经财政部门确认资格的工程招标代理机构代理采购。

七、在会议定点接待单位举办会议和培训、单次采购预算在10万元以下（包括10万元）的定点印刷项目，采购人不需申报采购计划，待结算资金时在“内蒙古政府采购管理信息系统”进行合同登记。

八、政府采购资金的管理和支付。预算内资金按国库集中支付有关规定执行；预算外资金按非税收入财政专户管理的有关规定执行；自筹资金按单位填报的“采购单位自行支付采购资金承诺函”，由采购单位按合同约定直接支付供应商。

九、对环保节能产品、自主创新产品等采购项目，要根据国家和自治区公布的《节能产品政府采购清单》、《环境标志产品政府采购清单》和《政府采购自主创新产品目录》，优先安排采购预算，按照有关政府采购政策，实行优先采购制度。

政府采购项目涉及环保节能产品和自主创新产品的，在政府采购招标文件（含竞争性谈判文件、询价文件）中必须对相关投标人及投标产品的资格要求、评审方法和标准等作出优先采购节能环保产品和自主创新产品的具体规定，包括评审因素及其分值等。

列入节能环保和自主创新政府采购清单中的产品应当委托政府集中采购机构实行集中采购。

十、根据《政府采购法》第九条的规定，在满足基本技术条件和售后服务要求的前提下，要优先采购自治区企业生产的产品和提供的服务，促进少数民族地区经济和社会发展。

十一、各部门、各单位要按照部门预算管理的规定，编报政府采购预算。未编报政府采购预算或未按要求编报的，财政部门不予下达年度部门预算；列入政府采购预算的采购项目，不履行采购程序的，财政部门不予拨付采购资金；对应编未编政府采购预算的采购项目，财政部门不予办理政府采购事宜。凡采取弄虚作假、隐瞒不报、擅自采购、化整为零等手段规避政府采购的，根据《政府采购法》等有关法律法规规定追究相关人员责任。

十二、各预算单位要按政府采购集中采购目录和限额标准编制政府采购预算、填报政府采购计划、办理政府采购业务。集中采购机构、采购代理机构和采购人要按照政府采购的有关规定，依法组织实施政府采购活动，提高政府采购资金使用效益，提高政府采购效率和质量。自治区财政厅要会同纪检监察、审计等部门采取有力措施，加强对规避政府采购管理、违反政府采购规定的行为进行监督检查，切实维护政府采购法律法规的严肃性。

十三、年度执行中，《目录》因特殊情况需要修改、补充的，由自治区财政厅另行发文。

十四、各盟市可根据当地实际情况，参照本《目录》制定本地区集中采购目录、限额标准和公开招标数额标准，并报自治区财政厅备案。

内蒙古自治区财政厅

二〇〇九年十二月九日

2010—2011年度自治区本级政府采购/集中采购目录、限额标准和公开招标数额标准

一、集中采购目录

货物类采购品目备注

（一）通用采购项目

1．电器设备电视机、电冰箱、空调机在协议供货限额标准以内实行协议供货；

2．摄影摄像器材摄像机、照相机；

3．办公自动化设备台式计算机、笔记本电脑、打印机、复印机、传真机、投影仪、扫描仪、多功能一体机、碎纸机、移动存储设备；

4．网络设备和网络安全产品服务器、路由器、小型交换机、UPS、防火墙、隔离卡等；

5．通用软件操作系统、办公软件、杀毒软件；

6．办公家具单项或批量采购预算金额在5万元以上

7．电梯；

8．锅炉；

9．交通工具轿车、越野车、商务车、旅行车、客车、面包车等纳入协议供货的车型实行协议；

10．储备物资救灾物资、防汛物资、抗旱物资、农用物资、扶贫物资；

11．中央空调机组（含末端）；

12．档案设备；

13．会议视频设备；

14．变配电设备；

15．文体用品单项或批量采购预算金额在5万元以上；

16．国家储备粮；

17．免费教科书；

18．公检法司等行政执法部门制服。

（二）专用采购项目

1．医疗器械及设备　其中仪器或器械单项或批量采购预算金额在5万元以上；

2．计划生育器械及设备；

3．安全监控设备；

4．地震仪器及设备；

5．农牧业机械仪器及设备；

6．林业机械仪器及设备；

7．水利机械仪器及设备；

8．气象专用仪器及设备包括人工影响天气作业设备；

9．环保仪器及设备；

10．交通管理监控设备；

11．测绘专用仪器及设备；

12．工程机械设备；

13．园艺机械设备；

14．无线电设备；

15．执法部门专用设备及用品包括公检法司、工商、税务等部门执法专用设备及用品其中用品单项或批量采购预算金额在5万元以上；

16．教学、科研仪器及设备　其中仪器单项或批量采购预算金额在5万元以上；

17．实验室仪器及设备；

18．质量检验仪器及设备；

19．广播电视、影像设备；

20．文艺设备；

21．灯光、音响设备；

22．体育设备、器材及运动服装其中器材和服装单项或批量采购预算金额在5万元以上；

23．保密设备；

24．消防设备；

25．卫生防疫用品　单项或批量采购预算金额在5万元以上；

26．农牧林防灾防疫药品和材料；

27．专用系统软件。

（三）工程类采购品目备注

1．建筑物公用房建设、住房建设、其他用房建设、文教、卫生、音乐、体育等公益设施建设、纪念性建筑设施建设、其他建筑设施建设；

2．水利防洪工程河道疏浚工程，大坝、水库、闸门、泄洪工程，农田水利工程，江河、湖泊治理工程；

3．交通运输工程公路、桥梁、涵洞；

4．市政建设工程市政道路建设，市政公用设施建设，自来水输水工程，集中供暖、供热、供气工程；

5．环保、园林绿化工程污水处理、市政垃圾处理、园林绿化工程、荒山绿化、天然林保护、防沙工程；

6．维修改造装饰工程　采购预算金额在30万元以上（包括30万元）；

7．工程监理、工程设计。

（四）服务类采购品目备注

1．信息技术、信息管理软件的开发设计和维护；

2．系统集成及网络建设；

3．勘探勘测项目地质、矿产、土地、煤田、水利、交通等勘探勘测项目；

4．租赁房屋租赁、通讯线路租用等；

5．办公场所物业管理采购预算在50万元以上（包括50万元）；

6．印刷；

7．车辆保险、加油和维修；

8．会议及培训一、二、三类会议和培训；

9．中介服务选择代理银行、会计师事务所、评估机构等社会中介服务机构。

二、政府采购限额标准

集中采购目录以外的，单项或批量采购预算达到10万元以上的货物和服务项目、30万元以上的工程项目，均属政府采购范围，按照《政府采购法》规定的采购方式和工作程序进行采购。

三、政府采购公开招标数额标准

政府采购货物和服务项目，单项或批量采购预算金额一次达80万元（含80万元）以上的，应当采取公开招标采购方式。政府采购工程类项目采购预算一次达到100万元（含100万元）以上的，应当采取公开招标采购方式，具体要求按照《内蒙古自治区实施〈中华人民共和国招投标法〉办法》（内蒙古自治区人民代表大会常务委员会公告57号）第十条的有关规定执行。

吉林省

关于印发《2010年吉林省政府集中采购目录》《政府采购限额标准和公开招标数额标准》的通知

吉政办函［2009］182号

各市（州）人民政府，长白山管委会，各县（市）人民政府，省政府各厅委办、各直属机构：

按照《中华人民共和国政府采购法》的有关规定，为做好2010年全省政府采购工作，经省政府同意，现将《2010年吉林省政府集中采购目录》（以下简称《目录》）、《政府采购限额标准和公开招标数额标准》印发给你们，并提出以下要求，请一并遵照执行。

一、《目录》中确定的政府采购项目、政府采购限额标准和公开招标数额标准，指省本级政府采购执行的采购项目和标准，各地可结合本地实际情况适当增减变更。各地制定的政府集中采购目录、政府采购限额标准和公开招标数额标准须报省级政府采购监督管理部门备案。

二、《目录》中的门槛价指所列项目一次性的采购额度，是划分政府集中采购和分散采购的标准。采购单位不得为规避政府采购而将同一采购项目化整为零进行采购。

三、政府采购采取集中采购和分散采购相结合的方式进行。

（一）集中采购包括政府集中采购、部门集中采购、协议供货采购和定点采购。全省县级以上各级国家机关、事业单位、社会团体（以下简称采购单位）使用财政性资金和自有资金购买政府集中采购目录中的政府采购项目，必须委托集中采购机构代理采购。其中：对本部门、本系统有特殊要求的政府采购项目，可在政府采购监督管理部门批准和监督下，委托政府采购代理机构代理实施部门集中采购，具体包括维修、装修、改造、翻建、绿化、网络等工程项目，进口产品、专用物资以及政法、农林、广电、教育、卫生、科研等单位采购的特殊货物类项目。2010年，省本级对计算机等办公自动化设备实行协议供货采购，车辆保险、车辆维修、办公用纸张、公务出国国际机票、公务出差和会议实行定点采购管理。

（二）没有列入政府集中采购目录，但达到政府采购限额标准的政府采购项目原则上按照集中采购方式办理。

（三）《目录》中门槛价以下或《目录》以外政府采购限额标准以下的采购项目，由采购单位自行组织采购。

（四）采购单位有特殊要求的集中采购项目，经同级政府授权的政府采购监督管理部门批准，可以自行采购。

四、各地要认真贯彻执行国家关于政府采购等相关法规政策，大力推行政府采购制度，全面规范地开展政府采购工作。充分发挥政府采购政策功能，要严格执行国家关于节能产品、环境标志产品、自主创新产品、进口产品和无线局域网认证产品的采购政策，强制、优先购买国货。

五、各采购单位应严格执行政府采购制度的有关规定，执行情况将作为财政监督、审计检查和行政监察的重要内容。有关职能部门应加强监督检查工作，对违反政府采购制度的行为，依据《中华人民共和国政府采购法》及相关规定严肃处理。

附件：1．2010年吉林省政府集中采购目录

2．政府采购限额标准和公开招标数额标准

吉林省人民政府办公厅

二〇〇九年十二月二十八日

附件 1：

2010 年吉林省政府集中采购目录

A	货物类	
A01	一般设备	
A0101	电器设备	
A010101	电视机	总额 10 万元
A010102	电冰箱	总额 10 万元
A010103	洗衣机	总额 10 万元
A010104	吸尘器	总额 10 万元
A010105	摄影、摄像器材	总额 10 万元
A010106	空气调节设备	总额 10 万元
A0102	办公自动化设备	
A010201	台式计算机	协议供货
A010202	笔记本电脑	协议供货
A010203	打印机	协议供货
A010204	复印机	协议供货
A010205	投影仪	协议供货
A010206	扫描仪	协议供货
A010207	速印机	总额 10 万元
A02	专用设备	
A0201	通信设备	
A020101	移动通信设备	总额 10 万元
A020102	电话通讯设备	总额 10 万元
A020103	其他通信设备	总额 10 万元
A0202	网络设备	
A020201	服务器	总额 10 万元
A020202	路由器	总额 10 万元
A020203	交换机	总额 10 万元
A020204	调制解调器	总额 10 万元
A0203	印刷设备	总额 10 万元
A0204	照排设备	总额 10 万元
A0205	医疗设备	总额 10 万元
A0206	计划生育设备	总额 10 万元
A0207	交通管理监控设备	总额 10 万元
A0208	其他监控设备	总额 10 万元
A0209	农用机械设备	总额 10 万元
A0210	水利设备	总额 10 万元
A0211	气象设备	总额 10 万元
A0212	工程机械	总额 10 万元
A0213	警用设备和用品	总额 10 万元
A0214	保安设备	总额 10 万元
A0215	教学设备	总额 10 万元
A0216	广播电视、影像设备	总额 10 万元
A0217	灯光、音响设备	总额 10 万元
A0218	文艺设备	总额 10 万元
A0219	体育设备	总额 10 万元
A0220	炊事设备	总额 10 万元
A0221	科研仪器及设备	总额 10 万元
A0222	检测（监测）设备	总额 10 万元
A0223	消防器材	总额 10 万元
A0224	园林机械	总额 10 万元
A0225	地震设备	总额 10 万元
A0226	鱼政、海事设备	总额 10 万元
A0227	畜牧设备、用具	总额 10 万元
A0228	动植物用药品	总额 10 万元
A0229	节水用具	总额 10 万元
A0230	档案设备	总额 10 万元
A0231	变电、配电设备	总额 10 万元
A03	家具	
A0301	办公家具	总额 10 万元
A0302	宿舍家具	总额 10 万元
A0303	其他家具	总额 10 万元
A04	电梯和起重机	总额 10 万元
A05	锅炉	总额 10 万元
A06	专用材料	
A0601	服装	总额 10 万元
A07	物资	
A0701	救灾物资	批量 10 万元以上
A0702	防汛物资	批量 10 万元以上
A0703	抗旱物资	批量 10 万元以上
A0704	农用物资	批量 10 万元以上
A0705	储备物资	批量 10 万元以上
A08	燃料（取暖用煤、用油）	
A09	建筑、装饰材料	
A0901	水泥	批量 10 万元以上
A0902	木材	批量 10 万元以上
A0903	金属材料	批量 10 万元以上
A0904	瓷砖	批量 10 万元以上
A0905	清洁用具	批量 10 万元以上
A0906	石材	批量 10 万元以上
A0907	门窗	批量 10 万元以上
A10	交通工具	
A1001	汽车	
A100101	轿车	

A10010101	普通轿车	
A10010102	高级轿车	
A100102	越野汽车 （吉普车）	
A100103	卡车	
A100104	载客汽车	
A10010401	旅行面包车	
A10010402	公共汽车	
A10010403	微型客车	
A100105	专用汽车	
A10010501	工程汽车	
A10010502	工具汽车	
A10010503	消防车	
A10010504	警车	
A10010505	救护车	
A10010506	通讯和广播用车	
A10010507	皮卡	
A100106	摩托车	
A1002	船只	
A11	建筑物	
A1101	办公用房 （购买）	总额20万元
A1102	宿舍用房 （购买）	总额20万元
B	工程类	
B01	农村中小学校舍维修改造	
B02	修缮、装饰工程	总额20万元
B03	系统集成、网络工程	总额20万元
B04	建筑物	
B0401	公用房建设	总额20万元
B0402	住房建设	总额20万元
B05	市政建设工程	
B0501	市政道路建设	总额20万元
B0502	市政公用设施建设	
B050201	文教设施建设	总额20万元
B050202	卫生设施建设	总额20万元
B050203	文艺设施建设	总额20万元
B050204	体育设施建设	总额20万元
B050205	其他公用设施建设	总额20万元
B06	环保绿化工程	
B0601	污水处理	总额20万元
B0602	垃圾处理	总额20万元
B0603	绿化工程	总额20万元
B07	弱电工程	总额20万元
B08	供热工程	总额20万元
B09	农业工程	总额20万元
B10	农发工程	总额20万元
B11	水利工程	
B1101	江河、湖泊治理工程	总额20万元
B1102	防洪工程	总额20万元
B1103	其他水利工程	总额20万元
B12	交通运输工程	总额20万元
B13	消防工程	总额20万元
C	服务类	
C01	印刷	总额10万元
C02	办公用纸张	定点采购
C03	交通工具的维护保障	
C0301	车辆保险	定点采购
C0302	车辆维修	定点采购
C04	公务出国国际机票	定点采购
C05	公务出差和会议	定点采购
C06	信息技术及计算机软件	
C0601	系统软件	总额10万元
C0602	工具软件	总额10万元
C0603	应用软件 （用于财务、管理、教学等）	总额10万元
C07	工程设计	总额10万元
C08	项目监理	总额10万元

说明：市政建设工程项目包括机关、事业单位和人民团体单位内部的道路及各种设施建设。

附件2：

政府采购限额标准和公开招标数额标准

一、政府采购限额标准

采购单位采购《目录》以外限额标准以上的货物、工程和服务类项目，要按《中华人民共和国政府采购法》的规定，委托具有政府采购代理资格的招标代理机构或集中采购机构代理采购。具体限额标准为：货物、服务类项目单项或批量采购预算金额达到10万元以上（含10万元），工程类项目采购预算金额达到20万元 （含20万元）。

二、政府采购公开招标数额标准

采购单位的政府采购项目，凡达到公开招标数额标准的，都应当采用公开招标方式进行采购；未达到公开招标数额标准的，应根据采购单位的合理要求和采购项目的技术特点，采用除公开招标以外的其他采购方式。具体标准为：采购货物、服务类项目，批量采购金额达到50万元（含50万元），工程类项目采购金额达到100万元（含100万元）。

过去有关文件规定的政府采购公开招标数额标准停止执行。

黑龙江省

关于印发《黑龙江省（省级）2010年度政府集中采购目录》和《黑龙江省（省级）2010年度政府采购资金限额标准》的通知

黑财采［2009］12号

省直各单位：

根据《中华人民共和国政府采购法》的规定，现将《黑龙江省（省级）2010年度政府集中采购目录》和《黑龙江省（省级）2010年度政府采购资金限额标准》印发给你们，并提出如下要求，请一并遵照执行。

一、认真编报政府采购预算

（一）省直预算单位要按照省级部门预算编制的有关规定，依据省财政厅印发的《黑龙江省（省级）2010年度政府集中采购目录》和《黑龙江省（省级）2010年度政府采购资金限额标准》，将年度部门预算中的政府采购项目及资金列出，编报2010年度政府采购预算，不得虚报和漏报。省主管部门和省财政厅有关业务处负责审定所属预算单位编报的政府采购预算。

（二）不能在年度部门预算中反映的政府采购项目及资金，预算单位要单独编报2010年部门预算以外其他各类资金政府采购预算（报表及说明附后），经省主管部门、省财政厅主管处审核后，于2010年1月底前报省政府采购办。

二、严格履行政府采购预算调整程序

政府采购预算调整分为集中调整和即时调整。原则上每年8月集中调整一次；如遇特殊情况必须即时调整，经核实后按月予以办理。调整预算要按照《黑龙江省（省级）部门预算调整管理暂行办法》（黑财预［2006］12号）的有关规定，由预算单位提出申请，将需要调整的采购项目和资金（包括预算内、预算外资金和自筹资金需要调整的采购项目和资金），通过部门预算调整软件录入数据，报省主管部门和省财政厅有关业务处审核，由省财政厅预算编审中心核准汇总后送省政府采购办执行。

三、严格执行政府采购预算

（一）按月编报政府采购计划。预算单位要依据年度政府采购预算编报采购计划。没有依据采购预算申报的采购计划，省政府采购办不予受理。预算单位要切实做好政府采购计划与政府采购预算的衔接，及时汇总部门（单位）内部的具体采购需求，统筹安排采购计划，实行采购计划月报制，于每月的25日前向省政府采购办申报下一个月的政府采购计划。对达到公开招标采购限额标准的采购项目，预算单位应提前两个月申报采购计划。在编报采购计划时，不得指定品牌或提出具有倾向性的排斥潜在供应商的特定条件，对不依法规范申报的，将依法予以调整。

（二）实行优先采购节能、环保和自主创新产品制度。预算单位要严格执行财政部、国家发改委、环保总局、科技部确定的“节能产品政府采购清单”、“环境标志政府采购清单”和“政府采购自主创新产品目录”，对使用财政性资金采购涉及节能、环保和自主创新产品的，在技术、服务等指标满足采购需求的前提下，要优先列入采购预算、优先采购，并在上报采购计划时，予以标明。

（三）严格执行政府采购招投标制。预算单位要认真执行省级政府采购公开招标限额标准，对列入政府集中采购目录的货物类和工程类中同类品目采购计划（预算）金额达到100万元的，服务类中的品目采购计划（预算）金额达到50万元的，要采取公开招标或邀请招标方式组织采购。

四、规范执行联网结算后的政府采购运行规程

（一）实行政府采购资金联网结算方式后，所有省直在哈预算单位申报集中采购计划一律实行网上申报，具体申报程序要按照黑财采［2009］6号文件中《省级在哈预算单位上报政府采购用款计划操作说明》和《省级在哈预算单位网上申报采购计划操作说明》的有关要求操作申报。

（二）预算单位使用财政性资金安排的政府采购项目，在申报政府集中采购计划前，应先在国库集中支付系统申报集中采购资金用款计划，申报集中采购资金用款计划时必须选择“政府采购计划项”，支付方式必须选择“财政直接支付（政府采购－集中采购），对应编码为001001003，上报到国库集中支付系统财政端，由省财政厅相关业务处审核批复；对全部使用自筹资金的采购项目，预算单位可直接向省政府采购办申报采购计划，并网上上传《黑龙江省（省级）自筹资金集中采购项目资金到账承诺书》。

（三）预算单位依据批复的资金用款计划，在政府采购信息系统申报政府集中采购计划（填报采购计划的资金金额必须与批复的资金用款计划相等，每个资金用款计划与采购计划之间可以是一对一或一对多的关系）。省政府采购办根据国库集中支付系统传送的资金用款计划和政府采购法律法规审核政府采购计划审核通过后，网上批复（加盖电子印章）给预算单位，并下达给省政府采购中心或政府采购代理机构。

（四）在采购资金联网结算试运行期间，联网结算实行双轨制，即纸质结算通知书及网上传递同步进行，取消纸质单据时间另行通知。省政府采购中心对采购人报送的履行报告等结算文件核对无误后，出具《黑龙江省（省级）财政性资金集中采购项目结算通知书》，并将结算信息由政府采购信息系统传送到国库集中支付系统。同时打印结算单据分别送达省财政国库支付中心、政府采购办、预算单位、政府采购供应商。省财政国库支付中心根据政府采购信息系统传送的集中采购项目结算通知书和纸质结算通知书进行审核，审核无误后在国库集中支付系统中生成财政直接支付申请书并支付采购资金。

（五）政府采购实行集中采购与分散采购相结合。对纳入集中采购目录，采购资金在“集中采购限额标准”以上的采购项目，实行集中采购；对纳入集中采购目录，采购资金在“集中采购限额标准”以下的采购项目，履行申报、审核程序，实行分散采购。

（六）对集中采购目录以外的采购项目，采购资金在限额标准以上的，履行申报、审核程序，实行分散采购。采购资金在限额以下的采购项目，不属于政府采购范围，不需编报政府采购预算和履行申报、审核程序，由预算单位自行组织采购。

（七）分散采购计划仍使用纸质分散采购批件及支付申请书办理资金结算，联网结算暂缓执行。分散采购计划一律实行网上申报、核准、网上盖章、采购结果网上反馈的办事程序。未通过网上申报的分散采购计划，省政府采购办不予受理。对一般货物类、服务类分散采购项目，预算单位应在20个工作日内完成采购并反馈信息；对30万元以下工程类分散采购项目，预算单位应在40个工作日内完成采购并反馈信息；对不按规定时限反馈分散采购结果的，省政府采购办将不受理新的分散采购计划。

黑龙江省财政厅

二○○九年九月二十四日

附件1：

黑龙江省（省级）2010年度政府集中采购目录

A　货物类

A03　一般设备

A0301　电器设备

A030101　电视机　年预算总额5万元以上，执行节能、环保产品清单

A030102　冰箱　年预算总额5万元以上，执行节能产品清单

A030103　洗衣机　年预算总额5万元以上

A030105　摄影、摄像器材　执行协议供货制度

A030106　空气调节设备　执行协议供货制度，执行节能产品清单

A0302　办公自动化设备　执行协议供货制度

A030201　计算机　执行协议供货制度，执行节能产品清单

A030202　打印机　执行协议供货制度，执行节能、环保产品清单

A030204　传真机　执行协议供货制度，执行节能、环保产品清单

A030205　复印机　执行协议供货制度，执行节能、环保产品清单

A030206　速印机　执行协议供货制度

A030208　投影仪　执行协议供货制度

A030209　扫描仪　执行协议供货制度

A03029903　电子显示屏　年预算总额10万元以上

A0303　办公家具　年预算总额10万元以上，铁柜执行协议供货制度，执行环保产品清单

A06　物资

A0601　救灾物资

A0602　防汛物资

A0603　抗旱物资

A0604　农用物资　年预算总额30万元以上

A0605　储备物资　年预算总额30万元以上

A0606　燃料（专指煤炭）　执行黑财采［2004］5号文件，编报政府采购预算履行分散采购核准手续

A07　专用材料

A0701　药品

A0706　工具和仪器　年预算总额10万元以上

A0708　服装及劳保用品

A08　成品软件　以下年预算总额5万元以上

A0801　操作系统

A0802　数据库管理系统

A0803　中间件软件

A0804　办公软件

A0805　防病毒软件

A0899　其它软件

A10　专用设备

A1001　通信设备　年预算总额10万元以上

A1002　印刷设备　年预算总额10万元以上

A1003　照排设备　年预算总额10万元以上

A1004　网络设备

A100401　服务器　执行协议供货制度（单价5万以下）

A100402　路由器　以下年预算总额5万元以上

A100403　交换机

A100404　调制解调器

A100499　其他网络设备

A1006　医疗设备　执行黑财采［2002］2号文件

A1008　监控设备　年预算总额10万元以上

A1010　农用机械设备　年预算总额10万元以上

A1011　工程机械　年预算总额10万元以上

A1013　消防设备　年预算总额10万元以上

A1015　警用设备和用品　年预算总额10万元以上

A1018　档案、保密设备　年预算总额10万元以上

A1019　教学设备　年预算总额10万元以上，并执行黑财采［2002］2号文件

A1020　实验室设备　年预算总额10万元以上，并执行黑财采［2002］2号文件

A1021　广播电视、影像设备　年预算总额30万元以上

A1022　灯光、音响设备　年预算总额30万元以上

A1024　体育设备　年预算总额10万元以上

A1028　炊事设备　年预算总额30万元以上

A1029　锅炉　年预算总额5万元以上

A1030　电梯设备

A1099　其他专用设备　年预算总额30万元以上

A11　交通工具

A1101　汽车

A110101　轿车　执行环保、自主创新产品清单

A110102　越野汽车　执行环保、自主创新产品清单

A110104　载客汽车

A110105　其他汽车

B　工程类

B01　建筑物

B02　市政建设工程　以下年预算总额20万元以上

B03　环保、绿化工程

B0301　污水处理

B0303　园林绿化工程

B09　修缮、装饰工程　年预算总额30万元以上

B10　系统集成、网络工程

C　服务类

C01　印刷、出版　年预算总额50万元以上

C02　工程监理、工程设计　年预算总额20万元以上

C0211　信息系统工程监理　年预算总额10万元以上

C03　信息技术、信息管理软件的开发设计　年预算总额20万元以上

C070301　车辆保险　执行黑财采［2007］12号文件，编报政府采购预算，履行分散采购核准手续

C08　会议　执行黑财行［2007］57号文件，编报政府采购预算，履行分散采购核准手续

C011　勘查、勘探

说明：

1．表中“集中采购限额标准”是指纳入政府集中采购

目录，实行集中采购的采购项目的最低限额标准。限额标准以下实行分散采购，需编入政府采购预算。

2. 执行协议供货制度的采购项目需编入政府采购预算。

3. 黑龙江大学、哈尔滨师范大学、哈尔滨商业大学、东北农业大学、哈尔滨理工大学、黑龙江中医药大学及哈医大一院、哈医大二院、省肿瘤医院对修缮、装饰工程采购项目中零散、分散的项目执行集中采购限额标准为年预算总额200万元以上；哈尔滨医科大学、黑龙江科技学院、黑龙江工程学院、哈尔滨体育学院、哈尔滨金融高等专科学校及省医院、黑龙江中医药大学附属一院、黑龙江中医药大学附属二院对修缮、装饰工程采购项目中零散、分散的项目执行集中采购限额标准为年预算总额100万元以上。

附件2：

黑龙江省（省级）2010年度政府采购限额标准

货物类

年预算总额10万以上(10万以下不纳入政府采购范围，不需编报政府采购预算)。

工程类

年预算总额20万以上(20万以下不纳入政府采购范围，不需编报政府采购预算)。

服务类

年预算总额50万以上(50万以下不纳入政府采购范围，不需编报政府采购预算)。

说明：

1. 表中“政府采购限额标准”是指未纳入政府集中采购目录，实行分散采购的政府采购项目的限额标准。

2. 实行分散采购的政府采购项目需编入政府采购预算。

3. 黑龙江大学、哈尔滨师范大学、哈尔滨商业大学、东北农业大学、哈尔滨理工大学、黑龙江中医药大学及哈医大一院、哈医大二院、省肿瘤医院对工程采购项目执行限额标准为年预算总额200万元以上；哈尔滨医科大学、黑龙江科技学院、黑龙江工程学院、哈尔滨体育学院、哈尔滨金融高等专科学校及省医院、黑龙江中医药大学附属一院、黑龙江中医药大学附属二院对工程采购项目执行限额标准为年预算总额100万元以上。

上海市

关于发布《上海市2010年政府采购集中采购目录和采购限额标准》的通知

沪财库［2009］41号

各市级预算单位、各区县财政局：

根据《中华人民共和国政府采购法》和《上海市政府采购管理办法》编制的《上海市2010年政府采购集中采购目录和采购限额标准》，已由上海市政府采购委员会审议通过，并报经市人民政府批准，现印发给你们，从2010年1月1日起实施。

附件：《上海市2010年政府采购集中采购目录和采购限额标准》

上海市财政局

二〇〇九年九月十日

附件：

上海市2010年政府采购集中采购目录和采购限额标准

一、政府集中采购目录

（一）以下项目必须按规定委托集中采购机构组织采购：

1．货物

（1）机动车辆（除摩托车外）；

（2）机动船艇；

（3）★台式计算机、★便携式计算机；

（4）服务器、工作站、磁盘阵列、★路由器、网络交换机；

（5）多功能一体机；

（6）★打印机、★复印机、★传真机、★投影机（含视频展示台）；

（7）★空调器、中央空调设备；

（8）电梯；

（9）锅炉；

（10）司法及行政执法部门制服（不包括标志类配件、帽类、鞋类、装具类）；

（11）计算机通用软件（指操作系统、数据库管理系统、中间件软件、办公软件、防病毒软件等）；

（12）★＊复印纸、★＊胶版印刷纸、★＊办公用再生纸制品；

（13）单项（个、件、套）预算金额5万元以上或年批量预算金额20万元以上的医疗器械设备；

（14）药品；

（15）其他单项（个、件、套）预算金额30万元以上或年批量预算金额200万元以上的各类货物。

采购上述带★的目录产品，其预算金额未达到公开招标数额标准的，实行协议采购网上供货。

2．工程

（1）预算金额50万元以上的信息管理及智能化系统（包括设备、办公、通信、消防、安保等）工程；

（2）其他预算金额200万元以上的各类工程。

3．服务

（1）预算金额50万元以上的票据、证照、报表的印刷或制作；

（2）预算金额50万元以上的信息系统的设计、开发、集成、测试；

（3）预算金额50万元以上的工程设计、工程监理及法律、经济、会计、金融等其他专业咨询；

（4）公务车辆的维修、加油、保险（定点采购）；

（5）党政机关出差和会议定点饭店。

（二）以下项目由采购人自行组织采购，也可以委托具有政府采购代理业务资格的中介机构代理采购：

1．货物

（1）摩托车；

（2）不间断电源（UPS）、硬件防火墙、加密设备；

（3）绘图机、照相机、摄像机、编辑设备；

（4）预算金额50万元以上的家具；

（5）专用教学和科研实验设备、体育设备、农用机械设备、消防设备、质量检测设备、专用检测仪器；

（6）特种刑侦设备（包括侦查取证设备、安检排爆设备、破拆救援设备、警械防护设备）；

（7）警用特种车辆（包括指挥车、刑事勘查车、水炮车、运兵车、囚车、图像通信车、防暴处突类车辆）。

2．服务

除集中采购机构采购的服务项目外，其他预算金额50、万元以上的服务。

二、政府采购限额标准

除集中采购机构采购项目和采购人自行采购项目外，各单位分散采购单项（个、件、套）预算金额5万元以上或年批量预算50万元以上的货物项目、预算金额10万元以上的服务项目、预算金额50万元以上的工程项目，采购过程应执行《中华人民共和国政府采购法》和《中华人民共和国招标投标法》有关规定。

三、政府采购公开招标数额标准

达到以下数额标准的货物、工程和服务项目，应当采用公开招标方式。

货物：预算金额100万元以上的各类货物；

工程：预算金额200万元以上的各类工程；

服务：预算金额50万元以上的各类服务。

因特殊情况需要采用公开招标以外的采购方式的，必须在采购活动开始前获得政府采购监督管理部门的批准。

对达到公开招标数额标准的项目，采购人不具备自行招标条件的，应当委托集中采购机构或具有政府采购代理业务资格的中介机构代理采购。

四、相关问题的说明

（一）根据《中华人民共和国政府采购法》、《上海市政府采购管理办法》的规定，各级国家机关、事业单位和团体组织（以下统称采购人）使用财政性资金（包括预算内资金和预算外资金）采购依法制定的集中采购目录以内的或者采购限额标准以上的货物、工程和服务，属于政府采购范围。

本集中采购目录和采购限额标准，是采购人编制年度政府采购预算的依据，也是政府采购监督管理部门进行监督和检查的内容。

（二）无论由集中采购机构组织采购，还是由采购人自行采购或委托采购代理机构采购，都必须严格按照政府采购法律、法规和规章规定的采购方式和程序进行。

（三）对按规定应委托集中采购机构组织采购的项目，采购人因特殊需要实行自行采购的，必须在采购活动开始前获得政府采购监督管理部门的批准。

（四）政府采购应当优先采购本国货物、工程和服务。采购人符合《中华人民共和国政府采购法》、《财政部关于印发<政府采购进口产品管理办法>的通知》等有关法律、法规规定，确需采购进口产品的，应当在获得财政部门核准后，依法开展政府采购活动。

（五）政府集中采购目录中带★的台式计算机、便携式计算机、路由器、打印机（激光打印机）、复印机、传真机、投影机、空调器（不包括中央空调设备）等八类产品和带★＊的复印纸、胶版印刷纸、办公用再生纸制品等三类产品，预算金额未达到公开招标数额标准的，按照《上海市政府采购协议采购网上供货管理暂行办法（试行）》实施协议采购。采购人通过上海政府采购网（www.zfcg.sh.gov.cn）按电子化采购的要求确定供货商，进行网上供货。带★产品的采购采用网上议价、反拍、团购方式实施；带★＊产品的采购采用网上直购方式实施。

（六）本集中采购目录和采购限额标准发布后，因特殊情况需要修改、补充的，由上海市财政局另行公布。区县人民政府可根据本地区实际情况，在本集中采购目录和采购限额标准的基础上作适当补充。

（七）《解放日报》、上海政府采购网（www.zfcg.sh.gov.cn）为本市指定的政府采购信息的公布媒体。政府采购工程项目招标公告应同时在上海市建筑建材业行政管理服务中心网站(www.ciac.sh.cn)上发布。

江苏省

关于印发《2010年度省级政府集中采购目录及政府采购限额标准和公开招标数额标准》的通知

苏财购［2009］31号

省级各有关单位：

根据《政府采购法》和省政府办公厅关于政府集中采购有关事项确定公布的授权，现将《2010年度省级政府集中采购目录及政府采购限额标准和公开招标数额标准》予以公布，有关注意事项仍按《江苏省财政厅关于印发<2005年省级政府集中采购目录及政府采购限额标准和公开招标数额标准>的通知》（苏财购［2004］17号）执行。

本通知自2010年1月1日起执行。

附件：2010年度省级政府集中采购目录及政府采购限额标准和公开招标数额标准

江苏省财政厅

二〇〇九年九月九日

附件：

2010年度省级政府集中采购目录及政府采购限额标准和公开招标数额标准

一、政府集中采购目录

A　货物类

A03　一般设备

A0301　电器设备

A030101　电视机　单价10万元以上或批量采购30万元以上

A030105　摄影、摄像器材　包括照相机、摄像机等。协议供货项目

A030106　家用空调器　协议供货项目

A0302　办公自动化设备

A030201　计算机　含PC服务器。协议供货项目

A030202　打印机　协议供货项目

A030204　传真机　协议供货项目

A030205　复印机　协议供货项目

A030208　投影仪　包括视频展视台等。协议供货项目

A030209　扫描仪　协议供货项目

A030210　计算机相关设备 包括显示终端设备、刻录机、小型数码录音设备、内存盘等移动存储设备。单价或批量采购5万元以上

A030211　UPS　单价或批量采购5万元以上

A030212　软件　单价或批量采购5万元以上的通用类软件，如操作系统软件、办公自动化软件、防杀病毒软件、网络管理软件、数据库软件

A0303　家具　批量采购30万元以上

A030301　办公家具

A030302　宿舍家具

A04　办公消耗用品

A0401　办公用纸　包括复印纸、打印纸、速印纸。协议供货项目

A06　物资

A0601　救灾物资　单价或批量采购10万元以上

A0602　防汛物资　单价或批量采购10万元以上

A0603　抗旱物资　单价或批量采购10万元以上

A0604　农用物资　单价或批量采购10万元以上

A0699　其他物资　财政性资金安排的其他物资补贴项目，单价或批量采购30万元以上

A10　专用设备

A1002　印刷设备　包括一体机、分页机、装订机、切纸机、速印机等

A1004　网络设备　单价5万元或批量采购10万元以上

A100401　服务器

A100402　路由器

A100403　交换机

A100499　其他网络设备　包括磁盘阵列、硬件防火墙、加密设备等

A1006　医疗设备　单价10万元以上或批量采购30万元以上

A1007　计划生育设备　单价10万元以上或批量采购30万元以上

A1010　农用机械设备　单价10万元以上或批量采购30万元以上

A1011　工程机械　单价10万元以上或批量采购30万元以上

A101101　推土机

A101102　挖掘机

A101103　装载机

A101104　起重机

A1018　档案、保密设备　单价10万元以上或批量采购30万元以上

A1019　教学、科研仪器　单价10万元以上或批量采购30万元以上

A101902　教学仪器

A101903　科研分析仪器

A1021　广播电视、影像专用设备　单价10万元以上或批量采购30万元以上

A1022　灯光、音响设备

A102201　会议系统设备　含视频系统、灯光、音响设备等。单价10万元以上或批量采购30万元以上

A102202　光电显示设备　如大型显示屏等，单价10万元以上或批量采购30万元以上

A1024　体育设备　单价10万元以上或批量采购30万元以上的通用型体育设备及器材

A1027　电梯　单价10万元以上或批量采购30万元以上

A1029　锅炉　单价10万元以上或批量采购30万元以上

A1030　无线电管理设备　单价10万元以上或批量采购30万元以上

A1031　节能、节水设备　单价10万元以上或批量采购30万元以上

A1032　中央空调

A11　交通工具及配件

A1101　汽车　各类汽车　　协议供货项目

A110101　轿车

A11010101　普通轿车

A11010102　高级轿车

A110102　越野汽车（吉普车）

A110103　卡车

A110104　载客汽车

A11010402　旅行面包车

A11010404　微型客车

A11010499　其他载客汽车

A110105　专用汽车

A11010501　工程汽车

A11010502　工具汽车

A11010504　警用汽车

A11010505　救护车

A1104　汽车轮胎　协议供货项目

B　工程类　使用财政性资金新建、扩建、改建、装修、修缮的各类房屋建筑物，施工单项合同估算价在20万元以上,100万元人民币以下

C　服务类

C01　印刷　包括文件资料、内部书刊、信封、各种票据等印刷。　协议供货项目

C03　软件开发设计　含方案设计　预算金额50万元以上

C07　交通工具的维护保障　协议供货项目

C0701　汽车保险

C0703　汽车维修

C08　会议接待　协议供货项目

C10　物业管理　预算金额20万元以上

C11　国际机票代理　协议供货项目

C12　网络建设或维护及系统集成　预算金额　50　万元以上

C13　大型会展（展览）的承办　预算金额20万元以上

C99　其他服务　包括财政专项资金安排的有关服务项目,预算金额在50万元以上

说明：

1.政府集中采购目录中的项目必须编制政府集中采购预算,并委托政府集中采购机构代理采购。

2.协议供货，是指由省级集中采购机构通过公开招标等方式,确定特定政府采购项目的中标供应商及中标产品的价格和服务条件，并以协议书的形式固定，由采购人在供货有效期内自主选择中标供应商及其中标产品的一种采购形式。定点采购是协议供货的特殊形式。有关协议供货的管理要求参见《江苏省省级政府采购协议供货管理暂行办法》（苏财购［2005］18号），相关项目的具体情况请参见“江苏政府采购网”协议供货栏目。

3.属政府集中采购目录中项目，但国家有关法律法规有规定的，政府集中采购机构无法代理采购的项目，经政府集中采购机构确认后可作为分散采购项目。

二、部门集中采购目录

省消防总队　消防车辆

消防装备及器材（如专勤器材、水带、灭火药剂等消防器材、个人防护装备等）。

省公安厅　技术侦察设备

公安单警装备

刑侦设备

50万元以下的警用软件

其他涉及国家秘密和警务秘密的项目

省教育厅　教学设备（集中采购目录之外）

教学用品

图书（财政补贴资金）

省卫生厅　医疗设备和器械（集中采购目录之外）

医用耗材

江苏省残疾人联合会　残疾人康复训练器具

残疾人辅助器具

残疾人用无障碍设施

江苏省质量技术监督局　检验检测及监测设备

省体育局　运动服装

体育设备和器材（集中采购目录之外）

说明：

部门集中采购是指针对本部门、本系统有特殊要求的项目，经政府采购监督管理部门同意后，按政府采购有关规定实施的政府采购组织形式。

三、政府采购限额标准（分散采购限额标准）

货物类　单项或同批预算10万元

服务类　单项或同批预算10万元

工程类　1.房屋建筑物的新建、扩建、改建、装修及修缮工程（以下简称房屋工程），施工单项合同估算价在100万元以上（含）；2.房屋工程之外的其他工程，施工单项合同估算价在20万元以上（含）。

说明：

政府采购限额标准用于确定集中采购目录之外的政府采购范围。集中采购目录之外、政府采购限额标准之上的项目属分散采购。

分散采购项目可以由采购人自行组织采购，也可以委托政府集中采购机构或有政府采购代理资质的采购代理机构，在委托范围内组织采购。

集中采购和分散采购同为政府采购的重要组织形式，均适用于《政府采购法》等规定。

四、公开招标数额标准

货物类　单项或批量采购100万元以上。

服务类　通过公开招标方式确定一定期限内的供应商。

工程类　按省政府苏政发［2004］48号文件规定执行。

浙江省

关于明确2010年度浙江省集中采购统一目录和省级集中采购目录及标准的通知

浙财采监字［2009］38号

各市、县（市、区）财政局、集中采购机构，省级各单位：

2009年度浙江省集中采购统一目录和省级集中采购目录及标准，经省政府办公厅公布后，执行情况良好，保障了我省政府采购制度改革的顺利实施。根据2010年我省政府采购工作的安排和改革思路，并经省政府同意，2010年度浙江省集中采购统一目录和浙江省省级集中采购目录及标准继续按省政府办公厅《关于公布2009年度浙江省集中采购统一目录和省级集中采购目录及标准的通知》（浙政办发［2008］67号）执行。请各地、各部门按规定认真组织开展政府采购工作，确保各项工作正常有序进行。

特此通知。

浙江省财政厅

二○○九年十二月四日

关于公布2009年度浙江省集中采购统一目录和省级集中采购目录及标准的通知

浙政办发[2008]67号

各市、县（市、区）人民政府，省政府直属各单位：

为规范政府采购行为，提高采购效率，根据《中华人民共和国政府采购法》的有关规定，经省政府同意，现将2009年度浙江省集中采购统一目录和省级集中采购目录及标准公布如下：

一、浙江省集中采购统一目录

从2009年开始，全省将逐步统一政府集中采购目录。2009年度各市（含义乌市）政府应在浙江省集中采购目录的基础上，结合所辖各县（市、区）集中采购的实际情况进行充实和完善，统一制订全市的集中采购目录、采购限额标准及公开招标的数额标准，并依法予以公布。浙江省集中采购目录如下：

摄影摄像设备（包括摄像机、光学、数码相机等）、空气调节电器（包括多联、窗式、分体或柜式空调、恒温恒湿设备）、计算机、打印机、传真机、复印机、速印机、投影仪、扫描仪、UPS、办公家具、办公用纸、义务教育免费教科书、义务教育辅助学习资源、网络设备（服务器、路由器、交换机、集线器、调制解调器、其他网络设备）、医疗设备器械（应国际招标的除外）、档案保密设备、电梯、锅炉、中央空调、汽车、机动车辆保险、机动车辆加油、会议、培训（国内培训）。

二、省级政府集中采购目录

下列项目应当委托集中采购机构采购。因特殊情况需实行部门集中采购或分散采购的，由省政府授权省财政厅批准。

（一）货物类（28项）：电视机、电冰箱、摄影摄像设备、空气调节电器、计算机、打印机、传真机、复印机、速印机、投影仪、扫描仪、UPS、办公家具（5万元以上）、办公用纸、义务教育免费教科书、义务教育辅助学习资源、工作制服（5万元以上，限执法部门）、网络设备、医疗设备器械（20万元以下或应国际招标的除外）、档案保密设备（5万元以上）、灯光音响设备、电梯、锅炉、中央空调、汽车、商业软件（5万元以上）、发电设备、办公设备耗材。

（二）工程类（1项）：系统集成及网络设备。

（三）服务类（4项）：软件开发设计（20万元以上）、交通工具维护保障、会议、培训（国内培训）。

三、省级部门集中采购目录

消防部队技术装备（全省武警消防部队区域）、质量检测设备（全省质量技术监督系统）、教学仪器设备（全省教育系统，高教仪器设备除外）。

以上项目实行部门集中采购。省级有关主管部门应当对本部门（或本系统）所属各单位的上述项目进行集中后，依法自行组织集中采购，也可以统一委托集中采购机构或具有政府采购业务代理资格的采购代理机构进行采购。

按预算隶属关系属于市、县（市、区）的项目，采购单位应当按规定向同级财政部门办理有关政府采购手续后，委托省级有关主管部门实施部门集中采购。部门集中采购的具体办法由省财政厅会同有关部门另行制定。

四、省级分散采购限额标准

货物、服务类项目：单项或年度批量预算金额为20万元；

工程类项目：年度预算金额（或投资总额）为50万元。

集中采购目录以外，且在上述采购限额标准以上的项目，应当实行分散采购。采购单位可以依法自行组织采购，也可以委托集中采购机构或具有政府采购业务代理资质的社会中介采购代理机构进行采购。

五、省级公开招标数额标准

政府采购的货物、服务类项目，单项或批量预算金额一次达到80万元以上的；非建设工程类项目，预算金额（或投资总额）达到100万元以上的，除法律、法规另有规定外，应当采用公开招标采购方式。

政府采购建设工程项目的公开招标数额标准按照国家有关规定执行。

六、工作要求

（一）全省各级国家机关、事业单位和团体组织，凡使用财政性资金采购集中采购目录以内或者采购限额标准以上的货物、工程和服务，应当按照政府采购目录分类（见附件）及限额标准编制政府采购预算，并严格按照批准的预算执行，依法开展政府采购活动，做到无预算不采购、不支付资金。

（二）政府采购实行集中采购和分散采购相结合的执行模式。纳入集中采购目录的项目应当委托集中采购机构组织采购，集中采购机构应当予以受理并依法组织采购；分散采购项目可由采购单位依法自行组织采购或委托政府采购代理机构（包括集中采购机构和具有政府采购代理资格的社会中介机构）进行采购。

无论集中采购还是分散采购，都必须严格按照《中华人民共和国政府采购法》的有关规定执行。

（三）对纳入政府集中采购目录或公开招标限额标准以上的项目，采购单位如有特殊要求需自行采购或采用非公开招标采购方式的，应按规定报同级财政部门审查、批准。政府集中采购机构不得以任何理由将应当由本单位组织采购的集中采购项目委托给社会中介采购代理机构进行采购。

（四）各级财政部门、集中采购机构和各采购单位主管部门要按照各自职责，抓紧完善相关制度和工作程序，并加强协调与配合，认真落实各项规定，依法监督和规范政府采购行为，切实维护法律和政策的严肃性。各级监察、审计部门要加大监督和检查力度，确保政府采购活动公开、公平、公正。

附件：浙江省2009年度政府采购目录分类表

浙江省人民政府办公厅

二〇〇八年十月十日

附件：

浙江省2009年度政府采购目录分类表

A　货物类

A01　土地

A02　建筑物

A0201　办公用房

A0202　宿舍用房

A0299　其他建筑物

A03　一般设备

A0301　电器设备

A030101　电视机*^　包括大屏幕彩电

A030102　电冰箱*^

A030103　洗衣机

A030104　吸尘器

A030105　摄影摄像设备*^　包括摄像机、光学.数码相机等

A030106　空气调节设备*^　包括多联、窗式、分体或柜式空调、恒温恒湿设备

A030199　其他电器设备

A0302　办公自动化设备

A030201　计算机*^　包括台式、便携式电脑

A030202　打印机*^

A030203　电话机　包括无线移动电话　、车载电话

A030204　传真机*^

A030205　复印机*^

A030206　速印机*^　包括高速油印机、一体化速印机

A030207　碎纸机

A030208　投影仪*^

A030209　扫描仪*^

A030210　UPS*^

A030299　其他办公自动化设备

A0303　家具

A030301　办公家具*　5万元以上实行集中采购

A030302　宿舍家具

A030303　高校学生宿舍家具*　限省教育厅直属高校，由省教育厅实行部门集中采购

A030304　高校学生课桌椅*　限省教育厅直属高校，由省教育厅实行部门集中采购

A030399　其他家具

A04　办公消耗用品

A0401　办公用纸*^

A0402　办公设备耗材*^　包括计算机用移动硬盘、可写光盘、U盘、软盘、刻录机、多媒体音箱、耳机、鼠标，以及打印、复印及传真设备用硒鼓、墨盒、墨粉、色带等耗材及配件

A0403　办公文具用品　包括档案夹、笔、计算器、文具架等

A0499　其他易耗品

A05　建筑、装饰材料　包括水泥、木材、板材、金属材料、瓷砖、清洁用具、玻璃等建筑装饰材料

A06　物资

A0601　救灾物资

A0602　防汛物资

A0603　抗旱物资

A0604　农用物资

A0605　储备物资　包括粮食、糖、棉花等

A0606　燃料

A0699　其他物资

A07　专用材料

A0701　药品

A0702　医疗耗材

A0703　图书资料　包括电子出版物

A0704　教科书

A070401　国家课程*　限于义务教育，全省统一集中采购

A070402　省级地方课程*　限于义务教育，全省统一集中采购

A070403　配套作业本　白练习本由各地集中采购

A070499　其他教科书

A0705　辅助学习资源

A070501　音像教材*　限于义务教育，全省统一集中采购

A070502　学具*　限于义务教育，全省统一集中采购

A070503　科学计算器*　限于义务教育，全省统一集中采购

A070599　其他辅助学习资源

A0708　工作制服*　执法部门制装，5万元以上实行集中采购

A0799　其他专用材料　包括兽医用品、实验室用品及小型设备、胶片胶卷、录音录像带、工具和仪器、艺术部门用材料及劳保用品等

A10　专用设备

A1001　通信设备　包括移动通信、电话通信设备等

A1002　印刷设备

A1003　照排设备

A1004　网络设备*

A100401　服务器*^

A100402　路由器*^

A100403　交换机*^

A100404　调制解调器*

A100405　集线器*

A100499　其他网络设备*　包括网络安装工具、测试工具、网卡、网线、ATM设备、FDDI设备等

A1005　发电设备*

A1006　医疗设备及器械*　应国际招标的设备及单台或批量在20万元以下的设备实行分散采购

A100601　医用放射诊治设备*　医用X射线设备、数字成像（DSR）、高能射线诊治设备、放射性核素设备等

A100602　医用超声仪器设备*　超声波、多普勒等成像诊断设备，超声治疗、监护设备等

A100603　医用电子仪器设备*　心电、脑电检测、肌电及诱发电位仪、监护仪等

A100604　物理治疗设备*　高压氧治疗、高压电位治疗、电疗设备等

A100605　医用激光设备仪器*　激光手术和治疗设备、诊断仪器及配件等

A100606　手术急救室设备*　呼吸机、麻醉机、除颤仪、手术导航、电刀、氩气刀等

A100607　临床检验分析系统*　血液、生化、免疫、细菌、生物基因和科学等分析仪器设备

A100608　体外循环及血液处理设备*　人工心肺设备、血液净化设备、体液处理设备、氧合器等

A100609　医用光学及窥镜设备*　显微镜（电子、手术）窥镜及主机（腹腔镜、支气管镜、电子胃镜、喉镜）等

A100610　应国际招标的医疗设备　核磁共振成像系统、CT、ECT诊断仪、X射线诊断装置（含DR）、超声波诊断仪、直线加速器、伽玛刀及需办理免税手续的设备等

A100699　其他医疗设备器械*　消毒灭菌设备、病房护理设备、口腔五官科设备、理疗康复设备等

A1007　计划生育设备

A1008　交通管理监控设备

A1010　农用机械设备

A1011　工程机械

A1012　园艺机械

A1013　消防设备及用品　指民用消防设备及用品

A1014　消防部队技术装备*　武警消防部队区域专用

A101401　消防员个人防护装备　由省消防总队实行部门集中采购

A101402　消防专用车辆装备*　由各消防支队实行部门集中采购

A101403　消防器具、器材装备　由各消防支队实行部门集中采购

A1015　警用设备和用品

A1016　保安设备

A1017　军用设备和用品

A1018　档案、保密设备*　5万元以上实行集中采购

A1019　教学仪器设备　包括通用、专用教学仪器设备和教学用标本、模型、实验室设备等

A101901　普教仪器设备*　高中（含）以下学校。全省教育系统所属学校由省教育厅实行部门集中采购

A101902　高教仪器设备　包括各类大学、学院、职业技术学院和中专学校

A101903　高校图书资料*　限教育厅直属高校。全省教育系统所属学校由省教育厅实行部门集中采购

A101904　机床类仪器设备*　限于中等职业教育。全省教育系统所属学校由省教育厅实行部门集中采购

A101905　汽车维修类仪器设备*　限于中等职业教育。全省教育系统所属学校由省教育厅实行部门集中采购

A1020　科研仪器设备　包括仪器仪表及实验室设备

A1021　广播电视、影像设备

A1022　灯光、音响设备*

A1023　文艺设备

A1024　体育设备

A1025　道路清扫设备

A1026　殡仪火化设备

A1027　电梯*　包括起重机

A1028　炊事设备

A1029　锅炉*

A1030　中央空调*　包括主机、热交换器、未端设备、冷却塔、水处理设备、自控元件及安装

A1031　环境监测设备

A103101　地表水监测设备

A103102　空气监测设备

A103103　海洋环境监测设备

A103199　其他环境监测设备

A1032　质量检测设备*　全省质监系统，由省质量技术监督局实行部门集中采购

A103201　质量检测设备*

A103202　计量检测设备*

A103203　特种检测设备*

A103299　其他检测监测设备*

A1099　其他专用设备　包括港口、地震、气象等专用设备

A11　交通工具

A1101　汽车*^

A110101　轿车*

A110102　越野汽车（吉普车）*

A110103　大客车*

A110104　旅行面包车*　包括微型客车等

A110105　专用汽车*　包括工程车、工具车、警车、囚车、救护车、通讯广播车、洒水车、道路清扫车、垃圾车及卡车、电车、公共汽车

A1104　摩托车*

A1199　其他交通工具　包括船只、飞机

A12　商业软件*　5万元以上实行集中采购

A1201　系统软件*

A1202　数据库软件*

A1203　工具软件*

A120301　安全管理软件*　包括杀毒软件

A120302　备份软件*

A120304　网络管理软件*

A120305　中间件软件*

A120399　其他工具软件*

A1204　应用软件

A120401　通用应用软件*　包括办公软件（桌面）、财务软件

A120402　行业应用软件　包括教学软件、医用软件

A1299　其他商业软件

A99　其他货物

B　工程类

B01　建筑物

B0101　办公用房建设　包括机关基建工程

B0102　住房建设

B0103　其他用房建设

B0104　文教、卫生、音乐、体育等公益设施建设

B0199　其他建筑设施建设　包括纪念性建筑设施建设等

B02　市政建设工程　包括、集中供暖热气工程等

B0201　市政道路建设

B0202　市政公用设施

B0203　自来水输水工程

B0204　集中供暖供热供气工程

B0299　其他市政建设工程

B03　环保、绿化工程

B0301　污水处理

B0302　市政垃圾处理

B0303　园林绿化

B0304　荒山绿化

B0305　天然、生态林保护

B0399　其他环保绿化工程　包括自然保护区工程等

B04　农业、水利、防洪工程

B0401　河道疏浚工程

B0402　大坝、水库、海塘工程

B0403　农田水利工程

B0404　江河、湖泊治理工程

B0405　农业综合开发治理工程

B0499　其他水利防洪工程

B05　交通运输工程

B09　修缮、装饰工程

B0901　办公用房修缮、装饰

B0902　宿舍用房修缮、装饰

B10　系统集成、网络工程*

B1001　楼宇智控系统*

B100101　综合布线系统*

B100102　安防监控系统*

B100103　消防系统*

B100104　通信系统*

B100199　其他智能控制系统*　包括有线电视、背景音响、防雷系统等

B1002　计算机网络工程*　包括机房建设

B1003　门户网站建设*

B1004　视频会议系统*

B1099　其他系统、网络工程*

B99　其他工程　包括油气、电力、电信工程等

C　服务类

C01　印刷、出版

C0101　印刷

C0102　出版

C02　工程监理、设计

C03　软件开发设计*　包括20万元以上的系统、应用、技术、管理等软件

C04　维修维护　不含机动车辆维护保障

C0401　一般、专用设备维修

C0402　系统、网络运营维护

C0403　房屋建筑物维修

C0499　其他日常维修

C05　保险　不含机动车辆保险

C0501　人身意外保险

C0502　财产保险

C0599　其他商业保险

C06　租赁

C0601　办公用房

C0602　设备和机械

C0603　电信线路租用

C0699 其他租赁 包括宿舍用房、仓库租赁等

C07 交通工具维护保障*

C0701 机动车辆保险*^

C0702 机动车辆加油*^

C0703 机动车辆维修*^

C08 会议

C0801 大型会议 包括党代会、人代会、政协会、团代会、妇代会等大型会议

C0802 一般会议*^ 包括部门或单位年度工作会议、研讨会等一般会议

C09 培训

C0901 国内培训*^

C0902 国外培训

C10 物业管理 包括环境保洁、绿化养护、门卫安全服务、设备设施运行维护和顾客服务等

C1001 办公楼物业管理

C1002 宿舍物业管理

C11 中介服务 包括审计、评估、咨询、代理等中介服务

C12 公务接待

C13 工程管理

C1301 工程造价

C1302 代建制

C1303 工程项目管理

C1309 其他工程管理

C99 其他服务

注：带*号的为2009年省本级集中采购目录，带^号的为实行协议供货或定点采购管理。

安徽省

关于印发《安徽省省级2009—2010年度政府集中采购目录及限额标准》的通知

财购［2008］1234号

省直各部门、单位，省政府采购中心，省级政府采购代理机构：

为做好政府采购预算编制及执行工作，根据《中华人民共和国政府采购法》，并经省人民政府授权，我厅制定了《安徽省省级2009－2010年政府集中采购目录及限额标准》，现印发给你们，请遵照执行。

安徽省财政厅

二〇〇八年十月三十一日

安徽省省级2009—2010年度政府集中采购目录及限额标准

一、集中采购目录及限额标准

货物类

一般设备

电器设备

电视机单价在2万元以上（含2万元），或批量采购在5万元以上（含5万元）

电冰箱包括电冰柜、冷藏柜等

其他电器设备包括DVD,其他音响设备等

空调机 ☆

照相机、摄像机 ☆

办公室自动化设备

计算机 ☆

打印机 ☆

复印机 ☆

多功能一体机 ☆

速印机 ☆

投影仪 ☆

扫描仪 ☆

传真机 ☆

碎纸机批量采购在 2 万元以上（含 2 万元）

家具

各类家具批量采购在 5 万元以上（含 5 万元）包括档案密集架

办公消耗用品

复印纸　定点采购

其他消耗用品批量采购 2 万元以上包括磁盘、UPS、硒鼓、墨粉等

建筑、装饰材料批量采购在 10 万元以上（含 10 万元）

物资

救灾救济物资批量采购在 30 万元以上（含 30 万元）

防汛抗旱物资

抗灾物资

农用物资包括良种等

专用材料

药品及医疗耗材批量采购在 10 万元以上（含 10 万元）

图书资料包括中小学免费教课书、大中专院校图书馆藏书等

胶片胶卷

录音录像带光盘等

应用软件指不需另行开发的成品软件

专用设备

通讯设备

网络设备　包括服务器、路由器、交换机、调制解调器等

医疗设备、器材

交通管理设备

变配电设备

消防设备

农用机械设备

警用设备

广播电视、影像设备

灯光、音响设备

舞台设备

体育设备

电梯、锅炉设备单项或批量达到 10 万元以上（含 10 万元）

档案设备单价在 2 万元以上（含 2 万元），或批量采购在 10 万元以上（含 10 万元）

教学设备

实验设备

炊具设备

交通工具

轿车

越野汽车（吉普车）

旅行车

大客车

专用汽车　包括工程用车、工具车、消防车、警车、救护车、通讯和广播用车、无线电监测车、道路清洁用车、其他专业用车等

工程类

建筑物和构筑物单项金额在 50 万元（含 50 万元）以上的建设项目包括新建、扩建、改建、装修、装饰、折除、修缮等工程项目

系统集成、网络工程单项金额在 20 万元以上（含 20 万元）的项目

服务类

书籍、资料印刷单项或批量达到 2 万元以上（含 2 万元）

宣传展览

经济鉴证类社会中介服务一次采购中介服务 2 万元以上（含 2 万元）

信息技术、信息管理软件开发单项金额在 10 万元以上（含 10 万元）的项目包括办公、教学、科研、医疗、测绘等软件开发、设计和安装

交通工具的维护保障

车辆保险

车辆维修

业务培训

☆：省级政府采购计算机等办公设备拟实行协议供货，具体时间和办法另行通知。

二、公开招标数额标准

（一）货物类。采购金额在 850 万元以上（含 850 万元）的项目（汽车采购根据实际情况确定）。

（二）工程类。单项金额在 100 万元以上（含 100 万元）的建设工程项目，或单项金额在 50 万元以上（含 50 万元）的系统集成、网络工程项目。

（三）服务类。采购金额在 530 万元以上（含 530 万元）的采购项目。

三、有关问题说明及要求

（一）省级国家机关、事业单位和社会团体组织（以下简称采购人），使用财政性资金（包括预算内资金和预算外资金），依法采购集中采购目录以内或者限额标准以上货物、工程和服务类项目，必须执行政府采购制度。

（二）采购人应根据集中采购目录及限额标准的规定，编制年度政府采购预算，并严格按照批复后的政府采购预算

执行。对年度政府采购预算中暂时无法细化的项目，待项目细化后，凡符合政府采购范围的，必须纳入政府采购。

（三）采购人采购集中采购目录以内或限额标准以上的货物、工程、服务类项目，必须实行集中采购。采购人采购集中采购目录以外，限额标准以下的项目，可以自行采购，也可以委托省级集中采购机构或经财政部门资格认定资格的政府采购代理机构代理采购。

（四）采购人采购工程建设类项目，其招标投标程序按照《中华人民共和国招标投标法》执行。但属于财政性或含有财政性资金安排的工程建设项目，除招标投标程序外，其采购预算编制、计划报送、信息发布、合同备案、资金支付等应当按照《政府采购法》规定的程序执行。

（五）采购人采购公开招标数额标准以上的货物、工程和服务类项目，必须实行公开招标。因特殊情况需要采用公开招标以外采购方式的，应报经省财政厅批准。

（六）财政部和省级财政安排的各类专项资金，凡适合政府采购的，原则上都应当实行政府采购。

（七）采购人在政府采购活动中，应当执行国家强制采购节能产品制度有关规定，优先或强制购买环保节能和自主创新产品。

（八）政府采购应当采购本国货物、工程和服务，确需采购进口产品的要按照国家有关规定履行有关审批手续。

（九）采购人采购办公用纸，实行定点采购，具体办法应当按照《安徽省省直行政事业单位复印纸定点采购管理暂行办法》（财购［2003］5号）规定执行；采购人使用财政性资金选择经济鉴证类社会中介服务项目，按照省财政厅《关于省直行政事业单位选择经济鉴证类社会中介服务实行政府采购的通知》（财购［2006］1134号）规定执行。

（十）各市、县（市、区）人民政府可以根据工作实际，参照本目录规定，制定本地区集中采购目录及限额标准。

（十一）中国安徽政府采购网（www.ccgp—anhui.gov.cn）、《中国政府采购》杂志、《中国财经报》以及《政府采购信息报》为全省政府采购指定信息发布媒体。

（十二）本集中采购目录及限额标准由省财政厅负责解释，如因特殊情况需要修改、补充的，由省财政厅另行通知。各市、县（市、区）人民政府可以根据工作实际，参照本目录规定，制定本地区的集中采购目录及限额标准。

江西省

关于印发《江西省省本级2009—2012年政府采购目录》的通知

赣府字［2008］48号

省政府各部门、各直属机构：

《江西省省本级2009—2012年政府采购目录》已经省政府同意，现印发给你们，请遵照执行。

江西省人民政府办公厅

二〇〇八年七月二十一日

江西省省本级2009—2012年政府采购目录

一、政府集中采购目录

（一）货物类

空气调节设备、计算机、显示器、打印机、传真机、复印机、速印机、投影仪、扫描仪、摄影、摄像器材、录音笔、服务器、路由器、交换机、UPS电源、办公消耗用品、监控设备（不含警用管理监控设备）、电梯（手扶电梯，升降电梯）和锅炉、摩托车、公务用车（包括轿车、越野汽车、面包车、大客车）；批量采购金额5万元以上的电器设备（电视机、冰箱、洗衣机等）、批量采购金额5万元以上的办公家具。

（二）工程类

单个项目20万元以上的园林绿化工程。

（三）服务类

计算机通用软件、公务用车保险、公务用车加油、公务用车修理（在昌单位）、公务印刷（不含保密资料的印刷）。

二、部门集中采购项目

（一）货物类

农用物资、储备物资、农药、救灾物资、防汛物资、抗旱物资，批量采购金额10万元以上的药品、图书书籍、通讯设备、印刷设备、照排设备、发电设备、电力设备、道路清扫设备、警用设备和用品、保安设备、广播电视影像设备、灯光音响设备、文艺设备、体育设备（专业运动员设备除外）、地震设备、人工增雨设备、环保监测设备、船舶及设备、医疗设备、计划生育设备、交通管理监控设备、农业、林业、水利机械设备、工程机械设备、园艺机械、消防设备、档案保密设备、教学设备、实验室设备、网络设备、公务制服、卡车和专用汽车［工程汽车、工具汽车、消防车、警车（含警用摩托车）、救护车、通讯和广播用车、道路清扫车、垃圾车、行政执法车］等交通工具。

（二）工程类

单个项目20万元以上的建筑物和构筑物改建、扩建工程及装饰修缮工程。

（三）服务类

系统集成、网络工程、专用软件、信息管理系统开发及维护。

三、公开招标的数额标准

（一）单项或批量采购金额达到60万元以上（含60万元）的货物。

（二）政府采购目录内单项或批量采购金额达到50万元以上（含50万元）工程项目。

（三）单项或批量采购达到20万元以上（含20万元）的服务项目。

四、说明

（一）根据《政府采购法》的有关规定，各级国家机关、事业单位和团体组织（以下统称采购人），使用财政性资金采购依法制定的政府采购目录以内的货物、工程和服务的行为，均属于政府采购范畴，必须按照《政府采购法》规定的采购方式和采购程序进行。

（二）凡列入江西省省本级政府采购目录的货物、工程和服务项目，采购人均应按规定认真编制政府采购部门预算，并按照批复的政府采购部门预算及时编制政府采购计划报省政府采购办公室。

（三）采购规模达到公开招标数额标准的，必须采用公开招标方式，因特殊情况需要采用公开招标以外采购方式的，应在政府采购活动开始前按规定获得同级财政部门的批准。不得将应当公开招标的采购项目化整为零或者以其他任何方式规避公开招标采购。同一采购项目不能采用非公开招标方式采购两次以上。

（四）采购人在采购活动中，应当按照《国务院办公厅关于建立政府强制采购节能产品制度的通知》（国办发［2007］51号和财政部《财政部关于印发〈自主创新产品政府采购预算管理办法〉的通知》（财库[2007]29号）文件要求，优先或强制购买环保节能和自主创新产品。

（五）省直各采购单位在实施政府采购时必须严格按江西省财政厅江西省审计厅（赣财购［2004］20号）关于印发《江西省省直单位政府采购管理实施办法》的通知的规定实施政府采购项目。

（六）驻各设区市、县（市、区）（不含南昌市市区）省属单位采购政府采购目录范围内的货物、工程和服务项目（除另有规定外）纳入当地政府采购。

山东省

关于公布《2010年山东省省级政府集中采购目录》的通知

鲁财采［2009］4号

省直各部门：

根据《中华人民共和国政府采购法》规定，经省政府授权，我们制定了《2010年山东省省级政府集中采购目录》，现予公布，并就有关问题通知如下，请一并遵照执行。

一、政府采购目录和采购方式。2010年省级政府集中采购目录，分为“省级机关政府采购中心集中采购目录”和“部门集中采购目录”两部分。

1．A、B、C品目属于“省级机关政府采购中心集中采购目录”，由部门委托省级机关政府采购中心按照规定程序代理采购。

2．D、E品目属于“部门集中采购目录”，由部门委托经财政部或省财政厅认定资格的政府采购代理机构代理采购，也可委托省级机关政府采购中心代理采购。

3．属于“省级机关政府采购中心集中采购目录”内的项目，必须由省级机关政府采购中心代理采购，不得委托其他政府采购代理机构。

4．“省级机关政府采购中心集中采购目录”中，以下物品实行协议供货方式采购：单项或批量采购金额在80万元以下的计算机（包括台式计算机、便携计算机、图形工作站、显示器）、PC服务器（包括塔式服务器、机架式服务器）、服务器存储器（包括SAN、NAS、DAS、磁带机、磁带库）、移动存储设备、网络设备（包括无线AP、低端路由器、网络交换机、光纤交换机、硬件防火墙）、光盘刻录机、杀毒软件、打印机（包括激光打印机、喷墨打印机、针式打印机、热升华打印机、多功能一体机）、复印机（数码复印机、速印机）、传真机（包括激光传真机、喷墨传真机、色带传真机、热敏纸传真机）、扫描仪、碎纸机、办公耗材（硒鼓、墨盒、碳粉、色带、复印纸）、数码摄影、摄像器材（数码相机、数码摄影机）、投影仪、不间断电源（UPS）、民用空调（分体壁挂空调、分体柜式空调）、电视机以及单次采购10辆以下同品牌的轿车或旅行面包车。

二、政府采购限额标准。“省级机关政府采购中心集中采购目录”和“部门集中采购目录”以外、单项采购额在5万元以上的项目，也应按规定实行政府采购，由部门委托经财政部或省财政厅认定资格的政府采购代理机构代理采购，或者委托省级机关政府采购中心代理采购。

三、政府采购预算编制。“省级机关政府采购中心集中采购目录”和“部门集中采购目录”范围内，以及政府采购限额标准以上的项目，均应按要求编制政府采购预算。年度中追加的预算指标，属于政府集中采购目录以内或政府采购限额标准以上的项目，要调增政府采购预算。

四、政府采购计划管理。各部门要根据财政部门批准的年初政府采购预算和年中调整的政府采购预算，向省财政厅报送政府采购计划。其中：属A、B、C品目的，报“省级政府集中采购计划申请表”；属D、E品目的，报“省级部门集中采购计划申请表”；属政府集中采购目录以外、政府采购限额标准以上品目的，委托省级机关政府采购中心采购报“省级政府集中采购计划申请表”，委托政府采购代理机构采购报“省级部门集中采购计划申请表”。采购计划被正式批准后，各部门方可按规定程序实施采购，并接受政府采购管理部门监督。

五、公开招标数额标准。单项或批量采购金额达到80万元以上的货物和服务项目，200万元以上的工程项目（工程勘察、设计、监理项目为50万元以上），必须采用公开招标方式采购。

六、驻济以外省直单位采购方式。驻济南以外省直单位采购批量价值在公开招标数额标准以下的家具、办公自动化设备及耗材、视听及采编设备、摄影器材、空气调节设备，可凭省财政厅批准的政府采购计划，通过《山东省财政厅电子化政府采购管理系统》，委托给所在设区的市财政部门，按照规定程序进行采购。

附件：2010年山东省省级政府集中采购目录

山东省财政厅

二〇〇九年十月二十一日

附件：

2010年山东省省级政府集中采购目录

一、省级机关政府采购中心集中采购目录

品目编码品目名称备注

A 货物类

A01 家具公开招标数额标准以下的公用家具的政府采购执行定点供应商采购方式，执行《环境标志产品政府采购清单》

A0101 办公家具

A0102 校舍、宿舍家具

A02 公务服装

A0201 标志服装

A0202 非标志服装

A0203 劳保服装

A0204 其他公务服装

A03 办公自动化设备及耗材

A0301 计算机

A030101 大、中型计算机执行《节能产品政府采购清单》

A030102 台式计算机执行《节能产品政府采购清单》及《环境标志产品政府采购清单》

A030103 便携计算机执行《节能产品政府采购清单》

A030104 图形工作站执行《节能产品政府采购清单》

A0302 显示器执行《节能产品政府采购清单》及《环境标志产品政府采购清单》

A030201 触摸屏

A030202 大屏幕显示设备

A0303 PC服务器执行《节能产品政府采购清单》

A0304 服务器存储器

A030401 存储区域网络设备SAN

A030402 网络附属存储设备NAS

A030403 直接附属存储设备DAS

A030404 磁带机

A030405 磁带库

A030406 磁盘阵列

A0305 移动存储设备

A030501 U盘

A030502 移动硬盘

A030503 闪存卡

A0306 网络设备

A030601 无线AP

A030602 路由器

A030603 交换机

A030604 集线器

A030605 网卡

A030606 调制解调器

A030607 硬件防火墙

A0307 光盘刻录机

A0308 计算机软件

A030801 系统软件

A030802 工具软件

A030803 应用软件用于财务、管理、教学等

A030804 杀毒软件用于财务、管理、教学等

A0309 打印机

A030901 激光打印机

A030902 喷墨打印机

A030903 针式打印机

A030904 热升华打印机

A030905 多功能一体机

A0310 复印机执行《节能产品政府采购清单》及《环境标志产品政府采购清单》

A0311 速印机

A0312 传真机执行《节能产品政府采购清单》及《环境标志产品政府采购清单》

A0313 扫描仪

A0314 碎纸机

A0315 办公耗材

A031501 硒鼓再生鼓粉盒的政府采购执行《环境标志产品政府采购清单》

A031502 墨盒、碳粉

A031503 色带执行《环境标志产品政府采购清单》

A031504 复印纸执行《环境标志产品政府采购清单》

A0316　数码摄影、摄像器材

A031601　数码相机

A031602　数码摄像机

A0317　投影仪执行《节能产品政府采购清单》

A0318　视频展示台

A0319　中控设备

A0320　不间断电源(UPS)执行《节能产品政府采购清单》

A04　信息安全类产品将会同省保密局编制信息安全类产品目录，并研究制定信息安全类产品政府采购办法，具体内容见补充说明及后续相关办法。

A05　视听及采编设备

A0501　电视机

A0502　录（放）像机

A0503　录音机

A0504　功放机

A0505　激光视盘机

A0506　组合音响

A0507　音箱

A0508　线性编辑机

A0509　非线性编辑机

A0510　摄像机及附属设备

A0511　采访机

A0512　其他视听及采编设备

A06　摄影器材照相机及配套器材

A07　乐器

A0701　西洋乐器

A0702　民族乐器

A08　空气调节设备执行《节能产品政府采购清单》

A0801　中央空调设备

A080101　中央空调主机

A080102　热交换器

A080103　末端设备

A080104　冷却塔

A080105　水处理设备

A080106　自控元件

A0802　多联空调机

A0803　分体式空调机

A0804　窗式空调机

A0805　恒温恒湿机

A09　锅炉

A0901　锅炉本体

A090101　燃煤锅炉

A090102　燃气锅炉

A090103　燃油锅炉

A090104　电热锅炉

A0902　锅炉辅助设备

A090201　燃煤锅炉炉排调速器

A090202　燃油（气）锅炉燃烧器

A090203　送风机、引风机及其控制设备

A090204　锅炉上煤设备

A090205　除尘脱硫设备

A090206　烟囱（钢制、砖砌等）

A090207　给水泵、放水泵、凝结水泵、循环水泵

A090208　水处理设备

A090209　锅炉给水除氧设备

A090210　锅炉仪表阀门

A090211　锅炉控制柜及其自控装置

A090212　换热器（汽一水，水一水）

A090213　省煤器、空气预热器

A090214　燃油锅炉用油系统及其设备

A090215　锅炉房内分汽包，分水包及管道

A090216　锅炉备品、备件及工具

A10　电梯

A11　机动车辆轻型车辆采购执行《环境标志产品政府采购清单》

A1101　轿车

A1102　越野汽车（吉普车）

A1103　载货汽车

A1104　载客汽车

A110401　旅行面包车

A110402　大客车

A110403　微型客车

A1105　客货两用车

A1106　专用汽车

A110601　救护车

A110602　警车

A110603　囚车

A110604　消防车

A110605　道路清障车

A110606　道路设施维修车

A110607　通讯广播车

A110608　勘察勘探车

A110609　清扫车

A110610　洒水车

A110611　机场专用车

A110612　叉车

A110613　工程汽车

A110614　工具汽车

A110615　垃圾车

A110616　粪便车

A1107　摩托车

A1108　其他机动车辆

A12　飞机

A13　船舶

A14　机动车辆检测设备

A1401　机动车辆检测线

A1402　机动车辆检测车

A1403　车辆检测诊断设备

A1404　车辆维修设备

A15　通信设备

A1501　交换机

A1502　备用电源

A1503　无线电发射机

A1504　无线对讲机

A1505　无线接收机

A1506　通讯中继设备

A1507　GPS 设备含接收机、发射机及后端处理设备

A1508　移动信息终端现场应急处置警用 PDA 手机

A1509　微波传输设备语音、数据、影像传输

A16　交通管理监控设备

A1601　路口电子警察摄像机、网络传输设备、硬盘录像

A1602　移动电子警察车载摄像机、网络传输设备、硬盘

A1603　警务工作站摄像机、网络传输设备、硬盘录像

A1604　道路监控摄像机、网络传输设备

A1605　指挥中心显示设备、网络设备、矩阵、存储处

A1606　数据传输设备光纤、电缆、收发设备

A17　灯具单次采购 5 万元以上；执行《节能产品政府采购清单》

A18　建筑物

A1801　办公用房

A1802　其他建筑物包括办公附属建筑物、公益设施建筑、纪念性建筑、公寓、宿舍用房

A19　专用物资

A1901　救灾物资

A1902　防汛物资

A1903　抗旱物资

A1904　农用物资化肥、农药、塑料薄膜、种子

A1905　储备物资包括粮、棉、糖

A1906　其他物资

A20　电力金具执行《节能产品政府采购清单》

B　工程类

B01　专业工程

B0101　空调工程

B0102　电梯工程

B0103　消防工程

B010301　火灾自动报警设备及安装

B010302　水系统消防设备及安装

B010303　气体灭火系统设备及安装

B0104　弱电工程指与原有建筑物维修、改造（修缮工程）相配合的综合布线工程

B0105　监控工程

B0106　灯光音响工程

B0107　标准体育场地

B0108　场区道路

B02　智能大厦弱电系统集成

B03　计算机局域网、广域网建设工程

C　服务类

C01　信息系统开发包括咨询、论证、专业软件开发、系统研发、升级、维护、验收等

C02　物业管理

C03　中介服务审计、评估、咨询、验资、结算、代理等

C04　交通工具的维修保障

C0401　车辆保险

C0402　车辆加油

C0403　车辆维修

C05　金融服务

C0501　国库集中支付代理银行

C0502　省级政府机关及事业单位工资代发

C0503　社保基金业务代理机构

C0504　省级政府发行债券业务代理金融机构发行、承销、托管

C0505　住房公积金业务代理银行存款、放款

C0506　国际金融组织贷款项目代理金融机构

C0507　省级基础设施项目代理金融机构含投资银行机构

C06　资产评估

C07　审计服务

C08　法律服务

C09　国际机票代理

C10　中央空调清洗

C11　其他服务

二、部门集中采购目录

D　货物类

D01　实验室仪器、设备不含在实验室使用的办公自动化设备、家具等

D0101　波谱分析仪

D0102　核磁共振波谱分析仪

D0103　电泳仪

D0104　质谱仪

D0105　液相色谱仪

D0106　衍射仪

D0107 原子吸收光度计
D0108 示波器
D0109 红外分光光度计
D0110 紫外分光光度计
D0111 酸度计
D0112 偏振仪
D0113 折光仪
D0114 激光器
D0115 电子显微镜
D0116 偏光显微镜
D0117 立体显微镜
D0118 其他实验室仪器、设备
D02 医疗仪器设备
D0201 诊断设备
D020101 磁共振诊断仪
D020102 EJCT诊断仪
D020103 EEJCT诊断仪
D020104 X光机
D020105 数字影仪（DSR）
D020106 黑白超声诊断仪
D020107 彩色超声诊断仪
D020108 动态心电图机
D020109 颅脑多普勒诊断仪
D020110 电子动态喉镜
D020111 电子胃镜
D020112 支气管镜
D020113 电脑验光仪
D020114 胎心监护仪
D020115 中央多参数监护仪
D020116 EJC型臂X光治疗系统
D020117 脑电图机
D020118 肺功能诊断仪
D020119 心电图分析系统
D020120 其他诊断设备
D0202 治疗设备
D020201 放疗设备
D020202 机器人导航手术系统
D020203 眼科准分子激光仪
D020204 美容激光仪
D020205 EJCO2激光仪
D020206 超声碎石机
D020207 前列腺治疗机
D020208 牙科综合治疗机
D020209 耳鼻喉治疗台
D020210 呼吸机
D020211 除颤器
D020212 关节镜
D020213 理疗设备
D020214 麻醉机
D020215 腹腔镜
D020216 高频电刀
D020217 氩气刀
D020218 其他治疗设备
D0203 检验及实验室设备
D020301 大型生化分析仪
D020302 流支细胞仪
D020303 血流变检测仪
D020304 电子显微镜
D020305 尿液分析仪
D020306 台式显微镜
D020307 r计数器
D020308 放射免疫诊断仪
D020309 病理切片机
D020310 脱水机
D020311 包埋机
D020312 其他检验及实验室设备
D0204 实验室试剂
D03 大、中型农用机械
D0301 动力机械
D030101 拖拉机
D030102 柴油机
D030103 汽油机
D030104 电动机
D0302 田间作业机械
D030201 收获机械
D030202 耕整机械
D030203 播种机械
D030204 施肥机械
D030205 植保机械
D030206 秸秆还田机械
D030207 排灌机械
D0303 场上作业机械
D030301 脱粒机
D030302 清选机
D030303 烘干机
D030304 脱壳机
D030305 摘果机
D0304 农产品加工机械
D030401 粮食加工机械
D030402 油料加工机械

D030403　棉花加工机械
D030404　果蔬加工机械
D0305　农田基本建设机械
D030501　推土机械
D030502　挖掘机械
D030503　装载机械
D030504　铲运机械
D030505　平地机械
D0306　农用运输机械
D030601　三轮农用车
D030602　四轮农用车
D0307　林牧渔机械
D030701　林业机械
D030702　牧业机械
D030703　渔业机械
D04　土地
D05　无线电监测设备
D06　广播电视地面发射接收设备
D0601　电视广播发射设备
D0602　卫星地面站
D0603　广播电视接收设备
D07　体育器材
D0701　运动服饰
D0702　竞技（训练）器材
D0703　健身（康复）器材
D0704　户外运动器材
D0705　体能检测器材
D0706　场馆设施
D08　炊事设备
D0801　灶具烟罩设备
D080101　炒菜灶、燃气灶、电磁灶采购执行《节能产品政府采购清单》
D080102　大锅灶
D080103　煲仔炉
D080104　抽油烟机
D080105　排油烟罩
D0802　烹蒸烤设备
D080201　夹层锅
D080202　微波炉
D080203　蒸饭车
D080204　保温车
D080205　笼屉
D080206　电饼铛
D080207　炸锅
D080208　烤箱
D080209　电饭锅
D0803　食品加工设备
D080301　搅拌机
D080302　和面机
D080303　馒头机
D080304　面条机
D080305　削皮机
D080306　切菜机
D080307　绞肉机
D080308　榨汁机
D0804　台柜
D080401　操作台
D080402　餐车
D080403　橱柜
D080404　售餐台
D080405　餐桌椅
D0805　洗刷设备
D080501　水槽
D080502　水嘴执行《节能产品政府采购清单》及《环境标志产品政府采购清单》
D080503　洗手台
D080504　储水装置
D0806　制冷设备
D080601　冰箱执行《节能产品政府采购清单》
D080602　冰柜执行《节能产品政府采购清单》
D080603　冷藏展示柜
D080604　冷库
D0807　消毒设备
D080701　洗碗机
D080702　消毒柜
D0808　饮水设备
D080801　饮水机
D080802　水净化设备
D080803　水壶
D09　盥洗设备
D0901　便器执行《节能产品政府采购清单》
D0902　便器冲洗阀执行《节能产品政府采购清单》
D0903　水箱配件执行《节能产品政府采购清单》
D0904　沐浴器执行《节能产品政府采购清单》
D0905　沐浴房执行《节能产品政府采购清单》
D10　药品
D11　医用耗材
D12　疫苗
D13　图书单次采购 5 万元以上
D14　残疾人专用物品

E 工程类

E01 工程勘察

E02 工程设计

E03 工程监理

E04 建筑工程施工及与工程建设有关的重要设备、材料等；白乳胶、水性涂料、溶剂型木器涂料、木地板、轻质墙体板材、塑料门窗、塑料管材、建筑陶瓷、卫生陶瓷的政府采购执行《环境标志产品政府采购清单》

E0401 土建工程包括建筑物和构筑物的新建、改建、扩建、拆除等

E0402 装修工程

E0403 修缮工程

E0404 安装工程

E040401 给排水工程

E040402 采暖工程

E05 环保、绿化工程

E0501 污水处理

E0502 市政垃圾处理

E0503 园林绿化工程

E0504 防沙工程

E06 市政建设工程

E0601 市政道路建设、改造、整修工程

E0602 市政公用设施建设

E0603 自来水输水工程

E0604 集中供暖、供热、供气工程

E07 交通运输工程

E0701 铁路工程（包括地铁工程）

E0702 公路、桥梁、涵洞

E08 水利、防洪工程

E0801 河道疏浚工程

E0802 大坝、水库、闸门、泄洪工程

E0803 江河、湖泊治理工程

E09 农业综合开发工程

E0901 土地治理工程

E0902 农田水利工程

E0903 农业科技推广工程

E0904 农业产业化工程

E0905 农村基础设施建设工程

河南省

关于印发《河南省省级2010年政府采购目录及限额标准》的通知

豫财购［2010］3号

省直各部门、各单位：

《河南省省级2010年政府采购目录及限额标准》已经省政府批准，现印发给你们，请遵照执行。

河南省财政厅

二〇一〇年一月二十二日

河南省省级2010年政府采购目录及限额标准

一、政府采购目录、限额标准

A　货物类

A03　一般设备

A0301　电器设备

A030101　电视机 协议供货

A030105　摄影、摄像器材 协议供货

A030106　空气调节设备 协议供货

A030199　其他电器设备 批量采购1万元以上

A0302　办公自动化设备

A030201　计算机 协议供货

A030202　打印机 协议供货

A030204　传真机 协议供货

A030205　复印机 协议供货

A030206　速印机 协议供货

A030207　碎纸机 协议供货

A030208　投影仪 协议供货

A030209　扫描仪 协议供货

A030299　其他办公自动化设备 批量采购1万元以上

A0303　家具

A030301　办公家具 协议供货

A030302　宿舍家具 协议供货

A030399　其他家具 协议供货

A04　办公消耗用品

A0401　纸张 协议供货

A0499　其他消耗用品 批量采购 1 万元以上。包括磁盘、UPS、硒鼓、墨粉

A05　建筑、装饰材料

A0501　水泥

A0502　木材

A0504　金属材料

A0507　玻璃

A0599　其他建筑、装饰材料

A06　物资

A0601　救灾物资

A0602　防汛物资

A0603　抗旱物资

A0604　农用物资

A0605　储备物资 包括粮食、糖、棉花等

A0606　燃料 冬季取暖用煤、油等

A0699　其他物资 批量采购1万元以上

A07　专用材料

A0706　工具和仪器 指仪表、仪器等

A0707　艺术部门用材料和用品

A0708　军装、制服及劳保用品 包括执法部门统一制装；学生统一校服。

A0799　其他专用材料 批量采购1万元以上

A10　专用设备

A1001　通信设备

A100101　移动通信设备

A100102　电话通信设备

A100199　其他通信设备

A1002　印刷设备

A1003　照排设备

A1004　网络设备

A100401　服务器

A100402　路由器

A100403　交换机

A100404　调制解调器

A100499　其他网络设备

A1005　发电设备

A1006　医疗设备、器械

A1007　计划生育设备

A1008　交通管理监控设备

A1009　港口设备

A1010　农用机械设备

A1011　工程机械

A1013　消防设备

A1015　警用设备和用品

A1018　档案、保密设备

A1019　教学设备

A1020　实验室设备

A1021　广播电视、影像设备

A1022　灯光、音响设备

A1023　文艺设备

A1024　体育设备

A1025　地震设备

A1027　电梯和起重机

A1028　炊事设备 批量采购1万元以上

A1029　锅炉

A1099　其他专用设备 批量采购1万元以上

A11　交通工具

A1101　汽车 协议供货

A110101　轿车 协议供货

A11010101　普通轿车 协议供货

A11010102　高级轿车 协议供货
A110102　越野汽车（吉普车） 协议供货
A110103　卡车 协议供货
A110104　载客汽车 协议供货
A11010402　旅行面包车 协议供货
A11010404　微型客车 协议供货
A11010499　其他载客汽车 协议供货
A110105　专用汽车
A11010501　工程汽车
A11010502　工具汽车
A11010503　消防车
A11010504　警车
A11010505　救护车
A11010506　通讯和广播用车
A11010507　皮卡
A11010599　其他专用汽车
A1199　其他交通工具
A99　其他货物 单项金额超过 1 万元
B　工程类
B01　建筑物
B0101　公用房建设
B0102　住房建设
B0103　其他用房建设
B0104　文教、卫生、音乐、体育等公益设施建设
B0105　纪念性建筑设施建设
B0199　其他建筑设施建设
B03　环保、绿化工程
B0301　污水处理
B0303　园林绿化工程
B0304　荒山绿化
B0305　天然林保护
B0306　防沙工程
B04　水利、防洪工程
B0401　河道疏浚工程
B0402　大坝、水库、闸门、泄洪工程
B0403　农田水利工程
B0404　江河、湖泊治理工程
B05　交通运输工程
B0501　机场、航空工程
B0502　港口工程
B0503　铁路工程
B0504　公路、桥梁、涵洞
B06　油气工程
B07　电力工程
B08　电信工程
B09　修缮、装饰工程
B10　系统集成、网络工程
B99　其他各类工程
C　服务类
C01　印刷、出版 定点采购
C02　专业咨询、工程监理、工程设计
C03　测绘
C0301　基础航空摄影
C0302　专业地理信息系统
C0303　地形图、影像图等数字化产品及数据库建设
C0304　界线测绘、地籍测绘
C04　信息技术、信息管理软件的开发设计及采购
C05　维修
C0501　一般设备
C0502　专用设备
C0503　建筑物
C0599　其他维修
C0703　交通工具的维护保障
C070301　车辆保险
C070302　车辆加油
C070303　车辆维修及配件采购 定点采购
C08　会议 定点采购
C99　其他服务 单次采购 1 万元以上

二、政府采购公开招标数额标准

政府采购货物或服务的项目，单项或批量采购金额一次性达到 50 万元以上的，必须采用公开招标方式。

政府采购工程项目公开招数额标准按照有关规定执行。政府采购工程项目招标适用于《招标投标法》，采取招标之外方式采购的均按《政府采购法》规定执行。

湖北省

关于印发《2010 年湖北省政府采购目录及标准》的通知

鄂政办发［2009］87 号

省政府各部门：

《2010 年湖北省政府采购目录及标准》已经省人民政府同意，现印发给你们，请遵照执行。

湖北省人民政府办公厅

二〇〇九年九月二十三日

2010 年湖北省政府采购目录及标准

一、政府集中采购目录

以下项目必须按规定委托省政府采购中心或者采购单位所在区域内的集中采购机构代理采购。

（一）货物类

计算机（含台式、便携式计算机）、显示器、打印机、传真机、复印机、速印机、一体机（含便携式一体机）、投影仪（含影幕）、扫描仪，摄影、摄像器材，刻录机，空气调节设备（含除湿设备），电视机、影碟播放机、电冰箱、洗衣机、电话机、吸尘器、碎纸机，办公家具，学校、科研和医疗专用家具（含课桌椅）。

轿车、越野汽车、卡车、旅行车、大客车，救护车、洒水车、道路清扫车、垃圾车，工程汽车、工具汽车、警车、通讯和广播用车、其他专用汽车，摩托车，船只。

网络系统集成硬件设备（服务器、路由器、交换机、调制解调器、不间断电源、磁盘阵列及其他网络设备），移动存储设备、磁盘保护卡，通信设备、印刷设备、照排设备，发电设备，电梯和起重机，炊事设备，锅炉，农用机械设备、工程机械、园艺机械、道路清扫设备，教学设备、仪器，安防监控设备，税务装备，消防设备，广播电视影像设备，文艺设备，体育器材、器械，保安设备，灯光音响设备，乐器。

应用软件，制服，工具和仪器，燃料，农用物资，储备物资，劳保用品，教科书，图书资料。

自主创新产品目录产品。

（二）工程类

使用财政性资金以及与财政性资金配套的新建、改建、扩建、装修、拆除、修缮等工程。

（三）服务类

会议、培训，省级车辆保险、维修、加油、车辆内装饰，一般印刷业务，软件、网络（含网络维护）、软件开发、责任保险。

工程设计、工程代建、工程监理，聘请中介机构。

二、部门集中采购目录

以下项目实行部门集中采购。具备相关条件的，由部门按规定组织采购；不具备相关条件的，可委托省政府采购中心或者采购单位所在区域内的集中采购机构、经省级以上财政部门认定资格的政府采购代理机构采购。

（一）货物类

质量技术检测监测专用设备，食品药品检测专用设备，公共卫生检验监督监测专用设备，交通管理监控专用设备，水利水电检测监测设备，农产品检测监测设备，医疗专用器械，环境检测监测设备，气象专用仪器设备，人工影响天气作业专用设备，航测专用设备，地震专用设备，警用专用器械，海关专用物资装备，检察诉讼专用设备，法庭内部专用装备，保密设备。

药品，医疗专用耗材，生物制品及监测试剂，动物疫病检测防治用品。艺术部门专用材料和用品。

救灾物资、防汛物资、抗旱物资。

（二）工程类

使用财政性资金以及与财政性资金配套的新建、改建、扩建、装修、拆除、修缮等工程，园林绿化及维护。

（三）服务类

专业培训、物业管理、特殊印刷业务。

工程设计、工程代建、工程监理。

部门确定的其他有特殊要求的专用服务项目。

三、部门采购限额标准

省级一级预算单位汇总年批量采购量10万元以下，属于政府集中采购目录以内，且不属于协议供货范围内的货物和服务类项目，经省财政厅批准，可由部门集中采购或自行采购。

省级一级预算单位汇总年批量采购量20万元以上，属于政府集中采购目录和部门集中采购目录以外的货物和服务类项目，经省财政厅批准，可由部门自行采购。

四、公开招标数额标准

省级单项或批量采购金额一次性达到80万元以上的货物类项目和50万元以上的工程类项目，必须实行公开招标。

服务类项目，原则上通过公开招标方式确定一定时期内的协议供应商；对于不能通过协议服务方式采购、但省级单项或批量采购金额一次性达到50万元以上的服务类项目，仍必须实行公开招标。

五、其他要求

（一）纳入集中采购目录属于通用的政府采购项目，应当实行政府集中采购；属于本部门、本系统有特殊要求的项目，应当实行部门集中采购；属于本单位有特殊要求的项目，经省人民政府授权省财政厅批准后，可以自行采购。

（二）工程类项目方面，凡国家对政府采购代理机构规定了资质要求的项目，由省级一级预算单位委托符合资质条件的政府采购代理机构代理采购。凡国家未对政府采购代理机构规定资质要求的项目，项目金额50万元以上的，由省政府采购中心或者采购单位所在区域内的集中采购机构集中采购；50万元以下的，由部门委托省政府采购中心或者采购单位所在区域内的集中采购机构、经省级以上财政部门认定资格的政府采购代理机构采购。

（三）各级行政事业单位要按照年度政府采购目录，认真编制政府采购预算，严格实行政府采购资金国库直接支付制度。凡未按规定编制政府采购预算、申报政府采购计划和实行政府采购的项目，财政部门可以拒付资金。

（四）各级行政事业单位要严格执行政府采购制度，财政部门要认真履行监管职责，加强监督检查，不断规范政府采购行为。

（五）建立健全和严格执行政府强制采购节能产品制度，充分发挥政府采购的政策引导功能，将自主创新产品目录列入年度政府集中采购目录，促进节能减排工作，支持经济社会发展。政府采购应采购本国货物、工程和服务，优先采购环保、节能产品，实现政府采购的政策目标。

（六）各地可结合实际，制定本级年度政府采购目录及标准，并报省财政厅备案。

湖南省

关于印发《湖南省2010年政府集中采购目录及采购限额标准》的通知

湘财购［2009］14号

省直各单位，各市州财政局：

经省人民政府授权，根据《中华人民共和国政府采购法》的有关规定，结合我省政府采购工作实际，我们制定了《湖南省2010年政府集中采购目录及采购限额标准》，现印发给你们，请遵照执行。

附件：湖南省2010年政府集中采购目录及采购限额标准

湖南省财政厅

二〇〇九年十月二十二日

附件：

湖南省2010年政府集中采购目录及采购限额标准

一、集中采购目录

以下项目必须按规定委托集中采购机构（政府采购中心）采购。

（一）货物类

1. 交通工具：公务用车、专用车辆、改装车辆

2. 电器设备：电视机、电冰箱、空调（不含中央空调）、吸尘器

3. 办公自动化设备：台式计算机、便携式计算机、复印机、打印机、服务器、碎纸机、传真机、速印机、投影仪、多功能一体机、照相机、摄像机等

4. 办公大宗消耗用品：纸张、硒鼓、碳粉、U盘、光盘、移动硬盘

5. 计算机软件（指操作系统、办公软件、防病毒软件、数据库、中间件）

6. 办公家具（含档案密集架）

7. 电梯（不含工程内的）

8. 农机、农具

9. 建筑装饰材料

10. 变配电设备

11. 电线电缆

12. 救灾物资

13. 防汛抗旱物资

14. 免费教科书

15. 网络设备

16. 监控设备

17. 网络工程

18. 系统集成

（二）工程类（100万元以内）

1. 建筑物和构筑物的新建、改建、扩建、装修、拆除、修缮等

2. 绿化工程

（三）服务类

1. 会议定点、培训、接待

2. 汽车保险

3. 汽车维修

4. 汽车加油

5. 印刷项目

6. 物业管理

7. 软件开发

8. 服装加工

9. 网络租赁、网络维护

二、其他货物和服务采购

凡属集中采购目录以外政府采购限额标准以上的货物和服务项目，由采购人委托经省级以上政府采购监督管理部门认定资格的政府采购业务代理机构（招标公司）或集中采购机构（政府采购中心）实施采购。包括：工程机械、农用物资、储备物资、医疗设备和器械、计划生育设备、医疗设备、气象专用仪器设备、测绘专业仪器设备、消防设备、警用设备和用品、专用教学设备、广播影视设备及专用摄影设备、文艺设备、体育设备、地震专用设备、质检专用仪器设备、检察诉讼设备、法庭内部装备、水利专用设备等。

三、政府采购限额标准

预算管理单位使用财政性资金采购货物、工程和服务达到限额标准的，均应当实行政府采购制度。具体限额标准为：

（一）货物类

省级：单项在1万元以上或者批量在10万元以上金额的货物；

市（州）级：单项在3千元以上或者批量在3万元以上金额的货物；

县（市、区）级：单项在1千元以上或者批量在1万元以上金额的货物。

（二）工程类（包括建筑物和构筑物的新建、改建、扩建、装修、拆除、修缮等）

省级：20万元以上的工程项目；

市（州）级：10万元以上的工程项目；

县（市、区）级：5万元以上的工程项目。

（三）服务类

省级：单项在1万元以上或者批量在5万元以上金额的服务；

市（州）级：单项在1万元以上或者批量在3万元以上金额的服务；

县（市、区）级：单项在1万元以上或者批量在2万元以上金额的服务。

（四）协议供货

办公设备实行协议供货单项在50万元以内的；

汽车实行协议供货同品牌、同型号在4台以下（含4台），金额在100万元以内的；

其他定点采购项目按相关文件规定执行。

四、公开招标数额标准

各级预算管理单位采购集中采购目录以内或者采购限额标准以上的项目，凡达到公开招标数额标准的，应当采用公开招标方式（法律规定的特殊情形除外）采购。具体数额

标准：50 万元以上的单项或者批量货物；30 万元以上的单项或者批量服务；100 万元以上的工程项目。

五、相关说明

（一）采购人在政府采购活动中，应当执行国家强制采购节能产品制度有关规定，优先或强制购买环境保护和自主创新产品。

（二）政府采购应当优先采购本国货物、工程和服务，采购人确需采购进口产品的，应按国家有关规定提出申请并获得财政部门审核同意后，才能开展采购活动。经财政部门审核同意购买进口产品的，应当在采购文件中明确规定可以采购进口产品，但如果因信息不对称等原因，仍有满足需求的国内产品要求参与竞争的，采购人及其委托的代理机构不得对其加以限制，应当按照公平竞争的原则实施采购。

（三）政府集中采购目录及采购限额标准是各预算单位编制年度政府采购预算和有关单位编制专项计划的依据，也是财政、监察、审计部门进行监督和检查的重要依据。各单位必须以此依据认真编制本单位的部门预算。

（四）采购限额标准以下的项目，已实行协议供货或定点采购的，各单位必须严格执行协议供货或定点采购制度，没有实行协议供货或定点采购的，由单位自行采购。

（五）达到公开招标数额标准，因特殊情况需要采用非公开招标方式采购的，事前必须报市州以上政府采购监督管理部门批准。

（六）单项采购项目是指单个采购品目或预算专项，由财政安排的专项采购，以预算资金为准；配套资金项目以项目总投资为准。批量采购项目按本年度本部门、本系统的采购总量为准。

复合采购项目，即一个采购项目中既含有货物，又含有工程或服务的采购项目，按照采购资金比重较大的项目确定其属性。

（七）省属普通高等院校政府货物和服务采购，可按湖南省财政厅、湖南省教育厅《关于关于进一步规范普通高等院校政府采购工作的通知》（湘财购［2008］10 号）规定的程序执行。各单位工程采购项目，按照湖南省财政厅《关于进一步明确工程政府采购有关事项的通知》（湘财购［2009］8 号）规定的程序执行。

广西壮族自治区

关于公布《2010—2011 年广西壮族自治区政府集中采购目录及限额标准》的通知

桂政办发［2009］144 号

各市、县人民政府，自治区农垦局，自治区人民政府各组成部门、各直属机构：

为规范政府采购行为，明确我区 2010－2011 年政府采购范围，根据《中华人民共和国政府采购法》的有关规定，结合我区实际情况，经自治区人民政府同意，现公布《2010－2011 年广西壮族自治区政府集中采购目录及限额标准》（以下简称《目录及标准》），并提出以下要求，请遵照执行。

一、各级国家机关、事业单位和团体组织（以下统称采购人）使用财政性资金或纳入财政管理的其他资金采购集中采购目录以内或者采购限额标准以上的货物、工程和服务的，必须按照有关法律法规、规章和制度进行政府采购。

二、各级人民政府财政部门是负责政府采购的监督管理部门，依法履行对政府采购活动的监督管理职责，依法对政府采购的法律法规和采购范围、方式、程序等执行情况进行监督管理，并受理与政府采购有关的投诉。

三、采购人在编制年度部门预算时，要根据《目录及标准》单独编制政府采购预算，并依据批复的政府采购预算，按规定及时编报政府采购计划。

对不按要求编制政府采购预算和计划的部门，政府采购监督管理部门责令其改正。拒不改正的，财政部门停止按预算向其拨付资金，其上级行政主管部门或者有关机关要依法给予其直接负责的主管人员和其他直接责任人员处分。采购人没有按规定编制政府采购计划的，采购代理机构不得与采购人签订委托代理协议，不准代理其政府采购事宜。

《目录及标准》中单项采购项目是指单个采购品目或预算专项，批量采购项目是指年度本部门、本系统的采购总量。财政安排的专项采购以预算资金为准，配套资金项目以项目总投资为准。

复合采购项目是指一个采购项目中既含有货物又含有工程或服务的采购项目，按照采购资金比重最大的项目确定其属性。

四、政府采购实行集中采购和分散采购相结合的方式。集中采购分为政府集中采购和部门集中采购，集中采购目录包括通用类目录和专用类目录两大部分。集中采购目录以内的采购项目实行集中采购，集中采购目录以外、采购限额标准以上的采购项目实行分散采购。

五、集中采购目录中属通用的、零星的、经常性采购的货物和服务类采购项目，如电器设备、办公自动化设备、办公消耗用品、会议、印刷、小额工程、汽车和汽车的加油、保险、维修以及工程设计、造价咨询、监理、勘察等项目可分别进行协议供货采购或定点采购。

六、各地级市人民政府或其授权部门可根据当地的实际情况，在逐步扩大政府采购范围、规范政府采购行为的基础上，依照本《目录及标准》调整本级政府集中采购目录、限额标准及公开招标的数额标准，制定所辖县级政府集中采购目录、限额标准及公开招标的数额标准，并报自治区财政厅备案。

七、本《目录及标准》自 2010 年 1 月 1 日起施行，有效期至 2011 年 12 月 31 日。施行过程中，因特殊情况需要修改、补充的，由自治区财政厅另行公布，报自治区人民政府备案。各地、各部门在执行过程中遇到的问题，应及时向自治区财政厅反映。

附件：2010—2011 年广西壮族自治区政府集中采购目录及限额标准

广西壮族自治区人民政府办公厅

二〇〇九年七月二十三日

附件：

2010—2011 年广西壮族自治区政府集中采购目录及限额标准

一、 集中采购目录

（一）通用类政府采购目录

1A 货物类

1A01 电器设备

1A0101 电视机

1A0102 电冰箱（冰柜）

1A0103 摄影和摄像器材

1A0104 空气调节设备

1A0105 其他电器设备 自治区本级、地级市（年度）预算金额 1 万元以上

1A02 办公自动化设备

1A0201 计算机及其外部设备

1A0202 打印机

1A0203 传真机

1A0204 复印机

1A0205 速印机

1A0206 投影仪

1A0207 扫描仪

1A0208 多功能一体机

1A0209 刻录机

1A0210 正版通用软件

1A0211 其他办公自动化设备

1A03 交通工具

1A0301 轿车

1A0302 越野车（吉普车）

1A0303 旅行车（面包车）

1A0304 卡车

1A0305 载客汽车（大、小客车）

1A0306 皮卡

1A0307 摩托车

1A0308 公务用船舶

1A0309 专用车辆 指事先在车内装有固定专用仪器设备，从事警用、监测、消防、电视、卫生、救护等专业工作车辆

1A04 办公消耗用品

1A0401 纸张（含复印纸、打印纸等）

1A0402 U 盘（含移动硬盘）

1A0403 办公自动化设备耗材（含墨盒、墨粉、硒鼓、油墨等打印机、复印机、速印机耗材）

1A05 办公家具 自治区本级、地级市（年度）预算金额 1 万元以上

1A06 锅炉

1A07　发配电设备

1B　工程类

1B01　统一建设的公用房、住房和廉租房

1B02　统一组织的房屋修缮、装修

1C　服务类

1C01　公务车辆保险

1C02　公务车辆维修

1C03　公务车辆加油

1C04　会议服务

1C05　工程监理

1C06　工程设计、造价咨询、勘察　自治区本级、地级市（年度）预算金额 5 万元以上

（二）专用类政府采购目录

2A　货物类

2A01　物资

2A0101　救灾物资

2A0102　防汛物资

2A0103　抗旱物资

2A0104　农用物资

2A0105　储备物资

2A0106　慰问物资　自治区本级、地级市（年度）预算金额 1 万元以上

2A02　通信设备

2A0201　无线电监测设备及器械

2A03　网络设备及网络配套设备

2A0301　服务器

2A0302　路由器

2A0303　交换机

2A0304　调制解调器

2A0305　磁带库

2A0306　磁盘阵列

2A0307　防火墙

2A0308　加密设备

2A04　医疗设备、器械

2A05　计划生育设备

2A06　消防设备

2A07　警用设备和用品

2A08　监控保安设备

2A09　教学设备

2A10　实验室设备

2A11　广播电视、影像设备

2A12　灯光、音响设备

2A13　文艺设备

2A14　体育设备及器材

2A15　船只

2A1501　救助船舶

2A1502　缉私船

2A1503　港务监督巡逻艇

2A16　电梯

2A17　中央空调

2A18　环保监测设备及器械

2A19　质量检测仪器设备

2A20　农用机械及设备

2A21　林业专用设备

2A22　水产畜牧专用设备

2A23　水利专用设备

2A24　交通专用设备（含交通指示灯、牌，交通电子监控设备）

2A25　海洋、气象专用仪器设备

2A26　防震、防雷、地质勘察、测绘仪器设备

2A27　其他专用设备（包括：人工影响天气作业设备、航测设备、税务专用物资装备、检察诉讼设备、法庭内部装备等）

2A28　各种疫苗、药品

2A29　公务服装及相关用品

2A30　专用材料

2A31　图书资料　自治区本级、地级市（年度）预算金额 1 万元以上

2A32　中小学免费教科书

2B　工程类

2B01　本单位公用房建设和宿舍建设

2B02　本单位公用房和宿舍修缮、装饰工程

2B03　本单位公用设施建设工程

2B04　供水、供暖、供热、供气工程　自治区本级、地级市（年度）预算金额 20 万元以上

2B05　市政建设工程

2B0501　市政道路工程

2B0502　市政公用设施建设

2B06　环保、园林、绿化工程

2B07　污水处理工程

2B08　水利、防洪工程

2B0801　河道疏浚工程

2B0802　大坝、水库、闸门、泄洪、排涝工程

2B0803　农田水利工程

2B09　交通运输工程　自治区本级、地级市（年度）预算金额 20 万元以上

2B10　土地整理项目、农业综合开发项目

2B11　其他工程

2B1101　系统集成

2B1102　网络工程

2B1103　监控工程　自治区本级、地级市（年度）预算金额 20 万元以上

2C　服务类

2C01　印刷　自治区本级、地级市（年度）预算金额 1 万元以上

2C02　信息技术、信息管理软件的开发、设计、监理

2C03　租赁服务

2C0301　办公用房租赁

2C0302　宿舍用房租赁

2C0303　通讯线路租赁

2C0304　网络租用

2C0305　机关办公场所物业管理

2C04　其他服务（包括：审计、评估、咨询、广告设计，可行性研究、规划、项目代建单位等服务）　自治区本级、地级市（年度）预算金额 10 万元以上

二、　政府采购限额标准

（一）　货物类

自治区本级、地级市（年度）预算金额在 1 万元以上或者单项金额（年度）在 1 万元以下但批量金额（年度）在 5 万元以上的货物。

（二）工程类（包括建筑物和构筑物的新建、改建、扩建、装修、拆除、修缮）

自治区本级、地级市（年度）预算金额 20 万元以上的工程项目。

（三）　服务类

自治区本级、地级市（年度）预算金额在 1 万元以上或者单项金额（年度）在 1 万元以下但批量金额（年度）在 10 万元以上的服务。

三、公开招标数额标准

政府采购货物或服务的项目，货物单项或者批量采购金额达到 120 万元以上的、服务单项或者批量采购达到 50 万元以上的，必须采用公开招标方式。政府采购工程公开招标数额标准按照国家和自治区有关规定执行，200 万元以上的工程项目应当采用公开招标方式。

海南省

关于印发《海南省 2009 年政府集中采购目录及标准》的通知

琼财采［2009］305 号

省直各单位，各市县财政局、洋浦财政局：

为了规范政府采购行为，明确我省 2009 年的政府采购范围及标准，根据《中华人民共和国政府采购法》的有关规定，我厅制定了《海南省 2009 年政府采购集中采购目录及标准》（以下简称《目录及标准》）。经省政府批准，现将《目录及标准》印发给你们，请认真遵照执行。

一、我省各级国家机关、事业单位和团体组织（以下简称采购人），使用财政性资金采购集中采购目录以内或限额标准以上的货物、工程和服务的，必须依照有关法律法规和制度的规定实行政府采购。

二、采购人在编制部门预算时，要根据本《目录及标准》编制政府采购预算。政府采购应当严格按照批准的预算和计划执行（含项目细化和追加预算），杜绝无预算或超预算资金采购。采购人实施采购前必须先向财政部门申报采购计划（网上申报协议供货采购除外），获得批准后方能进行采购活动。未申报采购计划自行采购的，会计集中管理机构不予支付采购资金。

三、政府采购原则上要求购买国内产品，确需购买进口产品的必须按规定程序向财政部门申报获得批准后才能实施采购。

四、政府采购物品要优先选择节能、环保和自主创新产品。同等条件下优先选择本地中小企业产品。

五、达到政府采购限额标准（30 万元以上）的工程项目由采购人委托具有工程招标资质的代理机构采用邀请招标方式组织采购。达到公开招标数额标准（200 万元以上）的工程项目必须委托具有工程招标资质的代理机构在省政府政务服务中心组织招标采购。

六、本《目录及标准》由省财政厅负责解释。

海南省财政厅

二〇〇九年三月十一日

海南省 2009 年政府集中采购目录及标准

一、政府集中采购目录

（一）通用采购项目。

纳入集中采购目录的通用项目必须委托集中采购代理机构采购。

1. 货物类

（1）一般办公设备。

计算机含台式计算机、便携式计算机

打印机

复印机

速印机

传真机

扫描仪

投影机投影仪

多功能一体机

碎纸机

移动存储设备

（2）电器设备

空调不含中央空调

摄影、摄像器材

（3）网络设备

交换机

路由器

不间断电源

服务器

工作站

磁盘阵列

硬件防火墙

（4）计算机通用软件 指操作系统、数据库管理系统、中间件软件、办公软件、防病毒软件

（5）公务用车 轿车、越野车、面包车、大客车

（6）电梯

（7）办公家具批量 10 万元以上

2. 服务类

（1）公务车维修

（2）公务车保险 省本级按省政府支持农业保险要求与农险捆绑另行通知

（3）公务车加油

（4）国际机票定点采购

（5）印刷项目 批量 10 万元以上

（6）会议酒店

（二）凡属通用采购项目之外的下列货物、工程和服务类项目，统称为专用采购项目。专用采购项目由采购人委托集中采购机构或经省财政厅认定资格的政府采购代理机构组织采购。

1．货物类：系统集成、网络工程、医疗设备和器械、计划生育设备、教学设备、义务教育免费教科书（含配套磁带）、广播电视和影像设备、体育设备、灯光音响设备、质检专用仪器设备、地震专用仪器设备、气象专用仪器设备、测绘专业仪器设备、水保水文专用仪器设备、监控设备、警用设备、保安设备、消防设备、通讯设备、印刷设备、照排设备、发电及电力设备、制冷设备、锅炉、工程机械设备、农用机械设备、园艺机械设备、道路养护设备、档案保密设备、船舶、救护车等特种车辆、救灾物资、防汛物资、抗旱物资、农用物资、储备物资、农药、制服。

2．工程类：建筑物和构筑物的修缮、装修、扩建，市政建设工程、园林绿化工程、水利防洪工程、消防工程。

3．服务类：软件开发、系统维护、网络维护、中央空调维护。

二、政府采购限额标准

采购人使用财政性资金采购货物、工程和服务达到限额标准的，均应当实行政府采购。具体限额标准为：

（一）货物类

单项在 2 万元以上或者批量在 5 万元以上金额的货物。

（二）工程类

项目采购资金在 30 万元以上的工程项目。

（三）服务类

批量金额在 20 万元以上的服务。

三、政府集中采购目录以外、采购限额标准以上的货物、工程和服务项目，采购人按《政府采购法》和相关政策规定的采购方式和程序实施集中采购或分散采购。

采购限额标准以下的项目，已实行协议供货和定点服务采购的，不论金额大小，采购人必须严格执行协议供货制度和实行定点服务采购，在中标的供货商处采购；没有实行协议供货的，可以自行采购。

四、实行协议供货的采购品目下列采购品目实行协议供货采购：台式电脑、笔记本电脑、服务器、打印机、多功能一体机、速印机、投影机、复印机、数码摄像机、数码相机、不间断电源、家用空调、汽车、摩托车、杀毒软件、传真机、扫描仪、碎纸机、移动硬盘、显示器。批量采购超过公开招标数额标准的，采购人可以选择委托集中采购机构采用公开招标方式采购。其他规定与本范围、标准不符的以本《目录及标准》为准。

五、公开招标数额标准单项或批量采购金额一次性达到 50 万元以上的货物和服务项目，单项金额在 200 万元以上的工程项目，必须采用公开招标方式，因特殊情况需要采用公开招标以外采购方式的，应当在政府采购活动开始前按规定获得省财政厅批准。

六、各市县可结合本地实际情况，制定本级政府采购限额标准及公开招标数额标准，并报省财政厅备案。

重庆市

关于印发《重庆市2009—2010年政府采购集中采购目录和采购限额标准》的通知

渝财采购［2008］40号

市级各预算单位，各区县（自治县）财政局：

根据《中华人民共和国政府采购法》并经重庆市人民政府授权，市财政局制定了《重庆市2009—2010年政府采购集中采购目录和采购限额标准》，现印发给你们，请遵照执行，并就有关事项通知如下：

一、我市各级国家机关、事业单位和团体组织使用财政性资金采购集中采购目录以内的或者采购限额标准以上的货物、工程和服务，应当实行政府采购。

前款所称财政性资金，包括财政预算内资金、预算外资金和单位自筹资金，以及纳入财政专户管理的非税收入等。

二、市级各预算单位应根据本集中采购目录编制2009—2010年度政府采购预算。部门预算中属于集中采购目录以内的或者采购限额标准以上的采购项目，应编入政府采购预算。

三、本集中采购目录中的部分通用采购项目实行协议供货（定点采购，以下同）制度的，按我局印发的协议供货有关规定执行。

四、各区县（自治县）财政局可以结合本地实际，对本集中采购目录规定的公开招标数额标准和采购限额标准作适当调整，并将调整情况报市财政局备案，但不得对本集中采购目录内容进行增减。

五、本集中采购目录执行中，因特殊情况需要调整、修订的，由市财政局另行公布。

六、本集中采购目录自2009年1月1日起执行，《重庆市财政局关于印发<重庆市2008年政府采购集中采购目录和采购限额标准>的通知》（渝财采购［2007］44号）执行至2008年12月31日止。

附件：重庆市2009－2010年政府采购集中采购目录和采购限额标准

重庆市财政局

二〇〇八年七月三十日

附件：

重庆市2009—2010年政府采购集中采购目录和采购限额标准

一、政府采购集中采购目录

（一）通用性集中采购目录

以下为通用性集中采购目录，采购人应当按照《中华人民共和国政府采购法》的规定委托集中采购机构（政府采购中心）组织采购。

采购品目	备　注
（一）货物类	
1.建筑物	
办公用房购买	
2.办公自动化设备	
计算机	含台式机、便携式机、工作站及显示器
打印机	

续表

采购品目	备　注
PC 服务器	
复印机	
速印机	
传真机	
多功能一体机	
投影仪	
视频展示台	
扫描仪	
碎纸机	
UPS 电源	
光盘刻录机	
触摸屏	
光学相机、数码相机	含闪光灯、镜头、存储卡
摄像机	
网络设备	含交换机、路由器、存储设备、网络安全设备、网络控制设备等
移动存储设备	含移动硬盘、优盘、数码伴侣、录音笔
3. 家用电器	
家用空调	含除湿机
电视机	
DVD 机	
电冰箱	
洗衣机	
饮水机	
4. 交通工具	
汽车	含轿车、越野车、商务车、旅行车、微型面包车、大客车和其他特种车辆
摩托车	
船只	
5. 办公家具	
办公家具	含招待所、培训中心、活动中心等家具
学校家具	
档案密集架	
6. 办公耗材	
办公文具	含办公用低值易耗品
复印纸、打印纸	
办公自动化设备耗材	
7. 专用设备	
电梯	
锅炉	
中央空调	含机房精密空调
发电设备	
医疗设备、器材、耗材	
灯光、音响设备及器材	含舞台机械
监控设备	
消防设备、器材	

续表

采购品目	备　注
市政设施、灯饰	
8. 其他	
通用办公软件	含操作系统、办公软件、数据库、数据库中间件、杀毒软件、财务软件和其他通用办公软件
电子显示屏	
桶装饮用水	
装饰材料、物资	含窗帘
图书、教材	
司法及行政执法部门服装	
绿化、退耕还林树苗	
节能灯	
（二）工程类	
房屋维修、装修工程	
系统集成、网络工程	
机房装修工程	
农业综合开发工程	
土地整理工程	
公益性基本建设工程	
防洪、防汛工程	
展览会布展工程	
市政、园林绿化工程	
城乡道路（公路）工程	
（三）服务类	
印刷品	
公务车维修、保险、加油	
政务会议	
因公出差航空、车船保险	
因公身故致残保险	
公益性保险	
办公及业务软件开发	
财政资金直补发放机构	
农综有偿资金委贷发放机构	
工程设计、工程监理、工程代建及其他专业咨询	
物业管理、安保、保洁	
办公用房租赁	
因特网 ISP 接入、网络设备租赁或托管	

（二）特殊或专业性集中采购目录

以下为特殊或专业性集中采购目录，部门集中采购单位可以自行组织采购，或委托采购代理机构（指集中采购机构和其他采购代理机构，以下同）代理采购；其他预算单位应当委托采购代理机构组织采购。

前款所称部门集中采购单位是指经同级财政部门批准，可以自行组织采购的部门。

1. 科研设备
2. 体育、健身器材
3. 乐器、音乐器材
4. 广播、电影、电视设备
5. 通讯设备、器材
6. 警用器械、器材
7. 农业机械、设备
8. 防汛、抗旱等救灾设备及物资
9. 环保设备
10. 厨房设备、用具
11. 印刷设备

12．计划生育药品
13．新型农村合作医疗药品
14．动物防疫药品
15．生物制品
16．计划生育器材、耗材
17．教学设备、器材 含实验设备、器材
18．业务、技能培训

二、政府采购限额标准

本集中采购目录以外，单项或批次采购预算达到5万元的货物项目、采购预算达到20万元的工程项目、采购预算达到5万元的服务项目，采购人可以按照《中华人民共和国政府采购法》的规定实行分散采购。采购人实行分散采购应当具备以下条件并经同级财政部门批准，否则应当委托采购代理机构代理采购。

（一）具有编制采购文件和组织采购活动的能力，有与采购项目规模和复杂程度相适应的技术、经济等方面的采购及管理人员；

（二）采购及管理人员经过财政部门组织的相关培训；

（三）政府采购法律法规规定的其它条件。

三、政府采购公开招标数额标准

货物、工程和服务项目达到以下数额标准的，采购人应当采用公开招标方式采购：

（一）货物类：采购单项或批次采购预算达到50万元的货物项目；

（二）工程类：采购预算达到100万元的工程项目；

（三）服务类：采购预算达到30万元的服务项目。

因特殊情况需要采用公开招标以外的采购方式的，应当在采购活动开始前获得同级财政部门的批准。

四川省

关于印发《四川省2010年政府集中采购目录及采购限额标准》的通知

川办函［2009］277号

各市（州）、扩权试点县（市）人民政府，省政府各部门、各直属机构：

《四川省2010年政府集中采购目录及采购限额标准》已经省政府领导同志同意，现予印发，请遵照执行。

四川省人民政府办公厅

二〇〇九年十一月十七日

四川省2010年政府集中采购目录及采购限额标准

一、政府集中采购目录

（一）通用类采购项目

序号	品目名称	备注
A	货物类	
A030101	电视机	
A030105	摄影、摄像器材	包括照相机、镜头、摄像机、摄录一体机
A030106	空气调节设备	包括中央空调、精密空调、除湿设备
A030201	计算机	包括台式电脑、笔记本电脑、显示器

续表

序号	品目名称	备注
A030202	打印机	包括多功能一体机
A030204	传真机	
A030205	复印机	
A030206	速印机	
A030208	投影仪	
A030209	扫描仪	
A030301	家具	包括办公家具、宿舍家具、其他家具
A0401	纸张	包括复印纸、打印纸、速印纸、传真纸
A0708	制服*	包括司法及行政执法部门制服
A100401	服务器	
A100402	路由器	
A100403	交换机	
A1027	电梯	
A1029	锅炉*	包括供暖供热锅炉
A1101	汽车	各类轿车、越野车、客车、皮卡车，各类专用汽车
A1101106	摩托车*	
C	服务类	
C01	印刷项目	20 万元以上、特种印刷除外
C03	通用软件*	包括制成品软件
C05	保险	20 万元以上的人身意外保险
C070301	车辆保险	定点保险
C070302	车辆加油	定点加油
C070303	车辆维修	定点维修
C801	会议	
C10	物业管理	20 万元以上办公场所及宿舍的物业管理
（二）专用类采购项目		
A	货物类	
A0601	救灾物资*	
A0602	防汛物资*	
A0603	抗旱物资*	
A0605	储备物资*	
A1001	通信设备*	电话通信设备、其他通信设备
A1002	印刷设备*	
A1003	照排设备*	
A1006	医疗设备、器械及医用耗材*	
A1007	计划生育设备*	
A1008	交通管理监控设备*	
A1013	消防设备*	
A1015	警用设备和用品*	
A1018	档案保密设备*	
A1019	教学设备*	

续表

序号	品目名称	备注
A1020	实验室设备*	包括科研仪器、检验检测设备
A1021	广播电视、影像设备*	
A1022	灯光及音响设备*	
A1024	体育设备*	
A1025	地震设备*	
A1026	气象设备*	
A1031	环境监测设备*	
A1032	质量检测设备*	
B	工程类	
B09	房屋的维修和装修工程	50 万元以上
B10	系统集成、网络工程	20 万元以上
C	服务类	
C03	信息技术及管理应用软件	20 万元以上 信息管理系统应用开发设计软件

注：目录中的*表示省级单位采购单项预算 5 万元或批量 10 万元以上，年累计 20 万元以上。

二、分散采购限额标准

政府集中采购目录以外，项目预算在 20 万元以上的货物类和服务类、50 万元以上的工程类均属政府采购管理范畴，实行分散采购。应按《中华人民共和国政府采购法》和《中华人民共和国招标投标法》的有关规定依法自行组织采购或委托具有政府采购资质的代理机构组织采购。

三、政府采购公开招标数额标准

省级政府采购货物类（交通工具除外）和服务类项目单项或批量采购金额一次性达到50万元以上的、工程类项目采购金额达到200万元以上的必须公开招标。因特殊情况需要采用公开招标以外采购方式的应获得设区的市（州）以上人民政府采购监督管理部门批准。

四、实施要求

（一）各级国家机关、事业单位和团体组织（即采购人）应根据政府集中采购目录及采购限额标准编制年度政府采购预算做到应编尽编。在执行中需调整政府采购预算的，必须按照相关规定办理预算调整手续。凡属政府集中采购和分散采购货物、工程和服务类的项目，采购人应严格依照批复（调整）的采购预算实施采购，应采尽采。

（二）列入集中采购目录以内的项目实行集中采购，采购人需向财政部门申报采购计划，经审核后组织实施。集中采购目录以内的通用类采购项目必须委托集中采购机构代理采购，符合协议供货的，按年度协议供货相关文件规定的范围和程序执行；目录以内的专用类采购项目应委托集中采购机构组织采购。属本部门、本系统有特殊要求的项目，报财政部门同意后依法实行部门集中采购。采购人委托社会代理机构开展政府采购业务的，应按规定在一定范围内随机选定社会代理机构。

（三）集中采购机构原则上应接受采购人委托的集中采购和分散采购项目，不得将其代理的业务转委托或以其他方式转交社会代理机构代理采购。

（四）政府采购应当优先采购本国货物、工程和服务。确需采购进口产品的应按照《财政部关于印发〈政府采购进口产品管理办法〉的通知》（财库［2007］119 号）及财政部办公厅《关于政府采购进口产品管理有关问题的通知》（财办库［2008］248 号）规定报财政部门核准后依法组织实施。在政府采购实施过程中，采购人和采购代理机构应认真贯彻落实国家有关自主创新、节能环保等政策，充分体现政府采购政策功能。

（五）各级财政部门和集中采购机构要完善相关制度和工作程序，加强协调配合，认真落实各项规定。审计、监察部门要加大监督检查力度，确保政府采购活动公开、公平、公正。

（六）各级人民政府或其授权部门可根据当地政府采购工作开展的实际情况调整本地政府集中采购目录和采购限额标准并报省财政厅备案。

云南省

关于印发《云南省2010—2011年政府集中采购目录及限额标准》的通知

云政办发［2010］40号

各州、市人民政府，省直各委、办、厅、局：

《云南省2010—2011年政府集中采购目录及限额标准》已经省人民政府同意，现印发给你们，请遵照执行。

云南省人民政府办公厅

二〇一〇年三月十九日

云南省2010—2011年政府集中采购目录及限额标准

一、集中采购机构采购项目

A1　货物类

A11　交通运输设备

A1101 公务用机动车辆 含轿车、越野车、大客车、面包车

A12　办公自动化设备

A1201　计算机 包括台式机和便携式

A1202　打印机

A1203　复印机

A1204　速印机

A1205　传真机

A1206　扫描仪

A1207　碎纸机

A1208　网络设备 含服务器、交换机、路由器

A1209　计算机通用软件 可从市场直接购买而不需专门定制开发的商业软件

A1210　多功能一体机

A1211　投影仪

A13　一般设备

A1301　电视机

A1302　电冰箱

A1303　电话机

A1304　吸尘器

A1305　空气调节设备

A1306　锅炉设备

A1307　电梯

A1310　摄影、摄像设备

A1311　办公家具

A1314　通讯和监测设备 警用项目除外

A1315　监控设备 警用项目除外

A1319　后备电源

A1320　档案设备

A1321　装订设备

A1322　会议音视频系统

A3　服务类

A34　会议服务

A9　其他有要求的采购项目

二、部门集中采购项目

B1　货物类

B101　救灾物资

B102　防汛物资

B103　抗旱物资

B104　农用物资和设备 包括农业机械设备

B105　储备物资

B106　医疗设备和器械

B107　计划生育设备

B109　交通管理监控设备

B110　警用设备和用品

B111　专用教学设备

B112　广播电视专用设备

B113　消防设备
B114　体育设备
B115　税务专用物资装备
B116　试验及检验监测设备
B117　检察诉讼设备
B118　法庭内部装备
B119　地震专用仪器设备
B120　水利专用仪器设备
B121　测绘测量专业仪器设备
B122　道路清扫及环卫设备
B123　文艺设备
B124　质检专用仪器设备
B125　港口设备
B126　服装服饰
B127　特种车辆　指事先在车内装有固定专用仪器设备的监测、消防、医疗和电视转播等专业工作的车辆。
B128　发电设备
B129　变配电设备
B130　环保设施和设备
B131　疫苗
B132　药品
B133　印刷品　教材、图书、字画等
B2　工程类
B201　系统集成、网络工程
B202　建筑物的新扩改建和安装项目
B203　建筑物的修缮和装饰项目
B204　市政建设工程
B205　园林绿化工程
B206　污水处理
B207　水利防洪工程
B208　交通运输工程
B3　服务类
B301　部门或系统专用软件、信息管理系统的开发推广
B302　部门或系统有特殊要求的专用服务项目
B303　财政资金支付的保险　包括机动车辆保险、意外伤害校方责任保险、森林火灾财产损失保险等
B304　机动车辆的定点维修
B305　办公场所物业管理
B306　国库集中支付代理
B307　印刷
B308　工程设计
B309　社会中介服务　包括咨询、会计、评估、工程造价、工程监理、保险经纪、法律服务、招标代理等
B310　租赁
B9　其他有要求的采购项目

三、分散采购项目

分散采购项目，指采购人实施集中采购目录以外，单项或批量金额在10万元以上的采购项目的采购活动。

四、采购限额标准

（一）集中采购限额标准。

采购目录内的项目，单项或批量金额在10万元以上，应纳入集中采购范围。

单项或批量金额在10万元以下的项目，经政府采购监管部门批准可以实行自行采购（协议供货、定点采购除外）。

（二）公开招标限额标准。

公开招标限额为：货物和服务类80万元及以上、工程类200万元及以上。达到限额标准以上的采购项目应采取公开招标方式组织采购；公开招标限额以下的项目以竞争性谈判采购为主。

各州（市）、县可根据本地区的实际情况，对本目录的采购限额标准作适当调整，但不得对采购目录项目进行增减，并将调整情况报云南省财政厅备案。

（三）协议供货、定点采购是公开招标的形式之一，实施日常采购时，限额标准按相关规定执行。

五、政府采购组织形式

（一）集中采购机构采购项目，必须委托集中采购机构代理采购。

（二）部门集中采购项目，可以委托集中采购机构，也可以委托经财政部门认定资格的社会代理机构组织采购。

（三）分散采购项目，由部门自行组织，可以委托集中采购机构，也可以委托经财政部门认定资格的社会代理机构代理采购。

各地区、各部门在政府采购活动中，要按照有助于实现国家经济和社会发展政策目标，在技术、服务等指标同等条件下，优先采购节能、环保和自主创新产品，包括支持不发达地区和少数民族地区，促进中小企业发展。

六、特殊采购

（一）突发事件急需或有特殊要求的专用设备、物资，经同级政府采购监督管理部门审核批复后，可以不采取公开招标方式组织采购。

（二）中央各部委统一招标确定的采购项目，按相关文件规定办理。

（三）省以下垂直管理单位和省驻州、市的预算单位，原则上纳入省级主管部门管理，也可以从节约成本、办理便捷的实际出发，纳入属地管理。

七、本目录的修订

本目录在执行过程中，因特殊情况需要调整、修订，由云南省财政厅另行公布。

八、本目录及相关标准由云南省财政厅负责解释

陕西省

关于印发《2009—2010年陕西省省级单位政府采购目录及采购限额标准》的通知

陕政办发［2009］35号

各设区市人民政府，省人民政府各工作部门、各直属机构：

根据《中华人民共和国政府采购法》的有关规定，经省政府同意，现将《2009—2010年陕西省省级单位政府采购目录及采购限额标准》予以印发，并就有关问题通知如下：

一、省级实行预算管理的国家机关、事业单位和团体组织（以下统称采购人）使用财政性资金（包括预算内资金、预算外资金和行政事业性收费资金）采购政府采购目录以内、限额标准以上的货物、工程和服务的项目，均属于政府采购范围。

二、凡列入政府采购目录以内、限额标准以上的项目，采购人应编制政府采购预算，经财政部门批复后执行。情况特殊没有编制政府采购预算的项目，须经财政部门审核后，下达政府采购预算。无政府采购预算的项目均属违规采购。

三、2009—2010年纳入协议供货范围的品目为：机动车辆、办公设备、移动储存设备、网络设备、通用软件、办公消耗用品、电器设备等。定点采购的品目为：车辆保险、车辆维修、车辆加油、会议及接待、印刷等。具体采购执行《陕西省省级单位协议供货和定点采购管理暂行办法》。

四、各设区市、杨凌示范区可参照本规定制定本地区的政府采购目录和限额标准，并报省财政厅备案。

陕西省人民政府办公厅

二〇〇九年三月二十三日

2009—2010年陕西省省级单位政府采购目录及采购限额标准

一、政府采购目录

（一）必须委托省政府采购中心组织实施的通用类项目

1.货物类（未列入协议供货的项目单项或批量金额在5万元（含5万元）以上）

（1）交通工具（协议供货）

轿车、面包车、客车、皮卡、卡车、越野车（吉普车）、专用汽车（警车、救护车、消防车、通信和广播车、工程车、工具车、洒水车、道路清扫车、垃圾车等）、摩托车、电动车等

（2）办公设备（协议供货）

台式计算机、便携式计算机、打印机、传真机、复印机、速印机、碎纸机、多功能一体机、投影仪、扫描仪、刻录机、照相机、摄像机、摄录一体机、数码一体机、电话机、家具等

（3）移动储存设备（协议供货）

U盘、移动硬盘、数码伴侣、录音笔等

（4）网络设备（协议供货）

服务器、小型机、路由器、交换机、调制解调器、硬件防火墙、UPS等

（5）通用软件（协议供货）

操作系统、数据库管理系统、中间件软件、办公软件、防病毒软件等

（6）办公消耗用品（协议供货）

硒鼓、墨盒、碳粉等

（7）电器设备（协议供货）

空调机、电视机、洗衣机、吸尘器、电冰箱、冰柜、微波炉、饮水机以及其他电器设备

（8）视频会议设备

（9）电梯

（10）起重机

（11）锅炉

（12）中央空调机组

（13）软件开发设计及升级

（14）公务制服

（15）各类图书及教材

（16）其他货物

2.工程类［单项金额在20万元（含20万元）以上］

建筑物改扩建及维修、装修工程，水暖管网维修更新，绿化、美化工程及维护，系统集成及网络工程，电梯、锅炉及消防等安装工程，污水处理，其他工程。

3.服务类

（1）公务车辆保险、加油、维修（定点采购）

（2）会议及接待（定点采购）

（3）印刷（定点采购）

（4）工程设计和监理［单项金额在5万元（含5万元）以上］

（5）网络服务费［单项或批量金额在5万元（含5万元）以上］

（6）社会中介服务

（7）租赁、培训、物业管理

（8）其他服务项目

（二）实行部门集中采购目录

部门集中采购项目由采购人组织实施，也可以委托省政府采购中心或委托经审批的社会代理机构组织实施，但涉及通用类项目必须委托省政府采购中心组织实施。

救灾物资、防汛物资、抗旱物资、农用物资、储备物资、疫苗、教学设备、实验室装置、教学模型、医疗康复设备及器械、计划生育设备、分析检验设备、广播电影电视设备、灯光音响设备、文化设备、文物设备、体育设备、档案及保密设备、环保设备、农林水利设备、交通管理设备、消防设备、公检法司设备、气象设备、无线电防震防雷设备、地质勘察设备、印刷设备、照排设备、发电设备、电力设备、通信设备、工程机械、园艺机械、光辐照明设备以及部门其他具有特殊需求的项目；省政府采购中心组织实施以外的其他工程。

二、采购限额标准

（一）分散采购限额标准

货物和服务：政府采购目录以内、单项或批量金额超过0.5万元不足5万元的货物和服务，不足0.5万元（含0.5万元）不需办理审批手续；政府采购目录以外、限额标准以上的货物和服务，经财政部门批准，实行分散采购，可由采购人自行组织实施，但达到公开招标数额标准的必须委托政府采购代理机构组织实施。

工程：政府采购目录以内、单项金额超过5万元不足20万元的各类工程，不足5万元（含5万元）不需办理审批手续；政府采购目录以外、限额标准以上的各类工程，经财政部门批准后，实行分散采购，可由采购人自行组织实施，但达到公开招标数额标准的必须委托政府采购代理机构组织实施。

（二）公开招标数额标准

货物和服务项目单项或批量金额在50万元（含50万元）以上；省政府采购中心组织实施的工程项目在100万元（含100万元）以上。

（三）竞争性谈判数额标准

货物、服务项目单项或批量金额在20万元（含20万元）～50万元、工程项目在20万元（含20万元）～100万元。

（四）询价采购数额标准

单项或批量金额在5万元（含5万元）～20万元的货物和服务，必须委托省政府采购中心采用询价方式组织实施。

甘肃省

关于印发《甘肃省 2009 年政府集中采购目录及标准》的通知

甘政办发[2009]11 号

各市、自治州人民政府，省直各部门、各单位：

根据《采购法》规定，现将《甘肃省 2009 年政府集中采购目录及标准》印发给你们，请遵照执行。

一、全省各级机关、事业单位和团体组织（以下简称部门单位），使用财政性资金或与财政性资金配套采购政府集中采购目录以内或限额标准以上的货物、工程和服务，均属于政府采购范围，必须按照规定的采购方式和程序依法实施政府采购。

二、政府采购实行集中采购与分散采购相结合。集中采购目录中通用采购项目应当委托政府集中采购机构代理采购，部门集中采购和分散采购项目，采购人应当委托集中采购机构或经省级以上（含省级）财政部门认定资格的社会代理机构以及财政部门确认的部门集中采购机构采购；属集中采购范围，但因特殊原因确需采购人直接采购的，需经同级财政部门批准，并依法接受监管。

三、采购规模达到公开招标数额标准的，必须采取公开招标方式；因特殊情况需要采用公开招标以外采购方式的，应由采购人在项目实施前按规定获得同级财政部门的批准。任何部门单位不得通过化整为零、分解整体项目、增加采购批次等手段规避集中采购和公开招标采购。

四、对实行政府采购的项目，各部门单位应编制政府采购预算和实施计划，具体编制办法和报送时间按照同级财政部门的相关规定办理。在项目采购实施前，采购人首先要依法申报采购方式，经同级政府采购监管部门批准后，方可与采购执行机构签订委托协议，实施采购，并接受全程监管。执行协议供货和定点采购的项目，由政府采购监管部门统一委托代理机构通过公开招标方式确定供应商，并向社会公布中标供应商及价格与服务承诺等事项。采购人根据所需，在协议供货范围内直接选择成交。政府采购项目实施后，采购人要将合同及采购过程中形成的文件资料按法定时间（合同签订后 7 个工作日内）报政府采购监管部门备案。对未履行报批手续、签订委托协议、合同备案等违反政府采购程序的，财政或各单位财务部门一律不予支付采购资金。各市州、省直各部门要按统一规定及时向省级财政部门报送政府采购统计信息。

五、在实施政府采购过程中，采购人及政府采购代理机构要认真贯彻落实有关节能产品、自主创新产品、环境标志产品等发挥政府采购政策功能的制度规定，属强制采购类别和优先采购类别的节能产品，应分别实行强制采购和优先采购。对确需采购进口产品的，要按照财政部规定实行审核管理，经同级财政部门审核后方可实施采购。

六、凡政府采购项目（含政府集中采购项目、部门集中采购项目、分散采购项目），必须按规定组建评审委员会或评审小组，其中技术、经济评审专家应占到 2／3 以上，采购人不得以专家身份参与本部门或者本单位采购项目的评审。采购代理机构工作人员不得参加由本机构代理的政府采购项目的评审。评审专家必须在财政部门管理的“政府采购评审专家库”中随机抽取。财政部门要加强对评审专家的培训、认证和考核，实行动态管理。各部门单位要积极向财政部门推荐评审专家，创造条件，鼓励支持评审专家参加政府采购评审活动。

七、政府采购资金实行国库集中支付。各级财政部门应单独设立政府采购资金专户，具体运作按相关规定办理。

八、采购公告、采购结果等政府采购信息必须在省级以上财政部门指定的媒体上及时公布。《中国财经报》、中国政府采购网（www.ccgp.gov.cn）、甘肃省政府采购网（www.gszfcg.gansu.gov.cn）为我省指定的免费政府采购信息发布媒体。全省所有的采购信息必须在上述指定媒体上发布。

九、集中采购目录中确定的政府采购项目和限额标准，系指省本级政府采购执行的采购项目和标准。省政府授权市、州政府结合本地实际情况适当调整，制定本级及所属县区政府集中采购目录、限额标准和公开招标数额标准，并报省财政厅备案。

十、各级财政部门、政府采购代理机构和各部门单位要严格执行《采购法》，认真贯彻落实各项规定，加强协调配合，采取有效措施努力提高采购效率和服务质量。要将政府采购执行情况作为财政监督、审计检查和行政监察的重要内容。各级财政部门要加强对集中采购机构和社会代理机构的监督考核，加大监督检查力度，依法严肃查处各种违法违规问题，确保政府采购活动公开、公平和公正。

甘肃省人民政府办公厅

二〇〇九年一月二十日

甘肃省2009年政府集中采购目录及标准

一、政府集中采购目录

（一）通用类采购项目

1．货物类

（1）电器设备（协议供货）。包括电视机、电冰箱、摄影、摄像器材、空调（不含中央空调）

（2）办公自动化设备（协议供货）。包括计算机、打印机、传真机、复印机、速印机、碎纸机、投影仪、扫描仪、多功能一体机

（3）办公消耗用品（协议供货）。包括文印纸、复印纸、可移动存储设备

（4）网络设备（协议供货）。包括服务器、路由器、交换机

（5）家具。5万元以上的办公家具

（6）电梯

（7）10万元以上供暖锅炉

（8）10万元以上的燃料

（9）10万元以上的标志服装（执法部门）

（10）车辆。小轿车、大轿车、旅行车、越野车（协议供货）；皮卡车、摩托车、专用汽车

2．服务类

（1）车辆维修、加油、保险（定点）

（2）银行代理服务（定点）

（3）计算机通用软件（协议供货）

（4）5万元以上印刷、出版

（5）50万元以上的大型会议

（6）20万元以上的会展和社会中介服务

（7）10万元以上的工程监理

3．工程类

20万元以上的系统集成、网络工程

（二）专用类采购项目

1．货物类。包括5万元以上的救灾物资、防汛物资、抗旱物资、农用物资及设备、储备物资、药品、医疗设备和器械、工程机械、园艺机械、教学设备及教科书、图书资料、实验室设备、广播电视设备、计划生育设备、消防灭火设备、健身及康复设备、警用设备和用品、文艺设备、体育设备、水利专用仪器设备、通讯设备、印刷设备、变配电设备、宿舍家具，部门拟定由政府采购监管部门认定的其他有特殊要求的专用采购项目。

2．工程类。30万元以上的公用房建设和宿舍建设；20万元以上装饰、维修工程，部门拟定由政府采购监管部门认定的其他有特殊要求的工程项目。

3．服务类。5万元以上的本部门单位信息管理系统开发及维护、部门专用软件，部门拟定由政府采购监管部门认定的其他有特殊要求的专用服务项目。

二、政府采购限额标准

各部门单位实行分散采购的项目（集中采购目录以外但达到限额标准以上的项目），应当按照政府采购法有关规定执行。具体限额标准为10万元以上采购货物和服务的项目，30万元以上的工程项目。

限额标准的计算方式，由财政预算安排的专项采购，以财政预算资金为准；配套资金项目以项目总金额为标准；多次采购项目按照本年度本部门单位的采购总量为准。

复合采购项目，即一个采购项目含货物、工程、服务两个以上的采购项目或通用类、专用类采购项目各占一定比重的，按照占采购资金比重最大的项目确定其属性。

三、政府采购货物服务公开招标数额标准

政府采购货物或者服务项目，单项或批量采购金额一次性达到50万元以上的，必须采用公开招标采购方式。政府采购工程公开招标数额标准按照国家有关规定执行。

2009年中国机电设备招标行业重要事件及活动

第三批中央投资项目招标代理机构资格认定工作顺利开展

2009 年 5 月到 9 月，受国家发展和改革委员会投资司委托，中国机电设备招标中心积极协助完成第三批中央投资项目招标代理机构资格认定复核的组织工作，协助制定了复核程序、复核方法，确保复核工作科学合理、公平公正。从材料接收归档，到组织专家封闭复核、协助资格质询和公示期答疑，每个工作环节衔接顺畅，分工明确，为资格认定提供了有力的技术保障。从 2008 年开始，中心协助投资司不断完善中央投资项目招标的日常管理制度，开展了证书变更、年检和《招标项目情况报告》检查等工作。经过几年的努力，在资格认定工作顺利开展的基础上，中央投资项目招标管理工作取得了明显进展，呈现出机构数量达到一定规模、社会认可程度不断提高和日常管理工作逐步规范三个特点。

首次招标师职业水平考试顺利举行

为提高招标采购专业技术人员的分析、判断和操作能力，正确引导招标投标专业知识体系结构与发展方向，建立招标采购专业能力水平考核评价体系，受国家发展和改革委员会委托，中国招标投标协会从 2009 年开始组织招标师职业水平考试工作。2009 年 6 月，招标师职业水平考试在全国 31 个省、市、自治区及新疆生产建设兵团顺利举行。招标师职业水平评价制度的建立，对提高招标代理机构及其从业人员的能力和水平、提升招投标行业的职业责任意识、规范招投标行为、推动行业健康有序发展具有十分重要的意义。

全国招标中心系统改革改制工作不断深化

近年来，全国招标中心系统 58 家招标机构服务于地方经济发展大局，找准自身定位，切实转变观念，积极进行改革改制。各地在事企分开的基础上，一部分机构向稳定事业职能发展，另一部分转企改制，各地招标机构积极探索改革模式，为全系统的整体发展进步提供了有力的制度保障。

2009 年，一些招标机构的隶属关系从省经贸委、发改委变成省政府直接管理，在改革中取得积极的进展，如：陕西省机械设备成套局纳入陕西省工业和信息化厅；云南省机械设备成套局等近 10 家机构将省政府采购中心的职能吸收进来；宁夏招标局成为省政府直管单位，兼备政府采购、建设工程有形市场管理职能。这些单位在体制上的调整，保证了自身在一定时期内的基本稳定和可持续发展。而另一批既保留事业职能，下属企业又从事招标业务的机构，都基本实现了事企分开。一些机构所属的事业单位得到有关主管部门的授权委托，不断完善事业职能，争取到一部分具体任务，积极协助当地政府有关部门完善招标管理，积极维护招标投标市场健康发展。同时，所属公司规范有序地开展招标业务，重视招标质量，建立起良好的信誉，实现了经济效益与社会效益的双赢。已经企业化运作的招标机构，不断探索建立股份制和市场化运行机制的道路，积极建立自主经营决策的现代企业制度，成为各地招标市场的中坚力量。

2009 年全国招标中心系统工作会议在京召开

为学习贯彻中央经济工作的有关精神，积极应对国际金融危机带来的影响，总结交流全国招标中心系统工作，研究目前面临的共性问题，促进招标工作持续健康发展，经工业和信息化部同意，中国机电设备招标中心于 2009 年 9 月 17～18 日在北京召开 2009 年全国招标中心系统工作会议。这是中国机电设备招标中心划归工业和信息化部后召开的第一次会议，也是全国招标中心系统历经两年改革发展后召开的一次重要会议，工业和信息化部朱宏任总工程师出席会议并做重要讲话。国家发展和改革委员会投资司韩志峰处长、法规司孟玮处长、财政部国库司李亘副处长等招标管理部门同志出席会议，工业和信息化部政策法规司梁彦副司长与柳蜻调研员、规划司刘贤利副司长、产业政策司卢希副司长、原材料工业司王彩凤副巡视员、直属机关党委楼宇光副书记、服务局张雄华副局长与李玉龙处长、消费品工业司刘素文处长、装备工业司张荣瀚副处长、中国招标投标协会霍春林常务副会长、钟彦彪副秘书长等领导出席了会议，部分领导做了重要讲话。会议还特别邀请国家统计局总经济师姚景源同志就国际金融危机的应对与当前宏观经济形势做了专题报告。全国各省市招标中心（局、公司）、成套局负责同志，以及特邀的交通、电力、铁路、化工、建材、船舶、航空、机械等行业代表 100 余人参加会议开幕式。

会议首先由工业和信息化部总工程师朱宏任同志做重要讲话。他介绍了当前工业经济工作的基本情况与工业和信息化部下半年的工作要点，并充分肯定了全国招标中心系统的工作成绩，同时对全国招标中心系统未来的工作提出了要求。他强调，要进一步发挥招标在工业和信息化领域的积极作用，希望招标中心继续发挥在招标管理中专业技术队伍强和经验丰富的优势，在做好国家发展改革委和工业和信息化部委托的各项具体工作的基础上，结合全国招标管理工作的状况和招标系统的实际，按照工业和信息化领域投资项目的特点和趋势，积极探索工业和信息化领域招标管理的思路，为促进企业自主创新、推动技术进步、实现产业结构调整服务，为走工业信息化道路服务。同时，要做好全系统的行业联系和业务指导，落实好招标行业的对外宣传、理论研究、国际交流和专业培训等服务工作。

对于今后一段时期全国招标中心系统的工作，朱宏任同志提出四点要求：一是要认真学习实践科学发展观，做好新时期的招标工作。希望招标中心系统各机构在招标工作中，坚持以人为本，用科学发展观的理念指导、深化和完善各项工作，积极稳妥地推进招标事业的改革与发展。二是要发挥经验与优势，积极参与技术改造项目招标。希望各地机构积极围绕国家和地方工业和信息化部门的工作重点，发挥优势，服务大局，为工业和信息化领域今后的技术改造工作多作贡献。三是加快职能转变，推进事业单位改革和国有企业改革。在确保队伍稳定、业务稳定的基础上，积极稳妥地探索改革改制的新思路、新理念、新措施、新办法，着力解决发展中的深层次矛盾和问题，走创新促发展的道路。四是要规范招标，确保招标服务的质量水平。希望全国招标中心系统严格遵守各项法律法规，严守业务流程，认真对评标专家的资格进行管理，规范招标操作程序，减少质疑和投诉，从根本上提高自身素质和专业水平。

随后，中国机电设备招标中心谢荣全主任就两年来的系统工作情况向大会做工作报告。他要求与会代表认真学习、贯彻落实朱宏任总工程师代表工业和信息化部对招标工作的指示。谢主任在工作报告中通报了过去两年以来全国招标中心系统的工作情况。2008年，中国机电设备招标中心的机构隶属关系从国家发展改革委划归工业和信息化部后，机构和人员实现顺利过渡，各项工作有序开展，招标中心在继续做好国家发展改革委委托的中央投资项目招标管理有关工作的基础上，积极与工业和信息化部有关司局联系，沟通中心的基本情况与发展动态，目前中心正在积极研究制定三定方案。

在此之后，谢主任向与会代表通报了近两年全国招标中心系统的业绩，2007年、2008年全系统各单位共完成招标项目77169个，委托金额7129亿元人民币，实现中标金额6141亿元人民币，多家机构的业绩创出历史新高。两年来，全国招标中心系统的中央投资项目招标工作逐步开展；事业单位改制、企业改革不断深化；招标业务规模扩大，业绩再创新高；坚持走多元化发展道路，业务体系继续完善；各地机构努力完善业务流程，积极推动招标信息化建设。经过这几年的发展，全国招标中心系统的发展模式基本稳定，系统的业务基础日益稳固，内部管理水平大幅度提高。未来全国招标中心系统要正确把握改革和发展的方向，因地制宜，探索正确的改革改制方向；同时要大力加强自身实力和品牌建设，保障招标主业稳步增长，加强机构自身内部管理，加强队伍建设，创造宽松和谐的工作环境，以优异的成绩迎接即将到来的祖国60周年华诞。

为使与会代表认识与把握当前国际金融危机的影响和宏观经济发展趋势，9月17日下午，会议特邀国家统计局总经济师姚景源同志就国际金融危机的应对和当前经济形势做专题报告。姚景源总经济师介绍了国际金融危机的影响与中国宏观经济形势，深刻分析了由美国次贷危机引发的国际金融危机对我国经济的影响，介绍了我国政府为应对国际金融危机出台的相关政策措施。姚景源总经济师强调，我国经济的下行趋势已经得到了遏制，经济处于企稳回升的关键时刻，现在不可盲目乐观，要看到企稳回升的基础还不稳固，格局还不平衡，回升的过程仍然带有不确定性。

9月18日上午，会议进行分组讨论。与会代表积极探讨了国际金融危机影响下招标行业的应对之策，对进一步落实中央投资项目招标管理制度提出了建议，研究了做好新时期工业领域技术改造招标工作的措施，并结合当前招标行业的现状和面临的形势，探讨了全国招标中心系统需要统一协调解决的共性问题。

9月18日下午，中国机电设备招标中心主任谢荣全同志为大会做总结报告。谢主任在归纳了分组讨论中的共性问题后指出，全系统要积极防范和应对国际招标业务下滑的风险，在确保招标业务取得增长的基础上，系统单位要继续扩大招标主业的延伸领域市场份额，如项目管理、工程咨询、工程监理、项目代建等业务，以增强自身的市场竞争力和抗风险能力。同时，稳妥地推进改革改制，做好中央投资项目招标工作，加强系统内的协作。最后，谢主任结合大家普遍关注的热点问题进行了说明。

经过两天的会议，代表们一致认为：在本次会议上，领导讲话务实、会议内容丰富、服务周到、大会气氛融洽。大家纷纷表示，全国招标系统要团结一致、坚定信心、扎实工作，保增长、保发展、保稳定，形成相互配合，共同进步的总体优势，以更好的成绩向建国60周年献礼。

2009年《中国招标》周刊理事会年会成功召开

2009年11月27～29日，《中国招标》周刊理事会迎来了2009年年会的召开，来自全国各理事单位、招标代理机构的领导和代表云集厦门，共商发展大计。中国机电设备招标中心谢荣全主任、中国招标投标协会霍春林常务副会长、李小林副秘书长出席会议并讲话。会议由《中国招标》周刊常务副社长杨鹏主持。

会上，中国机电设备招标中心谢荣全主任全面分析了招标行业的发展现状。他指出，近几年以来，招标事业不断发展，招标中心系统各项工作持续取得进步，招标工作在有关主管部门的支持下取得了长足发展：一是不断完善规章制度建设。二是加强人才队伍建设，培育专业招投标代理机构。三是加大监督检查力度，严肃查处违法违规行为。同时，谢主任通报了系统工作情况，他讲到，招标中心系统已经在全国的招标业务范围内形成了龙头地位，多年来，中心一直探索在招标业务之外利用我们的系统优势开拓新的业务增长点。系统内一些单位已经围绕着招标进行了项目管理、监理、工程咨询、造价、外贸进出口等多层次的市场开拓。全系统认真抓资源整合，降经营成本，促经济效益，实施积极稳健的业务拓展战略，切实提高内部管理水平，凝聚力和竞争力不断增强，各项工作均取得了显著成绩。

谢荣全主任围绕如何将《中国招标》周刊打造成为国内一流期刊，全面介绍了中国期刊出版的现状及发展趋势，同时对《中国招标》周刊今后的发展提出了四点要求：一是加强与政府部门的联系，加强与招标代理机构的合作与交流，把握行业发展大势，了解各地区、各专业领域的发展成就与发展趋势，突出报道的准确性与启发性。二是突出发挥媒体信息量大的优势，要根据企业的不同需求，提供“个性化”的服务。三是继续坚持“公平、公正、公信”的办刊原则，把握好客观公正、周到服务的方向。四是不断加强业务培训，不断提高编辑记者的理论水平和专业水平，努力造就一支“专业水平高、职业素质强”的团队，不断聚集创新能量，实现创新发展。

中国招标投标协会霍春林常务副会长首先代表叶青会长对本次年会的举办表示祝贺并预祝会议成功。霍会长在讲话中说：“我非常关注《中国招标》周刊，也非常关爱《中国招标》周刊，周刊自成立以来，坚持宣传招标法规，普及招标知识，介绍国内外的经验，刊登国内外的经济贸易和市场动态，做了非常多的工作，也取得了非常好的成绩。我希望《中国招标》越办越好。”

霍会长指出，要办好周刊应做好以下三点：第一，应紧追形势的发展，把握好大局，这是办刊应追求的。第二，办刊应追求特色，引领行业。没有方向的刊物是没有前途的刊物，没有特色的刊物也会走进死胡同。第三，应改革创新，顺应时代。周刊作为喉舌，应有时代感，周刊要越办越好，就应符合时代的要求，要做到与时俱进。

霍会长希望今后中国招标投标协会和《中国招标》周刊能够共同合作，把中国的招标整体市场打造好，协助政府、服务行业，发挥更加广阔的作用。

中国招标投标协会李小林副秘书长在讲话中介绍了首次招标师职业水平考试的情况。他指出，准备时间短、管理现状复杂、行业与专业之间存在较大差别、从业人员素质参差不齐、专家队伍资源匮乏等是此次考试面临的最大困难。为解决这些困难，在今后的工作中应做到七个结合：即以《招标投标法》为主，与《政府采购法》、《合同法》相结合；招标采购的核心能力与各行业的共性要求相结合；法律法规的知识与技术经济的知识相结合；招标采购与项目管理相结合；国际招标与国内招标相结合；工程招标与货物服务招标相结合；能力运用与知识技艺相结合。

他认为，首次招标师考试反响强烈，成果理想——报考人数将近6.5万人，掀起了全行业专业学习的小高潮。根据目前评卷情况来看，单科通过率将达到48%～58%，平均四科的情况，全行业通过率预计达到30%的目标是可以实现的。

他提醒，首次招标师考试成绩将于2009年12月底到2010年1月初公布，考生可关注各省、各地的考试中心网站查询成绩。2010年的招标师考试将于6月中旬举行，考试教材和大纲都不会变化。

中国机电设备招标中心综合处处长、《中国招标》周刊社长杨宏斌同志向与会代表通报了2009年招标中心行业工作和系统工作情况及《中国招标》周刊2009年总体运行情况，并对理事单位、招标代理机构的大力支持表示衷心的感谢！他讲到，《中国招标》周刊在主管和主办单位的领导和关心下，在理事单位的大力支持下，经《中国招标》周刊全体人员的共同努力，工作取得了较好的成绩，各机构申请加入理事会的积极性非常高，《中国招标》周刊绝不辜负大家对我们的厚爱，理事会将继续坚持为成员单位提供优先、优惠、细致、周到的服务，充分利用自身的有利条件，把理事会办成一个开放、活泼、学术气氛浓郁的横向联合体，更有效地发挥《中国招标》理事会的纽带和桥梁作用。最后他强调，《中国招标》周刊理事会是周刊的议事决策机构，《中国招标》周刊是执行决策的机构，希望理事单位要积极参与到周刊的经营、管理、编辑策划工作中来，与周刊社全体员工一起把《中国招标》真正办成“传达政令、宣传政策、理论研究、业务探讨”的行业一流期刊，充分发挥媒体的喉舌作用。

《中国招标》周刊社李建京总编就周刊2008—2009年的编辑出版工作情况进行了汇报。汇报中说，截至11月，周刊共采写编辑稿件260多万字，其中收录的各类论文360篇；组织和采写的深度报道近100篇，编辑刊出标讯近5000条。李建京总编分别从“研究栏目，加强刊物实用性”、“积极参与，行业地位不断稳固”、“完善制度，大力加强内部管理”等方面总结了2009年《中国招标》编辑出版的工作思路及成绩并提出了今后工作的设想：《中国招标》要更理性地、自觉地将刊物功能的内涵和外延拓展到大招标概念的企业、行业和产业，形成更新、更高和更优的功能定位，获得面更广、量更多和质更优的传媒受众，要继续坚持一以贯之的办刊原则与方针，具体体现在：一是要深入思索和探讨《中国招标》服务于招标专业人士刊物的特点。赋予其更加鲜明的时代特色、实践特色和专业特色。二是继续加强与读者、作者和同行的联系，使栏目及内容更加贴近实际、贴近行业。三是继续加强“专家资源库”的建设，提高“专家资源库”的使用率，体现“ 专家办刊”思路，确立杂志的行业权威性。

最后，与会代表就如何办好《中国招标》周刊进行了热烈的讨论并积极建言献策，希望《中国招标》要抓住杂志多层次、多方面资源信誉的客观基础，努力形成一个以企业和市场为基础，以政府部门和非政府部门为天然补充的传媒信息资源的输入输出体系。代表们一致认为：《中国招标》周刊作为一本由国家发改委主管、中国机电设备招标中心主办的全国唯一的国家级招标投标的专业期刊，如何办得更好，任重而道远。不仅需要杂志编辑人员创新思路和创新实践，同时更需要广大业界人士，特别是广大理事的深切关注和鼎力支持。代表们表示，今后将更加关注《中国招标》周刊，积极参与《中国招标》周刊的栏目改进、内容策划中来，共同努力将《中国招标》打造成为国内一流期刊！

第十七届华东地区招标机构招标工作研讨会在南昌召开

2009年4月20日，由江西省机电设备招标有限公司承办的第十七届华东地区招标机构招标工作研讨会在江西南昌泰耐克国际大酒店隆重召开。此次会议的召开时值全球金融与经济双重危机影响进一步显现，国家4万亿经济刺激方案推出后经济复苏迹象未明，招标行业面临诸多新旧发展课题之际，因此受到了业界各方的高度关注。中国机电设备招标中心主任谢荣全、副主任李箴，商务部机电和科技产业司、国家机电产品进出口办公室调研员鲁辉，江西省工业与信息化委员会副主任张小平，江西省机电产品进出口办公室副主任陈志明，江西省招标咨询集团有限公司董事长王世平，总经理何继元等相关领导出席会议并作重要讲话。中国机电设备招标中心综合处梁婷婷副处长、江西省工业与信息化委员会钟宇晖处长、江西省机电产品进出口办公室谢宇研究员与来自华东地区六省一市的招标机构，以及特邀单位湖北省成套招标有限公司、内蒙古招标有限责任公司的主要负责人参加了会议。作为此次会议的媒体支持单位，《中国招标》周刊也应邀参加了此次研讨会。会议分别由江西省招标咨询集团有限公司总经理何继元和江西省机电设备招标有限公司总经理余铁根主持。

会上，商务部机电和科技产业司、国家机电产品进出口办公室调研员鲁辉向与会代表通报了2008年及2009年一季度国内招标市场的主要经济运行数据，从中国招标网的统计数据来看，受金融危机和全球经济衰退的影响，2008年企业扩大再生产的步伐明显放缓，部分项目投资推迟或暂停，国际招标市场放缓，招标机构业务受到较大影响。2009年一季度，全国共完成项目2209个，与2008年同比下降24.19%；中标金额为58.08亿美元，比2008年同期下降了19.97%。鲁辉指出，经济不景气的时机，正是业界加强管理、依法规范经营，树立自己形象的时机，以为经济好转后企业的更好发展打好基础。鲁辉还向大家介绍了商务部2009年在招标管理上的主要工作安排：对商务部2005年6号令《机电产品国际招标机构资格审定办法》进行修订；积极参与《招标投标法实施条例》的制订出台工作；进一步加强对国家4万亿投资建设项目和招标投标监督管理；大力推进电子招投标工作；专家库的完善和管理；加强宣传、培训等。

根据本次会议所列的6大议题，与会的招标机构代表分别进行了专题发言。首先汇报了各自企业2008年的经济运行数据及业务开展情况，并介绍了2009年一季度的最新运行数据。数据显示，除去少数有新增业务或工程招标发展迅猛的企业外，90%以上与会企业的招标业务都呈现出放缓和下滑状态，行业的发展面临着新的困境。

针对行业和企业面临的各种不利因素，与会代表以“企业如何应对当前全球金融危机带来的不利影响”为主线，结合“如何进一步发挥中央投资项目招标资质的作用；招标代理机构的改革、改制；招标代理机构分支机构的有效管理；如何尽快恢复对技术改造项目招标的资质认定”等行业热点话题展开了热烈的交流与深入的探讨。会上，大家积极建言献策，提出了诸多具有前瞻性、建设性、可操作性的应对之策，如：利用中国机电设备招标中心划归工信部为行业发展争取相应权益；倡议以企业自愿加入的方式，成立行业战略联盟，共克时艰；结合宏观政策及自身实际推进企业改制；切实加强质量管理、客户服务与人才培养；招标业务的多元化发展——前后延伸，左右拓展，如项目的咨询、评估、进口代理；又如工程造价咨询、项目代建业务；抑或招标向仓储、物流、配送、销售等领域延伸拓展的业务模式创新……热烈的研讨交流让大家受益匪浅，更坚定了信心。大家一致认为，金融危机与经济危机虽然在当前阶段给行业和企业的发展带来了一定的困难，但大家有信心、有办法通过团结协作、自我完善、大力创新、积极开拓去共克时艰，穿越寒冬，拥抱春天。

中国机电设备招标中心主任谢荣全在最后的发言中从七个方面进行了归结。他指出，在自身生存上，业界要做到共克时艰、适者生存、方式多样、渠道多条；在体制改革上，应因地制宜、因政制宜、因时制宜、因宜制宜；在业务开展上，要上下延伸、左右拓展、涉足相关、基础要牢；在运作平台上，要充分利用好行政资源平台及品牌与服务两个平台；在赢利模式上，要从倚赖传统模式挣钱逐渐转换到利用资金、品牌、服务、资源等有形或无形资产挣钱；同时要关注国家政策和行业变化，强化质量管理和服务意识，确保招标工作的公平、公开、公正；同时还要积极寻找政策支点，为行业的发展争取相应的地位和权益。

与会代表纷纷表示，此次会议开得非常及时，内容紧贴行业热点，交流热烈务实，研讨专业深入。并对江西省机电设备招标有限公司为各位代表提供的周到而细致的服务，以及为研讨会的圆满成功所付出的艰辛努力给予了极高的评价！

经与会代表一致表决，会议决定：第十八届华东地区招标机构招标工作研讨会将在浙江宁波召开，由宁波国际招标公司负责具体承办。

第十八届华东地区招标机构招标工作研讨会在宁波召开

2009年11月9～11日，由宁波市国际招标有限公司承办的第18届华东地区招标机构招标工作研讨会，在素有“书藏古今，港通天下”之称的宁波市隆重召开。

国务院法制办丛林处长、黄磊，工业和信息化部规划司李振军，中国机电设备招标中心史立军副主任、梁婷婷副处长，中国招投标协会霍春林常务副会长、李小林副秘书长，浙江省商务厅何巧尔，宁波市外经贸局林圣君副局长，宁波市经济委员会技改处吕中兴，宁波市国际招标有限公司马国荣董事长/总经理出席会议并发表了重要讲话。来自华东地区7个省市的12家招标机构以及特邀单位广东省机电设备招标中心的主要负责人参加了会议。《中国招标》周刊社也应邀参加了本次会议。会议由宁波市国际招标有限公司彭年副总经理主持。

在大会开幕式上，宁波市国际招标有限公司马国荣董事长/总经理发表了热情洋溢的致辞，并以此次会议“东道主”的名义向与会的领导和代表表示热烈的欢迎！

会上，国务院法制办丛林处长认真听取了与会代表的发言并发表即席讲话。她指出，《招标投标法》实施十年来，在招投标领域起到了明显的规范作用和有利的推动作用，使招投标活动渗透到社会的各个领域，这种形式也已深入人心。但是随着社会经济的发展和人们观念的转变，新情况不断出现。为此，国家有关部门正一方面在横向层面积极沟通协调，另一方面通过各种渠道进行实际调研与意见征求，以期进一步对有关法律法规进行补充和完善。立法的目的一是为了规范招投标活动，二是为了推动和促进这项事业的健康发展。

丛林还例举了此前《招标投标法实施条例》进行网上意见征求时大家反映较多的问题，并表示，下一步将整理归类这些问题，召开专题研讨会，“这部法规要多听意见，掌握第一手资料”。

丛林最后表示，这个《条例》的立法工作任重道远，有关部门正在努力推进，同时也希望得到招标代理机构的理解、支持和帮助。

工业和信息化部规划司李振军在讲话中首先简要介绍了工业和信息化部的职能和工作情况，随后分析了工业领域招投标工作状况。李振军认为，要想把这项工作推向深入，就需要找到切入点。将结合工业投资项目的特点和趋势，深入开展调研，结合我部主要职责和中心工作，明确监管定位，研究管理措施，进一步健全制度、完善机制、强化监督，推动招投标工作有序健康发展。李振军表示，在招投标领域里，管理部门要做的工作很多，但是每一项工作的开展都需要投入大量的人力、物力，希望能够得到行业内机构的大力支持和协助。

中国机电设备招标中心史立军副主任在讲话中，首先介绍了近两年系统的总体情况。他指出，自2008年以来，全国招标中心系统各机构继续以招标为主业，积极开拓市场，打破地域观念，成功开发新的市场，全系统的招标业绩又实现了大幅度增长，多家机构业绩创出历史新高。在保障业绩增长的同时，系统各机构认真贯彻国家有关扩大内需，保增长、保稳定、保民生的各项政策，努力做好中央投资项目招标资格的申请和年检，为中央投资项目的招标工作提供了良好服务。各单位继续开展招标业务的延伸，项目管理、工程咨询等业务蓬勃开展，业务体系不断完善，电子信息化手段继续推广应用，内部管理水平不断提高。同时，大家积极应对本轮政府机构改革，寻求适合自身的发展模式，事业单位改革继续推进。这些工作的顺利完成，使系统各机构在全球金融危机的大环境下，仍然保持了良好的发展势头。

史立军副主任还向与会代表介绍了中心关于中央投资项目招标代理资格认定及相关日常管理工作的情况。他介绍，目前招标中心正积极协助国家发改委投资司开展中央投资项目招标管理的有关工作，在资格认定、年度检查、项目情况报告检查以及日常管理中，不断协助管理部门完善制度、加强管理，为中央投资项目招标工作的规范发展提供更好服务。

2009年3—9月，中心完成了第三批中央投资项目招标代理机构资格认定及升级工作。整个资格认定及升级评审工作进行严谨、顺利，得到国家发改委投资司的肯定。目前，中心正在着手准备2009年度的资格年度检查工作、第四批中央投资项目招标代理机构资格认定、升级和2010年到期换证工作。

史立军副主任在讲话最后提出了目前情况下普遍存在的一些问题。他强调，第一是全球金融危机给我国经济带来巨大影响，特别是在东南沿海地区，对外贸企业的冲击尤其明显，这直接影响了华东地区招标代理机构的业务发展。目前，虽然政府投资规模增加，但企业和社会投资的力度和持续性有待观察。在这种情况下，我们要挖掘新的业务增长点，加快向其他业务领域拓展，争取更多业务支撑点，加快建立新的赢利模式。

第二是市场竞争进一步加剧。目前的市场环境下，招标行业是一个全面放开的大市场，竞争不只存在于58家机构之间，一些招标行业的“新生力量”与我们拼成本、抢占市场，甚至恶性竞争。因此，未来我们仍要维护好现有客户，开发大项目，利用好本地优势，不流失本地市场份额，争取拓展新的业务范围。史立军同时强调，系统间机构的相互协作也是我们在招标市场上做大做强的重要途径。如何突破现在招标市场的无序竞争状态，58家机构的相互沟通、相互支持应该是一个最重要的方式。

第三是内部管理有待继续提高，以适应业务发展的速度。目前，一些机构内部设置还比较庞杂，给内部管理带来很大难度，分散了管理力量，达不到更有效率、更严格的管理目标。另一些机构业务发展过快，存在招标质量隐患。将来我们仍要进一步提升内部管理水平，提升招标服务质量，杜绝不规范的招标行为，以诚信和优质服务维护信誉和资质，努力通过提高服务水平来吸引客户。

中国机电设备招标中心综合处梁婷婷副处长就中央投资项目资质管理及相关工作提示各代理机构，要仔细研读发改委发布的公告，严格按照公告要求的内容积极认真准备各项材料，做好日常项目情况报告的上报工作。

中国招投标协会霍春林常务副会长向与会代表介绍了中国招投标协会成立以来及目前工作中的“五个坚持”和“五方面建设”情况。霍春林副会长指出，中国招投标协会自2005年9月成立以来，始终“坚持以服务为宗旨，坚持以行业自律作为协会工作的灵魂，坚持以行业的规范为工作的准绳，坚持以经济建设为根本，坚持以制度建设为基础”。目前，协会围绕这“五个坚持”，主要开展了“队伍建设，诚信建设，评标专家建设，有关电子招标制度方面建设，统计制度建设”。他还表示，我国投资建设与招标事业发展前景十分广阔，协会将充分发挥服务职能，统筹兼顾，突出重点，为推进招标事业全面、协调、可持续发展作出应有贡献。

中国招投标协会李小林副秘书长在讲话中主要谈了三方面的问题：一是关于招标师考试。二是关于招标代理费用条款的修改动态。三是关于《招标投标法实施条例》和监督管理。

关于刚刚结束不久的首次招标师考试，李小林首先向招标从业人员对这一考试的重视和支持表示感谢。他同时指出，建立招标师职业资格考试制度十分必要，不但能够提高从业人员业务素质，更能加强招标行业队伍的稳定性、行为的规范性和自律性，同时能够建立起一种行业评价标准，能够控制招标代理机构的数量，有利于代理机构的更进一步发展。

在谈到关于招标代理费用问题修改动态时，李小林指出，第一，目前招标代理收费问题的关键不是提高标准，而是如何按照标准收费。第二，这次的条款修改，倾向于把原来文件当中不合理的清单和标底的编制费用从总体收费中分离出来，另行制定费用。第三，应根据代理机构不同阶段的工作内容，与业主协商确定收费标准，不同工作内容可以有不同的费用。第四，将考虑区分技术难度收费。另外，在计价方式上，也改变过去的累进制方式，改为定额分档制。第五，收费的上限将给予适当限制，下限适当提高。第六，由于业主原因造成招标代理失败，应予以招标代理机构一定补偿。

关于招投标监督管理的问题。李小林认为，管理和监督是有区别的，二者应该分离，而且监督只能由一个部门来执行，管理则可以按照行业、部门、专业的需要，由不同的部门来执行；另外，监督管理一定要和自律相结合，才能更有效。

李小林最后提示：当前，各代理机构应该认识到“系统整合”的趋势，“向两头延伸，向深度扩展”，以满足业主越来越高、越来越多的业务要求。

会上，浙江省商务厅机电办何巧尔介绍了本省2009年前三季度机电产品国际招标的有关情况。她同时指出，机电产品国际招标带来的经济效益和社会效益十分明显，通过国际招标，不仅为企业节约了大量资金，降低了企业成本，还引进了国外的先进技术与设备，提高了机电产品的技术含量和附加值，提升了本省机电企业的竞争力，为保持本省机电产业快速发展起到了积极作用。

宁波市经济委员会技改处吕中兴结合本地区的招标工作实际，对招标工作提出了“加强品牌意识、加强服务意识、加强竞争意识”的三点建议。

根据本次会议设定的四项议题，与会代表进行了专题发言。这四项议题：一是各招标机构2009年前三季度经营情况及业务经验交流；二是探讨关于“国办发（2002）21号”明确规定要进场交易的项目外，其他招标项目是否需要进场交易；三是对照拍卖行业的收费标准，探讨我国招标服务费现实情况及提出改进意见；四是探讨机电产品国内招标资质与监管的问题。安徽省机械设备成套局宋卫军副局长、安徽省国际招标有限责任公司邱尚技术总监、江苏省国际招标公司吴强副总经理、浙江省国际技术设备招标有限公司张淑芬总经理、青岛招标中心安钢主任、厦门经发机电设备招标有限公司叶中岳副总经理、上海机电设备招标公司程浩涌副总经理、山东省机电设备招标中心曹峰副总经理、福建省机电设备招标公司曾天粦副总经理、江西省机电设备招标公司余铁根总经理、江西省招标咨询集团王世平董事长、宁波市国际招标有限公司马国荣董事长/总经理、彭年副总经理，分别结合各自单位的实际情况，交流了业务经验，畅谈了各自的观点和建议。

与会代表们表示，此次会议促进了华东地区机构间以及与其他兄弟省份机构之间的交流沟通，有利于各机构交流经验、互通信息、增进友谊、共同发展。同时，大家对宁波市国际招标有限公司为各位代表提供的周到而细致的服务，以及为会议的成功举办所付出的艰辛努力表达了真挚的谢意，并给予了高度的评价！

会议圆满结束之际，与会代表约定，第19届华东地区招标机构工作会议将于2010年上半年在山东青岛市举行。

第十届西部地区招标工作联席会议召开

2009年8月18～19日，由甘肃省机械设备成套局承办的第十届西部地区招标工作联席会议在甘肃省省会“金城”兰州隆重举行。甘肃省政府副秘书长貟建民、中国机电设备招标中心主任谢荣全、中国招标投标协会常务副会长霍春林、国家发改委投资司李京法、甘肃省机械设备成套局局长高建国等有关领导出席会议并做了重要讲话。来自西部地区10个省市区的18家招标机构、中东部地区5个省份的6家特邀单位的主要负责人参加了本次联席会议。会议媒体支持单位《中国招标》周刊社也应邀参加了本次联席会。

会议由甘肃省机械设备成套局党组成员、副局长赵介一主持。会上，甘肃省政府副秘书长負建民首先代表甘肃省政府对本次联席会的召开表示祝贺，对与会代表表示欢迎。他强调，联席会议的形式为参会各单位提供了一个加强联系、增进交流的平台，也必将对西部省份，特别是提高规范甘肃项目建设起到积极的推动作用。同时，負建民副秘书长还对招标行业在甘肃省社会经济发展中所起到的积极和重要的作用表示了肯定。

会上，国家发改委投资司李京法同志介绍了中央投资项目招标代理资格管理的情况。他指出中央投资项目招标代理工作目前呈现出三个特点和趋势：一是中央投资项目招标代理资格已经深入人心并获得广泛认可。二是中央投资项目招标代理机构已经初具规模，为规范中央投资项目招标活动奠定了坚实基础。三是中央投资项目招标资格管理重心逐渐转移，管理内容逐渐拓宽，监管工作已经初见成效。李京法强调，今后发展改革委将进一步确立中央投资项目招标代理机构的行业地位，继续加强36号令的贯彻实施力度，以实行分级管理为重点，逐步完善中央投资项目招标代理管理体制，以提高资格认定工作质量和做好资格换证工作为重点，做好资格认定基础性工作，以加强项目情况报告检查、证书变更、年检工作为重点做好动态管理工作。

中国机电设备招标中心主任谢荣全在讲话中介绍了近两年来全国招标中心系统的总体情况。他指出，2007—2008年，全国招标中心系统58家招标机构两年内共完成招标项目77169项，完成招标委托金额7129亿元人民币，实现中标金额6141亿元人民币，平均节资率13.85%；2008年招标金额超过100亿元的已有9家招标机构。谢荣全主任还在会上介绍了2008年7月机构改革之后招标中心的有关情况，提出了目前系统工作中存在的一些问题请大家重视。他强调，在目前宏观经济前景不明的情况下，招标业务存在着下滑风险，我们要积极挖掘新的业务增长点，加快向其他业务领域拓展，争取在工程咨询、项目管理、监理等业务上取得更好成绩，加快建立新的赢利模式；他同时强调，系统间机构应相互沟通、相互支持，这也是我们在招标市场上做大做强的重要途径。谢荣全主任最后指出，我们要进一步提升内部管理水平，提高招标服务质量，杜绝不规范的招标行为，以诚信和优质服务维护信誉和资质，努力通过提高服务水平吸引客户。

中国招投标协会常务副会长霍春林在会议讲话中介绍了中国招投标协会成立以来几个方面的重点工作：一是配合政府加强招标投标的法制建设和管理。二是大力加强行业诚信自律建设。三是大力推进电子化招标采购。四是大力培养和提高招标采购从业人员职业素质。霍春林会长还简单介绍了大家普遍关注的招标师考试的情况。他透露，截至7月30日，31个省市和地区已经完成考试报名和资格审查工作，预计首次参考人数将超过5万人。

本次会议的承办方甘肃省机械设备成套局党组书记、局长高建国在讲话中详细介绍了甘肃省机械设备成套局近几年来的发展情况。高局长介绍，自2000年以来，甘肃局党组围绕工业强省和发展抓项目、改革抓创新的总体部署，提出了“内夯基础、外树形象”的发展思路，确定了“解决温饱、改善环境、规范发展”三个阶段的发展目标，坚持以招标采购为主、多条腿走路的方针，大力发展业务；坚持以“三个网络”建设为抓手，不断加强招标采购软硬件建设，努力规范招标采购行为，赢得了社会认可。全局2008年的招标采购中标金额达到60亿元，相比2002年的4亿元，6年翻了4番；而2009年，中标金额将有望达到100亿元。

会议上，湖北省招投标监督管理局副局长刘鸣、重庆国际投资咨询集团有限公司总经理杜成荣、江西省招标咨询集团有限公司董事长王世平、安徽省机械设备成套局副局长宋卫军、广东省机械设备成套局局长梁彦等5位与会代表也先后介绍了本地区、本单位招标或招标监管工作的有效做法和管理经验，以及单位改制的基本情况。此次会议有效促进了西部省区机构间、西部省区与其他兄弟省份机构之间的交流沟通，有利于各机构交流经验、互通信息、增进友谊、共同发展。经与会代表一致同意，第十一届西部地区招标工作联席会议将于2010年在江西举行。

全国招标中心系统在四川地震灾区捐建希望小学

2008年6月，为了向四川地震灾区提供帮助，中国机电设备招标中心向全国招标中心系统各机构发出倡议，共同向灾区捐建希望小学。经德阳市政府驻京办事处联络，招标中心与德阳市旌阳区政府、旌阳区教育局洽商后，决定将全部捐款80万元用于四川省德阳市旌阳区和新镇永兴村希望小学的校舍重建。其中，工业和信息化部欧新黔副部长和招标中心共捐助60万元人民币，全国招标中心系统13家单位共捐助20万元人民币。这13家单位是：西北（陕西）国际招标有限公司、山西省国际招标有限公司、山东招标股份有限公司、上海机电设备招标公司、大连市机电设备招标中心、天津国际招标有限公司、沈阳招标中心、青海省机电设备招标中心、新疆经纬招标有限公司、内蒙古自治区机械设备成套局、广西壮族自治区机电设备招标中心、云南招标股份有限公司、贵州鹏业国际机电设备招标公司。

中国机电设备招标中心被评为2009年度中央国家机关文明单位

2010年4月9日，中国机电设备招标中心被评为“2009年度中央国家机关文明单位”，受到中央国家机关精神文明建设协调领导小组的表彰。中国机电设备招标中心副主任白会宜同志代表招标中心参加了表彰大会。

招标中心曾先后4次被授予中央国家机关文明单位称号。为保持已经取得的成绩和荣誉，行政领导班子和党委始终高度重视精神文明建设工作，带领全体干部职工做出了积极不懈的努力。2009年年底到2010年年初，按照中央国家机关精神文明建设协调领导小组办公室、工信部精神文明办公室的工作部署和要求，招标中心副主任史立军同志一行代表招标中心重新向中央国家机关精神文明建设协调领导小组办公室、工信部精神文明办公室申报招标中心为“2009年度中央国家机关文明单位”，并接受了工信部精神文明办公室和中央国家机关精神文明建设协调领导小组办公室多次考察和审核。在考察中，招标中心从加强组织领导和思想建设为文明建设工作提供坚强的政治保障、以和谐促发展开创招标工作新局面、加强作风建设推动科学发展、加强文化建设不断提高职工凝聚力、加强党风廉政建设为招标业务发展保驾护航、加强综合治理维护团结稳定的工作环境等方面进行了较为全面的申报陈述，得到了上级有关单位和领导的肯定和赞许。同时，通过和其他申报文明单位的兄弟单位对比，我们也看到了自身存在的差距和不足，这将帮助我们在接下来的工作中进一步改进和完善自身。

这次招标中心重新申报并获得“2009年度中央国家机关文明单位”荣誉称号，只是我们开展精神文明建设的一个新起点，我们既要珍惜这一荣誉，更要克服在精神文明建设方面存在的不足，要把精神文明建设工作真正落到实处。我们要在行政领导班子和党委的领导下，依靠全体职工的共同努力，弘扬正风正气，提高凝聚力，团结和谐、奋发进取，推动招标中心科学发展。

监察与通报

关于对湖北同兴建设工程有限公司等3家企业在资质申报中弄虚作假行为的通报

建办市[2009] 第28号

各省、自治区住房和城乡建设厅，直辖市建委，北京市规委，江苏省、山东省建管局，国务院有关部门建设司（局），总后营房部工程管理局，国资委管理的有关企业：

经查，湖北同兴建设工程有限公司、宁波市江东市政建设有限公司和浙江富大工程监理有限公司等三家企业在资质申报中存在弄虚作假行为。根据《建筑法》、《行政许可法》以及《建筑企业资质管理规定》（建设部令第159号）和《工程监理企业资质管理规定》（建设部令158号）等，决定对湖北同兴建设工程有限公司、宁波市江东市政建设有限公司和浙江富大工程监理有限公司进行通报批评，不批准其资质申请，一年内不得再次申请该项行政许可。

特此通报。

附件：湖北同兴建设工程有限公司等3家弄虚作假企业名单（略）

中华人民共和国住房和城乡建设部办公厅

二〇〇九年七月六日

北京市崇文区财政局政府采购投诉处理决定书

崇财采投字[2008]第2号

投诉人：重庆山外山科技有限公司（简称投诉人或山外山公司）

住所地：重庆市高新区科园三路67号H座

被投诉人：北京国际贸易公司（简称被投诉人或国际贸易公司）

住所地：北京建国门外大街甲3号

有关供应商：北京久成和光医疗器械有限责任公司（简称久成和光公司）

住所地：北京市东城区东直门外大街48号东方银座写字楼11M

我局于2008年12月1日收到北京市财政局转来的投诉人2008年11月17日有关"北京市普仁医院血透机设备购置政府采购项目"（以下简称该项目）的投诉材料，经我局告知补正，正式受理投诉人2008年12月24日补正后的投诉书。经审查相关材料、调查取证，现已审查终结。

投诉人称，此次招标文件中对进口品牌未按要求进行限制，有违规定，理应撤销中标人资格；我公司所投产品也完全满足招标文件中规定的各项综合评价标准，并满足此次招标文件的实质性要求，且以最低价格投标，根据相关法律法规，此次招标的中标人应该是我公司；我公司于2008年10月24日、11月3日提出补充质疑，北京国际贸易公司以电话通知我们，未书面回复。

经我局调查：

一、关于招标过程的问题

经查，我局于2008年6月16日以崇财采购[2008]208号《关于同意北京市普仁医院政府采购项目采购进口产品的函》同意北京市普仁医院采购进口血液透析机医疗设备，被投诉人于2008年9月11日在中国政府采购网上发布"北京市普仁医院血透机设备购置政府采购项目公开招标公告（0686—0841Q12B154Z）"。被投诉人在经我局同意采购进口产品后组织招标活动，符合进口产品采购核准相关规定。

根据财政部办公厅财办库[2008]248号《关于政府采购进口产品管理有关问题的通知》关于采购执行问题的规定："财政

部门审核同意购买进口产品的，应当在采购文件中明确规定可以采购进口产品。”该项目《招标文件》未明确规定可以采购进口产品。

二、关于评标过程的问题

经查，该项目《招标文件》规定评标方法适用综合评分法，即在最大限度地满足招标文件实质性要求的前提下，按照招标文件中规定的各项因素进行综合评审后，以评标总得分最高的投标人作为中标候选供应商或中标供应商的评标方法。经评审，久成和光公司总得分最高，被确定为中标供应商。该项目评审过程及结果符合《招标文件》的上述规定。

三、关于质疑过程的问题

根据《中华人民共和国政府采购法》（简称政府采购法）第五十三条“采购人应当在收到供应商的书面质疑后七个工作日内作出答复，并以书面形式通知质疑供应商和其他有关供应商，但答复的内容不得涉及商业秘密。”和第五十四条“采购人委托采购代理机构采购的，供应商可以向采购代理机构提出询问或者质疑，采购代理机构应当依照本法第五十一条、第五十三条的规定就采购人委托授权范围内的事项作出答复。”的规定，采购人及委托的采购代理机构应当在收到供应商的书面质疑后七个工作日内以书面形式作出答复。

经查，针对投诉人2008年10月24日和11月3日的质疑，被投诉人未进行书面答复。

以上事实，有投诉材料、说明材料、招标文件、投标文件、评标记录、政府采购合同等证据予以佐证。

我局认为，该项目在公开招标活动前履行了进口产品政府采购的审核程序，符合进口产品政府采购核准相关规定，项目评审过程及结果符合《招标文件》的要求。但是，被投诉人在《招标文件》中未明确规定可以采购进口产品及对投诉人2008年10月24日和11月3日的质疑未进行书面答复的行为，不符合财政部办公厅财办库[2008]248号《关于政府采购进口产品管理有关问题的通知》和《政府采购法》的相关规定。

鉴于该项目政府采购合同已经履行，依据《政府采购法》第五十六条、财政部《政府采购供应商投诉处理办法》第十九条第（三）项规定，决定如下：

“北京市普仁医院血透机设备购置政府采购项目”采购活动违反相关规定。

如不服本决定，可在决定书送达之日起六十日内向北京市崇文区人民政府或北京市财政局申请行政复议，也可以在决定书送达之日起三个月内向北京市崇文区人民法院提起行政诉讼。

北京市崇文区财政局

二OO九年二月六日

北京市通州区政府采购办公室
政府采购投诉处理决定书

通财采投字[2009]第008号

投诉人：北京华美新源科技有限公司

住所地：北京市宣武区韩家胡同25号

委托代理人姓名：郝建玉　梁永强

职业：北京华美新源科技有限公司副总经理

联系方式：63356408

被投诉人：北京市通州区人民政府采购中心

住所地：北京市通州区台湖镇北京市通州区人民政府公物仓院内

联系方式：61536116

2009年1月14日，我办收到投诉人关于通州区教委购置学生安全饮水设备采购项目（招标编号：TCZB—2008—014）的投诉书后，依法进行审查，现已审查终结。

投诉人投诉称，招标文件明确要求产品应符合国家强制性标准，然而被投诉人在采购过程中未按国家强制性标准实行采购。

经审查，中标供应商所投产品符合招标文件总体指标第九条“所售产品必须符合国家强制性标准”的要求。

我办认为，根据全国工业产品生产许可证办公室、国家认证认可监督管理委员会、中国质量认证中心所给出的相关回函，此次招标第一包中标结果合法有效。第二包中标人（北京珠江白云厨房设备有限公司）投标书提供虚假的全国工业产品生产许可证，违反了《中华人民共和国政府采购法》第七十七条第（一）项及《中华人民共和国财政部令》部长令第18号中第七十四条第（一）项规定。

由于采购合同尚未签订，依据《中华人民共和国财政部令》第20号19条第（一）项的规定，决定如下：第二包中标结果作废，重新开展采购活动。

如不服本决定，可在决定书送达之日起六十日内向北京市通州区人民政府或北京市财政局申请行政复议，也可以在决定书送达之日起三个月内向北京市通州区人民法院提起行政诉讼。

通州区政府采购办公室

二〇〇九年三月二日

河北省财政厅政府采购投诉处理决定书

冀财采投[2010] 第1号

投诉人：河北神玺医疗装备有限公司

地址：石家庄市高新开发区黄河大道83号

邮政编码：050000

联系电话：0311-85288400

被投诉人：河北中机咨询有限公司

地址：石家庄市中山路195号燕春花园酒店19层

邮政编码：050011

联系电话：0311-86063928

采购人：河北省直属机关第二门诊部

地址：石家庄市合作路118号

邮政编码：050051

联系电话：0311-87227525

有关供应商：河北惠光宏秀医疗器械有限公司

地址：石家庄市桥东区新休门1号滨江国际大厦A—1502室

邮政编码：050011

联系电话：0311-86965386

本厅2010年3月30日正式受理投诉人河北神玺医疗装备有限公司的投诉书后，依法对“河北省直属机关第二门诊部彩色B超采购项目”（编号：HBZJ－09N184）进行了审查，现已审查终结。

投诉人河北神玺医疗装备有限公司投诉称：

预中标供应商河北惠光宏秀医疗器械有限公司的投标产品不满足以下招标文件所列技术要求：（一）第八章招标货物及技术规范中第六款“测量、分析及系统参数：（B型、M型、频谱多普勒、彩色多普勒模式）*4.M型自动心功能测量分析”。（二）第八章招标货物及技术规范中第五款“设备主要系统要求和配置：22.实时组织弹性成像技术”，而河北中机咨询有限公司对不符合招标文件的供应商予以预中标，违反了政府采购法相关规定。

投诉人同时称：因以上两个技术是日立的技术，预中标供应商投标产品属中低端机，不可能具有上述技术；卫生部的白皮书或国家质检部门的检测报告能够证明预中标供应商投标产品是否具有此两项技术，但因文件涉密，投诉人无法提供，需要从制造商或国家质检部门取得。

投诉人河北神玺医疗装备有限公司投诉请求：（一）被投诉人河北中机咨询有限公司对该项目予以废标并让完全满足技术参数及性能要求的投标人中标；（二）被投诉人河北中机咨询有限公司承担因投诉产生的一切费用。

被投诉人河北中机咨询有限公司称：

预中标供应商河北惠光宏秀医疗器械有限公司应本公司要求提供了满足招标文件规定的证明材料，本公司工作人员详细审阅了证明材料；请教了石家庄市第一医院的有关专家，同时观看了在使用中的与预中标供应商投标产品同品牌同型号设备的演示，表明预中标供应商河北惠光宏秀医疗器械有限公司所投设备满足招标文件中“*4.M 型自动心功能测量分析”的技术要求，而“22.实时组织弹性成像技术”不是关键技术条款，即使偏离，不足以废标。

预中标供应商河北惠光宏秀医疗器械有限公司称：

M 型自动心功能测量分析是所有彩色 B 超诊断仪都具备的一个基本功能，制造商飞利浦公司提供的技术白皮书对此项技术有明确和详细的描述；实时组织弹性成像技术是其投标产品的选配功能，公司根据招标文件要求免费配装此功能，包含在投标价格之内。河北惠光宏秀医疗器械有限公司认为其投标产品完全符合招标文件技术参数的要求。

采购人河北省直属机关第二门诊部称：

尊重河北中机咨询有限公司组织的评标结果；中标产品所有性能符合单位需求。

经本厅审查：

（一）预中标供应商河北惠光宏秀医疗器械有限公司投标产品制造商飞利浦公司出具的技术参数表（白皮书），表明其投标产品具有“4.M 型自动心功能测量分析”技术。

（二）预中标供应商河北惠光宏秀医疗器械有限公司在投标文件中对“22.实时组织弹性成像技术”作出了响应，表明其投标产品符合招标文件的要求，具有实时组织弹性成像技术。

依据《中华人民共和国政府采购法》第五十六条和《政府采购供应商投诉处理办法》（中华人民共和国财政部令第 20 号）第十七条、第二十九条的规定，决定如下：

驳回投诉人河北神玺医疗装备有限公司对“河北省直属机关第二门诊部彩色 B 超采购项目”的投诉请求。

如不服本决定，可依法申请行政复议或者提起行政诉讼。

河北省财政厅

二〇一〇年五月十一日

河北省财政厅政府采购投诉处理决定书

冀财采投[2010] 第 2 号

投诉人：北京书生电子技术有限公司

地址：北京市海淀区紫竹院路 81 号北方地产大厦 5 层

邮政编码：100089

联系电话：010-88829053

委托代理人：赵新

被投诉人：河北省省级政府采购中心

地址：河北省石家庄市师范街 98 号

邮政编码：050051

联系电话：0311-87908672

委托代理人：尹红山

采购人：河北省教育厅

地址：河北省石家庄市中山西路449号

邮政编码：050051

联系电话：0311-66005362

有关供应商：北京方正阿帕比技术有限公司

联系电话：13601062004

委托代理人：贾立杰

有关供应商：北京中文在线文化发展有限公司

联系电话：13501139615

委托代理人：刘灿

联系电话：0311-86965386

2009年10月15日，我厅收到北京书生电子技术有限公司提交的关于“河北省2009年农村中小学循环图书项目”（项目编号：HBGP200901084K）的投诉书。经审查，我厅认为投诉人诉求不够明确，不可操作，依据《政府采购供应商投诉处理办法》（财政部令第20号）第八条、第十一条和财政部《关于加强政府采购供应商投诉受理审查工作的通知》（财库[2007]1号）第三条之规定，先后3次电话表述意见后书面通知投诉人北京书生电子技术有限公司按要求依法修改投诉书，并补充相关依据和证明资料。

2009年11月9日，我厅收到投诉人北京书生电子技术有限公司提交的第三次修改后的投诉书。诉求内容仍为：“请求向投标人公布所有投标人除价格一项外的其他项目的每项具体得分情况及依据”。经审查，被投诉人河北省省级政府采购中心是依法成立的非营利性事业单位，不是行政机关，依据《中华人民共和国政府信息公开条例》和《政府采购供应商投诉处理办法》（财政部令20号）有关规定，我厅于2009年11月16日作出了不予受理的决定（冀采投[2009]5号）。

2010年1月8日，投诉人北京书生电子技术有限公司对我厅的不予受理决定不服，向财政部提出了行政复议申请。我厅于2010年1月27日，根据财政部通知要求，向财政部提交了行政复议答复书。行政复议期间，经财政部有关同志依法协调，北京书生电子技术有限公司重新提起投诉，河北省财政厅予以受理。北京书生电子技术有限公司于2010年4月6日要求撤回行政复议申请，2010年4月7日，财政部依法作出行政复议终止决定。

2010年4月8日，我厅受理了北京书生电子技术有限公司对“河北省2009年农村中小学循环图书K包电子图书政府采购项目”（项目编号：HBGP200901084K）的投诉。诉求内容仍然是“请求向投标人公布所有投标人除价格一项外的其他项目的每项具体得分情况及依据”。

2010年4月22日，我厅发出《关于更改河北省2009年农村中小学循环图书项目投诉事项调查时间的通知》，将调查时间更改为2010年4月29日上午9时。

2010年4月29日，我厅在河北省政府采购办公室七楼会议室进行了由各有关当事人参加的当面调查。

2010年5月8日，我厅收到的投诉人北京书生电子技术有限公司2010年5月6日书面资料称：现投诉请求变更为一是废除中标结果，重新招标；二是向投诉人公布投诉人每个项目的具体得分情况及依据。

现已审查终结，决定如下：

一、投诉人没有提供《中华人民共和国政府采购法》第三十六条之规定情形中的任何一项情形的证据，投诉人2010年5月6日的关于“废除中标结果，重新招标”的诉求不予支持。

二、被投诉人河北省省级政府采购中心向投诉人公开投诉人每个项目的具体得分情况及依据。

如不服本决定，可依法申请行政复议或者提起行政诉讼。

河北省财政厅

二〇一〇年五月十九日

上海市财政局投诉处理决定书

沪财库[2009] 第53号

投诉人：戴尔（中国）有限公司

住所：厦门火炬高新区信息光电园金尚路2388号

邮编：361011

电话：0592-8185920

被投诉人：上海市政府采购中心

住所：上海市陆家浜路1060号1号楼4楼

邮编：200011

电话：63781054

本局于2009年10月30日收到投诉人对被投诉人组织的上海市公安局PC服务器采购项目（招标编号：shcg09—00213，以下简称该项目）的投诉。经审查，符合财政部《政府采购供应商投诉处理办法》（以下简称《投诉处理办法》）以及《关于加强政府采购供应商投诉受理审查工作的通知》规定，本局依法予以受理。

11月3日，本局向被投诉人发送了投诉书副本，11月9日，本局收到被投诉人提交的书面说明及相关材料。

投诉人的投诉事项是请求本局认定该项目中标结果无效，其事实依据是：（1）投诉人报价得分超过中标供应商7.16分；（2）投诉人投标文件中14项指标均有正偏离，其投标产品的电源管理功能没有负偏离，被投诉人称其投标产品在刀片中心的以太网交换模块的端口数量对用户的实际应用具有很重要影响的说法与客观事实不符；（3）投诉人承诺提供5年期限的质量保证期，且承诺提供与投标型号配置服务完全相同的备机6台，而中标供应商仅承诺提供2台，且与招标规格与型号的要求不符。

被投诉人称，该项目招标文件规定的评标方法为综合评分法，应以总评得分最高的投标人作为中标候选供应商，经复核该项目评标报告，未发现评标委员会的评分有违法违规现象，各评委根据招标文件规定的评标方法独立打分后，被四位评委评分为第一名的上海长江信息网络科技有限公司（以下简称长江信息公司）最终被推荐为中标单位，符合招标文件及相关规定。被投诉人还提交了该项目招标文件、评标报告等相关证明材料。

就投诉人投诉事项，本局依法进行调查，现查明如下事实：

被投诉人受采购人上海市公安局委托，组织实施该项目采购活动。该项目于2009年8月13日发出招标公告，并于次日开始发售招标文件，至9月3日投标截止，共有3家供应商提交投标文件，被投诉人于9月18日组织评标委员会评审。经评审，长江信息公司总得分排名第一，被推荐为该项目中标候选供应商。

经查招标文件，该项目采用综合评分法，评标因素及分值为：报价50分，技术30分，售后服务10分，工期（交货期）3分，综合能力5分，政府采购诚信记录2分。

经查该项目评标报告，本局查明：（1）投诉人报价最低，报价得分最高，比长江信息公司高出7.16分。（2）在对各投标文件的技术评定方面，该项目评标委员会认为，该项目为设备标，技术要求和指标明确、清晰，DELL产品在刀片中心的以太网交换模块端口数量以及电源管理功能等方面存在一些负偏离。评标委员会独立打分结果显示，长江信息公司技术评定得分最高，比投诉人高出6分。（3）在售后服务方面，招标文件并未要求供应商提供与招标规格与型号要求一致的备机。在对各投标文件的售后服务的评定方面，评标委员会认为："IBM和DELL的承诺相对较好，DELL提供备机在客户处，长江信息推荐的IBM则赠送两把刀片服务器；而HP这方面较差，无备机，无赠送，质保期最短仅为3年，其他公司为5年。"评标委员会独立打分结果显示，长江信息公司该项得分最高，投诉人以0.2分之差次之。（4）在工期方面，投诉人和长江信息公司均响应招标文件要求，但长江信息公司的承诺优于投诉人，故该项得分比投诉人高出2分。（5）评标委员会成员按照招标文件要求采用综合评分法独立对各投标供应商的标书进行评价、打分，经汇总，长江信息公司总得分最高，投诉人次之。

综上，本局认为，该项目评标委员会采用综合评分法独立打分，并推荐总得分最高的供应商为中标候选供应商，符合财政部《政府采购货物和服务招标投标管理办法》第五十二条和该项目招标文件的规定。因此，投诉人的投诉缺乏事实依据，依据《投诉处理办法》第十七条第一款第二项规定，本局决定驳回投诉人的投诉。

依据《中华人民共和国政府采购法》第五十八条规定，投诉人如对本投诉处理决定不服，可以在收到本处理决定书后六十日内向上海市人民政府或中华人民共和国财政部提起行政复议，也可以在三个月内直接向上海市徐汇区人民法院提起行政诉讼。

上海市财政局

二〇〇九年十二月十日

上海市财政局投诉处理决定书

沪财库[2010] 第2号

投诉人：北京旋极信息技术股份有限公司

住所：北京市北四环中路229号海泰大厦1006室

邮编：100083

电话：010-82883933

被投诉人：上海市政府采购中心

住所：上海市陆家浜路1060号1号楼4楼

邮编：200011

电话：63781054

本局依法于2009年12月15日受理了投诉人对被投诉人组织的“世博重大装备建设——信息通信系列——移动警务终端（手持终端）”采购项目之第二包“交警专用移动警务终端”（招标编号：shcg09—00326，以下简称“该项目”）提起的投诉。

投诉人的投诉事项是请求本局认定该项目中标结果无效，其事实依据如下：（1）该项目中标供应商上海昭利科技发展有限公司（以下简称“昭利公司”）提供中标产品BIP—5000的电信产品入网许可证与中标承诺产品不符。中标产品承诺指标与取得入网许可证的产品指标在“主频、内存、IP 等级”等规定内容均发生变化，生产企业应当重新办理入网许可证，原产品的入网许可证不适用于升级产品。（2）参加该项目投标的供应商中，具有电信设备进网许可证、符合实质性响应条件的不足三家，应予废标。

被投诉人向本局提供书面说明称：投诉人投诉中提出的有关入网许可证及应予废标的问题，在质疑时并未提出，未经质疑而直接投诉不符合《中华人民共和国政府采购法》所规定的质疑前置程序。

昭利公司也向本局提供了书面说明，称其承诺产品在CPU（主频）、内存容量、IP等级方面的升级不属于依法需要重新办理入网许可证的范畴。

就上述有关产品升级及入网许可证的争议，我局向工业和信息化部电信设备认证中心进行了书面查询，该中心明确答复，由于产品升级，三星网络（北京）有限公司提出关于“BIP5000”型GSM双频GPRS功能无线数据终端设备的检测申请，经鉴定检测合格，原进网许可证有效。

经查该项目招标文件、投标文件和评标报告，对招标文件实质性响应的供应商不少于三家，投诉人要求予以废标的请求缺乏依据。

就被投诉人所称本投诉的受理不符合质疑前置规定的问题，本局认为，投诉人投诉中提出的有关入网许可证及应予废标的问题属于事实依据，其投诉事项为请求本局认定该项目中标结果无效，投诉事项在质疑事项之列，本局依法予以受理。

综上，投诉人的投诉缺乏事实依据，依据财政部《政府采购供应商投诉处理办法》第十七条第一款第二项规定，本局决定驳回投诉人的投诉。

依据《中华人民共和国政府采购法》第五十八条规定，投诉人如对本投诉处理决定不服，可以在收到本处理决定书后六十日内向上海市人民政府或中华人民共和国财政部提起行政复议，也可以在三个月内直接向上海市徐汇区人民法院提起行政诉讼。

上海市财政局

二〇一〇年一月二十七日

上海市财政局投诉处理决定书

沪财库[2010] 第5号

投诉人：南通市广益机电有限责任公司

住所：海安县李堡镇包场北路11号

邮编：226631

电话：0531-88212809

被投诉人：上海中世建设咨询有限公司

住所：上海市普陀区曹阳路528弄35号中世办公楼

邮编：200063

电话：021-62445138

本局于2010年2月8日依法受理了投诉人对被投诉人组织的上海市林业总站仪器设备采购项目（项目编号：09—352，以下简称“该项目”）之包件二“打药车及配套设备”、包件三“高射程打药机”提起的投诉。

投诉人的投诉事项是请求本局核实确定该项目包件二、包件三中标结果是否有效，其事实依据如下：（1）该项目包件二、包件三的中标供应商梅州市风华喷雾喷灌机械设备有限公司（以下简称“梅州风华公司”）侵犯了投诉人的专利权；（2）梅州风华公司针对该项目包件二的投标产品3WD2000—35型高射程风送式喷雾机没有通过国家CCC强制性认证；（3）梅州风华公司针对该项目包件三的投标产品3WD2000型高射程风送式喷雾机的配套发动机功率与检测报告不一致。投诉人还提供了《实用新型专利证书》、《实用新型专利检索报告》等相关证据。

被投诉人向本局提供书面说明称该投诉并未涉及采购流程，而是产品技术上的争议，争议内容已超出其解答范围。

梅州风华公司也向本局提供了书面说明，并指出：（1）投诉人投诉梅州风华公司侵犯其专利权是错误的，梅州风华公司的产品与投诉人的专利产品在结构上具有本质区别。（2）3WD2000—35型产品与3WD2000型属同一单元产品，两者结构、功能、用途、效果一致，按国家认证机构规定，同一单元同一系列的产品只须抽查认证一项。（3）关于3WD2000型产品发电机组的功率，梅州风华公司在3C申报的关键件中的配套功率是21.8kw，投标的功率是22kw，完全符合招标要求。梅州风华公司还提供了《中国国家强制性产品认证证书》、《实用新型专利证书》、《发明专利证书》等相关证据。

就投诉人投诉事项，本局依法进行了调查，现查明事实如下：

就3WD2000—35型产品是否已通过国家CCC强制性认证以及3WD2000型风送式喷雾机功率的问题，本局向国家认证认可监督管理委员会指定的认证机构中国农机产品质量认证中心（北京东方凯姆质量认证中心，以下简称“该中心”）进行了查询，投诉人也提交了从该中心获得的相关书面材料，该中心称：（1）“梅州市风华喷雾喷灌机械设备有限公司有效的CCC认证证书中未包括3WD2000—35型风送式喷雾机。”（2）“3WD2000型风送式喷雾机配套动力型号为：ZS1130GM，标定功率为：21.88kw”，“依据CCC认证有关规定，认证产品的配套动力型号、功率改变后，应向认证机构办理关键件变更手续”。经查梅州风华公司针对该项目包件三的投标文件，其投标产品采用了22kw日本原装进口独立四缸柴油发电机组，且型号并非ZS1130GM。该中心确认，梅州风华公司以上产品变更未报认证机构确认。

本局认为：该项目包件二、包件三为植物保护机械，依据《中华人民共和国认证认可条例》（国务院令第390号）、《强制性产品认证管理规定》（质检总局令第117号）、国家质检总局、国家认监委2006年第103号公告（部分农机产品实施CCC认证）、农业部《关于重申中小功率轮式拖拉机和植物保护机械实施强制性产品认证有关事宜的公告》、《农机产品强制性认证实施规则》等相关规定，必须获得强制性产品认证证书并加施中国强制性认证标志后，方可出厂、销售、进口或在其他经营性活动中使用。梅州风华公司针对该项目包件二的投标产品3WD2000—35型未获得有效的CCC认证证书，针对该项目包件三的投标产品3WD2000型改变了配套动力型号、功率且未依法办理关键件变更手续，与相关强制性认证规定不符，属于财政部《政府采购货物和服务招标投标管理办法》第五十六条第（四）项所指情形，应当在资格性、符合性检查时将梅州风华公司投标按照无效投标处理。

投诉人所称梅州风华公司侵犯其专利权，属专利侵权纠纷，依据《中华人民共和国专利法》第六十条规定，应由当事人协商解决，不愿协商或者协商不成的，专利权人或者利害关系人可以向人民法院起诉，也可以请求管理专利工作的部门处理。

综上，因该项目政府采购合同尚未签订，依据财政部《政府采购供应商投诉处理办法》第十七条第（三）项及第十九条第（一）项规定，本局决定该项目包件二、包件三采购行为违法，责令重新开展采购活动。

依据《中华人民共和国政府采购法》第五十八条规定，投诉人如对本投诉处理决定不服，可以在收到本处理决定书后六十日内向上海市人民政府或中华人民共和国财政部提起行政复议，也可以在三个月内直接向上海市徐汇区人民法院提起行政诉讼。

上海市财政局

二〇一〇年三月二十五日

安徽省财政厅行政处罚决定书

财购[2009] 第1907号

当事人：合肥明视医学科技有限公司

地址：合肥市黄山路468号通和易居3幢1603号

你公司参加“安徽医科大学第一附属医院专用设备采购项目（项目编号：AH—H2009104）”第11包光学相干断层扫描仪采购活动，经该采购项目评标专家小组评审，你公司成为中标人，并于2009年6月17日与安徽医科大学第一附属医院签订了政府采购合同。按照合同约定：卖方应于合同签订后的56日内（即2009年8月13日前），完成合同规定的全部责任与义务。合同期间和期满后，安徽医科大学第一附属医院多次与你公司联系，但是，你公司一直未按照政府采购合同约定履约。安徽医科大学第一附属医院将此情况反映到省政府采购中心，省政府采购中心对此事进行多次协调，你公司以各种理由为借口，拒绝履行政府采购合同约定。你公司的行为已严重违反了《中华人民共和国政府采购法》第三条“政府采购应当遵循公开透明原则、公平竞争原则、公正原则和诚实信用原则”的规定。

根据《政府采购货物和服务招标投标管理办法》（财政部令第18号）第七十五条“中标供应商有下列情形之一的，招标采购单位不予退还其交纳的投标保证金；情节严重的，由财政部门将其列为不良行为记录名单，在1～3年内禁止参加政府采购活动，并予以通报……（三）拒绝履行合同义务的”的规定。决定对合肥明视医学科技有限公司作出列为不良行为记录名单，在三年内禁止参加政府采购活动的处罚。

合肥明视医学科技有限公司如不服本行政处罚决定，可以在接到本处罚决定书之日起60日内，依法向安徽省人民政府或者财政部申请行政复议；或者在接到本处罚决定书之日起3个月内向人民法院提起行政诉讼。

除法律另有规定外，行政复议和行政诉讼期间，本行政处罚不停止执行。

安徽省财政厅

二〇〇九年十二月二十三日

关于江西国政招标咨询有限公司代理江西中医学院实验室设备政府采购项目投诉处理决定书

赣财购[2010] 第8号

江西日博工贸有限公司：

贵公司2010年2月2日就江西国政招标咨询有限公司代理江西中医学院实验室仪器设备政府采购项目（招标编号：JXGZ2009—12—0201）的投诉函，收悉。我厅2010年2月4日已受理贵公司投诉。

经核实，现将有关投诉事项处理如下：

江西国政招标咨询有限公司招标文件（招标编号：JXGZ2009—12—0201）第四章《投标须知》第19条评审标准第二款技术参数及其他要求（60分）：“设备的技术指标、参数60分，正偏离的不加分”，“※号表示的技术参数，每负偏离一项，技术分得0分”，“非※号标示技术要求每负偏离一项扣5分，非※号标示技术参数负偏离达到5项，技术分得0分”的规定，四家投标人进入评审程序，经评审人员的评审，四家投标人中有三家投标人的技术参数评审分都为0分。技术参数为0分对招标文件未作实质性响应。根据《中华人民共和国政府采购法》第36条第一款规定“符合专业条件的供应商或对招标文件作实质性响应的供应商不足三家的”，应予废标处理。

鉴于上述情况，江西国政招标咨询有限公司（招标编号JXGZ2009—12—0201）招标项目招标结果无效。择日重新公开招标。

贵公司如对上述处理决定不服，在此决定书下达后可进行行政复议或行政诉讼。

江西省财政厅

二〇一〇年三月十六日

关于九江市计划生育技术服务设备项目政府采购投诉处理决定书

九财购处[2010]1号

一、采购项目：九江市计划生育技术服务设备项目

[投标编号：JJZFCG（2009）A—022]

二、投诉人和被投诉人情况

投诉人：九江市盛康医疗器械有限公司

地址：九江市十里大道286号

法人授权代表:汪强辉

联系电话：0792-8265788　　13979285568

被投诉人：九江市公共资源交易中心政府采购部

地址：九江市长虹大道32号

联系电话：8983482　8983483

三、投诉事项及处理决定

投诉人因对九江市计划生育委员会服务设备[招标编号：JJZFCG（2009）A—022 以下简称本项目]政府采购项目的质疑答复不满，于2010年1月8日向本机关提起投诉，本机关于2010年1月11日受理，并委派汪晓红、詹俊峰二同志调查核实，经依法对本次政府采购活动的相关材料进行审查，并向被投诉人、采购人等其他投诉相关当事人进行调查了解，现本案已审查终结。

投诉人称：南昌兴兴医疗器械有限公司在“是否列入自主创新产品目录”一栏中填“是”，属于虚假应标，违反了中华人民共和国政府采购法。由于上述原因影响中标结果，特提出异议。

被投诉人答称：认为该供应商对标书内容理解不同，主观上没有虚假应标行为。根据评分办法中要求的国家自主创新产品给予计分的前提是列入《自主创新产品目录》中的产品，未列入《自主创新产品目录》的应不能计分，评委给予南昌兴兴医疗器械有限公司的计分不合理。

经对所投诉事项进行了书面审查和调查，认定基本事实如下：

1．本项目被投诉人在招标文件第十六条评标原则和方法中规定了自主创新产品2分，并在“投标书编制说明”第（12）条明确要求投标人提供“列入自主创新产品目录的证明文件的复印件加盖本单位公章”，各投标人均未按招标条件要求提供有效证明文件，不得计分。

招标机构在招标文件中给予自主创新产品一定分值，是贯彻落实财政部《关于实施促进自主创新政府采购政策的若干意见》（财库[2006]47号）和财政部关于印发《自主创新产品政府采购评审办法》的通知（财库[2007]30号）等相关法律法规，是充分发挥政府采购政策，优先采购自主创新产品的具体体现。自主创新产品是由财政部门会同科技部门等有关部门进行认定并已经公布的《自主创新产品目录》中的产品。

2．被投诉人在评委评分表中将“自主创新产品”设置“最高2分”，计分不合理，此项计分应为：投标人凡是提供了列入《自主创新产品目录》证明材料的就得2分，否则不计分。

鉴于上述二点，本机关认定，投诉人对九江市计划生育委员会服务设备[招标编号：JJZFCG（2009）A—022]的投诉成立。根据财政部《政府采购供应商投诉处理办法》（财政部令第 20 号）的有关规定，本项目招标结果无效，责令重新开展采购活动。

如不服本决定，可在决定书送达之日起六十日内依法申请行政复议，也可以在决定书送达之日起三个月内向同级人民法院提起行政诉讼。

九江市财政局办公室
二○一○年二月三日

河南省财政厅行政处罚决定书

豫财罚字[2009]第1号

郑州锐勤科技有限公司：

你公司参与郑州经济管理干部学院采购教学设备（豫财招标采购[2007]23 号）政府采购活动中，提供的与平顶山工业职业技术学院于2006年10月15日签订的业绩供货合同书是虚假合同。根据《政府采购法》第77条第一款第一项规定，你公司的上述行为应属于“提供虚假材料谋取中标”。

我单位于2009年3月24日向你公司下发了《行政处罚事先告知书》，你公司于2009年3月26日提出了申辩理由，我单位对此予以了认真审查。依据《政府采购法》第七十七条第一款之规定，作出如下决定：

1．对你公司罚款6958元人民币（采购金额的千分之六）。

2．将你公司列入不良行为记录名单，在两年内禁止参加河南省境内的政府采购活动。

你公司自收到本决定之日起15日内将罚款6958元人民币交至河南省财政厅预算外资金财政专户（收款单位），开户行：

交通银行紫荆山支行，帐号：411061900010149001778。

如你公司不服本处罚决定，可以在收到本决定书之日起 60 日内向财政部或河南省人民政府（法制办）申请行政复议或直接向人民法院起诉。

河南省财政厅

二OO九年三月三十一日

河南省财政厅行政处罚决定书

豫财购[2010] 第 12 号

郑州民生科技发展有限公司：

你公司于 2009 年 12 月 8 日参与河南省普通高中综合信息管理系统（硬件设备和系统软件部分）政府采购项目（豫财招标采购［2009］403 号）招投标活动中，被评审为中标人。在签订合同过程中，用户发现你公司在投标文件中提供的一份与“河南农业职业技术学院”于 2008 年 3 月 9 日签订的《购销合同》为虚假业绩合同，并提供了省教育厅办公室于 2010 年 1 月 9 日出具的证明函，说明我省“没有河南农业职业技术学院”。我厅于 2010 年 3 月 3 日给你公司发函，要求你公司于 3 月 10 日前将此合同签订过程的书面说明及合同原件送省财政厅政府采购监督管理处。在规定时间内，你公司没有送交任何书面说明及合同原件。

根据《政府采购法》第 77 条第一款第一项规定，你公司的上述行为应属于“提供虚假材料谋取中标”。

依据《政府采购法》第 77 条第一款之规定，作出如下决定：

1. 对你公司罚款 5454 元人民币（采购金额的千分之五）。

2. 将你公司列入不良行为记录名单，在一年内禁止参加河南省境内的政府采购活动。

你公司自收到本决定之日起 15 日内将罚款 5454 元人民币交至河南省财政厅预算外资金财政专户（收款单位），开户行：交通银行紫荆山支行，帐号：411061900010149001778。

如你公司不服本处罚决定，可以在收到本决定书之日起 60 日内，向财政部或河南省人民政府（法制办）申请行政复议或直接向人民法院起诉。

河南省财政厅

二O一O年四月七日

湖南省财政厅政府采购投诉处理决定书

湘财购函[2009] 第14号

投诉人：北京飞利信科技股份有限公司

法定代表人：曹忻军

地址：北京市海淀区塔院志新村2号金庸大厦3层

电话：010-62054886

委托代理人：陈鹏

地址：北京市海淀区塔院志新村2号金唐酒店3层

电话：13910098444

被投诉人：湖南国联招标有限公司

法定代表人：赵虹

地址：长沙市蔡锷南路61号天辰腾达商务大厦六楼

电话：0731-5177567

投诉人北京飞利信科技股份有限公司（以下简称飞利信公司）对被投诉人湖南国联招标有限公司（以下简称国联公司）代理的湖南省人民会堂弱电设备第二标（政府采购编号：湘财采计—2007—021—2，招标编号：GLTC—2009HN035）项目的质疑答复不满，向我厅提起投诉，本厅依法进行了审查，现已审查终结。

投诉人称：

一、招标文件商务评分细则违背了政府采购法和招标投标法，对外地企业具有歧视待遇。

1. 招标文件中规定，投标人在湖南省或长沙市工商局登记注册的得2分。

2. 我公司于3月16日有效期内购买了招标文件，而招标文件第一章第5条答疑规定："定于2009年3月16日前递交书面的需答疑事项，"这显然招标公司出售标书和我公司购买标书的时间已过招标文件规定的质疑时间。由于这一因果关系，在中标结果公示前我们更不符合向政府采购管理部门投诉的条件，因为投诉必须先质疑、有质疑答复后才能投诉。因此我们只有在中标结果公示后，才知道我们权益受到损害的事实，这与《关于规范政府采购供应商质疑处理工作的通知》的第二条第一款、第三条第二款规定的："供应商可以在知道或者应当知道其合法权益受到损害之日起七个工作内提出质疑"不相矛盾。而且招标文件规定的质疑答疑时间是在我公司购买标书之前，因此我们认为这一项的质疑是符合质疑条件的。

二、质疑科创公司投标文件所列云南海埂会议中心（云南会堂800席表决）案例为台电产品案例与事实完全不符，属于虚假案例，并且所附案例合同为虚假合同（事实上云南会堂800席表决所用产品为"贝拉"产品）。

三、中标品牌"台电"产品的技术性能达不到招标文件推荐品牌"贝拉"产品的技术性能要求。按招标文件要求规定：达不到推荐品牌技术性能要求的投标文件将被拒绝。

被投诉人称：

一、1. 本项目招标文件商务评分细则中售后服务的完整性项中计分办法"投标人在湖南省或长沙市工商局登记注册的得2分，为分支机构或办事处得1分；已委托其他公司或部门设立的得0.5分。"此评分的设置主要是采购人从售后服务方面考虑服务的响应时间及响应速度，三种不同的情况对于采购人的工作是有影响的，不同情况差异自然也是存在的。评分细则并没有歧视供应商，也没有将此条件设置为门槛条件。

2. 招标文件中规定"定于2009年3月16日前递交书面的需答疑事项"，"需答疑事项"是指投标人对招标文件有不清楚或不明白的商务或者技术问题需要采购人或代理机构解答的。而"质疑"范围、条件、时限、形式等应该遵循《政府采购法》第五十二条的规定，不是代理机构随便能规定的。

二、由于双方均提交了云南艺丰科技工程有限公司联系人电话，经与两位不同的联系人核查，均认为："科创公司投标文件所列云南海埂会议中心提供云南艺丰科技工程有限公司'中标通知书'属实，提供云南艺丰科技工程有限公司以台电产品投标后中标情况属实。中标后，是应项目业主要求，其中大报告厅的表决、发言、选举系统由原来确定的‘台电牌’更改为‘贝拉牌’。”科创公司的投标文件中并没有附上“云南海埂会议中心”合同，因此在评标时，该业绩并没有计分。因此，我们认为：既然科创公司投标文件所列云南海埂会议中心提供云南艺丰科技工程有限公司“中标通知书”属实，提供云南艺丰科技工程有限公司以台电产品投标后中标情况属实。至于施工中间是否调整了产品品牌，与本项目无关。且评标时该业绩所有评委均未计分，可对评标报告中所有评委原始打分资料进行查证。

三、评标委员会评标时详细核对了科创公司投标文件所提供产品的性能描述及技术参数，认为完全满足招标文件要求。由于没有任何一个权威机构对各公司所投产品作出明确的档次划分，根据《政府采购货物和服务招标投标管理办法》第四十九条第二款规定，评标委员会成员只能“按照招标文件规定的评标办法和评标标准进行评标，对评审意见承担个人责任”。因此评标委员会是依据产品是否满足招标文件要求而作出客观的相应结论。

本厅查明：

被投诉人于2009年3月5日在中国湖南政府采购网上发布《湖南省人民会堂弱电设备第二标》招标公告；投诉人于2009年3月16日购买了《湖南省人民会堂弱电设备第二标》招标文件，并于2009年3月26日参与该项目的投标；被投诉人于2009年3月30日在中国湖南政府采购网上发布《湖南省人民会堂弱电设备第二标》中标公告；投诉人于2009年3月31日向被投诉人提出质疑；被投诉人于2009年4月8日进行了质疑答复；投诉人对质疑答复不满意，于2009年4月17日向我厅提起投诉，我厅于当日正式受理该投诉。

本厅对中标候选人湖南科创信息技术股份有限公司（以下简称科创公司）投标文件中所附“云南艺丰科技工程有限公司云南海埂会议中心项目商务会议中心智能化系统工程（第二标段：电子会议系统和扩声系统）”中标通知书原件等相关业绩资料进行了核查，未发现科创公司提供虚假案例、合同。另就投诉人所称中标候选人所投台电产品不符合招标文件规定的问题，我厅调阅了该项目评标委员会的评标报告，评标委员会认为该产品满足招标文件要求；经我厅另行组织评审专家进行复核后，仍认为中标候选人所投台电产品满足招标文件要求。

本厅认为：

1．投诉事项一，投诉人未在法定质疑有效期内对招标文件提出质疑，不符合《政府采购供应商投诉处理办法》（财政部令第20号）第十条第（二）项的规定，投诉事项不予认定。

2．投诉事项二，经本厅核查，科创公司没有提供虚假案例、合同，投诉事项不成立。

3．投诉事项三，根据本厅查明情况，无证据表明中标候选人所投台电产品不满足招标文件的技术参数要求，投诉事项不予认定。

本厅决定：

依据《政府采购供应商投诉处理办法》（财政部令第20号）第十七条第（二）项的规定，驳回投诉。

投诉人如不服本决定，可在决定书送达之日起六十日内向湖南省人民政府或中华人民共和国财政部申请行政复议，也可在决定书送达之日起三个月内向长沙市天心区人民法院提起行政诉讼。

湖南省财政厅

二〇〇九年五月十三日

湖南省财政厅政府采购投诉处理决定书

湘财购函[2009] 第19号

投诉人：北京谊安医疗系统股份有限公司

法定代表人：李长缨

委托代理人：翟艳

地址：北京市丰台区航丰路4号谊安大厦

电话：010-83681616-8296

被投诉人：湖南省卫生厅

法定代表人：张健

地址：长沙市湘雅路38号

电话：0731-84822066

被投诉人：湖南中技项目管理有限公司

法定代表人：熊炯

地址：长沙市韶山北路39号维一星城国际24楼2414

电话：0731-84169655

中标供应商：河南辉瑞医疗器械有限公司

法定代表人：王中

委托代理人：杨志刚　王勇

地址：河南省郑州市农业路33号英特大厦9号

电话：0731-65713188

2009年7月8日，投诉人北京谊安医疗系统股份有限公司（以下简称投诉人）向我厅就湖南省县中医院、县妇幼保健院医疗设备采购项目（招标编号：HNZJC2009—HW—091 第一包台式无创呼吸机）投诉湖南省卫生厅、湖南中技项目管理有限公司（以下简称被投诉人）。我厅于当天受理该投诉。经查阅相关材料，现已审查终结。

一、投诉人称：中标供应商河南辉瑞医疗器械有限公司（以下简称中标供应商）中标产品不满足招标文件的主要技术参数要求。中标供应商 HFS3000 型呼吸机注册检验报告（该报告由国家食品药品监督管理局上海医疗器械质量监督检验中心2005年11月2日签发，编号：国医检（设）字 ZC2005 第213号）表明，中标产品（潮气量：100～1500mL、呼吸频率：4～80BPM、氧气浓度：55%～100%，只具有潮气量、通气量、自主呼吸频率超限、压力、电池欠压、电源故障报警等，缺氧浓度报警）不符合招标文件主要技术参数四项条款要求：3.5 潮气量： 50～1500mL、3.6 呼吸频率：2～60BPM、3.11 氧气浓度：45%～100%、3.15 潮气量、通气量、自主通气量、频率、自主呼吸频率、压力、氧气浓度等上下限及电池欠压、电源故障报警等。

被投诉人答复：中标供应商投标文件出具的注册检测报告（编号：2009—GL—039）是 HFS3100 型呼吸机，而不是 HFS3000 型呼吸机，报告签发日期是2009年5月22日而不是2005年11月2日，注册检验报告标明潮气量：0～2400mL、呼吸频率：1～120BPM、氧气浓度：43%～100%、具有潮气量、通气量、自主通气量、频率、自主呼吸频率、压力、氧气浓度等上下限及电池欠压、电源故障报警等。以上参数均满足招标文件的要求。

二、投诉人称：中标供应商提供的中标产品 HFS3100 型呼吸机属于无证产品，违法销售。其理由是中标供应商提供的中标产品 HFS3100 型呼吸机委托检验报告表明的潮气量、呼吸频率、氧浓度等技术性能指标提高很多，根据《医疗器械注册管理办法》第五章第三十四条规定，医疗器械注册证书下列内容发生变化的，应当自发生变化之日起30日内申请变更重新注册：（一）型号、规格；（二）生产地址；（三）产品标准；（四）产品性能结构及组成等，而中标产品未申请变更重新注册，应认定为无证产品。

被投诉人答复：中标供应商投标产品具有 HFS3000 系列多功能呼吸机医疗器械注册证（注册号：国食药监械（准）字2007年第3210430号），注册证中注明 HFS3100 型呼吸机属于 HFS3000 系列产品。中标供应商提供是 HFS3100 型呼吸机最新的注册检测报告，而不是委托检验报告。因此，中标产品属于有证产品。

本厅查明：中标供应商投标文件提供了 2007 年 3 月 15 日批准的 HFS3000 系列多功能呼吸机医疗器械注册证和 2009 年 5 月 22 日 HFS3100 型呼吸机注册检验报告，两份投标材料体现的呼吸机性能结构技术参数不一致。HFS3000 系列多功能呼吸机医疗器械注册证（2007 年 3 月 15 日国家药监总局批准，注册号：国食药监械（准）字 2007 年第 3210430 号）的产品生产制造认可表注明有效期：2011 年 3 月 14 日，规格型号：HFS3000、HFS3100、HFS3120，性能结构及组成：潮气量：100～1000mL、呼吸频率：4～80 BPM、呼吸比：3:1～1:4、SIMV 频率：4～15 次 / 分等。该注册证书批准的生产许可范围不符合招标文件主要技术要求：3.5 潮气量： 50～1500mL、3.6 呼吸频率：2～60BPM 等。HFS3100 型呼吸机注册检验报告（2009 年 5 月 22 日国家食品药品监督管理局天津医疗器械质量监督检验中心检验）虽然潮气量：0～2400mL、呼吸频率：1～120BPM、氧气浓度：43%～100%等性能结构技术参数符合招标文件技术要求，但是该注册检验产品未申请变更重新取得注册证。根据《医疗器械监督管理条例》第八条、第二十一条规定，《医疗器械注册管理办法》第三十四条第（四）项、第四十八条规定，本厅认为：中标供应商投标文件提供的 HFS3100 型呼吸机性能结构发生变化未及时向国家有关主管机关申请变更重新注册，属于无医疗器械注册证的产品。

综上所述，中标供应商投标产品不符合招标文件技术要求，中标结果产生的过程存在违法行为，依据《中华人民共和国政府采购法》第五十六条、财政部《政府采购供应商投诉处理办法》第十九条第（一）项之规定，本厅认定采购违法，责令重新开展采购活动。

如不服本决定，可在决定书送达之日起六十日内向湖南省人民政府或财政部申请行政复议，也可在决定书送达之日起三个月内向长沙市天心区人民法院提起行政诉讼。

湖南省财政厅

二〇〇九年八月十二日

湖南省财政厅政府采购投诉处理决定书

湘财购函[2009] 第 24 号

投诉人：南通医疗器械有限公司

法定代表人：羌新明

委托代理人：赵燕

地址：中国江苏省通州市石港镇东大街 84 号

被投诉人：湖南省天平招标代理咨询有限公司

法定代表人：卓和平

地址：长沙市芙蓉中路二段 80 号顺天国际财富中心 807 室

被投诉人：湖南省人口和计划生育委员会

法定代表人：李万郴

地址：长沙市雨花区马王堆南路 80 号

2009 年 9 月 3 日，投诉人南通医疗器械有限公司（以下简称投诉人）向我单位就 2009 年湖南省计划生育技术服务机构医疗设备采购[二]（湘财采计[2009]3139）投诉湖南省人口和计划生育委员会、湖南省天平招标代理咨询有限公司（以下简称被投诉人）。经补正有关材料，我厅于 2009 年 9 月 7 日受理该投诉。经查阅相关材料，现已审查终结。

投诉人称：被投诉人以投标文件中未见审计报告为由取消投诉人投标资格是错误的。

被投诉人答复：投诉人以提供财务审计报告并非招标文件明确约定的投标人资格性条件为主要理由进行投诉，其投诉的事实和理由与实际情况不符，不能成立。

本厅查明：一是招标文件中对投标人应当具备的资格性条件明确规定了要提交财务审计报告。招标文件 P3“七、投标人的资格要求”第④项明确且以加粗字体规定：根据湘财购[2006]12 号及湘财购[2007]8 号文件规定，投标人必须具有依法缴纳税收和社会保障资金的良好记录，若不能提供，则投标人视为不具有法定资格。招标文件 P4“ 3. 合格的投标人”第 3.2 项明确规定：有依法缴纳税收和社会保障资金的良好记录。招标文件 P38－39“第六章投标文件组成 附件 10”明确规定“依法缴纳税收及社会保障金的良好记录”的组成文件为：10—1 税务登记证影印件（加盖单位公章）；10—2 经会计师事务所审计的上年度财务审计报告影印件，逐页加盖单位公章；10—3 依法缴纳税收承诺书原件；10—4 单位经劳动和社会保障部门年度验证的社会保险登记证正本影印件（影印件必须包含“单位名称”和“验证记录”所在页两页的全部内容，并加盖单位公章）；10—5 单位依法缴纳社会保障资金承诺书原件。二是投诉人投标文件中 P68—P72 提供的是资产负债表、利润表、现金流量表等财务报表。

本厅认为：根据《政府采购法》第二十二条第一款第四项、《湖南省财政厅关于政府采购代理机构政府采购供应商依法缴纳税收和社会保障资金有关事项的补充通知》（湘财购[2007]8 号）第一条第二款的有关规定，被投诉人招标文件规定投标人资格性条件必须提供经会计师事务所审计的上年度审计报告复印件是合理合法的。根据《中国注册会计师审计准则第 1501 号》第三条规定，审计报告是指注册会计师根据中国注册会计师审计准则的规定，在实施审计工作的基础上对被审计单位财务报表发表审计意见的书面文件。第十条规定，审计报告应当包括下列要素：（1）标题；（2）收件人；（3）引言段；（4）管理层对财务报表的责任段；（5）注册会计师的责任段；（6）审计意见段；（7）注册会计师的签名和盖章；（8）会计师事务所的名称、地址及盖章；（9）报告日期。投诉人投标文件提供的只是资产负债表、利润表、现金流量表等财务报表，而非审计报告，未实质响应招标文件。

综上所述，投诉人称被投诉人以投标文件中未见审计报告为由取消其投标资格是错误的，该事实不成立，依据《中华人民共和国政府采购法》第五十六条、财政部《政府采购供应商投诉处理办法》第十七条第（二）项之规定，决定驳回投诉人的投诉。

如不服本决定，可在决定书送达之日起六十日内向湖南省人民政府或国家财政部申请行政复议，也可在决定书送达之日起三个月内向长沙市天心区人民法院提起行政诉讼。

湖南省财政厅

二〇〇九年十月十四日

关于对湖南天舟招标代理有限公司政府采购违规情况的通报

湘财购[2009] 第 18 号

省直各单位、各市（州）财政局、各政府采购代理机构：

代理项目：湖南省监狱管理局湖南省未成年犯管教所医院医疗设备政府采购项目（计划编号：湘财采计[2009]4043 号）

责任人：潘冬

违规事实：在组织项目评标过程中，未对评标现场进行全程摄像、录音；没有严格依程序组织专家对供应商的资质进行审查，致使不满足招标文件资质要求的供应商湖南荔力发展商务有限公司参与评标，出现明显差错，导致中标结果无效。

扣分处理：根据《湖南省财政厅关于加强对政府采购代理机构监督考核的通知》（湘财购[2007]15 号）中《政府采购代理机构监督考核细则》第 12 条第（3）、（6）项规定，决定给予湖南天舟招标代理有限公司扣除年度考核分 10 分的处理。

希望湖南天舟招标代理有限公司深刻反思，认真整改，防止类似情况再次发生。其他政府采购代理机构应引以为戒，加强对政府采购法规制度的学习，严格依法、依规、依程序开展政府采购活动。

湖南省财政厅

二〇〇九年十一月二十日

广西壮族自治区财政厅政府采购投诉处理决定书

桂财采[2010] 第14号

一、投诉人和被投诉人的情况

投诉人：青岛澳柯玛商用电器有限公司

住所地：青岛经济技术开发区前湾港路315号

法定代表人：张斌　总经理

联系电话：0532-86765693

委托代理人：逄建伟　业务经理

联系电话：13589332272　0532-86765693

被投诉人：广西壮族自治区政府采购中心

住所地：广西南宁市竹溪路29号

法定代表人：梁戈敏　主任

联系电话：0771-5309284

被投诉人：广西壮族自治区卫生厅

住　所　地：广西南宁市桃源路35号

法定代表人：李国坚　厅长

联系电话：0771-2802380

二、事实依据

2010年3月2日,我厅收到投诉人青岛澳柯玛商用电器有限公司投诉广西壮族自治区卫生厅、广西壮族自治区政府采购中心医用冰箱采购项目(编号: CG2009G1—157—WF)的投诉书。经对投诉书进行审查，发现投诉书格式不符合法定要求，投诉事项、相关依据证据材料需要补正，即书面要求投诉人限期补正并重新投诉。投诉人于2010年3月8日重新递交了补正后的投诉书。经审查，投诉人在法定期限内投诉，根据《政府采购供应商投诉处理办法》（财政部令第20号）第十一条规定，本机关正式受理了投诉，依法进行审查，现已审查终结。

经审查：

（一）关于投诉“招标文件要求投标产品生产厂家须具有医疗器械生产许可证和产品必须通过国家3C认证两个必须条件”的问题

投诉人称“据我方调查中科美菱低温科技有限责任公司和合肥美菱股份有限公司联合体的任何一方都不具备招标要求的‘标产品生产厂家须具有医疗器械生产许可证和产品必须通过国家3C认证两个必须条件’,即中科美菱只有医疗器械生产许可证，但不具备生产中标产品的资格；合肥美菱股份有限公司生产中标产品，但不具备医疗器械生产许可证。”

被投诉人广西壮族自治区政府采购中心说明为：

招标文件中规定“投标产品生产厂家须具有《医疗器械生产企业许可证》”只是本项目对投标人资格的“特定条件”，而“投标产品须通过国家3C认证”也只是针对投标产品应具备的必要条件。经调查核实，中科美菱低温科技有限责任公司（联合体之一）具有《医疗器械生产企业许可证》（皖食药监械生产许20070114号）；合肥美菱股份有限公司（联合体之一）生产的投标产品型号具有《国家强制性产品认证证书》（证书编号：2008010701291647）。根据《政府采购货物和服务招标投标管理办法》（财政部令　第18号）第三十四条的规定，评标委员会认定中标人及中标人的投标产品符合投标文件的要求。

经查，该项目招标文件对投标人资格要求为：具备《中华人民共和国政府采购法》第二十二条规定，具有《医疗器械生产许可证》的生产企业或具有《医疗器械经营许可证》的供应商。招标文件货物需求和说明之售后服务及其他要求的第5点要求“本项目投标产品生产厂家须具有《医疗器械生产许可证》；或投标产品可由生产厂家委托生产厂家投资控股（指占投资额50%以上）并具有《医疗器械生产许可证》的企业生产。投标文件须提供相关证件复印件（加盖厂家公章）”。上述规定表明招标文件并没有要求投标产品生产厂家具有《医疗器械生产许可证》和产品须通过国家3C认证的两个必须条件，产品必须“通过国家3C认证”是招标文件对投标产品的要求而不是对投标人资格的要求。

中标人中科美菱低温科技有限责任公司与合肥美菱股份有限公司签署了联合体协议，联合体各方均为独立法人，符合《政府采购法》第二十二条第一款规定的条件，其中一方中科美菱低温科技有限责任公司具有《医疗器械生产许可证》，投标产品BCD—171ML冰箱已获得3C认证证书。中标人中科美菱低温科技有限责任公司/合肥美菱股份有限公司（联合体）符合《政府采购法》第二十四条“两个以上的自然人、法人或者其他组织可以组成一个联合体，以一个供应商的身份共同参加政府采购”和《政府采购货物和服务招标投标管理办法》（财政部令第18号）第三十四条“两个以上供应商可以组成一个投标联合体，以一个投标人的身份投标。以联合体形式参加投标的，联合体各方均应当符合《政府采购法》第二十二条第一款规定的条件。采购人根据采购项目的特殊要求规定投标人特定条件的，联合体各方中至少应当有一方符合采购人规定的特定条件”的有关规定。

根据《政府采购法》第四条“政府采购工程进行招标投标的，适用招标投标法”的规定，本项目是政府采购货物类招投标，不是建设工程招标投标，不适用《招标投标法》。该项目依法应当适用《政府采购法》和《政府采购货物和服务招标投标管理办法》（财政部令第18号）关于供应商联合体投标的有关规定，投诉人引用《招标投标法》进行投诉是不恰当的。

投诉人所称中标人中科美菱低温科技有限责任公司/合肥美菱股份有限公司（联合体）任何一方都不具备招标文件要求的“标产品生产厂家须具有医疗器械生产许可证和产品必须通过国家3C认证两个必须条件”，是投诉人错误理解招标文件的有关要求，把投标人资格要求与投标产品的要求关联在一起，由于其错误理解招标文件规定和引用不适合的法律条款导致得到不正确的结论和提起不恰当的投诉。

（二）关于投诉“中标人的投标产品与其提供的3C认证证书不符”的问题

投诉人称“根据投诉人调查，《CNCA—01C—016：2010电气电子产品类强制性认证实施规则家用和类似用途设备》的实施日期为2010年5月1日起，而本项目的投标截止日期是2010年1月7日，政府采购中心用尚未实施的法规政策来解释关于3C 一致性的问题明显不成立。国家质检总局《强性产品认证管理规定》第二章第十三条明确规定认证委托人应当保证其提供的样品与实际生产的产品一致，而中标人所提供的一样机在做3C注册认证时冷藏室内并没有加装温度计，《强性产品认证管理规定》第三章第二十八条规定证书产品与认证委托人提供的样品不一致的，认证机构应当撤消认证证书，因此投标人所提供的3C认证并不能代表其所提供样机的证书。”

被投诉人广西壮族自治区政府采购中心说明为：

评标时，评标委员会认为中标人加装的温度计并不是“认证产所用的关键安全元器件、重要零部件和材料、对电磁兼容性能有影响的关键元器件”，不仅得到即将于2010年5月1日实施的国家认证认可监督管理委员会发布的《CNCA—01C—016：2010 电气电子产品类强制性认证实施规则家用和类似用途设备》的验证，同时，旧版本的《CNCA—01C—016：2007》也是同样的规定。因此不存在“用尚未实施的法规解释问题不成立”的问题。

经查，投诉人所引用的国家质量监督检验检疫总局《强制性产品认证管理规定》第二章第十三条为“认证委托人应当保证其提供的样品与实际生产的产品一致，认证机构应当对认证委托人提供样品的真实性进行审查”，该规定是对认证委托人申请产品认证时的要求，而本项目中合肥美菱股份有限公司生产的投标产品BCD—171ML冰箱已获得3C认证证书，并不适用该条规定。

投诉人所引用的国家质量监督检验检疫总局《强制性产品认证管理规定》第三章第二十八条为“有下列情形之一的，认证机构应当撤销认证证书，并对外公布：（1）跟踪检查中发现获证产品与认证委托人提供的样品不一致的”，该规定赋予认证机构的权利和义务，对产品认证“跟踪检查中发现获证产品与认证委托人提供的样品不一致的”由认证机构撤消认证证书，而本项目中并未发现认证机构撤销了合肥美菱股份有限公司生产的BCD—171ML冰箱的3C认证证书。

根据国家质量监督检验检疫总局《强制性产品认证管理规定》第三章第二十四条“有下列情形之一的，认证委托人应当向认证机构申请认证证书的变更，由认证机构根据不同情况作出相应处理：（2）获证产品的关键元器件、规格和型号，以及涉及整机安全或者电磁兼容的设计、结构、工艺和材料或者原材料生产企业等发生变更的，经认证机构重新检测合格后，变更认证证书”和中国国家认证认可监督管理委员会2007年8月1日发布2007年8月15日规定实施的《CNCA—01C—016：2007电气电子产品类强制性认证实施规则 家用和类似用途设备》“5.1.2.1 变更的申请：获证后的产品，如果其产品中属于附件4、附件5的元器件的规格、型号、技术参数等，或涉及整机安全/电磁兼容的设计、电气结构、发生变更，以及认证证书的相关信息、标准等发生变化时，应向认证机构提出变更批准/备案的申请”。经查，《CNCA—01C—016：2007电气电子产品类强制性认证实施规则 家用和类似用途设备》中附件4安全元器件清单中没有“温度计”的项目、附件5对产品电磁兼容有影响的主要零部件清单中没有“温度计”的项目，评标时评标委员会已对照有关规定，认为温度计不是温度控制器，仅起测量作用，不是关键电路板组成部分，不用插电，不属于关键元器件，加装温度计不需要向认证机构提出变更批准或备案的申请，认为其加装温度计与其产品3C认证证书相符。

（三）关于投诉“有两名评审专家连续两次参加该项目的评审工作，怀疑其巧合性”的问题

投诉人称“有两名评审专家连续两次参加本项目的评审工作，怀疑其巧合性。”

被投诉人广西壮族自治区政府采购中心说明为：

被投诉人广西壮族自治区政府采购中心在质疑答复函中根据《政府采购评审专家管理办法》（财政部、监察部、财库[2003]119 号）第二十四条规定“评审专家原则上在一年之内不得连续三次参加政府采购评审工作。”本项目的评标委员会构成中，储晓阳、孙朝安两名评审专家也参加了该批医用冰箱于2009年12月9日进行的第一次公开招标的评审，但并没有违反有关规定。

经查，“医用冰箱采购项目”于2009年12月9日第一次开标评审，评审结果为废标；废标后重新组织招标于2010年1月6日开标评审。两次开标评审活动的评标委员会构成中有孙朝安、储晓阳两人，但其属于不同年度的两次评审活动，没有违反《政府采购评审专家管理办法》（财政部、监察部、财库[2003]119 号）第二十四条“评审专家原则上在一年之内不得连续三次参加政府采购评审工作”的有关规定。

三、处理决定

根据《政府采购供应商投诉处理办法》（财政部令 第20号）的有关规定，对投诉人青岛澳柯玛商用电器有限公司投诉广西壮族自治区卫生厅、广西壮族自治区政府采购中心医用冰箱采购项目(编号：CG2009G1—157—WF)的投诉事项决定如下：

投诉人投诉 “一、招标文件要求投标产品生产厂家须具有医疗器械生产许可证和产品必须通过国家3C认证两个必须条件”，“二、中标人的投标产品与其提供的3C认证证书不符”，“三、有两名评审专家连续两次参加该项目的评审工作，怀疑其巧合性”投诉事项均不成立，驳回其投诉。

投诉人如不服本处理决定，可在收到本决定书之日起六十日内向广西壮族自治区人民政府或财政部申请行政复议，也可以在收到决定书之日起三个月内向人民法院提起行政诉讼。

广西壮族自治区财政厅

二〇一〇年四月十三日

南宁市财政局行政处罚决定书

南财采管决[2009]第8号

当事人

单位名称：广西华浦照明灯具有限公司

单位地址：广西南宁市西关路85号

法人代表：黄远达

年龄：31

性别：男

住址：浙江省余姚市梁弄镇高南村南边组3队

当事人在南宁市城市照明管理处2009年城市道路路灯改造工程采购（第三批）（项目编号：NNZC2009—1343A）公开招标采购项目的投标文件中提供虚假材料一案，经本机关依法调查，现查明：当事人在投标文件中提交的《荣誉证书》为虚假材料。本机关认为：当事人提供虚假材料谋取中标的行为已违反《中华人民共和国政府采购法》第三条“政府采购应当遵循公开透明原则、公平竞争原则、公正原则和诚实信用原则”的规定。

依照《中华人民共和国政府采购法》第七十七条：供应商有下列情形之一的，处以采购金额千分之五以上千分之十以下的罚款，列入不良行为记录名单，在1～3年内禁止参加政府采购活动，有违法所得的，并处没收违法所得，情节严重的，由工商行政管理机关吊销营业执照；构成犯罪的，依法追究刑事责任。提供虚假材料谋取中标成交的，本机关作出如下处罚：

一、处以采购金额111.25万元（四个标段采购预算的平均值）千分之五的罚款，即0.55625万元。

二、列入不良行为记录名单，在行政处罚决定书下达之日起一年内禁止参加我市政府采购活动。

本处罚决定自送达之日起生效，当事人从收到本决定书之日起15日内将罚款足额上缴国库（财政机关：南宁市财政局；预算级次：市级；收款国库：国家金库南宁市中心支库；预算科目名称：其他一般罚没收入。

根据《中华人民共和国行政复议法》第九条和《中华人民共和国行政诉讼法》第三十九条的规定，当事人如不服本处罚决定，可以在收到本处罚决定书之日起六十日内向广西壮族自治区财政厅和南宁市人民政府申请行政复议，也可以在收到本处罚决定书之日起三个月内向人民法院提起行政诉讼。复议或诉讼期间本决定照常执行。逾期不申请复议或不向人民法院起诉又不履行本处罚决定的，本单位将依法强制执行。

南宁市财政局

二〇〇九年十二月八日

重庆市财政局政府采购投诉处理决定书

渝财处理[2009]第1号

一、投诉人

名称：固高科技（深圳）有限公司

地址：深圳市南山区科技园南区深港产学研基地大楼西座W211室

法定代表人：李泽湘

授权代表：褚建宁

二、被投诉人

名称：重庆市政府采购中心

地址：重庆市江北区洋河一村78号

法定代表人：甘永祥

项目负责人：严刚

三、投诉项目

重庆科技学院控制理论实验设备采购（09A213－1）

四、投诉内容

我局收到投诉人－固高科技（深圳）有限公司（以下简称固高公司）关于“重庆科技学院控制理论实验设备”政府采购招标投诉材料，经审查符合投诉条件，予以受理。

投诉人诉称：拟中标供应商杭州天科教仪设备有限公司（以下简称天科公司）的中标资格存在问题，一是天科公司不具备招标文件要求的产品生产能力，且提供的业绩证明（合同）与招标文件要求不一致。二是天科没有提供所投产品彩色宣传样本。根据招标文件无效投标条款，天科公司投标应为无效投标。

五、调查取证情况

收到固高公司投诉后，我局对该项目招标文件、相关供应商投标文件、评标报告等资料进行了调查取证，具体情况如下：

（一）关于供应商产品生产能力、业绩问题

招标文件有关供应商的资格要求中，并未要求投标供应商必须具备产品生产能力，天科公司所投产品均具有制造厂家的授权文件，评标委员会对天科公司的供应商资格审查，认定其符合招标文件要求。

招标文件要求供应商提供类似业绩的合同复印件作为业绩证明材料，天科公司提供合同复印件为实验室控制系统的合同复印件，评标委员会认为符合招标文件要求。

（二）关于产品彩色宣传样本问题

招标文件规定，供应商投标资料不全（包括无产品彩色宣传样本）将作为无效投标，天科公司投标文件提供了产品简介、技术指标描述、彩色实物图片等资料，评标委员会认为已经具备了招标文件要求的彩色宣传样本的主要内容，符合招标文件要求。

六、处理决定

根据调查取证结果，我局认为：由于对“彩色宣传样本”没有法定的定义，该项目拟中标供应商天科公司提供的产品相关资料符合招标文件规定的供应商资格要求，评标委员会的评审是客观公正的，根据《政府采购供应商投诉处理办法》（财政部令第 20 号）的有关规定，决定对固高公司的投诉予以驳回。

如对本处理决定不服，投诉人可在投诉处理决定书送达之日起六十日内申请行政复议，或在接到本投诉处理决定书之日起三个月内向人民法院提起行政诉讼。

重庆市财政局

二〇〇九年九月十八日

四川省财政厅行政处罚决定书

川财采罚[2009]第 1 号

当事人：珠海三思试验设备有限公司

法定代表人：雒智强总经理

地址：广东省珠海市南屏科技工业园屏东二路 4 号首层

现查明，你公司在参加川政采谈[2009]001 号“灾后重建检测设备政府采购项目”政府采购活动中，报价文件中提供的投标产品“中华人民共和国制造计量器具许可证”系伪造。具体事实有如下证据证实：

1. 你公司参加政府采购活动提供的报价文件。

2. 广东省珠海市质量技术监督局《关于四川省政府采购中心川政采[2009]003 号的复函》（珠质监函[2009]13 号）。

你公司在政府采购活动中提供虚假材料谋取成交的行为，违反了《中华人民共和国政府采购法》第三条、第二十五条、《四川省政府采购当事人行为规范》（川财采[2007]25 号）第三十条的有关规定。

本机关认为，你公司违法行为事实清楚，证据确凿充分。根据《中华人民共和国政府采购法》第七十七条第一款的规定，决定对你公司作出如下行政处罚：

罚款人民币 11186.40 元（按采购金额千分之八），列入不良行为记录名单，二年内禁止参加政府采购活动。

限你公司于收到本处罚决定书之日起 15 日内将罚款（人民币 11186.40 元）存入如下帐户：4402903009026400275（户名：四川省财政厅；开户银行：工行春熙路步行街支行）。如逾期不缴纳罚款，根据《中华人民共和国行政处罚法》第五十一条的规定，本机关将每日按逾期缴纳罚款数额的百分之三加处罚款。禁止参加政府采购活动的时间为本处罚决定书生效之日起 2 年。

如不服本处罚决定，可以在收到本处罚决定书之日起 60 日内，依法向财政部或四川省人民政府申请行政复议，或者在接到本处罚决定书之日起 3 个月内，依法向成都市锦江区人民法院提起行政诉讼。逾期不申请行政复议或者不向人民法院提起行政诉讼又不履行行政处罚决定的，本机关将依法申请人民法院强制执行。

除法律另有规定外，行政复议或行政诉讼期间，行政处罚不停止执行。

四川省财政厅

二〇〇九年五月八日

贵州省财政厅政府采购供应商投诉处理决定书

黔财采投处[2010]第 4 号

投诉人：贵州亿洁科技发展有限公司

地址：贵州省贵阳市宝山南路凯尼大厦 19 层 1 号

法定代表人：夏学锋

电话：0851-5605280 传真：0851-5605082 转 604

邮编：550005

被投诉人：贵州卫虹医药电子商务有限公司

地址：贵州省贵阳市中华中路 8 号时代广场名仕楼 18 层 B 座

法定代表人：孙立旗

电话：0851-5801586 传真：0851-5801799

邮编：550001

投诉人在参加被投诉人组织的“乡镇卫生院设备购置项目”品目 10 无创呼吸机（项目编号：GZWH—2009—71）政府采购招投标活动中，对被投诉人公布的中标结果不服，于 2010 年 1 月 29 日向被投诉人提出书面质疑，被投诉人于 2010 年 2 月 5 日对其质疑作出了书面答复。投诉人对质疑答复不满意，于 2010 年 2 月 23 日向我厅提出投诉。我厅依法对其投诉进行了受理，并依法向被投诉人及与投诉事项有关的供应商送达了投诉书副本，调取了本次政府采购活动中的相关材料，现已审查结束。

投诉人诉称：

投诉人通过搜集 GE Vivo30 官方彩页资料、临床医师手册和临床使用情况综合发现，该产品对投诉人在质疑函中的几点相关功能和参数不能满足招标文件要求，中标人属于“虚假应标”，理由是：一、根据 GE Vivo30 官方彩页资料、GE Vivo30 临床医师手册和用户使用情况综合发现，GE Vivo30 的 eSync 快速反应触发技术为负偏离。理由有：①GE Vivo30 官方彩页和临床医师手册中“设置/性能”中的表述为：“吸气触发灵敏度 1—9 档，关闭”；“呼气触发灵敏度 1～9 档”。由此可见，GE Vivo30 在临床应用中，不同的病情是需设置好吸气触发度和呼气触发度，达到触发度后才给予相应的触发。②GE Vivo30 的 eSync 快速反应触发技术表明仅仅在触发反应时间用时最短，具体时间则无从考证，不能从根本上改变其不符合“全自动”这一重要事实。③全自动调节（触发）灵敏度为无创通气的核心，是人机良好配合的关键，而中、低端无创呼吸机是不具备该功能的。因此，GE Vivo30 不具备全自动调节（触发）灵敏度功能，不符合招标文件 1.3 星号条款中要求的标准。二、按照《招标文件》品目 10 技术要求“2.8 最大漏气补偿：≥60L/min”的规定，GE Vivo30 与之相对应的条款为负偏离。理由是：GE Vivo30 官方彩页和临床医师手册中显示无最大漏气量。三、按照《招标文件》品目 10 技术要求“2.9 监测参数：气道压力、呼出潮气量、分钟通气量、呼吸频率、漏气量、窒息频率等”规定，GE Vivo30 与之相对应的条款为负偏离。理由是：GE Vivo30 官方彩页和临床医师手册中无窒息频率和分钟通气量的监测。四按照《招标文件》品目 10 技术要求“2.10 智能化报警：高压、低压、窒息、窒息频率、脱管声光报警”的规定，GE Vivo30 与之相对应的条款为负偏离。理由是：GE Vivo30 官方彩页和临床医师手册中无脱管监测。因此，投诉人请求：对“虚假应标”的投标方贵州天使医疗器材有限公司提供的 GE Vivo30 型无创呼吸机审核后予以废标处理。

被投诉人辩称：

一、本项目及招标文件均经从专家库中随机抽取专家进行了论证。2010 年 1 月 20 日，依法组成的评标委员会按照《招标文件》的有关规定对投标供应商递交的《投标文件》结合样机进行了审查，并按规定的评标办法对各有效投标企业（产品）进行了综合独立的评分。

二、被投诉人于 2010 年 1 月 29 日收到投诉人的《质疑函》后，仔细查阅了专家评审记录和中标供应商提交的投标文件，认为中标供应商提交的投标文件中包括了该产品的注册检验报告、医疗注册证等资质证明材料，其有效性得到了评标委员会的认可。

三、在评审过程中，评标委员会对投标文件中能证明产品技术响应的资料进行了技术评审，包括对“产品注册检验报告”、“产品彩页”、“技术规格偏离表”等资料进行了综合评审，中标产品对招标品目技术要求的响应，得到了评标委员会的认可。

不可否认是，中标产品的响应形式存在一定的瑕疵，但评审专家也因此对其得分进行了相应的扣减。

四、被投诉人在对投诉人的质疑内容进行调查期间，请评标委员会成员并另外邀请了两名呼吸科知名专家对质疑内容进行复核，同时，要求中标供应商委派产品制造商工程师现场对中标产品样机进行了演示，专家仔细观看了演示过程，并对结果进行了论证审查，结论与评标时评标委员会作出的结论一致，即：中标产品相应的技术参数未发现有实质性负偏离。另外，投诉人将《招标文件》的条款分拆作出所谓"关键字"的说明，对"关键词的临床意义"、"关键词的技术核心"的描述均为投诉人自己的理解归纳，并不能证明中标产品不满足招标文件的要求。且供应商提交的《投标文件》具有法律效力，评标委员会有权根据投标文件的"技术规格偏离表"等承诺性文件作出投标产品是否实质性响应《招标文件》的判断。而投诉人所提交的产品临床医师手册并非评标委员会的评审依据。因此，被投诉人认为，投诉人的投诉事由不成立，请求驳回投诉人的投诉请求。

本厅经审查查明：本次"乡镇卫生院设备购置项目"品目 10 无创呼吸机的招投标活动，采用公开招标方式采购。被投诉人受采购人贵州省卫生厅的委托，代理该项目招标采购工作。被投诉人于 2009 年 12 月 31 日在中国政府采购网、贵州政府采购网、贵州商报及被投诉人网站上发布了招标公告，制定了招标文件，并依法组织专家对《招标文件》进行了论证，依法组建了评标委员会。评标委员会于开标前 1 小时从本厅评标专家库中随机抽取的技术、经济方面的专家共 9 人组成。按照招标文件的规定，本次招标于 2010 年 1 月 20 日上午在被投诉人的会议室开标，评标委员会成员全部按时到场进行了评标。本项目评标结束后，被投诉人于 2010 年 1 月 21 日按政府采购法的规定，在指定的媒体上公示了中标人为贵州天使医疗器材有限公司的评审结果。

关于投诉人提出的投诉理由，经查：

一、投诉人认为中标供应商贵州天使医疗器材有限公司提供的 GE Vivo30 型无创呼吸机，不能满足《招标文件》第四章货物需求一览表"二、技术参数（规格）要求'品目 10 无创呼吸机（原装进口）*1.3 全自动调节（触发）灵敏度'"的要求，GE Vivo30 的 eSync 快速反应触发技术为负偏离。对此，本厅查阅了被投诉人制定的《招标文件》、中标供应商提交的《投标文件》、被投诉人提交的《评标报告》、被投诉人"关于对'对乡镇卫生院设备购置项目'品目 10 投诉的答复"及其他相关材料。首先，被投诉人的"投诉答复"中"关于贵州亿洁科技发展有限公司质疑回复"针对投诉人的质疑，被投诉人召集专家再次对预中标企业贵州天使医疗器材有限公司的投标文件及样机进行了审查与测试，专家一致认为其能实质性响应招标文件条款"*1.3 全自动调节（触发）灵敏度"的要求，而其官方彩页的描述，并不能证明其产品不能满足上述条款要求。其次，《评标报告》中，被投诉人召集专家于 2010 年 2 月 4 日在被投诉人的会议室对预中标企业的投标样机进行了审查和测试，并形成了"乡镇卫生院设备购置项目（GZWZ—2009—71）呼吸机样机审查情况纪要"。"纪要"载明，"根据样机演示，专家认为预中标商投标产品能响应招标文件条款'全自动调节（触发）灵敏度'，其官方彩页的描述：'触发灵敏度：1～9 档'指的是'做功'，而不能证明其产品不是'全自动调节（触发）灵敏度'"。 最后，《招标文件》第二章 投标人须知"五、开标与评标'28.4…实质上响应的投标应该是与招标文件要求的全部条款、条件和规格相符，没有重大偏离的投标…评标委员会决定投标的响应性仅根据投标文件本身的内容，而不寻求外部证据。'"《招标文件》第三章评标办法和定标原则"二、评标方法'评标时，评标委员会各成员独立对每个有效投标人的标书进行评价、打分，然后汇总每个投标人每项评分因素的得分'" 。本厅依据上述事实和理由，认为投诉人的该项投诉理由不能成立。

二、投诉人认为，根据 GE Vivo30 型号无创呼吸机的官方彩页和临床医师手册显示，中标供应商提供的投标产品的技术参数不满足《招标文件》第四章 货物需求一览表"二、技术参数（规格）要求品目 10 无创呼吸机（原装进口）非"*"2.8、2.9、2.10 条款的参数要求。本厅经查阅被投诉人制定的《招标文件》、中标供应商提交的《投标文件》以及被投诉人的"投诉答复"等相关材料，查明，中标供应商提交的《投标文件》技术规格偏离表没有对 2.8 条款"最大漏气补偿：≥60L/min"的响应提供证明材料予以说明，本厅认为，中标供应商《技术规格偏离表》2.8 条款存在负偏离。其次，针对投诉人投诉中标供应商《投标文件》技术规格偏离表 2.9 条款无窒息频率和分钟通气量的监测。本厅经查阅中标供应商提交的《投标文件》中的《技术规格偏离表》、《VIVO30 呼吸治疗机检验报告》及彩页，查明，关于"分钟通气量"《VIVO30 呼吸治疗机检验报告》4.6 有显示，但对"窒息频率"均无标示。因此，本厅认为中标供应商《技术规格偏离表》2.9 条款存在负偏离。另外，针对投诉人对中标供应商《投标文件》技术规格偏离表 2.10 条款无脱管监测的投诉。本厅经查阅中标供应商《投标文件》中的《技术规格偏离表》以及该表"证明材料说明"栏所示的"检测报告第 2 页第 4.5 条"，查明，该检测报告没有"脱管报警"的描述，只是在其提供的彩页中标示有"低/高漏气报警"。另外，本厅还查明中标供应商在《技术规格偏离表》、《VIVO30 呼吸治疗机检验报告》及产品彩页中均无《招标文件》第四章 货物需求一览表"二、技术参数（规格）要求" 品目 10 无创呼吸机 2.10 条款关于"窒息、窒息频率声光报警"的内容。因此，本厅认为，中标供应商《投标文件》技术规格偏离表

2.10 条款存在负偏离。

除此之外，本厅另查明，在中标供应商提交的《投标文件》技术规格偏离表中，没有列明《招标文件》品目 10 技术参数“一、功能要求：‘1.10 自动设置报警范围’”的内容，属于漏项，明显违反了《招标文件》第二章投标人须知“三、投标文件的编制”第 16 条第 3 款第 3 项的规定。按照《招标文件》第二章 投标人须知“五、开标与评标”第 28 条第 5 款第 6 项（28.5.6）的规定，该投标应属于“实质上没有响应招标文件要求的投标将被认定为无效投标”的情形。

上述事实，有被投诉人制定的《招标文件》、中标人制定的《投标文件》、被投诉人提交的《评标报告》等证明材料予以佐证。

本厅认为，本次“乡镇卫生院设备购置项目”品目 10 无创呼吸机（项目编号：GZWZ—2009—71）的采购方式、招标代理机构的委托、评标委员会成员的组成、《招标文件》的论证及制订均符合政府采购相关法律法规的规定。但中标供应商提交的《投标文件》其技术规格偏离表除有三个非“*”号条款存在负偏离外，同时还存在漏项的情况。按照《招标文件》第二章投标人须知“五、开标与评标”第 28 条第 5 款第 6 项（28.5.6）以及第三章评标办法和定标原则“三、评分标准‘说明：投标人提供的投标文件中，……某一个产品（品目）的响应与招标文件中的 3 个非‘*’号条款（累计）’存在负偏离，该产品（品目）的投标将被视作无效投标”的规定，中标供应商对于“乡镇卫生院设备购置项目”品目 10 的本次投标应属于无效投标。

综合以上的事实和理由，本厅认为，投诉人提出对“虚假应标”的投标方贵州天使医疗器材有限公司提供的 GE Vivo30 型无创呼吸机审核后予以废标处理的请求不符合事实和法律规定，本厅认为，中标供应商的本次投标属于无效投标，而不是投诉人认为的“虚假应标”。

据此，本厅根据《中华人民共和国政府采购法》第五十六条、《政府采购货物和服务招标投标管理办法》（财政部令第 18 号）第七十七条第一款第（五）项、第二款以及《政府采购供应商投诉处理办法》（财政部令第 20 号）第十九条之规定决定如下：

一、本次“乡镇卫生院设备购置项目”品目 10 招标采购活动的中标结果无效。

二、责令招标采购单位对“乡镇卫生院设备购置项目”品目 10 重新开展采购活动。

投诉人如不服本次处理决定，可自收到本处理决定书之日起 60 日内向贵州省人民政府或本投诉处理机关的上一级财政部门申请行政复议，也可自收到本处理决定书之日起三个月内向贵州省贵阳市云岩区人民法院提起行政诉讼。

贵州省财政厅

二〇一〇年三月二十九日

安顺市财政局政府采购供应商投诉处理决定书

安市财采投字[2010] 第 1 号

一、投诉人、被投诉人基本情况

投诉人：贵州佳勇医疗器械有限公司

法定代表人：李长花

地址：贵阳市南明区富源路北路 3 号锦绣家园二期 7 号楼 3 层一号

电话： 13984836917

邮政编码： 561000

被投诉人：安顺市卫生局

法定代表人：张波

地址：安顺市市府路

电话： 3341727

邮政编码： 561000

二、投诉受理情况

投诉人参加被投诉人组织的“村卫生室基本设备”政府采购项目（采购文件编号 ADWZ—AS10—1001J），因认为采购人在采购活动的组织过程中，严惩违反《政府采购法》的有关规定于2010年元月26日向本机关提出投诉。本机关根据《中华人民共和国政府采购法》、《政府采购供应商投诉处理办法》（财政部令第20号）等法律法规的规定，对投诉人提出的投诉依法进行了受理。现已审查结束。

三、投诉人的投诉事项及请求

（一）公布的结果从排名第一变成排名第二。

（二）安顺长寿新欣药业有限公司提供样品存在多样性及部份样品不符合招标要求。

（三）由于认为采购程序违法操作，严重侵害公司利益。

四、调查事实及处理决定

我局认真查阅并调取相关资料，在调查期间，安顺市纪委监察局作出安市监发[2010]2号文件《关于贵州佳勇医疗器械有限公司投诉的调查处理意见》的处理意见。

根据《政府采购法》、《政府采购供应商投诉处理办法》和《政府采购货物和服务招标投标管理办法》等的有关条款依据规定，现决定：

依据《政府采购法》第三十六条第二款的规定，应予废标，并责成采购单位重新组织招标。

如不服本处理决定，投诉人可在收到本处理决定书之日起60日内向安顺市人民政府或本投诉处理机关的上一级财政部门申请行政复议，也可在收到本投诉处理决定书之日起三个月内向安顺市中级人民法院提起行政诉讼。

安顺市财政局

二〇一〇年二月二十六日

对云南东展科贸有限责任公司投诉的处理决定

云财采函[2009]第5号

昆明东展科贸有限责任公司、云南省招标采购局：

云南省财政厅受理了昆明东展科贸有限责任公司对云南省文化厅委托云南省招标采购局组织采购的“乡镇文化站专用设备及文化信息资源共享工程集成”（标书编号：YC200811176C1）采购项目的投诉，经调查和询证，并根据省财政厅法律顾问的意见，现将有关情况和处理决定函告如下：

一、投诉人

昆明东展科贸有限责任公司李小凤，电话：0871—5109609，联系人：黄健，联系电话：0871—5109208，地址：昆明圆通东路86号冶金研究所院内美丽家园4幢1单元12A。

二、被投诉人

云南省招标采购局，地址：昆明市环城西路170号云南民族大厦四楼，联系电话：0871—5300229。

三、投诉项目名称及标书编号

乡镇文化站专用设备及文化信息资源共享工程集成（标书编号：YC200811176C1）。

四、投诉事项及调查处理决定

（一）投诉事项

投诉人投诉云南省招标采购局在省文化厅“乡镇文化站专用设备及文化信息资源共享工程集成项目（标书编号：YC200811176C1）”采购活动中，对质疑“答复非常牵强，不客观面对产品的市场差异和本身存在的成本差异，评标尺度让人无法接受，此标评标的公正性有失偏颇。”

（二）调查情况和处理决定

1．评标委员会的组成。本项目评标委员会由7名专家组成，其中从专家库中随机抽取了5名，采购人代表2名，符合《政府采购货物与服务招标投标管理办法》的规定。

2．评标打分情况。本项目采用综合评分法，价格部分占30%，技术性能部分占40%，服务及信誉部分占30%。在技术部分中明确了自主创新产品加分4%，节能环保产品加分4%，符合《政府采购货物与服务招标投标管理办法》及相关政策规定。但在评标时，拟中标人和投诉人均提供了打印机部分的节能认证产品证明，但专家打分时给拟中标人加了节能认证分 4%，而未给投诉人加相应的分数。

3．投标文件符合性检查及资格性检查审查情况。经审查投标人的投标文件，发现拟中标人未按招标文件的要求提供提供银行资信证明、缴税情况证明和社会保障情况资料。从投标资质上看，拟中标人在这次招标活动中不具备资质条件，按规定不应参与评标。

综上，由于拟中标人不具备资质，因此，在本次招标评标活动中，合格投标人不足三家，按照政府采购法及相关规定，应作废标处理，因此，此次招标采购评标结果无效，责成云南省招标采购局重新组织招标。

五、如对本处理决定不服，可在规定时限内依法申请行政复议或者向人民法院提起行政诉讼

六、作出处理决定的日期为 2009年5月22日，从即日起恢复该项目的政府采购活动

云南省财政厅

二OO九年五月二十二日

云南省财政厅关于云南金隆伟业科技有限公司投诉处理决定

云财采函[2010] 第1号

云南金隆伟业科技有限公司、云南省招标采购局：

云南省财政厅受理了云南金隆伟业科技有限公司对云南省文化厅委托云南省招标采购局组织采购的“2009 年文化信息资源共享县、乡文化站建设设备采购项目”（标书编号：YC200911209）A包和“2009年文化信息资源共享工程专项设备及全国文化信息资源共享工程系统集成采购项目”（标书编号：YC200911210）C包的投诉。经调查和询证，并根据省财政厅法律顾问的意见，现将有关情况和处理决定函告如下：

一、投诉人

投诉单位名称：云南金隆伟业科技有限公司；法定代表人：王敏；委托代理人：吴志芳；联系电话：13888291996；地址：昆明市东风西路123号三合商利写字楼。

二、被投诉人

被投诉单位名称：云南省招标采购局；联系人：胡建昆、华静昆；联系电话：0871－5300229 ；地址：昆明市环城西路170号云南民族大厦四楼。

三、投诉事项

（一）投诉“云南省招标采购局没有正面有效回答我公司质疑函中内容，以保密为由，不在云南省政府采购网上公开评标委员会名单及评标得分情况，‘违反财政部18号令’中第六十二条条款。”

（二）投诉“云南省招标采购局组织的YC200911209A包和YC200911210C包中的中标人云南电信公众信息产业有限公司以比我公司高投标价格、文化共享工程业绩比我公司差、核心产品计算机国外品牌中标，违反财政部、文化部联合下发的‘文社图发[2007]14 号’文件，即《文化部、财政部关于进一步推进全国文化信息资源共享工程的实施意见》中共享工程建设优先选用国产设备规定，这两个包中标结果不公平、不公正。”

四、投诉事项调查及处理决定

（一）经查证，云南省招标采购局在2010年1月5日发布的中标公告中公告了中标单位和中标金额，但没有公布评标委员会人员名单，根据《政府采购货物和服务招标投标办法》（财政部 18 号令）第六十二条“中标供应商确定后，中标结果应当在财政部门指定的政府采购信息发布媒体上公告。公告内容应当包括招标项目名称、中标供应商名单、评标委员会成员名单、招标采购单位的名称和电话”的规定，责成云南省招标采购局在云南省政府采购网上补公布该项目的评标委员会成员名单。但相关法律法规没有规定必须公布评标得分情况，故对投诉人该项诉求不予支持。

（二）经查证，YC200911209 项目的评标委员会成员共 13 人，200911210 项目的评标委员会成员共 11 人，两个采购项目《招标文件》规定评标方法都是采用综合评分法，经评审，评标委员会是按照招标文件载明的价格、技术、服务及信誉三大要素进行综合评审后，按投标人的综合得分排序，并推荐出中标候选人的。一是投诉人和被投诉人对两个包的投标价格差距不大，价格分最高仅相差 0.8 分。二是中标人和投诉人在投标文件中都提供了同类业绩。三是财政部对进口产品界定为以报关验放进入中国境内，且产自关境外的产品。经审查，投诉人和中标人投标产品均有国内品牌和国外品牌的产品，中标产品为国外品牌并未违反招标文件要求及相关法律法规政策。因此，投诉人对中标人投标产品价格高，业绩差，核心产品计算机国外品牌中标的投诉不成立。

根据《政府采购供应商投诉处理办法》（财政部 20 号令）的规定依法维持原采购结果合法有效，从即日起恢复该项目的采购活动。

处理决定在云南政府采购网上公告 30 天。如对本处理决定不服，可在规定时限内依法申请行政复议或者向人民法院提起行政诉讼。

云南省财政厅
二〇一〇年三月十七日

陕西省财政厅投诉处理决定书

陕财办采管投处[2010] 第 1 号

一、投诉人和被投诉人情况

1. 投诉人：上海迪爱斯通信设备有限公司

地址：上海市平江路 48 号

2. 被投诉人：陕西开源招标有限公司

地址：西安市含光路南端 1 号怡和国际 B 座 804 室

3. 投诉人授权委托代理人：田小景

联系方式：13609264510

二、事实根据及处理决定

2009 年 12 月 10 日，我厅受理投诉人上海迪爱斯通信设备有限公司（以下简称迪爱斯公司）对陕西开源招标有限公司（以下简称招标公司）关于陕西省国土资源厅（以下简称国土厅）视频会商系统项目的投诉书，经依法进行书面审查和 2009 年 12 月 28 日组织评标委员会就有关问题进行复议，现已审查终结。

（一）反映资质审查过程有失公开、公平、公正的问题

经查迪爱斯公司和中国电信集团系统集成有限责任公司（以下简称中国电信）的投标文件，其“组织机构代码证”均未加盖年检印章。评标委员会证实，在 2009 年 11 月 16 日资质审查时，中国电信现场提出按照相关规定，其不需参加组织机构代码证的年审，评标委员会随即进行核实，确认其有效；迪爱斯公司现场未就其组织机构代码证未年审问题提供任何证明文件，故确定其无效。12 月 28 日就有关问题进行复议时，评标委员会再次核实，并电话咨询全国组织机构代码管理中心，依据《北京市人民政府关于印发北京市涉及企业的年检事项清理方案的通知》（京政发[2004]7 号）以及《2009 年组织机构代码年审公告》，中国电信组织机构代码证确不需年审，评标委员会在资质审查过程中不存在有失公开、公平、公正的问题。

（二）反映口头宣布澄清修改招标文件的问题

经查此次招标文件，在评分要素一览表中出现 35%一项，我们认为，这属于明显笔误，是由于招标公司工作不细致所造成，招标文件中对价格分数为 35 分已有表述，此项不一致的失误不足以使投标供应商产生歧义，不属于对招标文件的修改，不会对招标结果产生影响。招标公司应在今后工作中严谨细致，避免此类问题再次发生。

（三）反映评标基准价的确立违背政府采购有关规定的问题

经查招标文件，此次评标采用综合评分法，评标委员会按照招标文件中规定的各项因素进行综合评审，以评标总得分最高的投标人作为中标候选供应商。价格仅是综合评审的因素之一，价格低不是中标的必然条件。反映西安未来国际有限公司所投产品 MCU 的技术指标不满足招标文件的问题，评标委员会认为：西安未来国际有限公司 MCU 技术方案满足招标文件要求，其产品选型的因素在评分时已给予充分考虑，认定其投标有效。

依据《中华人民共和国政府采购法》和《政府采购供应商投诉处理办法》之规定，决定如下：驳回投诉人迪爱斯公司关于国土厅视频会商系统项目的投诉。

如不服本决定，可在决定书送达之日起 60 日内向陕西省人民政府或中华人民共和国财政部申请行政复议，也可以在决定书送达之日起 3 个月内向人民法院提起行政诉讼。

陕西省财政厅

二〇一〇年一月五日

《电网技术》单月刊

主管：国家电网公司
主办：国家电网公司

编辑：国家电网公司《电网技术》编辑部
出版：《电网技术》杂志社
刊号：ISSN 1000-3673 CN11-2410/M
邮发代号：国内：82-604 国外：1474M

中国2010年上海世博会全球合作伙伴
Global Partner of Expo 2010 Shanghai China

- 全国中文核心期刊
- EI收录核心期刊
- 中国杰出学术期刊
- 中国期刊方阵双效期刊
- 中国优秀科技期刊
- 《科学文摘》(SA)收录期刊
- 《文摘杂志》(AJ)收录期刊。
- 《CAJ—CD》执行优秀奖
- 电力行业优秀科技期刊

2011年
版面抢定中……
010-58950905

《电网技术》杂志社
地　址：北京清河小营东路15号中国电力科学研究院院内（100192）
电　话：010-58950905　　传　真：010-58950905
http://www.dwjs.org　　E-mail：hjdwjs@126.com